Diritto costituzionale

In copertina:
una famosa sequenza del *Grande dittatore*, in cui Chaplin, travestito da Hitler, gioca con il mondo. Vi ricorda qualcuno? L'invasione dell'Ucraina ha sgretolato quelle poche regole di diritto internazionale che erano uscite dalle macerie della Seconda Guerra mondiale. E ci fa ripensare alle norme della nostra Costituzione su pace e guerra.

IUSTITIAM COLIMUS

Roberto Bin - Giovanni Pitruzzella

Diritto costituzionale

VENTITREESIMA EDIZIONE

Giappichelli

VIA PO, 21 - TEL. 011-81.53.111 - FAX 011-81.25.100

http://www.giappichelli.it

ISBN/EAN 978-88-921-4349-4

G. Giappichelli Editore

MARCHIO STORICO

Questo libro è stato stampato su
carta certificata, riciclabile al 100%

Stampa: Stampatre s.r.l. - Torino

INDICE

II. FORME DI STATO

III. LA COSTITUZIONE

IV. FORME DI GOVERNO

V. L'ORGANIZZAZIONE COSTITUZIONALE IN ITALIA

VII. L'AMMINISTRAZIONE DELLA GIUSTIZIA

VIII. FONTI: NOZIONI GENERALI

IX. LE FONTI DELL'ORDINAMENTO ITALIANO: STATO

X. LE FONTI DELLE AUTONOMIE

XI. FONTI EUROPEE

XII. GIUSTIZIA COSTITUZIONALE

XIII. DIRITTI E LIBERTÀ

PREFAZIONE ALLA VENTITREESIMA EDIZIONE

Anche quest'anno la pandemia da Covid-19 è rimasta in primo piano, specie per quanto riguarda alcuni problemi che sono insorti nell'applicazione delle misure governative (vedi per esempio la c.d. *direttiva Lamorgese*), spesso provocando decisioni dei giudici di merito che hanno richiesto precisazioni importanti da parte della Corte costituzionale (i singoli punti sono contrassegnati da uno dei *fili rossi* ⓬ che, come si avverte nell'*Introduzione*, legano le varie parti del manuale). Ma ovviamente anche la guerra in Ucraina ha richiesto che fossero approfondite le spiegazioni sulla disciplina della emergenza bellica in Costituzione, sulla portata del c.d. *principio pacifista* e sulle implicazioni dell'adesione dell'Italia a organizzazioni internazionali di tipo difensivo.

La "*riforma Cartabia*" della giustizia ha richiesto che fossero inseriti i primi aggiornamenti nel capitolo dedicato all'ordinamento giudiziario, almeno laddove la nuova normativa è già applicabile: cioè, sia per quanto riguarda la separazione delle carriere, sia per la modifica della disciplina del CSM.

Altri aggiornamenti importanti sono stati dedicati alla recente riforma del testo costituzionale, per ciò che riguarda gli artt. 9 e 41: sembra che l'emersione del tema delle "generazioni future" e della considerazione dei loro interessi (che già nell'edizione precedente avevano fatto comparsa a seguito di una nota decisione del tribunale costituzionale tedesco) ormai abbiano acquisito rilevanza concreta anche in Italia. Un accenno è stato introdotto anche allo scenario europeo del tema ambientale, cioè all'*European Green Deal*.

La rielezione del Presidente Mattarella ha persuaso ad affrontare con attenzione specifica il problema del secondo mandato del Presidente della Repubblica. Qualche considerazione è dedicata anche alle vicende dei *referendum* votati quest'anno, che registrano l'inedito attivismo delle Regioni nel promuoverli.

L'aggiornamento del testo cade proprio nei giorni dell'apertura della crisi del Governo Draghi e lo scioglimento anticipato delle Camere. Di questi eventi non si può tenere conto in questa edizione, ma gli aspetti più rilevanti della vicenda verranno illustrati negli *aggiornamenti* inseriti nel sito del manuale.

Quanto al sito, le innovazioni preannunciate nelle edizioni precedenti sono ormai consolidate:

– il sito ospita una sezione che può essere autonomamente gestita dai docenti che adottano il manuale e che possono usarla per offrire ai propri studenti dispense, registrazioni di lezioni, esercizi, simulazioni di esami, materiali, ecc.;

– sono rese disponibili in un canale *You Tube* una serie di *introduzioni metodologiche* che aiutano gli studenti a meglio capire come studiare, offrendo loro una chiave di lettura del tema che stanno per affrontare. È un esperimento che sembra dare buoni frutti e incontrare l'approvazione di molti studenti: va a sommarsi agli altri "servizi" che il sito offre da sempre ai suoi utenti, cioè agli studenti.

Altre importanti innovazioni sono in corso di realizzazione: l'intento è di portare una grande innovazione nelle metodologie dello studio della materia

ROBERTO BIN-GIOVANNI PITRUZZELLA

Luglio 2022

LO STUDIO DEL DIRITTO COSTITUZIONALE: UNA INTRODUZIONE DA LEGGERE

1. CHE COS'È IL DIRITTO?

1.1. *Definizioni*

Se si chiede ad un medico che cosa sia la "vita", o la "salute", è probabile che esiti molto a rispondere, che divaghi o si rifugi in una definizione "tecnica", assai poco impegnativa o per nulla chiara. Così accade se si chiede ad un giurista cosa sia il "diritto". Il diritto è ciò di cui il giurista vive, con cui opera quotidianamente, di cui è un tecnico più o meno eccellente, più o meno specialista: ma è assai probabile che non si sia mai interrogato sulla sua essenza, non ne abbia mai cercato una definizione appagante.

Per operare ogni giorno, il medico, come il giurista, si può accontentare di definizioni minime dell'oggetto della sua professione: il problema di indagare ulteriormente è lasciato ad altri. Il giurista lo delega alla *Filosofia del diritto* e procede tranquillamente con le sue definizioni "minimaliste". Inizierebbe osservando che il termine "diritto" viene impiegato, nel linguaggio tecnico dei giuristi, in almeno due significati diversi: in senso *soggettivo*, esso indica una *pretesa* (in questo senso si dice usualmente "io ho il diritto di ...", oppure "è un mio diritto!"); invece, in senso *oggettivo*, "diritto" indica *un insieme di norme giuridiche*, ossia un *ordinamento giuridico* (in questo senso si parla comunemente di "diritto civile" o di "diritto tedesco"). Naturalmente, tra i due significati vi è una forte interdipendenza: non ha senso che io pronunci la fatidica frase "è mio diritto", usando "diritto" in senso soggettivo, se non ho in mente che quella mia *pretesa* trova riscontro in qualche *norma giuridica* che me la riconosca e mi dia gli strumenti per tutelarla. E, d'altra parte, è fuori dalla nostra immaginazione un "diritto", nel senso di un ordinamento giuridico, che non abbia come suo principale scopo assegnare i "diritti", in senso soggettivo, e apprestare gli strumenti per la loro tutela.

1.2. *Pluralità degli ordinamenti*

Definire il "diritto" (in senso oggettivo) come un insieme di *norme giuridiche* non risolve affatto il problema, ma lo sposta sulla definizione di "norma giuridica". Noi siamo immersi in un discreto numero di "insiemi di norme", ossia di "ordinamenti": lo siamo come cittadini europei, cittadini italiani, residenti in una certa Regione e in un certo Comune, fedeli di una qualche religione, soci di un certo circolo, appartenenti ad una società sportiva o ad un club di tifosi, iscritti ad un partito o ad un sindacato, componenti di una famiglia e, sebbene forse inconsapevoli, membri di un gruppo di amici o di conoscenti, anch'essi, come tutte le realtà appena citate, organizzati secondo un "codice" di regole di comportamento più o meno esplicite. Il diritto è lo strumento con cui la vita sociale si organizza al livello più embrionale come a quello più elevato (questa affermazione è resa di solito con l'abusato **broccardo** – questo è il nome che si usa dare alle antiche massime giuridiche – *ubi societas ibi jus*).

Ogni nostro comportamento può essere giudicato secondo le regole di ciascun ordinamento, e non è detto che le regole siano compatibili e i giudizi coincidenti. Prendiamo il caso di Anna, che decide di andare a vivere con il suo ragazzo. La sua scelta – se è maggiorenne – è indifferente per lo Stato, che le riconosce la libertà di decidere e, anzi, le garantisce gli strumenti per difenderla: Anna si appresta a dare luogo ad una "famiglia di fatto" che, nel nostro ordinamento, non solo è lecita, ma è anche non del tutto priva di garanzie giuridiche. Ma per la sua famiglia no: per la famiglia, la scelta di Anna è inaccettabile ed è senz'altro condannata. Così anche per il circolo parrocchiale che Anna frequenta: anzi, questo suo comportamento le costa caro, la perdita del suo lavoro, come insegnante in una scuola materna cattolica. Per il Comune il comportamento di Anna non solo è lecito, ma, dando inizio ad un nuovo nucleo familiare, può essere il presupposto per concedere gli aiuti finanziari previsti in un apposito programma sociale di sostegno delle "giovani famiglie" a basso reddito. Le amiche invece "rompono" i rapporti, perché Anna ha compiuto questo passo senza consultarle (e lo ha fatto perché sa che il suo ragazzo non è "gradito"). Nella sua società di pallavolo invece sono tutti felici, perché il ragazzo gioca in serie "A", ecc.

Come si vede, la povera Anna si trova nei pasticci, perché la sua decisione fa scattare divieti, obblighi, premi, sanzioni ispirati da valutazioni diverse compiute da ognuno dei "suoi" ordinamenti. Con quali conseguenze? Il discorso delle conseguenze è interessante e consente di fare qualche passo avanti.

L'ordinamento familiare contiene una norma, ossia una regola di comportamento, che Anna ha violato, e che può suonare più o meno così: "da questa casa le ragazze se ne escono solo con l'anello al dito!". Ma la violazione di questa regola che cosa può comportare? La sanzione massima è l'espulsione: "vattene da questa casa!". Non diversamente reagiranno il circolo parrocchiale, la chiesa, la scuola, le amiche e le amiche della mamma: solo di espulsione (di "radiazione", di "scomunica", di "esclusione", che poi sono la stessa cosa) si può trattare. Questa è la sanzione massima che possono minacciare gli ordinamenti di cui Anna fa parte: tutti, salvo uno, lo Stato.

In altri tempi non avremmo ragionato così. La Chiesa cattolica, per dirne una, non limitava le sue sanzioni alla scomunica, come streghe ed eretici ben sanno: il fuoco era la via dell'espiazione e della purificazione. Anche le famiglie avevano ben altri poteri di correzione nei confronti dei figli snaturati. E non ragioneremmo così neppure oggi, se vivessimo in altre parti del mondo, per esempio dove una certa interpretazione della legge coranica funge da legge penale. Il che significa che i fenomeni giuridici, ciò che noi chiamiamo "diritto", sono qualcosa di fortemente legato alle coordinate geografiche e storiche. Nelle *nostre* coordinate, il diritto dello Stato si è differenziato dagli altri ordinamenti giuridici ed ha ottenuto un risultato formidabile: il monopolio della forza coercitiva. Il nostro ordinamento statuale riconosce e garantisce le "**formazioni sociali**", ossia gli altri ordinamenti che si formano nella società: ma solo il diritto statuale può prevedere, come sanzione alla propria violazione, l'uso della coercizione fisica, cioè l'arresto e il carcere; chiunque altro intendesse imporre con la forza il rispetto delle proprie regole compirebbe un reato, cioè una violazione del diritto dello Stato, con conseguente sanzione coercitiva (→ § I.1.1).

1.3. *Norme sociali e norme giuridiche*

Tutte le definizioni sono convenzionali, tanto più lo sono quelle di "diritto". Oggi, il giurista a cui chiedessimo di definirci il "diritto" non esiterebbe a dirci che ciò che chiamiamo "diritto" è l'insieme delle regole poste dallo Stato, e fornite quindi della "sua" sanzione, la coercizione. A ciò corrisponde la stragrande parte della sua esperienza professionale. Ed in effetti le materie che si studiano nelle Facoltà di giurisprudenza, salvo quelle storiche o filosofiche, sono tutte attinenti a sottoinsiemi di norme poste dallo Stato (diritto civile, penale, amministrativo, processuale, commerciale, ecc.) o da soggetti in qualche modo derivati dallo Stato (il diritto internazionale e quello dell'Unione europea, da un lato, e il diritto regionale, dall'altro): l'unica eccezione è forse il *Diritto canonico*, che studia l'insieme delle regole poste dalla Chiesa cattolica. Il "diritto" posto dalle altre istituzioni sociali, dalla famiglia alle associazioni, dai partiti alle società, non ci appare fatto di "norme giuridiche", se non laddove sia il diritto dello Stato a richiamarlo e riconoscerlo come "diritto" da applicare (per esempio, i rinvii che gli artt. 2363 ss. cod. civ. fanno allo statuto della società). Esse sembrano piuttosto *norme sociali*, che saranno sì anch'esse sanzionate, ma con sanzioni, appunto, sociali, che culminano con l'espulsione dal gruppo e non possono andare oltre.

La percezione comune è questa: da un lato, sta il diritto "vero", quello dello Stato (o derivato dallo Stato), fatto di "vere" norme giuridiche, il cui rispetto è garantito dal ricorso alla "forza pubblica"; dall'altro, stanno i fenomeni pre- o paragiuridici, costituiti da norme non propriamente giuridiche, ma sociali, come squisitamente sociali sono le reazioni che si producono quando siano violate. Se uno non cede il passo ad una signora, non viene prelevato dai carabinieri e sbattuto in carcere: al massimo farà la figura del cafone e verrà ignorato dalla "società". Ai tempi di Balzac essere esclusi dalla "società" significava la morte civile, e forse anche il tracollo economico. Oggi non significa molto: la reazione sociale è fiacca e nessuno più considera "giuridiche" le regole di *bon ton*. Infatti, chi cede più il passo alle signore o apre loro la porta dell'auto?

Ma naturalmente, se ogni concetto di diritto è legato alle coordinate storiche e geografiche, lo è anche il *nostro* concetto di diritto, imperniato sullo Stato. È un concetto caduco, destinato ad essere superato: e già oggi i segni della decadenza sono evidenti, di fronte all'integrazione europea, da un lato, e, dall'altro, di fronte ad un processo di globalizzazione dei mercati e delle comunicazioni che sta mostrando tutti i limiti di una regolazione "giuridica" legata agli Stati. Il bombardamento dell'Afghanistan o dell'Iraq per ripulirli dai "terroristi" è forse una sanzione per la violazione di una regola giuridica? E se sì, una regola giuridica di quale diritto? I segni di una trasformazione della nostra stessa esperienza del diritto non sono pochi e appaiono in fenomeni di grande importanza. Perciò, a questi nuovi fenomeni si accennerà spesso nel corso di questo manuale: ciò non toglie però che esso resterà nell'alveo della tradizione nel considerare come "diritto" solo quelle regole per la cui violazione si possa adire un giudice e invocare una sanzione.

1.4. *"Diritto" e punti di vista*

Il termine "diritto", oltre a indicare cose diverse se usato in senso "soggettivo" o in senso "oggettivo", indica una cosa ancora diversa se usato per designare una "materia" di studio. Qui si sta introducendo un manuale di "diritto" costituzionale, inteso certo non come "pretesa", né come "insieme di norme", ma come disciplina di studio: altrettanto si fa nei libri di diritto penale, civile, o di "diritto" romano.

Anche questo uso del termine "diritto" è lecito e tecnicamente corretto, ed anch'esso ha relazioni strette con la nozione di "diritto" in senso oggettivo. Chi insegna, per esempio, diritto penale o diritto commerciale ha come riferimento un insieme di regole di comportamento poste dallo Stato e "garantite" da sanzione. Ma per lui il diritto penale è molto di più, perché comprende un "sistema" di lettura di quelle regole: queste vengono esaminate, interpretate, legate l'una all'altra da rapporti di coerenza e di mutua dipendenza; vengono scoperti principi comuni che le saldano insieme, attorno a determinati interessi o valori di cui ognuna di esse è espressione ed attuazione; e questi princìpi comuni a loro volta si saldano con altri princìpi e possono suggerire l'esistenza di altre regole che, magari, il legislatore non ha mai scritto, ma non sono che la logica espansione del principio stesso. Insomma il diritto è assai di più dell'insieme delle regole che lo Stato ha posto, perché è anche l'insieme delle interpretazioni che di esse hanno dato i giudici chiamati ad applicarle nei casi specifici (la c.d. "**giurisprudenza**") e gli studiosi che si sono sforzati di ricreare attorno ad esse un sistema coerente (la c.d. "**dottrina**"). E tutto ciò è altrettanto "diritto" di quanto lo siano le regole poste dallo Stato; e bene lo sa anche il nostro giurista pratico, a cui abbiamo richiesto all'inizio che cosa significhi la parola "diritto": mai si avventurerebbe ad invocare l'applicazione di una norma giuridica senza prima guardare a come essa sia stata in precedenza interpretata da dottrina e giurisprudenza.

In fondo, il "diritto" inteso come materia non è cosa troppo diversa dal "diritto" inteso come insieme di regole. Tutto infatti gira attorno all'esigenza di elaborare una norma che regoli un certo comportamento: semplicemente si constata che per assolvere a questo compito non basta "leggere" ciò che il legislatore ha scritto, ma bisogna compiere operazioni assai più complesse. Ma se noi chiedessimo cos'è il "diritto", mettiamo, ad un sociologo – non ad un sociologo generico, ma proprio ad un cultore della *Sociologia del diritto* – rischieremmo di ricevere una risposta spiazzante. Ci potrebbe dire che, *dal suo punto di vista*, il "diritto" non è che una delle possibili tecniche di controllo sociale, attraverso le quali un certo soggetto (che potrebbe essere l'apparato politico che governa, ma anche – perché no? – quella inquietante casta sacerdotale che sono i giuristi) cerca di condizionare e guidare i comportamenti degli individui, risolvendo i conflitti che sorgono tra essi. Per lui quello che si svolge nelle Facoltà giuridiche potrebbe non essere altro che una lunga e difficile pratica di iniziazione, attraverso la quale nuovi "sacerdoti" vengono addestrati a perpetuare un linguaggio criptico e un po' magico a cui però, in certi posti o in certe fasi storiche, gli individui sono disposti a prestare fede; e potrebbe aggiungere che, da questo punto di vista, il "diritto" sta dando segni di cedere il passo, almeno in certi settori, ad altri strumenti di controllo sociale, come la pubblicità commerciale per esempio.

Se poi noi ci rivolgessimo ad un filosofo – anche qui, non ad uno "generico", ma proprio ad uno studioso di *Filosofia del diritto* – potremmo ricevere risposte non meno spaesanti. Potremmo sentirci dire che il diritto è un sistema di segni linguistici e come tale va analizzato; oppure che è espressione di una legge naturale eterna, dalla quale il legislatore non è libero di discostarsi; oppure che è il comando del sovrano o un insieme di enunciati deontici e così via. Non c'è nulla di strano: le definizioni non sono "vere", ma servono e vanno apprezzate per la loro utilità. Come strumenti, non sono apprezzabili se non in vista di un fine: quindi, per ogni fine c'è almeno una definizione utile, "giusta".

E così siamo ritornati al punto di partenza. Per i fini del giurista pratico, la definizione del diritto come insieme di regole va più che bene: le idee che del diritto gli prospettano sociologi e filosofi gli sembreranno troppo astratte per essere utili, semplici schizzi, immagini stereotipate troppo lontane dalla sua esperienza, semplificazioni eccessive di una realtà della cui complessità egli è ben conscio. Il suo problema sarà anzi ancora più concreto: non già chiedersi cosa sia il diritto in astratto, ma quale sia il diritto da applicare ad un problema specifico e concreto. Qual è il diritto – cioè l'insieme di regole – applicabili ad *internet*, per esempio? È questa la ragione che porta chi inizia il corso di un qualsiasi "diritto" (inteso come materia) a dichiarare innanzitutto quali sono le "fonti" delle regole che quella specifica materia disciplinano. Poi, ogni tanto, il lavoro del pratico inciampa in qualcosa di non classificabile, come un codice di autoregolamentazione di qualche corporazione professionale (i giornalisti, per esempio, o i *provider* di *internet*), una regola contrattuale applicabile al commercio internazionale, elaborata da qualche autorevole organismo privato, o un corpo di regole mai scritte sulla cui base una corte internazionale pretende di giudicare i misfatti del dittatore di turno. E allora gli sorge immediatamente la domanda: questo è diritto?

2. Oggetto e funzione del diritto costituzionale

Premesso che tutto (o quasi) il diritto che si insegna nelle Università è diritto dello (o derivante dallo) Stato, una grande divisione viene tracciata tra due famiglie di "diritti", ossia tra due sottoinsiemi di norme: il *diritto pubblico* e il *diritto privato*. La differenza è indicata in ciò: mentre nel *diritto pubblico* si tratta, oltre che dell'organizzazione dei pubblici poteri, dei rapporti tra l'*autorità pubblica* ed i *privati* – rapporti dominati dalla prevalenza dell'interesse pubblico su quello privato –

nel *diritto privato* si tratta dei rapporti tra soggetti *privati*, che stanno in posizione di *parità*. È una classificazione tradizionale che fa acqua da tutte le parti, ma non produce danni, perché serve solo come indicazione di massima per orientarsi tra le materie di insegnamento.

Dal ceppo del *diritto privato* derivano il *diritto civile*, il *diritto commerciale*, il *diritto del lavoro*, il *diritto industriale*, il *diritto di famiglia*, ecc. Dal ceppo del *diritto pubblico* derivano invece il *diritto costituzionale*, il *diritto amministrativo*, il *diritto ecclesiastico*, il *diritto tributario*, il *diritto penale*, ecc.

L'oggetto specifico del diritto costituzionale può essere diviso in quattro argomenti:

– le *fonti del diritto*, ossia i meccanismi con cui si producono le norme giuridiche nell'ordinamento italiano;
– l'*organizzazione costituzionale* dello Stato, ossia i rapporti tra gli organi costituzionali (il Parlamento, il Governo, il Presidente della Repubblica, ecc.: la c.d. *forma di governo*) e quelli tra l'apparato dello Stato e il popolo (la c.d. *forma di stato*);
– le *libertà* e i *diritti costituzionali*;
– la *giustizia costituzionale*.

Su questi quattro argomenti si impernia anche questo manuale. Esso inizia con l'illustrazione della formazione dello Stato moderno e della sua organizzazione (→ parti I-II), poi passa ad esaminare il significato, il ruolo e le tipologie delle costituzioni (→ parte III), si concentra sull'organizzazione costituzionale italiana (→ parti IV-VII) e quindi sul sistema delle fonti (→ parti VIII-XI); esamina poi la giustizia costituzionale (→ parte XII) e le libertà fondamentali (→ parte XIII).

3. Come si studia il diritto costituzionale

Un primo suggerimento può servire per studiare diritto costituzionale come per studiare qualsiasi altra materia giuridica "positiva". Questo parte da una premessa: il diritto è una raffinata tecnica plurimillenaria di soluzione di conflitti sociali (eccone un'ennesima definizione, dunque); non c'è nulla nel diritto che non sia servito a risolvere un problema concreto. La conseguenza è che bisogna studiare il diritto ponendosi sistematicamente questa domanda: a che serve la regola, il principio, l'eccezione o l'istituto che ho di fronte? Purtroppo le risposte ai problemi, negli anni e nei secoli, si sono sedimentate, e i manuali di diritto le espongono, per lo più, senza ricordare perché e da cosa siano sorte; i manuali raccolgono risposte a domande non formulate e incoraggiano a studiarle come dogmi. Niente di più fuorviante e di meno produttivo, ovviamente.

La regola di studiare chiedendosi sempre a che serva o, come si dice in gergo, quale sia la *ratio* della norma oggetto degli sforzi di apprendimento, vale ovviamente anche per il diritto costituzionale. Si tratta di una materia giovane, soprattutto se confrontata con il diritto civile o il diritto penale: giovane perché, come poi si vedrà meglio, le costituzioni moderne sono un fenomeno che risale all'illuminismo, e l'applicazione della Costituzione come un vero e proprio testo normativo è ancora più recente, in Italia come in genere nell'Europa continentale, risale al secondo (e solo in pochi casi al primo) dopoguerra. Per cogliere la *ratio* dei meccanismi costituzionali non è perciò necessario risalire ad esperienze lontane da noi. In fondo, le prime pagine di un buon quotidiano nazionale sono uno dei migliori testi di studio per il diritto costituzionale: non tanto per le soluzioni che in esse si prospettano (dato che politici e giornalisti politici vivono per lo più in uno stato di accentuata ignoranza giuridica e di insensibilità istituzionale), ma per i casi che si propongono. I quotidiani sono perciò un ottimo "quaderno di esercizi" per chi studia diritto costituzionale: il dibattito parlamentare sul bilancio, la realizzazione di ingenti opere pubbliche, le vicende drammatiche di un padre che vuole mettere fine alla "vita" vegetale della figlia in coma irreversibile, il magistrato che inizia un'azione penale contro un membro del Governo, il problema dell'uso delle testimonianze dei pentiti che poi si ripentono, l'"esternazione" del Presidente della Repubblica, la questione del "conflitto di interessi", i parlamentari che dicono peste e corna dei propri avversari in televisione e poi eroicamente si nascondono dietro all'immunità ... l'elenco potrebbe non finire mai. Un'avvertenza perciò: studiare diritto costituzionale senza leggere i giornali (rigorosamente esclusi quelli sportivi!) è come studiare anatomia senza mai aver visto un corpo umano. Più che difficile, è inutile!

Una delle cose più difficili è imparare a studiare: dato che assai spesso non lo si impara nelle scuole, bisogna impararlo all'Università. Per di più, bisogna impararlo da soli. Non ci sono metodologie univocamente "giuste", perché ogni testa è diversa dall'altra; ma vi sono metodologie sicuramente sbagliate. Sbagliato è sicuramente ripetere e ancora ripetere il "libro", facendo svariate volte lo stesso lavoro; sbagliato è cercare di imparare pagine e pagine a memoria; sbagliato è arrivare all'esame senza aver mai "testato" la propria preparazione esponendo ad alta voce. Conviene perciò differenziare il lavoro: una prima lettura complessiva, per capire l'estensione della materia, la sua suddivisione, i punti centrali; una seconda lettura "attiva", cioè sottolineando, evidenziando e magari ricopiando le definizioni, scrivendo schemi, diagrammi, ecc. Mai riassunti però, perché il riassunto, fatto da chi – per definizione – non conosce ancora la materia, è un vero e proprio autogol. Si tratta invece di tracciare su un foglio lo schema di ripartizione di un argomento o il diagramma dei diversi procedimenti previsti per ottenere un risultato (alcuni esempi sono contenuti in questo manuale: lo schema delle riserve di legge, il diagramma del procedimento legislativo, ecc.), scrivendo le definizioni, evidenziando le ipotesi, le eccezioni, ecc.

Mentre la prima lettura è "passiva" – il che non equivale però a "cervello spento"! – la seconda è "attiva", perché consiste in un lavoro di rielaborazione, nella trasformazione del testo scritto in immagini di sintesi. Il terzo lavoro deve essere ancora diverso: si tratta di "ripetere" ad alta voce. Questa è una verifica indispensabile, per vedere se le nozioni che si ritiene di aver appreso sono effettivamente chiare e chiaramente esponibili. Senza questa terza fase, è all'esame che si prova per la prima volta ad esporre un argomento, trovandosi nella stessa situazione di chi, svegliandosi la mattina, racconta il sogno appena fatto: tutto sembrava chiaro, eppure ...

Altro errore, diffusissimo, è ripetere con il libro aperto davanti. Perché in questo modo si cerca, inconsapevolmente, di apprendere a memoria la struttura del discorso usato dall'autore del manuale, invece di elaborare e saggiare la propria struttura narrativa. Il risultato è visibile: quando, alla prima domanda all'esame, il candidato esordisce con un "come abbiamo appena visto", è chiaro che sta ripetendo ciò che sta scritto nel libro. Uno sforzo del tutto inutile – si usa la memoria per immagazzinare cose che non servono – e negativo, perché impedisce di affrontare la risposta ad una domanda senza partire dall'inizio del raccontino memorizzato. Bisogna usare meno la memoria, riservandola a definizioni e nozioni di base, più la capacità di ragionare, di collegare le cose, di risalire ai princìpi e di applicarli agli esempi. Questo è l'obiettivo dello studio del diritto.

4. Come si usa questo manuale

Questo manuale ha alcune caratteristiche pensate per facilitare lo studio. Come regola di massima, ogni argomento inizia con le *definizioni*. Le definizioni sono fondamentali nello studio del diritto, anche perché esiste una terminologia tecnica abbastanza precisa (e spesso di origine remota), l'utilizzazione della quale semplifica il discorso tra tecnici: non è soltanto una questione di gergo professionale, ma è l'apparato concettuale che viene evocato dal termine giuridico. I termini che vengono definiti sono scritti in **grassetto** e l'indice in fondo al volume ne facilita il reperimento.

Si è scelto di staccare il testo essenziale del manuale dalle numerose "finestre", che servono a scopi diversi: a raccontare la "storia" da cui origina una regola o un **istituto** (che, nel linguaggio giuridico, indica il complesso di norme che disciplinano lo stesso fenomeno sociale); a portare dati statistici o quadri sinottici; a raccontare casi. I casi servono a capire il significato e il modo di funzionare delle regole descritte nel testo; servono a stimolare il "senso giuridico" dello studente, cioè la sua capacità di affrontare il diritto come tecnica di soluzione dei problemi; servono anche a rendere lo studio meno noioso e meno astratto dall'esperienza.

Le "finestre" sono spesso corredate dall'indicazione di siti internet: è un incoraggiamento ad usare internet come strumento di lavoro ordinario del giurista; ma ci ha anche consentito di evitare di appesantire il testo con parti di documentazione che ormai si possono trovare nella rete.

Un manuale ha sempre il difetto di rendere lineare, con un inizio e una fine, una serie di temi che sono fortemente collegati e intersecati. È inevitabile che la linearità appiattisca e faccia perdere i continui riferimenti che un argomento ha con gli altri: si è ovviato con due stratagemmi.

Il primo e più banale è il richiamo, fatto con sistematicità proprio per ridurre le ripetizioni: il segnale "→ §" indica i rinvii alle altre parti in cui lo stesso argomento è trattato. Poi ci sono i "bottoni": essi sono relativamente pochi e indicano i "fili rossi", quei temi, quei princìpi che riemergono di continuo in un corso di diritto costituzionale. I "bottoni" indicano questi "fili rossi":

✓ "FILI ROSSI"

❶ legittimazione tecnica e legittimazione politica ❷ unità e pluralismo ❸ integrazione europea ❹ globalizzazione ❺ Stato e mercato ❻ maggioranza e minoranze ❼ riforma del "Titolo V" ❽ confusione tra i diversi significati di "Costituzione" (regola e regolarità) ❾ norma di principio e norma di dettaglio ❿ disposizione e norma ⓫ effetto diretto delle norme ⓬ effetti del Covid-19

Sono solo pochi "fili", nulla più che un suggerimento o un esempio. Infatti, l'individuazione e l'evidenziazione dei "fili rossi" che collegano le varie parti del programma è forse il compito principale, il più difficile ma anche il più "creativo", che deve affrontare lo studente nel corso di una preparazione intelligente dell'esame.

Chiunque, quando inizia a scrivere un libro, specie un manuale per studenti del primo anno, si propone di essere chiaro e facilmente comprensibile. Ma, siccome quasi mai ci si riesce, chi, studiando questo volume, incontrasse difficoltà o imprecisioni, può inviarci le sue osservazioni o le sue richieste di spiegazione. Vi è un sito internet in cui si trova una rubrica FAQ (*frequently asked questions*) con le risposte alle richieste più frequenti e l'*indirizzo e-mail* per inviare le richieste di spiegazioni più approfondite. Cercheremo di rispondere a tutti, anche direttamente, nel limite dell'umanamente possibile!

Nel sito si potranno trovare inoltre *materiali* utili alla preparazione dell'esame, *schemi* e persino *lezioni registrate*, i *test di valutazione*, suddivisi capitolo per capitolo, gli *aggiornamenti* del testo resi necessari da modifiche costituzionali o legislative. Quest'anno saranno inserite anche delle "*introduzioni metodologiche*" ad ogni parte del testo, consigli per affrontarne lo studio "attrezzati". Per accedere bisogna iscriversi e l'iscrizione è "controllata" nel senso che possono farla solo coloro che hanno acquistato una copia originale del manuale, non la solita fotocopia abusiva. È una via "premiale" (il "premio" è costituito dai servizi aggiuntivi), anziché puramente (e inutilmente) repressiva, per contribuire alla lotta per la legalità: vendere e acquistare copie "pirata" è illegale anche quando si tratta di libri!

L'indirizzo è:

http://www.diritto-manuali.giappichelli.it

INTERNET Nel testo vengono citate alcune leggi e numerose sentenze della Corte costituzionale o di altri giudici. Spesso le citazioni sono corredate dal *link* per consentire di recuperare rapidamente i testi (talvolta i testi, quelli più difficili da ritrovare, sono riprodotti nel sito stesso del manuale). Tuttavia, anche quando il *link* è stato tralasciato, tutte le sentenze della Corte costituzionale si possono ritrovare in www.giurcost.org, ma anche nel sito istituzionale della Corte (www.cortecostituzionale.it), dove si trovano anche gli atti di promovimento dei giudizi. Tutte le leggi più recenti sono nel sito www.camera.it: negli ultimi anni è stato realizzato un sistema "non ufficiale" delle leggi, nel testo aggiornato: www.normattiva.it. Il dibattito tra costituzionalisti sui temi di attualità lo si può seguire su alcuni siti specializzati, tra i quali si segnalano in particolare www.forumcostituzionale.it, www.associazionedeicostituzionalisti.it, www.federalismi.it, www.costituzionalismo.it, www.confronticostituzionali.it, www.laCostituzione.info. Abituarsi a consultare direttamente le fonti e ad usare a tal fine le tecnologie telematiche è il miglior consiglio "metodologico" che si possa dare a chi si accosti agli studi di diritto. Il diritto è una materia viva: non riducetelo all'elenco del telefono!

I. LO STATO: NOZIONI INTRODUTTIVE

1. IL POTERE POLITICO

1.1. *Definizioni*

Il diritto costituzionale si occupa del potere e dei suoi limiti. In qualsiasi gruppo di individui capita che qualcuno riesca a far prevalere le sue preferenze e la sua volontà, anche quando gli altri abbiano opzioni differenti. In situazioni come queste si dice che essi esercitano un **potere sociale**, che è *la capacità di influenzare il comportamento di altri individui.*

Ciò che assume rilievo per distinguere un tipo di potere sociale dall'altro è il *mezzo* attraverso cui si esercita questa azione di influenza sul comportamento altrui. A seconda del tipo di mezzo impiegato per esercitare tale influenza sono stati distinti tre tipi diversi di potere sociale: il *potere economico*, il *potere ideologico*, il *potere politico*. Il primo è quello che si avvale del possesso di certi beni, necessari o percepiti come tali in una situazione di scarsità, per indurre coloro che non li posseggono a seguire una determinata condotta. L'esempio più immediato è offerto dal proprietario che, grazie alla disponibilità esclusiva di un bene produttivo (la terra o la fabbrica), ottiene che il non proprietario lavori per lui alle condizioni da lui stesso poste. Il *potere ideologico* è quello che si avvale del possesso di certe forme di sapere, di conoscenze, di dottrine filosofiche o religiose per esercitare un'azione di influenza sui membri di un gruppo inducendoli a compiere o all'astenersi dal compiere certe azioni. È il potere detenuto da intellettuali, sacerdoti, scienziati e oggi da coloro che operano nei mezzi di informazione. Il *potere politico*, invece, è quello che per imporre la propria volontà può ricorrere, sia pure come ultima risorsa, alla *forza*, alla coercizione fisica.

Nelle società antiche non esistevano nette demarcazioni fra le tre specie di potere sociale, che spesso si cumulavano in capo ai medesimi soggetti; questo avveniva anche nel medioevo con il sistema feudale. Solamente con l'era moderna si realizza un processo di affermazione dell'autonomia del potere politico, così da impedire che soggetti privati utilizzino una combinazione tra le altre due forme di potere sociale e la forza per prevaricare sugli altri. Perciò l'uso della forza viene progressivamente concentrato in un'istanza unitaria, togliendolo ai soggetti privati. A questa istanza è riservato il compito di assicurare la pacifica coesistenza degli individui e dei gruppi in una determinata società.

Lo Stato, che nell'esperienza attuale incarna la figura tipica di potere politico, per fare rispettare le sue leggi può ricorrere ai suoi apparati repressivi: per esempio, può imporre l'esecuzione di un'ordinanza di sgombero di un edificio, o assicurare la presenza di un testimone in un'aula di tribunale; può anche privare chi viola la legge della libertà, attraverso la sanzione della detenzione (→ § 1.2 dell'*Introduzione*).

Il **potere politico** è *quella specie di potere sociale che permette a chi lo detiene di imporre la propria volontà ricorrendo alla forza legittima.*

1.2. *La legittimazione*

Per qualificare il potere politico il riferimento all'uso della forza è necessario ma non sufficiente. Noi di solito ubbidiamo alle leggi dello Stato senza che vengano i carabinieri a casa ad imporcelo. L'uso della forza è sempre una risorsa estrema e ciò che realmente conta è l'astratta possibilità del suo impiego. Normalmente però si obbedisce al comando di chi detiene il potere politico non soltanto perché questi può ricorrere alla forza per imporre la sua volontà, ma perché si ritiene che sia moralmente obbligatorio obbedire a quel comando in quanto chi lo ha adottato è moralmente autorizzato a farlo.

Il potere politico quindi non si basa solamente sulla forza ma anche su un *principio di giustificazione* dello stesso, che si chiama **legittimazione**.

✓ MAX WEBER E IL POTERE LEGITTIMO

Il sociologo tedesco Max Weber (1860-1920) in rapporto alle diverse ragioni che inducono all'obbedienza ha individuato tre differenti *tipi di potere legittimo* ❶:

α) il **potere tradizionale** si basa sulla credenza nel carattere sacro delle tradizioni valide da sempre e nella legittimità di coloro che esercitano un'autorità in attuazione di tali tradizioni;

β) il **potere carismatico** poggia sulla dedizione straordinaria al valore esemplare o alla forza eroica o al carattere sacro di una persona e degli ordinamenti che questa ha creato;

γ) il **potere legale-razionale** poggia sulla credenza nel diritto di comando di coloro che ottengono la titolarità del potere sulla base di procedure legali ed esercitano il potere medesimo con l'osservanza dei limiti stabiliti dal diritto.

Il potere legale-razionale è un tipo di potere che è emerso in tempi relativamente recenti, a seguito delle grandi rivoluzioni liberali del XVIII secolo (la guerra di indipendenza delle Colonie americane nei confronti dell'Inghilterra negli anni 1774-1781 e la rivoluzione francese del 1789). Esso trova la sua consacrazione in due fondamentali documenti costituzionali: la *Costituzione americana* del 1787 e la *Dichiarazione dei diritti dell'uomo e del cittadino* approvata in Francia nel 1789. In quel periodo storico si afferma – in Europa e nel Nord America – il principio secondo cui il potere politico non agisce libero da vincoli giuridici, ma è esso stesso sottoposto al diritto, perché le regole garantiscono la libertà dei cittadini contro i pericoli dell'abuso da parte di chi detiene il potere.

Nella nostra cultura il potere politico deve porsi il problema della legittimità. Ad esso è riservato il monopolio della forza, perché serve ad evitare le prevaricazioni dei soggetti più forti a danno dell'autonomia degli altri individui: ma come evitare che il potere attribuito a questo scopo alle istituzioni non ingigantisca esso stesso e non giunga a distruggere le libertà che dovrebbe proteggere? Il *costituzionalismo* ha avuto la funzione di dare una risposta a questo problema mediante la *sottoposizione dello stesso potere politico a limiti giuridici*. Attraverso principi e regole giuridiche il potere politico viene limitato, "imbrigliato": il principio di legalità, la separazione dei poteri, le diverse libertà costituzionali e la possibilità di difenderle davanti ad un giudice, sono i principali mezzi giuridici attraverso cui è stato perseguito l'obiettivo di legare il potere politico con il diritto. "*Stato di diritto*" è il nome che viene usualmente dato ai sistemi politici in cui questi mezzi vengono effettivamente impiegati (→ § II.1.6).

Con la democratizzazione delle strutture dello Stato e l'avvento dell'era della sovranità popolare, che caratterizza i sistemi politici occidentali del XX secolo, la legittimazione di tipo legale-razionale è divenuta insufficiente: perché il potere sia legittimo non basta che sia sottoposto ad una regola, ma deve essere legittimato dal libero consenso popolare, espresso tramite le elezioni e attraverso i tanti strumenti (dai partiti, ai sindacati, al *referendum*, ecc.) con cui il popolo può esercitare la sua sovranità.

Da qui sono derivati nuovi problemi e nuovi compiti per il diritto costituzionale. Da una parte, ha dovuto predisporre i mezzi giuridici ed istituzionali affinché il potere politico derivasse effettivamente dal popolo sovrano, ne rispecchiasse le esigenze e le aspirazioni, evitando al contempo che finisse prigioniero dei conflitti tra gli innumerevoli interessi sociali e perdesse quella funzione di decidere e di far rispettare l'ordine sociale per adempiere la quale era sorto. Dall'altra parte, ha dovuto escogitare nuove tecniche istituzionali attraverso cui scongiurare il pericolo che il consenso popolare legittimasse un nuovo assolutismo: la tirannia della maggioranza. In questo quadro si inseriscono i tanti istituti che caratterizzano il costituzionalismo contemporaneo, tra cui: la rigidità costituzionale (→ § III.3), la giustizia costituzionale (→ § XII.1), i diritti sociali (→ § XIII.6), i *referendum* (→ § IX.9), le tecniche organizzative di rafforzamento del potere di governo (→ § II.2.2), la regolamentazione dei mercati (→ § XIII.7), l'indipendenza del giudiziario (→ § VII.3.2) e di alcune amministrazioni indipendenti (→ § XIII.7.7).

Infine, in tempi più recenti, a partire dal secondo dopoguerra e soprattutto negli ultimi due decenni, il diritto costituzionale ha dovuto affrontare la sfida lanciata dalla asimmetria tra la dimensione prettamente nazionale del potere politico e la dimensione sovranazionale (europea o addirittura mondiale) dell'economia e dei mercati [4]. Ne è derivata la spinta alla progressiva costruzione di organizzazioni sovranazionali – di cui, ai nostri fini, la più importante è l'Unione europea – cui vengono demandate certe funzioni che in origine appartenevano agli Stati, soprattutto per quanto riguarda la regolamentazione dell'economia (→ § II.7). Ancora una volta, assistiamo ad una grande costruzione giuridica in virtù della quale il diritto – questa volta di derivazione sovrastatale – circoscrive e limita il potere politico statale. In questa fase, alla spinta verso lo spostamento di alcune funzioni (come il governo della moneta) nelle istituzioni europee, si affianca una spinta di direzione inversa, e cioè quella al trasferimento di importanti compiti dallo Stato a livelli territoriali inferiori, come le Regioni ed i Comuni (→ § VI).

Sono quelli sinteticamente esposti i fili principali seguendo i quali verrà ora illustrato il modo in cui, nell'esperienza costituzionale occidentale ed in particolare in quella italiana, si è realizzato il rapporto tra politica e diritto.

2. Lo Stato

2.1. *Definizione*

Stato è il nome dato ad una particolare forma storica di organizzazione del potere politico, che esercita *il monopolio della forza legittima* in un determinato *territorio* e si avvale di un *apparato amministrativo*.

Lo Stato moderno nasce e si afferma in Europa tra il XV ed il XVII secolo e si differenzia dalle precedenti forme di organizzazione del potere politico, per la presenza di due caratteristiche: a) una concentrazione del potere di comando legittimo nell'ambito di un determinato territorio in capo ad un'unica autorità; b) la presenza di un'organizzazione amministrativa in cui opera una burocrazia professionale.

✓ IL NOME "STATO" E LA "COSA" NUOVA

La storia delle parole è spesso molto utile per capire l'evoluzione delle istituzioni e degli ordinamenti giuridici. Il vocabolo "Stato" è relativamente recente. I romani, per esempio, usavano altre espressioni, come *Res Publica* o *Civitas*, mentre la parola *"status"* aveva un significato assai diverso da quello che oggi attribuiamo allo Stato, perché indicava la condizione di un soggetto, il suo modo di essere. La fortuna del significato moderno di Stato si deve soprattutto al prestigio dell'opera di Machiavelli, *Il Principe* (1513), che si apre con queste parole: "Tutti gli Stati e tutti i domini che hanno avuto et hanno impero sopra gli uomini, sono Repubbliche o Principati". Anche i romani conoscevano il *Regnum* come forma di organizzazione del potere politico distinta dalla *Res publica*, ma non conoscevano un vocabolo di genere di cui *Regnum* e *Res publica* costituissero le specie. Invece, con l'opera di Machiavelli si diffonde l'uso del vocabolo "Stato" per designare appunto questa nozione di genere. Ma il nome nuovo corrisponde ad una "cosa" che è essa stessa nuova, perché lo Stato moderno ha dei caratteri che non si ritrovano nelle strutture politiche delle epoche storiche precedenti.

2.2. *La nascita dello Stato moderno*

La spinta alla concentrazione del potere politico nello Stato è nata come reazione alla dispersione del potere tipica del **sistema feudale**, che si era consolidato tra il tardo dodicesimo secolo ed il tredicesimo.

✓ IL SISTEMA FEUDALE

La base del sistema feudale era costituita dal rapporto *vassallo/signore*. Il signore concedeva al vassallo un feudo instaurando con lui un rapporto di obblighi e diritti reciproci: come corrispettivo del feudo il vassallo aveva obblighi di aiuto nei confronti del signore, sia in termini finanziari che militari; al contempo il feudo diventava la fonte dell'autosufficienza economica del vassallo ed il quadro di riferimento spaziale del suo potere di comando.
Il rapporto tra signore e vassallo riversava i suoi effetti su un numero assai maggiore di individui che erano legati al feudo e ne seguivano le sorti (contadini, villani, dipendenti domestici, servi, abitanti dei villaggi, ecc.), restando sottoposti al potere di comando del vassallo. I rapporti di potere erano dunque di carattere *personale* e *privato* e c'era coincidenza tra proprietà privatistica del feudo e potere di comando sugli individui che a quel feudo erano collegati. Questo tipo di rapporti, inoltre, si riproduceva a vari livelli: il cavaliere che sfruttava il feudo e vi esercitava il potere lo faceva come vassallo di un signore che a sua volta era vassallo di un signore più elevato. Di grado in grado si giungeva sino ad una specie di "sopra-signore" che si fregiava di un titolo d'origine romana, come *rex*, *princeps*, *dux*; egli reclamava un insieme di poteri di dominio più vasti rispetto a quelli normalmente trasmessi con il rapporto feudale e riferiti a un territorio determinato piuttosto che a singoli fondi posseduti a titolo privato.

Con l'andare del tempo il grado di *dispersione del potere* di comando andò crescendo per effetto di diversi fattori: il vassallo che cedeva una parte del proprio feudo a uno o più vassalli inferiori non instaurava un rapporto diretto tra quei vassalli e il suo signore, che quindi difficilmente poteva contare sull'appoggio e sull'effettiva fedeltà di coloro che in qualche modo facevano capo a lui; uno stesso individuo poteva essere contemporaneamente vassallo di più signori; poiché il rapporto feudale aveva carattere personale, i suoi contenuti, e quindi le modalità di esercizio del dominio, potevano variare da caso a caso, creando incertezze sui poteri del signore; il feudo era considerato parte del casato del vassallo e divenne perciò divisibile, ereditabile e talora alienabile, con la conseguenza che i legami tra vassallo e signore divennero ancora più tenui.

Un altro elemento accentuava il policentrismo dell'organizzazione sociale e politica che storicamente ha preceduto il sorgere dello Stato. La società non era composta di *individui*, bensì da *comunità minori* tra loro variamente combinate: quelle familiari (la famiglia-clan non già la famiglia mononucleare dell'epoca attuale), quelle economiche (come le corporazioni, cui appartenevano tutti coloro che esercitavano un determinato mestiere), quelle religiose e infine quelle politiche. Ciascuna comunità e il complesso dei signori feudali si sforzavano di avere garanzie dei diritti e dei privilegi conquistati, nel corso del tempo, nei confronti dei signori di livello più elevato. Ne derivavano due implicazioni. In primo luogo, non esisteva un diritto unico per tutti, bensì una *molteplicità di sistemi giuridici*, uno per ciascuna comunità. Poiché un soggetto poteva appartenere a diverse comunità contemporaneamente, era sottoposto a più sistemi giuridici, con problemi di sovrapposizione, di confusione e di conflitto (→ § XIII.1.1✓).

In secondo luogo, le comunità principali ("ceti", "stati", "ordini": i nomi utilizzati per chiamarli erano diversi e variavano da Paese a Paese) operavano come "custodi" delle "leggi tradizionali" fatte, per lo più, di accordi con il "principe" e di consuetudini, e con tale funzione sedevano nei parlamenti medioevali, limitando il potere del "principe". I *parlamenti medioevali* (che avevano diverse denominazioni: gli "stati generali" francesi, le "*cortes*" aragonesi, la "dieta" tedesca, il "parlamento" inglese), pertanto, erano delle assemblee in cui il "principe" ed i "corpi" della nazione dialogavano ed il cui consenso era necessario affinché le richieste di ordine finanziario del primo potessero essere soddisfatte.

La dispersione del potere ed il grande scisma religioso che sconvolse la cristianità dal 1378 al 1417 furono i principali propellenti delle guerre civili e di religione che sconvolsero l'Europa tra il sedicesimo ed il diciassettesimo secolo. Da qui il susseguirsi di guerre, di saccheggi e di miserie che caratterizzavano la vita dei popoli. La nascita e l'affermazione dello Stato moderno, con la concentrazione della forza legittima, rispondevano al bisogno di assicurare un ordine sociale dopo secoli di insicurezza (l'antitesi tra esigenze di unità ed esigenze di pluralismo costituisce uno dei "fili rossi", contrassegnato da ❷).

2.3. *Sovranità*

Come si è visto, con l'edificazione dello Stato si realizza un grandioso processo di concentrazione del potere politico, che prende il posto dell'antica dispersione del potere tipica del feudalesimo.

Gli scienziati della politica dicono che lo **Stato moderno** è *un apparato centralizzato stabile* (→ § I.2.9.1) *che ha il monopolio della forza legittima in un determinato territorio*. Il concetto giuridico che è servito a inquadrare questa caratteristica dello Stato è quello di "**sovranità**".

La sovranità ha *due aspetti*: quello interno e quello esterno. Il primo (*sovranità "interna"*) consiste nel *supremo potere di comando* in un determinato territorio, che è tanto intenso da non riconoscere nessun altro potere al di sopra di sé. Possono esistere molteplici centri di potere all'interno dello Stato, ma nessuno è pari o superiore ad esso. Il secondo aspetto (*sovranità "esterna"*) consiste nell'*indipendenza* dello Stato rispetto a qualsiasi altro Stato. I due aspetti sono strettamente intrecciati: lo Stato non potrebbe vantare il monopolio della forza legittima e quindi il supremo potere di comando su un dato territorio se non fosse indipendente da altri Stati.

✓ DALLO "STATO DI NATURA" ALLA NASCITA DEL "LEVIATANO"

Il principale teorico di questo processo è stato il filosofo Thomas Hobbes (1588-1679), che ha contrapposto alla raffigurazione di un'iniziale "stato di natura" caratterizzato da individui isolati pronti a distruggersi reciprocamente, un insieme di atti contrattuali con cui i singoli individui trasferiscono tutta la loro forza ad una "persona comune", che è lo Stato. Nella sua celebre opera *Il Leviatano*, Hobbes così descriveva l'iniziale stato di natura degli uomini: "... quando gli uomini vivono senza un potere comune che li tenga in soggezione, essi si trovano in quella condizione chiamata guerra: guerra che è quella di ogni uomo contro ogni altro uomo". Per porre fine a questa situazione di pericolosa incertezza, gli uomini affidano la loro sicurezza ad un potere comune: "L'unico modo di erigere un potere comune che possa essere in grado di difenderli dall'aggressione di stranieri e dai torti reciproci ... è quello di trasferire tutto il loro potere e tutta la loro forza a un solo uomo o a una sola assemblea di uomini". Lo Stato ha il monopolio dell'uso della forza che gli è stata trasferita da individui isolati e terrorizzati, spinti dalla necessità di uscire dallo stato di natura.

Dopo l'affermazione dello Stato moderno, la storia politica europea ha posto la grande questione di chi fosse nello Stato il titolare ultimo della sovranità. Cioè si è posta la questione di *"chi" esercitasse effettivamente il potere sovrano*. Il campo è stato conteso principalmente fra tre teorie: la teoria della sovranità della persona giuridica Stato; la teoria della sovranità della nazione; la teoria della sovranità popolare.

a) Sono stati soprattutto i giuristi tedeschi (Gerber, Laband) e italiani (V.E. Orlando, S. Romano), fra la fine dell'ottocento ed i primi decenni del novecento, a configurare lo *Stato come persona giuridica*, cioè come vero e proprio soggetto di diritto, titolare della sovranità. Questa tesi poteva adempiere due funzioni. Da una parte, in Paesi di recente unità nazionale, serviva a dare una legittimazione di carattere "oggettivo" allo Stato, e quindi era utile al rafforzamento di ancora deboli identità nazionali: "sovrano" non è più una persona fisica, il Re, a cui i "sudditi" in qualche modo "appartengono", ma è un ente astratto, slegato dalle persone fisiche che lo go-vernano. Dall'altra parte, poteva risolvere, occultandolo, il conflitto tra due diversi principi politici: quello monarchico e quello popolare. Secondo l'interpretazione prevalente dello *Statuto Albertino* (la Costituzione piemontese del 1848, estesa all'Italia intera dopo l'unificazione: → § III.3.2) sovrano non era né il re né il popolo, bensì lo Stato medesimo personificato.

b) La **sovranità della nazione** è stata una delle invenzioni più importanti del costituzionalismo francese dopo la rivoluzione del 1789. L'art. 3 della *Dichiarazione dei diritti dell'uomo e del cittadino* (1789) affermava, infatti, che: "*la sovranità appartiene alla Nazione da cui emanano tutti i poteri*".

L'ordine politico che precedeva la rivoluzione francese (*l'Ancien Régime*) era quello dello Stato assoluto (→ § II.1.2), essenzialmente fondato sulla identificazione tra lo Stato e la persona del Re. Questo era il significato del famoso motto, che la tradizione imputa a Luigi XIV, "lo Stato sono io". Con l'ordine politico nato dalla rivoluzione francese cessa l'identificazione dello Stato con la persona del Re, al cui posto viene collocata l'entità collettiva "**Nazione**", a cui si appartiene perché accomunati da valori, ideali, legami di sangue e tradizioni comuni. La sovranità nazionale, che pure ha avuto interpretazioni diverse, storicamente è sorta con due funzioni precise. In primo luogo, era diretta contro la sovranità del Re: se la sovranità spettava alla Nazione, automaticamente veniva meno quella del Re. In secondo luogo, la Nazione era una collettività omogenea che metteva fine all'antica divisione del Paese in ordini e ceti sociali. Al loro posto subentravano i singoli *cittadini eguali* (→ § XIII.1.1✓), unificati politicamente nell'entità collettiva chiamata Nazione. In questo modo, perciò, il costituzionalismo della rivoluzione intendeva porre definitivamente fine all'assolutismo regio ed al vecchio ordine sociale di tipo "comunitario" a favore del singolo individuo.

c) Entrambe le teorie richiamate hanno tentato di contrastare l'affermazione di un altro principio, quello della **sovranità popolare**. La sua formulazione più nota si deve a J.J. Rousseau (1712-1778), il quale faceva coincidere la sovranità con la "*volontà generale*", che a sua volta era identificata con la volontà del popolo sovrano, ossia dell'insieme dei cittadini considerati come un ente collettivo. Il principio della sovranità popolare sfociava in una visione iper-democraticistica dell'organizzazione politica, per cui il popolo doveva esercitare direttamente la sua sovranità, senza ricorrere alla delega di potere decisionale a suoi rappresentanti, che è il presupposto di un sistema rappresentativo (→ § II.2.1).

Tuttavia c'è almeno un elemento che accomuna le diverse teorie sulla sovranità passate in rassegna: il rifiuto di qualsiasi "legge fondamentale" capace di vincolare il sovrano, Re o popolo che fosse. Perciò, se l'agire dello Stato poteva essere disciplinato e circoscritto attraverso leggi, si trattava pur sempre di *autolimiti* che il sovrano poneva a se stesso e che quindi poteva rimuovere a suo piacimento.

2.4. *Nuove tendenze della sovranità*

Il costituzionalismo del novecento, ed in particolare quello del secondo dopoguerra, ha visto la generalizzata affermazione del *principio della sovranità popolare*. La vigente Costituzione italiana afferma che *la sovranità appartiene al popolo che la esercita nelle forme e nei limiti della Costituzione* (art. 1.2). Sia pure con formulazioni diverse, il principio della sovranità popolare è consacrato da quasi tutti i documenti costituzionali moderni.

Dall'altra parte, però, la sovranità del popolo ha perduto quel carattere di assolutezza che aveva nel secolo precedente, e ciò principalmente a causa di tre circostanze, che hanno messo in crisi la tradizionale teoria della sovranità popolare.

La prima è che la sovranità popolare non si esercita direttamente, ma viene inserita in un *sistema rappresentativo* basato sul suffragio universale (→ § II.2). L'esercizio del potere politico da parte delle istituzioni rappresentative deve svolgersi sulla base del *consenso popolare*, che diventa la condizione preminente di legittimazione dello Stato. Non è più sufficiente che il potere di comando si eserciti in conformità al diritto (secondo il modello del potere "legale-razionale"), ma occorre altresì che chi esercita questo potere lo faccia in virtù del consenso popolare, espresso principalmente attraverso le elezioni a cui partecipi l'intera collettività nazionale.

La seconda circostanza è la diffusione di Costituzioni rigide (→ § III.3.1), che hanno un'efficacia superiore alla legge e possono essere modificate solamente attraverso procedure molto complesse. Inoltre la preminenza della Costituzione viene, di regola, garantita dall'opera di una Corte costituzionale (→ § XII.1). Di conseguenza, i titolari della sovranità, nell'esercizio dei loro poteri, incontrano limiti giuridici difficilmente superabili.

✓ LA SOVRANITÀ NELLA COSTITUZIONE ITALIANA

La Costituzione italiana risolve così il problema della sovranità. L'art. 1.2 afferma che *"la sovranità appartiene al popolo che la esercita nelle forme e nei limiti della Costituzione"*. Ben presto il tentativo di qualche interprete di negare valore normativo a questa formula è stato abbandonato, e quindi si è riconosciuto che la vigente Costituzione accoglie il principio della sovranità popolare. Tuttavia esso assume un contenuto differente da quello proprio della visione di Rousseau poc'anzi richiamata. Insieme alla sovranità popolare, infatti, è prevista la preminenza della Costituzione (art. 138) garantita dalla presenza della Corte costituzionale chiamata a imporne l'osservanza. Il che riflette l'origine storica della nostra Costituzione: dopo la seconda guerra mondiale, la resistenza ed il crollo del

fascismo, forze politiche con ideologie tra loro molto diverse e conflittuali cercarono nella Costituzione soprattutto una garanzia reciproca di esistenza contro la possibilità che sorgesse un nuovo potere assoluto e dispotico, anche se legittimato dal voto popolare.
La sovranità popolare, perciò, non è configurata in termini assoluti: il popolo è il titolare della sovranità ma può esercitarla solamente con il rispetto delle forme e dei limiti stabiliti dalla Costituzione. Quest'ultima individua i mezzi di cui il popolo può servirsi per l'esercizio della sovranità, come il corpo elettorale (art. 48), i partiti politici (art. 49), il *referendum* (art. 75), e stabilisce i limiti entro cui ciò può avvenire (per esempio, il referendum può essere solo abrogativo e non può riguardare certe categorie di leggi: → § IX.9). Inoltre i poteri in cui si scompone la sovranità non sono tutti affidati al popolo, che può azionare solamente quelli espressamente attribuitigli dalla Costituzione, mentre gli altri (come quello di fare le leggi: art. 70) sono esercitati dalle diverse articolazioni dell'organizzazione statale (Parlamento, Governo, ecc.), sempre nel rispetto della Costituzione. La sovranità popolare si inserisce perciò in un sistema rappresentativo.

Tutto ciò costituisce una risposta ad un problema posto dall'affermazione del *pluralismo* politico e sociale. Quando esistono molteplici gruppi sociali e politici, nessuno dei quali gode di una posizione di egemonia e di assoluta preminenza, ciascuno di essi chiede la garanzia della propria esistenza ed il mantenimento di condizioni di parità nella competizione politica ❷. Perciò il sistema di limiti ed i principi previsti dalla Costituzione, che si sostanziano nelle garanzie delle minoranze e nei diritti fondamentali, devono prevalere sulla volontà di chi detiene il potere politico.

2.5. *Sovranità e organizzazione internazionale*

La terza tendenza, che concorre a limitare la sovranità, è costituita dall'affermazione di *organizzazioni internazionali*. Tradizionalmente la sovranità "esterna" non riconosceva altri limiti se non quelli di volta in volta scaturenti da accordi tra gli Stati (i "Trattati" del diritto internazionale: → § IX.4.3) e questa idea di sovranità ha trovato il suo culmine e insieme il suo fallimento nella prima metà del novecento con le due guerre mondiali (1914-1945). Da allora si è sviluppato un processo di limitazione giuridica della sovranità "esterna" degli Stati, con la finalità principale di garantire la pace e tutelare i diritti umani (→ § II.7). Il processo è stato avviato con il trattato istitutivo dell'**Organizzazione delle Nazioni Unite** (**ONU**) approvato a San Francisco il 26 giugno 1945, che ha come finalità principale il mantenimento della pace e della sicurezza internazionale, e poi con la ***Dichiarazione universale dei diritti dell'uomo*** approvata il 10 dicembre 1948 dall'Assemblea generale delle Nazioni Unite. Ma da questa non discendono vincoli giuridici; e la stessa ONU, come afferma il trattato istitutivo, "è fondata sul principio della sovrana eguaglianza di tutti i suoi membri" e pertanto vieta l'ingerenza nelle questioni interne di ciascuno Stato.

La limitazione della sovranità statale diventa invece molto più evidente ed intensa con la creazione in Europa di **Organizzazioni sovranazionali**; cioè con l'istituzione della **Comunità economica europea** (istituita nel 1957), della **Comunità europea del carbone e dell'acciaio** (istituita nel 1951) e della **Comunità europea per l'energia atomica** (istituita nel 1957), tutte e tre riunite, a partire dal Trattato di Maastricht (1992), nella **Comunità europea** (**CE**) ed ora nell'*Unione europea* (UE).

✓ DAL "MERCATO COMUNE" ALLA "UNIONE EUROPEA": LE TAPPE DELLA STORIA EUROPEA

La storia della Comunità europea inizia nel 1951, con la stipulazione del Trattato di Parigi che istituisce la **CECA** (Comunità europea del carbone e dell'acciaio). Con i Trattati di Roma del 1957 (entrati in vigore il 1° gennaio 1958) vengono istituite la **CEE** (Comunità economica europea) e l'**Euratom** (Comunità europea per l'energia atomica). Nel 1965, con il Trattato di Bruxelles, gli organi esecutivi (il Consiglio e la Commissione) delle tre Comunità vengono fusi. Nel 1976 viene decisa l'elezione diretta a suffragio universale del Parlamento europeo. Nel 1987 entra in vigore l'*Atto unico europeo*, che segna una notevole espansione delle competenze formalmente attribuite alla Comunità europea (politica sociale, ambiente, coesione economica e sociale, ecc.) e procedure decisionali più agili. Nel 1992 viene firmato il Trattato di Maastricht, entrato in vigore alla fine del 1993: la competenza della Comunità si estende ulteriormente nel campo della politica economica e della moneta e viene istituita l'**Unione europea** (**UE**), che è un completamento delle comunità europee, integrate da due nuovi "pilastri", la *politica estera e di sicurezza comune* (PESC) e la *cooperazione nei settori della giustizia e degli affari interni* (CGAI). Dopo l'entrata in vigore (1° dicembre 2009) del **Trattato di Lisbona** (noto anche come *Trattato di riforma*), l'Unione europea ha definitivamente sostituito la Comunità europea [1]. Anche geograficamente la Comunità europea si era nel frattempo allargata. Al nucleo originale di sei Paesi (Italia, Francia, Germania, Belgio, Olanda, Lussemburgo), si sono aggiunti in seguito Regno Unito, Irlanda e Danimarca (1972), Grecia (1979), Spagna e Portogallo (1985), Austria, Finlandia e Svezia (1994), Polonia, Estonia, Lettonia, Lituania, Repubblica Ceca, Slovacchia, Ungheria, Slovenia, Cipro e Malta (2004), Romania e Bulgaria (2007), Croazia (2013), mentre è ancora in dubbio l'ingresso futuro della Turchia. L'Unione conta ormai ventisette Stati e quasi 500 milioni di cittadini, che parlano 23 lingue "ufficiali".

INTERNET Informazioni sui Trattati istitutivi dell'Unione europea si possono trovare nel sito del Consiglio: http://eur-lex.europa.eu/collection/eu-law/treaties.html?locale=it

Gli Stati membri (tra cui, com'è noto, c'è l'Italia) hanno trasferito a tali organizzazioni poteri rilevanti, attribuendo loro sia la competenza a produrre, in determinati ambiti, norme giuridiche – che sono efficaci e vincolanti per gli Stati e tendenzialmente prevalgono sul loro diritto interno, talora con effetti diretti per i cittadini degli Stati membri (→ § XI.1.2) –, nonché il potere di adottare, in certi campi (come la politica agricola e la politica monetaria), decisioni prima riservate agli Stati. In questo modo, poteri che tradizionalmente definivano il nucleo della sovranità – come il potere normativo ed il governo della moneta – sono stati trasferiti a organizzazioni sovranazionali.

Va comunque precisato che le organizzazioni sovranazionali non possono sostituirsi integralmente allo Stato. Una sentenza della Corte costituzionale tedesca del 1993 (c.d. *Maastricht-Urteil*) ha affermato che debbono comunque rimanere al Parlamento tedesco funzioni e poteri di valore sostanziale. Tale tesi si fonda sulla considerazione

[1] Il Trattato di Lisbona ha apportato vaste modifiche sia al Trattato che aveva istituito l'Unione europea (denominato **Trattato sull'Unione europea – TUE**) sia al precedente Trattato istitutivo della Comunità europea (da ora denominato **Trattato sul funzionamento dell'Unione europea – TFUE**). Nel corso del libro, le citazioni degli articoli faranno riferimento alle versioni attuali dei due trattati.

che solo riconoscendo un ruolo ai Parlamenti nazionali è possibile assicurare una legittimazione democratica all'Unione europea. Quanto alla Corte costituzionale italiana, essa ha posto come limite all'azione delle istituzioni comunitarie il rispetto di "controlimiti" rappresentati dai "principi fondamentali dell'ordinamento costituzionale" (→ § XI.2.3.δ).

✓ DALL'EUROPA DEI MERCATI ALL'EUROPA DEI DIRITTI

Le Comunità europee sono sorte con l'obiettivo di assicurare ai Paesi Europei una pace duratura dopo gli sconvolgimenti delle due guerre mondiali scoppiate nel corso del '900. Tale obiettivo andava raggiunto integrando le economie dei Paesi fondatori. Perciò le libertà previste dal Trattato di Roma erano finalizzate all'instaurazione di un mercato comune: le libertà di circolazione delle persone, dei beni, dei capitali e dei servizi. Successivamente, con la crescita dell'Europa politica – soprattutto dopo l'introduzione dell'elezione diretta del Parlamento Europeo – cominciò ad affermarsi la questione dei diritti dei cittadini europei, da far valere nei confronti del nuovo potere pubblico europeo. Il riconoscimento dei diritti fondamentali nell'ordinamento europeo è avvenuto per effetto della giurisprudenza della Corte di giustizia (→ § XI.1.1). Questa evoluzione dall'Europa del mercato all'Europa dei diritti, è stata codificata dall'art. 6 del Trattato di Maastricht: *"L'Unione rispetta i diritti fondamentali quali sono garantiti dalla Convenzione europea per la salvaguardia dei diritti dell'uomo e delle libertà fondamentali, firmata a Roma il 4 novembre 1950, e quali risultano dalle tradizioni costituzionali comuni degli Stati membri, in quanto principi generali del diritto comunitario"*. Successivamente si è sviluppato un ampio dibattito sull'opportunità di tradurre i diritti di origine giurisprudenziale in diritti proclamati in un documento di natura costituzionale. L'obiettivo era consolidare la tutela di questi diritti, ma anche realizzare una più profonda integrazione tra i cittadini dell'Unione europea, fondando quest'ultima su alcuni valori condivisi. Il primo risultato di questo dibattito è stata la proclamazione, in occasione del Consiglio europeo riunito a Nizza nel dicembre del 2000, della **Carta dei diritti dell'Unione europea**. Quest'ultima è articolata in sei "capi", ciascuno riconducibile ad un valore o principio fondamentale, dedicati rispettivamente a: *dignità umana, libertà, uguaglianza, solidarietà, cittadinanza, giustizia,* cui si aggiunge un "capo" sulle disposizioni generali. Sebbene la Carta formalmente non fosse inizialmente dotata di uno specifico valore giuridico, i giudici comunitari e quelli nazionali ne hanno utilizzato le clausole in alcune loro pronunce. Alla fine il *Trattato di Lisbona* ha conferito piena efficacia giuridica alla Carta, che perciò vincola le istituzioni europee e gli Stati membri quando applicano il diritto dell'Unione.

2.6. *Territorio*

La sovranità è esercitata dallo Stato su un determinato **territorio**. Secondo la concezione tradizionale, la sovranità implica che lo Stato eserciti il supremo potere di comando in un determinato ambito spaziale, in modo indipendente da qualsiasi altro Stato. Se un altro soggetto, oppure un altro Stato, volessero esercitare nel medesimo ambito spaziale un potere di comando altrettanto indipendente, sarebbero messe in discussione la sovranità e la stessa esistenza dello Stato.

La precisa *delimitazione del territorio*, pertanto, è condizione essenziale per garantire allo Stato l'esercizio della sovranità e per assicurare agli Stati l'indipendenza reciproca. Oggi, peraltro, tutta la terraferma, ad eccezione dell'Antartide, è divisa tra Stati. Perciò il diritto internazionale ha elaborato un corpo di regole che servono a delimitare l'esatto ambito territoriale di ciascuno Stato. Secondo queste regole il territorio è costituito: dalla terraferma, dalle acque interne comprese entro i confini, dal mare territoriale, dalla piattaforma continentale, dallo spazio atmosferico sovrastante, da navi e aeromobili battenti bandiera dello Stato quando si trovano in spazi non soggetti alla sovranità di alcuno Stato, dalle sedi delle rappresentanze diplomatiche all'estero.

Terraferma: è la porzione di territorio delimitata da confini, che possono essere naturali (per esempio, nel caso in cui coincidano con fiumi o catene di montagne) o artificiali. Di regola i confini sono delimitati da Trattati internazionali.

Mare territoriale: è quella fascia di mare costiero interamente sottoposta alla sovranità dello Stato. Secondo un criterio tradizionale, esso si estendeva fino al punto massimo in cui lo Stato poteva materialmente esercitare la sua forza. Poiché la gittata massima dei cannoni era di tre miglia, questa lunghezza fu per lungo tempo l'ambito di estensione del mare territoriale. Ovviamente, con lo sviluppo della moderna tecnologia bellica, che consente di inviare missili a migliaia di chilometri di distanza, quel criterio è stato superato. Oggi, quasi tutti gli Stati fissano in 12 miglia marine il limite del mare territoriale, adeguandosi all'ultima convenzione internazionale in materia, quella di Montego Bay (Giamaica) del 10 dicembre 1982 sul diritto del mare. Questo è il limite del mare territoriale riconosciuto dall'Italia, come prescrive l'art. 2 del codice della navigazione. Si tratta però di una regola non accettata da tutti gli Stati, alcuni dei quali rivendicano una maggiore estensione del loro mare territoriale.

Piattaforma continentale: è costituita dal cosiddetto *zoccolo continentale*, e cioè da quella parte del fondo marino di profondità costante che, più o meno esteso, circonda le terre emerse prima che la costa sprofondi negli abissi marini. La regola ormai generalmente accettata è che gli Stati possono riservare a sé l'utilizzazione esclusiva delle risorse naturali estraibili dalla piattaforma continentale, purché sia assicurata la libertà delle acque.

La dottrina giuridica ha sempre ribadito come il territorio sia coessenziale allo Stato. Se questo è certamente corrispondente alla realtà dello Stato moderno, occorre aggiungere che oggi il rapporto tra sovranità e territorio non è più così intenso come un tempo. Lo Stato ha perduto il controllo di alcuni fattori presenti sul suo territorio e la possibilità che tali fattori superino, in entrata o in uscita, i confini non dipende, in tanti casi, dalla sua volontà.

✓ TERRITORIO E SOVRANITÀ NELL'ECONOMIA GLOBALE

L'indebolimento del controllo che, nell'attuale momento storico, lo Stato esercita sul proprio territorio è da collegare soprattutto all'affermazione di quella che viene chiamata **globalizzazione** ❹, cioè la creazione di un mercato mondiale in cui i fattori produttivi si spostano con estrema facilità da un Paese all'altro. Alla base della globalizzazione dell'economia stanno soprattutto i seguenti fattori:
- il progresso tecnologico nel campo dei trasporti e delle comunicazioni, che rende sempre più facile ed economico lo spostamento dei beni da un luogo all'altro;
- la "smaterializzazione" delle ricchezze tradizionali, attraverso la cosiddetta "finanziarizzazione" dell'economia, che sempre di più si basa sulla proprietà e lo scambio di risorse finanziarie piuttosto che sul possesso di beni materiali;

– l'accresciuta importanza strategica ed economica di altri "beni immateriali", come la conoscenza e l'informazione;
– lo sviluppo dell'informatica e la creazione di reti telematiche, che rendono possibile il rapidissimo spostamento di informazioni e di capitali da una parte all'altra del Pianeta;
– lo sviluppo di sistemi produttivi flessibili, che consentono alle imprese di spostarsi rapidamente da un luogo all'altro o di allocare le diverse fasi del ciclo produttivo in aree territoriali diverse (si pensi ad alcune imprese leader nel settore dell'abbigliamento, che insediano i centri di disegno dei capi e le strutture che curano il marketing nel cuore dell'Europa, in modo da utilizzare le migliori risorse umane in questi campi, mentre la lavorazione degli indumenti avviene in Paesi extraeuropei dove il costo della manodopera è più basso).

Dalla globalizzazione dell'economia discendono numerose conseguenze. Anzitutto le risorse più importanti, e cioè il capitale finanziario, le informazioni e le conoscenze, che per loro natura non sono legate al territorio (si dice perciò che l'economia si è "deterritorializzata"), si spostano da un luogo all'altro, e perciò anche da uno Stato all'altro, alla ricerca del luogo più conveniente in cui posizionarsi, sfuggendo pressoché integralmente al controllo dei poteri pubblici. In secondo luogo, gli Stati sono sempre più influenzati da decisioni che vengono prese al di fuori dei loro confini, ma che hanno effetti considerevoli all'interno del territorio dello Stato (si pensi alla decisione dei grandi investitori di realizzare vendite massicce dei titoli del debito pubblico di un determinato Stato, mettendone in crisi la liquidità, determinando un rialzo dei tassi di interesse e il conseguente aumento del debito dello Stato; oppure si pensi alle conseguenze, sul livello dei prezzi, e perciò sul tasso di inflazione, delle decisioni prese dai Paesi produttori di petrolio o da grandi gruppi multinazionali). In terzo luogo, si realizza una competizione tra Stati per attrarre imprese e capitali e, in questo modo, per aumentare la ricchezza che esiste e si produce nel loro territorio. Infatti, la velocità e la facilità di spostamento dei principali fattori produttivi fa sì che essi tendano ad allocarsi in quelle aree territoriali dove incontrano regole legali, sistemi fiscali, amministrazioni pubbliche e qualità del capitale umano, tali da rendere più conveniente l'attività.

Ciò significa che gli Stati si trovano davanti ad un'alternativa secca: o chiudere le proprie frontiere agli scambi con l'esterno, esponendo il Paese al rischio dell'impoverimento, oppure garantire la piena libertà di movimento di capitali, beni e servizi, accettando così di conformarsi alla logica del mercato globale ed alla competizione tra aree territoriali. Ma l'adesione alla seconda alternativa comporta una certa riduzione dell'area delle scelte politiche consentite allo Stato. Infatti, gli operatori interni ed internazionali fanno confluire i propri capitali nel territorio di uno Stato finché vi siano sufficienti prospettive di guadagno, e cioè non solo regole convenienti, disponibilità di infrastrutture, amministrazioni efficienti, ma anche una pressione fiscale tollerabile, un bilancio pubblico sano, un uso efficiente delle risorse pubbliche. Lo Stato è formalmente libero di adottare gli indirizzi politici che ritiene più opportuni, ma sostanzialmente è costretto a sottostare al giudizio del mercato e, quindi, a seguire indirizzi politici compatibili con le esigenze della competizione internazionale.

In conclusione, non è più vero che lo Stato abbia piena sovranità sul suo territorio, tanti essendo i condizionamenti provenienti dai mercati internazionali.

Ciò è particolarmente evidente se si pensa al *mercato unico europeo* (→ § II.7.3) in cui hanno trovato piena attuazione la *libera circolazione delle merci, dei capitali, dei servizi e delle persone tra gli Stati della UE*. Lo Stato ha perduto il potere di trattenere entro i propri confini alcuni fattori produttivi come i capitali o di impedire od ostacolare l'ingresso ai beni prodotti in un altro Paese. Perciò ormai tra gli Stati membri dell'Unione europea si è creato uno "spazio senza frontiere interne", ispirato al "principio di un'economia di mercato aperta e in libera concorrenza" (secondo la formula impiegata dall'art. 119 TFUE) ❸.

✓ TERRITORIO E FRONTIERE NELL'UNIONE EUROPEA

L'integrazione europea ha portato al progressivo indebolimento dei confini tra gli Stati membri dell'Unione, soprattutto dopo che, con il Trattato di Lisbona, è stata istituita un'**Area di libertà sicurezza e giustizia**. Tale processo, se comporta un allentamento del rapporto tra lo Stato e il suo territorio, non equivale al superamento della nozione e della rilevanza delle frontiere. Piuttosto alla riduzione della rilevanza delle **frontiere interne**, e cioè di quelle esistenti tra gli Stati dell'Unione, corrisponde una maggiore rilevanza, giuridica e politica, delle **frontiere esterne**, cioè di quelle tra l'Unione e gli Stati terzi (cioè gli Stati che non fanno parte dell'Unione).
L'art. 3 del TUE garantisce ai cittadini dell'Unione uno **spazio di libertà, sicurezza e giustizia** senza frontiere interne, in cui sia assicurata la libera circolazione delle persone insieme a misure appropriate per quanto concerne i controlli alle frontiere esterne, l'asilo, l'immigrazione, la prevenzione della criminalità e la lotta contro quest'ultima. Non solo le merci, ma anche le persone possono circolare liberamente da uno Stato membro all'altro e di potere risiedere nel territorio di qualsiasi Stato membro (art. 21 TFUE). I controlli sulle persone alle frontiere interne sono stati aboliti del tutto con riguardo agli Stati che aderiscono alla **zona Schengen**.
Lo spazio senza frontiere interne comporta che l'Unione deve assicurare il controllo delle frontiere esterne e quindi anche il controllo dell'immigrazione che proviene da Stati terzi. Lo Stato di primo ingresso deve esercitare un controllo adeguato a garantire le esigenze di sicurezza sue e degli altri Stati dell'Unione. Di ciò si tratterà in seguito (→ § II.7.6).

2.7. *Cittadinanza*

La **cittadinanza** è uno *status* cui la Costituzione riconnette una serie di *diritti* e di *doveri*. Essa è condizione per l'esercizio dei diritti connessi alla titolarità della sovranità da parte del popolo, tra cui in particolare i diritti "politici" (→ § XIII.8), come l'elettorato "attivo" e "passivo" (→ § IV.7.2), ma è anche fondamento di alcuni doveri costituzionali, espressione della solidarietà che esiste tra i componenti di un unico popolo (dovere di difendere la Patria, concorrere alle spese pubbliche in ragione delle proprie capacità contributive, fedeltà alla Repubblica e osservanza della Costituzione e delle leggi: → § XIII.9). La Costituzione italiana stabilisce che nessuno può essere privato della cittadinanza per motivi politici (art. 22, che vieta altresì di privare una persona, sempre per motivi politici, della capacità giuridica e del nome). Ma i modi in cui la cittadinanza può essere acquistata, perduta e riacquistata sono disciplinati dalla legge (attualmente la legge 91/1992 ed il relativo regolamento di esecuzione adottato con d.P.R. 572/1993, modificati in senso restrittivo dalla legge 94/2009).

✓ COME SI ACQUISTA, SI PERDE E SI RIACQUISTA LA CITTADINANZA ITALIANA

La cittadinanza italiana viene acquistata:
A) con *la nascita* per:
– *ius sanguinis*, ossia acquista la cittadinanza il figlio, anche adottivo, di padre o madre in possesso della cittadinanza italiana, qualunque sia il luogo di nascita;
– *ius soli*, ossia acquista la cittadinanza colui che è nato in Italia da genitori ignoti o *apolidi* (cioè privi di qualunque cittadinanza), o che, nato in Italia da cittadini stranieri, non ottenga la cittadinanza dei genitori sulla base delle leggi degli Stati cui questi appartengono;

B) lo straniero nato in Italia, che vi abbia risieduto legalmente senza interruzioni fino al raggiungimento della maggiore età, diviene cittadino se entro un anno dichiara di voler acquistare la cittadinanza italiana;
C) su istanza dell'interessato (gravata dal pagamento di un "contributo" di 200 euro), rivolta al sindaco del Comune di residenza o all'autorità consolare, e in particolare:
– dal coniuge, straniero o apolide, di un cittadino o cittadina italiani qualora ricorrano determinate condizioni (che dopo il matrimonio risieda in Italia per almeno due anni o che siano decorsi almeno tre anni dalla data del matrimonio e in costanza del medesimo: i termini sono dimezzati in presenza di figli);
– dallo straniero che possa vantare un genitore o un ascendente in linea retta di secondo grado che sia cittadino italiano per nascita;
– dallo straniero, che abbia raggiunto la maggiore età, adottato da cittadino italiano e residente nel territorio nazionale da almeno cinque anni successivi all'adozione;
– dallo straniero che ha prestato servizio alle dipendenze dello Stato per almeno cinque anni;
– dal cittadino di uno degli Stati membri della UE, dopo almeno quattro anni di residenza nel territorio della Repubblica;
– dall'apolide dopo almeno cinque anni di residenza;
– dallo straniero, dopo almeno dieci anni di regolare residenza in Italia.

La medesima legge disciplina i casi di *perdita della cittadinanza,* che può avvenire o *per rinunzia oppure automaticamente* in presenza di certe condizioni. Nella prima ipotesi rientra, in particolare, il caso del cittadino che possieda, acquisti o riacquisti una cittadinanza straniera, qualora risieda o abbia deciso di stabilire la propria residenza all'estero. Nella seconda ipotesi rientra il caso del cittadino che svolgendo funzioni alle dipendenze di uno Stato estero, intenda conservare questa posizione nonostante l'intimazione del Governo italiano a cessare tale rapporto di dipendenza. La cittadinanza perduta può essere riacquistata quando ricorrano alcune condizioni, fissate dalla legge 91/1992.

2.8. *La cittadinanza dell'Unione europea*

Con l'integrazione europea il rapporto tra lo Stato ed i propri cittadini cessa di avere quel carattere di esclusività che aveva in passato. Il Trattato sull'Unione europea del 1992 (noto come Trattato di Maastricht) ha introdotto l'istituto della **cittadinanza dell'Unione** (artt. 20-25 TFUE). Presupposto della cittadinanza dell'Unione è la cittadinanza di uno Stato membro. La cittadinanza dell'Unione "*completa la cittadinanza nazionale e non la sostituisce*" (art. 20 TFUE). I diritti di cittadinanza devono essere integrati attraverso il riferimento a quel complesso di situazioni soggettive che sorgono in base al Trattato UE e alle relative norme di attuazione. Tant'è che il cittadino dell'Unione, oltre a poter agire in giudizio davanti agli organi di giustizia dell'Unione, può agire nei confronti dello Stato di cui possiede la cittadinanza per far valere i diritti che gli spettano in forza della cittadinanza comunitaria ❸.

In particolare, tali situazioni soggettive comprendono: "*il diritto di circolare e di soggiornare liberamente nel territorio degli Stati membri, fatte salve le limitazioni e le condizioni previste dal presente Trattato e dalle disposizioni adottate in applicazione di esso*" (art. 21 TFUE); la possibilità di godere della "*tutela da parte delle autorità diplomatiche e consolari di qualsiasi Stato membro, alle stesse condizioni dei cittadini di detto Stato*", qualora lo Stato di nazionalità non sia "rappresentato" nello Stato terzo (art. 23 TFUE); il *diritto di petizione* al Parlamento europeo ed il diritto di rivolgersi al *mediatore europeo* (art. 24 TFUE).

Ma l'aspetto più importante della disciplina in esame è l'attribuzione al cittadino dell'Unione del diritto di *elettorato attivo e passivo* (→ § IV.7.2) "*alle elezioni comunali nello Stato membro in cui risiede*", nonché alle "*elezioni del parlamento europeo nello Stato membro in cui risiede*" (art. 22 TFUE). In entrambi i casi il diritto di elettorato viene riconosciuto al cittadino dell'Unione alle stesse condizioni dei cittadini dello Stato in cui risiede. In Italia, sulla base di quanto previsto da una direttiva comunitaria (94/80/CE), è stato adottato il d.lgs. 197/1996 che definisce le modalità di esercizio dell'elettorato attivo e passivo in relazione alle elezioni comunali. Secondo questa normativa, i cittadini dell'Unione, che intendano partecipare alle elezioni per il rinnovo degli organi comunali e circoscrizionali, devono chiedere l'*iscrizione* in un'apposita lista elettorale. L'iscrizione consente, oltre all'esercizio del diritto di voto, l'eleggibilità a consigliere comunale (ma non a sindaco) e la nomina a componente della giunta (ma non a quella di vice-sindaco).

Inoltre, l'Unione si impegna a rispettare i diritti fondamentali quali sono sanciti dalla *Convenzione europea per la salvaguardia dei diritti dell'uomo e del cittadino* (→ §§ XIII.3.1.1✓e XII.3.2.3) e quali risultano dalle "tradizioni costituzionali comuni agli Stati membri, in quanto principi generali del diritto comunitario" (art. 6 TUE). Il sistema è completato da un apparato di garanzie: ogni persona può adire la Corte di Giustizia con riguardo ad atti delle istituzioni comunitarie che considera contrari ai diritti fondamentali (→ § XI.2.4). Lo *status* di cittadino dell'Unione potrà essere ulteriormente arricchito di nuovi contenuti man mano che diventerà più stretta l'integrazione europea. Infatti il Trattato prevede un procedimento per emanare "*disposizioni intese a completare i diritti previsti*" negli articoli precedenti, che perciò potranno essere adottate senza ricorrere ad una modifica del Trattato medesimo (art. 25 TFUE).

✓ DALLO STATO-NAZIONE ALLE SOCIETÀ MULTICULTURALI

La cittadinanza nel processo di costruzione dello Stato ha avuto un ruolo fondamentale, esprimendo il legame stabile, che affondava le sue radici in una storia ed in una cultura comuni, tra un gruppo di persone e lo Stato, da cui il diritto faceva discendere uno *status* particolare, costituito da un complesso di situazioni soggettive attive e passive. Da qui derivava la distinzione tra i cittadini e gli **stranieri**, che non potevano vantare nel territorio dello Stato il complesso di diritti propri dei cittadini. Oggi, però, la distinzione è in crisi. Già si è visto come i cittadini dell'Unione europea possono vantare una serie di diritti anche nei confronti degli Stati membri dell'Unione diversi da quello di cui hanno la cittadinanza nazionale ❸. Devono aggiungersi le conseguenze che sulla materia in esame derivano per effetto degli afflussi migratori di massa nei Paesi più ricchi e liberi, dell'utilizzazione di stranieri extracomunitari in diverse attività economiche, del sostanziale stabilirsi in tali Paesi di singoli e di intere famiglie provenienti da altri Paesi e da differenti civiltà ❹. Pertanto, alla distinzione tra cittadini e stranieri tende a subentrare un'altra, basata sulla nozione più alta di "residente" (→ § XIII.3.1.1).

Anche attraverso il riconoscimento di tali diritti agli stranieri residenti si intende fornire una risposta ai problemi sollevati dall'affermazione delle **società multiculturali**, per cui nell'ambito del territorio dello Stato si trovano a coesistere gruppi con diverse provenienze geografiche, differenti tradizioni culturali e religiose, insomma appartenenti a civiltà diverse. La coesistenza pacifica di tali gruppi oggi difficilmente può avvenire attraverso l'assimilazione alla cultura comune ai cittadini dello Stato e, perciò, sembra richiedere la garanzia del mantenimento della rispettiva identità culturale e l'equiparazione ai cittadini nel godimento di un nucleo fondamentale di diritti. In questo modo si garantisce la permanenza delle identità particolari, a condizione, però, che queste non pretendano di trasformarsi in un assoluto imponendosi, cioè, alle altre identità culturali. Tutto ciò rinvia al valore fondamentale che nelle odierne democrazie pluraliste assume il *principio di tolleranza*: → § II.5.

2.9. *Lo Stato come apparato*

2.9.1. *L'apparato burocratico*

Lo Stato si differenzia da altre organizzazioni politiche che pure hanno realizzato il monopolio della forza legittima in un determinato territorio (come, per esempio, i Comuni italiani del XIV secolo), per la presenza di *un apparato organizzativo servito da una burocrazia professionale*. L'organizzazione è *stabile* nel tempo ed ha carattere *impersonale* perché esiste e funziona sulla base di *regole predefinite*.

La complessa attività dell'apparato è scomposta, secondo diversi criteri, in numerosi compiti minori, ciascuno dei quali è esercitato da strutture minori. In questo modo si traduce nell'organizzazione statale il più generale principio di divisione del lavoro. Naturalmente, l'apparato organizzativo e le strutture che lo compongono sono azionati da uomini, ma questi operano nei limiti delle competenze assegnate e di procedure prestabilite. Tutto ciò comporta che l'esistenza dell'apparato prescinde dalle concrete persone fisiche che lo fanno funzionare. Una persona, quindi, può essere sostituita con un'altra, purché questa abbia l'addestramento specificamente richiesto per lo svolgimento dei compiti particolari che dovrà adempiere. Poiché l'apparato esiste indipendentemente dalle persone che lo fanno funzionare, esso ha carattere impersonale.

Il funzionamento dell'apparato presuppone la presenza di una **burocrazia** professionale, che è formata di soggetti che "per vivere" prestano la loro opera professionale a favore dello Stato, eseguendo compiti amministrativi nel rispetto di determinate regole tecniche.

✓ LE ORIGINI DELLA BUROCRAZIA

Le origini di questa burocrazia professionale si collocano nel secolo XVI nei principali Paesi europei: Inghilterra, Francia, Spagna, Austria. Essa è nata per soddisfare due esigenze scaturenti dalle lotte della Corona contro le baronie locali. La prima esigenza è stata quella di creare corpi militari più forti di quelli di qualsiasi altro potere interno, e ciò ha portato a vietare che si costituissero eserciti non dipendenti dalla corona. La seconda esigenza era quella di mettere a disposizione ingenti risorse con cui mantenere i corpi militari, e ciò richiedeva l'uso efficace dell'imposizione tributaria. Quindi, le burocrazie professionali sono nate per finalità militari e tributarie. Nel giro di mezzo secolo si sono formati saldi apparati burocratici centrali, spesso affiancati da strutture periferiche (per esempio, in Francia, gli Intendenti della Corona, antecedenti dei prefetti di Napoleone) che servirono a limitare e poi sottomettere i feudatari locali. Quanto ai poteri locali, che esistevano prima dell'affermazione degli Stati, essi non vennero soppressi, ma conservati e assoggettati alla sovranità dello Stato.

L'apparato statale civile e militare nello Stato assoluto era alle dipendenze della corona, che concentrava la titolarità delle funzioni pubbliche; dopo l'avvento dello Stato liberale, le funzioni pubbliche furono divise tra più organi di vertice da cui, sia pure secondo modalità diverse, dipendeva l'apparato con la sua burocrazia. In ogni caso, le dimensioni dell'apparato sono cresciute progressivamente, anche perché alla burocrazia statale si sono affiancate altre burocrazie pubbliche preposte ad enti diversi dallo Stato (come i Comuni), fino ad arrivare alla situazione attuale. Oggi le burocrazie degli apparati pubblici dei maggiori Paesi variano fra i tre ed i sei milioni di persone e hanno spese complessive che sovente sono pari alla metà del prodotto interno lordo (cioè della complessiva produzione di beni e servizi del Paese).

2.9.2. *Lo Stato come persona giuridica*

Per inquadrare giuridicamente la realtà dell'apparato statale, la dottrina giuridica tedesca del secolo XIX e, sulla sua scia, la dottrina degli altri Paesi dell'Europa continentale impiegò la nozione di **persona giuridica**, che è la figura soggettiva cui l'ordinamento attribuisce *la capacità di agire in modo giuridicamente rilevante e di costituire centri di imputazione di effetti giuridici*. Infatti, oltre alle persone fisiche, l'ordinamento giuridico può attribuire la "soggettività giuridica" a entità immateriali. Le persone giuridiche non sono altro che figure soggettive immateriali tendenzialmente equiparate, quanto alla capacità d'imputazione giuridica, alle persone fisiche (→ § XIII.1.1✓). Le associazioni riconosciute e le società commerciali sono esempi a tutti noti di persone giuridiche.

Con l'attribuzione allo Stato di un'autonoma personalità giuridica si otteneva il risultato di impedire l'identificazione dell'autorità dell'apparato con la volontà delle persone fisiche preposte ai singoli uffici ed, al contempo, si intendeva assicurare alle manifestazioni di volontà statale il carattere dell'obiettività. Questa costruzione però non attecchì in Gran Bretagna, dove non si usa la parola "Stato" e l'azione pubblica è sempre stata imputata al suo autore: il Governo, il Parlamento, la Corona, ecc.

✓ STATO ORDINAMENTO, STATO PERSONA, STATO COMUNITÀ ... NOZIONI!

Nel linguaggio tecnico è comune l'uso di qualificazioni diverse del termine "Stato" per evidenziare alcuni diversi profili. Spesso sono qualificazioni che assumono un significato preciso solo nel contesto teorico in cui si collocano. Usuale però è la contrapposizione tra **Stato persona** e **Stato comunità**. Il primo termine è usato per indicare l'apparato dello Stato, l'organizzazione del potere pubblico, i soggetti che governano: perciò si usano anche espressioni sostanzialmente equivalenti (e talvolta meno popolari) come *Stato apparato, Stato Governo, Stato ente, Stato soggetto* o *Stato in senso stretto*. Il secondo termine indica invece l'intera organizzazione sociale, la società civile pluralistica dotata di propri ordinamenti, di proprie organizzazioni, di autonomia: per cui si usano anche espressioni come *Stato collettività, Stato nazione*, ecc. Infine si usa l'espressione **Stato ordinamento** per lo più per indicare l'insieme dei due fenomeni, la somma dello Stato persona e dello Stato comunità.

Anche oggi spesso si dice che lo Stato (per esempio lo Stato italiano) ha la personalità giuridica. Ma si tratta di un'affermazione che non corrisponde interamente alla realtà. Sul piano internazionale non c'è dubbio che lo Stato agisca come "persona"; su quello interno, invece, lo Stato agisce tramite i suoi enti (per es. i Comuni) o i suoi organi, come un certo ministro, o il prefetto, o il dirigente, o un'altra parte dell'apparato. Anche i rapporti di diritto sostanziale intercorrono tra un determinato soggetto (per esempio, un privato o un altro ente pubblico) e una parte dell'apparato che prende il nome di "organo". Così pure la responsabilità civile riguarderà sempre un determinato organo, piuttosto che lo Stato in quanto tale. Perciò, se si vuole descrivere la realtà correttamente, meglio appare definire lo Stato come "*un'organizzazione disaggregata*", cioè come "*un congiunto organizzato di amministrazioni diverse*" (M.S. Giannini).

2.9.3. *Gli enti pubblici*

Infatti lo Stato non esaurisce il mondo dei "pubblici poteri". Accanto allo Stato esistono numerosi e diversi enti pubblici, come le Regioni, le Province, i Comuni, dotati di personalità giuridica. In termini onnicomprensivi, gli **enti pubblici** possono essere definiti come *quegli apparati costituiti dalle comunità per il perseguimento dei propri fini, i quali sono riconosciuti come persone giuridiche o comunque come soggetti giuridici.* Essi sono tenuti distinti rispetto alle persone giuridiche private (come le associazioni riconosciute, le fondazioni, le società, tutte regolate dal codice civile), le quali sono strumenti offerti all'autonomia privata delle persone fisiche per meglio perseguire i propri interessi leciti, quali che siano. Invece, gli enti pubblici sono istituiti *con legge* per il soddisfacimento degli *interessi ritenuti comuni ad una determinata comunità*, cioè sugli **interessi pubblici** (per esempio, la comunità territoriale locale espressa nell'ente Comune).

Nel modello ottocentesco c'era una visione unitaria dell'interesse pubblico e gli enti pubblici erano considerati satelliti dello Stato medesimo, cioè strumenti per realizzare l'interesse pubblico statale. Oggi, invece, l'affermazione della democrazia pluralista (→ § II.1.14) ha modificato notevolmente il quadro. Da una parte, il pluralismo ha comportato che numerosi interessi assurgessero a interessi pubblici e come tali venissero affidati alla cura di un apparato statale o di un ente pubblico ❷; si è così creata una situazione in cui esistono numerosissimi interessi pubblici, spesso tra loro in confitto (come può essere il caso dell'interesse allo sviluppo industriale e di quello alla tutela ambientale, che attualmente in Italia fanno capo a distinti ministeri), per cui si parla di *eterogeneità degli interessi pubblici.* Dall'altra parte, ad alcuni enti rappresentativi delle collettività territoriali (in Italia: Regioni, Comuni, Province) viene riconosciuta l'**autonomia politica** (artt. 5 e 114 Cost.). I loro organi sono eletti direttamente dai cittadini e possono esprimere maggioranze e indirizzi politici diversi da quelli dello Stato, con l'osservanza dei limiti previsti dalla Costituzione (→ § VI). Questi enti territoriali assumono un rilievo crescente, non solo per il loro numero (in Italia esistono venti Regioni e più di ottomila Comuni), ma per l'ampiezza delle loro funzioni. Nelle organizzazioni pubbliche contemporanee esistono molti altri tipi di enti, istituiti per soddisfare interessi pubblici, che non sono espressioni di collettività territoriali: gli enti pubblici non territoriali, gli enti pubblici economici, le autorità amministrative indipendenti, ecc.

2.9.4. *La potestà pubblica*

Lo Stato e gli enti pubblici, di regola, sono collocati dalle norme giuridiche in una posizione di *supremazia* rispetto ai soggetti privati. Per tale ragione gli effetti giuridici degli atti da essi compiuti, ed in primo luogo l'obbligo di osservarli, derivano esclusivamente dalla loro manifestazione di volontà, essendo irrilevante il consenso o il dissenso dell'interessato. Le leggi, i provvedimenti amministrativi e le sentenze producono effetti nei confronti dei loro destinatari, anche se questi non vi hanno prestato alcun consenso e persino se dissentono dal loro contenuto. Questo potere di determinare unilateralmente effetti giuridici nella sfera dei destinatari dell'atto, indipendentemente dal loro consenso, prende il nome di **potestà pubblica** o di **potere di imperio**. Le potestà pubbliche però, a partire dall'affermazione dello Stato di diritto, devono essere attribuite dalla legge e devono essere esercitate in modo conforme al modello legale. Al di fuori di quanto previsto espressamente dalla legge un'autorità pubblica non può esercitare alcuna potestà (**principio di legalità:** → § VIII.11.1).

Ben diversa è la posizione dei soggetti privati che, almeno in via tendenziale, sono collocati su un piano di parità giuridica e possono provvedere da sé e liberamente a disciplinare i propri rapporti, nel rispetto dei limiti stabiliti dalla legge (perciò si parla di **principio di autonomia privata**).

Occorre però aggiungere che attualmente lo Stato e gli altri enti pubblici sempre più frequentemente utilizzano istituti tipici del diritto privato per soddisfare interessi pubblici, con la conseguenza che, in questi casi, i rapporti instaurati con altri soggetti si svolgono su un *piano paritario*. Ciò avviene, per esempio, quando un Comune invece di espropriare un immobile lo acquista con un contratto di compravendita. In tanti altri casi, vengono utilizzati istituti propri del diritto privato per soddisfare un interesse pubblico, come quando un Comune per erogare un servizio pubblico locale (per esempio, lo smaltimento dei rifiuti urbani, la gestione di un parcheggio pubblico, i trasporti pubblici urbani, e così via) utilizza lo strumento della società per azioni.

2.9.5. *Uffici ed organi*

Ognuno degli apparati minori in cui si articola l'organizzazione dello Stato e degli altri enti pubblici può essere configurato come una "macchina organizzativa" che è congegnata in modo tale da soddisfare gli interessi pubblici per la cui cura è stata creata. Perciò opera secondo regole prestabilite che delineano un particolare *disegno organizzativo*. Quest'ultimo regola lo svolgimento di determinati servizi, a ciascuno dei quali è preposta una o più persone, e che ha una sua assegnazione di beni strumentali e di risorse finanziarie. L'*unità strutturale elementare dell'organizzazione* si chiama **ufficio**. Il disegno organizzativo prefigura l'ufficio come un servizio prestato da persone, ma questo servizio è considerato in astratto, prescindendo dalle persone fisiche che vi sono concretamente preposte. Un ufficio potrebbe essere momentaneamente privo di titolare (si dice allora che c'è una "vacanza" dell'ufficio), ma non per questo l'ufficio scompare.

Naturalmente ciascun apparato, per adempiere i suoi compiti, deve poter instaurare rapporti giuridici con altri soggetti. A tal fine l'apparato deve servirsi di una particolare categoria di uffici che prendono il nome di **organi**. La dottrina giuridica ha lungamente dibattuto su cosa debba intendersi esattamente per organo, ma in questa sede può essere accolta la seguente definizione: "*l'organo è un ufficio particolarmente qualificato da una norma come idoneo ad esprimere la volontà della persona giuridica e ad imputarle l'atto e i relativi effetti*" (M.S. Giannini). La persona giuridica (l'*ente*) può avere parecchi *uffici*, di cui però solo alcuni (gli *organi* appunto) hanno la capacità giuridica di compiere atti giuridici (ossia, come si dice correttamente, a manifestare verso l'esterno la volontà dell'*ente*). Per esempio, un ministero è composto di centinaia di uffici cui sono preposte migliaia di persone: non tutti però possono manifestare la volontà dell'apparato compiendo atti che vengono giuridicamente imputati allo stesso. Solamente i titolari di pochi uffici sono abilitati dal diritto a fare questo, e tali uffici prendono appunto il nome di "organi". Così sarà un dirigente a stipulare contratti per il ministero, impegnandolo giuridicamente; a sua volta il dirigente avrà un ufficio di segreteria che però non potrà agire all'esterno imputando effetti giuridici al ministero. L'organo fa parte dell'organizzazione (ha un rapporto di "immedesimazione organica" con la persona giuridica), mentre la singola persona fisica che vi è preposta ha con la persona giuridica un particolare rapporto che si chiama rapporto di servizio, da cui scaturiscono diritti e doveri reciproci.

Degli organi si usano fare molte classificazioni. Tra le più importanti meritano di essere ricordate le seguenti. Una prima classificazione consente di distinguere gli **organi rappresentativi**, i cui titolari sono eletti direttamente dal corpo elettorale o che comunque sono istituzionalmente collegati ad organi elettivi (l'esempio più importante è costituito dal Parlamento), dagli **organi burocratici**, cui sono preposte persone che professionalmente prestano la loro attività in modo pressoché esclusivo a favore dello Stato o di altri enti pubblici, senza alcun rapporto con il corpo elettorale. Come si è visto, all'origine dello Stato vi era un'organizzazione di tipo burocratico che, solamente dopo la crisi delle monarchie assolute e la rivoluzione francese, è stata affiancata da un'organizzazione rappresentativa collegata al corpo elettorale.

Un'altra distinzione è quella tra **organi attivi**, **consultivi** e di **controllo**: i primi decidono per l'apparato di cui sono parte, e quindi assolvono un compito deliberativo; i secondi danno dei consigli (che si chiamano "*pareri*") ai primi sul modo in cui esercitare il loro potere decisionale; i terzi devono verificare la conformità alle norme (come si dice, la "*legittimità*"), ovvero la opportunità (cioè il "*merito*") di atti compiuti da altri organi. È opportuno aggiungere che i pareri espressi dagli organi consultivi si distinguono a loro volta in:

α) **parere facoltativo**, se l'organo deliberativo ha la facoltà di richiederlo, ma non l'obbligo;
β) **parere obbligatorio**, qualora essi debbono essere obbligatoriamente richiesti;
γ) **parere vincolante**, che devono essere obbligatoriamente seguiti dall'organo che decide.

Il principio è che, se la legge non lo prevede espressamente, i pareri non sono vincolanti: perciò, salvo che la legge non dica il contrario, consentono all'organo che decide di agire in difformità dagli stessi, con l'unica conseguenza di un aggravio di motivazione.

2.9.6. *Organi costituzionali*

Ai nostri fini la figura più importante è costituita dagli **organi costituzionali**. Essa è stata elaborata dalla dottrina per indicare gli organi dotati delle seguenti caratteristiche:

– sono *elementi necessari* dello Stato, nel senso che la mancanza di uno di essi determinerebbe l'arresto della complessiva attività statale;

– sono *elementi indefettibili* dello Stato, nel senso che non può aversi la loro soppressione o sostituzione con altri organi senza determinare un mutamento dello Stato (per es. se venisse soppresso il Parlamento cambierebbe radicalmente la forma del nostro Stato);

– la loro struttura di base è *interamente dettata dalla Costituzione*;

– ciascuno di essi si trova in *condizione di parità giuridica* con gli altri organi costituzionali (il che, ovviamente, non impedisce differenze, anche notevoli, di autorità politica).

In sintesi, si può affermare che gli organi costituzionali si differenziano dagli altri non soltanto per una diversità di funzioni, ma soprattutto per una differenza di posizione, poiché solo essi individuano lo Stato in un determinato momento storico.

test **on-line**

II. FORME DI STATO

1. "FORMA DI STATO"

1.1. *"Forma di stato" e "forma di governo": definizioni*

Con l'espressione **forma di stato** si intende *il rapporto che corre tra le autorità dotate di potestà di imperio* (→ § I.2.9) *e la società civile, nonché l'insieme dei principi e dei valori a cui lo Stato ispira la sua azione.*

Invece con l'espressione, apparentemente assai simile, **forma di governo** si intendono *i modi in cui il potere è distribuito tra gli organi principali di uno Stato-apparato e l'insieme dei rapporti che intercorrono tra essi.*

La nozione "forma di stato" si riferisce al modo in cui si strutturano i rapporti tra lo Stato e la società, tra il "palazzo" del potere ed i cittadini; al variare di tali rapporti corrispondono finalità diverse perseguite dallo Stato nell'esercizio delle sue funzioni. Lo Stato è un *ordinamento a fini generali*, nel senso cioè che può assumere come proprio qualsiasi fine; in ogni epoca storica però esiste una finalità prevalente, che dà luogo ad un particolare assetto delle relazioni tra lo Stato e la società. Così, per esempio, nello "*Stato liberale*" era preminente la finalità di garantire l'autonomia e la libertà dell'individuo. Di conseguenza, lo Stato doveva, in via tendenziale, astenersi dall'intervenire nella società e nell'economia e le sue potestà dovevano essenzialmente servire a garantire l'intangibilità della sfera di libertà riconosciuta ai cittadini; invece, quando lo Stato ha assunto tra i suoi compiti quello di realizzare l'"eguaglianza dei punti di partenza" tra i cittadini (lo "*Stato sociale*"), ne è derivata l'estensione dei suoi interventi nella sfera economica e sociale. Tali interventi si sono resi necessari per rimuovere i più grossi ostacoli materiali che impediscono l'effettiva eguaglianza.

Quindi, la nozione di forma di stato serve a fornire una risposta alla domanda "quale è la finalità prevalente dello Stato e, di conseguenza, che tipo di rapporto esiste tra l'apparato statale e la società"? Invece, la nozione di forma di governo risponde alla domanda "chi governa all'interno dell'apparato statale"? Quali sono i rapporti tra i "palazzi" del potere? Le due nozioni sono perciò diverse, ma strettamente collegate. Infatti, l'organizzazione del potere politico nell'ambito dello Stato è lo strumento tecnico predisposto per realizzare la finalità politica caratterizzante lo Stato. Perciò, tra forma di governo e forma di stato esiste un "rapporto di strumentalità". Per esempio, la finalità garantistica dello Stato liberale si è tradotta in una particolare tecnica di organizzazione del potere politico (la separazione dei poteri, la riserva di legge, ecc.) grazie alla quale quest'ultimo è stato limitato e circoscritto in modo tale da garantire la sfera di libertà degli individui.

1.2. *Le classificazioni e i modelli*

Gli studiosi, sulla base della comparazione di diverse fattispecie storiche di Stati, hanno elaborato alcune classificazioni delle forme di stato e delle forme di governo, distinguendo le differenti specie sulla base dei tratti ritenuti caratterizzanti. Così, nell'ambito delle prime si distinguono lo "Stato assoluto", lo "Stato liberale", lo "Stato di democrazia pluralista", lo "Stato totalitario", lo "Stato socialista". Nell'ambito di ciascuna specie di forma di stato sono stati individuati vari tipi di forma di governo, a seconda del modo in cui il potere di indirizzo politico è ripartito tra gli organi costituzionali. Per esempio, nell'ambito dello Stato di democrazia pluralista, possiamo ritrovare le forme di governo "parlamentari", "neoparlamentari", "presidenziali", "direttoriali", "semipresidenziali", che esamineremo in seguito.

Le diverse specie di forma di stato e di forma di governo elaborate dalla dottrina costituzionalistica sono degli *idealtipi*, cioè *modelli* ricavati attraverso la comparazione di più esperienze costituzionali e l'individuazione di alcuni elementi comuni a tali esperienze, ritenuti caratterizzanti le stesse. Il modello è *un concetto riassuntivo* di tratti ricorrenti in una pluralità di sistemi costituzionali concreti, che si sono realizzati in tempi e luoghi diversi. La realtà storica di ogni Stato (per esempio, lo Stato italiano o quello francese) è infinitamente più ricca del modello costruito dagli studiosi. Quest'ultimo evidenzierà infatti solamente alcuni aspetti ritenuti caratterizzanti le diverse esperienze costituzionali riconducibili al modello, e non prenderà in considerazione molti altri fattori che si ritrovano soltanto in alcune di tali esperienze.

✓ A CHE COSA SERVONO I "MODELLI"?

Ma a che cosa servono questi modelli? Sarebbe sbagliato ritenere che si tratti di semplici classificazioni a fini mnemonici. Al contrario, essi assolvono funzioni importanti come le seguenti:
– permettono di comprendere l'individualità distintiva di ciascun sistema costituzionale e quindi aiutano a capirne la logica di funzionamento; evitano inoltre di assimilare realtà storico-costituzionali diverse (per esempio, di porre sullo stesso piano il Parlamento nello Stato di democrazia pluralista ed il Parlamento nello Stato socialista);
– consentono di individuare sia le condizioni storico-istituzionali in presenza delle quali può operare un certo modello di forma di stato o di forma di governo, sia i fattori che sono coerenti con il modello, sia quelli contrari (e perciò non introducibili nelle singole esperienze costituzionali riconducibili al modello, se non a costo di alterarne la logica);
– facilitano l'individuazione degli elementi che sono peculiari di un determinato ordinamento, in quanto non presenti in altri (pur riconducibili al medesimo modello);
– orientano l'opera di interpretazione dei documenti costituzionali, perché nei "casi dubbi" spingono a privilegiare le soluzioni interpretative coerenti con la logica del modello.

1.3. *Lo Stato assoluto*

Lo Stato assoluto è la prima forma dello Stato moderno. Esso nacque in Europa tra il quattrocento ed il cinquecento e si affermò nei due secoli successivi: si caratterizzava per l'esistenza di un apparato autoritario separato e distinto dalla società e per l'affermazione di un *potere sovrano* attribuito interamente al **Re**, o meglio alla **Corona**. Questa si distingueva dal Re perché non era una persona fisica ma un *organo* dello Stato, dotato quindi dei requisiti dell'impersonalità e della continuità (→ § I.2.9.5) garantiti da precise leggi di successione che impedivano la vacanza del trono.

Lo **Stato assoluto** è quel modello di Stato in cui il potere sovrano è *concentrato* nelle mani della Corona, che perciò era titolare sia della funzione legislativa che di quella esecutiva, mentre il potere giudiziario era esercitato da Corti e Tribunali formati da giudici nominati dal Re. La volontà del Re era la fonte primaria del diritto e, quindi, ciò che egli voleva aveva efficacia di legge (***quod principi placuit legis habet vigorem***). Il suo potere assoluto non incontrava limiti legali (il Re era *legibus solutus*), né poteva essere condizionato dai desideri dei sudditi. Ciò perché il potere regio non derivava da scelte umane, ma era ritenuto di origine divina.

✓ LE EVOLUZIONI STORICHE DELLO STATO ASSOLUTO

L'assolutismo regio si affermò pienamente in quei Paesi dove riuscì a limitare drasticamente il peso delle corporazioni e della nobiltà feudale, e quindi a svuotare la funzione dei "parlamenti" medioevali (che, come si è visto, erano le assemblee di rappresentanza dei ceti). Ciò avvenne soprattutto in Francia dove gli "Stati generali" non vennero convocati per la maggior parte del seicento e fino al termine del settecento, mentre la nobiltà feudale venne sottomessa allo Stato, accettando come compensazione la prospettiva di entrare a fare parte della corte del Re a Versailles.
Diversa è stata l'evoluzione di altri Paesi in cui sono rimasti residui feudali, quali una nobiltà non

sottomessa. In particolare, in Inghilterra l'assolutismo si affermò solo parzialmente nel cinquecento con la dinastia dei Tudor, mentre nel secolo successivo fallì il tentativo degli Stuart di realizzare il modello assolutistico francese. Quest'ultimo incontrava in Inghilterra ostacoli di diversa natura: di tipo sociale, collegati all'alleanza che si realizzò tra la borghesia e quella parte dell'aristocrazia rurale che aveva saputo trasformare la rendita fondiaria in impresa manifatturiera; di tipo giuridico, essenzialmente riconducibili al peso dei privilegi feudali, basati su antiche consuetudini, che assursero al rango di diritti fatti valere dalle Corti di giustizia e che limitano lo stesso potere regio.
In altri Paesi, come la Prussia e l'Austria durante i regni di Maria Teresa e Giuseppe II (1740-1790), si affermò invece il cosiddetto *assolutismo illuminato*, secondo cui compito del Sovrano era quello di promuovere il benessere della popolazione. Al riguardo si è parlato di **Stato di polizia** (dal termine greco di *politéia*, da cui deriva anche "politica") per intendere uno Stato caratterizzato dalla finalità di accrescere il benessere della popolazione e che, spinto da tale finalità, si incaricava di avviare, dirigere e regolare molte attività sociali, costruire ospedali, istituire scuole pubbliche, ospizi per i poveri, ecc.
Pertanto lo Stato assoluto, nelle sue diverse varianti, era uno Stato onnipresente, anche nella sfera economica. In particolare, nella Francia di Luigi XIV giunse a fioritura una forma di economia statale chiamata **mercantilismo**. Essa si basava sull'idea secondo cui la grandezza e la fama del Re dipendevano dalla prosperità economica dello Stato, che pertanto doveva cercare di promuovere le industrie, affinché producessero sempre più beni da vendere all'estero in modo tale da sottrarre denaro ad altri Paesi. Per potere trarre a sua volta utili dai profitti dell'industria, lo Stato divenne produttore, istituì manifatture e monopoli, mise a punto un efficace sistema tributario, si preoccupò delle strade e dei trasporti.

1.4. *La nascita dello Stato liberale*

Lo **Stato liberale** è una forma di stato che nasce tra la fine del settecento e la prima metà dell'ottocento, a seguito della crisi dello Stato assoluto, dello sviluppo del modo di produzione capitalistico e dell'affermazione della borghesia. I **caratteri strutturali** che definiscono la forma di stato liberale sono: la base sociale ristretta ad una sola classe; il principio di libertà e di autonomia dei privati; il principio rappresentativo; lo "*Stato di diritto*". Prima di chiarire il loro significato, pare opportuno vedere rapidamente come si è realizzato il passaggio storico dallo Stato assoluto a quello liberale.

La crisi dello Stato assoluto fu dovuta soprattutto a ragioni finanziarie, connesse ai costi crescenti del suo funzionamento che portarono ad un peso fiscale ritenuto insopportabile soprattutto dalla nuova classe borghese, ed all'indebolimento della sua legittimazione politica, derivante dalla sua incapacità di far coesistere la sfera della sovranità del Re con il riconoscimento di una sfera di libertà alle varie componenti della società.

In Francia la crisi assunse la forma traumatica della rivoluzione del 1789, con cui culminò una lunga fase di opposizioni contro gli eccessi del fiscalismo regio.

✓ LA RIVOLUZIONE FRANCESE

Com'è noto, di fronte ad agitazioni diffuse in gran parte della Francia, una larga coalizione sociale che andava dalla borghesia alla nobiltà chiese la convocazione degli "Stati generali" (cioè del Parlamento) per risolvere i problemi del Paese. Il primo ministro del Re, lo svizzero Necker, aderì alla richiesta del "terzo stato" (la borghesia) di avere negli "Stati generali" un numero di rappresentanti, eletti con un suffragio molto esteso, superiore alla somma di quelli degli altri due ordini (la nobiltà e il clero). Da qui il riconoscimento della preminenza politica della borghesia, che ri-

fiutò il sistema tradizionale delle riunioni e dei voti separati dei singoli "stati". Gli "Stati generali" (riuniti il 5 maggio) si autoproclamarono invece un'unica *Assemblea nazionale*, che si assegnò il compito da dare una nuova Costituzione al Paese. La monarchia assoluta finì così travolta da una rivoluzione parlamentare e da una sommossa popolare. In un clima incandescente l'Assemblea approvò la *Dichiarazione dei diritti dell'uomo e del cittadino*, che consacrò la filosofia politica del nuovo Stato, specificata successivamente nella Costituzione del 1791. La "*Dichiarazione*" sanciva che scopo fondamentale dello Stato doveva essere quello di conservare i diritti naturali dell'uomo (tra cui fondamentale importanza era attribuita al diritto di proprietà), l'eguaglianza di fronte alla legge, che poneva fine agli antichi privilegi nobiliari, la limitazione del potere tramite il principio della divisione dei poteri. Tutti elementi ritenuti utili all'affermazione di un ordine politico coerente con gli interessi e le esigenze della classe borghese.
Seguì una lunga fase di cambiamenti politici nel corso della quale vi fu un'oscillazione tra ideologia liberale e ideologia democratico-radicale, esemplificate rispettivamente dalla Costituzione del 1791 e da quella del 1793, che però non venne mai applicata. Dopo il governo rivoluzionario del direttorio (1795) e la dittatura di Napoleone Bonaparte, ci fu la restaurazione della monarchia, privata delle sue radici assolutistiche, con le due Costituzioni liberali del 1814 e del 1830, cui seguì la prima rivoluzione proletaria, quella del 1848, e poi il secondo Impero di Luigi Napoleone. Dal 1789 al 1870 la Francia ebbe più di una dozzina di Costituzioni e svariati assetti politico-costituzionali. Solo con le leggi costituzionali del 1875, repubblicane e liberali, la Francia conobbe una stabilità costituzionale destinata a durare quasi settanta anni (questo periodo ha preso il nome di "terza Repubblica").

In Inghilterra invece l'affermazione dello Stato liberale fu più graduale, ma anche più stabile. Qui, come si è già detto, nonostante gli sforzi degli Stuart, l'assolutismo non aveva attecchito pienamente. In particolare, Carlo I si trovò a fronteggiare l'opposizione parlamentare nell'ambito della "Camera dei Comuni" (uno dei rami del Parlamento inglese), la cui base sociale era rappresentata dall'alleanza tra la nobiltà di campagna (*gentry*) ed i ricchi mercanti delle città. Queste forze consideravano il *Common Law* – cioè il tradizionale complesso di norme consuetudinarie (→ § VIII.3.3✓) – come fondamento e garanzia della loro indipendenza, per cui lo stesso Re doveva ritenersi sottoposto al diritto. In questa prospettiva, il Parlamento negava che il Re potesse imporre nuovi tributi senza il suo consenso e riteneva illegittimi gli arresti arbitrari e l'alloggio forzato di truppe presso i privati.

✓ L'EVOLUZIONE INGLESE

La tensione tra il Parlamento e Carlo I, che tentava di far prevalere la sua volontà anche contro le antiche consuetudini, portò alla guerra civile e all'esecuzione del Re nel 1649, cui seguì l'interregno di Cromwell e, alla sua morte, la restaurazione della monarchia, con Carlo II. Fu però con il suo successore, Giacomo II, che si verificò un evento politico-costituzionale fondamentale per la storia europea: la gloriosa rivoluzione del 1689. Essa realizzò un importante mutamento politico-costituzionale, recidendo definitivamente il legame della monarchia con la radice assolutistica, senza urti sanguinosi e senza traumi civili. Contro le pretese assolutistiche di Giacomo II, si affermò il principio secondo cui il Re aveva perso il diritto a pretendere fedeltà dai sudditi per avere deliberatamente cercato di sovvertire le "leggi fondamentali" del Paese. Su questo si creò un vero e proprio accordo fra i due partiti parlamentari, il *Whig* ed il *Tory*, entrambi esponenti delle classi proprietarie. Il Re, che nel frattempo si era dato alla fuga, venne dichiarato "abdicatario" ed al trono venne chiamato Guglielmo III d'Orange. L'importanza costituzionale di questi eventi è triplice.

In primo luogo, perché si afferma categoricamente il principio secondo cui anche il potere del Re è sottoposto e vincolato dal diritto. In secondo luogo, perché non si seguì la via della "deposizione" del Re bensì quella della "abdicazione", evitando in tal modo che il Parlamento si proclamasse organo supremo e sovrano in luogo del Re, e consentendo invece l'instaurazione di un equilibrio tra poteri statali diversi. In terzo luogo, perché il Parlamento adottò due fondamentali documenti costituzionali: la *Declaration of Rights* ed il *Bill of Rights*, con cui si riaffermarono la libertà dagli arresti arbitrari, la libertà di parola e di discussione nell'ambito del Parlamento, il divieto per il Re di sospendere le leggi e dispensarne l'osservanza senza il consenso del Parlamento, il divieto per il Re di imporre tributi senza consenso parlamentare, il divieto per il Re di mantenere armate stabili in tempo di pace, il diritto del Parlamento ad essere frequentemente riunito per garantire il rispetto delle leggi, il diritto del Parlamento a sindacare la regolarità delle elezioni (la cosiddetta "verifica dei poteri": → § IV.7.9).

Diverso ancora è stato il caso americano. La società americana era stata formata da emigranti, che si erano volontariamente avventurati nel nuovo continente per fuggire da un qualche regime oppressivo (i puritani dal dispotismo di Carlo I d'Inghilterra, le sette pietiste tedesche dai soprusi dei feudatari, gli ugonotti francesi dalla repressione religiosa), oppure da contadini, artigiani, operai che cercavano nuove opportunità economiche a seguito delle difficoltà che incontravano in patria. Di contro, l'Inghilterra si rivolgeva alle Colonie americane con lo scopo di rimpinguare le casse provate dalle guerre, imponendo nuove tasse senza il consenso delle assemblee legislative locali (il Parlamento inglese cominciò nel 1764 con l'imporre agli americani una tassa sulla melassa, il *Sugar Act*). Gli americani risposero invocando il principio, ben saldo nel costituzionalismo inglese (***no taxation without representation***), secondo cui era da considerarsi illegittima qualsiasi tassazione che non fosse approvata dai loro rappresentanti eletti.

A seguito del radicalizzarsi del conflitto si giunse alla *Dichiarazione di indipendenza* (4 luglio 1776), sottoscritta dai rappresentanti di tutte le colonie. Questo documento fissava i principi politico-costituzionali da porre a fondamento della nuova nazione americana, nei seguenti termini: "*Noi riteniamo che le seguenti verità siano di per sé stesse evidenti, che tutti gli uomini siano stati creati eguali, che essi sono stati dotati dal loro creatore di alcuni diritti inalienabili, fra i quali la vita, la libertà e la ricerca della felicità*". La guerra di indipendenza durò sette anni (1774-1781) e nel 1777 il Congresso continentale, che coordinava gli insorti, approvò un primo ordinamento costituzionale – gli *Articoli della Confederazione* –, che non creava alcuna forte autorità centrale e perciò impediva l'assunzione di quelle importanti decisioni politiche che erano necessarie per affrontare i problemi causati dalla guerra e dai disordini sociali. Si pervenne così alla convocazione di una *Convenzione federale* a Filadelfia, dove si riunirono i delegati dei tredici Stati americani che approvarono la *Costituzione americana* (17 settembre 1787), la quale entrò in vigore nel giugno 1788 (dopo essere stata ratificata da soli nove Stati).

✓ LA COSTITUZIONE AMERICANA

Il documento originariamente constava solamente di sei articoli, concernenti il potere legislativo, il potere esecutivo, il potere giudiziario, gli Stati, le procedure di modifica della Costituzione. L'obiettivo fondamentale era quello di creare un governo forte e autorevole, espressione diretta del consenso popolare, ed al contempo di porre robusti argini costituzionali all'abuso del potere. Quest'ultimo obiettivo veniva perseguito attraverso la divisione "orizzontale" del potere (la "separazione dei poteri" nella versione americana dei "pesi e contrappesi" → § II.3) e la divisione "verticale" del potere tra distinti livelli territoriali di governo (il "federalismo": → § II.6). L'illustrazione di queste tecniche istituzionali e delle sottese finalità politiche si trova in un'opera tutt'oggi fondamentale per comprendere il costituzionalismo americano: *Il Federalista*. Questa è una raccolta di 85 saggi scritti (tra il 1787 ed il 1788) da Hamilton, Jay e Madison per difendere la Costituzione approvata dalla Convenzione di Filadelfia e per propugnarne la ratifica da parte dello Stato di New York.

INTERNET Il testo della Costituzione americana e degli emendamenti, illustrati da note storiche e esplicative e da indicazioni sull'applicazione fatta dalla Corte Suprema si possono leggere in siti come http://memory.loc.gov/ammem/help/constRedir.html o www.ameriroots.com/constitution/.

1.5. *Stato liberale ed economia di mercato*

Un altro importante fattore che ha promosso l'organizzazione del potere politico tipica dello Stato liberale è stato l'avvento di un'economia di mercato connessa ad un modo di produzione capitalistico ❺. L'**economia di mercato**, com'è noto, si basa sul libero incontro tra domanda ed offerta di un determinato bene; nel mercato gli interessi dell'offerente e dell'acquirente sono divergenti (l'uno desidera ottenere il prezzo più alto, mentre l'altro si propone di acquistare al prezzo più basso possibile), ma la transazione risolve il conflitto facendo comparire un prezzo. Questo tipo di economia perciò è basata sul massimo di decentramento, visto che il calcolo economico dei singoli offerenti e dei singoli venditori è il solo elemento che determina il prezzo di ciascuna transazione e l'equilibrio generale del mercato è pertanto la risultante di un enorme numero di contratti conclusi tra singoli individui.

L'economia di mercato storicamente si è accoppiata al modo di produzione capitalistico, basato sulla distinzione tra i soggetti proprietari dei mezzi di produzione ed i soggetti che vendono ai primi la loro "forza lavoro" (i "salariati"), affinché essa possa essere impiegata nel ciclo produttivo, diretto a creare profitti per l'imprenditore.

Lo Stato assoluto ostacolava la nuova economia. In primo luogo, va sottolineata l'assenza di unitarietà e di coerenza delle leggi vigenti all'interno di ciascuno Stato, che è stata indicata con l'espressione **particolarismo giuridico**.

✓ IL PARTICOLARISMO GIURIDICO

Per intendere in cosa consistesse il "particolarismo giuridico", la Francia del XVII secolo ci offre un ottimo esempio. La situazione era grosso modo la seguente: a nord vigeva un diritto consuetudinario di origine germanica, mentre a sud vigeva il cosiddetto "diritto romano", costituito da un particolare uso del Corpo giustinianeo e del Codice teodosiano. Per giunta, in ciascuna zona il permanere di vecchi privilegi feudali e interventi puntuali del Re avevano differenziato notevolmente il regime di godimento e di trasferimento dei fondi, avevano creato classi differenziate di soggetti giuridici e creato numerose giurisdizioni spesso in conflitto tra loro. Tutto ciò costituiva un formidabile ostacolo allo sviluppo dei traffici commerciali e rendeva incerti i rapporti tra i soggetti economici. In secondo luogo, deve osservarsi come l'eccessivo peso fiscale impediva l'investimento dei guadagni per incrementare le nuove attività produttive.

Di contro, l'economia di mercato e capitalistica presupponeva, sul terreno giuridico, la certezza dei diritti di proprietà dei venditori e dei compratori, la piena libertà contrattuale, l'eguaglianza formale dei contraenti – le cui volontà incontrandosi dovevano determinare le condizioni dello scambio economico –, l'abolizione dei privilegi, dei monopoli pubblici e di tutte le restrizioni alla libera circolazione delle merci, la prevedibilità degli effetti giuridici delle azioni necessaria per effettuare il calcolo economico. Sul terreno più propriamente economico, occorreva rendere disponibili per gli investimenti dei privati i fattori produttivi, come la terra ed i capitali, evitando che lo Stato assorbisse queste risorse per il suo funzionamento togliendole al mercato.

Pertanto, le nuove modalità di produzione della ricchezza e l'esigenza di garanzia della libertà contro le tentazioni assolutistiche – entrambe fatte valere dalla borghesia in ascesa – condussero all'affermazione di una *società civile* distinta e separata dallo Stato. Lo Stato assoluto rendeva la società interamente oggetto di gestione politica, invece lo Stato liberale doveva riconoscere e garantire la capacità della società civile (e del mercato) di autoregolarsi e di sviluppare autonomamente i propri interessi.

In questa prospettiva, si può cogliere il collegamento tra due tendenze giuridiche tipiche dello Stato liberale: le codificazioni costituzionali e le **codificazioni civili e penali**. Da una parte, la tendenza degli Stati liberali (con l'eccezione dell'Inghilterra, che però poteva contare su un corpo consolidato di regole consuetudinarie) a consacrare in un unico documento costituzionale i principi sulla titolarità e sull'esercizio del potere politico. Dall'altra, la tendenza a racchiudere in un codice civile le regole sui rapporti tra privati, in modo che esse formassero un corpo sistematico e coerente di regole dotate dei requisiti di **generalità** (perché riferibili a tutti gli individui resi eguali di fronte alla legge: → § XIII.1.1✓), **astrattezza** (perché suscettibili di ripetute applicazioni nel tempo) e **certezza** (perché raccolte in un corpo normativo unitario e perché, in quanto generali e astratte, prevedibili nei loro effetti). Il modello di questo nuovo modo di legiferare era il *Codice napoleonico* del 1804, sulla cui falsariga vennero elaborati gran parte dei codici europei (come il codice civile italiano del 1865, alcuni dei cui principi sono stati trasfusi nel codice del 1942).

1.6. *I caratteri dello Stato liberale*

Dopo aver passato brevemente in rassegna i fenomeni politici e sociali che, in vari Paesi, portarono all'affermazione dello Stato liberale, ed avere richiamato i principali documenti costituzionali in cui vennero consacrati i nuovi principi, possiamo passare ad illustrare i tratti caratterizzanti questa *forma di stato*. Bisogna comunque avere ben chiaro quanto detto precedentemente a proposito delle forme di stato, cioè che si tratta di modelli, elaborati dalla dottrina, i quali sottolineano l'importanza di certi aspetti presenti in diverse esperienze storiche per ricostruire un tipo unitario. Ciascuna esperienza storica però è molto più articolata e complessa del modello e presenta suoi tratti peculiari non presenti nel modello stesso, che è sempre il frutto di un'astrazione. Così, per esempio, lo Stato liberale italiano, a differenza del tipo ideale, conservò un grado notevole di intervento nell'economia, al fine di supplire alle debolezze dell'industria nazionale.

Il modello "**Stato liberale**" è caratterizzato dai seguenti tratti essenziali:

α) da una *finalità* politico costituzionale *garantistica*. Lo Stato è considerato uno *strumento per la tutela delle libertà e dei diritti degli individui*, in primo luogo del diritto di proprietà. Sotto questo profilo, il principale manifesto teorico dello Stato liberale si può trovare nel secondo dei *Due Trattati sul Governo* di John Locke (1690), dove si trova scritto che gli uomini nascono liberi, ma poi si assoggettano al potere per avere assicurata la *tutela del diritto di proprietà*. Tale finalità si trova anche consacrata in alcuni fondamentali documenti costituzionali: nella *Dichiarazione dei diritti dell'uomo e del cittadino* del 1789 si legge che "*tutte le società nelle quali la garanzia dei diritti non è assicurata e la separazione dei poteri non è determinata, non hanno Costituzione*" (art. 16). Si afferma così il principio secondo cui la finalità principale dello Stato è quella di garantire i diritti ed in modo strumentale rispetto a tale finalità garantistica deve strutturarsi l'organizzazione costituzionale (attraverso il *principio della separazione dei poteri*);

β) dalla concezione dello *Stato minimo*. Se lo scopo dello Stato liberale è esclusivamente quello di garantire i diritti, allora deve trattarsi di uno *Stato limitato*, che assuma solamente le funzioni necessarie all'adempimento della finalità garantistica (in particolare, la funzione giurisdizionale, la tutela dell'ordine pubblico, la difesa militare, la politica estera, l'emissione della moneta). Uno Stato quindi che, a differenza dello Stato assoluto, si astiene dall'intervenire nella sfera economica, affidata alle relazioni ed alle autoregolazioni dei soggetti privati. Nei suoi programmi rientrano perciò un basso livello di tassazione (corrispondente alla limitata attività degli apparati pubblici) e il pareggio di bilancio (lo Stato deve evitare di intraprendere investimenti tali da comportare un massiccio ricorso all'indebitamento);

γ) dal *principio di libertà individuale*. Lo Stato riconosce e tutela la libertà personale, la proprietà privata, la libertà contrattuale, la libertà di pensiero e di stampa, la libertà religiosa, la libertà di domicilio, ma si tratta di libertà riferite esclusivamente all'*individuo*. Lo Stato liberale, pertanto, si contrappone agli assetti giuridici di origine feudale, sopravvissuti in larga parte anche durante l'assolutismo, i quali conoscevano dei *corpi intermedi* (le corporazioni professionali, i ceti, come la nobiltà e il clero) che assorbivano l'individuo e dai quali dipendeva gran parte dei diritti dei singoli. Invece, il pieno sviluppo dei traffici commerciali e l'autonomia che si intende garantire al singolo individuo, fanno sì che lo Stato liberale escluda qualsiasi diaframma tra sé ed i singoli cittadini, definendo un sistema giuridico che presuppone una società formata da individui eguali di fronte alla legge ❷;

δ) dalla *separazione dei poteri*. Lo Stato liberale affida la tutela dei diritti individuali ad una peculiare tecnica di organizzazione, cioè la *separazione dei poteri*. Il potere politico viene cioè suddiviso tra soggetti istituzionali diversi, che si controllano reciprocamente (→ § II.3);

ε) dal *principio di legalità*. La tutela dei diritti è affidata inoltre alla *legge*. La sua caratterizzazione come *Stato di diritto* significa, infatti, che ogni limitazione della sfera di libertà riconosciuta a ciascun individuo deve avvenire per mezzo della legge. Tutta l'attività dei pubblici poteri deve essere fondata su una previa autorizzazione legislativa e non esistono potestà pubbliche che non siano espressamente previste dalla legge. Il *principio di legalità* (→ § VIII.11.1), quindi, definisce uno dei tratti strutturali dello Stato liberale, anche se poi varia, da sistema a sistema ed a seconda dei periodi storici, il modo di intendere il fondamento legale delle potestà pubbliche e quindi lo stesso significato del principio. Questa funzione garantistica della legge si basa su due premesse:

– la prima è che la legge abbia i *caratteri della generalità e dell'astrattezza*, secondo il modello proprio dei codici. Solo se generale e astratta la legge è garanzia delle libertà e non si trasforma in strumento di arbitrio: la legge detta modelli di comportamento validi per tutti, a prescindere dai casi concreti. Quindi nessuna restrizione della sfera di libertà potrà avvenire contro qualcuno se non ricorrano le condizioni dettate in via preventiva dalla legge;

– la seconda premessa è che la legge sia formata dai rappresentanti della Nazione ai cui membri essa si applica, e quindi provenga da soggetti che condividano la finalità di tutela delle libertà ed, in primo luogo, del diritto di proprietà. Lo Stato liberale, perciò, si basa sul *principio rappresentativo*;

ζ) dal *principio rappresentativo*. Anche nello Stato assoluto erano sopravvissuti i parlamenti medievali, ma questi rappresentavano dei corpi collettivi distinti e contrapposti (come la nobiltà, il clero, o determinate città); viceversa le assemblee legislative dello Stato liberale rappresentano l'intera "nazione" o l'intero "popolo", come entità complessiva. Pertanto i parlamentari devono agire liberi da mandati vincolanti da parte del rispettivo collegio elettorale (si parla, perciò, di "*divieto di mandato imperativo*": → § II.2.1). Ma i rappresentanti vengono eletti da un corpo elettorale assai ristretto, essenzialmente circoscritto alla classe borghese. Di conseguenza, esiste una forte omogeneità sociale e culturale tra i rappresentanti, autori della legge, ed i soggetti cui la legge si applica. Tale omogeneità costituisce la principale garanzia che la legge abbia effettivamente contenuti tali da renderla strumento di garanzia della proprietà e delle altre libertà individuali.

✓ "STATO LIBERALE" E "STATO DI DIRITTO"

Stato liberale e *Stato di diritto* sono due espressioni che spesso si confondono, e non senza ragione: essi infatti sono nati assieme, figli della stessa ideologia. Ma quando si parla di "*Stato liberale*" si fa riferimento proprio alla ideologia "liberista" e individualista, all'idea dello Stato minimo che si limita a garantire le condizioni di pace e di sicurezza entro le quali si può liberamente svolgere l'iniziativa dei privati. Lo **Stato di diritto**, invece, è concetto più giuridico: esso si basa su alcuni pilastri necessari (la separazione dei poteri, il principio di legalità, la tutela giurisdizionale dei diritti, il principio di eguaglianza, indipendenza dei giudici) i quali possono adattarsi anche ad uno Stato che non aderisce alla ideologia liberale. Infatti anche i moderni *Stati sociali* (→ § II.1.11) si riconoscono come *Stati di diritto*, pur avendo superato e rinnegato i tratti più marcatamente ideologici dello Stato liberale e il suo ristretto modo di intendere il principio di rappresentanza.

Quest'ultima caratteristica dello Stato liberale è molto importante. La legislazione elettorale di questa forma di stato attribuisce il diritto di voto solamente a cittadini ritenuti particolarmente "capaci" e "affidabili", e in quanto tali realmente interessati alla buona gestione della cosa pubblica. Il diritto di voto pertanto è circoscritto a coloro che hanno un adeguato livello di istruzione e di reddito (nel presupposto che solamente chi ha beni e concorre al prelievo fiscale ha interesse ad un uso corretto del denaro pubblico). In tutti gli Stati liberali, perciò, vengono esclusi dall'elettorato attivo tutti coloro che hanno un livello di cultura e di reddito inferiore ad una certa soglia. Per esempio, la legge elettorale del Regno di Sardegna, poi estesa a tutta l'Italia dopo l'unificazione (1860), fissava l'età per l'esercizio del voto a 25 anni, il censo a 40 lire di imposta annua, ed escludeva dal diritto di voto gli analfabeti. I limiti di censo non si applicavano ad alcune categorie di persone che si presupponevano dotate di certi requisiti di istruzione (per esempio, i funzionari e gli impiegati civili e militari). Perciò l'elettorato attivo rappresentava appena il 2% della popolazione e dopo il primo allargamento del suffragio nel 1882, esso arrivò al 6,9% della popolazione complessiva.

In conclusione, lo Stato liberale ha una base sociale ristretta, tendenzialmente circoscritta alla classe borghese e pertanto viene qualificato come **Stato monoclasse**. Proprio questa sua caratteristica è garanzia dell'omogeneità socio-culturale tra i rappresentanti e la borghesia, nonché dell'adozione da parte dei primi di una legislazione che, per i suoi contenuti, serva davvero a perpetuare i caratteri dello Stato liberale.

1.7. *La nascita dello Stato di democrazia pluralista*

Lo Stato di democrazia pluralista si afferma a seguito di un lungo processo di trasformazione dello Stato liberale, che porta all'allargamento della sua base sociale. Lo Stato monoclasse si trasforma così in **Stato pluriclasse**, e si fonda sul riconoscimento e sulla garanzia della *pluralità dei gruppi, degli interessi, delle idee, dei valori che possono confrontarsi nella società ed esprimere la loro voce nei Parlamenti*. Perciò, sul piano storico, l'elemento determinante per l'approdo a questa forma di stato è da ravvisare nel processo di allargamento dell'elettorato attivo, che è culminato nel *suffragio universale* ❷.

✓ LA PROGRESSIVA ESTENSIONE DEL DIRITTO DI VOTO

Il diritto di voto, che nello Stato liberale era limitato a pochi, sulla base del censo e della cultura, è stato esteso progressivamente, attraverso una serie di tappe intermedie. Così, per esempio, nel Regno Unito, il processo ebbe inizio nel 1832 (con il *Representation of the People Act*) e, dopo varie altre riforme (in particolare, nel 1867 e nel 1884), ebbe una spinta decisiva nel 1919 con l'introduzione del suffragio universale e raggiunse il suo culmine nel 1969, allorché il diritto elettorale venne attribuito al compimento del diciottesimo anno di età. In Italia un primo incremento notevole dell'elettorato si realizzò con la riforma del 1882 (gli elettori arrivarono a rappresentare il 6,9% della popolazione), ma fu solo nel 1912 che si introdusse il suffragio "quasi universale", perché il diritto di voto era accordato a tutti i cittadini maschi che avessero compiuto ventun anni e sapessero leggere e scrivere, o avessero prestato servizio militare per un certo tempo (questa riforma portò l'elettorato a rappresentare il 23,2% della popolazione, con un aumento di oltre cinque milioni di persone). Bisognò aspettare il 1946 per estendere il diritto di voto anche alle donne, mentre nel 1975 l'età al raggiungimento della quale il diritto di voto viene attribuito è stata abbassata da ventuno a diciotto anni. Altri Paesi, come la Francia, la Germania e la Svizzera, già dal 1890 riconoscevano il suffragio universale maschile, ma le condizioni politiche di quei Paesi impedirono per lungo tempo che si realizzasse un reale ingresso delle masse popolari nella vita politica.

Ciò che conta nel passaggio dallo Stato liberale a quello di democrazia pluralista è che l'ampliamento "quantitativo" della base elettorale ne provoca anche una profonda trasformazione "qualitativa". In particolare, tre trasformazioni hanno determinato il modo di essere dello Stato di democrazia pluralista:

– l'affermazione dei partiti di massa, che organizzano la partecipazione politica di milioni di elettori;
– la configurazione degli organi elettivi come luogo di confronto e di scontro di interessi eterogenei;
– il riconoscimento, insieme ai diritti di libertà già garantiti dallo Stato liberale, di diritti sociali come strumenti di integrazione nello Stato dei gruppi sociali più svantaggiati.

Questi elementi hanno contribuito all'affermazione dello Stato di democrazia pluralista, le cui istituzioni – sorte dalla crisi dello Stato liberale – si sono sviluppate fino ai nostri giorni in Occidente. Ma l'evoluzione verso questa forma di stato ha assunto tempi e caratteri diversi nei vari Paesi in cui essa si è realizzata. In alcuni, come la Germania e l'Italia, il passaggio è stato più evidente in quanto segnato dalla parentesi dei regimi totalitari nazista e fascista, mentre in altri, come il Regno Unito e gli Stati Uniti, c'è stata un'evoluzione più graduale.

1.8. *I partiti politici di massa*

Un ruolo fondamentale nella configurazione degli assetti politici e costituzionali degli Stati di democrazia pluralista lo hanno avuto i partiti politici. Essi erano presenti anche nello Stato liberale (è sufficiente pensare ai *Whigs* ed ai *Tories* in Inghilterra ed alla destra ed alla sinistra in Italia), ma avevano caratteri profondamente diversi da quelli che poi hanno assunto a seguito dell'allargamento del suffragio. Infatti, i *partiti nello Stato liberale* erano ristretti gruppi di persone, legati da grande omogeneità economica e culturale. Essi agivano soprattutto dentro il Parlamento, raggruppando insieme più parlamentari in nome di una comune visione del bene comune, ma fuori del Parlamento si riducevano a comitati elettorali o circoli di opinione costruiti attorno alle personalità di alcuni notabili. In regime di suffragio limitato, tipico dell'età liberale, per essere eletti erano sufficienti i voti di poche centinaia di elettori, che spesso conoscevano personalmente il candidato.

L'estensione del diritto di voto, invece, ha richiesto che venisse organizzata la partecipazione politica di milioni di elettori, portando a conoscenza di questi ultimi i candidati ed i loro programmi. Con l'introduzione del suffragio universale, perciò, sono nati e si sono affermati i moderni **partiti di massa**, caratterizzati da una *solida struttura organizzativa* che ha consentito loro di essere radicati nella società e di diventare *strumenti di mobilitazione popolare* e di integrazione delle masse nelle istituzioni politiche. I partiti di massa, dunque, hanno un apparato organizzativo permanente che opera al di fuori del Parlamento e tiene collegati eletti ed elettori; questo apparato è formato da persone che professionalmente si dedicano alla politica e traggono i mezzi per la loro esistenza dalla politica (la politica si trasforma in una professione), dando vita ad una *burocrazia di partito*. Nell'ambito dell'organizzazione interna di partito si realizza prevalentemente la selezione della classe politica, dando luogo a quella che è stata definita la "*parlamentarizzazione dei dirigenti di partito*" (M. Weber).

C'è un altro fenomeno, non meno importante del primo, che ha condotto all'affermazione dei partiti di massa, ed è costituito dalle caratteristiche del *conflitto sociale* nel novecento. I gruppi sociali più deboli, come la classe operaia, – formati da individui sostanzialmente privi di potere contrattuale nel mercato e perciò costretti ad accettare le condizioni di lavoro imposte dai capitalisti – hanno gradualmente trovato nell'aggregazione in strutture collettive il modo per tentare di bilanciare, con la forza dei numeri, il potere basato sul controllo dei mezzi di produzione. I partiti ed i sindacati sono diventati organizzazioni di lotta per il miglioramento delle condizioni di vita delle classi economicamente più deboli o addirittura per preparare l'avvento di una società nuova basata sull'eguaglianza sostanziale tra tutti gli uomini e tutte le donne. Il diffondersi, a cavallo tra Otto e Novecento, delle ideologie socialiste e del pensiero marxista ha fornito ai nuovi partiti una risorsa fondamentale per tenere uniti milioni di persone sotto la guida del gruppo dirigente del partito.

✓ LA NASCITA DEI PARTITI DI MASSA

I primi partiti di massa sono stati, infatti, espressione della classe operaia e si basavano sull'ideologia socialista: il *Partito socialdemocratico tedesco (SPD)* è il massimo esempio di questo tipo di partito, mentre nel Regno Unito, il *Partito laburista* (fondato nel 1893) si è caratterizzato soprattutto per lo stretto raccordo organizzativo con le confederazioni sindacali (*Trade Unions*). In Italia, com'è noto, nel 1892 fu fondato, per iniziativa di circoli operai e socialisti, il *Partito dei lavoratori*, divenuto qualche anno dopo *Partito socialista italiano*.

Certamente forti furono le tensioni ed i conflitti all'interno dei partiti che si richiamavano all'ideologia socialista e che portarono, dopo la rivoluzione russa del 1917, alla storica diaspora tra socialisti e comunisti (il *Partito comunista*, in Italia, è nato a seguito della scissione di Livorno del 1921). Ma, in comune, i partiti della classe operaia avevano una realtà associativa forte, la quale trasmetteva ai propri membri un senso di appartenenza che li portava a condividere una comune *identità collettiva*.

Mentre l'identità operaia, o più in generale "proletaria", fu modellata dai *partiti socialisti*, altre comunità di natura etnica o religiosa oppure di natura sociale (come i contadini in quei Paesi dove molto forte era il conflitto tra città e campagna) diedero vita a propri partiti con una vistosa identità collettiva. Questo è stato il caso, soprattutto, dei *partiti cattolici*, che hanno assunto un ruolo politico importante in alcuni Paesi, come l'Italia. Dopo il *non expedit*, con cui il Papa all'indomani dell'Unità d'Italia aveva vietato la partecipazione alla vita politica dei cattolici, il pontefice Pio X diede il suo assenso alla partecipazione dei cattolici alle elezioni politiche; cosicché, tanto nelle elezioni del 1904, quanto in quelle del 1909 gli ambienti cattolici si spesero in funzione anti-socialista con candidati propri e con un massiccio sostegno ai candidati liberali moderati. Nel 1913, poco prima della prima competizione elettorale basata sul suffragio universale, l'operazione di coinvolgimento delle masse cattoliche nel sostegno alle candidature moderate fu oggetto di una contrattazione, di cui fu protagonista il conte Gentiloni. Infine, vi fu la teorizzazione di Don Luigi Sturzo di un partito promosso dai cattolici ed ispirato ai principi cristiani, ma autonomo dalla gerarchia ecclesiastica, alternativo allo stesso tempo ai laici ed ai socialisti. Questo progetto, nel 1919, portò alla nascita del *Partito popolare italiano*.

Le trasformazioni molto sinteticamente richiamate hanno avuto una conseguenza importante: le contrapposizioni presenti nella società sono emerse anche a livello istituzionale, nei Parlamenti. Questi ultimi, da sedi in cui i parlamentari – liberi da istruzioni esterne e legati da una comune estrazione sociale e culturale – ricercavano il modo migliore di curare l'interesse generale, sono diventati il luogo in cui si realizza il confronto tra partiti: partiti con identità e programmi contrapposti ed in grado di imporre ai propri rappresentanti una rigida disciplina, in virtù della quale essi trasferiscono nelle aule parlamentari la linea politica del partito. I partiti politici, dunque, diventano capaci di controllare e dirigere l'azione del Parlamento e del Governo.

Tali trasformazioni sono divenute particolarmente evidenti soprattutto dopo la prima guerra mondiale, allorché i partiti di massa hanno avuto una considerevole crescita a scapito delle tradizionali forze politiche liberali. In alcuni Paesi, come il Regno Unito, ciò è avvenuto nel quadro di un sistema politico tendenzialmente bipartitico e nella sostanziale comune accettazione dei valori del pluralismo politico. In questo modo, il passaggio dalle istituzioni liberali a quelle democratiche non ha impedito di avere Governi stabili ed autorevoli; la comune accettazione dei valori della democrazia pluralistica ha impedito che il partito uscito vittorioso dalle urne utilizzasse il potere per eliminare l'altro: il partito sconfitto ha potuto agire liberamente, sia criticando il Governo in carica, sia preparando una piattaforma programmatica alternativa a quella della maggioranza, con l'intento di ottenere sulla stessa il consenso dell'elettorato per diventare, con le successive elezioni, la nuova maggioranza. Pertanto, i partiti contrapposti hanno finito per legittimarsi reciprocamente.

1.9. *Crisi delle democrazie di massa e nascita dello Stato totalitario*

In altri Paesi, come la Germania e l'Italia, invece, l'affermazione dei nuovi partiti di massa non si è accompagnata alla comune accettazione di una democrazia pluralista da parte dei principali partiti politici. La Germania, uscita sconfitta dalla prima guerra mondiale, rimosse l'Imperatore e diede vita ad una Repubblica basata sulla

Costituzione di Weimar del 1919 (così chiamata dal nome della città dove si svolsero i lavori costituenti), con la quale si tentava una profonda democratizzazione delle strutture dello Stato.

✓ LA COSTITUZIONE DI WEIMAR E LA SUA CRISI

La Costituzione di Weimar tentò di razionalizzare il sistema parlamentare adattando le sue istituzioni alle dinamiche di una democrazia di massa. È stata la prima Costituzione a riconoscere e garantire i *diritti sociali* (→ § XIII.6) che, attraverso prestazioni dello Stato, mirano a ridurre le diseguaglianze materiali dovute alla differente distribuzione delle ricchezze e dei redditi tra le persone: i diritti all'istruzione, all'abitazione, al lavoro, ad un sistema assicurativo che garantisca la tutela della salute, la protezione della maternità e la previdenza contro le conseguenze economiche della vecchiaia, dell'invalidità degli infortuni, ecc. Il riconoscimento di questi diritti è la risposta delle democrazie pluraliste alle richieste delle classi sociali svantaggiate ed un modo di fronteggiare la sfida lanciata dallo Stato socialista, sorto a seguito della rivoluzione russa del 1917, che prometteva l'edificazione di una società di soggetti realmente eguali.

La **Repubblica di Weimar** poté godere di una relativa stabilità fino alla grande crisi economica del 1929, grazie al sostegno dei partiti che avevano voluto la Costituzione e che espressero, per i primi anni di vita della Repubblica, la maggioranza parlamentare ed il Governo: il partito socialdemocratico, il centro cattolico, il partito democratico liberale. Però la cosiddetta "coalizione di Weimar" perse progressivamente consenso, passando dal 45% dei voti del 1919, al 40% del 1924, quando la destra estrema aveva raggiunto il 26% dei voti e i comunisti il 12,6%. A partire da questo momento il sistema politico ha visto aumentare la forza dei partiti che contestavano apertamente il sistema (*partiti anti-sistema*) e crescere la frammentazione politica, con l'apparizione di numerosi piccoli partiti (che nelle elezioni del 1928 sfiorarono il 14% del totale dei voti). Tale situazione rese molto difficile la formazione dei Governi, determinando un forte grado di instabilità politica, cui si cercò di ovviare ricorrendo alla formula dei "Governi del Presidente": Governi, cioè, privi di una maggioranza politica e che, pertanto, si basavano esclusivamente sull'appoggio del Capo dello Stato. In questo contesto, caratterizzato dalla mancanza di attaccamento agli istituti democratici, da un forte conflitto ideologico e da instabilità politica, ha potuto avere fortuna il partito nazionalsocialista di Adolf Hitler. Questo partito rimase a lungo una forza marginale (sotto il 3%) fino alle elezioni del 1930, quando, per reazione alla paura derivante dalla crisi economica, fece un notevole balzo in avanti (raggiungendo il 18,3% dei consensi elettorali). Ne scaturì un Parlamento frammentato in molti gruppi radicalmente contrapposti e incapaci di dare vita ad una maggioranza, cui il Presidente della Repubblica (il generale Hindenburg) cercò di ovviare ricorrendo ancora una volta alla formazione di "Governi del Presidente". Le successive elezioni (prima nel luglio e poi nel novembre del 1932) resero la situazione ancora più grave, con un notevole avanzamento dei partiti anti-sistema: i comunisti (con il 16,9%) ed i nazisti (con il 33,1%). Nella confusione politica che ne seguì, Hitler riuscì a farsi nominare Cancelliere (cioè capo del Governo); nei due mesi successivi ottenne una legge che gli conferiva pieni poteri e costrinse tutti i partiti a sciogliersi, avviando la costruzione di uno Stato totalitario.

Anche in Italia si è verificata una situazione, per molti versi, analoga. La frammentazione politica della giovane democrazia di massa, la prevalenza di forze che non accettavano pienamente i valori della democrazia pluralista e l'arroccamento delle forze economiche che temevano gli effetti del suffragio universale determinarono una forte instabilità, insieme al deficit di legittimazione delle istituzioni costituzionali, innescando una crisi gravissima che culminò nell'avvento dello Stato fascista.

✓ LA DIFFICILE ESPERIENZA DELLA DEMOCRAZIA DI MASSA E L'AVVENTO DEL FASCISMO

Com'è noto, infatti, la dissoluzione del sistema politico liberale si manifestò, dopo l'introduzione del sistema elettorale proporzionale, nel 1919. Il voto espresse la spaccatura del Paese in tre grandi correnti politiche: la tradizione liberale, che raccolse circa il 37% dei voti, quella socialista, che raccolse il 32%, e quella cattolica, che conquistò il 20%. I liberali avevano la maggioranza relativa, ma erano divisi in una molteplicità di gruppi e sottogruppi, senza che ci fosse una leadership accettata da tutti. La scelta del Re di affidare la guida del Governo a Giolitti non risolse nulla perché il vecchio statista non riusciva né a mantenere unita la coalizione, né a tenere sotto controllo le agitazioni sociali in corso nel Paese, che culminarono in una larga occupazione di fabbriche. Giolitti pensava di potere risolvere la crisi attraverso l'usuale politica dei blocchi. Perciò, fatto sciogliere anticipatamente il Parlamento nel 1921, raccolse in un blocco nazionale forze diverse che andavano dai liberali ai fascisti, ma non riuscì ad evitare la crescita della frammentazione politica (da questo punto di vista i risultati furono catastrofici: ai 105 deputati del blocco si aggiungevano 43 liberali, 69 liberal-democratici, 28 democratico-sociali, 11 del partito democratico-riformista, 124 socialisti, 108 popolari, 10 combattenti, 6 repubblicani, 15 comunisti e qualche gruppo minore). Ma il fatto realmente nuovo era rappresentato dall'elezione di 35 deputati legati ai movimento creato da Benito Mussolini, che trasformava la sua formazione prima in gruppo parlamentare e poi in partito, il **Partito nazionale fascista**. Ne derivò una fase di forte tensione politica e di instabilità dei Governi; in questa fase si inserì il noto episodio della "marcia su Roma" da parte dei fascisti. Alla fine, il Re decise di nominare Presidente del Consiglio Benito Mussolini, che il 31 ottobre del 1922 insediava il suo primo Governo. Si trattava ancora di un Governo di coalizione che ottenne la fiducia del Parlamento. La rottura con la democrazia e l'instaurazione dello Stato autoritario si verificarono solo nei due anni successivi, attraverso alcuni passaggi quali: l'approvazione di una legge elettorale (la legge 2444/1923, la cosiddetta "legge Acerbo", che attribuiva i due terzi dei seggi in palio alla lista che avesse ottenuto il più alto numero di consensi, purché non inferiore al 25%); le elezioni dell'aprile del 1924, caratterizzate da violenze e brogli elettorali da parte dei fascisti, che fruttarono al PNF oltre il 60% dei voti espressi; il discorso di Mussolini del 3 gennaio 1925, che seguiva all'omicidio del socialista Giacomo Matteotti ed all'abbandono del Parlamento da parte di tutte le opposizioni, il cosiddetto "Aventino" (con esso, Mussolini annunciava il suo programma i cui punti principali, subito dopo realizzati, erano la decadenza di tutti i parlamentari dell'opposizione, lo scioglimento di tutti i partiti, tranne quello fascista, la soppressione delle elementari libertà politiche); l'istituzione (con legge 2263/1925) del regime del Capo del Governo, attraverso la soppressione della fiducia parlamentare e la concentrazione di ingenti poteri di decisione politica nelle mani del Capo del Governo (cioè di Mussolini). Gli anni successivi al 1925 videro il consolidarsi dello Stato fascista con una serie di trasformazioni istituzionali, di cui la più rilevante fu quella relativa alla legislazione elettorale, attraverso la previsione del voto positivo o negativo degli elettori nei confronti di una lista unica predisposta dagli organi di partito (legge 1019/1928).

1.10. *Le alternative allo Stato di democrazia pluralista nel XX secolo*

Nei Paesi in cui l'avvento della **democrazia di massa** – basata cioè sul suffragio universale e sui moderni partiti politici – non si era accompagnato alla diffusa accettazione dei valori del pluralismo e della tolleranza da parte delle forze politiche ed alla trasformazione delle istituzioni liberali, la crisi di queste ultime sfociò nell'affermazione di forme di stato basate sulla negazione del pluralismo e sull'identificazione del **partito unico** con lo Stato ❷.

Ai problemi posti dal conflitto sociale, che era essenzialmente basato sulla contrapposizione tra classi sociali ben distinte (come la borghesia ed il proletariato), in Italia ed in Germania si dava una risposta consistente nella soppressione del pluralismo politico e nell'unificazione politica della società attraverso le istituzioni dello **Stato totalitario**. Lo **Stato fascista** in Italia ha operato dal 1922 al 1943, ed è stato organizzato in contrapposizione al modello liberale ed a quello di democrazia pluralista, accusati di non essere in grado di difendere gli "interessi nazionali" a causa della frammentazione del potere politico. Perciò, lo Stato fascista concentrava il potere politico in un unico organo, che assommava la funzione legislativa e quella esecutiva, cioè il Capo del Governo. Il partito unico (sistema monopartitico) si integrava con l'organizzazione costituzionale dello Stato, diventandone elemento costitutivo ed organo. Lo Stato assumeva l'attributo della *totalitarietà*, nel senso che si riteneva che la collettività nazionale si integrava in modo totale nello Stato, che pertanto poteva occuparsi di tutti gli aspetti della vita sociale ed individuale, anche grazie alla soppressione delle tradizionali libertà liberali.

L'esperienza fascista combinata con la dottrina elaborata da Hitler portarono alla formazione dello **Stato nazionalsocialista**, operante in Germania dal 1933 al 1945. Esso si basava sull'idea secondo cui lo Stato doveva essere uno degli strumenti dei quali si avvaleva, per la realizzazione dei suoi fini, l'unico movimento politico ammesso, il movimento nazionalsocialista. Il Capo del movimento era, ad un tempo, vertice dello Stato, del Governo e delle forze armate, concentrando in sé il potere costituente, quello di revisione costituzionale, quello legislativo, quello esecutivo e quello giurisdizionale. Il Capo poteva adottare e modificare qualsiasi precetto giuridico, senza incontrare alcun limite legale. Perciò, il movimento era considerato sovraordinato rispetto alla base comunitaria ed allo Stato; il soggetto posto alla guida del movimento era considerato in posizione di supremazia (*Führerprinzip*) e nei suoi confronti la base sociale si poneva come seguito indifferenziato.

Un'altra alternativa alla democrazia pluralista, che ha conosciuto il novecento, è stata rappresentata dallo **Stato socialista**.

✓ LO STATO SOCIALISTA E IL "MURO DI BERLINO"

Il riferimento storico di questa forma di stato è dato dall'Unione delle Repubbliche Socialiste Sovietiche (URSS), ed affonda le sue radici teoriche nella dottrina marxista-leninista. Il modello, sia pure con adattamenti e variazioni, è stato esteso ad altri Paesi, ed in particolare a quelli del blocco socialista dell'Europa dell'Est, prima di dissolversi tra la fine degli anni '80 ed i primi degli anni '90 del XX secolo. In estrema sintesi, questa forma di stato trovava origine nella cosiddetta *dittatura del proletariato*, con la quale si sarebbe dovuto emarginare la classe antagonista, cioè la borghesia, in vista del futuro superamento del potere statale e dell'avvento di una società senza classi e senza conflitti sociali. Perciò, tale modello costituzionale si reggeva sull'abolizione della proprietà privata e sull'attribuzione allo Stato del dominio di tutti i mezzi di produzione. In contrapposizione allo Stato di democrazia pluralistica, che storicamente e giuridicamente è stato accoppiato all'economia di mercato, lo Stato socialista ha realizzato l'abolizione del mercato a favore di un'*economia collettivistica* ❺.

Originariamente, la dittatura del proletariato era considerata una forma transitoria di organizzazione del potere statale, ma ben presto si prese atto della necessità di mantenere una struttura statale integrata

con il partito rivoluzionario. La principale giustificazione del mantenimento dell'organizzazione statale consisteva nell'esistenza di "Stati borghesi", che minacciavano dall'esterno il mantenimento dell'ordinamento rivoluzionario. Da qui, l'esigenza di uno "Stato forte", che emergeva chiaramente dalla Costituzione staliniana del 1936. Anche dopo che il XXII congresso del *Partito comunista sovietico* (1961) riconosceva che l'URSS aveva superato la fase della "dittatura del proletariato" e che era entrata in quella dello "Stato di tutto il popolo", per significare che ormai la borghesia era stata annientata, si ritenne necessaria la conservazione dello Stato. La Costituzione sovietica del 1977 ha fatto ufficialmente propria questa concezione dello "Stato di tutto il popolo".
Alla fine degli anni '80 del XX secolo, gli Stati socialisti sono entrati in una crisi profonda, sia sul piano della legittimazione che su quello della funzionalità; crisi economica e corruzione dilagante hanno indebolito ulteriormente questi ordinamenti. La crisi è culminata con l'evento simbolico del crollo del Muro che divideva Berlino in due settori.

La crisi irreversibile del "socialismo reale" ha portato al dissolversi di Stati multinazionali, come l'URSS e la Jugoslavia, da cui sono nati nuovi Stati che adottano Costituzioni basate sui principi della democrazia pluralista (come la Costituzione Russa del 1993). La scelta a favore di questi principi si manifesta nei Paesi dell'Europa orientale, alcuni dei quali avevano conosciuto precedenti esperienze costituzionali liberali (come la Cecoslovacchia e la Germania dell'Est), ma anche in Paesi che avevano conosciuto esperienze di segno opposto, le cui Costituzioni dichiarano di volersi aprire al pluralismo politico ed all'economia di mercato.

1.11. *Consolidamento della democrazia pluralista e affermazione dello Stato sociale*

I princìpi dello Stato di democrazia pluralista hanno trovato conferma al termine del secondo conflitto mondiale in tutte le aree di influenza politica e culturale delle potenze alleate diverse dall'URSS (in particolare Stati Uniti e Regno Unito). In alcuni casi, è stato ripreso un processo di sviluppo costituzionale interrotto dalla parentesi dello Stato autoritario (Italia, con la Costituzione del 1948), in altri sono stati rivitalizzati i principi liberali e democratici sacrificati dalla guerra e dall'occupazione straniera (Francia, Belgio, Olanda, Lussemburgo, Danimarca, Norvegia, Finlandia, Austria, Grecia). In altri casi ancora, c'è stata l'imposizione di un modello politico costituzionale da parte delle potenze vincitrici ai Paesi vinti (Germania, Giappone). Solo la Spagna e il Portogallo sono rimasti nell'area dello Stato autoritario prebellico fino agli anni '70, quando si sono dati degli ordinamenti democratici (le nuove Costituzioni sono state adottate rispettivamente nel 1978 e nel 1976), mentre la Grecia ha avuto un temporaneo ritorno allo Stato autoritario nel periodo 1967-1974.

La fase costituzionale descritta vede garantite dal diritto, insieme alle libertà "liberali", cioè alle tradizionali "*libertà negative*" (nella Costituzione italiana: libertà personale, di domicilio, religiosa, di pensiero, della corrispondenza e della comunicazione, di circolazione e soggiorno, di riunione, ecc.: → § XIII.2.1), anche le diverse manifestazioni del *pluralismo politico, sociale, religioso, culturale*; in particolare essa riconosce il ruolo costituzionale dei partiti politici.

✓ IL PRINCIPIO PLURALISTA NELLA COSTITUZIONE ITALIANA

> Al riguardo, è sufficiente citare le disposizioni della Costituzione italiana che: riconoscono e garantiscono il pluralismo dei partiti (l'art. 49 dice che: "*tutti i cittadini hanno diritto di associarsi liberamente in partiti per concorrere con metodo democratico a determinare la politica nazionale*"); garantiscono il pluralismo sindacale (art. 39), il pluralismo delle confessioni religiose (art. 8), il pluralismo delle scuole (art. 33, che in particolare riconosce a enti e privati il diritto di istituire scuole ed istituti di educazione, senza oneri per lo Stato), il pluralismo culturale (sempre secondo l'art. 33, "*l'arte e la scienza sono libere e libero ne è l'insegnamento*"), delle istituzioni universitarie e di alta cultura (ancora è l'art. 33 a dire che "*le istituzioni di alta cultura, università e accademie, hanno diritto di darsi ordinamenti autonomi nei limiti stabiliti da leggi dello Stato*"). Più in generale, il pluralismo sociale ha la massima garanzia di sviluppo, perché l'art. 18 riconosce ai cittadini il diritto di associarsi liberamente, per perseguire qualsiasi fine, salvo quelli che sono vietati ai singoli dalla legge penale (→ § XIII.5.3) ❷.

Inoltre, si assiste al generalizzato riconoscimento costituzionale dei *diritti sociali* (alla tutela della salute, all'istruzione, al lavoro, alla previdenza ed all'assistenza in caso di bisogno, ecc.), che comportano la pretesa a prestazioni positive dei poteri pubblici da parte dei cittadini più svantaggiati. Affinché questi diritti siano tutelati, gli Stati devono realizzare un insieme variegato di interventi nella società e nell'economia, con il fine di ridurre le diseguaglianze materiali tra i cittadini derivanti dalle diversità nella distribuzione del reddito e delle opportunità di vita. Le libertà liberali e l'eguaglianza formale di tutti i cittadini davanti alla legge sono del tutto indifferenti alla posizione economica del singolo individuo, che perciò viene considerato in modo astratto, senza alcun riferimento alla posizione effettivamente occupata nei rapporti economici. Ma, chi non è libero dal bisogno economico, non si trova nelle condizioni materiali per godere delle libertà liberali (a cominciare dal diritto di proprietà, per arrivare alla libertà di pensiero), il cui valore si restringe perciò ad una parte soltanto della società. Gli ordinamenti democratici, pertanto, sono sottoposti al rischio di perdere il consenso da parte dei gruppi sociali economicamente svantaggiati, che non possono partecipare ai benefici economici – prodotti dall'economia capitalistica e distribuiti attraverso il mercato – e che non possono materialmente godere delle libertà liberali (→ § XIII.1). Gli Stati di democrazia pluralista sono perciò sorti in contesti sociali e politici caratterizzati dalla lotta di classe, cui hanno cercato di dare uno sbocco pacifico attraverso un compromesso politico che sta alla base delle loro Costituzioni e delle loro politiche.

In sintesi: il problema principale che gli Stati di democrazia pluralista hanno dovuto affrontare è stato quello di "tenere insieme una società" (o come si usa dire, mantenere la *coesione sociale*) formata da classi sociali e individui cui il mercato e la nascita attribuiscono posizioni economiche molto differenti e tra cui possono nascere conflitti forti e persino violenti; per lungo tempo, il problema è stato risolto attraverso un compromesso tra le classi, tra mercato e Stato. Il compromesso politico su cui si è costruito lo Stato sociale è il seguente: da una parte, vengono riconosciuti e garantiti l'economia di mercato ed i diritti su cui essa si fonda (innanzi tutto, diritto di proprietà e libertà di impresa); dall'altro lato, questi diritti sono limitati e l'economia di mercato è corretta attraverso interventi pubblici finalizzati a ridurre le diseguaglianze materiali, in modo tale da integrare in un comune ordinamento democratico le classi economicamente più deboli.

Da tutto ciò, è derivato un ruolo dello Stato che è profondamente diverso da quello tipico dello Stato liberale, e che ha fatto parlare di **Stato sociale** o di **Stato del benessere** o di ***Welfare State***. Non esiste unanimità di vedute tra gli studiosi sul preciso significato da attribuire all'espressione "Stato sociale". Le definizioni possono cambiare, ma in comune esse hanno il riferimento al fatto che lo Stato assume come propria una finalità che era estranea allo Stato liberale. Quest'ultimo era basato sul principio di libertà negativa, secondo cui la principale regola distributiva dei benefici sociali e dei sacrifici doveva essere data dai meccanismi di mercato; allo Stato era affidato il compito di garantire le libertà dei soggetti privati, su cui si reggevano tali meccanismi di mercato (cioè, in primo luogo, la proprietà e l'iniziativa economica privata). Viceversa, lo Stato sociale ricomprende, tra i compiti del potere politico, quello di intervenire nella distribuzione dei benefici e dei sacrifici sociali, compensando o correggendo gli esiti che sarebbero derivati dal semplice operare dei rapporti economici nel mercato. In questo modo, lo Stato supera l'individualismo liberale e sviluppa forme di **solidarietà** tra gli individui e tra i diversi gruppi sociali ❷.

Pertanto, lo Stato di democrazia pluralista ha visto, sia pure con intensità diversa da Paese a Paese, lo sviluppo di forme variegate di *intervento pubblico nell'economia e nella società*, che danno luogo ad un sistema ad **economia mista** ❺.

✓ STATO SOCIALE E INTERVENTISMO ECONOMICO

Le diverse forme dell'interventismo statale che sono prevalse nel periodo di massimo successo dello Stato sociale (1950-1980) possono essere ricondotte ora al governo del ciclo economico, ora all'intento di ridurre le diseguaglianze di reddito tra individui e tra gruppi. Nel primo caso, lo Stato sviluppa *politiche di tipo keynesiano* (dal nome del grande economista Keynes, che ne è stato l'ispiratore) dirette a contrastare le fasi di crisi economica attraverso la crescita della spesa pubblica con l'intento di mantenere alta la domanda interna e, quindi, di garantire uno sbocco ai prodotti delle imprese. Contrastando gli effetti negativi del ciclo economico attraverso la spesa pubblica in investimenti (da alimentare anche a costo di avere un bilancio pubblico non in pareggio: *deficit spending*), lo Stato dovrebbe evitare la disoccupazione, garantendo quindi un lavoro ed un reddito alla stragrande maggioranza dei suoi cittadini. Nel secondo caso, lo Stato segue *politiche di tipo regolativo*, cioè dirette ad influire sui comportamenti di determinati soggetti attraverso norme giuridiche, e soprattutto *politiche di tipo redistributivo*, ossia politiche che trasferiscono risorse finanziarie da determinate categorie di soggetti a favore di altri, compensandoli degli svantaggi e dei sacrifici sociali che imporrebbe loro la dinamica del mercato. Esempio di politiche del primo tipo sono date dalle complesse regolamentazioni del rapporto di lavoro subordinato dirette a tutelare il contraente debole, ossia il lavoratore (per esempio, limitando il potere del datore di lavoro di licenziarlo, oppure garantendo il diritto alle ferie e ad una retribuzione equa). Esempio di politiche del secondo tipo sono date dalle varie forme di assistenza e di previdenza a favore dei disoccupati, degli inabili al lavoro, dei lavoratori infortunati o malati, degli anziani, in qualche modo alimentate dal bilancio statale, ossia in tutto o in parte coperte attraverso risorse finanziarie prelevate attraverso tributi a carico della generalità dei cittadini. Il mercato viene riconosciuto e tutelato, ma lo Stato realizza forme di compensazione per modificare certi risultati prodotti dal mercato, e quindi ridurre iniquità e rischi (come avviene con la diffusione dei sistemi pensionistici, di tutela nel caso di disoccupazione, di assistenza sanitaria pubblica), oppure interviene nel mercato correggendone certe dinamiche (come avviene quando lo Stato usa quali strumenti di politica economica la spesa pubblica o i tassi di cambio).

Anche se la Costituzione italiana non usa espressamente la formula "Stato sociale" (come fanno invece l'art. 20 della Costituzione tedesca e l'art. 1 della Costituzione spagnola), viene delineato uno Stato che corregge il mercato e compensa con i suoi interventi i risultati derivanti dalla sola logica economica dello scambio.

✓ LA REPUBBLICA ITALIANA COME "STATO SOCIALE"

La Costituzione italiana è un chiaro esempio del compromesso su cui si è edificato lo Stato sociale. Infatti, da una parte, essa riconosce e garantisce la proprietà privata e la successione legittima e testamentaria (art. 42), la libertà di iniziativa economica privata (art. 41), il risparmio privato (art. 47), insieme all'eguaglianza formale di tutti i cittadini davanti alla legge (art. 3.1); dall'altro lato, prevede che esistono doveri di solidarietà politica, economica e sociale (art. 2) ed è compito della Repubblica rimuovere gli ostacoli di ordine economico e sociale, che, limitando di fatto la libertà e l'eguaglianza dei cittadini, impediscono il pieno sviluppo della persona umana e l'effettiva partecipazione dei lavoratori all'organizzazione politica, economica e sociale del Paese (art. 3.2); la Costituzione inoltre riconosce a tutti il diritto al lavoro e affida alla Repubblica il compito di promuovere le condizioni che rendono effettivo questo diritto (art. 4).
Coerentemente con tale ruolo, la Costituzione italiana ha limitato la tutela della proprietà privata e dell'iniziativa economica per assicurarne la "funzione sociale" (→ § XIII.7.4 e 5), ed ha previsto tutta una serie di prestazioni pubbliche a tutela dei "diritti sociali" (→ § XIII.6).

1.12. *Omogeneità e differenze tra gli Stati di democrazia pluralista*

Nella seconda metà del novecento, l'area occidentale d'Europa, Stati Uniti, Regno Unito di Gran Bretagna e Irlanda del nord, Canada, Australia e Nuova Zelanda, il Giappone, Israele e alcuni altri Stati formano un complesso di ordinamenti costituzionali ispirati a principi sostanzialmente uniformi, tipici delle c.d. *democrazie occidentali*. Essi recepiscono gran parte della tradizione costituzionale liberale, i cui principi vengono reinterpretati alla luce delle nuove esigenze della democrazia pluralista. La sufficiente omogeneità di questi ordinamenti, consente di elaborare il modello "**Stato di democrazia pluralista**". Tutto ciò non deve fare sottovalutare come tra gli Stati riconducibili al modello, insieme alle tante affinità, permangono alcune differenze.

Una delle più significative di tali differenze è quella relativa al ruolo ed ai caratteri dei *partiti politici*. Infatti, mentre in Europa, come si è visto, l'esperienza politica e costituzionale è rimasta contrassegnata dal fondamentale ruolo dei partiti politici di massa, gli Stati Uniti hanno conosciuto un modello diverso di partito. Invero, anche l'esperienza politico-costituzionale statunitense, per tutto il XIX secolo, è stata caratterizzata da moderni partiti, dotati di una complessa organizzazione in grado di realizzare la mobilitazione di un elettorato di massa, di produrre un ceto di professionisti politici, di inserirli nelle istituzioni statali, e di riuscire così a dirigere l'azione dello Stato. Solo successivamente si è assistito alla crisi di questo tipo di organizzazione politica. I *partiti americani* si sono trasformati fondamentalmente in "macchine elettorali" al servizio di un candidato, privi di una precisa identità ideologica e di significative differenze programmatiche. La loro attività si concentra nelle campagne elettorali e così dopo le elezioni essi perdono gran parte del loro ruolo e non sono in grado di controllare l'attività degli eletti, con conseguente fluidità delle maggioranze parlamentari. Ciò significa che parlamentari eletti nei due partiti alternativi (i repubblicani ed i democratici) possono occasionalmente convergere nella maggioranza che approva una legge.

Lo sviluppo politico-istituzionale americano, pertanto, soprattutto a partire dalla presidenza Roosevelt, ha visto il graduale rafforzamento della Presidenza che ha acquisito canali autonomi, rispetto ai partiti, di legittimazione e di gestione dell'apparato. La debolezza organizzativa dei partiti politici americani non equivale in alcun modo ad una riduzione del ruolo del principio pluralistico. Al contrario, l'esperienza americana si caratterizza per la sua massima esaltazione, solo che quello statunitense è un pluralismo fatto più che altro di associazioni con finalità particolari, di chiese, di gruppi di promozione di interessi specifici.

Un'altra importante differenza tra gli Stati riconducibili all'area delle democrazie pluralistiche riguarda il grado di condivisione dei valori fondanti questo tipo di Stato e quindi, in definitiva, *l'omogeneità o l'eterogeneità della cultura politica*. In particolare, in alcuni Paesi, come Stati Uniti e Regno Unito, c'è stata un'evoluzione storica che ha portato a condividere, tra tutti i principali soggetti del pluralismo politico e sociale, i principi fondamentali della democrazia pluralista. In altri (come il Belgio, l'Olanda e per lungo tempo l'Italia), invece, la società è rimasta divisa in settori sociali separati e tra loro non comunicanti, per ragioni etniche, linguistiche, religiose, ideologiche ❷. Nei primi il conflitto politico attiene principalmente alle modalità di ripartizione del reddito nazionale tra individui e gruppi, che accettano il tipo di società e di regime politico ed economico in cui vivono. Nei secondi, invece, quando prevalgono le divisioni ideologiche, il conflitto è tra modelli alternativi di società e di regime politico propugnati dai diversi partiti politici. Esistono pertanto le condizioni per un'esplosione violenta del conflitto, e per evitare un simile esito le istituzioni costituzionali devono operare in modo tale da attenuare le differenze e favorire la coesistenza pacifica delle diversità.

Questa contrapposizione radicale di ideologie e modelli alternativi di società è stata particolarmente viva, in alcuni Paesi, fino a quando è esistita l'URSS. Ma dopo la dissoluzione del blocco sovietico, la connessa crisi dell'ideologia comunista, ed il venire meno dei pericoli di un attacco militare da parte delle potenze socialiste dell'Est, si è assistito in Occidente all'attenuarsi delle contrapposizioni interne ed alla tendenziale comune accettazione dei valori liberali e democratici.

Una terza differenza di notevole importanza riguarda le modalità dell'*intervento dello Stato* nell'economia e nella società ❺. In alcuni Paesi questo intervento si è attuato in modo tale da restare a livelli moderati mantenendo una "dominanza privatistica" nei rapporti economici e sociali (per esempio, Stati Uniti, Svizzera, Giappone), mentre altri Paesi hanno avuto una "dominanza pubblicistica" nell'economia per il prevalere di finalità sociali (in generale, gli Stati dell'Europa occidentale ed, in particolare, l'Italia).

A seguito della crisi dello Stato socialista si è sviluppata una nuova "ondata di democratizzazione" che investe parti consistenti del pianeta, con la conseguenza che Costituzioni ispirate ai principi propri della tradizione liberale e democratica si affermano in gran parte dei Paesi un tempo retti da sistemi socialisti ed anche in vaste zone dell'Asia e dell'Africa.

✓ DEMOCRAZIA OVUNQUE?

Sarebbe però improprio parlare di generalizzato trionfo del modello costituzionale della democrazia pluralista. A questo riguardo si devono prendere in considerazione almeno tre circostanze.
– In primo luogo, il modello di Stato socialista ha mantenuto la sua continuità in alcuni Paesi (come Cina, Corea del Nord, Cuba), sia pure temperato dal riconoscimento di forme anche accentuate di proprietà privata, di iniziativa economica privata, dall'apertura al mercato globale.
– In secondo luogo, in molti Stati ex-socialisti si registrano forti incongruenze tra le dichiarazioni costituzionali dei principi pluralistici e della libertà di iniziativa economica ed il mantenimento di residui del precedente sistema politico-istituzionale. In effetti molti di questi ordinamenti non avevano conosciuto una fase precedente di tipo liberale e pluralistico. La maggior parte degli Stati ex-socialisti era stata anche prima quasi sempre soggetta a regimi autoritari ed alcuni non erano neppure indipendenti (come le Repubbliche Baltiche, la Bielorussia, la Croazia, la Slovenia, la Bosnia e la gran parte dei territori facenti parte dell'URSS). In alcuni di questi Paesi l'adozione di Costituzioni che si ispirano ai principi del liberalismo e del pluralismo si scontra con l'assenza di precedenti esperienze democratiche e con consistenti tradizioni autoritarie, che portano spesso al riemergere di uno spinto nazionalismo. Ciò avviene soprattutto quando si afferma la tendenziale coincidenza tra Stato e gruppo etnico maggioritario, che equivale a soppressione del pluralismo ❷.
– In terzo luogo, nella maggior parte degli Stati del pianeta esistono forme di organizzazione del potere politico che non sono riconducibili ai modelli fin qui esaminati e che si caratterizzano per la presenza di strutture autoritarie e per una forte limitazione del pluralismo e dei diritti di libertà. Perciò, da una parte si assiste all'affermazione generalizzata su scala planetaria dell'economia di mercato, mentre dall'altra parte i principi del costituzionalismo liberale e della democrazia pluralista trovano applicazione in un numero piuttosto circoscritto di ordinamenti politici, collocati principalmente in Europa ed in America. In Asia invece tendono a dominare Stati autoritari che pur accettano l'economia di mercato, mantengono il controllo delle imprese più importanti che competono nei mercati mondiali con il sostegno finanziario dello Stato (in questo quadro si inscrive il **capitalismo di stato** tipico della Cina).
– Anche in Europa, alcuni Paesi dell'est (Polonia e Ungheria) riducono la democrazia alla sovranità popolare e tendono a introdurre forti limitazioni ai diritti e ai princìpi dello Stato di diritto (perciò vengono definiti **democrazie illiberali**), entrando in collisione con i princìpi riconosciuti e garantiti nei Trattati dell'UE. Reagiscono a queste tendenze alcune sentenze della Corte di giustizia che hanno individuato nel principio dell'**indipendenza del potere giudiziario** una specificazione dello Stato di diritto garantito dal Trattato sull'Unione europea.

1.13. *Lo Stato di democrazia pluralista tra società post-classista e globalizzazione*

Lo Stato di democrazia pluralista ha subìto importanti trasformazioni a partire dagli anni '80 del XX secolo, per effetto di alcune imponenti rivoluzioni sociali degli ultimi decenni.

Alle sue origini lo Stato di democrazia pluralista aveva come sua base materiale una società divisa in classi sociali ben individuate, di cui cerca di assicurare la coesistenza pacifica (perciò viene detto "**Stato pluriclasse**"). I partiti politici di massa rappresentano le diverse classi che dividono la società, e trasferiscono nell'ambito della politica le contrapposizioni ideologiche. In questo contesto ogni individuo poteva fare facilmente riferimento per tutti i suoi interessi e per tutte le sue credenze al partito, una vera comunità di vita.

Gli ultimi decenni del XX secolo hanno visto una crescita considerevole della complessità sociale, indotta da vari fenomeni, tra cui lo sviluppo tecnologico, il mutamento dei modi di produzione con il tramonto della grande fabbrica, e la globalizzazione ❹. Ormai è molto difficile individuare una stabile linea di divisione sociale (come era quella tra le classi) su cui si possano edificare stabili identità collettive. La crisi delle ideologie, rafforzata dal fallimento degli Stati socialisti, ha accresciuto le difficoltà dei partiti di tenere uniti milioni di individui entro una stabile identità collettiva.

L'ideologia era un'importante risorsa organizzativa nelle mani del partito; ma da quando l'appartenenza di classe non ha più un valore assorbente e gli interessi si moltiplicano e creano conflitti tra gruppi che un tempo appartenevano alla stessa classe (si pensi, per esempio, al conflitto tra gli operai di un'industria chimica altamente inquinante e quelli di imprese turistiche che fanno leva sulle bellezze ambientali, in ordine al livello di inquinamento che può essere consentito); l'ideologia è in crisi e diminuisce considerevolmente la capacità dei partiti di dare ordine agli interessi ed alle domande particolaristiche operando una sintesi politica.

Senza la mediazione dei partiti, i singoli gruppi sociali tendono a riversare le loro domande particolaristiche sugli organi costituzionali, ed in particolare sui parlamenti, chiedendo provvedimenti favorevoli ai loro interessi. Quasi sempre la misura legislativa richiesta da un determinato gruppo ha un costo che inevitabilmente grava sul bilancio dello Stato, gonfiando la spesa pubblica.

A partire dagli anni '70 del Novecento si è parlato di **crisi fiscale dello Stato**, per indicare il fenomeno della crescita della spesa pubblica, per coprire la quale la pressione fiscale ha raggiunto livelli così elevati da determinare la ribellione dei ceti più colpiti. Ne è scaturita una prima spinta al riordino dello stato sociale al fine di ridurne i costi. Si è aggiunta poi la *globalizzazione* ❹, che consente ai capitali e alle imprese di spostarsi con estrema facilità da un'area territoriale all'altra, alla ricerca di condizioni che rendano più remunerativo l'investimento (→ § I.2.6✓).

Tre conseguenze importanti ne conseguono:

– in primo luogo, per evitare che capitali e imprese si spostino altrove, lo Stato deve limitare la pressione fiscale;

– in secondo luogo, lo Stato deve cercare di avere una finanza pubblica sana, evitando disavanzi di bilancio eccessivi, perché gli eccessi di liquidità creano inflazione, mentre l'aumento dell'indebitamento sottrae risorse al settore privato. Tutto ciò pone limiti ingenti alla crescita della spesa pubblica e perciò rende più difficile sia il finanziamento dei servizi di natura sociale, sia l'attuazione delle politiche keynesiane (→ § II.1.10✓). Oltre tutto, in un mercato globale, la crescita della domanda interna stimolata dalla spesa pubblica non necessariamente si risolve in un aumento dell'occupazione nazionale, in quanto una parte anche cospicua della domanda interna potrebbe rivolgersi verso beni provenienti da altri Paesi;

– in terzo luogo, le imprese chiedono sempre maggiore flessibilità, che significa minori vincoli legali soprattutto sul terreno della disciplina del rapporto di lavoro e sui costi della protezione sociale dei lavoratori.

Tutte queste spinte hanno una comune origine, cioè l'esigenza di non far perdere competitività al sistema economico nazionale, ed hanno un esito comune, cioè la riduzione delle risorse impiegate per finanziare lo Stato sociale (per esempio, in Italia dal 1992 al 1995 la spesa sanitaria si è ridotta di 2.900 miliardi di lire). Con l’avvio dell’Unione economica e monetaria, poi, gli Stati partecipanti, tra cui l’Italia, hanno accettato vincoli predefiniti al rapporto tra il loro debito pubblico ed il **Prodotto interno lordo (PIL)** e tra il disavanzo ed il PIL (→ § II.7.4) ❸. La tutela dei diritti sociali richiede La tutela dei diritti sociali richiede la presenza di complesse e costose organizzazioni pubbliche che siano in grado di erogare le prestazioni oggetto dei diritti medesimi (il sistema sanitario, l’organizzazione scolastica, gli enti previdenziali, ecc.), e perciò il grado di soddisfacimento dei diritti sociali dipende dalla quantità di mezzi finanziari che sono destinati dal bilancio dello Stato a tali organizzazioni. I diritti sociali, quindi, sono “diritti finanziariamente condizionati” e la Corte costituzionale italiana afferma che l’attuazione di questi diritti da parte del legislatore è il frutto di un bilanciamento tra l’interesse tutelato ed altri interessi costituzionali (→ § XIII.3.3), tra cui quello dell’“equilibrio di bilancio” (→ § XIII.6).

✓ LA CRISI DEL DEBITO SOVRANO E IL RUOLO DELLO STATO

Una delle più grandi sfide che oggi viene posta allo Stato, soprattutto nei Paesi occidentali, è la crisi dei **debiti sovrani**. Per finanziare le sue attività lo Stato ha fatto sempre ricorso all’indebitamento. Prima dell’affermazione piena della globalizzazione economica, cioè fino agli anni ’70 del secolo scorso, l’economia nazionale veniva stimolata con la spesa pubblica, diretta ad aumentare l’occupazione e la domanda interna, finanziata con il disavanzo di bilancio, finanziato tramite il debito pubblico. La globalizzazione economica ❹ e la prevalenza di politiche orientate a favore del mercato e della riduzione del ruolo dello Stato, ha spinto verso la contrazione della spesa pubblica e la riduzione dell’indebitamento pubblico. Ma gli obiettivi sono stati mancati, per effetto di svariati fattori. Negli Stati Uniti si è prodotto un profondo squilibrio nella bilancia commerciale, a favore dei produttori orientali, e una forte crescita dell’indebitamento privato, perché il reddito dei ceti medi è insufficiente a coprire i consumi, spingendoli a indebitarsi con le banche. Le imposte sono state insufficienti a coprire le spese pubbliche per gli interventi militari in numerose aree geografiche del pianeta. Gli Usa hanno perciò inondato i mercati internazionali con obbligazioni pubbliche per finanziare il debito.
Nel frattempo in alcuni Paesi europei, pur impegnati nel risanamento finanziario, la crescita economica è stata debole e ciò ha impedito l’incremento delle entrate tributarie necessario per coprire le spese (emblematico è il caso italiano). In altri Paesi per far fronte alle spese pubbliche si è ricorso a entrate tributarie provvisorie, legate a fenomeni congiunturali (come quelle legate all’aumento del valore degli immobili che è poi crollato per effetto della cosiddetta “bolla immobiliare”), con la conseguenza che la spesa è rimasta priva di adeguata copertura (il caso spagnolo). Oppure si è cercato di occultare il profondo divario tra la spesa pubblica che aumentava e le entrate che ristagnavano attraverso veri e propri falsi in bilancio (il caso della Grecia).
Per la profonda crisi che nel 2007 ha investito prima il settore finanziario e poi l’economia reale, molte banche hanno rischiato l’insolvenza: per evitare il loro fallimento gli Stati, Usa in testa, hanno dovuto salvarle attraverso soldi pubblici, gravando su un bilancio statale a cui la recessione dell’economia del 2007-2010, frenando la crescita, ha ridotto le entrate fiscali. Il debito pubblico è così esploso.

L’esigenza di maggior rigore finanziario, quindi, conduce alla ricerca di forme di razionalizzazione e riordino dello Stato sociale e di nuove modalità di soddisfacimento dei diritti sociali che costino di meno al bilancio statale. Si assiste, pertanto, al tentativo di adeguare lo Stato alle esigenze della competitività internazionale, garantendo però almeno pari opportunità di vita ai suoi cittadini, trasformandolo in **Stato sociale competitivo** ❺.

Tra le strade possibili che alcuni ordinamenti stanno cercando di seguire per *razionalizzare lo Stato sociale* si segnalano le seguenti:

– in primo luogo si tende a superare il carattere *universalistico* di alcuni servizi erogati dallo Stato sociale, per cui servizi come la sanità non vengono resi gratuitamente a tutti i cittadini indipendentemente dal loro reddito, ma solamente ai soggetti meno abbienti, mentre gli altri concorrono alla spesa in relazione al livello di reddito di cui godono (il c.d. *ticket*);

– in secondo luogo, si fa leva sul *principio di responsabilità individuale*, per cui il singolo si impegna a mettere da parte, con il risparmio, le risorse che potranno essere utili per affrontare i rischi della vita, come le malattie e la vecchiaia, mentre lo Stato crea regole che incentivano questi comportamenti. Così, per esempio, accanto al regime pensionistico ordinario, si creano i fondi pensione gestiti da grandi strutture finanziarie private (come le banche e le società di assicurazione) che serviranno ad integrare con una rendita vitalizia la pensione di cui godrà il lavoratore;

– in terzo luogo, c'è il ricorso al "*principio di sussidiarietà*" (→ § II.7.2) che si sviluppa lungo due direttrici:

a) la prima consiste sia nel trasferire la gestione di certi servizi pubblici agli enti locali (in particolare ai Comuni): essi sono più "vicini" ai cittadini, che potranno meglio controllare la qualità dei servizi e i relativi costi (c.d. **sussidiarietà verticale**);

b) la seconda consiste nell'attribuire certi compiti tradizionalmente propri dello Stato sociale ad alcune formazioni sociali che non hanno scopo di lucro e che costituiscono il c.d. "terzo settore" (a fianco dello Stato e del mercato), in grado di fornire servizi tipici dello Stato sociale (come l'assistenza agli anziani) ad un costo minore e con una qualità migliore di quelli erogati dalle burocrazie delle amministrazioni pubbliche; ancora una volta lo Stato interviene con incentivi, soprattutto di natura monetaria e fiscale (c.d. **sussidiarietà orizzontale**);

– infine, c'è il tentativo di attrarre ad un livello sovranazionale alcuni dei compiti propri dello Stato sociale ❹.

Si è assistito però alla crescita delle diseguaglianze economiche nelle principali democrazie pluralistiche, soprattutto negli USA e, sia pure in misura minore, anche nei Paesi europei. Questo fenomeno è stato ulteriormente accentuato dalla perdita di quote di mercato delle imprese occidentali a favore delle imprese asiatiche, soprattutto cinesi, ed anche dalla rivoluzione tecnologica basata sul digitale, la robotica e l'intelligenza artificiale, che hanno reso sempre meno richieste le tradizionali competenze degli operai e del ceto medio, riducendo i loro redditi o provocando la perdita di posti di lavoro, a favore di chi è dotato di competenze professionali legate all'impiego delle nuove tecnologie. Inoltre lo sviluppo del capitalismo finanziario ha favorito i redditi da capitale rispetto ai redditi da lavoro. In questo quadro si sono sviluppate forti spinte critiche nei confronti degli "eccessi" della globalizzazione – che in alcuni casi hanno portato addirittura alla ricerca di un *nazionalismo economico* che ha spinto all'introduzione di barriere e dazi al commercio internazionale – oppure ad un ripensamento del rapporto tra lo Stato e l'economia, ora insistendo sulla necessità che lo Stato contrasti le diseguaglianze irrobustendo i diritti sociali, ora caricando sullo Stato compiti di promozione dell'innovazione tecnologia e di una crescita economica inclusiva (lo **Stato promotore**), anche al fine di reggere la competizione globale con la Cina. Queste tendenze al recupero del ruolo dello Stato nell'economia hanno subito un'accelerazione, dopo il 2020, di fronte alla necessità di contrastare la grave recessione causata dal blocco delle attività economiche resosi necessario per fronteggiare la crisi sanitaria globale prodotta dalla pandemia da Covid-19.

✓ PANDEMIA E RECESSIONE

In tutto il mondo la pandemia da Covid-19 ⓬ ha causato una contrazione del PIL più grave di quella che si è avuta dopo la crisi del 2008-2011. Il PIL, che misura la ricchezza nazionale prodotta nell'anno, è caduto nella zona euro (→ § II.7.5) in media dell'8% nel 2020, con alcuni Paesi, come l'Italia, che hanno subito una contrazione ancora più marcata. Di fronte alla nuova crisi, con crescita della disoccupazione e delle difficoltà finanziaria di molte imprese, dovute al blocco delle attività economiche, gli Stati hanno aumentato le spese a carico dei loro bilanci, oltre che per migliorare la risposta sanitaria, per fornire sussidi ai disoccupati e alle famiglie e sostegno finanziario alle imprese al fine di favorire la ripresa della loro attività economica.
In media nelle economie più avanzate, nel 2020, c'è stato un aumento delle spese pubbliche pari a quasi il 7% del PIL. I bilanci pubblici si trovano pertanto con forti *disavanzi* (le spese superano di molto le entrate), con la conseguenza di essere costretti a coprire le nuove spese ricorrendo all'indebitamento. Il deficit dei bilanci negli Stati dell'UE nel 2020 è passato mediamente dallo 0,6% del PIL all'8,5% mentre il debito pubblico è arrivato mediamente al 103% del PIL. In Italia il disavanzo è arrivato nel 2020 al 10,4% del PIL e nel 2021 è salito all'11,8%. Il rapporto debito PIL, nel 2011, arriva al 159,8%, anche se e secondo le previsioni del Governo contenute nel DEF dovrebbe ridursi negli anni successivi

Pertanto sia nei Paesi dell'Unione europea che negli USA si è avuta una forte crescita dell'intervento dello Stato nella sfera economica, anche se è ancora incerto quale sarà esattamente il ruolo dello Stato nell'economia quando la crisi sarà superata.

✓ PANDEMIA E RITORNO DELL'INTERVENTO PUBBLICO NELLA SFERA ECONOMICA

Emblematica è la crescita della spesa pubblica diretta a favorire la ripresa economica post-pandemia da Covid-19 ⓬, promuovere l'innovazione e ridurre le diseguaglianze, che ha caratterizzato gli USA dopo l'elezione di John Biden alla Presidenza nel 2020. Dopo il primo piano di salvataggio, è stato lanciato un piano per il lavoro ed uno per la famiglia – con massicci investimenti in infrastrutture, comunicazioni, promozione del lavoro, protezione contro l'insicurezza economica, aiuti alle famiglie, rafforzamento dello stato sociale, educazione dei giovani, ecc. – per un totale di oltre 7.000 miliardi di dollari. Tali incrementi della spesa hanno determinato nell'immediato un aumento del deficit e dell'indebitamento, ma nel medio periodo dovrebbero essere coperti tramite un aumento delle tasse sui redditi più elevati e sulle società. In particolare, mentre il suo predecessore, Donald

Trump, aveva ridotto, nel 2017, l'aliquota della tassa sulle società dal 35% al 21%, Biden ha proposto di aumentarla almeno al 28% e di introdurre a livello globale una *minimum tax* per le grandi società al 21% , in modo tale da ridurre la concorrenza fiscale al ribasso tra Stati, che finisce per limitare le entrate dei bilanci pubblici con le conseguenze negative che si son viste. In tutti gli Stati europea ci sono state politiche fiscali fortemente espansive (mediamente pari a circa il 6% del PIL), con interventi a sostegno del reddito delle imprese e dei lavoratori, garanzie statali sui prestiti alle imprese, moratorie dei pagamenti fiscali, sussidi alle imprese, interventi diretti nel capitale di alcune società, aggiustamenti regolatori per proteggere i lavoratori (come i blocchi temporanei dei licenziamenti) e le imprese (sospensione delle procedure di insolvenza). Molti di questi interventi sono provvisori, ma quelli che, sulla base di *Next Generation EU* (→ II.7.7), gli Stati hanno messo in cantiere sono destinati a durare, ridando spazio alla politica industriale e allo Stato sociale, con particolare riferimento all'istruzione e all'assistenza sanitaria.

1.14. *I caratteri dello Stato di democrazia pluralista*

La democrazia pluralista copre un vasto spettro di esperienze politico-costituzionali, che si sviluppano in fasi temporali diverse, ciascuna con proprie caratteristiche, e perciò con alcune differenze anche notevoli. Volendo riordinare queste esperienze in un modello unitario, che tenga conto soprattutto della fase più recente, possiamo sintetizzarne i tratti peculiari nel modo seguente:

α) Lo Stato di democrazia pluralista si basa sul suffragio universale, la segretezza e la libertà del voto, le elezioni periodiche, il pluripartitismo. In tal modo emerge una molteplicità di interessi, di idee, di valori, di gruppi sociali, ciascuno dei quali ha garantita la propria esistenza e la possibilità di libero sviluppo. Le Costituzioni degli Stati di democrazia pluralistica, pertanto, contengono le più ampie garanzie del pluralismo politico, sociale, economico, religioso, culturale, ecc. L'insieme di queste garanzie presuppone l'accoglimento del **principio di tolleranza**, cioè del principio secondo cui il dissenso non può essere represso, ma anzi va garantito (naturalmente fino a quando non travalichi in comportamenti penalmente rilevanti) ❷. In alcuni ordinamenti l'esigenza di tutela del pluralismo e della tolleranza portano, altresì, a vietare certe organizzazioni politiche che operano come "nemici" dei principi democratici: la XII disposizione transitoria e finale della Costituzione italiana vieta, per esempio, la ricostituzione sotto qualsiasi forma del partito fascista; l'art. 21.2 della Costituzione tedesca stabilisce che i partiti che, per le finalità o il comportamento dei loro aderenti, tentano di pregiudicare l'ordinamento fondamentale democratico e liberale o di minacciare l'esistenza della Repubblica Federale di Germania, possono essere dichiarati incostituzionali dal Tribunale costituzionale federale ❷.

β) Il pluralismo costituzionalmente garantito non è solo di idee e di valori, ma è anche pluralismo di *formazioni sociali* e di *formazioni politiche*. Le prime operano per la realizzazione degli interessi comuni ai loro componenti, le seconde hanno come finalità il controllo del potere politico dello Stato e degli enti politici substatali, a seguito di libere elezioni, al fine di imprimere agli stessi un determinato indirizzo politico. Il pluralismo trova la sua garanzia nel riconoscimento costituzionale di alcune libertà: di associazione, di formazione di partiti politici, sindacale, di confessione religiosa, ecc. (→ § XIII.5). In questo modo si realizza una profonda differenza rispetto allo Stato liberale le cui Costituzioni garantivano le libertà del singolo individuo rispetto allo Stato e prevedevano un rapporto diretto tra cittadino e Stato, escludendo che tra l'uno e l'altro si inserisse il diaframma rappresentato dalle formazioni collettive;

γ) attraverso il pluralismo dei centri di potere già presenti nella società si raggiungono due obbiettivi:

– in primo luogo, si limita il potere dello Stato, che è costretto a confrontarsi con essi;

– in secondo luogo, attraverso le formazioni sociali ed i partiti politici si creano canali di partecipazione permanente dei cittadini all'attività dello Stato, sicché essi sono in grado di esercitare una pressione sugli organi costituzionali per ottenere provvedimenti che soddisfino le loro esigenze.

Tutto ciò, però, fa nascere il problema di come *organizzare il pluralismo* per evitare che le molteplici pressioni degli interessi – scaricandosi in modo disordinato sugli organi costituzionali, ed in particolare sui Parlamenti – ne producano la paralisi. Le risposte date al problema dell'organizzazione del pluralismo hanno fatto leva, prima, sulla capacità unificante dei partiti politici di massa, cioè sulla loro capacità di operare una sintesi dei diversi interessi, inserendoli in un programma organico di azione; poi, man mano che tale capacità unificante dei partiti è diminuita, su accorgimenti istituzionali che facilitano la selezione degli interessi, tra cui particolarmente il rafforzamento del ruolo del Governo (→ § II.2.2);

δ) l'affermazione del pluralismo conduce all'idea secondo cui non esiste un *interesse generale* (o bene comune) che abbia una sua consistenza oggettiva; piuttosto trovano garanzia di esistenza valori differenti (si è parlato al riguardo di "politeismo dei valori") e le stesse Costituzioni, essendo frutto del compromesso tra correnti culturali e politiche diverse, riconoscono *principi tra loro in conflitto* (→ § III.7.1). Per esempio, i documenti costituzionali riconoscono tanto l'*eguaglianza formale* di fronte alla legge, che vieta di trattare diversamente i cittadini a causa delle differenze di reddito e di condizioni economiche, quanto la necessità di intervenire a sostegno dei meno abbienti per superare le diseguaglianze di fatto e realizzare un più alto livello di *eguaglianza sostanziale* (→ § XIII.1); oppure, da una parte, ci sono norme di tutela della proprietà privata e dell'iniziativa economica privata, e, dall'altra parte, c'è il riconoscimento costituzionale di diritti sociali, come il diritto al lavoro, alla previdenza, alla tutela della salute, che comportano compressioni, anche piuttosto consistenti, delle prime (→ § XIII.7). Tali principi, nella concreta attuazione, in particolare quando si elaborano i contenuti delle leggi, richiedono forme di contemperamento, in ordine alle quali – nel linguaggio dei costituzionalisti e soprattutto delle Corti costituzionali – si parla di *bilanciamento* (→ § XIII.3.3);

ε) mancando un interesse generale dotato di prevalenza, solamente attraverso il confronto tra le idee e le opinioni diverse si può raggiungere una gerarchia provvisoria di interessi, anch'essa comunque suscettibile di critica e di superamento. Ciò significa che le democrazie pluraliste assicurano la più ampia garanzia costituzionale alla *libertà di manifestazione del pensiero* ed al pluralismo dei *mezzi di comunicazione* (televisioni, radio, giornali: → § XIII.5.5). Anche grazie a queste garanzie costituzionali si forma quella che viene chiamata *sfera pubblica*. In essa agiscono e si esprimono singoli membri della classe politica, giornalisti, leader di opinione, intellettuali, e si attivano movimenti di opinione di vario genere, che spesso conducono a prospettare riforme della società. Questa sfera pubblica, libera e pluralistica, è distinta e autonoma rispetto ai partiti ed al circuito corpo elettorale-Parlamento, ma è politicamente influente ed ascoltata, perché è qui che si formano le idee, le opinioni ed i programmi che poi alimentano sia le proposte dei partiti sia la vita del Parlamento.

Non si scordi che lo Stato di democrazia pluralista è uno *Stato di diritto* (→ § 1.6), e che proprio i caratteri di quest'ultimo – quali il principio di legalità, l'eguaglianza di fronte alla legge, la tutela giurisdizionale dei diritti, l'indipendenza del potere giudiziario, e il loro sviluppo che si ha con l'avvento delle costituzioni rigide e garantite da un sistema di controllo della costituzionalità delle legge – costituiscono la principale garanzia del mantenimento di un assetto pluralistico.

2. Rappresentanza politica

2.1. *Definizioni*

Nella nozione di **rappresentanza politica** confluiscono *due significati*, che si collegano a contesti storici diversi. Da una parte, "rappresentanza" significa "agire per conto di" e perciò esprime un *rapporto tra rappresentante e rappresentato*, per cui il secondo, sulla base di un atto di volontà chiamato *mandato*, dà al primo il potere di agire nel suo interesse, con l'osservanza dei limiti e delle istruzioni stabilite col mandato. Dall'altra parte, "rappresentanza" significa che qualcuno fa vivere in un determinato ambito qualche cosa che effettivamente non c'è, così come gli attori "mettono in scena" un determinato personaggio. Per indicare questa situazione, la dottrina tedesca preferisce perciò usare il vocabolo *rappresentazione*. La rappresentanza, in questa seconda accezione, non presuppone l'esistenza di un rapporto tra il rappresentato ed il rappresentante, il quale invece dispone di una *situazione di potere autonoma* rispetto al primo ❷.

L'accezione moderna della rappresentanza politica, nata con la rivoluzione francese, è la seconda, mentre il primo significato, che si incentra sul rapporto tra rappresentato e rappresentante, risale alla particolare struttura dei parlamenti medievali, che, come si è visto, sopravvissero all'assolutismo. Questi ultimi realizzavano una forma di rappresentanza molto diversa dalla rappresentanza politica forgiata dal costituzionalismo liberale. Infatti, come si è già avuto modo di dire, nei Parlamenti erano presenti direttamente alcuni "pari" del Re, nobili ed alti ecclesiastici, e poi vi erano "rappresentati" i "corpi" che componevano la società (le "corporazioni" dei vari mestieri, alcune città o ripartizioni rurali del territorio, i ceti sociali, come la nobiltà, il clero e la borghesia, e così via). Ciascun rappresentante, pertanto, era espressione della determinata comunità che lo designava ed era legato a questa dalle istruzioni ricevute (agiva cioè sulla base di un mandato imperativo). Come nella rappresentanza del diritto privato, c'erano tre soggetti: il rappresentante ed il rappresentato, tra cui si instaurava uno specifico rapporto, e poi un soggetto terzo. Quest'ultimo era il Re, davanti al quale i rappresentanti prospettavano gli interessi e la volontà delle comunità che li avevano designati.

La società liberale ha cancellato i "*corpi intermedi*" e giuridicamente si è presentata come formata da singoli individui eguali davanti alla legge. La rappresentanza politica, pertanto, doveva soddisfare nuove esigenze. La scelta del rappresentante non doveva servire a dare espressione a "corpi" che non esistevano più, ma doveva essere il mezzo tecnico attraverso cui si formava un'istituzione che doveva agire nell'interesse generale. Essa, inoltre, da una parte, doveva erigere un baluardo contro eventuali rigurgiti assolutisti, ma, dall'altra parte, doveva porre un argine all'evoluzione democratico-radicale del sistema, temuta dalla classe borghese.

Queste esigenze hanno trovato riconoscimento nella limpida formulazione della rappresentanza politica della Costituzione francese del 1791. Quest'ultima toglieva la sovranità al Re, ma non l'attribuiva al popolo, bensì ad un'entità astratta chiamata *Nazione*, da cui emanavano tutti i poteri. Tuttavia la Nazione, in quanto entità astratta e impersonale, non poteva agire direttamente, e perciò, come aveva cura di precisare la Costituzione, doveva esercitare i suoi poteri per delegazione, dando vita ad un sistema rappresentativo. Da questa costruzione costituzionale derivavano tre importanti implicazioni:

α) in primo luogo, se i parlamentari erano scelti per decidere in nome e per conto della Nazione, quest'ultima doveva assicurarsi che le modalità di elezione fossero tali da garantire che gli elettori fossero in grado di scegliere i soggetti più idonei per curare l'interesse generale. *L'elettorato attivo* (cioè il diritto di eleggere i propri rappresentanti: → § IV.7.2) non era perciò configurato come un diritto soggettivo, ma come una *funzione pubblica* conferita dalla Costituzione nell'interesse della Nazione. Ne derivava la possibilità di restringere l'elettorato attivo per ragioni di censo e di capacità: solamente i cittadini che esercitavano l'elettorato per servire la "cosa pubblica" potevano votare (essi venivano chiamati "cittadini attivi");

β) se i parlamentari dovevano rappresentare l'intera Nazione, essi non dovevano curare gli interessi particolari del loro collegio elettorale, bensì *l'interesse nazionale*;

γ) se il parlamentare doveva curare l'interesse generale dell'intera Nazione, non doveva essere vincolato da istruzioni ricevute dagli elettori. Perciò venne sancito il **divieto di mandato imperativo**. Questo principio, già affermato dalla costituzione francese del 1791, è stato poi recepito da tutte le Costituzioni dell'età liberale (per esempio, art. 41.2 Statuto Albertino) ed è trapassato anche nelle Costituzioni dello Stato di democrazia pluralistica (per esempio art. 67 Cost. italiana), dove però, come poi si vedrà, ha assunto un significato diverso da quello originario.

A questo punto è utile chiarire che la **responsabilità politica** significa che un soggetto dotato di potere politico dovrà rispondere ad un altro soggetto per il modo in cui ha esercitato questo potere e, nel caso di giudizio negativo, andrà incontro alla sanzione rappresentata dalla perdita del potere politico. Il soggetto politicamente responsabile, in quanto titolare di potere politico, è giuridicamente autonomo rispetto all'altro soggetto; quest'ultimo però ha il potere di valutare – alla stregua di un parametro politico e non certo di una norma giuridica – come il primo ha agito e, come esito di tale valutazione, potrà confermarlo nella carica ovvero irrogare la sanzione della perdita del potere.

La responsabilità politica assume un ruolo centrale nel funzionamento dello Stato liberale e, soprattutto, di quello democratico-pluralista. Nello Stato liberale essa era essenzialmente circoscritta all'interno dell'organizzazione statale, essendosi affermata come responsabilità del Governo nei confronti del Parlamento. Nello Stato di democrazia pluralista, sempre più tende ad avere, come suo termine di riferimento, il corpo elettorale, chiamato a giudicare soggetti politici divenuti politicamente responsabili nei suoi confronti, i quali, a seconda dei sistemi, possono essere il capo del potere esecutivo (presidente o primo ministro), i parlamentari, i partiti politici.

2.2. *La rappresentanza politica nello Stato di democrazia pluralista*

I sistemi rappresentativi hanno subito una considerevole trasformazione con l'avvento dello Stato di democrazia pluralista.

La rappresentanza politica è sorta con riferimento ad uno Stato a base sociale ristretta (lo Stato monoclasse). In questo contesto l'autonomia del rappresentante ed il *divieto del mandato imperativo* non escludevano l'omogeneità socio-culturale tra gli elettori ed i rappresentanti, che assicurava l'adozione di leggi e di politiche coerenti con gli interessi dei primi. La *legittimazione legale-razionale* (→ § I.1.2) poteva funzionare nel presupposto che le leggi, grazie a quella omogeneità, venivano comunque ritenute "giuste". A sua volta l'autonomia dei rappresentanti consentiva di superare le divergenze che pure esistevano all'interno della classe borghese, permettendo al Parlamento di decidere.

Invece, nelle democrazie pluraliste, si afferma il principio della sovranità popolare, il quale esige che il potere politico si basi sul libero consenso dei governati, cioè del popolo. Se i parlamentari dipendono dal consenso dei governati, come già avevano intuito i costituenti americani, i primi tenteranno di ottenere questo consenso adottando i provvedimenti richiesti dai loro elettori. Perciò gli interessi sociali premono sullo Stato per avere risposte ai rispettivi bisogni ed a tal fine si organizzano stabilmente per ottenere dai parlamenti leggi e politiche adeguate alle loro differenti esigenze. Ma, in regime di suffragio universale ed in assetti pluralistici, questi interessi sono molteplici, eterogenei e spesso conflittuali. Il conflitto più vistoso è stato quello che opponeva i proprietari dei mezzi di produzione (i "capitalisti") agli operai, ma quando questo conflitto è diventato meno rilevante per il funzionamento dei sistemi politici occidentali, ne sono subentrati degli altri (per esempio, tra interessi legati allo sviluppo produttivo ed interesse alla tutela ambientale).

Il problema di fondo che i sistemi rappresentativi delle democrazie pluraliste hanno dovuto affrontare può essere così sintetizzato: "come assicurare la capacità del sistema di decidere (la cosiddetta "**governabilità**") senza che venga meno la legittimazione democratica dello Stato, la quale presuppone il libero e genuino consenso popolare?". Il problema può essere risolto mettendo insieme e facendo convivere i due aspetti della rappresentanza politica: la *rappresentanza come rapporto con gli elettori*, per garantire la legittimazione del sistema, e la *rappresentanza come titolo di esercizio autonomo del potere*, che assicuri la possibilità di assumere una decisione, evitando la degenerazione particolaristica e la paralisi decisionale. Il modo in cui questo equilibrio si è realizzato varia da sistema a sistema. Volendo ricondurre le diverse esperienze storico-politiche a tipi unitari, si può dire che tali modalità sono riconducibili essenzialmente alle seguenti ipotesi, che nelle singole realtà politico-costituzionali possono essere variamente combinate tra di loro:

α) lo *Stato dei partiti.* La prima soluzione ha fatto leva sulla "doppia virtù" dei **partiti politici**, ossia sulla loro capacità di accoppiare i due aspetti della rappresentanza. Da un lato, i *partiti sociali di integrazione* assicurano il collegamento stabile con gli elettori, realizzando una partecipazione politica permanente del popolo. Viene così superata la tradizionale critica dei sistemi rappresentativi basata sull'argomento (inizialmente prospettato da J.J. Rousseau), secondo cui in questi sistemi il popolo è sovrano quando vota, ma poi ritorna ad essere schiavo. Dall'altro lato, però, i partiti possono trascendere gli interessi particolari degli individui e dei gruppi rappresentati, che vengono mediati alla luce del programma e della ideologia del partito, per pervenire ad una sintesi politica. Così viene recuperato l'altro aspetto della rappresentanza, ossia l'autonomia del rappresentante rispetto al rappresentato, che permette al sistema di superare il contrasto fra gli interessi particolari e di decidere.

✓ CHE COSA SONO I PARTITI PER IL DIRITTO?

I partiti svolgono un ruolo fondamentale per il funzionamento della democrazia rappresentativa. Ma per l'ordinamento giuridico i partiti restano delle associazioni di diritto privato, la cui vita interna è regolata dalle poche disposizioni che il codice civile dedica alle associazioni e dallo Statuto che essi liberamente si danno. Il diritto privato protegge così l'autonomia dei partiti e li garantisce contro ingerenze esterne, evitando che qualche potere pubblico ostile ad un determinato partito possa condizionarne l'attività. Ma se i partiti adottano uno statuto, poi ne dovranno rispettare le regole. Nel 2022 il Tribunale di Napoli ha stabilito che una modifica statutaria del partito denominato Movimento 5 stelle, che escludeva dal voto gli iscritti degli ultimi sei mesi, poteva essere introdotta solo in conformità della norma statutaria allora vigente; di conseguenza ha sospeso la nomina del presidente. Insomma, i giudici hanno deciso che i partiti, essendo associazioni regolate dal diritto civile, debbono rispettare, nell'interesse dei propri iscritti, le norme che essi stessi hanno scritto nei loro statuti.
Di tutt'altro segno è una vicenda che ha portato, nello stesso anno, il Partito democratico davanti al giudice penale. La Procura della Repubblica di Firenze ha ritenuto che il divieto di finanziamento ai partiti o a loro articolazioni politico-organizzative (→ § IV.7.5) si possa applicare anche a fondazioni non previste dallo statuto dei partiti, né istituite o controllate dai partiti: su questa base, ha chiesto il rinvio a giudizio, tra gli altri, di persone allora esponenti del PD (Matteo Renzi) e della fondazione Open. La Corte di Cassazione (VI sez. pen., sent. 15 settembre 2020) ha stabilito però che bisogna partire dall'esame dello statuto del partito e dei suoi regolamenti, per decidere se la fondazione è uno strumento nelle mani di un partito e accertare se ha una propria individualità e operatività o è un mero tramite di finanziamento del partito. La questione si sta ancora trascinando.

In questo modo, però, i reali soggetti della rappresentanza politica diventano i partiti, con conseguenze importanti per il funzionamento del sistema rappresentativo. Se esso si basa sui partiti, diventa giocoforza la *reintroduzione del mandato imperativo*, questa volta di origine partitica. Le sintesi politiche operate dai partiti devono essere rispettate all'interno delle aule parlamentari e ciò può essere assicurato solamente da una rigida disciplina, per cui i parlamentari, di regola, votano seguendo le indicazioni dei partiti.

Bisogna avere comunque chiaro che la centralità dei partiti nei sistemi rappresentativi delle democrazie pluralistiche non è un dato di fatto, ma è il frutto di precisi riconoscimenti costituzionali (per esempio, art. 49 Cost. italiana) e di una legislazione di sostegno degli stessi partiti.

✓ CHE COSA RESTA DEL DIVIETO DEL MANDATO IMPERATIVO, IN ITALIA?

L'art. 67 Cost. recita: "*Ogni membro del parlamento rappresenta la Nazione ed esercita le sue funzioni senza vincolo di mandato*". È una disposizione che recepisce il principio del divieto di mandato imperativo tipico della tradizione costituzionale liberale. Ma la prassi politica, fin dalla nascita della Repubblica, ha visto l'affermazione della disciplina di partito. La formazione dei governi, l'apertura delle crisi di Governo, la votazione della fiducia, l'approvazione delle leggi sono state oggetto di voto da parte di parlamentari che si sono uniformati alle direttive di partito. Come valutare tale fenomeno dal punto di vista del diritto costituzionale? Negli anni '60 si diffuse una critica radicale di questi comportamenti: qualcuno disse che si era instaurata una *partitocrazia* (il vocabolo fu coniato da Giuseppe Maranini) contro il dettato costituzionale. Ma in realtà le cose stavano diversamente: l'art. 67 Cost. deve essere interpretato sistematicamente insieme con gli artt. 49, 1 e 94 Cost. Il primo riconosce che i cittadini riuniti nei partiti concorrono a determinare *la politica nazionale*, dando così un fondamento costituzionale al ruolo dei partiti. Il collegamento tra l'art. 1 ed il 49 permette di qualificare i partiti come strumenti di esercizio della sovranità popolare. L'art. 94 impone che la votazione della mozione di fiducia e di quella di sfiducia avvenga per appello nominale, un modo di votazione che facilita il controllo dei partiti sui comportamenti dei propri parlamentari. Da tale quadro complessivo è partita la Corte costituzionale quando ha detto che "*il divieto del mandato imperativo importa che il parlamentare è libero di votare secondo gli indirizzi del suo partito ma è anche libero di sottrarsene; nessuna norma potrebbe legittimamente disporre che derivino conseguenze a carico del parlamentare per il fatto che egli abbia votato contro le direttive del partito*". Pertanto la disciplina di partito non contrasta con la disciplina costituzionale; tuttavia l'art. 67 è una *norma di garanzia* che assicura al parlamentare la possibilità di sottrarsi alla disciplina descritta. Ciò comporta sia l'inefficacia nell'ordinamento dello Stato delle sanzioni che il partito potrebbe adottare nei confronti di parlamentari indisciplinati (come, per es., le "*lettere di dimissioni in bianco*", firmate all'atto di accettazione della candidatura senza l'indicazione della data e successivamente completate dal partito che vuole punire uno dei suoi membri parlamentari), sia la possibilità che un parlamentare possa cambiare gruppo politico di appartenenza nel corso della legislatura.

Si deve aggiungere che, per effetto delle accennate trasformazioni, la capacità del sistema rappresentativo di adempiere correttamente le sue funzioni dipende in gran parte da dinamiche interne alla vita dei partiti, come la loro idoneità ad assicurare un collegamento permanente con la società o, almeno, con quei settori che essi rappresentano. Ma la funzionalità e l'efficacia del collegamento presuppone la democraticità interna dei partiti, la possibilità cioè che essi siano sede effettiva di partecipazione popolare.

✓ I PARTITI SONO STRUMENTI DELLA DEMOCRAZIA: MA SONO DEMOCRATICI?

Fin dalle origini della democrazia di massa si è sviluppata una letteratura che ha criticato la tendenza dei moderni partiti a diventare delle strutture oligarchiche, cioè organizzazioni dominate da capi irremovibili, sottratti ad ogni controllo, in grado di scegliere i soggetti da candidare alle elezioni per le cariche pubbliche in modo del tutto indipendente dall'effettivo gradimento che essi riscuotono presso l'opinione pubblica. Uno studioso italiano ha dato a questa tendenza il nome di "legge ferrea delle oligarchie" (R. Michels, 1911). Per contrastare tale fenomeno, una corrente di pensiero ritiene opportuno stabilire delle regole legislative dirette ad assicurare la vita democratica all'interno dei partiti. In particolare, alcuni sostengono che per ridare al partito il ruolo di cerniera tra gli elettori e gli eletti, sarebbe necessario disciplinare le procedure per la scelta dei candidati alle cariche elettive. In questa prospettiva, c'è chi richiama l'esperienza statunitense delle **elezioni primarie**. In breve, esse comportano che le elezioni più importanti siano precedute da una fase in cui gli elettori di ciascun partito scelgono i candidati direttamente o indirettamente attraverso l'elezione dei delegati nelle assemblee (*conventions*) che a loro volta sceglieranno i candidati del partito. Questa fase, negli Stati Uniti, è disciplinata dalla legge dei singoli Stati, che hanno adottato diversi modelli di primarie. La distinzione più importante è quella tra *primarie aperte* e *primarie chiuse*, a seconda che alla scelta dei candidati possano o meno partecipare anche soggetti che non sono iscritti al relativo partito. Una singolare attuazione delle elezioni primarie si è avuta in Italia nel 2005-2006 (→ § V.2.5✓); le primarie come metodo di scelta dei candidati alle cariche elettive è principio che è stato poi recepito nello Statuto del PD (Partito Democratico).

Oggi, indipendentemente dal modo in cui sono organizzati al loro interno, sempre più frequentemente si parla di *crisi dei partiti*, per intendere le difficoltà che essi incontrano tanto sul versante dei loro rapporti con la società, quanto sul piano della loro capacità di decidere. I fattori che alimentano questa crisi sono innumerevoli e in questa sede non è possibile tentare un loro approfondimento, né è possibile valutare se porteranno al definitivo superamento della attuale centralità dei partiti nel sistema rappresentativo. In modo molto sintetico si può osservare come, all'origine della fortuna dei partiti sociali di integrazione, stava un rapporto privilegiato con una certa classe sociale oppure con una determinata "sub-cultura" (cioè con gruppi sociali caratterizzati dall'adesione ad un'ideologia o un sistema culturale autonomo e separato rispetto al resto della società).

Come si è visto, infatti, gli esempi tipici di partiti che hanno accompagnato il sorgere della democrazia pluralista sono i partiti socialisti, espressione del proletariato, ed i partiti cattolici. In una società in cui esiste una differenza economica e culturale primaria (per esempio, tra capitale e lavoro) che la suddivide in un numero piccolo di settori (per esempio, la borghesia ed il proletariato), ogni individuo sente di appartenere interamente a quel settore, con la conseguenza che, per tutti i suoi interessi e le sue credenze, può far riferimento al partito che rappresenta quel determinato settore sociale. Un legame di identificazione tiene insieme la base ed il vertice del partito. In questo contesto socio-politico può ben dirsi che un parlamento di partiti rappresenta l'intera società. Con l'andare del tempo, però, le società contemporanee sono divenute sempre più complesse ed è divenuta pressoché impossibile la loro distinzione in pochi e facilmente identificabili settori, mentre, anche per effetto delle crisi delle tradizionali ideologie del Novecento, nella maggior parte dei casi è cessato il legame di stabile appartenenza che legava gli individui ai partiti.

In conclusione, i partiti non riescono più ad assicurare la completa rappresentanza della società e, soprattutto, non sempre riescono a comporre i diversi interessi sociali in una sintesi politica. Possono essere sedi importanti di selezione della classe politica e luoghi di elaborazione programmatica, ma hanno perduto il monopolio della rappresentanza. Fino ai casi estremi in cui essi diventano come delle "scatole vuote", dove gli interessi sociali più disparati riescono a trovare posto, ciascuno premendo per avere risposte particolaristiche alle proprie esigenze. Da qui le difficoltà che colpiscono entrambi gli aspetti della rappresentanza politica. Il rapporto con la società si interrompe, producendo perdita di consenso, e gli interessi sociali si riversano direttamente e senza mediazioni sugli organi costituzionali in modo scomposto, senza una sintesi preventiva❷;

β) il *rafforzamento del Governo* e l'*investitura popolare diretta del suo capo*. I fenomeni richiamati spingono alcuni sistemi costituzionali a realizzare un equilibrio tra le due componenti della rappresentanza politica democratica, che fa leva sul *rafforzamento del "potere esecutivo" e sull'investitura popolare diretta del suo capo*, di cui l'esempio più importante è offerto dal presidenzialismo degli Stati Uniti (cioè da un Paese con partiti "deboli" che funzionano essenzialmente come "macchine elettorali": → § II.1.11). Mentre per quanto riguarda l'illustrazione delle tecniche istituzionali attraverso le quali si realizza l'investitura popolare del capo dell'esecutivo si rinvia alla trattazione delle forme di governo, qui va notato come in questo modo si realizza un duplice risultato. Il "potere esecutivo" è posto al riparo delle pressioni immediate degli interessi particolari e, grazie all'investitura popolare diretta, è considerato legittimato a governare nell'interesse generale. In via tendenziale, si assiste alla scomposizione dei due aspetti della rappresentanza che finiscono per fare capo a organi costituzionali distinti. Il Parlamento diventa sempre più sede della "rappresentanza-rapporto" con i singoli collegi elettorali ed i gruppi sociali particolari. Invece, il Governo diventa l'organo deputato a trascendere il particolarismo degli interessi per comporli in una sintesi, che riflette una determinata visione dell'interesse generale. Per il modo in cui adempie questa funzione il Governo, di diritto o di fatto, diventa politicamente responsabile nei confronti dell'intero corpo elettorale nazionale;

✓ DEMOCRAZIA RAPPRESENTATIVA VS. DEMOCRAZIA PLEBISCITARIA

Rafforzamento del Governo ed elezione popolare del suo capo conservano carattere rappresentativo allo Stato, perché restano fondamentali la distinzione tra governanti e governati, l'autonomia dei primi rispetto ai secondi, e la sottoposizione del potere politico ai limiti ed alle procedure stabilite dal diritto costituzionale. In casi estremi, però, crisi dei partiti e investitura popolare del capo del Governo sfociano in una **democrazia plebiscitaria**, cioè in un sistema basato sul *potere personale* di un capo, il quale trae la sua legittimazione dal *rapporto diretto con il popolo*, che ha fede nelle sue doti straordinarie, secondo il modello della legittimazione di tipo *carismatico* (→ § I.1.2). In questo caso c'è un potere personale sostanzialmente illimitato, ma esso non si edifica con la soppressio-

ne delle libertà, bensì col consenso attivo del popolo. Anzi, frequenti sono gli "appelli al popolo" da parte del capo carismatico, che in questo modo rafforza la sua legittimazione. Siamo comunque fuori da un sistema rappresentativo perché il potere carismatico è intollerante nei confronti di limiti e vincoli giuridici e perciò tende ad esprimersi liberamente, purché appaia sostenuto dal consenso popolare, nel presupposto che il popolo sia "infallibile".
La democrazia plebiscitaria ha il suo modello storico di riferimento soprattutto nel regime di Luigi Bonaparte. Quest'ultimo fu eletto presidente della Francia nel 1849, ma, con una serie di abili mosse, presto trasformò il suo potere in dittatura personale: il 2 dicembre 1851 scioglieva il Parlamento e assumeva la presidenza della Repubblica per un decennio. Quanto avvenuto venne approvato dal popolo con un plebiscito personale (il 21 dicembre); l'anno successivo fu restaurato l'Impero e il Presidente della Repubblica fu proclamato imperatore con il nome di Napoleone III; il 23 novembre 1852 un plebiscito popolare approvò tutto quanto era successo. Questa esperienza è servita ad elaborare il modello, ma tutte le democrazie pluralistiche conoscono il problema del "potere personale". Da una parte, i sistemi rappresentativi possono degenerare in *oligarchie*, cioè in cricche chiuse di uomini politici indifferenti alle reali esigenze popolari, ma molto attenti a conservare le proprie posizioni di potere. Dall'altra parte, un efficace antidoto a questa eventualità è dato dalla tendenza – oggi esaltata dal ruolo assunto dai mezzi di comunicazione di massa – alla *personalizzazione del potere*. Il problema allora diventa come evitare che la personalizzazione del potere apra la strada alla democrazia plebiscitaria.

γ) gli *assetti neocorporativi*. Un'altra modalità che viene seguita per adeguare i sistemi rappresentativi alla complessità sociale, consiste nella creazione di assetti **neocorporativi**. Già negli anni della crisi dei sistemi rappresentativi liberali, ci fu chi riscoprì la rappresentanza degli interessi: una parte del pensiero politico e giuridico sostenne che le strutture di rappresentanza delle categorie economiche, dei mestieri e delle professioni avrebbero dovuto sedere in un'assemblea che avrebbe preso il luogo del tradizionale Parlamento. In Italia, durante il periodo fascista, la Camera dei deputati venne soppressa e al suo posto si istituì una *Camera dei fasci e delle corporazioni* (legge 129/1939), composta di seicento consiglieri, non elettivi, ma nominati in base alle cariche detenute nel partito unico ed in organismi corporativi.

Nelle democrazie pluraliste gli assetti neocorporativi sono molto diversi dal **corporativismo** statalista del fascismo. Intanto, perché essi si affiancano, senza sostituirlo, al sistema rappresentativo basato su elezioni libere e sui partiti politici. Il circuito della rappresentanza politica viene integrato, per rimediare alle sue insufficienze, dalla rappresentanza degli interessi. Poi perché – mentre nel corporativismo statalista le organizzazioni che rappresentano i grandi interessi sociali sono subordinate all'autorità dello Stato, di cui spesso sono una creazione –, nel *corporativismo pluralista* le organizzazioni degli interessi sono autonome e nascono spontaneamente nella società. Il Governo tende a negoziare il contenuto dei principali provvedimenti riguardanti l'economia con i sindacati dei lavoratori subordinati e con le associazioni degli imprenditori, dando vita ad un tavolo triangolare, e ottiene in cambio da questi certi comportamenti (per esempio, una moderazione nei livelli di incremento dei salari, al fine di evitare l'insorgere di spinte inflazionistiche);

δ) la *rappresentanza territoriale*. Si tratta dell'istituzione di una *seconda Camera a base territoriale*, in cui cioè sono rappresentati direttamente gli enti territoriali (Stati membri di Stati federali, Regioni, ecc.);

ε) la *sottrazione della decisione al circuito rappresentativo.* Si tratta dell'esclusione dalla regolamentazione e dal controllo di certi settori della decisione proveniente dal circuito rappresentativo; nel contempo si affida la cura di determinati interessi di rilievo costituzionale inerenti quei settori – come l'interesse alla tutela della concorrenza nel mercato – ad *autorità amministrative indipendenti*, autonome rispetto al circuito democratico-rappresentativo (→ § XIII.7.7);

ζ) il passaggio ad una *democrazia priva di mediazioni e di corpi intermedi* (come i partiti e i sindacati), *in cui la volontà del cittadino si manifesta direttamente* grazie alle nuove tecnologie informatiche e all'affermazione di Internet. In questa prospettiva, alimentata da movimenti politici che si dichiarano "anti-sistema", la sovranità ritorna al popolo che si esprime liberamente nella "rete".

Un'altra conseguenza della crisi dei meccanismi rappresentativi è l'emergere dei movimenti populisti.

✓ CHI SONO I POPULISTI?

In questa ampia ed eterogenea categoria, che ha poco da spartire con la sua origine storica che risale a vicende russe dell'800, sono ricompresi molti nuovi partiti che si sono affermati in Europa dopo la crisi economica del 2008-2011, quali il Front National, guidato da Marine Le Pen, in Francia, Podemos in Spagna, guidato da Pablo Iglesias, il Movimento 5 stelle con il leader Beppe Grillo in Italia, Syriza in Grecia. Tutti questi partiti sono accomunati dalla critica nei confronti delle élites che hanno governato i rispettivi Paesi, dal rifiuto della collaborazione con i partiti "tradizionali", che vengono radicalmente delegittimati, dall'opposizione all'integrazione europea e alla globalizzazione, sostenute invece dalle élites che hanno guidato nel passato i rispettivi Paesi (indipendentemente dallo schieramento politico di appartenenza), dalla conseguenziale richiesta di recupero della sovranità statale. Il fenomeno non riguarda solamente l'Europa ma si estende agli Stati Uniti, il cui Presidente eletto nel 2016, Donald Trump, ha basato la sua campagna elettorale proprio sull'opposizione alle élites e alla globalizzazione all'insegna degli interessi americani (*America first!*).

È difficile trovare un elemento comune a tutte queste esperienze. Probabilmente esso può essere ravvisato nella contrapposizione tra un popolo, inteso come unità indifferenziata, e le *élites*. In questa prospettiva il **populismo** può essere definito come *un fenomeno politico che comporta la contrapposizione irriducibile tra il popolo, inteso come entità unitaria e indifferenziata, e le* élites *politiche ed economiche, cui può affiancarsi la contrapposizione ad una terza entità che, secondo la rappresentazione fatta dai populisti, è stata sostenuta dalle* élites *contestate e accusata di aver causato al popolo problemi e sofferenze (per esempio, l'Europa, la globalizzazione, ecc.).*

Il populismo non è fenomeno recente, perché è sorto in diversi periodi di crisi politica ed economica in cui vasti strati della popolazione non si sentono più rappresentati. Ciò è avvenuto, per esempio, negli Stati Uniti alla fine del XIX secolo con l'affermazione del *The People's Party*, in un periodo caratterizzato dalla grave crisi degli agricoltori, dovuta alla caduta dei prezzi agricoli di circa due terzi, all'abbattimento dei salari per effetto della concorrenza da parte degli immigrati e l'aumento dei prezzi di alcuni beni e servizi prodotti dalle grandi imprese (per esempio, prezzi per il trasporto ferroviario il cui aumento danneggiava gravemente gli agricoltori aumentando i costi che dovevano sopportare per vendere i loro prodotti). In ogni caso, il populismo esprime una grave crisi dei meccanismi rappresentativi, che diventano incapaci di assicurare l'equilibrio tra legittimazione e autonomia decisionale.

✓ PUÒ IL CODICE DEI CINQUE STELLE VINCOLARE IL RAPPRESENTANTE?

Il Movimento 5 Stelle, nell'ambito della sua critica radicale nei confronti del "sistema", conduce una forte polemica con riguardo al divieto di mandato imperativo, proponendo al suo posto l'introduzione del vincolo di mandato, che dovrebbe assicurare la coerenza dell'eletto nei confronti dell'elettore. In questa prospettiva si inserisce l'adozione di un *Codice etico* che gli eletti si impegnano ad osservare e che prevede, in caso di inadempimento, un procedimento che può portare all'espulsione dal Movimento, in cui un ruolo fondamentale è svolto dal Capo politico del Movimento. Gli eletti, in caso di inadempimento accertato, si impegnano a dimettersi dalla carica ricoperta e, a garanzia del rispetto dell'impegno, è previsto il loro obbligo di versare, come risarcimento del danno di immagine subìto dal Movimento, la somma di centocinquantamila euro. La questione costituzionale che alcuni hanno posto è se questa regolazione interna sia compatibile con l'art. 67 Cost. e con l'art. 49, che prevede che i partiti seguano un metodo democratico. Ma al di là della questione, è importante sottolineare la forte tensione a cui vengono sottoposti i meccanismi rappresentativi, così come li abbiamo conosciuti e descritti nelle pagine precedenti.

INTERNET Il Codice etico è stato superato dal nuovo Statuto, che è consultabile in http://www.movimento5stelle.eu/wp-content/uploads/2022/04/STATUTO-M5S-in-vigore-dal-11-marzo-2022.pdf.

2.3. *Democrazia diretta e democrazia rappresentativa*

Tra le modalità utilizzate dal costituzionalismo contemporaneo per fronteggiare la crisi dei sistemi rappresentativi, particolare importanza assume il ricorso agli istituti di **democrazia diretta**. Attraverso questi istituti si affida direttamente al popolo (o meglio, al corpo elettorale) l'esercizio di alcune funzioni, consentendogli di assumere delle decisioni immediatamente efficaci nell'ordinamento statale.

Occorre sottolineare che gli Stati di democrazia pluralista sono basati su sistemi rappresentativi, che affidano le principali funzioni pubbliche ad organi dello Stato distinti dal popolo (anche se ad esso collegati grazie a libere e periodiche elezioni). Gli istituti di democrazia diretta affiancano i meccanismi rappresentativi, con l'obiettivo di assicurare la partecipazione popolare alle decisioni che riguardano l'intera collettività e di colmare la distanza tra il popolo e l'apparato statuale. Pertanto, essi affrontano uno dei due aspetti della crisi della rappresentanza politica, ossia la perdita di fiducia del popolo in ordine alla corrispondenza delle decisioni pubbliche ai suoi effettivi interessi (la crisi di legittimazione). Invece, altre tecniche istituzionali con cui si correggono i meccanismi rappresentativi, e che sono state richiamate nel precedente paragrafo (per es., il rafforzamento del Governo), affrontano l'altro aspetto della crisi, quello cioè che riguarda la capacità decisionale del sistema (la "governabilità").

✓ DEMOCRAZIA DEGLI ANTICHI E DEMOCRAZIA DEI MODERNI

"La libertà degli antichi paragonata a quella dei moderni" è il titolo di un celebre saggio di Benjamin Constant del 1819. La *"libertà degli antichi"* era quella delle città-Stato greche ed in particolare di Atene nel V-IV secolo a.C., e consisteva nel partecipare direttamente alle decisioni che riguardavano l'intera collettività. I cittadini riuniti in assemblea (*Ecclèsia*) deliberavano sulla guerra e sulla pace, sui trattati di alleanza da concludere con gli stranieri, sulle leggi, sui bilanci, sul comportamento delle più alte magistrature. La *"libertà degli antichi"* quindi consisteva nella partecipazione attiva e costante al potere politico, per cui la democrazia era una *"democrazia diretta"*. Ma lo stesso individuo che partecipava direttamente alle decisioni collettive, non aveva concessa nessuna indipendenza individuale, né per quanto riguardava le opinioni personali, né in materia di attività economica, né in materia di religione, sicché, come scriveva Constant, *"presso gli antichi, l'individuo, quasi sempre sovrano negli affari pubblici, è schiavo in tutti i suoi rapporti privati"*. La *"libertà degli antichi"* e quindi la *"democrazia diretta"* potevano essere realizzate solamente in entità politiche di ridotte dimensioni, che perciò consentivano a tutti i cittadini di riunirsi in assemblea nella pubblica piazza. Ciò era agevolato dal fatto che dalla cittadinanza erano escluse ampie categorie di soggetti che sostituivano i cittadini nello svolgimento delle attività materiali quotidiane (cioè, nell'antica Atene, le donne, gli schiavi ed i meteci, ossia gli stranieri non residenti). Perciò, la creazione di vaste entità statali ha reso di fatto impraticabile la "democrazia diretta", mentre l'abolizione della schiavitù ha tolto alla popolazione libera quella disponibilità di tempo che prima le derivava dal fatto che la maggior parte dei lavori erano affidati agli schiavi.

Gli istituti di democrazia diretta si riducono soprattutto ai seguenti: 1) l'iniziativa legislativa popolare; 2) la petizione; 3) il *referendum*. Nel primo caso la Costituzione attribuisce il potere di esercitare *l'iniziativa legislativa* ad un certo numero di cittadini (cinquantamila elettori secondo l'art. 71 della Costituzione italiana: → § IX.3.2.γ). La **petizione**, invece, consiste in una determinata richiesta che i cittadini possono rivolgere agli organi parlamentari o di Governo per sollecitare determinate attività. L'esercizio del diritto di petizione, pertanto, ha una funzione propulsiva, ma non determina alcun effetto giuridico particolare e, di regola, ha limitatissimi effetti pratici. Secondo l'art. 50 della Costituzione italiana tutti i cittadini possono rivolgere petizioni alle Camere per chiedere provvedimenti legislativi o esporre comuni necessità.

Il più importante strumento di democrazia diretta è il ***referendum***, che consiste in una consultazione dell'intero corpo elettorale produttiva di effetti giuridici.

✓ CLASSIFICAZIONI DEI *REFERENDUM*

Del *referendum* si fanno numerose classificazioni. In relazione all'*oggetto*, si distinguono i *referendum* costituzionali, legislativi, politici e amministrativi.

I primi hanno come oggetto un atto costituzionale, i secondi una legge, i terzi una questione politica non disciplinata da un atto normativo, gli ultimi un atto amministrativo. Esistono diverse ipotesi di ***referendum costituzionale***: si parla di *referendum precostituente* quando il voto popolare ha come oggetto l'atto fondativo del nuovo Stato (ad esempio la previsione di convocare un'Assemblea costituente); invece, si ha *referendum costituente* quando il voto popolare interviene sul testo di una nuova Costituzione predisposto da un'Assemblea costituente, ovvero dal Parlamento o da altri organi, per approvarlo o respingerlo. Nei casi precedenti il popolo opera come "potere costituente", a differenza di quanto avviene nel *referendum di revisione costituzionale*, che ha come oggetto la modificazione parziale o l'integrazione della Costituzione, ed è perciò espressione di "potere costituito" (→ § III.2).

Il *referendum* legislativo storicamente è nato in Francia (Costituzioni del 1793 e del 1795) e si è affermato in Svizzera, prima nei singoli Cantoni e successivamente come *referendum* facoltativo a livello federale (Costituzione del 1874). Oggi è previsto dalla maggior parte delle Costituzioni europee (Francia, Austria, Grecia, Portogallo, Italia, ecc.). Può essere *obbligatorio* oppure *facoltativo*: nel primo caso, l'atto di indizione della consultazione popolare si configura come un atto dovuto, mentre nel secondo caso è subordinato all'iniziativa da parte di uno dei soggetti che è a ciò legittimato. Nel caso di *referendum* facoltativo, occorre distinguere il *referendum attivo* da quello *passivo*: nel primo caso, la consultazione popolare viene promossa da un certo numero di cittadini, nel secondo, da un organo dello Stato. Nella prima ipotesi, il *referendum* si configura come strumento di partecipazione popolare ad integrazione dei circuiti rappresentativi. Nella seconda ipotesi, può servire – ove il potere di richiederlo spetti ad una minoranza parlamentare – come strumento di garanzia della stessa contro il rischio della "tirannia della maggioranza", ovvero come mezzo di "arbitraggio" del conflitto politico insorto tra organi costituzionali, o ancora come modalità di legittimazione della decisione adottata ❻.

Il *referendum*, inoltre, può essere *preventivo* o *successivo*, a seconda che il voto popolare intervenga prima o dopo l'entrata in vigore dell'atto che ne forma l'oggetto. Il *referendum* costituzionale è sempre di tipo preventivo, perché la consultazione popolare ha senso in quanto interviene prima dell'entrata in vigore di una nuova Costituzione o di una sua modifica, per assicurarne la legittimazione democratica. Un particolare tipo di *referendum* preventivo è quello *di indirizzo*, che si ha quando il corpo elettorale si pronuncia in via preliminare su un principio o su una proposta formulata in termini molto generali, i quali dovranno avere attuazione da parte del Parlamento.

La *Costituzione italiana* prevede quattro tipi di *referendum*: 1) il *referendum di revisione costituzionale* (art. 138), che ha carattere eventuale e si può inserire nell'ambito del procedimento di revisione costituzionale (→ § IX.1.2); analogo è il *referendum*, anch'esso eventuale, che si inserisce nel procedimento di formazione degli Statuti delle Regioni ordinarie (→ § X.1.2) e delle "leggi statutarie" delle Regioni speciali (→ § X.1.1: siccome si inserisce nel procedimento di approvazione dell'atto, sospendendolo, questo tipo di *referendum* è detto anche ***referendum* approvativo o sospensivo**); 2) il ***referendum* abrogativo** di una legge o di un atto avente forza di legge, già in vigore, il quale perciò ha carattere eventuale e successivo (→ § IX.9); 3) il ***referendum* consultivo** previsto dagli artt. 132 e 133 Cost. per la modificazione territoriale di Regioni, Province e Comuni; 4) i *referendum abrogativi o consultivi su leggi e provvedimenti amministrativi delle Regioni*, che possono essere previsti e disciplinati dagli Statuti regionali (→ § X.1). Inoltre, la legge ordinaria ha demandato agli statuti dei Comuni e delle Province la competenza a prevedere e disciplinare forme di consultazione della popolazione e *referendum consultivi* su richiesta di un adeguato numero di cittadini, relativamente a materie di esclusiva competenza locale (art. 8 del T.U. Enti locali: → § X.4.2).

Negli ultimi anni, con la crisi dei partiti, c'è stata una crescita considerevole del ricorso al *referendum* in tutte le democrazie pluralistiche. In Italia, fino al 1999, ci sono state decine di *referendum* abrogativi, alcuni dei quali hanno segnato vere e proprie svolte del sistema politico e degli assetti istituzionali. Tuttavia va sottolineato che la convivenza del *referendum* con il sistema rappresentativo, fondato sulle elezioni ed i partiti, è stata sempre problematica e fonte di tensioni. Questo istituto, infatti, evoca un tipo di democrazia (la "democrazia diretta") basata sul *principio di identità* tra governanti e governati, in contrasto col *principio di rappresentanza* che postula la distinzione e la separazione tra governanti e governati. I problemi che ne derivano sono soprattutto di due ordini. In primo luogo, l'uso del *referendum* può sprigionare una carica antagonistica nei confronti delle istituzioni politiche rappresentative, che possono risultare delegittimate. In secondo luogo, la stessa formulazione del quesito da sottoporre alla votazione del corpo elettorale può essere effettuata in modo tale da influenzare la formazione della volontà popolare o da rendere ambiguo e indeterminato lo stesso oggetto del *referendum*. Da qui la ricerca operata da tutti i sistemi costituzionali di regolamentazioni del *referendum* dirette a favorirne l'integrazione nel sistema rappresentativo ed a salvaguardare la genuina espressione della volontà popolare. A tali finalità si ispira la disciplina dei limiti di ammissibilità del *referendum* abrogativo, come risulta dall'ultimo comma dell'art. 75 della Costituzione italiana e dalla giurisprudenza costituzionale (→ § XII.6.2).

3. La separazione dei poteri

3.1. *Il modello liberale*

Il *principio della separazione dei poteri* è stato elaborato dal costituzionalismo liberale con l'obiettivo di limitare il potere politico per tutelare la libertà degli individui. La sua iniziale teorizzazione è legata soprattutto a Montesquieu che, nel suo libro *Lo spirito delle leggi* del 1748, scriveva che, se fine dello Stato è quello di assicurare la libertà politica, è necessario che i poteri pubblici siano tre e siano tra di loro distinti. I tre poteri sono: il **potere legislativo**, che consiste nel porre le leggi, ossia norme giuridiche generali e astratte; il **potere esecutivo**, che consiste nell'applicare le leggi all'interno dello Stato e nel tutelare lo Stato medesimo dalle minacce esterne; il **potere giudiziario**, che consiste nell'applicare la legge per risolvere una lite.

Gli aspetti caratterizzanti la dottrina della separazione dei poteri possono essere sintetizzati nel modo seguente:

– in primo luogo, c'è l'attribuzione ad ogni **potere in senso soggettivo**, costituito da un *complesso unitario di organi*, di una *funzione* pubblica ben individuata e distinta dalle funzioni attribuite agli altri poteri. Perciò, ciascun potere viene individuato dalla funzione che esercita (la funzione legislativa individua il potere legislativo, quella esecutiva il potere esecutivo, quella giudiziaria il potere giudiziario);

– in secondo luogo, è fondamentale che ciascuna funzione sia attribuita a poteri distinti, perché se più funzioni fossero concentrate in capo al medesimo soggetto si aprirebbe la strada all'arbitrio. Secondo Montesquieu, se la funzione legislativa e quella esecutiva venissero attribuite al medesimo soggetto, questi potrebbe adottare leggi tiranniche per eseguirle in modo ancora più tirannico e se, il soggetto che fa le leggi potesse anche giudicare le liti, verrebbe messo in grado, di fronte ad una specifica controversia, di derogare alla legge generale, introducendo una regola arbitraria ❷;

– in terzo luogo, i poteri, sia pure distinti e separati, dovrebbero potersi condizionare reciprocamente, in modo tale che ciascun potere possa frenare gli eccessi degli altri. Poiché il potere lasciato a se stesso tende ad abusare, si crea tra i diversi poteri un sistema di controlli reciproci, dando luogo ad un sistema di **pesi e contrappesi** (“***checks and balances***”).

✓ L'AMBIZIONE USATA COME ANTIDOTO ALL'AMBIZIONE

Si legge nel *Federalist* che la struttura interna del sistema costituzionale deve essere congegnata *"in modo da far sì che ogni parte possa costituire essa stessa, nei confronti delle altre, il mezzo atto a contenerle entro i limiti costituzionali ad esse concesse"*. In un simile sistema costituzionale, *"la maggiore garanzia contro la possibilità che il potere finisca, poco per volta, per concentrarsi tutto nel medesimo settore, è quella di dare a coloro che sono responsabili di ciascun settore i mezzi ed il personale necessari a resistere ai soprusi ed agli abusi degli altri settori"*. Perciò, *"l'ambizione deve essere usata come antidoto all'ambizione"*. In questa prospettiva, si spiegano alcuni istituti tipici della Costituzione statunitense, come il veto legislativo attribuito al Presidente, che gli consente di bloccare le leggi approvate dal Congresso; oppure il parere necessario del Senato sulle nomine, effettuate dal Presidente, ad alte cariche pubbliche (come quella di giudice della Corte suprema).

Nell'ordinamento costituzionale statunitense il principio della separazione dei poteri ha trovato la più coerente applicazione, perché il potere legislativo, quello esecutivo e quello giudiziario sono giuridicamente separati e indipendenti, sia pure nell'ambito di un sistema di freni e di controlli reciproci. Infatti, nella *forma di governo presidenziale* (→ § IV.4), tipica degli Stati Uniti, il Presidente ed il Congresso (cioè, il potere esecutivo e quello legislativo) sono eletti separatamente dal corpo elettorale ed esercitano funzioni distinte; inoltre, come il Congresso non può costringere alle dimissioni il Presidente (votandogli la sfiducia), così quest'ultimo non può sciogliere anticipatamente il primo.

Viceversa, in Europa, fin dal periodo dello Stato liberale, il principio della separazione dei poteri ha avuto un'applicazione più temperata. A questo riguardo vanno presi in considerazione due elementi.

α) Il primo è rappresentato dall'affermazione della *forma di governo parlamentare* (→ § IV.3.1) in numerosi Paesi, a cominciare dal Regno Unito (al cui sistema costituzionale si era inizialmente ispirato Montesquieu). In questa forma di governo i due poteri principali (cioè il legislativo e l'esecutivo) sono strettamente collegati, perché il Governo deve godere della fiducia del Parlamento, che può costringere alle dimissioni il primo, votandogli la sfiducia. Tale assetto costituzionale conduce ben presto all'affermazione di una maggioranza politica stabile che dà la fiducia al Governo e approva le leggi in Parlamento; così i due organi finiscono per essere collegati strettamente dalla maggioranza, che li rende politicamente omogenei. Pertanto, già alla fine del secolo XIX, Walter Bagehot poteva parlare del sistema parlamentare inglese come un sistema caratterizzato dalla "fusione" di Governo e Parlamento.

β) Il secondo elemento è rappresentato da quei casi in cui un determinato potere esercita una funzione tipica di un altro potere. Così, per esempio, già in numerosi Stati liberali il Governo adotta regolamenti (→ § IX.10), che sono atti con cui si pongono norme giuridiche generali e astratte, cioè atti che, secondo il modello originario della separazione dei poteri, dovrebbero costituire espressione della funzione legislativa. Inversamente, in altri casi, il Parlamento adotta atti che non contengono norme generali. Ciò avviene, per esempio, con la legge di approvazione del bilancio (→ § IX.4.3), che autorizza il Governo a spendere le risorse ed a riscuotere i tributi indicati nel documento contabile, senza introdurre nuove norme giuridiche.

Per spiegare questi fenomeni, la dottrina giuridica del tempo (soprattutto tedesca, ma anche italiana) elaborò la cosiddetta *teoria formale-sostanziale della separazione dei poteri*, che esercita tuttora una grande influenza sulla cultura giuridica. Secondo questa teoria, bisogna distinguere il *potere in senso soggettivo*, inteso come complesso unitario di organi, dalle **funzioni** dello Stato (o **poteri in senso oggettivo**). Le funzioni sono tre e vengono identificate sulla base di *criteri materiali* e di *criteri formali*:

a) applicando i *criteri materiali*, bisognerà guardare al *contenuto* delle funzioni:
– la *funzione legislativa pone norme generali e astratte*;
– la *funzione esecutiva consiste nella cura in concreto di pubblici interessi*;
– la *funzione giurisdizionale applica le norme per risolvere una controversia*;

b) applicando i *criteri formali*, le funzioni vengono distinte con riferimento al *potere soggettivo* che le esercita, seguendo le *modalità formali* che lo caratterizzano:
– il *potere legislativo* esercita la *funzione formalmente legislativa* (e lo fa attraverso atti che di regola hanno la "forma" della *legge*);
– il *potere esecutivo* esercita sempre la *funzione formalmente esecutiva* (e lo fa attraverso atti che di regola hanno la "forma" del *decreto*);
– il *potere giudiziario* esercita la *funzione formalmente giudiziaria* (e lo fa attraverso atti che di regola hanno la "forma" della *sentenza*).

Di regola, ciascun potere in senso soggettivo ha attribuita una determinata funzione identificata per i suoi contenuti materiali. Così, il potere legislativo svolge un'attività che consiste nel produrre norme generali e astratte. In questi casi c'è piena coincidenza tra il profilo materiale e quello formale della funzione, perché la funzione è legislativa sia dal punto di vista materiale che da quello formale. Ma questa regola non sempre è rispettata ed in taluni casi un potere esercita una funzione che, per i suoi contenuti, è tipica di un altro potere. Ciò avviene, per esempio, nelle ipotesi sopra richiamate del Governo, che con i *regolamenti* (→ § IX.10) addotta atti sostanzialmente normativi, e del Parlamento, che con la *legge di bilancio* (→ § IX.4.3) approva un atto sostanzialmente esecutivo. In queste ipotesi c'è una scissione tra il profilo formale e quello materiale della funzione. Si dice infatti che il Governo esercita una funzione che è *formalmente esecutiva*, ma *materialmente legislativa*, e che il Parlamento esercita una funzione che è *formalmente legislativa*, ma *materialmente esecutiva*. Una particolare applicazione della teoria formale-sostanziale consiste nella distinzione tra *legge in senso materiale* e *legge in senso formale* (→ § IX.4.3.β).

3.2. *La separazione dei poteri nelle democrazie pluraliste*

L'assetto costituzionale descritto nelle pagine precedenti era nel XIX secolo funzionale all'ideale politico-giuridico di una società civile, composta di individui singoli, separata rispetto allo Stato e gelosa della sua autonomia. Di conseguenza, lo Stato doveva essere uno "Stato minimo" (→ § II.1.6.β).

Le profonde trasformazioni politico-sociali, che hanno accompagnato l'affermazione dello Stato di democrazia pluralista, hanno modificato il significato del principio della separazione dei poteri negli odierni sistemi costituzionali. Come si è detto più volte, lo Stato ha allargato il campo dei suoi interventi, dal governo dell'economia alla realizzazione di sistemi di sicurezza sociale, dalla tutela contro la disoccupazione alla promozione dei beni culturali. Anche quando, come è avvenuto negli anni più recenti, si è affermata la tendenza alla riduzione dell'intervento pubblico in campo economico e sociale, lo Stato non si limita a garantire la libertà negativa degli individui, ma opera per il raggiungimento di obiettivi politici predeterminati. Così lo stesso processo di ridimensionamento dei servizi dello Stato sociale, di taglio della spesa pubblica e di valorizzazione del ruolo del mercato, si realizza sulla base di programmi politici che richiedono una molteplicità di azioni dello Stato tra di loro coordinate. Tutto ciò comporta che l'esercizio delle funzioni dello Stato, il più delle volte, presupponga una preventiva determinazione di obiettivi e fini politici, mentre i singoli atti di esercizio della funzione legislativa e di quella esecutiva sono gli strumenti tecnici attraverso cui realizzare tali obiettivi.

Perciò, si afferma una quarta funzione, che è la **funzione di indirizzo politico**. Essa consiste nella determinazione delle linee fondamentali di sviluppo dell'ordinamento e della politica interna ed esterna dello Stato e nella cura della loro coerente attuazione. L'indirizzo politico si traduce in una molteplicità di diversi atti formali: leggi del Parlamento, regolamenti e decreti legislativi del Governo, atti amministrativi di valenza politica (come la nomina di ambasciatori o l'approvazione di programmi di spesa), stipulazione di trattati internazionali, e così via. La funzione di indirizzo politico assicura una guida coerente ed efficace alle altre funzioni, che vengono orientate verso il raggiungimento di obiettivi politici preventivamente individuati. La Costituzione italiana espressamente menziona l'indirizzo politico nell'art. 95.

✓ L'IRRESISTIBILE RAFFORZAMENTO DEL GOVERNO

Nella maggior parte degli Stati di democrazia pluralista, questa funzione si è venuta gradualmente a concentrare nell'organo costituzionale Governo. Quest'ultimo, infatti, ha risorse di legittimazione e di organizzazione che gli consentono di assumere il ruolo di guida del sistema.
Sotto il profilo della legittimazione, si rilevano il collegamento diretto con i partiti politici e, in molti assetti politico-costituzionali, con il corpo elettorale; la capacità di instaurare rapporti diretti con le organizzazioni sociali ed i sindacati (soprattutto se si sviluppano assetti neocorporativi); il fatto che il Governo è istituzionalmente l'organo deputato a curare i rapporti internazionali con altri Stati e con l'Unione europea, ed è altresì presente, con un proprio rappresentante, nel Consiglio dei ministri dell'Unione medesima (in cui vengono assunte le decisioni più importanti a livello europeo).
Sotto il profilo delle risorse organizzative, vanno considerati la rapidità dei suoi processi decisionali, a fronte della complessità dei procedimenti parlamentari; la disponibilità dell'apparato amministrativo e delle strutture tecniche presenti in quest'ultimo. Perciò, oggi l'"esecutivo", differentemente da quello che lasciava intendere il modello liberale, non si limita ad "eseguire" comandi altrui, ma è un potere che decide i fini dell'azione politica e, pertanto, è un vero e proprio *potere governante*. A questa trasformazione sfuggono soltanto le cosiddette *"democrazie consociative"*, ma oggi molti Stati, come l'Italia, che un tempo erano riconducibili a questa categoria, conoscono ampi processi di rafforzamento del Governo (→ § II.4.2).

Vi è poi una tendenza affermatasi in alcuni Stati, come l'Italia, per cui l'amministrazione non può più essere considerata come un apparato dipendente dal Governo né come un'organizzazione unitaria.

Quanto al primo aspetto, in attuazione dell'art. 97 Cost. (secondo cui nell'ordinamento dei pubblici uffici devono essere determinate le sfere di competenza e di responsabilità dei funzionari), è stata introdotta la *separazione tra politica e amministrazione*, ossia tra la sfera di azione riservata al Governo e quella riservata all'alta burocrazia, che costituisce la dirigenza pubblica. Si crea così una distinzione tra i poteri di indirizzo, che spettano agli organi di Governo, ed i poteri di gestione amministrativa affidati ai dirigenti (→ § V.2.12). L'amministrazione assume dunque una propria autonomia giuridica rispetto al Governo, anche se resta collegata al suo indirizzo politico e amministrativo.

Quanto al secondo aspetto, l'amministrazione si scompone in una pluralità di apparati tra loro più o meno indipendenti, ciascuno dei quali ha affidata la cura di determinati interessi, che sono eterogenei e spesso conflittuali con quelli facenti capo agli altri apparati. Né questi apparati sono solamente statali, vista la grande crescita di amministrazioni diverse da quelle statali, come le amministrazioni delle Regioni e degli enti locali. Anche i compiti svolti sono molto diversi e non riconducibili ad un contenuto unitario: certi apparati agiscono attraverso l'esercizio di potestà pubbliche e provvedimenti amministrativi (per esempio, l'amministrazione di polizia o il prefetto), altri apparati erogano servizi ai cittadini operando su un piano di parità con il contraente privato ed impiegano perciò gli strumenti del diritto privato (come avviene per una azienda speciale di un Comune che eroga il gas nella città), altri ancora esercitano compiti consultivi, di controllo oppure di regolamentazione di certi settori o di determinati mercati (come avviene con le autorità amministrative indipendenti).

Le alterazioni rispetto al modello liberale della separazione dei poteri sono ancora più estese rispetto a quelle ora delineate.

A) In primo luogo, la funzione legislativa non si caratterizza più per la produzione di norme giuridiche generali e astratte. Infatti, frequentemente la legge assume i caratteri del concreto provvedere, ossia contiene prescrizioni che si riferiscono a soggetti determinati ed a situazioni concrete, sicché si parla di **legge-provvedimento**. Gli esempi di leggi di questo tipo sono innumerevoli: la legge che prevede una riserva di posti in un concorso pubblico a favore di certi soggetti che hanno prestato la loro attività – sulla base di rapporti di lavoro a tempo determinato – per quella amministrazione; la legge che eroga un beneficio finanziario ai familiari delle vittime di un attentato terroristico; la legge che finanzia un evento eccezionale, come il Giubileo; la legge che, per il raggiungimento di finalità particolari, finanzia una fondazione culturale, e così via.

B) Anche la funzione giurisdizionale assume tratti differenti rispetto al modello liberale. A questo riguardo vanno messe in luce soprattutto tre circostanze:

– l'attività interpretativa non può essere configurata come attività *dichiarativa* di un diritto che *preesiste* all'opera dell'interprete, ma è intrisa di scelte discrezionali: tra norma generale e statuizione particolare del giudice non c'è un rapporto meramente logico-deduttivo (secondo l'immagine del giudice come "bocca della legge"), ma di integrazione discrezionale (→ § VIII.5);

– c'è poi la "sete di diritti", individuali e collettivi, che il costituzionalismo liberale, prima, e lo Stato sociale, poi, hanno sprigionato. Con la conseguenza che sugli organi giurisdizionali vengono scaricate domande che non hanno trovato risposta nei tradizionali circuiti rappresentativi, spingendo così i giudici a riconoscere e tutelare "nuovi diritti" (→ § XII.3.4), prima ancora dell'intervento del legislatore;

– infine, la "crisi della legge" caratterizza gran parte delle democrazie pluraliste, che consiste nella produzione di leggi che, espressione di compromessi tra molteplici forze politiche e sociali, hanno significati ambigui e talora, nell'impossibilità di raggiungere un accordo, rinviano volutamente al momento dell'applicazione la individuazione del significato normativo del testo. Tutto ciò porta ad accrescere notevolmente la discrezionalità dei giudici, che, chiamati ad applicare la legge, in realtà concorrono a definirne il significato.

C) Va ancora aggiunto che la gran parte delle democrazie pluraliste vede la presenza di un'altra nuova funzione, che è quella della *garanzia giurisdizionale della Costituzione*, realizzata nei confronti di tutti i poteri dello Stato, compreso il legislativo. Mentre, in epoca liberale, solamente negli Stati Uniti i giudici potevano sindacare la conformità a Costituzione delle leggi, nel XX secolo il controllo giudiziale della Costituzione è divenuto un tratto comune a pressoché tutti gli Stati di democrazia pluralista (con la rilevante eccezione del Regno Unito) (→ § XII.1.2). In altri Stati, come l'Italia, esiste pure l'organo costituzionale **Presidente della Repubblica**, distinto e autonomo rispetto al Governo, e con la funzione principale di garantire gli equilibri costituzionali, senza partecipare all'indirizzo politico (→ § V.4.1).

Che cosa resta allora della separazione dei poteri in una democrazia pluralista, come quella italiana?

α) In primo luogo, rimane operante il principio secondo cui esistono più poteri in senso soggettivo, tra loro reciprocamente indipendenti. Il potere politico, perciò, viene ripartito in un assetto costituzionale, che è altamente pluralistico e tende ad impedire che un apparato organizzativo prevalga sugli altri. Rispetto all'esperienza liberale il pluralismo dell'organizzazione pubblica risulta addirittura accresciuto: i poteri sono più dei tre tradizionali (basta richiamare la presenza del Presidente della Repubblica e della Corte costituzionale), l'amministrazione è essa stessa pluralistica, il potere giudiziario non è più un potere "nullo", ma è uno dei protagonisti della dinamica costituzionale. La garanzia giurisdizionale della Costituzione permette di assicurare la permanenza di questo pluralismo e di evitare che un potere travalichi sugli altri ❷.

Inoltre, la *divisione orizzontale* dei poteri tende ad essere affiancata da una *divisione verticale*, dando luogo a *Stati federali o, come in Italia, a Stati regionali*, dove la presenza di collettività territoriali dotate di autonomia politica riduce notevolmente la quota di potere politico detenuta dalle autorità centrali (→ § II.6).

β) In secondo luogo, resta la possibilità di distinguere le tre tradizionali funzioni dello Stato, cui si aggiungono quella di indirizzo politico e quella di garanzia giurisdizionale della Costituzione e, dove esiste, la funzione presidenziale. Esse tendenzialmente continuano a fare capo ad apparati distinti e giuridicamente autonomi, anche se, come si è visto, non si prestano più ad essere identificate sulla base di criteri contenutistici (che si riferiscono cioè al contenuto della funzione). Piuttosto, i criteri di distinzione e di individuazione delle funzioni sono prevalentemente di tipo *formale*, fanno cioè riferimento alle modalità attraverso cui vengono esercitate. Perciò la *funzione legislativa* si distingue perché è *esercitata collettivamente dalle due Camere* (art. 70 Cost.) seguendo le regole procedimentali previste dagli artt. 71, 72 e 73 della Costituzione (→ § IX.3). Invece, la *funzione giurisdizionale* è caratterizzata dalla posizione di *indipendenza del giudice* nei confronti di ogni altro potere e dalla sua *terzietà rispetto alle parti del processo* (→ § XIII.2.2.γ).

γ) Un discorso diverso va fatto per la *funzione esecutiva o meglio amministrativa*: oggi è estremamente difficile individuare alcuni tratti che la caratterizzino sotto il profilo formale. Vero è che in Italia esiste una legge generale sul procedimento amministrativo (la legge 241/1990, modificata da varie leggi ed in particolare dalla legge 127/1997), ma questa definisce il modo di operare delle amministrazioni pubbliche solamente quando esercitano pubbliche potestà e non impiegano tecniche alternative al procedimento e non disciplina tutte le possibili modalità di azione amministrativa. Perciò si può dire che esistono tante funzioni attribuite ad amministrazioni pubbliche diverse, le quali non hanno un tratto formale o contenutistico comune, sicché si può parlare di una funzione amministrativa unitaria esclusivamente in senso soggettivo, equivalente a quello di attività svolta dalle amministrazioni pubbliche.

δ) A questa evoluzione dei rapporti tra i poteri e del regime giuridico delle diverse funzioni pubbliche si è unita, in numerosi ordinamenti, una trasformazione politica, che talora ha avuto anche un riconoscimento costituzionale; essa ha portato a soddisfare l'esigenza di dividere il potere politico e realizzare un controllo sullo stesso attraverso la distinzione di funzioni tra la maggioranza che governa e l'opposizione che controlla (→ § successivo).

4. La regola di maggioranza

4.1. *Definizioni*

La **regola di maggioranza**, che caratterizza il funzionamento dello Stato liberale e della democrazia pluralistica, assume significati e funzioni diverse:

A) "*principio funzionale*", ossia la tecnica attraverso cui un collegio può decidere;
B) "*principio di rappresentanza*", ossia il mezzo attraverso cui si eleggono il Parlamento e le altre Assemblee rappresentative (Consigli regionali, provinciali, comunali, ecc.);
C) "*principio di organizzazione politica*", ossia il criterio attraverso cui si svolgono i rapporti tra i partiti politici nel Parlamento.

A) Nella *prima accezione*, la regola di maggioranza è lo strumento attraverso cui ampie collettività e organi collegiali (per esempio, il Parlamento o un'assemblea) possono adottare una decisione: è adottata la decisione che ottiene il numero più elevato di consensi o di voti. La regola opposta è quella dell'**unanimità**, che richiede il consenso di tutti i membri del collegio. Attraverso la regola di maggioranza, dunque, si evita la paralisi decisionale che potrebbe derivare dalla necessità di ottenere il consenso di tutti.

L'affermazione di questa regola presuppone l'eguaglianza di tutti i membri del collegio e, quindi, che il voto di ciascuno di essi sia dotato del medesimo valore di quello degli altri. Questa stretta correlazione col principio di eguaglianza politica dei cittadini spiega la coessenzialità della regola sia allo Stato liberale – dove permette di eliminare i privilegi dell'aristocrazia e del clero – sia e soprattutto allo Stato di democrazia pluralistica – dove è la conseguenza del riconoscimento a tutti i cittadini di eguali diritti politici e della parità giuridico-costituzionale di tutti i partiti. Tuttavia, la regola di maggioranza è intrinsecamente ambigua. Infatti, da una parte, come si è detto, è lo strumento attraverso cui i più sono sottratti alla tirannia dei pochi (come avverrebbe se si dovesse decidere all'unanimità), dall'altro lato può essere il mezzo attraverso cui i più eliminano i meno. Chi ottiene la maggioranza, infatti, può utilizzarla per adottare provvedimenti che eliminino i soggetti rimasti in minoranza, sicché esiste il rischio della *tirannia della maggioranza*.

Ciò è tanto più probabile nei sistemi pluralistici dove i gruppi politici non sono occasionali, bensì stabili e organizzati. In questi sistemi, la maggioranza e la minoranza non sono di tipo meramente aritmetico, cioè occasionali, in quanto variabili di volta in volta in rapporto alla singola deliberazione. Piuttosto, si crea una distinzione fondamentale tra la *maggioranza politica* (cui aderiscono in modo continuativo partiti e parlamentari che intendono sostenere stabilmente un determinato indirizzo politico e che, grazie all'operare della regola maggioritaria, possono avere il controllo del Parlamento e del Governo) e le *minoranze politiche*, dotate anch'esse di un certo grado di stabilità e di persistenza nel tempo. Per contrastare il pericolo della tirannia della maggioranza, le Costituzioni predispongono vari strumenti di *tutela delle minoranze*. Del resto, se non ci fossero mezzi di tutela delle minoranze, la stessa regola di maggioranza non potrebbe più operare; infatti, se la maggioranza utilizza il suo potere per eliminare le minoranze, queste ultime reagiscono, lottano per la sopravvivenza, non riconoscono più lo Stato come ordinamento comune e, quindi, intaccano la sua legittimazione, aprendo la via alla disgregazione ed al conflitto violento. Perciò, le scelte collettive possono essere assunte con la regola di maggioranza, purché sia garantita l'esistenza delle minoranze (maggioranza e minoranza politica costituiscono un nuovo "filo rosso": ❻).

✓ MAGGIORANZE E MINORANZE IN COSTITUZIONE

Gli strumenti attraverso cui limitare la regola di maggioranza a garanzia delle minoranze sono numerosi. In particolare, con riguardo all'ordinamento italiano possiamo individuare i seguenti:

a) la *rigidità della Costituzione*, che garantisce a tutti i cittadini certi diritti e limita i contenuti della funzione legislativa, di modo che la maggioranza non è onnipotente ma incontra i limiti costituzionali a tutela di un effettivo pluralismo (→ § III.3.3);

b) l'attribuzione alla Corte costituzionale del compito di giudicare sulla legittimità costituzionale delle leggi completa il sistema di garanzie delle minoranze (→ § XII.1);
c) la previsione che, per decidere su certi oggetti, non è sufficiente la **maggioranza relativa o semplice** (cioè ottenere il numero più elevato di *voti espressi*), ma occorrono *quorum* deliberativi più elevati, come la **maggioranza assoluta** (pari alla metà più uno dei *membri del collegio*), oppure una **maggioranza qualificata** (corrispondente ad una porzione assai consistente dei *membri del collegio*, per esempio i 2/3). Prevedendo ***quorum* deliberativi** (o funzionali) elevati sostanzialmente si rende difficile ai soggetti che formano la maggioranza di decidere da soli e si fa in modo che su certe questioni le minoranze siano, in qualche misura, associate alla decisione. Naturalmente ciò avviene allorché si deve decidere in ordine ad oggetti che, per la loro natura, coinvolgono direttamente interessi vitali delle minoranze. Perciò, la Costituzione italiana stabilisce maggioranze speciali: 1) per l'elezione del Presidente della Repubblica, che è un organo di garanzia costituzionale (→ § V.4.2); 2) per l'elezione dei giudici costituzionali di nomina parlamentare (→ § XII.2.1); 3) per la funzione di revisione costituzionale e per l'approvazione di leggi costituzionali occorrono *quorum* aggravati (→ § IX.1.2); 4) per l'approvazione del regolamento interno con cui ciascuna Camera disciplina la sua organizzazione ed il suo funzionamento (→ § IX.8);
d) l'attribuzione di determinate facoltà a gruppi di membri del Parlamento di ridotte dimensioni, che perciò si traduce *nell'attribuzione di poteri di condizionamento procedurale alle minoranze*. In particolare, la Costituzione italiana prevede che possano le minoranze chiedere la convocazione in via straordinaria della Camera (art. 62.2); che un progetto di legge assegnato per l'approvazione finale in *Commissione deliberante* sia discusso e votato dall'intera assemblea (→ § IX.3.3.β); che venga indetto il *referendum* costituzionale sulle leggi costituzionali e di revisione costituzionale approvate dal Parlamento (→ § IX.1.2). Gli stessi regolamenti delle Camere prevedono numerose altre facoltà delle minoranze;
e) la *sottrazione di certe decisioni al circuito dell'indirizzo politico* articolato in partiti, corpo elettorale, Parlamento, Governo, per affidarle ad autorità ritenute neutrali rispetto alla politica, cioè slegate sia dalla maggioranza che dalle minoranze (le c.d. *Autorità amministrative indipendenti*: → § XIII.7.7). È quanto avviene soprattutto quando si tratta di realizzare attività di controllo di certi settori o di determinati mercati (per esempio, quando si tratta di garantire la concorrenza nel mercato oppure di controllare settori particolari, come le assicurazioni, le telecomunicazioni, il credito), che richiedono scelte tecniche complesse;
f) il *decentramento politico*, che è previsto dalla Costituzione attraverso l'istituzione di Comuni, Province e Regioni dotate di autonomia politica esercitata da organi eletti dalle rispettive collettività territoriali. In questo modo, i soggetti politici che sono maggioranza nello Stato potrebbero non esserlo negli altri enti politici; il decentramento politico favorisce cioè l'esistenza di maggioranze diverse per ogni livello territoriale di autorità, e ciò permette ai soggetti minoritari a livello nazionale di trovare comunque protezione a livello locale e di elaborare indirizzi politici diversi da quelli che, a livello statale, sono seguiti dalla maggioranza (→ § VI).

In ogni caso, quali che siano gli istituti operanti come limite della maggioranza, vi sono due circostanze, difficilmente codificabili da norme costituzionali, che incidono sull'effettività della tutela delle minoranze e sulla garanzia del pluralismo: la cultura politica e la dimensione dell'intervento pubblico nell'economia e nella società. Se la prima accetta i valori di una democrazia pluralista basata sulla tolleranza, allora sarà molto più facile che i soggetti politici adottino prassi e comportamenti rispettosi dei diritti delle minoranze; se l'intervento pubblico non diventa invasivo di ogni ambito di vita, allora la società può enucleare centri di potere esterni allo Stato, che di fatto limitano il potere della maggioranza.

B) La regola di maggioranza, come tecnica per deliberare, ed i limiti che essa incontra presuppongono comunque che una maggioranza e delle minoranze politiche si siano già formate ed esistano all'interno delle aule parlamentari. La seconda accezione di *regola di maggioranza*, intesa come "*principio di rappresentanza*" riguarda invece le modalità attraverso cui si forma il Parlamento e si determina la consistenza della maggioranza e delle minoranze in termini di seggi parlamentari. In questa seconda accezione, *la regola di maggioranza diventa lo strumento utilizzato per eleggere il Parlamento*: in ciascun collegio elettorale è eletto il candidato che ottiene più voti (maggioranza semplice o, più raramente, assoluta). Con la conseguenza che solamente i gruppi politici più forti sono in grado di avere accesso nelle aule parlamentari; mentre i gruppi politici che, pur avendo un certo seguito nel Paese, non ottengono nei collegi la maggioranza non conquistano seggi parlamentari. Si tratta, cioè, di meccanismi elettorali estremamente selettivi, contrapposti a quelli basati su formule proporzionali, i quali invece tendono a proiettare nel Parlamento i diversi gruppi politici presenti nel Paese (il Parlamento come "fotografia" del Paese reale) (→ § IV.7.6).

C) Pertanto, la regola di maggioranza come regola elettorale è particolarmente coerente con una *determinata concezione delle elezioni e del funzionamento della democrazia*. Secondo questa concezione le elezioni hanno il compito principale di assicurare la formazione di una maggioranza parlamentare stabile e coesa e di un Governo autorevole, in grado di realizzare in modo organico e coerente un determinato indirizzo politico. Al corpo elettorale, perciò, spetterebbe prima il compito di scegliere la maggioranza politica (e il "suo" Governo) e, alla successiva scadenza elettorale, quello di sottoporla ad un giudizio di responsabilità politica (confermando la maggioranza se il giudizio è positivo, sostituendola con un'altra se esso è negativo). Si tratta, pertanto, di una concezione che si contrappone a quell'altra secondo cui il grado di democraticità del sistema è tanto maggiore quanto più le elezioni permettono al Parlamento di rispecchiare tutti i diversi gruppi politici presenti nel Paese, con la conseguenza che le elezioni servirebbero appunto a "misurare" il consenso di ciascuno di essi e a fare in modo che al grado di consenso effettivo corrisponda una quota proporzionale di seggi parlamentari. Maggioranza e Governo si formeranno di conseguenza, e non come una scelta direttamente derivante dal voto popolare.

4.2. *Democrazie maggioritarie e democrazie consociative*

Anche sistemi elettorali che non sono basati sulla regola di maggioranza possono riuscire a esprimere maggioranze stabili e Governi autorevoli (come in Spagna ed in Germania, dove operano sistemi proporzionali sia pure corretti); mentre in Italia nel 1993 c'è stata una riforma elettorale ispirata alla regola di maggioranza, che non è riuscita a raggiungere i risultati auspicati (ed è stata sostituita nel 2005 da una legge che ha ripristinato il sistema proporzionale: → § IV.7.6). Perciò, più che la scelta di un sistema elettorale maggioritario o proporzionale, assume importanza un'altra distinzione, che si basa sulle dinamiche di funzionamento dei diversi ordinamenti democratici (dinamiche che non dipendono solamente dai sistemi elettorali ma da molti altri fattori).

In particolare, occorre distinguere (Lijphart) tra **democrazie maggioritarie** (come Regno Unito, Germania, Francia, Spagna, Canada e, per molti versi, Stati Uniti) e **democrazie consociative** (come Paesi Bassi e Belgio).

Nelle *democrazie maggioritarie*, la regola di maggioranza diventa "*principio di organizzazione*" dei rapporti tra i soggetti politici (terza accezione di *regola di maggioranza*). Infatti, esse sono basate sulla contrapposizione tra due partiti o due coalizioni di partiti tra loro alternative, ovvero tra due leader politici, in competizione per ottenere la titolarità – sempre temporanea e reversibile, perché le elezioni sono comunque periodiche – del potere politico. La contrapposizione, dunque, esiste durante le elezioni ed il corpo elettorale è posto di fronte all'alternativa secca tra un partito e l'altro, oppure tra due candidati alla carica di Capo del potere governante. La contrapposizione continua anche dopo le elezioni, per cui si crea una *distinzione funzionale* tra la maggioranza politica ed il Governo, da essa sostenuto – in cui si concentrano i poteri di indirizzo politico –, e la minoranza, che assume la **funzione di opposizione**. Questa funzione consiste nel controllo politico del Governo e della maggioranza, al fine di creare, presso l'opinione pubblica e gli elettori, le condizioni per vincere le successive elezioni e diventare così maggioranza in luogo della precedente ❻.

La funzione di opposizione impedisce che la forza del Governo e della maggioranza – che concentrano i poteri di indirizzo politico – degeneri in tirannia della maggioranza, e rende effettiva la responsabilità politica del Governo nei confronti del corpo elettorale. Il controllo dell'opposizione si realizza attraverso la critica dell'indirizzo del Governo e la prospettazione di un indirizzo politico alternativo al primo. Questa funzione trova una base normativa o in regole consuetudinarie o in testi normativi, come i regolamenti parlamentari, che individuano gli strumenti per rendere possibile l'efficace esercizio della funzione di opposizione. In tali sistemi si può realizzare l'**alternanza ciclica** dei partiti nei ruoli di maggioranza e di opposizione.

Viceversa, le *democrazie consociative* tendono a incentivare l'accordo tra i principali partiti, al fine di condividere il controllo del potere politico. I partiti, cioè, a livello elettorale competono ciascuno per proprio conto, per conquistare i seggi parlamentari che attestano la forza politica di cui ognuno dispone. Dopo le elezioni, però, non si crea una distinzione funzionale tra maggioranza che decide e opposizione che controlla; piuttosto, i partiti tendono ad utilizzare la rispettiva forza politica per negoziare tra di loro e raggiungere dei compromessi politici. Pertanto, la decisione – da quella che riguarda la formazione del Governo a quella relativa all'approvazione delle leggi – è il risultato di un compromesso politico, in cui ogni parte ottiene qualcosa in cambio della rinuncia a qualcosa d'altro. Le minoranze, quindi, sono associate al potere politico perché partecipano alla formazione delle decisioni, sicché manca una funzione di opposizione.

5. Lo Stato e la società multiculturale

5.1. *I rapporti tra Stato e confessioni religiose*

La nascita dello Stato moderno comporta un processo di **secolarizzazione**, al termine del quale c'è il riconoscimento della **laicità dello Stato**. Con queste espressioni si intende la neutralità dello Stato rispetto alla questione della "verità religiosa", la separazione tra la sfera della politica e quella della religione, e, quindi, il riconoscimento della libertà di religione come fondamentale diritto dei cittadini, con la conseguente apertura verso un sistema di pluralismo e ampia tolleranza in materia.

✓ LAICITÀ DELLO STATO: LE ORIGINI

Il riconoscimento della libertà di religione non fu l'inizio di quel processo di secolarizzazione, ma una sua tappa. Il punto di partenza fu la *Lotta delle Investiture* (1057-1122), cioè lo scontro tra l'Impero e il Papato sull'assetto da dare alla cristianità occidentale. Il suo esito fu la dissoluzione dell'antica unità della *res publica christiana*. Quest'ultima si basava su una grande compenetrazione tra politica e religione. Ma al termine della Lotta delle Investiture si affermò il principio secondo cui alla Chiesa spettava il potere esclusivo per tutto quanto riguardava la spiritualità e la sacralità. Questa conclusione implicava la separazione tra la sfera spirituale e la sfera politica e la *desacralizzazione* del potere politico.

Una nuova tappa importante fu la conclusione dell'ondata di terribili guerre di religione che insanguinò l'Europa nei secoli XVI-XVII. Lo Stato sovrano riuscì a porre fine alla guerra civile permanente con il riconoscimento del Re quale istanza imparziale al di sopra dei cittadini e quale unico garante della pace e dell'ordine sociale. Il Re concedeva ai cittadini la libertà di coscienza a condizione che essi rispettassero le leggi dello Stato. Da quel momento non fu più compito della politica ricercare e difendere l'unica "verità" religiosa. Questa affermazione non è smentita dal fatto che in quasi tutta Europa continuò a dominare il principio secondo cui c'era un'unica "religione di Stato", che era quella scelta dal sovrano. Tale religione di Stato non era il prodotto della ricerca della verità, ma veniva imposta per una ragione di ordine e di sicurezza, ossia per evitare le lotte interne tra le diverse confessioni religiose.

La rivoluzione francese del 1789 perfezionò la creazione dello Stato moderno come unità politica neutrale di fronte alle scelte religiose dei cittadini. Essa, infatti, introdusse l'idea del cittadino come essere profano, emancipato da un destino inevitabilmente religioso. Tra le libertà fondamentali la cui difesa giustificava l'esistenza dello Stato, la Costituzione francese del 1791 inseriva anche quella di fede e di religione. Lo Stato diventava pienamente neutrale rispetto alla religione.

Durante il secolo XIX in Europa fu forte la tendenza a sottrarsi al compimento del processo di secolarizzazione della politica. All'emancipazione dello Stato dalla religione venne contrapposta, all'insegna della restaurazione, l'idea di "Stato cristiano". I rapporti tra la politica e la religione, da quel momento, oscilleranno tra due poli opposti. Da una parte, c'è il **regime confessionale**, secondo cui la Chiesa è depositaria di un patrimonio di verità ultime sull'essere umano, sia come singolo individuo che come soggetto sociale, verità la cui pretesa di validità va oltre la cerchia dei fedeli per estendersi all'intera società. Da tale premessa deriva il rapporto diretto tra autorità civili e autorità religiose, la necessità che l'etica pubblica e le leggi si conformino alla morale della Chiesa, il vincolo all'obbedienza all'istituzione ecclesiastica non solo dei credenti quando professano la loro fede ma anche quando agiscono come cittadini o titolari di uffici pubblici.

Dall'altra parte, c'è il regime della **separazione tra Stato e Chiesa**, ciascuno costituente un'istituzione autonoma nel proprio campo di azione. L'esigenza di prevenire il conflitto tra le due istituzioni può portare all'instaurazione di un **regime concordatario**, per cui lo Stato e la Chiesa regolano i loro rapporti con uno speciale trattato che si chiama, appunto, concordato. In particolare, quest'ultimo disciplina alcune materie di interesse comune (per esempio il regime civile del matrimonio religioso) e prevede alcune discipline differenziate rispetto a quelle comunemente applicabili per le istituzioni ecclesiastiche.

Questa è la soluzione scelta dalla Costituzione italiana. L'art. 7 riconosce la separazione tra lo Stato e la Chiesa cattolica, stabilendo *che lo Stato e la Chiesa sono, ciascuno nel proprio ordine, indipendenti e sovrani.* Subito dopo, però, lo stesso art. 7 riconosce tutela costituzionale al regime concordatario, perché dice che i rapporti tra lo Stato e la Chiesa sono regolati dai **Patti Lateranensi** (che sono il primo Concordato stipulato tra lo Stato e la Chiesa cattolica nel 1929) e che questi possono essere mutati solo con l'accordo di entrambe le parti (**principio concordatario**).

✓ CHE COS'È IL "CONCORDATO"?

Si chiama "**concordato**" lo strumento con cui uno Stato e la Chiesa cattolica regolano i loro rapporti reciproci, dando luogo ad una disciplina particolare. Il "regime concordatario" non è l'unica soluzione possibile: in Francia, per es., prevale un atteggiamento laico di programmatica indifferenza rispetto alle scelte religiose dei cittadini, senza che lo Stato ritenga necessario regolare con appositi atti i propri rapporti con la Chiesa cattolica o con altre confessioni (la storia e i modelli dei rapporti tra Stato e Chiesa è oggetto specifico di studio della *Storia dei rapporti tra Stato e Chiesa*). In Italia, invece, dopo che la "crisi romana" (con l'annessione di Roma al Regno d'Italia, nel 1870) aveva interrotto i rapporti tra lo Stato e la Chiesa, gli stessi vennero formalmente ristabiliti (la c.d. *Conciliazione*) con i ***Patti lateranensi*** del 1929. Essi sono un *trattato internazionale* (→ § IX.4.3) che la Costituzione richiama per affermare il *principio concordatario*, ossia l'esigenza che i rapporti con la religione cattolica siano regolati sulla base di un concordato (con il conseguente *"rafforzamento"* del procedimento di formazione delle leggi di esecuzione dei *Patti*: → § IX.4.2) e non unilateralmente dallo Stato.
Una serie di dispute dottrinali e di contrasti politici hanno impedito a lungo che il Concordato venisse adeguato ai principi della Costituzione (al punto che la Corte costituzionale dovette intervenire dichiarando l'illegittimità di alcune norme in materia di matrimonio di derivazione concordataria: → § IX.1.4). La revisione fu possibile solo nel 1984 e il "nuovo" concordato entrò in vigore nell'ordinamento italiano con la legge 121/1985. Solo con questa legge è stato possibile eliminare una serie di norme decisamente incompatibili con la Costituzione, come quella che dichiarava la fede cattolica *"religione di Stato"*, o quella che ne rendeva obbligatorio l'insegnamento scolastico.
La disciplina dei rapporti tra lo Stato e le confessioni religiose è l'oggetto specifico di studio del *Diritto ecclesiastico*.

INTERNET Un sito dove si possono trovare documenti, leggi e giurisprudenza riguardanti il diritto ecclesiastico è www.olir.it.

La garanzia costituzionale del regime concordatario non significa escludere la garanzia del pluralismo religioso e la laicità dello Stato italiano. La Costituzione, infatti, prevede che tutti i cittadini sono eguali di fronte alla legge senza distinzioni basate sulla religione (art. 3) e che tutte le confessioni religiose sono egualmente libere davanti alla legge (art. 8.1). Tutte le confessioni religiose hanno diritto di organizzarsi con propri statuti, purché non contrastino con l'ordinamento giuridico italiano (art. 8.1). I rapporti delle confessioni religiose diverse dalla cattolica sono regolate attraverso apposite intese con le relative rappresentanze (art. 8.3).

✓ CHE COSA SONO LE "INTESE"?

L'art. 8.3 prevede che i rapporti delle confessioni acattoliche con lo Stato siano *"regolati per legge sulla base di intese con le relative rappresentanze"*: è una *riserva di legge rinforzata per procedimento* (→ § VIII.11.2). Ma le **intese** hanno incominciato ad essere stipulate solo dopo la riforma del Concordato, e sinora solo alcune confessioni, le più tradizionali, hanno potuto ottenerne una (la Tavola Valdese, le Chiese evangeliche pentecostali, i Luterani, l'Unione delle Chiese avventiste, la Comunità ebraica, i Battisti, la Chiesa apostolica, gli Ortodossi, i Mormoni, i Buddhisti, gli Induisti): altre sono state stipulate ma non ancora approvate con legge (i Testimoni di Geova). In alcuni casi l'intesa è stata richiesta, ma il Governo non l'ha (ancora) accolta. Per esempio, l'hanno richiesta l'associazione degli atei (UAAR), con un gesto di evidente provocazione. Perché? Perché le intese sono fonte di grandi privilegi, soprattutto sotto il profilo del finanziamento (l'8 per mille) e delle agevolazioni fiscali: ciò spinge anche confessioni (come i valdesi) tradizionalmente "separatiste" rispetto allo Stato a cedere su qualcuna delle proprie convinzioni. E poi, su quale base il Governo decide se concedere o meno l'intesa? E su quale base un organo dello Stato "laico" e "pluralista" decide cosa è e cosa non è "religione" (questo problema si pone per es. per i *"Dianetici"*, cioè la Chiesa di Scientology). E quali cose il Governo può trattare e quali no? Vi possono essere privilegi per una chiesa negati ad un'altra? L'assenza di una legge generale, che fissi i presupposti e i limiti dell'azione del Governo, crea situazioni di privilegio e precarietà nell'esercizio del diritto all'intesa.
Sulla questione è intervenuta di recente la Cassazione (a conferma di quanto deciso in precedenza dal Consiglio di Stato), che ha affermato che non può essere lasciata alla assoluta discrezionalità del potere dell'esecutivo valutare se un culto ha o meno i requisiti per richiedere l'intesa, né lo Stato può trincerarsi, per negare tale possibilità, dietro la difficoltà di elaborazione della definizione di confessione religiosa. Se da tale nozione discendono conseguenze giuridiche, è infatti inevitabile e doveroso che gli organi deputati se ne facciano carico, restando altrimenti affidato al loro arbitrio il riconoscimento di diritti e facoltà connesse a tale qualificazione. Il Governo ha perciò dovuto prendere in considerazione la richiesta dell'UAAR, ma l'ha respinta, negando ad essa carattere confessionale: e il Tar gli ha dato ragione.

INTERNET La sentenza della Cass., sez. un., n. 16305/2013, così come quella del Tar Lazio, sez. I, n. 7068/2014 possono essere lette in www.olir.it/documenti.

Come si è visto, lo Stato italiano accoglie il principio di "laicità". Ma questo principio può essere applicato in modi diversi. Modi che dipendono dalla storia politica e istituzionale di ciascun Paese. Per esempio, la Francia accoglie una concezione assai rigida del principio, per cui, secondo l'eredità della Rivoluzione del 1789, lo Stato è basato sul cittadino come individuo, privo di qualsiasi riferimento a gruppi differenziati. Secondo questa concezione ogni rilievo dato all'appartenenza del singolo ad una determinata confessione religiosa sarebbe lesiva del principio di eguaglianza e dell'unicità del popolo francese. Viceversa, esistono altri ordinamenti, come quello italiano, secondo cui la laicità non esclude una valutazione giuridica positiva del fenomeno religioso, purché questa non determini disparità di trattamento tra le diverse confessioni.

5.2. *Principio di laicità, libertà di coscienza e pluralismo religioso*

In Italia il concetto di laicità è stato elaborato soprattutto dalla giurisprudenza costituzionale. Un punto centrale di questa giurisprudenza è rappresentato dalla sent. 203/1989, secondo cui la Costituzione non accoglie una concezione del fenomeno religioso come elemento strettamente correlato alla sfera privata da cui lo Stato debba mantenersi del tutto estraneo, ma piuttosto adotta una prospettiva di "laicità positiva". Essa viene intesa nel senso di una valutazione "favorevole" del fenomeno religioso, cui segue l'ammissibilità di interventi in "positivo", cioè a sostegno delle attività religiose, in quanto interesse dei cittadini meritevole di essere tutelato dal nostro ordinamento. Secondo la Corte, il principio di laicità "*implica non indifferenza dello Stato dinnanzi alle religioni ma garanzia dello Stato per la salvaguardia della libertà di religione in regime di pluralismo confessionale e culturale*".

✓ IL CASO: IL REATO DI BESTEMMIA E IL DIVIETO DI DISCRIMINAZIONE

Ciò che comunque la Corte ha in più occasioni ribadito è che esiste un raccordo strettissimo tra laicità e divieto di discriminazioni tra le diverse confessioni religiose. La non indifferenza dello Stato rispetto al fenomeno religioso ed il divieto di discriminazioni tra le varie confessioni religiose si ritrova nella sent. 440/1995 che, in relazione alla punizione della bestemmia (art. 724 cod. pen.), ha dichiarato incostituzionale la discriminazione tra quella rivolta alla "religione di Stato" (come il codice ancora chiamava la religione cattolica) e quella rivolta ad altri culti (poiché "*differenzia la tutela penale del sentimento religioso individuale a seconda della fede professata*"). La conseguenza è che, in luogo della bestemmia contro la religione di Stato, è stata introdotta la "bestemmia contro la Divinità", la quale "*si può considerare punita indipendentemente dalla riconducibilità della Divinità stessa a questa o a quella religione*". La decisione della Corte muove dalla premessa secondo cui la "*nozione di religione di Stato è incompatibile con il principio costituzionale fondamentale di laicità dello Stato*". La legge 85/2006 ha adeguato le prescrizioni del codice penale in materia di tutela del sentimento religioso al principio di pluralismo, eliminando i riferimenti specifici alla religione cattolica (e ai "culti ammessi").

Occorre, però, aggiungere che per qualche tempo è rimasto controverso nella giurisprudenza costituzionale se possano essere giustificate alcune specifiche differenze tra la Chiesa cattolica e le altre religioni ai fini del godimento di certe agevolazioni (per esempio, in campo fiscale). In un primo momento la Corte sembrava ammettere qualche differenza tra le diverse religioni sulla base del "criterio numerico" (la religione seguita dalla maggioranza degli italiani) ovvero del "criterio sociologico" (ossia la connessione tra una determinata religione e la coscienza sociale). Tuttavia, la giurisprudenza più recente tende ad abbandonare tali criteri a favore di un uso più rigoroso del principio di non discriminazione tra le varie religioni (sentt. 925/1988, 440/1995, 508/2000).

Un altro aspetto importante del principio di laicità è costituito dalla tutela della **libertà di coscienza**. La compresenza tra *favor* nei confronti del fenomeno religioso e tutela della libertà di coscienza si ritrova espressa in termini particolarmente forti nella giurisprudenza costituzionale sull'insegnamento della religione cattolica nelle scuole pubbliche. Esso è ritenuto ammissibile in quanto sia parimenti tutelata la posizione di quegli studenti che non vogliono avvalersi di tale insegnamento; sicché la fruizione o meno di tale insegnamento viene rimessa ad un'opzione di coscienza che deve essere del tutto libera (sent. 13/1991).

Ma è evidente che in una società come quella italiana, dominata per tradizione secolare da una forte presenza della Chiesa cattolica, per lunghi anni assunta come religione di Stato, la presenza della religione e dei riferimenti ad essa resti ancora fortemente radicata, generando su molteplici fronti il problema della loro compatibilità con il principio di laicità.

✓ IL CASO: COME SI FA A GIURARE SENZA GIURARE?

Come nei film, il testimone chiamato al banco deve giurare di dire la verità. I vecchi codici di procedura prevedevano che il giudice lo ammonisse sulla *"importanza religiosa e morale"* del giuramento e che la formula del giuramento contenesse un riferimento alla responsabilità che, pronunciandolo, il testimone si assume *"davanti a Dio"*. Qualche problema con la libertà di coscienza dei non credenti? In un primo tempo la Corte lo aveva negato (la formula, disse la Corte, impegna solo la coscienza dei credenti). Ma nel 1979 (sent. 117) ci ripensò: la formula ha un valore religioso e si ispira a valori non condivisi dall'ateo, la cui libertà di coscienza, tutelata dall'art. 19 Cost., è violata quando gli venga imposto di compiere *"atti con significato religioso"*. Quindi, con una sentenza "manipolativa" (→ § XII.3.6.5) dichiarò illegittima la formula del giuramento *"nella parte in cui ... non è contenuto l'inciso «se credente»"*, con ciò esentando il non credente dal giurare davanti a Dio. In seguito si pose il problema se il giuramento fosse di per sé lesivo della libertà di coscienza di coloro la cui fede impedisce assolutamente di giurare: la Corte scansò il problema rinviandolo al legislatore (sent. 234/1984), che infatti, nel nuovo codice di procedura penale, introdusse, al posto del giuramento, un "impegno a dire la verità", consapevole della responsabilità morale e giuridica che ne deriva. Ma il codice di procedura civile restava indietro: e allora la Corte (sent. 149/1995), con una sentenza *"sostitutiva"* (→ § XII.3.6.5) dichiarava l'illegittimità dell'art. 251 *"nella parte in cui ..."* impiegava la vecchia formula *"anziché"* quella del nuovo codice (che fungeva dunque da *tertium comparationis*: → § XIII.1.2).
Ma il giuramento dei testimoni non è l'unico previsto dal cod. proc. civ.: vi è anche quello *"decisorio"* (artt. 233 ss.), che una parte "deferisce" all'altra per farne dipendere la decisione su qualche punto della causa. La Corte è intervenuta per dichiararne illegittimi i riferimenti alla divinità (sent. 334/1996). Ma, data l'importanza che assume il giuramento in questo caso, non ne ha sostituito la formula con il semplice "impegno" che vale per i testimoni. In questo caso, dunque, il giuramento resta: e se chi deve giurare non lo fa, per motivi di coscienza, soccombe, né il giudice può farci niente (art. 239 cod. proc. civ.): almeno fino a quando la Corte non interverrà per dirci che è illegittimo il divieto al giudice di valutare la serietà dei motivi di coscienza che impediscono alla parte di prestare il giuramento decisorio.

Un capitolo a parte è quello della tensione tra il principio di laicità e l'esposizione pubblica dei **simboli religiosi**. Il crocifisso esposto nei locali pubblici, come un'aula scolastica, un'aula giudiziaria o un seggio elettorale, ha suscitato reazioni "laiche" che hanno più volte coinvolto sia il giudice ordinario che quello amministrativo: ma con esiti alquanto incoerenti.

✓ IL CASO: IL CROCIFISSO È UN SIMBOLO RELIGIOSO?

Esiste qualche decisione in cui si afferma che la neutralità dell'istituzione pubblica, cui è connaturato il principio di laicità, impone di rimuovere il crocefisso dalle pareti dell'aula scolastica se anche uno solo degli alunni ritenga di essere leso nella sua libertà religiosa; l'esposizione del simbolo della croce manifesterebbe la volontà dello Stato di porre il culto cattolico al centro della dimensione pubblica ed educativa, cosa che sarebbe in contrasto con il pluralismo religioso (Tar l'Aquila 22 ottobre 2003).
La prevalente giurisprudenza, invece, è giunta a conclusioni opposte. In alcune pronunce si evidenzia che il crocifisso non è semplicemente il simbolo della religione cattolica, ma costituisce fattore di un'evoluzione storica e culturale ed è altresì simbolo di un sistema di valori di libertà, eguaglianza, dignità umana e tolleranza religiosa, con la conseguenza che esso finisce per rappresentare lo stesso principio di laicità dello Stato (Tar Veneto, sez. III, n. 1110/2005). In altre decisioni si legge che l'esposizione pubblica del crocifisso non è eredità del principio confessionale perché esso è "espressione della civiltà e della cultura cristiana e perciò patrimonio universale dell'umanità", nonché "simbolo dell'identità nazionale e del patrimonio tradizionale dell'Italia" (Trib. civ. L'Aquila, ord. 31 marzo 2005). Ed è stata anche sostenuta la compatibilità con il principio di laicità dell'esposizione del crocifisso in luoghi pubblici, in quanto "è atto ad esprimere l'origine religiosa dei valori di tolleranza, di rispetto reciproco, di valorizzazione della persona, di affermazione dei suoi diritti, di riguardo alla sua libertà, di autonomia della coscienza morale di fronte all'autorità, di rifiuto di ogni discriminazione, che connotano la civiltà italiana" (Cons. St., sez. VI, n. 556/2006).
Ora la questione è arrivata alla Corte EDU (→ § XII.2.3), che in primo grado si è pronunciata per l'incompatibilità tra principio di laicità ed esposizione del crocifisso nei locali scolastici, ma in appello la Grande Chambre ha rovesciato la decisione, ritenendo che il crocifisso sia un "simbolo passivo", non associato a forme di insegnamento religioso obbligatorio o a pratiche religiose coercitive, e che non impedisce agli alunni di altri culti di portare i simboli della propria diversa religione.

INTERNET Le discussissime sent. *Lautsi c. Italia* si possono leggere, con una massima in italiano, in www.dirittiuomo.it/l-italia.

Una fattispecie completamente diversa è quella dell'esposizione di un simbolo religioso da parte del singolo individuo in un contesto pubblico. Mentre nel caso precedente (quello del crocifisso esposto nei luoghi pubblici) c'è l'uso da parte di un'istituzione pubblica del simbolo di una confessione religiosa, che in tal modo viene imposto all'attenzione di tutti (credenti, atei, fedeli di altre religioni), nel secondo caso, invece, c'è la sottolineatura in pubblico della propria personale identità religiosa, mediante l'esposizione di un simbolo "identitario", come, per esempio, il velo che copre il volto delle donne islamiche o il crocifisso che è appeso al collo di molte ragazze.

In un assetto costituzionale in cui il principio di "laicità" viene accolto in forma tanto rigorosa da evitare il rilievo pubblico della religione e l'affermazione di identità collettive differenziate sulla base della religione, simili manifestazioni sono vietate. Così avviene in Francia, dove una legge del 2004 proibisce agli studenti delle elementari e delle superiori di indossare simboli o abiti attraverso i quali la loro affiliazione religiosa emerga in maniera assolutamente palese. Rientrano nel divieto l'ostensione di croci o l'utilizzo di kippah ebraiche, turbanti sik e, soprattutto, veli islamici. In questo modo il principio di laicità si intreccia con il problema della tutela delle minoranze e dei loro segni "identitari".

5.3. *La tutela delle minoranze e la società multiculturale*

La società multiculturale corrisponde al principio secondo cui deve essere assicurata pari dignità alle espressioni culturali dei gruppi e delle comunità che convivono in una società democratica ed all'idea secondo cui ciascun essere umano ha diritto a crescere dentro una cultura che sia la propria e non quella maggioritaria nel contesto socio-politico in cui si trova a vivere.

Bisogna fare una distinzione importante, ossia quella tra tutela delle "**minoranze storiche**" presenti da sempre nell'ambito dei confini nazionali e le "**nuove minoranze**", costituite da gruppi di immigranti (o dalle generazioni successive) che risiedono stabilmente in uno Stato straniero e che talora ne hanno persino acquisito la cittadinanza.

La tutela delle prime è generalmente presente nelle Costituzioni degli Stati di democrazia pluralista. Così l'art. 6 della Costituzione italiana protegge le **minoranze linguistiche** ed ha offerto il fondamento al riconoscimento di diritti speciali alle minoranze linguistiche presenti nelle Regioni a statuto speciale della Valle d'Aosta, del Trentino-Alto Adige e del Friuli Venezia Giulia; la legge 482/1999 consente ad alcune lingue espressamente individuate dalla legge (catalano, albanese, tedesco, francese, friulano, ladino, occitano, sardo, croato, greco, sloveno, franco-provenzale) di poter essere utilizzate nei rapporti con le pubbliche amministrazioni, come componente della programmazione radiotelevisiva in alcune aree, come materia di insegnamento a scuola.

Ma la sfida maggiore per le odierne democrazie pluralistiche proviene dalle "nuove minoranze". Il problema è sempre quello di come assicurare la coesione di società non omogenee. Per molto tempo, come abbiamo visto, la risposta politica e giuridica ha fatto leva sull'integrazione dei diversi gruppi all'interno della società nazionale. A tal fine sono servite le ideologie dei partiti di massa e la strumentazione dello Stato sociale. Soprattutto quest'ultima è servita a realizzare forme di redistribuzione economica a favore dei gruppi che erano svantaggiati dalla dinamica del mercato. Il presupposto era che il conflitto nella società contemporanea fosse essenzialmente un conflitto tra classi definite in relazione alla posizione occupata nel processo produttivo ed in relazione al livello di reddito percepito. La redistribuzione della ricchezza a favore delle classi meno abbienti avrebbe consentito la gestione politica del conflitto sociale, l'integrazione e quindi la pace nella società.

Nella società odierna, però, accanto al conflitto per la redistribuzione – al quale si riferiva il costituzionalismo del secondo dopoguerra – c'è un conflitto tra identità culturali differenziate che, spesso, chiedono non di essere integrate ma di mantenere la propria differenza, e quindi di trovare nel sistema giuridico gli strumenti per tutelare la loro alterità. La redistribuzione è affiancata dalla **tutela dell'identità**. Questa può essere definita sulla base di criteri di ordine religioso o etnico, come avviene, per esempio, con la minoranza musulmana, che conta milioni di persone residenti stabilmente nello Stato. Ma in altri casi entrano in gioco identità aventi base in criteri diversi, come quelli che riguardano le preferenze sessuali (omosessuali) o l'appartenenza di genere (femministe).

Per mantenere e garantire le identità culturali differenziate entro le quali ciascun individuo intende sviluppare la sua personalità, i differenti sistemi giuridici hanno creato vari strumenti. Si va dalla creazione di un "diritto derogatorio" che si applica solamente ai membri di determinate comunità (per esempio, i diritti di caccia riconosciuti dal diritto canadese agli indigeni, la possibilità riconosciuta negli USA agli Amish di escludere i propri figli dall'obbligo dell'istruzione scolastica dopo i quattordici anni), agli strumenti per promuovere la cultura di uno specifico gruppo (tra questi ci sono sia le norme che prevedono la possibilità di usare la propria lingua, sia quelle che istituiscono specifici organismi con il compito di proteggere e promuovere una determinata cultura), od ancora gli interventi amministrativi diretti alla costruzione di luoghi di culto per alcune minoranze religiose (per esempio la costruzione di una moschea in una città italiana), ed infine l'estensione di istituti di garanzia previsti per chi segue i comportamenti maggioritari anche a certe minoranze in modo da riconoscerne l'identità e garantirne l'esistenza (per esempio, il riconoscimento del matrimonio tra omosessuali in Regno Unito e Spagna, o la versione attenuata dell'unione civile tra omosessuali proposta anche in Italia e divenuta legge 76/2016).

Il problema che tali sviluppi pongono ed i limiti – anche di ordine costituzionale – che essi incontrano sono imponenti. In particolare, si tratta di capire se per assicurare la coesione delle odierne società pluralistiche sia preferibile spingere sull'integrazione dei diversi gruppi nell'unica cultura nazionale, limitando alla sfera privata le scelte religiose, le origini etniche e le preferenze culturali, ovvero se la pace sociale non passi proprio attraverso il riconoscimento giuridico delle differenze e la creazione di strumenti per la loro tutela e la loro promozione. Entrambe le scelte non sono prive di rischi. La prima, ispirata al modello francese, può essere eccessivamente coartante nei confronti della libertà e delle preferenze dell'individuo e quindi non assicura che i conflitti siano leniti piuttosto che sollecitati. Viceversa la seconda potrebbe aprire la strada a una frammentazione eccessiva della società, con una spirale di rivendicazioni identitarie che potrebbero rompere i vincoli unitari senza i quali non c'è più lo Stato.

In questo quadro, si pone la grande questione costituzionale se sia legittimo apprestare strumenti di tutela di quelle comunità culturali che non solo sono aliene dal contesto maggioritario ma sono attivamente ostili nei confronti dei valori di libertà e di tolleranza su cui si basano le democrazie pluralistiche. Ed ancora per tutelare la cultura di un gruppo particolare non paiono ammissibili quelle pratiche (per esempio l'infibulazione) che esso adotta nei confronti degli individui che di per sé siano in contrasto con i diritti riconosciuti al singolo individuo dalla Costituzione.

Un aspetto particolare della caduta dell'elevata eterogeneità culturale delle odierne società è l'accentuazione dei conflitti sulle scelte che presuppongono precise opzioni di carattere etico. Molti conflitti sono provocati dalle diverse prospettive etiche

che si confrontano e si scontrano, soprattutto su quei temi che riguardano l'origine e la fine della vita: fecondazione artificiale, ricerca sulle cellule staminali, diritto all'interruzione dei trattamenti sanitari, eutanasia, sono questioni la cui soluzione rinvia alla piattaforma etica da cui si muove. Naturalmente un relativismo etico metterebbe in risalto la libertà di scelta del singolo individuo, mentre chi parte dall'esistenza di un'etica assoluta e universale – com'è tipicamente il discorso religioso – tende a porre dei limiti alla libertà di scelta dell'individuo in nome di principi etici superiori. Il conflitto rende molto difficile l'elaborazione di adeguate discipline legislative e, in mancanza di esse, ci si interroga sulla possibilità che la soluzione giuridica di tali problemi possa ricavarsi dal testo costituzionale. Drammatico è per esempio il caso delle decisioni sulla fine della vita: l'interrogativo formidabile è se, di fronte a un malato gravissimo che sopravvive solamente per mezzo di terapie del tutto artificiali e quindi ha una vita assai menomata, sia ammissibile sul piano etico e su quello giuridico interrompere, per volere del malato, quelle terapie, senza le quali inevitabilmente morirà. In assenza di una disciplina legislativa sono stati i giudici, su domanda di qualche malato o del tutore dello stesso, a decidere le condizioni che permettono l'interruzione della terapia e quindi la morte.

✓ CONFLITTI ETICI: IL CASO WELBY ED IL CASO ENGLARO

Nel 2006 Welby, malato di una forma gravissima di sclerosi e tenuto in vita solamente grazie ad un respiratore artificiale, ha chiesto espressamente al medico di sospendere il trattamento che lo manteneva in vita. Il medico, dopo avergli somministrato dei sedativi per evitare il dolore causato dal soffocamento, ha interrotto le pratiche che assicuravano a Welby il sostegno vitale, con la conseguenza che è morto nella mezz'ora successiva. Il Pubblico ministero ha escluso che il medico avesse commesso il reato di "omicidio del consenziente" chiedendo, perciò, l'archiviazione del caso. Secondo il PM, nel bilanciamento (→ § XIII.3.3) tra due principi egualmente tutelati dall'ordinamento (in particolare dall'art. 32 Cost.: → § XIII.6.1) – il diritto al rifiuto del trattamento e le istanze di sostegno della vita – bisogna dare la prevalenza al diritto al rifiuto del trattamento, cioè all'autodeterminazione del paziente in merito alle cure che gli vanno somministrate.
Diverso, però, è il caso in cui il paziente non può esprimersi, perché si trova da lunghi anni in coma. Può la sua volontà essere sostituita da quella del tutore? La Cassazione (sez. I civ., 21748/2007) si è pronunciata su una vicenda di questo tipo a seguito di un complesso iter processuale. Esso è partito da un ricorso presso il Tribunale di Lecco con cui il padre di una ragazza – Eluana Englaro, in coma vegetativo a seguito di un incidente dal 1992 – chiedeva al giudice un ordine di interruzione della alimentazione forzata, grazie alla quale era tenuta in vita. La Cassazione ha sostenuto che: "ove il malato giaccia da moltissimi anni (nella specie, oltre quindici) in stato vegetativo permanente, con conseguente radicale incapacità di rapportarsi al mondo esterno, e sia tenuto artificialmente in vita mediante un sondino nasogastrico che provvede alla sua nutrizione ed idratazione, su richiesta del tutore che lo rappresenta, e nel contraddittorio con il curatore speciale, *il giudice può autorizzare la disattivazione di tale presidio sanitario* (fatta salva *l'applicazione delle misure suggerite dalla scienza e dalla pratica medica nell'interesse del paziente*), unicamente in presenza dei seguenti presupposti: (a) quando la condizione di stato vegetativo sia, in base ad un rigoroso apprezzamento clinico, *irreversibile e non vi sia alcun fondamento medico*, secondo gli standard scientifici riconosciuti a livello internazionale, *che lasci supporre la benché minima possibilità di un qualche, sia pure flebile, recupero della coscienza e di ritorno ad una percezione del mondo esterno*; e (b) sempre che tale istanza sia *realmente espressiva, in base ad elementi di prova chiari, univoci e convincenti, della voce del paziente medesimo, tratta dalle sue precedenti dichia-*

razioni ovvero dalla sua personalità, dal suo stile di vita e dai suoi convincimenti, corrispondendo al suo modo di concepire, prima di cadere in stato di incoscienza, l'idea stessa di dignità della persona. Ove l'uno o l'altro presupposto non sussista, il giudice deve negare l'autorizzazione, dovendo allora essere data incondizionata prevalenza al diritto alla vita, indipendentemente dal grado di salute, di autonomia e di capacità di intendere e di volere del soggetto interessato e dalla percezione, che altri possano avere, della qualità della vita stessa". La Cassazione ha dovuto riconoscere la carenza, nell'ambito dell'ordinamento giuridico italiano, di una organica disciplina normativa destinata espressamente a regolamentare la materia della "interruzione volontaria della vita". E proprio tale presupposto ha innescato un vivace dibattito pubblico. Da una parte c'è chi ha sostenuto che il giudice si sia sostituito al legislatore, nel disciplinare una materia che coinvolge principi etici delicatissimi e su cui esistono forti divisioni. Dall'altra parte, è stato sostenuto che il giudice deve comunque dare una risposta alla domanda dell'attore, ricostruendo, in mancanza di una norma espressa, il sistema ed elaborando i principi. Il Parlamento, aderendo alla prima impostazione, ha sollevato conflitto di attribuzione davanti alla Corte costituzionale (→ § XII.4), ritenendo che il giudice abbia usurpato la funzione legislativa riservata dalla Costituzione al Parlamento (ma che esso non ha mai esercitato!). La Corte costituzionale ha respinto seccamente il ricorso (ord. 334/2008) e alla fine di una complessa vicenda amministrativa e giudiziaria Eluana è stata staccata dalle macchine ed è morta tra mille polemiche e un vero e proprio scontro istituzionale.

6. Stato unitario, Stato federale, Stato regionale

La separazione dei poteri ed i limiti alla regola di maggioranza possono realizzarsi non solo a *livello orizzontale*, cioè nel rapporto tra i poteri dello Stato, ma altresì a *livello verticale*, attraverso la distribuzione del potere di indirizzo politico e delle funzioni pubbliche tra lo Stato centrale ed altri enti territoriali (che si trovano in una posizione di autonomia rispetto al primo, pur senza essere ad esso completamente parificati). Perciò si suole distinguere tra **Stato unitario** e **Stato composto**: nel primo il potere è attribuito al solo Stato centrale o comunque a soggetti periferici da esso dipendenti (in questo caso si parla di decentramento amministrativo o burocratico, perché i soggetti periferici fanno parte dell'organizzazione statale); nel secondo, il potere è distribuito tra lo Stato centrale ed enti territoriali da esso distinti, che sono titolari del potere di indirizzo politico e delle funzioni legislativa e amministrativa in determinate materie, ed agiscono mediante organi rappresentativi che sono espressione delle popolazioni locali (in tal caso si parla di decentramento politico).

Lo Stato unitario ha caratterizzato a lungo l'esperienza europea (con le rilevanti eccezioni della Germania e della Svizzera), mentre quel tipo di Stato composto che è lo Stato federale ha caratterizzato l'esperienza degli Stati Uniti d'America. Da alcuni anni, però, anche in Europa ha avuto successo lo Stato composto, nelle sue due varianti di: 1) *Stato federale*; 2) *Stato regionale*.

Numerosi sono gli esempi di Stati qualificati come federali, sicché è molto difficile costruire un modello unitario. Ad ogni modo, di regola, i caratteri tipici dello **Stato federale** vengono individuati nel modo seguente:

a) l'esistenza di un *ordinamento statale federale, dotato di una Costituzione scritta e rigida*, e di alcuni *enti politici territoriali dotati di proprie Costituzioni* (tali enti hanno denominazioni diverse: *Stati membri* in USA, Brasile, Messico, Australia; *Länder* in Germania e Austria; *Province* in Canada e Argentina; *Regioni* in Belgio);

b) la previsione da parte della *Costituzione federale di una ripartizione di competenze tra Stato centrale e Stati membri* con riguardo alle tre tradizionali funzioni (legislativa, esecutiva e giurisdizionale), con la conseguenza che, per modificare questa ripartizione, deve essere seguito il procedimento di revisione costituzionale;

c) l'esistenza di un *Parlamento bicamerale, in cui cioè esiste una Camera rappresentativa degli Stati membri* (la quale è variamente denominata: *Senato* negli USA ed in Australia, Canada, Argentina, Brasile, Messico e Belgio; *Consiglio federale* in Austria e Germania);

d) la partecipazione degli Stati membri al procedimento di revisione costituzionale, che può essere diretta ovvero indiretta tramite la partecipazione allo stesso procedimento della seconda Camera; la presenza di una Corte costituzionale in grado di risolvere i conflitti tra Stato federale e Stati membri.

✓ L'ORIGINE STORICA DEGLI STATI FEDERALI

Gli esempi storici più importanti di Stati federali sono nati da un processo di associazione di Stati inizialmente indipendenti. Il primo passo di questo processo è, di regola, costituito dalla nascita di una **Confederazione di Stati** (Stati Uniti 1777-1787, Svizzera 1815-1848, Germania 1815-1867). Con questa espressione si indica una forma di aggregazione tra Stati indipendenti e sovrani, per far fronte a comuni esigenze di carattere militare ed economico, la quale non dà vita ad uno Stato nuovo, in quanto si fonda su un trattato di diritto internazionale concluso tra gli Stati e non su una nuova Costituzione. Come si osservava, in molti casi la Confederazione si è trasformata in Stato federale (USA, 1787; Svizzera 1848; Federazione tedesca del nord e Impero tedesco 1871). Non mancano però gli esempi di processi inversi, per cui dalla dissoluzione dello Stato unitario è nato uno Stato federale (Austria 1920; Germania 1949; Belgio, che si è trasformato nel 1970-71 in Stato regionale e nel 1994 in Stato federale).

Lo **Stato regionale**, di regola, è distinto da quello federale, nell'ampio genere dello Stato composto, per i seguenti caratteri:

a) la presenza di una Costituzione statale che riconosce e garantisce l'esistenza di enti territoriali dotati di autonomia politica, cioè capaci di darsi un proprio indirizzo politico, sia pure nell'ambito dei limiti posti dalla Costituzione (*Regioni* in Italia, *Comunità autonome* in Spagna), e dotati di propri statuti (ma non di una propria Costituzione);

b) l'attribuzione costituzionale alle Regioni di competenze legislative e amministrative; una partecipazione assai limitata all'esercizio di funzioni statali ed in particolare a quella di revisione costituzionale; la mancanza di una seconda Camera rappresentativa delle Regioni; l'attribuzione ad una Corte costituzionale del compito di risolvere i conflitti tra Stato e Regioni, assicurando comunque la preminenza dell'interesse nazionale, ove se ne accerti l'esistenza, anche nelle materie di competenza regionale.

In realtà, la distinzione tra Stato federale e Stato regionale, nella concreta esperienza costituzionale, è difficile da tracciare; infatti, l'utilità della distinzione è contestata da una parte della dottrina costituzionalista. La distinzione fondamentale, perciò, resta quella tra Stato unitario e Stato composto e tra Stati a forte decentramento politico e Stati a decentramento politico limitato.

Altra distinzione che è molto importante per comprendere il funzionamento di uno Stato composto è quella tra **federalismo duale** e **federalismo cooperativo**: il primo, tipico dell'esperienza liberale, vede una forte divisione tra lo Stato federale e gli Stati membri, per cui ognuno opera nell'ambito delle sue attribuzioni senza interferenze con l'altro; viceversa il secondo, che si sviluppa con la crescita dei compiti dei poteri pubblici nelle democrazie pluraliste, si caratterizza per la presenza di interventi congiunti e coordinati nelle stesse materie da parte dello Stato centrale e degli stati membri (o delle Regioni).

7. L'Unione europea

7.1. *Definizioni*

L'**Unione europea (UE)** è stata introdotta dal Trattato di Maastricht con una struttura istituzionale complessa, per descrivere la quale si è fatto ricorso ad una metafora: *un tempio greco che poggia su tre pilastri.* Il pilastro centrale era quello della Comunità europea (CE), i due pilastri laterali erano costituiti dai nuovi àmbiti della politica estera e di sicurezza comune (PESC) e della cooperazione nel settore della giustizia e degli affari interni (CGAI). La differenza sostanziale tra il primo pilastro ed i due laterali era data dai diversi processi di decisione: nella CE, il buon livello di integrazione politica raggiunto dagli Stati membri consente decisioni che non necessitano del consenso di tutti; diversamente, per la *PESC* e la *CGAI ogni deliberazione richiedeva l'unanimità delle posizioni degli Stati.*

Con il Trattato di Lisbona (→ § I.2.5✓) la CE e i due pilastri sono stati tutti assorbiti nell'UE. Il che vuol dire che sia la politica estera che la cooperazione giudiziaria fanno parte delle "politiche" dell'UE. Tuttavia per la PESC sopravvive un regime particolare: le decisioni continueranno di norma ad essere prese all'unanimità (fattore ovviamente fortemente penalizzante per la capacità decisionale), non verranno emanati atti legislativi e il controllo della Corte di giustizia rimarrà estremamente limitato.

Già con il Trattato di Amsterdam si era introdotto, inoltre, il *principio della cooperazione rafforzata*, che consente – agli Stati membri che lo vogliano – di instaurare forme di collaborazione specifiche, per la realizzazione degli scopi comunitari (*Europa a geometria variabile o a due velocità*) ❸.

7.2. *L'organizzazione*

L'organizzazione comunitaria si articola in diversi organi:

a) il **Consiglio europeo** è l'organo di impulso politico, chiamato a definirne gli orientamenti politici generali, ma privo di poteri normativi propri (art. 15 TUE). È composto dai Capi di Stato o di Governo di ciascuno Stato membro e dal Presidente della Commissione. Il Presidente, che rappresenta l'UE all'esterno, è eletto a maggioranza qualificata, dura in carica due anni e mezzo e non può ricoprire cariche nazionali. Il Trattato di Lisbona ha previsto che il Presidente del Consiglio europeo non sia più il Primo ministro del Paese che ha la presidenza semestrale dell'Unione, ma sia eletto dal Consiglio per un periodo di due anni e mezzo, rinnovabili;

b) il **Consiglio** esercita, congiuntamente al Parlamento europeo, la funzione legislativa e la funzione di bilancio; coordina le politiche generali di tutti gli Stati membri (art. 16 TUE). È formato da un rappresentante di ogni Stato, componente del Governo, in relazione alla materia trattata, o in alcuni casi dai Capi di Stato o di Governo, ed è presieduto, a turno, da ciascuno dei suoi componenti, per un periodo di sei mesi. Le deliberazioni del Consiglio sono generalmente assunte a *maggioranza qualificata*, che tiene conto anche della popolazione rappresentata da ogni suo membro [1]. In casi specifici è richiesto il *consenso unanime* degli Stati. Nell'esercizio delle sue funzioni, il Consiglio è coadiuvato dal **Comitato dei Rappresentanti Permanenti** (COREPER), organo composto dai rappresentanti permanenti degli Stati membri (art. 240 TFUE), incaricato di preparare i lavori del Consiglio e, specialmente, di sottoporre al suo esame gli atti da deliberare, nonché di eseguire i compiti che lo stesso gli affida;

c) la **Commissione europea** si può considerare come il centro dei processi di decisione e come l'organo di propulsione dell'ordinamento comunitario. Essa dispone, infatti, di poteri di iniziativa normativa per gli atti che il Consiglio adotta; di poteri di decisione amministrativa e di regolamentazione; di poteri di controllo verso gli Stati riguardo all'adempimento degli obblighi comunitari, che possono sfociare in un ricorso di fronte alla Corte di Giustizia ed in una condanna per lo Stato inadempiente. Inoltre, la Commissione può esercitare un controllo "indiretto" sugli Stati membri, attraverso le segnalazioni di soggetti privati, cittadini ed imprese, relative alla mancata attuazione del diritto comunitario: si crea, così, *un rapporto "trilatero"*, che coinvolge la Commissione, le amministrazioni nazionali ed i privati. Rilevante è il ruolo della Commissione riguardo alla gestione dei finanziamenti comunitari: essa stabilisce l'ammontare dei Fondi strutturali, cioè dei finanziamenti stanziati dalla Comunità per esigenze di sviluppo economico, occupazionale e formativo degli Stati membri, e la loro ripartizione ai singoli Stati; istituisce, disciplina e finanzia le azioni comunitarie, cioè iniziative specifiche riguardanti settori determinati, come l'ambiente urbano o i mass media, rivolte sempre agli Stati.

La Commissione è composta da un numero di componenti pari a quello degli Stati membri, i quali durano in carica cinque anni, sono scelti in base alle loro competenze generali e alle garanzie di indipendenza offerte, e designati di comune accordo dagli Stati membri e dal futuro presidente della stessa. Il Parlamento europeo elegge il presidente su proposta del Consiglio ed approva la composizione della Commissione; il Parlamento può censurare, sempre collettivamente, la Commissione, costringendola alle dimissioni. I membri della Commissione sono designati dal Consiglio su

---

[1] A decorrere dal 1° novembre 2014, per maggioranza qualificata si intende almeno il 55% dei membri del Consiglio, con un minimo di quindici, rappresentanti Stati membri che totalizzino almeno il 65% della popolazione dell'Unione: art. 16.4 TUE. Ma se il Consiglio non delibera su proposta della Commissione, l'art. 238 TFUE prevede maggioranze più elevate.

proposta degli Stati: ma il presidente della Commissione deve essere d'accordo sulla loro designazione, assegna loro le competenze e può chiedere e ottenere le loro dimissioni. Fa parte della Commissione, anzi ne è il Vicepresidente, l'Alto rappresentante per gli affari esterni, che rappresenta l'UE nella politica estera;

d) il **Parlamento europeo** è composto dai rappresentanti (che dopo l'elezione del 2019 e la Brexit sono 705) dei cittadini dell'Unione, eletti in ciascuno Stato (il più piccolo ne elegge 6, il più grande 96), per cinque anni, a suffragio universale e diretto (art. 14 TUE). Il PE è, dunque, un organo rappresentativo e dotato di legittimazione democratica, che partecipa ormai pienamente al processo di formazione degli atti normativi, attraverso la **procedura legislativa ordinaria** (l'ex **procedura di codecisione**), disciplinata dall'art. 294 TFUE. In essa, l'adozione degli atti normativi, proposti dalla Commissione, richiede il consenso sia del PE che del Consiglio, il dissenso dei quali è comunque superabile con la convocazione di un apposito Comitato di conciliazione, chiamato a trovare un accordo tra i due organi. Sono poi previste diverse **procedure legislative speciali**, sempre però basate sulla partecipazione di entrambi gli organi legislativi.

Il PE dispone inoltre di un potere di iniziativa legislativa indiretta, esercitato tramite la Commissione. Inoltre, il PE risponde alle petizioni dei cittadini comunitari e nomina un **Mediatore**, chiamato ad indagare sui casi di cattiva amministrazione delle istituzioni comunitarie, denunciati dagli stessi cittadini. Il PE è, infine, titolare di *poteri di controllo verso la Commissione*, che si sostanziano nell'istituzione di *commissioni temporanee di inchiesta* (art. 226 TFUE), o nella presentazione di *interrogazioni* (art. 230 TFUE); ma, soprattutto, nel *voto di fiducia iniziale sul presidente e sui membri della Commissione* e nella possibilità di approvare una *mozione di censura* verso la stessa, che ne provoca le dimissioni (art. 234 TFUE). Il peso del PE si è concretamente manifestato nel caso della Commissione Santer, dimessasi nel 1999, per effetto della sola presentazione di una mozione di censura da parte del PE, e ancor prima di un suo voto;

e) la **Corte di Giustizia** è l'organo giurisdizionale comunitario, chiamato ad assicurare il rispetto del diritto nell'interpretazione ed applicazione del Trattato (art. 19 TUE). È composta da tanti giudici quanti sono gli Stati membri ed ha il compito di giudicare sulle violazioni del diritto comunitario, commesse dagli Stati membri o dalle istituzioni europee, sulla legittimità degli atti normativi comunitari, e di interpretare il diritto comunitario in via pregiudiziale. La Corte è coadiuvata dal *Tribunale di primo grado*, titolare di competenze specifiche, le cui sentenze possono essere impugnate di fronte alla Corte stessa per motivi di solo diritto (art. 256 TFUE);

f) la **Corte dei Conti** è l'organo di controllo contabile della Comunità, chiamata ad esaminare le entrate e le spese della stessa e degli organi da essa creati (art. 287 TFUE);

g) il **Comitato economico e sociale** è un organo consultivo del Consiglio, della Commissione e del PE (art. 301 TFUE). È composto dai rappresentanti delle diverse categorie economiche e sociali ed esprime i suoi pareri obbligatoriamente, nei casi previsti dal Trattato, o su richiesta delle istituzioni comunitarie, o di propria iniziativa;

h) il **Comitato delle Regioni** è anch'esso un organo consultivo delle istituzioni europee (art. 305 TFUE). È composto dai rappresentanti delle collettività regionali e locali, delle quali esprime le istanze a livello comunitario. Il Comitato è consultato obbligatoriamente dalle istituzioni comunitarie, nei casi previsti dal Trattato, o su loro richiesta; può anche esprimersi di propria iniziativa.

✓ LA "COSTITUZIONE EUROPEA"

Dopo aver realizzato una forte integrazione economica tra le società europee, culminata nella creazione di un mercato unico e di una moneta unica (→ § XII.7.7), la CE e l'UE hanno affrontato la difficile questione di come passare ad un'integrazione politica tra i popoli europei. In questa prospettiva, gli aspetti più rilevanti sono stati due. In primo luogo, quello del cosiddetto *deficit democratico* dell'UE: espressione questa che allude al fatto che i rilevantissimi poteri normativi e amministrativi dell'UE sono esercitati da organi comunitari, che non sono direttamente eletti dai cittadini dei Paesi europei; manca poi una vera e propria "sfera pubblica europea", in cui si discutano liberamente e pubblicamente le politiche europee, che oggi, al contrario, sembrano più che altro affidate ai tecnici ed alla burocrazia europea. In secondo luogo, si pone la questione se l'Europa debba avere un ruolo politico nel mondo, cioè se debba essere uno dei soggetti rilevanti della politica internazionale. Questione che è divenuta più grave a seguito dell'esplodere del terrorismo internazionale e della guerra condotta dagli USA in Afghanistan ed Iraq.

A questi problemi si sono aggiunti quelli innescati dall'allargamento dell'Unione. L'ordinamento comunitario, istituito inizialmente da sei Paesi caratterizzati da un certo grado di omogeneità sul piano sociale, economico e culturale, si è progressivamente esteso sino al recente allargamento agli Stati dell'Europa centro-orientale (→ § I.2.5✓). Da qui, il problema di come far funzionare un'Europa più grande, poiché il complicato metodo decisionale rischia di produrre la paralisi istituzionale.

A tal fine, si è istituita la *Convenzione europea* (a seguito della decisione presa nel Consiglio europeo di Laeken nel 2001), costituita da 105 membri in rappresentanza dei diversi Stati e presieduta da un Presidium diretto dall'ex Presidente francese Valéry Giscard d'Estaing. Essa è stata investita del compito di realizzare la semplificazione dei Trattati europei, in modo da giungere ad un "Trattato di base" (la cosiddetta **Costituzione europea**) comprendente i valori e le scelte fondamentali dell'UE e la *Carta dei diritti* (→ § I.2.5✓). Il testo definitivo del *"Trattato che istituisce una Costituzione per l'Europa"* è stato adottato dai Capi di Stato nel giugno 2004, ma il processo di ratifica da parte degli Stati membri è inciampato subito dopo, quando i referendum francese e olandese hanno registrato la prevalenza dei no (in alcuni Paesi questo tipo di trattato deve essere approvato dal voto del corpo elettorale).

Il processo di revisione dei Trattati istitutivi – considerata indispensabile per consentire il funzionamento di una macchina decisionale assai complessa che deve guidare un sistema composto da 27 Stati, che parla 24 lingue ufficiali, conta più abitanti di Stati Uniti, Russia e Canada messi assieme – ha ripreso il suo corso con il Trattato di Lisbona (detto anche "Trattato di riforma": → § I.2.5✓).

Il nuovo Trattato toglie tutta la terminologia "federalista" del Trattato costituzionale (non si parla più di "costituzione", né di "legge", né di "ministro degli esteri" e il nuovo Trattato non si sostituisce ai precedenti, ma li emenda) e non incorpora la "Carta di Nizza", anche se la menziona conferendole piena efficacia giuridica. In compenso viene reso più snello il metodo decisionale nel Consiglio e viene modificata la composizione degli organi comunitari, adeguandoli alla crescita del numero di Stati membri.

INTERNET Il testo del Trattato di Lisbona e il testo "consolidato" dei Trattati europei come da esso modificati possono essere consultati in eur-lex.europa.eu/collection/eu-law/treaties-force.html.

Le attribuzioni dell'UE sono solo quelle espressamente previste dai Trattati (**principio di attribuzione**, art. 5 TUE e art. 7 TFUE). Esse, pertanto, non hanno competenze generali, ma specifiche e funzionali al raggiungimento degli obiettivi espressamente fissati. Anche se – occorre aggiungere – esse riguardano campi rilevantissimi: libera circolazione delle merci, dei lavoratori, dei servizi e dei capitali nel mercato unico; disciplina della concorrenza; agricoltura; trasporti; politica economica e monetaria; occupazione; politica sociale, istruzione e formazione professionale; protezione dei consumatori; industria; ricerca e sviluppo tecnologico; tutela dell'ambiente, ecc.

Il principio di tassatività delle attribuzioni è parzialmente temperato in due casi: in primo luogo, la UE può esercitare i poteri necessari per realizzare gli scopi del Trattato, pur se questo non lo prevede espressamente (**principio di autointegrazione** del diritto comunitario, art. 352 TFUE); inoltre, alla UE si applica il **principio dei poteri impliciti**, elaborato dalla giurisprudenza della Corte di Giustizia, per il quale l'attribuzione di una certa competenza comporta anche quella del potere di adottare tutte le misure necessarie per il suo esercizio efficace ed adeguato.

La UE, inoltre, deve fare uso solo dei mezzi strettamente necessari agli obiettivi da realizzare, ricorrendo a misure proporzionate ai risultati da raggiungere e non eccessive rispetto ad essi (**principio di proporzionalità**, art. 5 TUE). Nel caso di competenze concorrenti, attribuite, cioè, congiuntamente alla UE e agli Stati membri, l'intervento delle prime è ammesso solo se l'obiettivo dell'azione comunitaria non possa essere sufficientemente realizzato dagli Stati membri, e possa, invece, in relazione alle dimensioni o agli obiettivi dell'azione, essere meglio perseguito in ambito comunitario (**principio di sussidiarietà**, art. 5 TUE). Bisognerà, quindi, stabilire volta per volta quale livello sia più idoneo a perseguire gli obiettivi comunitari, preferendo quello in cui l'esercizio delle funzioni sia più efficace ed adeguato. L'azione comunitaria potrà, dunque, espandersi o restringersi, in relazione al variare delle circostanze concrete (carattere mobile o dinamico del principio di sussidiarietà).

✓ LA SUSSIDIARIETÀ FUNZIONA COME UN ASCENSORE

Bisogna stare attenti a non confondere il principio di sussidiarietà con quello di decentramento. Infatti, esso non comporta necessariamente il favore per la collocazione delle competenze al livello territoriale di governo più "basso", e perciò più "vicino" ai cittadini. La sussidiarietà richiede che la competenza, in relazione alla sua natura, sia collocata al livello territoriale dove possa essere esercitata nel modo migliore, cioè più efficiente, efficace ed adeguato alle finalità perseguite. Perciò si può osservare che il principio, a seconda delle caratteristiche della competenza presa in considerazione, ovvero in relazione all'evolversi dei problemi e dei contesti socio-economici, può condurre talora a spostare verso l'alto (in altri casi verso il livello di governo più basso) l'esercizio dei poteri e delle competenze. Usando una metafora, potrebbe dirsi che la sussidiarietà funziona come un ascensore.

Il Trattato UE prevede, infine, che gli Stati coadiuvino le istituzioni europee nello svolgimento dei suoi compiti, adempiendo agli obblighi previsti ed evitando comportamenti che possono compromettere la realizzazione degli scopi comunitari (**principio di leale cooperazione**, art. 4.3 TUE).

7.3. *Il mercato, tra Stato e Unione europea*

Lo Stato liberale e lo Stato di democrazia pluralista sono sempre stati associati all'esistenza di un'economia di mercato (→ § II.1.3). Lo Stato sociale è intervenuto correggendo e compensando il mercato, per raggiungere finalità sociali o per contrastare le crisi economiche, dando luogo ad un'economia mista, in cui il ruolo dello Stato si è progressivamente esteso attraverso vari strumenti.

✓ LA PUBBLICIZZAZIONE DELL'ECONOMIA NELLO STATO SOCIALE

Nell'esperienza italiana, gli strumenti principali d'intervento dello Stato nell'economia sono stati:
a) le **imprese pubbliche**, attraverso cui lo Stato assume direttamente l'esercizio di un'attività economica. Il fenomeno si è sviluppato già durante la fase di maturità dello Stato liberale, è cresciuto nel periodo fascista e si è consolidato durante la Repubblica. L'impresa pubblica è gestita attraverso un **ente pubblico economico**, cioè un ente pubblico (→ § I.2.9.3) che svolge attività di produzione di beni e servizi e che perciò utilizza, per la parte preponderante della sua attività, le regole del diritto privato. In altri casi si è utilizzato lo strumento dell'**Azienda autonoma**, collegata ad un'amministrazione statale (per esempio un ministero), ma dotata di autonomia nella gestione dei fondi e dei beni ad essa assegnati;
b) le **società per azioni in mano pubblica:** in questo caso una società per azioni, regolata dal codice civile, è controllata da un'amministrazione pubblica che attraverso essa svolge un'attività economica;
c) i **finanziamenti agevolati ai privati**, sviluppatisi a partire dagli anni '60 del XX secolo, con cui lo Stato ha sostenuto l'attività economica di alcune imprese private erogando loro ausili finanziari;
d) la **programmazione economica**, cioè l'adozione di atti di poteri pubblici che contengono un disegno ordinato di condotte future, che constano di più elementi, si estendono per un certo arco temporale e riguardano l'intera materia economica, ovvero settori circoscritti dell'economia. Da qui la distinzione tra programmazione economica generale e programmazioni settoriali. In Italia soltanto una volta si è adottata un legge sulla programmazione economica generale (la legge 685/1967), cui già si è accennato nel testo;
e) il monopolio dei **servizi pubblici**: i servizi pubblici, che si caratterizzano per soddisfare bisogni di interesse generale (l'elettricità, il gas, i telefoni, i treni e gli autobus, ecc.) sono stati riservati alle amministrazioni pubbliche, escludendo così la gestione da parte dei privati e sottraendo queste attività economiche alla concorrenza. La motivazione della loro assunzione da parte dello Stato è stata duplice: assicurare che la loro fruizione fosse aperta a tutti; mantenere i prezzi sotto controllo;
f) il **potere di controllo e di conformazione nei confronti di imprese** private, per cui l'ingresso in certi mercati non è libero ma soggetto all'autorizzazione di determinate amministrazioni pubbliche, che possono anche conformare l'attività imponendo alla stessa il rispetto di vincoli e prescrizioni. Si pensi alle autorizzazioni cui sono sottoposti gli impianti industriali o le attività commerciali.

Attraverso l'insieme di questi strumenti si è affermato, almeno fino agli anni '80 del XX secolo, il cosiddetto **dirigismo economico**, secondo cui lo Stato deve intervenire nell'economia orientandola e dirigendola per il conseguimento dei suoi obiettivi politici e sociali. Ma l'affermazione del "dirigismo economico" non era imposto dalla Costituzione italiana (→ § XIII.7), ed oggi è in costante tensione con i principi dell'Unione europea.

Sin dall'origine i Trattati istitutivi della Comunità europea ponevano al centro degli obiettivi l'instaurazione di un *mercato comune*, un mercato interno caratterizzato dall'eliminazione, fra gli Stati membri, degli ostacoli alla libera circolazione delle merci, delle persone, dei servizi e dei capitali ❸. Questo comportava l'adozione da parte della Comunità e degli Stati membri di una politica economica fondata sullo stretto coordinamento delle politiche degli Stati membri, ispirata al principio di una *economia di mercato aperta e in libera concorrenza.*

Questi principi sono ribaditi dal Trattato Unione europea (→ § II.7.2), secondo cui *l'Unione instaura un mercato interno e si adopera per lo sviluppo sostenibile dell'Europa, basato su una crescita economica equilibrata e sulla stabilità dei prezzi, su un'economia sociale di mercato fortemente competitiva* (art. 3.3), nonché dal Trattato sul funzionamento dell'Unione europea, secondo cui la politica economica dell'Unione è fondata sullo *stretto coordinamento delle politiche economiche degli Stati membri, sul mercato interno e sulla definizione di obiettivi comuni, condotta conformemente al principio di un'economia di mercato aperta e in libera concorrenza* (art. 119.1).

✓ IL MERCATO: ORDINE SPONTANEO O COSTRUZIONE GIURIDICA?

Anche se non mancano teorie che configurano il mercato quale un ordine spontaneo (come quella di Hayek), secondo la concezione prevalente, il mercato ha bisogno di norme ordinatrici, cioè di regole giuridiche che diano ordine al mercato, strutturino le relazioni economiche, fissino i principi che presiedono alla produzione ed allo scambio dei beni. *Quindi economia di mercato e libera concorrenza non esistono in natura ma sono il risultato di istituti giuridici*, quali ad esempio quelli che definiscono le capacità e le responsabilità dei soggetti, individuano la commerciabilità di certe categorie di beni, reprimono certi comportamenti perché lesivi della libertà di concorrenza, vietano certi contratti e dispongono meccanismi di tutela del consumatore. Anzi, poiché l'economia di mercato richiede la regolarità e la prevedibilità dell'agire, senza di cui non è possibile il calcolo economico, il mercato ha bisogno di essere governato da regole. Incerto è l'esito dell'affare, ma le regole entro cui si muovono i soggetti devono essere certe. Il mercato, quindi, non è un'entità a-storica ed a-giuridica, non pre-esiste al diritto, ma esiste proprio in quanto ha un *suo statuto giuridico* (N. Irti). Anzi, poiché le norme (nazionali e comunitarie) variano in funzione dei beni economici oggetto dello scambio e/o dei soggetti che li producono e li scambiano, *non esiste un solo mercato, bensì una pluralità di mercati, tanti quanti sono i nuclei di norme che regolano la produzione e lo scambio dei beni* ❺.

Alla creazione di un mercato unico europeo si è giunti utilizzando tre strumenti previsti dai Trattati: 1) la *libertà di circolazione delle merci, dei lavoratori, dei servizi e dei capitali* (le c.d. **quattro libertà,** capisaldi del liberalismo economico della Comunità); 2) il *divieto degli aiuti finanziari*; 3) la *disciplina della concorrenza*, e sotto qualsiasi forma, dello Stato alle imprese, salve alcune specifiche eccezioni. Gli Stati non possono cercare di impedire la creazione di un mercato comune limitando la circolazione delle merci e dei fattori produttivi (per esempio, attraverso tariffe doganali), oppure introducendo un privilegio per le proprie imprese, ed in particolare per le imprese pubbliche, erogando loro aiuti finanziari che creano ostacoli all'ingresso nel mercato nazionale di imprese straniere. I primi due tipi di disposizioni mirano proprio ad evitare questi comportamenti degli Stati, ponendo a loro carico l'obbligo di astenersi da tali comportamenti. Invece, le disposizioni del terzo tipo si rivolgono non agli Stati ma direttamente alle imprese che operano nel mercato, al fine di sanzionare quei comportamenti che falsano il gioco della concorrenza, per esempio attraverso concentrazioni che portano al monopolio. Perciò il Trattato contiene un'analitica disciplina della concorrenza, ponendo una serie di divieti (potenzialmente dotati di "effetto diretto": → § XI.1.3) ed affidando alla Commissione il compito di assicurarne l'osservanza da parte delle imprese che operano nel mercato unico.

✓ DALLE ASTUZIE DI ROCKEFELLER ALLA MAXIMULTA A MICROSOFT

Gli Stati Uniti sono il Paese che ha dato i natali alla disciplina della concorrenza. Per controllare il mercato e mantenere alti i prezzi, Rockefeller e i suoi avvocati inventarono un uso particolare del *trust*, che è un vecchio istituto del diritto angloamericano che comporta l'affidamento fiduciario ad altri di propri diritti. In particolare venne concepito il seguente congegno: i consiglieri di amministrazione di una società affidavano ai loro concorrenti il diritto di votare nei propri consigli, ottenendo da questi in cambio il medesimo diritto nei loro consigli. In questo modo pochissime persone erano in grado di concordare le strategie di varie imprese, tra le quali perciò non c'era effettiva concorrenza. Il risultato fu che i piccoli operatori, agricoltori e commercianti, si trovarono a dovere pagare prezzi più alti per quello che acquistavano e ad ottenere prezzi più bassi per quello che vendevano. La protesta non si fece attendere e così nel 1890 fu approvata una legge – lo *Sherman Act* – che puniva severamente le intese fra imprese restrittive della concorrenza.
Una disciplina severa della concorrenza vige da tempo anche in Europa. All'inizio del 2008 l'*Antitrust* della Comunità europea ha inflitto a Microsoft una nuova multa-record di 899 milioni di euro, avendola ritenuta colpevole di non aver mutato atteggiamento dopo che la Commissione UE l'aveva multata nel 2004 per quasi mezzo miliardo di euro. I motivi di queste sanzioni sono i prezzi eccessivi e irragionevoli dei prodotti e l'esclusione di terzi dall'accesso alla documentazione di base dei programmi per limitare l'interoperabilità tra i propri sistemi operativi e quelli di gruppi concorrenti. Microsoft è un gigante che domina il mercato informatico e nessuno la può rimproverare per questo; ma tende ad abusare della propria posizione dominante e ad ostacolare lo sviluppo di potenziali concorrenti, precludendo quindi il loro accesso al mercato.

Ma il diritto comunitario non si limita a garantire un mercato unico, basato sul principio della libertà di concorrenza, e perciò a vietare tutti gli interventi dello Stato che alterano la logica concorrenziale, ma ha posto le premesse giuridiche per la drastica riduzione, se non proprio l'eliminazione, dei monopoli pubblici o legati a diritti di esclusiva. Perciò anche quelle attività tradizionalmente configurate come servizi pubblici devono essere, in larga misura, sottoposte alle regole della concorrenza.

✓ LA LIBERALIZZAZIONE DEI SERVIZI PUBBLICI

Il Trattato CE prevede che le imprese incaricate della gestione di servizi di interesse economico generale (cioè quelle che, nella terminologia giuridica italiana, esercitano "servizi pubblici") siano sottoposte alle norme del Trattato, ed in particolare alle regole sulla concorrenza, nei limiti in cui l'applicazione di tali norme non osti all'adempimento, in linea di diritto e di fatto, della specifica missione loro affidata (art. 86.2, ora sostituito dall'art. 106.2 del TFUE). Questa disposizione è stata interpretata dalla Corte di giustizia nel senso che si riferisce a qualsiasi attività di produzione di beni e servizi, salvo quelle ritenute "tipiche prerogative dei pubblici poteri" (come il controllo e la polizia dello spazio aereo o la polizia portuale), o non economiche, come quelle attinenti ai sistemi scolastici e di protezione sociale.

È così intervenuta una radicale modifica di uno dei tratti caratterizzanti la nozione di "servizio pubblico" proprio della tradizione giuridica dell'Europa continentale, cioè quello della esclusiva "politicità" della decisione di considerare una determinata attività economica come servizio pubblico. Inoltre, ne deriva una riduzione dello spazio dell'impresa in mano pubblica, sempre più esposta alla concorrenza dei gestori privati; dall'altra parte, lo stesso Trattato CE pone il divieto di discriminazioni fondate sulla nazionalità (art. 12, e poi gli artt. da 81 a 89, ora sostituiti dagli artt. 18 e da 106 a 109 del TFUE), con la conseguenza che deve considerarsi illegittimo mantenere in mano pubblica talune imprese in nome dell'interesse nazionale ad evitare che la loro proprietà sia acquisita da cittadini di altri Stati.
Questi cambiamenti sono stati favoriti anche dall'inefficienza economica che ha molto spesso caratterizzato le gestioni pubbliche, con costi che la "crisi fiscale" dello Stato (→ § II.1.13) ha reso non più sopportabile; dall'integrazione dei mercati, ostacolata dalle frammentazioni delle discipline nazionali dei servizi pubblici; dallo sviluppo tecnologico in diversi settori che spesso ha fatto venire meno il fondamento di fatto di alcuni monopoli pubblici, cioè l'esistenza di circostanze fisiche e tecniche che impedivano all'imprenditore privato di rendere un servizio accessibile a tutti (pensiamo a quanto è avvenuto nel settore delle telecomunicazioni, dove lo sviluppo tecnologico ha fatto sì che, per assicurare che tutti abbiano il servizio a prezzi ragionevoli, non c'è alcun bisogno di affidarlo ad un operatore soltanto). Tutto ciò spiega il rigore con cui gli organi europei hanno avviato politiche di liberalizzazione di interi settori, che vengono sottratti a diritti di esclusiva e aperti alla concorrenza, attraverso l'adozione di regolamenti e direttive (per esempio, per quanto riguarda le telecomunicazioni), ma anche con specifiche azioni di contrasto delle attività delle residue imprese pubbliche monopolistiche, che sono sottoposte alle regole della concorrenza ❺.

7.4. *L'Unione monetaria e i parametri di Maastricht*

Il mercato unico è stato completato (a partire dal Trattato di Maastricht del 1993) dalla creazione di una moneta unica (l'**Euro**), nonché dalla definizione e dalla conduzione di una *politica monetaria e di una politica del cambio* uniche, gestite direttamente da istituzioni comunitarie – il **Sistema europeo di banche centrali (SEBC)**, indipendente sia dalle istituzioni nazionali che da quelle europee.

✓ COME CAMBIA LA POLITICA MONETARIA

Prima della moneta unica, gli Stati potevano impiegare soprattutto due strumenti di politica monetaria: il tasso di cambio e la manovra sui tassi di interesse. Il **tasso di cambio** definisce il prezzo relativo tra due monete. Se il tasso di cambio della moneta di un Paese si deprezza, la quantità di moneta per acquistare beni esteri aumenta (e quindi aumenta il prezzo dei beni esteri espresso in moneta nazionale). All'estero, invece, costano di meno i beni prodotti nel Paese che ha svalutato. Perciò la **svalutazione** da un lato penalizza i consumatori del Paese che ha svalutato, visto che la merce estera diventa più cara; dall'altro lato, però, sono avvantaggiate le imprese del Paese che ha svalutato, dato che possono esportare più facilmente i loro prodotti all'estero, in seguito al calo dei prezzi in moneta estera. Di contro saranno svantaggiate le imprese straniere perché devono subire l'aumento della concorrenza da parte delle imprese del Paese che ha svalutato. Differente è la manovra sul **tasso di interesse**. Quest'ultima espressione indica il prezzo che deve pagarsi sul denaro preso in prestito. Gli investimenti delle imprese sono in gran parte effettuati con denaro preso in prestito ed il tasso di interesse esprime appunto il costo del denaro. Più il tasso è basso, più diminuisce il prezzo

del denaro, più aumenta la domanda di crediti da parte delle imprese, più aumentano gli investimenti. Inversamente se il tasso di interesse sale, aumenta il costo del denaro e perciò diminuisce la domanda di denaro da parte delle imprese e, di conseguenza, cala il livello degli investimenti. La riduzione del tasso di interesse stimola, quindi, la crescita economica, ma aumentando la massa di denaro circolante può crescere anche il livello dei prezzi, cioè l'inflazione.
Lasciare agli Stati i due strumenti era di ostacolo alla completa realizzazione del mercato unico. La svalutazione modificava repentinamente la competitività delle imprese collocate in Paesi diversi, avvantaggiando quelle del Paese che svalutava e rendendo peggiore la posizione delle imprese degli altri Paesi. Da qui la spinta a creare una moneta unitaria, che implica l'eliminazione dei tassi di cambio tra monete diverse e la possibilità della svalutazione. In più una moneta unica riduce i costi di transazione (quando si comprava denaro espresso nella moneta di un Paese diverso si pagavano le commissioni dei cambiavalute e se l'operazione economica doveva avvenire in una data futura, occorreva scontare la possibilità che nel frattempo si modificava il tasso di cambio, con la conseguenza di scoraggiare il commercio tra Paesi diversi). Quanto alla manovra sul tasso di interesse, c'era il pericolo di accendere l'inflazione che, in un mercato unico, può facilmente essere esportata da un Paese all'altro. Con l'Unione monetaria questi ostacoli alla creazione di un mercato unitario vengono meno: spariscono le monete nazionali e le decisioni sul tasso di interesse sono accentrate nel Sistema europeo di Banche centrali. Sempre quest'ultimo dovrà decidere sui tassi di cambio con monete extraeuropee, come il dollaro e lo yen.

Tra le finalità principali dell'Unione europea vi è quello di mantenere *la stabilità dei prezzi* (art. 3.2 TUE). In particolare, il TFUE ribadisce che l'obiettivo principale della politica monetaria e della politica del cambio è quello della stabilità dei prezzi e, fatto salvo questo obiettivo, di sostenere le politiche generali dell'Unione conformemente al principio di un'economia di mercato aperta e in libera concorrenza (art. 119.2). Perciò la politica monetaria e la politica del cambio comuni devono avere un obiettivo prioritario: la stabilità dei prezzi, e quindi la lotta all'inflazione (che consiste appunto nell'innalzamento del livello dei prezzi). Solo dopo avere assicurato questo obiettivo, può servire a sostenere le altre politiche della Comunità, ma anche qui conformandosi ad un altro principio, quello della **libertà di concorrenza**.

Esiste, pertanto, una stretta correlazione tra mercato aperto basato sulla libera concorrenza, moneta unica e stabilità dei prezzi. La moneta unica e la politica monetaria e del cambio comuni consolidano il mercato comune, perché così sono eliminati i residui strumenti attraverso cui gli Stati potevano proteggere le rispettive economie nazionali riducendo l'integrazione in un unico mercato comune. Inoltre, moneta unica e stabilità dei prezzi facilitano i calcoli economici degli operatori che intendono svolgere la loro attività in un unico grande mercato.

Ma l'instaurazione di una moneta unica impone un certo grado di convergenza tra le economie degli Stati partecipanti all'Unione. Ciò è richiesto in quanto in un mercato unico e aperto l'inflazione può essere esportata dai Paesi con economie più deboli ai Paesi con economie più solide (il problema, infatti, nella fase di gestazione della moneta unica è stato avvertito soprattutto dai tedeschi). Da qui deriva la necessità che gli Stati che aderiscono all'Unione abbiano condizioni finanziarie interne tali da ridurre i pericoli di inflazione.

✓ I PARAMETRI DI MAASTRICHT

L'**Unione monetaria europea** stabilisce una serie di *vincoli alle politiche di bilancio* dei Paesi membri (con eccezione del Regno Unito, Danimarca, Svezia, che hanno scelto di restare fuori dall'Euro, e della Grecia, che ha potuto rientrare nei parametri solo in un secondo tempo). Agli Stati nazionali, infatti, viene imposto il rispetto di *"finanze pubbliche sane"* e, pertanto, il Trattato prevede che due volte l'anno gli Stati membri sottopongano i loro bilanci, quello in corso e quello previsto, ad una procedura di esame. L'obiettivo è quello di evitare i disavanzi eccessivi (che sono ritenuti i principali sintomi di finanze non sane). Secondo il Trattato CE ed il Protocollo aggiuntivo un **disavanzo** è *ritenuto eccessivo* se:
– il disavanzo supera la soglia del 3% del Prodotto Interno Lordo (PIL);
– il debito pubblico supera la soglia del 60% del PIL.
Per la verifica dei parametri di convergenza deve farsi riferimento al conto consolidato delle pubbliche amministrazioni che comprende, oltre alle amministrazioni statali, anche le Regioni, gli Enti locali e gli Enti di previdenza. Qualora in un Paese membro un disavanzo risulti eccessivo, la Commissione europea deve preparare un rapporto al Consiglio, che può fare delle raccomandazioni al Paese in questione. Ove queste non siano prese in considerazione possono essere emesse delle sanzioni pecuniarie. Questa disciplina è stata completata dal cosiddetto ***Patto di stabilità e crescita***, concordato in occasione del Consiglio europeo di Amsterdam nel giugno 1997, che è formato da due regolamenti e due risoluzioni del Consiglio europeo. In virtù del *Patto di stabilità* i Paesi aderenti si impegnano a porsi un obiettivo di bilancio pubblico in pareggio nel medio termine. In questa prospettiva un concetto importante, introdotto dal Patto di Stabilità e Crescita (PSC) è quello di ***Obiettivo di medio termine (OMT)***, che consiste in un obiettivo per il saldo strutturale di bilancio, cioè per il saldo di bilancio (differenze tra entrate e spese) corretto al netto degli effetti del ciclo economico e degli effetti delle misure una tantum e temporanee, che ciascuno Stato membro si impegna a realizzare in un dato orizzonte temporale. Esiste quindi un percorso di avvicinamento verso l'OMT definito temporalmente. L'OMT è definito per ciascuno Stato, in relazione alle sue condizioni economiche, ed è finalizzato a garantire la sostenibilità delle finanze pubbliche e quindi ad evitare dinamiche finanziarie che allontanino lo Stato dal rispetto dei parametri sul deficit e l'indebitamento.

L'unione economica e monetaria comporta una moneta ed una politica monetaria unica gestite dal Sistema europeo di Banche centrali, che è un organismo di tipo "federale" composto dalle banche centrali nazionali e, in posizione sovraordinata, dalla Banca centrale europea (BCE). Oltre a definire e attuare la politica monetaria dell'Unione, il SEBC svolge le operazioni in cambi, gestisce le riserve ufficiali in valuta degli Stati membri, promuove il regolare funzionamento dei sistemi di pagamento, gestisce tutte le informazioni statistiche. Nel SEBC, le Banche centrali – in Italia si chiama Banca d'Italia – svolgono fondamentalmente due compiti: concorrere, tramite il proprio vertice istituzionale, cioè il Governatore, a determinare le decisioni del Consiglio direttivo della BCE; dare attuazione a tali decisioni entro il confine del proprio Paese. Occorre aggiungere che la vigilanza del mercato del credito è rimasta alle Banche centrali, anche se occorre sottolineare come anche questo, per effetto di direttive comunitarie, è un mercato concorrenziale, in cui i controlli della Banca centrale sono di natura esclusivamente tecnica, prevalentemente a tutela degli utenti e della trasparenza del mercato. In questo contesto istituzionale, dunque, la funzione monetaria è stata integralmente sottratta alle autorità nazionali ed è concepita come attività "tecnica", completamente separata dai poteri politici nazionali e comunitari.

Attualmente aderiscono all'euro 18 dei 27 Stati dell'UE.

7.5. *La crisi finanziaria in Europa e la nuova* governance *economica*

In questo contesto istituzionale, dunque, la funzione monetaria è stata integralmente sottratta alle autorità nazionali ed è concepita come attività "tecnica", completamente separata dai poteri politici nazionali e comunitari.

Secondo il meccanismo introdotto con il Trattato di Maastricht e confermato dal Trattato sul funzionamento dell'Unione europea (TFUE), la politica monetaria doveva essere condotta a livello sovranazionale dalla BCE, mentre le politiche di bilancio – la determinazione delle spese pubbliche, delle entrate e del debito pubblico – erano di competenza dei singoli Stati.

Il *Patto di stabilità e crescita* aveva aggiunto una sorveglianza *ex post* delle politiche di bilancio.

I fatti però hanno dimostrato che questo meccanismo non è riuscito ad imporre la riduzione del debito pubblico e del disavanzo di bilancio in modo da assicurare il rispetto dei parametri di Maastricht, né è riuscito ad impedire che gli squilibri macroeconomici e di bilancio di alcuni Paesi si riflettessero sulla stabilità finanziaria di tutta l'**Eurozona** (cioè di quegli Stati dell'Unione che hanno adottato l'euro come moneta comune).

Nel 2010, il debito pubblico della Grecia era pari al 140,2% del PIL, dell'Irlanda al 97,4%, della Spagna al 64,4%, del Portogallo al 93%, dell'Italia al 118%. In questo contesto è aumentato il rischio, percepito dai mercati finanziari, che alcuni Stati non fossero più in grado di pagare i propri debiti (insolvenza o *default* dello Stato). Ne è derivato l'aumento notevole degli interessi che questi Stati hanno dovuto pagare agli acquirenti dei titoli di debito pubblico (gli interessi sono infatti il prezzo del denaro preso in prestito dagli Stati e questo prezzo aumenta quanto più cresce il rischio di un mancato rimborso del prestito). In questo modo si innesta un circolo vizioso: l'elevato *stock* di debito pubblico fa aumentare i tassi di interesse, ma l'aumento dei tassi di interesse significa aumento della spesa dello Stato, che è finanziata con altro debito pubblico. La conseguenza è stata l'aggravarsi della crisi finanziaria degli Stati il cui volume complessivo di debito è andato crescendo. I mercati finanziari, mossi ora da intenti speculativi, ora dalla paura dell'insolvenza dello Stato, hanno prima colpito con la richiesta di alti tassi di interesse uno Stato specifico, ma poi la paura e la speculazione si sono estesi da uno Stato all'altro, determinando così quello che è stato chiamato il rischio di "contagio".

In questo modo si evidenziavano alcuni dei limiti istituzionali dell'Unione economica e monetaria. Gli Stati hanno messo in comune la politica monetaria ma hanno mantenuto la titolarità delle politiche di bilancio e non hanno previsto alcun meccanismo che in caso di crisi assicurasse il pagamento del debito pubblico.

I punti critici principali sono due. Il primo è che in caso di crisi delle finanze pubbliche di uno Stato, manca un meccanismo che garantisca la sua solvibilità. Normalmente, in casi del genere c'è il "garante di ultima istanza" rappresentato dalla Banca centrale che può stampare nuova moneta con cui pagare i debiti, col rischio però di far aumentare l'inflazione. Questo non può avvenire per gli Stati dell'Eurozona, perché essi non dispongono più della politica monetaria, che è stata trasferita alla BCE, la quale, peraltro, ha come compito principale quello di assicurare la stabilità dei prezzi, quindi di evitare l'inflazione. Il secondo punto critico è dato dalla debolezza dei meccanismi istituzionali con cui assicurare che gli Stati perseguano veramente l'obiettivo di avere finanze pubbliche "sane", visto che la politica di bilancio è rimasta nelle loro attribuzioni.

Per affrontare la grave crisi delle finanze degli Stati dell'Eurozona, sono state introdotte importanti riforme, che vanno nella direzione di un rafforzamento dell'integrazione europea.

In questo contesto, la nuova ***governance* economica europea** – introdotta a partire dal 2010 – ha rafforzato il coordinamento a livello europeo delle politiche economiche nazionali e reso più efficace la sorveglianza sulle politiche di bilancio degli Stati membri dell'Eurozona. Essa ha come conseguenza una significativa limitazione dell'autonomia decisionale degli Stati, soprattutto di quelli che hanno un livello elevato di debito pubblico e rischiano l'insolvenza. I quali, infatti, sono tenuti a seguire le politiche economiche determinate in sede europea e ad adottare le riforme dirette a ridurre il disavanzo di bilancio ed il debito pubblico e a rendere più competitiva la loro economia (le cosiddette "riforme strutturali").

Le principali innovazioni adottate tra il 2010 ed il 2014 sono le seguenti:

a) il **semestre europeo**, che consiste in una procedura finalizzata al coordinamento preventivo delle politiche economiche e di bilancio degli Stati membri. Il calendario del semestre europeo è articolato nel modo seguente: 1) nel mese di gennaio, la Commissione elabora *l'analisi annuale sulla crescita* in cui indica le prospettive macroeconomiche e formula le proposte strategiche per l'economia europea; 2) nel mese di marzo, la Commissione predispone un rapporto sulla base del quale il Consiglio europeo indica i principali obiettivi di politica economica per l'UE e per l'Area Euro e le possibili strategie di riforma per conseguire tali obiettivi (linee guida); 3) nel mese di aprile gli Stati membri, tenuto conto delle suddette indicazioni, comunicano alla Commissione i propri obiettivi di medio termine e le principali azioni di riforma che intendono adottare e che sono contenuti nei *Programmi di stabilità* e nei *Programmi nazionali di riforma*; 4) nei mesi di giugno e luglio il Consiglio europeo e il Consiglio dei ministri finanziari, sulla base della valutazione dei programmi di stabilità, forniscono indicazioni specifiche per ciascun Paese. Il Consiglio può invitare uno Stato membro a rivedere il programma presentato; 5) ad ottobre ciascun Paese dell'area euro invia alle istituzioni europee un **Documento programmatico di bilancio (DPB)**, che contiene l'aggiornamento delle stime indicate nel precedente Programma di stabilità, nonché il provvedimenti della manovra di finanza pubblica che il Governo intende adottare; 6) entro fine novembre la Commissione europea adotta e presenta all'Eurogruppo, un parere sul DPB, in cui è valutata la conformità dei Programmi di bilancio alle raccomandazioni formulate nell'ambito del semestre europeo. Allo Stato può essere chiesto di rivedere il proprio DPB sulla base delle osservazioni formulate in sede europea;

b) la nuova *sorveglianza macroeconomica e finanziaria*, introdotta con il cosiddetto *six pack* (ossia con un insieme di sei regolamenti comunitari), che ha modificato il Patto di stabilità e crescita, e con il *two pack* (formato da altri due regolamenti). In estrema sintesi, è stato introdotto un meccanismo di sorveglianza sui dati macroeconomici di ciascun Paese (quali il debito esterno, il saldo corrente, ecc.), per cui se la Commissione ritiene che vi siano degli squilibri può chiedere allo Stato di adottare misure di politica economica dirette alla loro eliminazione. Vi è poi il *braccio preventivo* del Patto di stabilità e crescita, in base al quale la Commissione esercita il controllo sulle finanze pubbliche dello Stato, attraverso una valutazione della dinamica della spesa pubblica, con l'obiettivo di raggiungere il pareggio di bilancio;

c) il **Trattato sulla stabilità, sul coordinamento e sulla *governance* dell'Unione europea**, firmato il 2 marzo 2012, la cui parte fondamentale è il patto di bilancio (cosiddetto ***fiscal compact***). Si tratta di un vero e proprio trattato internazionale stipulato al di fuori dei Trattati su cui si fonda l'UE. Ad esso non hanno aderito il Regno Unito e la Repubblica Ceca. Il nuovo Trattato si caratterizza soprattutto per l'introduzione di due regole: l'introduzione del pareggio di bilancio, o più precisamente del divieto per il deficit strutturale di superare lo 0,5% del PIL (regola che dovrà essere recepita dagli ordinamenti nazionali, possibilmente con una modifica costituzionale: → § V.3.5.3); l'individuazione di un percorso di riduzione del debito pubblico, in rapporto al PIL (riduzione che per l'Italia equivale a alcune decine di miliardi di euro per ogni anno!);

d) l'introduzione di un meccanismo di solidarietà diretto ad aiutare gli Stati in difficoltà finanziarie. Prima, nel corso del 2010, è stato introdotto l'*European Financial Stability Facility* (*EFSF*), dotato di risorse finanziarie messe a disposizione da parte degli Stati membri (440 miliardi di euro), per aiutare i Paesi in difficoltà, sulla base di piani caratterizzati da rigorosa "condizionalità" (vale a dire che gli aiuti finanziari sono subordinati ad un programma di riforme tese a migliorare i conti pubblici). Sulla base di questo meccanismo sono stati erogati ingenti aiuti finanziari alla Grecia, al Portogallo e all'Irlanda. La durata dell'EFSF veniva limitata a soli tre anni. Perciò successivamente, sulla base di un apposito trattato internazionale, è stato istituito un meccanismo permanente di intervento diretto ad assicurare la stabilità finanziaria nell'area euro: il **Meccanismo europeo di stabilità (MES**), destinato ad assumere, dal 1° luglio 2012, le funzioni dell'EFSF. Al momento della sua istituzione il MES è stato dotato di un capitale sottoscritto di 700 miliardi di euro e di una capacità di prestito fino a 500 miliardi. Con successivi accordi si è provveduto ad aumentare la suddetta capacità di intervento;

e) la creazione di un'**Unione Bancaria**, diretta a evitare i rischi di "contagio" tra sistema finanziario privato e finanza pubblica degli Stati;

✓ L'UNIONE BANCARIA E I RISCHI DI "CONTAGIO"

Questo contagio durante la crisi si è manifestato in due modi. Da una parte, attraverso il "salvataggio" da parte di alcuni Stati (Spagna, Cipro, Irlanda) di banche entrate in crisi, dopo lo scoppio della crisi finanziaria globale, a causa di operazioni finanziarie altamente speculative. Vista la quantità di risorse necessarie per evitare il fallimento di queste banche – che avrebbe avuto effetti "sistemici" devastanti sulle economie dei loro Paesi – gli Stati hanno dovuto indebitarsi, aggravando la crisi del debito pubblico. Dall'altro lato, le banche hanno contribuito al risanamento del debito del loro Paese acquistando i titoli del debito pubblico nazionale. In questo modo, però, le banche sono divenute più vulnerabili, perché le loro immobilizzazioni sono state considerate dai mercati finanziari poco affidabili per effetto della perdita di fiducia nei confronti dello Stato di cui detenevano i titoli.
L'Unione bancaria vera e propria riguarda gli Stati la cui moneta è l'Euro e si basa su tre pilastri:
a) un meccanismo di supervisione unica, incentrato sulla Banca centrale europea e sulle Autorità

nazionali, che ha il compito di realizzare la sorveglianza prudenziale delle banche europee più rilevanti (che sono circa 150); b) un meccanismo unico di risoluzione, diretta a far fronte a eventuali crisi bancarie, con l'obiettivo di rendere più efficiente la gestione della crisi, con l'impiego di un fondo, le cui risorse finanziarie sono fornite dalle banche, diretto a assicurare la ristrutturazione della banca; c) la garanzia dei titolari di depositi bancari fino a 100.000 euro, in caso di fallimento di una banca.

f) un nuovo ruolo della BCE. Istituzionalmente la BCE ha la competenza esclusiva per quanto riguarda la politica monetaria, che deve avere come obiettivo la stabilità dei prezzi, operando affinché non si producano spinte inflazionistiche. In questo quadro, il TFUE (art. 123) vieta alla BCE di aiutare finanziariamente gli Stati e le altre istituzioni pubbliche, per esempio acquistando il loro debito pubblico al momento della sua emissione. Si è voluto così evitare l'**azzardo morale**, e cioè che qualche Stato adotti una politica fiscale lassista, con incremento del deficit e del debito, sapendo che alla fine non potrà subire le conseguenze estreme di tali scelte, cioè l'insolvenza e quindi l'impossibilità di rimborsare il debito (comunemente in questa ipotesi si parla di *fallimento dello Stato*). Con lo scoppio della crisi dei debiti sovrani, questa configurazione restrittiva del ruolo della BCE è stata sottoposta a forti tensioni. Infatti, la sfiducia dei mercati finanziari nella capacità di alcuni Paesi di rimborsare il debito e la speculazione hanno determinato differenziali eccessivi tra i tassi di interesse che taluni Paesi (come l'Italia) pagavano per finanziarsi sul mercato; il costo elevato per finanziarsi aumentava la spesa e il bisogno di finanziarla in deficit, aggravando la sostenibilità delle loro finanze pubbliche. In questo contesto, si sono pure diffuse previsioni negative sulla stessa sopravvivenza dell'Euro. Per affrontare questa inedita situazione, nel corso del 2012, la BCE ha lanciato il programma **OMT** (**Outright Monetary Transactions**), e cioè un piano di acquisti illimitati dei titoli di Stato sul mercato secondario (escludendo quindi l'acquisto diretto al momento dell'emissione, che sarebbe stato in contrasto con l'art. 123 TFUE).

✓ *WHATEVER IT TAKES*

L'annuncio di questo programma è stato accompagnato dalla "storica" affermazione del Presidente della BCE, Mario Draghi, secondo cui la Banca centrale avrebbe fatto "qualsiasi cosa" (***whatever it takes***) per stabilizzare l'Eurozona. Questa affermazione, insieme all'annuncio dell'OMT, ha calmato i mercati finanziari, riducendo rapidamente i differenziali tra i tassi di interesse, e ha rafforzato l'idea dell'irreversibilità dell'euro. Non sono, però, mancate le polemiche su tali operazioni "non convenzionali" della BCE, che secondo certe critiche avrebbe abbandonato il terreno della politica monetaria per fare scelte di politica fiscale, che è invece di competenza degli Stati. Tuttavia, tali preoccupazioni sono state ritenute infondate dalla Corte di Giustizia dell'Unione europea, che in una celebre sentenza del 2015 (caso *Gauweiler*, C-62/14), adottata per decidere una questione pregiudiziale sollevata dal Tribunale costituzionale tedesco, ha ritenuto che si sia trattato di decisioni di politica monetaria ed ha concluso nel senso della compatibilità del programma OMT con il Trattato. Successivamente, nel 2015, la BCE ha adottato un nuovo programma di acquisto di titoli, l'*APP (Asset Purchase Programme)*, più noto come **quantitative easing**, che riguardava l'acquisto di titoli di stato e di titoli privati e che è cessato nel 2018. Ancora una volta c'è stata una questione pregiudiziale sollevata dal Tribunale costituzionale tedesco ed una sentenza della Corte di giustizia che ha ritenuto il programma compatibile con il Trattato (caso *Weiss*, C-439/17).

7.6. *Il "deficit democratico" dell'UE, le elezioni europee del 2014, la Brexit e le elezioni europee del 2019*

Dal rafforzamento della *governance* economica europea è risultato accresciuto il cosiddetto deficit democratico dell'Unione. Quest'ultima, infatti, è investita di rilevati competenze che condizionano i principali aspetti della vita dei cittadini di tutti gli Stati membri, ma le decisioni che in questo modo vengono prese a livello europeo non sono adottate da organi scelti da quei cittadini attraverso le procedure democratiche. Piuttosto le politiche europee, che condizionano quelle statali, appaiono, in tanti casi, espressione delle scelte operate dai tecnici di Bruxelles e dei meccanismi giuridici, dotati di interni automatismi (come quelli che riguardano il controllo del deficit e del debito pubblico), dando luogo al pericolo di una prevalenza della tecnocrazia sulla democrazia.

Il *deficit* di democrazia si è aggravato per effetto delle innovazioni introdotte per rispondere alla crisi dei debiti sovrani. Infatti, per accedere ai fondi istituiti per salvare gli Stati che correvano il rischio della bancarotta, l'erogazione dell'aiuto è stata subordinata all'attuazione di programmi diretti a rimettere in ordine i conti pubblici. Pertanto gli Stati debitori (Grecia, Spagna, Portogallo) hanno dovuto seguire politiche di austerità – che inevitabilmente comportano elevati costi sociali – sostanzialmente decise al di fuori del circuito della democrazia nazionale da parte di istituzioni europee, in cui contavano soprattutto le volontà di quegli Stati con finanze pubbliche sane, che dovevano erogare gli aiuti (gli Stati creditori), ed in particolare della Germania. Anche Paesi come l'Italia, in cui la crisi del debito non è stata così grave da richiedere l'aiuto finanziario dei cosiddetti "fondi salva Stati", sono stati sottoposti a politiche di forte rigore finanziario, imposte dalla nuova *governance* economica europea e dal *Fiscal compact*.

La conseguenza è che i cittadini degli Stati in difficoltà finanziaria hanno dovuto sopportare i sacrifici derivanti dalle politiche di austerità, che sono apparse come politiche decise dagli Stati creditori, al di fuori del circuito democratico. Ma anche i cittadini degli Stati creditori, che hanno dovuto sopportare gli oneri finanziari degli aiuti ai Paesi in difficoltà, hanno percepito di dovere subire le conseguenze delle politiche di lassismo finanziario che sarebbero state seguite da questi ultimi.

Per queste ragioni l'UE si trova davanti a un bivio. O ritornare indietro, restituendo agli Stati nazionali una parte delle competenze perdute – soprattutto in materia di politica monetaria, del tasso di cambio e di politica economica – oppure procedere avanti lungo la strada dell'integrazione. La prima prospettiva è quella adottata dai partiti populisti ed euroscettici che, in numerosi Paesi – dalla Francia all'Italia, al Regno Unito – hanno ottenuto consistenti successi nelle elezioni per il rinnovo del Parlamento europeo della primavera 2014.

Le stesse elezioni hanno visto, però, un'altra novità importante, che spinge verso un approfondimento del processo d'integrazione europea e verso un recupero della politica democratica rispetto alla dimensione tecnocratica. In queste elezioni i partiti hanno proposto direttamente agli elettori di tutti i Paesi europei un candidato alla carica di Presidente della Commissione.

La competizione elettorale ha visto il confronto tra i candidati delle due principali famiglie politiche europee, quella popolare e quella socialdemocratica. Il candidato della prima era Juncker, quello della seconda Schulz. I risultati elettorali, com'era prevedibile, non hanno dato a nessuna famiglia politica la maggioranza dei seggi parlamentari, rendendo necessaria la formazione di una coalizione, con la collaborazione tra popolari e socialdemocratici, per la scelta del Presidente della Commissione (Juncker) e per la direzione politica del Parlamento europeo.

La prassi è stata abbandonata con le elezioni del 2019, a seguito delle quali è stata formata la Commissione presieduta da Ursula von der Leyen.

✓ LA CRISI GRECA E IL *REFERENDUM* SUL PROGRAMMA DI AUSTERITÀ DEL 2015

La questione democratica è riesplosa con forza nel corso del 2015, quando ha vinto le elezioni in Grecia un partito di sinistra radicale (Syriza), contestando le politiche di austerità imposte dall'UE. È stato formato un Governo, guidato dal Premier Tsipras, con l'appoggio parlamentare anche delle altre forze contrarie alle politiche di austerità. Il Governo greco ha avviato un duro negoziato con le istituzioni europee per accedere ad un terzo programma di aiuti finanziari, al fine di evitare il rischio – fortissimo – dell'insolvenza dello Stato, incapace di rimborsare i debiti. Il programma prevedeva importanti riforme strutturali e la continuazione del rigore finanziario. Questi profili apparivano in contrasto con le promesse elettorali di Syriza: pertanto si sono sprigionate forti tensioni politiche: il programma delle istituzioni europee cui era subordinato l'accesso agli aiuti finanziari veniva sottoposto, in Grecia, ad un *referendum*, in cui sono prevalsi i voti contrari al nuovo programma.
Non aderire al programma avrebbe significato per la Grecia l'uscita dall'eurozona (c.d. *Grexit*) e il ritorno alla moneta nazionale (la dracma). Questo, secondo l'opinione prevalente presso gli economisti, avrebbe comportato conseguenze devastanti per l'economia greca, con instabilità monetaria, iperinflazione, crollo del potere d'acquisto di salari e pensioni, fallimento delle banche e vanificazione dei risparmi, e così via. L'altro scenario si basava, invece, sulla ripresa del negoziato con le istituzioni europee, restaurando il rapporto di fiducia con gli altri Stati dell'Eurozona, ma non rispettando le indicazioni democraticamente espresse dal corpo elettorale greco. Per evitare il fallimento dello Stato e l'uscita dall'euro della Grecia, il *premier* Tsipras ha scelto questa seconda strada.

L'appartenenza all'Eurozona si basa sulla fiducia reciproca degli Stati, ognuno dei quali deve avere la ragionevole aspettativa che gli altri adempiranno lealmente i loro doveri. Nella vicenda greca questa fiducia è stata scossa in profondità. Da un lato la Grecia era accusata dagli Stati creditori (che avevano finanziato i primi due programmi di aiuti), prima di avere truccato i bilanci creando un debito pubblico enorme, poi di non voler fare i necessari sacrifici, preferendo godere di aiuti il cui peso finanziario ricadeva sulle spalle dei contribuenti di altri Paesi. Di contro, i popoli, come quello greco, che hanno sofferto le conseguenze pesantissime di una politica di austerità che ha falcidiato i loro redditi, hanno perso fiducia negli altri Stati accusati di voler punire il popolo greco.

Il principio democratico, dunque, è sottoposto a forti tensioni nel sistema di governo multilivello europeo. Da qui due diverse prospettive politiche istituzionali che si stanno fronteggiando nei tempi presenti. Da una parte, c'è chi preme per restituire allo Stato nazionale quote di sovranità e di competenze (per esempio in materia di politica monetaria), attualmente attribuite all'UE. Questa prospettiva si basa sul presupposto che il principio democratico possa operare esclusivamente a livello nazionale dove gli elettori possono controllare i governanti. È la prospettiva alimentata da tanti movimenti populisti e antieuropei che, negli anni della crisi, si sono affermati in tutti i Paesi europei. Dall'altra parte, invece, c'è chi invoca un approfondimento dell'integrazione europea, rafforzando il processo di trasferimento di poteri dal livello nazionale a quello europeo, e di conseguenza si chiede che l'UE sia dotata degli strumenti per seguire una propria politica economica, e in particolare di un'adeguata capacità di bilancio (cioè un bilancio dotato di risorse assai più ingenti delle attuali e sottoposto alle scelte delle istituzioni europee). Il che significa però rafforzare anche il principio democratico, il ruolo del Parlamento europeo ed i suoi rapporti con i Parlamenti nazionali.

✓ LA CRISI BRITANNICA E LA *BREXIT*

Il 23 giugno 2016 in Gran Bretagna si è tenuto un *referendum* sulla permanenza della stessa nell'Unione europea. La maggioranza degli elettori britannici si è espressa a favore del recesso dall'Unione, i cui membri quindi scendono a ventisette.
Sulla base dei risultati del *referendum* il Governo inglese ha dovuto azionare l'art. 50 del Trattato sull'Unione europea, secondo cui ogni Stato membro può decidere di recedere dall'Unione. Questa decisione è stata notificata al Consiglio europeo. Alla luce degli orientamenti formulati dal Consiglio europeo, l'Unione ha iniziato i negoziati in vista di un accordo sulle modalità del recesso del Regno Unito, che deve definire anche il quadro delle future relazioni con l'Unione. Esso è stato adottato nel dicembre del 2020.

Nel maggio del 2019 le elezioni del Parlamento europeo hanno confermato la crescita dei partiti populisti e critici nei confronti dell'Europa (soprattutto in Italia e nei Paesi dell'Est); tuttavia la maggioranza del Parlamento è rimasta caratterizzata da forze favorevoli all'integrazione europea, che sono composte dalla famiglia dei partiti popolari e dalla famiglia dei partiti socialdemocratici (che hanno subito significative perdite di consenso) cui si sono aggiunti i gruppi della famiglia liberale e i verdi. La tendenza, che sembra rispecchiata anche nelle elezioni nazionali, è che le divisioni politiche tradizionali, basate sulla contrapposizione destra-sinistra, stiano perdendo di importanza a favore di linee di divisioni basate soprattutto su fattori culturali, come quelle che oppongono i fautori di una "società aperta" ai fautori di un ritorno al nazionalismo e alla "tradizione".

test **on-line**

7.7. *L'Unione europea e la pandemia*

Le politiche sanitarie adottate per contrastare la pandemia da Covid-19 ⓬ (diffusasi nei primi mesi del 2020 e proseguita nell'anno successivo) hanno provocato una grave crisi economica determinata dal blocco delle attività economiche. L'Unione europea ha reagito ricorrendo a diversi strumenti:

a) innanzitutto, al fine di assicurare agli Stati membri il necessario spazio di manovra di bilancio per contrastare le conseguenze sanitarie ed economica della Pandemia da Covid-19, la Commissione europea ha disposto l'applicazione della clausola (General Escape Clause) del Patto di Stabilità e Crescita che in circostanze eccezionali consente in sostanza di sospendere il Patto e i vincoli alle politiche fiscali degli Stati. Per consentire il finanziamento delle imprese, sono state temporaneamente sospese anche le regole sugli aiuti di Stato, sostituite con una disciplina transitoria;

b) l'aumento vertiginoso della spesa pubblica, finanziata con il debito, ha potuto contare sul *ruolo attivo della BCE* che ha proseguito con le sue politiche "non convenzionali" acquistando il debito emesso dagli Stati e perciò fornendo loro le risorse necessarie e evitando un'impennata dei tassi di interesse. In particolare, la BCE ha lanciato un nuovo programma di acquisto di titoli pubblici e privati (*Pandemic Emergency Purchase Programme, PEPP*), che nel giugno 2020 aveva già raggiunto il livello di 1350 miliardi di euro. L'incremento notevole del debito – determinato dalla crescita della spesa pubblica diretta a fronteggiare la crisi economica – non si è accompagnato ad un rialzo significativo dei tassi di interesse né, a differenza di quanto avvenuto nel corso della crisi finanziaria del 2011, ci sono stati timori sulla solvibilità degli Stati. Ciò grazie ai massicci acquisti di titoli di Stato da parte dell'Eurosistema (nel 2020 sono stati acquistati 175 miliardi di euro di titoli italiani nel mercato secondario) ed agli altri interventi di solidarietà dell'Unione (in particolare con NGEU, di cui ora si dirà);

c) inoltre, è stato introdotto uno schema europeo di assicurazione contro la disoccupazione, denominato *SURE (Support to mitigate Unemployment Risks in an Emergency)*. Si tratta di uno strumento temporaneo per sostenere gli Stati membri per proteggere i lavoratori contro il rischio di disoccupazione, e che consiste nell'erogazione di prestiti, finanziati dall'UE grazie all'emissione di un proprio debito pubblico, e che ha una dotazione iniziale di 100 milioni di euro.

Ma la principale risposta dell'UE alla gravissima crisi economica provocata dal Covid-19 è stata l'adozione, a seguito di un travagliato processo decisionale, di un nuovo strumento: **Next Generation EU (NGEU)**, la cui fonte normativa si trova essenzialmente nel regolamento UE 2021/241. Esso mette a disposizione degli Stati membri un ingente quantitativo di risorse finanziarie (750 miliardi di euro) sotto forma di trasferimenti finanziari (*grants* pari a 390 miliardi) e di prestiti a tassi estremamente convenienti (*loans* pari a 360 miliardi di euro), durante il periodo 2021-2026 (più precisamente gli impegni giuridici devono essere contratti entro il 31 dicembre 2023 e i pagamenti effettuati entro il 31 dicembre 2026). La gran parte di queste risorse sono previste in un fondo di nuova istituzione (il *Recovery and Resilience Facility, RRF*, dotato di 672,5 miliardi di euro), mentre altri gravano su altri programmi presenti nel bilancio pluriennale dell'UE (il *Quadro finanziario pluriennale*).

Con *Next Generation EU* è stato previsto di incrementare il bilancio della UE per l'importo di 750 miliardi di euro a prezzi costanti 2018, tramite nuovi finanziamenti che sono convogliati agli Stati membri. Per raccogliere le risorse finanziarie necessarie l'UE emette propri titoli di debito pubblico, cioè si finanzia sui mercati finanziari internazionali a condizione molto vantaggiose (trattandosi di un debitore certamente solvibile) e poi trasferisce queste risorse agli Stati, in parte come prestiti in parte come trasferimenti puri e semplici. I prestiti contratti dall'UE, con l'emissione del debito, sono poi rimborsati secondo un calendario in modo da ridurre costantemente le passività entro il 31 dicembre 2058.

✓ IL PIANO PER LA RIPRESA E LA RESILIENZA (PNRR)

La *condizione* per accedere a queste risorse è che ciascuno Stato predisponga un proprio **Piano per la ripresa e la resilienza (PNRR)**, che indica gli *investimenti* e le *riforme* da attuare secondo uno specifico *cronoprogramma*. Quindi non solo investimenti ma anche riforme, ritenute necessarie per assicurare la resilienza (cioè la capacità di affrontare le crisi e di superarle) economica e sociale dello Stato membro, la creazione di posti di lavoro e il rafforzamento del suo potenziale di crescita. Il Piano di ciascun Paese – presentato entro il 30 aprile 2021 – è valutato dalla Commissione alla luce di tali obiettivi e delle raccomandazioni specifiche per ciascun Paese adottate nell'ambito del semestre europeo. Inoltre anche l'effettivo contributo alla transizione verde e digitale costituisce una condizione per ottenere una valutazione positiva. A questo riguardo è precisato che una quota importante delle risorse ricevute sia destinata alla transizione verde (almeno il 37%) e digitale (almeno il 20%). Nell'elaborazione del Piano, inoltre, gli Stati hanno dovuto seguire delle *linee guida* elaborate dalla Commissione. La valutazione finale della Commissione deve poi essere approvata dal Consiglio, a maggioranza qualificata, su proposta della stessa Commissione. L'erogazione dei finanziamenti avviene secondo precise cadenze ed è subordinata all'adempimento delle obbligazioni assunte da parte dello Stato. Qualora uno o più Stati membri ritengano sussistenti gravi scostamenti dal soddisfacente conseguimento dei pertinenti target intermedi e finali, essi possono chiedere al Presidente del Consiglio europeo di rinviare la questione al successivo Consiglio europeo (il cosiddetto *freno di emergenza*).

Il PNRR, come tutti gli strumenti di assistenza finanziaria (quali il MES), è sottoposto ad una forma di *condizionalità*, ma in questo caso la condizionalità non è finalizzata a realizzare la sostenibilità delle finanze pubbliche, quanto piuttosto a realizzare la ripresa, a rendere l'economia dello Stato membro resiliente e realizzare obiettivi occupazionali e sociali.

Ma dopo essersi procurata sui mercati una mole così ingente di risorse, come farà la UE e rimborsare i creditori? Anche a questo riguardo sono introdotti nuovi meccanismi, che potranno avere conseguenze durature sulla *governance economica* dell'Unione.

✓ LA DISCIPLINA DEL BILANCIO DELL'UE

Il TFUE (art. 311) attribuisce all'UE il potere di provvedere con propri mezzi a finanziare le sue spese. La predisposizione del quadro pluriennale delle entrate e delle spese richiede l'adozione di due atti distinti: la *Decisione sulle risorse proprie* e il *Quadro finanziario pluriennale* (QFP). La prima stabilisce le categorie di risorse proprie dell'UE e i contributi finanziari che essa può chiedere agli Stati per finanziare i suoi programmi (sono espressi in termini di percentuale del Reddito nazionale lordo: RNL). Tale decisione è adottata dal Consiglio all'unanimità, previa consultazione del Parlamento europeo, e deve essere approvata dagli Stati membri in conformità alle rispettive discipline costituzionali. Il Quadro finanziario pluriennale è adottato dal Consiglio dell'Unione ed ha la forma del regolamento. Il Consiglio delibera all'unanimità, previa approvazione del Parlamento europeo, che si pronuncia a maggioranza dei membri che lo compongono. Il QFP stabilisce gli importi massimi annui degli stanziamenti per impegni e pagamenti per categorie di spese per un periodo attualmente stabilito in sette anni ed entro i limiti delle risorse proprie. Il bilancio annuale è approvato nel rispetto del QFP ed è soggetto al vincolo del pareggio, con la conseguenza che le entrate annuali devono coprire completamente le spese annuali.

Fino all'adozione di NGEU le risorse proprie sono state rappresentate da: 1) i dazi doganali, pari a circa il 16% delle entrate del bilancio; 2) una percentuale del gettito dell'IVA riscossa negli Stati membri, pari a circa il 12% delle entrate; 3) i contributi versati da ciascuno Stato membro, sulla base di un tasso uniforme proporzionale al reddito nazionale di ciascuno Stato membro. Quindi, fino alle innovazioni introdotte nel 2020, il bilancio dell'UE era di dimensioni piuttosto contenute, pari a circa l'1% del Prodotto Interno Lordo europeo ed era alimentato prevalentemente dai contributi finanziari degli Stati membri. Pertanto, l'Unione non aveva una sua propria *capacità fiscale*, cioè il potere di decidere delle proprie entrate, ricorrendo a tributi propri e all'emissione di propri titoli di debito pubblico e, parallelamente, di stabilire propri programmi di spesa. Perciò la politica fiscale è rimasta nelle mani degli Stati: l'Unione si è limitata ad adottare una disciplina di bilancio che ha circoscritto l'autonomia finanziaria degli Stati con l'obiettivo di assicurare la sostenibilità delle finanze pubbliche.

Con l'adozione di NGEU, questo quadro ha subito profonde modifiche: a) la dimensione del bilancio europeo è stata aumentata considerevolmente; b) l'aumento è stato finanziato grazie all'emissione di titoli di debito pubblico europeo, che hanno consentito di reperire le risorse da trasferire agli Stati secondo dei criteri che attribuiscono una quota maggiore di risorse agli Stati maggiormente colpiti dalla crisi economica determinata dalla crisi sanitaria; c) i debiti contratti sono debiti dell'Unione, non degli Stati membri, ma la Commissione può chiedere contribuzioni addizionali agli Stati qualora gli attivi di bilancio dovessero risultare insufficienti; d) si introduce una forma di *solidarietà finanziaria* tra gli Stati, perché si emette un debito europeo, che servirà a finanziare gli Stati secondo i loro differenti bisogni; per il rimborso di questo debito gli Stati potranno essere chiamati a versare dei contributi aggiuntivi indipendentemente da quante risorse essi hanno ricevuto dal bilancio europeo.

✓ I NUOVI TRIBUTI EUROPEI

A completare il quadro c'è una nuova Decisione sulle risorse proprie, che comporta il ricorso a un debito pubblico europeo, e la proposta di introduzione di veri e propri tributi europei, il cui gettito dovrebbe servire a ripagare il debito.

In particolare, la Commissione ha proposto l'introduzione di: a) un'imposta sulle operazioni delle imprese che traggono rilevanti benefici dal mercato unico europeo; b) un'imposta sulle imprese digitali con un fatturato globale superiore ai 750 milioni di euro; c) l'estensione ai settori marittimo e aereonautico del sistema per lo scambio delle quote di emissioni; d) un meccanismo di aggiustamento del carbonio alla frontiera, cioè l'introduzione di dazi alle importazioni finalizzati alla penalizzazione dei Paesi che non prevedono meccanismi efficaci di contenimento delle emissioni di gas a effetto serra, che provocano l'innalzamento della temperatura del Pianeta.

Per il momento le innovazioni introdotte sono circoscritte temporalmente alla durata di NGEU, ma se, come alcuni auspicano, dovessero stabilizzarsi si avrebbero conseguenze di grande rilevanza per l'UE e il suo rapporto con gli Stati membri. L'Unione acquisirebbe una sua propria *capacità fiscale*, alimentata da tasse proprie e da titoli di debito europeo, con cui finanziare alcune spese in vista della determinazione di specifici obiettivi politici transnazionali, come, nel caso di NGEU, la tutela dell'ambiente, la lotta ai cambiamenti climatici, la digitalizzazione dell'economia e l'inclusione sociale.

La capacità fiscale comporta, inoltre, la possibilità di destinare in modo selettivo certe risorse ai Paesi che devono affrontare specifici problemi – come per esempio una grave crisi economica che li riguarda (gli economisti parlano di *shock asimmetrici* perché colpiscono alcuni Paesi e non altri) – rafforzando la solidarietà tra gli Stati; e infine permette di finanziare determinate competenze dirette alla produzione e alla tutela di beni pubblici europei (per esempio, con la creazione di una difesa comune, oppure attraverso la previsione di nuove competenze in campo sanitario dirette a contrastare rischi globali come le epidemie). Si tratta pertanto di innovazioni che segnano un maggior livello di integrazione e dimostrano come l'Europa nella sua storia è progredita proprio in occasione delle crisi che ha attraversato.

III. LA COSTITUZIONE

1. SIGNIFICATI DI "COSTITUZIONE"

Il termine "**costituzione**" è impiegato nel linguaggio dei giuristi con significati notevolmente diversi.

α) In un primo uso, "costituzione" indica gli elementi che caratterizzano un determinato sistema politico, così come esso *di fatto* è organizzato e funziona. Il termine è quindi usato in funzione *descrittiva*, per riassumere i "tratti somatici" che caratterizzano questi sistemi politici, il loro DNA: il modo in cui essi organizzano il potere, la sua distribuzione tra organi diversi o tra centro e periferia, i rapporti che sono istituiti tra il Palazzo e i cittadini, il ruolo e le garanzie assicurati a questi ultimi, i modi in cui si producono regole vincolanti l'intera comunità, ecc.

Assumendo questo punto di vista, si può ben dire allora che «ogni società ha una costituzione. È come dire "ogni vertebrato ha una colonna vertebrale"» [1]. Significa che si può parlare della "costituzione" di qualsiasi sistema politico, antico o moderno, sia o meno dotato di un documento solenne scritto e riconosciuto come *la* Costituzione. Si può parlare quindi della costituzione della Repubblica romana, dell'Egitto dei faraoni o della Unione europea.

Non solo dei sistemi politici, ma si potrebbe descrivere la costituzione di ogni formazione sociale, anche delle più semplici. In alcune esiste, del resto, anche un documento solenne che racchiude le regole di base, come l'atto costitutivo di una società commerciale o lo statuto di una associazione privata. In altre ciò non avviene, almeno di solito. Sarebbe davvero sorprendente (e piuttosto preoccupante) se una famiglia fosse dotata di un documento solenne che si preoccupa di fissare i procedimenti per decidere cosa si mangia a pranzo o come ci si regola per il *week-end*. Eppure questi procedimenti esistono, sono abbastanza differenziati: decidere se la fami-

---

[1] Con questa affermazione si apre un libro molto noto sull'interpretazione costituzionale: P. BOBBIT, *Constitutional Interpretation*, Blackwell, Oxford-Cambridge, Mass., 1991.

glia deve trasferirsi in un'altra città comporta procedimenti che saranno certamente diversi dalla scelta del menu quotidiano. Anche nelle famiglie più dispotiche le procedure decisionali conoscono un minimo di complessità; in fondo, accusarne il "dispotismo" sarebbe comunque parlare della loro "costituzione".

La costanza dei meccanismi attraverso cui si prendono le decisioni più importanti, una certa prevedibilità dei comportamenti e del modo di funzionare di essi, la loro relativa immodificabilità, sono condizioni implicite nell'idea stessa di costituzione. Sistemi complessi come gli Stati moderni non possono reggere senza queste condizioni, esattamente come organismi complessi quali i vertebrati non possono reggersi senza la loro colonna. Ciò spiega perché gli autori antichi, sino almeno a Montesquieu, fossero propensi a guardare alla costituzione di un paese come a un "dato" che sta alla pari delle condizioni fisiche e climatiche del suo territorio. E anche Tocqueville, che pure aveva conosciuto le vicende delle costituzioni "rivoluzionarie" in America e in Europa, manteneva fermo uno stretto rapporto tra costituzione e costumi sociali, così che fosse chiaro come la costituzione non può mai essere una costruzione del tutto artificiale, inventata o variata con ritmi diversi da quelli, assai lenti a maturare, delle tradizioni e dei valori di una società.

La costituzione, dunque, rappresenta fibre e umori profondi, in qualche misura incontrollabili, di un sistema sociale. Per questo non si può comprendere ciò che accade in quel sistema senza la conoscenza analitica della sua costituzione. Il significato di un'orazione di Cicerone o di un gesto di Cesare dipende dalla conoscenza della costituzione romana tanto quanto una decisione razionale su un investimento finanziario è influenzata dalla conoscenza dei meccanismi costituzionali del paese in cui si intende investire.

β) Nessun vertebrato però (neppure l'uomo, che è tutto dire) si è mai immolato sulle barricate invocando la propria colonna vertebrale. Invocando la Costituzione sì. Perché vi è un altro significato in cui la parola "costituzione" è usata dai "moderni": la Costituzione come *manifesto politico*. Negli ultimi duecento anni, essa è stata assai spesso lanciata come un grido di battaglia, una parola d'ordine carica di valori politici e di implicazioni rivoluzionarie. Le costituzioni venivano richieste e concesse a furor di popolo, negate e ritrattate dalle baionette dei gendarmi, riaffermate e nuovamente imposte dalla sommossa della folla inferocita.

Anche dopo il tramonto della fase romantica delle insurrezioni liberali, tutte le più importanti stagioni della progettazione costituzionale hanno coinciso con i grandi sommovimenti politici. È naturale che sia così, perché le fratture provocate da eventi storici come la rivoluzione francese, i moti del '48, la fine delle due guerre mondiali e, da ultimo, il crollo dell'impero sovietico, impongono a tutti i paesi coinvolti di riformulare su basi nuove le regole della convivenza sociale. Ognuno di questi grandi accadimenti storici (e i molti altri che toccano i singoli Stati) si chiude aprendo il processo costituente: e i temi o i problemi che hanno portato alle lotte laceranti appena sopite cercano una conferma o una risposta nella nuova Costituzione. Sono le lacrime e il sangue del popolo che hanno cementato i muri maestri della Costituzione italiana, scriveva Piero Calamandrei.

La Costituzione così intesa non è un "dato", non è lo scheletro politico della società: è un documento, *il* documento fondamentale che segna il trionfo di un ideale, sancisce la vittoria di una visione tutta politica dell'organizzazione sociale e della sua forma istituzionale. È un documento solenne proiettato al futuro, pieno di promesse di cambiamento, di programmi e di speranze, con l'indicazione delle soluzioni istituzionali necessarie alla realizzazione degli obiettivi voluti. Gli obiettivi cambiano, è ovvio, ma ogni Costituzione moderna, da quella americana in poi, è tutta rivolta al perseguimento di grandi obiettivi.

✓ IL PREAMBOLO DELLA COSTITUZIONE AMERICANA

Il celebre preambolo alla Costituzione americana del 1787 inizia così "Noi, popolo degli Stati Uniti, al fine di perfezionare la nostra Unione, garantire la giustizia, assicurare la tranquillità all'interno, provvedere alla difesa comune, promuovere il benessere generale, salvaguardare per noi e per i nostri posteri il bene della libertà, poniamo in essere questa Costituzione quale ordinamento per gli Stati Uniti d'America" [2].

INTERNET Il testo della Costituzione americana e degli emendamenti, illustrati da note storiche ed esplicative e da indicazioni sull'applicazione fatta dalla Corte Suprema si può leggere in siti come www.constitution.org/cons/constitu.htm.

Anche la nostra Costituzione, che pure non contiene **preamboli**, è piena di programmi ed enunciazioni di valore. Che altro significa, in fondo, "*l'Italia è una repubblica democratica, fondata sul lavoro*" (art. 1 Cost.)?

γ) Eppure sono centinaia, ogni giorno, le occasioni in cui i giudici, di ogni ordine e grado, devono fare i conti con la Costituzione. Appellandosi a essa, gli avvocati non intendono descrivere l'ossatura del nostro paese e nemmeno far uso della loro conclamata abilità retorica per commuovere i giudici con il richiamo ai valori supremi della convivenza civile. Se fosse a questi due significati di "costituzione" che essi sono costretti a fare appello, vorrebbe dire che l'arsenale delle loro argomentazioni si è davvero esaurito. Il fatto è che la Costituzione è *anche* un *testo normativo*, una *fonte del diritto* (la più importante delle fonti, anzi: → § IX.1) da cui derivano diritti e doveri, obblighi e divieti giuridici, attribuzione di poteri e regole per il loro esercizio. È questa la Costituzione che applicano i giudici e a cui noi tutti facciamo richiamo quando rivendichiamo i nostri diritti fondamentali o quando commentiamo i gesti dei protagonisti della vita politica. L'esempio raccontato qui accanto può chiarire in quali modi la Costituzione operi come testo normativo.

---

[2] La traduzione è tratta da SACERDOTI, MARIANI, REPOSO, PATRONO, *Guida alla Costituzione degli Stati Uniti d'America*, Sansoni, Firenze, 1991.

✓ IL CASO: IL PROFESSORE DI GINNASTICA E LA LIBERTÀ DI COSCIENZA

Un giovane insegnante di ginnastica viene licenziato dalla scuola cattolica in cui lavora perché si è sposato con il rito civile. Impugna il licenziamento e la questione va fino in Corte di cassazione, il giudice supremo del nostro ordinamento, che gli dà ragione. La Cassazione ha usato infatti la Costituzione. Una *legge ordinaria* consente alle c.d. "organizzazioni di tendenza" (scuole confessionali, movimenti politici, giornali di partito, ecc.) di licenziare i dipendenti che tengano comportamenti incompatibili con l'ideologia professata dall'organizzazione (sul tema → § XIII.5.5.1✓): e, si dice, questo trattamento privilegiato del datore di lavoro confessionale è giustificabile perché è un modo di rendere efficace quel pluralismo religioso e ideologico che la stessa Costituzione riconosce e tutela. Insomma, di fronte all'importanza costituzionale che assumono le organizzazioni sociali attraverso le quali il pluralismo si alimenta, si può anche ammettere qualche deroga alla tutela del diritto al lavoro, che è esso stesso molto solennemente riconosciuto dalla Costituzione (art. 4). Ma la Cassazione ha ritenuto che gli atti della vita privata di un professore che insegna ginnastica non possono incidere sulla linea ideologica dell'insegnamento scolastico al punto di giustificare una drastica lesione del suo diritto al lavoro. La Cassazione non ha fatto altro che interpretare la legge nel modo più conforme alla Costituzione, annullando di conseguenza un atto tra privati quale è il licenziamento. Se la lettera della legge non avesse consentito questa **interpretazione adeguatrice**, capace di riportarne il significato ad un livello accettabile di compatibilità con la Costituzione, la Cassazione avrebbe avuto un'altra possibilità. Avrebbe potuto chiedere alla Corte costituzionale di dichiarare la legge *illegittima*, per contrasto con la Costituzione (→ § XII.3.6.3).

INTERNET L'accesso all'archivio della giurisprudenza della Corte di cassazione è sottoposto ad abbonamento: per informazioni www.cortedicassazione.it, in cui si possono anche trovare, gratuitamente, le ultime novità della giurisprudenza della Cassazione.

In conclusione, si può aggiungere una considerazione sugli usi del termine "costituzione".

È usato in senso *descrittivo* soprattutto dai sociologi e dai politologi: essi sono interessati a come un sistema politico concretamente vive, piuttosto che alle sue premesse normative, le quali possono essere *uno* dei fattori che induce un sistema a funzionare in una certa maniera, ma sicuramente non l'unico e, forse, neppure quello più importante. Rispetto ai dati normativi, alla Costituzione come *testo normativo*, essi assumono in genere un atteggiamento "esterno": non cercano di entrare nella logica di essi, per capire le regole che ne derivano, ma li trattano come uno dei fattori che creano aspettative sul funzionamento delle istituzioni (ma la stessa nozione di "istituzione" può essere allargata sino a comprendervi, per esempio, i sindacati o i gruppi di pressione economica) e forse, in certa misura, lo condiziona realmente. Compromettono però il loro atteggiamento "esterno" quando si lasciano andare a proposte di riforma delle regole costituzionali, perché è naturale che a essi manchi una completa consapevolezza del legame che intercorre tra ciò che il testo dice, il significato che gli è attribuito, il combinarsi sistematico delle diverse regole e gli effetti prodotti da esse. Spesso perciò le loro proposte di riforma delle istituzioni appaiono ai giuristi un po' troppo *naïf*.

Alla Costituzione come *manifesto politico* guardano soprattutto gli storici e i filosofi, che sono particolarmente interessati a comprendere la genesi di un documento così significativo per la storia e il pensiero politico. Interessa perciò loro soprattutto ricostruire gli eventi politici e le idee che hanno ispirato i "padri" del testo costituzionale, ambientarli nel loro contesto, seguirne l'evoluzione e i cambiamenti che sono intervenuti in seguito.

I giuristi ovviamente guardano alla Costituzione come ad un *testo normativo*. Non serve a loro per *spiegare* un sistema politico o la sua origine storico-filosofica, ma per *decidere* se un determinato atto o comportamento sia conforme o difforme rispetto alla Costituzione, se sia qualificabile come *legittimo* o meno. Ma, per usare un testo come premessa di una decisione, bisogna prima interpretarlo (→ § VIII.5), cioè attribuire alle sue formulazioni scritte un significato utile alla qualificazione dello specifico atto o comportamento che si deve giudicare. Nell'opera di interpretazione, anche la descrizione del funzionamento concreto del sistema e la ricostruzione della sua genesi storica possono fornire informazioni molto utili. Ma talvolta il giurista è indotto a confondere il suo ruolo con quello del politologo o dello storico, ingenerando un'intollerabile confusione: la confusione tra ciò che *è* il sistema politico e ciò che *deve essere* il comportamento dei suoi attori, cioè tra la *descrizione* del sistema e la *prescrizione*, la norma contenuta in Costituzione; oppure, non meno insidiosa, la confusione tra ciò che il testo costituzionale è "oggettivamente" capace di esprimere oggi e ciò che i costituenti avrebbero avuto allora in mente di dire. La confusione tra i diversi significati di "costituzione" è un problema metodologico centrale nell'interpretazione costituzionale (in questo volume esso costituisce uno dei fili rossi che legano insieme le singole parti e verrà segnato con ❽).

2. Potere costituente e poteri costituiti

Se tutti i sistemi politici hanno una costituzione in senso descrittivo, non tutti hanno anche *un* testo normativo chiamato Costituzione. La Costituzione come documento scritto è un fenomeno relativamente recente, frutto di un movimento filosofico e politico, il "costituzionalismo" appunto, che fece della Costituzione scritta un obiettivo irrinunciabile, sinonimo di libertà. La Costituzione come "manifesto politico" e la Costituzione come "testo normativo" nascono quindi insieme: il "testo" è la traduzione in regole giuridiche del "manifesto".

✓ COSTITUZIONI SCRITTE E COSTITUZIONI NON SCRITTE

Non tutti i paesi moderni hanno una Costituzione scritta. Anzi, paradossalmente, tra i paesi privi di una Costituzione scritta, si annovera di solito anche il Regno Unito, alla cui "costituzione" invece si è sempre dichiaratamente ispirato il costituzionalismo moderno. Il fatto è che nel Regno Unito, grazie alla straordinaria continuità della sua storia politica, si è compiuta nel corso dei secoli una stratificazione di regole e consuetudini che ha stabilizzato l'assetto costituzionale del potere, senza che fosse mai sentita la necessità di emanare *un* atto, *una* Costituzione, che avrebbe anzi potuto turbare questa continuità.
Ciò non significa affatto che in Inghilterra manchino testi costituzionali. Essi furono emanati ogniqualvolta momenti di crisi o di tensione richiedessero una nuova regola costituzionale. A partire dalla *Magna Charta* (1215), con cui Giovanni "Senzaterra", in larga parte confermando regole precedenti, promise ai baroni di non pretendere tributi senza il loro consenso e riconobbe precise garan-

zie della persona e delle proprietà (nei quattro secoli successivi questa "carta" dovette essere confermata per iscritto non meno di 32 volte, segno che i tentativi dei monarchi inglesi di disconoscerla non furono pochi!); per poi continuare con i numerosi *acts* sull'Unione con la Scozia, sulle prerogative parlamentari, sul diritto elettorale e così via, sino alla recente *devolution* alla Scozia.

INTERNET Il testo integrale (ma tradotto in inglese dal latino) della *Magna Charta* si può leggere, assieme a numerosi altri documenti della storia costituzionale inglese, in www.parlalex.it/pagina.asp?id=2808. Una traduzione italiana può trovarsi in www.rivstoricavirt.com/rivstoricavirt_sito/CostMC1215I.html.

Mentre la costituzione in senso descrittivo è lo scheletro di un sistema politico e ne riassume i dati fisiologici, la Costituzione come documento è frutto di un consapevole atto di volontà. È un atto di volontà che segna un momento cruciale nella vita politica di un paese, se è vero che pressoché tutte le costituzioni moderne nascono da profondi sconvolgimenti politici, spesso da vere e proprie rivoluzioni. Attraverso la Costituzione il potere politico tende a consolidarsi, strutturarsi, dotarsi di un insieme di regole fondamentali a cui dovrà soggiacere.

Come si sia instaurato il potere politico, è qualcosa che sta prima del diritto costituzionale: può essere che ciò sia avvenuto con la forza bruta delle armi, o magari attraverso forme quasi legali, sfruttando cioè gli strumenti e i procedimenti già previsti dall'ordinamento passato. Ma per il giurista "positivo", che si occupa cioè del diritto "*posto*", dell'ordinamento *costituito*, la fase storica preliminare alla "*posizione*" del diritto, cioè alla *Costituzione*, importa relativamente. È un sistema politico non ancora consolidato, un ordinamento provvisorio, che vuole uscire da questa condizione precaria proprio con l'emanazione della Costituzione. L'instaurazione dell'ordinamento costituzionale repubblicano in Italia, raccontata qui accanto, è un ottimo esempio di queste vicende.

✓ POTERE COSTITUENTE E POTERE COSTITUITO IN ITALIA

Il regime fascista, instauratosi attraverso una trasformazione graduale e formalmente legale delle istituzioni precedenti (→ § II.1.9), finì con una serie di eventi che spesso sono stati visti come una rottura dell'ordinamento. Il 25 luglio 1943, il Re Vittorio Emanuele III revocò Mussolini dalla carica di Capo del Governo, sostituendolo con il maresciallo Badoglio: forse fu un *colpo di Stato*, perché Mussolini aveva subito sì la "sfiducia" del Gran Consiglio del Fascismo, ma questo dette l'occasione al Re di svincolarsi dalle regole previste dalle leggi fasciste circa la scelta del Capo del Governo. Badoglio poi, attraverso la decretazione d'urgenza (→ § IX.7.1✓), soppresse tutti gli organi istituiti dal fascismo, annunciando l'elezione di una nuova Camera dei deputati entro quattro mesi dalla cessazione dello stato di guerra: il tentativo, più che evidente, era di ristabilire la forma parlamentare della tradizione statutaria prefascista. Furono le forze del C.L.N. (*Comitato di liberazione nazionale*) ad opporsi a questo tentativo, chiedendo, dopo l'armistizio (8 settembre 1943), l'avvio di un nuovo processo costituente. Nell'aprile del 1944, Badoglio e il C.L.N. raggiunsero un'intesa, detta **patto di tregua istituzionale** o ***Patto di Salerno***. In essa si decise di convocare, finita la guerra, un'assemblea costituente, sospendendo sino ad allora la c.d. "**questione istituzionale**", cioè la scelta tra monarchia e repubblica: il Re, troppo compromesso con il fascismo, doveva ritirarsi nominando il figlio Umberto luogotenente. Ciò fu annunciato il 12 aprile 1944 (e attuato dopo la liberazione di Roma: il passaggio dei poteri avvenne il 4 giugno 1944). Nel secondo Governo Badoglio, nominato subito dopo, entrarono gli esponenti politici del C.L.N.: il 18 giugno 1944 si istituì il primo Governo Bo-

nomi, interamente costituito dal C.L.N. Uno dei primi atti del nuovo Governo fu l'emanazione di una **Costituzione provvisoria** che, annunciando l'elezione dell'assemblea costituente a suffragio universale (per la prima volta in Italia anche femminile) e diretto, dettava le regole per la produzione normativa successiva (per indicazioni sulle fonti → § IX.7.1✓).
Dopo la liberazione, il Governo Parri inaugurò una stagione di instabilità politica, dovuta ai contrasti di indirizzo tra le diverse componenti politiche del C.L.N. Sul piano istituzionale, è rilevante l'istituzione della **Consulta nazionale**, organo consultivo del Governo i cui membri erano designati dai maggiori partiti politici. È di questo periodo la legislazione preparatoria del processo costituente (legge elettorale proporzionale per l'elezione dell'Assemblea costituente e norme per il suo funzionamento; la disciplina del ***referendum*** **istituzionale** e dei suoi esiti). Da notare che l'Assemblea costituente assumeva anche funzioni tipicamente parlamentari, poiché ad essa rispondeva il Governo ed essa approvava le leggi di maggior significato istituzionale (mentre il restante potere legislativo restava delegato al Governo: → § IX.7.1✓); inoltre, contro quanto stabilito in precedenza, la scelta tra monarchia e repubblica veniva affidata al corpo elettorale (e non più all'Assemblea costituente), restando fermo che la luogotenenza sarebbe durata sino a quando la nuova Costituzione non fosse entrata in vigore. Nel marzo 1946 si ebbero le prime elezioni libere, per i consigli comunali. Il 10 maggio 1946, alla vigilia delle votazioni per il *referendum* e per l'Assemblea costituente, che si tennero il 2 giugno 1946, il Re, contravvenendo ai patti, nel disperato tentativo di separare le proprie responsabilità per l'avvento del fascismo da quelle della Corona, abdicò: Umberto gli succedette, facendo cadere la luogotenenza. Il *referendum* ebbe come esito 12.717.923 voti per la repubblica, 10.719.284 per la monarchia (a lungo i monarchici contestarono la regolarità dei conteggi). Il Presidente del Consiglio dei ministri De Gasperi assunse provvisoriamente il potere di Capo dello Stato (non essendoci più il luogotenente del Re) e il Re, cui si imputava ormai anche di aver violato i patti di tregua istituzionale, lasciò il Paese. Per i risultati dell'elezione per l'Assemblea costituente → § III.7.1✓).

INTERNET Le vicende del periodo transitorio sono ricostruite in molti siti: si segnala per tutti http://it.wikipedia.org/wiki/Periodo_costituzionale_transitorio.

L'emanazione della Costituzione, dunque, segna il passaggio tra due fasi storiche e tra due situazioni giuridiche diverse. Con la Costituzione si esaurisce il *potere costituente* ed inizia il *potere costituito*. Nel linguaggio giuridico, il **potere costituente** è definito come un "potere libero", anzi come "l'*unico* potere libero":

La funzione costituente quindi ha questa caratteristica, unica fra tutte le funzioni, di essere ... del tutto libera nel fine, perché nessuna regola preesistente la vincola. Prima di essa c'è il caos [3].

Il potere costituente è un potere libero perché non è regolato da leggi: è una situazione di fatto in cui non valgono né giudici né legalità, ma solo i rapporti di forza. La rivoluzione, la guerra civile, la caduta di un regime politico e la presa del potere da parte dei suoi oppositori sono le condizioni in cui si esercita il potere costituente. Anche se non è sempre vero che esso sia del tutto privo di vincoli giuridici. L'esito del *referendum istituzionale* del 1946 (si veda la "finestra" precedente), per esempio, poneva un limite preciso alle scelte che l'Assemblea costituente poteva compiere in Italia. Tanto è vero che questo limite si ritrova "trascritto" nell'ultimo articolo della

[3] BARILE, CHELI, GRASSI, *Istituzioni di diritto pubblico*[7], Cedam, Padova, 1995, p. 298.

Costituzione del 1948, in cui, dopo aver disciplinato il procedimento di revisione costituzionale (art. 138: → § IX.1.2), si vieta di modificare, con gli stessi strumenti della revisione costituzionale, la "forma repubblicana": l'Assemblea costituente, vincolata da una decisione del popolo a scrivere una Costituzione repubblicana, non avrebbe potuto consentire che, in seguito, gli organi del "potere costituito" modificassero quella decisione. Qualcuno tra i monarchici aveva immaginato che si potesse aggirare l'ostacolo compiendo due passi: con il primo si sarebbe abrogato l'art. 139, con il secondo si sarebbe potuto poi sostituire legittimamente le istituzioni repubblicane con quelle monarchiche. Ma questo è un ragionamento capzioso e formalistico [4], perché la decisione costituente assunta dal popolo con il *referendum* istituzionale non può essere rinnegata senza rompere la "legalità costituzionale", senza compiere cioè una rivoluzione.

Ma i condizionamenti di cui risente il potere costituente sono di natura essenzialmente politica. Il nuovo regime politico deve infatti ottenere il consenso. Innanzitutto il consenso interno, perché nessun regime politico può durare a lungo con i soli strumenti della coercizione e della violenza. Questo significa che le regole del gioco politico, che si intende introdurre nella Costituzione, devono essere condivise dalla maggioranza – e, possibilmente, da una maggioranza molto larga – delle forze politiche; sempre a condizione che queste stesse forze politiche siano capaci di rappresentare i valori e gli interessi della gran maggioranza della società ❻. Può essere un consenso basato sui valori della democrazia e della rappresentanza, così come può essere un consenso derivante dal carisma del leader o all'investitura religiosa del potere. Non meno importante è poi il consenso esterno, quello degli altri Stati, che si esprime attraverso la pratica del **riconoscimento internazionale**. Attraverso la pratica del riconoscimento internazionale, lo Stato acquisisce l'approvazione degli altri Stati, o quantomeno la constatazione della sua esistenza di fatto come Stato sovrano. Ma il riconoscimento è ancora un atto che deriva da valutazioni essenzialmente politiche, che non incide neppure sulla personalità giuridica dello Stato nel diritto internazionale (questi aspetti vengono studiati nel *Diritto internazionale*). Anche per il diritto internazionale, l'affermarsi e la legittimazione di uno Stato è un fenomeno non spiegabile in termini di diritto: lo Stato si legittima da sé.

✓ KELSEN E IL TEOREMA DI GÖDEL

Hans Kelsen (Praga 1881-Berkley 1973), uno dei "padri" del pensiero giuridico moderno, ha impostato la costruzione della sua celebre "**dottrina pura**" del diritto su questa premessa: un ordinamento giuridico, uno Stato, nasce e s'impone di fatto e le ragioni per cui esso riesce a imporsi e riesce a legittimarsi non sono spiegabili dal diritto. Per questo, la sua dottrina è "pura": perché, volendo essere una dottrina tutta giuridica, deve scegliere di espungere tutte quelle valutazioni storiche, politiche, etiche, ecc., insomma, non giuridiche che spiegano l'affermarsi e la legittimazione di un sistema

[4] "**Formalismo**" denota negativamente un tipo di interpretazione giuridica basata esclusivamente su procedimenti logici e su una buona dose di concettualismo, del tutto scissa perciò dalla realtà: il linguaggio della legge viene ricostruito nel suo "vero" significato e poi se ne deducono le conseguenze logiche.

giuridico, di uno Stato. Perché la gente ubbidisce alle norme di un determinato ordinamento giuridico? A questa domanda si possono dare risposte diverse, ma nessuna è esprimibile nei termini del diritto. Il diritto vede la cosa così: esiste una norma fondamentale (***Grundnorm***) che dice che le norme di quell'ordinamento devono essere rispettate; questa norma giustifica la "validità" (→ § VIII.8.1) di tutte le norme dell'ordinamento, ma non è a sua volta giuridicamente giustificabile. Il giurista la presuppone, ma non se ne occupa: può occuparsi tecnicamente di quell'ordinamento, come giurista, ne condivida o meno le ragioni politiche, storiche, ecc. sulla cui base si legittima; è l'uomo, non il giurista, che deve valutare queste ragioni.
Che si condivida o meno la "dottrina pura" di Kelsen (che è stata oggetto di molte incomprensioni e di altrettante critiche), larghissima parte dei giuristi ne accetta di fatto l'impostazione. Anche perché essa traduce ed applica ai sistemi giuridici il famosissimo *teorema dell'incompiutezza* che Gödel ha enunciato e dimostrato per i sistemi matematici nel 1931: anche il diritto è un sistema formale in cui non è possibile decidere sulla validità di tutte le norme che lo formano senza "uscire" dal diritto stesso e cercare altrove la risposta.

Insomma, il nuovo regime politico per affermarsi deve fornire garanzie, ed il luogo in cui queste garanzie stanno scritte è la Costituzione: uscendo dalla condizione di potere politico "puro" e, attraverso il processo costituente, dotandosi di una Costituzione alle cui regole dichiara di sottoporsi, il nuovo regime si "costituisce" come un ordinamento legittimo. Naturalmente queste regole non possono essere scelte arbitrariamente, ma devono servire da garanzia: garanzia nei confronti delle forze politiche, alle quali deve essere assicurata parità di armi nella lotta politica ed eguale possibilità di giungere al governo del paese; garanzie nei confronti dei cittadini, delle loro libertà, dei loro beni e dei loro diritti di partecipazione alla politica; garanzie nei confronti degli altri Stati, di non aggressività, di rispetto degli impegni internazionali e di stabilità.

Ma quali contenuti debbano avere queste garanzie e in che modo vanno scritte non lo si può dire in astratto. Le costituzioni sono fenomeni storici; ed ognuna guarda al proprio passato cercando di scrivere le regole necessarie a rimediare le cause che hanno prodotto la crisi del vecchio regime, la rottura più o meno traumatica dell'ordinamento e l'instaurazione del nuovo ordine costituzionale. Ed è proprio riflettendo sulle diverse situazioni storiche, che hanno prodotto le costituzioni moderne, che si può cogliere appieno il significato della ripartizione tradizionale tra costituzioni "flessibili" e costituzioni "rigide".

3. Costituzioni "flessibili" e costituzioni "rigide"

3.1. *Definizioni*

La distinzione tra **costituzioni flessibili** e **costituzioni rigide** è generalmente spiegata così: sono *flessibili* le costituzioni che non prevedono un procedimento particolare per la loro modificazione, ma consentono che questa avvenga attraverso la normale attività legislativa; sono *rigide*, invece, quelle che dispongono, per la modificazione del testo costituzionale, un procedimento particolare, più gravoso di quello previsto per la formazione delle leggi ordinarie. Per le prime, in linea di principio, non è prevedibile una forma di controllo giudiziario della corrispondenza delle leggi alla Costituzione, perché, se la legge dispone diversamente, è la Costituzione a cedere, non la legge; per le seconde, cioè per le costituzioni rigide, è normale invece che la prevalenza della Costituzione sulla legge ordinaria sia garantita da un giudice, che ha il compito di non consentire che vengano applicate leggi contrarie alla Costituzione. Le costituzioni flessibili sarebbero le tipiche costituzioni dell''800, quelle gentilmente concesse ("*ottriate*", secondo un brutto ma usuale francesismo derivante da *octroyé*) dal sovrano assoluto; le costituzioni rigide sono invece tipiche del '900, e sono costituzioni **lunghe** (in contrapposizione alle precedenti, che erano **brevi**), perché non si limitano a disciplinare le regole generali dell'esercizio del potere pubblico e della produzione delle leggi, ma contengono principi e anche disposizioni analitiche che riguardano le materie più disparate, dal credito al risparmio, dall'ambiente alla famiglia.

3.2. *Sulla nozione di Costituzione "flessibile"*

Tutto ciò è vero, ma non spiega ancora la differenza più profonda che corre tra i due tipi di Costituzione, la differenza di funzione, di scopo. Le costituzioni dell''800 segnavano la fine del potere assoluto (→ § II.1.3). Non a caso erano per lo più concesse dal sovrano, che giurava solennemente di rinunciare ad esercitare il potere da solo e di sottoporsi alla *legge*: e che la legge non sarebbe stata più la semplice e diretta espressione della sua volontà, ma il prodotto di un procedimento formale (il *procedimento legislativo*: → § IX.3), attraverso il quale si doveva realizzare la convergenza delle volontà del Re e dei rappresentanti della società, del Parlamento. Il senso della Costituzione dell''800 era dunque questo: decretare il passaggio della titolarità del potere (della *sovranità*: → § I.2.3) dal Re al "Re in Parlamento", cioè ad una procedura di codecisione. L'unica norma veramente fondamentale in quelle costituzioni era quella che regolava il modo in cui sarebbero state prese le decisioni future, cioè il procedimento legislativo. Con quel procedimento, che era la forma giuridica con cui doveva esprimersi l'accordo consensuale del Re e della rappresentanze parlamentari in merito alla decisione da prendere, tutto si poteva fare. Le stesse garanzie delle libertà fondamentali erano affidate dalla Costituzione alla legge, cui era riservato il compito di disciplinarle. Da un lato, dunque, diritti e libertà erano solennemente professati, dall'altro però il consenso delle Camere e del Re poteva plasmarli a piacimento. Stabilito che, da quel momento in poi, erano la legge e il suo procedimento di formazione la fonte legittima dell'autorità, la Costituzione aveva esaurito la sua funzione normativa.

✓ LO STATUTO ALBERTINO

Lo Statuto concesso da Carlo Alberto nel 1848 è un tipico esempio di Costituzione "flessibile". Con la concessione dello Statuto, il Re piemontese rinunciava, con decisione *"perpetua e irrevocabile"*, a essere un sovrano assoluto. Associava *"le larghe e forti istituzioni rappresentative"* (le citazioni sono tratte dal preambolo dello Statuto stesso) all'esercizio del potere. Nessuna norma prevedeva la sua revisione, nessun procedimento era prescritto per la sua modifica. Ma parve subito impossibile ritenere che lo Statuto fosse immodificabile. Anzi – allora si diceva – la modificabilità era la forza della Costituzione flessibile, che, al contrario di quelle rigide (che per tutto l'"800 si sono ritenute un fenomeno storico recessivo), garantivano, con la loro "pieghevolezza" e "rinnovazione tacita", la stabilità dell'ordinamento: perché "una generazione non può assoggettare alle sue leggi le generazioni future" (come affermava la Costituzione rivoluzionaria francese del 24 giugno 1793). Già pochi giorni dopo la promulgazione, Cavour affermava che la immodificabilità dello Statuto *"sarebbe un concetto talmente assurdo"*, ed assegnava il potere di revisione al Re in Parlamento (*"il Re col concorso della Nazione"*), notando che se tale potere fosse esercitato dal Re da solo, vi sarebbe violazione costituzionale. Questo, dunque, era il significato da dare al termine *"irrevocabile"*. Per questa ragione, il sistema istituzionale statutario ha potuto modificarsi nel tempo senza che fosse lamentata una frattura giuridica con l'impianto statutario. Le continue oscillazioni verso un *sistema parlamentare* (→ § IV.1.1) e i continui colpi di mano del Re tesi a *"tornare allo Statuto"*, sino alla chiamata al Governo di Mussolini e l'instaurazione in forme "legali" del fascismo (→ § II.1.9✓), sono dunque il risultato di una Costituzione ritenuta modificabile attraverso il consenso congiunto delle Camere e del Re.

INTERNET Il testo dello Statuto e di molte altre carte costituzionali, italiane e non, si può leggere in www.dircost.unito.it.

Giustamente i commentatori contemporanei dicevano che le costituzioni di allora "*si concepivano piuttosto quali barriere al passato irrevocabile, anziché regolamenti giuridici della futura azione degli organi pubblici*" [5]. Erano costituzioni che guardavano al passato, non al futuro. In esse l'aspetto della Costituzione come "manifesto politico" prevaleva nettamente sulla Costituzione come "testo normativo". Per questo si proclamava, come faceva lo Statuto albertino, l'irrevocabilità della concessione, anziché badare alle modifiche future dello statuto.

Che c'era da modificare, in fondo? Con la legge, cioè con l'accordo dei protagonisti politici, si potevano mutare anche i loro rapporti, cioè i modi in cui essi partecipavano alle decisioni e il peso attribuito alla loro rispettiva volontà. Ma con la legge, appunto, cioè con l'accordo: perché se uno dei protagonisti avesse cercato di esercitare da solo il potere, la norma costituzionale sarebbe risultata violata, con le inevitabili conseguenze sul piano della legittimità degli atti compiuti.

✓ QUANTO ERA FLESSIBILE LO STATUTO ALBERTINO?

Che lo Statuto fosse interamente e liberamente modificabile non è mai stata la tesi prevalente (almeno sino all'avvento del fascismo). Ma la dottrina non ha mai indicato con chiarezza quali fossero i limiti al potere di revisione dello Statuto: l'idea dominante era che lo Statuto potesse essere modificato, per legge o in via consuetudinaria, con l'accordo delle Camere e del Re (senza questo accordo né la legge avrebbe potuto formarsi, né la consuetudine stabilirsi); di conseguenza, l'idea più diffusa era che tutto si potesse modificare, salvo il principio per cui ci voleva l'accordo del Re e delle Camere per legiferare. Questo nucleo dello Statuto perciò risultava immodificabile. Ne abbiamo anche la riprova.
La giurisprudenza – ferma nel ritenere che le leggi non fossero sindacabili dai giudici per violazione dello Statuto – si oppose infatti all'abuso della decretazione d'urgenza da parte del Governo. Strumento non previsto dallo Statuto, ma impostosi in nome della "necessità" (→ § IX.6.1✓), il decreto-

[5] RACIOPPI, BRUNELLI, *Commento allo Statuto del Regno*, I, Utet, Torino, 1909, p. 194.

legge era l'atto con cui il Governo legiferava, in caso d'urgenza, senza la partecipazione del Parlamento, a cui il decreto veniva presentato poi per l'approvazione. Esistono almeno due importanti casi in cui i giudici s'opposero all'uso del decreto-legge. Il primo episodio risale alla "crisi di fine secolo", quando Pelloux, per battere l'ostruzionismo parlamentare (→ § V.3.1.3✓) organizzato contro le "leggi liberticide" proposte dal suo Governo, ricorse al decreto-legge, incontrando la fiera opposizione della Corte dei conti prima e della Cassazione poi. La seconda vicenda è la vasta reazione della Cassazione contro l'abuso della decretazione d'urgenza nel primo dopoguerra. Il Governo trascurava di presentare i decreti-legge al Parlamento, e la Cassazione perciò ritenne che fossero da considerarsi atti di "usurpazione del potere legislativo da parte del Governo". Era impensabile – affermava la Cassazione – che si fosse formata una consuetudine legittimante l'uso del decreto-legge, perché "gli organi legislativi, e la pubblica opinione in perfetto accordo con essi, protestano senza tregua contro simile anormalità e reclamano il ritorno alla osservanza delle sane regole costituzionali". Proprio l'opposizione parlamentare impedisce dunque di avvallare la modifica "strisciante" dello Statuto. Anche in questo caso, l'infrazione della regola "immodificabile" del consenso del Re e delle Camere suscitò quindi la reazione dei giudici.

Come si vede, la nozione di Costituzione flessibile ha qualche margine di ambiguità. È flessibile nella parte in cui non pretende di essere una regola giuridica, o almeno una regola capace di imporsi sulle leggi; ma è più che rigida, addirittura irrevocabile, nella parte in cui attribuisce la sovranità alla legge e al suo procedimento di formazione. Per questo, le costituzioni flessibili sono anche brevi: le dichiarazioni di inviolabilità dei diritti, che pure contenevano, avevano una funzione di "manifesto", erano rivolte alla conquista del consenso; ma non possedevano una particolare forza regolativa, se non quella di vietare le restrizioni delle libertà che non siano consentite dalla legge.

3.3. *Sulla nozione di Costituzione "rigida"*

Le costituzioni rigide sono tutta un'altra cosa, perché esse pretendono che tutte le loro disposizioni abbiano forza regolativa e siano trattate come regole inderogabili. È vero che la rigidità è una caratteristica fissa di tutte le costituzioni del '900, ma non va dimenticato che anche la prima Costituzione moderna, quella in vigore negli Stati Uniti d'America dal 1787, è rigida.

La rigidità costituzionale può servire infatti scopi diversi. Nel caso americano essa è conseguenza dell'origine federale dello Stato unitario (→ § II.6). Esso si forma attraverso un patto (*foedus*) fra Stati sovrani che decidono di trasferire la propria sovranità allo Stato federale. Questo patto dà luogo alla scrittura di una serie di regole che disciplinano i poteri attribuiti allo Stato centrale e i rapporti degli Stati membri tra loro e con lo Stato federale: queste regole non possono mutare se non attraverso una procedura complessa in cui deve essere anche espresso il consenso degli Stati membri.

Nelle costituzioni del '900, anche laddove esse non siano il risultato di un processo di federalizzazione, una componente pattizia è comunque presente. Non è un patto tra Stati, ma tra parti politiche, religiose, sociali, ecc. Quello che questo patto vuole garantire è che la parte che ottiene la maggioranza nelle elezioni non si impossessi definitivamente del potere e non minacci la sopravvivenza di quelle componenti che si ritrovino in minoranza. Per raggiungere questo obiettivo bisogna percorrere una strada del tutto opposta a quella seguita nelle costituzioni flessibili: bisogna preoccuparsi di limitare il potere legislativo, impedendo che le scelte compiute da una occasionale maggioranza parlamentare cambino le regole del gioco politico ❻, le garanzie delle libertà individuali e dei diritti politici, i valori che ogni componente ritiene fondamentali e irrinunciabili. Il che significa che ogni Costituzione rigida è frutto di un compromesso, che è necessariamente lunga perché ogni componente accetta l'accordo a condizione che i suoi interessi siano garantiti da regole costituzionali, che è necessariamente garantita da un giudice a cui è attribuito il compito di assicurare il rispetto del compromesso.

4. Le garanzie della rigidità costituzionale

La **Costituzione rigida** è dunque una Costituzione garantita: è garantita la prevalenza delle sue regole rispetto a qualsiasi altra regola. Le garanzie sono di due tipi: il procedimento di revisione costituzionale e il controllo di legittimità delle leggi.

Il procedimento di revisione è sempre più gravoso del normale procedimento legislativo. Se per fare una legge basta una risicata maggioranza parlamentare (in Italia, come vedremo, basta la *maggioranza relativa*: → § IX.3.3), per modificare la Costituzione bisogna raggiungere consensi più ampi: vanno realizzate condizioni simili a quelle che hanno prodotto il compromesso iniziale, che ha reso possibile l'approvazione della Costituzione. I procedimenti di revisione costituzionale sono perciò diversi da paese a paese, perché diversa è la genesi delle loro costituzioni. Ma nessuna Costituzione è rigida a tal punto da non ammettere alcun cambiamento: sarebbe un invito alla rivoluzione, alla rottura della legalità per adeguare le regole ai mutamenti storici. Ogni Costituzione cerca di raggiungere un punto di equilibrio tra due esigenze contrastanti: quella della stabilità delle regole costituzionali e della sottrazione di esse alla volontà delle maggioranze politiche che si alternano al potere, e quella del mutamento, dell'adeguamento delle regole ai problemi che l'esperienza costituzionale pone.

✓ QUANTO È RIGIDA LA COSTITUZIONE ITALIANA?

Benché gran parte degli italiani sia probabilmente convinta del contrario, di tutte le costituzioni moderne prese di solito a paragone, la nostra è la più facile da cambiare. In Germania, per esempio, non c'è scampo: tutte le modifiche devono ottenere il consenso di almeno 2/3 dei membri delle Camere. Così anche in Portogallo, in Giappone, che inoltre vuole l'approvazione del popolo tramite *referendum*, e in Belgio, dove è previsto che siano elette nuove Camere prima della votazione finale della riforma. Anche in alcuni paesi nordici, come la Norvegia, la Svezia e la Danimarca, sulla falsariga delle Costituzione rivoluzionaria francese del '91, è previsto che il Parlamento che propone una riforma costituzionale venga sciolto e sia rinviato alle nuove Camere la approvazione finale, e spesso aggiungono anche l'approvazione diretta del popolo con il *referendum*. Così anche in Grecia, dove sono previste due deliberazioni successive delle "vecchie" Camere e una delle "nuove", imponendo comunque, prima o dopo, che sia raggiunta la maggioranza dei 3/5 dei deputati. In Spagna le riforme richiedono la maggioranza almeno dei 3/5 dei membri delle Camere; ma per le riforme più importanti è prescritto che le due Camere votino a maggioranza dei due terzi, siano poi sciolte, siano

indette le elezioni e convocate le nuove Camere, che devono riapprovare ancora con la stessa maggioranza la proposta di riforma – proposta che, infine, deve essere sottoposta a *referendum*. Negli Stati Uniti gli emendamenti devono passare attraverso un doppio filtro, quello del Congresso e quello dei parlamenti degli Stati membri, e le maggioranze richieste variano, tra proposta e approvazione finale, dai 2/3 ai 3/4 dei voti (si pensi che l'approvazione del XXVII emendamento della Costituzione americana ha richiesto un procedimento durato più di due secoli!). Solo in Francia è possibile cambiare la Costituzione con voto a maggioranza semplice dalle due Camere, ma occorre anche l'approvazione del popolo tramite *referendum*: questo può essere evitato solo se le Camere, convocate a congresso dal Presidente della Repubblica, approvano la proposta a maggioranza dei 3/5 dei voti validi.
E in Italia? La nostra Costituzione prevede un procedimento forse un po' macchinoso ma per nulla difficile (→ § IX.1.2). La via principale per modificare la Costituzione è il consenso di uno schieramento così vasto di forze politiche da ripetere le stesse condizioni di compromesso tra le diverse componenti politiche che hanno consentito a questa Costituzione di nascere. Però, per non rendere troppo difficile il meccanismo e per non regalare a minoranze parlamentari relativamente piccole il potere di veto, si è prevista anche la possibilità che la modificazione della Costituzione sia voluta e decisa dalla sola maggioranza di Governo, salvo la possibilità delle opposizioni di ricorrere al corpo elettorale. Se spesso è così difficile modificare la Costituzione italiana, le cause non sono dunque giuridiche, ma solo politiche.
Recentemente una legge di revisione della Costituzione di vasta portata, approvata definitivamente dalle Camere nell'aprile del 2016 a maggioranza assoluta, è stata bocciata dal *referendum* popolare del 4 dicembre 2016 con una larga maggioranza di "no".

Ma l'introduzione di un procedimento gravoso per cambiare la Costituzione non avrebbe senso se non vi fosse un'autorità capace di verificare che quelle procedure siano rispettate e che i cambiamenti non siano introdotti di soppiatto dalla legislazione ordinaria. Benché non manchi qualche eccezione, la stragrande maggioranza delle costituzioni affida questo compito a un giudice, sia pure a un giudice un po' particolare. È infatti necessario che questa autorità sia estranea ai giochi politici, non abbia carattere rappresentativo, non risponda al principio di maggioranza (→ § II.4). Essa è chiamata infatti a garantire i limiti posti dalla Costituzione ai poteri della maggioranza e, quindi, all'applicazione del principio rappresentativo e maggioritario. Chi si trovi in questa posizione è di per sé qualificabile come giudice, come il soggetto imparziale che assicura l'applicazione obiettiva del diritto. Ovviamente diversi possono essere i modi per organizzare questo giudice e lo svolgimento del sindacato sulle leggi. Ma di ciò ci occuperemo nel § XII.2.1.

5. Costituzione scritta e diritto costituzionale

Il fatto che la Costituzione rigida sia concepita tutta come un testo normativo e che vi sia un giudice preposto a controllarne il rispetto da parte di tutte le altre regole prodotte dal legislatore, crea una situazione non priva di alcuni aspetti paradossali.

Basta anche solo qualche dato "numerico" per dare l'idea del problema. Il codice civile italiano ha 2.969 articoli, quello penale 734: nell'ordinamento italiano si stima siano in vigore non meno di 200.000 leggi o atti normativi, di cui il codice civile e quello penale sono solo due esempi, particolarmente importanti e complessi, ma solo due. Se volessimo fare un calcolo presuntivo di quanti *articoli* di legge siano oggi applicabili in Italia, potremmo azzardare un numero: non meno, diciamo, di due milioni e mezzo, forse più di tre. La Costituzione italiana, invece, ha solo 139 articoli. In essi sono stati trasfusi tutti i valori e gli interessi che le diverse forze, che hanno partecipato alla nascita della Costituzione, ritennero tanto importanti da porli a riparo dalle scelte del legislatore futuro. Vi sono inoltre, come vedremo (→ § XIII), alcuni principi, come il *principio di eguaglianza* (art. 3) o la protezione dei *diritti inviolabili dell'uomo* (art. 2), che non interessano singole materie, ma possono trovare applicazione in qualsiasi settore della legislazione. Questo significa che ognuno dei milioni di articoli delle leggi in vigore può essere un giorno "impugnato", ossia portato davanti al "giudice delle leggi", che in Italia si chiama *Corte costituzionale* (→ § XII.1), affinché ne venga verificata la compatibilità con qualcuno dei 139 articoli della Costituzione. Entrambi – l'articolo della Costituzione e quello della legge impugnata – contengono norme giuridiche, ed è perciò possibile confrontarli: ma sono norme necessariamente molto diverse. Cambia il grado di definizione, il grado di dettaglio. Per esempio, la norma dell'art. 15.1 Cost. – "*La libertà e la segretezza della corrispondenza e di ogni altra forma di comunicazione sono inviolabili*" riguarda tutte le forme di comunicazione, quelle note al costituente (la posta, il telegrafo, il telefono) e quelle inventate successivamente (via etere, via satellite, via rete informatica, ecc.). Tutte le leggi, spesso assai analitiche, che disciplinano i vari aspetti dei diversi strumenti di comunicazione sono quindi tenute a rispettare la norma costituzionale e possono essere giudicate perciò in rapporto ad essa. È possibile che la Corte costituzionale si possa basare, in questa sua funzione, sulle sole disposizioni scritte dalla Costituzione?

Il problema è ancora più complesso. Come vedremo in seguito, la Corte costituzionale non si occupa solo del rispetto della Costituzione da parte del legislatore, ma anche della "rigidità" di tutto l'assetto costituzionale dei poteri pubblici, cioè della *forma di stato* e della *forma di governo* (→ § II.1.1). Quando il ministro Mancuso, a seguito di una censura votata dal Parlamento, fu "dimesso" dal Presidente della Repubblica, su proposta del Presidente del Consiglio, egli ricorse alla Corte costituzionale, ed essa dovette dire chi aveva ragione (→ § XII.4.1✓). Ma come poteva dirlo, se la Costituzione nulla stabilisce a proposito delle conseguenze che derivano dalle censure votate dal Parlamento contro il singolo ministro e nulla dice su come possano essere rimossi i ministri? I tratti che la Costituzione impiega per definire la forma di governo sono pochi, minimi rispetto alla pressoché infinita possibilità di crisi e fratture nei rapporti tra gli organi costituzionali.

Il fatto è che la Costituzione non galleggia nel nulla. Attorno ai suoi 139 articoli vi sono numerose altre componenti che formano assieme il **diritto costituzionale**.

A) Innanzitutto vi sono alcune *leggi costituzionali* (→ § IX.1). Esse però non sono molte: alcune sono state emanate per modificare singole disposizioni della Costituzione; altre, previste dalla Costituzione stessa, riguardano questioni specifiche (gli statuti delle Regioni "speciali": → § X.1.3; le garanzie di indipendenza dei giudici della Corte costituzionale; i modi di accesso alla Corte stessa). Sono leggi importanti, ma di per sé non spostano i termini del problema.

✓ LE LEGGI COSTITUZIONALI IN ITALIA

Dal 1948 a metà 2021 sono state approvate 43 leggi costituzionali. Le prime cinque furono approvate nel 1948 dalla stessa Assemblea costituente: la prima (legge cost. 1/1948) riguarda i giudizi di legittimità costituzionale e le garanzie della Corte costituzionale, in attuazione della previsione contenuta nell'art. 137 Cost. (ulteriori norme costituzionali sulla Corte costituzionale sono state introdotte in seguito dalla legge cost. 1/1953); le altre quattro, gli Statuti delle Regioni speciali. Sempre in riferimento alle Regioni speciali, sono state poi emanate altre dieci leggi che hanno apportato modifiche agli Statuti. Vi sono poi alcune leggi cost. che hanno un contenuto meramente puntuale: la legge cost. 1/1958 ha prorogato il termine di operatività di una Disposizione transitoria; la legge cost. 2/1989 ha disposto l'indizione di un *referendum* consultivo, tanto eccezionale quanto inutile, circa il conferimento di un "mandato costituente" al Parlamento europeo (*referendum* che infatti si è tenuto regolarmente, con una schiacciante vittoria dei "sì" – oltre l'88% – che non ha prodotto il sia pur minimo effetto); le leggi cost. 1/1993 e 1/1997, che hanno istituito procedimenti *una tantum* di revisione costituzionale, derogatori dell'art. 138 Cost., dando vita ad altrettante "Commissioni Bicamerali" (→ § IX.1.2).

Insomma, le leggi che hanno introdotto modifiche al testo costituzionale sono relativamente poche. Eccole:

- legge cost. 2/1963: modifica gli artt. 56, 57 e 60, che ha parificato la durata del Senato (che in origine era previsto fosse eletta per sei anni) a quella della Camera, ed ha fissato il numero dei membri delle due Camere (in precedenza indicato in proporzione agli abitanti, e quindi destinato a crescere con essi);
- legge cost. 3/1963: istituisce la Regione Molise, modificando di conseguenza l'elenco delle Regioni contenuto nell'art. 131 e la composizione del Senato;
- legge cost. 1/1967: esclude che l'estradizione possa essere negata per reati di genocidio (integra gli artt. 10.4 e 26 Cost.);
- legge cost. 2/1967: modifica l'art. 135 Cost. (e le leggi, anche costituzionali, che disciplinano la Corte costituzionale) per quanto riguarda la durata in carica e l'elezione dei giudici;
- legge cost. 1/1989: modifica gli artt. 96, 134 e 135, togliendo alla Corte costituzionale il giudizio penale sui reati ministeriali;
- legge cost. 1/1991: modifica l'art. 88, consentendo lo scioglimento delle Camere nel c.d. "semestre bianco" (gli ultimi sei mesi di mandato del Presidente della Repubblica) se coincide con gli ultimi sei della legislatura;
- legge cost. 1/1992: modifica l'art. 79, rendendo estremamente gravosa l'approvazione di una legge di amnistia e indulto;
- legge cost. 3/1993: modifica l'art. 68, riducendo l'immunità dei parlamentari;
- legge cost. 1/1999: modifica gli artt. 122 e 123, introducendo l'elezione diretta del Presidente della Giunta regionale;
- legge cost. 2/1999: modifica l'art. 111, introducendo principi in materia di "giusto processo";
- legge cost. 1/2000: modifica dell'art. 48, istituendo la circoscrizione Estero per l'esercizio del diritto di voto dei cittadini italiani residenti all'estero;
- legge cost. 1/2001: modifiche agli artt. 56 e 57 della Costituzione concernenti il numero di deputati e senatori in rappresentanza degli italiani all'estero;
- legge cost. 2/2001: disposizioni concernenti l'elezione diretta dei Presidenti delle Regioni a Statuto speciale e delle Province autonome di Trento e di Bolzano;
- legge cost. 3/2001: introduce quella che sinora è la riforma più vasta, poiché modifica l'intero Titolo V della Parte II;
- legge cost. 1/2002: fa cessare gli effetti della XIII disp. trans. che vietava il ritorno dei Savoia in Italia;
- legge cost. 1/2003: modifica l'art. 51 della Cost. per "rafforzare" il principio di parità nella rappresentanza politica delle donne;
- legge cost. 1/2007: modifica all'art. 27 della Cost. per l'abolizione della pena di morte anche dalle leggi militari di guerra;

– legge costituzionale 1/2012: modifica gli artt. 81, 97, 117 e 119 per rafforzare l'obbligo di pareggio del bilancio;
– legge costituzionale 1/2020 su riduzione del numero dei parlamentari;
– legge costituzionale 1/2021: revisione dell'art. 58, con abbassamento a 18 anni dell'età per votare il Senato;
– legge costituzionale 1/2022: modifiche agli artt. 9 e 41 Cost. in materia di tutela dell'ambiente.

INTERNET Il testo delle leggi costituzionali emanate sinora si può reperire nel sito della Camera dei deputati: www.parlamento.it/leg/ldl_new/v3/sldlelenco_2_.htm

B) Vi sono poi le tradizioni costituzionali di cui siamo eredi. La storia costituzionale moderna, dalle sue origini inglesi del '600 (→ § I.2) ad oggi, ha sedimentato le regole basilari di funzionamento delle istituzioni rappresentative e delle garanzie delle libertà individuali. Per cui, quando si parla (e sono tutte nozioni ricorrenti in questo, come in ogni manuale) di "stato di diritto", di "principio di legalità", di "governo parlamentare", di "sistema presidenziale", di "sistema elettorale maggioritario", ecc. non solo si usa una terminologia tecnica consolidata, ma questa evoca modelli precisi, dotati perlopiù di forte coerenza interna, di cui si è sperimentato a fondo la funzionalità: essi sono sistemi di regole sufficientemente precise, i quali si sono sviluppati allo scopo di garantire un determinato equilibrio degli interessi regolati. Questi modelli erano ben presenti al nostro costituente: per cui è legittimo ritenere che spesso i pochi tratti forniti dalla Costituzione non siano tra loro slegati, ma siano evocativi dell'intero modello di cui sono parte: questo perché le esigenze di equilibrio tra gli interessi e di funzionalità della "macchina" istituzionale – esigenze che ispirano tutta la nostra Costituzione – possono trovare soddisfazione proprio attraverso l'applicazione coerente del modello richiamato.

La ricostruzione dei modelli, la ricomposizione del quadro sistematico e coerente delle regole è il compito principale della dottrina. La stessa giurisprudenza costituzionale vi attinge di continuo, ed è in forza di essi che riesce ad affrontare e risolvere casi complessi come il "caso Mancuso" richiamato poc'anzi.

C) La giurisprudenza della Corte costituzionale è naturalmente uno dei grandi tributari del diritto costituzionale. Essa rappresenta un lavoro di continua specificazione del significato delle disposizioni costituzionali in relazione a tutti gli infiniti casi che le vengono prospettati. A sua volta, per difendere la credibilità del proprio ruolo di giudice, la Corte deve dimostrare di essere coerente con le proprie decisioni precedenti, e quindi deve sforzarsi di riportare nell'ambito di un sistema omogeneo tutte le sue affermazioni circa il significato delle disposizioni costituzionali.

D) Un ruolo importante lo svolge anche la legislazione ordinaria, per almeno due versi.

α) Innanzitutto esiste un'abbondante legislazione di completamento della "materia" costituzionale. Tipico esempio è la legislazione elettorale, da cui dipende il modo di funzionare in concreto della forma di governo; un altro esempio sono i regolamenti parlamentari (→ § IX.8), da cui dipendono in buona misura le regole del gioco politico, i rapporti tra maggioranza e minoranza, quelli tra Governo e Parlamento, il procedimento di formazione delle leggi; ancora, è sempre con legge ordinaria che sono disciplinati i *referendum* (→ § IX.9), l'ordinamento del Governo (→ § V.2), i poteri delle Regioni (→ § X.2), l'ordinamento giudiziario (→ § VI), il sistema dell'informazione (→ § XIII.5.5), ecc. È la stessa Costituzione che, attraverso lo strumento della *riserva di legge* (→ § VIII.11), impone alla legge ordinaria di disciplinare queste materie delicatissime. Ovviamente la legge è vincolata al rispetto dei principi che la stessa Costituzione fissa, ma è chiaro che sarà essa a dare una concreta configurazione a questi tratti dell'ordinamento costituzionale.

β) In secondo luogo, soprattutto nella parte dedicata alle libertà e ai diritti fondamentali, la Costituzione richiama nozioni che sono elaborate dalla legislazione di settore. Che cosa sia la "restrizione della libertà personale" o la "carcerazione preventiva" (art. 13), che cosa il "domicilio" e la sua "perquisizione" (art. 14), che cosa ancora il "luogo pubblico" e quello "aperto al pubblico" in cui può capitare di riunirsi (art. 17): sono tutti questi esempi di nozioni che il costituente impiega risentendo dell'uso che se ne era fatto negli ordinamenti di settore, soprattutto (ma non solo) nel diritto penale. Benché la norma costituzionale sia un limite per la legge di settore, può capitare che il suo significato non possa intendersi se non facendo riferimento a quest'ultima e si evolva con essa. In effetti, quella coerenza sistematica, che si è indicata poc'anzi come la forza dei modelli e la regola della giurisprudenza della Corte, lega anche la Costituzione alla legislazione ordinaria. Unico è il linguaggio, omogenea la cultura degli interpreti, simili le tecniche di interpretazione (→ § VIII.5), identiche le esigenze di coerenza e sistematicità.

6. Disposizioni, norme, regole, principi, valori, interessi

Disposizioni, norme, regole, principi, valori sono termini che spesso nel linguaggio dei giuristi, e soprattutto in quello del diritto costituzionale, si intrecciano e si rincorrono a vicenda. È perciò necessario fare un po' di pulizia terminologica.

Anzitutto possiamo liberarci dei "**valori**" e degli "**interessi**". Essi stanno fuori del diritto, nel senso che sono gli obiettivi che muovono il legislatore. Ogni norma cerca di proteggere qualche valore o qualche interesse: anzi, per lo più, essa cerca di fissare il punto di equilibrio tra valori e interessi contrastanti. Un esempio: un imprenditore ha come suo interesse "fisiologico" il profitto: spesso ritiene che il massimo del profitto lo si possa ottenere laddove sia affermato il "valore" della libera iniziativa economica. Ma vi possono essere altri interessi che possono soffrire di un'illimitata libertà di iniziativa economica, affermandosi come "valori": per esempio la tutela dell'ambiente e del paesaggio, la garanzia di un certo livello di sicurezza sanitaria e di protezione sociale dei lavoratori dipendenti, oppure la difesa del libero mercato contro i rischi della concentrazione oligopolista. I *valori* nel diritto entrano come **principi**, cioè come norme dal contenuto molto generale e non circostanziato. Il principio di libera iniziativa economica è sancito dalla nostra Costituzione all'art. 41.1, ma ad esso segue immediatamente il principio concorrente della prevalenza su di esso dei "valori" dell'utilità sociale, della sicurezza, della libertà e della dignità umana (→ § XIII.7). Il principio di legalità, il principio di laicità dello Stato, il principio di eguaglianza, ecc., sono tutti traduzioni dei corrispondenti "valori" in una norma fornita di significato giuridico ("nessun potere pubblico può essere esercitato se non sia la legge ad attribuirne la competenza", "lo stato non può prendere posizione in materia religiosa", "non si possono trattare in modo diverso situazioni eguali, né in modo eguale situazioni diverse"). Questo significa che i valori e gli interessi stanno fuori e prima del mondo delle norme: in questo essi entrano di solito nella forma di **principi**.

I principi sono un tipo di **norma giuridica**, che si distingue dalle **regole** per il fatto di essere dotato di un elevato grado di genericità e di non essere circostanziato (la distinzione tra *norme di principio* e *norme di dettaglio* è uno dei "fili rossi": ❾). I principi sono affermazioni assolute: i modi e le circostanze con cui i *principi* operano, si adeguano alla convivenza e al bilanciamento (→ § XIII.3.3) con altri principi, e vengono applicati sono definiti nelle *regole*. Per esempio, l'art. 13 Cost. sancisce il principio dell'*habeas corpus* (→ § XIII.4.2): "*la libertà personale è inviolabile*". Benché il principio sia sancito in termini così assoluti, le carceri italiane scoppiano di detenuti. Il fatto è che il principio è reso concreto e operativo dalle regole poste dallo stesso articolo, che disciplinano i modi in cui si può legittimamente restringere la libertà fisica delle persone.

Principi e *regole* sono *norme giuridiche*, cioè costruzioni che gli interpreti fanno per dare un senso coerente a quello che il costituente o il legislatore hanno scritto, alle loro **disposizioni**. Le disposizioni sono dunque parte del testo, enunciati scritti dal legislatore; le **norme giuridiche** (che si possono suddividere in *principi* e *regole*) sono il significato che a tali disposizioni attribuiscono gli interpreti. Su questa distinzione, che è fondamentale per comprendere molti problemi del diritto costituzionale (tanto da costituire uno dei "fili rossi" di questo manuale, che verrà segnato con ❿), si ritornerà in seguito (→ § VIII.5).

✓ COSTITUZIONE "FORMALE" E COSTITUZIONE "MATERIALE"

Nel linguaggio corrente è frequente la contrapposizione tra "**costituzione formale**" e "**costituzione materiale**". Il significato della prima è chiaro, si tratta del complesso delle *disposizioni* che sono scritte in Costituzione e delle *norme* che ne sono ricavate. Per "costituzione materiale" si intendono invece cose diverse: nell'uso più comune l'espressione designa l'assetto costituzionale che si è sviluppato di fatto, interpretando le regole costituzionali, integrandole e talvolta persino derogandole. Per cui la contrapposizione delle due espressioni indica che nella prassi l'assetto costituzionale ha assunto una fisionomia diversa da quella prevista dal testo costituzionale: il che può semplicemente significare che le disposizioni costituzionali sono di fatto state interpretate in un certo senso, oppure al contrario che esse sono state stravolte nell'applicazione concreta. Ma se così fosse la rigidità della Costituzione dovrebbe resistere e prevalere sulle prassi, che perciò sarebbero semplicemente illegittime. Come si vede, il riferimento alla costituzione "materiale" introduce una notevole ambiguità e spesso serve a giustificare prassi la cui legittimità è invece contestabile e contestata. Ma, a complicare il discorso, bisogna aggiungere che l'espressione "costituzione materiale" è impiegata in contesti teorici ben più elevati (in particolare è stata teorizzata da Costantino Mortati, che vi dedicò un libro nel 1940 in cui si pone in risalto il ruolo propulsivo delle forze politiche dominanti), sicché il suo impiego è sempre avvolto da un notevole grado di ambiguità.

7. La Costituzione italiana

7.1. *Genesi*

La Costituzione italiana repubblicana entrò in vigore il 1° gennaio 1948. Essa fu approvata dall'**Assemblea costituente**, eletta contemporaneamente al *referendum* istituzionale.

✓ L'ASSEMBLEA COSTITUENTE

L'Assemblea costituente, eletta il 2 giugno del 1946 con il sistema proporzionale (→ § IV.7.6), era composta da 556 membri, così ripartiti:

Democrazia cristiana	207 seggi	37,2%
P. socialista d'unità proletaria	115 seggi	20,7%
Partito comunista	104 seggi	18,7%
Unione democratica nazionale	41 seggi	7,4%
Fronte dell'uomo qualunque	30 seggi	5,4%
Partito repubblicano	23 seggi	4,1%
Blocco nazionale delle libertà	16 seggi	2,9%
Partito d'azione	7 seggi	1,3%
Altre liste	13 seggi	2,3%
Totali	556 seggi	100%

Furono le prime elezioni a suffragio universale (anche femminile) che si fossero svolte in Italia. L'AC non ebbe soltanto il compito di "scrivere" la Costituzione: il d.l.lgt. 98/1946 (→ § III.2✓) le aveva affidato anche alcuni compiti tipici del Parlamento, come eleggere il Capo provvisorio dello Stato (che fu Enrico De Nicola), far valere la responsabilità politica del Governo e approvare le leggi in materia costituzionale, elettorale e i trattati internazionali. Non sorprende quindi che, correttamente interpretando il proprio ruolo parlamentare, l'AC contestasse con forza la delega di poteri legislativi che il d.l.lgt. 98/1946 aveva disposto a favore del Governo (Governo che, come si è appena ricordato, era politicamente responsabile di fronte all'AC): si giunse perciò ad un accordo in base al quale erano le commissioni dell'AC a decidere quali decreti potessero essere emanati dal Governo e quali dovevano viceversa essere approvati dalla stessa AC.
I lavori per la Costituzione furono lunghi e complessi, tanto da dover prorogare più volte la propria durata, inizialmente prevista in otto mesi (ed invece l'AC funzionò sino alla fine del gennaio 1948). L'AC nominò una commissione (detta *"dei 75"*, perché tanti ne erano i componenti), con l'incarico di elaborare un progetto di Costituzione. Su questo l'AC iniziò a discutere nel marzo 1947, per poi approvare il testo finale il 22 dicembre 1947.
Merita sottolineare quest'ultimo dato. La Costituzione fu approvata con quasi il 90% dei voti dell'AC, nonostante si fosse già prodotta una frattura politica netta tra le forze politiche che avevano guidato la transizione dal fascismo alla repubblica. Il 31 maggio 1947 (poco più di due mesi dopo l'inizio della discussione del progetto di Costituzione in AC, dunque) De Gasperi aveva formato infatti il suo IV Governo, escludendone per la prima volta i socialisti e i comunisti.

INTERNET La Camera ha messo a disposizione in rete i verbali della AC: http://leg16.camera.it/516?conoscerelacamera=118. Ma per una più comoda ricerca negli atti dell'AC si può ricorrere all'ottimo sito www.nascitacostituzione.it.

Il fatto che il testo finale della Costituzione sia stato approvato da quasi il 90% di un'assemblea politicamente così divisa, spiega alcune caratteristiche della nostra Costituzione. È una Costituzione "lunga", perché un consenso così vasto si è potuto realizzare soltanto sommando, e non selezionando, le istanze, gli interessi e i valori delle diverse componenti. È una Costituzione "aperta", nel senso che non pretende di individuare il punto di equilibrio tra i diversi interessi, ma si limita ad elencarli, a giustapporli, lasciando alla legislazione successiva di individuare il punto di bilanciamento.

Questo aspetto della Costituzione è stato molto spesso criticato e considerato un difetto irrimediabile. È una critica sbagliata, non solo sul piano storico, ma anche su quello teorico, dato che tutte le costituzioni del '900 nascono necessariamente da un compromesso tra diverse forze politiche, ed è questo compromesso che le rende tutte "lunghe" e "aperte". Se la Costituzione viene scritta per fissare le regole del gioco, regole che non si potranno modificare se non con il consenso di larga parte dei giocatori, la Costituzione non potrà certo dire quale dei giocatori è destinato a vincere la partita. Ognuno vorrà introdurvi le regole che ritiene necessarie per proteggere la propria posizione e si comporterà con grande prudenza, pensando piuttosto a immettere quelle regole che gli assicurino di non essere rapidamente eliminato dal gioco, piuttosto che quelle che gli facilitino la vittoria.

Il fatto è che la Costituzione italiana è nata grazie a condizioni assai particolari, in una situazione irripetibile di "velo d'ignoranza", di non-conoscenza da parte dei partiti di allora della loro futura sorte politica. Eletti per la prima volta – dopo che venti anni di fascismo, la guerra e gli eventi internazionali avevano radicalmente mutato l'organizzazione sociale e l'assetto politico del paese –, eletti per la prima volta con il voto anche delle donne, i membri dell'Assemblea costituente non sapevano quale esito avrebbero avuto le prime elezioni politiche, che qualche anno dopo avrebbero avviato l'ordinario corso della nuova vita costituzionale italiana. Condizioni del genere oggi in Italia non esistono più e non saranno più riproducibili per chi sa quanto tempo: è proprio per questo che è diventato così difficile cambiare la Costituzione. Alla costituente nessun gruppo era certo di poter conquistare la maggioranza nel futuro Parlamento, e perciò ognuno temeva l'ipotesi di perdere le elezioni. La paura di soccombere ha prevalso sul desiderio di imporsi: da qui l'attenzione assoluta per i diritti delle minoranze, quali esse siano; da qui la scelta, per il sistema parlamentare, per il sistema delle garanzie costituzionali e, sia pure non "irrigidita" nella Costituzione, l'opzione per il sistema proporzionale. Ma soprattutto, da qui prende senso la Costituzione stessa, tutta rivolta a fissare i confini oltre i quali non può andare la volontà della maggioranza politica, quale essa sia.

Per cui è vero che la Costituzione italiana, come tutte le costituzioni coeve, afferma valori opposti, spesso conflittuali, senza dire quale dovrà prevalere. Ma questa è una caratteristica ricca di conseguenze positive, perché il carattere "aperto" della Costituzione sta a indicare anche la sua natura pluralista: è una Costituzione che ci dice quali valori non possono essere totalmente sacrificati, ma non quelli che devono necessariamente prevalere. Da ciò la Costituzione trae anche una notevole dinamicità, una notevole capacità di adattarsi ai tempi.

Molto spesso i critici dicono l'esatto opposto. La Costituzione italiana sarebbe irrimediabilmente invecchiata perché troppo legata alle circostanze della sua nascita: paralizzata dal compromesso politico, troppo segnata dalle vicende storiche italiane, dalla crisi delle istituzioni liberali previste dallo Statuto e dall'avvento del fascismo e perciò preoccupata più di immettere meccanismi di controllo e di garanzia che di assicurare l'efficienza della macchina decisionale pubblica. Ma anche queste critiche sono ingiuste. Come già si è osservato, tutte le costituzioni, nascendo dalla crisi del precedente regime, guardano al loro passato prossimo e cercano di dare le risposte necessarie ad evitare che si riproducano le cause che hanno provocato quella crisi. E poi tutte le costituzioni hanno come loro obiettivo tipico mettere dei limiti e delle regole all'esercizio del potere: esse valgono sempre come *limite*, ma non possono garantire il buon esercizio del potere. È quantomeno ingiusto, se non fuorviante, incolpare la Costituzione del cattivo funzionamento delle istituzioni politiche. Questo è quanto vogliono far credere coloro che fanno funzionare le istituzioni: se la macchina va fuori strada, il pilota è sempre pronto a dire che la colpa non è sua ma del costruttore!

✓ L'"INATTUAZIONE" DELLA COSTITUZIONE

Purtroppo il costituente qualche errore l'ha commesso. Il più grave, forse, è l'ingenuità in cui è incorso nel progettare i *"contropoteri"*. Con questo termine s'intendono quei tipici meccanismi costituzionali che servono a evitare la concentrazione del potere in poche mani e operano nel senso di rafforzare controlli politici e giuridici. Essi rappresentavano delle grandi innovazioni per la nostra tradizione giuridica, e anche per la mancanza di esperienza il costituente non è riuscito a dettarne una disciplina completa, autosufficiente. Il loro funzionamento è stato rinviato a delle leggi di attuazione della Costituzione; come dire che l'operatività dei meccanismi di limitazione della volontà della maggioranza è rimasta condizionata alla legge, cioè alla più tipica espressione della volontà della maggioranza stessa: che il potere costituente ha affidato al potere costituito il compito di far funzionare ciò che era stato pensato come limite allo stesso potere costituito ❻. Il risultato è stato una lunga fase di inattuazione della Costituzione. La Corte costituzionale ha potuto iniziare a funzionare solo nel 1956, otto anni dopo l'entrata in vigore della Costituzione che doveva custodire (su cosa sia avvenuto nel periodo transitorio → § XII.1.3.β); solo nel 1958 è stato varato l'ordinamento del Consiglio superiore della magistratura (C.S.M.); mentre solo nel '70, con uno scandaloso ritardo di ventidue anni, sono state varate le leggi per il funzionamento delle Regioni ordinarie (→ § VI) e del *referendum*, sia di quello abrogativo (→ § IX.9) che di quello approvativo delle leggi costituzionali (→ § IX.1.2) e solo nel 1988 è stata approvata la legge che disciplina l'ordinamento della Presidenza del Consiglio dei ministri, in attuazione dell'art. 95.3 (→ § V.2.6). Alcune leggi di attuazione della Costituzione non sono state emanate mai: come, per esempio, la legge (per altro facoltativa) che prevede la registrazione dei sindacati (art. 39.2 Cost.).

7.2. *Contenuti*

La Costituzione italiana del 1948 si compone di parti diverse. Inizia con i "*Principi fondamentali*": 12 articoli che contengono un complesso di norme di principio, non collegate tra loro, ma poste l'una accanto all'altra, talvolta l'una contro l'altra. Rappresentano infatti alcune delle premesse ideologiche e politiche che i costituenti hanno trascritto traendole dai loro diversi, e talvolta opposti, manifesti politici, con la consapevolezza che i loro ideali sarebbero stati destinati a coesistere e bilanciarsi, senza possibilità che uno soverchi gli altri. La stessa idea di fissare in Costituzione i colori della bandiera (art. 12) rivela in fondo la volontà di evitare che una ideologia possa prevalere sulle altre giungendo a imporsi anche sul piano simbolico delle insegne nazionali.

In questi "principi fondamentali" vi sono disposizioni importanti, di grande rilievo operativo, ed altre che non sono uscite dal "manifesto" per tradursi in strumenti di regolazione giuridica. Che la Repubblica italiana si fondi sul lavoro (art. 1) e che riconosca il lavoro come un diritto fondamentale (art. 4) sono affermazioni di significato essenzialmente politico, come più volte la Corte costituzionale ha detto: che sì ispirano l'intero ordinamento giuridico, ma non bastano a fondare "situazioni giuridiche soggettive", cioè pretese che un giudice (compreso quello costituzionale) possa soddisfare direttamente, senza che sia il legislatore a fornire gli strumenti concreti. Così anche il riconoscimento delle autonomie locali (art. 5), la tutela delle minoranze (art. 6) e la valorizzazione del patrimonio culturale, artistico e paesaggistico della nazione (art. 9) sono compiti assegnati al legislatore, non direttamente al giudice, che non ha strumenti per costringere il legislatore ad assolverli.

Il che non significa affatto, però, che siano disposizioni inutili sotto il profilo giuridico: la Costituzione, come si è detto, è un testo normativo, mai solo un puro "manifesto politico". Siccome esse prescrivono obiettivi al legislatore, i giudici possono quantomeno impugnare le leggi che vanno in direzione opposta, che ostacolano, anziché favorire, il raggiungimento di essi. Almeno questa funzione "negativa" può essere riconosciuta, sul piano giuridico, a tutte le "*norme programmatiche*" che sono disseminate in più punti della Costituzione (si guardino, per es., gli artt. 35-38 e 45-46, sulla tutela del lavoro nelle sue varie forme, che sono una specificazione del "principio lavoristico" già affermato in questi articoli di esordio; oppure l'art. 31, sulla famiglia, la maternità e l'infanzia). Così, per esempio, l'art. 6 è stato impiegato dalla Corte costituzionale [6] per annullare una norma del vecchio codice di procedura penale che puniva l'uso di lingue straniere nel processo, dicendo che, se anche l'art. 6 è da considerare una norma programmatica, laddove vi siano minoranze linguistiche riconosciute dalla legislazione dello Stato, con la Costituzione è "incompatibile, prima ancora logicamente che giuridicamente, qualsiasi sanzione che colpisca l'uso della lingua materna da parte degli appartenenti alla minoranza stessa". È questa infatti, dice ancora la Corte, "l'operatività minima" del diritto delle minoranze (su questo concetto → § XIII.3.3.3.γ). L'avvento della Corte costituzionale, e l'applicazione che essa ha fatto di ogni norma costituzionale, ha fatto perdere di significato la distinzione, nelle norme costituzionali, tra **norme precettive** e **norme programmatiche**. Essa aveva avuto grande fortuna nei primi anni di applicazione della Costituzione, quando, non essendo stata ancora istituita la Corte costituzionale, i giudici ordinari avevano sviluppato un *sindacato diffuso* di legittimità costituzionale (→ § XII.1.3), in cui però si negava la *applicabilità diretta* (cioè senza l'intervento di una legge di attuazione) della gran parte delle norme costituzionali, considerate come semplici "programmi" indirizzati al legislatore (l'applicabilità diretta è l'ennesimo "filo rosso" che cuce l'intero diritto costituzionale ⓫).

---

[6] Nella sent. 20/1982.

✓ NORME PRECETTIVE E NORME PROGRAMMATICHE: UN CHIARIMENTO

Nei primi anni di applicazione della Costituzione, prima che entrasse in funzione la Corte costituzionale (1956), la gran parte dei giudici e la Cassazione ritennero che la maggior parte delle norme costituzionali non potessero essere applicate direttamente nei tribunali, essendo necessario l'intervento del legislatore ordinario. Esse quindi venivano ricostruite come "norme programmatiche", che non sarebbero direttamente applicabili dai giudici ma si indirizzerebbero al legislatore, indicandogli le cose da fare: al massimo al giudice servirebbero come guida per l'interpretazione. Poche dunque sarebbero state le norme costituzionali "precettive": per es., quelle che istituivano i nuovi organi costituzionali o quelle che erano sufficientemente precise e incondizionate (sono i termini che vengono impiegati per spiegare gli "effetti diretti" delle norme dell'Unione europea: → § XI.1.3), come per es. la disposizione che fissa in 48 ore la convalida dell'arresto (art. 13 Cost.). La Corte costituzionale, già nella sua prima sentenza (1/1956: → § VIII.8.3) ha contestato questa distinzione e ha trattato le disposizioni costituzionali tutte come fonte di regole direttamente applicabili. Per es., è vero che il "diritto alla salute" dell'art. 32 è rivolto principalmente al legislatore, cui spetta organizzare l'assistenza sanitaria, ma è anche vero che esso riconosce un diritto che ha una carica precettiva immediata, tale per cui possono essere dichiarate illegittime le leggi che negassero o restringessero eccessivamente il ricorso all'assistenza pubblica per cure necessarie alla sopravvivenza delle persone (→ § XIII.6.1).
Altro problema è quello della distinzione tra "norme di principio" e "norme di dettaglio", su cui si ritornerà in seguito: (→ § VIII.8.3).

Le altre disposizioni, come si diceva, vanno lette come compromesso tra principi opposti. Il secondo comma dell'art. 1 pone il grande principio democratico della sovranità popolare, ma subito ne limita la portata affermando che essa si esercita nelle sole forme individuate dalla Costituzione, e quindi attraverso i canali della *democrazia rappresentativa* (artt. 56-58, che disciplinano l'elezione delle Camere, e 122, sull'elezione dei Consigli regionali) e quelli più limitati della *democrazia diretta* (il *referendum abrogativo*, art. 75; il *referendum approvativo* delle *leggi costituzionali*, art. 138.2; i *referendum regionali*, art. 123). L'art. 2 afferma l'inviolabilità dei diritti umani, dell'individuo e delle formazioni sociali, ma anche l'inderogabilità dei doveri di solidarietà, cosicché i primi, benché inviolabili, possono essere limitati in nome dei secondi. Per esempio, per quanto la tutela del lavoro e il diritto di sciopero possano essere considerati diritti fondamentali, essi si piegano di fronte al dovere di solidarietà che si esprime nell'assicurare comunque il funzionamento dei servizi pubblici essenziali [7]. Si afferma l'eguaglianza formale dei cittadini davanti alla legge, ma anche il dovere pubblico di rimuovere le diseguaglianze di fatto (art. 3): cosicché, se sono vietati discriminazioni e privilegi, resta però permesso al legislatore ordinario di introdurre differenziazioni tra soggetti quando siano rivolte a una migliore giustizia sociale (sull'enorme importanza operativa assunta dal principio di eguaglianza come strumento di continua evoluzione dell'ordinamento giuridico → § XIII.1).

Altri principi di grande rilievo sono contenuti in questa parte introduttiva. Con essi vengono regolati i rapporti che l'ordinamento statale ha, al proprio interno, con le comunità religiose (artt. 7 e 8: → § XIII.5.4) e, al suo esterno, con l'ordinamento internazionale (artt. 10 e 11: → § II.7 e § XI).

---

[7] In questi termini la sent. 222/1976 della Corte costituzionale.

Una seconda sezione della Costituzione ("*Parte prima – Diritti e doveri dei cittadini*") pone le garanzie delle libertà individuali ("*Titolo I – Rapporti civili*"), dei diritti sociali ("*Titolo II – Rapporti etico-sociali*") e delle libertà economiche ("*Titolo III – Rapporti economici*": → § XIII.7), nonché i modi in cui il popolo esercita la sua sovranità ("*Titolo IV – Rapporti politici*": → § IV.7). Segue poi una parte ("*Parte II – Ordinamento della Repubblica*"), dedicata alla "organizzazione costituzionale dello Stato", cioè al Parlamento, al Presidente della Repubblica, al Governo e ai loro rapporti reciproci (→ § V), e alla disciplina della pubblica amministrazione (Titolo III, sez. II) e della magistratura (Titolo IV: → § VII), delle Regioni e delle autonomie locali (Titolo V: → § VI e § X) e delle "garanzie costituzionali" (Titolo VI), cioè la Corte costituzionale (→ § XII) e la revisione della Costituzione (→ § IX.1). Nell'ambito del titolo dedicato al Parlamento, vi è un'importante sezione (sez. II) dedicata alla formazione delle leggi e agli altri atti "con forza di legge" (→ § IX.3-7).

test **on-line**

IV. FORME DI GOVERNO

1. LE FORME DI GOVERNO DELLO STATO LIBERALE

1.1. *La monarchia costituzionale*

Le *forme di governo* (→ § II.1.1) conosciute dallo *Stato liberale* (→ § II.1.5) sono la *monarchia costituzionale*, il *governo parlamentare* (che rappresenta l'evoluzione storica della prima) e, negli Stati Uniti, la forma di *governo presidenziale*.

La **monarchia costituzionale** è la forma di governo che si afferma nel passaggio dallo Stato assoluto allo Stato liberale (→ § II.1.4). Infatti, essa nasce dapprima in Inghilterra, dopo le due rivoluzioni del 1649 e del 1688 determinate dalla reazione alle pretese assolutistiche degli Stuart, quando il Parlamento vede riconosciuti anche formalmente i suoi poteri che limitavano quelli del Re. Nell'Europa continentale si afferma più tardi, dopo la rivoluzione francese del 1789, e trova espressa disciplina nelle prime costituzioni liberali: le *Costituzioni francesi* del 1791 e del 1814, lo *Statuto Albertino* del 1848 (→ § III.3.2✓), la *Costituzione prussiana* del 1850, la *Costituzione dell'Impero tedesco* del 1871.

La monarchia costituzionale si caratterizza per la *netta separazione dei poteri tra il Re ed il Parlamento*, titolari rispettivamente del potere esecutivo e del potere legislativo (→ § II.3.1). Tra questi due centri di autorità non esisteva alcun tipo di raccordo, anche se il Re restava titolare di prerogative che scaturivano dalla sua collocazione al vertice dello Stato, che gli consentivano di partecipare all'esercizio della funzione legislativa (attraverso la sanzione delle leggi approvate dal Parlamento) e della funzione giurisdizionale (attraverso la nomina dei giudici ed il potere di concedere grazie e commutare pene). Inoltre, il monarca aveva il potere di nominare i ministri, che erano suoi diretti collaboratori (l'art. 65 dello Statuto Albertino recitava: "il Re nomina e revoca i suoi ministri"), nonché il potere di sciogliere anticipatamente la Camera elettiva del Parlamento, utilizzato allorché quest'ultimo esprimeva un orientamento politico contrario a quello del Re. Il Parlamento era il titolare del *potere legislativo*, con cui approvava le norme regolavano i poteri dell'amministrazione nonché i tributi, attraverso i quali il potere esecutivo otteneva le risorse indispensabili per la conduzione dello Stato. Ma le leggi non entravano in vigore senza il consenso del Re (la c.d. **sanzione regia**).

La monarchia costituzionale si fondava perciò sull'equilibrio tra due centri di potere – il Re ed il Parlamento (→ § III.3.2) – ciascuno dei quali si basava su un diverso principio di legittimazione politica e sull'appoggio di differenti classi sociali: il Re sul *principio monarchico-ereditario*, condiviso dalla nobiltà; il Parlamento sul *principio elettivo*, sia pure circoscritto ai cittadini abbienti e istruiti. Pertanto il dualismo dei centri di autorità rifletteva un equilibrio sociale ed era destinato a mutare man mano che cambiava l'equilibrio e si rafforzava il ruolo sociale e politico della classe borghese, che trovava nel Parlamento la tutela dei suoi interessi.

In questa prospettiva, si spiega la graduale evoluzione della monarchia costituzionale che, attraverso una serie di passaggi (consentiti dalla natura "flessibile" della costituzione: → § III.3.2), si è trasformata in forma di **governo parlamentare**. Nel governo parlamentare, tra il *Re* ed il *Parlamento* si è inserito un terzo organo, il *Governo*, che ha acquisito progressivamente autonomia dal Re, cercando invece il consenso del Parlamento. Se il Governo, pur nominato dal Re, deve poi ottenere il voto favorevole del Parlamento sul bilancio annuale, sulle leggi tributarie e su quelle che servono al suo programma politico, è inevitabile che esso possa reggere solo se gode della "*fiducia*" del Parlamento stesso. Ciò che caratterizza la forma di governo parlamentare è appunto il **rapporto di fiducia** che lega il Governo al Parlamento, il quale può costringerlo alle dimissioni votando la sfiducia.

✓ IL PARLAMENTO SI È IMPOSTO USANDO L'ARMA DELL'ACCUSA PENALE

Il Paese in cui per primo si afferma il sistema parlamentare è stato l'Inghilterra. Lo strumento su cui il Parlamento ha potuto fare leva per imporre il rapporto di fiducia è la *responsabilità penale dei ministri*, che poteva far valere attraverso la messa in stato di accusa penale (***impeachment***) su cui decideva la "Camera alta", cioè la Camera dei Lord. Minacciando l'uso di questa procedura, il Parlamento ottenne l'allontanamento dei ministri sgraditi; così si affermò la *responsabilità politica* dei ministri per gli atti del Re che essi *controfirmavano*. A poco a poco il Re prese a nominare, come ministri, persone che sapeva godere dell'appoggio parlamentare. La completa affermazione dell'autonomia del Governo si ebbe, poi, quando le leggi di successione portarono al trono di Inghilterra la dinastia degli Hannover (1714): poiché Giorgio I non conosceva l'inglese, smise di partecipare alle riunioni del Gabinetto. In questo modo, si creò un Governo che non era più formato dai collaboratori del Re, ma costituiva un terzo organo tra Re e Parlamento, legato da un rapporto di fiducia con entrambi.

1.2. *Parlamentarismo dualista e parlamentarismo monista*

La forma di governo parlamentare si è affermata nello Stato liberale attraverso un lento processo storico, al di là delle previsioni formali dei documenti costituzionali. Essa ha conosciuto due fasi distinte. Il sistema parlamentare delle origini era un **parlamentarismo dualista**, dotato dei seguenti caratteri:

a) il potere esecutivo era ripartito tra il Capo dello Stato e il Governo (*esecutivo bicefalo*);

b) il Governo doveva avere una *doppia fiducia*, quella del Re e quella del Parlamento;

c) a garanzia dell'equilibrio tra *potere esecutivo* e *potere legislativo*, al Capo dello Stato era riconosciuto il potere di *scioglimento anticipato del Parlamento*, che fungeva da contrappeso alla *responsabilità politica* del Governo.

Questo sistema si è affermato nell'Inghilterra del XVIII secolo e poi, nel corso dell' '800, anche in altri Paesi dell'Europa continentale, sempre per via di un'evoluzione storica che ha preso le mosse dalla monarchia costituzionale. Ciò è avvenuto anche in Italia, dove ben presto si è proceduto ad un'interpretazione in chiave parlamentare dualistica dello Statuto Albertino.

Il *dualismo* rifletteva ancora quell'*equilibrio sociale* che era stato tipico già della monarchia costituzionale: da una parte, il monarca, che costituiva il punto di riferimento delle classi aristocratiche, e dall'altra parte il Parlamento, che rappresentava gli interessi della borghesia. Questo equilibrio però si è progressivamente modificato a vantaggio della classe borghese, che ha preteso di incarnare gli interessi dell'intera nazione ed ha avuto la forza politica di circoscrivere notevolmente il ruolo del Re a favore del Parlamento, legando sempre più il Governo a quest'ultimo. Questa seconda fase ha visto l'affermazione del **parlamentarismo monista**, in cui il Governo ha un rapporto di fiducia esclusivamente con il Parlamento ed il Capo dello Stato è relegato in un ruolo di garanzia, e perciò assolutamente *estraneo al circuito di decisione politica.*

Il principale strumento attraverso cui si è realizzata questa trasformazione del ruolo del Capo dello Stato è la **controfirma** (→ § V.4.3). Essa – che originariamente era nata come attestazione da parte di un ministro della volontà manifestata dal monarca – ha assunto la funzione di trasferire al Governo, controfirmante, la *responsabilità politica* per gli atti del Capo dello Stato; infine ha comportato l'assunzione, da parte del Governo, del potere sostanziale di determinare il contenuto dell'atto che soltanto formalmente è rimasto imputato al Capo dello Stato. Il parlamentarismo è diventato, così, *monista*, perché il potere di direzione politica si è concentrato nel sistema Parlamento-Governo, intimamente legati grazie al *rapporto di fiducia* (→ § IV.3.1).

Questa evoluzione si è verificata in tutti i sistemi costituzionali, ma spesso ha avuto varianti diverse. Per esempio, nel Regno Unito è prevalso il ruolo di direzione politica del Governo, che in un sistema bipartitico ha potuto avvalersi della forza derivante dall'appoggio di una salda maggioranza parlamentare. In Francia invece, nella III Repubblica, è prevalso il ruolo dell'Assemblea, con Governi resi deboli dalla frammentazione politica che determinava continui cambiamenti di maggioranza. Il potere di scioglimento anticipato dell'Assemblea non bastava a riequilibrare il sistema, perché, per adottare il decreto di scioglimento, occorreva la controfirma; questa però non veniva apposta dal Governo, poiché i numerosi partiti della maggioranza non si mettevano d'accordo.

✓ L'AMBIGUA PARLAMENTARIZZAZIONE DELLO STATUTO ALBERTINO

Lo Statuto albertino (1848) prevedeva una monarchia costituzionale: il Re era il titolare del potere esecutivo, i ministri erano suoi collaboratori, non esisteva un organo collegiale Consiglio dei ministri con proprie competenze. Vero è che già nel 1848 il decreto, che nominava il conte Balbo Presidente del Consiglio dei ministri, implicitamente riconosceva l'esistenza di questa figura; si trattava però di un collaboratore del Re, privo di effettiva rilevanza autonoma. Tale sistema costituzionale si trasformò, attraverso una progressiva evoluzione, in sistema di tipo parlamentare. Un ruolo importante giocò l'esperienza di Cavour (4 novembre 1852-6 giugno 1861), che, grazie al "connubio" con Rattazzi, riuscì nell'intento di creare una maggioranza parlamentare; da questa egli traeva una forza politica che gli permetteva di assumere una certa autonomia dal Re, cui comunque restava legato da un rapporto di fiducia. I successori di Cavour si sforzarono di mantenere questa autonomia, attraverso la formazione di una maggioranza parlamentare capace di controbilanciare l'autorità del monarca.

Ma la costruzione della maggioranza parlamentare fu sempre un grande problema nella storia costituzionale italiana del XIX secolo. Diversamente da quanto era avvenuto in Inghilterra, il corpo elettorale non era nelle condizioni di scegliere il partito maggioritario, il cui leader assumeva la carica di Primo ministro e basava la sua forza sul sostegno indiscusso della maggioranza. Piuttosto, fin dai tempi del "connubio", si fece luogo alla formazione di coalizioni risultanti da elementi tratti da diversi gruppi politici e disposti a collaborare con il Presidente del Consiglio. La tendenza ebbe la sua massima affermazione con la confluenza della destra e della sinistra in un'unica formazione parlamentare di centro, durante i Governi presieduti da Depretis (1876-1887). Tutto ciò dava luogo ad esiti ambigui: da una parte, si rafforzavano l'autonomia del Governo e la forza del Presidente del Consiglio (che era il creatore della sua maggioranza); dall'altra, però, da maggioranze composite, prive di radici ideali e spesso basate su accordi clientelari con i singoli parlamentari, derivavano la precarietà e la fragilità della base parlamentare del Governo. Perciò, se nei periodi in cui la maggioranza aveva una certa solidità (per es. con Giolitti) il ruolo del Re restava circoscritto, in fasi di maggiore precarietà della maggioranza, questo ruolo si espandeva, facendo ritornare l'idea del Re capo del potere esecutivo: fino alla fine del XIX secolo il sovrano interveniva sempre nella formazione dei Governi, scegliendo i titolari del ministero della guerra e talora anche quelli degli esteri; alcuni Presidenti del Consiglio, come Crispi, si appoggiarono sempre al Re; nella decisione di entrare in guerra nel 1915, probabilmente fu molto forte l'influenza del "partito di corte", ecc. Per questi motivi, la parlamentarizzazione dello Statuto albertino conservò sempre margini di ambiguità.

2. LE FORME DI GOVERNO NELLA DEMOCRAZIA PLURALISTA ED IL SISTEMA DEI PARTITI

Nello Stato di democrazia pluralista, il funzionamento della forma di governo è influenzato dalla presenza di una pluralità di partiti e gruppi organizzati, che costituiscono l'elemento maggiormente caratterizzante questa forma di stato. Più esattamente, il funzionamento ed il rendimento di una forma di governo non possono essere considerati come esclusiva conseguenza delle regole costituzionali e legali che la riguardano, perché il concreto operare delle istituzioni è condizionato dalle caratteristiche del sistema politico. La "forma" di governo designa la struttura formale dei meccanismi di esercizio del potere politico, ma il concreto assetto del sistema politico condiziona il funzionamento di tali meccanismi; con la conseguenza che la stessa forma di governo, operante in rapporto a sistemi politici diversi, ha funzionamenti essi stessi differenti.

Anche l'interpretazione delle disposizioni costituzionali sulla forma di governo è condizionata dai caratteri del sistema dei partiti, che diventa perciò indispensabile per ricostruire il significato e la portata delle norme costituzionali. Lo stesso sistema dei partiti produce comportamenti costanti dei soggetti politici e dei titolari di organi costituzionali, che danno vita a regole convenzionali le quali integrano e arricchiscono la disciplina costituzionale. Quest'ultima infatti difficilmente (e certamente non lo fa in Italia) può predisporre un disegno completo dell'assetto e del funzionamento della forma di governo, ma piuttosto si limita ad indicare una "cornice", i *limiti giuridici* nel cui ambito i soggetti politici e gli organi costituzionali possono instaurare diversi tipi di relazioni (perciò si usa dire che le norme costituzionali sulla forma di governo sono a *fattispecie aperta*). I contenuti di queste relazioni dipendono soprattutto dai caratteri del sistema politico, oltre che dalla cultura politica propria del contesto in cui si sviluppano.

Quando parliamo di **sistema dei partiti**, intendiamo riferirci essenzialmente al numero di partiti ed al tipo di rapporto che si instaura tra di essi. In particolare, la *Scienza politica* ha classificato i sistemi politici tenendo conto non solo del numero dei partiti, ma anche del tipo di raggruppamenti realizzabili tra di loro: vi sono partiti disponibili al compromesso e quindi a formare coalizioni, altri che sono molto ideologizzati, spesso perché riflettono società ancora attraversate da profonde divisioni sociali, ideologiche, ecc. Quando è molto elevata la distanza ideologica tra i partiti, e particolarmente tra quelli che costituiscono le "ali estreme" del sistema, si dice che il sistema politico è ideologicamente *polarizzato*. In questo caso, diminuiscono le possibilità di aggregazione tra i partiti, e addirittura ve ne sono alcuni che non possono essere aggregati in nessuna coalizione in quanto percepiti, per la loro ideologia, come partiti nemici dell'ordinamento democratico (**partiti antisistema**). Pertanto il sistema funziona basandosi su una molteplicità di poli politici (**sistema multipolare**). In questo caso, a livello elettorale, difficilmente può operare la regola di maggioranza per la formazione del Parlamento e del Governo (→ § II.4), in quanto i radicali antagonismi tra i partiti esporrebbero quelli che perdono le elezioni al rischio che i partiti vincitori utilizzino lo Stato per eliminarli ❻.

Diversa è la situazione in quei sistemi politici in cui le distanze ideologiche tra i partiti sono ridotte, con la conseguenza che ciascuno di essi ha un elevato potenziale di coalizione. In questo caso, anche se il sistema è pluripartitico, esso finisce per imperniarsi su due poli (**sistema bipolare**). Di conseguenza, la competizione elettorale è vissuta come competizione tra due poli politici tra loro alternativi. Quindi, dalle elezioni emerge con chiarezza la coalizione di partiti che ottiene la maggioranza e che pertanto esprimerà il Governo. Perciò, il sistema bipolare può avere modalità di funzionamento simili a quelle di un **sistema bipartitico**, in cui, esistendo due soli partiti (l'esempio classico è il Regno Unito con i conservatori ed i laburisti), le elezioni diventano una competizione tra due forze alternative, ciascuna delle quali aspira a conquistare la maggioranza parlamentare ed a fare sì che il proprio leader assuma la guida del Governo. L'assenza di radicali contrapposizioni ideologiche, poi, fa sì che il partito che assume il controllo del potere di governo non utilizzerà tale potere per eliminare gli avversari politici, ma si sottoporrà alle critiche di questi e, alla scadenza prestabilita, al giudizio del corpo elettorale.

Occorre aggiungere che, se il sistema dei partiti condiziona il funzionamento della forma di governo, ma le regole formali di questa influenzano l'assetto del sistema dei partiti. Infatti, il sistema politico vive, opera, si articola e si modifica intorno ad una determinata struttura formale che ne costituisce lo "scheletro", da cui i soggetti politici non possono in alcun modo prescindere. Perciò, tra forma di governo e sistema politico, esiste un rapporto di *condizionamento reciproco.*

Le principali forme di governo che esistono nelle democrazie pluraliste sono tre: il *sistema parlamentare*; il *sistema presidenziale*; il *sistema semipresidenziale.* Il primo è di gran lunga il più diffuso, soprattutto in Europa: siccome però la stessa "forma" (ossia l'insieme delle regole costituzionali) è pressoché eguale in tutti i sistemi parlamentari, essi si differenziano essenzialmente per la diversità del loro sistema politico. Il sistema presidenziale è tipicamente (per non dire esclusivamente) quello degli Stati Uniti d'America. Il sistema semipresidenziale è stato tipicamente (e forse esclusivamente) quello francese prima delle recenti riforme costituzionali (→ § IV.5✓).

3. Il sistema parlamentare e le sue varianti

3.1. *Forma di governo parlamentare e razionalizzazione del potere*

La **forma di governo parlamentare** si caratterizza per l'esistenza di un **rapporto di fiducia** tra Governo e Parlamento: il primo costituisce *emanazione permanente* del secondo, il quale può costringerlo alle dimissioni votandogli contro la sfiducia. Se il Parlamento è *bicamerale*, occorre distinguere i sistemi costituzionali in cui la sfiducia può essere votata da ciascuna Camera (così in Italia), da quelli in cui il rapporto di fiducia intercorre con una sola Camera, la "Camera politica" (così in Germania).

Le Costituzioni del secondo dopoguerra hanno cercato di evitare che questo sistema desse luogo ad un'eccessiva instabilità e debolezza dei Governi, esposti costantemente al rischio di perdere la fiducia parlamentare. Questo è un rischio tipico dei sistemi parlamentari, che ne ha facilitato la crisi: l'avvento dello Stato totalitario in Europa, tra le due guerre mondiali, si è avuto proprio a seguito di tale crisi, principalmente determinata dalla frammentazione politica e dall'assenza di solide basi parlamentari dei Governi, sempre più deboli ed instabili.

Dall'esigenza di contrastare questi pericoli ha preso corpo la tendenza alla **razionalizzazione del parlamentarismo**, già nata nel periodo tra le due guerre mondiali, sviluppatasi in Europa soprattutto nel secondo dopoguerra (Francia 1946, Italia 1948, Repubblica federale tedesca 1949, Danimarca 1953) e ripresa dai testi costituzionali più recenti (Svezia 1975, Belgio 1994, Grecia 1975, Spagna 1978). Con tale espressione si indica la tendenza a tradurre in *disposizioni costituzionali scritte* le regole sul funzionamento del sistema parlamentare che, come si è visto, si erano già imposte *in via di prassi* negli Stati in cui questa forma di governo è sorta ed è riuscita a mantenersi funzionante. Con il ciclo costituzionale che si apre nel secondo dopoguerra, la razionalizzazione del parlamentarismo ha avuto come obiettivo prevalente quello di garantire la *stabilità del Governo* e la sua capacità di realizzare l'indirizzo politico prescelto, nell'ambito di un sistema costituzionale che comunque tutela le minoranze politiche.

La Costituzione italiana prevede una *forma di governo parlamentare a debole razionalizzazione* (→ § V.1). Rispetto agli schemi del parlamentarismo ottocentesco, i costituenti hanno innovato soprattutto attraverso la previsione di un Presidente della Repubblica titolare di poteri propri e di una Corte costituzionale al cui sindacato è sottoposto l'esercizio della funzione legislativa.

Invece, l'esempio probabilmente più significativo della tendenza razionalizzatrice è offerto dalla Costituzione tedesca del 1949; essa ha previsto una specie di parlamentarismo che attribuisce particolare risalto al ruolo del capo del Governo, chiamato **Cancelliere federale**. Per questa ragione tale forma di governo è spesso detta "**cancellierato**". In particolare, è previsto che il Cancelliere sia eletto senza dibattito dalla Camera politica (il *Bundestag*) su proposta del Presidente federale, a maggioranza dei suoi membri. Se il candidato non ottiene questa maggioranza, la Camera può eleggere un altro Cancelliere nei quattordici giorni successivi; decorso tale termine è eletto colui che ottiene il maggior numero di voti; ma se questi non raggiunge la maggioranza assoluta (→ § II.4.1), il Presidente federale (cioè il Capo dello Stato) deve scegliere se nominarlo o sciogliere la Camera. Attraverso questa disciplina si mira a raggiungere i seguenti obiettivi: creare un Governo in cui sia assicurata la preminenza del Cancelliere, dotato della legittimazione derivante dall'elezione parlamentare (che non riguarda gli altri membri del Governo); consentire, ove nessuno sia eletto a maggioranza assoluta, la formazione di un Governo, sebbene minoritario, rimettendo al Capo dello Stato la scelta se mantenere in carica o sciogliere il Parlamento. Inoltre, una volta eletto, il Cancelliere è titolare di importanti poteri, tra cui quello di determinare le "direttive" della politica del Governo, assumendosene la responsabilità.

Ma l'istituto più noto della forma di governo tedesca è la **sfiducia costruttiva**, in base alla quale la Camera politica può votare la sfiducia al Cancelliere solamente se contestualmente elegge, a maggioranza assoluta, un successore. In questo modo, si vorrebbero evitare le **crisi al buio**, cioè quelle crisi di Governo che si aprono senza che le forze politiche abbiano scelto la soluzione da dare alla crisi, cioè senza che abbiano scelto il Governo che deve sostituire quello colpito da sfiducia. In virtù della disciplina costituzionale, perciò, un Governo può essere rimosso solo se i partiti ed il Parlamento ne hanno pronto un altro con cui sostituirlo.

✓ LA "SFIDUCIA COSTRUTTIVA" SERVE DAVVERO?

La sfiducia costruttiva è stata azionata solamente due volte, nel 1972 e nel 1982. Nel primo caso la mozione non venne approvata, mentre nel secondo caso la sua approvazione, a causa del passaggio dei liberali da una coalizione ad un'altra, non apparve all'opinione pubblica sufficiente ad attribuire al nuovo Cancelliere una piena legittimazione politica. Pertanto, ricorrendo ad un espediente, poco tempo dopo si procedette allo scioglimento anticipato della Camera in modo tale che potesse essere direttamente il corpo elettorale a giudicare il cambio di maggioranza, fornendo con il voto una più forte legittimazione politica al Cancelliere. Per comprendere questa vicenda, occorre tenere conto di come, al di là di quanto previsto dal documento costituzionale, la prassi politica tedesca ha visto per molto tempo l'affermazione di un sistema politico bipolare che ha determinato competizioni elettorali caratterizzate dalla contrapposizione tra due coalizioni alternative. Anche se giuridicamente l'elettore vota per i candidati al Parlamento, di fatto egli sapeva chi sarebbe stato il Cancelliere, nel caso di vittoria elettorale della coalizione a cui appartiene il partito per il cui candidato ha votato. C'era quindi una sostanziale investitura popolare del Cancelliere, che ne rafforza considerevolmente l'autorevolezza. Ora però il sistema popolare è entrato in crisi e la formazione della maggioranza è divenuta molto complicata anche in Germania (l'ultimo Governo Merkel ha richiesto sei mesi di trattative).
In Italia, dove spesso si propone di introdurre la "sfiducia costruttiva", si dimentica che nessun Governo è mai caduto a causa di una mozione di sfiducia (→ § V.1.7), per cui qualsiasi regola puntasse a disciplinarla restrittivamente sarebbe di per sé (cioè, senza toccare diversi altri meccanismi) del tutto inutile. Del resto la sfiducia costruttiva era già prevista in alcuni dei primi Statuti regionali: in trent'anni se ne è mai accorto nessuno?
La sfiducia costruttiva ha avuto invece applicazione in Spagna tra maggio e giugno 2018, segnando il passaggio della guida del Governo dal popolare Rajoy al socialista Sànchez.

3.2. *Parlamentarismo maggioritario e parlamentarismo compromissorio*

Per comprendere il funzionamento della forma di governo e differenziare le diverse specie di parlamentarismo, non è sufficiente fermarsi all'esame delle modalità di razionalizzazione sancite dai testi costituzionali, ma bisogna indagare la complessiva logica di funzionamento del sistema, che discende dall'interazione tra la disciplina costituzionale e le caratteristiche del sistema politico. In questa prospettiva, la distinzione fondamentale è quella tra *parlamentarismo maggioritario* e *parlamentarismo compromissorio* ❻.

A) Il **parlamentarismo maggioritario** (o **a prevalenza del Governo**) si caratterizza per la presenza di un *sistema politico bipolare* (→ § IV.2), con due partiti o due "poli", ciascuno formato da più partiti, fra loro *alternativi*. In questo modo, le elezioni permettono di dare vita ad una maggioranza politica, il cui leader va ad assumere la carica di Primo ministro (o Cancelliere o Presidente del Consiglio: la terminologia costituzionale varia per indicare il Capo del Governo); pertanto il Primo ministro gode della forte legittimazione politica che deriva dall'investitura popolare ed il Governo ha il sostegno di una maggioranza politica che, di regola, lo sostiene per tutta la durata della legislatura (si parla, infatti, di **Governo di legislatura**). È importante sottolineare come, in questi sistemi, l'elettore formalmente non vota per il Primo ministro, ma per i candidati al Parlamento nel suo collegio elettorale. In realtà, poiché ciascun partito (nei sistemi bipartitici) o ciascuna coalizione (nei sistemi bipolari) si presenta alla competizione elettorale con un leader che assumerà, nel caso di vittoria del partito o della coalizione, la carica di Primo ministro, l'elettore sa che, votando per il candidato al Parlamento di un partito o di una coalizione, esprime la sua preferenza per la persona che dovrà assumere la carica di Primo ministro. Anzi, la personalizzazione della vita politica e la stessa dinamica bipolare del sistema fanno sì che la preferenza a favore del leader del partito o della coalizione sia prevalente rispetto a quella per il candidato al Parlamento, con la conseguenza che, di fatto, l'elettore si comporta *come se* votasse direttamente per il Primo ministro.

Il Governo dispone dell'appoggio della maggioranza, che può dirigere per ottenere l'approvazione parlamentare dei disegni di legge che propone (perciò si indica spesso il Governo come il "*comitato direttivo*" del Parlamento). Al partito o alla coalizione di partiti che costituisce la maggioranza politica, si contrappone il partito o la coalizione di partiti di minoranza, che costituisce l'**opposizione parlamentare**. Quest'ultima si caratterizza in quanto esercita un controllo politico sul Governo e sulla maggioranza, al fine di poterne prendere il posto nelle successive elezioni. Perciò il sistema si contraddistingue per la pratica politica dell'**alternanza ciclica** dei partiti nei ruoli di maggioranza e di opposizione. La funzione di opposizione trova un fondamento normativo in regole consuetudinarie e nei regolamenti parlamentari; nel Regno Unito è istituzionalizzata a tal punto da dare vita ad un **Gabinetto ombra** (***Shadow Cabinet***), contrapposto a quello governativo, in cui siedono il leader e i membri più influenti del partito di opposizione, destinati a diventare rispettivamente Primo ministro e ministri, nel caso in cui alle successive elezioni si realizzi l'alternanza ❻.

✓ LA "LADY DI FERRO" VINCE LE ELEZIONI MA PERDE IL GOVERNO

Mrs. Thatcher è stata Primo ministro nel Regno Unito per lungo tempo e, per la fermezza con cui ha applicato la dottrina del partito conservatore, si è guadagnata l'appellativo di "Lady di ferro". Nel 1990 il partito conservatore non riconfermò Margaret Thatcher leader del partito, sostituendola con John Major. Di fronte a questa clamorosa manifestazione di sfiducia del proprio partito, la Thatcher si dimise da Primo ministro e la Regina nominò al suo posto Major. La "Lady di ferro" aveva guidato il suo partito alla vittoria in tre elezioni generali e ancora non aveva perduto un'elezione: eppure, per la decisione del suo partito, fu costretta ad abbandonare il Governo, indipendentemente da un qualche pronunciamento del corpo elettorale. La vicenda si è ripetuta nel 2007 con il Primo ministro laburista Tony Blair, artefice del successo elettorale del suo partito (dopo diciotto anni di opposizione) nelle elezioni del 1997, nel 2001 e nel 2005. A seguito della perdita di consenso nel Paese, soprattutto a causa del giudizio negativo sull'intervento militare in Iraq a fianco degli Stati Uniti, Blair è stato sostituito da Gordon Brown alla guida del partito laburista e subito dopo la Regina ha nominato quest'ultimo Primo ministro al posto del dimissionario Blair. Come si concilia tale episodio con i principi del parlamentarismo maggioritario, che vogliono affidata al corpo elettorale la sostanziale investitura del Primo ministro? In realtà, l'episodio era coerente con le regole della forma di governo britannica, che è fondamentalmente basata sul ruolo dei partiti, per cui la forza del Primo ministro deriva dal fatto di essere il leader del partito maggioritario. È lo stesso partito, scelto dagli elettori per governare, che poi sarà giudicato da questi in termini di responsabilità politica alle prossime elezioni (perciò si parla di **responsible party government**). In ciò si rivela la differenza politica fondamentale tra parlamentarismo maggioritario e presidenzialismo statunitense. In entrambi i sistemi si assiste alla concentrazione del potere di indirizzo politico in capo al vertice dell'esecutivo (Primo ministro e Presidente); ma, mentre nel secondo gli elettori votano direttamente per le persone dei candidati alla Presidenza, nel primo la competizione elettorale è pur sempre una competizione tra partiti contrapposti, e le persone che si propongono come candidati alla carica di Primo ministro lo fanno in quanto sono i leader dei due partiti alternativi.

Il parlamentarismo maggioritario è diffuso in numerosi Paesi, tra cui Regno Unito, Canada, Australia, Nuova Zelanda, Germania, Svezia, Spagna. Esso può funzionare in presenza di una cultura politica omogenea, che pertanto può consentire una *democrazia maggioritaria* (→ § II.4). Diversa è la situazione nelle società divise da fratture profonde, di tipo prevalentemente ideologico, nelle quali, per evitare l'esplosione violenta dei conflitti e la prevalenza di tendenze disgregatrici, deve essere ricercato l'accordo tra le parti politiche sull'indirizzo politico e sulle sue realizzazioni. In tale tipo di democrazia, si è adottata una forma di governo parlamentare diversa, che prende il nome di *parlamentarismo a prevalenza del Parlamento* e che può arrivare a essere un *parlamentarismo compromissorio*.

B) Il **parlamentarismo a prevalenza del Parlamento** è caratterizzato da un *sistema politico che opera seguendo un modulo multipolare*, in presenza di numerosi partiti tra cui esistono profonde differenze ideologiche e, quindi, reciproca sfiducia. Le elezioni non consentono all'elettore di scegliere né la maggioranza né il Governo; sono i partiti, dopo le elezioni, a concludere accordi attraverso cui si forma la maggioranza politica e si individuano la composizione del Governo e la persona che dovrà guidarlo. Il Governo può contenere esponenti di tutti i partiti che fanno parte della maggioranza (**Governo di coalizione**), oppure può avere l'appoggio esterno dei partiti che gli votano la fiducia, mentre i ministri provengono da un solo partito. In ogni caso, la stabilità del Governo dipende dal mantenimento degli accordi tra i partiti della maggioranza, ciascuno dei quali ha un potere di pressione e di ricatto; se gli accordi vengono meno, si apre la crisi di Governo. Questo tipo di sistema parlamentare si caratterizza, quindi, per la debolezza e l'instabilità del Governo. Cresce invece il ruolo del Parlamento, perché il Governo, per mantenere la fiducia, è portato a contrattare con i gruppi presenti nello stesso Parlamento il contenuto delle leggi.

In certi sistemi, poi, la procedura parlamentare è regolata in modo tale da favorire la ricerca del compromesso tra maggioranza e minoranza ❻. Attraverso il compromesso parlamentare, partiti espressione di ideologie in radicale contrasto possono coesistere pacificamente e, a lungo andare, costruire, poco alla volta, quella fiducia reciproca che inizialmente non esisteva. In questo caso il sistema può essere denominato **parlamentarismo compromissorio**, ed ha funzionato in alcuni Paesi europei come Belgio, Paesi Bassi, Danimarca e per certi versi Italia.

Il parlamentarismo compromissorio comporta la garanzia del *pluripartitismo* e la competizione fra i partiti durante la campagna elettorale; le elezioni servono a contare il consenso di cui ciascun partito gode nel Paese e, quindi, ad individuarne la forza politica. Dopo le elezioni però i partiti tendono all'accordo compromissorio sull'indirizzo politico e sulle leggi, sicché manca una vera e propria opposizione; il Parlamento è la sede privilegiata della ricerca del compromesso. In talune ipotesi, infine, la necessità di fare fronte a situazioni eccezionali ha portato alla formazione di coalizioni che inglobano tutti i partiti, anche in sistemi in cui normalmente è conosciuta la dialettica maggioranza-opposizione. La **grande coalizione** si è formata in Germania (1966-1969, 2005-2009, 2013-2017 e di nuovo dal 2018); in Austria (1949-1966, 1987-1999, 2006-2017); in Belgio (1946-1965; 2011 ad oggi); in Danimarca (1945-1971) e nei Paesi Bassi (1946-1967).

4. Presidenzialismo

La **forma di governo presidenziale** è quella in cui il Capo dello Stato (di regola chiamato "Presidente"):

a) è eletto dall'intero corpo elettorale nazionale;

b) non può essere sfiduciato da un voto parlamentare durante il suo mandato, che ha una durata prestabilita;

c) presiede e dirige i Governi da lui nominati.

L'esperienza storico-costituzionale in cui la forma di governo presidenziale ha avuto la sua realizzazione di maggior successo è quella degli Stati Uniti d'America. Qui il Presidente ed il Vice-presidente sono eletti per un mandato di quattro anni (a seguito del XXII emendamento costituzionale del 1951 è stata stabilita l'ineleggibilità dopo due mandati) attraverso una procedura che solo formalmente è a doppio grado: in ogni Stato sono eletti gli "elettori presidenziali" (in numero eguale a quello dei deputati e dei senatori dello Stato medesimo), i quali successivamente sono riuniti in un collegio *ad hoc* (l'*Electoral College*) che procede alla scelta del Presidente e del Vice-presidente. Ma poiché i due grandi partiti (repubblicano e democratico) hanno già in precedenza individuato i propri candidati alle due cariche, attraverso apposite convenzioni nazionali, quando gli elettori votano per gli "elettori presidenziali", sanno che questi ultimi – al momento della successiva elezione nel collegio presidenziale – si limiteranno a votare per i candidati scelti dai rispettivi partiti. Ciò significa, quindi, che l'elettore, nell'ambito di ciascuno Stato, formalmente vota per l'"elettore presidenziale", mentre in realtà esprime la sua preferenza per il candidato alla Presidenza.

Perciò, il Presidente degli Stati Uniti gode della forte legittimazione politica che deriva dall'investitura popolare diretta. Il Presidente, in quanto capo dell'esecutivo, ha alle sue dipendenze l'amministrazione dello Stato federale e nomina i suoi collaboratori, che non possono essere membri del Parlamento. Non esiste neppure un "organo" chiamato Governo: i collaboratori (chiamati "segretari di Stato"), quando sono riuniti, formano il cosiddetto Gabinetto, privo di qualsiasi rapporto con il Parlamento (tra tali collaboratori presidenziali assume particolare rilievo il Segretario di Stato, posto al vertice del Dipartimento di Stato e incaricato delle relazioni estere). Tra le attribuzioni presidenziali assumono notevole rilievo quelle relative alla direzione della politica estera ed al comando delle forze armate.

Di fronte al Presidente vi è il Parlamento, che prende il nome di **Congresso** ed ha struttura bicamerale. Le due camere sono: il *Senato*, formato da due rappresentanti per ogni Stato membro, rinnovati parzialmente ogni due anni; la *Camera dei rappresentanti*, formata su base nazionale, in modo proporzionale alla popolazione degli Stati, da deputati con mandato biennale. Il Congresso è titolare del potere legislativo; approva il bilancio annuale, necessario affinché l'amministrazione sia autorizzata a spendere; può mettere in stato di accusa (*impeachment*) il Presidente per tradimento, corruzione o altri gravi reati (in tal caso, il giudizio finale spetta al Senato, presieduto dal Presidente della Corte Suprema: (→ § XIII.1). Presidente e Congresso sono indipendenti l'uno dall'altro, anche se esistono meccanismi costituzionali di controllo reciproco. In particolare: il Presidente ha il **potere di veto sospensivo** delle leggi approvate dal Congresso, il quale può superare l'opposizione presidenziale solamente tramite un'ulteriore deliberazione approvata con la maggioranza dei due terzi; il Congresso ha il potere di approvare le nomine presidenziali ad alcune alte cariche pubbliche (come quella di giudice della Corte Suprema) e la facoltà, assistita da sanzioni penali, di convocare funzionari dell'amministrazione, al fine di esercitare un controllo sulla politica del Presidente (sono le "udienze conoscitive": *hearings*).

Il sistema si caratterizza, dunque, perché il Presidente, capo del Governo, trae la sua legittimazione direttamente dalla collettività nazionale, così come succede per il Parlamento. A questa pari legittimazione politica, corrisponde una disciplina costituzionale dei rapporti tra i poteri, che consacra e garantisce la separazione tra i due stessi poteri: il Presidente è separato dal sostegno parlamentare, visto che non esiste il voto di sfiducia, con la conseguenza che resta in carica indipendentemente da questo sostegno; di contro, il Presidente non ha strumenti giuridici per superare l'ostilità del Parlamento, in quanto non dispone del potere di scioglierlo anticipatamente. Di conseguenza, si determina un *dualismo paritario* tra Presidente e Parlamento (che è proprio l'opposto del *monismo* del sistema parlamentare, in cui Governo e Parlamento sono strettamente collegati per via del rapporto di fiducia e della maggioranza parlamentare). Sono poi le vicende politiche a determinare lo spostamento dell'equilibrio del sistema, ora a favore del Parlamento ora a favore del Presidente.

In termini generali, può osservarsi che negli Stati Uniti – mentre nel XIX secolo prevaleva il Congresso (e si parlava infatti di *Congressional Government*) – nel secolo successivo è emerso con maggior forza il ruolo del Presidente, la cui forza politica è cresciuta anche per effetto della funzione di guida della politica mondiale, assunta dagli Stati Uniti, e per effetto della crescente personalizzazione del potere.

✓ GLI STATI UNITI ED IL "GOVERNO DIVISO"

In ogni caso, il dualismo del sistema presidenziale, con la separazione tra Parlamento e Presidente – ciascuno dotato di autonoma legittimazione –, favorisce la contrapposizione politica di Presidente e Parlamento, che si ha tutte le volte in cui il primo è espressione di un partito diverso da quello che ha la maggioranza in Assemblea. Tale evenienza è stata assai frequente negli Stati Uniti, ed è sintetizzata dagli americani con l'espressione **governo diviso**. È evidente come questa situazione può dare luogo a conflitti e paralisi decisionali, anche molto lunghe. Ciononostante, il sistema americano ha potuto funzionare, e con successo, grazie alla concomitante presenza di tre fattori: 1) partiti deboli e indisciplinati; 2) assenza di principi ideologici; 3) politica di concessioni localistiche. In presenza di questo contesto politico, tra maggioranza e minoranza non c'è una linea di divisione assoluta, ma al contrario esistono una notevole flessibilità ed una reciproca disposizione alla negoziazione politica (*political bargaining*). Il Presidente, perciò, anche quando nel Congresso c'è una maggioranza di un partito diverso dal suo, può cercare di costruire il consenso parlamentare necessario all'approvazione delle sue iniziative, aggregando parlamentari di partiti diversi, la cui benevolenza viene conquistata in cambio di favori elargiti dallo stesso Presidente nell'ambito dei collegi elettorali dei singoli parlamentari ❻. Ciò spiega come mai, al di fuori degli Stati Uniti, il sistema presidenziale abbia avuto un cattivo rendimento, almeno in quei Paesi in cui il contesto politico era molto diverso da quello statunitense. Perciò, anche per comprendere il funzionamento della forma di governo presidenziale, non è sufficiente l'esame delle formule costituzionali, ma vanno presi in considerazione il sistema politico e la cultura politica del Paese in cui essa opera.

5. Semipresidenzialismo

La **forma di governo semipresidenziale** si caratterizza per i seguenti elementi costitutivi:

a) il Capo dello Stato (chiamato "Presidente") è eletto direttamente dal corpo elettorale dell'intera nazione e dura in carica per un periodo prestabilito;
b) il Presidente è indipendente dal Parlamento, perché non ha bisogno della sua fiducia, tuttavia non può governare da solo, ma deve servirsi di un Governo, da lui nominato;
c) il Governo deve avere la fiducia del Parlamento.

Perciò, in tale sistema c'è una struttura *diarchica* o *bicefala* del potere di governo, che, infatti, ha due teste: il Presidente della Repubblica ed il Primo ministro. Quest'ultimo fa parte di un Governo che deve avere la fiducia del Parlamento, mentre il Presidente trae la sua legittimazione direttamente dall'elezione popolare, e perciò non ha bisogno della fiducia parlamentare.

Questa struttura duale del potere di governo, con le sue due teste, consente diversi equilibri della forma di governo, che può vedere ora la prevalenza del Presidente (nelle cui mani si concentra il potere di indirizzo politico), ora del Primo ministro e della sua maggioranza. Perciò, sistemi costituzionali riconducibili al modello semipresidenziale hanno tra loro notevoli differenze, con la conseguenza che è opportuno distinguere:

a) forme di governo semipresidenziali a presidente forte (l'esempio tipico è la V Repubblica francese);
b) forme di governo semipresidenziali a prevalenza del Governo (Austria, Irlanda, Islanda).

A determinare la differenza concorrono diversità di disciplina costituzionale e, soprattutto, differenze sul piano del funzionamento del sistema politico.

Se consideriamo sinteticamente la Costituzione della *V Repubblica francese*, almeno fino alle recenti riforme costituzionali, vediamo come il Presidente goda di importanti poteri, molti dei quali possono essere esercitati senza bisogno della controfirma del Governo (e quindi senza la partecipazione di quest'ultimo al processo decisionale). In particolare, egli:

– nomina il Primo ministro e, su proposta di quest'ultimo, nomina e revoca i ministri;
– sottopone a *referendum* ogni progetto di legge concernente l'organizzazione dei pubblici poteri;
– può sciogliere l'Assemblea nazionale;
– può inviare messaggi al Parlamento;
– può deferire al *Consiglio costituzionale* (→ § XIII.1.2✓) una legge prima della sua promulgazione, affinché questo organo controlli la legittimità costituzionale di essa;
– nomina tre membri del Consiglio costituzionale (→ § XIII.2.1);
– presiede le riunioni del Consiglio dei ministri;

– può adottare le misure necessarie, quando l'indipendenza della Nazione, l'integrità del territorio o l'esecuzione degli impegni internazionali siano minacciati in maniera grave ed immediata, e quando il regolare funzionamento dei poteri pubblici costituzionali sia interrotto.

Ma il ruolo di direzione politica del Presidente si è basato, piuttosto che sull'esercizio di tali poteri, principalmente sull'autorità politica che gli deriva dall'elezione popolare diretta e dal controllo della maggioranza parlamentare. Quest'ultimo aspetto è di decisiva importanza per comprendere il funzionamento del semipresidenzialismo francese. La base del ruolo di direzione politica del Presidente risiede nella circostanza per cui normalmente viene eletto dalla stessa coalizione di partiti che ha la maggioranza in Assemblea. Perciò il Presidente, in quanto leader della maggioranza parlamentare, può indirizzare sia il Governo, che di essa è espressione, che il Parlamento.

Nei sistemi semipresidenziali in cui prevale la componente parlamentare-governativa, il ruolo del Presidente si riduce a quello di garanzia. Ciò è dovuto, più che a precise scelte costituzionali, alle caratteristiche del sistema politico ed alle regole convenzionali (→ § VIII.3.3.γ✓) che esso ha prodotto, e particolarmente:

– alla bipolarizzazione del sistema politico ed alla connessa competizione elettorale che, di fatto, vede due coalizioni alternative i cui leader sono i candidati alla carica di Primo ministro;
– alla coincidenza nella medesima persona della carica di Primo ministro e del ruolo di leader della maggioranza;
– alla regola convenzionale per cui i partiti candidano alla Presidenza personalità politiche di secondo piano.

Chiamare questi sistemi "semipresidenziali" è dunque un po' fuorviante. In essi, infatti, l'elezione diretta del Presidente della Repubblica non comporta uno scostamento reale dalle regole del *regime parlamentare*. Il loro concreto funzionamento, perciò, non è affatto comparabile con il sistema francese, ma piuttosto con quello degli altri sistemi parlamentari.

6. Altre forme di governo contemporanee

L'analisi delle forme di governo termina con l'esame di alcune che hanno avuto una diffusione particolarmente ridotta. Esse sono:

A) La **forma di governo neoparlamentare**, che si caratterizza per:
a) il rapporto di fiducia tra Governo e Parlamento;
b) l'elezione popolare diretta del Primo ministro;
c) l'elezione contestuale di Primo ministro e Parlamento;
d) il "Governo di legislatura" (nel senso che tendenzialmente il Governo dura in carica per tutta la legislatura ed un'eventuale crisi, con dimissioni del Governo, determina altresì lo scioglimento del Parlamento, nuove elezioni per l'assemblea e per il Primo ministro).

Quella neoparlamentare è una forma di governo elaborata dalla dottrina con l'intenzione di raggiungere, mediante una particolare conformazione della disciplina costituzionale, quei risultati che nel Regno Unito sono stati raggiunti per mezzo di una progressiva evoluzione storica (cioè la sostanziale investitura popolare del Primo ministro e la stabilità del Governo). Ma sul rendimento concreto di tale forma di governo, di cui peraltro sono state proposte numerose varianti, possiamo dire poco perché di essa mancano le realizzazioni concrete. O meglio, l'unico esempio storico di forma di governo riconducibile al tipo è quello di Israele (a seguito della riforma costituzionale del 1992, durata però molto poco, essendo stata abrogata nel 2001). Ma lì, a differenza dei modelli elaborati dalla dottrina, manca la contestualità dell'elezione del Primo ministro e del Parlamento; inoltre, viene conservato un sistema elettorale proporzionale, che favorisce il mantenimento della frammentazione politica.

B) La **forma di governo direttoriale**, adottata solamente dalla Confederazione svizzera, che si caratterizza per la presenza, accanto al parlamento (l'*Assemblea federale*), di un **direttorio** (il *Consiglio federale*); questo è formato da sette membri ed è eletto, ma non revocabile, dal primo: svolge contemporaneamente le funzioni di Governo e di Capo dello Stato. Questa forma di governo si spiega alla luce delle particolari caratteristiche della Svizzera, che comprende una pluralità di comunità etniche, linguistiche e religiose. Ciò impone che Governo e Capo dello Stato abbiano una struttura collegiale, in cui siano rappresentate le diverse componenti etniche e linguistiche che convivono nell'ambito della Confederazione.

7. I SISTEMI ELETTORALI E LA LEGISLAZIONE DI CONTORNO

7.1. *La legislazione elettorale*

Nella legislazione elettorale confluiscono tre diverse componenti:

a) le norme che definiscono l'area della "**cittadinanza politica**", ossia l'insieme delle norme che stabiliscono quali soggetti godono dell'*elettorato attivo*;

b) le regole sul **sistema elettorale**, che stabiliscono i meccanismi attraverso cui i voti espressi dagli elettori si trasformano in seggi parlamentari;

c) la **legislazione elettorale di contorno**, formata da quelle regole che stabiliscono le modalità di svolgimento delle campagne elettorali, i modi di finanziamento della politica, il regime delle ineleggibilità e delle incompatibilità parlamentari. Tutto ciò con le finalità principali di garantire la lealtà della competizione elettorale e la parità tra i concorrenti, e di impedire il conflitto di interessi tra la carica di parlamentare e altri ruoli occupati dal medesimo soggetto.

7.2. *L'elettorato attivo e passivo*

Per quanto riguarda il primo dei profili indicati, si è visto come il passaggio dallo Stato liberale a quello di democrazia pluralista ha comportato l'introduzione del suffragio universale (→ § II.2.2). L'art. 48 Cost. afferma infatti che sono elettori tutti i cittadini, uomini e donne, che hanno raggiunto la maggiore età. Questa norma disciplina, pertanto, il cosiddetto **elettorato attivo**, cioè la capacità di votare. Esso è subordinato al possesso di due requisiti positivi:

1. la *cittadinanza italiana*. Come però si è già osservato, coloro che godono della cittadinanza dell'Unione europea hanno riconosciuto il diritto di voto nelle elezioni locali (→ § I.2.8);
2. la *maggiore età*. La legge fissa il raggiungimento della maggiore età al compimento di diciotto anni. Anche i detenuti, che non siano incorsi in una causa di incapacità elettorale, sono ammessi a votare nel luogo di detenzione, mentre i malati possono votare negli ospedali e nelle case di cura (artt. 8 e 9 della legge 136/1976).

✓ COME SI PERDE L'ELETTORATO ATTIVO

Tutti coloro che possiedono i requisiti vengono iscritti d'ufficio nelle **liste elettorali**. L'elettorato attivo viene escluso in presenza di alcune condizioni che danno luogo alla perdita del diritto di voto (si parla anche di *perdita della capacità elettorale*). Più precisamente, ai sensi dell'art. 48.4 Cost., ciò può avvenire solamente: 1) per *cause di incapacità civile*; 2) per *effetto di sentenze penali irrevocabili*, che per espressa previsione di legge portano alla perdita del diritto di voto; 3) per cause di *indegnità morale*. Secondo il diritto privato italiano, civilmente incapaci sono i minori e gli interdetti, mentre parzialmente capaci sono gli inabilitati. Tuttavia il legislatore ha riconosciuto la capacità elettorale ai ricoverati in ospedale psichiatrico, agli interdetti ed agli inabilitati (legge 180/1978, art. 11). Per quanto concerne invece la seconda causa di perdita della capacità elettorale, la legge ha individuato quali sentenze penali irrevocabili di condanna determinano tale effetto; si tratta di sentenze pronunciate per delitti fascisti; mentre altre sentenze riguardanti un numero considerevole di delitti e contravvenzioni portano alla sospensione per cinque anni del diritto di voto (art. 2, T.U. 223/1967). La stessa legge ha individuato i casi di "indegnità morale", escludendo temporaneamente dal diritto di voto coloro che sono sottoposti alle misure di prevenzione di polizia (→ § XIII.4.2.1) e coloro che sono sottoposti all'interdizione temporanea dai pubblici uffici. Invece, i condannati a pena che comporta l'interdizione perpetua dai pubblici uffici sono esclusi in via definitiva dal diritto di voto.

L'art. 48.2 Cost. pone alcuni principi che caratterizzano il diritto di voto, e più precisamente:

1. il *voto è personale*, con la conseguenza che è escluso il voto per procura;
2. il *voto è eguale*, secondo un principio basilare di un sistema democratico, che esclude radicalmente la possibilità che a certi soggetti sia attribuito il voto plurimo;
3. il *voto è libero*, con la conseguenza che la legge (art. 98, T.U. 361/1957) vieta e sanziona le coartazioni che possono derivare dall'esercizio di certe funzioni (pubblici ufficiali, ministri di ogni culto, ecc.) e considera reato l'elargizione di denaro e di cibo nell'imminenza delle elezioni (art. 9, legge 212/1956);
4. il *voto è segreto*, laddove la segretezza serve a garantire l'effettiva libertà dello stesso (l'unica eccezione riguarda i ciechi, i quali per votare possono farsi accompagnare nella cabina elettorale);
5. il *voto è dovere civico*, ma si tratta di una formula assai ambigua, da una parte perché il costituente espressamente evitò di qualificarlo come dovere giuridico, dal-

l'altra parte perché non ci sono sanzioni nei confronti di chi non vota, con la conseguenza che l'*astensionismo* può ritenersi perfettamente ammissibile e lecito.

✓ IL VOTO DEGLI ITALIANI ALL'ESTERO

Anche i *cittadini italiani residenti all'estero* hanno diritto di voto per l'elezione del Parlamento. La legge cost. 1/2000 ha introdotto un terzo comma dell'art. 48, il quale riconosce il diritto di voto anche a tale categoria di cittadini, rinviando alla legge la determinazione dei requisiti e delle modalità per l'esercizio del diritto. I cittadini residenti all'estero dovranno votare in un'apposita circoscrizione elettorale, la *Circoscrizione estero,* nella quale vengono eletti dodici deputati e sei senatori (così è stato stabilito nella successiva legge cost. 1/2001). Pertanto, il numero complessivo dei deputati e dei senatori è stato lasciato invariato, mentre sono stati proporzionalmente ridotti i parlamentari eletti sul territorio nazionale. La legge 459/2001 stabilisce le concrete modalità di voto.

Dall'elettorato attivo, di cui ci siamo fin qui occupati, va distinto l'**elettorato passivo**, che consiste nella capacità di essere eletto. Il principio generale è quello dell'eleggibilità di tutti gli elettori, salvo restrizioni particolari previste dalla Costituzione. Quest'ultima pone una restrizione concernente l'*età*: per essere eletti alla Camera dei deputati occorre avere compiuto venticinque anni (art. 56.3), mentre per essere eletti al Senato occorre avere almeno quarant'anni (art. 58.2). Per il resto si rinvia alla *capacità elettorale, per cui se si perde l'elettorato attivo viene meno quello passivo.* Inoltre, la Costituzione richiede la mancanza di talune condizioni negative, la cui sussistenza determina invece la cosiddetta *ineleggibilità*, che va tenuta distinta dall'*incompatibilità*.

✓ LA RAPPRESENTANZA DI GENERE

Malgrado la proclamata eguaglianza nei diritti politici, in Italia le donne sono da sempre sottorappresentate nelle istituzioni e in particolare nelle assemblee elettive. Non sono mancati tentativi di rimediare a questa situazione attraverso congegni "paritari" inseriti nelle leggi elettorali (generalmente congegni imposti dalle leggi dello Stato alle elezioni locali), ma almeno all'inizio la Corte costituzionale li ha bocciati: non per il loro obiettivo, giudicato sacrosanto, ma per le tecniche impiegate: la sent. 422/1995, per esempio, censura la legge per le elezioni nei comuni minori per aver previsto un meccanismo che vieta che in una lista i candidati di un sesso superino di oltre due terzi i candidati dell'altro. Norme del genere – dice la Corte – non si propongono di "rimuovere" gli ostacoli che impediscono alle donne di raggiungere determinati risultati, ma, per il modo in cui è organizzata la legge in cui sono inserite, mirano ad assicurare direttamente il risultato (si tratterebbe perciò di un caso di *reverse discrimination*: → § XIII.1.1).
Le polemiche scatenate da questa sentenza hanno portato a una (non molto efficace) revisione dell'art. 51 Cost. e poi a un ammorbidimento della stessa Corte costituzionale: ma soprattutto a scrivere leggi più attente. Specie le leggi elettorali regionali (→ § VI.6.1) hanno introdotto meccanismi molto efficaci, come la "**preferenza di genere**" prevista dalla legge campana (l'elettore può esprimere una seconda preferenza solo se è per un candidato di sesso diverso dalla prima), è "promossa" dalla Corte costituzionale (sent. 4/2010). In seguito la legge 215/2012 ha esteso l'applicazione della "preferenza di genere" alle elezioni comunali.

7.3. *Ineleggibilità, incompatibilità e incandidabilità*

L'**ineleggibilità parlamentare** consiste in un impedimento giuridico, precedente all'elezione, che non consente a chi si trova in una delle cause ostative previste dalla legge di essere validamente eletto.

L'**incompatibilità** invece è quella situazione giuridica in cui il soggetto, validamente eletto, non può cumulare nello stesso tempo la funzione di parlamentare con altra carica.

Diverso è il *fondamento giuridico* che sta alla base delle due figure: le ineleggibilità mirano a garantire in prima istanza la *libertà di voto e la parità di chances* tra i candidati, in modo che il procedimento elettorale si svolga con correttezza senza indebite influenze sulla competizione; invece, le incompatibilità sono volte in special modo ad assicurare che *l'imparziale esercizio delle funzioni elettive* non venga minacciato da conflitti di interessi o da motivi di ordine funzionale.

Sul piano degli *effetti*, le differenze sono cospicue: le cause di ineleggibilità hanno natura invalidante e determinano la nullità della stessa elezione; le cause di incompatibilità sono invece "caducanti" e producono la decadenza del titolare della carica elettiva qualora questi non faccia venire meno la causa di incompatibilità. Ciò significa che *le cause di incompatibilità possono essere rimosse* attraverso l'*opzione* da parte dell'interessato fra le due cariche.

Dalla ineleggibilità va tenuta distinta l'*incapacità elettorale passiva*, che discende dalla sussistenza di quelle cause che fanno venire meno lo stesso elettorato attivo, il cui godimento è il presupposto dell'elettorato passivo. L'incapacità elettorale impedisce la stessa iscrizione nelle liste elettorali e la partecipazione alla competizione elettorale; è rilevabile dagli stessi uffici elettorali; non può essere rimossa per volontà dell'interessato.

La norma costituzionale sulle ineleggibilità ed incompatibilità parlamentari (art. 65.1 Cost.) rimanda alla legge ordinaria (*riserva di legge assoluta*: → § VIII.11.2) la determinazione delle relative cause. Tuttavia, trattandosi di limitazioni all'elettorato passivo, cioè ad un diritto fondamentale di un ordinamento democratico, la Corte costituzionale ha sempre affermato che *l'eleggibilità è la regola e l'ineleggibilità l'eccezione* a cui si può far luogo solo in presenza di validi e ragionevoli motivi (sent. 42/1961). Le cause di ineleggibilità sono quindi di "stretta interpretazione" e devono comunque contenersi entro i limiti di quanto sia ragionevolmente indispensabile per il rispetto di valori costituzionali, altrettanto degni di tutela di quelli sacrificati (sent. 235/1988). Ciò deve indurre, peraltro, il legislatore a tipizzare con estrema chiarezza e precisione le singole ipotesi di ineleggibilità, per evitare soluzioni applicative discriminatorie (sent. 344/1996).

✓ CAUSE DI INELEGGIBILITÀ

La legislazione ordinaria relativa alle ineleggibilità parlamentari è ancor oggi in gran parte costituita dal d.P.R. 361/1957, risultante dall'approvazione del T.U. delle leggi *"recanti norme per l'elezione della Camera dei deputati"* (così come modificato dalle nuove leggi elettorali della Camera dei deputati e del Senato della Repubblica). Le *cause di ineleggibilità* possono essere ricondotte, per comodità espositiva, a tre gruppi:

– il primo comprende titolari di cariche di governo degli enti locali, funzionari pubblici, alti ufficiali

(presidenti di giunte provinciali, sindaci di Comuni con popolazione superiore a 20.000 abitanti, capi e vice capi della polizia, capi di gabinetto dei ministeri, commissari di governo, ecc.) che per la carica ricoperta potrebbero esercitare una *captatio benevolentiae* sull'elettore o incidere sulla *par condicio* dei candidati. La Corte costituzionale ha dichiarato l'illegittimità della lett. a) dell'art. 7 del T.U., che prevedeva l'ineleggibilità parlamentare per i consiglieri regionali (sent. 344/1993). Tali cause di ineleggibilità non hanno effetto se le funzioni esercitate siano cessate almeno 180 giorni prima della data di scadenza del quinquennio di durata della Camera dei deputati;
– il secondo riguarda soggetti aventi rapporti di impiego con Governi esteri (diplomatici, consoli, addetti alle legazioni e consolati esteri, ecc.) (art. 9);
– il terzo gruppo riguarda quelle categorie di soggetti aventi peculiari rapporti economici con lo Stato (concessionari di pubblici servizi, dirigenti e consulenti di aziende sovvenzionate dallo Stato, ecc.) (art. 10).
Per questi ultimi due gruppi, la legge non prevede espressamente il termine entro cui la carica deve essere abbandonata per evitare di incorrere nella situazione di ineleggibilità. Tuttavia, per omogeneità di trattamento con le ipotesi comprese nel primo gruppo, si ritiene che le dimissioni debbano aver luogo comunque prima dell'atto di presentazione della candidatura.
A questi gruppi è da aggiungere la categoria dei magistrati (esclusi quelli in servizio presso le magistrature superiori), ritenuti non eleggibili nelle circoscrizioni sottoposte, in tutto o in parte, alla giurisdizione degli uffici in cui hanno svolto le proprie funzioni nei sei mesi antecedenti la data di accettazione della candidatura (art. 8, così come modificato dalla legge 13/1997).

Le cause di ineleggibilità che sopraggiungono nel corso del mandato elettivo prendono il nome di **ineleggibilità sopravvenute**. Se la causa che determina l'ineleggibilità sopravvenuta è costituita dalla titolarità sopraggiunta di una nuova carica, essa si trasforma in *causa di incompatibilità*, che impedisce di mantenere la titolarità di entrambe le cariche, costringendo l'interessato a optare, pena la decadenza dall'ufficio di parlamentare.

✓ L'INTERPRETAZIONE "MORBIDA" DELL'INELEGGIBILITÀ SOPRAVVENUTA

La "giurisprudenza parlamentare", però, ha introdotto alcune eccezioni. In particolare, la Giunta delle elezioni (→ § IV.7.9) ha ritenuto compatibile con il mandato parlamentare la carica di sindaco di un Comune superiore ai 20.000 abitanti sopravvenuta dopo l'elezione parlamentare (delibera del 2 ottobre 2002). A sostegno di questo orientamento sono stati addotti vari argomenti ed in particolare la necessità di attenersi ad interpretazioni restrittive e l'assenza di una previsione legislativa che preveda la conversione delle cause di ineleggibilità in cause di incompatibilità. Ma la Corte costituzionale ha ritenuto invece illegittima la legge "nella parte in cui non prevede" (→ § XII.3.6.5) l'incompatibilità tra le due cariche (sent. 277/2011).
Nelle altre ipotesi di ineleggibilità sopravvenuta si determina comunque la decadenza dalla carica di parlamentare e ciò si verifica anche quando nel corso del mandato il parlamentare perda il *diritto di elettorato* o sia stato condannato con una sentenza penale che irroga la pena accessoria della *interdizione dai pubblici uffici* (→ § IV.7.2). Secondo la "giurisprudenza parlamentare" la pena accessoria dell'interdizione perpetua dai pubblici uffici costituisce una causa sopraggiunta di ineleggibilità che determina la decadenza dall'ufficio di parlamentare (deliberazione della Giunta delle elezioni del 7 luglio 2007 sul cosiddetto "caso Previti"). In ogni caso, la decadenza non è automatica ma richiede un'apposita deliberazione dell'Assemblea parlamentare, che a sua volta presuppone una proposta della Giunta delle elezioni al termine di una completa attività istruttoria.

Quanto alle cause di *incompatibilità parlamentare*, alcune sono direttamente previste dalla Costituzione ed altre dalla legislazione ordinaria. Per ciò che riguarda le prime, si tratta dell'incompatibilità tra deputato e senatore (art. 65.2 Cost.), tra Presidente della Repubblica e qualsiasi altra carica (art. 84.2 Cost.), tra parlamentare e membro del Consiglio superiore della magistratura (art. 104.7 Cost.), tra parlamentare e consigliere regionale (art. 122.2 Cost.), tra parlamentare e giudice della Corte costituzionale (art. 135.6 Cost.).

Il gruppo più importante di quelle previste dalla legislazione ordinaria è contenuto nella legge 60/1953, che prevede incompatibilità con la titolarità di uffici pubblici o privati derivanti da nomina o designazione governativa (art. 1), con cariche in enti o associazioni che gestiscono servizi per conto dello Stato (art. 2) ed infine incompatibilità per le cariche direttive ricoperte negli istituti bancari o in società per azioni con prevalente esercizio di attività finanziarie (art. 3).

È importante sottolineare come secondo la Costituzione (art. 66) sia la stessa Camera cui il parlamentare appartiene a giudicare se esso si trovi o meno, al momento dell'elezione o successivamente, in una condizione di ineleggibilità o di incompatibilità. Contro queste decisioni non è possibile ricorrere davanti ad un Giudice. Invece, nel caso di elezioni regionali, provinciali e comunali, le ineleggibilità e le incompatibilità possono essere fatte valere davanti al Giudice ordinario (→ § IV.7.9).

Istituto diverso sia dall'ineleggibilità che dall'incompatibilità è la cosiddetta **incandidabilità**. Inizialmente è stata introdotta con riguardo alle sole *cariche elettive di livello locale e regionale* (con la legge 16/1992) e poi è stata estesa a tutte le figure politiche. Prima con uno dei decreti legislativi sul federalismo fiscale, che ha previsto che il Presidente di regione, se rimosso a seguito di grave dissesto finanziario con riferimento al disavanzo sanitario, è incandidabile alle cariche di deputato e senatore, oltre che alle cariche elettive a livello locale, regionale ed europeo per un periodo di tempo di dieci anni (art. 2, d.lgs. 149/2011). La medesima conseguenza è stata prevista nei confronti di sindaci e presidenti di provincia ritenuti responsabili del dissesto finanziario dell'ente locale (d.lgs. 149/2011 e d.l. 174/2012 convertito nella l. 213/2012).

L'istituto dell'incandidabilità ha avuto la più ampia applicazione a seguito dell'approvazione della cosiddetta legge anticorruzione (legge 190/2012: cosiddetta **legge Severino**), e del d.lgs. 235/2012 che la ha attuata. Essa reca il divieto di ricoprire cariche elettive e di Governo per chi è colpito da *sentenze definitive* di condanna alla pena della reclusione superiore a due anni riferite a gravi reati non colposi (ferma restando l'interdizione perpetua dai pubblici uffici disposta dalla legge penale). Si tratta di tre categorie di delitti, consumati o tentati, di particolare allarme sociale (reati con finalità di terrorismo e di stampo mafioso, tratta delle persone e la riduzione in schiavitù, sfruttamento sessuale di minori ecc.; delitti contro la pubblica amministrazione, come peculato, concussione, corruzione ecc.; e altri reati non colposi per i quali sia prevista la pena edittale della reclusione non inferiore nel massimo a quattro anni).

Se l'incandidabilità sopraggiunge dopo l'assunzione della carica si verifica la **decadenza** dalla stessa. Quando un soggetto (ma non un parlamentare) riveste la carica ed è condannato con una sentenza non definitiva, scatta la **sospensione** della carica, in attesa della sentenza definitiva. Qualora si tratti di un parlamentare, non si verifica la cessazione *ex lege* dalla carica, ma sarà la Camera di appartenenza del Parlamentare a pronunciare la mancata convalida o la decadenza, in base ai principi dell'art. 66 Cost. già illustrati. Il "filtro" è diretto a verificare se sussista un *fumus persecutionis* nei confronti del parlamentare, ma non è un sindacato nel merito della pronuncia di condanna penale e nemmeno un giudizio che trascenda dal dato giuridico per abbracciare valutazioni di opportunità politica.

✓ L'INCANDIDABILITÀ È UNA SANZIONE PENALE?

Viva è la discussione sulla natura giuridica dell'incandidabilità: è una sanzione penale, una sanzione amministrativa, oppure consiste in una modifica di *status* che scaturisce da particolari tipologie di condanne penali? Secondo quest'ultimo indirizzo, l'incandidabilità non avrebbe carattere sanzionatorio, ma consisterebbe in una forma di esclusione dal diritto di elettorato passivo che la legge fa discendere dalla condanna penale, in ragione del vincolo costituzionale ad esercitare le cariche pubbliche "con disciplina e onore" (art. 54 Cost.).

Dalla qualificazione giuridica discendono conseguenze diverse in ordine alla eventuale *portata retroattiva dell'incandidabilità*. Il problema è se l'incandidabilità (o la decadenza, o la sospensione) possa discendere anche da fatti avvenuti prima dell'entrata in vigore della legge Severino o addirittura da sentenze di condanna antecedenti a tale legge. Se si opta per la natura di *sanzione penale*, opera il principio che vieta la retroattività della legge che introduce una nuova sanzione (art. 25 Cost.: → § VIII.7.2). Se si qualifica l'incandidabilità come *sanzione amministrativa* egualmente la conclusione dovrebbe essere a favore dell'irretroattività (legge 689/1981). La stessa Corte costituzionale ha esplicitamente parificato le sanzioni amministrative a quelle penali vietandone la retroattività (sent. 196/2010).

Nella prima prassi applicativa dell'incandidabilità, però, è prevalsa la terza tesi. Già la Corte costituzionale, con riguardo alla normativa preesistente alla legge Severino ha dichiarato che non è incompatibile con gli artt. 3 e 25.2 Cost., l'operatività immediata della previgente disciplina dell'incandidabilità alle cariche elettive regionali e locali, anche nei confronti di coloro che, prima della sua entrata in vigore, fossero già stati legittimamente eletti benché colpiti da una sentenza penale irrevocabile. Secondo la Corte, infatti, il limite dell'irretroattività si applica alle sanzioni penali, mentre, nel caso dell'incandidabilità la condanna penale sarebbe presa in considerazione come mero presupposto oggettivo cui è ricollegato un giudizio di "indegnità morale" a ricoprire determinate cariche elettive (sent. 118/1984). La stessa strada è stata seguita, dopo l'entrata in vigore della legge Severino, dalla giurisprudenza amministrativa con riguardo alle elezioni regionali e locali: con la conseguenza che è stato ritenuto ininfluente che i fatti costituenti reato, e persino le sentenze penali di condanna, fossero anteriori all'entrata in vigore della nuova disciplina.

Il richiamato orientamento ricostruttivo è stato fatto proprio dal Parlamento. Il Senato ha dichiarato decaduto (novembre 2013) il leader di una delle principali forze politiche, Silvio Berlusconi, in relazione ad una sentenza di condanna per fatti svoltisi ben prima dell'entrata in vigore della legge Severino, e resa definitiva per effetto di una sentenza della Cassazione dell'agosto 2013. La Giunta per le elezioni e le immunità parlamentari ha respinto la tesi della non retroattività dell'incandidabilità: ma il senatore Berlusconi ha proposto ricorso davanti alla Corte EDU, ma ha poi rinunciato al ricorso.

La Corte costituzionale (sent. 236/2015) ha ritenuto che la normativa sull'incandidabilità non sia incostituzionale. In particolare, ha affermato l'infondatezza della tesi secondo cui il principio di irretroattività, posto dall'art. 11 delle Preleggi, debba sempre applicarsi alla disciplina dei diritti fondamentali, quali l'elettorato passivo: al di fuori dell'ambito di applicazione dell'art. 25.2 Cost., il legislatore può disporre retroattivamente, purché nel rispetto del canone di ragionevolezza. Questa sentenza ha riguardato le cariche elettive locali, ma una decisione successiva (sent. 276/2016) ha assolto dalle censure di incostituzionalità anche quella parte della legge Severino che riguarda l'incandidabilità alle cariche regionali. Inoltre quest'ultima decisione ha escluso l'incostituzionalità pure sotto il profilo del differente trattamento riservato dalla legge alle cariche politiche locali rispetto a quanto previsto per i parlamentari.

L'incandidabilità si basa sull'indegnità morale del soggetto, che è ritenuto privo delle qualità personali necessarie per mantenere il prestigio delle cariche pubbliche alle quali intende concorrere. Mentre il soggetto *ineleggibile* può rimuovere preventivamente la causa di ineleggibilità e partecipare alla competizione elettorale, e se ciò non avviene, non impedisce la partecipazione alla competizione elettorale, ma determina l'invalidità dell'investitura seguita all'elezione (l'ineleggibilità viene accertata dopo lo svolgimento della tornata elettorale), al contrario l'incandidabilità non è rimovibile con un atto di volontà del soggetto interessato ed il suo accertamento (di competenza degli uffici elettorali) è espletato prima del voto.

✓ UN POTENTE IMPRENDITORE PUÒ DIVENTARE PRESIDENTE DEL CONSIGLIO?

Il dibattito sul tema del **conflitto fra interessi**, pubblici e privati, nello svolgimento di cariche di governo ha assunto grande rilievo nel quadro politico-istituzionale italiano in seguito al verificarsi di una situazione in cui il Presidente del Consiglio (on. Berlusconi) somma anche l'esercizio di attività imprenditoriali di notevole interesse economico-sociale, per di più in qualità di concessionario dello Stato. Ma, al di là del caso che ha acceso il dibattito sul punto, quello della commistione tra interessi pubblici e interessi privati per chi esercita pubbliche funzioni è un problema che tutte le democrazie devono affrontare. La complessità di una regolamentazione del conflitto di interessi risiede proprio nel trovare un equilibrio, un bilanciamento tra valori tutti di rilievo costituzionale, quali la *libertà di iniziativa economica privata* (→ § XIII.7.4), il diritto di concorrere "in condizioni di uguaglianza" alle cariche elettive, la sovranità popolare che si manifesta attraverso le scelte del corpo elettorale, ma anche la libertà di voto, che va garantita pure attraverso la previsione di cause ostative all'elezione.
In molti Paesi esistono normative generali o settoriali molto stringenti. Per esempio, per la gestione privata dei mezzi di comunicazione di massa, nel Regno Unito il *Broadcasting Act* del 1990 esclude dalla titolarità di concessioni televisive taluni soggetti tra cui il Capo e i componenti del Governo, taluni esponenti dell'opposizione ed altri soggetti peraltro non necessariamente politici. Si è voluto evitare che tali *disqualified persons*, per le cariche ricoperte, possano gestire a proprio vantaggio il mezzo televisivo. Ma indubbiamente la disciplina più completa in materia è quella prevista dal sistema statunitense: varie fonti (federali e statali) formano un organico codice etico di condotta per tutti i titolari di uffici pubblici. Tale sistema si fonda sulla modulazione dei rimedi secondo le diverse ipotesi di conflitto (c.d. regime dell'incompatibilità concreta e controllata). Il riferimento normativo fondamentale al riguardo (*Ethics in Government Act* del 1978 e successive modifiche) dispone che i soggetti interessati devono comunicare all'autorità competente (*Office of Government Ethics*) lo stato patrimoniale che li riguarda, indicando dettagliatamente tutte le attività economiche (comprese le eventuali passività) in cui sono coinvolti (la c.d. *disclosure public*). Spetterà poi a tale ufficio esercitare i controlli che reputerà necessari e decidere quali rimedi previsti applicare.
Il Parlamento italiano ha approvato la legge 215/2004, che regolamenta il conflitto di interessi. Essa stabilisce che i membri del Governo devono dedicarsi "esclusivamente alla cura degli interessi pubblici" e, quindi, non possono adottare atti o partecipare a deliberazioni collegiali in situazioni di conflitto di interesse. Questo si verifica quando il Governo adotta un atto (ovvero ne omette uno che era dovuto per legge) che ha un'incidenza specifica sul patrimonio di un membro del Governo o di un suo familiare, nonché sulle sue imprese, e quando il provvedimento abbia procurato anche un danno per l'interesse pubblico. I membri del Governo sono incompatibili con qualsiasi altra carica pubblica diversa dal mandato parlamentare, nonché con compiti di gestione con scopi di lucro e con attività imprenditoriali. Non possono esercitare l'attività professionale in materie connesse con la carica ricoperta e sono anche incompatibili con qualsiasi impiego pubblico o privato. Sull'osservanza della legge vigila *l'Autorità garante della concorrenza e del mercato* (→ § XIII.7.7.). Se accerta un vantaggio da parte di un'impresa di cui è proprietario un membro del Governo, può multare l'impresa fino ad una somma pari a quella del vantaggio patrimoniale.

7.4. *Disciplina delle campagne elettorali*

In un sistema democratico, la libertà di scelta dell'elettore e la parità di *chances* dei candidati costituiscono principi irrinunciabili. La Costituzione tutela espressamente la libertà del voto (art. 48) e il diritto di tutti i cittadini di potere accedere alle cariche elettive in condizioni di eguaglianza (art. 51). Una parte importante della legislazione elettorale di contorno ha proprio l'obiettivo di disciplinare la fase che precede la votazione vera e propria, con l'obiettivo di assicurare che il voto sia la genuina espressione della scelta popolare e di garantire l'eguaglianza di opportunità dei candidati.

Nell'ordinamento giuridico italiano, in passato, è stata dedicata scarsa attenzione alla legislazione elettorale di contorno, ma già con la legge 515/1993 e poi con la legge 28/2000 si è inteso fornire una disciplina unitaria ed organica della materia.

✓ *PAR CONDICIO*

Con la legge 515/1993 trovavano per la prima volta disciplina la parità d'accesso ai mezzi di informazione, le varie forme di propaganda elettorale, il regime delle spese elettorali differenziate a seconda se riferibili al candidato come singolo o alle forze collettive (partiti e movimenti), i limiti alla diffusione dei sondaggi elettorali ed, infine, un sistema sanzionatorio per le eventuali violazioni. Il primo obiettivo della legge era quindi quello di garantire la parità di trattamento tra i candidati, i partiti e i movimenti quanto all'accesso ai mezzi di informazione, nei trenta giorni precedenti la data delle elezioni. L'obiettivo veniva perseguito attraverso la predisposizione di idonei spazi di propaganda nell'ambito del servizio pubblico radiotelevisivo, nonché imponendo il rispetto da parte delle emittenti private (nazionali o locali) e degli editori di quotidiani e periodici delle regole poste dalla legge a presidio della ***par condicio***.
Tale disciplina è stata notevolmente modificata con la legge 28/2000, che detta disposizioni volte a disciplinare l'accesso all'informazione politica anche al di fuori di questo periodo. La *Commissione parlamentare per l'indirizzo generale e la vigilanza dei servizi radiotelevisivi*, nonché l'*Autorità per le garanzie nelle comunicazioni* dettano le regole applicative di tale disposizione e i criteri specifici ai quali dovranno attenersi la concessionaria radiotelevisiva pubblica e le emittenti private nella gestione dei programmi di informazione nel periodo elettorale.
In tale periodo (che inizia dalla data di convocazione dei comizi elettorali e si conclude con la chiusura delle operazioni di voto), la comunicazione politica nelle sue varie forme (tribune politiche, dibattiti, contraddittorio di candidati, interviste, ecc.) è regolata attraverso un riparto preciso degli spazi tra tutti i competitori, secondo criteri ispirati alla parità di trattamento, all'obiettività, alla completezza e all'imparzialità dell'informazione.

La legge 28/2000 disciplina anche la diffusione dei sondaggi politici ed elettorali. Per questi ultimi è fatto divieto di pubblicare i risultati nell'imminenza delle elezioni (nei quindici giorni precedenti la data delle votazioni), in quanto un utilizzo non corretto degli stessi può recare nocumento alla delicatissima fase preparatoria all'atto di votazione. Per ciò che riguarda invece i sondaggi realizzati al di fuori del periodo elettorale, la pubblicazione deve essere accompagnata da una scheda tecnica indicativa della qualità del sondaggio art. 8).

✓ LE SPESE ELETTORALI

Anche le *spese elettorali* sono sottoposte ad un regime particolare, che si differenzia a seconda se siano riferibili al singolo candidato oppure ai partiti o ai movimenti. Nel primo caso, la legge obbliga il candidato a nominare un *mandatario elettorale*, che diviene l'unico soggetto attraverso cui possono essere raccolti i contributi elettorali. Il mandatario elettorale dunque è una sorta di garante della regolarità della gestione dei fondi e del rispetto dei limiti di spesa che la stessa legge fissa. Ciascun candidato non potrà superare un tetto massimo di spesa (art. 7, legge 515/1993).
Ogni operazione economica relativa alla campagna elettorale deve essere resa pubblica dal candidato, attraverso un rendiconto da trasmettere al Presidente della Camera di appartenenza con l'indicazione dei contributi ricevuti e della loro provenienza. Il rendiconto delle spese elettorali sottoscritto dal candidato deve essere sottoposto al controllo del Collegio regionale di garanzia elettorale. La legge, infatti, prevede l'istituzione – presso la Corte d'appello o, in mancanza di quest'ultima, presso il Tribunale del capoluogo di ciascuna Regione – di *Collegi regionali di garanzia elettorale*. A questi organi sono affidati poteri sanzionatori, nel caso di violazione delle regole sulle spese elettorali, che possono andare dall'*irrogazione di sanzioni* pecuniarie fino alla *decadenza dalla carica* (che va dichiarata dalla Camera di appartenenza sulla base del rapporto redatto dal Collegio di garanzia).
Per i partiti e i movimenti è dettata una disciplina parzialmente diversa, che fissa un tetto massimo di spese, il cui consuntivo viene presentato ai Presidenti delle Camere ed inviato per il controllo ad un apposito collegio istituito presso la Corte dei conti.

La disciplina passata in rassegna (in particolare quella sulla par condicio) è nata quando il ruolo della rete non si era ancora sviluppato. Oggi, invece, in tutti i Paesi occidentali le campagne elettorali si svolgono in maniera sempre maggiore attraverso l'uso di Internet, impiegando blog, social network come facebook e piattaforme come twitter, per animare il dibattito e orientare le scelte dell'elettore. In questo mutato contesto si perde la distinzione tra chi produce informazioni e chi li riceve. Basta essere connessi e partecipare ad un blog o a un social network per diventare produttori di informazioni, che possono avere una diffusione ampia, anche virale. La regolazione delle campagne elettorali, dunque, rischia di essere inefficace perché le sfuggono alcuni tra i mezzi e le modalità più importanti attraverso cui esse si svolgono nelle nostre società.

7.5. *Il finanziamento della politica*

La politica ha costi crescenti nelle odierne democrazie pluralistiche. Da un lato, i partiti (→ § II.2.2) costituiscono organizzazioni complesse che, per funzionare, richiedono ingenti risorse. Dall'altro lato, le campagne elettorali, soprattutto a seguito dell'affermazione delle moderne tecniche di comunicazione politica – basate sull'uso massiccio dei media, ed in particolare della televisione – richiedono spese ingenti a chi intenda avere effettive possibilità di essere eletto.

Da questa situazione, ormai probabilmente irreversibile, scaturiscono esigenze diverse. In una democrazia, basata sull'eguaglianza politica di tutti i cittadini, occorre evitare che solo chi abbia il controllo di ingenti risorse economiche possa conquistare la titolarità del potere politico (piuttosto, le democrazie pluraliste tendono a realizzare la separazione tra potere politico e potere economico). Ne deriva la tendenza a introdurre forme di **finanziamento pubblico**, cioè a carico del bilancio statale, dei partiti e dei candidati, in modo da assicurare a tutti i soggetti politici pari opportunità nella competizione elettorale. Il *finanziamento della politica* è un fatto necessario e, per evitare che la politica sia esclusivo appannaggio di chi ha il controllo della ricchezza, numerosi ordinamenti hanno previsto forme di finanziamento pubblico. Ma il finanziamento pubblico della politica porta con sé il rischio di trasformare i partiti in apparati burocratici autonomi e insensibili alle esigenze della società; da questa tendenza scaturisce la richiesta di collegare il finanziamento della politica alle scelte volontarie dei cittadini. Pertanto, ogni disciplina delle modalità di finanziamento della politica deve bilanciare esigenze diverse, realizzando assetti molto complessi, spesso oggetto di veementi critiche e, perciò, soggetti a rapido mutamento.

✓ BREVE STORIA DEL FINANZIAMENTO PUBBLICO DEI PARTITI IN ITALIA

In particolare, in Italia a partire dal 1974, è stato introdotto un sistema di finanziamento pubblico dei partiti politici, che è stato più volte modificato. La legge 2 maggio 1974, n. 195 (con le modifiche successive) prevedeva: a) un contributo annuale ai gruppi parlamentari per lo svolgimento dei propri compiti e per l'attività funzionale dei relativi partiti; b) un contributo alle spese elettorali sostenute dai partiti per le elezioni del Parlamento europeo, del Parlamento nazionale e dei Consigli regionali; c) l'obbligo a carico dei partiti di presentare ogni anno un bilancio consuntivo da sottoporre al controllo dei Presidenti delle Camere; d) il divieto, assistito da sanzioni penali, di finanziamenti ai partiti o ai gruppi parlamentari da parte di enti pubblici, di società a partecipazione statale o di organi della pubblica amministrazione o da parte di società private (in quest'ultimo caso il divieto viene meno se la somma è regolarmente deliberata e iscritta in bilancio).

A seguito di uno dei *referendum* del 1993 sono state abrogate, sulla spinta della reazione popolare contro le degenerazioni della partitocrazia, le disposizioni (artt. 3 e 9 della legge 195/1974) riguardanti il finanziamento pubblico ai gruppi parlamentari per lo svolgimento dei propri compiti e di quelli dei rispettivi partiti. Il successo dell'iniziativa referendaria ha indotto il legislatore a mutare prospettiva nella regolamentazione del finanziamento pubblico, in modo da collegare il finanziamento alle scelte dell'elettore. Perciò è stata introdotta (dalla legge 2/1997) la contribuzione volontaria ai partiti e movimenti politici, per cui a ciascun contribuente è stata attribuita la possibilità di destinare una quota pari al 4 per mille dell'imposta sul reddito delle persone fisiche al finanziamento dei partiti (si badi: non di un determinato partito scelto dal contribuente, bensì a favore di tutti i partiti).

Nel 1999 è stato reintrodotto il finanziamento pubblico ai partiti politici, sotto forma però di rimborso delle spese elettorali sostenute da partiti e movimenti politici per l'elezione dei membri del Parlamento, del Parlamento europeo e dei Consigli regionali (legge 157/1999). Nel 2002 è stata ridotta dal 4 all'1% la "soglia minima" dei voti espressi in ambito nazionale per avere diritto al finanziamento (legge 156/2002). In tal modo, il finanziamento pubblico assicura l'esistenza anche delle formazioni politiche minori e si "anticipa" lo spirito della riforma elettorale di tipo proporzionale introdotta successivamente nel 2005. Si tratta, quindi, di fattori istituzionali che concorrono a determinare la notevole frammentazione del sistema politico, con gravi ripercussioni sulla coesione della coalizione di governo (→ § V.1.6).

Nel 2012 la legislazione sul finanziamento pubblico ai partiti politici è stata riformata (legge 96/2012), riducendo l'entità del finanziamento medesimo, innalzando la soglia per il finanziamento al 2% dei voti validi nelle elezioni per la Camera dei deputati e prevedendo un meccanismo di controllo sull'uso di queste risorse da parte dei partiti al fine di garantire che esse siano effettivamente impiegate nell'attività politica e non già utilizzate a fini personali. In particolare la gestione contabile e finanziaria di ciascun partito è sottoposta al controllo di una società di revisione contabile.

Dopo tante riforme e ripensamenti, sull'onda di una campagna contraria al finanziamento pubblico dei partiti (che invece è la regola in tutti i paesi europei!) e ai costi della politica, si è arrivati al decreto-legge 149/2013 (convertito nella legge 13/2014) che ha abolito il finanziamento pubblico, sostituendolo con il finanziamento privato volontario, basato sulla possibilità di devolvere ad un partito il 2 per mille della propria imposta (l'IRPEF) e promuovendo con detrazioni fiscali le erogazioni liberali a favore dei partiti. Inoltre, per la prima volta, sono stati introdotti limiti quantitativi ai finanziamenti dei privati (il tetto è fissato in centomila euro). Resta, come nella previgente legislazione, il divieto per gli organi della pubblica amministrazione, degli enti pubblici e delle società con partecipazione pubblica superiore al 20%, o da queste ultime controllate, di finanziare i titolari di cariche elettive, i partiti e i gruppi parlamentari.

In questo modo si è realizzato il passaggio da un sistema di finanziamento pubblico ad un sistema di *finanziamento privato*. Il tema del finanziamento della politica resta comunque assai controverso soprattutto avendo riguardo alla carenza di trasparenza dei finanziamenti privati ed al fatto che essi possono essere insufficienti ad assicurare il funzionamento dei partiti (l'esperienza ha dimostrato come le risorse raccolte con il finanziamento privato sono state, in Italia, assai modeste). Spunti di riflessione interessanti possono venire dalla normativa dell'Unione Europea, che cerca di creare un collegamento tra finanziamento e disciplina organica dei partiti e delle loro fondazioni (reg. 1141/2014).

✓ IL FINANZIAMENTO DEI GRUPPI PARLAMENTARI

Un altro tipo di finanziamento della politica è quello che riguarda i *gruppi parlamentari* (→ § V.3.1.5.), che ricevono annualmente da ciascun ramo del Parlamento una contribuzione per il loro funzionamento e per lo svolgimento dell'attività politica. Due sono i criteri di base per la determinazione del contributo: a) le esigenze di base comuni a tutti i gruppi; b) la consistenza numerica di ciascun gruppo. Secondo una riforma dei regolamenti parlamentari del 2012 (artt. 15 e 15 *ter*, reg. Cam.; artt. 15 e 16 *bis*, reg. Sen.), i gruppi devono dotarsi di un proprio statuto (alla Camera) o di un regolamento (al Senato), resi pubblici, sulla cui base devono approvare i bilanci e il rendiconto sull'esercizio annuale. Inoltre, tali contributi possono essere destinati *esclusivamente* agli scopi istituzionali riferiti all'attività parlamentare e alle attività politiche a esse connesse, alle funzioni di studio, editoria e comunicazione ad esse ricollegabili, nonché alle spese per il funzionamento dei loro organi, delle loro strutture e per la retribuzione del personale di supporto.
Il rendiconto deve dare evidenza del corretto impiego delle risorse assegnate e deve essere sottoposto a controllo da parte di una società di revisione contabile, che verifica anche la regolare tenuta della contabilità e la corretta rilevazione dei fatti gestionali nelle scritture contabili. L'erogazione dei contributi per l'anno successivo è subordinata all'esito positivo del controllo di conformità da parte di detta società.

7.6. *I sistemi elettorali*

Il **sistema elettorale** è il meccanismo attraverso cui i voti espressi dagli elettori si trasformano in seggi. Il sistema elettorale si compone fondamentalmente di tre parti:

1) il *tipo di scelta* che spetta all'elettore. A seconda della disciplina elettorale adot-

tata, l'elettore può esprimere solamente una scelta secca (come nel collegio uninominale, dove si può votare un solo candidato), oppure un ordine di preferenze (come nel cosiddetto **voto trasferibile**, vigente in Irlanda, per cui l'elettore esprime il voto principale per un determinato candidato ed uno o più voti ausiliari per altri candidati; se il primo candidato ha raggiunto il numero dei voti necessari per essere eletto non si tiene più conto del voto espresso a suo favore e, invece, si terrà conto del secondo candidato espresso nella scheda);

2) la dimensione del **collegio**, che è l'ambito preso in considerazione per la ripartizione dei seggi in base ai voti (si chiama anche **circoscrizione elettorale**, se l'ambito è territoriale). Si distingue:

a) il *collegio unico*, che si ha quando esiste un solo collegio che serve a ripartire tra i candidati tutti i seggi in palio, come avviene in Israele dove, per l'elezione del Parlamento (*Knesset*), il Paese forma un unico collegio elettorale;

b) la previsione di *più collegi*, ciascuno dei quali eleggerà un certo numero di parlamentari. Quando, come avviene più frequentemente, ci sono più collegi, bisogna distinguere a seconda delle dimensioni del collegio, cioè del numero di parlamentari che vengono eletti nel collegio. Sotto questo profilo, possiamo distinguere ancora tra il **collegio uninominale**, in cui risulta eletto un solo candidato, e il **collegio plurinominale**, in cui vengono eletti due o più candidati. Occorre aggiungere che, nell'ambito dei collegi plurinominali, corre una grossa differenza tra i collegi in cui si elegge un piccolo numero di parlamentari (da tre a cinque) e collegi in cui si elegge un numero elevato di parlamentari (per esempio, venti o venticinque). Infatti, nel primo caso solo i partiti più grandi avranno effettive possibilità di accesso in Parlamento, poiché i seggi da attribuire sono pochi; viceversa, nel secondo caso, essendo elevato il numero dei seggi da ripartire, anche i partiti più piccoli avranno la possibilità di ottenere qualche seggio. Ciò vuol dire che i collegi di dimensioni piccole determinano il carattere selettivo del sistema elettorale, mentre, in presenza di collegi di dimensioni elevate, il sistema assume carattere proiettivo (più avanti spiegheremo meglio il significato di questi termini);

3) la **formula elettorale**, che è il meccanismo attraverso cui si procede – sulla base dei voti espressi – alla ripartizione dei seggi tra i soggetti che hanno partecipato alla competizione elettorale.

Tenendo conto della *formula elettorale*, i sistemi elettorali si distinguono in *maggioritari* e *proporzionali* ❻.

A) Nei **sistemi elettorali maggioritari**, il seggio in palio è attribuito a chi ottiene la maggioranza dei voti. Questo significa una cosa importante: ai fini dell'attribuzione dei seggi contano solo i voti confluiti sul candidato che ottiene la maggioranza dei suffragi, mentre gli altri voti finiscono per non contare nulla. Nell'ambito dei sistemi maggioritari occorre poi distinguere due ipotesi:

a) se è richiesta la *maggioranza assoluta*: in questo caso, per essere eletti, occorre avere ottenuto almeno la metà più uno dei voti validi. Se nessun candidato la raggiunge, le discipline elettorali prevedono, di regola, un *secondo turno di votazione*. Al secondo turno, a seconda delle scelte fatte nei diversi sistemi elettorali, accedono i due candidati risultati più votati al primo turno, oppure tutti quei candidati che hanno conseguito una percentuale minima di voti; al secondo turno è eletto il candidato che ottiene più voti. Per esempio, nella V Repubblica francese opera un maggioritario a doppio turno, in base al quale, per essere eletti al primo turno, occorre avere ottenuto la metà più uno dei suffragi; se nessun candidato ottiene questa elevata percentuale di consensi, si passa al secondo turno, cui sono ammessi i candidati che alla prima tornata elettorale abbiano conseguito una percentuale di voti pari ad almeno il 12,5% degli elettori del collegio. Al secondo turno risulta eletto chi ottiene più voti (la maggioranza relativa);

b) se è richiesta la *maggioranza relativa*: in questo caso è eletto semplicemente chi ottiene più voti, anche se questi non raggiungono la metà più uno dei voti validi. Gli esempi storicamente più importanti di maggioritario a turno unico sono offerti dal Regno Unito, dal Canada, dagli Stati Uniti.

B) I **sistemi elettorali proporzionali** sono quelli in cui i seggi in palio sono distribuiti a seconda della quota di voti ottenuta da ciascuna lista in competizione. Perciò, a differenza di quelli maggioritari, si tiene conto, ai fini della ripartizione dei seggi, di tutte le liste di candidati che abbiano ottenuto una quantità di voti almeno pari ad una percentuale minima, che prende il nome di **quoziente elettorale**. Tutte le liste che raggiungono questo livello minimo partecipano alla ripartizione dei seggi in rapporto al numero di voti ottenuto da ciascuna. Pertanto, i seggi in palio non saranno attribuiti tutti alla lista che ottiene più voti, ma verranno ripartiti tra le varie liste in relazione alla rispettiva consistenza numerica. Una volta attribuiti i seggi a ciascuna lista, si passa a vedere quali candidati di ciascuna lista sono stati eletti. Allo scopo possono essere seguiti due metodi principali:

a) se l'elettore può esprimere, oltre al voto per la lista, una o più preferenze per i candidati della lista, sono eletti i candidati con numero di preferenze più elevato;

b) se manca la possibilità di esprimere preferenze, i seggi sono attribuiti seguendo l'ordine dei candidati nella lista (la cosiddetta **lista bloccata**, che attribuisce grande potere ai dirigenti di partito, perché questi, scegliendo l'ordine dei candidati, sostanzialmente scelgono coloro che potranno essere eletti).

✓ FORMULE ELETTORALI PROPORZIONALI

Le formule elettorali proporzionali, come si è visto, sono accomunate dal fine di ripartire i seggi tra le liste concorrenti in proporzione ai voti conseguiti da ciascuna di esse. Numerose sono però le formule attraverso cui tale risultato è raggiunto. Le più utilizzate sono: 1) il *metodo d'Hondt*; 2) il *metodo del quoziente*.

1) Il **metodo d'Hondt** (o *delle divisioni successive*) funziona nel modo seguente. Il totale dei voti riportati da ciascuna lista nel collegio prende il nome di **cifra elettorale**. La cifra elettorale è divisa prima per 1, poi per 2, quindi per 3, 4, fino alla concorrenza del numero dei seggi da coprire. Quindi, si scelgono fra i **quozienti** così ottenuti i più alti, in numero eguale a quello dei deputati da eleggere, e si collocano in una graduatoria decrescente. Ad ogni lista sono attribuiti tanti seggi quanti sono i quozienti della stessa nella graduatoria. Tutto ciò può essere più chiaro ricorrendo ad un esempio. Assumiamo che i seggi da ripartire siano 6 e che le liste presenti siano tre (A, B, C). Poniamo la cifra elettorale di A = 1.500, la cifra elettorale di B = 900, la cifra elettorale di C

= 700. A questo punto ciascuna cifra elettorale verrà divisa per 1, 2, 3, 4, 5, 6 (essendo sei i seggi da ripartire). Con riferimento alla lista A, avremo pertanto i seguenti quozienti: 1.500, 750, 500, 375, 300, 250; con riferimento alla lista B, i quozienti sono: 900, 450, 300, 225, 180, 150; con riferimento alla lista C, i quozienti sono: 700, 350, 233, 175, 146, 116. Si scelgono quindi i sei quozienti più alti (visto che sono sei i seggi da attribuire) tra tutti quelli ottenuti, cioè: 1.500 (A), 900 (B), 750 (A), 700 (C), 500 (A), 450 (B). A ciascuna lista spettano tanti seggi quanti sono i quozienti della stessa presenti nella graduatoria, e quindi la lista A avrà 3 seggi, la B 2 seggi e la C 1 seggio.
2) Il **metodo del quoziente** funziona nel modo seguente. Il totale dei voti validi riportati da tutte le liste costituisce la **cifra elettorale generale**. Essa è divisa per il numero dei seggi e si ottiene il **quoziente elettorale**. Si calcola la **cifra elettorale di ciascuna lista**, che è eguale al totale dei voti validi conseguiti dalla lista. Si divide la cifra elettorale di lista per il quoziente elettorale. Il quoziente ottenuto da tale divisione rappresenta il numero di seggi spettanti alla lista. Il metodo del quoziente è più semplice del metodo d'Hondt, ma la sua applicazione potrebbe portare a non attribuire tutti i seggi in palio, visto che le divisioni possono non produrre quozienti interi ed avere dei resti. Per risolvere il problema ed attribuire i resti si possono seguire due metodologie: 1) il *metodo dei più forti resti*, in base al quale vengono attribuiti i seggi rimanenti a quelle liste che hanno ottenuto i resti più elevati; 2) il *metodo del quoziente rettificato*, in base al quale la cifra elettorale generale si divide non già per il numero dei seggi, ma per questo numero aumentato di una o più unità, in modo tale da abbassare il quoziente elettorale e quindi ridurre i resti.
Anche in questo caso un esempio può servire a chiarire il modo in cui opera il metodo del quoziente. Supponiamo che i seggi da ripartire siano 10, i voti 1.000 (cifra elettorale generale) e le liste concorrenti siano tre (A, B, C). La cifra elettorale di A = 466, la cifra elettorale di B = 351, la cifra elettorale di C = 183. Il quoziente elettorale sarà dato da 1.000: 10 = 100. Ciascuna cifra elettorale di lista è divisa per il quoziente elettorale, ottenendo i seguenti risultati: A = 466: 100 = 4 seggi + 66 resti; B = 351: 100 = 3 seggi + 51 resti; C = 183: 100 = 1 seggio + 83 resti. Come si vede, a causa dei resti, due seggi non sono stati attribuiti. Se, ai fini della loro ripartizione, si adottasse il metodo dei più forti resti, avremmo i seguenti risultati: un seggio andrebbe alla lista C (che ha 83 resti) ed uno alla lista A (che ha 66 resti). Se invece si applica il metodo del quoziente rettificato, si opera nel modo seguente. Per ottenere il quoziente elettorale, la cifra elettorale generale si divide non già per 10 (numero dei seggi da ripartire), bensì per 11 (numero dei seggi da ripartire aumentato di una unità). Il quoziente elettorale sarà più basso, e precisamente sarà eguale a 90,9 (anziché 100). La cifra elettorale di ciascuna lista andrà divisa per il quoziente elettorale ottenendo i seguenti risultati: A = 466: 90,9 = 5 seggi; B = 351: 90,9 = 3 seggi; C = 183: 90,9 = 2 seggi. In questo modo, tutti i seggi in palio sono stati attribuiti alle liste in competizione.

Un *sistema maggioritario* ha un *effetto selettivo*, nel senso che l'accesso alle aule parlamentari viene consentito esclusivamente a chi ottiene più voti nei collegi, e quindi solamente alle forze politiche maggiori. Invece, tutte le forze minori che, pur ottenendo percentuali anche significative di voti, non raggiungono la maggioranza nei singoli collegi, non avranno rappresentanza parlamentare. Viceversa, i *sistemi proporzionali* garantiscono l'accesso in Parlamento anche alle minoranze politiche, avendo come obiettivo quello di *fotografare la realtà politica del Paese*, sicché si può dire che essi hanno un *effetto proiettivo*.

Bisogna precisare però che l'effetto più o meno selettivo del sistema può dipendere altresì da fattori diversi dalla formula elettorale. Abbiamo già visto come la dimensione del collegio può ostacolare oppure favorire l'accesso alla rappresentanza parlamentare delle forze politiche minori (collegi con pochi seggi hanno effetto selettivo, mentre collegi con molti seggi hanno effetto proiettivo). Si può aggiungere che in alcuni sistemi, pur in presenza di formule proporzionali, un certo grado di selettività è dato dalla presenza di una **clausola di sbarramento** (*Sperrklausel*), in virtù della quale possono accedere alla ripartizione dei seggi solamente le liste che a livello nazionale abbiano conseguito una percentuale significativa di voti (per esempio, in Germania il 5%), con la conseguenza di escludere i partiti più piccoli. Un altro modo di coniugare formule proporzionali ed effetto selettivo consiste nella previsione di un **premio di maggioranza**, per cui le coalizioni che superino una certa percentuale di voti hanno attribuiti in premio un certo numero di seggi (come era previsto in Italia dalla legge 148/1953 – la c.d. "***legge truffa***" – per l'elezione della Camera, che è stata ben presto abrogata, e come attualmente è previsto per l'elezione dei Consigli regionali e comunali).

In conclusione, si può osservare che *il sistema elettorale influenza l'assetto del sistema politico* e, poiché quest'ultimo condiziona il funzionamento della forma di governo, gli equilibri di quest'ultima sono spesso collegati alle caratteristiche del sistema elettorale. Più precisamente, il sistema elettorale influenza il numero dei partiti che compongono il sistema politico (i *sistemi selettivi* favoriscono la riduzione del numero dei partiti, mentre i *sistemi proiettivi* favoriscono la loro moltiplicazione), ed anche il tipo di rapporto che si instaura tra i partiti medesimi (il maggioritario a doppio turno, per esempio, tendenzialmente favorisce l'aggregazione, perché per vincere al secondo turno i partiti devono stringere alleanze che tengano conto dei risultati ottenuti al primo turno). Ciò spiega perché le tecniche elettorali costituiscono lo strumento principale della cosiddetta **ingegneria istituzionale**, cioè di quell'orientamento politico-culturale secondo cui, attraverso la modifica delle regole legali, è possibile cambiare le caratteristiche del sistema politico. Bisogna però avere ben chiaro che dall'adozione di un sistema elettorale invece di un altro non derivano effetti automatici e che quindi le regole elettorali si limitano a fornire un quadro di incentivi e disincentivi a determinati comportamenti delle forze politiche. In questo senso è corretto dire che le regole elettorali condizionano gli equilibri finali del sistema politico e della forma di governo, senza che però si possa in qualche modo immaginare un qualsiasi rapporto causa-effetto (per cui, scelto un certo sistema elettorale, esso produrrebbe un determinato assetto politico).

7.7. *Il sistema di elezione del Parlamento in Italia*

Sino al 1993 in Italia le due Camere del Parlamento erano elette con un *sistema proporzionale*. La preferenza per un sistema di questo tipo – manifestatasi a partire dalla legge per l'elezione dell'Assemblea costituente – si spiega alla luce delle caratteristiche del sistema politico e della democrazia italiana illustrate in precedenza (→ § II.4.2✓). Una società attraversata da profonde fratture ed un sistema politico fortemente polarizzato dal punto di vista ideologico ponevano in primo piano l'esigenza di garantire la reciproca sopravvivenza di forze politiche ed ideologiche, inizialmente molto distanti; stimolavano inoltre la necessità di favorire la ricerca dell'accordo in luogo della contrapposizione che, stante le caratteristiche della società e del sistema politico, avrebbe potuto sfociare in esiti violenti e distruttivi del sistema. La legge elettorale proporzionale assicurava a tutte le forze politiche garanzie di sopravvivenza, evitava la concentrazione di troppo potere nelle forze maggioritarie, incentivava –

in un Parlamento in cui nessun partito aveva la maggioranza assoluta dei seggi ed in cui le forze di opposizione avevano assicurata una consistente rappresentanza parlamentare – la ricerca dell'accordo e della mediazione.

Perciò, il sistema elettorale proporzionale è stato una componente importante del *parlamentarismo compromissorio*, che per molti anni ha caratterizzato la democrazia italiana.

Le trasformazioni della società italiana, con il superamento delle iniziali contrapposizioni ideologiche, la crisi dei partiti e le crescenti difficoltà di funzionamento del parlamentarismo compromissorio, hanno prodotto una spinta verso una *democrazia maggioritaria* (→ § II.4.2) ❻. Questa spinta ha avuto il momento di più alta tensione politica con il *referendum* elettorale del 1993 (→ § IX.9.1✓), che ha avuto una delle più elevate percentuali di sì (oltre l'80%) dell'intera storia del *referendum* in Italia. Questo *referendum* riguardava l'abrogazione di alcune norme della legge elettorale del Senato. Infatti, per motivi abbastanza casuali, la legislazione per l'elezione del Senato consentiva che, attraverso l'abrogazione di alcune sue norme, il sistema si trasformasse in senso prevalentemente maggioritario-uninominale. Con il *referendum* il corpo elettorale, oltre a determinare una profonda modificazione della disciplina elettorale del Senato, esprimeva un chiarissimo indirizzo politico a favore di una trasformazione maggioritaria del sistema elettorale. Ma, a causa di dissidi interni ai partiti tradizionali della democrazia italiana, il Parlamento incontrò grosse difficoltà nell'approvare una riforma elettorale. Si preferì pertanto "fotografare" il risultato del *referendum* elettorale con due leggi; queste, per l'elezione sia della Camera dei deputati che del Senato, hanno previsto un sistema misto, prevalentemente maggioritario, in cui il 75% del totale dei seggi viene attribuito in collegi uninominali con il maggioritario a turno unico, mentre il restante 25% è ripartito con metodo proporzionale.

Tuttavia, nel 2005 il sistema elettorale maggioritario è stato abbandonato. Al suo posto è stato introdotto una **legge elettorale** *proporzionale* (legge 270/2005), con liste bloccate (l'elettore vota per una delle liste in competizione ma non può esprimere alcuna preferenza per i candidati), preventiva indicazione del capo della coalizione, clausola di sbarramento e premio di maggioranza, diretto a garantire che comunque la coalizione o la lista singola più votata abbia la maggioranza (legge 270/2005, ribattezzata nel dibattito giornalistico come "***Porcellum***"). Questa legge elettorale ha trovato la sua prima applicazione in occasione delle elezioni politiche dell'aprile 2006, che hanno visto la vittoria della coalizione di centro-sinistra, sia pure per un margine esiguo di voti che le ha consentito di conquistare il premio di maggioranza alla Camera, mentre al Senato, dove il premio di coalizione è attribuito Regione per Regione, la maggioranza era assai risicata e si è rapidamente deteriorata.

La seconda applicazione della legge si è avuta nelle elezioni anticipate del 2008. Questa volta il risultato è stato la formazione di un'ampia maggioranza sia alla Camera che al Senato, nonché l'esclusione di alcuni partiti che in precedenza avevano avuto una significativa rappresentanza ed un ruolo nella dinamica delle coalizioni (Rifondazione comunista, Comunisti italiani, Verdi) da entrambi i rami del Parlamento. Tale risultato è stato prodotto a causa dell'operatività delle clausole di sbarramento (che nella prima applicazione della legge erano state attenuate per effetto delle alleanze di coalizione). Delle liste che si sono presentate da sole, senza fare parte delle due coalizioni alternative – quella di centro-destra e quella di centro-sinistra – solo una (l'Unione di centro) è riuscita a passare lo sbarramento.

Nelle elezioni del febbraio 2013 la legge elettorale ha dato la peggiore prova di sé. La differente disciplina del premio di maggioranza alla Camera e al Senato ha dato vita a maggioranze diverse nei due rami del Parlamento, rendendo particolarmente difficile la formazione del Governo. Inoltre, nella Camera dei deputati la coalizione più votata aveva ottenuto il premio di 340 seggi, pari al 55% del totale, pur ottenendo solamente il 29,55% dei voti. In una fase di accentuata crisi dei partiti politici, anche il sistema della lista bloccata, che sostanzialmente impedisce all'elettore di scegliere il candidato da votare, ha aggravato la distanza tra partiti e società e innescato una pericolosa delegittimazione del Parlamento (si è parlato di un "Parlamento di nominati" dalle segreterie politiche dei partiti, piuttosto che di eletti).

In questo clima, le critiche di incostituzionalità nei confronti della legge elettorale, da tempo espresse da vari settori dell'opinione pubblica, sono diventate più intense e hanno trovato accesso alla Corte costituzionale. La Corte di Cassazione ha sollevato questione di legittimità costituzionale (→ § XII.3.4) di alcune parti della legge elettorale e la Corte le ha accolte.

✓ LA SENT. 1/2014 E LA FINE DEL "*PORCELLUM*"

La Corte, con la sent. 1/2014, ha accolto tutte le tre questioni sollevate, dichiarando illegittimo: 1) l'eccessivo premio di maggioranza assegnato per l'elezione della Camera dei deputati alla coalizione di liste o alla singola lista che ha ottenuto il maggior numero dei voti validi; 2) il premio di maggioranza garantito, per l'elezione del Senato, in ciascuna circoscrizione regionale, alla coalizione di liste o singola lista che ha ottenuto il maggior numero di voti validi, in misura pari al 55% dei seggi assegnati alla circoscrizione; 3) la mancata previsione del voto di preferenza. Nelle prime due questioni c'è stata una dichiarazione "secca" di incostituzionalità; nella terza una pronuncia "additiva" (→ § XII.3.6.5), che ha colpito le norme impugnate "nella parte in cui non consentono all'elettore di esprimere una preferenza per i candidati".

La sentenza è stata spesso qualificata come "storica" sia per i profili procedurali che per quelli sostanziali. Sotto il profilo sostanziale, la Corte ha ribadito la sua precedente giurisprudenza secondo cui il principio dell'eguaglianza del voto non comporta che i voti devono avere tutti lo stesso "peso" in ordine alla ripartizione dei seggi. Perciò non sarebbe costituzionalmente obbligatorio un sistema proporzionale, ma il legislatore gode di ampia discrezionalità nella scelta del sistema elettorale, dovendo operare un bilanciamento tra due esigenze, entrambe di rilievo costituzionale: l'esigenza della rappresentanza (che spinge verso un sistema proporzionale, che fotografa la realtà politica del Paese), e l'esigenza della governabilità (che spinge verso un sistema selettivo, che assicura la formazione di una maggioranza stabile e di un Governo).

Il punto centrale del ragionamento della Corte è che questa operazione di bilanciamento deve superare un "test di proporzionalità", utilizzato quale declinazione del più generale sindacato di "ragionevolezza" (→ § XIII.1.2). Nel caso di specie, per effetto dell'elevato premio di maggioranza, il meccanismo di trasformazione dei voti in seggi subisce un'alterazione tale da "rovesciare" la *ratio* della formula elettorale prescelta, cioè della formula proporzionale, che "è quella di assicurare la rappresentatività dell'assemblea parlamentare" e produce una "eccessiva divaricazione" tra la formazione del Parlamento e la volontà dei cittadini espressa attraverso il voto.

Per quanto riguarda la mancanza del voto di preferenza, la legge prevedeva che l'elettore potesse esprimere il suo voto solo per una lista, indicata attraverso il contrassegno: non solo non poteva esprimere una preferenza per uno o più candidati della lista, ma era pure nell'impossibilità di vedere quali fossero i candidati, visto che i loro nomi non comparivano sulla lista. Secondo la Corte, "alla totalità dei parlamentari eletti, senza alcuna eccezione, manca il sostegno della indicazione personale dei cittadini, che ferisce la logica della rappresentanza consegnata nella Costituzione", risultando alterato "il rapporto di rappresentanza fra elettori ed eletti", con conseguente violazione del principio democratico e violazione del diritto di voto. Una volta reintrodotto il voto di preferenza, la Corte ha optato per la "preferenza unica", che è fatta discendere dalla volontà popolare espressa con il referendum elettorale del 1991, che, appunto, ha abrogato la preferenza multipla.

Il sistema elettorale che risulta dalla decisione della Corte è, quindi, un sistema proporzionale con voto di preferenza. Ma non è certamente questo l'unico sistema compatibile con i principii formulati dal giudice delle leggi. Quanto al voto di preferenza, la Corte ha ritenuto ammissibili sia "altri sistemi caratterizzati da liste bloccate solo per una parte dei seggi", sia quelli "caratterizzati da circoscrizioni elettorali di dimensioni territorialmente ridotte, nelle quali il numero dei candidati sia talmente esiguo da garantire l'effettiva conoscibilità degli stessi e con essa l'effettività della scelta e la libertà del voto (al pari di quanto accade nel caso dei collegi uninominali)".

Più in generale la Corte ha ribadito la sua precedente giurisprudenza secondo cui la Costituzione non impone un particolare sistema elettorale, quindi neppure uno proporzionale. Piuttosto – ed è questa la novità della decisione in esame – impone che vi sia un bilanciamento degli interessi costituzionalmente protetti ai fini della formazione dell'organo parlamentare – rappresentatività e governabilità – e che vi sia una proporzione tra i mezzi scelti e gli obiettivi perseguiti.

Alla luce di queste precisazioni, può osservarsi che la decisione della Corte lascia ampi margini alla disciplina del sistema elettorale: collegi uninominali, liste bloccate corte, sistemi misti anche con premio di maggioranza, purché sia assicurata una soglia minima di consenso a chi ne benefici.

A seguito della sentenza della Corte costituzionale, è stata approvata nel 2015 una nuova legge elettorale, denominata ***Italicum***.

✓ *ITALICUM*. REQUIEM PER UNA LEGGE MAI APPLICATA

La legge 52/2015 prevedeva un sistema proporzionale, con premio di maggioranza, clausola di sbarramento, voto di preferenza. La legge, quindi, riprendeva dai sistemi precedenti l'obiettivo di assicurare una maggioranza parlamentare individuata immediatamente dal risultato elettorale. Ancora una volta lo strumento utilizzato era il premio di maggioranza: tuttavia l'entità del premio era minore rispetto a quanto previsto dalla legge del 2015, per venire incontro ai rilievi della Corte costituzionale. Inoltre – e qui sta una differenza profonda rispetto al passato – il premio non era attribuito alla coalizione più votata, bensì alla lista che otteneva, su base nazionale, almeno il 40% dei voti validi. Se nessuna lista raggiungeva la soglia del 40%, si procedeva al ballottaggio tra le due liste con il maggior numero di voti. All'esito del ballottaggio la lista più votata avrebbe conquistato i 340 seggi.

Si trattava di un cambiamento con rilevanti conseguenze sugli assetti del sistema politico e della forma di governo. Infatti, il premio alla coalizione, nella precedente esperienza, aveva favorito l'aggregazione di più forze, politicamente eterogenee in sede elettorale, ma questo comportava una garan-

zia di esistenza per i partiti minori, perché indispensabili per far vincere la coalizione, e una certa difficoltà dell'azione di governo, perché le differenze tra i partiti della coalizione sarebbe riaffiorata dopo le elezioni.
Con l'*Italicum* il premio andava alla singola lista e non vi erano quindi incentivi a formare coalizioni elettorali. Tutto ciò presupponeva una spinta alla semplificazione del sistema politico, che intendeva rafforzare. Nella medesima direzione si muovevano la clausola di sbarramento (accedevano alla ripartizione dei seggi solamente le liste che a livello nazionale avessero conseguito almeno il 3% dei voti validi) e la previsione di collegi di ridotte dimensioni, che avrebbero dovuto eleggere da un minimo di tre a un massimo di nove deputati. Quando i seggi da attribuire nei collegi sono pochi solamente i partiti più grandi hanno possibilità di prenderli.

L'obiettivo dell'*Italicum* era favorire un sistema politico bipolare con pochi grandi partiti. L'evoluzione del sistema politico è andata però in tutt'altra direzione, perché nel corso della legislatura il Pd ha perso molti consensi (specie rispetto alle elezioni europee del 2014), e le forti tensioni interne sono sfociate nella scissione a sinistra. Inoltre c'è stata l'affermazione del Movimento cinque stelle, contrario a ogni possibilità di coalizione con i due poli; e poi il centro destra si è frammentato (con Forza Italia non più egemone a causa della crescita della Lega ed anche di Fratelli d'Italia), rivelando differenze programmatiche significative soprattutto in conseguenza delle prese di posizioni fortemente critiche di queste due forze nei confronti dell'Euro e dell'UE.

Anche l'*Italicum* è stato oggetto, nel 2017, di una sentenza della Corte costituzionale che, applicando i principi già formulati nella precedente sentenza n. 1/2014, ha: a) rigettato la questione di costituzionalità relativa alla previsione di un premio di maggioranza al primo turno; b) accolto le questioni relative al turno di ballottaggio dichiarando l'illegittimità costituzionale delle disposizioni che lo prevedevano; c) accolto la questione relativa alla disposizione che consentiva al capolista eletto in più collegi di scegliere a sua discrezione il proprio collegio d'elezione, facendo sopravvivere il criterio residuale del sorteggio (sent. 35/2017).

✓ I LIMITI DI AMMISSIBILITÀ COSTITUZIONALE DEL BALLOTTAGGIO

La Corte costituzionale ha dichiarato l'illegittimità delle disposizioni che prevedevano un turno di ballottaggio nazionale tra le liste. La Corte ha ritenuto incostituzionale il ballottaggio come era configurato dall'*Italicum*: la disciplina del ballottaggio realizzava una situazione normativa equiparabile a quella prodotta da un sistema elettorale con premio di maggioranza ma privo di una soglia minima, già dichiarato incostituzionale dalla sentenza 1/2014. Così come configurato, il secondo turno non poteva qualificarsi come una votazione a sé, bensì come una continuazione del primo turno. Infatti, a seguito del ballottaggio, tutte le liste, ad eccezione di quella vincitrice, avrebbero mantenuto la ripartizione percentuale dei seggi ottenuta al primo turno. Evenienza questa che dimostrerebbe la continuità tra primo e secondo turno.
In questo contesto, il ballottaggio non sarebbe un modo per assicurare un "premio di governabilità", inteso come assegnazione di un numero ulteriore di seggi ad una lista che ha già ottenuto, con il riparto meramente proporzionale, un'ampia rappresentanza parlamentare. Piuttosto, la lista che avrebbe potuto ottenere i 340 seggi al secondo turno anche se al primo turno avesse un consenso esiguo. Ne sarebbe risultato sproporzionato il bilanciamento – utilizzato dalla Corte per valutare la legittimità tanto del premio di maggioranza, quanto del turno di ballottaggio – tra i "principi costituzionali della necessaria rappresentatività della Camera e dell'eguaglianza del voto, da un lato, con

gli obiettivi, pure di rilievo costituzionale, della stabilità del governo del Paese e della rapidità decisionale, dall'altro". In conclusione il ballottaggio è stato dichiarato incostituzionale perché non ha superato il test di proporzionalità e ragionevolezza introdotto con la sent. 1/2014. Il che significa che il ballottaggio sarebbe ammissibile se la legge elettorale riuscisse a realizzare un bilanciamento capace di superare il test di ragionevolezza e proporzionalità.

A seguito della sentenza della Corte costituzionale, la disciplina per l'elezione della Camera dei deputali risultava dalla citata legge 52/2015 (*Italicum*), così come modificata per effetto della sentenza: era rimasto, quindi, l'*Italicum* senza ballottaggio, con un premio di maggioranza attribuito solo nell'eventualità (difficilmente realizzabile in un sistema politico frammentato) che una lista ottenesse, a livello nazionale il 40% dei voti validi. Se quest'ultima condizione non si fosse verificata, avrebbe operato un sistema proporzionale, con ripartizione dei seggi a livello nazionale, con clausola di sbarramento al 3%, con la presenza di circoscrizioni coincidenti con le Regioni, suddivise in collegi elettorali. Per di più, l'*Italicum* si riferiva solamente alla Camera dei deputati, nella previsione dell'abolizione, mediante una riforma costituzionale, dell'elezione diretta del Senato. Poiché il *referendum* costituzionale ha bocciato la proposta di revisione costituzionale (→ § IX.1.2), era rimasta in vita l'elezione diretta del Senato, alla quale si doveva applicare il sistema che risultava dalla già citata sentenza della Corte costituzionale 1/2014 (nel lessico giornalistico il sistema elettorale risultante dalla decisione della Corte è stato battezzato ***Consultellum***).

Nel 2017, quasi alla fine della legislatura, a ridosso delle elezioni politiche della primavera 2018, è stata approvata una nuova legge elettorale (l. 26 ottobre 2017, n. 165, c.d. ***Rosatellum***). Essa introduce l'ottavo modello elettorale adottato nella storia della Repubblica italiana. Alcuni di questi sistemi non hanno neppure avuto un'applicazione.

La nuova legge elettorale ha optato per un sistema formalmente misto, in cui prevale la logica proporzionale ed è perciò poco selettivo. Si è cercato di seguire le indicazioni della Corte costituzionale, specie in tema di tutela della libertà di scelta dell'elettore: si sono perciò escluse le lunghe liste bloccate del periodo precedente, introducendo un sistema in cui si combinano i seggi nei collegi uninominali (dove ogni schieramento propone un unico candidato), e i seggi nei collegi plurinominali (in cui la competizione avviene tra liste "corte", formate da due a quattro candidati). Si è cercato così di rispondere alle profonde trasformazioni del sistema politico, cioè al superamento della logica bipolare causato dall'indebolimento del PD e del centrodestra, e l'affermazione di una terza forza, il Movimento 5 stelle. In questo quadro, carico di incertezze e di minacce per i partiti più tradizionali, la scelta è caduta su un sistema proporzionale che riconosceva il superamento (non è possibile prevedere se momentaneo o destinato a durare) della logica bipolare e assicurava garanzie di esistenza a tutte le principali forze politiche.

✓ COME FUNZIONA IL *ROSATELLUM*?

Il nuovo sistema elettorale, utilizzato per la prima volta nelle elezioni del marzo 2018, è così configurato:

a) il 37% dei seggi (232 alla Camera e 116 al Senato) sono assegnati con un sistema maggioritario a turno unico in altrettanti collegi uninominali (secondo il principio ***first-past-the-post***), ossia in ogni collegio è eletto il candidato che ottiene il maggior numero di voti;

b) il 61% dei seggi (386 alla Camera e 193 al Senato) sono assegnati con metodo proporzionale, in collegi plurinominali piuttosto piccoli, tra le coalizioni o le singole liste che abbiano superato le soglie di sbarramento stabilite, utilizzando liste, formate da due a quattro candidati, indicati nella scheda);

c) il 2% dei seggi (12 alla Camera e 6 al Senato) è destinato al voto degli italiani residenti all'estero (→ § IV.7.2);

d) la ripartizione proporzionale dei seggi per la Camera è fatta a livello nazionale utilizzando la formula del quoziente e dei più alti resti; invece per il Senato la ripartizione proporzionale è operata a livello regionale;

e) l'elettore esprime un unico voto e quindi non c'è la possibilità di un "voto disgiunto" (→ § VI.7); l'unico voto, pertanto, vale per la lista proporzionale nel collegio plurinominale e per il candidato nel collegio uninominale. Non c'è neppure la possibilità di un voto di preferenza nei collegi plurinominali, per cui l'ordine da seguire nella ripartizione dei seggi nei collegi plurinominale è quello che risulta dalla lista decisa dai partiti (se alla lista spetta un seggio è eletto il primo candidato, se le spettano due seggi sono eletti il primo e il secondo candidato, e così via: c.d. *liste bloccate*);

f) sia alla Camera che al Senato, a pena di inammissibilità, nella successione interna delle liste nei collegi plurinominali, i candidati devono essere collocati secondo un ordine alternato di genere. Inoltre nel complesso delle candidature presentate da ogni lista o coalizione di liste nei collegi uninominali a livello nazionale, nessuno dei due generi può essere rappresentato in misura superiore al 60%. Nel complesso delle liste nei collegi plurinominali presentate da ciascuna lista a livello nazionale, nessuno dei due generi può essere rappresentato in misura superiore al 60% nella posizione di capolista;

g) ogni lista deve presentare un proprio programma e indicare un proprio capo politico e eventualmente l'apparentamento con altre liste al fine di creare una coalizione. L'esistenza di una coalizione, che deve essere unica a livello nazionale, vincola le liste coalizzate a presentare un solo candidato in ciascun collegio uninominale. Non ci sono forti incentivi a coalizzarsi, visto che, a differenza di sistemi precedenti, non è previsto un premio di maggioranza (ossia una quota aggiuntiva di seggi alle liste della coalizione che ottiene più voti);

h) il riparto proporzionale si basa sulla volontà dell'elettore che può essere espressa in modo esplicito, attraverso un segno posto all'interno del riquadro proporzionale (in aggiunta o in alternativa al segno sulla lista che riguarda il candidato nell'uninominale), oppure viene ricavata in modo implicito, in quanto collegata alla sola dichiarazione di voto per il candidato nel collegio uninominale che si estende alla lista o alla coalizione di liste che lo sostiene. In questo modo è agevole individuare la ripartizione dei seggi a favore delle coalizioni in ciascun collegio; è più complesso stabilire come essi si ripartiranno tra le liste che la compongono se manca un'espressa dichiarazione di voto a favore di una specifica lista (quando, cioè, l'elettore ha espresso un segno solamente per il candidato nell'uninominale). In questo caso i voti vengono attribuiti sulla base della ripartizione che consegue alle dichiarazioni di voto esplicite degli elettori. Quindi i voti indistintamente spettanti alla coalizione sono attribuiti alle singole liste che la compongono in proporzione dei voti espressi ottenuti da ciascuna di esse;

i) sono previste delle soglie di sbarramento, ossia percentuali di voti al di sotto delle quali la lista non viene ammessa alla ripartizione dei seggi nei collegi plurinominali, in modo da ridurre la frammentazione politica che, di regola, accompagna l'operare di un sistema proporzionale (questo è l'unico reale correttivo introdotto in relazione alle esigenze di governabilità). La soglia di sbarramento è del 3% le liste singole e del 10% per le coalizioni, sia alla Camera che al Senato. Con riferimento alle liste che sono collegate per formare una coalizione, fermo restando la necessità per ciascuna coalizione di ottenere almeno il 10% in ambito nazionale, ciascuna lista può ottenere una rappresentanza parlamentare a condizione che superi la soglia del 3% dei voti. La lista della coalizione che non supera tale soglia non ottiene alcun seggio, ma se raggiunge almeno l'1% dei voti in ambito nazionale, i consensi ottenuti non sono perduti, bensì vengono attribuiti alla coalizione e serve perciò ad accrescere i seggi ad essa spettanti.

In assenza di un premio di maggioranza, il sistema non incentiva l'aggregazione dei partiti in poli alternativi, e la stessa coalizione, che pure è prevista come possibilità, è più che altro un cartello elettorale, che non deve neppure avere un unico candidato alla *Premiership*. Di conseguenza, le elezioni del 4 marzo 2018 hanno superato la logica bipolare, già messa in crisi profonda a partire dal 2011, facendo emergere tre poli distinti: il M5S, risultato il partito più votato, il Pd e la coalizione di centro destra. Quest'ultima ha raccolto il maggior numero di voti, ma si è rotta dopo le elezioni, con la formazione di un Governo sostenuto da una maggioranza costituita dal M5S e da una delle forze che componevano quella coalizione, e cioè la Lega (→ § V.1.6).

7.8. *Le elezioni del Parlamento europeo*

Le **elezioni del Parlamento europeo** sono svolte, a partire dal 1979, sulla base di leggi elettorali diverse per ciascuno Stato. In Italia la materia è regolata dalla legge 18/1978, che fornisce l'unico esempio di sistema rigorosamente proporzionale ancora operante nel nostro Paese. La legge 10/2009 ha modificato tale disciplina introducendo una soglia di sbarramento del 4%.

I seggi attribuiti all'Italia sono attualmente 72 ed essi sono ripartiti nell'ambito di cinque grandi circoscrizioni (Italia nord-occidentale, Italia nord-orientale, Italia centrale, Italia meridionale, Italia insulare) in cui è stato diviso il territorio nazionale. Ai fini della loro ripartizione fra le liste concorrenti che abbiano superato la soglia di sbarramento, si opera nel modo seguente:

a) il totale dei voti validi ottenuto dalle liste ammesse alla ripartizione dei seggi è diviso per il numero dei seggi da attribuire, ottenendo così il *quoziente elettorale nazionale*;

b) si divide la *cifra elettorale di ciascuna lista* ammessa (pari al totale dei voti validi ottenuti) per il quoziente elettorale;

c) il risultato di quest'ultima divisione indica il numero dei seggi che spettano a ciascuna lista;

d) i seggi che eventualmente rimangono ancora da attribuire sono rispettivamente assegnati alle liste per le quali le ultime divisioni hanno dato *maggiori resti* e, in caso di parità di resti, a quelle liste che abbiano avuto la maggiore cifra elettorale nazionale. Si considerano resti anche le cifre elettorali nazionali delle liste che non abbiano raggiunto il quoziente elettorale nazionale.

Si passa quindi alla fase successiva, che consiste nell'assegnazione dei seggi, già attribuiti alle diverse liste, alle diverse circoscrizioni. A questo scopo si opera nel modo seguente:

a) si calcola il quoziente elettorale di lista, che è ottenuto dividendo la cifra elettorale nazionale di lista per il numero dei seggi ad essa assegnati;

b) si calcola la cifra circoscrizionale di lista, che è eguale al numero dei voti validi ottenuti da ciascuna lista nelle singole circoscrizioni elettorali;

c) si divide la cifra circoscrizionale di lista per il quoziente elettorale di lista;

d) il risultato indica il numero dei seggi attribuiti a quella lista nella singola circoscrizione;

e) ove alcuni seggi non risultino assegnati, si applica il metodo dei più alti resti.

Nelle elezioni europee si può esprimere il voto di preferenza plurimo per i candidati della lista, indicando il proprio gradimento fino a tre candidati.

7.9. *La verifica dei poteri e il contenzioso elettorale*

La **verifica dei poteri** è lo specifico procedimento che ciascuna Camera svolge per controllare la regolarità delle operazioni elettorali, nonché l'esistenza o meno di cause di ineleggibilità o incompatibilità di ciascuno dei suoi componenti. A decidere se convalidare o meno l'elezione è, in una prima fase del procedimento, la **Giunta per le elezioni** (composta anch'essa in modo da rispecchiare proporzionalmente la consistenza dei gruppi parlamentari), che fa la sua proposta all'Assemblea cui spetta la decisione definitiva. L'Assemblea decide a maggioranza e, contro la sua decisione, non è ammesso alcun ricorso davanti a un giudice. La riserva di tale forma di controllo alla Camera di appartenenza di ciascun parlamentare serve a garantire l'indipendenza dell'organo parlamentare, ma l'inesistenza di qualsiasi rimedio giurisdizionale contro la decisione della Camera può dare luogo ad abusi (la Costituzione tedesca perciò prevede che, contro la decisione della Camera, l'interessato possa fare ricorso alla Corte costituzionale).

Per quanto riguarda invece le elezioni del *Parlamento europeo*, la legge affida le controversie relative alle operazioni elettorali al TAR del Lazio, mentre quelle in materia di ineleggibilità e incompatibilità sono assegnate alla Corte d'appello competente per territorio (in relazione alla localizzazione del collegio elettorale in questione).

test **on-line**

V. L'ORGANIZZAZIONE COSTITUZIONALE IN ITALIA

1. La forma di governo italiana: evoluzione e caratteri generali

1.1. *Il dibattito costituente e la razionalizzazione del parlamentarismo*

La **forma di governo italiana**, delineata dalla Costituzione, è una *forma di governo parlamentare a debole razionalizzazione*, in cui cioè sono previsti solo limitati interventi del diritto costituzionale per assicurare la stabilità del rapporto di fiducia e la capacità di direzione politica del Governo.

Per la verità, in seno all'Assemblea Costituente era presente un orientamento politico-culturale favorevole ad una disciplina costituzionale che rafforzasse l'autorità ed i poteri del Governo, che avrebbe dovuto occupare un ruolo centrale nel sistema. Così, mentre restò piuttosto isolata la proposta di Calamandrei a favore di un sistema presidenziale, maggiori consensi ebbero alcune proposte dirette a realizzare, attraverso una forte razionalizzazione del parlamentarismo, l'irrobustimento del potere di governo, nel presupposto che una delle cause della crisi dello Stato liberale e dell'avvento del fascismo fosse stata proprio la debolezza del potere esecutivo.

Questo genere di proposte incontrava però l'ostilità delle sinistre, che preferivano un sistema parlamentare il più aperto e flessibile possibile, che, in una situazione politica altamente fluida, potesse adeguarsi alle mutevoli circostanze. Il risultato di tale dibattito fu l'***ordine del giorno Perassi*** (così chiamato dal nome del primo firmatario) approvato il 5 settembre 1946. Esso conteneva l'opzione a favore di una *forma di governo parlamentare* (→ § IV.2), disciplinata "*con dispositivi costituzionali idonei a tutelare le esigenze di stabilità dell'azione di governo e ad evitare le degenerazioni del parlamentarismo*".

Tuttavia, i lavori successivi portarono ad un'interpretazione restrittiva dell'ordine del giorno Perassi: la *razionalizzazione del parlamentarismo* si manifestò nella previsione di un *Presidente della Repubblica* dotato di poteri di garanzia e di intermediazione politica e, soprattutto, nella presenza di una *Corte costituzionale* dotata di rilevanti attribuzioni a garanzia della Costituzione. Ma il *rapporto di fiducia* (→ § IV.3.1) ed il ruolo del Governo restarono affidati ad una disciplina piuttosto essenziale, compatibile con assetti assai differenti della forma di governo e, quindi, sia con un parlamentarismo maggioritario, che concentra il potere di direzione politica nel Governo, sia con un parlamentarismo compromissorio, che invece esalta la centralità del Parlamento.

1.2. *La disciplina del rapporto di fiducia e la maggioranza politica*

La razionalizzazione costituzionale del rapporto di fiducia (art. 94) è diretta a garantire la **stabilità del Governo**, cioè la sua durata nella carica, attraverso la previsione di alcuni vincoli procedurali che dovrebbero rendere più difficoltosa l'approvazione di una mozione di sfiducia.

La Costituzione contempla la **mozione di sfiducia**, che è l'atto con cui il Parlamento interrompe il rapporto di fiducia con il Governo, obbligandolo alle dimissioni.

La mozione di sfiducia, al pari di quella iniziale di fiducia, deve essere *motivata e votata per* ***appello nominale*** (i parlamentari sono chiamati uno alla volta ad esprimere il proprio voto). Ciò comporta una chiara assunzione di responsabilità politica da parte di chi fa cadere il Governo nei confronti degli elettori e dei partiti, impedendo il fenomeno dei c.d. **franchi tiratori** (nel gergo parlamentare si chiamano così i deputati che si nascondono dietro al voto segreto per minare la maggioranza). Inoltre, la mozione di sfiducia deve essere *firmata da almeno un decimo* dei componenti della Camera e non può essere messa in discussione prima di *tre giorni* dalla sua presentazione. In questo modo, si assicura la presenza di un periodo di decantazione e di riflessione, prima della votazione della sfiducia e si scoraggiano i colpi di mano (i c.d. **assalti alla diligenza**).

La Costituzione ha avuto anche cura di precisare che il voto contrario di una o di entrambe le Camere su una proposta del Governo non comporta obbligo di dimissioni (art. 94.4). Ciò significa che una sconfitta parlamentare del Governo non equivale a presunzione della perdita della fiducia, che invece dovrebbe essere verificata seguendo i percorsi procedurali della mozione di sfiducia.

Tuttavia, la richiamata razionalizzazione della fiducia non ha mai operato e quindi non ha dato alcun contributo alla stabilità del Governo, in quanto nell'esperienza repubblicana, come meglio vedremo tra breve, le crisi di Governo sono nate non già a seguito della presentazione di una mozione di sfiducia, bensì a causa della rottura degli accordi tra i partiti che davano vita alla maggioranza ed al Governo.

Maggiori effetti concreti ha avuto, invece, l'altro aspetto della disciplina costituzionale del rapporto di fiducia, che si instaura con la **mozione di fiducia**: è disposto che il Governo, entro dieci giorni dalla sua formazione, si presenti alle Camere per ottenere la fiducia, che viene accordata (e respinta) sempre con una *mozione motivata* e votata per *appello nominale* (art. 94.3). Il procedimento di formazione del Governo (che verrà descritto poi: → § V.2.4) termina positivamente solo se entrambe le Camere votano la fiducia al Governo; questo a differenza di quanto avveniva durante la vigenza dello Statuto Albertino e di quanto avviene in altri ordinamenti, nei quali il Governo può reggersi semplicemente sull'assenza di manifestazioni espresse di sfiducia parlamentare (la cosiddetta **fiducia negativa**). Ciò significa che deve avere una maggioranza predeterminata che accetta di sostenerlo, senza la quale non riuscirebbe ad ottenere la fiducia iniziale voluta dalla Costituzione. Questa è una **maggioranza politica**, che ha natura ben diversa dalla maggioranza aritmetica prevista dall'art. 64.3 Cost., ai fini dell'approvazione delle singole deliberazioni parlamentari. Si tratta infatti di una *maggioranza stabile che si aggrega attorno ad un determinato indirizzo politico e che pertanto si impegna politicamente a realizzarlo* ❻.

Questa nozione di maggioranza politica è confermata da altri aspetti della disciplina dettata dalla Costituzione. Quest'ultima, infatti, imponendo la *motivazione della mozione di fiducia*, richiede che il Governo trovi non tanto un generico sostegno parlamentare, quanto l'accordo con quella parte di Parlamento che si impegna a realizzare un *indirizzo politico* (→ § II.3.2) definito. Inoltre, *l'obbligo della votazione ad appello nominale* si spiega in quanto, con la votazione della fiducia, i partiti ed i singoli parlamentari assumono una precisa responsabilità politica di fronte al corpo elettorale: il sostegno da dare al Governo in vista della realizzazione dell'indirizzo politico. In definitiva, sarebbe sbagliato – non solo politicamente ma anche dal punto di vista costituzionalistico – ritenere che il Parlamento vada considerato come un soggetto politico unitario che intrattiene, in quanto tale, un rapporto di fiducia con il Governo. Piuttosto, in un Parlamento di partiti, come è quello italiano, si crea una *divisione fondamentale tra la maggioranza politica e la minoranza (o le minoranze), sicché nella sostanza il rapporto di fiducia lega il Governo alla maggioranza piuttosto che all'intero Parlamento.*

Dalla disciplina descritta deriva la *ratio* costituzionale della **questione di fiducia**, che può essere posta dal Governo su una sua iniziativa che richiede l'approvazione parlamentare (per esempio, un disegno di legge). In questo caso, il Governo dichiara che, ove la sua proposta non dovesse essere approvata dal Parlamento, trattandosi di una proposta necessaria per l'attuazione dell'indirizzo concordato con la maggioranza, riterrà venuta meno la fiducia di quest'ultima e, come conseguenza, rassegnerà le sue dimissioni. La questione di fiducia, dunque, costituisce uno strumento attraverso cui il Governo rivendica la sua responsabilità per l'attuazione dell'indirizzo e, ponendo l'alternativa secca tra approvazione e crisi, opera come mezzo di pressione sulla maggioranza, affinché resti compatta e coerente con le scelte di indirizzo su cui si basa il rapporto di fiducia con il Governo. Alla *questione di fiducia* si applicano regole analoghe a quelle previste per la *mozione di sfiducia*, per cui il Governo ne trae evidenti vantaggi: la discussione viene aggiornata (così da consentire alla maggioranza di serrare i ranghi), la votazione è per appello nominale e, per di più, viene bloccata la votazione degli emendamenti (vedi art. 116 del Reg. Camera).

In conclusione, la creazione e la presenza di una maggioranza politica di supporto al Governo (si parla, con il medesimo significato, di *maggioranza di governo*) costituisce una necessità istituzionale, anche se, come vedremo, variano le modalità della sua formazione ed il ruolo che svolge, a seconda delle caratteristiche del sistema politico e degli assetti della forma di governo. Il sistema politico italiano, per lungo tempo, ha operato come multipartitismo esasperato (che ha spinto verso un assetto della forma di governo vicino agli schemi del *parlamentarismo compromissorio* → § IV.3.2), mentre, a partire dalla IX legislatura e soprattutto dalla XII, si sono affermate tendenze a favore del *parlamentarismo maggioritario*.

1.3. *I caratteri della società e del sistema politico*

All'inizio della storia repubblicana, la democrazia italiana ha dovuto fare i conti con una società attraversata da profonde divisioni, di cui la più importante era quella ideologica, incentrata sulla contrapposizione tra l'ideologia marxista e quella cattolica. Queste hanno fornito la base su cui si è costruita l'identità di quelli che, per lunghissimo tempo, sono stati i due principali partiti della democrazia italiana: il Partito comunista e la Democrazia cristiana. I principali partiti italiani – in un Paese diviso e marcatamente ideologizzato ma caratterizzato da linee di divisione stabili e limitate nel numero (come, appunto, quelle costituite dall'ideologia e dalla collocazione in un sistema di relazioni economiche piuttosto semplice) – erano in grado ciascuno di rappresentare stabilmente un determinato settore della società.

Tale realtà socio-politica ha dato origine ad un sistema politico a **multipartitismo esasperato**. Con questa espressione si intende un sistema caratterizzato non solo dalla presenza di un *elevato numero di partiti*, ma altresì contraddistinto da una *notevole distanza ideologica tra i partiti* che ne fanno parte. Ciò era accentuato dal fatto che le due principali forze politiche traevano la rispettiva legittimazione all'esterno della società nazionale (l'URSS l'uno, la Chiesa cattolica l'altro), nonché dalla presenza di un Partito socialista (che, fino alla formazione delle maggioranze di centro-sinistra, era considerato non integrato nel sistema di valori di una democrazia pluralista) e di una destra neofascista (MSI), dichiaratamente schierata su posizioni "anti-sistema". In questo contesto, tanto la sinistra comunista (e fino al 1963 anche quella socialista) che la destra neofascista non erano considerate come forze utilizzabili per la formazione dei Governi. Esisteva perciò una convenzione tacita (→ § VIII.3.3.γ✓) che escludeva permanentemente tali partiti dall'area di governo, chiamata ***conventio ad excludendum*** ❻.

1.4. *Multipartitismo esasperato e forma di governo*

Le caratteristiche della società e del sistema politico impedivano l'affermazione di una democrazia maggioritaria e, piuttosto, richiamavano molti dei presupposti della democrazia consociativa. Tutto ciò aveva conseguenze importanti per il funzionamento della forma di governo. In primo luogo, erano impraticabili sia la *dinamica bipolare del sistema politico*, con la *contrapposizione maggioranza-opposizione*, sia l'*investitura popolare diretta del Governo*; questo a causa degli effetti di radicalizzazione del conflitto politico che, in un sistema con ampie divaricazioni ideologiche, avrebbero potuto innescare forti tensioni e persino crisi violente della democrazia. Piuttosto, la forma di governo ha funzionato sulla base di *maggioranze formate dopo le elezioni attraverso laboriosi accordi tra i partiti*. In secondo luogo, le maggioranze sono state fondate sull'esclusione permanente dei due poli estremi (di sinistra e di destra) e si sono imperniate sulla Democrazia cristiana (a causa della forza parlamentare di questo partito e del fatto che le sue caratteristiche ideologiche e sociali lo rendevano compatibile con qualsiasi altro partito). In terzo luogo, la formazione post-elettorale della maggioranza ha consentito la progressiva attrazione nell'area della coalizione di governo di partiti collocati alle ali estreme del sistema; essi, in tal modo, hanno finito per essere integrati nella nostra democrazia pluralista. Questa tendenza ha portato nel 1978, all'indomani del rapimento di Aldo Moro, alla formazione di un Governo di solidarietà nazionale (presieduto dall'on. Andreotti) che aveva il sostegno di una maggioranza allargata all'80% delle forze parlamentari, compresi i comunisti (che però non entravano nel Governo, monocolore DC).

Il sistema politico, quindi, condizionava il funzionamento della forma di governo orientandola verso il *parlamentarismo compromissorio* (→ § IV.3.2). Il sistema elettorale rigorosamente proporzionale per l'elezione del Parlamento, che ha operato in Italia fino alla riforma elettorale del 1993 (→ § IV.7.7), la disciplina dei regolamenti parlamentari (soprattutto quella adottata nel 1971), che incentivavano l'accordo tra maggioranza e minoranze (→ § V.3.1.3✓), e l'assenza di strumenti di rafforzamento del Governo costituivano alcuni dei principali supporti istituzionali di un simile assetto della forma di governo.

Tuttavia, anche grazie alla capacità di integrazione del sistema costituzionale, le iniziali contrapposizioni ideologiche sono state notevolmente attenuate. Però la società è divenuta più complessa, articolata in una molteplicità di interessi che mal si prestano ad essere rappresentati e ricomposti dai partiti storici della democrazia italiana. La crisi delle ideologie, soprattutto dopo il crollo dei regimi comunisti dell'Europa orientale, e la laicizzazione della società hanno accresciuto la difficoltà per i partiti italiani di adempiere la loro funzione tipica di realizzare l'equilibrio tra la rappresentanza e la decisione (→ § II.2.2). Inoltre, l'integrazione europea ha imposto – con il Trattato UE – al nostro Paese una finanza pubblica "sana", che comporta il rispetto di rigidi vincoli di bilancio (con la conseguenza di rendere difficilmente praticabile la prassi dei compromessi politici che accontentavano i principali gruppi politici e sociali, imponendo gli ingenti costi economici di tali compromessi al bilancio statale (→ § II.7.4✓).

Da queste e da altre circostanze, è nata in consistenti settori della società italiana la spinta ad abbandonare le pratiche della democrazia consociativa a favore di una democrazia maggioritaria, con conseguente ricerca di un nuovo assetto della forma di governo. La manifestazione più vistosa di questa spinta si è avuta con il cosiddetto *referendum* elettorale del 18 aprile 1993, che ha fatto registrare una soglia molto alta di sì (oltre l'80%) e che aveva come oggetto l'abrogazione del sistema elettorale proporzionale, a favore di un sistema prevalentemente maggioritario. Questo risultato condusse alle riforme elettorali in chiave maggioritaria del 1993, ma anche alla diffusione presso l'opinione pubblica di un atteggiamento ostile nei confronti del parlamentarismo compromissorio e dei partiti politici che ne erano stati i principali attori. Le indagini della magistratura sulla corruzione hanno dato l'ultimo colpo ad un sistema politico che era già in crisi profonda, svelando un sistema di finanziamento illegale della politica, che coinvolgeva larghissimi settori della classe politica.

1.5. *Da un sistema politico multipolare ad un sistema a tendenza bipolare. Breve storia di una lunga crisi*

Dall'insieme dei fattori e delle spinte descritte nel precedente paragrafo, è derivata l'apertura di una lunga fase di ristrutturazione del sistema politico, facilitata dal fatto che la gran parte dell'elettorato ha smesso di votare sulla base della "appartenenza" stabile a questo o a quel partito ed ha orientato le sue scelte in funzione delle azioni e delle proposte politiche ritenute di volta in volta preferibili. È finito il periodo in cui ciascun partito aveva una forza elettorale pressoché costante nel tempo; si è reso così possibile che i risultati elettorali spostassero in modo significativo gli equilibri nel sistema politico. Di conseguenza, le forze politiche hanno avviato una forte competizione per ottenere il consenso degli elettori mobili, che votano non più secondo criteri di appartenenza ideologica ma valutando quello che ciascun partito ha fatto e si propone di fare per il futuro.

Gli anni '90, pertanto, hanno visto una profonda modificazione del sistema politico, che ha riguardato tanto l'identità dei partiti che ne fanno parte, quanto le loro relazioni. Il fatto più significativo è rappresentato dalla nascita di nuovi partiti e dalla scomparsa dei partiti "storici" della democrazia italiana che, nella maggior parte dei casi, si sono trasformati in soggetti nuovi (più o meno legati nel personale politico e nel patrimonio culturale alle forze politiche scomparse).

Il sistema politico, però, è rimasto notevolmente frammentato, anche di più di quanto avveniva nel periodo precedente. La frammentazione politica è espressa in Parlamento dall'elevato numero di gruppi parlamentari (→ § V.3.1.5). Rispetto al passato, inoltre, è venuta meno la "centralità" di un partito (un tempo rappresentata dalla DC) che, per forza elettorale e capacità di stringere alleanze, costituisca il pilastro di ogni maggioranza.

Tuttavia, a seguito del richiamato processo di ristrutturazione del sistema politico, sostanzialmente tutte le forze politiche hanno accettato i principi della democrazia pluralistica e pertanto sono diventate parti potenziali di una maggioranza di governo. Ciò significa che è venuta meno la forte contrapposizione ideologica che aveva caratterizzato il pluripartitismo esasperato (che ha accompagnato i primi quattro decenni di vita della Repubblica italiana) e che non ci sono forze politiche di una certa consistenza che, per la loro matrice ideologica, siano stabilmente escluse dall'area di governo. Pertanto, esiste una condizione che può consentire il *funzionamento bipolare del sistema politico*, quale premessa del parlamentarismo maggioritario (→ § IV.3.2) ❻.

Si è affermata così una competizione politica bipolare e la pratica dell'alternanza. Infatti, le elezioni politiche del 1994, 1996, 2001, 2006 e 2008 hanno visto la contrapposizione di due coalizioni di partiti tra loro alternative. È stato possibile perciò praticare l'alternanza, inizialmente favorita dal sistema (prevalentemente) maggioritario: la XII legislatura si è aperta con una maggioranza di centro-destra, la XIII con una maggioranza di centro-sinistra. Per tutta la XIV legislatura ha nuovamente governato la coalizione di centro-destra, guidata da Berlusconi; le elezioni dell'aprile 2006 (che si sono svolte con il nuovo sistema elettorale proporzionale: → § IV.3.7.7) sono state vinte dalla coalizione di centro-sinistra, guidata da Prodi, mentre nel 2008 ha vinto di nuovo la coalizione di centro-destra e Berlusconi è stato nuovamente nominato Presidente del Consiglio.

La tendenza alla semplificazione ed alla bipolarizzazione del sistema politico italiano si è rafforzata nel periodo 2008-2009, con la fondazione del Partito democratico (PD), in cui confluivano i DS e la Margherita, e del Popolo della libertà (PDL), che comprendeva Forza Italia e AN. Le elezioni dell'aprile 2008 hanno segnato l'eliminazione dal Parlamento della sinistra post-comunista (RC, Comunisti italiani) e dei Verdi, che fa seguito alla già avvenuta eliminazione nelle elezioni precedenti di socialisti, liberali, democristiani e neo-fascisti. In questo modo, oltre alla semplificazione numerica, c'è stata la scomparsa di qualsiasi partito che faccia riferimento alle grandi ideologie del novecento.

✓ FINE DEL BIPOLARISMO?

Tuttavia nel corso della legislatura è emersa una forte conflittualità all'interno delle due coalizioni. Il neonato PDL è stato lacerato da tensioni vistose tra i "cofondatori" (Berlusconi e Fini) e da conflitti tra alcuni dei leader della coalizione, che hanno reso difficile l'attività di governo e l'approvazione parlamentare delle leggi. Tali tensioni sono culminate, nell'aprile del 2010, in un pubblico scambio

di insulti in occasione della riunione della direzione nazionale del PDL, nell'ottobre si giunse all'uscita dal PDL di alcuni parlamentari – quasi tutti provenienti dall'ex partito di Fini, AN – e alla creazione tanto alla Camera che al Senato di un nuovo gruppo parlamentare, preludio alla nascita di un nuovo soggetto politico, Futuro e libertà per l'Italia. Quest'ultimo è uscito dalla maggioranza di governo ed ha iniziato a realizzare un coordinamento politico con l'UDC guidata da Casini, e con l'Alleanza per l'Italia, nata nell'ottobre del 2009 con l'uscita dal PD di Rutelli, già presidente della Margherita e "cofondatore" del PD. Questa forma di coordinamento politico è stata subito battezzata "terzo polo", evidenziando come i tre leader prospettavano come esito della complessa situazione politica la fine del bipolarismo.
La maggioranza di governo, che era molto cospicua, ne è uscita piuttosto indebolita: circa l'11% dei parlamentari del PDL sono confluiti nel nuovo gruppo parlamentare. Ciò non ha comportato l'apertura della crisi di governo, ma nella votazione della mozione di sfiducia presentata successivamente alla scissione del PDL, il Governo (14 dicembre 2010) otteneva la fiducia alla Camera per soli tre voti. In seguito, il supporto parlamentare del Governo veniva irrobustito grazie alla nascita di un nuovo gruppo parlamentare – denominato i "responsabili" – provenienti da forze di opposizione, in particolare dall'UDC, anche se l'instabilità ed i conflitti sono rimasti elevati e si sono espressi, soprattutto nel corso della manovra finanziaria del luglio 2011, anche in contrasti tra il Presidente del Consiglio ed il ministro dell'economia Tremonti.
Eventi questi che dimostrano come sulla dissoluzione dei partiti di massa avvenuta alla fine del secolo scorso si è innescato un sistema politico in cui la logica bipolare è ancora messa radicalmente in discussione, mentre cresce la personalizzazione della politica, con partiti diventati "partiti personali" al servizio di un leader, e con essa la frammentazione del sistema politico e all'interno degli stessi partiti.

Nel novembre del 2011, con l'aggravarsi della crisi della finanza pubblica italiana, in un contesto di gravi tensioni sui Paesi più deboli dell'Eurozona (→ § II.7.5), per affrontare la grave emergenza economica, il Governo Berlusconi si è dimesso e si è proceduto alla formazione di un Governo tecnico, guidato dall'economista Mario Monti, sostenuto da un'ampia maggioranza in cui sono confluite le forze politiche che animavano i "poli" contrapposti e alternativi del sistema politico: PD, PDL e UDC. Il bipolarismo entrava così in grave crisi, ponendo il problema se si trattava di una parentesi imposta dalla necessità di fronteggiare, col massimo possibile di unità politica, la grave emergenza finanziaria, ovvero se la stessa dinamica bipolare sia stata ormai irrimediabilmente superata.

Le successive elezioni del febbraio 2013 hanno accentuato la frammentazione del sistema e reso impossibile il funzionamento della dinamica bipolare.

✓ LE ELEZIONI DEL 2013

Innanzitutto, le elezioni registravano un forte successo di una nuova formazione politica, basata sulla critica radicale dei partiti politici e persino della democrazia rappresentativa (a cui venivano contrapposte la spinta verso una democrazia diretta basata sul web e la responsabilità degli eletti nei confronti degli elettori): il Movimento cinque stelle (M5S), guidato da Beppe Grillo, che otteneva più del 25% dei voti per la Camera e del 23% al Senato (con la conseguente attribuzione di 108 seggi alla Camera e di 54 al Senato). Inoltre, alcune forze politiche rifiutavano di partecipare alle due principali coalizioni elettorali, incentrate sui partiti più forti del sistema politico (il PD e il PDL), e decidevano di dare vita ad una coalizione alternativa guidata da Mario Monti (che nel frattempo aveva fondato un nuovo partito, "Scelta civica", che si alleava con l'UDC di Casini e Futuro e libertà, guidata da Fini).

Anche per l'imprevisto successo del M5S e per i seggi conquistati dalle forze guidate da Monti, nessuna delle due coalizioni alternative che si erano affrontate nell'arena elettorale (quella di centrodestra guidata dall'on. Berlusconi e quella di centro-sinistra guidata dall'on. Bersani) ha conquistato la maggioranza in entrambi i rami del Parlamento. Alla Camera, grazie al forte premio di maggioranza previsto dalla legislazione elettorale (→ § IV.7.7), la coalizione di centro-sinistra, otteneva 340 seggi, ma al Senato si fermava a 113. Da qui, la necessità di dare vita a coalizioni più ampie e diverse da quelle annunciate al corpo elettorale.

Il processo di formazione della coalizione e del Governo è stato particolarmente lungo e laborioso e si è concluso con la formazione di una grossa coalizione, in cui confluivano i due partiti maggiori delle coalizioni alternative (PD e PDL, oltre a Lista civica e UDC), e la nomina di un Governo con Presidente del Consiglio Enrico Letta (che otteneva la fiducia il 30 aprile, dopo un mese e mezzo dall'apertura della XVII legislatura (15 marzo).

✓ DAL GOVERNO LETTA AL GOVERNO RENZI E AL GOVERNO GENTILONI

In breve i rapporti tra il Pdl e il Governo sono diventati sempre più tesi, fino a quando, nell'autunno del 2013 Berlusconi decideva di ritirare il sostegno al Governo e chiedeva ai suoi ministri di dimettersi. L'obiettivo era di aprire la crisi di governo, intesa come preludio a elezioni anticipate. Per la prima volta la decisione di Berlusconi incontrava però l'opposizione di una parte dei parlamentari del Pdl, guidati dai rappresentanti nel Governo (in particolare da Angelino Alfano), che si sono schierati a favore del rinnovo della fiducia al Governo. Di conseguenza Berlusconi ha dovuto cambiare atteggiamento e il Governo ha ottenuto nuovamente la votazione favorevole della fiducia parlamentare. Le gravi tensioni che hanno dilaniato il Pdl sono sfociate nell'uscita dal partito dei tre ministri, di numerosi sottosegretari e di alcuni parlamentari, che hanno dato vita ad un nuovo partito (Nuovo Centrodestra) ed alla formazione dei correlativi gruppi parlamentari nei due rami del Parlamento (novembre 2013).
Poco dopo queste vicende si sono svolte le primarie per l'elezione del segretario politico del Pd (8 dicembre 2013). Esse hanno visto una grande partecipazione (più di due milioni e ottocentomila elettori) e una forte investitura democratica del nuovo segretario politico, Matteo Renzi, che ha ottenuto quasi il 70% dei consensi con un programma di radicale ricambio della classe politica, a partire da quella dello stesso Pd (la "rottamazione", nel gergo politico e giornalistico). In forza di questo successo Renzi induceva Enrico Letta a presentare le dimissioni al Presidente della Repubblica: veniva nominato il Governo Renzi (il sessantatreesimo della Repubblica, che giurava il 22 febbraio e otteneva la fiducia del Parlamento tre giorni dopo.
Le successive elezioni per il Parlamento europeo del 2014, vedevano un successo clamoroso del Pd, con più del 40% dei consensi, ed un forte ridimensionamento del Pdl, che otteneva solamente il 16,81%, diventando il terzo partito dopo il M5S, con il 21,16%. Il successo del Pd era il risultato maggiore mai raggiunto da un partito di centro-sinistra in qualsiasi tipo di elezione.
A seguito dell'esito del *referendum* costituzionale del 4 dicembre 2016, che ha visto un'ampia percentuale dell'elettorato esprimersi contro la riforma costituzionale, fortemente voluta e promossa dal Premier, Matteo Renzi, quest'ultimo rassegnava le dimissioni e, dopo l'apertura della crisi e lo svolgimento del procedimento di formazione del Governo, veniva nominato Presidente del Consiglio Paolo Gentiloni, che conservava la medesima maggioranza parlamentare che aveva sostenuto il precedente Governo. Anche in questo caso, quindi, come nel passaggio da Letta a Renzi, c'è stata una crisi extraparlamentare e la formazione di un nuovo Governo senza passare dalla consultazione elettorale.

1.6. *La formazione della coalizione*

La formazione di una *maggioranza politica*, per effetto della disciplina posta dall'art. 94 Cost., costituisce una necessità istituzionale. In un sistema pluripartitico, come quello italiano, in cui nessuna forza politica ha la maggioranza assoluta dei seggi parlamentari (→ § II.4.1), *la maggioranza sarà necessariamente formata attraverso l'accordo tra più partiti* e prende il nome di **coalizione**. Pertanto il Governo, che si basa sulla fiducia ottenuta attraverso l'accordo di più forze politiche, viene chiamato **Governo di coalizione**, per differenziarlo dai **Governi monocolore**, che costituiscono espressione di un solo partito e sono tipici del parlamentarismo maggioritario operante in sistemi politici bipartitici (come avviene nel Regno Unito). Peraltro, quando in Italia sono stati formati Governi espressione di un solo partito, data la necessità costituzionale della fiducia preventiva, essi riposavano sull'appoggio di una maggioranza politica più ampia, formata anche da altri partiti che momentaneamente decidevano di non avere propri rappresentanti nel Governo, in attesa di un'evoluzione del quadro politico.

Le *modalità seguite per la formazione della coalizione* possono essere assai diverse a seconda delle caratteristiche del sistema politico e della forma di governo. In particolare, vanno distinte le *coalizioni annunciate davanti al corpo elettorale* dalle *coalizioni formate in sede parlamentare* dopo le elezioni. Nel primo caso, il corpo elettorale può scegliere tra coalizioni alternative: quella che vince le elezioni diventa la maggioranza che esprime il Governo. Di regola, il leader che guida la coalizione nella competizione elettorale è il candidato alla carica di Primo ministro, e sarà nominato in caso di vittoria elettorale. I partiti si impegnano con il corpo elettorale a realizzare il programma contenuto negli accordi di coalizione; la maggioranza presenta perciò un grado elevato di stabilità, visto che, in linea di principio, la rottura degli accordi di coalizione ed il cambio di maggioranza richiedono il ricorso a nuove elezioni. Pertanto, il sistema politico funziona in modo *bipolare*, con due poli politici, ciascuno formato da più partiti, tra loro alternativi ed in competizione per la conquista della maggioranza dei seggi parlamentari e del Governo. La forma di governo si assesta secondo i moduli funzionali del parlamentarismo maggioritario, con una netta differenza di ruoli tra maggioranza e opposizione [6].

Viceversa, le coalizioni del secondo tipo nascono da accordi tra i partiti conclusi dopo le elezioni. In questo caso ciascun partito si presenta davanti al corpo elettorale con identità e programmi propri e lotta per la conquista del maggior numero di seggi parlamentari. Solamente dopo le elezioni iniziano le negoziazioni per la scelta della maggioranza di governo e del suo programma: sul tavolo del negoziato ciascun partito potrà far valere la forza che deriva dal grado di consenso elettorale ottenuto. Pertanto l'elettore non sceglie né la maggioranza né (sia pure indirettamente, come avviene nel primo caso) la persona che ricoprirà la carica di Primo ministro. I partiti sono liberi sia nella scelta delle alleanze che daranno vita alla maggioranza, sia nella scelta di colui che dovrà guidare il Governo. Dunque, le maggioranze si fanno e si cambiano in Parlamento e quindi la rottura degli accordi di coalizione e la formazione di una nuova maggioranza non richiedono, almeno di regola, una nuova consultazione elettorale. Ciò che conta è che nel Parlamento si possa formare una qualsiasi maggioranza, quale che sia il tipo di alleanze politiche su cui si basa.

Questa dinamica di formazione delle maggioranze e dei Governi presuppone che il corpo elettorale attribuisca ai partiti ed al Parlamento una forte carica di legittimazione politica, mentre il Governo deriverebbe la sua legittimazione dai partiti che decidono di fare parte della coalizione. Viceversa, nelle coalizioni annunciate al corpo elettorale, c'è una legittimazione più diretta della maggioranza e del Governo da parte del corpo elettorale stesso, ritenendosi insufficiente quella offerta solamente dai partiti dopo le elezioni.

✓ LA STORIA DELLE COALIZIONI POST-ELETTORALI

La storia delle coalizioni nell'Italia repubblicana vede due grandi fasi: la prima si estende dall'entrata in vigore della Costituzione al 1994, la seconda ha preso avvio a partire da quest'ultima data. La prima fase è quella delle coalizioni formate dopo le elezioni e, a sua volta, può essere articolata in quattro periodi. Il primo è quello del *centrismo*, che ha visto la Democrazia cristiana, nel corso delle prime due legislature, associare al Governo i partiti laici minori (Partito liberale, Partito repubblicano, Partito socialista dei lavoratori). Il secondo periodo è quello delle coalizioni di *centro-sinistra*, che hanno visto la partecipazione del partito socialista al Governo, insieme con la Democrazia cristiana ed i partiti laici minori. Alla formazione del primo Governo con l'appoggio esterno dei socialisti si arrivò solamente al termine della III legislatura, nel marzo del 1962, con il IV Governo Fanfani. Il terzo periodo, che coincide con la VII legislatura, ha visto per la prima volta il coinvolgimento del Partito comunista nell'area parlamentare di sostegno al Governo. Ciò è avvenuto con l'espediente della "**non sfiducia**", che ha permesso di superare i contrasti interni alla DC in ordine alla partecipazione dei comunisti alla coalizione di Governo. Più precisamente, il Governo presieduto dall'on. Andreotti, in sede di votazione della fiducia iniziale, ottenne il voto favorevole solamente dei democristiani, mentre socialisti, comunisti e laici si astennero, consentendo così al Governo di ottenere la fiducia. Nel marzo del 1978, ad esso subentrò un nuovo Governo guidato dall'on. Andreotti, che era basato su una maggioranza organica con l'ottanta per cento delle forze parlamentari, compresi i comunisti. In tal modo si dava una forte accelerazione al processo di integrazione di questo partito nella democrazia italiana e, quindi, al superamento della *conventio ad excludendum*. Il quarto periodo, infine, ha visto il venire meno di un altro elemento – che aveva caratterizzato il sistema politico e quindi le modalità di formazione delle coalizioni – cioè la centralità della Democrazia cristiana, ad un cui esponente una regola convenzionale, sempre rispettata, riservava la carica di Presidente del Consiglio. Nell'VIII legislatura vi sono stati i due Governi guidati dal repubblicano Spadolini, che essendo espressione di un piccolo partito poteva assumere il ruolo di una "presidenza cerniera", diretta a collegare i due principali partiti della Coalizione (DC e Psi). Nella IX legislatura, aperta con una flessione elettorale della DC, si sono avuti i due Governi a presidenza socialista (da parte dell'on. Craxi), che operava come attuale partner della DC, ma al contempo in concorrenza con essa, quale perno di una possibile coalizione alternativa. In questa fase, con le coalizioni del *quadripartito* e del *pentapartito*, si avviarono le prime spinte verso il superamento del parlamentarismo compromissorio a favore di un parlamentarismo maggioritario, basato su due coalizioni tra loro alternative.

In Italia, prima del 1994, le coalizioni sono sempre state formate dopo le elezioni, attraverso complessi negoziati tra le forze politiche. Una volta realizzata una maggiore convergenza delle forze sociali e politiche sui valori ed i principi della democrazia pluralistica, a seguito della crisi del sistema politico e delle spinte popolari verso una democrazia maggioritaria (culminate con il *referendum* del 1993), sono state abbandonate quelle regole convenzionali che ponevano la formazione della coalizione dopo le elezioni e si è sviluppata la tendenza verso un sistema basato sulla competizione tra due coalizioni annunciate al corpo elettorale.

Solamente a seguito della grave crisi del sistema politico degli anni '90 si è passati ad un sistema basato su coalizioni formalmente annunciate al corpo elettorale; esse hanno continuato ad avere elementi di conflittualità e disomogeneità al loro interno, che hanno nuociuto alla loro stabilità.

✓ L'ETERNA AMBIGUITÀ DELLE COALIZIONI ELETTORALI IN ITALIA

La formazione di coalizioni annunciate a livello elettorale si è realizzata con le elezioni del 1994, con cui si apriva la XII legislatura del Parlamento repubblicano: si contrapponevano il "Polo delle libertà" e la coalizione dei "Progressisti", così come si ripeté nel 1996, con la contrapposizione delle coalizioni guidate rispettivamente da Silvio Berlusconi e Romano Prodi. In entrambi i casi però, la logica propria delle coalizioni annunciate a livello elettorale è stata alterata dalla incoerenza delle coalizioni stesse. Nel primo caso, i contrasti interni hanno portato la Lega Nord a uscire dalla maggioranza determinando, nel dicembre del 1994 (e cioè circa sette mesi dopo la sua formazione), la crisi del Governo. Le elezioni del 1996 determinarono la vittoria del centro sinistra (l'"Ulivo"), che aveva stretto un **accordo di desistenza** con Rifondazione comunista (in virtù di tale accordo, l'Ulivo e Rifondazione hanno ripartito i rispettivi candidati nei collegi elettorali in modo tale che in ciascun collegio ci fosse o un candidato dell'uno ovvero dell'altro, con l'obiettivo di non disperdere i voti e concentrare l'elettorato di centro-sinistra, in ciascun collegio, su un solo candidato). Ma i dissensi sorti sulla manovra di bilancio portarono RC a togliere il proprio sostegno al Governo: Prodi, invece di rassegnare le dimissioni, preferiva forzare la situazione e poneva la *questione di fiducia* (→ § V.3.3.1) ma, per un solo voto, essa veniva respinta ed il Governo Prodi dovette dimettersi (1998). Ad esso subentrava il Governo presieduto da Massimo D'Alema, sostenuto da una maggioranza composta da forze diverse da quelle della coalizione che aveva vinto le elezioni, grazie all'apporto dell'Udr, nato dopo le elezioni con la confluenza di parlamentari che erano stati eletti nell'ambito della coalizione di centro-destra.

Le elezioni del 2001 hanno segnato l'affermazione di una chiara maggioranza politica di centro-destra, con un unico programma ed un unico candidato a Presidente del Consiglio. Ma i contrasti interni alla coalizione furono tali da determinare la crisi del II Governo Berlusconi: all'indomani delle elezioni regionali dell'aprile 2005 – che vedevano un forte arretramento della coalizione di centro-destra – alcuni partner della maggioranza (UDC e AN) hanno chiesto l'apertura della crisi e la formazione di un nuovo Governo che, seppure guidato dallo stesso Berlusconi, attestasse la "discontinuità" rispetto al Governo precedente. La maggioranza è rimasta la stessa, e così anche il Presidente del Consiglio, ma nella vicenda un ruolo centrale hanno assunto i partiti politici. La legittimità del Governo non è stata fatta dipendere dalla scelta del corpo elettorale (secondo gli schemi delle "democrazie immediate"), bensì dalla fiducia dei partiti in Parlamento.

Anche la coalizione di centro-sinistra che ha vinto le elezioni nel 2006 è stata caratterizzata da un'elevata litigiosità, soprattutto al Senato, dove godeva di una maggioranza assai risicata ed è stata esposta a numerose sconfitte parlamentari. L'eterogeneità della coalizione e i rapporti conflittuali tra le sue componenti hanno ostacolato l'azione di governo, determinandone la caduta.

Le elezioni del 2008 portavano ad una semplificazione del sistema politico che sembrava preludere ad una maggiore omogeneità della coalizione. Ma, come si è visto nel § precedente, la conflittualità nelle coalizioni è rimasta elevata.

Come si è già visto (→ § V.1.5), i processi di crisi, di frammentazione e di instabilità del sistema politico, che si sono manifestati soprattutto a partire dal 2008, sono diventati ancora più vistosi con le elezioni tenutesi nel 2013, mettendo in crisi sia la logica bipolare sia la coincidenza tra coalizione annunciata al corpo elettorale e coalizione di governo. Nessuna delle due coalizioni elettorali in competizione si è aggiudicata la maggioranza dei seggi in entrambi i rami del Parlamento: dopo una lunga fase, durante il quale ha continuato ad operare il Governo Monti, si è formato un Governo (guidato da Enrico Letta) basato su una coalizione in cui confluivano i partiti maggiori su cui si imperniavano le due coalizioni elettorali rivali (PD e PDL), insieme ad altre forze minori. Si è così aperta una stagione politica all'insegna di una "grande coalizione" formata dopo le elezioni. Dopo l'uscita del Pdl dalla maggioranza, questa si è ristretta al PD e a un partito nato dalla scissione dello stesso Pdl (il Nuovo centro-destra) che ha sorretto i Governi Renzi (22 febbraio 2014-12 dicembre 2016) e Gentiloni (12 dicembre 2016 – 1° giugno 2018).

Le elezioni del 4 marzo 2018, avvenute sulla base di un sistema elettorale proporzionale (→ § VI 7.7) segnano la fine delle coalizioni. Solamente alcune forze si sono presentate insieme in una coalizione davanti al corpo elettorale (la coalizione di centro-destra), mentre le altre forze principali (il Movimento 5 stelle e il PD) si sono presentate da sole. La formazione del Governo è perciò diventata un *rebus*.

✓ LE ELEZIONI DEL 4 MARZO 2018 E LE SORPRESE DEL SISTEMA POLITICO

Le elezioni politiche del 4 marzo 2018 hanno visto una trasformazione profonda del sistema politico italiano. Da una parte, c'è stata l'affermazione dei partiti che si erano caratterizzati per una prospettiva antisistema, anti-élites e populista: alla Camera, il Movimento 5 stelle ha ottenuto il 32,7% dei voti, mentre la Lega il 17,4%: quest'ultima però faceva parte – insieme con Forza Italia (14,0%), Fratelli d'Italia (4,4%) e altri – di una coalizione di centro destra che è risultata la più votata con il 37%. Sull'altro fronte, c'è stata una forte perdita di voti del Partito democratico, ridotto al 18,7%.
In Parlamento nessuna forza politica e nessuna coalizione aveva la maggioranza dei seggi necessari per formare un Governo: il M5S contava 227 seggi (su 630) alla Camera e 112 (su 315) al Senato; la Lega rispettivamente 125 alla Camera e 58 al Senato. La coalizione di centro destra, sommando insieme i seggi delle diverse forze unite nelle schede elettorali, otteneva 265 seggi alla Camera e 137 al Senato. Il Partito democratico, invece, vedeva ridursi la sua rappresentanza parlamentare a 112 deputati e 54 senatori.
Quindi, anche per effetto del sistema elettorale proporzionale con cui si è votato, in Parlamento nessun partito e nessuna coalizione avevano la maggioranza necessaria per esprimere un Governo. Inoltre si manifestava una frattura politica che riguardava la geografia del Paese: il M5S si affermava al Sud (con il 43,4% dei voti), la Lega nel Nord (26,7%), crescendo anche nel centro del Paese (18,4%), in cui tradizionalmente si esprimeva un alto consenso elettorale per il PD.
Dopo tre mesi dalle elezioni politiche è stato formato un Governo, presieduto da Giuseppe Conte, sulla base di una maggioranza politica formata dal M5S e dalla Lega. La coalizione è stata individuata dopo le elezioni, a seguito di un tortuoso processo, in cui il Presidente della Repubblica ha dovuto svolgere un'intensa attività maieutica, e che è culminato nella stesura di un contratto di governo tra i due partiti della coalizione. In questo processo si sono posti rilevanti problemi costituzionali relativi alle regole sulla formazione del governo, ai poteri del Presidente della Repubblica, al ruolo del Presidente del Consiglio ed al rapporto tra democrazia rappresentativa e democrazia diretta (→ § V 2.4.1).
Presto però la maggioranza M5S-Lega ha mostrato molte fratture. Una delle questioni di maggior divisione era la TAV (la linea di alta velocità ferroviaria in via di realizzazione in Val di Susa). Il M5S,

da sempre contraria all'opera, ha presentato una mozione (→ § V 3.3.3) al Senato, che è stata votata lo stesso giorno (7 agosto 2019) in cui si sono votate quattro mozioni favorevoli all'opera presentate dalle opposizioni ma anche dalla Lega (approvate le quattro favorevoli, bocciata quella del M5S). Maggioranza ufficialmente spaccata.
Il 9 agosto, il capogruppo della Lega presenta (sempre al Senato, dove la maggioranza è risicata) una mozione di sfiducia al Governo (→ § IV 1.2): è un fatto clamoroso che sia un partito della maggioranza a proporre la sfiducia a un Governo di cui fa parte, ma il gesto viene spiegato con il desiderio della Lega di andare al voto e "capitalizzare" il buon esito delle elezioni europee di maggio (→ IV.7.8) e dei sondaggi. In quei giorni Salvini dichiara di volere le elezioni e di ottenere dagli elettori i "pieni poteri", il che suscita grande scandalo rievocando analoghe dichiarazioni di Mussolini nel 1922. La discussione è fissata il 20 agosto: ma la seduta si apre con una dichiarazione del Presidente del Consiglio Conte che, con un discorso durissimo nei confronti di Salvini, vicepresidente del "suo" Governo, annuncia le proprie dimissioni (che significano dimissioni dell'intero Governo). La sera stessa la Lega ritira la sua mozione di sfiducia: inutilmente, perché la crisi è già aperta.
Le consultazioni del Presidente della Repubblica fanno emergere un quadro sorprendente: (a) la possibilità di una nuova maggioranza che comprende il M5S (partito di maggioranza relativa) e PD (sino allora all'opposizione), e (b) l'indicazione di Giuseppe Conte come Presidente del Consiglio. Il nuovo Governo (denominato *Conte II*), nominato il 5 settembre, ottiene la fiducia delle Camere pochi giorni dopo.

Ma le sorprese della XVIII legislatura non sono finite. Un ulteriore cambiamento delle dinamiche di formazione e di funzionamento della coalizione c'è stato con la crisi del Governo Conte II (gennaio-febbraio 2021) e la formazione del Governo presieduto dall'ex Presidente della Banca Centrale Europea, Mario Draghi (→ § II.7.5✓), sostenuto da una larga coalizione in cui sono confluiti partiti che, fino a quel momento, si trovavano nei differenti ruoli di maggioranza e opposizione e che appartenevano ad aree politiche tra loro alternative e cioè il centro-sinistra e il centro-destra.

✓ IL GOVERNO DRAGHI

Questa *larga maggioranza* parlamentare si è formata dopo che il Capo dello Stato Sergio Mattarella, in un discorso alla Nazione (2 febbraio 2021), ha spiegato le ragioni per cui, in piena crisi pandemica ⓬ e nell'urgenza di approvare il Piano nazionale di ripresa e resilienza necessario per disporre delle risorse finanziarie messe a disposizione da *Next Generation EU* (→ § II.7.6), una volta appurata l'impossibilità di formare un Governo sostenuto dalla stessa maggioranza di appoggio del secondo Governo Conte, era fortemente inopportuno lo scioglimento anticipato del Parlamento. Pertanto, il Presidente della Repubblica decideva di farsi carico della grave emergenza sanitaria ed economica del Paese e di favorire, in un orizzonte più ampio, la soluzione di alcune questioni di fondo del Paese che sono state di ostacolo ad una crescita economica inclusiva. Da qui la scelta a favore di "un Governo di alto profilo, che non debba identificarsi con nessuna formula politica". Il conferimento dell'incarico a Mario Draghi si è subito dopo realizzato senza le tradizionali consultazioni del Presidente della Repubblica con i partiti (3 febbraio) e il Governo ha successivamente ottenuto la fiducia delle due Camere con un'amplissima base parlamentare. In questo modo si è formato un Governo di ispirazione presidenziale, attestando come, nei periodi di crisi del sistema politico, si espande il ruolo del Presidente della Repubblica (→ § V.4.1): anche se occorre sottolineare come non si è trattato certamente di un Governo formato contro la volontà del Parlamento e delle forze politiche (*gouvernement de combat*), quanto di un **governo di salute pubblica**, per affrontare la grave crisi sanitaria ed economica, in grado di godere del sostegno di quasi tutte le forze politiche grazie all'autorevolezza del Premier e al sostegno del Capo dello Stato.

1.7. *Breve storia delle crisi di Governo*

La **crisi di Governo** consiste nella presentazione delle dimissioni del Governo causate dalla rottura del rapporto di fiducia tra il Governo, da una parte, ed il Parlamento (o meglio la maggioranza), dall'altra. Tradizionalmente si suole distinguere le **crisi parlamentari** dalle **crisi extraparlamentari**. Le prime sono determinate dall'approvazione di una mozione di sfiducia, oppure da un voto contrario sulla questione di fiducia posta dal Governo. In questo caso, il Governo è giuridicamente obbligato a presentare le sue dimissioni al Capo dello Stato.

Le seconde, invece, si aprono a seguito delle dimissioni volontarie del Governo, causate da una crisi politica all'interno della sua maggioranza. A queste ultime sono assimilabili le crisi causate dalle dimissioni del solo Presidente del Consiglio, che determinano la cessazione dalla carica dell'intero Governo (visto che è lui che ha proposto al Capo dello Stato i ministri da nominare ed ha avuto un ruolo fondamentale nella definizione della politica generale del Governo di cui, ai sensi dell'art. 95 Cost., è responsabile). Tali dimissioni possono essere espressione di una crisi politica ovvero essere ispirate da ragioni personali, come la presenza di un impedimento fisico.

Nella storia repubblicana non si è mai avuta una crisi di Governo parlamentare dovuta all'approvazione di una mozione di sfiducia. Soltanto in cinque casi ci sono state dimissioni del Governo determinate dalla mancata concessione della fiducia iniziale (8° Governo De Gasperi, nel 1953, 1° Governo Fanfani nel 1954, 1° Governo Andreotti nel 1972, 5° Governo Andreotti nel 1979, 6° Governo Fanfani). In due soli casi la crisi è stata determinata da un voto parlamentare negativo sulla *questione di fiducia* (→ § V.1.6✓) posta dal Governo (Governo Prodi nel 1998 e sempre Governo Prodi nel gennaio del 2008).

Le crisi extraparlamentari, pertanto, sono state la regola. Ciò è facilmente spiegabile dal punto di vista politico: se le coalizioni ed il Governo vengono formati a seguito di accordi conclusi tra i partiti dopo le elezioni, il venire meno di tali accordi comporta la crisi della maggioranza politica con la conseguenza che il Governo si trova privo del necessario sostegno parlamentare. Ciò non impedisce che, per motivi personali o politici, uno o più ministri siano indotti alle dimissioni "volontarie" e poi sostituiti, dando luogo ad un **rimpasto ministeriale**, senza che si apra una crisi di governo (di solito si dà comunicazione del rimpasto alle Camere, ma non segue un nuovo voto di fiducia). Accade abbastanza di frequente, spesso per dare un segno di "rilancio" della politica governativa o della stessa coalizione. Ma ciò è possibile solo se i partiti che formano la maggioranza sono consenzienti.

Dal punto di vista del diritto costituzionale, poi, le crisi extraparlamentari, nonostante qualche isolata opinione contraria, sono da ritenere del tutto ammissibili e non trovano un ostacolo nella disciplina posta dall'art. 94 Cost. Infatti, quest'ultima mira a disciplinare i modi in cui il Parlamento può "cacciare" il Governo, ma nessuno può impedire al Governo di dimettersi quando lo ritenga opportuno.

La prassi delle crisi extraparlamentari ha posto, però, il problema di come far conoscere ai cittadini i motivi della crisi, affinché questi possano valutare la responsabilità politica dei partiti e del Governo. Per affrontare questo problema, i Presidenti della Repubblica, specie a partire dal settennato di Sandro Pertini, hanno tentato la cosiddetta **parlamentarizzazione delle crisi** nate fuori dal Parlamento. Essa consiste nell'invito rivolto dal Presidente della Repubblica al Governo dimissionario a presentarsi in una delle due Camere per esporre i motivi della crisi ed aprire sugli stessi un dibattito parlamentare. Il dibattito non serve tanto a far rientrare la crisi, quanto a rendere pubbliche le ragioni della crisi medesima, nata all'interno dei rapporti tra i partiti politici.

In tempi recenti, l'esperienza della parlamentarizzazione della crisi è stata superata a favore di crisi rigorosamente extraparlamentari. Nel 2011 il Governo Berlusconi si è dimesso indipendentemente da una verifica della maggioranza in Parlamento. Anche nel 2013 le dimissioni del Governo Monti sono state determinate dal ritiro del sostegno da parte del Pdl, senza che fosse ritenuta necessaria una fase di verifica parlamentare. Lo stesso è avvenuto nel 2014 quando Enrico Letta ha rassegnato le dimissioni, a seguito della decisione della direzione nazionale del Pd di aprire una nuova fase politica con un nuovo Governo, senza alcun passaggio parlamentare. Della singolare crisi del Governo Conte I si è già narrato: in qualche modo si può dire che si sia trattato di una crisi nata in Parlamento.

✓ DALLA CRISI DEL GOVERNO CONTE II ALLA FORMAZIONE DEL GOVERNO DRAGHI

Nell'estate del 2020, una delle forze della coalizione che sosteneva il Conte II (Italia Viva) poneva alcune condizioni per la prosecuzione dell'alleanza di governo, incompatibili con la posizione del Movimento 5 stelle. Di fronte al rifiuto, i ministri e i sottosegretari di Italia Viva si sono dimessi. Il 18 gennaio Conte, confrontatosi con il Presidente della Repubblica, sceglieva la strada della parlamentarizzazione della crisi di governo: comunicazioni alle Camere, seguite dalla votazione di una questione di fiducia posta sulla risoluzione presentata dai capigruppo della maggioranza (con l'esclusione di Italia Viva). la fiducia era confermata sia alla Camera (con maggioranza assoluta), sia al Senato, con maggioranza semplice. Il Governo ha la fiducia del Parlamento anche se essa è votata a maggioranza semplice (**Governo minoritario**), ma politicamente un Governo con una base parlamentare così esigua è molto debole, ragione per cui, all'indomani della votazione della fiducia, si sono svolti dei tentativi di allargamento della maggioranza parlamentare, attirando nel suo ambito singoli parlamentari di forze politiche diverse. Tuttavia, il 25 gennaio, in vista di una votazione al Senato sulla relazione sulla giustizia del ministro guardasigilli, che si preannuncia negativa, il Presidente del Consiglio si è dimesso. Dopo le consultazioni al Quirinale, il Presidente della Repubblica ha affidato un mandato esplorativo → § V. 2.4.1) al Presidente del Senato al fine di verificare la sussistenza delle condizioni per la formazione di un nuovo Governo sostenuto dalla vecchia maggioranza. Quest'ultimo, all'esito delle sue esplorazioni, ha comunicato al Presidente della Repubblica l'impossibilità di ricostituire un rapporto tra le forze della vecchia maggioranza. I successivi passaggi hanno visto la formazione di una nuova ampia maggioranza a sostegno del nuovo Governo Draghi.

In Italia sono mancate prassi e convenzioni che assicurassero un certo grado di durata alle coalizioni. Tutto ciò, naturalmente, ha delle influenze sulla **stabilità del Governo**, cioè sul periodo di tempo in cui resta in carica. In assenza di regole convenzionali di stabilizzazione della coalizione, il potere dei partiti di recedere dagli accordi di maggioranza, aprendo la crisi, ha determinato la notevole instabilità dei Governi italiani, che in media hanno avuto una vita inferiore all'anno. E se certamente stabilità non equivale ad efficienza decisionale (se un Governo è stabile, ma paralizzato dai conflitti interni alla sua maggioranza non è efficiente), è pur vero che senza stabilità non ci può essere un indirizzo politico che affronti i problemi strutturali del Paese e, quindi, efficienza decisionale.

✓ IL CASO: IL PARLAMENTO PUÒ VOTARE LA SFIDUCIA AD UN MINISTRO?

L'art. 94 Cost. prende in considerazione esclusivamente la sfiducia che riguarda l'intero Governo. Nell'esperienza repubblicana, però, ci sono stati casi di mozione di **sfiducia individuale**, cioè presentata nei confronti di un singolo ministro; i regolamenti parlamentari hanno riconosciuto questa figura, estendendo ad essa la disciplina che la Costituzione ha previsto per la sfiducia nei confronti dell'intero Governo. La Corte costituzionale, a seguito del conflitto di attribuzione sollevato dall'ex-ministro di Grazia e Giustizia Filippo Mancuso contro la decisione del Senato della Repubblica di sfiduciarlo individualmente (e contro la conseguente decisione del Presidente della Repubblica di sostituirlo, attribuendo l'incarico *ad interim* al Presidente del Consiglio Lamberto Dini), ha ritenuto che la sfiducia individuale si inquadra nella forma di governo parlamentare prevista dalla Costituzione (→ § XII.4.1).

Per la verità, fino al cosiddetto "caso Mancuso" del 1995, la mozione di sfiducia individuale è stata impiegata come strumento attraverso cui l'opposizione cercava di spingere al più alto livello la critica politica nei confronti del Governo. Quest'ultimo perciò finiva per coprire il ministro, difendendone l'operato e riconducendo le sue azioni nell'ambito dell'indirizzo politico del Governo (in questi casi si dice che opera la solidarietà ministeriale). Del resto, in Governi di coalizione, in cui i ministri sono espressione dei diversi partiti della coalizione, l'eventuale approvazione della sfiducia contro uno di essi segnerebbe una spaccatura gravissima tra i partiti della coalizione e, perciò, aprirebbe la strada alla crisi di Governo. Ciò spiega perché la sfiducia individuale non sia stata utilizzata dal Presidente del Consiglio come mezzo per mantenere l'unità dell'indirizzo governativo e sanzionare i comportamenti da esso difformi tenuti da qualche ministro. E spiega altresì perché, fino al "caso Mancuso", le mozioni di sfiducia individuale siano state sistematicamente respinte dal Parlamento.

Nel 1995 si era però verificata una situazione politica assai peculiare: il Governo Dini era un Governo tecnico nato senza una precisa fisionomia politica, grazie all'appoggio espresso da alcuni gruppi politici (del centro-sinistra più la Lega Nord) ed all'astensione di altri (Forza Italia, Alleanza nazionale e altri gruppi di centro-destra). Poiché il "caso Mancuso" esprimeva la vistosa contrapposizione esistente tra il polo di centro-destra ed il polo di centro-sinistra sulla politica della giustizia, se il Governo avesse preso posizione a favore o contro il ministro, avrebbe perduto la sua asserita neutralità rispetto agli opposti schieramenti. Per questa ragione, il Governo non ha coperto con la sua solidarietà il ministro di Grazia e Giustizia, rimettendosi alla decisione del Parlamento. Questo significa che l'approvazione della sfiducia individuale può avvenire in contesti politici assai peculiari, in presenza di un Governo tecnico privo di precise caratterizzazioni politiche. Ma l'evoluzione verso il parlamentarismo maggioritario rende lo strumento difficilmente impiegabile. In questo assetto della forma di governo, il Gabinetto e la maggioranza sono intimamente collegati e contrapposti alle forze di opposizione, con la conseguenza che non è concepibile né che alcuni partiti della maggioranza votino contro un ministro espressione di altri partiti della medesima maggioranza, né che si crei una convergenza di settori della maggioranza e di settori dell'opposizione per sfiduciare un ministro.

2. Il Governo

2.1. *Definizione*

Il **Governo** è un organo costituzionale complesso, formato dal Presidente del Consiglio, dai ministri e dall'organo collegiale Consiglio dei ministri. Il Governo esercita una quota rilevante dell'attività di *indirizzo politico* (→ § II.3.2), delle potestà pubbliche proprie della *funzione esecutiva*, nonché importanti poteri normativi: ma la dimensione effettiva del suo potere politico dipende dagli equilibri della complessiva forma di governo e dal grado di attuazione dei principi del decentramento politico e dell'economia di mercato.

Pertanto, il ruolo del Governo italiano, le modalità della sua formazione e del suo funzionamento hanno risentito notevolmente dei diversi equilibri assunti dalla complessiva forma di governo, la quale per lungo tempo ha operato secondo principi che la avvicinavano al *parlamentarismo compromissorio* e che, a partire dalla XII legislatura (1994), ha avviato un'evoluzione verso gli assetti del *parlamentarismo maggioritario* (→ § IV.3.2). Altri fattori che pure hanno condizionato ruolo e funzionamento del Governo sono rintracciabili: a) nella spinta verso un grado maggiore di decentramento politico, che ha privato il Governo di importanti attribuzioni a favore di Regioni ed enti locali; b) nella tendenza a ridurre la presenza pubblica nell'economia a favore di mercati concorrenziali, con conseguente perdita da parte del Governo di tutti quei poteri che si collegavano al controllo delle imprese pubbliche; c) infine, nell'integrazione europea, che da una parte ne fa l'interlocutore nazionale degli organismi dell'UE ma dall'altra lo ha privato di poteri consistenti, soprattutto nel campo della politica economica, trasferiti alle istituzioni europee ❸.

2.2. *Le regole giuridiche sul Governo*

Il diverso atteggiarsi del ruolo del Governo e delle sue modalità di formazione e di funzionamento, è stato reso possibile dall'elasticità della disciplina costituzionale che lo riguarda, la quale si limita a porre poche regole e principi di struttura e di funzionamento, rinviando per tutto il resto *alla prassi, alle convenzioni* (→ § VIII.3.3.γ✓), *alla legge ed agli atti di autoorganizzazione* dello stesso Governo ❽.

Le regole che disciplinano il Governo possono essere così riassunte:

α) per quanto riguarda la sua *formazione*, la disciplina è contenuta negli artt. 92.2, 93 e 94. Essi consacrano le seguenti regole:

1. il Presidente della Repubblica nomina il Presidente del Consiglio;
2. i ministri sono nominati dal Presidente della Repubblica su proposta del Presidente del Consiglio (con ciò riconoscendo la peculiare posizione di quest'ultimo, mentre lo Statuto Albertino contemplava un generale potere di nomina dei membri del Governo da parte del Re);
3. i membri del Governo, prima di assumere le loro funzioni, devono *giurare* nelle mani del Capo dello Stato (art. 93);
4. entro dieci giorni dalla sua formazione il Governo deve presentarsi alle Camere per ottenere la *fiducia* (art. 94.3);

5. la *fiducia* è accordata e revocata mediante *mozione motivata* votata per appello nominale (art. 94.2).

Il principio fondamentale della fiducia parlamentare (e l'obbligo di una preventiva verifica della stessa) comportano che l'intero procedimento di formazione del Governo sia orientato all'obiettivo di ottenere la fiducia del Parlamento. Ma quest'obiettivo viene realizzato con modalità ed effetti diversi a seconda degli equilibri complessivi della forma di governo, e quindi del suo tendere verso il parlamentarismo maggioritario o verso il parlamentarismo compromissorio.

β) Per ciò che riguarda la *struttura*, l'art. 92.1 si limita a citare quali sono gli **organi governativi necessari**, cioè il *Presidente del Consiglio* ed i *ministri*: insieme essi danno vita ad un terzo organo, il *Consiglio dei ministri*. Questa elencazione stabilisce gli organi di cui necessariamente si compone il Governo, ma non esclude che la legge ne individui altri, purché rispetti le competenze dei primi direttamente stabilite in Costituzione. Infatti nell'esperienza repubblicana si è vista l'affermazione di altri organi, che possono esserci o non esserci nella singola compagine governativa, trattandosi di **organi governativi non necessari** (come il Vice-presidente del Consiglio, i ministri senza portafoglio, i sottosegretari di Stato, i comitati interministeriali, il Consiglio di gabinetto: → § V.2.8).

γ) Per quanto riguarda il *funzionamento*, l'art. 95 rinvia alla **legge sull'ordinamento della Presidenza del Consiglio dei ministri** per una più puntuale disciplina dell'organizzazione e del funzionamento del Governo; questa legge è stata approvata solamente nel 1988 (legge 23 agosto 1988, n. 400); in attuazione della stessa sono stati adottati il **regolamento interno del Consiglio dei ministri** (con decreto del Presidente del Consiglio dei ministri 10 novembre 1993) e numerosi ordini di servizio di organizzazione delle strutture della Presidenza del Consiglio. Più di recente, nel 1999, sono stati emanati un decreto legislativo di riordinamento delle Presidenza del Consiglio (d.lgs. 303/1999) ed un decreto legislativo di riordino dell'amministrazione centrale (cioè dei ministeri e della Presidenza del Consiglio); questo ha importanti risvolti sul funzionamento del Governo (d.lgs. 300/1999), anche se la produzione dei suoi effetti giuridici è stata rinviata alla XIV legislatura. Ma nelle legislature successive la disciplina è stata modificata più volte per permettere l'aumento del numero dei ministeri.

δ) Per quanto concerne i *rapporti con la pubblica amministrazione*, le regole costituzionali sono fissate dagli artt. 95, 97 e 98 (→ § V.2.11).

2.3. *Unità ed omogeneità del Governo*

Per quanto concerne i rapporti tra gli organi necessari del Governo, l'art. 95 ha scartato tanto le proposte, avanzate in Assemblea Costituente, che volevano incentrare il potere di direzione politica nel solo Presidente del Consiglio, quanto le proposte tendenti a porre sullo stesso piano Presidente del Consiglio e ministri. Queste proposte miravano ad affrontare un problema cruciale del sistema parlamentare, che è quello dell'*unità ed omogeneità del Governo*. In tale sistema, il Governo si configura come un *soggetto politicamente unitario, responsabile politicamente nella sua unità per l'indirizzo politico che segue e capace di dare attuazione coerente a tale indirizzo, sia nella sua attività che nei rapporti con gli altri organi costituzionali.* Il problema pratico consiste nell'assicurare che il Governo si comporti effettivamente in modo politicamente unitario, e quindi che i suoi diversi componenti agiscano conformemente ad un unico indirizzo politico. È evidente che quanto più i membri del Governo sono espressione di partiti e gruppi differenti (come avviene nei Governi di coalizione), tanto più si pone il problema di ricondurli entro un indirizzo unitario, bloccando le tendenze centrifughe.

L'esperienza storica e comparata dimostra che, per perseguire l'obiettivo dell'unità e dell'omogeneità del Governo, si fa leva ora sul ruolo unificante del Consiglio dei ministri, ora sulla prevalenza del Primo ministro, dotato della forza politica e degli strumenti giuridici per far prevalere un indirizzo politico unitario e per bloccare le eventuali iniziative dei ministri divergenti da tale indirizzo (come avviene nel Regno Unito o in Germania). Naturalmente il rafforzamento dell'unità ed omogeneità del Governo e dei poteri di direzione del Primo ministro, da una parte, conducono ad un rafforzamento del ruolo complessivo del Governo nel sistema e, dall'altra parte, presuppongono che lo stesso Primo ministro sia dotato di una consistente dose di legittimazione politica, che di regola è assicurata dall'investitura popolare diretta.

Tuttavia, gli ostacoli che si frapponevano all'affermazione di una democrazia maggioritaria nei primi anni di esperienza repubblicana, le incertezze sui futuri equilibri del sistema politico e, più in generale, la diffidenza con cui, a causa dell'esperienza fascista, i costituenti guardavano ad un Governo "forte" impedirono che la Costituzione accogliesse simili soluzioni.

Perciò l'art. 95 Cost. si è limitato a prevedere che:

1. il Presidente del Consiglio dei ministri dirige la politica generale del Governo e ne è responsabile;
2. il Presidente del Consiglio mantiene l'unità dell'indirizzo politico ed amministrativo del Governo, promuovendo e coordinando l'attività dei ministri;
3. i ministri rispondono collegialmente per gli atti del Consiglio dei ministri e individualmente per gli atti dei loro ministeri.

Se, quindi, il Presidente del Consiglio "dirige" la *politica generale del Governo* e poi mantiene l'unità dell'indirizzo politico, a "determinare" tale politica generale (intesa dai più come sinonimo di indirizzo politico e amministrativo) sarà un altro organo, cioè il Consiglio dei ministri (anche se poi, in concreto, è molto difficile stabilire dove finisce la "direzione" della politica generale e dove inizia la sua "determinazione").

In definitiva, dunque, l'art. 95 ha consacrato formalmente tre diversi principi di organizzazione del Governo, che si sono affermati in fasi diverse della storia politico-costituzionale italiana, e precisamente:

1. il *principio della responsabilità politica di ciascun ministro*, che, per il nesso esistente tra responsabilità e potere (dire che un soggetto è responsabile di qualche cosa equivale a dire che quel soggetto ha il potere di fare quella cosa), comporta il riconoscimento dell'autonomia di ciascun ministro nella direzione del suo ministero (cioè del ramo dell'amministrazione statale cui è preposto);

2. il *principio della responsabilità politica collegiale*, incentrata nel Consiglio dei ministri;
3. il *principio della direzione politica monocratica*, basata cioè sui poteri del Presidente del Consiglio.

Tutto ciò comporta che il concreto equilibrio tra i menzionati principi organizzativi non sia stabilito una volta per tutte dal documento costituzionale, ma sia di volta in volta realizzato in maniera diversa, a seconda degli equilibri complessivi del sistema politico, dal grado di compattezza della coalizione e della maggioranza, dal prestigio del Primo ministro.

✓ LA TORMENTATA STORIA ISTITUZIONALE DEL GOVERNO ITALIANO

La storia del Governo italiano, già nello Stato liberale, è caratterizzata da costanti tentativi di disciplinare giuridicamente il ruolo del Presidente del Consiglio ed i suoi rapporti con gli altri organi del Governo. Questa tendenza differenzia notevolmente l'esperienza italiana da quella del parlamentarismo britannico, dove la capacità di direzione politica del Primo ministro si è affermata senza bisogno di apposite discipline giuridiche, per effetto della forza politica che deriva dal controllo della maggioranza parlamentare. Di contro, i Presidenti del Consiglio italiani non avevano il sostegno di una maggioranza parlamentare compatta e si trovavano esposti alle interferenze del Re (→ § IV.2.1✓). Ciò spiega la tendenza a rafforzarne il ruolo, attraverso le regole giuridiche: prima il r.d. 3629/1867 voluto da Rattazzi, ma abrogato dal suo successore; poi, dopo l'avvento delle sinistre al Governo, il r.d. 3289/1876, che attribuiva al Presidente del Consiglio il compito di mantenere l'uniformità dell'indirizzo politico ed amministrativo di tutti i ministeri, e che comunque ebbe un'attuazione assai ridotta; quindi il r.d. 466/1901, durante il Governo Zanardelli (passato quindi alla storia come "*decreto Zanardelli*"), che accresceva le competenze del Consiglio dei ministri, allo scopo di limitare l'autonomia dei ministri, e continuava l'erosione dei poteri della Corona, soprattutto nel campo dell'alta amministrazione. Infine, l'avvento al potere del fascismo condusse alla legge 2263/1925 sulle "*attribuzioni e prerogative del capo del Governo*", che aboliva la fiducia parlamentare e concentrava i poteri di decisione politica nel capo del Governo, instaurando quello che viene chiamato, appunto, **regime del capo del Governo**. Molte delle recenti proposte di riforma, anche costituzionale, sono le eredi (forse inconsapevoli) di questa storia.

2.4. *La formazione del Governo*

La formazione del Governo nelle democrazie pluralistiche può avvenire secondo modalità diverse riconducibili a due tipi:

a) le **democrazie mediate**, in cui sono i partiti, dopo le elezioni, i reali detentori del potere di decidere struttura e programma del Governo;
b) le **democrazie immediate**, in cui esiste la sostanziale investitura popolare diretta del capo del Governo (Primo ministro, Presidente del Consiglio, Presidente, ecc.); esse si differenziano a seconda del diverso ruolo riconosciuto ai partiti politici.

✓ DIVERSI TIPI DI "DEMOCRAZIE IMMEDIATE"

Nel parlamentarismo maggioritario, come quello britannico, la competizione politica avviene tra partiti o coalizioni di partiti tra loro alternativi e, per regola convenzionale, il leader del partito o della coalizione di partiti che vince le elezioni è nominato capo del Governo; di contro, in altri sistemi la competizione politica si svolge tra personalità contrapposte, funzionando i partiti prevalentemente come "macchine elettorali" di supporto dei candidati alla carica di vertice del potere esecutivo (come avviene negli Stati Uniti). Negli ordinamenti del primo tipo, la struttura formale del potere politico è basata sul rapporto di fiducia tra Governo e Parlamento e perciò l'elettore non vota formalmente per il capo del Governo, bensì per i candidati ai seggi parlamentari. Tuttavia, poiché il leader che vince le elezioni è nominato Primo ministro, quando l'elettore vota per un candidato nel collegio per l'elezione del Parlamento, in realtà sceglie una maggioranza ed il leader di quella maggioranza. Negli ordinamenti del secondo tipo, di regola, l'investitura popolare diretta del vertice del potere esecutivo è prevista dalle stesse regole costituzionali sulla forma di governo (come avviene con l'elezione del Presidente degli Stati Uniti).

La forma di governo parlamentare prevista dalla Costituzione italiana esclude che il corpo elettorale *formalmente* possa scegliere il Presidente del Consiglio, ma la disciplina costituzionale (artt. 92, 93, 94) è compatibile tanto con le modalità di formazione del Governo tipiche della democrazia mediata, quanto con la sostanziale (anche se non formale) investitura popolare del vertice del potere esecutivo.

A determinare l'evoluzione in un senso ovvero nell'altro sono le caratteristiche del sistema politico, le regole convenzionali che esso esprime e la legislazione elettorale. Per lunghissimo tempo la formazione del Governo è avvenuta secondo regole convenzionali (→ § VIII.3.3.γ✓) e prassi coerenti con le esigenze della democrazia mediata (che a sua volta era richiesta dal pluripartitismo esasperato e trovava la sua garanzia nel sistema elettorale proporzionale).

La Costituzione si limita a prevedere che il Capo dello Stato nomini il Presidente del Consiglio e, su sua proposta, i ministri (art. 92). Tale norma costituzionale avrebbe consentito che il Capo dello Stato, eventualmente dopo avere svolto le consultazioni, procedesse direttamente alla nomina del Presidente del Consiglio, che poi avrebbe esercitato il potere di proporre al Capo dello Stato la *lista dei ministri* da nominare. Tale soluzione presupponeva un Presidente del Consiglio autorevole, perché in grado di formare personalmente e direttamente la lista dei ministri; questa, a sua volta ne avrebbe rafforzato il ruolo, in quanto gli affidava il potere di decidere la composizione personale del Governo. Ma la presenza di coalizioni formate dopo le elezioni attraverso l'accordo tra i partiti ha, per lungo tempo, impedito che si affermasse questa modalità di attuazione dell'art. 92 Cost. Piuttosto, gli accordi di coalizione tendevano a ricomprendere anche (e soprattutto) la scelta delle persone che avrebbero dovuto diventare ministro e spesso anche la scelta degli incarichi da affidare ad esse, limitando fortemente i poteri effettivi del Presidente del Consiglio. Perciò, la prassi ha visto l'affermazione di una figura non espressamente contemplata dalla Costituzione, cioè l'**incarico** per la formazione del Governo, il cui conferimento precede la nomina del Presidente del Consiglio e dei ministri.

In presenza di coalizioni formate in sede elettorale, con la previa indicazione del candidato alla carica di Presidente del Consiglio, il Capo dello Stato si limita a conferire l'incarico al leader della coalizione che ha vinto le elezioni, come è avvenuto in Italia nella fase di funzionamento bipolare del sistema politico. Ma se manca una coalizione elettorale o se i risultati elettorali non consentono alla coalizione che ha vinto le elezioni di godere di una sicura maggioranza parlamentare, cresce la discrezionalità del Capo dello Stato nella scelta della persona cui conferire l'incarico per la formazione del Governo. La discrezionalità del Presidente della Repubblica si allarga notevolmente nelle fasi di crisi del sistema politico, quando a lui è rimesso il compito di trovare quella personalità che possa coalizzare attorno a sé una maggioranza e abbia le caratteristiche adatte per fronteggiare l'eccezionalità di questi periodi. In taluni di questi casi il Presidente della Repubblica ha scelto personalità di grande autorevolezza tecnica, non appartenenti a nessun partito o addirittura non elette, formando dei Governi che sono stati chiamati **Governi tecnici**, che oltre ad avere la fiducia costituzionalmente necessaria godono del costante sostegno dello stesso Capo dello Stato.

✓ I GOVERNI TECNICI ED IL GOVERNO MONTI

Il Governo Monti ha segnato la fine della maggioranza che nel 2008 aveva stravinto le elezioni. Alle gravissime tensioni nell'ambito della maggioranza aveva fatto seguito la gravissima emergenza economica, per fronteggiare la quale il Presidente della Repubblica, già il primo novembre, aveva sollecitato "improrogabile l'assunzione di decisioni efficaci" e di ritenere suo dovere "verificare le condizioni" per il concretizzarsi di una prospettiva nuova di "larga condivisione delle scelte che l'Europa, l'opinione internazionale e gli operatori economici e finanziari si attendono ...". Si preannunciava così una maggioranza di salvezza nazionale. Mentre la crisi finanziaria peggiorava e gli interessi sul debito pubblico italiano salivano mettendo a repentaglio la solvibilità dello Stato, il Premier Berlusconi si recava al Quirinale e si impegnava a far approvare la legge di stabilità riscritta sulla base delle indicazioni europee e a dimettersi subito dopo. Quello stesso giorno (9 novembre) il Presidente della Repubblica nominava Mario Monti, autorevole economista e già Commissario europeo, senatore a vita (→ § V.4.7), manifestando così ulteriormente le sue intenzioni in ordine al passaggio politico-istituzionale ritenuto necessario per affrontare l'emergenza economica. Il 12 novembre Berlusconi si dimetteva e il giorno successivo il Capo dello Stato affidava a Monti il compito di formare il Governo.
Nell'affidare l'incarico a Monti, il Presidente della Repubblica sottolineava l'opportunità di "formare un Governo che possa ottenere il più largo appoggio in Parlamento su scelte urgenti di consolidamento della nostra situazione finanziaria". In questo caso il Presidente della Repubblica ha avuto una vera e propria funzione maieutica nella formazione del Governo. Nonostante il vivace dibattito politico che ha fatto seguito a queste scelte (in cui si è arrivati a parlare di "democrazia sospesa" o di "democrazia commissariata"), la Costituzione è stata rispettata, perché il Governo, nominato dal Presidente della Repubblica, ha ottenuto la fiducia del Parlamento.
Dal punto di vista sostanziale deve comunque rilevarsi che la scelta di un Governo tecnico, formato cioè da personalità autorevoli dal punto di vista tecnico piuttosto che da politici, è espressione di una grave crisi dei circuiti tradizionali di legittimazione democratica che si basano sulle elezioni e sui partiti. Certo è però che il ricorso a "Governi tecnici" è avvenuto altre volte nella storia della Repubblica, in presenza di gravi difficoltà del sistema politico e in fasi di transizione. Basti pensare ad alcuni Governi dell'XI e della XII legislatura. In particolare, il Governo Ciampi fu nominato dal Presidente Scalfaro in una situazione politica ed economica eccezionale: Ciampi era il Governatore della Banca d'Italia, primo non parlamentare Presidente del Consiglio. In quel Governo vi era qualche politico, ma la prevalenza era di tecnici autorevoli (fu chiamato infatti il "Governo dei professori"); godeva dell'appoggio del Presidente della Repubblica e aveva un programma limitato ad alcune priorità pro-

babilmente concordate con lo stesso Presidente della Repubblica. Anche nel 2021, con la formazione del Governo presieduto dall'ex presidente della BCE Draghi (→ § V.1.7✓), si è fatto ricorso a un tecnico assai autorevole, per affrontare la grave crisi sanitaria e economica: ma va sottolineato che il Governo ha ricevuto un sostegno parlamentare assai ampio e che, accanto a ministri tecnici, sono stati inseriti dei politici, alcuni dei quali già ricoprivano incarichi governativi nel Governo precedente.

2.4.1. *Consultazioni e incarico per la formazione del Governo*

Dopo l'apertura della crisi di Governo (o dopo le elezioni), il Presidente della Repubblica procede alle **consultazioni** – anch'esse non previste dal testo costituzionale – con cui si apre il procedimento di **formazione del Governo**. Il Capo dello Stato, nell'ambito delle consultazioni, incontra i presidenti dei gruppi parlamentari (→ § V.3.1.5), che si fanno accompagnare dagli esponenti più significativi dei rispettivi partiti, i segretari dei partiti politici; egli consulta anche, più per una ragione di rispetto formale che per avere indicazioni utili, i Presidenti delle due Camere e gli ex-Presidenti della Repubblica, nonché tutte le altre personalità che ritenga utile sentire per venire a conoscenza delle posizioni dei partiti in ordine alla formazione del Governo e dei negoziati che, nel frattempo, si svolgono tra gli stessi. Fino a quando la forma di governo si è caratterizzata per la formazione post-elettorale delle coalizioni, la composizione personale del Governo ed il suo programma rientravano nel complesso processo di contrattazione politica svolto dai partiti, che sfociava negli **accordi di coalizione**. Perciò il Presidente della Repubblica, attraverso le consultazioni, poteva conoscere ed apprezzare i contenuti di questo processo, al fine di scegliere un soggetto ritenuto dai partiti idoneo a continuare la mediazione necessaria per addivenire al perfezionamento degli accordi di coalizione ed alla definizione dei profili personali e programmatici del nuovo Governo.

✓ CONSULTAZIONI: PRASSI O CONSUETUDINE?

La prassi per cui il Capo dello Stato, terminate le consultazioni, conferisce l'*incarico* per la formazione del Governo (che non è espressamente previsto dalla Costituzione), è stata sempre seguita, fin dagli esordi della Repubblica. Essa è stata giustificata alla stregua di una particolare interpretazione dell'art. 92, che si è stabilizzata nel tempo. Secondo questa, il procedimento di formazione del Governo è unico e deve condurre alla nomina di tutto il Governo, escludendo la possibilità che prima si abbia la nomina del Presidente del Consiglio e solo successivamente la formazione della lista dei ministri da proporre al Capo dello Stato, con la nomina da parte di quest'ultimo. Sicché si è parlato di una *"consuetudine interpretativa"* (→ § VIII.3.3), così come di *"consuetudine"* si è parlato per la prassi delle consultazioni, che di conseguenza sarebbe ormai da considerarsi come obbligatoria: ma forse questa non è che il risultato di una sovrapposizione tra *regole* e *regolarità*, particolarmente estesa in questa parte del diritto costituzionale ❽.
Sul piano sostanziale, invece, la prassi ha corrisposto alle logiche di funzionamento della *democrazia mediata* (→ § V.2.4), in cui la scelta del Presidente del Consiglio e dei ministri formano parte integrante degli accordi di coalizione ed in cui la nomina dell'uno non può essere scissa da quella degli altri.

L'incarico è conferito oralmente dal Presidente della Repubblica (sulle ragioni di questa scelta → § seguente) e, di regola, viene *accettato con "riserva"*, che viene "sciolta" solo dopo che l'incaricato ha svolto con successo la sua attività. Questa consiste nell'individuazione della *lista dei ministri* da proporre al Capo dello Stato per la nomina e del *programma di governo*, i cui contenuti siano tali da avere il consenso dei partiti della coalizione e, quindi, l'investitura fiduciaria da parte del Parlamento.

✓ PREINCARICHI E MANDATI ESPLORATIVI

In taluni casi, in cui la situazione politica era molto incerta, il Presidente della Repubblica, prima di conferire l'incarico vero e proprio, per non esporre troppo politicamente la personalità ritenuta la più idonea a formare il Governo, ha proceduto a conferire un *preincarico* ovvero un *mandato esplorativo*. Entrambe le figure servono ad accrescere gli elementi informativi in possesso del Presidente della Repubblica, necessari per nominare un Governo che potrà godere della fiducia parlamentare. La differenza è invece la seguente: il **mandato esplorativo** è conferito ad un soggetto *super partes* che svolge un'attività istruttoria integrativa di quella effettuata dal Capo dello Stato; il **preincarico** è, di regola, conferito allo stesso soggetto cui il Capo dello Stato pensa di dovere successivamente conferire l'incarico per la formazione del Governo.

Le elezioni del marzo 2018, come si è detto (→ § V.I.6), hanno segnato una trasformazione del sistema politico che ha messo in crisi il vecchio bipolarismo. Il risultato è stato un Parlamento in cui nessuna forza aveva la maggioranza necessaria ai fini della formazione di un Governo che godesse della fiducia parlamentare. In assenza di una coalizione predefinita, il procedimento di formazione del Governo si è intrecciato – come avveniva in tutto il periodo storico (1948-1993) in cui i partiti formavano la coalizione dopo le elezioni – con quello di formazione della coalizione.

✓ LA FORMAZIONE DEL GOVERNO CONTE E IL "CONTRATTO DI GOVERNO"

Dopo le elezioni del 2018, l'attività del Capo dello Stato, Sergio Mattarella, è stata innanzi tutto diretta ad accertare quale formula politica potesse formarsi per sostenere il Governo, ricorrendo a due mandati esplorativi affidati ai Presidenti delle due Camere e a tre incarichi. Dal 1994 al 2013 la formazione del Governo ha sempre rispecchiato l'esito del voto che permetteva di conoscere la maggioranza di governo e, di regola, anche la personalità cui conferire l'incarico, mentre nel periodo precedente, dominato dai partiti in cui le coalizioni si formavano dopo le elezioni, il procedimento di formazione del Governo si intrecciava sempre con quello di formazione della coalizione: tuttavia le formule politiche possibili erano in genere predeterminate nelle loro coordinate essenziali, cioè la costante presenza al Governo della Democrazia cristiana e la *conventio ad excludendum* nei confronti del Partito comunista (→ § V.I.3)
Nella nuova situazione creata dalle elezioni del 4 marzo 2018, le formule in astratto possibili erano diverse: PD, 5Stelle; coalizione di centro destra, 5 Stelle; coalizione di centro destra PD; 5 stelle e Lega, senza Forza Italia. In questo contesto, i due incarichi esplorativi conferiti dal Capo dello Stato sono serviti non già per addivenire ad un risultato positivo, bensì per togliere dal novero delle possibilità quelle più difficili, restringendo l'ambito delle trattative tra i partiti per la formazione della coalizione e del Governo. Solo dopo un lungo tempo trascorso, che aveva favorito la difficile decantazione del quadro politico, il 23 maggio veniva conferito il primo incarico per la formazione del Governo, basato su

una coalizione tra 5 Stelle e Lega (che avevano stipulato un "contratto per il Governo del cambiamento"), conferito al prof. Conte, figura individuata dalle due "parti contraenti" (ossia Di Maio e Salvini).
La vicenda della formazione del Governo Conte I si complicò con la questione della scelta dei ministri (di cui si dirà nel paragrafo successivo). La novità del percorso seguito dai partiti nella formazione della coalizione è segnata soprattutto dal "**contratto di governo**". Che tipo di accordo è quello concluso tra M5S e Lega? L'esperienza precedente aveva visto sempre stringere "accordi di coalizione" (stipulati prima o dopo le elezioni, secondo il sistema elettorale vigente: → § V.I.6): ad essi, però, veniva riconosciuto un valore politico, certamente importante, ma non in grado di creare obblighi giuridici per il Governo e per il Parlamento. Nulla è cambiato con il "contratto", come poi i fatti hanno dimostrato (→ § V.I.6✓).

2.4.2. *La lista dei ministri, la nomina e il giuramento*

Fino a quando la forma di governo ha operato sulla base di coalizioni formate dopo le elezioni, l'attività dell'incaricato è stata essenzialmente un'attività di mediazione tra i partiti, cui spettava il potere sostanziale in ordine alla formazione della coalizione, alla scelta dei ministri ed all'individuazione dei contenuti fondamentali del programma di Governo. Il potere, contemplato dall'art. 92 Cost., di proporre al Capo dello Stato la lista dei ministri è stato perciò svuotato di contenuto sostanziale ed i partiti sono stati i reali formatori del Governo.

✓ LA LISTA DEI MINISTRI E LE SCELTE DEI PARTITI

Non sono mancate le prese di posizione contro la prassi citata, come quella espressa in una lettera inviata nel 1979 dal Presidente della Repubblica all'incaricato Cossiga, affinché quest'ultimo esercitasse autonomamente il potere di formare la lista dei ministri contro le tendenze prevaricanti dei partiti politici. Ma simili prese di posizione, che pure hanno avuto larga eco nell'opinione pubblica, non hanno modificato la prassi di formare la lista dei ministri attraverso un attento "dosaggio" dei ministeri fra i partiti e le loro componenti interne. Del resto, la critica di questa prassi sottovalutava la stretta connessione che esiste tra l'accordo di coalizione e la designazione dei ministri (che, di regola, è stata una componente fondamentale del primo). Dal punto di vista del diritto costituzionale, poi, non si può certamente parlare di illegittimità della prassi: non solo perché la Costituzione riconosce il ruolo costituzionale dei partiti (art. 49), ma soprattutto perché essa nulla dice sulle modalità di formazione della "proposta" del Presidente del Consiglio (modalità che dovranno essere quelle più idonee a consentire la formazione di un Governo che poi abbia in Parlamento una maggioranza politica che lo sostenga).
Le modalità di formazione della proposta dei ministri da nominare hanno subìto delle variazioni, prima a seguito della crisi del sistema dei partiti, perché si è resa possibile una maggiore autonomia del Governo rispetto agli stessi partiti. Nell'XI legislatura, infatti, in occasione della formazione del *Governo Amato* (1992) e del *Governo Ciampi* (1993), il Presidente incaricato ha visto aumentare sensibilmente la sua discrezionalità nella scelta dei ministri, comprovata dalla particolare brevità delle consultazioni svolte dall'incaricato prima di presentare al Capo dello Stato la lista dei ministri da nominare.
A partire dalla XII legislatura, poi, con il passaggio a coalizioni annunciate al corpo elettorale, la legittimazione popolare del leader della coalizione vincitrice – che assume la funzione di incaricato per la formazione del Governo – ne rafforza notevolmente il ruolo nella formazione della lista dei ministri e del programma, facendone il perno fondamentale della trattativa tra i partiti (le cui scelte comunque continuano a contare nella individuazione dei ministri e dei contenuti programmatici).

Esaurita l'attività dell'incaricato e formata la lista dei ministri, il Presidente della Repubblica **nomina** con proprio decreto il Presidente del Consiglio e quindi, su proposta di quest'ultimo, i ministri.

✓ CASO SAVONA: IL PRESIDENTE DELLA REPUBBLICA PUÒ RIFIUTARE LA NOMINA DI UN MINISTRO?

Durante il lungo procedimento di formazione del Governo Conte, il Presidente della Repubblica ha rifiutato di nominare ministro dell'economia il professor Paolo Savona, ritenendo di poter disattendere la proposta proveniente dal Presidente incaricato. Non sono mancate le polemiche politiche, ma il comportamento del Presidente Mattarella aveva un sicuro fondamento costituzionale. Non c'è semplicemente il dato formale per cui il potere di *nomina* spetta al Capo dello Stato, sia pure su *proposta* del Presidente del Consiglio, ma c'è la complessiva funzione del Presidente della Repubblica di tutore degli equilibri costituzionali. Nel caso di specie, il rifiuto si basava sul fatto che Savona aveva pubblicamente ipotizzato l'uscita dell'Italia dell'euro, entrando in aperto conflitto con fondamentali previsioni costituzionali che proprio all'adempimento degli obblighi europei fanno riferimento (dall'art. 81 al 117 Cost.), e mettendo a rischio la stabilità finanziaria del Paese. Ci sono, peraltro, dei precedenti in cui il Capo dello Stato avrebbe opposto un rifiuto nei confronti di un nome sottopostogli dal Presidente incaricato: da Darida a Previti, da Maroni a Gratteri. Anche in questi casi – ed è questo il punto decisivo – il rifiuto è stato opposto per ragioni legate alla sfera personale dell'interessato e mai per ragioni politiche. Il Presidente, infatti, è estraneo al circuito dell'indirizzo politico di maggioranza e non può imporre una sua scelta alle forze che la compongono ed al Governo. Può però opporre un rifiuto quando una certa nomina potrebbe finire per mettere a rischio gli equilibri costituzionali e gli interessi permanenti del Paesi che in essi si esprimono.
Il fatto nuovo, nel caso di Savona, è che in passato il rifiuto e la sostituzione del ministro proposto con un altro si sono svolti all'interno dei saloni del Quirinale, con il Presidente del Consiglio che si è prontamente uniformato ai rilievi del Capo dello Stato. Mentre nell'ultimo episodio, le scelte della coalizione e le proposte di Conte sono state annunciate sui mezzi di comunicazione, prima ancora di essere comunicate a Mattarella; e l'irrigidimento del Presidente incaricato, che ha clamorosamente rifiutato l'incarico, stava facendo precipitare la situazione verso le elezioni politiche; al punto che il Capo dello Stato conferì l'incarico ad un tecnico (Cottarelli), con il mandato di formare un governo "neutrale" per gestire le elezioni anticipate che sembravano ormai inevitabili, ottenendo così un ripensamento da parte dei partiti della coalizione. Del resto, Mattarella aveva indicato in due fondamentali dichiarazioni, con la solennità di un messaggio alle forze politiche e alla Nazione, che o i partiti si decidevano di varare un Governo dotato della fiducia parlamentare oppure bisognava andare subito a nuove elezioni.
Nonostante le solite e spesso dure polemiche, che il Capo dello Stato abbia agito nel rispetto delle sue prerogative costituzionali è comprovato dal fatto che, con l'eccezione di un'unica forza politica, la decisione è stata accettata dagli attori politici e le polemiche sono rapidamente rientrate consentendo la formazione del Governo Conte con una personalità diversa nel ruolo di ministro dell'economia.

Dopo la nomina, entro un brevissimo periodo (di regola meno di ventiquattro ore) il Presidente del Consiglio ed i ministri, ai sensi dell'art. 93 Cost., prestano **giuramento** nelle mani del Presidente della Repubblica. *Con il giuramento il Governo è immesso nell'esercizio delle sue funzioni* e perciò termina il procedimento della sua formazione. Il primo atto formale del nuovo Presidente del Consiglio dei ministri è controfirmare i decreti di nomina di se stesso e dei ministri.

✓ CONTROFIRMA E CORTOCIRCUITI

La prassi seguita dalla fine degli anni '50 è che l'incarico per la formazione del Governo sia conferito con atto orale (→ § V.2.4.1). La ragione di questa scelta è semplice: evitare il problema della controfirma. Infatti, se l'incarico fosse conferito con atto scritto, questo dovrebbe essere controfirmato. Da chi? Necessariamente dal Presidente del Consiglio dei ministri uscente, il quale, rifiutando la controfirma, potrebbe condizionare la scelta del suo successore! Lo stesso problema si pone, ovviamente, alla fine del procedimento, con il decreto di nomina del nuovo Presidente del Consiglio. La soluzione escogitata dalla prassi ha qualcosa di sorprendente. La controfirma del decreto di nomina di se stesso e dei ministri è il primo atto che compie il nuovo Presidente del Consiglio, che però entra in carica solo con il successivo giuramento. Per cui, ragionando secondo le forme, nel momento in cui il nuovo Presidente firma i primissimi atti (compresa l'accettazione delle dimissioni del Governo uscente), egli non è ancora in carica, perché la sua nomina dipende dal decreto che sta controfirmando; il suo potere di controfirmare dipende dalla nomina, che non è valida sinché non sia controfirmata. Un cortocircuito formale, certo, ma sempre meglio di quello esplosivo che si verificherebbe se il Presidente del Consiglio uscente potesse bloccare, negando la controfirma, la nomina del suo successore.

La formazione del Governo costituisce un procedimento distinto ed autonomo rispetto alla votazione della fiducia (di cui all'art. 94 Cost.), anche se, come si è sottolineato più volte, il Governo viene formato con il fine di ottenere la fiducia parlamentare. Perciò il procedimento di formazione del Governo è finalizzato al successivo procedimento di votazione della fiducia parlamentare.

✓ IL GOVERNO PRIVO DI FIDUCIA

Secondo l'opinione prevalente, il *Governo in attesa della fiducia* non potrebbe porre in essere atti di attuazione del suo programma, perché ancora il Parlamento non si è pronunciato su quel programma, con la conseguenza che la sua attività sarebbe limitata all'**ordinaria amministrazione**. La posizione del Governo in attesa della fiducia sarebbe quindi assimilabile a quella del *Governo dimissionario* → § V.4.6.3✓), o per sua volontà o perché colpito dalla sfiducia del Parlamento. Bisogna però riconoscere che la nozione di ordinaria amministrazione ha confini molto elastici e che, comunque, dopo il giuramento il Governo è entrato nell'esercizio delle sue funzioni, con la conseguenza che sul piano giuridico è molto difficile, o addirittura impossibile, distinguere gli atti che il Governo in attesa della fiducia ed il Governo dimissionario possono compiere da quelli che invece sarebbero loro preclusi. Sostanzialmente, perciò, il Governo ricorre a degli "autolimiti" (così A.A. Romano), che talora, a partire dalle dimissioni del secondo Governo Cossiga (1980), sono consacrati in apposite direttive del Presidente del Consiglio.

Il Governo è finalmente nella pienezza dei suoi poteri solo dopo aver ottenuto da entrambe le Camere il **voto di fiducia**. Entro dieci giorni dal giuramento, il Governo deve presentarsi alle Camere (art. 94.3 Cost.): il Presidente del Consiglio dei ministri espone il **programma di governo**, approvato dal Consiglio dei ministri. In ciascuna Camera i parlamentari di maggioranza presentano una **mozione di fiducia**, che deve essere motivata (perché così il Parlamento può incidere sullo stesso programma di governo) e che deve essere votata per *appello nominale*. La fiducia si intende accordata se la mozione è approvata in entrambe le Camere (a tal fine è sufficiente la *maggioranza relativa*: → § II.4.1).

2.5. *I rapporti tra gli organi del Governo*

Per garantire l'unità e l'omogeneità del Governo, la Costituzione fa leva sulla competenza collegiale del Consiglio dei ministri a determinare la politica generale del Governo (*principio collegiale*) e sulla competenza del Presidente del Consiglio a dirigere questa politica e a mantenere l'unità dell'indirizzo politico ed amministrativo, promuovendo e coordinando l'attività dei ministri (*principio monocratico*).

Il pericolo da evitare è che i singoli ministri operino ciascuno indipendentemente dagli altri, per promuovere gli interessi della propria parte politica e delle burocrazie dei ministeri di cui sono il vertice politico (ciascuna burocrazia, infatti, è composta da persone, e queste tenderanno a spingere il "loro" ministro ad accrescere i vantaggi di cui godono o ad aumentare il potere di cui dispongono). In altri termini, principio monocratico e principio collegiale servono a contrastare *gli eccessi di autonomia dei ministri, che potrebbero minacciare l'unità politica del Governo*, – che deve esprimersi in un indirizzo politico organico ed armonico. Il **coordinamento** di cui parla l'art. 95.1 Cost. è, appunto, l'attività diretta a mantenere l'unità di azione del Governo, assicurando che le iniziative politiche e amministrative dei singoli ministri siano attuazione dell'indirizzo generale del Governo, o quanto meno siano con esso compatibili.

Affinché collegialità e monocraticità possano assicurare l'unità e l'omogeneità del Governo, non è sufficiente che i due principi di organizzazione delle relazioni tra gli organi del Governo siano formalmente consacrati nel testo costituzionale. È, infatti, necessario che ci siano gli strumenti giuridici e le condizioni politiche che rendano effettivamente possibile ai due principi di contenere gli eccessi di autonomia dei ministri.

Per quanto riguarda gli *strumenti giuridici*, dal testo costituzionale si possono ricavare con certezza solamente:

a) il potere del Presidente del Consiglio di proporre al Capo dello Stato la lista dei ministri da nominare;

b) il potere di indirizzare **direttive politiche e amministrative** ai ministri, in attuazione della politica generale del Governo; questo potere, ritenuto implicito nell'attribuzione dei compiti di direzione della politica generale, consiste nell'individuazione di fini politici o di principi di azione, che comunque lasciano spazio all'autonomia dei ministri in ordine alle modalità di attuazione;

c) la competenza del Consiglio dei ministri a deliberare sulle questioni che riguardano la *politica generale del Governo*, cioè l'indirizzo generale che intende seguire.

Ma a determinare il grado effettivo di utilità di tali strumenti intervengono le condizioni che caratterizzano il sistema politico e, quindi, il generale equilibrio della forma di governo. Come abbiamo visto, in governi di coalizione, il potere di formare la lista dei ministri è condizionato dalle decisioni dei partiti. Tale condizionamento è stato particolarmente intenso nella fase delle coalizioni post-elettorali, visto che la determinazione della composizione personale del Governo è stata una delle componenti degli accordi di coalizione. Perciò, i ministri si sono comportati, più che come parti di un'istituzione politicamente unitaria, quali "*delegati*" dei rispettivi partiti all'interno del Governo. In questa circostanza politica è consistita la radice principale degli eccessi di autonomia dei ministri (si è arrivati a parlare di un *neofeudalesimo ministeriale*) e della scarsa capacità unificante del Presidente del Consiglio. In un simile contesto, anche il potere di inviare direttive politiche ai ministri ha avuto un'efficacia ridotta, perché la loro attuazione era rimessa esclusivamente alla volontà dei ministri. La "direzione della politica generale del Governo", in tutta la fase delle coalizioni post-elettorali, si è risolta essenzialmente in un'attività di *mediazione* tra i ministri ed i partiti.

Le condizioni politiche sono mutate parzialmente a partire dalla XII legislatura, con l'esperienza delle coalizioni elettorali con un comune candidato alla Presidenza del Consiglio. Tali esperienze, infatti, hanno accresciuto il "peso" del Presidente del Consiglio nella scelta dei ministri, comunque decisi con le forze politiche, e soprattutto hanno aumentato la legittimazione politica e, quindi, l'autorevolezza del Presidente del Consiglio. A ciò si è aggiunta un'altra circostanza che si è affermata durante il periodo di maggiore crisi del sistema dei partiti (XII legislatura con i "Governi separati dai partiti"), ma ha mantenuto una certa consistenza anche dopo, perché rispondente a mutamenti strutturali del sistema politico. In presenza degli stringenti vincoli comunitari – specialmente dopo l'Euro (→ § II.7.4) – ed in una situazione in cui si è notevolmente indebolita la capacità di sintesi politica dei partiti, sul Governo si sono concentrate le esigenze di una gestione degli interessi generali del "sistema-Paese" (con gli imperativi sistemici del "risanamento finanziario", della "competitività internazionale", del "problema mezzogiorno", della "lotta alla criminalità", ecc.), al di là delle pressioni delle parti politiche e degli interessi sezionali. Il che ha favorito l'acquisizione di un certo grado di autonomia rispetto alle dinamiche della coalizione ed alle conflittualità interpartitiche, valorizzando la *distinzione costituzionale* tra la *politica nazionale*, la cui determinazione è affidata ai partiti (art. 49), e la *politica generale del Governo*. Autonomia che si traduce in un maggior rispetto da parte dei ministri dell'unità dell'indirizzo del Governo.

✓ *LEADERSHIP* DI PARTITO E *PREMIERSHIP*: COINCIDENZA O SEPARAZIONE?

Nel parlamentarismo maggioritario, tipico dell'esperienza britannica, il Primo ministro è il leader del partito maggioritario. Grazie al controllo del partito può esercitare una considerevole influenza sulla maggioranza parlamentare e sugli altri membri del Governo, espressione del medesimo partito. In Italia, invece, non c'è mai stata coincidenza tra ***leadership*** di partito e ***premiership***. Fino al 1981 (Governo Spadolini), esisteva una regola convenzionale che riservava la carica di Presidente del Consiglio ad un esponente della DC, ma esisteva parimenti un'altra convenzione che escludeva la coincidenza tra la carica di segretario politico della DC e quella di Presidente del consiglio. Perciò, quando Moro formò il suo primo Governo (1963) si dimise immediatamente dalla carica di segretario politico e lo stesso fece Rumor qualche anno dopo (1968). L'applicazione di tale regola si è in-

terrotta con le "presidenze laiche" di Spadolini e di Craxi; in particolare quest'ultimo ha unito la carica di Presidente del Consiglio ad una fortissima *leadership* di partito: ma bisogna osservare che non si trattava del partito più forte della coalizione.
Anche quando si è avviata la fase delle coalizioni formate a livello elettorale, è rimasta (salvo che nei quattro Governi guidati da Berlusconi) la tendenza a realizzare la scissione tra *leadership* di partito e *premiership*. Romano Prodi, nel 1996, non era il leader di nessun partito ed anzi proveniva dalle file di un partito diverso da quello di maggioranza relativa (il PDS); quando D'Alema è diventato Presidente del Consiglio, ha rassegnato le dimissioni dalla carica di segretario del PDS, lasciandola a Veltroni. Tale tendenza indebolisce il ruolo del Presidente del Consiglio e può trovare una duplice spiegazione: da una parte, permette di tenere il Governo al riparo dalla conflittualità fra i partiti della coalizione; dall'altra, esprime la difficoltà del sistema politico e dei singoli partiti ad esprimere delle *leadership* autorevoli, sicché, in mancanza, si evita la concentrazione di potere politico in capo alla stessa persona.
Nel 2005-2006 per rafforzare l'autorevolezza del candidato alla Presidenza del Consiglio alle elezioni politiche del 2006, il "polo" di centro sinistra ha seguito la pratica delle *elezioni primarie* (→ II. 2.2.). Solo che, a differenza dell'esperienza nordamericana, c'era un unico vero candidato alla *premiership*, Romano Prodi, mentre gli altri soggetti che si sono presentati alle primarie, lo hanno fatto esclusivamente per definire il rispettivo peso nell'ambito della coalizione, da poter giocare, in caso di vittoria elettorale, nella definizione degli equilibri di governo. In questo modo le "primarie" hanno suggellato la frammentazione e le divisioni nella coalizione ed il potere di condizionamento che i partiti, anche quelli più piccoli, possono esercitare sul Presidente del Consiglio. Successivamente, nel 2007, si è avviato il processo di confluenza dei due principali partiti del centro-sinistra – i Democratici di sinistra e la Margherita – in un unico nuovo partito: il "Partito democratico". Ma anche in questo caso, nel 2007 e nei primi mesi del 2008, è rimasta una scissione tra il *leader* di partito (Veltroni) ed il *premier* (Prodi).
Nel febbraio del 2014 c'è stata la momentanea riunificazione di leadership di partito e premiership, quando Matteo Renzi, da poco eletto segretario politico del Pd, ha assunto l'ufficio di Presidente del Consiglio dei ministri. Ma le due figure sono tornate a scindersi con il Governo Gentiloni e poi nella XVIII legislatura.

Peraltro, ove un ministro assuma comportamenti gravemente lesivi dell'unità dell'indirizzo politico, il Presidente del Consiglio non sembra disporre di efficaci strumenti con cui porre fine a tali comportamenti, visto che, al di là delle dispute dottrinali sulla esistenza di un potere di **revoca del ministro** (espressamente previsto da alcune Costituzioni, come quella tedesca e quella francese della V Repubblica), nessun Presidente del Consiglio ha ritenuto di poter impiegare questo strumento.

✓ È POSSIBILE REVOCARE UN MINISTRO?

Il Presidente del Consiglio Spadolini con comunicazioni rese al Senato (l'8 luglio 1982) ha ritenuto "necessario che si formi una prassi costituzionale tale per cui il Presidente del Consiglio possa proporre al Presidente della Repubblica la revoca dei ministri o dei sottosegretari inadempienti". Ma lo stesso Spadolini, quando durante il suo secondo Governo si trovò di fronte ad un grave conflitto tra il ministro del tesoro (democristiano) e quello delle finanze (socialista), affermò che l'unico modo di risolverlo era l'allontanamento dei due ministri dal Governo; constatato però che ciò era impossibile, rassegnò le dimissioni, determinando la crisi dell'intero Governo. In realtà, l'ostacolo principale alla revoca del ministro non è giuridico, bensì politico. Dal punto di vista giuridico, infatti, si potrebbe sostenere che il potere di revoca è implicito in quello di proporre la lista dei ministri da nominare;

politicamente, però, in governi di coalizione, non è praticabile la revoca di ministri che siano espressione di qualche partito della coalizione, in quanto ciò provocherebbe la rottura degli accordi e la crisi di Governo ❽. Naturalmente questo ostacolo politico viene meno se il ministro non è diretta espressione di una delle forze politiche che hanno sottoscritto l'accordo di coalizione, ovvero se ne ha perduto l'appoggio (è quel che è accaduto con le dimissioni del ministro Ruggero dal secondo Governo Berlusconi; mentre le "dimissioni" del ministro Tremonti, che pure era un ministro "tecnico", ossia non diretta espressione di un partito, hanno tuttavia rischiato di compromettere l'equilibrio della coalizione).

2.6. *L'unità dell'indirizzo politico e amministrativo nella legge 400/1988*

Per mantenere l'unità dell'indirizzo politico ed amministrativo del Governo, oltre alle competenze ed ai poteri direttamente riconducibili alla Costituzione, ci sono altri strumenti previsti da fonti di livello subordinato alla Costituzione stessa. Per lungo tempo, però, è rimasto confuso lo stesso quadro normativo di riferimento, visto che mancava una legge generale sul Governo e, in sua assenza, poteva farsi riferimento solamente al "*decreto Zanardelli*" (→ § V.2.3✓), che certamente risultava inadeguato rispetto ai problemi del governare posti da una società, da un'economia e da un sistema politico radicalmente diversi da quelli dei primi anni del XX secolo. Le divisioni tra le forze politiche e la stessa esigenza, propria di un parlamentarismo a tendenza compromissoria, di mantenere un "Governo debole" a fronte di un "Parlamento forte", hanno per lungo tempo impedito di approvare la legge sull'ordinamento della Presidenza del Consiglio, prevista dall'ultimo comma dell'art. 95.

Solamente nel 1988 è stata approvata la legge 400, che ha razionalizzato gli strumenti di garanzia dell'unità politica e amministrativa del Governo, seguendo le seguenti direttrici:

A) Concentrazione delle decisioni relative alla politica generale del Governo nel Consiglio dei ministri.

✓ LE ATTRIBUZIONI DEL CONSIGLIO DEI MINISTRI

Secondo la legge 400/1988, il Consiglio dei ministri delibera, in particolare, in merito a:
- ogni questione relativa all'indirizzo politico del Governo;
- l'indirizzo generale dell'azione amministrativa;
- i conflitti di attribuzione fra i ministri;
- l'iniziativa del Presidente del Consiglio di porre la questione di fiducia dinanzi alle Camere;
- le dichiarazioni relative all'indirizzo politico, agli impegni programmatici;
- i disegni di legge (→ § IX.3.2) e le proposte di ritiro di disegni di legge;
- i decreti legge (→ § IX.6), i decreti legislativi (→ § IX.5) ed i regolamenti del Governo (→ § IX.10);
- gli atti adottati dal Governo in sostituzione delle Regioni, in caso di persistente inattività relativa a competenze delegate, oltre i termini obbligatori per legge (→ § VI);
- le proposte di sollevare conflitti di attribuzioni, o di resistere, nei confronti degli altri poteri dello Stato, delle Regioni e delle Province autonome (→ § XII.5);
- le linee di indirizzo in tema di politica internazionale ed europea e i progetti dei trattati e degli accordi internazionali di natura politica o militare;

– gli atti relativi ai rapporti con la Chiesa cattolica previsti dal sistema concordatario di cui all'art. 7 Cost. e le intese con le Confessioni diversa dalla cattolica, di cui all'art. 8 Cost. (→ § II.5);
– lo scioglimento anticipato dei Consigli regionali;
– le nomine alla presidenza di enti, istituti o aziende di carattere nazionale, di competenza dell'amministrazione statale, ecc.

INTERNET Il testo della legge 400/1988 lo si può trovare nel sito del manuale: www.diritto-manuali.giappichelli.it.

B) *Attribuzione al Presidente del Consiglio dei poteri relativi al funzionamento del Consiglio dei ministri.* In particolare, il Presidente del Consiglio convoca il Consiglio dei ministri e ne forma l'ordine del giorno.

✓ COME IL PRESIDENTE FA FUNZIONARE IL CONSIGLIO DEI MINISTRI

Il regolamento interno del Consiglio dei ministri (→ § V.2.2), tra l'altro, ha previsto che:
– il ministro che intende proporre un provvedimento da inserire all'ordine del giorno del Consiglio ne deve fare richiesta al Presidente del Consiglio, insieme con la relativa documentazione;
– almeno cinque giorni prima della riunione del Consiglio dei ministri, il Presidente del Consiglio dirama a tutti i ministri gli schemi dei provvedimenti su cui il Consiglio dovrà deliberare;
– gli schemi dei provvedimenti ed i relativi documenti devono essere esaminati nel corso di una riunione preparatoria presso la Presidenza del Consiglio, da tenere almeno due giorni prima della seduta del Consiglio, al fine di pervenire alla loro redazione definitiva;
– nessuna questione può essere inserita all'ordine del giorno del Consiglio dei ministri se non è stata esaminata nel corso della riunione preparatoria.
Attraverso questa disciplina si conseguono due risultati. In primo luogo, si assicura la circolazione delle informazioni all'interno del Governo sulle questioni sulle quali dovrà deliberare il Consiglio, che, grazie alla previa informazione, potrà risolvere i problemi di coordinamento tra le diverse iniziative ministeriali; in secondo luogo, si concentra nel Presidente del Consiglio e nelle sue strutture serventi (cioè la Presidenza del Consiglio) il coordinamento preventivo delle attività dei ministri, visto che solo dopo la riunione preparatoria e la redazione di una proposta di deliberazione compatibile con l'indirizzo del Governo, la proposta suddetta viene iscritta all'ordine del giorno della seduta del Consiglio dei ministri.

C) Attribuzione al Presidente del Consiglio di poteri strumentali rispetto al coordinamento delle attività dei ministri. Più in dettaglio, il Presidente del Consiglio:

– può sospendere l'adozione di atti da parte dei ministri competenti, sottoponendo le relative questioni al Consiglio dei ministri;
– adotta le direttive politiche ed amministrative in attuazione delle deliberazioni del Consiglio dei ministri, ovvero quelle relative alla direzione della politica generale del Governo;
– adotta le direttive per assicurare l'imparzialità, il buon andamento e l'efficienza della pubblica amministrazione;
– concorda con i ministri interessati le pubbliche dichiarazioni che essi intendano rendere e che impegnano la politica generale del Governo;

– può istituire particolari Comitati di ministri con il compito di esaminare in via preliminare questioni di comune competenza o esprimere pareri su questioni da sottoporre al Consiglio dei ministri.

L'unità dell'indirizzo politico e amministrativo del Governo e la sua attuazione amministrativa sono al centro del **Piano Nazionale di Ripresa e Resilienza (PNRR)** (→ § II.7.7). Il Governo italiano, in attuazione di *Next Generation EU* (→ § II.7.7) ha adottato (25 aprile 2021) il PNRR e ne ha fatto oggetto di *comunicazioni* alla Camera e al Senato, che lo hanno approvato rapidamente con due *risoluzioni* (→ § V.3.3.3). Il testo è stato trasmesso ufficialmente alla Commissione (il 30 aprile): il tutto si è svolto in cinque giorni, sicché molto ridotta è stata la possibilità del Parlamento di incidere effettivamente sui contenuti del Piano, che sembra più che altro il risultato del confronto tra il Governo e la Commissione europea. Del resto, per accedere alle risorse stanziate dall'UE, lo Stato ha dovuto rispettare un preciso cronoprogramma ed anche diverse raccomandazioni specifiche per l'Italia adottate dall'UE.

Il PNRR contiene un pacchetto completo e coerente di riforme e investimenti, necessario per accedere alle risorse finanziarie messe a disposizione dall'UE. Vi sono indicati precisi obiettivi in cui si sostanzia l'indirizzo politico e amministrativo che dovrà ispirare l'azione dello Stato per un numero consistente di anni, che superano la durata del Governo che ha adottato il Piano.

✓ CONTENUTI E DIMENSIONE FINANZIARIA DEL PNRR

Il PNRR ha richiesto il massimo delle risorse messe a disposizione per l'Italia dall'UE, e cioè 191,5 miliardi di euro, di cui 68,9 miliardi in sovvenzioni e 122,6 miliardi in prestiti. A tali risorse si aggiungono 13 miliardi del progetto REACT-EU e circa 30,62 miliardi di euro derivanti dal *Piano nazionale per gli investimenti complementari* finalizzato a integrare con risorse nazionali gli interventi del PNRR. I progetti di investimento e di riforma sono raggruppati in 16 componenti, raggruppate a loro volta in 6 missioni: 1) digitalizzazione, innovazione, competitività, cultura e turismo; 2) rivoluzione verde e transizione ecologica; 3) infrastrutture per una mobilità sostenibile; 4) istruzione e ricerca; 5) coesione e inclusione; 6) salute. Per ogni missione sono indicate le linee di investimento (in totale 133) e le riforme settoriali (43). Alla transizione verde è destinato il 40% delle risorse, alla digitalizzazione il 27%. Inoltre, tra gli obiettivi del piano vi è quello di superare una serie di ritardi storici del Paese che riguardano le persone con disabilità, i giovani, le donne e il Sud. A tal fine sono indicate delle *priorità trasversali*, relative alle pari opportunità generazionali, di genere e territoriali
Il PNRR prevede un pacchetto di riforme destinate a concorrere alla realizzazione dei suoi obiettivi, soprattutto attraverso la riduzione degli oneri burocratici e la rimozione dei vincoli all'aumento della produttività. Sono previsti tre tipi di riforma: a) *riforme orizzontali* o di contesto, che in modo trasversale riguardano tutte le missioni del Piano (la semplificazione degli oneri burocratici, la giustizia, le modifiche al codice dell'insolvenza); b) *riforme abilitanti*, ossia gli interventi diretti a garantire l'attuazione del Piano, in particolare rimuovendo gli ostacoli regolatori, amministrativi e procedurali; c) *riforme settoriali*, contenute all'interno delle singole missioni e che consistono in innovazioni legislative concernenti specifici ambiti di intervento o attività economiche.

Il numero di misure legislative previste per l'attuazione del PNRR è molto alto, ben 53. Per ognuna sono individuati: la tempistica prevista per l'intervento (dal maggio 2021 al settembre 2023; per alcune si va anche oltre la legislatura attuale); la tipologia di intervento a cui la misura è iscritta; la presenza di progetti di legge per i quali è già iniziato l'iter parlamentare. L'attuazione legislativa del piano avverrà tramite leggi, decreti legge (9), leggi delega (12), provvedimenti collegati alla manovra di finanza pubblica (8).

2.7. *La Presidenza del Consiglio dei ministri*

Per lo svolgimento dei suoi compiti, il Presidente del Consiglio dispone di una struttura amministrativa di supporto, che è la **Presidenza del Consiglio dei ministri**. La legge 400/1988, modificata dal d.lgs. 303/1999, ha previsto che gli uffici di diretta collaborazione del Presidente del Consiglio siano organizzati nel **Segretariato generale della Presidenza del Consiglio dei ministri**, cui è preposto un Segretario generale nominato con d.P.C.M.

✓ L'ORDINAMENTO DELLA PRESIDENZA

Il Segretariato generale è organizzato secondo criteri di massima flessibilità, attraverso decreti dello stesso Presidente del Consiglio, con cui sono individuati i compiti delle singole strutture in cui si articola il Segretariato. Queste strutture sono di due tipi: i **dipartimenti**, che sono comprensivi di una pluralità di uffici accomunati da omogeneità funzionale; gli **uffici**, che sono strutture generalmente allocate presso i singoli dipartimenti, ovvero dotate di autonomia funzionale. Sempre con d.P.C.M., possono essere istituite apposite *strutture di missione*, caratterizzate dalla durata temporanea e dallo svolgimento di compiti particolari. Questa autonomia organizzativa della Presidenza è completata dall'autonomia contabile e di bilancio, per cui essa provvede all'autonoma gestione delle sue spese, utilizzando le disponibilità finanziarie stanziate nel bilancio dello Stato.
La spiccata elasticità organizzativa della Presidenza si collega ai compiti che svolge, che sono peculiari e diversi da quelli propri dei ministeri: sono, infatti, compiti di studio e di elaborazione di politiche, di raccolta di dati e informazioni, di collegamento tra i diversi settori dell'amministrazione statale e tra diversi soggetti istituzionali (Regioni, Comuni, enti pubblici, ecc.). Sempre la peculiarità dei compiti spiega la particolare provenienza del personale della Presidenza del Consiglio: personale di ruolo presso la Presidenza; personale in prestito da altre amministrazioni pubbliche; personale proveniente dal settore privato utilizzato con contratti a termine; consulenti ed esperti, anche estranei alle pubbliche amministrazioni, nominati per speciali esigenze. Con il personale di ruolo, si assicurano l'accumulo di esperienze e la continuità amministrativa dell'istituzione; con il personale di diversa provenienza si assicura che la Presidenza disponga delle professionalità e delle competenze più varie e qualificate, necessarie per affrontare i diversi tipi di problemi che si pongono sul terreno della politica governativa, seguendo un approccio integrato (non solo giuridico, ma anche economico, sociologico, ecc.).

2.8. *Gli organi governativi non necessari*

La legge 400/1988 ha razionalizzato varie figure di **organi governativi non necessari** che erano state utilizzate dalla prassi precedente. In particolare la legge ha previsto:

a) il **Vice-presidente del Consiglio dei ministri**, eventualmente nominato fra i ministri ed al quale, su proposta del Presidente del Consiglio, il Consiglio dei ministri attribuisce le funzioni di supplente del Presidente, nel caso in cui questi sia assente o impedito. In realtà, si ricorre alla nomina del Vice-Presidente per dare risalto alla presenza nella coalizione ad un partito diverso da quello che esprime il Presidente del Consiglio (per esempio, nel primo *Governo D'Alema*, cioè a guida diessina, la Vicepresidenza andava al popolare Mattarella; nel secondo *Governo Berlusconi*, essa è spettata al leader di AN Fini, a cui è stato poi affiancato un secondo Vice, non direttamente rappresentativo di alcun partito, l'on. Tremonti; nel secondo *Governo Prodi* vi è una doppia vicepresidenza, il DS D'Alema e Rutelli della Margherita; nel *Governo Conte* vi sono come vicepresidenti i due *leader* dei partiti coalizzati);

b) il **Consiglio di Gabinetto**, che in passato il Presidente del Consiglio ha talvolta istituito per riunire i ministri che rappresentano le diverse componenti politiche della coalizione;

c) i **Comitati interministeriali**, che possono essere di due tipi, cioè quelli istituiti per legge (che ne fissa composizione e competenze) e quelli istituiti con decreto del Presidente del Consiglio con compiti provvisori per affrontare questioni definite (in questo caso si preferisce usare una terminologia parzialmente diversa, e si parla di **comitati di ministri**). Solo i primi hanno competenze a deliberare in via definitiva su determinati oggetti, adottando atti produttivi di effetti giuridici verso l'esterno;

✓ A CHE COSA SERVONO I COMITATI INTERMINISTERIALI?

Essi dovrebbero servire a decongestionare l'attività del Consiglio dei ministri, liberandolo dall'esame delle questioni meno rilevanti per la politica generale del Governo, ed a realizzare un raccordo stabile ed efficiente tra i ministri le cui competenze amministrative sono connesse. Tuttavia, nell'esperienza repubblicana c'è stata, per un lungo periodo, un'autentica proliferazione di comitati interministeriali che di fatto sottraevano settori importanti (come la politica industriale o quella agricola) al Consiglio dei ministri, con la conseguenza di dare vita ad indirizzi politici settoriali tra loro disomogenei ed in definitiva affidati alle scelte del ministro che aveva la presidenza del Comitato e che era altresì a capo del ministero con competenze prevalenti nel settore. Per porre rimedio a questa frammentazione dell'indirizzo del Governo la legge 400/1988 ha seguito due strade. In primo luogo, ha previsto che i Comitati devono tempestivamente comunicare al Presidente del Consiglio l'ordine del giorno delle loro riunioni; il Presidente del Consiglio può deferire singole questioni di competenza dei Comitati al Consiglio dei ministri, affinché stabilisca le direttive alle quali i Comitati devono attenersi. In secondo luogo, ha avviato un processo di riordino che ha eliminato numerose figure di Comitati (ben 12), mantenendone in vita solamente alcuni. In particolare, fra questi, va menzionato il **CIPE** (**Comitato interministeriale per la programmazione economica**), cui la legislazione attribuisce competenze in materia di politica economica, soprattutto mediante la fissazione di indirizzi generali e la ripartizione di risorse finanziarie in alcuni settori.

d) i **ministri senza portafoglio**, sono i ministri non preposti ad un ministero, i quali svolgono le funzioni loro delegate dal Presidente del Consiglio dei ministri, sentito il Consiglio dei ministri (il relativo provvedimento è pubblicato sulla *Gazzetta Ufficiale*). Per l'espletamento delle funzioni delegate sono preposti ad un dipartimento della Presidenza del Consiglio. Talune figure di ministro senza portafoglio sono previste da norme legislative, che ne individuano le funzioni, lasciando al Presidente del

Consiglio la decisione di delegarle o meno. A quest'ultima tipologia appartiene, per esempio, il ministro per la funzione pubblica;

e) i **sottosegretari di Stato**, coadiuvano il ministro (o il Presidente del Consiglio) ed esercitano i compiti che quest'ultimo delega loro con apposito decreto (pubblicato sulla *Gazzetta Ufficiale*). Essi sono *collaboratori del ministro o del Presidente del Consiglio* e, quindi, non fanno parte del Consiglio dei ministri e non possono partecipare alla formazione della politica generale del Governo. Perciò, se essi possono intervenire ai lavori parlamentari come rappresentanti del Governo, devono comunque attenersi alle direttive del ministro; parimenti, se possono partecipare a Comitati di ministri, tale partecipazione si realizza per sostituire o coadiuvare i rispettivi ministri. Proprio la funzione collaborativa rispetto al ministro giustifica il particolare procedimento seguito per la loro nomina: un decreto del Presidente della Repubblica, su proposta del Presidente del Consiglio, di concerto con il ministro che il sottosegretario è chiamato a coadiuvare, sentito il Consiglio dei ministri. Il sottosegretario assume le sue funzioni solo dopo il giuramento prestato davanti al Presidente del Consiglio. Tra i sottosegretari, un ruolo del tutto particolare ha il **sottosegretario di Stato alla Presidenza del Consiglio**, che svolge le funzioni di segretario del Consiglio dei ministri, curando la verbalizzazione e la conservazione del registro delle deliberazioni e dirigendo l'Ufficio di segreteria del Consiglio dei ministri (che esercita i compiti serventi al miglior funzionamento del Consiglio). La peculiarità del ruolo spiega perché all'inizio della sua prima riunione, il Consiglio esprima il suo consenso alla proposta del Presidente del Consiglio;

f) i **viceministri**, sono quei sottosegretari (che non possono superare il numero di dieci) cui vengono conferite deleghe relative all'intera area di competenza di una o più strutture dipartimentali o di più direzioni generali (cioè delle strutture amministrative di massima dimensione all'interno dei ministeri). I viceministri possono essere invitati, dal Presidente del Consiglio d'intesa con il ministro competente, a partecipare alle sedute del Consiglio dei ministri, senza diritto di voto, per riferire su argomenti e questioni attinenti alle materie loro delegate (legge 81/2001);

g) i **commissari straordinari del Governo**, nominati al fine di realizzare specifici obiettivi, determinati in relazione a programmi o ad indirizzi deliberati dal Governo o dal Parlamento, o per particolari esigenze di coordinamento operativo tra amministrazioni statali. Essi sono nominati con decreto del Presidente della Repubblica, su proposta del Presidente del Consiglio, previa delibera del Consiglio dei ministri.

✓ LA *GOVERNANCE* DEL PNRR

A seguito dell'approvazione del PNRR (→ § V.2.6) sono state introdotte (decreto legge 77/2021) importanti innovazioni nell'organizzazione del Governo, con la finalità di assicurare la corretta attuazione del Piano e il rispetto del cronoprogramma, che costituiscono condizioni necessarie per accedere ai finanziamenti europei. Queste innovazioni rafforzano il ruolo di direzione della politica generale e di coordinamento del Presidente del Consiglio e modificano gli equilibri tra i ministri a favore di quelli che assumono un ruolo preponderante nell'attuazione del Piano, come il ministro dell'economia e delle finanze e quello della transizione ecologica.

In particolare, la *governance* del Piano si articola su più livelli. La responsabilità di *indirizzo politico e amministrativo* è affidata alla Presidenza del Consiglio dei ministri. Infatti, è istituita una *Cabina di regia*, presieduta dal Presidente del Consiglio e a cui partecipano i ministri e i sottosegretari di volta in volta competenti in relazione alle tematiche affrontate. Alle sue sedute partecipano altresì (direttamente o tramite il loro Presidente: → § VI.3.2) i Presidenti delle Regioni quando sono esaminate questioni di competenza regionale o locale. La Cabina di regia esercita funzioni di indirizzo, impulso e coordinamento generale sull'attuazione degli interventi del Piano. Essa assicura relazioni periodiche al Parlamento, alla Conferenza unificata e aggiorna periodicamente il Consiglio dei ministri. Presso la Presidenza del Consiglio è istituita una *Segreteria tecnica*, che supporto le attività della Cabina di regia, e la cui durata è superiore a quella del Governo che l'ha istituito, protraendosi fino alla data di completamento dell'attuazione del Piano, e cioè fino al 31 dicembre 2026. Sempre presso la Presidenza del Consiglio è istituita una *Unità per la razionalizzazione e il miglioramento dell'efficacia della regolazione*, con l'obiettivo di superare gli ostacoli normativi, regolamentari e burocratici che possono rallentare l'attuazione del Piano. Viene pure istituito un *Tavolo permanente per il partenariato economico, sociale e territoriale* composto da rappresentanti del Governo, delle parti sociali, delle Regioni e degli enti locali, delle categorie produttive e sociali, del sistema dell'università e della ricerca e della società civile. Il tavolo ha funzioni consultive.
Il secondo livello è costituito dal *monitoraggio e dalla rendicontazione*. Essi sono affidati al *Servizio centrale per il PNRR*, istituito presso il ministero dell'economia delle finanze (MEF), che rappresenta il punto di contatto nazionale con la Commissione europea per l'attuazione del Piano. Sempre presso il MEF è istituito, nell'ambito della ragioneria generale dello stato, un ufficio con funzioni di controllo sull'attività svolta e di monitoraggio anticorruzione. Ogni amministrazione centrale, che ha responsabilità per l'attuazione del PNRR, individua una struttura di coordinamento che opera come punto di raccordo con il Servizio centrale per il PNRR. Alla realizzazione operativa degli interventi previsti dal Piano provvedono i singoli soggetti attuatori, e cioè le amministrazioni statali, le Regioni e le Province autonome, gli enti locali.

2.9. *Gli strumenti per l'attuazione dell'indirizzo politico*

Il Governo esercita una quota rilevante dell'attività di indirizzo politico e si avvale di una molteplicità di strumenti giuridici per la sua realizzazione. Il Governo, nell'esercizio del suo potere di indirizzo, si presenta come soggetto unitario davanti agli altri organi costituzionali. La *rappresentanza dell'intero Governo* è assunta dal Presidente del Consiglio, che controfirma le leggi e gli atti con forza di legge, tiene i contatti con il Presidente della Repubblica, assume le decisioni proprie del Governo nei procedimenti legislativi, pone la questione di fiducia, previo assenso del Consiglio dei ministri, manifesta all'esterno la volontà del Governo (per esempio, intervenendo nei giudizi davanti alla Corte costituzionale).

Le linee generali dell'indirizzo politico e amministrativo del Governo sono espresse nel **programma di governo**, predisposto dal Presidente del Consiglio ed approvato dal Consiglio dei ministri. Esso sta alla base della concessione parlamentare della fiducia iniziale (che infatti va votata con "*mozione motivata*").

Per attuare il suo indirizzo politico, il Governo ha a disposizione una molteplicità di strumenti giuridici, ed in particolare:

a) la direzione dell'amministrazione statale, di cui tratteremo nel § 2.12;
b) i poteri di condizionamento della funzione legislativa del Parlamento, che ri-

guardano sia la fase della programmazione dei lavori parlamentari, sia il procedimento legislativo vero e proprio (→ § V.3.2.2);

c) i poteri normativi di cui è direttamente titolare il Governo e che consistono nell'adozione degli atti aventi forza di legge (decreti legislativi e decreti-legge) e dei regolamenti (→ §§ IX.5; VIII.6; VIII.10).

L'evoluzione degli equilibri della forma di governo, a partire dalla XII legislatura, ha condotto ad una crescita considerevole del ruolo del "Governo legislatore", ossia della sua capacità di modificare l'ordinamento giuridico attraverso l'uso dei poteri normativi di cui è titolare.

✓ LA CRESCITA DEL POTERE NORMATIVO DEL GOVERNO

Dopo che la Corte costituzionale, nel 1996 (→ § IX.6.4), ha dichiarato l'incostituzionalità della reiterazione dei decreti legge, si è registrata una drastica riduzione del numero dei decreti legge emanati. Ma un po' alla volta il ricorso al decreto legge ha ripreso ad estendersi; il Governo ha soddisfatto le esigenze di realizzare sul piano normativo il suo indirizzo ricorrendo anche ad altri strumenti come i *decreti legislativi* (→ § IX.5) ed i *regolamenti* (→ § IX.10). Si afferma l'immagine del "Governo legislatore", che opera attraverso leggi di approvazione di atti predisposti dallo stesso Governo (come avviene, in particolare, con le leggi di autorizzazione alla ratifica dei trattati internazionali, che da sole, negli ultimi anni, coprono circa un terzo delle leggi approvate), e mediante decreti legislativi che sono di numero ormai nettamente superiore a quello delle leggi "non vincolate". Alcuni dati possono essere significativi:

Legislatura	*XI*	*XII*	*XIII*	*XIV*	*XV*	*XVI*	*XVII* [1]	*XVIII*
	Media mensile	*Media mensile*	*Media mensile*	*Media mensile*	*Media mensile*	*Media mensile*	*Media mensile*	*Media mensile*
Decreti legislativi	4,09	2,11	6,23	4,88	3,64	3,94	4,24	4,95
Decreti legge [2]	8,10	6,60	3,36	3,72	2,06	2,09	1,81	4,13
Leggi non vincolate [3]	4,9	1,9	6,6	3,68	0,89	1,57	1,54	0,64
Totale leggi formali	13,25	11,94	14,93	11,64	2,88	6,79	6,15	8,17

[1] Dati aggiornati al 20 ottobre 2017. Per la XVIII legislatura i dati sono aggiornati al 30 aprile 2021.
[2] Esclusi i decreti-legge reiterati.
[3] Leggi diverse da quelle di ratifica, conversione dei decreti-legge, approvative di bilanci e collegati, comunitarie.

L'estensione del potere normativo del Governo, oltre che con i decreti-legge e i decreti legislativi, si è realizzata altresì attraverso l'ampio ricorso alla potestà regolamentare, soprattutto con i regolamenti di delegificazione (→ § IX.10.5).

INTERNET I dati riportati sono tratti dagli *Appunti del Comitato per la legislazione* e dall'*Osservatorio legislativo e parlamentare* (www.camera.it/temiap/documentazione/temi/pdf/1105144.pdf?_1562762096102). Da consultare anche il *Rapporto sulla legislazione 2019-2020* https://temi.camera.it/leg18/temi/il-rapporto-sulla-legislazione-2019-2020.html.

Un altro strumento di grande importanza per l'attuazione dell'indirizzo politico, sono i **poteri sostitutivi**, che fanno capo al Presidente del consiglio dei ministri e che sono finalizzati a superare eventuali blocchi che sono imputabili al mancato esercizio di competenze da parte di organi dello Stato, delle Regioni o degli enti locali. Già la Costituzione prevede il potere sostitutivo nei confronti delle Regioni (→ § VI.3.3), che è circondato da opportune cautele a garanzia dell'autonomia regionale. Recentemente una valorizzazione dei poteri sostitutivi è stata introdotta per assicurare la tempestiva attuazione del Piano nazionale di ripresa e resilienza (PNRR) (→ § V.2.6).

✓I POTERI SOSTITUTIVI PER L'ATTUAZIONE DEL PNRR

Nel caso di mancato rispetto da parte delle Regioni, delle Città metropolitane, delle Province o dei Comuni degli obblighi ed impegni finalizzati all'attuazione del PNRR, il Presidente del Consiglio dei ministri, su proposta della Cabina di regia o del ministro competente, assegna al soggetto attuatore un termine non superiore a 30 giorni per provvedere. In caso di perdurante inerzia, su proposta del Presidente del consiglio o del ministro, sentito il soggetto attuatore, il Consiglio dei ministri individua l'amministrazione, l'ente, l'organo, o i commissari *ad acta*, ai quali attribuisce il potere di adottare, in via sostitutiva, gli atti o i provvedimenti necessari o di procedere all'esecuzione dei progetti.
Inoltre, in caso di dissenso, diniego o opposizione proveniente da un organo statale che può precludere la realizzazione di un intervento rientrante nel PNRR, la Segreteria tecnica propone al Presidente del Consiglio di sottoporre la questione al Consiglio dei ministri per le determinazioni consequenziali. Invece se il dissenso, il diniego l'opposizione provengono da un organo della Regione o di un ente locale, la Segreteria tecnica può proporre al Presidente del consiglio o al ministro per gli affari regionali di sottoporre la questione alla Conferenza permanente per i rapporti tra lo Stato, le Regioni e le Province autonome di Trento e Bolzano (→ § VI.3.2) per concordare le iniziative da assumere, che devono essere definite entro 15 giorni dalla data di convocazione della Conferenza. Al termine dei 15 giorni, in mancanza di soluzioni condivise che consentano la rapida realizzazione dell'intervento, il Presidente del Consiglio propone al Consiglio dei ministri le iniziative necessarie per l'esercizio dei poteri sostitutivi.

2.10. *Settori della politica governativa*

Vi sono alcuni settori dell'indirizzo politico che formano oggetto di discipline giuridiche particolari ed in cui si sviluppano prassi che sostanzialmente concentrano nel Governo il potere decisionale. Sotto questo profilo meritano di essere ricordati:

a) la *politica di bilancio e finanziaria*, rientra fra le principali responsabilità del Governo, al quale la legge attribuisce il compito di elaborare i diversi documenti che definiscono il quadro finanziario di riferimento dell'attività dello Stato: documento di programmazione economico-finanziaria, disegno di legge di bilancio, ecc. (anche secondo la Costituzione è riservata al Governo l'iniziativa della legge di approvazione del bilancio: → § V.3.5). Dopo che tali documenti sono presentati al Parlamento per l'approvazione, il Governo si vede riconosciuto dai regolamenti parlamentari un ruolo di direzione del processo decisionale: l'esame dei documenti in cui si articola la manovra di bilancio deve avvenire in tempi certi, non possono essere presentati emendamenti parlamentari estranei all'oggetto della legge di bilancio, ecc. (→ § V.3.5.5); successivamente all'approvazione del bilancio, esso esercita importanti poteri di controllo della spesa pubblica, controllando la legittimità dei singoli atti di spesa delle amministrazioni statali e verificando il complessivo andamento della spesa pubblica ai fini del rispetto dei vincoli derivanti dall'appartenenza all'Unione economica e monetaria.

L'insieme di questi poteri di proposta, di direzione e di controllo fa capo al *ministero dell'economia e delle finanze*. Questo ministero, insieme alla Presidenza del Consiglio, ai ministeri degli interni e degli affari esteri, costituisce il principale centro di elaborazione dell'indirizzo politico e amministrativo del Governo; esso esercita le sue competenze nei seguenti settori: politica economica, finanziaria e di bilancio, programmazione degli investimenti pubblici e degli interventi per lo sviluppo economico territoriale e settoriale, politiche di coesione, dirette a ridurre i divari economici tra le diverse Regioni, di regola in attuazione di obiettivi fissati a livello europeo ed utilizzando regole e risorse comunitarie (che afferiscono ai cosiddetti fondi strutturali), gestione e dismissioni delle partecipazioni azionarie dello Stato ed esercizio dei diritti dell'azionista;

b) la *politica estera* si sostanzia nella stipula dei trattati internazionali e nelle relative attività preparatorie, nella cura dei rapporti con gli altri Stati, particolarmente nell'ambito delle organizzazioni internazionali cui l'Italia partecipa (e di cui la più importante è l'ONU). Su alcune categorie di Trattati il Parlamento esercita il controllo attraverso la legge di autorizzazione alla ratifica (→ § IX.4.3), ma, a parte quelli che non rientrano nell'enumerazione dell'art. 80, si deve osservare come esistono numerosi Trattati di notevole rilievo politico che, per le loro modalità di formazione, sfuggono al controllo parlamentare.

✓ IL GOVERNO E I TRATTATI INTERNAZIONALI

La prassi internazionale ha visto crescere il numero dei **trattati in forma semplificata**, i quali non richiedono la ratifica del Capo dello Stato per perfezionarsi (e quindi, per definizione, escludono la possibilità di una legge di autorizzazione alla ratifica). Pertanto essi rientrano nella sfera esclusiva di azione del Governo, che cura le trattative preliminari e procede alla loro sottoscrizione, di regola attraverso il ministro degli esteri. Sono stati conclusi in forma semplificata accordi di grande rilevanza, tra cui numerosi concernenti la collaborazione militare, la fornitura di armi, l'assistenza tecnico-militare a Paesi del Terzo mondo. Vi sono anche altre strade che portano ad escludere il Parlamento dal processo di formazione di trattati di grande rilievo politico. Una di queste consiste nell'applicazione dell'istituto della **esecuzione provvisoria di Trattati** di cui non sia stata ancora autorizzata la ratifica (a questo tipo sono riconducibili gli accordi sulla cui base l'Italia ha inviato contingenti militari nel Sinai, nel 1982, a Suez, nel 1984, ed a Beirut, una prima volta nel 1982 ed una seconda nel 1984). Vi sono poi gli accordi conclusi nell'ambito della organizzazione di cooperazione internazionale in materia di difesa militare, denominata **Alleanza atlantica (NATO)** – un'alleanza politico-militare tra Paesi dell'Europa e dell'America del Nord (in particolare, gli Stati Uniti), di cui attualmente fanno parte 30 Stati (Italia inclusa) il cui trattato istitutivo è stato sottoscritto nel 1949. Gli accordi bilaterali conclusi tra partner dell'Alleanza, nonché le risoluzioni, raccomandazioni e direttive adottate dall'organismo dell'Alleanza, che prende il nome di *Consiglio atlantico*, vengono spesso attuati con atti del Governo di natura amministrativa, talvolta coperti dal segreto di Stato.

c) la *politica europea*, che concerne invece i rapporti con le istituzioni dell'UE. Va sottolineato come è il Governo che partecipa alle decisioni comunitarie più importanti in sede di Consiglio dei ministri e di COREPER (→ § II.7.2). L'azione del Governo in questo campo è coordinata dal Presidente del Consiglio dei ministri, che si avvale di un apposito dipartimento della Presidenza del Consiglio. Esistono comunque alcuni correttivi istituzionali diretti a rendere possibile la partecipazione del Parlamento (→ § V.3.4) e delle Regioni (→ § VI) alla formazione delle politiche dell'UE;

d) la *politica militare*, è uno dei settori dell'indirizzo politico e amministrativo prevalentemente rimesso al Governo ed in cui l'intervento del Parlamento è limitato e generalmente tardivo. La Costituzione ha disciplinato il **regime di emergenza bellica** negli artt. 78 ed 87, secondo i quali:

– le Camere deliberano lo Stato di guerra e conferiscono al Governo i poteri necessari;
– il Capo dello Stato dichiara lo stato di guerra deliberato dalle Camere;
– il Capo dello Stato ha il comando delle forze armate e presiede il Consiglio supremo di difesa (→ § V.4.9), anche se la direzione politica e tecnico-militare delle forze armate rientra nell'indirizzo politico e amministrativo del Governo.

✓ IL PRINCIPIO PACIFISTA E I SUOI EQUIVOCI

La prima parte dell'art. 11 stabilisce in termini perentori il ripudio della guerra, da cui si trae il **principio pacifista** della Costituzione. È un principio comune alla costituzione di altri Stati sconfitti nella seconda Guerra mondiale (art. 26 della Costituzione tedesca del 1949; art. 9 della Costituzione giapponese nel 1946), oltre che alla Carta delle Nazioni Uniti, che considera l'uso della forza armata "contro l'integrità territoriale o l'indipendenza politica di qualsiasi Stato" incompatibile con i fini delle Nazioni Unite.
La disposizione costituzionale vieta però la *guerra di aggressione*, non anche la *guerra a fini difensivi* in caso di aggressione subita. La stessa Costituzione prevede una disciplina della **guerra** nei già ricordati artt. 78 e 87. Inoltre l'art. 52 qualifica la *difesa della Patria* come "sacro dovere del cittadino". Vi è in questa previsione il pieno riconoscimento del valore della *sicurezza dello Stato*: la guerra non è vietata qualora si inserisca nel dovere di difendere la sicurezza della comunità e delle istituzioni statali.
Vi è poi la seconda disposizione dell'art. 11 Cost., che esprime un principio fondamentale al pari della prima: l'Italia, in condizioni di parità con gli altri Stati, consente alle limitazioni di sovranità necessarie a un ordinamento che assicuri la pace e la giustizia tra le Nazioni (→ § XI.2.1). Quindi, la Costituzione *prevede* e *legittima* l'inserimento dell'Italia nel quadro di organizzazioni internazionali di sicurezza collettiva, come l'Organizzazione delle Nazioni Unite (→ § I.2.5): esse possono prevedere *accordi di sicurezza collettiva* che implicano il ricorso alla forza armata e eventualmente all'impiego della violenza bellica. Pertanto, vi sono due ipotesi di deroga al principio fondamentale del ripudio della guerra: la difesa da aggressioni esterne e l'adeguamento a decisioni degli organi delle Nazioni Unite, o di altre organizzazioni di difesa collettiva come la NATO, che implicano l'uso della forza o addirittura la partecipazione a conflitti armati in osservanza dei principi dei trattati internazionali istitutivi di tali organizzazioni.
La NATO si impegna a risolvere pacificamente le controversie: ma, in caso di fallimento degli sforzi diplomatici, ha il potere di intraprendere operazioni militari di gestione delle crisi. Tali operazioni devono essere intraprese o su mandato delle Nazioni Unite oppure in base alla clausola di difesa

collettiva prevista dall'art. 5 del trattato istitutivo: le parti del trattato considerano l'attacco armato contro una di esse come un attacco diretto contro tutte le parti, e di conseguenza se un tale attacco si verificasse, nell'esercizio del diritto di legittima difesa, individuale o collettiva, riconosciuto dall'art. 51 dello statuto delle Nazioni Unite, ciascuna di esse assisterà la parte attaccata, individualmente e di concerto con le altre parti, adottando le azioni necessarie, compreso l'uso della forza armata, al fine di ristabilire e mantenere la sicurezza nell'area dell'Atlantico settentrionale.

La prassi si è allontanata notevolmente dal disegno originale della Costituzione, perché, per ragioni politiche (connesse alla partecipazione dell'Italia ad alleanze militari come la NATO) e di tecnica militare, le operazioni belliche iniziano prima di qualsiasi intervento del Capo dello Stato, del Consiglio supremo di difesa e del Parlamento, che è chiamato successivamente a convalidare politicamente l'operato del Governo. I regimi di emergenza bellica si instaurano ormai con il ricorso da parte del Governo ad un *decreto legge*, che prevede l'intervento militare e provvede alla copertura dei costi, cui segue, ad operazioni militari già intraprese, una delibera di testo conforme da parte del Parlamento (operazioni nel Kuwait, aggredito dall'Iraq nel 1990) ovvero la conversione in legge a convalida dell'operato del Governo (intervento nel Kossovo nel 1999 e quello in Afghanistan nel 2001). Talvolta, dopo l'avvio delle operazioni militari, il Parlamento esprime alcuni indirizzi al Governo ricorrendo all'approvazione di una mozione (per esempio, la mozione di maggioranza approvata nel 1999 nel corso della crisi del Kossovo).

La nozione di guerra presupposta dai costituenti era quella classica del diritto internazionale, intesa come conflitto interstatale finalizzato alla *debellatio* di un altro Stato. Negli anni trascorsi c'è stata una forte diversificazione dei conflitti armati. La guerra rimane l'ipotesi estrema, ma esistono altri tipi di impiego della forza armata al di fuori del territorio dello Stato, tramite missioni militari, che si svolgono, di regola, sotto l'egida dell'ONU. Dalle missioni di *peace keeping*, che non comportano l'uso della forza militare, alle missioni di *peace enforcing* che invece possono implicare l'uso di misure costrittive sfocianti nell'impiego della forza.

✓ DALLA "GUERRA A FINI UMANITARI" ...

La decisione di avviare le operazioni militari in più casi è ricondotta a decisioni prese nell'ambito di organismi internazionali (come l'ONU) o l'Alleanza atlantica (NATO), cui l'Italia partecipa. Negli anni passati, interventi italiani in situazioni di crisi internazionali che comportavano l'uso della forza si sono basati sulla finalità, prevista dal Trattato ONU, di azioni coercitive in caso di *"minaccia alla pace, rottura della pace o atto di aggressione"*, oppure sul *"diritto di legittima difesa individuale e collettivo"* previsto dal Trattato dell'Alleanza Atlantica. In questi casi, la giustificazione è la difesa da un attacco militare ingiusto, sia pure condotta al di fuori dei confini nazionali.
Nell'ambito delle più recenti trasformazioni delle relazioni internazionali, soprattutto dopo la fine della guerra fredda e dell'equilibrio politico-militare bipolare USA-URSS, ci sono stati interventi militari, deliberati dal Consiglio di Sicurezza dell'ONU per fare fronte a gravi violazioni dei diritti umani (Ruanda, Burundi, Somalia, Bosnia). Tali interventi sono definiti **operazioni di polizia internazionale** a tutela dei diritti umani, e secondo alcuni potrebbero giustificarsi sulla base di un'interpretazione evolutiva del Trattato delle Nazioni Unite. Ma, in occasione della grave crisi dei Balcani, la NATO ha deciso autonomamente di intervenire nel Kossovo per fare cessare le violazioni dei diritti

umani e le operazioni di "pulizia etnica" messe in atto da Milosevic. Tale intervento militare, cui l'Italia ha partecipato nel 1999, prospetta perciò un'evoluzione dei rapporti internazionali che implica l'affermazione di una sorta di diritto di ingerenza attiva, anche attraverso l'uso della forza armata secondo modalità belliche, sul territorio di uno Stato sovrano violatore del diritto umanitario. Come si concilia questa ingerenza attiva con l'art. 11 Cost. secondo cui *"l'Italia ripudia la guerra come strumento di offesa alla libertà degli altri popoli e come mezzo di risoluzione delle controversie internazionali"*?
E resta un altro dubbio: può la NATO estendere i propri compiti senza una modifica (debitamente autorizzata dal Parlamento italiano) del Trattato che la istituisce?

La trasformazione del concetto di guerra, che si allontana dagli schemi classici usati fino alla seconda Guerra mondiale, evidenzia l'inadeguatezza della disciplina costituzionale e la sostanziale paralisi della previsione costituzionale sulla dichiarazione dello stato di guerra e dello stesso art. 11. Fin ora, però, lo svuotamento della disciplina costituzionale si era, di regola, accompagnata al consenso delle principali forze politiche espresso in Parlamento dopo l'avvio delle operazioni belliche. Il conflitto iracheno, invece, ha visto il venir meno del consenso *bipartisan*, rendendo costituzionalmente e politicamente debole la posizione del Governo italiano;

✓ ... ALLA "GUERRA GLOBALE"

Dopo l'attentato alle "Torri gemelle" a New York (11 settembre 2001) c'è stata un'ulteriore trasformazione del concetto di guerra e per indicarla si è parlato di *"guerra globale"*. Da una parte *al Qaida* ha portato le operazioni militari all'interno dello spazio politico-territoriale dello Stato nemico (un ulteriore aspetto della crisi del controllo statale sul proprio territorio: → § I.2.6); dall'altra, gli Stati Uniti hanno avviato unilateralmente una risposta militare prima in Afghanistan (2001) e poi in Iraq (2004). Quest'ultima è stata intrapresa senza l'avallo del Consiglio di sicurezza dell'ONU, introducendo una spaccatura anche tra i Paesi dell'Alleanza Atlantica sull'opportunità politica e la legittimazione giuridica dell'intervento militare condotto dalla "Coalizione dei volenterosi" (USA e Regno Unito, con il sostegno di altri Paesi come Polonia ed Italia), con la ferma opposizione di altri Stati europei quali la Francia e la Germania. La base dell'intervento militare in Iraq era data dalla dottrina del "diritto all'autodifesa attraverso l'azione preventiva" che, nel caso concreto, giustificava l'intervento per il pericolo che il dittatore iracheno Saddam facesse uso di armi di distruzione di massa (come quelle chimiche e biologiche), destabilizzando l'area medio-orientale. Ma era in dubbio l'effettiva esistenza di tali armi e forte era il timore che l'intervento militare e la disintegrazione dell'Iraq avrebbero finito per rafforzare i terroristi fondamentalisti alimentavano il fronte contrario alla guerra. Prima dell'inizio del conflitto, nel dibattito parlamentare del 19 marzo 2004, il Governo aveva dichiarato che l'Italia era "non belligerante", limitandosi a dare un "supporto logistico" agli Stati Uniti ed al Regno Unito. Poi, subito dopo la fine del conflitto e la caduta di Saddam, il Governo ha annunciato un proprio contributo alla "stabilizzazione umanitaria" dell'Iraq; questo contributo ha comportato l'invio di un contingente militare, che ha subito importanti perdite in termini di vite umane. Nel 2006 il secondo Governo Prodi ha attuato il processo di ritiro delle forze armate italiane dall'Iraq.

La disciplina costituzionale della guerra deve essere sottoposta ad una lettura evolutiva che tenga conto delle dinamiche dei rapporti internazionali e degli impegni derivanti dai trattati che istituiscono organizzazioni internazionali relative alla sicurezza. Anche nell'ambito dell'Unione europea qualcosa si sta evolvendo. Gli artt. 42-45 del

TUE contemplano una **politica di sicurezza e di difesa comune**, con il compito di assicurare che l'Unione disponga di capacità operativa ricorrendo a mezzi civili e militari impiegabili anche in missioni al suo esterno per garantire il mantenimento della pace, la prevenzione dei conflitti e il rafforzamento della sicurezza internazionale, conformemente ai principi della Carta delle Nazioni Unite. È un processo graduale che dovrebbe condurre a una *difesa comune* (l'esercito europeo), ma la sua creazione richiede una decisione del Consiglio europeo adottata all'unanimità, cui seguiranno decisioni degli Stati adottate secondo le rispettive discipline costituzionali. L'esecuzione di tali compiti si basa sugli Stati membri, che dovranno mettere a disposizione le loro capacità civili e militari per realizzare gli obiettivi stabiliti dal Consiglio. Per la realizzazione di tale politica è altresì istituita **l'Agenzia europea per la difesa**. La politica di sicurezza e di difesa comune rispetta comunque gli obblighi di quegli Stati membri i quali ritengono che la difesa comune si realizzi tramite la NATO.

✓ IL RITORNO DELLA GUERRA IN EUROPA: L'AGGRESSIONE DELL'UCRAINA

Il 24 febbraio 2022 la Federazione russa iniziava le operazioni belliche dirette alla conquista di almeno una parte del territorio dello Stato sovrano dell'Ucraina e alla *debellatio* di esso, determinando numerose migliaia di vittime, anche tra la popolazione civile, la distruzione di gran parte delle infrastrutture del Paese e di molti centri abitati, grandi e piccoli, milioni di rifugiati che hanno trovato accoglienza in alcuni Paesi europei. Tutto ciò avveniva in violazione del diritto internazionale consuetudinario per quanto riguarda l'uso della forza e di puntuali disposizioni di trattati internazionali, tra le quali vanno richiamate l'art. 2 della Carta dell'ONU che vieta l'uso della forza, e l'art. 51 che assicura "il diritto naturale di autotutela individuale o collettiva, nel caso che abbia luogo un attacco armato contro un Membro delle Nazioni Unite".
Numerose sono state le reazioni alla guerra. In particolare, gli Stati Uniti, gli Stati dell'Unione europea, e altri Paesi come la Gran Bretagna hanno fornito assistenza umanitaria al popolo ucraino e disposto la cessione allo Stato ucraino di mezzi militari con cui difendersi dall'aggressione. Inoltre essi hanno adottato dure sanzioni economiche nei confronti della Federazione russa come mezzo di pressione per spingerla almeno ad una cessazione delle operazioni militari e alla ricerca di una soluzione diplomatica alla crisi. Questo tipo di risposte venivano definite nell'ambito di forum internazionali cui partecipavano gli Stati dell'Unione europea e della Nato. Per quanto riguarda l'ONU, vista l'impossibilità di fare ricorso utile al Consiglio di Sicurezza, paralizzato dal potere di veto che giuridicamente fa capo a tutti i suoi componenti di diritto, tra cui la Federazione russa, si è fatto ricorso all'Assemblea Generale, che però, a differenza del primo, è priva di poteri coercitivi. L'Assemblea, il 2 marzo 2022, ha adottato una risoluzione con cui condannava la Federazione russa per avere violato la pace e la sicurezza internazionali.
Sul piano interno, il Governo si è confermato come il centro di ogni decisione, anche per la rapidità richiesta in decisioni rispetto alla quale le procedure parlamentari sono poco adatte. Il *Consiglio supremo di difesa*, presieduto dal Presidente della Repubblica si è rivelato sede efficiente ed utile per affrontare l'emergenza, funzionando come una specie di "gabinetto di crisi" in cui intervengono Presidente della Repubblica, Presidente del Consiglio, ministri e vertici militari.

e) *politica informativa e di sicurezza*, riguarda la difesa dello Stato democratico e delle istituzioni poste dalla Costituzione. Essa ricade principalmente sotto la responsabilità del Presidente del Consiglio dei ministri. A lui, infatti, principalmente fa capo la direzione dei Servizi segreti ed è sempre a lui che viene ricondotta dalla legislazione vigente (legge 124/2007), la materia del **segreto di Stato**. In democrazia la regola è la *pubblicità,* ma è altrettanto vero che esistono esigenze di rilievo costituzionale che consentono di ammettere delle deroghe eccezionali alla regola, attraverso l'apposizione del segreto di Stato (Corte cost. 82/1976 e 86/1977).

La finalità tutelata dal segreto di Stato è la "integrità della Repubblica". L'apposizione del segreto può essere ricollegata alle relazioni con altri Stati, alla difesa delle istituzioni costituzionali, all'indipendenza dello Stato ed alla sua difesa militare. Il vincolo del segreto di Stato deve essere apposto – e se possibile annotato, se si tratta di documenti scritti – "su espressa disposizione del Presidente del Consiglio dei ministri sugli atti, documenti o cose che ne sono oggetto". Ma, per garantire uniformità e coerenza nell'applicazione del segreto, i criteri di individuazione degli oggetti suscettibili di essere coperti dal segreto stesso sono stabiliti dal d.P.C.M. 7/2009, che classifica quattro diversi livelli di "segretezza" graduando l'intensità della tutela. Va poi sottolineato che, per confermare il carattere eccezionale del segreto e la sua stretta strumentalità a tutelare il bene della sicurezza, il segreto di Stato ha una durata temporale limitata (quindici anni, prorogabili dal Presidente del Consiglio a trenta).

La successiva opposizione del segreto di Stato operata dal Presidente del Consiglio inibisce all'autorità giudiziaria l'acquisizione e l'utilizzazione, anche indiretta, delle notizie coperte dal segreto. In questo caso, però, il giudice può sollevare conflitto di attribuzione davanti la Corte costituzionale.

✓ L'ASSETTO DEI SERVIZI SEGRETI

La disciplina organica dei **servizi segreti** è stata introdotta dalla legge 124/2007 che, riformando il precedente sistema dei servizi segreti, ha rafforzato i poteri di indirizzo politico e amministrativo del Presidente del Consiglio. I servizi segreti dipendono funzionalmente dal Presidente, che ne nomina i direttori, ripartisce, previa delibera dell'apposito comitato interministeriale, i fondi e appone il segreto di Stato. Più in generale il Presidente del Consiglio esercita, in via esclusiva, "l'alta direzione e la responsabilità generale della politica dell'informazione per la sicurezza". Tre organi assistono il Presidente del Consiglio: l'*Autorità delegata*, che è affidata a un ministro senza portafoglio o ad un sottosegretario di Stato; il **Comitato interministeriale per la sicurezza della Repubblica** (Cisr), di cui fanno parte i ministri degli interni, della difesa, dell'economia e delle finanze, di grazia e giustizia; il *Dipartimento per le informazioni e la sicurezza*, istituito nell'ambito della Presidenza del Consiglio.
I due servizi segreti – inizialmente denominati **SISMI** (servizio per le informazioni e la sicurezza militare) e **SISDE** (Servizio per le informazioni e la sicurezza democratica) – sono stati rispettivamente rinominati **Agenzia informazioni e sicurezza esterna** (Aise) e **Agenzia informazioni e sicurezza interna** (Aisi). La ripartizione di competenza tra i due servizi è basata su un criterio di tipo territoriale: alla prima sono attribuite le attività di sicurezza e di informazione che si svolgono "al di fuori del territorio nazionale"; alla seconda le attività che si svolgono "all'interno del territorio nazionale". A differenza di quanto accadeva in passato, i servizi non dipendono da un ministro, bensì direttamente dal Presidente del Consiglio. È pure importante sottolineare che il reato commesso da un agente impegnato a svolgere compiti di servizio non è punibile se la condotta illecita è stata autorizzata dal Presidente del Consiglio e se, al contempo, quella condotta è indispensabile al raggiungimento delle finalità di intelligence.
Il sistema prevede il **Comitato parlamentare per la sicurezza della Repubblica (Copasir)**, cui sono affidati i poteri parlamentari di controllo. In particolare, al Comitato compete verificare "in modo sistematico e continuativo, che l'attività del Sistema di informazione per la sicurezza si svolga nel-

l'esclusivo interesse e per la difesa della Repubblica e delle sue istituzioni". Nel 2012 è stata approvata un'altra riforma del segreto di stato che rafforza il controllo parlamentare sugli atti di opposizione del segreto. Questo controllo è affidato al Copasir, che potrà chiedere al Presidente del Consiglio di esporre, in una seduta segreta appositamente convocata, le ragioni che hanno determinato la conferma dell'opposizione del segreto.

2.11. *Il Governo e la pubblica amministrazione*

Ciascun **ministro** è, di regola, preposto ad uno dei grandi rami dell'amministrazione statale, che prende il nome di **ministero**. Perciò il ministro ha una doppia veste istituzionale: da una parte partecipa alla formazione dell'indirizzo politico in quanto membro del Consiglio dei ministri; dall'altra costituisce il vertice amministrativo di un ministero, chiamato a realizzare quell'indirizzo.

Secondo il modello dell'amministrazione per ministeri, nato nella Francia di Napoleone e trapiantato negli altri Paesi dell'Europa continentale, ciascun ministero doveva essere configurato come una struttura verticistica e gerarchizzata che si esprimeva all'esterno e operava giuridicamente tramite il ministro. Quest'ultimo, perciò, era l'organo abilitato a manifestare la volontà del ministero impegnandolo giuridicamente; il ministro si serviva di una molteplicità di uffici a lui legati da un **rapporto di gerarchia**, che cioè gli consentiva di impartire loro ordini e di avocare a sé la trattazione di ogni affare di loro competenza. Questo modello è stato abbandonato in Italia, soprattutto dopo il 1993.

L'organizzazione dei ministeri attualmente è basata sul principio della **separazione tra politica e amministrazione**: agli organi di governo (Consiglio dei ministri, prima, e ministro poi) spetta l'esercizio della funzione di indirizzo politico e amministrativo, che consiste nella determinazione degli obiettivi e dei programmi da attuare, e la verifica della rispondenza dei risultati dell'attività amministrativa agli indirizzi impartiti; ai dirigenti amministrativi, invece, spetta l'adozione degli atti e dei provvedimenti amministrativi che impegnano l'amministrazione verso l'esterno, nonché la gestione finanziaria, tecnica e amministrativa, anche mediante il potere di adottare gli atti di spesa, di organizzazione del personale e dei mezzi strumentali di cui l'amministrazione si serve.

In particolare, il ministro, periodicamente e comunque non oltre dieci giorni dall'entrata in vigore della legge di bilancio, definisce *obiettivi, priorità, piani e programmi* da attuare ed emana le conseguenti *direttive generali*, cui dovranno conformarsi i dirigenti. Le direttive indicano obiettivi da perseguire, modalità di azione, standard da rispettare, ma non possono avere contenuti concreti, propri degli atti di gestione riservati ai dirigenti. Inoltre, il ministro assegna a ciascun ufficio di livello dirigenziale generale le risorse umane, materiali ed economico-finanziarie necessarie per realizzare gli obiettivi assegnati. I dirigenti sono preposti ai diversi uffici di livello dirigenziale dagli organi di governo e, nel caso di risultati negativi della loro gestione o nel caso di mancato raggiungimento degli obiettivi loro affidati, l'incarico può essere revocato (*responsabilità dirigenziale*).

✓ IL DIFFICILE RAPPORTO TRA POLITICA E AMMINISTRAZIONE

Il problema che il rapporto tra politica e amministrazione pone al diritto costituzionale può essere sintetizzato nei due interrogativi seguenti: 1) come è possibile ricondurre l'amministrazione e la burocrazia al principio democratico, e quindi al potere di direzione e controllo politico del corpo elettorale e delle istituzioni rappresentative che esso esprime? 2) come è possibile evitare che l'amministrazione pubblica operi per favorire gli amici e i clienti di chi detiene il potere politico, realizzando discriminazioni tra i cittadini in violazione del principio di eguaglianza e di parità nel godimento dei diritti costituzionali?
Il primo quesito evoca il rischio di una burocrazia priva di ogni controllo democratico e perciò in grado di perseguire i propri interessi di gruppo o personali, in spregio delle esigenze della collettività. Il secondo interrogativo, invece, richiama il pericolo di un'amministrazione strumento della lotta politica, espressione di una parte e perciò mezzo di oppressione nei confronti delle minoranze.
Nel primo caso, il pericolo è l'eccesso di autonomia dalla politica, nel secondo, l'eccesso di subordinazione. La soluzione offerta al primo problema da una tradizione che si richiama al costituzionalismo inglese era basata sul principio della responsabilità ministeriale: per tutti gli atti posti in essere da ciascun ramo dell'amministrazione statale risponde politicamente davanti al Parlamento il ministro che è stato preposto a quel ramo di amministrazione. In questo modo l'amministrazione e la burocrazia sono indirettamente ricondotte (tramite la responsabilità del Governo) al circuito democratico rappresentativo. Da qui la configurazione dell'amministrazione come strumento di realizzazione dell'indirizzo politico del Governo e l'anonimato della burocrazia (all'esterno, infatti, appare solamente il ministro). La soluzione del secondo problema è stata generalmente rinvenuta nel principio di legalità, in quanto l'amministrazione deve agire nei modi stabiliti dalla legge.
Ma la prima soluzione sottovaluta i seguenti pericoli: la responsabilità per gli atti dell'amministrazione può essere più fittizia che reale, in quanto in un parlamentarismo basato su linee di divisione partitica è estremamente improbabile che il Parlamento chiami in causa la responsabilità del Governo votandogli la sfiducia; inoltre, amministrazioni di dimensioni notevoli generalmente sfuggono alla capacità del ministro di dirigere e controllare davvero tutta l'attività, con la conseguenza che esistono ampi settori dell'azione amministrativa in relazione ai quali non c'è nessun effettivo responsabile.
La soluzione del secondo problema, basata sul *principio di legalità* (→ § VIII.11), non tiene conto delle trasformazioni della legge e dell'amministrazione: la prima, frutto del compromesso tra più interessi, assume sovente caratteri di vaghezza e di genericità; la seconda ha assunto compiti, il cui svolgimento concreto difficilmente si presta ad essere predefinito dalla legge.
L'ordinamento giuridico italiano ha proposto soluzioni nuove al rapporto tra politica e amministrazione: a) l'amministrazione è separata dalla sfera dell'indirizzo politico-amministrativo, sicché ai dirigenti sono attribuiti tutti i poteri di gestione amministrativa, che devono esercitare in conformità alla legge; b) tra sfera politica e sfera amministrativa però non c'è incomunicabilità, visto che agli organi di governo spetta il compito di stabilire gli obiettivi ed i programmi che gli organi burocratici devono realizzare; c) per il modo in cui operano nel perseguimento di tali obiettivi i dirigenti sono valutati ed incorrono, nel caso di esiti negativi di tale valutazione, in una nuova specie di responsabilità, che è la responsabilità dirigenziale.

In passato i ministeri sono stati sempre numerosi (circa una ventina) e poiché ciascun ministro fa parte del Consiglio dei ministri, quest'ultimo collegio è stato composto da un numero particolarmente elevato di membri; circostanza questa che ha limitato la funzionalità dell'organo. Un'altra conseguenza di tale situazione è stata la frammentazione di competenze riguardanti la medesima materia tra più strutture ministeriali, la quale ha reso difficile sia l'elaborazione di un indirizzo politico unitario sia il coordinamento delle attività amministrative di attuazione.

La soluzione di questi problemi è stata tentata con il d.lgs. 300/1999, che ha drasticamente ridotto il numero dei ministeri.

Accanto ai ministeri, secondo il d.lgs. 300/1999, operano le **Agenzie**, le quali sono strutture amministrative che svolgono attività a carattere tecnico-operativo di interesse nazionale, dotate di piena autonomia e sottoposte al potere di indirizzo e di vigilanza di un ministro.

✓ L'ORGANIZZAZIONE DEI MINISTERI CAMBIA CON IL CAMBIARE DEL GOVERNO

L'organizzazione dei ministeri è influenzata dai contenuti che assume l'indirizzo politico del Governo, poiché essi sono, in fin dei conti, strumenti per la sua realizzazione. Perciò quando si formano Governi con programmi ambiziosi, c'è sovente una riorganizzazione dei ministeri. Tale tendenza ha avuto un'importante conferma con il Governo Draghi, che si è caratterizzato per il suo collegamento con il vasto programma di investimenti e riforme contenute nel PNRR (→ § V.2.6.). Per cui con il decreto legge 22/2021, si è proceduto al riordino dei ministeri in modo da creare una certa simmetria tra gli obiettivi e le missioni del Piano, da una parte, e i ministeri e le loro funzioni, dall'altra: 1) si è istituito il *ministero del turismo*, scorporando le funzioni in materia dal ministero dei beni e delle attività culturali (che è stato ridenominato Ministero della cultura); 2) si è istituito il *ministero della transizione ecologica*, che sostituisce il ministero dell'ambiente, accorpando le funzioni di quest'ultimo con le funzioni del ministero dello sviluppo economico in materia di politica energetica e mineraria; 3) si è ridenominato il ministero delle infrastrutture e dei trasporti in *ministero delle infrastrutture e della mobilità sostenibili*; 4) si sono precisate le funzioni della Presidenza del Consiglio in materia di transizione digitale e innovazione tecnologica (materie delegate dal Presidente del Consiglio ad un ministro senza portafoglio).

2.12. *I principi costituzionali sull'amministrazione*

È certamente sbagliato identificare le amministrazioni pubbliche con l'amministrazione statale, piuttosto esse costituiscono una realtà assai articolata e sono riconducibili ad enti e soggetti differenti (regioni, enti locali, enti e agenzie pubbliche, ecc.). Esistono però dei principi costituzionali comuni a tutte le amministrazioni.

I principi costituzionali sull'amministrazione sono i seguenti:

a) la **legalità della pubblica amministrazione** e la riserva di legge in materia di organizzazione. Il primo principio non è scritto direttamente in Costituzione, ma si ricava dal generale principio della divisione dei poteri e, implicitamente, da alcune disposizioni costituzionali (per esempio, art. 113: → § VII.1). Il principio di legalità (→ § VIII.11.1) può definirsi come la sottoposizione dell'amministrazione alla legge, nel senso che l'amministrazione può fare solo ciò che è previsto dalla legge e nel modo da essa indicato. È evidente la distinzione rispetto all'attività del soggetto privato, che deve agire nell'ambito della legge: cioè deve rispettare i limiti posti dalla legge, ma nell'ambito di questi limiti è libero di agire come crede. Invece per l'amministrazione è la stessa legge che predetermina il modo in cui l'amministrazione deve agire. Tutto ciò però non deve indurre a ritenere che l'amministrazione sia completamente vincolata. Il più delle volte, infatti, l'amministrazione effettua delle scelte tra diverse possibilità di azione (**discrezionalità amministrativa**), tutte riconducibili al modello legale. Quando invece l'amministrazione utilizza gli strumenti del diritto privato (per esempio un contratto di compravendita) si imbatte nei normali limiti legali che incontra il soggetto privato, salvo quei particolari aspetti della sua attività che devono sottostare a regole pubblicistiche (per es., per quanto concerne la spendita di pubblico denaro). Se nello Stato liberale il rapporto tra legge e amministrazione aveva carattere assorbente e l'amministrazione poteva essere raffigurata come *macchina di esecuzione della legge*, le cose cambiano con la crescita ed il mutamento dei compiti delle amministrazioni. Sia nelle amministrazioni dello Stato sociale, che nelle amministrazioni che intervengono nell'economia, assume grande rilievo il *risultato socio-economico dell'attività*, e non solo la conformità al modello legale – che oltretutto, a causa della natura di queste attività, non può che avere carattere generico.

Per quanto concerne, poi, l'organizzazione degli uffici pubblici, la Costituzione (art. 97.2) pone una *riserva di legge relativa* (→ § VIII.11). La tendenza recente è quella di ridurre il campo di intervento legislativo nella materia dell'organizzazione amministrativa, riducendola alla fissazione di pochi principi organizzativi e rinviando le scelte più puntuali a regolamenti di organizzazione (→ § IX.10.4), in modo tale da assicurare la flessibilità delle strutture ed il loro rapido adeguamento alle diverse esigenze, che vanno di volta in volta emergendo;

b) l'**imparzialità della pubblica amministrazione** (art. 97), che vieta di effettuare discriminazioni tra soggetti non sorrette da alcun fondamento razionale, e perciò arbitrarie. L'imparzialità è la traduzione sul piano amministrativo del generale principio di eguaglianza, non esclude che l'amministrazione operi per il perseguimento degli obiettivi fissati dagli organi di governo, ma impone che nel perseguire tali obiettivi l'amministrazione osservi la legge e operi una valutazione dei diversi interessi coinvolti nelle sue decisioni;

c) il **buon andamento della pubblica amministrazione** (art. 97), che richiede un'attività amministrativa *efficiente* (cioè in grado di realizzare il miglior rapporto tra mezzi impiegati e risultati conseguiti) ed *efficace* (cioè capace di raggiungere gli obiettivi prefissati). Invero, per lungo tempo questo principio costituzionale è stato inteso in senso riduttivo, rendendo evanescente la distinzione rispetto a quello di legalità ed a quello di imparzialità. In tempi più recenti, invece, tanto nella giurisprudenza costituzionale che nella legislazione ordinaria, ha assunto un peso crescente. Per cui ormai vi sono numerose sentenze della Corte costituzionale secondo cui l'art. 97, insieme all'imparzialità, intende garantire il valore dell'efficienza e, alla stregua di tale principio, ha riconosciuto la conformità a Costituzione della riforma (d.lgs. 29/1993) che ha privatizzato e contrattualizzato il rapporto di lavoro con le amministrazioni pubbliche (sent. 309/1997).

Sul piano legislativo, va segnalata la legge generale sul procedimento amministrativo (241/1990), secondo cui "*l'attività amministrativa persegue i fini determinati dalla legge ed è retta da criteri di economicità, di efficacia e di pubblicità*". In attuazione del principio costituzionale del buon andamento, è stata approvata un'importante riforma avente come finalità lo "snellimento" e la "semplificazione" dell'attività amministrativa (legge 127/1997, modificata dalla legge 191/1998);

d) il principio del **concorso pubblico** per l'accesso al rapporto di lavoro con le pubbliche amministrazioni, per cui, salvo i casi stabiliti dalla legge, agli impieghi con le amministrazioni pubbliche si accede mediante concorso (art. 97.4). Si tratta di un principio che costituisce specificazione di quelli di imparzialità e di buon andamento, e che pone il merito personale come criterio per selezionare i soggetti con cui le amministrazioni instaurano rapporti di lavoro. La Corte costituzionale ha precisato che l'esigenza di operare una selezione in base al merito comporta: che i concorrenti al concorso pubblico devono essere valutati da commissioni composte in modo che sia prevalente la presenza di esperti (sentt. 453/1990 e 99/1998); che non sono ammesse promozioni e passaggi da una qualifica all'altra non preceduti da idonee modalità concorsuali (sent. 1/1999);

e) il **dovere di fedeltà**, che è sancito in termini generali per tutti i cittadini (l'art. 54 Cost. dice: "*tutti i cittadini hanno il dovere di essere fedeli alla Repubblica e di osservarne la Costituzione e le leggi*") e che si specifica nel dovere di adempiere le pubbliche funzioni con disciplina e onore, prestando giuramento nei casi previsti dalla legge (art. 54). Ciò che si vuole assicurare è un'amministrazione non partigiana che, nell'attuazione dell'indirizzo amministrativo, non sia influenzata da legami di dipendenti pubblici con gruppi, associazioni, partiti, ecc. Perciò la stessa Costituzione attribuisce alla legge la competenza ad introdurre limiti al **diritto di iscrizione ai partiti politici** per i magistrati, i militari di carriera in servizio attivo, i funzionari ed agenti di polizia, i rappresentanti diplomatici e consolari all'estero (art. 98.3 Cost.);

f) il principio della **separazione tra politica e amministrazione**, secondo cui gli organi di governo determinano obiettivi e programmi e gli organi burocratici hanno la titolarità dei poteri di gestione amministrativa, in modo tale da evitare ingerenze della politica nelle puntuali e specifiche scelte amministrative.

La Costituzione non formula espressamente tale principio, ma afferma che "*nell'ordinamento degli uffici sono determinate le sfere di competenza, le attribuzioni e le responsabilità proprie dei funzionari*" (art. 97.3). Questa disposizione fa intendere che esistono funzionari dotati di poteri propri e di conseguenti responsabilità, realizzando una separazione tra la sfera dell'indirizzo politico-amministrativo e quella della gestione amministrativa. Separazione che, però, non comporta la totale autonomia della burocrazia e la sua indifferenza rispetto alle decisioni della sfera politica. Infatti, la stessa Costituzione prevede che il Governo abbia un suo indirizzo amministrativo e che i ministri siano individualmente responsabili degli atti dei loro dicasteri (art. 95 Cost.), con ciò ammettendo che il ministro ha il potere, almeno, di dirigere l'attività del ministero. Il rapporto tra gli organi di governo e l'amministrazione, dunque, non è né di totale immedesimazione né di totale indipendenza; l'amministrazione è separata dagli organi di governo, anche se funzionalmente collegata agli stessi in quanto tenuta ad attuarne l'indirizzo amministrativo;

g) la **responsabilità personale dei pubblici dipendenti**, che esclude ogni forma di immunità per gli atti da essi compiuti in violazione dei diritti (art. 28 Cost.). Si tratta di una responsabilità diretta che il dipendente ha solidalmente con lo Stato o con l'ente pubblico da cui dipende (→ § XIII.2.2);

h) il *principio di sussidiarietà* che, dopo la riforma del Titolo V ❼, impone che l'amministrazione pubblica sia, in linea tendenziale, una *amministrazione locale* (→ § VI).

✓ LO "*SPOILS SYSTEM*" E L'IMPARZIALITÀ DELL'AMMINISTRAZIONE

A partire dal 1993, nell'ordinamento italiano sul principio della separazione tra politica e amministrazione si è innestato quello che affida agli organi politici il potere di nomina dei dirigenti, i quali perciò ricevono un incarico a termine che dura tanto quanto il governo che l'ha conferito. Il principio, inizialmente introdotto con riferimento alle amministrazioni statali (d.lgs. 29/1993 e d.lgs. 65/2001) è stato poi esteso alle amministrazioni comunali (d.lgs. 267/2000) e regionali. Si tratta di una soluzione ritenuta coerente con la "democrazia maggioritaria" e l'alternanza, per cui quando a seguito delle elezioni, cambia la maggioranza ed il Governo, il nuovo Governo potrà conferire gli incarichi dirigenziali a soggetti, dotati dei requisiti previsti dalla legge, con i quali esiste però un rapporto di fiducia. Il cambio dei vertici dell'amministrazione ad ogni cambiamento del Governo è conosciuto dall'amministrazione statunitense con il nome di ***spoils system***. Il problema che, però, si pone nel diritto italiano è quello della sua compatibilità col principio costituzionale dell'imparzialità dell'amministrazione (art. 97), che ha come corollario quello secondo cui il funzionario pubblico è al servizio esclusivo della Nazione e non di una determinata parte politica. La Corte costituzionale, tuttavia, ha legittimato, anche se solo parzialmente, questa tendenza. Infatti, da una parte, ha riconosciuto l'esigenza che alcuni incarichi, quelli dei diretti collaboratori dell'organo politico, siano attribuiti *intuitu personae*, vale a dire con una modalità che miri a rafforzare la coesione tra l'organo politico regionale (che indica le linee generali dall'azione amministrativa e conferisce gli incarichi in esame) e gli organi di vertice dell'apparato burocratico (sentt. 103 e 104/2007, 233/2006). La stessa Corte, dall'altra parte, ha dichiarato l'illegittimità costituzionale delle norme regionali che estendevano la regola della cessazione degli incarichi conferiti dal precedente organo di governo anche agli incarichi dirigenziali di livello "non apicale" non conferiti direttamente dall'organo politico.
Nella giurisprudenza successiva, la Corte ha delimitato ulteriormente le ipotesi di legittimità dello *spoils system*, ribadendo che questo meccanismo deve essere rigorosamente circoscritto in considerazione del principio della distinzione tra politica e amministrazione, cui la Corte riconosce natura costituzionale (la sent. 161/2008). Nelle sentenze più recenti questi principi hanno trovato conferma.

2.13. *Gli organi ausiliari*

Gli **organi ausiliari** sono quegli organi cui sono attribuite funzioni di ausilio nei confronti di altri organi; tali funzioni sono prevalentemente riconducibili a compiti di iniziativa, di controllo e consultivi. Gli organi ausiliari previsti dalla Costituzione sono: il Consiglio nazionale dell'economia e del lavoro, il Consiglio di Stato e la Corte dei conti. Essi sono disciplinati nell'ambito del titolo III dedicato al Governo, sebbene svolgano funzioni ausiliarie anche nei confronti del Parlamento.

A) Il **Consiglio nazionale dell'economia e del lavoro** (art. 99 Cost. e, in attuazione di questo, la legge 936/1986) è composto di esperti e di rappresentanti delle categorie produttive in misura che tenga conto della loro importanza numerica e qualitativa. Secondo la legge, i componenti del **CNEL** sono 64, oltre al Presidente, e di essi 10 sono esperti "esponenti della cultura economica, sociale e giuridica", 6 rappresentano le associazioni di promozione sociale e del volontariato, mentre i restanti 48 sono rappresentanti delle categorie produttive di beni e servizi nel settore pubblico e privato. Sono nominati con d.P.R., previa deliberazione del Consiglio dei ministri, e durano in carica cinque anni. Attraverso il CNEL, i costituenti intendevano integrare il circuito della rappresentanza politica con una rappresentanza diretta di interessi, per fronteggiare le difficoltà del primo sul versante del raccordo con la società. Tuttavia la rapida evoluzione che, nel tempo presente, subiscono i rapporti sociali rende molto difficile che il CNEL possa rappresentare la complessità sociale ed il diverso "peso" che assumono, in un determinato momento storico, gli interessi dei diversi gruppi socio-economici. Questi ultimi, del resto, tendono ad instaurare rapporti e negoziati diretti con i titolari degli organi costituzionali, saltando sia la mediazione dei partiti, sia quella di organi di rappresentanza degli interessi (→ § II.2.2) come il CNEL. Ciò spiega lo scarso successo che ha avuto il CNEL e la sua scarsissima incidenza sul processo decisionale politico.

B) Il **Consiglio di Stato** (art. 100 Cost.) è organo di consulenza giuridico-amministrativa del Governo ed organo giurisdizionale di appello della giustizia amministrativa (→ § VII.1). Esso si articola in sette sezioni (quattro con competenze consultive e tre con competenze giurisdizionali). Esistono altresì l'Adunanza generale del Consiglio di Stato, composta da tutti i membri del Consiglio, e dotata di funzioni consultive, e l'Adunanza plenaria, formata dal Presidente del Consiglio di Stato e da dodici magistrati, con funzioni giurisdizionali. Per quanto concerne la funzione consultiva bisogna distinguere i pareri che il Consiglio di Stato deve rendere obbligatoriamente su determinati atti, da quei pareri facoltativi che vengono resi su richiesta di un'amministrazione statale (→ § II.1.9.5). I pareri obbligatori riguardano: a) i regolamenti del Governo e dei ministri di cui all'art. 17 della legge 400/1988, nonché i testi unici (per l'esame degli schemi di atti normativi è stata istituita un'apposita sezione); b) i ricorsi straordinari al Presidente della Repubblica; c) gli schemi generali di contratti-tipo, accordi e convenzioni predisposti da uno o più ministeri.

C) La **Corte dei conti** (art. 100.2 Cost.) esercita:

a) il **controllo preventivo di legittimità** su alcuni atti delle amministrazioni statali, nonché il controllo sulla gestione, introdotto dalla legge, delle amministrazioni statali, regionali e degli enti locali;

✓ LA "REGISTRAZIONE" DEGLI ATTI DEL GOVERNO

La Corte dei conti esercita un controllo preventivo di legittimità su alcuni atti delle amministrazioni statali (individuati dall'art. 3 della legge 20/1996), tra cui: i provvedimenti emanati a seguito di deliberazione del Consiglio dei ministri, gli atti normativi a rilevanza esterna (esclusi i decreti legislativi ed i decreti legge), gli atti di programmazione comportanti spese e gli atti generali attuativi di norme UE, ecc. La Corte "registra" gli atti in questione, cioè ne attesta la conformità alla legge. Ove, invece, ravvisi un contrasto con una norma di grado superiore o con le previsioni di bilancio, lo rinvia al Governo spiegandone i motivi; il Governo, di regola, si adegua alle decisioni della Corte, ma se, per ragioni politiche, intende adottare egualmente l'atto, lo restituisce alla Corte chiedendone la "**registrazione con riserva**", cioè sotto la sua responsabilità politica. La Corte invia l'elenco degli atti registrati con riserva al Parlamento, affinché possa esercitare il suo sindacato politico sull'azione del Governo. Qui si intravede la funzione originale della Corte dei conti, nata come *longa manus* del Parlamento, adibita al controllo puntuale delle attività del Governo.

b) il **controllo successivo sulla gestione** *del bilancio dello Stato*, che termina nel giudizio di parificazione del rendiconto consuntivo dello Stato e delle gestioni annesse, con cui la Corte controlla la rispondenza o meno delle previsioni finanziarie contenute nel bilancio preventivo dello Stato, con i risultati della gestione finanziaria esposti nel rendiconto consuntivo (→ § V.3.5.3✓). Sugli esiti del controllo, la Corte dei conti riferisce al Parlamento con apposita relazione;

c) partecipa, nei casi e nelle forme stabilite dalla legge, al **controllo sulla gestione finanziaria** degli enti cui lo Stato contribuisce in via ordinaria; questo controllo si realizza in vari modi, che vanno dalla partecipazione di consiglieri della Corte dei conti ai consigli di amministrazione o ai collegi dei revisori di tali enti, all'obbligo degli enti di far conoscere tutta la loro gestione finanziaria alla Corte e di adeguarsi alle direttive che al riguardo sono emanate. La Corte costituzionale ha chiarito che il controllo suddetto permane anche nei confronti degli enti pubblici trasformati in società per azioni (→ § II.7.3✓), fino a quando lo Stato conserva la partecipazione prevalente al capitale sociale (sent. 466/1993);

d) la *funzione giurisdizionale*:

d1) in materia di *giudizi di responsabilità dei pubblici funzionari* per il danno recato alle amministrazioni pubbliche statali, regionali e locali;

d2) di *giudizi di conto*, resi, cioè, sui conti presentati da coloro che hanno una funzione di maneggio di denaro, beni o valori di amministrazioni pubbliche;

d3) di giudizi in materia di *pensioni (civili e militari)*.

La funzione di controllo è esercitata da apposite sezioni della Corte; quella giurisdizionale è svolta dalle sezioni regionali (una per ogni Regione, con sede nel capoluogo, tranne che nel Trentino Alto Adige dove sono state istituite due sezioni, una a Trento e l'altra a Bolzano) e dalle sezioni centrali in funzione di giudice di appello (in Sicilia esiste una apposita sezione di appello).

La Costituzione prevede che la legge deve assicurare l'indipendenza del Consiglio di Stato e della Corte dei conti, nonché dei loro componenti nei confronti del Governo. La finalità costituzionale è perseguita assicurando ai due organi notevole autonomia e attribuendo ai singoli membri guarentigie analoghe a quelle previste per i magistrati ordinari (→ § VII.3.2).

Sebbene non goda della copertura costituzionale, tra gli organi ausiliari può comprendersi anche l'**Avvocatura dello Stato**, che ha come sua funzione quella di assistere e difendere le amministrazioni statali nei giudizi in cui sono parte. Tra tali giudizi rientrano quelli davanti la Corte costituzionale. Inoltre, su richiesta delle amministrazioni, l'Avvocatura fornisce dei pareri non vincolanti. Essa si articola in un'*Avvocatura generale*, con sede a Roma, e nelle *Avvocature distrettuali*, le cui circoscrizioni corrispondono a quelle delle Corti di Appello (il suo ordinamento è disciplinato essenzialmente dalla legge 103/1979).

3. Il Parlamento

3.1. *La struttura del Parlamento*

3.1.1. *Il bicameralismo paritario*

La struttura dei Parlamenti moderni può essere bicamerale o monocamerale. La Costituzione italiana ha optato per la prima alternativa, prevedendo l'articolazione del Parlamento in due Camere: la Camera dei deputati ed il Senato della Repubblica (art. 55.1).

Il bicameralismo caratterizza principalmente gli Stati federali (→ § IV.7) e rinviene la sua ragion d'essere nell'esigenza di avere una Camera in cui siano rappresentati gli Stati membri (il *Bundesrat* in Germania, il Senato negli USA). Invece, negli ordinamenti non federali, il bicameralismo è giustificato in quanto la seconda Camera dovrebbe consentire di meglio ponderare le decisioni che il Parlamento assume. In questi ordinamenti, però, di regola c'è un **bicameralismo imperfetto**: le due Camere hanno una diversa composizione e hanno poteri diversi: in alcuni ordinamenti (per es., Francia, Germania, Regno Unito, Irlanda e Spagna) la seconda Camera non può votare la sfiducia al Governo; di regola, nella materia finanziaria è prevista una preminenza della "prima Camera", sia per quanto concerne l'iniziativa delle leggi che la decisione (per es. nel Regno Unito); sono presenti meccanismi per superare l'eventuale contrasto tra i due rami del Parlamento facendo prevalere la prima Camera (così in Francia, in caso di contrasto fra le due Camere, il Governo ha il potere di far decidere in modo definitivo la prima Camera).

Il **monocameralismo**, invece, si collega all'esigenza di rafforzare il Parlamento, soprattutto in quei sistemi costituzionali che vedono nell'Assemblea l'organo in cui si esprime la sovranità popolare (l'antecedente storico, infatti, è offerto dall'Assemblea monocamerale della convenzione francese degli anni 1792-1793), sebbene sia stato previsto anche da Costituzioni recenti che non accolgono l'idea dell'onnipotenza parlamentare (Portogallo, 1976, Svezia, 1975, Danimarca, 1953).

La Costituzione (artt. 55-82) – e soprattutto la prassi (→ § IX.3.2.α) – ha optato per un **bicameralismo perfetto** (o **paritario**), con due Camere dotate delle medesime funzioni, aventi lievissime differenziazioni strutturali, ed ha previsto un aggancio del Senato al territorio regionale (il Senato è "*eletto a base regionale*" dice l'art. 57) dal significato non ben delineato. Di conseguenza, ciascuna Camera può deliberare la concessione o il ritiro della fiducia al Governo (art. 94), mentre la formazione di una legge richiede che ciascuno dei due rami del Parlamento adotti una deliberazione avente ad oggetto il medesimo testo legislativo ("*la funzione legislativa è esercitata collettivamente dalle due Camere*", afferma l'art. 70).

✓ LA FALLITA RIFORMA COSTITUZIONALE DEL BICAMERALISMO

Il Governo Renzi aveva inserito nel suo programma un'incisiva riforma costituzionale diretta a superare il bicameralismo paritario ed a riscrivere il riparto di competenze tra Stato e Regioni. La legge di revisione costituzionale, approvata definitivamente dal Parlamento nell'aprile 2016 è stata però bocciata dal *referendum* del 4 dicembre dello stesso anno. Essa prevedeva che la Camera dei deputati fosse l'esclusiva titolare del rapporto di fiducia con il Governo. La formazione dei Governi, quindi, non avrebbe dovuto essere più condizionata dall'esistenza di una maggioranza in entrambi i rami del Parlamento e il Senato non avrebbe più potuto costringere un Governo alle dimissioni. Solo la Camera dei deputati avrebbe esercitato la funzione di indirizzo politico e di controllo politico del Governo. Il Senato della Repubblica doveva rappresentare invece le istituzioni territoriali. E anche la legislazione sarebbe stata prevalentemente affidata alla Camera dei deputati.

Vi sono solamente alcune *differenziazioni relative alla composizione dei due rami del Parlamento*: Camera e Senato hanno una consistenza numerica differente e solo per la seconda Camera è previsto che il Presidente della Repubblica possa nominare cinque "senatori a vita" (art. 59 Cost.). Sono stabilite età diverse per essere eletti deputati e senatori (rispettivamente 25 e 40 anni), mentre è stata abolita la diversità di età per eleggere deputati e senatori (legge cost. 1/2021). Ma le differenze strutturali si fermano qui. La legge cost. 2/1963 ha stabilito una durata analoga per entrambi i rami del Parlamento, che è pari a cinque anni (il periodo in cui le due Camere durano in carica si chiama **legislatura**). Le leggi elettorali per le due Camere, pur presentando qualche differenza nel meccanismo di riparto dei seggi (specie in ragione della "base regionale" che deve caratterizzare l'elezione del Senato), sono caratterizzate entrambe dalle stesse regole di fondo (→ § IV.7.7), il che però non garantisce dal rischio che nelle due Camere vi siano maggioranze politiche diverse con conseguente rischio di stallo decisionale.

La conseguenza del bicameralismo paritario italiano è l'appesantimento del processo decisionale parlamentare, poiché prima che la legge si perfezioni è necessario che le due Camere approvino il medesimo testo e se una vi apporta qualche modifica dopo l'approvazione dell'altra, quest'ultima dovrà pronunciarsi una seconda volta. Un processo decisionale lungo, con tante "tappe" (→ § IX.3), aumenta le possibilità che i gruppi portatori di interessi sezionali trovino accesso nel circuito parlamentare, per ottenere modifiche dei progetti di legge a loro vantaggio, anche a scapito della qualità della legislazione e della coerenza dell'indirizzo politico della maggioranza. Inoltre, com'è avvenuto a seguito delle elezioni politiche del 2013, c'è la possibilità che nelle due Camere si formino maggioranze diverse, rendendo estremamente difficile la formazione del Governo e la sua attività.

Nessuno di questi problemi può essere risolto dalla drastica riduzione dei parlamentari (i deputati scendono da 600 a 400 e i senatori da 315 a 200) decisa con la riforma costituzionale approvata in via definitiva dal *referendum* del 20-21 settembre 2020 (legge cost. 1/2020). Si teme invece che possa manifestarsi qualche problema in più di funzionalità delle due camere.

3.1.2. *Il Parlamento in seduta comune*

La Costituzione ha previsto anche il **Parlamento in seduta comune**, che è un organo collegiale composto da tutti i parlamentari (deputati e senatori) per lo svolgimento di alcune particolari funzioni. È considerato però un **collegio imperfetto**, perché non è padrone del proprio ordine del giorno; viene riunito solo per specifiche funzioni, tassativamente elencate dalla Costituzione, che consistono in compiti *elettorali* e nella funzione *accusatoria*:

a) l'elezione del Presidente della Repubblica (cui partecipano anche i delegati dalle Regioni: → § V.4.2);

b) l'elezione di cinque giudici costituzionali (→ § XII.2.1);

c) l'elezione di un terzo dei componenti del Consiglio superiore della magistratura (→ § VII.4);

d) la votazione dell'elenco dei cittadini dal quale si sorteggiano i membri "aggregati" alla Corte costituzionale per giudicare sulle accuse costituzionali (→ § XII.7.3);

e) la messa in stato d'accusa del Presidente della Repubblica (→ § XII.7.3).

Esso è presieduto dal Presidente della Camera dei deputati e per il suo funzionamento si applicano le disposizioni del regolamento della Camera dei deputati.

3.1.3. *I regolamenti e il ruolo del Parlamento*

Tanto l'organizzazione interna del Parlamento quanto lo svolgimento delle sue funzioni trovano la loro disciplina fondamentale nel testo costituzionale e nei regolamenti parlamentari. A questi ultimi la Costituzione demanda la disciplina del *funzionamento interno di ciascuna Camera* e la disciplina del procedimento legislativo ordinario, di quello decentrato e delle procedure d'urgenza, nell'ambito dei principi stabiliti dall'art. 72 (→ § IX.8). Ciascuna Camera adotta il proprio regolamento a *maggioranza assoluta* dei suoi membri (→ § II.4.1). Il fatto che non sia sufficiente la maggioranza semplice si spiega in quanto i regolamenti definiscono le regole del funzionamento del Parlamento le quali devono avere un certo grado di stabilità (sono *le regole del gioco parlamentare*) e possibilmente essere condivise dalle forze di maggioranza e da quelle di minoranza. La riserva di competenza regolamentare operata dall'art. 64 Cost. fonda pure i c.d. *regolamenti minori*, cioè quei regolamenti che singoli organi parlamentari (per esempio, le commissioni bicamerali di vigilanza) si danno per disciplinare la propria organizzazione interna.

La disciplina contenuta nei regolamenti parlamentari varia in funzione dei diversi equilibri della forma di governo che, da parte sua, concorre a determinare. I regolamenti parlamentari e le loro modifiche infatti sono state approvate in tutte le fasi di modificazione degli equilibri della forma di governo e, operando nell'ambito dei limiti ricavabili dalla Costituzione, hanno definito diversi tipi di rapporto tra maggioranza e minoranze, tra Governo e Parlamento.

✓ MODIFICHE DEI REGOLAMENTI PARLAMENTARI E FORMA DI GOVERNO

I regolamenti parlamentari del 1971 risentirono dell'evoluzione della forma di governo in direzione del parlamentarismo compromissorio. Perciò introducevano la regola dell'accordo unanime tra i presidenti dei gruppi parlamentari in sede di programmazione dei lavori parlamentari e riconoscevano numerosi poteri di condizionamento procedurale ai gruppi parlamentari, senza distinguere tra gruppi di maggioranza e di minoranza. A partire dalla VII legislatura, queste regole mostrarono i loro limiti soprattutto per effetto dell'ingresso di piccoli gruppi (come i radicali) in grado di esercitare un efficace **ostruzionismo parlamentare**, cioè di impiegare gli strumenti procedurali previsti dai regolamenti per impedire agli altri gruppi di decidere, paralizzando così l'attività del Parlamento. Perciò ha avuto inizio un processo di modifica dei regolamenti, che si è realizzato attraverso una serie di "novelle" dirette a migliorare la capacità decisionale del Parlamento. In particolare, ci sono state le "novelle" del 1981, del 1983, del 1986 che hanno segnato un progressivo allontanamento dal principio della parità di tutti i gruppi politici. Ma una vera svolta si è avuta con la modifica del 1988 che, superando la previsione "neutra" del 1971 secondo cui "le votazioni hanno luogo a scrutinio palese o a scrutinio segreto", introduceva la regola del **voto palese** (derogabile in casi circoscritti). Tale regola rafforzava la posizione del Governo che, grazie al voto palese, può controllare il comportamento dei parlamentari della maggioranza, soprattutto in sede di approvazione dei provvedimenti qualificanti il suo indirizzo politico; in questo modo si poneva un robusto argine contro i cosiddetti **franchi tiratori**, cioè quei parlamentari della maggioranza che, sfruttando la segretezza del voto, votavano contro le proposte del Governo allo scopo di indebolirlo, al fine di provocarne la crisi ed ottenere per sé o per la propria corrente politica una rappresentanza più consistente nella composizione del nuovo Governo. Ormai il sistema tendeva ad allontanarsi dai moduli funzionali del parlamentarismo compromissorio, per cominciare a riconoscere al Governo ed alla maggioranza una posizione differenziata rispetto alla minoranza nella direzione dei lavori parlamentari. Si è giunti così alle novelle del 1990, che hanno valorizzato il ruolo del Governo nella programmazione dei lavori parlamentari. Infine, dopo la "svolta maggioritaria" del 1993, ci sono state le novelle del 1997 e del 1999, chiaramente ispirate al riconoscimento di una differenziazione funzionale tra il complesso Governo-maggioranza, cui spetta il potere di indirizzo politico, e l'opposizione con funzione di controllo ❻. L'ultima modifica di rilievo l'ha subita il regolamento del Senato nel dicembre 2017 (se ne dà conto in più punti del testo).

3.1.4. *L'organizzazione interna delle Camere: Presidenti e Uffici di Presidenza*

Ciascun ramo del Parlamento ha un'organizzazione interna complessa, dove agiscono diversi organi: il presidente d'assemblea, l'ufficio di presidenza, le commissioni, i gruppi parlamentari, la conferenza dei capigruppo.

I due **Presidenti dell'assemblea** rappresentano rispettivamente la Camera dei deputati ed il Senato della Repubblica ed hanno il compito di regolare l'attività di tutti i loro organi facendo osservare il regolamento: sulla base di questo, dirigono la discussione e mantengono l'ordine, giudicano della ricevibilità dei testi, sovrintendono all'organizzazione interna, alle funzioni attribuite ai Questori e assicurano il buon andamento delle strutture amministrative di supporto all'attività parlamentare, impartendo le necessarie direttive. Le differenze più significative fra Presidente della Camera dei deputati e Presidente del Senato della Repubblica, secondo il testo costituzionale, sono le seguenti: il primo presiede il Parlamento in seduta comune ed il secondo supplisce il Capo dello Stato nelle ipotesi d'impedimento ai sensi dell'art. 86 Cost. Entrambi devono essere sentiti dal Presidente della Repubblica, prima di sciogliere anticipatamente le Camere (art. 88 Cost.). La tradizione parlamentare italiana riconduce le funzioni dei Presidenti d'assemblea a una posizione di (tendenziale) imparzialità: per la loro elezione i regolamenti parlamentari prevedono una maggioranza qualificata – almeno nelle prime votazioni – per favorire una convergenza delle forze politiche più ampia della maggioranza di Governo. Il regolamento della Camera dei deputati dispone che l'elezione del presidente avvenga con scrutinio segreto con un *quorum* che nella prima votazione è dei due terzi dei componenti la Camera; dopo la terza votazione esso richiede solo la maggioranza assoluta dei voti (→ § II.4.1). Per il Senato, il regolamento stabilisce che è eletto presidente colui che ottenga la maggioranza assoluta dei voti dei componenti; se per due scrutini non si raggiunge detta maggioranza è sufficiente la maggioranza dei presenti, computando tra i voti anche le schede bianche; se dopo il terzo scrutinio nessuno ha raggiunto detta maggioranza, si procede al ballottaggio fra i due senatori che abbiano riportato il maggior numero di voti: risulterà eletto colui che otterrà la maggioranza relativa.

Il peculiare ruolo dei presidenti, su cui per lungo tempo vi è stato il consenso di tutti gli attori politici, spiega perché la legislazione ordinaria abbia rimesso ai due presidenti la nomina dei membri di alcune *Autorità amministrative indipendenti* (→ la "finestra" seguente), dei componenti il consiglio di amministrazione della RAI, dei componenti del Consiglio di presidenza della Corte dei conti, ecc. Ma le modificazioni degli equilibri della forma di governo, in accoglimento del principio maggioritario, spingono verso una modifica dello stesso ruolo dei Presidenti. La logica "maggioritaria" sembra ricondurre dette cariche alla sfera delle scelte operate dalla maggioranza parlamentare: a partire dalla XII legislatura, i Presidenti di entrambi i rami del Parlamento sono stati scelti tra personalità appartenenti alle forze di maggioranza, abbandonando la precedente convenzione (→ § VIII.3.3.γ✓) che attribuiva una Presidenza alla maggioranza e l'altra al maggior gruppo d'opposizione.

Non si può escludere, allora, che, per effetto dell'affermazione della logica maggioritaria, sia destinato a scolorirsi il tradizionale ruolo imparziale dei Presidenti, come consegnato dalla tradizione. Ma ove questa ipotesi trovasse conferma, andrebbero rivisti i poteri di nomina accordati ai presidenti, perché situati in una posizione di neutralità rispetto all'indirizzo politico di maggioranza.

✓ LA NOMINA DELLE AUTORITÀ INDIPENDENTI

Quando, all'indomani delle prime elezioni politiche condotte con il sistema quasi-maggioritario, la maggioranza che sosteneva il Governo Berlusconi contestò il "diritto" dell'opposizione a nominare uno dei due Presidenti (ed esattamente quello della Camera), il Parlamento s'infiammò. I giornalisti non capirono quale fosse la posta in palio e si accontentarono di riferire la cronaca "sportiva" delle zuffe dentro e fuori l'Aula. Solo pochissimi giornali si preoccuparono di capire che cosa significasse nominare un Presidente d'assemblea e di ricostruire l'impressionante massa di nomine delicatissime che si erano concentrate in capo ai due Presidenti, essendo essi rappresentanti della maggioranza, l'uno, e dell'opposizione più forte, l'altro: autorità garante della concorrenza, autorità garante dell'editoria e della televisione, consiglieri di amministrazione della RAI-TV e, quindi, della concessionaria del servizio pubblico televisivo ...
È importante dunque – perché inaugura un nuovo indirizzo, inevitabile con la mutata realtà – la legge istitutiva della *authority* nel settore dell'energia: i componenti sono nominati dal Governo; prima debbono superare il vaglio parlamentare, a maggioranza qualificata (legge 481/1995, art. 2.7, che prevede, a regime, il parere favorevole dei due terzi delle commissioni parlamentari competenti – in prima attuazione, il parere è espresso a maggioranza assoluta). La legge 675/1996, all'art. 30, istituisce il *Garante per la tutela delle persone rispetto al trattamento dei dati personali*, organo di 4 membri, eletti con voto limitato (due e due) dalla Camera dei deputati e dal Senato: anche qui, niente più designazione congiunta dei Presidenti d'assemblea. Una "inedita logica di estrazione mista" è presente nella legge 249/1997 (*Autorità per le garanzie nelle comunicazioni*): i commissari dell'Autorità sono eletti da Camera e Senato con voto limitato; il presidente è nominato con d.P.R. su proposta del Presidente del Consiglio: la designazione è sottoposta a parere delle commissioni parlamentari secondo la procedura delineata dall'art. 2 legge 481/1995, ricordata sopra. Sul ruolo delle c.d. "autorità amministrative indipendenti" → § XIII.7.7.

Successivamente all'elezione dei Presidenti, le Camere provvedono all'elezione dei *vicepresidenti*, dei *deputati (o senatori) questori* e dei *segretari* che costituiscono l'Ufficio di presidenza, il cui compito, secondo i regolamenti parlamentari, è quello di coadiuvare il Presidente nell'esercizio delle sue funzioni.

I regolamenti parlamentari stabiliscono che, nell'Ufficio di presidenza, siano rappresentati tutti i gruppi parlamentari; a tal fine il Presidente, prima dell'elezione dei membri di detto ufficio, promuove le opportune intese fra i gruppi parlamentari. In questo modo si assicura la presenza di parlamentari riconducibili agli schieramenti di maggioranza e opposizione ❻. Ma a seguito del rilievo che, già nel corso della XIII legislatura, ha avuto il fenomeno delle "migrazioni" di parlamentari da un gruppo parlamentare ad un altro gruppo, il regolamento del Senato ha stabilito qualche limite, esteso con la riforma del regolamento del 2017: i Vice Presidenti e i Segretari che entrano a far parte di un gruppo parlamentare diverso da quello al quale appartenevano al momento dell'elezione decadono dall'incarico.

✓ I COLLABORATORI DEL PRESIDENTE

I **vicepresidenti** collaborano con il Presidente, il quale li può convocare ogni volta che lo ritenga opportuno; inoltre, i vicepresidenti sostituiscono il Presidente in caso di assenza o di impedimento. I **questori** provvedono al buon andamento dell'amministrazione di ciascuna Camera ed esercitano altre funzioni, tutte riconducibili al suo funzionamento interno (cerimoniale, mantenimento dell'ordine nella sede di ciascuna Camera) ed alle spese delle assemblee. I **segretari** sovrintendono alla redazione del processo verbale ed assolvono ad altre funzioni riconducibili al corretto esercizio delle competenze parlamentari (in particolare, collaborano affinché sia assicurata la regolarità delle operazioni di voto e verificano la pubblicazione dei resoconti stenografici).

3.1.5. *I gruppi parlamentari*

Un ruolo fondamentale nell'organizzazione di ciascuna Camera è svolto dai **gruppi parlamentari**. Con questa espressione normalmente si indicano le unioni dei membri di una Camera, espressione dello stesso partito o movimento politico, che si costituiscono con organizzazione stabile e disciplina di gruppo. La Costituzione si limita a menzionarli agli artt. 72 e 82 per stabilire che le commissioni, sia quelle permanenti che le commissioni d'inchiesta, devono essere formate in modo da rispecchiare la consistenza dei gruppi parlamentari. Pertanto, quanto attiene la costituzione e le funzioni dei gruppi si ricava dai regolamenti della Camera dei deputati (artt. 14-15) e del Senato (artt. 14-16). Gli statuti dei partiti disciplinano anch'essi i gruppi, incaricandoli di tradurre in decisioni parlamentari la linea politica approvata dai vertici del partito stesso.

Il rilievo particolare dei gruppi in Parlamento si evince da quelle disposizioni regolamentari, le quali prevedono che entro pochi giorni dalla prima riunione (due alla Camera, tre al Senato) i parlamentari debbano "dichiarare" a quale gruppo appartengono. I parlamentari che non effettuano la dichiarazione di voler far parte di un determinato gruppo (per esempio, perché espressione di un piccolo partito che non è in grado di formare un gruppo autonomo, oppure perché in conflitto con il partito nelle cui file sono stati eletti) confluiscono in un unico gruppo denominato **gruppo misto**.

I gruppi svolgono un ruolo fondamentale nel funzionamento del nostro Parlamento. Quest'ultimo, più che un organo formato da singoli parlamentari considerati come "atomi", come avveniva nel parlamentarismo ottocentesco, è un'istituzione che si basa per il suo funzionamento sulla dimensione collettiva, rappresentata dai gruppi parlamentari. In questo modo i regolamenti parlamentari intendono perseguire due obiettivi: rafforzare il collegamento tra il Parlamento e la società organizzata politicamente nei partiti; salvaguardare l'efficienza decisionale del Parlamento, che potrebbe essere compromessa se il suo funzionamento dipendesse in termini rilevanti dalle scelte e dalle decisioni del singolo parlamentare.

In questa prospettiva, si inseriscono le previsioni regolamentari che attribuiscono poteri significativi ai Presidenti dei gruppi parlamentari:

a) i presidenti dei gruppi danno vita alla **Conferenza dei presidenti dei gruppi parlamentari**, che ha poteri determinanti sull'organizzazione dei lavori dell'assemblea. La conferenza dei presidenti approva il programma dei lavori d'aula e il relativo calendario;

b) alla Camera i presidenti dei gruppi possono azionare tutta una serie di poteri procedurali (per esempio, la presentazione di emendamenti e di mozioni) che altrimenti richiederebbero la richiesta da parte di un certo numero di parlamentari (artt. 27.2; 44.1; 51.2; 86.5, ecc.);

c) al gruppo è attribuito il potere di designare i membri che faranno parte delle commissioni parlamentari (artt. 19 reg. Cam. e 21 reg. Sen.).

I presidenti di ciascun gruppo parlamentare hanno altresì rilievo esterno: per convenzione, essi vengono sentiti dal Capo dello Stato nel corso delle consultazioni per la risoluzione delle crisi di Governo. I **partiti politici** sono infatti, sotto il profilo giuridico, delle semplici associazioni private non riconosciute (→ § II.2.2): come tali non possono essere formalmente consultati da un'istituzione quale il Presidente della Repubblica nel procedimento di formazione di un'altra istituzione qual è il Governo. I gruppi parlamentari rappresentano perciò l'unica proiezione dei partiti sul piano delle istituzioni. Di conseguenza i regolamenti parlamentari tendono sempre più a disciplinare la vita interna dei gruppi con l'evidente intento di regolare così indirettamente i partiti.

3.1.6. *Commissioni parlamentari e Giunte*

Le **commissioni parlamentari** sono organi collegiali che possono essere *permanenti o temporanei, monocamerali o bicamerali*. La costituzione sia delle Giunte che delle Commissioni deve avvenire in modo da rispecchiare la *proporzione* dei vari gruppi parlamentari.

Le *commissioni parlamentari temporanee* (come le commissioni d'inchiesta previste dall'art. 82 Cost.) assolvono compiti specifici e durano in carica il tempo stabilito per l'adempimento della loro particolare funzione. Le *commissioni permanenti* sono invece organi stabili e necessari di ciascuna Camera, titolari di importanti poteri nell'ambito del procedimento legislativo (→ § IX.3). Inoltre esse si riuniscono per ascoltare e discutere comunicazioni del Governo e per esercitare le funzioni di *indirizzo, di controllo e di informazione* secondo quanto stabilito dal regolamento; e poi si riuniscono *in sede consultiva* per esprimere pareri.

La **funzione consultiva del Parlamento** ha assunto nei tempi più recenti un grande rilievo. Ciò è in parte dovuto alle trasformazioni che hanno riguardato il sistema delle fonti nel quale si privilegia l'esercizio delegato della funzione legislativa e la potestà regolamentare dell'esecutivo. Rispetto ai decreti legislativi ed ai regolamenti governativi, l'intervento parlamentare oltre che essere collocato a monte (con l'approvazione della legge delega o della legge di delegificazione) si ritrova a valle tutte le volte in cui è previsto che le commissioni parlamentari debbano esprimere il loro parere nel procedimento di formazione del decreto legislativo (→ § IX.5). Spesso le stesse leggi di delega prescrivono che il parere debba essere reso da commissioni parlamentari bicamerali appositamente istituite.

Ciascuna commissione permanente ha competenza in una determinata materia. Va inoltre segnalata la presenza di commissioni permanenti che svolgono particolari funzioni non riconducibili ad una esclusiva materia. Alla Camera dei deputati, per esempio, sono la *commissione affari costituzionali*, la *commissione del bilancio, tesoro e programmazione* e la *commissione politiche dell'Unione europea*. Le prime due hanno un rilievo particolare nel procedimento legislativo visto che i regolamenti parlamentari prescrivono che esse debbano sempre esprimere il loro parere (*commissioni filtro*) nell'*iter* dei progetti assegnati, nel merito, alle commissioni competenti per materia; il parere espresso da dette commissioni filtro vincola la commissione di merito quando essa opera in sede deliberante.

Le **commissioni bicamerali** sono formate in parte eguale da rappresentanti delle due Camere. Anche la loro formazione deve rispecchiare la proporzione dei vari gruppi parlamentari. Ai loro lavori si applica il regolamento parlamentare della Camera, nella quale la commissione ha sede. La Costituzione (art. 126) prevede espressamente una sola commissione bicamerale: quella per le questioni regionali (→ § VI.3.1), modificata dalla recente riforma del Titolo V ❼.

Con legge sono state istituite commissioni bicamerali con poteri di controllo, di indirizzo e di vigilanza. In particolare vanno ricordati:

– il *Comitato per i servizi di sicurezza* (istituito dalla legge 801/1977), al quale è rimesso il compito di verificare che l'attività dei servizi di informazione e sicurezza si svolga nel rispetto delle finalità indicate dalla legge istitutiva, riferendo su ciò alle Camere; esso ha una funzione di controllo politico-istituzionale sull'apposizione del segreto di Stato;

– la *Commissione parlamentare per l'indirizzo generale e la vigilanza dei servizi radiotelevisivi* (istituita con la legge 103/1975), che esercita poteri di vigilanza e di indirizzo finalizzati a far sì che l'informazione da parte del servizio pubblico si svolga in modo tale da garantire il corretto funzionamento del sistema democratico.

Le **Giunte** sono organi collegiali previsti dai regolamenti parlamentari per l'esercizio di funzioni diverse da quelle legislative e di controllo:

a) per l'esercizio di compiti di garanzia della corretta osservanza del regolamento e di elaborazione di proposte di modifica dello stesso (giunta per il regolamento);

b) per la verifica dell'assenza di cause di ineleggibilità e di incompatibilità (→ §

IV.7.3) e per la garanzia delle prerogative parlamentari (rispettivamente giunta delle elezioni e giunta delle autorizzazioni a procedere, alla Camera; al Senato unificate in una sola giunta).

✓ LO STATUTO DELL'OPPOSIZIONE

Per indicare l'insieme dei poteri attribuiti all'opposizione per svolgere la sua funzione di controllo critico dell'operato del Governo in vista dell'alternanza, si usa l'espressione **statuto dell'opposizione**. In Italia, dopo che, con le riforme elettorali del 1993, sono state introdotte una dinamica bipolare del sistema politico ed una trasformazione del funzionamento della forma di governo (che si è avvicinata al modello del "parlamentarismo maggioritario"), da più parti si è proposto di introdurre uno "statuto dell'opposizione parlamentare". Alcune volte questa nozione è confusa con quella di tutela delle minoranze politiche contro il pericolo della "tirannia della maggioranza" (→ § II.4.1). Soprattutto, questa confusione è avvenuta dopo che l'imporsi di un sistema politico tendenzialmente bipolare ha reso inadeguati i meccanismi di tutela delle minoranze previsti dalla Costituzione vigente. In particolare, il fatto che la Costituzione preveda in alcuni casi (per esempio, per l'elezione del Presidente della Repubblica dopo il terzo scrutinio, ovvero per la revisione costituzionale) il *quorum* della maggioranza assoluta (→ § II.4.1) non serve più a garantire le minoranze, visto che la coalizione maggioritaria disporrà sicuramente dei voti necessari per raggiungere questo *quorum*. Tuttavia, in senso proprio, lo "statuto dell'opposizione" esprime un concetto diverso da quello di tutela delle minoranze. Esso, come si è visto, ha come punto di riferimento l'esperienza del parlamentarismo maggioritario britannico. Qui l'opposizione è una vera e propria funzione costituzionale, che si sostanzia nel controllo politico degli atti del Governo (in particolare delle sue iniziative legislative), sottoposti ad una costante valutazione critica, al fine di creare nel Paese le condizioni per prenderne il posto nelle elezioni successive, realizzando la pratica dell'alternanza. Ma l'opposizione ha anche una sua organizzazione; essa consiste nella presenza di un unico *Capo dell'opposizione*, che esprime ufficialmente le posizioni politiche di quest'ultima, e di un *Gabinetto ombra* (→ § IV.3.2), che controlla e critica le politiche settoriali del Governo in carica, in attesa di prenderne il posto alla prima consultazione elettorale possibile. Quindi, è improprio parlare di "statuto dell'opposizione" fino a quando le singole minoranze politiche rimangono distinte e non unificate in un unico organismo (il "Gabinetto ombra") sotto la guida di un unico leader.

3.2. *Il funzionamento del Parlamento*

3.2.1. *Durata in carica del Parlamento e regole decisionali*

La durata in carica delle due Camere è pari a *cinque anni*. La stessa Costituzione prevede che le funzioni della Camera dei deputati e del Senato possano essere esercitate anche al di là del termine di scadenza, nel caso della *prorogatio* (art. 61.2 Cost.) e della **proroga** con legge, che può essere disposta solo nel caso di guerra (art. 60.2 Cost.). La ***prorogatio***, invece, è un istituto in virtù del quale l'organo scaduto non cessa di esercitare le sue funzioni, fino a quando non si sia provveduto al suo rinnovo. Al fine di assicurare la continuità funzionale del Parlamento, la Costituzione stabilisce che i poteri delle Camere scadute sono prorogati "*finché non siano riunite le nuove Camere*". La *prorogatio* cessa con la "*prima riunione delle nuove Camere*": va però considerato che i neoeletti acquistano lo *status* di parlamentare al momento della proclamazione.

✓ I POTERI DELLE CAMERE IN *PROROGATIO*

È controverso quali siano i poteri delle Camere nel periodo di tempo che va dalla scadenza alla prima riunione delle "nuove" Camere. La Costituzione individua un solo limite esplicito: alle Camere in *prorogatio* è vietato di procedere all'elezione del Capo dello Stato (art. 85.3 Cost.); pur tuttavia si ritiene che le Camere in *prorogatio* debbano attenersi allo svolgimento della cosiddetta **ordinaria amministrazione**. Assai problematico risulta, però, definire in termini stringenti cosa sia l'ordinaria amministrazione e quali atti non possano essere compiuti dalle Camere in *prorogatio*. Nella prassi, le Camere in *prorogatio* hanno convertito decreti-legge (è lo stesso art. 77.2 a prevedere che, in caso di presentazione di un decreto-legge, le Camere *"anche se sciolte, sono appositamente convocate e si riuniscono entro cinque giorni"*), approvato leggi di bilancio e di autorizzazione alla ratifica dei trattati internazionali, discusso del rinvio presidenziale di leggi, persino approvato leggi costituzionali (→ § V.4.6✓). Si ritiene così che rientrino nell'ordinaria amministrazione, oltre gli atti privi di rilievo politico, tutti quelli la cui adozione appaia costituzionalmente indefettibile, anche se, in fin dei conti, il concreto accertamento di tali presupposti è rimesso alla valutazione delle forze politiche.

Altri aspetti del funzionamento del Parlamento riguardano la validità delle sedute e le modalità del voto parlamentare.

Per la **validità della seduta**, la Costituzione richiede *la maggioranza dei componenti*, ciò significa che il numero legale (***quorum* strutturale**) della seduta si raggiunge con la partecipazione alla stessa della metà più uno dei deputati o dei senatori. Il numero legale si presuppone esistente fino al momento in cui, richiesta la verifica da parte di alcuni parlamentari o dal Presidente dell'Assemblea, se ne accerti la mancanza. In quest'ultimo caso, la seduta è rinviata o è tolta. Per la **validità delle deliberazioni** è richiesta, salvo che la Costituzione non prescriva maggioranze diverse, la *maggioranza dei presenti* (***quorum* funzionale**).

I regolamenti di Camera e Senato (dopo la riforma di dicembre 2017) dettano disposizioni analoghe circa il computo delle **astensioni**. Astenuto è colui che, al momento della votazione, non si esprime in modo né favorevole, né contrario, ma per l'appunto si astiene. I parlamentari che abbiano dichiarato di astenersi sono computati ai fini del numero legale nelle votazioni in cui esso debba essere accertato, ma sono considerati come non presenti nel computo della maggioranza richiesta per l'adozione della deliberazione (artt. 46 e 48 reg. Camera; artt. 107-108 reg. Senato): chi è intenzionato a non essere computato ai fini della determinazione del numero legale si deve allontanare fisicamente dall'aula o dalla commissione.

In ordine alle modalità del voto, la regola generale è quella secondo cui si procede con **voto palese**, l'eccezione è il **voto segreto**. Questo a seguito della "storica" limitazione del voto segreto, disposta dalla Camera e dal Senato con la novella regolamentare del 1988, dopo che lo stesso Governo aveva sollevato il problema. Al voto segreto si fa ricorso tutte le volte nelle quali le deliberazioni riguardino persone; può essere richiesto da un certo numero di parlamentari il voto segreto per le leggi che riguardino principi e diritti di libertà di cui agli articoli 6, da 13 a 22, da 24 a 27 della Costituzione, i diritti della famiglia di cui agli articoli da 29 a 31, i diritti della persona umana di cui all'art. 32.2 Cost. (artt. 49 reg. Cam.; 113 reg. Sen.).

Il voto può essere espresso per alzata di mano, per appello nominale, mediante procedimento elettronico, per schede.

Per regola generale le sedute delle Camere sono pubbliche; il **principio della pubblicità dei lavori parlamentari** si concretizza anche attraverso i resoconti sommari e stenografici delle discussioni che si svolgono all'interno del Parlamento. La consultazione tramite *internet* delle banche dati della Camera dei deputati e del Senato della Repubblica consentono a tutti coloro che hanno desiderio di conoscere e studiare l'attività parlamentare di attingere informazioni di varia natura e di poter ricostruire lo svolgimento delle singole attività.

3.2.2. *Come lavora il Parlamento*

I regolamenti parlamentari approvati nel 1971, ormai in gran parte modificati, puntavano sulla *larga intesa* fra maggioranza e opposizione: il *principio di unanimità* che caratterizzava, in origine, la programmazione parlamentare si spiega in un contesto particolare della nostra vita costituzionale, segnato da un netto indirizzo *consensuale-consociativo*. Le modifiche apportate ai regolamenti di Camera e Senato tra il 1997 e il 1999 sono ispirate dall'esigenza di assicurare *tempi certi* all'esame dei progetti inseriti nel programma e poi nel calendario: è stabilito *preventivamente* il *tempo disponibile* per la discussione. Il Governo può fare così affidamento su *tempi predeterminati* per l'esame dei disegni di legge con i quali intende attuare il suo indirizzo: esigenza tanto più avvertita da quando si sono ristretti gli spazi per la decretazione d'urgenza, a seguito del divieto di reiterazione dei decreti-legge sancito dalla Corte costituzionale con la sent. 360/1996 (→ § IX.6.4).

V'è inoltre una **corsia preferenziale** per la manovra di bilancio (disegni di legge di bilancio, e i progetti collegati: → § V.3.5.3) e per le leggi comunitarie (→ § V.3.4).

Il **metodo della programmazione** serve a bilanciare le *esigenze della maggioranza*, che ha il diritto di realizzare l'indirizzo su cui è stata accordata la fiducia al Governo, e la *garanzia del ruolo delle opposizioni*.

L'ordine dei lavori si basa sulla predisposizione del *programma*, del *calendario* e dell'*ordine del giorno*. Il **programma** contiene l'elenco degli argomenti che la Camera intende esaminare, sulla base delle indicazioni del Governo e dei gruppi, con le relative priorità per un periodo di tempo di almeno due mesi e, comunque non superiore a tre mesi (il regolamento del Senato parla di sessioni bimestrali). Il **calendario** specifica il programma e indica quali materie saranno trattate nelle singole sedute previste; l'**ordine del giorno**, che organizza i lavori di ogni singola seduta, ha a questo punto una funzione esecutiva. Tanto il programma che il calendario sono approvati, alla Camera dei deputati, con il consenso dei Presidenti dei gruppi che rappresentano i tre quarti dei componenti la Camera. Qualora tale maggioranza non sia raggiunta, il programma e il calendario sono predisposti dal Presidente – per un periodo di tempo pari ad una settimana – e diventano esecutivi dopo la comunicazione all'assemblea. Per il Senato, programma e calendario sono approvati dalla Conferenza dei presidenti dei gruppi all'unanimità; se non si raggiunge l'unanimità, il Presidente predispone uno schema che comunica all'assemblea: è quest'ultima a deliberare su eventuali proposte di modifica.

✓ GOVERNO E OPPOSIZIONE NELLA PROGRAMMAZIONE DEI LAVORI PARLAMENTARI

Programma e calendario riservano una parte del tempo agli argomenti indicati dai gruppi diversi da quelli che sostengono la maggioranza ❻. Anche quando si raggiunga la maggioranza dei 3/4 necessaria per l'approvazione del programma, il Presidente riserva comunque una quota *agli argomenti indicati dai gruppi dissenzienti* (art. 23.6, e art. 24. 2, reg. Cam., modificati il 24 settembre 1997). Se poi in Conferenza di presidenti non si raggiunga la maggioranza di 3/4 sul calendario, questo verrà predisposto dal Presidente, il quale dovrà *"inserire nel calendario le proposte dei gruppi di opposizione, in modo da garantire a questi ultimi un quinto degli argomenti da trattare ovvero del tempo complessivamente disponibile per i lavori dell'assemblea"* (art. 24.3, reg. Cam.). Il regolamento del Senato stabilisce che "ogni due mesi almeno quattro sedute sono destinate esclusivamente all'esame di disegni di legge e di documenti presentati dai gruppi parlamentari delle opposizioni" (art. 53.3, reg. Sen., modificato il 24 febbraio 1999).

La Conferenza dei presidenti dei gruppi parlamentari determina il tempo a disposizione dei gruppi per la discussione degli argomenti iscritti nel calendario. Alla Camera dei deputati il regolamento tiene conto della reale articolazione delle forze politiche e stabilisce che a tutti i gruppi spetta una quota uguale di tempo a cui se ne aggiunge un'altra stabilita in proporzione della consistenza di ciascun gruppo. Tutte le volte nelle quali la Camera è chiamata a discutere dei disegni di legge d'iniziativa governativa, la Conferenza deve attribuire ai gruppi delle opposizioni una quota più ampia di quella riservata ai gruppi della maggioranza (art. 24.7).

Le modifiche dei regolamenti parlamentari del 1997-1999, dunque, riconoscono che il Governo deve avere uno *spazio procedurale* per attuare il suo programma, sul quale le Camere hanno accordato la fiducia, *ex* art. 94.1 Cost.; nello stesso tempo, si dà rilievo anche al ruolo delle opposizioni, specialmente nello svolgimento dei poteri di informazione e di controllo.

3.2.3. *Le prerogative parlamentari*

Con l'espressione **prerogative parlamentari** si fa riferimento agli istituti che, in deroga al diritto comune, mirano a salvaguardare il libero e ordinato esercizio delle funzioni parlamentari, ponendole al riparo dai condizionamenti che altri poteri dello Stato potrebbero esercitare. Pertanto, le prerogative non sono privilegi dei singoli, ma garanzie dell'indipendenza del Parlamento, con la conseguenza che sono irrinunciabili e indisponibili da parte del singolo parlamentare. In particolare, esse dovrebbero servire a tutelare la libertà di opinione dei parlamentari, che sta alla base di un corretto svolgimento della vita parlamentare, ed a porli a riparo da azioni della magistratura penale che siano pretestuose, in quanto dirette solamente a condizionarne l'operato politico.

L'art. 68 Cost. prevede due distinti istituti:

1. l'**insindacabilità** in qualsiasi sede (penale, civile, disciplinare) per le opinioni espresse ed i voti dati nell'esercizio delle funzioni parlamentari;

2. l'**immunità penale**, in virtù della quale il parlamentare non può essere sottoposto a misure restrittive della libertà personale o domiciliare, né a limitazioni della libertà di corrispondenza e comunicazione senza la previa autorizzazione della Camera di appartenenza.

Le due prerogative hanno un'efficacia temporale differente: la prima copre l'attività del parlamentare anche dopo che sia venuto a scadenza il mandato; la seconda ha come presupposto il fatto che il parlamentare sia ancora in carica, ed è dunque limitata alla durata della legislatura.

✓ LE PREROGATIVE, PRIMA DELLA RIFORMA

L'art. 68 Cost. nel testo originario – prima della riforma avvenuta con legge cost. 3/1993 – stabiliva al primo comma che i membri del Parlamento non potevano essere perseguiti per le opinioni espresse e per i voti dati nell'esercizio delle loro funzioni. Il nuovo testo mantiene quasi inalterata la struttura di tale disposizione, limitandosi ad affermare che i membri del Parlamento "non possono essere chiamati a rispondere delle opinioni ...". La modifica apportata al primo comma dell'art. 68 Cost. chiarisce che l'insindacabilità ha carattere sostanziale e non processuale; essa è finalizzata a limitare l'eventuale responsabilità (civile, penale e amministrativa) del parlamentare per i voti dati e le opinioni espresse, ma non sottende un'autorizzazione parlamentare per lo svolgimento della funzione giurisdizionale, come avveniva con la vecchia **autorizzazione a procedere** soppressa dalla legge cost. 3/1993.

La Corte costituzionale (sent. 265/1997) ha precisato che l'autorità giudiziaria, quando si trovi dinanzi ad una questione di sindacabilità del parlamentare ai sensi dell'art. 68 Cost., non è "carente di giurisdizione": sta al giudice valutare se l'imputato sia o meno insindacabile, in un caso chiudendo il procedimento penale, nell'altro rigettando l'eccezione sollevata dall'imputato con ordinanza non impugnabile, che va però trasmessa alla Camera di appartenenza dell'imputato, la cui deliberazione verrà trasmessa al giudice affinché si conformi alla stessa. In assenza della previa deliberazione della Camera cui appartiene il parlamentare, il giudice può quindi procedere; la sua attività è destinata ad arrestarsi non appena vi sia una concreta deliberazione della Camera, che produce l'effetto di obbligare il giudice ad adeguarsi alla valutazione compiuta dalla stessa: "*a meno che* – precisa la Corte costituzionale – *egli non ritenga che la Camera, con la dichiarazione di insindacabilità, abbia illegittimamente esercitato il proprio potere, per vizi in procedendo, oppure perché mancavano i presupposti di detta dichiarazione*". Il punto centrale della disciplina costituzionale – secondo l'interpretazione fornita dalla Corte costituzionale – è che si riconosce alle Camere la competenza a valutare se i comportamenti posti in essere dai loro membri rientrino o meno nell'esercizio delle funzioni parlamentari, e siano quindi coperti dall'insindacabilità, lasciando all'autorità giudiziaria la possibilità di sollevare *conflitto di attribuzione* (→ § XII.4), ove ritenga che il potere parlamentare sia stato illegittimamente esercitato (sent. 1150/1988).

La possibilità di contestare la deliberazione parlamentare deriva dal fatto che la prerogativa in questione copre il parlamentare tutte quelle volte nelle quali le opinioni espresse e i voti dati siano *ricollegabili all'esercizio della funzione parlamentare*. Non sempre è facile accertare la sussistenza di tale **nesso funzionale**. Infatti, al contrario dello Statuto Albertino, il quale espressamente parlava di opinioni e di voti dati "nelle Camere", la nostra Costituzione parla di esercizio delle funzioni del parlamentare, a significare che il collegamento fra l'opinione del parlamentare e l'esercizio della sua funzione non può ritenersi accertato solo quando il parlamentare si trovi ad esprimere le proprie opinioni all'interno delle Camere. L'esatta delimitazione delle opinioni del parlamentare, coperte dall'insindacabilità, è sempre stato un problema di difficile soluzione. La giurisprudenza costituzionale è orientata a ritenere che nell'insindacabilità "non si può ricondurre l'intera attività politica svolta dal deputato o dal senatore" (sentt. 10 e 11/2000).

✓ PRIVILEGI DELLA POLITICA E RIGORE DELLA CORTE COSTITUZIONALE

Il legislatore ha cercato di difendere le proprie prerogative con la legge 140/2003, che ha introdotto disposizioni d'attuazione dell'art. 68.1: l'insindacabilità si applica in ogni caso per la presentazione di disegni o proposte di legge, emendamenti, ordini del giorno, mozioni e risoluzioni, per le interpellanze e le interrogazioni, per gli interventi nelle Assemblee e negli altri organi delle Camere, per qualsiasi espressione di voto comunque formulata, per ogni altro atto parlamentare, *per ogni altra attività di ispezione, di divulgazione, di critica e di denuncia politica, connessa alla funzione di parlamentare, espletata anche fuori del Parlamento*. Ma la Corte costituzionale, con la sent. 120/2004, dà una *"interpretazione adeguatrice"* (→ § III.1✓) della legge, in modo da renderla compatibile con l'art. 68.1. "Nonostante la nuova, più ampia formulazione lessicale" dice la Corte, non viene dilatata arbitrariamente la previsione costituzionale, perché le attività elencate "debbono comunque essere connesse alla funzione parlamentare". Nulla cambia, insomma. La Cassazione civile (sez. III, 16382/2010) ha precisato che se il deputato non risponde delle sue dichiarazioni, l'emittente televisiva che le ha mandate in onda è invece pienamente responsabile, per non avere "esercitato alcun controllo utile, anche successivo alla diffusione della trasmissione, avvertendo il pubblico degli utenti, dei limiti intrinseci ad una polemica di ordine politico, che si traduce in attacchi alla persona ed alla dignità del parlamentare".

Non è più richiesta l'autorizzazione per sottoporre a procedimento penale il parlamentare, come era previsto dal testo originario dell'art. 68.2 Cost. Secondo il nuovo testo, approvato con legge cost. 3/1993, è richiesta l'autorizzazione della Camera di appartenenza per sottoporre il parlamentare a misure restrittive della libertà personale o domiciliare e a limitazioni della libertà di corrispondenza e comunicazione. Secondo la legge 140/2003, quando occorre eseguire nei confronti di un membro del Parlamento perquisizioni personali o domiciliari, ispezioni personali, intercettazioni, in qualsiasi forma, di conversazioni o comunicazioni, sequestri di corrispondenza, o acquisire tabulati di comunicazioni, ovvero, quando occorre procedere al fermo, all'esecuzione di una misura cautelare personale coercitiva o interdittiva, ovvero all'esecuzione dell'accompagnamento coattivo, nonché di misure di sicurezza o di prevenzione aventi natura personale e di ogni altro provvedimento privativo della libertà personale, l'autorità competente richiede direttamente l'autorizzazione della Camera alla quale il soggetto appartiene. In attesa dell'autorizzazione l'esecuzione del provvedimento resta sospesa. L'autorizzazione non deve essere richiesta solo se il membro del Parlamento è colto nell'atto di commettere un delitto per il quale è previsto l'arresto obbligatorio in flagranza, oppure quando si tratta di eseguire una sentenza irrevocabile di condanna.

✓ LE PREROGATIVE DEL PARLAMENTARE "INTERCETTATO"

Della (previa) autorizzazione parlamentare per atti giudiziari limitativi della libertà di corrispondenza e di comunicazione si è parlato come di un "istituto ipocrita", ben poco utile: se deve essere chiesta autorizzazione per svolgere intercettazioni su una linea a disposizione del parlamentare è certo che, dal momento della richiesta, il parlamentare si guarderà bene dal riferire telefonicamente fatti o notizie che possono aggravare la sua posizione processuale. Ma è sorto il problema dell'obbligo di autorizzazione per le c.d. intercettazioni indirette, che sono operate su linee telefoniche non intestate al parlamentare, ma a persone con le quali il parlamentare è entrato in comunicazione. Nella prassi, le Camere hanno interpretato l'art. 68.3 Cost., nel senso di ritenere necessaria l'autorizzazione *ex post* per l'utilizzazione processuale dell'intercettazione indiretta.
La legge 140/2003 ha disciplinato la materia prevedendo le seguenti ipotesi: 1) se il giudice per le indagini preliminari ritiene irrilevanti, in tutto o in parte, ai fini del procedimento i verbali e le registrazioni delle conversazioni o comunicazioni intercettate alle quali hanno preso parte membri del Parlamento, ne dispone la distruzione delle parti ritenute irrilevanti; 2) se il giudice per le indagini preliminari ritenga necessario utilizzare le intercettazioni, richiede l'autorizzazione della Camera di appartenenza. Se l'autorizzazione viene negata, la documentazione delle intercettazioni è distrutta immediatamente e comunque non oltre i dieci giorni dalla comunicazione del diniego. Tutti i verbali, le registrazioni e i tabulati di comunicazione acquisiti in violazione della citata disciplina devono essere dichiarati inutilizzabili dal giudice in ogni stato e grado del procedimento.

Anche per tali residue autorizzazioni il procedimento parlamentare si articola in un esame della questione da parte della apposita Giunta, che termina i lavori con una proposta, a cui segue la deliberazione della Camera cui il parlamentare appartiene. Stando alle motivazioni della giunta e a quelle che si desumono dal dibattito in assemblea sulle sue proposte, l'autorizzazione dovrebbe essere negata tutte le volte nelle quali si è in presenza di un *fumus persecutionis*, cioè tutte le volte nelle quali l'azione giudiziaria si configuri quale aggressione ingiustificata nei confronti del parlamentare.

La decisione delle Camere sull'autorizzazione all'arresto (o sulla esecuzione di misure "invasive") è la classica decisione che esprime *l'autonomia costituzionale* riconosciuta al Parlamento (sent. 379/1996). Sembra perciò assai stretto in questo caso il margine per promuovere *conflitto di attribuzione fra poteri* innanzi alla Corte costituzionale (→ § XII.4) in ordine a tali deliberazioni *ex* art. 68.2 e 3 Cost.

✓ L'AUTONOMIA DEI PARLAMENTARI E L'ABOLIZIONE DEI VITALIZI

Per lo svolgimento delle loro funzioni i parlamentari percepiscono un'indennità. In questo modo si assicura la loro autonomia e si evita che solo i ricchi possano dedicarsi all'attività politica. Al termine del mandato parlamentare, essi ricevono delle erogazioni finanziarie che, per i deputati cessati dal mandato prima del 31 dicembre 2011, erano i cosiddetti **assegni vitalizi**. Essi, infatti, venivano percepiti alla cessazione del mandato, indipendentemente dall'età, e per tutto il resto

della vita. Questo trattamento è sembrato a molti un privilegio, perché sganciato dai contributi effettivamente versati.
Il regime è stato modificato più volte e gli assegni vitalizi sono stati soppressi nel 2012. A partire da quel momento gli ex parlamentari percepiscono un trattamento previdenziale basato essenzialmente sul sistema contributivo, cioè sui contributi che ciascuno di essi ha versato nel periodo in cui svolgeva il mandato. Si tratta cioè di un sistema analogo a quello applicato a tutti i lavoratori. Però, coloro che erano cessati dalla carica prima di quella data hanno mantenuto il vecchio trattamento. Nel giugno 2018 l'ufficio di Presidenza della Camera ha abolito i "vitalizi", applicando anche ai parlamentari cessati dal mandato prima del 2012 il regime previdenziale ordinario basato sui contributi effettivamente versati. Si è trattato di una decisione che risponde all'insofferenza dell'opinione pubblica nei confronti di vecchi privilegi, anche se non sono mancate le posizioni critiche di chi ritiene che l'effetto retroattivo della decisione e la profondità della modifica apportata al trattamento goduto da quegli ex parlamentari leda il canone costituzionale della ragionevolezza.

3.2.4. *Gli* interna corporis

Le prerogative dei parlamentari si fondano sull'esigenza di garantire l'autonomia e l'indipendenza costituzionale delle Camere, evitando i condizionamenti che potrebbero provenire da parte di altri poteri. Ogni Camera è quindi dotata di **autonomia normativa**, per quanto riguarda la disciplina delle proprie attività e della propria organizzazione, di **autonomia contabile**, per la gestione del proprio bilancio, e di **autodichia**, ossia della giurisdizione esclusiva per ciò che riguarda i ricorsi relativi ai rapporti di lavoro con i dipendenti (confermata di recente da Corte cost., sent. 262/2017). La medesima esigenza sta alla base pure del principio dell'insindacabilità degli ***interna corporis acta***, che consiste nella *sottrazione a qualsiasi controllo esterno degli atti e dei procedimenti che si svolgono all'interno delle assemblee parlamentari*.

Il principio dell'insindacabilità degli *interna corporis* è legato storicamente alla lotta che il Parlamento ha dovuto condurre per affermarsi nei confronti del potere regio; esso, insieme ad altri strumenti come le prerogative parlamentari e la verifica dei poteri, serviva a garantire l'indipendenza del Parlamento rispetto agli altri poteri.

Ma la situazione cambia in presenza di una Costituzione rigida, che delimita l'ambito di azione di ciascun potere dello Stato e fissa regole sul procedimento legislativo, inviando ai regolamenti parlamentari la loro integrazione. Perciò, subito dopo l'entrata in vigore della Costituzione, una parte della dottrina ha sostenuto che anche gli *interna corporis* potessero formare oggetto del controllo della Corte costituzionale. Più precisamente, secondo quest'orientamento, la Corte costituzionale avrebbe potuto: a) sindacare l'osservanza delle norme costituzionali sul procedimento legislativo; b) controllare l'osservanza delle norme contenute nei regolamenti parlamentari; c) verificare la conformità a Costituzione dei regolamenti parlamentari medesimi.

✓ GLI *INTERNA CORPORIS ACTA* NELLA GIURISPRUDENZA

La Corte, a partire dalla sent. 9/1959, ha ritenuto di estendere il proprio controllo sull'osservanza delle norme costituzionali sul procedimento legislativo, negando però la possibilità di sindacare l'osservanza da parte del Parlamento delle sue norme regolamentari e la legittimità costituzionale di esse (→ § IX.8.2). Più complessa è la giurisprudenza sugli atti di *autodichia* che riguardano i dipendenti delle camere. Ma anche se qualche apertura ogni tanto traspare (in nome della tutela dei principi basilari dello Stato di diritto, quali il diritto alla difesa e la imparzialità del giudice: sentt. 120/2014 e 262/2017), la tutela dell'autodichia non è stata scalfita.

Questi argomenti non hanno avuto seguito nella giurisprudenza costituzionale. In qualche caso, tuttavia, l'attività interna delle Camere non è completamente sfuggita al controllo della Corte; abbiamo visto, infatti, che, in materia di deliberazioni parlamentari sull'insindacabilità, la Corte effettua un controllo, attraverso lo strumento del conflitto di attribuzione, teso ad accertare l'eventuale arbitrarietà dell'esercizio del potere.

✓ IL CASO: GLI ABUSI DEI "PIANISTI" E LE PREPOTENZE DELLA MAGGIORANZA

In Parlamento si può utilizzare, per il voto segreto, il sistema elettronico: ciascun seggio dispone di tre pulsanti, azionabili mediante l'inserimento di una tessera magnetica personale, per manifestare il voto favorevole, quello contrario e l'astensione; il sistema assicura la segretezza sia nel momento dell'espressione del voto, sia in quello della registrazione dei risultati della votazione. Secondo una prassi assai deprecabile alcuni parlamentari votano per i colleghi assenti utilizzando la loro tessera magnetica (si parla di "pianisti" perché spostano le loro mani per votare da un seggio all'altro con la velocità e l'abilità di un pianista). Un'indagine dell'autorità giudiziaria era stata promossa in un caso molto evidente. Ma la Camera dei deputati sollevò *conflitto di attribuzione* (→ § XII.4) davanti alla Corte costituzionale, che ha ribadito l'esistenza di una sfera di autonomia costituzionalmente garantita delle Camere, ed ha escluso che la tutela del diritto di voto *"spetti all'autorità giudiziaria"* ma è *"riservata alle Camere"* con i rimedi previsti dai regolamenti (sent. 379/1996).
Più di recente, durante l'approvazione della legge di bilancio per il 2019, il Governo e la maggioranza hanno bloccato la discussione attraverso il meccanismo del *maxiemendamento* e del voto di fiducia (→ § IX.6.5). Anche questa volta, sollecitata da 37 parlamentari di minoranza, la Corte costituzionale ha rifiutato di entrare nel merito delle violazioni del regolamento parlamentare: pur non escludendo in radice che il singolo parlamentare possa difendere con il conflitto le proprie prerogative, ha ritenuto che queste non fossero violate dal comportamento denunciato dai ricorrenti (ord. 17/2019).

3.3. *Le funzioni del Parlamento*

3.3.1. *La funzione legislativa*

L'art. 70 Cost. afferma che "*la funzione legislativa è esercitata collettivamente dalle due Camere*"; gli articoli che vanno dal 71 al 74 descrivono le modalità attraverso cui tale funzione è destinata a realizzarsi nel nostro ordinamento. La disciplina del procedimento legislativo sarà analiticamente esaminata in seguito (→ § IX.3).

La disciplina regolamentare del procedimento legislativo costituisce uno dei campi in cui si manifestano le diverse modalità di funzionamento della forma di governo. Nel *parlamentarismo compromissorio* (→ § IV.3.2) il Parlamento si affermava come il luogo nel quale le decisioni dovevano essere il prodotto del compromesso tra maggioranza e minoranze. Con la riforma elettorale del 1993, è iniziata una delicata fase di transizione della forma di governo verso assetti basati sul principio maggioritario, che naturalmente non può restare priva di conseguenze sul piano dei procedimenti parlamentari. Al riguardo abbiamo già esaminato il ruolo della maggioranza e delle indicazioni fornite dal Governo nella predisposizione del programma, del calendario e dell'ordine del giorno delle sedute delle Camere (→ § V.3.2).

Si deve aggiungere che il Governo può porre la **questione di fiducia** (art. 116 reg. Cam.; art. 161 reg. Sen.) tutte quelle volte in cui le Camere discutono di questioni di fondamentale importanza per il perseguimento dei suoi obiettivi programmatici; se la Camera dovesse esprimersi con un voto contrario, il Governo, avendo messo in gioco la permanenza del rapporto fiduciario, presenterà le proprie dimissioni. Non si può porre la questione di fiducia su quanto attiene al funzionamento interno delle Camere (art. 116.4, reg. Cam.; art. 161.4 reg. Sen.). Nell'ipotesi nella quale il Governo ponga la questione di fiducia su un articolo di un progetto di legge, se la Camera si esprime favorevolmente, l'articolo è approvato e tutti gli emendamenti presentati si intendono respinti. Perciò la questione di fiducia diventa, più che uno strumento per rinsaldare le file della maggioranza, un espediente procedurale per rendere più veloce il procedimento parlamentare.

3.3.2. *La funzione parlamentare di controllo*

La **funzione parlamentare di controllo** si concretizza in singoli istituti di diritto parlamentare il cui comune denominatore è quello di essere diretti a far valere la responsabilità politica del Governo nei confronti del Parlamento.

In realtà, solamente nel parlamentarismo liberale Parlamento e Governo potevano essere considerati come soggetti unitari. Invece, con l'affermazione dei partiti politici, il Parlamento si trova diviso in maggioranza politica e minoranze, che, a seconda dei diversi equilibri della forma di governo, instaurano tra loro e con il Governo rapporti diversi. Nel parlamentarismo maggioritario, l'opposizione sottopone a critica l'operato del Governo e, se è pressoché impossibile che ne ottenga la rimozione parlamentare, visto che la maggioranza si stringe attorno al suo Governo, utilizza gli strumenti di controllo per rendere più informata ed incisiva la sua attività di critica, con il fine di creare nel Paese le condizioni affinché si realizzi l'alternanza nelle successive elezioni. Invece, se manca una vera distinzione di ruoli tra maggioranze e minoranze, come avviene nel parlamentarismo compromissorio, gli atti ispettivi si presteranno ad usi diversi da quelli connessi all'attivazione della responsabilità politica del Governo [6].

Gli istituti di cui ci stiamo occupando sono: le interrogazioni e le interpellanze. Un discorso a parte si farà per le inchieste parlamentari.

a) L'**interrogazione** è una domanda che un parlamentare rivolge, per iscritto, al Governo, avente ad oggetto la veridicità o meno di un determinato fatto (reg. Cam., artt. 128-135; reg. Sen., artt. 145-153).

b) Nell'**interpellanza**, l'interpellante chiede, per iscritto, di conoscere quale sia l'intenzione politica del Governo, in riferimento a un fatto o a una determinata situazione, date – queste ultime – per scontate (reg. Cam., artt. 136-138-*bis*; reg. Sen., artt. 154-156).

L'interrogazione, come si è visto, consiste in una domanda che il parlamentare rivolge al Governo. I regolamenti parlamentari dispongono che il Governo possa dichiarare di non poter rispondere – esponendone però i motivi – ovvero che preferisce differire la risposta, indicando una data per la quale si avrà la sua risposta. Lo svolgimento delle interrogazioni può avvenire in aula o in commissione; l'interrogante può pure chiedere di ricevere risposta scritta.

A partire dal 1983, alla Camera dei deputati, e dal 1988 al Senato, sono state introdotte nel nostro ordinamento le **interrogazioni a risposta immediata**, con cui si è voluto rivitalizzare il sindacato ispettivo. Si tratta di interrogazioni aventi ad oggetto una sola domanda, la quale fa riferimento ad un argomento avente rilevanza generale "*connotato da urgenza o particolare attualità politica*" (reg. Cam. art. 135-*bis*.3; per il Senato art. 151-*bis* reg.). Le interrogazioni in questione si svolgono secondo un preciso contraddittorio fra Parlamentare e Governo (nella persona del Presidente o del Vicepresidente del Consiglio dei ministri o di un ministro competente), i cui tempi sono già fissati dai regolamenti parlamentari, che dedicano a questo contraddittorio un apposito spazio (c.d. ***question time***). Lo svolgimento delle interrogazioni a risposta immediata avviene di solito ogni mercoledì pomeriggio e il Presidente della Camera dispone la trasmissione televisiva dell'attività parlamentare.

I regolamenti della Camera dei deputati e del Senato prevedono pure lo svolgimento di *interpellanze urgenti* (interpellanze con procedimento abbreviato in Senato) le quali affiancano le tradizionali interpellanze. Tali interpellanze possono essere presentate dal presidente del gruppo parlamentare a nome del rispettivo gruppo, oppure da un numero di deputati non inferiore a trenta (art. 138-*bis* reg. Cam.; al Senato un decimo dei componenti: art. 156-*bis*); gli stessi regolamenti parlamentari fissano un limite per lo svolgimento di dette interpellanze.

3.3.3. *Atti parlamentari di indirizzo*

I regolamenti parlamentari prevedono alcuni atti che mirano a indirizzare l'attività del Governo: la mozione, la risoluzione e l'ordine del giorno:

a) la **mozione** può essere presentata da un presidente di un gruppo parlamentare o da dieci parlamentari alla Camera e da otto parlamentari al Senato (art. 110 reg. Cam.; art. 157 reg. Sen.). Il fine per il quale si presenta una mozione è quello di determinare una discussione e la deliberazione della Camera su questioni che incidono sull'attività del Governo: il Governo può porre la questione di fiducia;

b) al contrario della mozione, la **risoluzione** può essere proposta *anche in commissione* (artt. 117 e 118 reg. Cam.; art. 50 reg. Sen.). La risoluzione ha come fine quello di manifestare un orientamento o definire un indirizzo: la sua proponibilità in commissione consente di accentuare il ruolo di controllo e di indirizzo delle commissioni nelle materie di competenza, ma comporta anche il rischio di una "frantumazione settoriale" dell'indirizzo complessivo. Infatti, la risoluzione al pari della mozione condiziona l'indirizzo governativo;

c) l'**ordine del giorno** è un atto d'indirizzo rivolto al Governo che ha carattere accessorio, nel senso che si inserisce nella discussione di un altro atto, per lo più una legge: serve a dettare direttive su come deve essere applicata. Il Governo può accettarlo o meno, ma comunque resta un atto politico che, secondo l'opinione prevalente, non produce effetti al di fuori dei rapporti tra Governo e Camera.

3.3.4. *Le inchieste parlamentari: profili generali*

La Costituzione attribuisce a ciascuna Camera la facoltà di istituire **commissioni d'inchiesta** su *materie di pubblico interesse*, con i *poteri e i limiti dell'autorità giudiziaria* (art. 82). Si tratta, pertanto, di un potere "monocamerale", anche se nella prassi si istituiscono Commissioni *bicamerali* di inchiesta, che vengono deliberate da entrambe le Camere (generalmente con una legge).

L'*oggetto* dell'inchiesta deve riguardare una "*materia di pubblico interesse*"; formula amplissima, dalla quale è difficile dedurre effettivi limiti di ammissibilità dell'inchiesta. Si potrebbe certo ritenere che detta formula escluda le inchieste su singole persone e comunque su eventi e situazioni privi del rilievo generale richiesto dall'art. 82 Cost.: ma le Camere potrebbero ragionevolmente annettere un rilievo politico-istituzionale anche a fattispecie singolari, e non è immaginabile che su questa valutazione possa intervenire la Corte costituzionale.

Merita attenzione, invece, il problema delle inchieste parlamentari che si svolgono *parallelamente* a indagini giudiziarie, sugli stessi fatti storici, anche se naturalmente con finalità diverse. Solo il procedimento penale mira all'accertamento di responsabilità giuridiche individuali; l'inchiesta parlamentare può far valere la responsabilità politica; i dati acquisiti dalla commissione non possono essere utilizzati come prova nel processo penale (come si preoccupa di ricordare l'art. 44.4 della legge fondamentale tedesca: "I tribunali sono *del tutto liberi in ordine all'apprezzamento e al giudizio* dei fatti su cui si è svolta l'inchiesta parlamentare"). Ma anche se le finalità sono diverse, la prassi dimostra che possono crearsi intrecci e connessioni fra i due livelli: con pubblici ministeri che trasmettono alle commissioni parlamentari d'inchiesta documenti, verbali di interrogatori, copia di atti sequestrati, e con le commissioni parlamentari che "ricambiano" inviando stenografici di audizioni e documenti acquisiti.

Ciò si spiega con il particolare e penetrante carattere dell'inchiesta parlamentare: la commissione può esercitare poteri tipici dell'autorità giudiziaria ("*procede alle indagini e agli esami con gli stessi poteri e le stesse limitazioni dell'autorità giudiziaria*": art. 82.2 Cost.), cioè *poteri d'indagine* e di *ricerca della prova* come definiti dal codice di procedura penale (anche se la sua attività non si conclude con una sentenza – atto tipico del giudizio – ma con una *relazione*, eventualmente affiancata da una o più relazioni di minoranza). Nello stesso tempo, la commissione resta organo parlamentare, che gode di ampia libertà nello svolgimento della sua attività: a sua discrezione, essa potrà ricorrere agli strumenti formali del codice di procedura, e ascoltare i testi con lo strumento della *testimonianza*, o utilizzare la *libera audizione* di tipo parlamentare. Le commissioni sono dunque libere di scegliere modi di azione esenti da formalismi giuridici, più duttili rispetto ai poteri coercitivi conferiti dal secondo comma dell'art. 82 Cost. (ecco il *doppio binario*).

✓ PARLAMENTO E GIUDICI: NECESSITÀ DELLA COLLABORAZIONE

Con la sent. 231/1975, la Corte costituzionale decide il conflitto di attribuzione (→ § XII.4) fra la commissione antimafia e i tribunali di Torino e Milano e riconosce alla prima il potere di decidere, in ragione delle proprie finalità istituzionali, se i documenti raccolti debbano essere pubblici o segreti: si tratta dei documenti relativi agli accertamenti svolti o direttamente disposti dalla commissione, ivi comprese le discussioni. La commissione ha invece l'obbligo di trasmettere ai tribunali gli altri atti e documenti in suo possesso che, a norma di legge, non siano coperti all'origine da segreto o siano coperti da segreto non opponibile all'autorità giudiziaria. Nello stesso tempo, la Corte afferma lo "spirito di doverosa collaborazione" che deve valere anche tra organi di poteri distinti, "per fini di giustizia". Ma tale collaborazione trova nel sistema alcune regole fondamentali:
- il potere d'inchiesta deve essere esercitato in modo tale da evitare interferenze nell'azione degli organi giudiziari;
- non è ammissibile l'utilizzazione nel processo penale di accertamenti effettuati in sede di commissione parlamentare senza le garanzie del contraddittorio;
- l'autonomia costituzionale degli organi di garanzia (Presidente della Repubblica, Corte costituzionale) condiziona l'esercizio del potere parlamentare d'inchiesta, il quale non deve pregiudicare la sfera essenziale di autonomia riconosciuta dalla Costituzione.

Nella più recente sent. 28/2008, in cui decide di un conflitto sollevato dalla Procura della Repubblica di Roma contro la commissione d'inchiesta sulla morte di Ilaria Alpi e Miran Hrovatin, la Corte ribadisce l'obbligo della "leale collaborazione" tra i due organi, negando che la commissione parlamentare possa rifiutare all'autorità giudiziaria di compiere accertamenti tecnici congiunti sull'autovettura corpo di reato, che si trova a sua disposizione.

Gli obiettivi dell'inchiesta e la varietà dei mezzi di azione postulano che la commissione abbia il *potere di apporre il segreto sulle risultanze acquisite nel corso delle indagini*, potendovi derogare, per venire incontro a richieste dell'autorità giudiziaria, ove non ne derivi danno per l'assolvimento del suo compito. Compare così nella giurisprudenza costituzionale il **segreto funzionale**, espressione dell'autonomia costituzionale delle Camere.

Nella prassi degli anni '80 e '90, le finalità collaborative perseguite dagli organi parlamentari d'inchiesta mettono in ombra il segreto funzionale, pur menzionato dai regolamenti interni delle commissioni; nella XII legislatura è stato rimosso il segreto funzionale posto da precedenti commissioni, a beneficio della nuova commissione e dell'autorità giudiziaria. Se chiede la massima cooperazione ai magistrati, la commissione non può negare la comunicazione degli elementi acquisiti. Per il futuro, resta aperta la strada di un conflitto fra poteri, su iniziativa di un organo giurisdizionale, ove un atto della commissione parlamentare risulti "invasivo" della sfera di attribuzioni giudiziarie.

✓ IL CASO: LA MASSONERIA E IL CONTROLLO SUGLI ATTI DELLA COMMISSIONE

Un profilo delicato è se siano sindacabili gli atti adottati dalla commissione che possono incidere sulle situazioni soggettive di terzi. Un caso importante è sorto a seguito del sequestro presso il "Grande oriente d'Italia" di tutte le schede personali degli aderenti, disposto dalla commissione parlamentare di inchiesta sulla loggia massonica P2 (→ § XIII.5.3.3), impugnato dal Grande Oriente innanzi al tribunale del riesame. Ma, alla fine, la Corte di cassazione dichiarò il difetto di giurisdizione di qualsiasi autorità giurisdizionale in relazione a detta domanda di riesame (Cass., sez. un., 20 febbraio 1984, n. 4). Viene quindi esclusa la sindacabilità degli atti della commissione, anche con rilevanza esterna: l'attività delle commissioni d'inchiesta non è giurisdizionale, esse non sono organi giudiziari, né i loro componenti giudici. Nell'inchiesta manca – osserva la Cassazione – un processo nel cui ambito censurare, a istanza di parte e sulla scorta dell'*interesse* previsto dalle norme processuali, l'illegittimità degli atti che si assumono lesivi.

Vediamo, ora, alcuni aspetti strutturali. La commissione d'inchiesta è *formata in modo da rispecchiare la proporzione dei gruppi parlamentari*; il principio della proporzionalità è integrato nella prassi da quello di rappresentatività, così che tutti i gruppi sono rappresentati in seno alla commissione. Questo può determinare qualche disfunzione organizzativa: commissioni con 40 o 50 componenti incontrano difficoltà operative, e mantengono con difficoltà il segreto che pure in astratto viene posto su atti e documenti (il confronto con l'agile comitato parlamentare di controllo sui servizi segreti, di soli 8 componenti, è tutto a vantaggio di quest'ultimo).

✓ L'INCHIESTA: POTERE DELL'OPPOSIZIONE O DELLA MAGGIORANZA?

A chi giova il potere di inchiesta? Non convince la tesi che riconduce l'inchiesta alla funzione parlamentare di controllo politico, volta a far valere la responsabilità del Governo di fronte al Parlamento. La Costituzione prevede l'inchiesta per qualsiasi materia di *pubblico interesse*, anche se non soggetta alla competenza governativa. Infatti, il funzionamento delle due *grandi inchieste* dell'ultimo quindicennio, quella sulla mafia e quella sul terrorismo e le stragi, testimonia una gamma di accertamenti *a tutto raggio*, anche sull'azione di organi giudiziari, di amministrazioni locali e regionali, di enti e istituzioni autonome. Quando sono state evocate responsabilità ministeriali, si trattava per lo più di Governi passati, e non di quello in carica. Ove si guardi poi alla realtà del sistema politico, ci si accorge che il potere di inchiesta è stato anche *strumento* nelle mani della maggioranza parlamentare. Invero, per l'istituzione della commissione di inchiesta occorre in ciascuna Camera un voto a maggioranza; la relazione con cui essa termina i suoi lavori è pure approvata a maggioranza. E infatti non era stata accolta dall'Assemblea costituente la proposta di Mortati, che voleva consentire l'apertura dell'inchiesta su istanza di una minoranza qualificata; né si è affermata una convenzione in tal senso fra gli attori politici. L'unico limite al potere della maggioranza, nella procedura parlamentare per istituire la commissione di inchiesta (reg. Cam. art. 140; reg. Sen. art. 162), è il divieto di porre la questione di fiducia e l'ammissibilità dello scrutinio segreto (artt. 116.4 e 49.1, reg. Cam.). Inoltre, nella prassi vi è spesso la designazione del presidente della commissione fra gli esponenti dell'opposizione, a garantire una conduzione *super partes* del collegio.

3.4. *Parlamento e Unione europea*

L'appartenenza dell'Italia all'Unione europea pone al Parlamento due fondamentali esigenze:

– la prima è quella di recepire le direttive UE in tempi ragionevoli, evitando che esse si accumulino determinando la responsabilità dello Stato italiano per la loro mancata immissione nell'ordinamento interno (→ § XI.1.2);

– la seconda è di avere cognizione degli indirizzi comunitari sui grandi temi (che risultano dai *libri bianchi* e dai *libri verdi* redatti dalla Commissione europea) e dei progetti di atto normativo *prima* che essi siano approvati dagli organi competenti della UE: se il Parlamento vuole farsi sentire, deve pronunciarsi tempestivamente, in modo da incidere sulla posizione italiana a Bruxelles.

La legge 86/1989 (c.d. ***legge La Pergola***, dal nome del ministro che l'ha ideata) ha introdotto uno strumento annuale, la *legge comunitaria*, recentemente sostituita dalla **legge di delegazione europea** e dalla **legge europea** (→ § XI.3). Vengono disciplinate sia la *fase ascendente* di formazione degli atti normativi dell'Unione europea – ossia la fase che precede l'adozione formale di tali atti dai competenti organi europei – sia la *fase discendente* – ossia quella fase in cui si tratta di dare attuazione nell'ordinamento italiano agli atti europei.

La disciplina della fase ascendente ha come obiettivo quello di consentire la partecipazione del Parlamento alla definizione dei contenuti degli atti dell'UE, che altrimenti sarebbero determinati solamente dagli organi europei e dai negoziati cui partecipa il Governo italiano insieme agli altri Esecutivi europei.

✓ POLITICHE COMUNITARIE: LA "FASE ASCENDENTE" E IL PARLAMENTO

Tale disciplina prevede l'obbligo per il Governo di informare le Camere sui progetti di atti dell'UE e sulle proposte e sulle materie che risultano inserite all'ordine del giorno delle riunioni del Consiglio dei ministri dell'UE, nonché sulla posizione che intende assumere in seno al Consiglio europeo.
Questi meccanismi di informazione rendono possibile agli organi parlamentari di formulare osservazioni e di adottare appositi atti di indirizzo nei confronti del Governo. Ma l'innovazione più significativa introdotta negli ultimi anni al fine di evitare l'emarginazione del Parlamento dalla fase ascendente del processo di formazione del diritto europeo, riguarda la cosiddetta **riserva di esame parlamentare**: in casi di particolare importanza politica, economica e sociale di progetti e di atti dell'UE, il Governo italiano – anche su richiesta delle Camere – può apporre, in sede di Consiglio dei ministri dell'UE, una "riserva di esame parlamentare" sul testo o su una o più parti di esso. In tal caso, il testo viene inviato alle Camere affinché su di esso si esprimano i competenti organi parlamentari. Decorsi, però, trenta giorni dalla comunicazione alle Camere dell'apposizione della riserva di esame parlamentare senza che queste si siano pronunciate, il Governo può proseguire nelle sue attività in seno al Consiglio dei ministri dell'UE.

Alla fase ascendente non partecipa solamente il Parlamento, ma anche le Regioni e gli enti locali. Questa è una conseguenza della riforma costituzionale del 2001 ❼ che ha ampliato la competenza delle Regioni (→ § VI), prevedendo, tra l'altro, che esse, nelle materie di loro competenza, partecipino alla formazione degli atti normativi dell'UE e siano competenti in ordine alla loro attuazione, nel rispetto delle norme di procedura stabilite dalla legge dello Stato. Inoltre, viene affidata alla potestà legislativa concorrente (→ § X.2.3) la materia dei "*rapporti internazionali e con l'Unione europea delle Regioni*", con la conseguenza che tali rapporti potranno formare oggetto di leggi regionali, vincolate, però, ad osservare i "principi fondamentali" stabiliti con leggi dello Stato.

✓ POLITICHE COMUNITARIE: LA "FASE ASCENDENTE" E LE REGIONI

La legislazione ordinaria ha previsto obblighi di informazione analoghi a quelli descritti con riguardo al Parlamento anche nei confronti delle Regioni e degli enti locali. Qualora, poi, un progetto di atto normativo UE riguardi una materia attribuita alla competenza legislativa delle Regioni o delle Province autonome e una o più Regioni o Province autonome ne facciano richiesta, il Governo convoca la *Conferenza permanente per i rapporti tra lo Stato, le Regioni e le Province autonome* (→ § VI.3.2), affinché raggiungano un'intesa nel termine di sessanta giorni. Scaduto tale termine, ovvero nei casi di urgenza motivata sopravvenuta, il Governo può procedere anche senza l'intesa. Inoltre, è previsto che, sempre su richiesta della Conferenza, il Governo, in sede di Consiglio dei ministri dell'Unione europea, apponga una **riserva di esame da parte della Conferenza**. Quest'ultima, entro trenta giorni dalla comunicazione dell'avvenuta apposizione della riserva di esame, potrà pronunciarsi sui contenuti dei progetti di atti dell'UE. Infine, per quanto riguarda i progetti di atti dell'UE che riguardino questioni di particolare interesse per le competenze degli enti locali, le associazioni rappresentative di questi ultimi possono, per il tramite della *Conferenza Stato-città ed autonomie locali* (→ § VI.3.2), trasmettere proprie osservazioni al Governo, ovvero chiedere che gli stessi atti siano sottoposti all'esame della Conferenza.

La fase discendente riguarda, invece, l'adeguamento dell'ordinamento italiano agli obblighi comunitari, ed in particolare l'attuazione delle direttive UE. Lo strumento principale utilizzato al riguardo sono le leggi comunitarie, approvate ogni anno su iniziativa del Governo (→ § XI.3).

3.5. *Il processo di bilancio tra Governo e Parlamento*

3.5.1. *La finanza pubblica nella Costituzione*

L'esercizio dei compiti dello Stato richiede l'uso di risorse finanziarie assai ingenti. I servizi forniti, da quelli più elementari (come la tutela dell'ordine pubblico e l'esercizio della giurisdizione) a quelli tipici dello "Stato sociale", che sono diretti a promuovere l'eguaglianza dei cittadini, indipendentemente dai loro redditi (come la sanità, l'istruzione, la previdenza), hanno costi elevati. Altrettanto elevati sono i costi che lo Stato deve sopportare per pagare gli stipendi della burocrazia e per procurarsi e gestire i mezzi con cui erogare i servizi. Perciò lo Stato, da un lato, deve imporre tributi con cui ottenere le risorse finanziarie necessarie per il suo funzionamento e, dall'altro lato, deve erogare la spesa pubblica grazie alla quale i suoi compiti possono essere effettivamente esercitati.

La disciplina delle entrate e quella della spesa costituiscono i due aspetti della finanza pubblica. Entrambi i profili formano oggetto di un'essenziale disciplina costituzionale. Per quanto concerne le entrate sono stabiliti due principi fondamentali. Il primo è quello secondo cui "*tutti sono tenuti a concorrere alle spese pubbliche in ragione della loro capacità contributiva. Il sistema tributario è informato a criteri di progressività*" (art. 53). Ciò significa che tutti devono pagare le imposte il cui ammontare è determinato in funzione del reddito di ciascuno. L'**imposizione fiscale** però non è proporzionale, bensì ispirata al **principio di progressività**. Questo significa che la percentuale di reddito prelevata dal fisco cresce col crescere del livello di reddito.

✓ PROGRESSIVITÀ DELLE IMPOSTE E *FLAT TAX*: RAGIONI DI UNA SCELTA

Attualmente, per esempio, chi ha un reddito annuo compreso tra 15.000 e 28.000 euro sopporta un'aliquota dell'imposta sul reddito delle persone fisiche (IRPEF) pari al 27%, mentre chi ha un reddito compreso tra 55.000 e 75.000 euro sopporta un'aliquota del 41%. Viceversa, se l'imposizione fosse proporzionale, con un unico scaglione eguale per tutti (c.d. ***flat tax***), il fisco esigerebbe sempre la stessa percentuale del reddito. Pertanto, se l'aliquota dell'imposta fosse pari al 10%, chi guadagna 40.000 euro l'anno ne pagherebbe 4.000 e chi ne guadagna 4.000 ne pagherebbe 400.
Ma perché la Costituzione esclude l'imposizione fiscale proporzionale ed impone al contrario quella progressiva? La risposta si rinviene nella finalità di realizzare una maggiore eguaglianza sostanziale, consacrata dall'art. 3.2 Cost. (→ § XIII.1.1). Infatti, se l'imposizione fiscale fosse proporzionale il sistema tributario sarebbe assolutamente "neutrale", cioè si limiterebbe a fotografare la situazione esistente, senza realizzare alcun riequilibrio a favore dei meno abbienti. La funzione di redistribuzione sarebbe, cioè, realizzata soltanto sul versante della spesa, che alimenta i servizi dello Stato sociale, ma non su quello dell'entrata. Invece, il criterio progressivo permette di chiedere percentuali maggiori di reddito ai soggetti più ricchi e di realizzare una pressione fiscale più leggera sui soggetti più poveri, con ciò concorrendo a realizzare la finalità di riequilibrio sociale prevista dall'art. 3.2 (→ § XIII.1.1). Perciò tale criterio si ricollega alla caratterizzazione della Repubblica italiana come Stato sociale (→ § II.1.11).

L'altro principio fondamentale (→ § XIII.9.2) è quello secondo cui "nessuna **prestazione personale o patrimoniale** può essere imposta se non in base alla legge" (art. 23). Tra le prestazioni patrimoniali certamente rientrano le imposte, che pertanto devono essere previste con legge. L'imposizione tributaria, quindi, è oggetto di una *riserva di legge* relativa.

3.5.2. *Entrate e spese pubbliche nella Costituzione e nell'esperienza repubblicana*

In materia di entrate e di spesa, la disciplina costituzionale è posta principalmente dall'art. 81 Cost. Il testo originario di questa disposizione costituzionale stabiliva: 1) le Camere approvano ogni anno il bilancio e il rendiconto consuntivo presentati dal Governo (→ § IX.4.3); 2) l'esercizio provvisorio del bilancio non può essere concesso se non per legge e per periodi non superiori complessivamente a quattro mesi; 3) con la legge di approvazione del bilancio non si possono stabilire nuovi tributi e nuove spese; 4) ogni altra legge che importi nuove o maggiori spese deve indicare i mezzi per farvi fronte.

Questa disciplina fu considerata da alcuni – come Luigi Einaudi – espressione del principio della tendenza al **pareggio di bilancio**, che, come abbiamo visto, caratterizza il modello liberale di Stato (→ § II.1.6). Il quarto comma, infatti, impone l'**obbligo di copertura delle leggi di spesa**, cioè che ogni nuova spesa debba essere coperta con una nuova corrispondente entrata tributaria o in alternativa con una riduzione delle spese previste. Eccezionalmente anche con l'accensione di un prestito in relazione al quale, però, la medesima legge avrebbe dovuto predisporre le nuove entrate tributarie necessarie per il pagamento degli interessi e l'ammortamento.

In questo sistema la **legge di bilancio preventivo** avrebbe dovuto limitarsi a fotografare la legislazione di spesa già adottata con la relativa copertura senza potere innovare in alcun modo. Per questa ragione la legge di bilancio veniva definita come una legge meramente "formale" (priva cioè della capacità di introdurre nuove norme: → § IX.4.3). In effetti, nei primi dieci anni dopo l'adozione della Costituzione la gestione delle finanze pubbliche avvenne in maniera sostanzialmente compatibile con questo modello. Il debito pubblico, ereditato dalla guerra, diminuì sensibilmente.

A partire dagli anni '60, però, la gestione della finanza pubblica cambiò decisamente. In primo luogo, si andavano affermando teorie economiche – soprattutto riconducibili al modello keynesiano (→ § II.1.11) – secondo cui un bilancio in disavanzo può servire, anche attraverso ampi programmi di investimenti pubblici finanziati con l'indebitamento, a rilanciare l'economia ed a creare nuovi posti di lavoro. In secondo luogo, aumentava la pressione degli interessi settoriali che rivendicavano benefici particolaristici e ciò ha indotto la classe politica, specie dopo le prime avvisaglie della crisi dei partiti, a concedere tali benefici per conquistare il loro consenso finanziandoli con l'indebitamento (tendenza cresciuta progressivamente a cavallo tra gli anni '60 e gli anni '70 del secolo scorso con l'avvento della formula politica del centro-sinistra). In terzo luogo, l'affermazione delle teorie favorevoli alla programmazione economica richiedeva che in sede di approvazione di bilancio si potesse operare un riesame delle decisioni di spesa e più in generale una programmazione della spesa pubblica, anche ricorrendo all'indebitamento, per adeguarla ai più generali obiettivi di politica economica.

✓ LA COSTITUZIONE E IL PAREGGIO DI BILANCIO

Il nuovo quadro politico e culturale influenzò l'elaborazione della dottrina costituzionalistica che prospettò una nuova interpretazione dell'art. 81 Cost. In particolare, è stato sostenuto (da V. Onida) che l'art. 81 non ha incorporato il principio del pareggio di bilancio. Piuttosto esso sarebbe diretto a permettere una gestione della politica finanziaria statale, impostata dal Governo e consentita dal Parlamento, condotta in maniera ordinata sulla base di un piano prestabilito. Il Governo avrebbe dovuto formulare, ed il Parlamento approvare, un programma organico di politica finanziaria sulla cui base presentare al Parlamento un disegno di legge di bilancio. Quest'ultimo avrebbe potuto disporre provvedimenti nuovi, condizionanti gli sviluppi futuri della finanza pubblica. Soprattutto può prestabilire dei "fondi speciali" in previsione dell'approvazione di leggi di spesa future; fondi la cui entità è rimessa alla scelta politica del Governo approvata dal Parlamento. L'istituzione di questi fondi non cadrebbe nel divieto per la legge di bilancio di istituire nuove spese, perché non si tratterebbe di spese attuali ma di spese future. Inoltre, non trattandosi di spesa attuale non ci sarebbe il bisogno di una contestuale nuova entrata. Da qui la possibilità di predisporre un bilancio in disavanzo, con la previsione di spese future non coperte da entrate previamente individuate. Le leggi di spesa approvate avrebbero potuto trovare copertura nei fondi speciali istituiti in bilancio. Solo per le leggi di spesa non corrispondenti ad un fondo speciale si sarebbero dovute indicare le nuove entrate con cui effettuare la copertura. Tra le nuove entrate si sarebbero potuto indicare il ricorso all'indebitamento, con ulteriore aggravamento del disavanzo (perché vanno pagati gli interessi e il prestito va poi rimborsato).

Nel mutato quadro politico e culturale, gli anni '70 del secolo scorso hanno visto la crescita della spesa pubblica, del disavanzo di bilancio e del debito pubblico. Inoltre le spese in deficit venivano nella sostanza finanziate con l'emissione da parte della

Banca d'Italia di nuova moneta e con l'acquisto dei titoli di debito pubblico dalla stessa Banca centrale con la massa monetaria così creata. Il risultato di tali tendenze è stato un alto tasso di inflazione, che significa perdita del potere di acquisto della moneta, con penalizzazione dei risparmi (che perdevano di valore) e dei redditi fissi, come quelli dei lavoratori dipendenti.

Un primo tentativo di mettere maggiore ordine nei conti pubblici è avvenuto nel 1978, con una riforma della contabilità pubblica, che ha introdotto l'istituto della **legge finanziaria** (legge 468/1978, modificata dalle legge 362/1988). Movendo dalla "rilettura" dell'art. 81 sopra sintetizzata, la manovra di bilancio avrebbe dovuto servire a programmare razionalmente la politica finanziaria dello Stato. In questa prospettiva la decisione di bilancio doveva diventare la sede in cui procedere al riassetto delle precedenti leggi di entrata e di spesa. Inoltre per evitare una gestione disordinata della finanza pubblica e la crescita incontrollata del debito, in quella sede si sarebbe dovuto fissare il tetto del ricorso al mercato per finanziare il debito pubblico.

Ma era difficile conciliare questa scelta con l'art. 81.3 Cost., che, come abbiamo visto, pone il divieto alla legge di bilancio di stabilire nuovi tributi e nuove spese. La soluzione del problema fu trovata nell'introduzione della legge finanziaria, che è una legge distinta da quella di bilancio ma elaborata in parallelo e approvata ogni anno contestualmente con la legge di bilancio. La legge finanziaria (sostituita dal 2009 dalla **legge di stabilità**), preceduta da un documento di programmazione economico-finanziaria, doveva fissare, in armonia con esso, l'entità del disavanzo voluto e il tetto del ricorso all'indebitamento. Inoltre la legge finanziaria doveva riassestare la legislazione tributaria e di spesa preesistente e fissare l'ammontare dei fondi speciali da utilizzare per la copertura di successive leggi di spesa. La legge finanziaria doveva essere votata immediatamente prima della legge di bilancio, che avrebbe trasfuso in un documento contabile tutti gli effetti delle disposizioni adottate con la legge finanziaria.

Tra gli obiettivi perseguiti da questa riforma c'era anche quello di contenere il disavanzo e il debito pubblico, tramite la preventiva determinazione del rispettivo livello. Nella prassi, però, le cose andarono diversamente. In sede di approvazione della legge finanziaria venivano inserite le più disparate disposizioni di spesa, attraverso una miriade di emendamenti parlamentari, cosicché l'entità del disavanzo e del ricorso all'indebitamento venivano stabiliti solo alla fine di questo processo decisionale. La conseguenza è stata la crescita notevole del disavanzo e del debito pubblico. Nel 1970 la complessiva spesa pubblica italiana era pari al 36% del PIL, nel 1990 arrivava al 55%. Nel 1970 il debito pubblico era pari al 38% del PIL, nel 1990 ammontava al 100%, per continuare a crescere negli anni successivi (nel 1994 rappresentava il 118% del PIL, per arrivare al 130% nel 2013).

Un'inversione delle tendenze della finanza pubblica è stata imposta dalla creazione dell'Unione economica e monetaria, con i suoi rigidi vincoli sulle finanze degli Stati aderenti al *sistema della moneta unica europea* (c.d. Eurozona: → § II.7.5).

✓ IL "PATTO DI STABILITÀ E CRESCITA" E GLI STRUMENTI

Il Trattato UE ha posto l'obbligo fondamentale in capo agli Stati membri di evitare disavanzi di bilancio eccessivi. Anche il rapporto tra il debito pubblico ed il PIL non deve superare questo rapporto di riferimento. Un protocollo allegato al trattato ha fissato i suddetti valori rispettivamente nel 3% del PIL e nel 60% del PIL. Successivamente, nel 1997, sono stati adottati dei regolamenti comunitari, modificati nel 2005, che prendono il nome di *Patto di stabilità e crescita* (→ § II.7.5) e che hanno stabilito complesse procedure di sorveglianza sul rispetto da parte degli Stati di questi parametri finanziari.
A seguito della grande crisi finanziaria ed economica del 2008-2011 (→ § II.1.13) questi strumenti sono stati rivisti per rafforzare il controllo sui comportamenti finanziari degli Stati e per permettere un riordino della finanza statale attraverso le riforme strutturali di vasti settori dell'ordinamento statale. Tra le varie innovazioni introdotte c'è stata la riforma del Patto di Stabilità e Crescita e l'introduzione del semestre europeo (→ § II.7.5), una procedura che si instaura nei primi sei mesi dell'anno in cui sono definite, con il coordinamento del Consiglio e della Commissione, le politiche economiche degli Stati membri sia dal lato delle politiche di bilancio, sia dal lato delle riforme e degli interventi strutturali. Gli Stati europei devono tenere conto degli indirizzi elaborati nelle sedi europee al momento della predisposizione dei *Programmi di stabilità e convergenza* e dei *Programmi di riforma nazionale* da sottoporre all'approvazione delle istituzioni europee. Perciò le politiche di bilancio nazionali sono fortemente condizionate dagli indirizzi europei e sono vincolati alla razionalizzazione dei conti pubblici.

Alle decisioni interne di attuazione degli obblighi europei nei confronti del complesso dei soggetti pubblici dotati di poteri di spesa, si è provveduto mediante il **Patto di stabilità interno**, in base al quale, Stato, Regioni, Province, concorrono alla realizzazione degli obiettivi di finanza pubblica, impegnandosi a ridurre progressivamente il disavanzo ed a ridurre il rapporto tra il proprio debito ed il PIL, mediante il perseguimento di obiettivi di efficienza e di produttività nei servizi pubblici, il contenimento della spesa corrente, il potenziamento delle attività di accertamento dei tributi propri, ecc. Il patto, generalmente disciplinato nelle diverse leggi finanziarie, prevede sanzioni a carico degli enti che non raggiungono gli obiettivi fissati.

Questi interventi di razionalizzazione hanno favorito la riduzione progressiva del disavanzo in linea con gli impegni europei, consentendo all'Italia di entrare a far parte dei Paesi che fanno parte dell'Eurozona. Tuttavia il debito pubblico complessivo (comprensivo quindi della spesa per il pagamento degli interessi) è rimasto assai elevato inducendo a nuovi e più stringenti interventi di razionalizzazione finanziaria.

La crisi delle finanze pubbliche in Europa esplosa nel 2011 e i rischi di "contagio" da un Paese all'altro hanno colpito l'Italia. Il venir meno della fiducia dei mercati finanziari internazionali ❹ ha comportato la crescita dei tassi di interesse da pagare per trovare acquirenti dei titoli di debito pubblico. Infatti, se il debito pubblico è troppo elevato, cresce la preoccupazione che lo Stato possa non essere più in grado di rimborsarlo e quindi il rischio assunto da chi compra titoli di debito pubblico. Se il rischio aumenta, cresce il prezzo che lo Stato deve pagare per ottenere il prestito (i tassi di interesse sui titoli di debito pubblico sono, appunto, questo prezzo). Da qui un circolo vizioso: il debito elevato fa aumentare i tassi di interesse, ma se aumentano i tassi di interesse aumentano i costi che lo Stato deve sostenere (il servizio del debito) e quindi il debito aumenta.

3.5.3. *La riforma costituzionale del 2012 e l'introduzione del principio dell'equilibrio di bilancio*

La grave crisi finanziaria apertasi in Europa nel 2011 ha messo in discussione la stessa capacità di alcuni Stati di onorare il loro debito pubblico, e questo rischio è stato accentuato dai pregressi squilibri della finanza pubblica italiana, caratterizzata, come si è visto, da un assai elevato livello di debito. Per fronteggiarla si è anche proceduto alla riforma dell'art. 81 (legge cost. 1/2012).

La nuova disciplina costituzionale (che verrà applicata a partire dall'esercizio 2014) è in sintonia con quanto disposto in sede europea dal cosiddetto *fiscal compact* (→ § II.7.5), sottoscritto dagli Stati nel marzo del 2012, che impone loro il principio del pareggio di bilancio da sancire possibilmente a livello costituzionale (→ § V.3.2). Essa segue analoghe riforme costituzionali introdotte in Germania (nel 2009) e, sia pure con una disciplina apparentemente meno rigorosa, in Francia ed in Spagna (2011).

Il nuovo testo dell'art. 81 prevede che lo Stato assicura l'equilibrio tra le entrate e le spese del proprio bilancio, tenendo conto delle fasi avverse e delle fasi favorevoli del ciclo economico. Quindi, piuttosto che di "pareggio", nel testo costituzionale si è scelto di parlare di "**equilibrio di bilancio**".

Il principio si applica non solo allo Stato, ma a tutto il complesso delle pubbliche amministrazioni. Infatti, il nuovo testo dell'art. 97 Cost., modificato con la medesima legge costituzionale, stabilisce che le pubbliche amministrazioni, in coerenza con l'ordinamento dell'Unione europea, assicurano l'equilibrio dei bilanci e la sostenibilità del debito pubblico.

✓ COSA SIGNIFICA "EQUILIBRIO DI BILANCIO"?

L'espressione equilibrio di bilancio va interpretata coerentemente con i principi dell'ordinamento europeo e particolarmente con quelli sanciti attraverso i nuovi strumenti di *governance* economica. L'equilibrio di bilancio si misura in termini di **saldo** (cioè di differenza tra entrate e spese), e il saldo che rileva in sede europea è l'*indebitamento netto strutturale*, ossia misurato al netto degli effetti del ciclo economico e delle misure *una tantum* e straordinarie. Questo significa che nelle fasi negative del ciclo, proprio per contrastarlo, si può finanziare la spesa con il ricorso all'indebitamento senza che la misura dell'indebitamento pari alla componente ciclica determini un saldo negativo.
La regola esposta consente alla gestione del bilancio pubblico un margine necessario di flessibilità. Consente cioè l'adozione di politiche anticicliche, volte a contrastare il ciclo negativo. Ma una volta superata la fase negativa del ciclo, il bilancio va ricondotto verso il pareggio, non potendosi più fare ricorso al debito.
L'equilibrio di bilancio è funzionale al contenimento del deficit, ossia del disavanzo tra entrate e spese. Esso consente altresì di tenere sotto controllo il debito pubblico. Ma di per sé non porta alla riduzione di un elevato stock di debito pubblico accumulato negli anni. Come si è più volte ripetuto, è questo il principale problema italiano. Infatti, le misure di consolidamento dei conti pubblici adottate negli ultimi anni hanno portato il bilancio ad un consistente **avanzo primario** (che corrisponde alla differenza tra la spesa pubblica e le entrate tributarie ed extra-tributarie, esclusi gli interessi da pagare sul debito; si parla invece di disavanzo primario se le spese superano le entrate). L'avanzo primario è quindi la somma disponibile per pagare gli interessi sul precedente debito pubblico e per ridurre l'ammontare del debito. Ma per ridurre il debito precedentemente accumulato e rientrare nei parametri di Maastricht (il debito pari al 60% del PIL) è richiesto un periodo temporale

non breve di avanzi primari di notevole entità, che possono essere ottenuti attraverso nuove entrate e attraverso tagli di spesa. Per tale ragione il nuovo art. 97 assegna alle pubbliche amministrazioni insieme all'obiettivo dell'equilibrio di bilancio quello della sostenibilità del debito, in coerenza con i principi della UE, ossia la sua progressiva riduzione secondo i ritmi concordati in sede europea e da ultimo fissati col *fiscal compact*.

Il nuovo art. 81.2 Cost. stabilisce che il ricorso all'indebitamento è consentito solo al fine di considerare gli effetti del ciclo economico e, previa autorizzazione delle Camere adottata a maggioranza assoluta dei rispettivi componenti, al verificarsi di eventi eccezionali. La fondamentale garanzia dell'equilibrio di bilancio è data proprio dal divieto, con le sole eccezioni anzidette, di ricorso all'indebitamento (cioè al prestito per la copertura degli oneri, sia di parte corrente che in conto capitale, previsti in bilancio).

Le nuove regole di bilancio sono estese espressamente alle Regioni ed agli enti locali. Infatti, è stato modificato l'art. 119 Cost. (→ § VI.5), precisando che essi hanno autonomia finanziaria nel rispetto dell'equilibrio dei relativi bilanci, e concorrono ad assicurare l'osservanza dei vincoli economici e finanziari derivanti dall'ordinamento dell'Unione europea.

La riforma costituzionale prevede poi (art. 81.6 Cost.) che il contenuto della legge di bilancio, le norme fondamentali e i criteri volti ad assicurare l'equilibrio tra le entrate e le spese dei bilanci e la sostenibilità del debito del complesso delle pubbliche amministrazioni siano stabiliti attraverso una *legge approvata a maggioranza assoluta* dei componenti di ciascuna Camera, nel rispetto dei principi definiti con *legge costituzionale*.

In attuazione dell'art. 81.6 Cost., e con la maggioranza ivi prevista, è stata approvata la legge 243/2013. Essa, tra l'altro, stabilisce cosa debba intendersi per "eventi eccezionali" al verificarsi dei quali è consentito lo scostamento temporaneo dagli obiettivi stabiliti dai documenti di programmazione finanziaria al fine di raggiungere l'equilibrio di bilancio. Scostamento che comporta la possibilità di ricorrere all'indebitamento, non limitato a tenere conto degli effetti del ciclo economico. Tali eventi eccezionali consistono in: a) periodi di grave recessione economica; b) eventi straordinari, al di fuori del controllo dello Stato, ivi incluse le gravi crisi finanziarie e le gravi calamità naturali.

✓ IL GOVERNO CHIEDE AL PARLAMENTO L'AUTORIZZAZIONE AD AUMENTARE L'INDEBITAMENTO

In attuazione delle norme vigenti (legge 243/2012), il Governo, qualora ritenga indispensabile discostarsi temporaneamente dall'obiettivo programmatico di medio termine (OMT) per fronteggiare un evento eccezionale, sentita la Commissione europea, presenta una relazione alle Camere con cui aggiorna gli obiettivi programmatici di finanza pubblica, e chiede l'autorizzazione ad aumentare l'indebitamento, indicando la misura e la durata dello scostamento, le finalità cui destinare le risorse e il piano di rientro verso l'obiettivo programmatico. Nel corso del 2020, per fronteggiare la crisi sanitaria e la crisi economica causata dalla pandemia da Covid-19 ⓬, dopo che l'UE ha applicato la norma che, in casi eccezionali, consente agli Stati di deviare temporaneamente dal percorso di aggiustamento verso l'OMT (→ § II.7.6), il Governo ha ottenuto in tre casi la deliberazione parlamentare che autorizzava il ricorso all'indebitamento e lo scostamento dall'OMT (rispettivamente per 20, 55 e 25 miliardi di euro). Anche nel 2021 il Governo ha ottenuto analoghe autorizzazioni.

La stessa legge disciplina il ricorso all'indebitamento delle Regioni e degli enti locali e le modalità attraverso cui le Regioni e gli enti locali concorrono alla sostenibilità del debito del complesso delle pubbliche amministrazioni.

Inoltre, la legge ha istituito l'**Ufficio parlamentare di bilancio**, che è un organismo indipendente per l'analisi e la verifica degli andamenti di finanza pubblica e per la valutazione dell'osservanza delle regole di bilancio.

Immutata rispetto al vecchio testo dell'art. 81 resta la disciplina dell'**esercizio provvisorio** (che si ha quando il Governo, che non sia riuscito ad ottenere l'approvazione del bilancio di previsione entro il 31 dicembre, è autorizzato con legge a riscuotere le entrate ed erogare le spese, secondo le previsioni del bilancio non ancora approvato, ma per non più di quattro mesi).

L'esercizio finanziario chiude al 31 dicembre. I risultati della gestione sono esposti nel **rendiconto generale dello stato**, che il Governo deve presentare entro il 30 giugno dell'anno successivo, previo giudizio di parificazione da parte della Corte dei conti (→ § V.2.13). Il rendiconto deve essere approvato dal Parlamento con legge (→ § IX.4.3).

Il rendiconto consente di verificare le modalità e la misura in cui ciascuna amministrazione ha dato attuazione alle previsioni del bilancio. Comprende:

a) Il conto del bilancio, che illustra i risultati della gestione finanziaria rispetto alle previsioni, dando evidenza della gestione di competenza e di cassa, nonché della nuova formazione e dello smaltimento dei residui;

b) Il conto generale del patrimonio, in cui sono descritte le variazioni intervenute nel patrimonio dello Stato e la situazione patrimoniale finale, raccordandole alla gestione del bilancio.

Al rendiconto è allegata una nota integrativa che espone i risultati raggiunti, il grado di realizzazione degli obiettivi di ogni programma e le risorse utilizzate, motivando gli eventuali scostamenti rispetto alle previsioni.

3.5.4. *Il ciclo di bilancio tra vincoli europei e autonomie territoriali*

Già prima della riforma costituzionale dell'art. 81 era stata modificata la disciplina legislativa del processo di bilancio col duplice obiettivo di:

a) contenere il disavanzo e l'indebitamento trasponendo sul piano interno i vincoli derivanti dal patto di stabilità;

b) evitare che in un sistema con diversi livelli territoriali di governo (oltre allo Stato, le Regioni, le Province, i Comuni e le Città metropolitane), la moltiplicazione dei centri di spesa portasse, a livello sub-statale, a comportamenti contrastanti con i vincoli europei.

La riforma del processo di bilancio è stata introdotta con la legge 196/2009 (poi modificata per adeguarla alle scadenze del "semestre europeo"), che si autoqualifica come recante i *principi fondamentali di coordinamento della finanza pubblica* ai sensi dell'art. 117.3 Cost. (→ § X.2.3) e, in quanto tale, i suoi principi si estendono all'intero ambito della pubblica amministrazione e non solo alle amministrazioni statali, in coerenza con gli impegni assunti dall'Italia in sede comunitaria. Questi principi, quindi, dovrebbero valere anche per le Regioni ordinarie, per quelle speciali e per le Province autonome di Trento e Bolzano.

In questa prospettiva, il raccordo con le autonomie territoriali è soprattutto assicurato dal *patto di stabilità interno* e dal *patto di convergenza.*

Il Governo è tenuto ad inviare, entro il 10 luglio, le linee guida per la realizzazione degli obiettivi della finanza pubblica, sulla base di quanto definito in sede europea, alla *Conferenza permanente per il coordinamento della finanza pubblica* (in cui sono presenti i rappresentanti dei diversi livelli territoriali di governo, in quanto è istituita all'interno della *Conferenza unificata*: → § VI.3.2), che deve esprimere il suo parere (entro il 15 settembre). Sulla base di questo, il Governo definisce, nell'ambito della *Decisione di finanza pubblica*, il contenuto del *Patto di stabilità interno*, nonché le eventuali sanzioni nei confronti degli enti locali inadempienti. Da questo si distingue il **Patto di convergenza** (art. 18, legge 42/2009), cui è riservato il compito di assicurare la convergenza dei *costi e dei fabbisogni standard* (→ § VI.5✓) dei vari livelli di governo, nonché di definire un percorso di convergenza degli obiettivi dei servizi pubblici. In questo caso il confronto con le autonomie territoriali avviene in sede di *Conferenza unificata* (→ § VI.3.2). Il contenuto definitivo del patto di convergenza viene fissato nel *Documento di economia e finanza*, di cui ora si dirà. La successiva *legge di bilancio* potrà introdurre le norme eventualmente necessarie a garantire l'attuazione del patto di stabilità nonché quelle dirette a realizzare il patto di convergenza.

Il **ciclo di bilancio** si articola in una serie di passaggi procedurali, ciascuno dei quali vede come protagonista un documento di programmazione finanziaria. Gli strumenti della programmazione sono i seguenti:

– il **Documento di economia e finanza** (**DEF**) da presentare alle Camere entro il 10 aprile di ogni anno, per le conseguenti deliberazioni parlamentari, dopo avere sentito la Conferenza permanente per il coordinamento della finanza pubblica. Il DEF è composto di tre sezioni.

I – La prima contiene il *Programma di stabilità* e contiene tutti gli elementi e le informazioni richiesti dai regolamenti dell'Unione europea e dal Codice di condotta sull'attuazione del *Patto di stabilità e crescita*, con specifico riferimento agli obiettivi da conseguire per accelerare la riduzione del debito pubblico.

II – La seconda sezione contiene varie informazioni, di cui le più importanti concernono l'andamento della spesa pubblica, con riferimento al triennio successivo, nonché le previsioni sui flussi di entrata e di spesa, a legislazione vigente, e sulla pressione fiscale.

III – La terza contiene lo schema del *Programma nazionale di riforma*, con l'indicazione dello stato di avanzamento delle riforme richieste per rispettare i parametri finanziari europei e quanto previsto nell'ambito del semestre europeo, con particolare riferimento al superamento degli squilibri macroeconomici ed alla crescita della competitività;

– la *Nota di aggiornamento del DEF* (NADEF), da presentare alle Camere entro il 27 settembre di ogni anno per le conseguenti deliberazioni parlamentari;

– il disegno di **legge di bilancio**, da presentare alle Camere entro il 20 ottobre di ogni anno;

– il disegno di **legge di assestamento**, da presentare alle Camere entro il 30 giugno di ogni anno;

– gli eventuali disegni di legge **collegati alla manovra di finanza pubblica**, da presentare alle Camere entro il mese di gennaio di ogni anno.

La legge di bilancio contiene il **bilancio di previsione**, che costituisce la base per la gestione finanziaria dello Stato. Essa è articolata in due sezioni.

La *prima sezione* contiene, per il periodo comprese nel triennio di riferimento, le disposizioni in materia di entrata e di spesa, con effetti finanziari compresi nel triennio considerato dal bilancio. Si tratta di disposizioni riguardanti le entrate e le spese aventi come oggetto misure quantitative, funzionali a realizzare gli obiettivi indicati nei documenti di programmazione (si tratta dunque di *norme innovative, che modificano la legislazione precedente*). Non possono essere previste norme di delega, di carattere ordinamentale od organizzatorio, né interventi di natura localistica o microsettoriale. Sempre nella prima sezione è indicato il saldo netto da finanziare.

La *seconda sezione* contiene le previsioni di entrata e di spesa, espresse sia in termini di cassa che di competenza, *formate sulla base della legislazione vigente*, apportando a tali previsioni, alle quali viene in ogni caso assicurata autonoma evidenza contabile, le variazioni determinate dalla prima sezione della legge. Distinti articoli della seconda sezione stabiliscono lo stato di previsione dell'entrata e gli stati di previsione della spesa distinti per ministeri e il quadro generale riassuntivo con riferimento al triennio. Con apposito articolo è annualmente stabilito l'importo massimo di emissione di titoli dello Stato.

A questo riguardo va precisata la distinzione tra **bilancio di previsione** e **bilancio di cassa**: il primo quantifica l'entità prevista delle entrate che le amministrazioni statali acquisiranno il diritto di percepire (entrate che si prevede di accertare) e l'entità prevista delle spese che le amministrazioni statali assumeranno l'obbligo di effettuare (spese che si prevede di impegnare); il secondo, invece, quantifica l'entità delle entrate che saranno effettivamente incassate e delle spese che saranno effettivamente sostenute. Pertanto *la competenza tiene conto del momento in cui sorge il titolo giuridico* dal quale deriva l'entrata o la spesa; *la cassa invece si riferisce al compimento, di fatto, delle operazioni* di incasso e di pagamento.

3.5.5. *Il processo di bilancio: l'intreccio fra legge e regolamento parlamentare*

Nella disciplina delle procedure finanziarie in Parlamento si verifica un incastro tra le norme poste dalla legge 468/1978 (e successive modifiche) e quelle dei regolamenti parlamentari. Correttamente, il legislatore ordinario si è astenuto dal regolare alcuni aspetti che più strettamente attengono all'esercizio delle funzioni parlamentari: e ciò per rispetto dell'autonomia delle Camere. D'altra parte, lo stesso regolamento parlamentare fa rinvio alla legislazione vigente in materia di bilancio, richiamando parametri legislativi per dare corpo ad alcuni strumenti procedurali, in particolare per applicare i poteri di stralcio di norme estranee al contenuto tipico della legge di bilancio (e dei provvedimenti collegati) e nel giudizio di ammissibilità degli emendamenti presentati durante l'*iter* parlamentare.

Il *corpus* della normativa regolamentare è segnato da tre fondamentali direttrici:

– la *concentrazione procedurale*, al fine di razionalizzare il vaglio parlamentare evitando dispersioni e ritardi: la legge di bilancio deve essere approvata entro la fine dell'anno per evitare l'*esercizio provvisorio* (punto, quest'ultimo, su cui concordano tutti i gruppi parlamentari, al di là del giudizio di merito sulla manovra di bilancio: tanto che potrebbe dirsi formata una convenzione (→ § VIII.3.3.γ✓) per non usufruire dell'esercizio provvisorio, che pure è ammesso dall'art. 81.2 Cost. nell'ipotesi di mancata approvazione del bilancio entro il 31 dicembre);

– in tale procedura, la *commissione bilancio* ha un ruolo preminente rispetto alle altre commissioni di merito, che vengono comunque investite in sede consultiva per le parti di competenza;

– i tempi certi della procedura debbono essere accompagnati dal rispetto dei *limiti contenutistici della manovra di bilancio.* I Presidenti delle due Camere debbono vigilare esercitando il *potere di stralcio* e un controllo sulla *ammissibilità degli emendamenti.*

✓ PROCEDURA DI BILANCIO E LIMITI ALLA "SOVRANITÀ D'ASSEMBLEA"

Debbono essere stralciate le disposizioni estranee sia con riferimento al disegno di legge di bilancio sia con riguardo ai "provvedimenti collegati" a quest'ultima (gli artt. 120.2, e 123-*bis*.1, reg. Cam.; e gli artt. 126.3, e 126-*bis* comma 2-*bis*, reg. Sen.). Lo stralcio ha luogo presso il ramo del Parlamento che esamina il progetto di legge in prima lettura e viene effettuato dal Presidente previo parere della commissione bilancio. I due Presidenti d'assemblea sono così chiamati a intervenire in un campo dove non sempre sono netti i confini fra profili tecnici e valutazioni di opportunità politica.
Anche per gli *emendamenti* è previsto un *filtro*: sono inammissibili emendamenti estranei all'oggetto del disegno di legge di bilancio e a quello dei provvedimenti collegati, così come definiti dalla normativa generale di bilancio e dal DEF. Sono altresì *inammissibili* gli emendamenti *non compensativi* che porterebbero allo "sfondamento" dei saldi-obiettivo e che intendono comunque introdurre norme contrastanti con le regole di copertura stabilite dalla legislazione vigente; sono giudicati inammissibili solo gli emendamenti *palesemente inidonei* a raggiungere un effetto finanziario equivalente; spetta al Governo fornire ulteriori dati che dimostrino l'insufficienza dell'emendamento, considerato apparentemente compensativo. Tali *vincoli* (d'oggetto e di emendamento) valgono anche per i progetti di legge collegati. Si tratta dunque di una procedura peculiare, in cui risulta limitata la tradizionale *libertà* dell'Assemblea nella modifica dei testi trasmessi dalla commissione in sede referente.

In realtà, per effetto dei vincoli concordati a livello europeo, del ruolo assunto nella formazione dei documenti che formano il ciclo di bilancio, del rapporto tenuto con le Regioni e gli enti locali, dei limiti all'emendabilità sopra indicati, dei tempi stretti per adottare le diverse decisioni in materia, della scarsa disponibilità di dati ed informazioni, che vengono comunque detenute e fornite dal Governo, il sistema tende a ridurre il ruolo del Parlamento, sia sul piano dell'indirizzo che del controllo. Al contrario, la politica di bilancio, che poi condiziona tutte le altre politiche, è saldamente nelle mani del Governo e segnatamente del ministro dell'economia e finanza.

3.5.6. *La copertura finanziaria delle leggi*

L'art. 81.4 Cost. stabilisce che *ogni legge che importi nuove o maggiori spese deve individuare i mezzi finanziari per farvi fronte*. È questo l'obbligo costituzionale di **copertura finanziaria** per le **leggi di spesa**, che vale non solo per le leggi statali ma anche per le leggi delle Regioni ordinarie (Corte cost. 386/2008) e per quelle delle Regioni speciali (Corte cost. 359/2007 e 213/2008).

Non basta, quindi, la "virtù" nella sezione di bilancio, ma è necessario mantenerla anche dopo quando si approvano le singole leggi comportanti spese. Quando in Assemblea costituente Luigi Einaudi propose quello che sarebbe diventato il testo dell'art. 81 pensava di avere introdotto uno strumento che avrebbe assicurato il *pareggio di bilancio* ed il perfetto equilibrio tra spese ed entrate. In realtà la possibilità, ben presto ritenuta costituzionalmente ammissibile (Corte cost. 1/1966), di coprire le spese tramite il ricorso all'indebitamento e la tendenza a sottostimare l'entità della spesa derivante dalle nuove leggi hanno determinato il disavanzo strutturale del bilancio ed una spesa pubblica in forte crescita.

Per razionalizzare il sistema finanziario, come abbiamo visto, si è agito sulla manovra di bilancio, attraverso il succedersi di discipline che hanno accentuato il rigore finanziario. Contemporaneamente – a partire dalla legge 468/1971 per arrivare alla legge 196/2009 – sono state introdotte regole stringenti sulla copertura, in attuazione dell'art. 81.

In particolare, la copertura finanziaria delle leggi che comportino nuovi o maggiori oneri, ovvero minori entrate, è determinata attraverso le seguenti modalità:

a) mediante modificazioni legislative che comportino nuove o maggiori entrate;

b) mediante riduzioni di precedenti autorizzazioni legislative di spesa;

c) mediante gli accantonamenti previsti nei fondi speciali, stabiliti dalla legge di bilancio e destinati alla copertura finanziaria dei provvedimenti legislativi che si prevede siano approvati nel corso degli esercizi finanziari nel triennio considerato.

La giurisprudenza costituzionale più recente precisa che qualsiasi legge la cui attuazione comporti l'impiego di risorse (che quindi abbia un costo), è tenuta a determinare l'entità della spesa per poter indicare la relativa copertura (sentt. 212/2012; 181/2013). In questo modo viene superato un principio del precedente ordinamento contabile secondo cui, sebbene non potessero essere stanziate spese relative ad attività che l'amministrazione non fosse già stata legittimata a svolgere dalle normali leggi, tuttavia il bilancio poteva stabilire se e in quale misura destinare risorse alle varie attività di competenza dell'amministrazione. Assoggettando all'obbligo della copertura tutte le leggi la cui attuazione richieda l'impiego di risorse finanziarie, costringe tali leggi a quantificare la spesa sottraendo al bilancio la decisione sulla allocazione delle risorse ed al grado di attuazione che tali leggi devono avere.

Infine a garanzia di una corretta quantificazione degli oneri finanziari, è fatto obbligo di corredare tutti i disegni di legge di iniziativa governativa di una *relazione tecnica* verificata dal ministero dell'economia sulla quantificazione degli oneri da esso implicati e delle relative coperture, con indicazione precisa dei dati e dei metodi utilizzati.

È previsto altresì un vero e proprio monitoraggio affidato alla Corte dei conti che deve trasmettere al Parlamento ogni quattro mesi una relazione sulla tipologia delle coperture adottate dalle leggi e sulle tecniche impiegate per quantificare gli oneri.

4. Presidente della Repubblica

4.1. *Capo dello Stato e forma di governo*

Nei sistemi parlamentari il **Capo dello Stato** è un organo di non facile definizione: può assumere ruoli politico-costituzionali differenti, che oscillano tra i due estremi dell'*organo di garanzia costituzionale* e dell'*organo governante*. Secondo la prima prospettiva, il Presidente della Repubblica (o il Re nelle monarchie parlamentari) dovrebbe restare rigorosamente estraneo alle scelte che riguardano l'indirizzo politico, che costituisce un'area riservata ai partiti, al Parlamento ed al Governo, ed i suoi poteri dovrebbero servire a garantire il corretto funzionamento del sistema costituzionale. Invece, la seconda ricostruzione amplia la sfera di intervento del Presidente della Repubblica che, tutte le volte in cui la politica dei partiti non sa trovare una soluzione ai grandi problemi (formazione dei Governi, ricorso ad elezioni anticipate, ecc.), dovrebbe assumere il ruolo di decisore politico di ultima istanza.

La diversità di ruolo è dovuta alle differenze di disciplina costituzionali ed ai caratteri del sistema politico.

✓ ORGANO DI GARANZIA OD ORGANO GOVERNANTE?
I PRECEDENTI COSTITUZIONALI

Come si è già visto (→ § IV.1), la forma di governo parlamentare è nata, attraverso una lenta evoluzione, dal ceppo della *monarchia costituzionale*. Quest'ultima si caratterizzava per l'equilibrio tra due centri di potere – il Re ed il Parlamento – tra cui si ripartiva l'esercizio dei poteri sovrani. Il Capo dello Stato, infatti, era titolare del potere esecutivo e partecipava, con atti limitati quale la sanzione regia, all'esercizio della funzione legislativa. Il passaggio al sistema parlamentare è avvenuto attraverso una progressiva traslazione di potere politico dal Re al Governo, legato da un rapporto di fiducia con il Parlamento. Nella prima fase di sviluppo del sistema parlamentare, tuttavia, l'Esecutivo è rimasto bicefalo, ossia ha avuto due titolari: il Re ed il Governo. Il Capo dello Stato, dunque, continuava ad essere Capo del potere esecutivo e, come tale, ad intromettersi nelle scelte politiche più importanti, come quelle riguardanti la nomina dei ministri. La successiva evoluzione ha visto l'affermazione politica del Parlamento, ed il Governo, espressione della maggioranza parlamentare, ha conquistato la titolarità del potere esecutivo. Il Capo dello Stato è stato relegato in un ruolo assolutamente esterno al circuito dell'indirizzo politico, composto dalla triade corpo elettorale-Parlamento-Governo, basata sulla regola di maggioranza.
Questa evoluzione si è realizzata dapprima in Inghilterra: nel 1867 Walter Bagehot poteva scrivere che il monarca britannico aveva solo tre diritti: *quello di essere consultato, quello di incoraggiare, quello di mettere in guardia*. E arrivava a sostenere che *"la monarchia non è indispensabile* e *che, normalmente, non è nemmeno assolutamente utile"*. Con il consolidamento del parlamentarismo maggioritario si è ulteriormente ridotto lo spazio costituzionale del Capo dello Stato. In una società in cui è presente un accordo sui valori fondanti la democrazia pluralista ed in cui il bipartitismo consente all'elettore la sostanziale scelta del Governo, il sistema riesce ad accoppiare la stabilità e l'efficienza del Governo con il penetrante controllo politico dell'opposizione. Ben diverse dinamiche

hanno avuto i sistemi parlamentari dell'Europa continentale, in cui ci sono stati sistemi con numerosi partiti e società con divisioni ideologiche assai marcate. L'esperienza europea dei primi decenni del XX secolo dimostra come tali sistemi siano stati sempre esposti al rischio dell'impotenza, a causa delle continue crisi di Governo, e della perdita di legittimazione. In questi contesti è maturata un'idea del ruolo costituzionale del Capo dello Stato ben diversa da quella inglese. In particolare, l'esperienza della Repubblica di Weimar (→ § II.1.9✓) fornì il materiale storico-costituzionale per configurare il Capo dello Stato quale *"custode della Costituzione"* (C. Schmitt, 1931). Attraverso questa espressione si voleva dire che il Capo dello Stato si ergeva al di sopra del pluralismo e delle sue spinte disgregatrici, che portavano alla litigiosità della maggioranza ed alla debolezza dei Governi, e poteva assicurare, con l'esercizio dei suoi poteri, il mantenimento dell'unità politica dello Stato. In tale prospettiva il Capo dello Stato poteva essere qualificato come "neutrale", ma non certamente nel senso che non esercitava potere politico, bensì col significato di organo separato dal principio maggioritario e dalla politica dei partiti. Il Capo dello Stato, però, era dotato di un'autonoma legittimazione e di incisivi poteri (secondo la Costituzione di Weimar, era eletto direttamente dal corpo elettorale, poteva nominare Governi anche privi della fiducia del Parlamento, era titolare del potere di sciogliere anticipatamente quest'ultimo, era dotato di "poteri di emergenza" che gli permettevano di sospendere le garanzie costituzionali dei diritti). Perciò, in situazioni di crisi politica derivante dall'incapacità dei partiti di formare una maggioranza, il Capo dello Stato poteva diventare un'autentica struttura governante, al di sopra dei soggetti del pluralismo ❷.
Questi precedenti storici hanno influenzato l'evoluzione costituzionale del secondo dopoguerra, sia per quanto riguarda le scelte effettuate dai costituenti, sia sui piani delle elaborazioni della dottrina e della pratica politica. In particolare, la dottrina costituzionalistica, nel ricostruire il ruolo del Presidente della Repubblica in Italia, ha oscillato tra la sua configurazione quale *"organo di garanzia"* (Galeotti) e la sua caratterizzazione quale *"reggitore dello Stato nei momenti di crisi"* (Esposito).

La razionalizzazione del parlamentarismo operata dalla Costituzione italiana ha previsto (Titolo II della Parte II, artt. 83 ss.) un **Presidente della Repubblica**, distinto e autonomo dal Governo, dotato di poteri propri, che è "*il Capo dello Stato e rappresenta l'unità nazionale*" (art. 87.1). Ma, la Costituzione non dice quale deve essere il complessivo ruolo del Presidente della Repubblica. Essa, infatti, si limita:

a) a fissare alcune caratteristiche dell'organo, cioè l'ampia rappresentatività che deriva dalle modalità di elezione che lo sganciano dalla maggioranza;

b) ad attribuirgli alcuni poteri, di cui i più rilevanti sono nominare il Presidente del Consiglio, sciogliere anticipatamente il Parlamento, rinviare le leggi, nominare alcune alte cariche, ecc.;

c) a porre alcuni sicuri limiti all'esercizio degli stessi poteri, che consistono principalmente nell'obbligo che i suoi atti siano controfirmati (art. 89) dal Governo (che esercita così un controllo sull'attività del Capo dello Stato, il quale perciò non può agire in totale contrapposizione al Governo ed alla maggioranza) e nella necessità che il Governo dopo la sua nomina si presenti in Parlamento per ottenere la fiducia (art. 94), impedendo così la formazione di "Governi presidenziali", nominati dal Capo dello Stato contro il Parlamento;

d) a sancire e garantire la sua irresponsabilità politica (art. 89).

Determinati gli argini costituzionali entro cui può operare il Presidente della Repubblica, il concreto ruolo che egli può assumere nel sistema varia a seconda dei mutevoli equilibri della forma di governo e del sistema politico ❻. Più precisamente:

– se la coalizione si forma dopo le elezioni ed i rapporti tra i partiti sono instabili, con il rischio di crisi frequenti la cui soluzione è resa difficile dalla stessa conflittualità interpartitica, allora il ruolo del Presidente della Repubblica si espande e in capo a lui si spostano decisioni politiche assai importanti, come quelle sulla scelta del Presidente del Consiglio o quella se sciogliere o meno il Parlamento (anche se non si tratta di scelte del tutto libere, per la presenza dei limiti giuridici sopra richiamati);

– se invece i rapporti tra i partiti sono stabili, saranno le stesse forze politiche a determinare i contenuti delle decisioni fondamentali, ed il Capo dello Stato si limita ad esercitare i suoi poteri per garantire il rispetto di alcuni valori costituzionali (per esempio, attraverso l'esercizio del potere di rinvio delle leggi, che violano importanti principi costituzionali), o al massimo per stimolare la conclusione degli accordi tra le forze politiche (per esempio, attraverso le consultazioni per la formazione del Governo).

Pertanto, a seconda delle diverse fasi politiche, variano sia le modalità di esercizio dei poteri presidenziali, sia il tipo di potere che viene esercitato e che caratterizza il ruolo presidenziale. Perciò i poteri del Capo dello Stato sono "*a fisarmonica*", ossia si espandono in certe fasi politiche e si contraggono in altre. Tutto ciò, ancor più delle caratteristiche umane delle singole persone che hanno rivestito la carica, può spiegare il differente grado di "interventismo" nella vita politico-costituzionale dei vari Presidenti. Dall'immagine del garante-imparziale di Einaudi, a quella del tutore attivo di un certo assetto della forma di governo di Scalfaro (la "democrazia mediata": → § IV.6✓).

✓ TRASFORMAZIONI DEL SISTEMA POLITICO E CAPO DELLO STATO

Se, come è avvenuto in Italia, durante l'XI e la XII legislatura, il sistema dei partiti attraversa una fase di crisi e di ristrutturazione, con forti segni di delegittimazione, il Capo dello Stato assume una centralità nella forma di governo, perché Governi deboli e Parlamenti delegittimati vedono in lui il "puntello istituzionale" cui appoggiarsi e trarre quel minimo di autorevolezza che non hanno altro modo per procurarsi. Queste dinamiche, però, sono tendenzialmente provvisorie, perché si accentua il ruolo politico di un organo che però è politicamente irresponsabile e privo di collegamento con il corpo elettorale. Sicché o si sfocia in un mutamento (anche formale) dell'assetto costituzionale, con un Capo dello Stato "struttura governante", oppure i partiti e gli organi dell'indirizzo politico recuperano legittimazione e capacità decisionale, ed allora il Capo dello Stato è ricondotto in un ruolo più ridotto e di tipo garantistico. Quest'ultima tendenza, peraltro, si rafforza notevolmente in caso di consolidamento del parlamentarismo maggioritario (→ § IV.3.2), che trasferisce sostanzialmente al corpo elettorale le scelte di fondo sulla formazione delle maggioranze e dei Governi ed esclude o rende eccezionali le crisi (Governi di legislatura), con conseguente drastica limitazione delle sfere di intervento presidenziale.

4.2. *L'elezione del Presidente della Repubblica*

Il Presidente della Repubblica è **eletto** dal *Parlamento in seduta comune* (→ § V.3.1.2), integrato dai delegati regionali eletti dai rispettivi Consigli (tre per ogni Regione, ad eccezione della Val d'Aosta che ne ha uno solo), in modo da garantire la rappresentanza delle minoranze (art. 83.1 Cost.). La presenza dei delegati regionali dovrebbe rafforzare la caratterizzazione del Presidente della Repubblica come "*rappresentante dell'unità nazionale*" (art. 87 Cost.).

I requisiti per essere eletto Presidente della Repubblica sono indicati dall'art. 84 Cost.: la cittadinanza italiana, il compimento del cinquantesimo anno di età ed il godimento dei diritti civili e politici. Inoltre, la Costituzione dispone espressamente l'incompatibilità dell'ufficio di Presidente della Repubblica con qualsiasi altra carica. All'elezione si procede per iniziativa del Presidente della Camera che, 30 giorni prima della scadenza del mandato presidenziale, convoca il Parlamento in seduta comune e i delegati regionali per l'elezione del nuovo Presidente (art. 85.2). Analoga iniziativa è assunta dal Presidente della Camera entro 15 giorni, nelle ipotesi di impedimento permanente, di morte o di dimissioni del Presidente della Repubblica (art. 86.2). Nel caso in cui le Camere siano sciolte, o se manchino meno di tre mesi alla loro cessazione, la elezione del Presidente della Repubblica avverrà ad opera delle nuove Camere ed entro 15 giorni dalla loro riunione (art. 85.3). In questa ipotesi, i poteri del Presidente della Repubblica scaduto sono prorogati fino alla elezione di quello nuovo. Si evita così che l'elezione del Presidente avvenga in un periodo pre-elettorale, e ciò con un duplice fine: evitare che l'elezione del Capo dello Stato risulti troppo condizionata dalla conflittualità tra i partiti nel periodo elettorale e far sì che comunque il nuovo Presidente sia eletto da un Parlamento pienamente legittimato.

L'elezione del Presidente della Repubblica avviene a scrutinio segreto e con la maggioranza dei 2/3 dell'Assemblea; dopo il terzo scrutinio, è richiesta solo la *maggioranza assoluta*, cioè il voto favorevole della metà più uno degli aventi diritto al voto. Il *quorum* elevato dovrebbe servire a evitare che il Presidente sia espressione della sola maggioranza politica e, pertanto, costituisce la premessa per un ruolo presidenziale che comunque non sia riconducibile all'indirizzo di maggioranza e gli consenta di far valere esigenze sistemiche superiori (il rispetto della Costituzione, il buon funzionamento del sistema, ecc.).

✓ LA RIELEZIONE DEL PRESIDENTE DELLA REPUBBLICA: NAPOLITANO E MATTARELLA

Nella storia della Repubblica italiana non si erano avuti casi di rielezione del Presidente della Repubblica in precedenza: anzi, parte della dottrina dubitava che vi potesse essere un secondo mandato. Lo stesso Presidente Ciampi, dichiarandosi indisponibile alla rielezione, aveva addirittura sostenuto che si fosse formata una consuetudine costituzionale (→ § VIII.3.3) contraria alla rielezione. Ora, per ben due volte in nove anni, c'è stata la rielezione del Presidente uscente, (prima Napolitano nel 2013, poi Mattarella nel 2022) senza suscitare tra le forze politiche e presso i commentatori alcuna reazione critica, ma anzi segnando valutazioni fortemente positive, che confermano l'inesistenza di una regola scritta o consuetudinaria che ne impedisce la rielezione. Del resto, la Costituzione non proibisce la rielezione mentre la stessa previsione del "semestre bianco" – che serve ad impedire che il Capo dello Stato sciolga le Camere per ottenere un nuovo Parlamento con una maggioranza favorevole alla sua rielezione – ha senso esclusivamente nel presupposto che una rielezione sia possibile.

Vi sono comunque delle differenze tra la rielezione di Napolitano e quella di Mattarella. La prima è avvenuta in una situazione di grave crisi del sistema politico: incapaci di trovare un successore, le forze politiche sono giunte ad un accordo per la sua rielezione al fine di gestire una fase di grave crisi della politica e delle istituzioni. La rielezione è apparsa, come l'ha definita il Presidente Napoli-

tano, una "scelta pienamente legittima, ma eccezionale", adombrando una sorta di condizione risolutiva del suo secondo mandato, che proseguirà "fino a quando la situazione del paese e delle istituzioni me lo suggerirà e comunque le forze me lo consentiranno".
Come preannunciato, ritenendo ormai avviato il processo di riforma dello Stato, Napolitano ha rassegnato le dimissioni prima della scadenza del secondo mandato (il 14 gennaio 2015). Subito dopo il Parlamento in seduta comune ha eletto (il 30 gennaio) come Presidente della Repubblica, Sergio Mattarella, una delle figure più autorevoli della storia della Repubblica italiana. Alla scadenza del suo settennato, il Parlamento in seduta comune procedeva alle votazioni per l'elezione del nuovo Presidente (tra il 24 e il 29 gennaio 2022), eleggendo per un secondo mandato lo stesso Mattarella.
La rielezione di Mattarella è nata dall'incapacità delle forze politiche a trovare l'accordo su una personalità da eleggere: nelle votazioni che si succedevano senza esito aumentavano in modo consistente i voti espressi dai "grandi elettori" a favore del Presidente Mattarella, costringendo i leader politici a guardare in faccia la realtà caratterizzata dal grande e traversale consenso di cui godeva il Presidente uscente tra i parlamentari e nella società civile, pervenendo così alla sua rielezione. Questa non è stata considerata come una modalità eccezionale di selezione del Presidente, e lo stesso Mattarella, nel suo discorso di insediamento, non ha fatto riferimento al carattere eccezionale della rielezione ed ha delineato un ampio disegno di azione che, per sua natura, dovrebbe coprire l'intero settennato, che quindi non è stato sottoposto ad alcuna condizione risolutiva, neppure implicita. Tutto ciò, secondo alcuni commentatori, segna l'ulteriore rafforzamento del ruolo politico-costituzionale del Presidente della Repubblica, a fronte della debolezza dei partiti politici.

Una volta eletto, il Presidente della Repubblica, prima di essere immesso nell'esercizio delle sue funzioni, presta giuramento di fedeltà di fronte al Parlamento in seduta comune (non più integrato dai delegati regionali), accompagnato, per prassi, da un breve discorso, nel quale il Presidente eletto illustra quali saranno i principi cui intende ispirare le proprie funzioni.

Il mandato presidenziale decorre dalla data del giuramento e dura per un periodo di sette anni. Durante tale mandato il Presidente della Repubblica dispone di un assegno personale e di una dotazione (consistente nell'attribuzione al patrimonio indisponibile dello Stato di alcuni beni immobili per la residenza del Presidente della Repubblica e per gli uffici presidenziali, a cui si aggiunge un assegno periodico); alle dipendenze esclusive del Presidente è posta una struttura amministrativa, chiamata **Segretariato generale della Presidenza della Repubblica**.

La cessazione dalla carica presidenziale avviene per:

– conclusione del mandato;
– morte;
– impedimento permanente;
– dimissioni;
– decadenza per effetto della perdita di uno dei requisiti di eleggibilità;
– destituzione, disposta per effetto alla sentenza di condanna pronunciata dalla Corte costituzionale per i reati di alto tradimento e di attentato alla Costituzione (→ § XII.7.2).

Nei casi di dimissioni, scadenza naturale del mandato, impedimento permanente, il Presidente della Repubblica diviene di diritto *senatore a vita*, a meno che non vi rinunci (art. 59.1 Cost.).

✓ I PRESIDENTI DELLA REPUBBLICA DAL 1948 AD OGGI

Presidente eletto	Partito	Scrutini	Mandato	Voti ottenuti		
				Voti	Su	%
Enrico De Nicola	–	1	giugno 1946-dicembre 1947	405	556	72,9
Luigi Einaudi	PLI	4	maggio 1948-maggio 1955	518	872	59,4
Giovanni Gronchi	DC	4	maggio 1955-maggio 1962	658	833	78,9
Antonio Segni	DC	9	maggio 1962-dicembre 1964	443	842	52,6
Giuseppe Saragat	PSDI	21	dicembre 1964-dicembre 1971	646	937	68,9
Giovanni Leone	DC	23	dicembre 1971-giugno 1978	518	996	52,0
Sandro Pertini	PSI	16	luglio 1978-giugno 1985	832	995	83,6
Francesco Cossiga	DC	1	giugno 1985-aprile 1992	752	977	76,6
Oscar L. Scalfaro	DC	16	maggio 1992-maggio 1999	672	1.014	66,3
Azeglio Ciampi	–	1	maggio 1999-maggio 2006	707	909	77,7
Giorgio Napolitano	DS	4	maggio 2006-aprile 2013	543	990	54,8
Giorgio Napolitano	–	6	aprile 2013-gennaio 2015	738	997	74,0
Sergio Mattarella	–	4	gennaio 2015-gennaio 2022	665	995	66,8
Sergio Mattarella	–	8	gennaio 2022-	759	983	77,2

INTERNET Profili, dati, immagini e discorsi dei Presidenti si possono trovare in www.quirinale.it.

4.3. *La controfirma ministeriale*

La Costituzione stabilisce che "*nessun atto del Presidente della Repubblica è valido se non è controfirmato dai ministri proponenti che ne assumono la responsabilità*" ed aggiunge che "*gli atti che hanno valore legislativo e gli altri indicati dalla legge sono controfirmati anche dal Presidente del Consiglio dei ministri*" (art. 89).

La **controfirma** è, quindi, la firma apposta da un membro del Governo sull'atto adottato e sottoscritto dal Presidente della Repubblica; essa è requisito di *validità* (→ § VIII.8.1) dell'atto e la sua apposizione rende irresponsabile il Presidente per l'atto adottato, trasferendo la relativa responsabilità in capo al Governo.

✓ IL RE NON PUÒ SBAGLIARE

Agli albori della forma di governo parlamentare in Inghilterra, la controfirma degli atti del Capo dello Stato era la conseguenza di due fondamentali principi, che definivano la posizione del Re in quell'ordinamento costituzionale. Il primo di questi diceva che "il Re non può sbagliare" (*The King can do no wrong*); il secondo, strettamente connesso al primo, affermava che il "Re non può agire da solo" (*The King cannot act alone*), ma i suoi atti dovevano essere ricondotti alla responsabilità di un altro soggetto. La controfirma da parte del Governo doveva servire ad individuare formalmente un soggetto giuridicamente responsabile per gli atti compiuti dal monarca, escludendo in capo a quest'ultimo qualsiasi forma di responsabilità. Con l'andare del tempo, però, divenne uno strumento di cui poteva servirsi il Parlamento per fare valere la responsabilità politica del Governo nei suoi confronti e condizionarne in tal modo l'operato. Così la controfirma è divenuta un elemento caratterizzante il sistema, la "pietra angolare" della forma di governo parlamentare, perché attraverso

essa si è affermata la responsabilità politica del Governo nei confronti del Parlamento, in ordine a tutti gli atti adottati dal potere esecutivo.
Le Costituzioni del periodo liberale consacrarono l'istituto della controfirma per garantire l'irresponsabilità del Re, ma su di essa fecero leva i Parlamenti per affermare la responsabilità politica del Governo nei loro confronti e determinare così l'evoluzione dalla monarchia costituzionale al parlamentarismo. Anche lo Statuto Albertino, pertanto, affermava l'irresponsabilità del monarca (art. 4) e stabiliva una responsabilità ministeriale, prevedendo che l'efficacia delle leggi e di tutti gli atti del governo fosse condizionata alla apposizione di una firma da parte di un ministro (art. 67).

La controfirma garantisce, dunque, la irresponsabilità del Capo dello Stato. Ma nel sistema costituzionale italiano, essa adempie a delle funzioni ulteriori: si può anzi dire che essa rappresenti uno degli assi portanti dell'intera forma di governo. Secondo l'interpretazione prevalente delle disposizioni costituzionali sul Capo dello Stato, tra gli atti che *formalmente* sono emanati dal Presidente della Repubblica bisogna distinguere tre diverse categorie, che si differenziano in base al soggetto che *sostanzialmente* decide del contenuto dell'atto stesso: così si possono distinguere (a) gli atti che sono *formalmente* adottati dal Capo dello Stato, anche se il loro contenuto è deciso *sostanzialmente* dal Governo (c.d. **atti formalmente presidenziali e sostanzialmente governativi**); (b) gli atti che non solo sono adottati *formalmente* dal Presidente della Repubblica, ma i cui contenuti sono *sostanzialmente* decisi dallo stesso Presidente (c.d. **atti formalmente e sostanzialmente presidenziali**); (c) gli atti *formalmente* adottati dal Presidente della Repubblica, il cui contenuto è deciso dall'accordo tra Presidente della Repubblica e Governo (c.d. **atti complessi eguali**).

La controfirma, secondo la Costituzione, riguarda tutti gli atti presidenziali (si dice che ne sono esclusi solo gli *atti personalissimi*, cioè le dimissioni), quale che sia il tipo cui appartengono. Ma chi controfirma? Il testo costituzionale espressamente si riferisce al "*ministro proponente*", usando una formula che va benissimo per gli *atti formalmente presidenziali e sostanzialmente governativi*, dove esiste una proposta ministeriale (per gli esempi → § V.4.8). In questo caso, la controfirma attesta la sostanziale determinazione governativa del contenuto dell'atto, che è emanato dal Capo dello Stato per il suo rilievo politico-costituzionale e per consentire allo stesso Presidente della Repubblica di vigilare sul rispetto da parte del Governo di fondamentali principi costituzionali (il Governo decide ed il Capo dello Stato esercita un controllo costituzionale). Nell'esercizio di questo compito di controllo costituzionale, il Capo dello Stato può chiedere al Governo un riesame dell'atto, ma di fronte alla conferma governativa dei suoi contenuti, non può rifiutarsi di adottarlo, a meno che attraverso esso non incorra nelle ipotesi di responsabilità presidenziale previste dalla Costituzione, cioè per alto tradimento e attentato alla Costituzione.

Negli *atti formalmente e sostanzialmente presidenziali* (per gli esempi → § V.4.7), manca invece una proposta, perché chi decide del contenuto dell'atto è lo stesso Presidente. Una prassi consolidata e mai messa in dubbio nella vita costituzionale ha affidato la controfirma di questi atti al *ministro competente per materia*. La controfirma in questo caso serve, oltre a rendere irresponsabile lo stesso Presidente, ad evitare che quest'ultimo eserciti i suoi poteri per imporre un proprio indirizzo politico, anche in contrasto con quello della maggioranza (cioè, in definitiva, a garantire che il

Capo dello Stato rimanga entro i limiti che la Costituzione traccia al suo ruolo). Così, per esempio, la scelta *sostanziale* (oltre alla nomina *formale*) dei giudici della Corte costituzionale (→ § XII.2) o dei senatori a vita (→ § V.4.7) è di competenza presidenziale, e la controfirma del ministro competente svolge solo la funzione di attestarne la regolarità e di controllare che il Presidente non esorbiti dalle sue funzioni (di ciò, ossia del controllo svolto, il ministro potrebbe essere chiamato a rispondere in Parlamento).

Infine, gli *atti complessi eguali* (che sono la *nomina del Presidente del Consiglio dei ministri*: → § V.4.5 e lo *scioglimento anticipato delle Camere*: → § V.4.6) sono di regola controfirmati dallo stesso Presidente del Consiglio dei ministri (sono perciò detti anche **atti duumvirali**), in rappresentanza del Governo complessivamente inteso.

Queste però sono distinzioni astratte, ad uso prevalentemente didattico, che meritano un approfondimento ulteriore.

4.4. *La irresponsabilità del Presidente*

Il principio cardine fissato dalla Costituzione è l'*irresponsabilità* del Presidente della Repubblica. Egli non può essere chiamato a rispondere sul terreno della *responsabilità politica* (→ § II.2.1): infatti, la Costituzione non ha previsto nessun meccanismo che consenta di realizzare la rimozione anticipata dalla carica del Presidente della Repubblica. Certamente, come tutti i titolari di organi costituzionali, il Presidente può essere sottoposto alla critica politica; ma questa è l'espressione della generale libertà di critica che caratterizza la democrazia pluralista, senza che essa dia luogo ad una forma di responsabilità politica, mancando del tutto la possibilità giuridica che alla critica segua la rimozione dalla carica.

✓ SI PUÒ CRITICARE IL CAPO DELLO STATO?

Anzi, c'è da aggiungere che la critica, quando c'è, viene dall'esterno del sistema costituzionale vero e proprio, cioè si sviluppa in quella che abbiamo chiamato *sfera pubblica* (→ § II.1.14): mentre i partiti e gli operatori costituzionali tendono a seguire una *convenzione* (→ § VIII.3.3.γ✓) che vuole sottratto il Capo dello Stato alla critica politica ❽.

Attraverso questa convenzione si rafforza la posizione del Presidente della Repubblica come organo estraneo al circuito dell'indirizzo ed alla dialettica maggioranza-opposizione, assicurando ai suoi interventi l'autorevolezza che deriva dall'essere percepito come *super partes*. Ma affinché questa convenzione sia rispettata, occorre che anche il Capo dello Stato si comporti in modo tale da essere percepito quale soggetto imparziale rispetto alla contesa politica contingente, sicché ove appaia sbilanciarsi a favore dell'una o dell'altra parte politica, la convenzione viene meno ed il Presidente espone il fianco agli attacchi politici. Tutto ciò non comporta una vera e propria assunzione di responsabilità, ma certamente dà luogo ad una perdita di autorevolezza.

Per quanto concerne, invece, la *responsabilità giuridica del Presidente della Repubblica*, occorre distinguere gli atti posti in essere nell'esercizio delle sue funzioni da quelli che adotta come qualsiasi altro cittadino. Per i primi la Costituzione (art. 90) prevede esclusivamente una responsabilità penale per i *reati di alto tradimento e attentato alla Costituzione* (→ § XII.7.2). Sicché, al di fuori di queste ipotesi estreme il Presidente è giuridicamente irresponsabile e, in relazione a tali fatti, non potrà essere perseguito neppure dopo che è cessato il suo mandato.

Diverso è il regime degli atti e dei comportamenti non riconducibili all'esercizio delle funzioni presidenziali. L'opinione prevalente ritiene che il Capo dello Stato sia penalmente responsabile per i fatti commessi e qualificabili come reati ed estranei all'esercizio delle sue funzioni, anche se (pure nel silenzio del documento costituzionale) l'azione penale sarebbe improcedibile per tutta la durata del mandato, onde evitare che il Capo dello Stato possa essere in balia di un qualsiasi giudice cui passi per la testa di agire penalmente contro di lui; mentre sarebbe civilmente responsabile al pari di qualsiasi altro cittadino.

✓ IL CASO: LA RESPONSABILITÀ PER LE DICHIARAZIONI PRESIDENZIALI

Nel 1991 il Presidente Cossiga fu chiamato a rispondere in sede civile per dichiarazioni ritenute da due deputati diffamatorie e oltraggiose. Con riferimento ad uno di essi, le dichiarazioni presidenziali erano state rese durante un'intervista al giornale radio del GR2 e ad un cronista. Per quel che concerne l'altro deputato, la causa erano alcune dichiarazioni presidenziali che avevano avuto ampio risalto presso i maggiori quotidiani nazionali. La Corte di cassazione (III sez. civ., con la sent. 8734/2000) ha affermato i seguenti principi: a) l'irresponsabilità giuridica del Presidente della Repubblica – in sede civile, amministrativa e penale – "copre" solo gli atti compiuti nell'esercizio delle sue funzioni (i quali non sono solo quelli controfirmati dal Governo, ma anche gli altri, più o meno formali, che trovino la loro causa nell'esercizio delle funzioni presidenziali); b) la cosiddetta "autodifesa della carica" è funzione presidenziale solo quando sia esercitata per rispondere ad attacchi diretti all'organo, e non alla persona fisica che lo ricopre; c) l'Autorità giudiziaria, pertanto, ha il potere-dovere di accertare se il Capo dello Stato abbia agito in via "extra-funzionale", dato che vi è piena distinguibilità tra organo e persona fisica che lo ricopre; d) le "esternazioni presidenziali" sono solo uno strumento per l'esercizio delle funzioni presidenziali e, pertanto, godono dell'immunità di cui all'art. 90 primo comma Cost., non già autonomamente, ma solo se pronunciate come modo di estrinsecazione della funzione; e) il cosiddetto "diritto di critica politica", che il Presidente, quando non è nell'esercizio delle sue funzioni, esercita al pari di ogni altro cittadino, non deve trasmodare nell'attacco personale e nella pura contumelia, con conseguente lesione dell'altrui personalità. Il Presidente può perciò essere chiamato a rispondere. Tale opinione è sostanzialmente confermata dalla Corte costituzionale (sent. 154/2004), che affida al giudice il compito di verificare il "nesso funzionale" (→ § V.3.2.3) tra le "esternazioni" e le funzioni del Presidente della Repubblica, negando comunque che si possa "configurare una esenzione senza limiti dalla giurisdizione e un privilegio personale privo di fondamento costituzionale".

4.5. *La soluzione delle crisi di Governo: nomina del Presidente del Consiglio*

Per la soluzione delle crisi di Governo, il Capo dello Stato dispone di due poteri: il potere di nomina del Presidente del Consiglio (art. 92), ed il potere di sciogliere anticipatamente il Parlamento, senza aspettare la fine naturale della legislatura (art. 88). La rilevanza che essi assumono nel funzionamento concreto della forma di governo varia considerevolmente a seconda degli equilibri politico-istituzionali che si affermano.

Nel parlamentarismo maggioritario (→ § IV.3.2), l'atto presidenziale di nomina del Premier e l'atto di scioglimento del Parlamento costituiscono una ratifica di decisioni sostanziali prese da altri: nella prima ipotesi, è il corpo elettorale che sostanzialmente sceglie la maggioranza; nella seconda ipotesi, è il Governo che propone lo scioglimento.

Viceversa, nei sistemi parlamentari in cui maggioranze e Governi si formano dopo le elezioni, attraverso accordi tra i partiti, senza l'intervento del corpo elettorale, e con possibilità di mutamenti di Governi e persino di maggioranze nel corso della legislatura, i poteri presidenziali di nomina del Presidente del Consiglio e di scioglimento anticipato assumono una funzione politico-costituzionale diversa. In questi sistemi il problema cruciale è quello di fare in modo che si formino delle maggioranze, che siano capaci di esprimere un Governo e che questo abbia un certo grado di stabilità. Il ruolo che il Capo dello Stato assume è sensibilmente diverso, perché attraverso l'esercizio dei suoi poteri può influenzare la soluzione delle crisi. Ed il tipo di influenza può variare per cause giuridiche e per cause politiche.

In talune esperienze costituzionali, l'influenza comporta la caratterizzazione del Capo dello Stato come autentica "struttura governante" (→ § V.4.1✓), mentre in altre l'influenza comporta l'assunzione di un compito di *intermediazione politica*. Se come esempio emblematico della prima ipotesi può citarsi ancora una volta la Repubblica di Weimar, la seconda funzione ha caratterizzato per lungo tempo il ruolo del Capo dello Stato nell'esperienza repubblicana italiana, almeno fino allo sviluppo della tendenza maggioritaria che ha preso avvio nel 1993.

La funzione di intermediazione politica si basa su due pilastri:

– il primo è dato dal *diritto costituzionale*. La Costituzione attribuisce al Presidente della Repubblica la nomina del Presidente del Consiglio, ma al contempo precisa che il Governo entro dieci giorni dalla sua formazione deve presentarsi alle Camere per ottenere la fiducia. Quest'ultimo vincolo esclude che il Capo dello Stato possa nominare "suoi" Governi, anche contro la volontà del Parlamento. Se lo facesse sarebbe condannato al fallimento, perché il Parlamento negherebbe la fiducia al Governo del Presidente costringendolo alle dimissioni;
– il secondo è prodotto dal sistema politico. Il sistema politico pluripartitico con coalizioni post-elettorali (→ § V.1.6), tipico di una gran parte dell'esperienza italiana, faceva sì che il Governo potesse formarsi attraverso laboriose trattative tra i partiti fra cui si costruivano delicati equilibri. In tale contesto, il Presidente della Repubblica poteva utilizzare gli strumenti che, come abbiamo visto (→ § V.2.4.1), sono serventi rispetto al potere di nomina: le consultazioni, il conferimento dell'incarico, il mandato esplorativo.

✓ IL CAPO DELLO STATO FA QUELLO CHE LA POLITICA GLI LASCIA FARE

Il Capo dello Stato, dunque, ha svolto un ruolo importante nella formazione del Governo, operando in modo da favorire la formazione di una coalizione e di un accordo sul Governo. E anche se in taluni casi i margini delle sue scelte discrezionali si sono allargati, soprattutto in fasi di crisi del sistema dei partiti, quando sono stati formati Governi che si appoggiavano sulla fiducia presidenziale (Governi Ciampi, Dini, ecc.), è pur vero che l'ultima parola spettava sempre ai partiti in Parlamento,

che dovevano decidere se appoggiare o meno il Governo. Perciò quando il Capo dello Stato nomina il Presidente del Consiglio adotta un atto che non solo è preso d'accordo con quest'ultimo (si parla infatti di *"atto complesso"*), che deve controfirmare l'atto, ma ritiene di avere il consenso delle forze politiche che dovranno sostenere il Governo con la fiducia.
È evidente, però, che le cose cambiano con il passaggio a logiche maggioritarie, che comportano un'indicazione del corpo elettorale di una maggioranza e di un Premier. In questo caso, il Capo dello Stato non può fare altro che sanzionare le scelte del corpo elettorale (come è avvenuto con la nomina dei Presidenti del Consiglio, Berlusconi nel 1994, Prodi nel 1996, ancora Berlusconi nel 2001, ancora Prodi nel 2006, ancora Berlusconi nel 2008), salvo riacquistare un ruolo di intermediazione politica nei casi di rottura della maggioranza e di formazione di un nuovo Governo. Ma la riespansione di questo ruolo si verifica soltanto se la crisi della maggioranza, scelta dal corpo elettorale, non porti ad elezioni anticipate: mentre la discrezionalità del Capo dello Stato si allarga notevolmente nelle fasi di crisi o di transizione del sistema politico, in occasione della nomina dei cosiddetti "Governi tecnici" (→ § V.2.4).

4.6. *La soluzione delle crisi: lo scioglimento anticipato del Parlamento*

4.6.1. *I dati costituzionali e il sistema politico*

Le considerazioni precedenti sul diverso atteggiarsi del ruolo del Capo dello Stato a seconda degli equilibri della forma di governo permettono di inquadrare correttamente il potere di **scioglimento anticipato del Parlamento**. Se ci limitiamo a leggere la disposizione costituzionale sullo scioglimento anticipato (art. 88), vediamo che:

a) il Capo dello Stato può sciogliere entrambe le Camere o anche una sola di esse;
b) prima di sciogliere le Camere deve sentire i loro Presidenti, che esprimono perciò un parere al riguardo, ritenuto unanimemente obbligatorio ma non vincolante (→ § I.2.9.5);
c) il potere di scioglimento anticipato non può essere esercitato negli ultimi sei mesi del mandato presidenziale, salvo che essi coincidano in tutto o in parte con gli ultimi sei mesi della legislatura (si parla a proposito di **semestre bianco**).

Ma a chi spetta la decisione sostanziale di sciogliere anticipatamente il Parlamento? A rimanere fermi al dato letterale, sarebbero possibili svariate ricostruzioni del potere di scioglimento. La previsione del "semestre bianco" autorizzerebbe a configurarlo come un potere presidenziale: se il divieto di scioglimento nell'ultimo periodo del mandato presidenziale serve ad evitare che il Presidente sciolga le Camere nella speranza che il nuovo Parlamento sia favorevole alla sua rielezione, la premessa è che di potere presidenziale si tratti. Di contro, però, la previsione della controfirma esclude che il Presidente possa decidere da solo, ma al contrario potrebbe giustificare un'interpretazione che presupponga l'esistenza di una proposta del Governo, configurando lo scioglimento come atto sostanzialmente governativo. Infine, combinando insieme i due elementi, il semestre bianco e la controfirma, sarebbe pure lecito ritenere che siamo in presenza di un "atto complesso", alla cui formazione partecipano egualmente il Capo dello Stato ed il Governo (c'è chi ha parlato di "atto duumvirale"). Ma se, in astratto, sono ammissibili tutte e tre le "letture" della disposizione costituzionale (e, infatti, la dottrina costituzionalista si è divisa fra i fautori delle tre teorie), in concreto per determinare "chi" decide lo scioglimento anticipato del Parlamento occorre soffermare l'attenzione sugli equilibri complessivi della forma di governo.

Nel *parlamentarismo maggioritario* la decisione sostanziale di sciogliere anticipatamente il Parlamento si è spostata, di fatto e talora anche di diritto, in capo al Governo.

✓ LO SCIOGLIMENTO ANTICIPATO NEL PARLAMENTARISMO MAGGIORITARIO

Nel parlamentarismo maggioritario non ci sono spazi per scelte presidenziali discrezionali in ordine alla nomina del Primo ministro: il potere sostanziale di scelta della maggioranza e del Governo è nelle mani del corpo elettorale, di fronte al quale il Premier ed i partiti della maggioranza diventano politicamente responsabili. Perciò il Capo dello Stato, in sistemi di questo tipo, non potrà fare altro che nominare Presidente del Consiglio il leader del partito o della coalizione di partiti che vince le elezioni. Poiché il Premier e la maggioranza instaurano un rapporto di responsabilità politica direttamente con il corpo elettorale, è nelle loro mani che si concentra anche la decisione sostanziale in ordine allo scioglimento anticipato del Parlamento. Nel Regno Unito lo scioglimento anticipato della Camera dei Comuni formalmente era una prerogativa della Regina, ma la decisione sostanziale era affidata al Primo ministro e al suo partito, che potevano chiedere lo scioglimento nel momento più favorevole alla vittoria elettorale (una riforma legislativa – il *Fixed-term Parliaments Act 2011* – ha però cambiato la disciplina, fissando a 5 anni la durata della legislatura, impedendo lo scioglimento anticipato se non in condizioni particolari: ma questo non ha impedito alla *premier* Theresa May di ottenere, con il consenso dell'opposizione laburista, lo scioglimento anticipato e le nuove elezioni nel 2017). Perciò, nei sistemi a parlamentarismo maggioritario, la decisione di scioglimento anticipato si è trasferita di fatto (Regno Unito, Canada, Australia, Nuova Zelanda) o di diritto (Svezia, Spagna, Grecia, Irlanda) in capo al Governo, attraverso un proprio atto, ovvero mediante la richiesta al Capo dello Stato.

4.6.2. *L'esperienza italiana*

Il fatto che la forma di governo italiana abbia per lungo tempo operato secondo moduli funzionali diversi da quelli del parlamentarismo maggioritario spiega perché lo scioglimento generalmente è stato considerato, piuttosto che come atto sostanzialmente governativo, come "atto complesso o duumvirale". In presenza di coalizioni post-elettorali, con frequenti crisi di governo e formazioni di nuovi Governi e talora di nuove coalizioni, il Capo dello Stato svolgeva la già menzionata funzione di intermediazione politica, cercando di fare coagulare una coalizione capace di esprimere il Governo. Se ogni tentativo, però, falliva e le sue arti maieutiche non riuscivano a superare la conflittualità paralizzante dei partiti, l'unica via che restava era lo scioglimento anticipato del Parlamento.

✓ SCIOGLIMENTI ANTICIPATI E DURATA DELLE LEGISLATURE

Legislatura	**Periodo**	**Durata**
V	1968-1972	4 anni
VI	1972-1976	4 anni
VII	1976-1979	3 anni
VIII	1979-1983	4 anni
IX	1983-1987	4 anni
X	1987-1992	4 anni e 10 mesi
XI	1992-1994	2 anni
XII	1994-1996	2 anni
XIII	1996-2001	5 anni
XIV	2001–2006	5 anni
XV	2006-2008	2 anni
XVI	2008-2013	4 anni e 10 mesi
XVII	2013-2018	5 anni
XVIII	2018-2022	4 anni e 4 mesi

Le elezioni, in presenza di un sistema elettorale proporzionale, non consentono di individuare una coalizione ed un Governo, ma permettono di misurare il consenso di cui ciascun partito gode nel Paese. Nelle successive negoziazioni per la formazione della coalizione e del Governo, ciascun partito può far valere la propria "forza" politica che derivava dal consenso misurato nelle elezioni. Perciò, lo scioglimento anticipato viene sostanzialmente deciso insieme dal Capo dello Stato e dal Governo, che registrano la volontà delle forze politiche di non trovare un accordo prima di nuove elezioni.

Tutto ciò spiega perché lo scioglimento anticipato è stato configurato come una sorta di *extrema ratio*: solo se il Parlamento non è in grado di esprimere nessuna maggioranza e nessun Governo si procede allo scioglimento. Per questa ragione, la dottrina costituzionalistica, quando ha determinato i *presupposti dello scioglimento* li ha individuati nell'impossibilità del Parlamento di funzionare correttamente in quanto incapace di formare una maggioranza di qualsiasi tipo. Lo scioglimento anticipato dovuto a tale causa è stato chiamato **scioglimento funzionale**. In questa ipotesi, il decreto presidenziale di scioglimento nella sostanza "certifica" la volontà delle forze politiche di porre anticipatamente fine alla legislatura. Perciò, si è detto che, poiché in ultima istanza la decisione è riconducibile alle forze politiche, dovrebbe parlarsi di una sorta di **autoscioglimento**.

Del resto, se si escludono gli "scioglimenti tecnici" del 1953, 1958 e 1963 che erano finalizzati a fare svolgere contemporaneamente le elezioni delle due Camere (che, prima della riforma costituzionale del 1963, avevano una durata differenziata), gli scioglimenti anticipati del 1972, 1976, 1979, 1983, 1987, 1992 furono tutti dovuti a gravi difficoltà politiche che impedivano ai partiti di trovare un accordo con cui formare una maggioranza ed un Governo.

Discorso parzialmente diverso deve farsi per lo scioglimento del 1994, disposto dal Presidente Scalfaro dopo il *referendum* elettorale del 1993 e l'approvazione della legge elettorale maggioritaria, in un contesto caratterizzato da una grave crisi di legittimità dei partiti politici e della aspirazione diffusa nella società ad un profondo cambiamento della politica e delle istituzioni. In questo caso, non c'era stata una crisi di Governo ed il Governo conservava il sostegno parlamentare; eppure il Capo dello Stato sciolse anticipatamente il Parlamento e, in una lettera indirizzata ai Presidenti delle due Camere, motivò lo scioglimento con i risultati del *referendum* elettorale del 1993, che esprimevano l'esigenza del popolo italiano di avere, non solo una riforma elettorale, ma anche un "Parlamento nuovo".

In una situazione di gravissima crisi di legittimità dei partiti, con una forte perdita di fiducia nel Parlamento, è chiaro che la decisione di sciogliere non possa fare capo direttamente ai partiti, che sono i soggetti colpiti dalla sfiducia popolare. Perciò, emerge il ruolo del Capo dello Stato, che, però, scioglie in accordo con il Governo, della cui controfirma ha bisogno. La Costituzione, prevedendo l'obbligo della controfirma del decreto di scioglimento, ha escluso la possibilità di uno scioglimento unilateralmente deciso dal Capo dello Stato, anche contro la maggioranza ed il suo Governo. Questi, anche nelle fasi di massima espansione del ruolo presidenziale, devono acconsentire alla scelta del Presidente di fare cessare anticipatamente la legislatura.

Ma che cosa succede se il sistema si evolve verso i moduli funzionali del Parlamentarismo maggioritario? La Costituzione non pare escludere una interpretazione "governativa" dello scioglimento anticipato. La ricostruzione dello scioglimento come "atto complesso" e l'individuazione dei suoi presupposti nell'impossibilità del Parlamento di esprimere una qualsiasi maggioranza presupponevano un certo assetto della forma di governo, imperniato su sistema elettorale proporzionale e formazione post-elettorale della coalizione. Ma – se gli assetti cambiano e si affermano un sistema politico bipolare che rimette alla scelta sostanziale del corpo elettorale l'individuazione della maggioranza e l'indicazione sostanziale del Presidente del Consiglio – si pongono le premesse per una possibile diversa configurazione dello scioglimento anticipato. Coerentemente con i moduli funzionali del parlamentarismo maggioritario, se in Parlamento la coalizione scelta dal corpo elettorale entra in crisi, non si può escludere che il Governo proponga il decreto di scioglimento ed il Capo dello Stato lo firmi.

✓ IL CASO: IL CAPO DELLO STATO HA IL DOVERE DI CERCARE UNA MAGGIORANZA?

Una simile ipotesi, però, venne espressamente esclusa dal Presidente Scalfaro nel 1994, quando la coalizione di centro-destra guidata dall'on. Berlusconi si spaccò determinando la crisi del Governo. "Il Presidente della Repubblica, secondo dettato costituzionale, non può fare prevalere nessuna tesi personale, ma deve registrare la volontà del Parlamento ... Il Presidente della Repubblica, dopo le prime consultazioni, avendo constatato la maggioranza, al Senato e alla Camera, di pareri contrari a elezioni immediate, ha il dovere costituzionale di esaminare se esistono le condizioni per costituire un Governo che possa governare". Con queste parole il Presidente Scalfaro, in occasione del discorso di fine anno, rispondeva a chi aveva criticato la sua decisione di non sciogliere anticipatamente il Parlamento. E in primo luogo, all'on. Berlusconi, che aveva parlato di "ribaltone" e di tradimento della volontà degli elettori con riferimento al comportamento della Lega Nord che, presentatasi alle elezioni unita a Forza Italia, poi aveva abbandonato la coalizione determinando la crisi del Governo. Ma, in realtà, il documento costituzionale né poneva al Capo dello Stato il dovere di cercare una

qualsiasi maggioranza, né tanto meno gli imponeva di sciogliere le Camere ❽. È il modello di forma di governo presupposto dagli operatori costituzionali che determina un uso piuttosto che un altro del potere di scioglimento. Il Presidente Scalfaro aveva in mente il parlamentarismo con coalizioni post-elettorali, che rimetteva solamente agli accordi tra i partiti dopo le elezioni la formazione dei Governi, e rigettava così il modello del parlamentarismo maggioritario. Perciò, il suo comportamento, più che imposto dalla Costituzione, lo fu dalla difesa di una certa dinamica della forma di governo e della democrazia italiana.
Tuttavia, rifiutato un secondo scioglimento nel dicembre 1994, il Capo dello Stato non ha potuto fare a meno di sciogliere le Camere, con il consenso del Governo, nel 1996, a causa dell'assoluto degrado del quadro politico che impediva di formare una qualsiasi maggioranza. Con ciò consolidando la tendenza, che si sviluppa a partire dalla IV legislatura, a chiudere anticipatamente le legislature a causa della debolezza politica della maggioranza.

4.6.3. *Dopo lo scioglimento: l'ordinaria amministrazione*

Una volta che è deciso lo scioglimento anticipato del Parlamento, a seguito di una crisi di Governo, quale Governo dovrà restare in carica e "gestire" le elezioni: il Governo dimissionario oppure uno nuovo, appositamente nominato dal Capo dello Stato?

Si tratta di un interrogativo di grande rilievo politico perché il Governo che "gestisce" le elezioni potrà usare i suoi poteri e la sua immagine sui mezzi di comunicazione per influenzare i risultati elettorali a favore dei partiti che lo sostengono. La soluzione ritenuta preferibile è che una volta appurata l'impossibilità di soluzione della crisi, il decreto di scioglimento sia controfirmato dal Governo dimissionario, che resta in carica per "l'**ordinaria amministrazione**". Assai discutibile, invece, è stata, nel 1972 e 1987, la nomina di un Governo privo di sostegno parlamentare, che ha controfirmato il decreto di scioglimento: in quanto così facendo si potrebbe aprire la via ad un'appropriazione presidenziale del potere da usare contro il Parlamento (il Presidente nomina un Governo in partenza minoritario per ottenere la controfirma dello scioglimento anticipato).

✓ CHE COS'È E QUANTO DURA L'ORDINARIA AMMINISTRAZIONE?

Il lungo periodo di *ordinaria amministrazione* (→ § V.2.4.2✓) del Governo Monti (dal 21 dicembre 2012 al 28 aprile 2013, più di quattro mesi dunque) e del Governo Gentiloni (rimasto in carica sino al 1º giugno 2018, essendo state le Camere sciolte il 28 dicembre 2017) ha riproposto il problema di che cosa sia l'ordinaria amministrazione. Si noti che in questo periodo il Governo ha emanato decreti delegati (→ § IX.5.3) che non erano in scadenza e decreti-legge (→ § IX.6), ha presentato il DEF (che per legge deve essere presentato entro il 10 aprile: → § V.3.5.4), ha dovuto affrontare il nodo politico delle dimissioni del ministro degli esteri. Nel frattempo le Camere, benché sciolte, hanno approvato in seconda lettura (a maggioranza dei 2/3), tre leggi costituzionali (per la modifica di altrettanti Statuti regionali speciali: → § X.1). Di solito si dice che l'ordinaria amministrazione significa sbrigare gli "affari correnti", cioè compiere atti dovuti, urgenti o indifferibili. Ma tutto ciò non si presta ad una definizione più stringente: il Governo deve autolimitarsi (→ § V.2.4.2✓), ma deve anche salvaguardare gli interessi del Paese – soprattutto in periodi difficili di crisi economica come quelli che hanno gravato sul Governo Monti e sul Governo Gentiloni.

4.7. *Atti formalmente e sostanzialmente presidenziali*

Gli atti formalmente e sostanzialmente presidenziali sono i seguenti:

a) gli *atti di nomina*, cioè gli atti con i quali il Presidente della Repubblica nomina:
– cinque senatori a vita (art. 59.2 Cost.). La nomina dei **senatori a vita** può riguardare quei cittadini che – come afferma l'art. 59.2 Cost. – "hanno illustrato la Patria per altissimi meriti nel campo sociale, scientifico, artistico e letterario". La legge cost. 1/2020 ha tolto ogni dubbio interpretativo stabilendo che i senatori di nomina presidenziale non possono essere più di cinque;
– un terzo dei giudici costituzionali (art. 135.1 Cost.). Il decreto presidenziale di nomina di un terzo dei giudici costituzionali è controfirmato dal Presidente del consiglio dei ministri (art. 4 legge 87/1953), senza che ciò possa far pensare ad un intervento governativo circa il contenuto del decreto stesso: la controfirma certifica la sola regolarità del procedimento seguito;

b) il *rinvio delle leggi.* Il Presidente della Repubblica con un *messaggio motivato* può rinviare una legge alle Camere (→ § IX.3.4) per una nuova deliberazione. È messaggio tipico vincolato rispetto al suo contenuto: deve contenere l'indicazione dei motivi del rinvio medesimo;

✓ IL CASO: PUÒ IL CAPO DELLO STATO RINVIARE UNA LEGGE A CAMERE SCIOLTE?

Durante la presidenza Cossiga, alcuni rinvii sono intervenuti a Camere sciolte, con l'avvertenza espressa nel messaggio presidenziale di rinvio che solo le nuove Camere avrebbero dovuto procedere al riesame delle leggi rinviate. In una situazione di normalità, il messaggio di rinvio riavvia il procedimento legislativo e consente al Parlamento di tenere conto dei rilievi mossi dal Capo dello Stato e, eventualmente, di riapprovare la legge nel medesimo testo rendendo la promulgazione obbligatoria. Nell'ipotesi nella quale il Presidente abbia già provveduto allo scioglimento delle Camere, si pone il problema di stabilire se un rinvio presidenziale di leggi già approvate sia legittimo e se il Parlamento ormai sciolto possa legittimamente riconvocarsi per discutere i rinvii presidenziali. Si comprende che, ove si ritenesse che le Camere sciolte non possono riconvocarsi per discutere dei rinvii presidenziali ed eventualmente riapprovare le leggi rinviate, ciò equivarrebbe di fatto a trasformare il potere di rinvio presidenziale da veto sospensivo in veto assoluto. Questa era la tesi sostenuta dallo stesso Presidente della Repubblica, il quale riteneva che il Parlamento sciolto non fosse legittimato a discutere i rinvii presidenziali. La tesi presidenziale fu contraddetta dalla esplicita volontà parlamentare di riconvocarsi per discutere i messaggi presidenziali e, in quell'occasione, fu riapprovata una delle leggi rinviate dal Presidente della Repubblica.

c) i *messaggi presidenziali.* Il Presidente della Repubblica può inviare messaggi "liberi" alle Camere (messaggio non vincolato rispetto al suo contenuto), ai sensi dell'art. 87 Cost. Essi non sono vincolati nel senso che la Costituzione non disciplina il contenuto, che può variare secondo quella che è la volontà presidenziale; di regola dovrebbe trattarsi di atti con i quali il Presidente della Repubblica intende stimolare od orientare l'attività parlamentare su problemi da lui ritenuti cruciali per la vita del paese.

✓ TIPI DI MESSAGGIO PRESIDENZIALE: UN CHIARIMENTO

I **messaggi presidenziali**, secondo la Costituzione (artt. 74 e 87), possono essere di due diversi tipi:
a) *messaggi a contenuto vincolato*: sono quelli che accompagnano l'atto di rinvio delle leggi. Il loro contenuto è vincolato nel senso che il messaggio deve indicare i motivi del rinvio;
b) *messaggi a contenuto libero*: sono i messaggi "liberi" di cui si sta parlando qui. Il loro contenuto è liberamente scelto dal Presidente della Repubblica: questo è il modo formale con cui il Presidente comunica con le Camere.
Tutti i messaggi hanno forma scritta e sono diretti al Parlamento. I messaggi vanno controfirmati dal Presidente del Consiglio dei ministri; invece, il messaggio del Presidente Cossiga del 26 giugno del 1991 recava la controfirma del vice-Presidente del Consiglio dei ministri a significare che – in un clima di profonda crisi istituzionale – il Governo e le forze politiche della coalizione avevano divisioni e perplessità sulla riconducibilità delle iniziative presidenziali entro i confini segnati dalla Costituzione. La mancata controfirma del Presidente del Consiglio dei ministri (Andreotti) e l'intervenuta controfirma del Vice-Presidente del Consiglio (Martelli) rappresentavano vistosamente la volontà di assicurare la validità dell'atto presidenziale senza che ciò però comportasse una piena adesione del Governo alla politica "riformatrice" dell'allora Presidente della Repubblica.

L'invio alla Camera del messaggio non necessariamente promuove un dibattito parlamentare sui suoi contenuti. Questa eventualità si è realizzata solo due volte: dopo il messaggio del Presidente Leone del 15 ottobre 1975 (avente ad oggetto la necessità di procedere ad un rinnovo delle istituzioni pubbliche) e quello del Presidente Cossiga del 26 giugno 1991 (avente ad oggetto il tema delle riforme istituzionali). Secondo una valutazione largamente condivisa, i messaggi non sono riusciti ad incidere sul dibattito politico generale e le forze politiche parlamentari si sono mostrate non particolarmente interessate ai richiami presidenziali;

d) *esternazioni atipiche*: sono tutte quelle manifestazione del pensiero presidenziale i cui destinatari sono genericamente la pubblica opinione o il popolo. Accanto ai *messaggi tipici*, la prassi ha introdotto la figura delle **esternazioni atipiche**, cioè manifestazioni di opinioni o dichiarazioni del Presidente della Repubblica che non assumono le forme previste dalla Costituzione per i messaggi. Sono riconducibili alle esternazioni atipiche presidenziali i "messaggi alla nazione", i discorsi pubblici, le lettere ufficiali, le interviste, le conferenze stampa e, in generale, tutte le altre manifestazioni del pensiero presidenziale che non si concretizzano in atti ufficiali tipici. Tali esternazioni, per la loro natura, si sottraggono alla controfirma e hanno come destinatari i cittadini; grazie a tali esternazioni il ruolo presidenziale si espande al di là del circuito Parlamento-Governo-partiti politici, e si instaura un circuito politico alternativo nel quale il Presidente della Repubblica si pone in rapporto diretto con il corpo elettorale.

Ma le esternazioni atipiche tendenzialmente sfuggono alla disciplina costituzionale, che immagina un Presidente della Repubblica che "parla" solo attraverso messaggi scritti, controfirmati e inviati alle Camere. Le esternazioni atipiche, invece, realizzano un rapporto diretto fra Capo dello Stato e popolo, che si attiva soprattutto nei momenti di crisi del sistema dei partiti e di deficit di legittimazione del tradizionale circuito rappresentativo, mentre dovrebbe restringersi nei periodi di maggiore stabilità politica;

e) la *convocazione straordinaria delle Camere* (art. 62 Cost.), che è diretta a garantire il funzionamento delle istituzioni costituzionali contro eventuali prevaricazioni della maggioranza.

4.8. *Atti formalmente presidenziali e sostanzialmente governativi*

Gli atti formalmente presidenziali e sostanzialmente governativi sono i seguenti:

a) l'*emanazione degli atti governativi aventi valore di legge*, cioè dei decreti-legge (→ § IX.6.2) e dei decreti legislativi (→ § IX.5.3), nonché dei *regolamenti* del Governo (→ § IX.10.3), che assumono la forma del decreto presidenziale.

In questi casi è sicuramente il Governo che determina il contenuto dell'atto, che poi il Presidente emana. Tuttavia, si ritiene (e la Corte costituzionale lo ha confermato, sia pure in un *obiter dictum*: sent. 406/1989) che il Capo dello Stato possa entrare nel procedimento, a seguito della proposta governativa, esercitando un controllo di legittimità e di merito costituzionale sull'atto, analogamente a quanto avviene in sede di promulgazione (dove, come si è visto, il Presidente può esercitare il potere di rinvio): con la conseguenza perciò che, qualora a seguito del rinvio il Governo confermasse l'atto, il Presidente della Repubblica sarebbe tenuto ad emanarlo;

✓ CONTROLLO PRESIDENZIALE SUI DECRETI-LEGGE: LA PRASSI

Nella prassi si trovano alcuni episodi in cui il Capo dello Stato ha operato un controllo sul decreto legge. In un caso, il Presidente Pertini ottenne la modifica del contenuto del decreto legge, prima che il Governo lo adottasse. In un altro caso il Presidente Cossiga negò l'emanazione. Più di recente, nel 2009, il Presidente Napolitano, a seguito della notizia che il Governo stava predisponendo un decreto legge che intendeva paralizzare il decreto della Corte di Appello di Milano con cui si autorizzava l'interruzione del trattamento di sostegno artificiale della Englaro (→ § II.5.3), inviava una lettera al Presidente del Consiglio con cui esponeva le "ragioni costituzionali" che avrebbero impedito allo stesso Capo dello Stato di firmare un simile atto. A questa lettera, seguiva però l'adozione del decreto legge da parte del Governo, a cui il Presidente oppose un rifiuto assoluto e definitivo di emanazione. Questi ultimi due episodi danno forza alla tesi secondo cui, quanto meno in relazione al profilo della carenza dei presupposti di necessità e di urgenza del decreto legge, il Presidente della Repubblica possa opporre un rifiuto assoluto di emanazione. Del resto, a fronte della assenza dei presupposti di costituzionalità del decreto, il rinvio con richiesta di riesame sarebbe un rimedio del tutto inutile.

b) l'adozione, con la forma del ***decreto presidenziale (d.P.R.)***, dei più importanti atti del Governo, ed in particolare della *nomina* dei funzionari dello Stato, nei casi previsti dalla legge (art. 87 Cost.). Per lungo tempo, una quantità sterminata di atti assumeva la forma del decreto presidenziale, senza che ci fossero ragioni precise. La situazione è stata razionalizzata dalla legge (art. 1 della legge 13/1991), che ha individuato gli atti che devono essere emanati con d.P.R., riducendone drasticamente il numero, mentre alcune leggi di settore hanno previsto per molti atti governativi la forma del **decreto del Presidente del Consiglio** dei ministri (**d.P.C.M.**) o dei ministri (**d.m.**). Quanto alle nomine, ora sono state ridotte solamente ai massimi dirigenti statali (art. 13 d.lgs. 80/1998). Conservano la forma del decreto presidenziale pochi atti governativi, come lo *scioglimento anticipato dei Consigli comunali e provinciali*, la *decisione dei ricorsi straordinari al Presidente della Repubblica*, e comunque tutti gli atti per i quali è intervenuta la deliberazione del Consiglio dei ministri;

c) la *promulgazione della legge* (→ § IX.3.4) è attribuita al Capo dello Stato, che deve provvedervi entro un mese dall'avvenuta approvazione parlamentare, salvo il minor tempo richiesto dalle Camere stesse sul presupposto dell'urgenza (votata dalla maggioranza assoluta dei componenti di ciascun ramo del Parlamento) (art. 73 Cost.). La formula di promulgazione:

1. accerta che la legge è stata approvata nel medesimo testo da entrambi i rami del Parlamento;
2. manifesta la volontà di promulgare la legge;
3. ne ordina la pubblicazione nella raccolta ufficiale degli atti normativi della Repubblica italiana;
4. obbliga chiunque ad osservarla e a farla osservare come legge dello Stato;

d) la *ratifica dei trattati internazionali*, predisposti dal Governo, ed eventualmente autorizzati dal Parlamento (→ § IX.4.3), l'*accreditamento dei rappresentanti diplomatici esteri* (art. 87 Cost.), la *dichiarazione dello stato di guerra* previa deliberazione delle Camere, chiamate a conferire al Governo i poteri necessari (art. 78 Cost.). In questo contesto, al Capo dello Stato sono affidati altresì il *comando delle forze armate* e la presidenza del Consiglio supremo di difesa (→ § V.4.9). Ma le decisioni sostanziali relative alla conduzione della politica estera, alla formazione dei trattati, alla dichiarazione dello stato di guerra, al comando delle forze armate sono rimesse al circuito Parlamento-Governo; il Capo dello Stato non può assumere decisioni aventi sostanzialmente carattere tecnico-militare, né tantomeno disporre delle forze armate o assumerne il comando sostanziale. Il Capo dello Stato ha solamente il potere di essere informato dal Governo sui contenuti della politica estera e della difesa, ed esercita i poteri connessi alla presidenza del Consiglio supremo di difesa;

e) la *concessione della* ***grazia*** *e la* ***commutazione delle pene*** (art. 87 Cost.), che si differenziano dall'amnistia e dall'indulto (→ § VIII.11.2.δ) perché si riferiscono a persone singole e consistono nel condono totale o nella commutazione della pena irrogata. Per lungo tempo, è stato controverso se la decisione sostanziale di concedere la grazia fosse del Presidente della Repubblica o del Governo, anche se la prassi tendenzialmente aveva attratto nell'orbita di quest'ultimo la relativa decisione. La ricostruzione prevalente, pertanto, configurava la grazia come "atto complesso", alla cui formazione dovevano concorrere il Governo ed il Presidente della Repubblica. Coerentemente con questa evoluzione, la legislazione ordinaria (art. 681 cod. proc. pen.) conferiva al ministro di giustizia l'attività istruttoria, mentre la prassi faceva precedere il decreto presidenziale di concessione della grazia da una proposta ministeriale.

Recentemente, però, la Corte costituzionale ha ribaltato la situazione configurando la grazia come un *atto formalmente e sostanzialmente presidenziale* (sent. 200/2006). Il Presidente della Repubblica è stato qualificato come "titolare del potere di grazia", escludendo che il ministro possa esercitare "una sorta di potere di veto". La controfirma, necessaria per la validità del decreto di grazia, "*si limita ad attestare la completezza e la regolarità*" dell'istruttoria e del procedimento seguito, ma non implica un'assunzione di responsabilità politica e giuridica da parte del ministro della giustizia;

✓ IL CASO: LA GRAZIA A SOFRI

Questa sentenza è stata adottata in occasione del cosiddetto "caso Sofri", l'intellettuale, un tempo leader della sinistra estrema, condannato per fatti di terrorismo assai lontani nel tempo e ritenuto da ampi settori dell'opinione pubblica estraneo a specifici atti criminali e comunque moralmente riabilitato per il comportamento tenuto negli anni seguenti. Di fronte alle richieste di larga parte dell'opinione pubblica di concedere la grazia a Sofri (e ad Ovidio Bompressi, che ne ha condiviso le vicende), ed al rifiuto da parte del ministro di proporre la grazia al Capo dello Stato, alcuni opinionisti e persino qualche costituzionalista hanno invocato l'intervento diretto da parte di quest'ultimo, chiedendogli di concedere la grazia nonostante l'opposizione del ministro. Il Capo dello Stato ha aderito a questa impostazione e, dopo avere esaminato la documentazione istruttoria relativa all'istanza di grazia presentata da Bompressi (Sofri aveva deciso di non presentare alcuna istanza), ha deciso di concedere il provvedimento di clemenza. Di conseguenza ha chiesto al ministro della giustizia di predisporre il relativo decreto. Siccome però il ministro, sul presupposto che si trattasse di atto sostanzialmente governativo, ha rifiutato di controfirmare l'atto, il Presidente della Repubblica ha promosso conflitto di attribuzione nei confronti di quest'ultimo davanti alla Corte costituzionale.
La sentenza precisa che *"l'esercizio del potere di grazia risponde a finalità essenzialmente umanitaria"*, le quali richiedono *"apprezzamenti di carattere equitativo"*, trattandosi di attuare *"i valori costituzionali consacrati nel terzo comma dell'art. 27 Cost., garantendo il senso di umanità, cui devono ispirarsi tutte le pene"*. Questa funzione della grazia richiede che il potere di concederla sia attribuito ad un organo estraneo al circuito dell'indirizzo politico, cioè al Capo dello Stato, quale organo *super partes*, "rappresentante dell'unità nazionale". Da questa impostazione, la Corte fa derivare conseguenze importanti. In particolare, se il ministro della giustizia è competente a svolgere l'attività istruttoria, di fronte alla richiesta del Capo dello Stato non potrà rifiutarsi di svolgerla, paralizzando il potere di grazia di quest'ultimo. Inoltre se, a seguito dell'istruttoria, il ministro esprime una valutazione contraria alla concessione della grazia, il Capo dello Stato potrà concederla egualmente, motivando le sue ragioni.

f) la Costituzione (art. 87), infine, affida al Capo dello Stato i poteri:
– di "autorizzare" la presentazione alle Camere dei disegni di legge governativi (→ § IX.3.2);
– di "indire" le elezioni delle nuove Camere fissandone la prima riunione; di "indire" il referendum popolare;
– di "conferire" le onorificenze della Repubblica;
– di "emanare" il decreto di scioglimento dei Consigli regionali e la rimozione del Presidente della Giunta che abbiano compiuto atti contrari alla Costituzione o gravi violazioni di legge (art. 126).

4.9. *Atti compiuti nella qualità di Presidente del Consiglio supremo di difesa e del Consiglio superiore della magistratura*

In talune fattispecie, il Capo dello Stato opera come Presidente di un *organo collegiale* e gli atti posti in essere in tale veste si fondono con la volontà del collegio (con la conseguenza che tali atti non richiedono controfirma).

Al Capo dello Stato è attribuita la presidenza del **Consiglio supremo di difesa** (disciplinato dal d.lgs. 66/2010, "Codice dell'ordinamento militare"). Di questo organo fanno stabilmente parte il Presidente del Consiglio dei ministri, che svolge le funzioni di vice Presidente, alcuni ministri (affari esteri, interno, economia e finanze, difesa, attività produttive) e il Capo di stato maggiore della difesa. La competenza del Consiglio di difesa si estende ai problemi generali, politici e tecnici in tema di difesa ed alla determinazione dei criteri e delle direttive per l'organizzazione ed il coordinamento delle attività che comunque la riguardano. La titolarità sostanziale dei poteri militari e di difesa è del Governo, che risponderà politicamente dinanzi al Parlamento dell'esercizio di detti poteri. Ma il Presidente della Repubblica, d'intesa con il Presidente del Consiglio, svolge poteri di convocazione, di formazione dell'ordine del giorno, di nomina e revoca del segretario del Consiglio.

Per quel che concerne la presidenza del *Consiglio superiore della magistratura* (→ § VII.4), comunemente si ritiene che l'attività presidenziale si fonda con quella del collegio, con la conseguenza che si hanno atti del Presidente del Consiglio superiore e non atti del Presidente della Repubblica (perciò non occorre la controfirma). Pur tuttavia, per quanto attiene ai provvedimenti che attengono allo *status* giuridico dei magistrati ordinari, essi assumono la forma di decreti del Presidente della Repubblica controfirmati dal ministro della giustizia, adottati conformemente a quanto deliberato dal C.S.M. (art. 17 legge 195/1958). In questo caso, la prassi riconosce al Capo dello Stato un generico potere di rinvio, ove ravvisi mere irregolarità formali nello svolgimento del procedimento per il conferimento degli incarichi direttivi.

4.10. *La supplenza del Presidente della Repubblica*

Tutte le volte in cui il Presidente della Repubblica non può adempiere le sue funzioni, queste sono esercitate dal *Presidente del Senato* (art. 86 Cost.). La **supplenza** è, quindi, un istituto che consente la continuità delle funzioni presidenziali, anche nell'ipotesi nella quale il Capo dello Stato non possa adempierle a causa di un impedimento. Comunemente si ritiene che il supplente debba attenersi all'esercizio dell'attività di ordinaria amministrazione, anche se non vi è coincidenza di vedute circa la definizione degli atti concretamente riconducibili a tale categoria.

Gli impedimenti si distinguono in: *impedimenti temporanei e impedimenti permanenti*. Nel caso in cui si verifichi un *impedimento temporaneo*, il Presidente del Senato è legittimato all'esercizio delle funzioni presidenziali, assumendo la funzione di supplente del Presidente della Repubblica; nel momento in cui cessa l'impedimento cessa la supplenza e il Presidente della Repubblica riacquista il pieno esercizio delle sue funzioni.

Nel caso di *impedimento permanente*, così pure di morte o di dimissioni, scatta sempre la supplenza del Presidente del Senato, ma in questo caso il Presidente della Camera dei deputati, ai sensi dell'art. 86.2, avvia il procedimento per l'elezione del nuovo Presidente della Repubblica.

L'accertamento dell'impedimento temporaneo è dichiarato dallo stesso Capo dello Stato. In ragione di ciò, la supplenza opera automaticamente senza obbligo per il Presidente del Senato di prestare giuramento. Più delicato è il problema dell'accertamento dell'impedimento tutte le volte nelle quali il Capo dello Stato sia privo della capacità di intendere e volere o, ancora, qualora si versi nella situazione di impedimento permanente. In occasione della grave e irreversibile malattia che colpì il Presidente Segni nel 1964, si diede vita ad una particolare procedura che vide attivarsi il segretario generale della Presidenza della Repubblica, che ufficializzò un bollettino del collegio dei medici di fiducia del Presidente, cui seguirono attività del Governo e dei Presidenti delle Camere volte tutte a dare atto che si fosse verificato un impedimento tale da far ritenere legittimo il ricorso all'istituto della supplenza.

test **on-line**

✓ QUANDO IL PRESIDENTE VIAGGIA ALL'ESTERO

Molti Presidenti della Repubblica hanno ritenuto di dover far ricorso alla supplenza del Presidente del Senato anche in occasione di viaggi all'estero. A dire il vero, si tratta di un'applicazione particolare dell'art. 86 Cost., ove solo si pensi che, nel caso di viaggio all'estero, non vi è un Presidente della Repubblica impedito allo svolgimento delle sue funzioni. Al contrario, il Presidente in viaggio all'estero è chiamato ad esercitare le sue funzioni. Tutt'al più, se di impedimento si può parlare, questo sarebbe circoscritto alle funzioni che il Capo dello Stato esercita in riferimento alle attività istituzionali interne al nostro paese. Pertanto, sarebbe preferibile parlare di alcune funzioni presidenziali che, in circostanze che allontanano il Presidente dal territorio nazionale, vengono ad essere esercitate dal Presidente del Senato.

VI. REGIONI E GOVERNO LOCALE

SOMMARIO: 1. Le Regioni nella storia istituzionale italiana. – 2. La ripartizione delle competenze tra Stato, Regioni ed enti locali. – 3. I raccordi tra i diversi livelli territoriali di governo. – 3.1. La Commissione bicamerale integrata. – 3.2. La Conferenza Stato-Regioni e le altre Conferenze. – 3.3. Il principio di leale collaborazione. – 4. I rapporti tra le Regioni e gli enti locali. – 5. Finanza regionale e finanza locale. – 6. La forma di governo regionale. – 6.1. La c.d. "forma di governo transitoria". – 6.2. Il margine delle scelte statutarie. – 7. La forma di governo degli enti locali.

1. LE REGIONI NELLA STORIA ISTITUZIONALE ITALIANA

L'organizzazione costituzionale italiana prevede, accanto agli apparati dello Stato centrale, un complesso sistema di autonomie regionali e locali. La Costituzione italiana del 1948 aveva previsto infatti uno **Stato regionale** e autonomista, basato su Regioni dotate di:

– **autonomia politica** (art. 114 Cost.), cioè sulla capacità di darsi un proprio indirizzo politico, anche diverso da quello dello Stato;
– **autonomia legislativa** (art. 117) e **amministrativa** nelle materie espressamente indicate dalla Costituzione (art. 118);
– **autonomia finanziaria** (art. 119 Cost.), cioè l'attribuzione di risorse finanziarie necessarie per esercitare le loro competenze, anche attraverso tributi regionali e la partecipazione ai proventi di tributi statali, nonché la libertà di stabilire come e in quali settori spendere le risorse che affluiscono nei loro bilanci.

Le Regioni, cui si doveva applicare la disciplina prevista dalla Costituzione, erano quindici. Ad esse si aggiungevano altre cinque regioni (Sicilia, Sardegna, Friuli-Venezia Giulia, Trentino-Alto Adige, Valle d'Aosta) dotate di un'autonomia differenziata, più ampia di quella delle altre regioni, e definita nei suoi contenuti dallo statuto di ciascuna di queste regioni, approvato con legge costituzionale. Mentre le regioni disciplinate direttamente dalla Costituzione sono state denominate **regioni ordinarie**, le altre sono state chiamate **regioni speciali**. Condizioni di particolare autonomia, paragonabili a quelle delle Regioni speciali, sono state pure riconosciute alle ***Province autonome di Trento e Bolzano***.

Inoltre, il documento costituzionale riconosceva anche l'autonomia di enti territoriali riguardanti un'area più piccola di quella regionale, cioè i *Comuni* e le *Province*. L'autonomia di questi "enti locali" doveva essere definita da leggi generali dello Stato.

Nonostante la previsione costituzionale, le regioni ordinarie sono state istituite concretamente solo nel 1970. L'esercizio effettivo delle funzioni da parte delle regioni richiedeva che lo Stato, con legge o con atto equiparato (c.d. **decreti di trasferimento**: → § X.2.3), trasferisse loro le funzioni amministrative, insieme con il personale necessario per esercitarle. Tale trasferimento, secondo l'VIII disposizione transitoria della Costituzione, sarebbe dovuto avvenire con legge dello Stato. Ma ad esso si è provveduto prima nel 1972 e poi nel 1977 (con il d.lgs. 616/1977): si è trattato però di un trasferimento parziale, perché i ministeri hanno conservato numerose competenze nell'ambito delle materie che la Costituzione affidava alle Regioni.

✓ LA "RIFORMA BASSANINI"

Una svolta nella ripartizione delle funzioni amministrative c'è stata con la legge 59/1997 (la cosiddetta "***legge Bassanini***" dal nome del ministro che ne è stato l'ideatore), la quale introduceva il seguente principio: alle Regioni ed agli enti locali dovevano essere attribuite tutte le funzioni e i compiti amministrativi relativi alla cura ed alla promozione dello sviluppo delle rispettive comunità, nonché i compiti amministrativi localizzabili nei rispettivi territori, con la sola eccezione di quei compiti e funzioni amministrative riservate espressamente dalla legge medesima allo Stato (ad esempio: difesa, forze armate, rapporti con le confessioni religiose, tutela dei beni culturali, ecc.). In questo modo, si operava un vero e proprio capovolgimento della precedente logica di riparto: prima della legge 59/1997, infatti, la Regione esercitava esclusivamente le funzioni amministrative nelle materie in cui aveva competenza legislativa. Con la "riforma Bassanini" si realizzava, pertanto, un'interpretazione evolutiva dell'art. 118 Cost., in virtù della quale le funzioni amministrative venivano attribuite, in linea di principio, a Regioni ed enti locali anche nelle materie in cui lo Stato aveva la titolarità della funzione legislativa. Sulla base dei principi indicati nella citata legge delega del 1997, sono stati emanati alcuni decreti legislativi (di cui il più importante è il d.lgs. 112/1998), che hanno avviato un processo di riorganizzazione dello Stato in senso regionalista e autonomista. Questo processo era avviato a "costituzione invariata" e quindi si potevano avanzare dei dubbi sulla effettiva compatibilità delle soluzioni adottate con la disciplina costituzionale. A ciò si aggiungevano le spinte di alcune forze politiche e di correnti di opinione favorevoli a spostare sul terreno della riforma costituzionale il processo di ristrutturazione dello Stato in senso regionalista e autonomista. Tutto ciò ha portato alla "Riforma del Titolo V".

Nel 2001 il Parlamento ha approvato una legge costituzionale (legge cost. 3/2001) di riforma organica del Titolo V della Parte II della Costituzione, che è entrata in vigore a seguito dell'esito positivo del referendum costituzionale di cui all'art. 138 Cost. (→ § IX.1.2). La nuova disciplina costituzionale ha profondamente mutato l'assetto dei rapporti tra Stato, Regioni ed enti locali, realizzando un forte decentramento politico: essa ha avuto effetti di notevole impatto sull'intero assetto costituzionale (impatto che emerge in diversi punti del manuale, che saranno segnalati dal "pulsante" ❼). La riforma, comunque, piuttosto che delineare uno "Stato federale", basato sullo Stato centrale ed i singoli Stati membri (o Regioni), che restano "padroni" dell'ordinamento degli enti territoriali minori, ha disegnato una **Repubblica delle autonomie**, articolata su più livelli territoriali di governo (Comuni, Città metropolitane, Province, Regioni), ciascuno dotato di autonomia politica costituzionalmente garantita. La riforma costituzionale del 2001 è stata preceduta da un'altra legge costituzionale (legge cost. 1/1999), che aveva modificato la forma di governo regionale, introducendo l'elezione popolare diretta del Presidente della Giunta e ampliando l'autonomia statutaria in materia di forma di governo (→ § VI.6).

2. La ripartizione delle competenze tra Stato, Regioni ed enti locali

La Costituzione ha previsto che la Repubblica sia articolata in Comuni, Province, Città metropolitane, Regioni e Stato, tutti costituzionalmente dotati di autonomia. Il nuovo testo dell'art. 114, pertanto, pone sullo stesso piano lo Stato e gli altri enti territoriali minori, garantendo a ciascuno di essi una sfera di autonomia politica nell'ambito di quell'unità complessiva che è la *Repubblica*. L'autonomia comporta, in primo luogo, l'attribuzione a Comuni, Province, Città metropolitane e Regioni di autonomia statutaria (→ § X.1) nell'ambito dei principi fissati dalla Costituzione (art. 114.2).

La scelta a favore di una "Repubblica delle autonomie" ha delle immediate conseguenze sul modo in cui sono ripartite le competenze – sia quelle legislative che quelle amministrative – tra lo Stato e gli altri enti territoriali. In un sistema in cui è prevista la parità di rango (equiordinazione) degli enti territoriali, la legge statale e la legge regionale sono pure pariordinate, e la prima ha perduto quella posizione di prevalenza che aveva nel precedente sistema. Lo Stato, pertanto, ha perduto *la potestà legislativa generale*, che aveva nel precedente assetto, perché d'ora in poi può legiferare solamente nelle materie individuate dalla Costituzione ed espressamente a lui riservate. Inoltre, la legge statale e la legge regionale sono sottoposte agli stessi limiti: *rispetto della Costituzione*, nonché *dei vincoli derivanti dall'ordinamento europeo e dagli obblighi internazionali* (→ § X.2).

Anche sul piano della *potestà regolamentare*, la competenza dello Stato è limitata alle materie di competenza legislativa esclusiva, mentre in ogni altra materia la potestà regolamentare è riservata alle Regioni (→ § X.3).

Come si è visto, secondo l'interpretazione prevalente del testo costituzionale originario doveva operare il **principio del "parallelismo delle funzioni"**, per cui nelle materie di competenze legislativa delle Regioni, queste ultime esercitavano anche le funzioni amministrative, mentre, in tutte le altre, le funzioni amministrative erano imputate allo Stato. Con la "legge Bassanini", prima, e con la riforma costituzionale, poi, si è tentato di superare questo principio con l'attribuzione ai Comuni della generalità delle funzioni amministrative, con la sola eccezione di quelle che, per assicurarne l'esercizio unitario, siano conferite a Province, Città metropolitane, Regioni e Stato, sulla base dei **principi di sussidiarietà** (il livello di governo superiore interviene solo quando l'amministrazione più vicina ai cittadini non possa da sola assolvere al compito: → § II.7.2 e § XI.2.4✓), **differenziazione** (enti dello stesso livello possono avere competenze diverse) e **adeguatezza** (le funzioni devono essere affidate ad enti che abbiano requisiti sufficienti di efficienza). Pertanto, a seguito della riforma costituzionale, tutte le funzioni dell'amministrazione pubblica dovrebbero essere tendenzialmente assegnate ad un'*amministrazione locale*, salvo che non vi sia l'esigenza di unificarne l'esercizio ad un livello più elevato.

Anche il nuovo testo costituzionale *ha mantenuto le cinque Regioni speciali*, il cui ordinamento e le cui funzioni sono stabiliti dai rispettivi statuti, approvati con legge costituzionale. Fino all'adeguamento di questi alla disciplina del nuovo Titolo V della Parte II della Costituzione, è previsto che le nuove disposizioni costituzionali si applicano anche alle Regioni speciali ed alle Province autonome di Trento e Bolzano per le parti in cui prevedono forme di autonomia più ampie rispetto a quelle già attribuite (art. 10 legge cost. 3/2001: → § X.2.3).

3. I RACCORDI TRA I DIVERSI LIVELLI TERRITORIALI DI GOVERNO

Negli Stati federali, o comunque a forte decentramento politico, si pone il problema dei *raccordi* (ossia degli strumenti di collegamento e di coordinamento) tra i diversi livelli territoriali di governo. È ingenuo, infatti, credere che ciascun ente territoriale possa operare in piena autonomia ed in modo assolutamente separato dagli altri, solo perché il testo costituzionale ha individuato le materie di competenza di ciascun ente. Infatti, in una società industriale ad intenso mutamento ed a forte sviluppo tecnologico, le materie sono sempre interconnesse e qualsiasi problema complesso (dall'ambiente alle infrastrutture, dalla riconversione di settori economici in crisi al sistema dei trasporti) richiede il coordinamento di tutti i centri di potere pubblico, e non la parcellizzazione dell'indirizzo politico. Anche per questo, alcune competenze statali sono di tipo "**trasversale**", tagliano cioè più materie (come, per esempio, per le competenze statali relative alla "tutela della concorrenza", i "livelli essenziali" delle prestazioni pubbliche e la "tutela dell'ambiente", che ovviamente incidono su numerose materie, anche di competenza regionale: sul punto vedi poi → § X.2.3).

La riforma costituzionale del 2001 non ha previsto quel meccanismo di raccordo presente in numerosi Stati federali che è la *Camera delle regioni*, la quale, inserendo le Regioni nello stesso procedimento di formazione della legge statale, fa sì che l'esatta determinazione di ciò che può fare lo Stato e di ciò che invece è attribuito alle Regioni sia di volta in volta negoziato politicamente. Attualmente pertanto, in attesa della riforma del Senato (che sarebbe stata radicale, se fosse passata la riforma costituzionale bocciata dal *referendum* costituzionale del 4 dicembre 2016), i raccordi principali sono: la Commissione bicamerale integrata; il sistema delle conferenze.

3.1. *La Commissione bicamerale integrata*

La **Commissione parlamentare per le questioni regionali** è un organo bicamerale (→ § V.3.1.6) previsto dalla Costituzione del 1948 per svolgere compiti consultivi, limitati essenzialmente all'ipotesi di scioglimento anticipato dei Consigli regionali. La nuova disciplina introdotta con la riforma costituzionale del 1999 prevede (art. 126 Cost.) che, con decreto motivato del Presidente della Repubblica, sentita la Commissione bicamerale, siano disposti lo *scioglimento del Consiglio regionale* e la *rimozione del Presidente della Giunta* che abbiano compiuto atti contrari alla Costituzione o gravi violazioni di legge, oppure ancora per ragioni di sicurezza nazionale.

Ma è stato l'art. 11 della legge cost. 3/2001 ❼, a valorizzare la Commissione, con l'attribuzione di rilevanti funzioni di raccordo tra Stato e Regioni. Esso prevede infatti che:

a) i regolamenti parlamentari possono prevedere la partecipazione di rappresentanti delle Regioni, delle Province autonome e degli enti locali alla Commissione bicamerale;

b) quando un progetto di legge riguardante le materie in regime di competenza legislativa concorrente, ovvero relativo all'autonomia finanziaria di entrata e di spesa, contenga disposizioni sulle quali la citata Commissione parlamentare, come sopra integrata, abbia espresso parere contrario o parere favorevole condizionato all'introduzione di modificazioni specificamente formulate, e la Commissione che ha svolto l'esame in sede referente non vi si sia adeguata, queste parti del progetto di legge possono essere approvate solamente se l'Assemblea delibera a maggioranza assoluta dei suoi componenti.

Ma, a diversi anni di distanza, nessun atto attuativo è stato deliberato e l'ipotesi della "Commissione bicamerale integrata" sembra ormai abbandonata.

3.2. *La Conferenza Stato-Regioni e le altre Conferenze*

Il "sistema delle Conferenze" è stato creato già prima della riforma costituzionale del 2001 e costituisce ancora oggi il principale strumento con cui si svolge la "leale collaborazione" tra Stato, Regioni e autonomie locali. Il nucleo fondamentale è la **Conferenza permanente per i rapporti tra lo Stato, le Regioni e le Province autonome di Trento e Bolzano** (la c.d. "**Conferenza Stato-Regioni**"), a cui è stata affiancata la **Conferenza Stato, Città e autonomie locali**: per le materie ed i compiti di interesse comune, le due Conferenze sono riunite insieme nella **Conferenza unificata**. Queste Conferenze (la cui disciplina è dettata dal d.lgs. 281/1997) sono presiedute dal Presidente del Consiglio, o da un ministro da lui delegato, e sono formate da alcuni ministri e dai Presidenti delle Regioni (la Conferenza Stato-Regioni) ovvero dai rappresentati degli enti locali (la Conferenza delle autonomie locali). Esse sono sedi di confronto tra il Governo e le istituzioni regionali e locali, coinvolte nell'elaborazione del contenuto di alcuni atti del Governo che incidono sugli interessi e le competenze delle Regioni. Il più delle volte ciò avviene attraverso la previsione normativa secondo cui determinati atti del Governo (per esempio, il disegno di legge di bilancio o il disegno di legge comunitaria) devono essere preceduti dal parere di una di tali Conferenze: questo parere, di regola, non è giuridicamente vincolante (→ § I.2.9.5), ma politicamente è dotato di grande forza, cosicché, se le Regioni riescono ad esprimerlo in modo unitario, è assai improbabile che il Governo se ne discosti. In altri casi, specie laddove lo Stato svolga funzioni di raccordo di attività ricadenti nelle competenze regionali, è previsto lo strumento dell'**intesa**, ossia del consenso delle Regioni, che così sono chiamate alla codecisione dell'atto.

Un ruolo di particolare rilievo l'ha assunto la **Conferenza dei Presidenti** delle Regioni e il suo Presidente (eletto al suo interno), che svolge un ruolo fondamentale di interlocutore politico del Governo soprattutto nella gestione di questioni complesse, com'è stata la pandemia da Covid-19 ⓬.

3.3. *Il principio di leale collaborazione*

La giurisprudenza della Corte costituzionale da tempo ritiene che il **principio di leale collaborazione** "deve governare i rapporti tra lo Stato e le Regioni nelle materie e in relazione alle attività in cui le rispettive competenze concorrono o si intersechino imponendo un contemperamento dei rispettivi interessi" (sent. 242/1997). Le leggi statali hanno stabilito numerose forme di collaborazione, che vanno dalla previsione secondo cui determinati atti devono essere adottati dallo Stato, previa intesa con la Regione, alla richiesta di pareri, all'istituzione di organi misti, formati da rappresentanti dello Stato e da rappresentanti delle Regioni, allo scambio di informazioni, ecc.

Il bisogno di cooperazione tra diversi livelli di governo si fa sentire ancora più insistente a seguito della riforma costituzionale del 2001, poiché il tendenziale livellamento tra di essi ha tolto allo Stato quella posizione di supremazia che era ben rappresentata dai richiami costituzionali alla prevalenza dell'interesse nazionale. Nella costituzione del 1948 era previsto che le leggi regionali incontrassero un limite "politico" nell'**interesse nazionale**: il Governo poteva bloccarle e provocare una decisione dell'organo politico nazionale di vertice, il Parlamento. Benché questo meccanismo non sia mai stato attivato, la prevalenza dell'interesse nazionale, ossia delle esigenze unitarie, è stato fatto valere dal Governo di fronte alla Corte costituzionale impugnando tutte le leggi che contraddicevano quello che il Governo riteneva meritare una disciplina unitaria, "non frazionabile". Avendo allora il controllo preventivo sulle leggi regionali (che poteva impugnare davanti alla Corte costituzionale prima che entrassero in vigore: → § X.2.2), il Governo godeva di una posizione di supremazia rispetto alle Regioni.

L'eliminazione nel 2001 di qualsiasi riferimento all'interesse nazionale e l'imporsi invece una visione dei rapporti tra i diversi livelli di governo che "*obbedisce ad una concezione orizzontale-collegiale ... più che ad una visione verticale-gerarchica degli stessi*" (sent. 31/2006), hanno provocato un rafforzamento delle esigenze di cooperazione.

Per esempio, le "*competenze trasversali*" dello Stato che, come si è detto, "tagliano" più materie attribuite alle Regioni, di modo che, anche in queste, lo Stato può intervenire in nome della tutela di esigenze unitarie e di coordinamento (→ § X.2.3). Ma la Corte gli chiede di non agire unilateralmente, ma sempre attraverso procedure di collaborazione con le Regioni.

✓ LA SENTENZA SULLA "LEGGE MADIA"
E I VINCOLI DELLA LEALE COLLABORAZIONE

La Corte ha sempre ribadito che il principio di leale collaborazione riguarda essenzialmente gli organi esecutivi (Governo e Giunte regionali) e le attività amministrative: gli accordi tra gli organi esecutivi non possono invece vincolare il Parlamento, che è "sovrano" e non può mai essere tenuto a rispettare gli accordi raggiunti attraverso procedure di negoziazione. Questo fa capire qual è la profonda debolezza del castello costruito sulla leale collaborazione. Per esempio gli accordi raggiunti

con difficoltà in sede di Conferenza non possono essere un limite della legislazione e non è mai accaduto che una legge dello Stato fosse dichiarata illegittima perché violava gli accordi.
Gli unici vincoli stanno in due ipotesi specifiche. La prima riguarda la delegazione legislativa (→ § IX.5): se la legge di delega impone al Governo di acquisire il parere della Conferenza (o più genericamente delle Regioni), questo è un adempimento procedurale che non può essere ignorato dal Governo delegato. La seconda ipotesi si realizza in quei casi in cui il legislatore è tenuto a prevedere il coinvolgimento delle Regioni perché la legge che sta licenziando entra in materie riservate ad esse: è il caso delle c.d. "materie trasversali" e della "chiamata in sussidiarietà" → § X.2). In questi casi la legge statale sarebbe illegittima se non prevedesse forme di coinvolgimento delle Regioni nell'attuazione della legge stessa. Questo principio è stato ribadito dalle sent. 251/2016, che ha dichiarato illegittima la c.d. ***legge Madia***, che contiene un'ampia delega al Governo per la riforma della PA, nella parte in cui non prevede l'intesa con le Regioni nella predisposizione dei decreti-delegati laddove gli interessi regionali sono maggiormente coinvolti.

Un'altra esigenza di raccordo riguarda l'esercizio del **potere estero** delle Regioni ed i rapporti delle stesse con l'Unione europea. Lo Stato conserva la potestà legislativa esclusiva in ordine a "*politica estera e rapporti internazionali dello Stato; rapporti dello Stato con l'Unione Europea; diritto d'asilo e condizione giuridica dei cittadini di Stati non appartenenti all'Unione Europea*". Tuttavia, nelle materie di sua competenza la Regione può concludere accordi con Stati e intese con enti territoriali interni ad altro Stato. Ma ciò può avvenire solamente nei casi e con le forme disciplinati da leggi dello Stato (art. 117.9), che quindi deve prevedere meccanismi che assicurino il raccordo tra la politica estera dello Stato e le attività di rilievo internazionale delle Regioni. Inoltre, è previsto che le Regioni e le Province autonome di Trento e di Bolzano, nelle materie di loro competenza, partecipino alle decisioni dirette alla formazione degli atti normativi dell'Unione europea e provvedano all'attuazione e all'esecuzione degli accordi internazionali e degli atti dell'UE. Ma, anche in questo caso, la partecipazione alla formazione ed all'attuazione degli atti dell'UE deve avvenire *nel rispetto delle norme di procedura stabilite da legge dello Stato, che disciplina le modalità di esercizio del potere sostitutivo del Governo in caso di inadempienza* (art. 117.5 Cost.).

Infine, va evidenziato che il Governo (cioè l'autorità politica, e non semplicemente un organo amministrativo: cfr. sent. 195/2019 della Corte costituzionale) può esercitare il **potere sostitutivo** nei confronti degli organi delle Regioni, delle Città metropolitane, delle Province e dei Comuni. In caso di mancato rispetto di norme e trattati internazionali o della normativa UE o di pericolo grave per l'incolumità e la sicurezza pubblica, ovvero quando lo richiedono la tutela dell'unità giuridica o dell'unità economica e, in particolare, la tutela dei livelli essenziali delle prestazioni concernenti i diritti civili e sociali (art. 120.2 Cost.), il Governo può surrogarsi, emanando direttamente o attraverso un **commissario *ad acta*** l'atto necessario. L'esercizio di questo potere straordinario (che però si accompagna ad un analogo potere che le Regioni possono esercitare nei confronti degli enti locali, per assicurare il corretto esercizio delle funzioni ad essi conferite dalla Regione stessa) è comunque circondato da forti garanzie per l'ente "sostituito", che deve essere preventivamente diffidato e messo in termini per adempiere "spontaneamente".

4. I rapporti tra le Regioni e gli enti locali

Un problema politico-istituzionale che ha sempre accompagnato l'evoluzione dello "Stato-regionale" in Italia è stato quello dei rapporti tra Stato e Regioni, da una parte, e gli enti locali (Comuni, Province, e più recentemente le Città metropolitane), dall'altra. Il testo originario della Costituzione del 1948 con una norma ancora oggi in vigore stabiliva che "*la Repubblica riconosce e promuove le autonomie locali*" (art. 5 Cost.) e demandava, con una disposizione oggi abrogata, a "*leggi generali*" il compito di determinare i principi cui si doveva ispirare l'autonomia degli enti locali (art. 128). Tuttavia, l'attuazione di questi principi è avvenuta con molto ritardo e, quando le Regioni ordinarie sono state istituite, i Comuni e le Province hanno dovuto fare i conti con un nuovo "centralismo": quello di molte Regioni che evitavano di attribuire ai Comuni le funzioni amministrative nelle materie di loro competenza e tendevano a mantenere una posizione di sopraordinazione e di controllo nei confronti degli enti locali.

L'avvio del cambiamento si è avuto con la legge 142/1990, che ha riformato l'ordinamento degli enti locali rendendoli più efficienti; poi c'è stata la riforma del 1993 (→ § VI.7), che ha introdotto l'elezione diretta del Sindaco e del Presidente della Provincia; quindi è stato emanato il testo unico degli enti locali (d.lgs. 267/2000), che ha riordinato la materia. Più di recente, attraverso un processo di riforma alquanto caotico e culminato nella c.d. ***legge Delrio*** (legge 56/2014), si è profondamente rivisto l'ordinamento dell'**ente intermedio**, quello che si colloca tra il Comune e la Regione. La Provincia rimane, ma diventa un ente di "secondo grado", i cui organi non sono eletti direttamente dai cittadini ma dagli organi dei Comuni che ne fanno parte.

Il sistema degli enti locali attualmente si basa dunque su:

– il **Comune**, ente locale rappresentativo della propria comunità, di cui cura gli interessi e promuove lo sviluppo, dotato di autonomia statutaria, normativa, organizzativa e amministrativa, nonché di autonomia impositiva e finanziaria nell'ambito delle leggi di coordinamento della finanza pubblica; i suoi organi (sindaco e consiglio) sono eletti direttamente dai cittadini;

– la **Provincia,** è un ente intermedio tra Comune e Regione, i cui organi (presidente e consiglio) sono eletti dai sindaci e dai consiglieri dei comuni ricompresi. Un terzo organo, l'assemblea, riunisce tutti i sindaci. La Provincia ha funzioni "di area vasta", di coordinamento (urbanistica, ambiente, trasporti, rete scolastica), ma anche di gestione (strade, edilizia scolastica, ecc.);

– la **Città metropolitana**, che è stata istituita alla fine del 2014 soltanto in alcune delle città maggiori (la *legge Delrio* la prevede a Torino, Milano, Venezia, Genova, Bologna, Firenze, Bari, Napoli e Reggio Calabria, più Roma Capitale). In linea di principio essa si sostituisce alla Provincia ed è governata da un sindaco metropolitano (che di regola è il sindaco del capoluogo), da un consiglio eletto dai sindaci e dai consiglieri dei Comuni compresi nella sua area, e dalla conferenza metropolitana che riunisce tutti i sindaci. La Città metropolitana si occupa soprattutto dei piani territoriali, del coordinamento dei servizi e della mobilità;

– le **Unioni di Comuni**, che sono enti locali costituiti da due o comuni per l'esercizio associato di funzioni o servizi di competenza.

✓ LA PROVINCIA: UN ENTE INUTILE DA SOPPRIMERE?

Già nei lavori dell'Assemblea Costituente, la prospettiva della soppressione della Provincia era largamente condivisa, anche se poi alla fine non riuscì a prevalere. Il fatto è che la Provincia non è nata come un ente a base democratica, rispondente alle esigenze di autogoverno delle comunità locali, ma piuttosto come un'articolazione periferica dello Stato centrale che, attraverso il Prefetto (che della Provincia era il capo), metteva "sotto controllo" i Comuni. Negli ultimi tempi, sotto la pressione dell'esigenza di ottenere tagli alla spesa pubblica attraverso la eliminazione degli "enti inutili", anche la Provincia è stata oggetto di una serie di provvedimenti legislativi tesi a ridurne il numero e a trasformarle in enti di "secondo livello", i cui organi non avrebbero dovuto essere eletti direttamente dal popolo. Ma a questa importante riforma si è dato corso attraverso lo strumento meno adatto, il decreto-legge (→ § IX.6): per questo motivo la Corte costituzionale l'ha bocciata (sent. 220/2013), affermando però tra le righe che l'autonomia provinciale è costituzionalmente garantita. Di conseguenza il Governo ha presentato una proposta di riforma che mira a eliminare dal testo costituzionale qualsiasi riferimento alle Province. Ma la battaglia sulla sopravvivenza delle Province è tutt'altro che decisa!

Con la legge cost. 3/2001 ❼, la condizione degli enti locali è cambiata profondamente. Infatti, prima di questa riforma la loro autonomia risultava sostanzialmente "decostituzionalizzata", visto che le regole e gli strumenti della stessa erano demandati alle scelte del legislatore (in particolare di quello statale). Con la riforma costituzionale del 2001, invece, l'autonomia di Comuni, Province e Città metropolitane ottiene la più ampia garanzia costituzionale, a partire dal già citato art. 114 che pone questi enti sullo stesso piano della Regione e dello Stato. Vi è quindi la garanzia dell'autonomia di ciascuno di tali enti del potere di darsi autonomamente un proprio *statuto* (→ § X.4.2), il quale stabilisce *le norme fondamentali dell'organizzazione dell'ente.*

Ma l'innovazione più importante operata dalla riforma del 2001 consiste nella previsione costituzionale secondo cui l'amministrazione pubblica deve essere, in linea tendenziale, una amministrazione locale. Infatti, l'art. 118 Cost., stabilisce che le *funzioni amministrative sono attribuite ai Comuni.* Coerentemente con questa previsione costituzionale, lo stesso art. 118 stabilisce che i Comuni, le Province e le Città metropolitane sono titolari di **funzioni proprie**, oltre a quelle loro conferite con legge statale o regionale. Lo Stato, però, conserva la "potestà legislativa esclusiva" per quanto riguarda "*legislazione elettorale, organi di governo e funzioni fondamentali di Comuni, Province e Città metropolitane*" (art. 117.2 lett. p).

Per quanto riguarda, infine, i raccordi tra la Regione e gli enti locali, la Costituzione prevede che in ogni Regione lo statuto deve disciplinare il **Consiglio delle autonomie locali**, in cui siedono i rappresentanti degli enti locali, il quale deve funzionare come organo con funzioni consultive (art. 123.4).

5. Finanza regionale e finanza locale

Nei sistemi federali, l'autonomia degli enti territoriali riguarda anche il versante finanziario. Si usa l'espressione **federalismo fiscale** per indicare un sistema di finanza pubblica che riconosce tanto l'autonomia degli enti territoriali (Stati membri o

Regioni) – con i connessi poteri di imposizione tributaria e di determinazione del modo in cui spendere le risorse disponibili – quanto l'esistenza di interventi finanziari centrali, sotto forma di trasferimenti, con cui realizzare obiettivi di politica economica e sociale non tutelati dagli enti territoriali. L'art. 119 Cost. (recentemente modificato dalla legge cost. 1/2012) garantisce l'**autonomia finanziaria**, sia sul versante delle entrate che su quello delle spese, a favore delle Regioni e degli enti locali. Questo riconoscimento significa che gli enti territoriali:

a) devono avere entrate proprie e il potere di concorrere a determinarne la composizione e la quantità;
b) devono poter stabilire liberamente come spendere le risorse di cui dispongono.

Svolgendo tale principio, la Costituzione prevede che Regioni ed enti locali abbiano una finanza alimentata sia con tributi ed entrate proprie, sia con compartecipazioni al gettito di tributi statali riferibili al loro territorio (che significa una percentuale del prelievo tributario realizzato mediante tributi previsti e applicati dallo Stato). L'autonomia finanziaria comporta altresì che Regioni ed enti territoriali potranno avere autonomia di scelta sia in ordine al livello di imposizione tributaria, sia su come impiegare le risorse che hanno a disposizione.

Lo Stato non ha però perduto il potere di intervenire nella disciplina della finanza regionale, tutt'altro. Infatti, l'art. 117.3 (modificato dalla legge cost. 1/2012) prevede la materia "*coordinamento della finanza pubblica e del sistema tributario*". Trattandosi di "potestà legislativa concorrente", però, lo Stato potrà introdurre solamente i "principi fondamentali" rimettendo tutto il resto della disciplina alle Regioni. Mentre lo Stato ha "potestà legislativa esclusiva" in ordine alla "*armonizzazione dei bilanci pubblici*" (disciplinata dal d.lgs. 118/2011 e successive modificazioni) e alla "*perequazione delle risorse finanziarie*".

Lo sviluppo di questi principi comporterà, tra l'altro, che le Regioni e gli enti locali saranno dotati di risorse finanziarie diverse a seconda della ricchezza economica del rispettivo territorio. Infatti, il gettito dei tributi (ossia il provento derivante dall'applicazione dei tributi) – sia di quelli statali riferibili al territorio regionale e devoluti alle Regioni e agli enti locali, sia di quelli istituiti direttamente dalle Regioni – varia in funzione della ricchezza tassata. Pertanto, le Regioni più povere avranno meno mezzi finanziari e quelle più ricche avranno più risorse su cui contare. Al fine di evitare che, per effetto di tale disciplina, tra i diversi enti territoriali si creino delle differenze di disponibilità finanziarie eccessive, mettendo a repentaglio l'unità del Paese, è previsto un **fondo perequativo**, a favore dei *territori con minore capacità fiscale per abitante*. Il "fondo perequativo" ha la funzione di assegnare agli enti territoriali economicamente più deboli delle risorse aggiuntive, consentendo così di finanziare integralmente le funzioni pubbliche loro attribuite.

In aggiunta al "fondo perequativo", è previsto (art. 119.5 Cost.) che lo Stato possa destinare risorse aggiuntive ed effettua interventi speciali in favore di determinati enti, al fine di promuovere lo sviluppo economico, la coesione e la solidarietà sociale, ovvero per rimuovere gli squilibri economici e sociali, per favorire l'effettivo esercizio dei diritti della persona, o per provvedere a scopi diversi dal normale esercizio delle funzioni.

✓ IL "FEDERALISMO FISCALE": LA SUPPLENZA DELLA CORTE COSTITUZIONALE

Il nuovo art. 119 è un testo "a maglie larghe", che consente soluzioni interpretative diverse che lasciano al legislatore ampio spazio nell'individuazione di modalità specifiche di realizzazione del "federalismo fiscale". In assenza di una disciplina legislativa che detti i principi fondamentali in materia di "coordinamento della finanza pubblica e del sistema tributario", la Corte costituzionale ha dovuto però sciogliere alcuni di tali dubbi interpretativi. Tra i principi più importanti affermati dalla recente giurisprudenza costituzionale si segnalano i seguenti: a) non è ammissibile, in materia tributaria, una piena esplicazione delle potestà regionali senza previa legge statale di coordinamento, con la conseguenza che, in sua assenza, è precluso alle Regioni di legiferare in modo innovativo (sent. 37/2004); b) non è possibile configurare una materia "sistema tributario degli enti locali" di competenza residuale delle Regioni (sent. 37/2004); c) non è più ammissibile l'istituzione da parte dello Stato di fondi di finanziamento settoriali e vincolati per finalità specifiche a favore di enti locali (sent. 16/2004); d) la normativa statale può imporre oneri contrattuali per il pubblico impiego, anche regionale, finalizzati al contenimento della spesa corrente, perché tale normativa rientra nella "armonizzazione dei bilanci pubblici e coordinamento della finanza pubblica" (sent. 4/2004); e) la legge statale può imporre vincoli alla crescita della spesa corrente degli enti locali (purché si tratti di un limite complessivo che lasci agli enti libertà nell'allocazione delle risorse: sent. 36/2004).

Il processo di attuazione dell'art. 119 Cost. avrebbe dovuto avere come momento centrale l'approvazione della legge 42/2009 (c.d. "*attuazione del federalismo fiscale*"). È una legge che ha delegato il Governo ad adottare alcuni decreti legislativi aventi come oggetto l'attuazione dell'art. 119 Cost., al fine di assicurare l'autonomia finanziaria delle Regioni e degli enti locali.

L'idea portante è che venga istituita una tendenziale correlazione tra responsabilità finanziaria e responsabilità amministrativa. Dovrebbe perciò esserci un legame tra il prelievo tributario ed il beneficio fornito ai cittadini, attraverso l'esercizio delle attività amministrative, dall'ente territoriale che percepisce il gettito. In questo modo i cittadini dovrebbero essere messi nelle condizioni di valutare il modo in cui sono utilizzate, dai titolari degli organi politici dei diversi livelli territoriali di governo, le risorse che essi devono cedere ai poteri pubblici attraverso l'imposizione tributaria, il che dovrebbe favorire la responsabilità politica degli eletti nei confronti degli elettori.

Un altro principio della legge delega è quello della territorialità dei tributi regionali e locali e della riferibilità al territorio della compartecipazione al gettito dei tributi statali. Questo principio comporta che i territori più ricchi produrranno un gettito tributario più elevato che andrà ad alimentare l'esercizio di compiti amministrativi i cui benefici si produrranno nei confronti dei territori su cui grava la tassazione.

Da questo sistema derivano almeno due problemi di grande rilievo: come assicurare che, attraverso le risorse proprie attribuite alle Regioni ed agli enti locali, sia comunque garantita la copertura finanziaria integrale delle funzioni che essi devono esercitare a tutela dei diritti dei loro cittadini; e come garantire un certo livello di solidarietà tra le diverse aree territoriali evitando che le differenze di gettito tra territori ricchi e territori svantaggiati sia talmente intensa da pregiudicare l'eguaglianza dei cittadini e l'unità nazionale.

La legge delega individua solo le direttrici di massima solo in parte sviluppate dai decreti delegati. La grave crisi finanziaria del 2008 e la decretazione d'emergenza conseguente, il tribolato dibattito politico attorno all'imposta sulla casa (l'IMU) e le altre tasse comunali hanno complicato il quadro e rinviata la definizione di un quadro definitivo delle finanze locali.

✓ IL REBUS DEI "COSTI STANDARD"

Il tema più difficile nel processo di attuazione della delega è come quantificare il finanziamento necessario alle Regioni per garantire la copertura finanziaria delle loro prestazioni. Il metodo della c.d. "spesa storica" (ossia quanto si è versato in passato alle singole Regioni per sostenerne la spesa nei singoli servizi) appare inadeguato, perché non premia l'efficienza ma il suo contrario: perciò si vogliono individuare invece i **costi standard** di ogni singola prestazione, in modo che sia possibile confrontare l'efficienza delle Regioni nell'erogazione dei servizi. È un'operazione assai complicata, perché le esigenze delle popolazioni delle singole Regioni sono diverse (per es. la spesa sanitaria è necessariamente più alta laddove più alta è l'età media; la spesa farmaceutica è più alta dove la popolazione è più povera, e quindi non paga il ticket, ecc.), ed è davvero difficile individuare le singole prestazioni (sanitarie, farmaceutiche, ospedaliere, socio-assistenziali, ecc.) e non è affatto semplice individuare quali concrete prestazioni andrebbero prese in considerazione. Siccome però la spesa sanitaria impegna circa l'80% dei bilanci regionali, è soprattutto su questa che si è concentrata l'attenzione.

6. La forma di governo regionale

6.1. *La c.d. "forma di governo transitoria"*

La legge cost. 1/1999 ha modificato gli articoli da 121 a 126 della Costituzione, affidando a ciascuna Regione il potere di scegliersi la propria forma di governo. Più precisamente, la legge costituzionale ha previsto una forma di governo transitoria, vigente fino a quando la Regione non approverà il suo nuovo statuto (→ § X.1), caratterizzata dall'**elezione popolare diretta del Presidente della Regione;** e ha poi fissato alcuni vincoli alla forma di governo che deve essere disciplinata dallo statuto di ciascuna Regione, "*in armonia con la Costituzione*".

✓ PRIMA DELLA RIFORMA

Prima della riforma costituzionale del 1999, le Regioni avevano una forma di governo parlamentare a predominanza assembleare, per effetto della disciplina costituzionale, delle scelte degli Statuti e di un sistema elettorale di tipo proporzionale. Questo sistema ha favorito la notevole instabilità delle Giunte regionali, determinata da frequenti crisi dovute alla rottura degli accordi tra i partiti della coalizione formatasi dopo le elezioni (crisi extraparlamentari e democrazia mediata: → § V.1.7 e IV.2.4). Si è verificata perciò una sorta di "asimmetria istituzionale" tra enti locali autorevoli e a direzione politica stabile (l'elezione diretta del Sindaco, infatti, è stata introdotta a partire dal 1993) e Regioni a debole legittimazione ed a forte instabilità politica, che ha influenzato l'assetto complessivo delle relazioni tra Stato, Regioni ed enti locali nel senso che alla crescita considerevole del ruolo politico-istituzionale delle grandi Città (il cui Sindaco è scelto direttamente da decine di migliaia di elettori) corrispondeva una certa indeterminatezza di identità e di ruolo delle Regioni. Il primo tentativo di rafforzare il Governo regionale e accrescerne la stabilità c'è stato nel 1995 con la riforma del **sistema elettorale delle Regioni ordinarie**, ancora oggi vigente, in attesa che le singole Regioni emanino la propria legge elettorale. Quest'ultimo sistema, pur basato su una formula elettorale di tipo proporzionale, prevede:

– un *premio di maggioranza* alla lista o alla *coalizione di liste* che ottiene più voti a livello regionale;
– la caratterizzazione delle liste regionali attraverso *il capolista designato per la Presidenza* della Giunta e alcuni candidati espressivi dell'intera Regione; con la riforma costituzionale, grazie ad una norma transitoria, questa "designazione" si è trasformata in elezione diretta del Presidente della Regione;
– una disincentivazione alla presentazione di liste di piccoli partiti mediante l'introduzione di una *clausola di sbarramento;*
– riduzione delle preferenze ad una soltanto.

Il cuore del sistema elettorale regionale consiste nella previsione che l'80% dei *seggi attribuiti alla Regione* sia ripartito fra i *collegi provinciali*, mentre il residuo 20% venga assegnato a *livello regionale* ed attribuito, in tutto o per metà, alla lista più votata, in modo di assicurare ad essa la maggioranza assoluta nel Consiglio regionale. Anzi, per assicurare alla lista maggioritaria almeno il 55% dei seggi, si prevede che il premio di maggioranza possa essere ulteriormente aumentato, accrescendo lo stesso numero complessivo dei consiglieri regionali.

Le *liste regionali sono rigide,* perciò l'elettore non può esprimere preferenze fra i candidati (come invece avviene nelle *liste provinciali*); il particolare ruolo dei capolista è reso evidente dal fatto che i loro nomi vengono riportati nelle liste di votazione accanto ai contrassegni delle liste corrispondenti.

La forma di governo regionale transitoria si basa su due strutture egualmente legittimate dal corpo elettorale. Da una parte, c'è il **Consiglio regionale**, eletto dagli elettori regionali, titolare della funzione legislativa, del potere di fare proposte alle Camere e delle altre funzioni conferitegli dalla Costituzione e dalle leggi: gode della classica prerogativa delle assemblee elettive, cioè dell'insindacabilità dei suoi membri per le opinioni espresse e i voti dati (art. 122.4 Cost.: → § V.3.2.3). Dall'altra parte c'è il **Presidente della Regione** eletto a suffragio universale e diretto dall'intero corpo elettorale regionale. Il Presidente eletto rappresenta la Regione, dirige la politica della Giunta e ne è responsabile, promulga le leggi ed emana i regolamenti regionali, dirige le funzioni amministrative delegate dallo Stato alla Regione (in tal caso deve conformarsi alle istruzioni del Governo della Repubblica). La **Giunta regionale** è l'organo esecutivo della Regione (cioè titolare della funzione amministrativa); ma essa è diretta politicamente dal Presidente eletto, cui la Costituzione affida il *potere di nominare i componenti della Giunta, nonché il potere di revocarli.*

Le relazioni tra il Consiglio regionale, da una parte, ed il Presidente eletto e la Giunta, dall'altra, sono riconducibili al modello della *forma di governo neoparlamentare* (→ § IV.3). Infatti, il Consiglio regionale *può esprimere la sfiducia nei confronti del Presidente della Giunta mediante mozione motivata*, sottoscritta da almeno un quinto dei suoi componenti ed approvata per appello nominale a maggioranza assoluta dei componenti. Questa mozione non può essere messa in discussione prima che siano trascorsi almeno tre giorni dalla sua presentazione. L'approvazione della mozione di sfiducia determina le dimissioni della Giunta e lo scioglimento del Consiglio regionale, con la conseguenza che si andrà a nuove elezioni per il rinnovo di entrambi gli organi.

✓ IL PRINCIPIO *"SIMUL STABUNT, SIMUL CADENT"*

Sia la forma di governo transitoria stabilita dalla legge costituzionale, sia la forma di governo stabilita dallo Statuto regionale, se opta per l'elezione diretta del Presidente della Regione, sono caratterizzate dal principio del ***"simul stabunt, simul cadent"***. Con questa espressione latina si intende dire che il Presidente della Giunta ed il Consiglio regionale sono eletti contestualmente e che il venir meno di uno dei due organi determina la scadenza anticipata dell'altro ed il ricorso a nuove elezioni per il rinnovo di entrambi gli organi. In questo modo si intendono conseguire i seguenti risultati:

a) evitare cambiamenti di maggioranze e di Governi in corso di legislatura, senza il pronunciamento del corpo elettorale;

b) assicurare la stabilità dei Governi regionali e la loro legittimazione derivante dalla diretta scelta popolare e non solo da accordi fra i partiti;

c) assicurare la contestualità delle elezioni del Presidente e del Consiglio, in modo tale da rendere più probabile che essi appartengano alla stessa coalizione, evitando così i rischi di "coabitazione" (→ § IV. 5).

Occorre aggiungere che lo stesso effetto dello scioglimento anticipato del Consiglio regionale e della rimozione del Presidente della Giunta, si verifica nel caso di impedimento permanente, morte, dimissioni volontarie o rimozione del Presidente, ovvero nel caso di dimissioni contestuali della maggioranza dei componenti il Consiglio.

L'assetto descritto della forma di governo regionale è previsto dalla Costituzione, che, però, affida allo Statuto di ciascuna Regione la competenza a determinare, in armonia con la Costituzione, la forma di governo e i principi fondamentali di organizzazione e di funzionamento (art. 123.1). Con la conseguenza che lo Statuto regionale potrà integrare e modificare il modello costituzionale e, in ultima istanza, potrà anche escludere l'elezione diretta del Presidente della Regione. La nuova disciplina costituzionale affida poi alla legge regionale il compito di stabilire il sistema di elezione e i casi di ineleggibilità e incompatibilità del Presidente e degli altri componenti della Giunta regionale nonché dei consiglieri regionali, nei limiti dei principi fondamentali determinati con legge della Repubblica, la quale fissa altresì la durata degli organi elettivi.

I "nuovi" Statuti delle Regioni ordinarie hanno tutti optato per l'elezione diretta del Presidente, ma ancora poche Regioni si sono dotate di una propria legge elettorale (per la quale la legge 165/2004 fissa alcune disposizioni generali di principio). Nelle altre Regioni le elezioni sono rette dalla disciplina transitoria, che ha previsto l'applicazione della vigente legge elettorale (quella del 1995) con i seguenti adattamenti:

a) sono candidati alla Presidenza della Regione i capilista delle liste regionali;

b) è proclamato eletto Presidente della Regione il candidato che ha conseguito il maggior numero di voti validi in ambito regionale;

c) il Presidente della Regione fa parte del Consiglio regionale;

d) entro dieci giorni dalla proclamazione, il Presidente della Regione nomina i componenti della Giunta, tra i quali un vicepresidente, e può successivamente revocarli;

e) se il Consiglio approva una mozione di sfiducia, entro tre mesi si procede all'indizione di nuove elezioni del Consiglio regionale e del Presidente della Regione.

6.2. *Il margine delle scelte statutarie*

Secondo l'art. 123 della Costituzione ogni Regione ha uno Statuto che ne determina la forma di governo e i principi fondamentali di organizzazione e funzionamento (→ § X.1). Pertanto, la Costituzione attribuisce alla Regione la facoltà di disciplinare la forma di governo discostandosi da quella transitoria dalla stessa prevista. Il sistema che ne segue può, quindi, essere così sintetizzato:

a) la Costituzione fissa un criterio generale di elezione a suffragio universale e diretto del Presidente della Regione;

b) in questo contesto istituzionale, il rapporto tra il Presidente della Regione e il Consiglio regionale è retto dal principio "*simul stabunt, simul cadent*", per cui qualsiasi ipotesi di cessazione del Presidente determinerebbe altresì lo scioglimento del Consiglio regionale;

c) il Consiglio potrebbe sempre votare una mozione di sfiducia contro il Presidente della Regione e questa possibilità non sarebbe derogabile da parte dello Statuto;

d) le Regioni, nell'esercizio della loro potestà statutaria, potrebbero allontanarsi da questo modello e orientarsi verso una diversa modalità di elezione del Presidente della Regione (fino ad escludere l'elezione diretta del Presidente, ritornando a sistemi parlamentari con la scelta del Presidente dopo le elezioni o all'elezione consiliare dello stesso);

e) qualora invece la Regione scegliesse di confermare l'elezione a suffragio universale e diretto del Presidente della Regione dovrebbe rispettare la disciplina dell'art. 126 Cost., secondo cui:

1. il Consiglio regionale può esprimere la sfiducia con mozione motivata, sottoscritta da almeno un quinto dei suoi componenti e approvata per appello nominale a maggioranza assoluta dei componenti; detta mozione non può essere messa in discussione prima di tre giorni dalla presentazione;
2. l'approvazione della mozione di sfiducia comporta la rimozione del Presidente e il contestuale scioglimento del Consiglio regionale;
3. i medesimi effetti conseguono alla rimozione, all'impedimento permanente, alla morte o alle dimissioni volontarie del Presidente, nonché alle dimissioni contestuali della maggioranza dei componenti il Consiglio.

✓ IL "CASO CALABRIA" E L'AUTONOMIA STATUTARIA DELLE REGIONI

Quali sono gli effettivi spazi di azione lasciati all'autonomia dello Statuto (→ § X.1) nella disciplina della forma di governo? Il problema ha una grande rilevanza politico-istituzionale, perché si inserisce nel contesto delle tensioni che agitano i rapporti tra i consiglieri regionali ed i Presidenti delle Giunte dopo l'introduzione dell'elezione diretta di questi ultimi. A seguito della riforma costituzionale del 1999, i Consigli regionali hanno sostanzialmente perduto il "potere della crisi", cioè il potere di fare cadere i Governi regionali revocando loro la fiducia. Vero è infatti che, formalmente, il Presidente può essere "sfiduciato", ma in questo caso si scioglie anticipatamente anche il Consiglio e si va a votare per il rinnovo dei due organi. Perciò è estremamente improbabile che i consiglieri votino la sfiducia, poiché essa comporterebbe la decadenza anticipata dalla carica che ricoprono. In passato non era importante solo l'uso effettivo del "potere della crisi" (peraltro frequente, visto che le Giunte regionali duravano mediamente un anno), ma anche la minaccia di usarlo, che si traduceva in una formidabile arma di pressione usata nei confronti della Giunta al fine di ottenere i provvedimenti desiderati (l'approvazione di un emendamento, la modifica di un programma, ecc.). La riforma ha voluto rafforzare la legittimazione democratica e la stabilità del Presidente e della Giunta, ma ha fatto perdere ai consiglieri regionali questo importante potere. Il ritorno alla vecchia forma di governo è politicamente difficile, perché gli elettori e l'opinione pubblica sembrano apprezzare l'elezione diretta e vedono con sfavore i "giochi di Palazzo" che un tempo portavano all'apertura delle crisi di Governo. Da qui la spinta a trovare fantasiose soluzioni di compromesso, che da una parte salvino l'elezione diretta del Presidente della Regione, ma dall'altro lato consentano ai Consigli regionali di cambiare il Presidente senza decretare anche il loro scioglimento ed il ricorso a nuove elezioni. Una soluzione di questo tipo era stata elaborata dallo statuto della Regione Calabria, prevedendo l'elezione diretta da parte del corpo elettorale del Presidente e del Vice-Presidente della Giunta regionale, contestualmente all'elezione del Consiglio regionale, i quali erano successivamente nominati dal Consiglio nella sua prima seduta. Tuttavia, in caso di dimissioni volontarie, incompatibilità sopravvenuta, rimozione, impedimento permanente o morte del Presidente della Giunta, a questi sarebbe subentrato il Vice-Presidente. Impugnato dal Governo, lo statuto calabrese è stato dichiarato illegittimo dalla Corte costituzionale (sent. 2/2004) per violazione dell'art. 122 Cost. Lo statuto – dice la Corte – può anche adottare una forma di governo diversa da quella che prevede l'elezione diretta del Presidente della Giunta regionale, ma se sceglie il sistema dell'elezione diretta (come ha fatto lo statuto calabrese) deve essere consequenziale, accettando il modello prescritto dalla Costituzione, e quindi riconoscendo al Presidente il potere di determinare con le sue dimissioni lo scioglimento del Consiglio (cioè il principio *simul stabunt simul cadent*). Se non lo fa, consentendo di sostituire il Presidente eletto direttamente in corso di legislatura – secondo la soluzione calabrese – allora, per la Corte, è violata la Costituzione. In questo modo la Corte ha finito per consolidare la riforma della forma di governo regionale basata sull'elezione diretta del Presidente della Giunta, ponendo un consistente ostacolo all'adozione di soluzioni dirette a limitare o temperare il ruolo del Presidente eletto.

7. LA FORMA DI GOVERNO DEGLI ENTI LOCALI

La forma di governo del Comune e della Provincia è stata modellata dalla legge 81/1993, modificata dalla legge 265/1999. Dopo la riforma *Delrio* (→ § VI.4), gli organi della Provincia non sono più eletti direttamente dai cittadini e anche i rapporti tra gli organi hanno perso "politicità", per cui occorre occuparsi solo dei Comuni.

La forma di governo dei Comuni si basa sull'**elezione popolare diretta del Sindaco** con un sistema elettorale che costituisce in Italia il primo esempio di scelta popolare diretta del capo dell'Esecutivo. Per quanto riguarda invece l'elezione dei Consigli comunali, è prevista una combinazione di elementi del maggioritario e del proporzionale, che si realizza secondo modalità diverse per i Comuni con popolazione fino a 15.000 abitanti e per i Comuni con oltre 15.000 abitanti.

Il Sindaco dura in carica *cinque anni* e non può ricoprire più di due mandati consecutivi (salvo che uno dei due mandati abbia avuto una durata inferiore a due anni, sei mesi e un giorno).

Nei *Comuni fino a 15.000 abitanti*, ogni candidato a Sindaco deve essere collegato ad una lista di candidati a consigliere comunale. L'elettore esprime un voto per il candidato a Sindaco e per la lista a esso collegata e può esprimere un voto di preferenza per uno dei candidati della lista. È eletto Sindaco il candidato che ottiene il maggior numero di voti (*maggioranza relativa*). In caso di parità di voti, si procede al ballottaggio fra i due candidati che hanno ottenuto più voti. La lista collegata al candidato a Sindaco che risulta vincitore ottiene i 2/3 dei seggi del Consiglio, mentre i rimanenti sono ripartiti tra le altre liste con formula proporzionale, applicando il metodo d'Hondt.

Nei *Comuni con oltre 15.000 abitanti*, il candidato a Sindaco deve essere collegato ad una o più liste di candidati a consigliere comunale. L'elettore vota contemporaneamente per un candidato a Sindaco e per una delle liste. A differenza di quanto avviene nel sistema precedentemente descritto, egli può esprimere il suo voto anche per una lista diversa da quelle collegate al candidato a Sindaco che ha votato (possibilità del **voto disgiunto**). Nell'ambito della lista scelta può esprimere una preferenza per uno dei candidati della lista. È eletto Sindaco il candidato che ha ottenuto la metà più uno dei voti validamente espressi (*maggioranza assoluta*). Se nessun candidato ottiene la maggioranza assoluta, si procede ad un *secondo turno elettorale di ballottaggio* tra i due candidati che hanno ottenuto il maggior numero di voti. Al secondo turno, i due candidati ammessi possono dichiarare di collegarsi ad altre liste, oltre a quelle cui erano collegati al primo turno. Al secondo turno elettorale è eletto il candidato che ottiene il maggior numero di voti. La ripartizione dei seggi tra liste avviene con formula proporzionale, utilizzando il metodo d'Hondt. Ma, al fine di assicurare al Sindaco eletto la disponibilità di una sicura maggioranza consiliare che realizzi l'indirizzo approvato dal corpo elettorale, è prevista l'attribuzione di un *premio di maggioranza* alla lista o alle liste collegate al candidato eletto Sindaco.

test **on-line**

Per tutte le elezioni comunali è prevista una *clausola di sbarramento* (→ § IV.7.6) diretta a scoraggiare la frammentazione del sistema politico: non sono ammesse all'assegnazione dei seggi quelle liste che abbiano ottenuto al primo turno meno del 3% dei voti validi e che non appartengano a nessun gruppo di liste che abbia superato tale soglia.

✓ I RAPPORTI TRA SINDACO, GIUNTA E CONSIGLIO

A partire dal 1990 (legge 142/1990) e poi con alcuni successivi interventi legislativi, che hanno fatto seguito all'introduzione dell'elezione diretta del Sindaco (legge 127/1997; legge 265/1999), sono stati definiti i rapporti tra gli organi di governo del Comune: *Consiglio, Sindaco, Giunta*. A parte alcune attribuzioni (connesse ai servizi elettorali, di anagrafe, di stato civile, di statistica e di leva militare) che sono assegnate dalle leggi esclusivamente al Sindaco, che agisce in veste di **ufficiale di Governo**, il Sindaco è l'organo monocratico posto a capo del governo locale; il Consiglio è organo di indirizzo e di controllo politico amministrativo, la cui competenza è circoscritta agli atti fondamentali tassativamente indicati dalla legge, tra cui rientrano gli statuti dell'ente e delle aziende speciali, i regolamenti, l'ordinamento degli uffici e dei servizi, i programmi, i programmi triennali e l'elenco annuale dei lavori pubblici, i bilanci annuali e pluriennali e le relative variazioni, i piani territoriali e urbanistici, l'assunzione diretta dei pubblici servizi, l'istituzione e l'ordinamento dei tributi locali, ecc. Il numero dei membri dei Consigli varia in rapporto alla popolazione. La Giunta comunale è composta dal Sindaco e da un numero di assessori stabilito dagli statuti entro i limiti fissati dalla legge. La Giunta collabora con il Sindaco e compie tutti gli atti di amministrazione che non siano attribuiti dalla legge al Consiglio e che non rientrino nelle competenze attribuite dalla legge o dallo statuto al Sindaco, al Segretario comunale ed ai dirigenti. Ma, in presenza del principio di separazione tra politica e amministrazione, che riserva tutti gli atti di gestione ai dirigenti (→ § V.2.12), l'ambito delle attribuzioni della Giunta si è ridotto considerevolmente. Gli incarichi dirigenziali sono attribuiti dal Sindaco, ed agli stessi competono tutte le nomine in enti, aziende, istituzioni del Comune.

Il Sindaco, e la Giunta cessano dalla carica in caso di approvazione di *una mozione di sfiducia* votata per appello nominale dalla maggioranza assoluta dei componenti il Consiglio. La mozione di sfiducia deve essere motivata e sottoscritta da almeno due quinti dei consiglieri assegnati (senza computare il Sindaco) e viene messa in discussione non prima di dieci giorni e non oltre trenta giorni dalla sua presentazione. *Se la mozione viene approvata, oltre alla cessazione dalla carica del Sindaco e delle Giunta, si determina lo scioglimento anticipato del Consiglio*, con conseguenti nuove elezioni sia del Sindaco sia del Consiglio.

VII. L'AMMINISTRAZIONE DELLA GIUSTIZIA

1. GIUDICI ORDINARI E GIUDICI SPECIALI

Il sistema giudiziario italiano si caratterizza per la contestuale presenza di più giurisdizioni: sono istituiti *i giudici ordinari, i giudici amministrativi, i giudici contabili, i giudici tributari* e *i giudici militari*. La competenza dei giudici appena richiamati è stabilita dalla legge secondo criteri differenti che tengono conto o della *materia* su cui la giurisdizione va esercitata o della *posizione giuridica* vantata dal soggetto di diritto.

I **giudici ordinari** amministrano la giustizia civile e penale attraverso organi giudicanti e organi requirenti. Gli **organi giudicanti civili** si dividono in organi di primo grado (giudice di pace e tribunale) e di secondo grado (Corte d'appello); le decisioni del giudice di pace si possono impugnare in appello dinanzi al tribunale; le decisioni assunte dal tribunale in primo grado possono essere impugnate presso la Corte d'appello.

Anche tra gli **organi giudicanti penali** vi sono organi di primo grado (il giudice di pace, il tribunale, la Corte d'assise) e organi di secondo grado (la Corte d'appello, la Corte d'assise d'appello, il tribunale della libertà).

Gli **organi requirenti** sono i Pubblici ministeri che esercitano l'azione penale e agiscono nel processo a cura di interessi pubblici. Perciò, il **pubblico ministero** (PM) attiva, attraverso l'esercizio dell'azione penale, la giurisdizione penale per l'accertamento di eventuali reati e la condanna dei loro autori. Inoltre, agisce anche nel processo civile, nei casi stabiliti dalla legge a tutela di interessi pubblici. La differenza tra questi due campi di azione è notevole, perché mentre il ruolo del PM nel processo civile è interamente rimesso alla legge, nel campo penale nessuna legge può cancellare o modificare l'obbligo per il PM di esercitare l'azione penale, in quanto tale obbligo è previsto dalla Costituzione (art. 112). **Obbligatorietà dell'azione penale** significa che il PM non può scegliere discrezionalmente se avviare o meno l'azione in relazione al tipo di reato, ma è tenuto a intraprendere la sua azione sempre e comunque in presenza di una *notitia criminis* dotata di un certo fondamento. In questo modo la Costituzione vuole evitare che l'attivazione della giurisdizione penale sia condizionata da scelte a favore di qualcuno o contro qualcun altro, e quindi sia caratterizzata dall'imparzialità ❶. Ciò spiega perché la Costituzione garantisce l'indipendenza del Pubblico ministero (art. 108.2) e dispone che il Pubblico ministero goda delle garanzie stabilite nei suoi riguardi dalle norme sull'ordinamento giudiziario (art. 107.4). La Corte costituzionale, sulla base di queste disposizioni, ritiene che l'esercizio dell'azione penale richieda "l'imprescindibile requisito" dell'indipendenza del PM (sent. 88/1991) e, su questo presupposto, ritiene che il PM possa essere parte di un conflitto di attribuzioni tra poteri dello Stato (→ § XII.4), in quanto titolare esclusivo dell'azione penale, anche se non può considerarsi legittimato a sollevare la questione di legittimità costituzionale in via incidentale, visto che non è classificabile tra le autorità giurisdizionali (→ § X.3.4.2).

✓ LA TORMENTATA STORIA DELLA SEPARAZIONE DELLE CARRIERE

Le richiamate disposizioni costituzionali sono state interpretate nel senso di rendere impossibile una distinzione tra magistrati del Pubblico ministero e magistrati giudicanti. Entrambi fanno parte della magistratura ordinaria ed il passaggio di un magistrato da un organo requirente ad un organo giudicante può avvenire, e in passato avveniva, senza particolari difficoltà. Una corrente di pensiero critica questa assimilazione di ruoli e carriere per due ragioni fondamentali: la prima è che essa rende i magistrati giudicanti troppo sensibili (e quindi dipendenti) dalle richieste dei magistrati requirenti, visto che essi appartengono alla medesima categoria professionale; la seconda è che le funzioni giudicanti e quelle requirenti richiedono tipi diversi di professionalità. Per queste ragioni si insiste sulla necessità di una **separazione delle carriere**.
Ad essa si è ispirata la riforma introdotta nel 2005 mediante la c.d. "**legge Castelli**" (legge 154/2005 e d.lgs. 63/2006) che prevedeva che già i candidati al concorso per magistratura dovessero indicare nella domanda la funzione che avrebbe voluto assumere e che il mutamento di funzioni potesse avvenire solo a determinate condizioni. Cambiata la maggioranza, queste norme sono state riformate dalla c.d. "**legge Mastella**" (la legge 111/2007), che limitava il passaggio di funzioni a non più di quattro volte nell'arco dell'intera carriera.
È attualmente in corso una profonda riforma dell'ordinamento giudiziario (c.d. "**riforma Cartabia**"), che in larga misura delega il Governo ad emanare decreti legislativi di attuazione. Ma sulla separazione delle carriere introduce già una norma precisa che limita ad una sola possibilità il passaggio da una funzione all'altra (art. 12 della legge 17 giugno 2022, n. 71).

Gli uffici del PM (che si chiamano **Procure della Repubblica**) si rinvengono presso i tribunali (sia quelli ordinari che quelli per i minorenni), presso la Corte d'appello e presso la Corte di cassazione. Presso quest'ultima è istituita anche la **Direzione nazionale antimafia**, composta dal Procuratore nazionale antimafia e dai suoi sostituti, con compiti di coordinamento delle indagini sulla criminalità organizzata, ed in particolar modo di quelle svolte dalle **Direzioni distrettuali antimafia**, istituite presso gli uffici del PM nei tribunali posti nei capoluoghi dei distretti giudiziari. Con queste strutture non va confusa la **Direzione investigativa antimafia**, istituita presso il ministero dell'interno con il compito di assicurare lo svolgimento, in forma coordinata, delle investigazioni preventive relative alla criminalità organizzata, nonché di effettuare le indagini di polizia giudiziaria riguardanti delitti di tipo mafioso o comunque riconducibili all'associazione medesima (legge 410/1991). La funzione giurisdizionale di primo grado nelle controversie in cui sono coinvolti soggetti con età inferiore ai diciotto anni è esercitata dal **Tribunale per i minorenni**, organo collegiale formato da due magistrati professionali e da due esperti. In sede penale esso si configura come giudice unico di prima istanza nei confronti di tutti i soggetti che al momento della commissione del reato non avevano ancora raggiunto i diciotto anni. In sede civile, invece, il tribunale per i minorenni è competente a giudicare in una serie di casi tassativamente indicati dalla legge in cui il giudice interviene nell'interesse del minore (come l'adozione nazionale e l'adozione internazionale).

I **giudici amministrativi** sono i tribunali amministrativi regionali, istituiti uno in ciascuna Regione ed eventualmente articolati in sezioni, e il Consiglio di Stato (che in Sicilia opera attraverso il Consiglio di giustizia amministrativa per la Regione Siciliana). Alla giurisdizione amministrativa è affidata la tutela giurisdizionale degli interessi legittimi, che prevede la possibilità che siano annullati gli atti della pubblica amministrazione (art. 113 Cost.). Secondo la tradizione giuridica italiana il criterio per distinguere fra la giurisdizione del giudice ordinario e quella dei giudici amministrativi è costituito dalla natura della situazione giuridica soggettiva da tutelare. Più precisamente, al giudice ordinario spettano le controversie in materia di **diritti soggettivi**, al giudice amministrativo quelle in materia di **interessi legittimi**.

✓ LA DIFFICILE DISTINZIONE TRA "DIRITTI SOGGETTIVI" E "INTERESSI LEGITTIMI"

Secondo la nozione tradizionale, si ha un diritto soggettivo quando è garantito un bene della vita. Il bene garantito può essere il più vario, come una cosa (per esempio, un terreno o un appartamento) oppure una determinata somma di denaro, o infine un servizio (per esempio, una determinata attività lavorativa). Di fronte al diritto del privato ci può essere una potestà pubblica, prevista dal diritto, per cui l'autorità amministrativa ha il potere di limitare o addirittura sopprimere quel diritto. Come avviene, per esempio, quando l'autorità amministrativa sopprime il diritto del proprietario su un determinato bene trasferendolo ad un soggetto pubblico, mediante un atto di espropriazione per pubblica utilità. All'espropriato viene corrisposta una somma di denaro come indennità, ma nel frattempo il suo diritto di proprietà è venuto meno. L'espropriato comunque ha tutelato dal diritto il suo interesse a che l'atto di espropriazione sia adottato *in maniera conforme alle norme* che lo riguardano e perciò può agire davanti al giudice amministrativo, che dovrà giudicare proprio sulla conformità dell'atto al modello normativo e nel caso in cui risulti violato tale modello dovrà pronunciare *l'annullamento dell'atto illegittimo*. Perciò l'ordinamento garantisce l'interesse del privato alla legittimità dell'azione amministrativa. Questa situazione soggettiva prende appunto il nome di **interesse legittimo**. Quest'ultimo pertanto può essere definito come la situazione di vantaggio che si possiede di fronte al potere dell'amministrazione e che si sostanzia nella garanzia della legittimità dell'atto amministrativo: ma anche come diritto al risarcimento se l'attività illegittima della pubblica amministrazione ha provocato un danno al bene della vita del privato (così la "storica" Cass. civ., Sez. Un., 500/1999).

La regola è che si fanno valere i diritti soggettivi nei confronti della pubblica amministrazione davanti al giudice ordinario e gli interessi legittimi davanti al giudice amministrativo; si ha giurisdizione del giudice ordinario quando l'amministrazione ha agito in carenza assoluta di un potere attribuitole, mentre si ha giurisdizione del giudice amministrativo allorché l'amministrazione ha agito illegittimamente, male esercitando un potere attribuitole dal diritto.

La Costituzione ha riconosciuto la distinzione tra diritti soggettivi ed interessi legittimi (artt. 24 e 113) soprattutto al fine di garantire la tutela giurisdizionale, quale che sia la situazione soggettiva presa in considerazione. Ciò significa che il legislatore ordinario può stabilire delle eccezioni al criterio generale di ripartizione delle giurisdizioni nei confronti delle amministrazioni. Così già da tempo il campo delle sanzioni amministrative pecuniarie (come le contravvenzioni in materia di circolazione stradale) sono affidate alla giurisdizione del giudice civile, mentre altre materie, pur comprendendo problemi di tutela di diritti soggettivi, sono affidate alla cognizione del giudice amministrativo (e si parla in tal caso di una sua **giurisdizione esclusiva**).

✓ GIURISDIZIONE ESCLUSIVA: INNOVAZIONI LEGISLATIVE

La tendenza più recente è di privilegiare, nella ripartizione della giurisdizione, criteri che fanno riferimento alle materia rispetto a quello tradizionale che si affida alla natura giuridica della situazione soggettiva tutelata. Il d.lgs. 80/1998 ha attribuito alla giurisdizione esclusiva dei giudici amministrativi alcune controversie tra privati e pubblica amministrazione, anche coinvolgenti questioni di diritti soggettivi. In particolare, tra tali controversie, rientrano quelle:
a) concernenti la istituzione, modificazione, estinzione di soggetti gestori di servizi pubblici e quelle relative ai rapporti tra le amministrazioni ed i gestori di tali servizi;
b) insorte tra le amministrazioni pubbliche ed i soci di società miste e quelle riguardanti la scelta dei soci;
c) aventi ad oggetto le procedure di affidamento di appalti pubblici di lavori, servizi e forniture; riguardanti le attività e le prestazioni rese nell'espletamento di pubblici servizi, ivi comprese quelle del Servizio sanitario nazionale, con esclusione dei rapporti individuali di utenza con soggetti privati, delle controversie meramente risarcitorie che riguardano il danno alla persona e delle controversie in materia di invalidità.
La Corte costituzionale (sent. 204/2004) ha però messo un limite a questa tendenza, ribadendo che l'art. 103.1 Cost. "non ha conferito al legislatore ordinario una assoluta ed incondizionata discrezionalità nell'attribuzione al giudice amministrativo di materie devolute alla sua giurisdizione esclusiva, ma gli ha conferito il potere di indicare "particolari materie" nelle quali "la tutela nei confronti della pubblica amministrazione" investe "anche" diritti soggettivi": un potere, quindi, "né assoluto né incondizionato" ... "che deve considerare la natura delle situazioni soggettive coinvolte, e non fondarsi esclusivamente sul dato, oggettivo, delle materie".

Il **Consiglio di Stato**, assomma in sé, oltre a poteri giurisdizionali (è giudice d'appello dei tribunali amministrativi regionali), anche poteri consultivi che possono essere attivati dal Governo dal momento che si tratta di un organo ausiliario del governo stesso (→ § V.2.13).

La **Corte dei conti** (→ § V.2.13.C), opera attraverso sezioni regionali (primo grado) e sezioni centrali (secondo grado). In generale, la Corte dei conti esercita la giurisdizione in tema di responsabilità dei pubblici amministratori qualora abbiano recato un danno economico ai soggetti pubblici dai quali dipendono.

I **giudici tributari** (le commissioni tributarie provinciali e regionali) esercitano la giurisdizione nelle controversie fra i cittadini e l'amministrazione finanziaria dello Stato. I **giudici militari**, in tempo di guerra, esercitano la giurisdizione secondo quanto stabilito dalla legge; in tempo di pace, esercitano la giurisdizione solo sui reati commessi dagli appartenenti alle forze armate (art. 103.3 Cost.).

2. Principi costituzionali in tema di giurisdizione

2.1. *Principio di precostituzione del giudice*

La Costituzione pone alcuni principi fondamentali in tema di giurisdizione. In primo luogo, **il principio della precostituzione del giudice** (detto anche **principio del giudice naturale**): "*nessuno può essere distolto dal giudice naturale precostituito per legge*" (art. 25 Cost.). Si tratta di una fondamentale garanzia per i cittadini: nessuno può trovarsi ad essere giudicato da un giudice appositamente costituito dopo la commissione di un determinato fatto; la legge deve indicare i criteri astratti (per esempio, di competenza territoriale, di valore, ecc.) impiegando i quali sia possibile predeterminare quasi automaticamente quale sia l'organo giudiziario competente a giudicare di una certa questione. È pure posto il divieto di istituire **giudici speciali**, cioè organi che sono formati fuori dall'ordinamento giudiziario, cioè alla giurisdizione ordinaria; mentre è possibile istituire sezioni specializzate presso i tribunali ordinari (art. 102 Cost.). Non ricadono nel divieto tutte quelle giurisdizioni speciali a cui si è accennato nel paragrafo precedente (giudici amministrativi, tribunali militari, Corte dei conti, ecc.), in quanto si tratta di giurisdizioni previste dalla stessa Costituzione e in larga parte preesistenti ad essa. Anche per le giurisdizioni speciali già esistenti sono però assicurate forme di indipendenza che rappresentano una importante garanzia per tutti i cittadini.

Portata generale hanno le disposizioni costituzionali che vogliono *che la giustizia sia amministrata in nome del popolo* (art. 101 Cost.), che immaginano *una partecipazione popolare alla stessa giurisdizione* (art. 102.3), che *impongono al giudice la sola soggezione alla legge* (art. 101.1) stabilendo che *la disciplina dell'ordinamento giudiziario sia rimessa alla competenza della legge, e che sempre la legge assicuri l'indipendenza delle giurisdizioni speciali e del pubblico ministero* (art. 108 Cost.). A ciò si aggiunge che, secondo la Costituzione, *i provvedimenti giurisdizionali devono essere motivati* e che contro le decisioni dei giudici ordinari è ammesso *ricorso alla Corte di cassazione* che rappresenta il più alto grado di giudizio.

La **Corte di cassazione** si configura come *giudice di legittimità*, cioè competente a conoscere le sole violazioni di legge compiute dagli organi giurisdizionali di grado inferiore (non si occupa dunque della ricostruzione dei fatti). La Corte di cassazione inoltre risolve i conflitti di competenza insorti fra i giudici ordinari e i conflitti di giurisdizione fra giudice ordinario e giudice speciale. In questo senso la Corte di cassazione si configura come organo di chiusura del sistema giudiziario a cui le disposizioni dell'ordinamento giudiziario affidano la funzione di "**nomofilachia**", cioè la soluzione delle questioni interpretative più controverse, al fine di indirizzare l'attività giurisdizionale degli organi giudicanti e requirenti.

2.2. *Diritto di difesa e giusto processo*

La Costituzione garantisce il diritto di agire in giudizio per la tutela dei propri diritti e interessi legittimi e afferma che la difesa è "un diritto inviolabile in ogni stato e grado del procedimento" (art. 24 Cost.). La tutela giurisdizionale di diritti e interessi legittimi è azionabile sia nei confronti di soggetti privati che nei confronti dello Stato e di altri enti pubblici (art. 113 Cost.). La garanzia del **diritto di difesa**, unitamente al principio del giudice naturale precostituito per legge dovrebbero fondare la necessità che il processo si caratterizzi: 1) per il **contraddittorio** fra le parti, il quale esige che vi sia un confronto dialettico paritario tra le parti processuali lungo lo svolgimento di tutte le fasi processuali; 2) per la **imparzialità** e la **terzietà del giudice**, la cui decisione può essere accettata dalle parti e dalla società in quanto provenga da un soggetto competente ad applicare e interpretare il diritto in modo imparziale e quindi autonomo rispetto agli opposti interessi delle parti, che affrontano la contesa giudiziaria. Questi principi, a seguito della legge cost. n. 2/1999, si trovano ora chiaramente formulati nel nuovo testo dell'art. 111. Quest'ultimo, richiamando alcune indicazioni contenute nel VI emendamento della Costituzione americana, ha consacrato la formula del **giusto processo**. Più precisamente, i primi due commi dell'art. 111 stabiliscono che: 1) la giurisdizione si attua mediante il giusto processo regolato dalla legge; 2) ogni processo si svolge nel contraddittorio tra le parti, in condizioni di parità, davanti a un giudice terzo e imparziale.

✓ GIUSTO PROCESSO: ORIGINI DI UNA RIFORMA

La ragione storica della riforma si ricollega alla circostanza per cui, prima della riforma del 1999, il principio del contraddittorio, in alcune occasioni, sembrava subire delle incisive limitazioni. In particolare, la Corte costituzionale riteneva che l'ordinamento attribuisse, nel processo penale, all'organo dell'accusa, cioè al pubblico ministero, una "posizione di vantaggio" rispetto ai poteri che poteva esercitare la difesa dell'imputato (sent. 98/1994). Ma soprattutto i limiti all'attuazione del contraddittorio emergevano in ordine alla formazione delle prove processuali, dove si consentiva di acquisire come prove anche le dichiarazioni rese da un "dichiarante" che poi, nel corso del processo, decideva di avvalersi della facoltà di non rispondere alle domande della difesa dell'imputato (sent. 361/1998). Proprio per impedire la disparità fra accusa e difesa, il Parlamento ha approvato la legge costituzionale che ha modificato l'art. 111, a garanzia del "giusto processo". Quest'ultimo, oltre ai principi sopra menzionati, comporta altresì che: 1) nel processo penale la persona accusata di un reato deve essere informata tempestivamente della natura e dei motivi dell'accusa mossa a suo carico; 2) la persona accusata di un reato deve disporre del tempo e delle condizioni necessarie per preparare la sua difesa, deve avere la facoltà, davanti a un giudice, di interrogare le persone che rendono dichiarazioni a suo carico, nonché di ottenere la convocazione e l'interrogatorio di persone a sua difesa nelle stesse condizioni dell'accusa e l'acquisizione di ogni altro mezzo di prova a suo favore; 3) il processo penale è regolato dal principio del contraddittorio nella formazione della prova e pertanto la colpevolezza dell'imputato non può essere provata sulla base di dichiarazioni rese da chi, per libera scelta, si è sempre volontariamente sottratto all'interrogatorio da parte dell'imputato o del suo difensore; 4) la persona accusata di un reato deve essere assistita da un interprete se non comprende o non parla la lingua impiegata nel processo.

Il nuovo testo dell'art. 111 stabilisce altresì che la legge deve assicurare la **ragionevole durata del processo** (principio, questo, mutuato dall'art. 6 della Convenzione europea dei diritti dell'uomo del 1950, che ha permesso alla Corte europea dei diritti dell'uomo di infliggere all'Italia numerosissime condanne a causa dell'eccessiva durata dei processi). In attuazione del nuovo precetto costituzionale la legge 89/2001 ha attribuito alla Corte di appello (e in secondo grado alla Corte di cassazione) la competenza a definire l'equa riparazione in caso di eccessiva durata dei processi. Anche se va aggiunto che le prime applicazioni della legge sono alquanto deludenti, visto che le decisioni di varie Corti di appello tendono a giustificare durate particolarmente lunghe di svariati processi.

3. Lo *status* giuridico dei magistrati ordinari

3.1. *L'accesso alla magistratura*

La Costituzione, in continuità con l'esperienza prerepubblicana, stabilisce che la nomina a magistrato debba avvenire per *concorso* (art. 106.1 Cost.).

✓ GIUDICI SENZA CONCORSO

È una regola con poche eccezioni:
– possono essere nominati consiglieri di cassazione, per meriti insigni, anche i professori ordinari di università in materie giuridiche o gli avvocati che abbiano svolto la loro professione per quindici anni e siano iscritti negli albi professionali della magistrature superiori (art. 106.1 Cost.) in una percentuale pari ad un decimo dei posti previsti nell'organico della Corte di cassazione (art. 1, legge 303/1998);
– la legislazione ordinaria (legge 374/1991) ha previsto l'istituzione del **giudice di pace** il quale è chiamato ad esercitare la giurisdizione in materia civile e penale e la funzione conciliativa in materia civile secondo quanto disposto dalla legge istitutiva. Il giudice di pace è un magistrato onorario appartenente all'ordine giudiziario. Possono ricoprire tale ufficio i cittadini italiani che presentino alcuni requisiti e che siano *"capaci di assolvere degnamente, per indipendenza e prestigio acquisito e per esperienza giuridica e culturale maturata, le funzioni di magistrato onorario"* (art. 5.4, legge 374/1991).

I *requisiti per l'accesso al concorso* sono indicati dall'art. 1.3 della legge 111/2007. Al concorso per esami sono ammessi: i magistrati amministrativi e contabili; i procuratori dello Stato; i dirigenti della P.A. con almeno cinque anni di anzianità nella qualifica, in possesso del diploma di laurea in giurisprudenza; gli appartenenti al personale universitario di ruolo docente di materie giuridiche in possesso del diploma di laurea in giurisprudenza; gli avvocati; coloro i quali hanno svolto le funzioni di magistrato onorario per almeno sei anni; i laureati in possesso del diploma di laurea in giurisprudenza e del diploma conseguito presso le scuole di specializzazione per le professioni legali o che hanno conseguito il dottorato di ricerca in materie giuridiche.

Tali requisiti soggettivi hanno conferito dunque al concorso per l'accesso alla magistratura il carattere di un concorso di "secondo grado".

La c.d. legge Mastella ha modificato, altresì, la composizione della *commissione giudicatrice*, ora presieduta da un magistrato che abbia conseguito la sesta valutazione di professionalità e formata da venti magistrati che abbiano conseguito almeno la terza valutazione di professionalità, da cinque professori universitari di ruolo titolari di insegnamenti nelle materie oggetto di esame e da tre avvocati iscritti all'albo speciale dei patrocinanti dinanzi alle magistrature superiori. Vinto il concorso, si è nominati **uditore giudiziario** e inizia un *tirocinio*.

✓ CHI GIUDICA LA CAPACITÀ PROFESSIONALE DI UN MAGISTRATO? RIFORMA E CONTRORIFORMA DELL'ORDINAMENTO GIUDIZIARIO

Una delle critiche più ricorrenti mosse agli automatismi che fin ora hanno caratterizzato la carriera dei magistrati ordinari riguarda il carattere piuttosto blando dei meccanismi diretti ad accertare l'effettivo grado di professionalità del magistrato. La legislazione ordinaria sulla progressione in carriera dei magistrati ha sostanzialmente vanificato qualsiasi tipo di valutazione del merito e fatto affidamento principalmente sull'anzianità. Ciò fa sì che quando il CSM deve conferire gli incarichi di maggiore responsabilità (come quello di Presidente di Tribunale o di Corte di appello, ovvero di Procuratore capo) di fronte a lievi differenze sul piano dell'anzianità, si allarga notevolmente la discrezionalità dello stesso CSM, con la conseguenza che la ripartizione di tali incarichi è sovente il risultato di accordi tra le correnti sindacali in cui si articola la magistratura, le quali vengono rappresentate in seno al CSM.
La c.d. "legge Castelli" dettava dei principi che avrebbero dovuto informare il sistema: in particolare l'avanzamento di carriera sarebbe dovuto avvenire attraverso veri e propri concorsi diretti ad accertare la preparazione professionale dei magistrati. L'art. 2.2 della legge "Mastella" invece stabilisce che tutti i magistrati sono sottoposti a *valutazione di professionalità* ogni quadriennio a decorrere dalla data di nomina fino al superamento della settima valutazione di professionalità e che tale valutazione – operata secondo parametri oggettivi, indicati dal Consiglio superiore della magistratura – riguarda: *capacità*, *laboriosità*, *diligenza* ed *impegno*. Alla scadenza del periodo di valutazione il consiglio giudiziario acquisisce e valuta la relativa documentazione ed il magistrato può far pervenire al Consiglio superiore della magistratura le proprie osservazioni e chiedere di essere ascoltato personalmente. Il Consiglio superiore della magistratura, infine, procede alla valutazione di professionalità sulla base del parere espresso dal consiglio giudiziario e della relativa documentazione, nonché sulla base dei risultati delle ispezioni ordinarie. Ulteriori profondi cambiamenti deriveranno dalla *"riforma Cartabia"* dell'ordinamento giudiziario e dai decreti attuativi da essa previsti (→ § VII.1).
Alla formazione ed all'aggiornamento della magistratura provvede – in via esclusiva – la *Scuola superiore*. La stessa è competente, altresì, in materia di collaborazione nelle attività dirette all'organizzazione e al funzionamento del servizio giustizia in altri Paesi; realizzazione di programmi di formazione in collaborazione con analoghe strutture di altri organi istituzionali o di ordini professionali; pubblicazione di ricerche e di studi nelle materie oggetto di attività di formazione; organizzazione di iniziative e scambi culturali, incontri di studio e ricerca, in relazione all'attività di formazione; collaborazione alle attività connesse con lo svolgimento del tirocinio dei magistrati ordinari nell'ambito delle direttive formulate dal Consiglio superiore della magistratura.

3.2. *Indipendenza, autonomia e inamovibilità della magistratura ordinaria*

Le disposizioni costituzionali si soffermano sulla magistratura ordinaria proclamando l'autonomia e l'indipendenza del potere giudiziario. L'art. 104.1 Cost. afferma che "la magistratura costituisce un ordine autonomo indipendente da ogni altro potere". L'Assemblea costituente giunse alla formulazione della disposizione appena richiamata, in seguito ad un ampio dibattito nel quale spesso affiorò l'idea di fare della magistratura ordinaria un potere dello Stato avulso dagli altri poteri. Quest'ultima soluzione fu sostenuta soprattutto da coloro che ben conoscevano i condizionamenti e le ingerenze che l'esecutivo aveva esercitato sulla magistratura ordinaria nel periodo prerepubblicano.

Nel periodo precedente l'entrata in vigore della Costituzione, la magistratura si configurava come una struttura amministrativa gerarchicamente organizzata su cui esercitava rilevanti funzioni il Governo, in particolare il ministro della giustizia. Rompendo con questa esperienza, l'Assemblea costituente ha voluto consacrare le garanzie costituzionali di indipendenza del potere giudiziario.

L'**autonomia dell'ordine giudiziario** è una garanzia destinata ad esplicare i suoi effetti all'interno dell'ordine giudiziario stesso e fa sì che ciascun magistrato possa determinarsi autonomamente senza ricevere alcun condizionamento da altri magistrati appartenenti all'ordine giudiziario. L'**indipendenza dell'ordine giudiziario** è riferita al potere giudiziario nel suo complesso, ma si tratta di una garanzia costituzionale destinata ad esplicare i suoi effetti in riferimento all'esercizio concreto della funzione giurisdizionale, in quanto tutela ogni singolo magistrato da tutti quei condizionamenti che possono provenire da poteri diversi dal potere giudiziario.

L'art. 107.1 Cost. afferma che "i magistrati sono inamovibili"; ciò significa che i magistrati senza il loro consenso non possono essere trasferiti ad una sede diversa da quella che occupano. L'ordinamento prevede la possibilità che il magistrato possa essere trasferito ad altra sede solo con un provvedimento del Consiglio superiore della magistratura (CSM) nei casi di incompatibilità previsti dall'ordinamento giudiziario (r.d.lgs. 511/1946), e contempla pure l'eventualità che un giudice possa essere trasferito ad altra sede – sempre con provvedimento del CSM – qualora non sia in grado di amministrare giustizia nella sua sede nelle condizioni richieste dal prestigio dell'ordine giudiziario.

✓ BLOCCATE LE "PORTE GIREVOLI" TRA MAGISTRATURA E POLITICA?

Una delle misure più drastiche ed urgenti contenute nella *"riforma Cartabia"* (→ § VII.1) riguarda il passaggio dei giudici dalle loro funzioni proprie a cariche politiche elettive e di governo, sia locali che nazionali, oppure a funzioni di vertice in organi politici (il classico capogabinetto in un ministero). Insomma, vengono bloccate "le porte girevoli" tra giurisdizione e politica, con una serie di misure di congelamento di chi lascia l'incarico e intenderebbe rientrare nell'esercizio delle sue funzioni. Era una delle richieste all'Italia formulate da *Greco*, l'organo anti corruzione del Consiglio d'Europa (→ § XIII.3.2.3).

4. Il Consiglio superiore della magistratura

A garanzia dell'autonomia e dell'indipendenza della magistratura, la Costituzione italiana ha previsto che tutti i provvedimenti riguardanti la carriera e in generale lo status dei magistrati ordinari devono essere adottati da un organo che è sganciato dal Governo, cioè il **Consiglio superiore della magistratura** (CSM). I magistrati, infatti, sono funzionari pubblici: se non si fossero affidati questi compiti al CSM, non si sarebbe potuto impedire che, come avveniva nell'ordinamento precedente, il Governo usasse i poteri amministrativi relativi alla carriera ed allo status di tali funzionari per condizionare l'autonomia del singolo magistrato. Il CSM è composto (art. 104.2 Cost.):

1. di tre *membri di diritto*, e precisamente il Presidente della Repubblica, che lo presiede, il primo presidente della Cassazione, il Procuratore generale della Corte di cassazione;
2. di membri eletti dai magistrati ordinari che devono rappresentare i due terzi del Collegio (i cosiddetti *membri togati*);
3. dei cosiddetti *membri laici*, che costituiscono il restante terzo, e che sono eletti dal Parlamento in seduta comune tra gli appartenenti alle seguenti categorie: professori ordinari di Università in materie giuridiche e avvocati che esercitano la professione da almeno quindici anni.

Pertanto, se si escludono i tre membri di diritto, la Costituzione non stabilisce direttamente quanti devono essere i componenti del CSM, ma si limita a stabilire il rapporto tra quelli eletti dai magistrati (i cosiddetti "membri togati") ed i "membri laici" (e cioè 2/3 e 1/3). Con la presenza di questi ultimi i costituenti vollero impedire che l'autonomia e l'indipendenza della magistratura si trasformasse nella creazione di una specie di "casta" separata da tutti i poteri dello Stato e gelosa dei suoi "privilegi". La stessa ragione ha spinto ad attribuire la presidenza del collegio al Capo dello Stato, anche se bisogna aggiungere che tale presidenza ha prevalentemente carattere formale e simbolico, visto che il CSM elegge un vicepresidente che svolge concretamente tutti i compiti connessi alla presidenza del collegio. Ma l'attuazione di queste previsioni costituzionali è stata sempre oggetto di dibattiti e contrasti. In particolare, assai controversa è la questione della scelta del tipo di sistema elettorale con cui eleggere i "membri togati". Perciò dal 1958 ad oggi si sono succedute ben sette leggi. Anteriormente alla legge di riforma del 2002, i membri togati erano venti e quelli laici dieci: la recente *riforma Cartabia* (→ § VII.1) ha ristabilito gli stessi numeri.

✓ ELEZIONE DEL CSM: ORIGINI DI UNA RIFORMA

L'elezione dei membri togati avveniva in origine con formula proporzionale tra liste concorrenti, senza che, ai fini dell'elezione, rilevassero le funzioni effettivamente esercitate dal magistrato. Questo sistema elettorale doveva consentire la rappresentanza in seno al CSM di tutte le correnti che sono presenti nell'ambito dell'Associazione di categoria, l'Associazione nazionale magistrati, a cui sono iscritti oltre il 96% dei magistrati (divisi in più correnti, quali Magistratura democratica, Unità per la Costituzione, Magistratura indipendente, ecc.). Per tale ragione tra i magistrati prevaleva la tendenza a difendere questo sistema, che alcuni invece accusavano di favorire, attraverso il consolidamento delle correnti, la "politicizzazione" della magistratura (cioè l'adesione di ciascun magistrato ad una data visione politico-ideologica, che ne potrebbe minare l'indipendenza di giudizio).
Nel 2002 è stata approvata una riforma della composizione del CSM e delle modalità di elezione, con riduzione della sua composizione (legge 44/2002). Ora la *riforma Cartabia* (→ § VII.1) ha ripristinato la composizione (venti membri togati e dieci laici: pertanto, aggiungendo a questi i tre mem-

bri di diritto, il CSM risulta complessivamente composto trentatré membri). L'elezione dei magistrati avviene nel seguente modo:
a) in un collegio unico nazionale, per due magistrati che esercitano le funzioni di legittimità presso la Corte suprema di cassazione e la Procura generale presso la stessa Corte;
b) in due collegi territoriali, per cinque magistrati che esercitano le funzioni di pubblico ministero presso gli uffici di merito e presso la Direzione nazionale antimafia e antiterrorismo;
c) in quattro collegi territoriali, per otto magistrati che esercitano le funzioni di giudice presso gli uffici di merito;
d) in un collegio unico nazionale per cinque magistrati che esercitano le funzioni di giudice presso gli uffici di merito.
Ogni elettore riceve tre schede, una per ciascuno dei tre collegi nazionali, e può esprimere il proprio voto per un solo magistrato su ciascuna scheda elettorale.

Il CSM, come si è già detto, è competente in ordine all'adozione di tutti i provvedimenti che riguardano la carriera e lo *status* dei magistrati ordinari, ossia, secondo l'elencazione di cui all'art. 105 Cost., le assegnazioni, i trasferimenti, le promozioni e i provvedimenti disciplinari. Con riguardo a questi ultimi, però, l'esigenza già richiamata di evitare l'eccessiva separatezza della magistratura e la sua trasformazione in corporazione chiusa ha portato ad attribuire la titolarità dell'azione disciplinare al ministro della giustizia (art. 107.2 Cost.), anche se poi la legge ha attribuito il potere di esercitare l'azione disciplinare anche al Procuratore generale presso la Corte di cassazione. La decisione, a seguito dell'avvio di un procedimento disciplinare, spetta all'apposita **sezione disciplinare** istituita in seno al CSM e tale decisione viene poi sottoposta all'intero *plenum*. La sezione disciplinare può, secondo la Corte costituzionale, sollevare questioni di legittimità costituzionale in via incidentale (→ § XII.3.4.2). Sempre la Corte costituzionale ha annullato quella norma legislativa che limitava il diritto di difesa del magistrato vietandogli di servirsi di un avvocato del libero foro davanti alla sezione disciplinare (sent. 497/2000).

La **responsabilità disciplinare** opera in caso di violazione dei doveri connessi al corretto esercizio della funzione giurisdizionale, e precisamente i magistrati ordinari rispondono di ogni comportamento, assunto in ufficio o fuori, in violazione dei propri doveri, in modo da compromettere il prestigio dell'ordine giudiziario, ossia la "credibilità" dello stesso agli occhi dei cittadini (secondo il significato dato dalla Corte costituzionale, con la sent. 100/1981, al "vecchio" art. 18 del r.d.lgs. 511/1946). La riforma della materia è stata approvata con il d.lgs. 109/2006, che ha tipizzato gli illeciti disciplinari, distinguendoli in due grandi categorie: da un lato quelli commessi nell'esercizio delle funzioni giudiziarie e dall'altro quelli commessi fuori dall'esercizio delle funzioni.

I magistrati ordinari, oltre che alla responsabilità disciplinare sono sottoposti a quella penale ed a quella civile. La prima opera in caso di reati commessi nell'esercizio delle funzioni. Quanto alla responsabilità civile del magistrato (→ § XIII.2.2✓), la legge 18/2015 ha parzialmente modificato il regime speciale per i magistrati ordinari, speciali, contabili, militari. Esso riguarda i danni subiti dal cittadino conseguenti a diniego di giustizia ovvero ad atti e comportamenti assunti con dolo (ossia, intenzionalmente) o con colpa grave (comprensiva delle ipotesi di *violazione manifesta della legge nonché del diritto dell'Unione europea*, travisamento del fatto o delle prove e di emissione di un provvedimento cautelare personale o reale fuori dai casi consentiti dalla legge o senza motivazione: → § XIII.4.2.1). Il danneggiato può chiedere il risarcimento allo Stato (c.d. *responsabilità indiretta*), che si rivale sul magistrato responsabile del danno, per una somma che comunque non può superare la metà dell'annualità dello stipendio percepito al momento dell'apertura del procedimento (questo limite non vale nel caso di comportamento doloso).

Tutti i provvedimenti del CSM assumono la veste di decreti del Presidente della Repubblica e sono sottoposti al sindacato del giudice amministrativo ove vengano impugnati con apposito ricorso giurisdizionale. Il Giudice competente è il Tar del Lazio e, in appello, il Consiglio di Stato. Fanno eccezione le "*sentenze disciplinari*" pronunciate dall'apposita sezione che, invece, sono impugnabili davanti alle sezioni unite della Corte di cassazione.

L'esigenza di assicurare anche l'indipendenza dei giudici speciali ha spinto il legislatore a prevedere, per l'adozione dei provvedimenti riguardanti la carriera e lo *status* di questi ultimi, degli organi collegiali modellati sull'esempio del CSM. Essi sono: il **Consiglio di presidenza della giurisdizione amministrativa**, il **Consiglio di presidenza della Corte dei conti**, il **Consiglio di presidenza della magistratura tributaria**, il **Consiglio della magistratura militare**.

5. Il ministro della giustizia

Prima della Costituzione del 1948, il ministro di "grazia e giustizia" aveva rilevanti poteri in materia di ordinamento giudiziario, di status e carriera dei magistrati, e ciò pregiudicava l'autonomia e l'indipendenza della magistratura. La Costituzione italiana del 1948 segna una svolta fondamentale perché, come si è visto, sposta in capo al CSM la gran parte di questi poteri.

Ormai, dunque, il ministro della giustizia si limita a:

1. curare "l'organizzazione e il funzionamento dei servizi relativi alla giustizia" (art. 110 Cost.);
2. promuovere l'azione disciplinare davanti all'apposita sezione disciplinare del CSM;
3. partecipare al procedimento di conferimento degli **uffici direttivi** (cioè degli incarichi di maggior rilievo nell'ordinamento giudiziario, come quelli di presidente di Tribunale e di Corte d'appello). In particolare, la legge prevede che tali incarichi siano attribuiti con deliberazione del CSM, sulla base di una proposta formulata di concerto fra un'apposita Commissione del CSM ed il ministro. La Corte costituzionale – in occasione di un conflitto di attribuzione fra poteri dello Stato – ha affermato che i rapporti tra il CSM ed il ministro devono ispirarsi al principio di *leale collaborazione* e che il ministro deve comunque dare corso alla deliberazione consiliare (sent. 379/1992);
4. esercitare poteri di sorveglianza ed eventuali attività ispettive nei confronti degli uffici giudiziari.

test **on-line**

VIII. FONTI: NOZIONI GENERALI

1. FONTI DI PRODUZIONE

1.1. *Definizioni*

Nel linguaggio comune la parola "fonte" indica la sorgente inesauribile di determinate sostanze o situazioni (fonte d'acqua o di guai, per esempio). Nel linguaggio giuridico essa si è tecnicizzata e indica gli strumenti di produzione del diritto. La definizione tradizionale è la seguente: *dicasi* **fonte del diritto** *l'atto o il fatto abilitato dall'ordinamento giuridico a produrre norme giuridiche, cioè a innovare all'ordinamento giuridico stesso.* È una definizione almeno in parte ricorsiva, cioè circolare: è l'ordinamento giuridico a indicare i modi in cui si forma e si rinnova l'ordinamento giuridico. Ciò pone immediatamente il problema di come si istituisca inizialmente l'ordinamento giuridico.

1.2. *Norme di riconoscimento*

Come si istituisca inizialmente l'ordinamento giuridico, è un problema la cui risposta varia a seconda delle condizioni storiche. Per gli ordinamenti primitivi è probabilmente vero, perlopiù, che si siano formati attraverso una lenta evoluzione dalle tradizioni e dagli usi, cioè da un diritto consuetudinario, a un diritto basato sulla volontà di un determinato soggetto o organo a cui la comunità ha riconosciuto poteri normativi. Con linguaggio tecnico si potrebbe parlare dell'evoluzione dalle fonti-fatto alle fonti-atto (per la distinzione tra questi due tipi di fonte → § successivo).

✓ MOSÈ E LE TAVOLE DELLA LEGGE

La Bibbia ci offre uno dei racconti più chiari del passaggio da un ordinamento consuetudinario a tradizione orale a un ordinamento volontario e scritto (*Esodo*, 18 e 19). Dopo la fuga dall'Egitto, Mosè si ritrovò a dover amministrare il suo popolo, passando il suo tempo in estenuanti sedute pubbliche in cui doveva risolvere le liti sulla base delle consuetudini e di regole non scritte. Ietro, suo suocero, che non era ebreo e, essendo sacerdote di una tribù nomade che vagava non lontana dagli Assiri, probabilmente conosceva forme di organizzazione del potere più evolute, vide Mosè passare le sue giornate a giudicare il suo popolo, e lo rimproverò: "Perché siedi tu solo, e tutto il popolo sta con te dal mattino alla sera?". "Ti esaurirai" gli disse, e gli diede un consiglio: "Scegli dei giudici che amministrino la giustizia nel popolo: le questioni importanti te le sottoporranno. "Tu starai al posto del popolo davanti a Dio e porta tu a Dio le loro questioni. Informali dei decreti e delle leggi e fa conoscere loro il cammino da percorrere e quello che dovranno fare". Mosè seguì il consiglio del suocero: nominò i giudici e si occupò della legislazione. Tutta la storia della "teofania al Sinai" è carica di riferimenti simbolici. Dio dice a Mosè di riunire il suo popolo, ma di diffidarlo dal salire la montagna; Mosè deve mettere dei confini precisi e rendere la montagna sacra. Poi potrà salire solo lui (anche perché il popolo ha paura di seguirlo e lo manda avanti da solo), scomparire tra le nubi e i tuoni, per poi ridiscendere con le leggi e trascriverle. È un itinerario, un "procedimento", che compirà più volte, con una serie di varianti che porteranno alla costituzione non solo del Decalogo, ma di quel complesso di leggi che è noto come il *Codice dell'Alleanza*.

Il racconto è complesso, ma la sua simbologia acquista un senso particolare per un giurista: l'idea del cammino verso la legge scritta, il "pro-cedere", l'*iter* legislativo; l'idea della separazione tra i giudici e il legislatore; l'idea della sacralità della legge e del luogo dove essa si crea; l'idea del rappresentante-legislatore che si stacca dal suo popolo; l'idea stessa della scrittura della legge sulla pietra, simbolo della sua "rigidità" e della sua durata; ma anche l'idea che la legge possa essere "infranta", come furono infrante, spezzate le tavole di pietra da Mosè, dopo l'adorazione del vitello d'oro: episodio di insubordinazione gravissimo, perché violava il fondamentale principio di qualsiasi ordinamento, cioè il *principio di esclusività* (→ § VIII.4.1): "non avrai altro dio al di fuori di me".

Gli ordinamenti moderni invece si istituiscono tutti attraverso quel processo costituente che si è descritto in precedenza (→ § III.2). Ciò significa che è la stessa Costituzione a indicare gli atti che possono produrre il diritto, cioè le fonti: non tutte, perché in un ordinamento a struttura gerarchica (→ § VIII.8), come sono tutti quelli moderni, basta che la Costituzione indichi le fonti ad essa immediatamente inferiori, dette perciò anche **fonti primarie**, cioè le leggi e gli atti ad esse equiparati (→ §§ IX.3 ss.), perché saranno poi queste a regolare le fonti ancora inferiori (**fonti secondarie**). È considerato un compito tipico e necessario di ogni Costituzione regolare le fonti primarie: è proprio quello che fa la nostra Costituzione negli artt. 70-81.

Le norme di un ordinamento giuridico che indicano le fonti abilitate a innovare l'ordinamento stesso si chiamano usualmente **norme di riconoscimento** oppure **fonti sulla produzione** delle norme.

2. Fonti di cognizione: pubblicazione e ricerca degli atti normativi

2.1. *Definizioni*

Sin qui si è parlato delle **fonti di produzione** (o sulla produzione) del diritto. Tutt'altra cosa sono invece le **fonti di cognizione.** Queste non sono altro che gli strumenti attraverso i quali si viene a conoscere le fonti di produzione. In Italia vi sono fonti (di cognizione) ufficiali e fonti private. La più importante delle fonti ufficiali è la **Gazzetta Ufficiale (G.U.)**.

✓ LA "GAZZETTA UFFICIALE"

Tutti gli atti normativi dello Stato devono essere pubblicati nella *"Gazzetta ufficiale della Repubblica italiana"* e inseriti nella *Raccolta ufficiale degli atti normativi della Repubblica italiana*. Questa viene stampata annualmente, mentre la *"Gazzetta Ufficiale"* è pubblicata tutti i giorni non festivi, corredata da alcune "serie speciali" dedicate alle sentenze della Corte costituzionale (esce il mercoledì), agli atti della Unione europea (esce il lunedì e il giovedì, con funzione solo "notiziale", perché è la pubblicazione nella *GUUE* la pubblicazione ufficiale), alle leggi regionali (esce il sabato, e anche in questo caso con funzione solo notiziale, perché la pubblicazione ufficiale è fatta nei *B.U.R.*) ed ai concorsi pubblici. Alla *G.U.* (e alle sue serie speciali) ci si può abbonare o si possono acquistare i singoli fascicoli nelle edicole o nelle librerie.
La pubblicazione degli atti normativi è disciplinata dalla legge 839/1984, *"Norme sulla Raccolta ufficiale degli atti normativi della Repubblica italiana e sulla Gazzetta Ufficiale della Repubblica italiana"* (in seguito confluita nel d.P.R. 1092/1985).

INTERNET Questa legge si può consultare nella sezione "Materiali" del sito: www.diritto-manuali.giappichelli.it.

Altre fonti ufficiali sono i *Bollettini (o Gazzette) ufficiali* delle Regioni (*B.U.R.*) e la *Gazzetta Ufficiale della Unione europea (GUUE)*. Anche a livello comunale e provinciale vi sono strumenti di informazione ufficiale dell'attività normativa dell'ente (art. 124 del T.U. Enti locali: → § X.4.2).

2.2. *Pubblicazione "ufficiale" e entrata in vigore degli atti normativi*

Che siano ufficiali ha ovviamente grande importanza, perché il testo in esse pubblicato è quello che "**entra in vigore**", diviene cioè obbligatorio per tutti. Infatti tutti gli atti normativi devono essere pubblicati su una fonte ufficiale perché i cittadini e gli organi preposti all'applicazione del diritto lo possano conoscere. Proprio per consentire lo studio e la conoscenza dei nuovi atti, questi non "*entrano in vigore*" immediatamente dopo la pubblicazione ma, se non è altrimenti disposto, soltanto dopo la c.d. "***vacatio legis***", un periodo, di regola di 15 giorni, in cui gli effetti del nuovo atto sono sospesi. Trascorso questo periodo il nuovo atto è pienamente obbligatorio: vige la presunzione di conoscenza della legge ("***ignorantia legis non excusat***") e l'obbligo del giudice di applicarla, senza bisogno che siano le parti a provarne l'esistenza ("***iura novit curia***").

2.3. *Fonti non "ufficiali"*

Le fonti non ufficiali possono essere fornite da soggetti pubblici (i Ministeri o le Regioni, per esempio) o privati (le case editrici o le riviste specializzate, di solito), ed essere cartacee o informatiche. Al contrario delle fonti ufficiali, le notizie che esse pubblicano non hanno valore legale, perché esse sono solo strumenti più o meno utili alla conoscenza delle norme in vigore, ma la pubblicazione in essi non incide sull'efficacia delle norme.

✓ REPERTORI E BANCHE DATI DI LEGISLAZIONE

Poiché la produzione del diritto in Italia è frenetica, sono rare le fonti che seguono l'intera legislazione: tale ambizione hanno i sistemi informatici della Camera e della Cassazione, mentre ora anche la *Gazzetta Ufficiale*, la *GUUE* e i *B.U.R.* sono consultabili attraverso computer. Vi sono poi alcuni repertori tradizionali della legislazione italiani pubblicati da editori privati (UTET, DEA professionale, Il Foro italiano, ecc.), da tempo disponibili anche on-line o in DVD, e in certi casi arricchiti dalla giurisprudenza. Accanto a queste opere generali, vi è una ricchissima produzione editoriale di codici specializzati per settore: di solito essi raccolgono anche la giurisprudenza più significativa e sono ormai disponibili anche su DVD. Per le leggi e gli altri atti regionali, ogni Regione cura la pubblicazione di propri codici.

INTERNET Le *Gazzette ufficiali* degli ultimi 60 giorni, in www.gazzettaufficiale.it. Ottimo anche il sito del Comune di Jesi, che consente gratuitamente anche ricerche delle *G.U.* degli ultimi anni: http://gazzette.comune.jesi.an.it. Sia testate giornalistiche che appositi notiziari "giuridici" (come, per es., www.diritto.net) forniscono informazioni fresche sulle novità legislative (e giurisprudenziali). Informazioni sulle banche dati giuridiche, con indicazione dei relativi siti, sono fornite da www.ittig.cnr.it/BancheDatiGuide/dirittoitalia/dirittoitalia.htm (sito a cura dell'istituto di documentazione giuridica del CNR). L'archivio della Camera dei deputati, con la legislazione corredata dai lavori parlamentari si trova in www.camera.it; una banca dati sulla normativa vigente è consultabile in www.normattiva.it. Le leggi regionali sono anche consultabili nel sito della Camera, oppure nei siti delle singole regioni, i cui link si possono trovare in www.regioni.it. Un buon "motore di ricerca" delle fonti normative italiane è "CICERONE": www.diritto.it.

3. Fonti-fatto e fonti-atto

3.1. *Definizioni*

Le fonti di produzione si distinguono in due categorie: le **fonti-atto** (o **atti normativi**) e le **fonti-fatto** (o **fatti normativi**). La distinzione è importante e ricca di conseguenze pratiche. Le fonti-atto sono parte degli **atti giuridici**, che potremmo definire come *i comportamenti consapevoli e volontari che danno luogo a effetti giuridici*. Rispetto alla categoria generale degli atti giuridici, gli atti normativi hanno due caratteristiche specifiche:

α) quanto agli effetti giuridici, gli atti normativi hanno la capacità di porre norme vincolanti per tutti (perciò sono "fonti del diritto");

β) quanto ai comportamenti, questi devono essere imputabili a soggetti cui lo stesso ordinamento riconosce il potere di porre in essere tali atti. Insomma, le fonti-atto implicano non solo un *agire volontario*, ma l'agire volontario di un *organo a ciò abilitato dall'ordinamento giuridico.*

La "*norma di riconoscimento*" (→ § VIII.1.2) attribuisce ad un determinato organo il potere di emanare un determinato atto normativo. Questo è il senso della definizione tradizionale, che suona più o meno così: *la fonte-atto (o l'atto normativo) è l'espressione di volontà normativa di un soggetto cui l'ordinamento attribuisce l'idoneità di porre in essere norme giuridiche.*

Le fonti-fatto sono invece una categoria residuale, sono cioè tutte le altre fonti che l'ordinamento riconosce e di cui ordina o consente l'applicazione, non perché prodotte dalla volontà di un determinato soggetto indicato dall'ordinamento, ma per il semplice "fatto" di esistere. Appartengono alla categoria dei **fatti giuridici**, cioè a quegli eventi naturali (la nascita, per esempio) o sociali (il pugno che Tizio sferra a Caio) che producono conseguenze rilevanti per l'ordinamento. La differenza specifica che distingue i fatti normativi dalla categoria generale dei fatti giuridici è che da essi l'ordinamento fa dipendere il sorgere di norme vincolanti per tutti.

3.2. *Tipicità delle fonti-atto*

Perché la volontà del soggetto possa produrre effetti normativi, e quindi essere vincolante per tutti, bisogna che essa sia riconoscibile. Da qui l'esigenza che ogni atto normativo si manifesti esteriormente nei modi specifici che lo stesso ordinamento determina per ciascun tipo di fonte. Ogni tipo di fonte ha una sua *forma essenziale*, che i singoli atti devono rispettare per essere riconoscibili come appartenenti a quella fonte. La forma tipica dell'atto è data da una serie di elementi quali l'intestazione all'autorità emanante (per es., "decreto del Presidente della Repubblica", o "decreto ministeriale"), il nome proprio dell'atto (il *nomen juris*: per es. "legge", "decreto-legge", "legge regionale", ecc.), il procedimento di formazione dell'atto stesso. Per **procedimento** si intende quella sequenza di atti preordinata al risultato finale: per le fonti-atto, il risultato finale del procedimento è appunto l'emanazione dell'atto normativo. Nell'ordinamento italiano i procedimenti per la formazione delle fonti-atto variano a seconda del tipo di fonte e verranno studiati nel capitolo successivo: qualsiasi atto normativo la cui formazione non rispetti il procedimento prescritto ha un vizio di forma.

Dal punto di vista redazionale, l'atto è suddiviso in **articoli**, e questi in **commi**; gli articoli, spesso corredati da una "**rubrica**" che ne indica l'argomento, possono essere raggruppati in "**capi**", e questi in "**titoli**" e "**parti**" (ognuno corredato di apposita "rubrica").

3.3. *Le consuetudini*

Una volta si poteva dire che la fonte-fatto per eccellenza fosse la **consuetudine**. Questa nasce, soprattutto in ordinamenti primitivi, da un comportamento sociale ripetuto nel tempo (è l'elemento "oggettivo" della consuetudine: la c.d. "*diuturnitas*") sino al punto che, dimenticata o da sempre ignorata la sua origine, esso viene sentito come obbligatorio, giuridicamente vincolante (è l'elemento "soggettivo": c.d. "*opinio juris seu necessitatis*"). La consuetudine ebbe perciò grande importanza in tutti gli ordinamenti che si sono sviluppati lentamente, sinché hanno tenuto un buon livello di coesione sociale. In essi, anzi, il "diritto comune", l'antica tradizione dei padri, la legge immemorabile poteva anche rappresentare la più alta delle fonti del diritto, quella che nessun atto di volontà avrebbe potuto legittimamente mutare.

✓ L'ORIGINE CONSUETUDINARIA DELLA *COMMON LAW*

La ***Common Law*** è il sistema giuridico che si è sviluppato in Inghilterra dopo la conquista normanna (1066). I conquistatori riconobbero la validità del corpo di consuetudini locali che disciplinavano i rapporti di famiglia, la proprietà, i contratti, e che i giudici continuarono ad applicare per secoli, anche nelle colonie. Oggi non si può certo dire che la *Common Law* sia un corpo di regole consuetudinarie: è invece un corpo di regole giurisprudenziali, formatosi attraverso il consolidamento e l'evoluzione dei "precedenti giudiziari" (→ § XII.1.1.β), ossia delle autorevoli pronunce dei giudici, che gli altri giudici sono tenuti a rispettare (principio dello ***stare decisis***). Oltretutto, nel diritto moderno, la *Common Law* è affiancata, nel Regno Unito come negli Stati Uniti e negli altri paesi che seguono questa tradizione giuridica, da un'ingente produzione legislativa.

Oggi però la consuetudine è quasi scomparsa dagli ordinamenti moderni che, come il nostro, si ispirano al sistema della codificazione. Vi sono ormai solo poche tracce:

α) La prima traccia si trova nelle "***Disposizioni preliminari al codice civile***" (dette anche "***Preleggi***"). L'art. 1, disegnando la gerarchia delle fonti del diritto italiano, enumera, dopo la legge, i regolamenti, le **norme corporative**[1], anche gli "**usi**". Gli usi sono proprio le consuetudini che, perciò, nel nostro ordinamento sono poste all'ultimo posto della gerarchia: il che significa che sono ammesse soltanto dove non vi sia una norma superiore (sulla gerarchia delle fonti → § VIII.8). Infatti l'art. 8 delle "Preleggi" precisa che "*nelle materie regolate dalle leggi e dai regolamenti gli usi hanno efficacia solo in quanto sono da essi richiamati*": questo significa che la consuetudine può operare o in materie non regolate da fonti-atto (c.d. **consuetudine *praeter legem*** o "introduttiva"), oppure (come vedremo negli esempi riportati *sub* β) per richiamo esplicito della legge (**consuetudine *secundum legem***); non può esistere invece la **consuetudine *contra legem***, quella cioè che dispone in contrasto con le fonti-atto. I comportamenti contrari alla legge sono semplicemente illegittimi.

[1] Le norme corporative erano poste da organi statali nazionali istituiti dal fascismo per riunire le rappresentanze sindacali dei lavoratori e dei datori di lavoro (l'obiettivo era superare così l'antagonismo tra capitale e lavoro). Attraverso queste norme dovevano essere regolati i rapporti di lavoro, ma anche il coordinamento della produzione. Caduto il fascismo (→ § III.2✓), furono soppressi gli organi corporativi, e le norme corporative rimasero in vigore solo per il periodo transitorio.

✓ LE "PRELEGGI"

Al Codice civile, entrato in vigore nel 1942, è premesso un corpo di 31 articoli intitolato "***Disposizioni sulla legge in generale***", e diviso in due capi ("*Delle fonti del diritto*" e "*Dell'applicazione della legge in generale*"). Esso non riguarda affatto il solo diritto civile, ma l'intero ordinamento, secondo una tradizione vecchia quanto le codificazioni moderne (che ha sempre considerato il codice civile la legge fondamentale della società). Come "materia", queste disposizioni si occupano almeno in parte di argomenti che sono tipicamente "costituzionali" (il "riconoscimento" delle fonti e la loro disciplina; il rapporto tra la legge e il giudice). Per cui fu messa in dubbio la legittimità stessa di queste disposizioni, sia perché il codice è stato emanato con un decreto delegato, e la delega legislativa non comprendeva questo tipo di disposizioni (sul meccanismo della delega legislativa → § IX.5), sia perché la legislazione fascista (legge 2693/1928) aveva previsto che sulle leggi in materia costituzionale fosse espresso il parere preventivo del Gran Consiglio del Fascismo, che in questo caso era mancato. Tuttavia già allora prevalse l'idea che le "preleggi" non avessero un carattere innovativo – cioè propriamente normativo – ma fossero solo la "ricognizione", la riproduzione di norme già vigenti nell'ordinamento: questo argomento consentì di superare i dubbi di legittimità, ma al prezzo di svalutare la portata normativa delle disposizioni in questione. Non c'è da sorprendersi di ciò: le norme sull'interpretazione e l'applicazione del diritto, che – come si è detto – hanno sempre accompagnato le codificazioni moderne, hanno avuto sempre l'obiettivo di disciplinare, e perciò limitare, l'attività degli interpreti, e in primo luogo dei giudici: da qui la costante tentazione di costoro di svalutarne il significativo normativo, per liberarsi dai lacci tesi dal legislatore e riaffermare la propria autonomia. Queste disposizioni e la loro interpretazione costituiscono dunque pagine della storia della divisione dei poteri.
L'importanza delle "Preleggi" è oggi molto diminuita: la Costituzione del 1948 ha modificato, almeno in parte, la disciplina delle fonti, alcune delle quali (le "norme corporative") sono cadute col fascismo, mentre, come si dirà poi, la legge 31 maggio 1995, n. 218 ha abrogato gli artt. 17-31, rinnovando la disciplina del c.d. diritto internazionale privato. La legge 400/1988 ha modificato la disciplina dei regolamenti (→ § IX.10). Restano dunque poche norme sull'efficacia della legge nel tempo, sull'interpretazione e sull'abrogazione (artt. 10-15): ma prevale senz'altro l'opinione che esse abbiano una assai debole funzione normativa, rappresentando poco più che la trascrizione di criteri operativi che da sempre presiedono all'attività di interpretazione e applicazione della legge.

β) La seconda traccia si trova ancora nel codice civile. In alcune sue disposizioni, infatti, sono esplicitamente richiamati gli "usi", a cui il codice rinvia la disciplina del rapporto. Ciò vale soprattutto in materia contrattuale: gli "usi" locali o quelli invalsi nelle singole categorie di operatori costituiscono elementi integrativi del contratto[2], o possono indicare, per es., i modi, il luogo, il tempo dell'adempimento delle obbligazioni in generale (vedi artt. 1181, 1182, 1183, 1187, ecc.), i modi di stipulazione dei contratti (artt. 1326, 1327, 1333, ecc.) e così via. In certi casi agli usi è consentito anche di disporre in modo diverso dalla regola generale fissata dal codice, derogandola (sulla deroga → § VIII.7.5).

C'è ovviamente il problema della conoscenza di questi usi. Essa è facilitata dalle raccolte provinciali tenute dalle Camere di commercio. Ma queste raccolte sono semplici "fonti di cognizione" degli usi: come dice l'art. 9 delle "Preleggi", gli usi in esse pubblicati "*si presumono esistenti sino a prova contraria*".

[2] Art. 1374 – "Integrazione del contratto – *Il contratto obbliga le parti non solo a quanto è nel medesimo espresso, ma anche a tutte le conseguenze che ne derivano secondo la legge, o, in mancanza, secondo gli usi e l'equità*".

γ) La terza traccia è invece tutta dottrinale. In dottrina spesso si fa riferimento alle consuetudini, e ciò accade in molti rami dell'ordinamento, specie nel diritto costituzionale. Ma si tratta di un equivoco, il più delle volte. Spesso si fa riferimento a un fenomeno che con la consuetudine non ha nulla da spartire, cioè alle c.d. "**consuetudini interpretative**": non sono comportamenti sociali a cui la stessa comunità attribuisce forza vincolante, ma la costante interpretazione di una disposizione di legge (e quindi di una fonte-atto) da parte degli interpreti. Queste, dunque, non sono "autonome" fonti del diritto, ma semplicemente il frutto di un atteggiamento stabile degli interpreti del diritto rispetto al significato di una certa disposizione. Si tratta di un fenomeno che si confonde con quello che la Corte costituzionale chiama il "diritto vivente" (→ § XII.3.6.4): una certa disposizione, benché il suo tenore letterale potrebbe autorizzare anche interpretazioni diverse, è però "fatta vivere" dalla generalità degli interpreti (dai giudici in primo luogo) secondo un determinato significato; da una determinata *disposizione* ❿ gli interpreti derivano costantemente la stessa unica *norma* (per la distinzione tra disposizione e norma → § III.6). Abbiamo dunque a che fare con un'interpretazione delle fonti-atto, non con una fonte-fatto.

✓ CONSUETUDINI FACOLTIZZANTI?

Nel diritto costituzionale molti autori accennano alle consuetudini, ma anche qui si rischia di fare una grande confusione. Perlopiù si tratterebbe di **consuetudini "facoltizzanti"**, che cioè consentono comportamenti che le disposizioni scritte non negano. Esempi sarebbero la nomina di vicepresidenti, di ministri senza portafoglio e di sottosegretari nel Governo (cioè di quegli organi "non necessari" che di solito vengono nominati accanto ai ministri e al Presidente del Consiglio: → § V.2.8); o la possibilità che il Governo ponga la c.d. "questione di fiducia" (→ § V.3.3.1). Nessuno si avventura a dire che questi comportamenti, che sono effettivamente piuttosto costanti, siano diventati "obbligatori" (nel senso che sarebbe, per es., illegittimo il Governo che non avesse vicepresidenti o sottosegretari); si dice semplicemente che il Governo ha la "facoltà" di tenere questi comportamenti, cosa del resto assolutamente ovvia, dato che la Costituzione non glieli vieta affatto: non c'è quindi nessun bisogno di appellarsi alla consuetudine.
Una delle consuetudini costituzionali più frequentemente portate ad esempio sono le consultazioni che il Presidente della Repubblica svolge, nell'ambito delle procedure di formazione del nuovo Governo, in vista della nomina del Presidente del Consiglio (→ § V.2.4.1). È vero che esse si sono (quasi) sempre fatte, ma è anche vero che risulta difficile immaginare che debbano essere fatte sempre, a pena di violazione delle regole costituzionali. Se il sistema elettorale portasse ad un'individuazione immediata dello schieramento di maggioranza e del suo *leader*, le consultazioni si renderebbero non solo inutili, ma forse persino scorrette: che potere avrebbe il Presidente della Repubblica, in forza di ciò che dicono i *leader* dei partiti, di modificare indicazioni chiare provenienti dagli elettori?

È davvero difficile insomma indicare con sicurezza anche una sola consuetudine costituzionale vigente in Italia. Il fatto che invece la dottrina ne parli così spesso e ne faccia oggetto di complesse teorizzazioni è il sintomo di un atteggiamento metodologico assai equivoco che serpeggia tra i costituzionalisti – atteggiamento propenso a confondere ciò che vale nel diritto come *regola* e ciò che esiste nei fatti come *regolarità* ❽ –.

✓ LE "CONVENZIONI COSTITUZIONALI"

Le **convenzioni costituzionali** sono spesso confuse con le *consuetudini costituzionali* perché "disciplinano" il modo in cui devono essere applicate le norme costituzionali. Per almeno due versi si differenziano però nettamente dalle *consuetudini costituzionali*. In primo luogo, le convenzioni nascono da un accordo tra i soggetti politico-istituzionali, mentre le consuetudini traggono origine da comportamenti spontanei; in secondo luogo, esse non pongono regole giuridiche, non sono "fonti", mentre le consuetudini lo sono. A che servono dunque le convenzioni? La dottrina italiana le ha importate dalla letteratura giuridica inglese, che di esse fa ampio uso per spiegare i modi in cui il sistema costituzionale britannico si è assestato, in assenza di una carta costituzionale scritta (→ § III.2). In Italia, ovviamente, la Costituzione scritta c'è, ma per tutto ciò che riguarda la c.d. *forma di governo* (per questa nozione → § II.1.1) dà indicazioni molto scarne: questo, che spesso le è rimproverato, è prova di grande saggezza della nostra Costituzione, perché lascia ampio margine al gioco della politica senza cercare di imbrigliarlo in regole troppo asfissianti. Il gioco della politica si è perciò svolto fissando "regole" di comportamento che si sono evolute o modificate nel tempo. Molte delle prassi che la dottrina ha indicato come "consuetudini" possono essere derubricate a "convenzioni": col che si vuole indicare che esse appartengono alle *regolarità* e non alle *regole* ❽, ossia sono avvertite come indicazione di comportamenti politicamente corretti ma non giuridicamente vincolanti (nessuno può ricorrere ad un giudice per lamentarne la violazione); se sono "regole", sono regole non giuridiche, che valgono solo sino a quando coloro che le hanno poste sono d'accordo nell'applicarle; e quando questi cessano unilateralmente di applicarle, le conseguenze possono forse essere politiche, ma non giuridiche.
Dire che un certo comportamento è basato su una convenzione non ha dunque precise conseguenze giuridiche: ciò spiega perché il termine sia usato dalla dottrina in significati diversi, più o meno stringenti. In un senso più stringente, le convenzioni costituzionali indicano veri e propri accordi tra i partiti o tra gli organi costituzionali. Esempi di convenzione costituzionale sarebbero allora la c.d. *tregua istituzionale* che disciplinò la transizione dal fascismo alla costituente (→ § III.2), oppure la procedura seguita per la sostituzione del Presidente Segni nel 1964 (→ § V.4.10).

δ) Una quarta traccia la troviamo in Costituzione. L'art. 10.1 dice che "*l'ordinamento italiano si conforma alle norme del diritto internazionale generalmente riconosciute*"; si fa riferimento alle **consuetudini internazionali**, cioè a delle norme che non hanno origine nei trattati (fonte volontaria del diritto internazionale), ma in regole non scritte né poste da alcun soggetto determinato, e tuttavia considerate obbligatorie dalla generalità degli Stati. L'adeguamento dell'ordinamento italiano alle consuetudini internazionali è automatico, nel senso che il giudice italiano, quando accerti l'esistenza di una norma di questo tipo, deve applicarla immediatamente nel nostro ordinamento, come se fosse una norma "interna" dello stesso rango della norma che la richiama, cioè dell'art. 10.1 Cost. (il che significa che le norme richiamate occupano nella gerarchia delle fonti una posizione superiore alle stesse leggi ordinarie: → § VIII.8). Questo meccanismo di rinvio automatico dell'ordinamento italiano alle norme prodotte da altri ordinamenti si chiama "*rinvio mobile*" (→ § VIII.4.3).

✓ IL CASO: IL RISARCIMENTO DELLE VITTIME DEI CRIMINI NAZISTI

In una recente sentenza, la Corte costituzionale ha opposto la difesa dei *principi fondamentali dell'ordinamento costituzionale* (→ § IX.1.4) ad una decisione della Corte internazionale di giustizia. Quest'ultima, in una causa che opponeva l'Italia alla Germania, vertente su un caso specifico di mancato indennizzo di prigionieri italiani ridotti in schiavitù nei *lager* nazisti, aveva dichiarato che è un principio consuetudinario del diritto internazionale che i giudici di uno Stato non possano giudicare della violazione dei diritti fondamentali compiute dai soldati di un altro paese, anche nei casi di crimini di guerra e contro l'umanità, lesivi di diritti inviolabili della persona. Questa sentenza della CIG ha fatto molto discutere: ma ancora di più ha fatto discutere la sent. 238/2014 della Corte costituzionale che, ritenendo che la consuetudine "accertata" dalla CIG fosse incompatibile con i principi e i diritti fondamentali della Costituzione italiana ❾, ha concluso che essa non può "entrare" nel nostro ordinamento attraverso la "porta" dell'art. 10.1 Cost. In questo caso la Corte ha impiegato la "teoria dei controlimiti", che era stata elaborata in relazione all'ipotesi di un contrasto di una norma dell'Unione europea con i principi costituzionali (→ § XI.2.3).

3.4. *Le altre fonti-fatto*

Benché la consuetudine sia da sempre la fonte-fatto per eccellenza, oggetto di molti e importanti studi teorici, essa oggi non è più, almeno nel nostro ordinamento, la fonte-fatto più importante. È perciò un errore continuare a definire le fonti-fatto avendo presente la sola consuetudine. Ciò che distingue le fonti-fatto dalle fonti-atto non è che le seconde sono fonti scritte e imputabili alla volontà di un soggetto preciso mentre le prime no (sarebbero cioè fonti non-scritte e involontarie, come appunto lo è la consuetudine). Fonti-fatto per il nostro ordinamento sono anche tutte quelle fonti che producono norme richiamate dal nostro ordinamento ma non prodotte dai nostri organi. Vi sono due esempi macroscopici di fonti-fatto nel nostro ordinamento: le norme prodotte dalla Unione europea e le c.d. norme di diritto internazionale privato. Il fenomeno noto come "globalizzazione dei mercati" (→ § 1.2.6✓) ha come effetto anche l'enorme aumento di importanza di questo tipo di fonti ❹.

Alle norme dell'UE è dedicato l'intero cap. XI, a testimonianza del rilievo che esse hanno assunto nel nostro ordinamento: e tuttavia esse sono tuttora da considerarsi come fonti-fatto. Sia ben chiaro che esse non solo sono fonti "scritte" e "volute", poste in essere cioè dagli organi della Unione europea: sono cioè, per l'ordinamento europeo, applicando ad esso le nostre categorie, delle *fonti-atto*. Tuttavia, siccome esse sono prodotte da organi che non appartengono al nostro ordinamento, per questo motivo esse sono considerate dal nostro ordinamento come meri "*fatti*" normativi.

Analoghe osservazioni valgono per le **norme di diritto internazionale privato**. Queste sono le norme che regolano l'applicazione della legge quando i soggetti o i beni coinvolti nel caso sottoposto al giudice sono collegati a ordinamenti giuridici diversi: per es., che accade se un cittadino italiano e una cittadina austriaca litigano per l'affidamento dei figli comuni o per la successione nei beni immobili siti in Italia ma lasciati in eredità da un comune parente bulgaro? La soluzione a questi intricati rebus giuridici è data dalle disposizioni sull'applicazione della legge contenute, ancora, nelle "Preleggi", agli artt. 17-31, successivamente sostituiti però dalla legge 31 maggio 1995, n. 218 (*Riforma del sistema italiano di diritto internazionale privato*). Il giudice italiano in certi casi si può trovare ad applicare le leggi di un altro paese, per es. il codice civile austriaco o la legge bulgara sulle successioni. Queste fonti, che sarebbero indubbiamente *fonti-atto* nel rispettivo ordinamento di appartenenza, sono invece *fonti-fatto* per il nostro. Che differenza fa? La differenza si può percepire se ci si pone dal punto di vista del giudice.

3.5. *Il principio* jura novit curia

Il giudice ha il potere e il dovere di individuare e interpretare le fonti normative da applicare al giudizio con i propri mezzi, senza cioè gravare sulle parti o dipendere dal loro apporto: è il **principio *jura novit curia***, che vale per tutte le fonti, siano esse "atti" o "fatti". Però difficoltà pratiche notevoli si possono porre per le fonti-fatto.

Mentre per gli atti normativi la pubblicazione ufficiale è lo strumento che rende sempre possibile l'accertamento della fonte, questo non vale sempre per le fonti-fatto. Per queste non si può fare un discorso unitario. Per la consuetudine, si è visto, l'inserimento nelle *Raccolte generali* non chiude affatto il problema dell'accertamento, in quanto è ammessa la prova contraria; per il diritto internazionale privato, l'art. 14 della nuova legge, accogliendo un indirizzo che si era già imposto in giurisprudenza, fa carico al giudice italiano di accertare la legge straniera, anche con l'aiuto di strutture ministeriali, di esperti o dell'apporto delle parti (ma nel caso che l'accertamento non sia comunque possibile, deve applicare la legge italiana); per il diritto europeo, come poi vedremo (→ § XI.2.4), il giudice ha pieno obbligo di conoscerne le fonti che, per altro, sono soggette a pubblicazione ufficiale.

Oltre alla conoscenza dell'esistenza della fonte, il principio *jura novit curia* comporta anche il potere-dovere del giudice di interpretarne le *disposizioni* al fine di individuare la *norma* da applicare al caso. Ciò è ovvio per le fonti-atto (→ § VIII.5). Quanto alle fonti-fatto, per le consuetudini il problema non si pone affatto, essendo esse *norme* prive di *disposizione* [10]: non vi è nulla da "interpretare", trattandosi di accertare quale *norma* (non scritta) si sia imposta nella prassi. Per il diritto internazionale privato, l'art. 15 della nuova disciplina ci dice che la legge straniera "*è applicata secondo i propri criteri di interpretazione e di applicazione nel tempo*": il nostro giudice dovrebbe quindi comportarsi come se fosse un giudice dell'altro ordinamento, sia usando i criteri interpretativi di questo, sia valutando gli effetti della successione delle leggi nel tempo (e quindi decidendo se una certa legge abbia ancora vigore o sia stata abrogata: → § VIII.7). Naturalmente se una delle parti non è convinta del lavoro interpretativo svolto dal giudice, ne deve impugnare la sentenza davanti al giudice (italiano) d'appello, che dovrà pronunciarsi sulla correttezza, rispetto all'ordinamento straniero, dei criteri interpretativi applicati dal collega di primo grado.

Completamente diverso è il problema dell'interpretazione del diritto europeo. Qui infatti vige una riserva di interpretazione a favore del giudice comunitario, cioè della Corte di giustizia della UE: riserva che riguarda tanto le disposizioni del Trattato istitutivo della Unione che le fonti "derivate" (cioè prodotte in forza dei poteri normativi attribuiti dal Trattato agli organi della UE). Per cui, se il giudice italiano ha un dubbio sul significato di queste disposizioni, deve sospendere il suo giudizio e sottoporre la questione interpretativa alla Corte di giustizia (→ § XI.2.4).

Ultimo versante su cui si pone il principio *jura novit curia*, il giudice deve valutare non solo che una certa norma esista, ma anche che sia *valida*. Come vedremo fra poco (→ § VIII.8), una norma è valida quando è posta in conformità alle norme di rango superiore. Tutto ciò è evidente per le fonti-atto: se esse presuppongono una *norma di riconoscimento* (→ § VIII.1.2) che attribuisca a un determinato organo la competenza a produrre un certo tipo di norme, queste norme saranno valide solo se conformi alla norma di riconoscimento; se non sono valide, il giudice, attraverso procedimenti che vedremo in seguito, può provocarne la rimozione dall'ordinamento. E per le fonti-fatto?

Anche sotto questo profilo, il discorso non può essere svolto unitariamente per tutte le fonti-fatto. La consuetudine pone pochi problemi: o essa si sviluppa *praeter legem* o *secundum legem*; se il comportamento sociale considerato fosse invece *contra legem*, non avremmo neppure infatti una fonte del diritto, ma un comportamento illegittimo (→ § VIII.3.3.α). Diverso è il caso del diritto internazionale privato: il giudice italiano può valutare se la legge straniera sia ancora in vigore, ma non ha gli strumenti per rilevarne gli eventuali "vizi", cioè il contrasto con le fonti superiori dell'ordinamento cui essa appartiene. Per es., se il nostro giudice deve applicare la legge testamentaria bulgara, non potrà valutare se essa sia o meno conforme alla Costituzione di quel paese, se sia stata approvata con le procedure previste o dall'organo competente, né potrà investire di questa questione il giudice bulgaro. Proprio questo può invece fare quando deve applicare il diritto comunitario: in questo caso, se rileva un "vizio" della fonte comunitaria, il giudice deve sospendere il proprio giudizio e investire della questione la Corte di giustizia, cui è riservata la competenza a giudicare della validità delle norme emanate dalla UE.

In conclusione: la distinzione tra fonti-atto e fonti-fatto è una distinzione importante, ma non del tutto soddisfacente: soprattutto perché la categoria delle fonti-fatto è troppo disomogenea. Lo è oggi più di quanto lo fosse una volta, perché l'apertura del nostro ordinamento al diritto comunitario e gli effetti della internazionalizzazione del diritto, così come hanno incrinato l'idea della sovranità statale (→ § I.2.5 e § I.2.6✓), hanno creato forme nuove, e ancora non ben definibili, di integrazione degli ordinamenti giuridici. Tuttavia, sebbene quella di "fonte-fatto" sia ormai una nozione poco soddisfacente, continua a svolgere un ruolo pratico importante e talvolta decisivo: lo vedremo in particolare a proposito della immissione delle norme comunitarie nell'ordinamento italiano (→ § XI.2.3).

4. TECNICHE DI RINVIO AD ALTRI ORDINAMENTI

4.1. *Definizioni*

Il "**principio di esclusività**", che è espressione della sovranità dello Stato (→ § I.2.3), attribuisce a questo il potere esclusivo di riconoscere le proprie fonti, cioè indicare i "fatti" e gli "atti" che possono produrre norme nell'ordinamento. Le norme degli altri ordinamenti possono valere all'interno dell'ordinamento dello Stato soltanto se le disposizioni di questo lo consentono. Ciò vale per qualsiasi altro ordinamento: quindi, sia per l'ordinamento degli altri Stati; sia per gli ordinamenti "tra gli stati" a carattere generale, cioè il diritto internazionale, o particolare, come l'Unione europea; sia, infine, per gli ordinamenti non statuali, sociali, "interni" allo Stato.

Per consentire alle norme prodotte da fonti di altri ordinamenti di operare all'interno dell'ordinamento statale si opera attraverso la tecnica del **rinvio**. Il rinvio è dunque lo strumento con cui l'ordinamento di uno Stato rende applicabili al proprio interno norme di altri ordinamenti. Si distinguono di solito due tecniche di rinvio, il rinvio "fisso" e il rinvio "mobile".

4.2. *Il rinvio "fisso"*

Il **rinvio fisso** (detto anche **rinvio materiale** o **recettizio**) è il meccanismo con cui una disposizione dell'ordinamento statale richiama un determinato atto in vigore in altro ordinamento, atto che di solito viene "allegato". Il rinvio si dice "fisso" perché recepisce uno specifico e singolo atto, ordinando ai soggetti dell'applicazione del diritto (i giudici e l'amministrazione pubblica) di applicare le norme ricavabili da questo atto come norme interne. Le eventuali variazioni apportate all'atto cui si rinvia, cioè all'atto "recepito", sono, di regola, indifferenti per il nostro ordinamento: cioè, se l'atto recepito subisce modifiche, queste non produrranno effetti nel nostro ordinamento senza un altro apposito atto di recepimento.

✓ ALCUNI ESEMPI DI RINVIO FISSO

– La legge 27 maggio 1929, n. 810, "Trattato fra la Santa sede e l'Italia", esordisce dicendo: "Piena ed intera esecuzione è data al Trattato, ai quattro allegati annessi, e al Concordato sottoscritti in Roma, fra la Santa sede e l'Italia, l'11 febbraio 1929" (sul "Concordato" → § II.5). Questa formula ("piena ed intera esecuzione"), che si chiama in linguaggio tecnico "**ordine di esecuzione**", è lo strumento con cui il legislatore italiano il più delle volte "recepisce" nell'ordinamento italiano le norme di un *trattato internazionale*, fonte-atto per eccellenza del diritto internazionale (→ § IX.4.3). Con questa disposizione, infatti, si ordina ai soggetti dell'applicazione del diritto (i giudici e l'amministrazione pubblica) di applicare le norme derivabili dal trattato come se fossero norme interne;
– il decreto del Presidente della Repubblica 25 giugno 1983, n. 348, "Norme risultanti dalla disciplina prevista dagli accordi per il trattamento economico del personale delle unità sanitarie locali", premesso che il Consiglio dei ministri ha approvato la disciplina contenuta negli accordi stipulati tra le delegazioni del Governo, delle Regioni e degli enti locali, in quanto datori di lavoro, e dalle organizzazioni sindaca-

li, in rappresentanza dei lavoratori, recepisce "le norme risultanti dalla disciplina prevista dagli accordi indicati in premessa nel testo annesso al presente decreto". Con questo atto normativo, che ha natura di regolamento governativo (è un esempio di quei regolamenti per "l'organizzazione del lavoro ed i rapporti di lavoro dei pubblici dipendenti in base agli accordi sindacali" di cui parlava l'art. 17.1, lett. e), della legge 400/1988: → § IX.10.4), viene recepito un documento che di per sé non ha forza normativa per l'ordinamento italiano, ma che l'acquista grazie, appunto, a questo "richiamo";
– la legge 14 luglio 1959, n. 741, "Norme transitorie per garantire minimi di trattamento economico e normativo ai lavoratori italiani" è un esempio storico di come il legislatore italiano abbia cercato di superare l'ostacolo derivante dalla mancata attuazione dell'art. 39.4 Cost. (→ § XIII.7.2). Mancando uno strumento per assicurare efficacia generale ai contratti stipulati da sindacati "non registrati", il Parlamento votò una delega per consentire al Governo di dare efficacia generale per tutti gli appartenenti a una categoria agli accordi già stipulati. I conseguenti decreti delegati (sul meccanismo della delega legislativa → § IX.5) operarono un rinvio "fisso" alle clausole degli accordi.

4.3. *Il rinvio "mobile"*

Il **rinvio mobile** (detto anche **rinvio formale** o **non-recettizio**) è il meccanismo con cui una disposizione dell'ordinamento statale richiama non uno specifico *atto* di un altro ordinamento, ma una *fonte* di esso. Per questo motivo, con il rinvio mobile l'ordinamento statale si adegua automaticamente a tutte le modifiche che nell'altro ordinamento si producono nella normativa posta dalla fonte richiamata. Tipici esempi di rinvio "mobile" sono le disposizioni del diritto internazionale privato (→ § VIII.3.4) e il richiamo alle norme consuetudinarie internazionali contenuto nell'art. 10.1 Cost. (→ § VIII.3.3.δ).

Dal punto di vista dell'applicazione del diritto, tra le due tecniche di rinvio passa una notevole differenza pratica: mentre il rinvio "fisso" pone ai soggetti dell'applicazione solo il compito di interpretare il testo normativo richiamato come se fosse un atto interno (cosa comunque non sempre semplice, perché, provenendo l'atto da un altro ordinamento, è scritto nel linguaggio proprio ad esso: per esempio in una lingua straniera, o nel linguaggio diplomatico o in "sindacalese"), il rinvio "mobile" pone loro anche il compito di ricercare le disposizioni in vigore nell'ordinamento "straniero", dovendo tenere conto di tutti i mutamenti che in esso si sono prodotti.

5. La funzione dell'interpretazione

L'atto normativo è un documento scritto, dotato di determinate caratteristiche formali. Attraverso di esso il "legislatore" – così viene spesso chiamato genericamente l'organo a cui l'ordinamento riconosce il potere di emanare *atti normativi*[3] (ossia

---

[3] Il termine "legislatore", così come la parola "legge", viene qui usato promiscuamente per designare sia, in senso stretto, l'organo che emana le leggi (il Parlamento, quindi), sia, in senso ampio, l'organo che ha emanato un qualsiasi altro tipo di atto normativo (→ § VIII.11.2✓).

fonti-atto: → § VIII.3.1) – esprime la sua volontà di disciplinare una determinata materia. Come tutti i testi scritti, l'atto normativo è articolato in **enunciati**, che rappresentano l'unità linguistica minima portatrice di un significato completo: un enunciato è qualsiasi espressione linguistica che ha una forma grammaticale compiuta. Tramite gli enunciati il legislatore cerca di esprimere la sua volontà normativa. Per questa loro caratteristica "imperativa", gli enunciati degli atti normativi si chiamano **disposizioni**.

È un errore comune, una banalità pensare che gli enunciati scritti possano avere un significato preciso e univoco, dato dalla somma dei significati delle singole parole. Il linguaggio è una questione complessa, le stesse singole parole possono avere più significati e più sfumature di significato, il senso di una frase può cambiare a seconda del contesto, del modo in cui è pronunciata, delle persone a cui è diretta, del tempo in cui è letta, ecc. Tutto ciò vale per ogni tipo di espressione (si pensi alla pittura o alla musica) e, in particolare, per ogni tipo di uso del linguaggio scritto. È probabile che chi scrive intenda dare un senso preciso ai suoi enunciati: ma questi sono "segni" che sta al lettore interpretare. Ciò vale anche per gli enunciati normativi, per le disposizioni, con qualche complicazione in più.

In una democrazia rappresentativa come la nostra, il legislatore è di regola un organo politico, perlopiù un organo collegiale. La volontà che egli esprime nasce da premesse politiche, risponde alle logiche della rappresentanza elettorale, passa attraverso le regole del compromesso politico, ecc. Inoltre, il legislatore persegue obiettivi politici che ovviamente variano nel tempo. La nostra legislazione ha uno spessore storico di oltre cent'anni (alcune leggi fondamentali risalgono alla formazione del Regno d'Italia); le leggi subiscono continui aggiornamenti; il principale organo legislativo, il Parlamento, è composto da quasi 1.000 persone, e molti altri organi – come vedremo – concorrono a "legiferare", creano cioè disposizioni. Ci si può aspettare che, date le premesse, la produzione legislativa sia caratterizzata da univocità e coerenza di significati? Il compito di riportare a coerenza e univocità il sistema delle disposizioni è affidato all'interprete. Adesso vedremo come.

Il primo passo da compiere è la distinzione tra **interpretazione** e **applicazione** del diritto. Si dice usualmente che l'applicazione del diritto consiste nell'applicazione di una norma generale e astratta a un caso particolare e concreto. La norma dice che, se è compiuto da chiunque (generalità) e in qualsiasi circostanza (astrattezza), il comportamento X, deve esserci la conseguenza Y; Tizio tiene il comportamento X; Tizio ha la conseguenza Y. Questo è lo schema del **sillogismo giudiziale**: premessa maggiore (la norma); premessa minore (il fatto): conclusione (applicazione della norma al fatto). Ma "in natura" non esistono né le "norme" né i "fatti". La **norma** è il frutto dell'interpretazione delle disposizioni, il loro significato, quello che esse ci possono dire in relazione al caso specifico; e anche il "fatto" è frutto di interpretazione, va "costruito" qualificando i singoli eventi e comportamenti secondo le categorie normative ❿. Un esempio può chiarire il problema.

✓ IL CASO: FURTO AL SUPERMERCATO

Tizio è sorpreso da un vigilante del supermercato mentre infila un orologio, di quelli esposti sui banconi di vendita, nella tasca: questo è l'episodio, non già il "fatto" in senso giuridico. L'episodio va "narrato" in termini giuridici: l'avvocato di Tizio lo racconterà dicendo che il suo cliente non aveva preso un cestino per deporvi la merce e aveva le mani ingombre, per cui, per non far cadere un oggetto tanto delicato e a cui molto teneva, tanto che da mesi lo cercava, aveva scelto di riporlo nella tasca della giacca, con tutta l'intenzione poi di presentarlo alla cassa; l'avvocato del supermercato dirà invece che negli ultimi mesi sono spariti chi sa quanti orologi e che Tizio era stato notato dal vigilante mentre si guardava circospetto e "furtivamente" s'infilava l'orologio nella tasca. Qual è il "fatto"? Cioè, come qualificare l'episodio in termini giuridici? Questo va interpretato alla luce delle disposizioni, ma anche queste vanno interpretate, per ricavarne la premessa maggiore del sillogismo, la *norma*. L'art. 624 cod. pen. dice che *"chiunque s'impossessa della cosa mobile sottraendola a chi la detiene, al fine di trarne profitto per sé e per altri, è punito con la reclusione, ecc."*: colui che prende l'oggetto offerto in vendita nel supermercato e se lo infila in tasca "sottrae" la merce a chi la detiene? Il suo fine è di "trarre profitto"? Il giudice deve creare la "sua" norma, partendo dalla lettera della disposizione: la Cassazione, per es., per condannare Tizio, ha elaborato questa "massima", cioè questa norma: *"nei supermercati l'acquirente consegue il possesso legittimo della merce posta nel cestino o tenuta in mano, quando ne paga l'importo alla cassa (momento conclusivo della vendita); mentre della merce nascosta nella borsa o in tasca o altrimenti, ne acquisisce il possesso (illegalmente) al momento dell'apprensione; onde il furto è già consumato nel momento del passaggio alla cassa"*[4]. Qualche giudice aveva provato a percorrere una strada diversa. Aveva ragionato così: quando il venditore espone la sua merce sul banco del supermercato indicandone il prezzo, questa circostanza è configurabile giuridicamente come *offerta al pubblico*, disciplinata dall'art. 1336 cod. civ. Siccome, secondo i principi del nostro codice, il contratto di compravendita si perfeziona con il consenso (e non con il pagamento), chi prende la merce esposta esprime il suo consenso e rende "perfetto" il contratto di compravendita: da quel momento la merce è sua, altro che furto! Al massimo, se si può provare che egli non aveva nessuna intenzione di pagare la merce alla cassa, lo si può accusare di "insolvenza fraudolenta", un reato di minore gravità, procedibile solo su querela di parte, che scatta soltanto se l'autore è insolvente e lo dissimula, che comunque si estingue pagando prima della condanna (art. 641 cod. pen.). Dicendo che invece il contratto di compravendita al supermercato si perfeziona solo con il pagamento alla cassa, la Cassazione elabora una norma che taglia ogni possibilità di praticare questa strada. Anche se poi resta un problema: se la merce rimane nella "signoria" del supermercato sinché chi l'ha presa dal banco non ha passato la cassa e si è sottratto al controllo dei vigilanti, sino a quel momento il furto non si è consumato, ma si è realizzata soltanto la fattispecie assai più lieve del "tentativo di furto". Quante complicazioni! Su questo problema la Cassazione sta ancora discutendo (Cass., Sez. Un., sent. 52117/2014).

Per quanto una disposizione possa essere scritta chiaramente e con precisione, il suo significato non è mai scontato: esiste sempre almeno una circostanza in cui è dubbio se la disposizione sia "applicabile", o più esattamente, se si possa interpretarla ricavandone una norma applicabile. Cosa c'è di più esplicito di un segnale stradale, per es. del segnale di divieto di sosta? Ma è qualificabile come "sosta" – e quindi è applicabile la norma che punisce con una contravvenzione chiunque sosti dove è indicato il divieto – la fermata forzata da un guasto meccanico dell'auto? e quella causata da un malore? e la fermata per far scendere una persona?

[4] Cass., sez. II, 15 dicembre 1972, in *Giust. pen.*, 1973, II, p. 415.

Il mito delle disposizioni chiare e univoche è, appunto, un mito. Non è colpa del legislatore, ma del linguaggio. Il legislatore può cercare di risolvere certi gravi dubbi interpretativi o di "forzare" l'interpretazione dei giudici, aggiungendo nuove disposizioni alle vecchie, cercando di precisarne il significato: è la c.d. **interpretazione autentica**. Non si tratta però di un'opera di *interpretazione*, di attribuzione di senso, ma di *legislazione*: si emana una *disposizione* con cui si dice che un'altra disposizione va intesa in un determinato significato. Il legislatore aggiunge così segni a segni, sperando di influire sul significato che altri soggetti, gli interpreti, attribuiranno loro. Ma il legislatore non può sostituirsi agli interpreti, svolgere il loro lavoro, perché glielo impedisce il principio di divisione dei poteri (→ § II.3), il cui nucleo più rigido e più antico è proprio la contrapposizione tra *legis-latio* e *legis-executio*.

✓ IL CASO: LA VENDITA DELLA RIZZOLI-CORRIERE DELLA SERA

Verso la metà degli anni '80, la casa editrice Rizzoli fu coinvolta in un complicato giro di trasferimenti azionari: da più parti (compreso il "garante dell'editoria": → § XIII.5.5.4) si vide il rischio di una forte concentrazione nella stampa quotidiana, poiché i gruppi finanziari che assumevano, attraverso l'acquisto della Rizzoli, il controllo dei suoi giornali avevano già il controllo di altri importanti quotidiani nazionali. Ma il giudice di primo grado rigettò il ricorso, sulla base di un'interpretazione restrittiva delle disposizioni della legge sull'editoria. La questione aveva però assunto un grande rilievo politico, e il Parlamento votò una nuova legge, con cui si dettavano (non senza diverse ambiguità) criteri più restrittivi, presentandoli come "interpretazione autentica" della precedente. Le norme di interpretazione autentica hanno questo di particolare, che operano retroattivamente (derogano cioè al principio generale di *irretroattività* della legge: → § VIII.7.2): per cui le nuove disposizioni avrebbero dovuto essere applicate anche al "caso Rizzoli", già deciso in primo grado e ora in discussione di fronte al giudice d'appello. Ma la Corte costituzionale, investita da quest'ultimo, dichiarò illegittima la pretesa del legislatore di conferire, attraverso la qualifica di "interpretazione autentica", efficacia retroattiva a una disposizione che aveva invece carattere innovativo: *"va riconosciuto carattere interpretativo soltanto ad una legge che, fermo il tenore testuale della norma interpretata* (la disposizione), *ne chiarisce il significato interpretativo* (la norma) *ovvero privilegia una tra le tante interpretazioni possibili"*, mentre la disposizione censurata sostituiva interamente la vecchia disciplina e si definiva "interpretativa" solo per beneficiare degli effetti retroattivi e incidere così sui giudizi in corso (sent. 155/1990).

Uno dei profili da cui può essere percepita la divisione dei poteri è proprio questo: la netta separazione di compiti tra chi ha il potere di "disporre", di imporre gli atti normativi, di dettare quegli enunciati linguistici scritti che, per la loro caratteristica imperatività, si chiamano "disposizioni"; e chi invece ha il potere di interpretare quegli enunciati, ricostruirne il significato normativo, applicarne le "norme" ❿. Le differenze non sono solo "funzionali" (cioè, relative ai compiti), ma anche "strutturali" (relative alla composizione, alla natura dell'organo). Il legislatore – lo si è appena ricordato – è un organo politico, chiamato dagli elettori a esprimere la sua volontà, e che agli elettori risponde delle sue scelte; i soggetti dell'applicazione del diritto, giudici o organi amministrativi che siano, sono tecnici del diritto, accedono alla loro carica non per elezione ma per concorso (→ § VII.3.1), sono privi di responsabilità politica. Il legislatore può volere ciò che vuole, può volere cose incongrue e incoerenti: ma chi applica la legge ha bisogno invece di norme non contraddittorie, di trarre dalle diverse disposizioni significati univoci e coerenti. Il giudice, che ha da valutare il comportamento di Tizio, non può giungere alla conclusione che quel comportamento è soggetto a norme contrastanti, è contemporaneamente permesso e vietato. La coerenza delle *norme* è la prima regola della sua deontologia professionale. Ridurre a un sistema coerente di *norme* un groviglio incoerente di *disposizioni* è il suo principale compito, e lo strumento per assolverlo è l'interpretazione.

✓ LEGGI SULL'INTERPRETAZIONE

Il legislatore della codificazione (→ § II.1.5) mal sopportava che giudici e azzeccagarbugli si "inventassero" le norme da applicare, per cui hanno sempre cercato di dettare regole precise per imbrigliare l'opera dell'interprete. Anche le *Preleggi* del nostro codice civile (→ § VIII.3.3α), all'art. 12 ("*Interpretazione della legge*") prescrivono che l'interprete della legge si attenga al senso "fatto palese dal significato proprio delle parole secondo la connessione di esse, e dalla intenzione del legislatore". Poi, siccome era consapevole che questo avrebbe potuto indurre il giudice a "**denegare giustizia**", cioè a rifiutare di decide i casi non espressamente previsti dal legge, ha aggiunto l'obbligo, in assenza di una regola legislativa adatta al caso, di ricorrere all'*analogia* (→ § VIII.9.4✓) o, in fine, di decidere "secondo i princìpi generali dell'ordinamento giuridico dello Stato".
La reazione dei giuristi di tutto il mondo è stata unanime nello svalutare il significato prescrittivo delle regole sull'interpretazione poste dal legislatore, degradandole a "mera ricognizione" delle prassi e dei criteri tradizionali dell'interpretazione elaborati dagli stessi giuristi. Fermo restando che mai l'interpretazione di una legge può stravolgerne il significato evidente e che il rispetto del testo è comunque la prima regola a cui l'interprete deve attenersi, l'art. 12 fissa il fondamentale divieto per il giudice di pronunciare il ***non liquet***, ossia di rifiutare di decidere un caso perché non c'è una regola legislativa che lo disciplini "denegando giustizia" (il "caso Englaro" è un ottimo esempio di rifiuto di "denegare giustizia": → § II.5.3✓).

Da ben oltre duemila anni, i giuristi affrontano questo compito arduo e affascinante: hanno perciò elaborato uno strumentario assai ricco di tecniche di interpretazione, tecniche che servono appunto a trarre norme univoche e coerenti da un complesso di disposizioni di cui nessuno garantisce in partenza l'univocità e la coerenza. Insomma, il primo obiettivo dell'interprete è interpretare le disposizioni in modo da ricavarne una unica norma, un'unica premessa maggiore del suo sillogismo.

✓ TECNICHE DI INTERPRETAZIONE GIURIDICA

Benché le tecniche dell'interpretazione e dell'argomentazione giuridica rappresentino un patrimonio culturale di grande importanza e prestigio anche al di fuori del mondo dei giuristi, esse non sono di solito oggetto di un corso specifico nelle Università italiane, in cui l'ermeneutica, la logica e la retorica non vengono riconosciute come discipline autonome. L'"arte" dell'interpretazione e dell'argomentazione si apprende per imitazione, ascoltando o leggendo i "maestri". Questo però impedisce agli studenti di acquisire consapevolezza del valore delle tecniche e degli argomenti impiegati nel proprio e nell'altrui lavoro. Vi sono tuttavia testi molto utili per chi volesse colmare la lacuna dell'insegnamento universitario. Si consiglia in particolare: G. TARELLO, *L'interpretazione della legge*, Giuffrè, Milano, 1980 (vol. I, t. 2 del *Trattato di diritto civile e commerciale*, a cura di A. Cicu e F. Messineo).

6. Le antinomie e tecniche di risoluzione

Antinomie si chiamano, con parola d'origine greca, i contrasti tra norme. Si ha antinomia quando le disposizioni esprimono significati tra loro incompatibili, ossia norme che qualificano lo stesso comportamento in modi contrastanti (lo permettono e lo vietano, lo dichiarano obbligatorio e facoltativo, ecc.). È compito dell'interprete risolvere le antinomie, individuando la norma applicabile al caso. Talvolta ciò è possibile con gli strumenti dell'interpretazione, ossia attribuendo alle *disposizioni* in gioco un significato che le renda reciprocamente compatibili (è la c.d. *interpretazione sistematica*). Ma talvolta il testo delle disposizioni non consente di ricavarne *norme* coerenti ❿. Allora bisogna scegliere.

I criteri elaborati dalla scienza giuridica per scegliere la norma da applicare in caso di antinomia sono stati spesso codificati nelle leggi: le "Preleggi", per esempio, ne indicano alcuni. Ma si può tranquillamente dire che i criteri di soluzione delle antinomie sono impliciti nell'ordinamento. Quattro sono i criteri che ora esamineremo: il criterio cronologico, il criterio gerarchico, il criterio della specialità e quello della competenza.

7. Il criterio cronologico e l'abrogazione

7.1. *Definizioni*

Il **criterio cronologico** dice che, in caso di contrasto tra due norme, si deve preferire quella più recente a quella più antica (***lex posterior derogat priori***). È un criterio indiscutibile, almeno negli ordinamenti moderni, che sono dinamici: in essi è ovvio che la "legge" non può essere dettata una volta per sempre, ma deve adeguarsi al continuo cambiamento della realtà. Quando la Costituzione dispone che "*la* funzione *legislativa è esercitata collettivamente dalle due Camere*" (art. 70), accoglie implicitamente il criterio cronologico, cioè una visione dinamica dell'ordinamento (fuori dalla quale non avrebbe neppure senso parlare di "funzione" legislativa).

La prevalenza della norma nuova sulla vecchia si esprime attraverso la **abrogazione**. L'abrogazione è l'effetto che la norma più recente produce nei confronti di quella meno recente: l'effetto consiste nella cessazione dell'efficacia della norma giuridica precedente.

7.2. *Efficacia delle norme e principio di irretroattività delle leggi*

L'**efficacia** è una figura generale del diritto e consiste nell'idoneità di un fatto o di un atto (→ § VIII.3.1) a produrre effetti giuridici, cioè a costituire, modificare o estinguere situazioni giuridiche. L'efficacia di una norma è la sua applicabilità come regola dei rapporti giuridici. La norma diventa efficace quando la disposizione da cui è tratta entra in vigore (o meglio, quando entra in vigore l'atto che contiene quella disposizione, e quindi dopo la pubblicazione di esso e trascorsa la *vacatio legis*: → § VIII.2.2). Vige il **principio di irretroattività** degli atti normativi: essi, cioè, dispongono solo per il futuro, e non hanno effetti per il passato. Questo principio è codificato dall'art. 11 delle "Preleggi": "*La legge non dispone che per l'avvenire: essa non ha effetto retroattivo*". Si tratta però di un principio generale non recepito dalla Costituzione, che vieta soltanto la retroattività delle norme penali incriminatrici (art. 25.2: "*Nessuno può essere punito se non in forza di una legge che sia entrata in vigore prima del fatto commesso*"). Per cui il principio posto dalle "Preleggi" può essere derogato (sul concetto di deroga → § VIII.7.5) dalle singole leggi, che possono disporre la propria retroattività[5]: è chiaro però che una legge retroattiva, che vada ad incidere su rapporti giuridici già sorti, può incontrare serie difficoltà nel superare il controllo di ragionevolezza della Corte costituzionale (→ § XIII.1.2).

7.3. *Effetti temporali dell'abrogazione*

Il principio di irretroattività vale anche per l'abrogazione. Se questa è un effetto prodotto dal nuovo atto sulle norme precedenti, esso opera, in mancanza di disposizioni contrarie (derogatorie rispetto al principio di irretroattività) solo per il futuro. La vecchia norma perde efficacia dal giorno dell'entrata in vigore del nuovo atto, e questo significa non solo che non sarà più la regola dei rapporti giuridici sorti dopo quella data, ma anche che *tutti i rapporti precedenti restano in piedi e rimangono regolati da essa*. La vecchia norma, benché abrogata, sarà quindi pur sempre la norma che il giudice dovrà applicare ai vecchi rapporti. Può quindi capitare che il giudice si trovi ad applicare ancora norme abrogate da diversi anni. In gergo si dice che l'abrogazione opera ***ex nunc*** ("da ora").

7.4. *Tipi di abrogazione*

L'effetto abrogativo può essere prodotto da fenomeni assai diversi (a parte esamineremo il caso del tutto particolare dell'abrogazione a seguito di *referendum*: → § IX.10). L'art. 15 delle "Preleggi" elenca tre ipotesi di abrogazione:

α) "per dichiarazione espressa del legislatore" (c.d. **abrogazione espressa**);
β) "per incompatibilità tra le nuove disposizioni e le precedenti" (c.d. **abrogazione tacita**);
γ) "perché la nuova legge regola l'intera materia già regolata dalla legge anteriore" (c.d. **abrogazione implicita**).

Le tre forme di abrogazione sono diverse per questa ragione: l'abrogazione espressa

---

[5] Nel "caso" descritto nel precedente § VIII.5 abbiamo anzi visto un esempio di legge che è tipicamente retroattiva: la legge di interpretazione autentica. Un altro esempio di norma necessariamente retroattiva è la "**norma penale di favore**", cioè la norma che abroga il reato o ne alleggerisce le conseguenze penali (per un esempio → § IX.6.3✓).

è il contenuto di una *disposizione*: di solito si tratta di uno degli articoli finali della legge in cui si scrive: "*sono abrogate le seguenti disposizioni:*", segue l'elenco degli atti, articoli, commi e, talvolta, singole porzioni degli enunciati legislativi ("*dalla parola X alla parola Y*"). Siamo sul piano della legislazione, dei testi scritti, delle disposizioni: ovviamente ciò che il legislatore dispone vale per tutti (o, come si dice in gergo, "***erga omnes***").

Tutto diverso è il caso dell'abrogazione tacita. Qui l'abrogazione non è affatto disposta dal legislatore, non è il contenuto di un'apposita disposizione. Anzi, il problema nasce proprio da questo, dal fatto che il legislatore non si è preoccupato, emanando le nuove disposizione, di eliminare le vecchie. È quindi il giudice (o più generalmente l'interprete) a dover fare pulizia, perché si trova di fronte a un'antinomia: egli deve ritenere che prevalga la norma successiva perché questa è la conseguenza di un principio fondamentale in un sistema rappresentativo, quello per cui la volontà di un Parlamento (e della generazione che esso rappresenta) non può vincolare la volontà dei parlamenti (e delle generazioni) futuri. Ma il giudice non può eliminare le disposizione, perché esse appartengono al mondo dei testi, della legislazione: può operare solo con gli strumenti dell'interpretazione, e questi gli dicono (come le "Preleggi" ribadiscono) di preferire la norma più recente e di considerare la vecchia come abrogata.

Quanto agli effetti temporali, l'abrogazione tacita è identica a quella esplicita (entrambe operano ***ex nunc***); ma ciò non vale per gli effetti spaziali, perché, mentre le disposizioni del legislatore valgono sempre per tutti (*erga omnes*), le operazioni intellettuali del giudice (che si chiamano "interpretazione") valgono solo nel singolo giudizio (***inter partes***) e non vincolano affatto gli altri giudici. Perché, come dice l'art. 101.2, "*i giudici sono soggetti soltanto alla legge*" e non anche alla interpretazione fornita dagli altri giudici. Ciò significa che, quando non è il legislatore a fare pulizia nei testi normativi, le opinioni dei giudici rispetto a quale norma sia in vigore e quale sia invece abrogata possono diversificarsi e restare a lungo diverse.

✓ UTILI ESEMPI DI DISPOSIZIONI INUTILI

Spesso il legislatore, troppo indaffarato per potersi soffermare a ripulire l'ordinamento dalle disposizioni vecchie, conclude le leggi con una disposizione che dice: "*sono abrogate le disposizioni incompatibili con la presente legge*". È una formula di stile, di pessimo stile perché non serve a nulla, dato che: a) la incompatibilità non sorge tra enunciati legislativi (disposizioni), ma tra i loro significati (norme); b) se l'interprete rileva un contrasto tra norme, procede con l'abrogazione tacita senza bisogno che il legislatore lo autorizzi ogni volta a farlo.

Altro esempio di disposizione inutile è quella con cui il legislatore ordinario cerca talvolta di "rafforzare" la propria legge, prescrivendo che essa possa essere abrogata solo in modo esplicito. È una disposizione che, se funzionasse, violerebbe il principio che si è appena enunciato nel testo, per cui il Parlamento non può vincolare i parlamenti futuri; ma non funziona: come disse Bentham, appartiene a quegli impegni che sono come le catene che indossano gli attori sul palcoscenico – "servono a fare rumore ma non a legare"! Non così però la pensa un isolato e un po' ambiguo *obiter dictum* (→ § IX.1.4) della sent. 129/2019 della Corte costituzionale.

Talvolta il legislatore abroga espressamente usando la formula "*sono e restano abrogate*": vuol solo dire che egli non sa se le norme che sta abrogando espressamente non sono già state considerate tacitamente abrogate; se così fosse, ci avvisa che non intende smentire gli interpreti e spostare la data dell'avvenuta abrogazione al momento dell'entrata in vigore della legge.

Il terzo tipo di abrogazione, quella c.d. implicita, è in tutto simile all'abrogazione tacita. Non c'è infatti una disposizione che dichiari l'abrogazione della legge precedente, ma è l'interprete che trae dal fatto che il legislatore abbia riformato la materia un argomento per sostenere che la vecchia legge debba ritenersi abrogata e le sue norme non debbano più essere applicate (ai rapporti successivi all'entrata in vigore della nuova legge, ovviamente). Questa abrogazione opera perciò sul piano dell'interpretazione, non su quello della legislazione. La differenza tra abrogazione tacita e abrogazione implicita è quindi essenzialmente di strategie argomentative seguite dall'interprete: inoltre, mentre la prima, basandosi su un contrasto tra singole norme, porta di solito a ritenere abrogata una o più disposizioni, la seconda, basandosi sul fatto che la disciplina della materia è stata riformata, porta a ritenere abrogata una o più leggi. Da notare però che non sempre il risultato dell'abrogazione implicita è così netto, perché, ad es., la nuova legge può riformare solo parte della materia disciplinata dalla legge precedente (per es., la legge riforma il sistema didattico delle università ma non disciplina, al contrario della precedente, il modo in cui sono costituite le commissioni di esame): sta all'interprete, ancora una volta, valutare se la vecchia disciplina resti in vigore o sia stata abrogata senza la produzione di norme nuove (così che, per restare nell'esempio, si potrebbe ritenere che sulla disciplina degli esami si espanda l'autonomia delle singole università).

✓ IL PROBLEMA DELLA "LEGISLAZIONE VIGENTE"

Non è frequente che il legislatore chiuda i propri atti indicando gli atti e le disposizioni abrogate. Ed anche se lo fa, nulla può assicurarci che le sue indicazioni siano esaustive, elenchino cioè tutte le disposizioni che sono soggette ad abrogazione: l'interprete potrà sempre, trovandosi di fronte ad un'antinomia che paralizza la sua decisione, ritenere tacitamente abrogata una disposizione non già soggetta ad abrogazione espressa. Diviene perciò assai difficile accertare quale sia la disciplina vigente, spesso nei settori in cui più frequente è il ricambio legislativo. Certe volte è il legislatore stesso a provvedere alla riunificazione della disciplina di una materia, selezionando le norme rimaste in vigore e riunendole in appositi *"testi unici"* (→ § IX.5.4): altre volte sono i privati a cercare di compilare "codici" o sistemi informatici che riproducono la "legislazione vigente". Quasi tutte le raccolte private segnalate nel § VIII.2 riproducono infatti la legislazione vigente: non essendo fonti di cognizione ufficiali, esse però non possono che "suggerire" quali sono le norme in vigore e quelle abrogate.

7.5. *Abrogazione, deroga e sospensione*

Diversa dall'abrogazione è la **deroga**. La deroga nasce da un contrasto tra norme di tipo diverso, nel senso che la norma derogata è una norma generale, mentre la norma derogante è una norma particolare: è semplicemente un'eccezione alla regola. Per es., l'art. 1573 cod. civ. dice, a proposito della durata dei contratti di locazione, che essi non possono essere stipulati per un periodo eccedente i trent'anni: ma gli artt. 1607 e 1629 "derogano" a questa regola generale per i contratti di locazione di case e per i fondi destinati al rimboschimento, prevedendo termini maggiori. Un altro esempio di deroga può essere l'esclusione dall'obbligo di pagare le tasse entro un certo termine per i residenti in una zona calamitata.

La differenza tra abrogazione e deroga sta essenzialmente in questo: la norma abrogata perde efficacia per il futuro, e può riprendere a produrre effetti soltanto nel caso in cui il legislatore emani una ulteriore disposizione che lo prescriva (è il caso della c.d. "**riviviscenza della norma abrogata**"); la norma derogata non perde invece la sua efficacia, ma viene limitato il suo campo di applicazione: per cui, se dovesse essere abrogata la norma derogante, automaticamente si riespande l'ambito di applicazione della regola generale.

Simile alla deroga è la **sospensione** dell'applicazione di una norma, sospensione limitata ad un certo periodo e spesso a singole categorie o zone. L'esclusione dei cittadini calamitati dall'obbligo di pagare le tasse può essere costruita anche come una sospensione della legge generale: passato il termine previsto, la norma generale riprende tutta la sua applicabilità.

8. Il criterio gerarchico e l'annullamento

8.1. *Definizioni*

Il **criterio gerarchico** dice che in caso di contrasto tra due norme si deve preferire quella che nella **gerarchia delle fonti** occupa il posto più elevato (***lex superior derogat legi inferiori***). Anche questo è un criterio indiscutibile, almeno negli ordinamenti moderni, che sono sempre strutturati secondo una pluralità di fonti disposte sui diversi gradini di una scala gerarchica. Quando la Costituzione dispone che la Corte costituzionale giudica della "*legittimità costituzionale delle leggi e degli atti aventi forza di legge*" (art. 134), disegna implicitamente una gerarchia, per cui in caso di contrasto la Costituzione prevale sulla legge e sugli atti a questa equiparati. Analogamente, le "Preleggi" disegnano una gerarchia, ancora valida, tra la legge, i regolamenti e le consuetudini (art. 1), dicendo che la legge prevale sul regolamento (art. 4) e questo sulla consuetudine (art. 8).

La prevalenza della norma superiore su quella inferiore si esprime attraverso l'**annullamento**. L'annullamento è l'effetto di una **dichiarazione di illegittimità** che *un giudice* (non qualsiasi interprete) pronuncia nei confronti di un atto, di una disposizione o di una norma. A seguito della dichiarazione di illegittimità, l'atto, la disposizione o la norma perdono validità. La **validità** è una figura generale del diritto, e consiste nella conformità di un atto o di un negozio giuridico rispetto alle norme che lo disciplinano (la "validità", essendo riferibile ai soli atti – normativi e non – è un concetto più ristretto di "**legittimità**", che significa pur sempre conformità alle leggi, ma si riferisce a qualsiasi comportamento, e quindi anche ai fatti). L'atto invalido è un atto "viziato": mentre l'abrogazione – espressione del criterio cronologico – opera nel ricambio fisiologico dell'ordinamento, l'annullamento – espressione del criterio gerarchico – colpisce situazioni patologiche che si verificano in esso.

I "**vizi di legittimità**" (che vengono spesso contrapposti ai c.d. "**vizi di merito**" i quali, riguardando le valutazioni circa l'opportunità di un atto comportano un apprezzamento di tipo politico e non sono perciò di regola sindacabili da un giudice) possono essere di due tipi: **vizi formali** o **vizi sostanziali**. I primi riguardano la "forma" dell'atto (→ § VIII.3.2): per es., perché esso è emanato da un organo non competente oppure il procedimento seguito per la sua formazione non corrisponde a quanto prescritto dalle norme superiori. In questo caso, sarà l'intero *atto* ad essere viziato. I secondi riguardano i contenuti normativi di una disposizione, cioè le *norme*: la disposizione sarà viziata perché produce un'antinomia, un contrasto con norme tratte da disposizioni di rango superiore.

8.2. *Effetti dell'annullamento*

In linea generale (poi vedremo più in particolare cosa accade nel caso di invalidità delle leggi → § XII.3.6.3, e dei regolamenti → § IX.10), quando un giudice dichiara l'illegittimità di un atto normativo, questa dichiarazione ha effetti generali (*erga omnes*): in seguito ad essa, l'atto annullato non può essere più applicato a nessun rapporto giuridico, anche se sorto in precedenza all'annullamento. Al contrario dell'abrogazione, dunque, l'annullamento non opera solo per il futuro, ma anche per il passato (***ex tunc***). Attenzione però, perché gli effetti dell'annullamento si avvertono solo per quei rapporti giuridici che l'interessato possa sottoporre a un giudice, che siano cioè ancora "azionabili": questi si dicono **rapporti "pendenti"** (o **"aperti"**), in contrapposizione ai **rapporti "esauriti"** (o **"chiusi"**), i quali non possono più essere dedotti davanti al giudice. Come si "chiudano" i rapporti è stabilito dai singoli rami dell'ordinamento: in genere, i rapporti si chiudono con il decorso del tempo (estinzione del diritto per **prescrizione**; perdita della possibilità di esercitare il diritto, cioè **decadenza**), oppure per volontà dell'interessato (**acquiescenza**), od ancora perché il rapporto è stato definito con una sentenza ormai non più impugnabile (**giudicato**) (→ § XII.3.6.3).

8.3. *Rapporti tra criterio cronologico e criterio gerarchico*

È pacifico che, se una norma posteriore di grado inferiore contraddice una norma precedente di grado superiore, non ci potrà essere abrogazione della norma superiore da parte della norma inferiore, ma annullamento di quest'ultima. Il criterio gerarchico prevale dunque su quello cronologico.

Ma cosa accade nel caso inverso, se cioè una norma posteriore di grado superiore contraddice una norma precedente di grado inferiore? In questo caso la risposta deve essere più articolata, perché dipende dal fatto che le due norme siano "omogenee" o meno. Due norme possono dirsi omogenee se sono entrambe "di principio" o entrambe "di dettaglio": se sono omogenee, si ritiene che prevalga il criterio cronologico, cioè che la norma successiva superiore abroghi direttamente quella precedente inferiore, senza bisogno che il giudice dichiari l'illegittimità di quest'ultima (prevale dunque il criterio cronologico su quello gerarchico). Se invece sono disomogenee, la situazione è più complessa: c'è abrogazione nell'ipotesi in cui la norma successiva superiore sia di dettaglio (il che è però assai improbabile, perché in genere sono le norme inferiori a "concretizzare" i principi posti da quelle superiori). Nel caso più normale in cui la norma successiva superiore sia di principio, non si ha abrogazione, ma dovrà intervenire il giudice dichiarando l'illegittimità della norma precedente, inferiore e di dettaglio (prevale di nuovo il criterio gerarchico su quello cronologico).

✓ PRINCIPIO VS. DETTAGLIO

Perché nel caso in cui una norma posteriore di grado superiore contraddica una norma precedente di grado inferiore si distingue a seconda che le due norme siano omogenee o disomogenee? Perché una norma generalissima, come potrebbe esserlo un "principio" costituzionale nuovo, non è in grado di essere applicata da un giudice senza una disciplina di attuazione: sinché non ci sarà questa, resterà in vigore la vecchia disciplina, che però potrà essere eventualmente dichiarata illegittima pezzo a pezzo, quando le singole sue norme fossero impugnate davanti alla Corte costituzionale. Un esempio: mettiamo che venga introdotto in costituzione il principio per cui lo studio universitario deve essere strettamente collegato all'impresa e favorire forme di studio-lavoro; l'ordinamento attuale degli studi universitari, ordinamento enormemente complicato e specifico, è ispirato a principi del tutto diversi, però le sue mille regole non potrebbero essere abrogate e sostituite da un unico principio. Se però un giudice rilevasse in uno specifico caso che c'è contrasto, per esempio, tra il nuovo principio costituzionale e la norma sull'obbligo di frequenza delle lezioni o quella che non tiene conto dell'esperienza lavorativa per il calcolo dei "crediti" necessari, potrebbe far dichiarare queste singole norme illegittime per contrasto con il principio costituzionale. Ecco che opererebbe il criterio gerarchico, e non quello cronologico. Poniamo invece che la nuova norma costituzionale introducesse la regola per cui "l'iscrizione all'Università è gratuita": in questo caso nulla impedirebbe al criterio cronologico di operare e produrre l'abrogazione delle regole attuali sulle tasse d'iscrizione.
In linea di massima, una norma di principio non è costruita attorno ad una fattispecie precisa (ossia non descrive un comportamento sociale a cui ricollega una conseguenza giuridica), ma dichiara in termini assoluti un *favor* per un determinato interesse o valore. Per esempio, l'art. 13.1 Cost., dichiarando *"la libertà personale è inviolabile"* fissa un principio – un principio che non impedisce a migliaia di infelici di popolare le carceri; invece l'art. 13.3, fissando termini precisi per la convalida degli arresti, fissa una norma di dettaglio, in cui la fattispecie e le conseguenze giuridiche (inefficacia dei provvedimenti non convalidati) sono entrambi definiti. D'altra parte, da una norma di dettaglio si può sempre ricavare, in via di interpretazione, il "principio" (o la *ratio*: → § XIII.1.2) che la ispira: così, per esempio, dall'art. 25.2 Cost. (*"Nessuno può essere punito se non in forza di una legge che sia entrata in vigore prima del fatto commesso"*) si ricavano in via interpretativa i più generali principi di legalità delle pene (→ § VIII.11.1) e del *favor rei* (→ § IX.6.3✓).

Benché possa sembrare paradossale (e assai poco efficiente, dato che la prevalenza della norma superiore e posteriore non è immediata, ma dipende dall'intervento del giudice), questa conseguenza è inevitabile e comprensibile. Si pensi al caso di una nuova legge che ponga dei principi innovativi per l'assistenza sanitaria: bastano i nuovi principi a sostituire tutta la complessa disciplina organizzativa degli ospedali, dell'attività dei medici, delle prestazioni gratuite, ecc.?

Due aspetti vanno sottolineati. Innanzitutto che l'omogeneità, o la disomogeneità, di due norme non può essere stabilita in modo "oggettivo" e univoco, ma dipende dalle valutazioni dell'interprete; e poi che si tratta di rapporti tra singole norme, non tra gli atti: per cui alcune norme della legge nuova possono imporsi subito sulle contrastanti norme dell'atto precedente, ed altre no. Il problema di distinguere le norme per "quantità", il principio dal dettaglio, è un problema che riemerge in tutta la teoria delle fonti, e si presenterà in più punti nel corso dell'esame delle fonti dell'ordinamento italiano, con risvolti pratici di enorme importanza (verrà ogni volta segnalato con ❾).

✓ IL CASO: LA STORICA SENTENZA N. 1 DELLA CORTE COSTITUZIONALE

Nella prima sentenza della sua storia (sent. 1/1956), la Corte costituzionale ha dovuto affrontare questo problema: se le disposizioni di pubblica sicurezza, risalenti al fascismo, che sottoponevano a controllo amministrativo tutta una serie di attività di propaganda politica, fossero o meno state abrogate dall'art. 21 Cost., che tutela la più ampia libertà di parola. In quegli anni era molto discusso se, nei frequentissimi casi in cui le leggi anteriori fossero in stridente contrasto con i principi costituzionali, il giudice potesse considerare abrogate le leggi o dovesse impugnarle di fronte alla Corte: abrogazione o annullamento? La risposta della Corte è che entrambe le ipotesi sono possibili, dipende da come si prospetta il contrasto: *"i due istituti giuridici dell'abrogazione e dell'illegittimità costituzionale delle leggi non sono identici fra loro, si muovono su piani diversi, con effetti diversi e competenze diverse. Il campo dell'abrogazione inoltre è più ristretto, in confronto di quello della illegittimità costituzionale, e i requisiti richiesti perché si abbia abrogazione per incompatibilità secondo i principi generali sono assai più limitati di quelli che possano consentire la dichiarazione di illegittimità costituzionale"*. Il problema è di "quantità": *"la nota distinzione tra norme precettive e norme programmatiche* (→ § III.7.2) *può essere bensì determinante per decidere della abrogazione o non di una legge, ma non è decisiva nei giudizi di legittimità costituzionale"*. Nel caso specifico la Corte ha ritenuto che c'era contrasto tra le nuove disposizioni costituzionali e le vecchie leggi, ma non sussistevano i requisiti dell'abrogazione; perciò ha dichiarato illegittime le disposizioni impugnate.

9. Il criterio della specialità

9.1. *Definizioni*

Il **criterio della specialità** dice che in caso di contrasto tra due norme si deve preferire la norma speciale a quella generale, anche se questa è successiva (***lex specialis derogat legi generali***; ***lex posterior generalis non derogat legi priori speciali***). Questo criterio non è ben codificato, né sotto il profilo concettuale né sotto quello legislativo: vi è un accenno ad esso, ma per scopi molto precisi, nell'art. 15 cod. pen.: "*quando più leggi penali o più disposizioni della medesima legge penale regolano la stessa materia, la legge o la disposizione di legge speciale deroga alla legge o alla disposizione di legge generale, salvo che sia stabilito diversamente*".

Perché questa difficoltà di "codificazione"? Anzitutto perché cosa sia "genere" e cosa "specie" è spesso questione di opinioni ❾. Un esempio: una legge disciplina in via generale i criteri di assegnazione degli alloggi di edilizia pubblica, dando precedenza in successione, per es., al reddito, al numero dei componenti del nucleo familiare, alla residenza nel Comune; un'altra legge disciplina in via generale lo *status* del personale militare, prescrivendo che i militari che si spostano per servizio abbiano precedenza nell'assegnazione degli alloggi pubblici: allora, dovendo decidere se l'assegnazione di un alloggio vada a un militare non residente e con piccolo nucleo familiare o a un civile residente, con reddito minore e famiglia più numerosa, qual è la *lex specialis* che deve prevalere? In secondo luogo, non sono chiarissimi gli effetti dell'applicazione del criterio di specialità; in terzo luogo, è complesso il rapporto tra il criterio di specialità e gli altri criteri.

9.2. *Effetti dell'applicazione del criterio di specialità*

La preferenza per la norma speciale non si esprime né con riferimento all'*efficacia* della norma (come per l'abrogazione), né con riferimento alla sua *validità* (come per l'annullamento). Le norme in conflitto rimangono entrambe efficaci e valide: l'interprete opera solamente una scelta circa quale norma deve essere applicata; l'altra norma semplicemente "non è applicata". Mettiamo per esempio che nell'ordinamento ci sia una norma che definisce la "piccola impresa", stabilendone certi requisiti; ma esce (o esiste già: il risultato non cambierebbe) una legge che, occupandosi dei contributi pubblici, definisce la "piccola impresa" secondo criteri diversi: se la questione che sta trattando riguarda proprio i contributi pubblici, l'interprete applicherà la seconda legge, perché è più specifica, ma l'altra legge resta ovviamente in vigore. Come si vede, la prevalenza della norma speciale non è affatto distinguibile dalla *deroga* (→ § VIII.7.5). Si può anzi dire che proprio la *deroga* sia l'effetto tipico della prevalenza della norma speciale su quella generale.

9.3. *Rapporti tra il criterio di specialità e gli altri criteri*

La deroga è però solo uno dei possibili esiti di un conflitto tra norma generale e norma speciale. Bisogna infatti considerare come il criterio di specialità gioca, da un lato, con il criterio cronologico e, dall'altro, con quello gerarchico.

Ecco il quadro delle relazioni, che riassume le cose già dette in precedenza:

α) se la norma generale è successiva, e la norma generale e la norma particolare hanno parità gerarchica: è preferita la norma speciale (*deroga*: → § VIII.7.5). Per esempio, se una legge generale sulla caccia segue ad una legge speciale che disciplina la caccia agli animali portatori di rabbia, si può ritenere che questa legge più vecchia ma più specifica non sia abrogata da quella più recente ma più generale, ma anzi sia proprio la norma da preferire per la particolare fattispecie disciplinata;

β) se la norma generale è successiva, e la norma generale è superiore alla norma speciale: è preferita la norma generale superiore (*illegittimità* della norma speciale: → § VIII.8.3). Per esempio, se viene modificata una disposizione generale della costituzione (per esempio, il principio del giusto processo: → § VII.2.2), si può ritenere che le leggi speciali che disciplinavano singole fattispecie in modo difforme debbano essere dichiarate illegittime, ma non siano automaticamente abrogate;

γ) se la norma generale è successiva, e la norma generale è inferiore alla norma speciale: è preferita la norma speciale superiore (*illegittimità* della norma generale: → § VIII.8.2). Per esempio, sarebbe illegittima la legge generale sul processo penale che violasse i termini per la convalida dei provvedimenti d'urgenza previsti dall'art. 13.3 Cost.;

δ) se la norma speciale è successiva, e la norma generale e la norma particolare hanno parità gerarchica: è preferita la norma speciale (*deroga*: → § VIII.7.5). Si può ragionare con l'esempio *sub* α;

ε) se la norma speciale è successiva, e la norma generale è superiore alla norma speciale: è preferita la norma generale superiore (*illegittimità* della norma speciale: → § VIII.8.2). Si può ragionare con l'esempio *sub* β;

ζ) se la norma speciale è successiva, e la norma generale è inferiore alla norma speciale: è preferita la norma speciale superiore (*abrogazione* o *deroga* della norma generale: → § VIII.8.2). Si può ragionare con l'esempio *sub* γ.

9.4. *Regola ed eccezione: problemi di interpretazione*

È evidente che il criterio di specialità opera esclusivamente tra norme, cioè sul piano dell'interpretazione. È l'interprete a dover risolvere l'antinomia, e scioglie il conflitto tra norme applicando, se non interferiscono altri criteri, il criterio di specialità. Il criterio di specialità, appartenendo alle tecniche dell'interpretazione, opera quindi *inter partes*.

Questo non esclude affatto che sia il legislatore a indicare, con un'esplicita disposizione, la prevalenza di una norma sull'altra: è il caso di quelle disposizioni in cui la regola è accompagnata dalla clausola di esclusione di alcune ipotesi ("salvo il caso ..."), cioè dall'eccezione. L'eccezione (e quindi la disposizione speciale derogatoria) può essere disciplinata dalla stessa disposizione che pone la regola (vedi per es., l'art. 28.3 cod. civ.), oppure può essere prevista con una clausola di rinvio indeterminato (per es., art. 6.2 cod. civ.: "*non sono ammessi cambiamenti, aggiunte o rettifiche al nome, se non nei casi e con le formalità dalla legge indicati*"). Ma in questi casi nessuno parlerebbe di applicazione del criterio della specialità: si tratta semplicemente di una tecnica di redazione dei testi normativi, un modo con cui il legislatore delimita – ovviamente con effetti *erga omnes* – l'ambito di applicazione delle sue stesse disposizioni.

L'impiego di questa tecnica legislativa esercita però a sua volta un'influenza importante sulle tecniche di interpretazione. Le eccezioni, infatti, siano esse "espresse" o individuate in via d'interpretazione, non possono essere interpretate in senso estensivo: "*le leggi [penali e quelle] che fanno eccezione a regole generali o ad altre leggi non si applicano oltre i casi e i tempi in esse considerati*" (art. 14 delle "Preleggi"). Quindi, se la norma speciale va preferita alla norma generale, questa preferenza vale soltanto per i casi espressamente indicati dalla norma speciale e non può essere estesa a casi analoghi; inoltre, come si è detto parlando della deroga (→ § VIII.7.5), l'eventuale abrogazione o annullamento della norma speciale comporta la riespansione dell'ambito di applicazione della norma generale.

ABROGAZIONE	ANNULLAMENTO	DEROGA
Criterio cronologico	Criterio gerarchico	Criterio di specialità
Fisiologia dell'ordinamento	Patologia dell'ordinamento	Complessità dell'ordinamento
Opera ex *nunc*	Opera ex *tunc*	Opera ex *nunc*
Effetti: *inter partes*	Effetti: *erga omnes* (sempre)	Effetti: *inter partes*
erga omnes (se espressa)		*erga omnes* (se espressa)

✓ ANALOGIA E INTERPRETAZIONE ESTENSIVA

La giurisprudenza tende a distinguere l'interpretazione per analogia dall'interpretazione estensiva. L'**analogia** sarebbe la soluzione di un caso non previsto da alcuna disposizione applicando la norma che si ricava da disposizioni che riguardano casi o materie "analoghe": per es., agli albori della navigazione aerea, in mancanza di leggi apposite, si applicarono ad essa "per analogia" le regole per la navigazione marittima; oggi, di fronte al problema di individuare chi è il responsabile dei messaggi commerciali via Internet, alcuni tribunali italiani applicano "per analogia" al *provider* le norme sulla responsabilità del direttore della stampa periodica. Questo procedimento di "produzione di norme" è prescritto dalle stesse "Preleggi": per evitare che il giudice neghi giustizia accampando l'assenza di una disposizione esplicita (cioè, interpretando restrittivamente le disposizioni vigenti), l'art. 12.2 prescrive che *"se una controversia non può essere decisa con una precisa disposizione, si ha riguardo alle disposizioni che regolano casi simili o materie analoghe"*. L'**interpretazione estensiva** consiste invece nell'attribuire a un termine della disposizione un significato più ampio del significato letterale di esso: per es., laddove l'art. 647 cod. pen. punisce chi, trovando un tesoro, si appropria della quota *"dovuta al proprietario del fondo"*, si interpreta il termine "proprietario" nel senso (estensivo) di legittimo possessore. Come mostra quest'esempio, si giunge così a un risultato assai singolare: che si ammette l'interpretazione estensiva, ma non l'analogia, proprio in quei casi, come per la legge penale e le leggi eccezionali, per i quali la lettera dell'art. 14 l'esclude. In effetti la distinzione tra analogia e interpretazione estensiva, da molti contestata, è labilissima, perché in entrambi i casi il procedimento interpretativo ha lo stesso punto di partenza e lo stesso punto di arrivo; parte dalla ricostruzione della ***ratio legis***, cioè del "senso ultimo" della norma, il suo "principio", e si chiude con esiti assai simili: l'applicazione di una norma a un fatto non incluso tra quelli chiaramente indicati dalla disposizione interpretata. La distinzione è perciò un problema teorico assai intricato, non privo però di rilevanti conseguenze pratiche. Oggi, la giurisprudenza costituzionale sul *principio di eguaglianza* (→ § XIII.1.2), che procede attraverso percorsi molto simili a quelli dell'interpretazione analogica, ha ulteriormente arricchito di conseguenze pratiche il problema di distinguere ciò che si può compiere in via d'interpretazione e ciò che non si può.

10. Il criterio della competenza

10.1. *Definizioni*

Il **criterio della competenza** non si presta, come i precedenti, a una definizione stringente in forma di regola per l'interprete; questo perché esso non è un criterio *prescrittivo*, ma *esplicativo*: serve cioè a spiegare come è organizzato attualmente il sistema delle fonti, e non a indicare all'interprete come risolvere le antinomie. Il problema da cui nasce il criterio della competenza è questo: l'introduzione della Costituzione rigida, e quindi di una fonte sovrapposta alla legge ordinaria (→ § III.4), ha comportato che, accanto alla legge formale, cioè all'atto prodotto attraverso il normale procedimento parlamentare, siano presenti altre leggi o altri atti equiparati alla legge formale a cui, per ragioni diverse, la Costituzione assegna "competenze" particolari. Si pensi, per es., ai *regolamenti parlamentari* (→ § IX.8), cui la Costituzione "riserva" la competenza a disciplinare, tra l'altro, il procedimento di formazione delle leggi; oppure si pensi alla *legge regionale*, per la quale l'art. 117 Cost., dopo la riforma (→ § VI) ❼, sembra delineare una "riserva" di competenza generale residuale, salve le materie "riservate" in via esclusiva alla legge dello Stato (→ § X.2.3). Ecco cosa ci *spiega* il "criterio" di competenza: che la gerarchia delle fonti non basta più a darci il quadro esatto del sistema, perché all'interno dello stesso grado gerarchico, cioè tra atti che hanno la stessa posizione gerarchica, la stessa "forza", vi sono suddivisioni non spiegabili in termini, appunto, di "forza" (di gerarchia), ma di "competenza".

10.2. *Effetti dell'applicazione del criterio di competenza*

Se dovessimo utilizzare il criterio di competenza, non come schema esplicativo, ma come regola con cui risolvere i conflitti tra norme, dovremmo dire che esso prescrive di dare preferenza alla norma competente. Come si esprime questa prevalenza? Dipende: se una legge ordinaria dovesse, per es., disciplinare alcuni aspetti della vita interna di una Camera, potrebbe essere impugnata perché, violando la competenza della Camera, violerebbe allo stesso tempo la norma costituzionale che quella competenza garantisce. Sarebbe quindi una legge "viziata", in contrasto con una norma di rango superiore: saremmo dunque davanti ad un caso del tutto normale di applicazione del *criterio gerarchico*, e la legge invasiva sarebbe annullata dalla Corte costituzionale. Ma può anche essere che la violazione non sia plateale, non si esprima cioè come un attacco preciso, deliberato alla sfera "riservata" dalla Costituzione (quale sarebbe, per es., la legge che dichiarasse l'abrogazione espressa delle norme del regolamento parlamentare): può essere, cioè, che il conflitto possa essere "smontato" in via interpretativa. Gli organi della Camera, di fronte alla norma della legge in contrasto con la norma del regolamento interno, potrebbero ragionare così: la norma della legge vale come disciplina nell'ordinamento generale dello Stato, ma non si applica all'interno delle Camere, dove prevale il regolamento interno. A decidere della "prevalenza", dunque, si arriva attraverso questo ragionamento: a) la distinzione tra gli ambiti di applicazione delle due norme, b) la scelta della norma competente "per ambito", c) la non applicazione della norma incompetente. Come si vede, siamo ricaduti nello stesso schema del *criterio di specialità*!

Benché il criterio di competenza, in quanto prescrizione diretta all'interprete, non sembri dunque avere una propria consistenza, autonoma dagli altri criteri, esso è tuttavia assunto dalla Corte costituzionale come criterio che deve guidare i giudici in alcune situazioni, come nei rapporti tra atti normativi statali e atti normativi regionali (→ § IX) o quando si trovino di fronte al contrasto tra una norma dell'ordinamento italiano e una dell'ordinamento della Unione europea (→ § XI.2.3).

11. RISERVE DI LEGGE E PRINCIPIO DI LEGALITÀ

11.1. *Definizioni*

La **riserva di legge** è lo strumento con cui la Costituzione regola il concorso delle fonti nella disciplina di una determinata materia. L'obiettivo è di evitare che, in materie particolarmente delicate, manchi una disciplina legislativa capace di vincolare il comportamento degli organi del potere esecutivo (la polizia e la burocrazia). Essa, perciò, è una regola circa l'esercizio della funzione legislativa: impone al legislatore di disciplinare una determinata materia, impedendogli di lasciare che essa venga disciplinata, in tutto o in parte, da atti che stanno ad un livello gerarchico più basso della legge. È dunque evidente che la riserva di legge acquista un significato preciso soltanto dove vi sia una Costituzione *rigida* (→ § III.3.3), perché solo in questo caso i limiti posti dalla Costituzione alla funzione legislativa possono imporsi al legislatore e, se violati, causare l'illegittimità della legge prodotta. Insomma, è attraverso la riserva di legge (ed alcuni tipi di riserva, in particolare) che si produce, nei sistemi a Costituzione rigida, quella maggior complessità e differenziazione dell'ordinamento giuridico che si cerca poi di spiegare e rappresentare con l'introduzione del "criterio della competenza" (→ § precedente).

Diverso significato ha il **principio di legalità**. Esso affonda le sue radici nello *Stato di diritto*, della cui definizione è anzi elemento integrante (→ § II.1.6): si afferma quindi già in un'esperienza istituzionale che preesiste alle moderne costituzioni rigide. Il principio di legalità prescrive che l'esercizio di qualsiasi potere pubblico si fondi su una previa norma attributiva della competenza: la sua *ratio* è di assicurare un uso regolato, non arbitrario, controllabile, "giustiziabile", del potere. È talmente propedeutico rispetto alle costituzioni moderne, che esse spesso non si preoccupano di recepirlo espressamente, considerandolo sottinteso: la nostra Costituzione, per esempio, dà per scontato che il principio di legalità ispiri il nostro ordinamento, anche se si è soliti ritrovare accenni più o meno espliciti ad esso in varie disposizioni, come negli artt. 23 (prestazioni personali), 25.2 (legalità delle pene), 101.2 (soggezione dei giudici alla legge), 113 (legalità dell'amministrazione) (→ § V.2.12).

✓ LEGALITÀ "FORMALE" E LEGALITÀ "SOSTANZIALE"

Si distinguono due diversi concetti di legalità, contrassegnati rispettivamente dall'aggettivo "formale" e "sostanziale". Il **principio di legalità formale** richiede soltanto che l'esercizio di un potere pubblico si basi su una previa norma di attribuzione della competenza: per es., l'art. 17.1, lett. a), legge 400/1988, dicendo che il Governo può emanare regolamenti per *"l'esecuzione delle leggi e dei decreti legislativi"* (→ § IX.10.4.a) fissa una norma di competenza che, probabilmente, soddisfa la legalità in senso formale. Il **principio di legalità sostanziale** richiede invece che l'esercizio del potere pubblico sia limitato e diretto da specifiche norme di legge, tali da restringere la discrezionalità dell'autorità agente: per es., l'art. 17.3 della stessa legge 400/1988, dicendo che il regolamento ministeriale può essere emanato solo *"quando la legge espressamente conferisca tale potere"* (→ § IX.10), esprime, probabilmente, l'esigenza di una legalità in senso sostanziale. I "probabilmente" stanno a indicare che la cosa non è pacifica, e che sul problema di quale "legalità" vada rispettata nelle singole situazioni le opinioni assai spesso divergono.

L'introduzione della Costituzione rigida ha comportato l'estensione del principio di legalità anche a quelle attività in cui più direttamente si esprime la sovranità, e che in precedenza erano considerate "libere", politiche, insindacabili (→ § XII.1.1). La funzione legislativa è oggi sottoposta al principio di legalità: essa è attribuita, regolata e limitata dalla Costituzione. La riserva di legge è appunto una delle regole limitative del potere legislativo poste dalla Costituzione: essa si presenta perciò come un risultato dell'estensione della legalità alla stessa attività legislativa.

11.2. *Tipologie*

Il meccanismo della riserva opera in modi diversi. Bisogna infatti distinguere tra:

– riserve di legge e riserve ad altri atti;
– all'interno delle riserve di legge, tra le riserve alla *legge formale ordinaria* e le riserve alle *fonti primarie* (cioè alla *legge ordinaria* e alle fonti equiparate: per queste distinzioni → § IX.3.1);
– infine tra le riserve alle *fonti primarie* si possono distinguere le diverse tipologie di riserve (*assolute*, *relative*, *rinforzate*, ecc.).

α) Le **riserve a favore di atti diversi dalla legge** sono rare. Si tratta di:
• riserve a favore della *legge costituzionale*. L'art. 138, traducendo in termini operativi il principio di rigidità costituzionale, introduce un particolare procedimento per la revisione costituzionale (→ § IX.1.2). Alle leggi formate con questo procedimento è riservata la disciplina di alcune materie, quali l'approvazione degli Statuti delle Regioni ad autonomia differenziata (art. 116), il mutamento delle circoscrizioni regionali (art. 132.1), i giudizi di legittimità costituzionale e le garanzie di indipendenza dei giudici della Corte (art. 137);
• riserve a favore dei *regolamenti parlamentari* (→ § IX.8);
• riserve a favore dei *decreti di attuazione degli Statuti speciali* (→ § IX.7.2).

β) La **riserva di legge formale** ordinaria impone che sulla "materia" intervenga il solo atto legislativo prodotto attraverso il procedimento parlamentare (→ § IX.2.1), con esclusione quindi degli altri atti equiparati alla legge formale stessa. La *ratio* di questa riserva è semplice: sono riservate alla approvazione parlamentare tutte quelle leggi che rappresentano strumenti attraverso i quali il Parlamento controlla l'operato del Governo. È il Governo a stipulare i *trattati internazionali* e a chiedere al Parlamento di autorizzarne la ratifica da parte del Presidente della Repubblica (art. 80); è il Governo a predisporre i bilanci e a chiederne l'approvazione al Parlamento (art. 81); è il Governo a emanare provvedimenti urgenti che si sostituiscono alla legge, e a chiedere al Parlamento di approvarli e trasformarli in legge (art. 77.2); mentre è necessariamente il Parlamento a decidere se e quali poteri legislativi delegare al Governo (artt. 76 e 77.1) e quali poteri conferirgli in caso di guerra (art. 78).

Come si vede, l'oggetto della riserva formale non è tanto una "materia" ma alcuni specifici atti, per i quali il Parlamento esprime con la legge la sua partecipazione ad un procedimento decisionale che ha il Governo come protagonista: siccome gli atti equiparati alla legge formale, i c.d. *atti con forza di legge* (→ § IX.2.1), sono tutti atti del

Governo, se non vi fosse una riserva di *legge formale* il Governo approverebbe con un suo atto il suo stesso operato. Per evitare ogni possibilità di confusione tra controllore e controllato, la Costituzione impiega in tutti questi casi l'espressione "*le Camere ... con legge*", individuando così non solo l'atto, ma anche l'organo a favore del quale opera la riserva. In altri casi, invece, la riserva di legge formale si evince dalla previsione di una maggioranza specifica o di un procedimento particolare per l'approvazione della legge, come nei casi indicati qui di seguito come *riserve di legge "rinforzate per procedimento"*.

✓ LEGGE, LEGGE FORMALE, LEGGE ORDINARIA

Quando la Costituzione rinvia alla "**legge**", non sempre impiega il termine in senso tecnico. Nello stesso linguaggio corrente, si usa spesso "legge" come sinonimo di "diritto" (si "studia legge", si "viola la legge", "la legge è eguale per tutti", ecc., sono espressioni ricorrenti in cui la parola è usata in senso generico). Così anche in Costituzione: per es., la *"violazione di legge"* per cui è sempre ammesso il ricorso in Cassazione (art. 111.2) è la violazione di qualsiasi norma di diritto, e l'eguaglianza *"davanti alla legge"* (art. 3.1) è eguaglianza davanti al diritto oggettivo, a prescindere dalla fonte che lo abbia prodotto. Inoltre, quando la Costituzione ci dice che *"la legge provvede"* ad assolvere i compiti dei genitori che non ne abbiano la possibilità (art. 30.1), che *"la legge assicura ai figli nati fuori del matrimonio ogni tutela, ecc."* (art. 30.2), che *"la legge"* provvede agli interventi a favore delle zone di montagna (art. 44.2) o alla tutela dell'artigianato (art. 45.2): in tutti questi casi il riferimento alla "legge" è del tutto generico (sinonimo di diritto o di Repubblica) e non fonda una "riserva di legge".
Anche quando si usa la parola "legge" in senso tecnico, vi è qualche margine di ambiguità: infatti una cosa è la *legge formale* (che è la legge approvata dal Parlamento), un'altra la *legge ordinaria* (che include anche gli atti con forza di legge: per questa distinzione → § IX.2.1).

γ) Le semplici *riserve di legge* prescrivono che la materia da esse considerata sia disciplinata dalla *legge ordinaria* (includendo anche gli atti con forza di legge, dunque), escludendo o limitando l'intervento di atti di livello gerarchico inferiore alla legge, cioè dei regolamenti amministrativi (→ § IX.10). La *ratio* della riserva di legge è di assicurare che la disciplina di materie particolarmente delicate venga decisa con la garanzia tipica insita nel procedimento parlamentare: è vero che, operando la riserva a favore della legge ordinaria, essa ammette non solo la legge formale ma anche gli atti con forza di legge; ma è anche vero che, come dopo vedremo (→ §§ IX.5 e 6), l'emanazione dell'atto con forza di legge da parte del Governo è sempre preceduta o seguita da una legge formale.

A seconda dei rapporti tra legge e regolamento si distinguono due tipi di riserve di legge:

γ1) la **riserva assoluta** esclude qualsiasi intervento di fonti sub-legislative dalla disciplina della materia, che, pertanto, dovrà essere integralmente regolata dalla legge formale ordinaria o da atti ad essa equiparata. Riserve di questo tipo si ritrovano soprattutto nella parte della Costituzione dedicata alle libertà fondamentali: l'esempio più tipico è dato dall'art. 13.2, che consente che la libertà personale sia limitata (tramite, arresto, perquisizioni, ecc.) "*nei soli casi e modi previsti dalla legge*". La *ratio* è facilmente intuibile: le libertà fondamentali sono rivendicate contro il "potere", contro lo Stato e il suo potere coercitivo, che è detenuto dal Governo e dalle strutture dei pubblici poteri che dipendono da esso. Ecco perché le limitazioni di queste libertà devono essere decise con le garanzie della legge (→ § IX.10.4✓), e sono esclusi perciò i regolamenti dell'esecutivo. Anzi, siccome la legge, per quanto possa essere analitica, lascia comunque un certo margine di discrezionalità a chi deve applicarla, per vincolare ulteriormente l'attività dei poteri pubblici in materia di libertà fondamentali, molte disposizioni costituzionali alla riserva assoluta di legge aggiungono la **riserva di giurisdizione**. In questo modo, ogni atto dei poteri pubblici che incida sulla libertà, non solo deve essere previsto "in astratto" dalla legge, ma deve essere autorizzato "in concreto" dal giudice ("*per atto motivato dell'autorità giudiziaria*", come dice ancora l'art. 13.2: si vedano anche gli artt. 13.3, 14.2, 15.2, 21.3, 21.4);

γ2) la **riserva relativa** non esclude che alla disciplina della materia concorra anche il regolamento amministrativo, ma richiede che la legge disciplini preventivamente almeno i principi a cui il regolamento deve attenersi. Tipico esempio di riserva relativa è fornito dall'art. 97.1 ("*i pubblici uffici sono organizzati secondo disposizioni di legge*"). Sta alla legge decidere quanto strette debbano essere le maglie della sua disciplina, ma una legge deve esserci e non può limitarsi a conferire al Governo un potere normativo in bianco. Ponendo la riserva relativa di legge, la Costituzione pone quindi contemporaneamente un vincolo al legislatore (che deve dettare almeno la disciplina generale della materia) e al potere esecutivo (i cui atti sono sottoposti, in forza della riserva relativa, al *principio di legalità sostanziale*: → § VIII.11.1).

✓ RISERVA "ASSOLUTA" E "RELATIVA": UNA QUESTIONE DI INTERPRETAZIONE

Se la distinzione tra i due tipi di riserva di legge è netta in teoria, in pratica non sempre è facile decidere se il rinvio che la Costituzione fa alla legge sia classificabile come una riserva assoluta o non piuttosto come una riserva relativa. La Costituzione non ci dà sempre indici sicuri che agevolino la classificazione, che resta quindi perlopiù una questione di interpretazione. Gli elementi utili all'interpretazione sono:

– la "lettera" della Costituzione (c.d. "**argomento letterale**"): si può ritenere assoluta la riserva di legge quando la Costituzione impiega espressioni ("*nei soli casi e modi*", nei casi "*tassativamente indicati dalla legge*": sono le espressioni impiegate nell'art. 13) che sembrano voler restringere al massimo il potere discrezionale di chi è chiamato ad applicare la legge; mentre la riserva relativa può essere riconosciuta in quelle espressioni ("*secondo disposizioni di legge*": art. 97; "*secondo i principi ed entro i limiti stabiliti dalla legge*": art. 99.3). Tuttavia nella maggior parte dei casi, la lettera della Costituzione non aiuta affatto a classificare la riserva. Per es., l'art. 102.3 riserva alla legge di regolare "*i casi e i modi*" della partecipazione del popolo alla giustizia: può la legge limitarsi ad un'indicazione generica dei casi e dei modi e rinviare a un regolamento la disciplina di dettaglio?

– l'insieme dei meccanismi che la Costituzione appronta per quello specifico argomento (c.d. "**argomento sistematico**"): per es., la riserva di giurisdizione, essendo tesa a sottoporre al controllo del giudice le scelte "discrezionali" che le autorità amministrative operano in applicazione della legge, è sicuramente un indice che porta a ritenere la materia coperta da riserva assoluta;

– i precedenti storici (c.d. "**argomento storico**"): se la Costituzione introduce una riserva di legge su una materia (come l'organizzazione dei pubblici uffici, per es.) che in precedenza era "riservata" al Governo, è sostenibile che il vincolo introdotto è il più tenue, non il più intenso;

– i risultati dell'interpretazione diversa (c.d. "**argomento *ab absurdo***"): vi immaginate cosa accadrebbe se fosse necessaria una legge per ogni modificazione da introdurre nell'organizzazione degli uffici? Ecco la necessità di ritenere quella dell'art. 97 una riserva relativa!

δ) Le **riserve rinforzate** sono un meccanismo con cui la Costituzione non si limita a riservare la disciplina di una materia alla legge, ma pone ulteriori vincoli al legislatore. Si possono distinguere (ma la terminologia non è consolidata, come per le riserve formali, assolute e relative):

δ1) le riserve *rinforzate per contenuto*: si hanno in quei casi in cui la Costituzione prevede che una determinata regolazione possa essere fatta dalla *legge ordinaria* soltanto con contenuti particolari. Alcuni esempi:

• l'art. 14.3 consente al legislatore di dettare regole speciali, meno rigide, per le ispezioni domiciliari (e quindi derogatorie rispetto alla disciplina già tracciata dall'art. 14.2), ma soltanto per "*motivi di sanità e di incolumità pubblica*", oppure per "*fini economici e fiscali*" (e per questo motivo che, per es., la Guardia di finanza può entrare negli uffici a controllare i documenti contabili senza il "mandato" del giudice: → § XIII.4.3.3);

• l'art. 16.1 consente al legislatore di limitare la libertà di circolazione ma solo con regole che dispongano "*in generale per motivi di sanità o di sicurezza*" (→ § XIII.4.5.2);

• l'art. 43 consente alla legge, "*a fini di utilità generale*", di "nazionalizzare" le imprese, questa volta non in via generale, ma solo individuando "*determinate imprese o categorie di imprese*" (→ § XIII.7.4).

La *ratio* di queste riserve è di limitare il potere del legislatore, in modo che le eventuali leggi che intendessero comprimere la sfera di libertà degli individui potranno essere considerate legittime soltanto a condizione che siano razionalmente giustificabili in relazione ai fini indicati dalla Costituzione, oppure che non siano ispirate a intenti discriminatori (dove si prescrive appunto che si proceda per norme generali), oppure che siano limitate a casi specifici e giustificabili (come nel caso dell'art. 43);

δ2) le riserve *rinforzate per procedimento* prevedono invece che la disciplina di una determinata materia debba seguire un procedimento aggravato (o rinforzato) rispetto al normale procedimento legislativo (che sarà esaminato nel § IX.4). Alcuni esempi:

• l'art. 7 prevede che i rapporti tra Stato e Chiesa cattolica, già regolati dal "Concordato" (→ § II.5), possano essere modificati solo previo accordo tra le due parti. Nel procedimento di formazione della legge, avremo perciò un "aggravamento", nel senso che l'iniziativa legislativa sarà anticipata da un accordo stipulato tra il Governo e la Santa sede, e il Parlamento non potrà procedere a emendamenti senza che sia prima raggiunto l'accordo su di essi (→ § IX.4.2);

• l'art. 8 prevede una situazione simile per le "intese" che il Governo può raggiungere con i rappresentanti dei c.d. "culti acattolici", preventive alla disciplina dei loro rapporti con lo Stato (→ § II.5);

• il "nuovo" art. 116.3 ❼ prevede che con *legge formale*, approvata a maggioranza assoluta (→ § II.4.1: primo "rafforzamento") "*sulla base di intesa fra lo Stato e la Regione interessata*" (secondo "rafforzamento"), su iniziativa della stessa e sentiti gli enti locali (terzo "rafforzamento per procedimento"), si possano riconoscere a determinate Regioni "*forma e condizioni particolari di autonomia*" riguardanti alcune specifiche materie (rafforzamento "per contenuto");

• gli artt. 132 e 133 prevedono vari procedimenti per modificare le circoscrizioni territoriali delle Regioni, delle Province e dei Comuni: attraverso l'obbligo di consultazione delle assemblee elettive locali e della popolazione interessata, vengono introdotti "rafforzamenti" dei procedimenti di formazione della legge costituzionale (art. 132.1), delle leggi statali (artt. 132.2 e 133.1) e della legge regionale (133.2).

La *ratio* di queste riserve di legge è di limitare il potere della maggioranza politica nei confronti delle minoranze, siano esse comunità religiose o comunità locali: la maggioranza può fare la legge solo al "costo" di ottenere il consenso dei soggetti che rappresentano la comunità minoritaria interessata.

Vi sono poi alcune leggi che, a seguito di riforma del testo costituzionale, devono essere approvare a maggioranza diversa da quella *relativa*:

- l'art. 81.6 Cost., modificato dalla legge cost. 1/2012 (→ § V.3.5.3), prevede che la legge per la disciplina del bilancio sia approvata a *maggioranza assoluta* (→ § II.4.1);
- l'art. 79, della cui modifica si racconta qui di seguito.

test **on-line**

✓ L'IRONIA DELLA STORIA E I PARADOSSI DEL LEGISLATORE "MORALISTA"

Diverso è il caso di una riserva rinforzata introdotta in Costituzione, con la modifica dell'art. 79. Questo articolo disciplina due classici atti di clemenza generale (mentre la "**grazia**" è un atto di clemenza individuale), cioè l'**amnistia** (che è un provvedimento che estingue i reati: quindi ha l'effetto di "bloccare" i processi e, se c'è già condanna a pena detentiva, di aprire le carceri) e l'**indulto** (che è un provvedimento che concede uno "sconto" sulle pene già irrogate dal giudice: ha quindi l'effetto di sfoltire la popolazione carceraria). Prima della riforma, questi due provvedimenti erano emanati dal Presidente della Repubblica, su legge di delegazione delle Camere: ma siccome di questi provvedimenti si era fatto un abuso, in un momento di moralismo (ironia della storia, eravamo nel 1992, alla vigilia dello scoppio di Tangentopoli!), il Parlamento vota una riforma drastica. L'amnistia e l'indulto possono essere concessi solo con *legge formale*, approvata a *maggioranza dei 2/3*, necessaria non soltanto nella votazione finale ma persino nella votazione dei singoli articoli (sulle diverse fasi del procedimento di approvazione delle leggi → § IX.3.3.α). Si è creata perciò una situazione davvero paradossale: è più difficile fare una legge di amnistia e indulto che modificare la Costituzione (compreso l'art. 79 che prevede questo mostruoso procedimento rafforzato).

✓ SCHEMA RIASSUNTIVO DELLE RISERVE COSTITUZIONALI

Riserve

- alla legge
  - "formale" (artt.: 60.2[a], 76-77.1, 77.2, 77.3, 78, 79, 80, 81[b], 116.3)
  - "ordinaria"
    - r. assoluta (per es., art. 13.2)
    - r. relativa (per es., art. 97.1)
    - r. rinforzata
      - per procedimento (artt. 7.2, 8.3, 79, 81.6[b], 116.3, 132.2, 133.1)
      - per contenuto (per es., artt. 14.3, 16.1, 21.5, 42.2, 43, 81.6[b], 116.3, 119.3, 120.2)
- ad altri atti
  - legge costituzionale (artt.: 81.6[b], 116, 132.1[c], 137.1, 138)
  - regolamento parlamentare (artt. 64.1, 72)
  - decreti di attuazione degli Statuti speciali (→ § VIII.7.b)

[a] In questo caso non è espressamente previsto che siano "le Camere" ad approvare la legge: per cui è solo un'ipotesi interpretativa il fatto che si tratti di una riserva "formale".

[b] A seguito della legge cost. 1/2012, una legge costituzionale deve definire i principi a cui deve attenersi la legge formale "rinforzata" che fissa i contenuti della legge di bilancio (→ § V.3.5.3).

[c] Si tratta di una riserva di legge costituzionale "rinforzata" (il procedimento di formazione della legge costituzionale è preceduto da consultazione dei Consigli regionali e da *referendum*: inoltre è richiesto che ne faccia richiesta un certo *quorum* di Consigli comunali).

IX. LE FONTI DELL'ORDINAMENTO ITALIANO: STATO

1. COSTITUZIONE E LEGGI COSTITUZIONALI

1.1. *Definizioni*

La Costituzione della Repubblica italiana del 1948 (→ § III.7) rappresenta il vertice della gerarchia delle fonti (→ § VIII.8.1) dell'ordinamento italiano. Essa è quindi il fondamento di *validità* (→ § VIII.8.1) delle *fonti primarie* (→ § VIII.1.2), di cui detta la disciplina. È una Costituzione *rigida* (→ § III.3 e 4), il cui mutamento (chiamato, in linguaggio tecnico, **revisione costituzionale**) è soggetto a un procedimento particolare, che verrà descritto qui di seguito. Con lo stesso procedimento sono approvate anche le *"altre" leggi costituzionali* che la Costituzione stessa prevede per la sua integrazione (→ § III.5, lett. A, dove si trova anche l'elenco delle leggi costituzionali approvate sinora in Italia).

1.2. *Leggi costituzionali: procedimento*

Come si è già sottolineato (→ § III.4), la Costituzione italiana predispone un procedimento di formazione della **legge costituzionale** che è tra i più "facili" in confronto con quelli previsti dalle altre costituzioni rigide. Esso è una variazione del procedimento legislativo ordinario, che esamineremo nel § IX.3. Mentre il procedimento ordinario prevede una sola deliberazione, a *maggioranza relativa* (→ § II.4.1), di ciascuna Camera sullo stesso testo, seguita dalla promulgazione da parte del Presidente della Repubblica, il procedimento per le leggi costituzionali, disciplinato dall'art. 138 Cost., prevede due deliberazioni successive da parte di ciascuna Camera. In tutto vi saranno dunque quattro deliberazioni, sul medesimo testo: due in ogni ramo del Parlamento.

La prima deliberazione è a *maggioranza relativa*: basta che i *sì* superino i *no*. Siccome in questa fase le Camere possono apportare al progetto di legge costituzionale qualsiasi emendamento, il progetto è destinato a viaggiare tra Camera e Senato (la c.d. ***navette***) tante volte quante sono necessarie ad ottenere il voto favorevole di entrambe sul medesimo testo.

La seconda votazione può essere effettuata solo dopo che sia trascorso un intervallo di *tre mesi* dalla prima. I regolamenti delle Camere (art. 123 Reg. Senato; art. 99 Reg. Camera) vietano che siano portati emendamenti al testo votato in precedenza, perché altrimenti il procedimento dovrebbe ripartire dall'inizio. Nella seconda approvazione si aprono due strade alternative:

a) se il consenso sulla riforma è così ampio che nella votazione in ciascuna Camera si esprime a favore la *maggioranza qualificata dei 2/3* dei membri di essa, la legge è fatta e viene promulgata dal Presidente della Repubblica;

b) se ciò non avviene, basta che la legge sia approvata con la *maggioranza assoluta* (metà più uno dei membri di ciascuna Camera: → § II.4.1). Ma in questo caso non si tratta di un'approvazione definitiva: il testo approvato dal Parlamento è pubblicato sulla *Gazzetta Ufficiale* (con il titolo: "*Testo di legge costituzionale approvato in seconda votazione a maggioranza assoluta, ma inferiore ai due terzi dei membri di ciascuna Camera*": così prescrive l'art. 3.1 della legge 352/1970), in modo da darne la massima pubblicità; entro tre mesi dalla pubblicazione può essere chiesto un ***referendum* costituzionale**, in modo da sottoporre il testo ad approvazione popolare. Lo possono chiedere minoranze del corpo elettorale (con la raccolta di 500.000 firme: → § IX.9.2), minoranze territoriali (cinque consigli regionali) e, quel che più conta, minoranze politiche: bastano le firme di 1/5 dei membri di una Camera. Se nel *referendum*, per la cui validità non è richiesto un *quorum* minimo di votanti (al contrario che per il *referendum* abrogativo: → § IX.9.2), i consensi superano i voti sfavorevoli (oppure se il *referendum* non è richiesto), la legge viene promulgata; altrimenti la volontà della maggioranza parlamentare è vanificata.

✓ LEGGI COSTITUZIONALI: LE DUE IPOTESI DELL'ART. 138

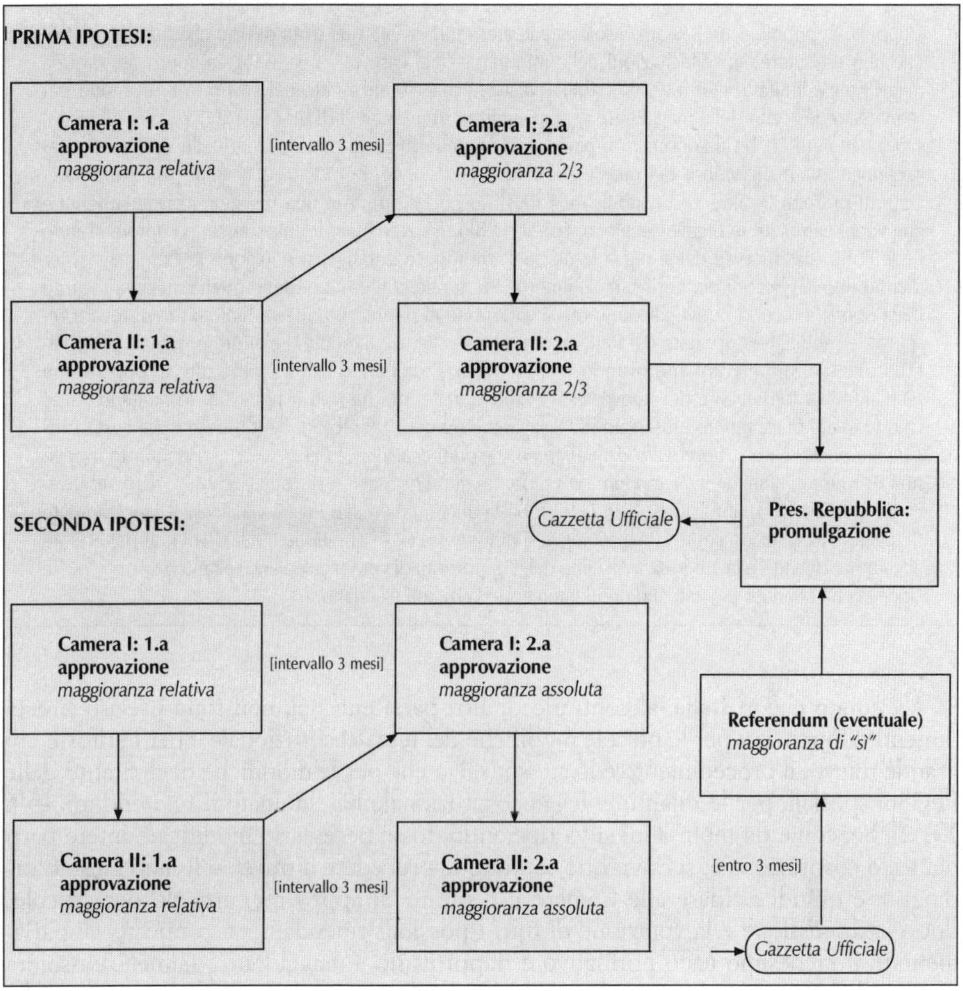

N.B.: Il procedimento può iniziare indifferentemente nella Camera o nel Senato.

Il doppio binario tracciato dall'art. 138 Cost. è frutto di grande saggezza. La via principale per modificare la Costituzione è il consenso di uno schieramento di forze politiche così vasto da riprodurre le stesse condizioni di compromesso tra le diverse componenti politiche che hanno consentito a questa Costituzione di nascere (→ § III.7.1). Però, per non rendere troppo difficile il meccanismo e per non regalare a minoranze parlamentari relativamente piccole il potere di veto, si è prevista anche la possibilità che la modificazione della Costituzione sia voluta e decisa dalla sola maggioranza di governo, salvo la possibilità per le opposizioni di ricorrere al corpo elettorale ❻.

✓ A CHE SERVE IL *REFERENDUM* COSTITUZIONALE?

L'appello al popolo è un passaggio solo eventuale: rappresenta una sorta di veto che il corpo elettorale può esercitare, su sollecitazioni delle minoranze, nel caso in cui la legge sia approvata da una maggioranza limitata, con tutta probabilità la stessa maggioranza che è al governo. È un modo per sconfessare le scelte della maggioranza, per paralizzarne i tentativi di modificare le regole del gioco, senza ottenere anche il consenso di parte almeno delle forze di minoranza (quelle sufficienti a far raggiungere la maggioranza dei due terzi). Funziona, dunque, in modo equivalente rispetto a meccanismi presenti in altre costituzioni (→ § III.4), in cui, di fronte a una maggioranza parlamentare che vuole cambiare le regole del gioco, con il rischio di soverchiare le minoranze, compromettendo l'equilibrio dialettico su cui si regge la democrazia rappresentativa, si sciolgono le Camere e si indicono nuove elezioni per verificare se il corpo elettorale conferma o meno quella maggioranza. In Italia non si indicono nuove elezioni, ma si sottopone al popolo un quesito unico, se approva o respinge le modifiche apportate dal Parlamento. Si noti che, ovviamente, l'elettore non ha la possibilità di differenziare il voto, approvando una modifica e rigettando l'altra: come dire, il popolo non partecipa alla formazione del nuovo testo costituzionale, ma ha solo il potere di respingerlo. Gli è chiesto infatti di esprimere un sì o un no al seguente quesito: "*approvate il testo della legge costituzionale ... concernente ... approvato dal Parlamento e pubblicato nella G.U. n. ...?*"[1]. Per questo motivo non è richiesto, affinché il *referendum* sia valido, un *quorum* minimo di votanti (come è richiesto invece per il *referendum* abrogativo: → § IX.9.2): basta anche una minoranza a vanificare il procedimento di revisione costituzionale, se la maggioranza si disinteressa della questione e decide di non partecipare al voto per difendere la "riforma". Alla fine delle operazioni di voto si calcolano soltanto i "sì" e i "no" e vince chi ha ottenuto più voti, indipendentemente da quanti essi siano.

Va notato che in Italia, al contrario di altri paesi europei, non sono previsti procedimenti differenziati per le piccole modifiche del testo costituzionale e per le riforme di grande rilievo: il procedimento è lo stesso (salvo che per le modifiche degli Statuti delle Regioni speciali, per le quali una legge costituzionale ha eliminato il referendum: → § X.1.2). Se, come da molti anni si va ripetendo, fosse necessario modificare intere parti del testo costituzionale, si dovrebbe comunque procedere attraverso il meccanismo ordinario, e quindi affidare alle Camere il compito di approvare, articolo per articolo, dopo la discussione e la votazione di tutti i possibili emendamenti proposti dai parlamentari, il medesimo testo normativo e riapprovarlo a maggioranza (almeno) assoluta in seconda lettura; con l'eventualità poi di dover sottoporre un testo così complesso alla approvazione popolare. Per ovviare a questi inconvenienti per ben due volte negli ultimi anni si sono varate leggi costituzionali di "deroga" (su questa nozione → § VIII.7.5) alle procedure stabilite dall'art. 138, in vista di un ambizioso progetto di revisione della intera "Parte II" della Costituzione, della cui predisposizione era stato dato l'incarico ad un'apposita "Commissione bicamerale". In entrambi i casi, il tentativo è fallito, perché non sono le procedure, ma le divisioni politiche, a rendere difficili le riforme. Ha invece superato la fase parlamentare nel 2005 (ma con il voto della sola maggioranza di centro-destra, e quindi con la maggioranza assoluta) un nuovo, vasto e confuso tentativo di riforma della "Parte II", che ha seguito il procedimento ordinario di revisione costituzionale. Sottoposto a referendum nel giugno 2006, è stato però bocciato da oltre il

---

[1] Art. 16 della legge 352/1970, che disciplina le modalità dei *referendum*.

61,3% di "no". Una nuova riforma costituzionale, volta essenzialmente a superare il "bicameralismo perfetto", è stata votata a maggioranza assoluta nel 2016, ma anche questa non è riuscita a sopravvivere al referendum tenutosi il 4 dicembre 2016, in cui i "no" hanno superato il 60% (59,12%). Una vicenda a parte è la legge di revisione costituzionale approvata a maggioranza assoluta in via definitiva dal Parlamento l'8 ottobre 2019, con cui si opera una drastica riduzione dei parlamentari (→ § V.3.1.1): veniva richiesto il referendum nei termini, ma la sua celebrazione è stata posticipata di sei mesi dal decreto-legge del 17 marzo 2020, n. 18, in considerazione della pandemia da Covid-19 e del conseguente *lock-down* [12].

1.3. *I limiti della revisione costituzionale*

Non tutta la Costituzione è revisionabile. Vi è almeno un *limite "esplicito"* alla revisione del testo costituzionale, posto dall'art. 139: "*La forma repubblicana non può essere oggetto di revisione costituzionale*". Come si è già sottolineato (→ § III.2), la scelta a favore della repubblica era stata compiuta dal popolo prima che l'Assemblea costituente si fosse insediata, per cui lo stesso potere di scelta dei costituenti ne è rimasto vincolato: si potrebbe dire quindi che l'art. 139 è "dichiarativo" di un limite imposto dallo stesso *referendum* istituzionale.

Se si collega strettamente l'art. 139 al *referendum* istituzionale, si dovrebbe propendere per un'interpretazione restrittiva della locuzione "*forma repubblicana*", riducendola cioè a quella scelta della repubblica, anziché della monarchia, che gli elettori espressero nel 1946. Invece è prevalsa in Italia un'interpretazione estensiva tale da comprendere nella "*forma repubblicana*" non soltanto il carattere elettivo (e non ereditario) del Capo dello Stato, ma il principio della sovranità popolare, di cui l'elezione del Capo dello Stato è solo un'applicazione. Perciò, nell'interpretazione che ha prevalso, l'art. 139 viene connesso con l'art. 1, cioè la "*forma repubblicana*" è considerata inscindibile dal carattere "*democratico*" della Repubblica e dall'appartenenza della sovranità al popolo (art. 1).

In questo modo il "limite esplicito" alla riforma costituzionale si allarga e si arricchisce di molto, perché si pongono al riparo dalla revisione anche quei principi – il carattere elettivo e rappresentativo delle istituzioni, la libertà e l'eguaglianza del voto, le libertà di espressione, di associazione, di riunione, ecc. – che sembrano indispensabili per poter definire "democratico" un ordinamento politico. Ovviamente si parla dei soli "principi", non anche delle singole norme di dettaglio [9] (con cui la Costituzione li attua: le singole disposizioni costituzionali possono essere sempre modificate, purché le modifiche non siano tali da compromettere, appunto, il "principio"). Per esempio, la libertà di voto non sarebbe certo compromessa da una riforma, anche radicale, del sistema elettorale oppure del numero o delle funzioni degli organi elettivi, ma soltanto da quelle norme che producessero, nel caso, una palese violazione della parità del voto, oppure che affidassero il reale potere decisionale a organi autocratici, sprovvisti di legittimazione elettorale.

Un'altra via per l'estensione e l'arricchimento dei limiti alla revisione costituzionale è stata elaborata sulla base dell'interpretazione di altre disposizioni costituzionali: l'art. 2, che dichiara "*inviolabili*" i diritti dell'uomo, porrebbe a riparo dalla revisione anche tutte quelle libertà che sono elencate dagli artt. 13 ss. (e che la stessa Costituzione dichiara talvolta "*inviolabili*"); l'art. 5, dichiarando la Repubblica "*una e indivisibile*", escluderebbe invece ogni ipotesi legale di secessione o divisione del paese. La Corte costituzionale ha avallato questa tesi, distinguendo in seno alle norme costituzionali dei "principi supremi" che resisterebbero alla revisione costituzionale.

1.4. *I "principi supremi" della Costituzione*

Già con le sentenze 30 e 31 del 1971 la Corte aveva affermato che le norme di altri ordinamenti che vengono immesse nel nostro ordinamento attraverso *rinvii* (su questa nozione → § VIII.4) previsti dalla stessa Costituzione (l'art. 7, che richiama il Concordato con la Chiesa cattolica: → § II.5; l'art. 11 che legittima l'ingresso delle norme europee: → § XI.2.1; l'art. 10.1, che rinvia alle norme internazionali consuetudinarie: → § VIII.3.3.δ) non possono violare i "**principi supremi dell'ordinamento costituzionale**". Nel 1982 (sentt. 16 e 18) era giunta a dichiarare illegittima una legge di esecuzione dei Patti lateranensi (→ § IX.4.2.B) per violazione del principio sancito dall'art. 24 Cost., cioè del diritto di difesa.

✓ IL CASO: IL MATRIMONIO "RATO E NON CONSUMATO"

Tizio e Caia si sposano, con un tripudio di fiori e di veli immacolati, ovviamente in chiesa. In base al "Concordato" (→ § II.5), sono i tribunali ecclesiastici competenti a pronunciarsi sulla nullità dei matrimoni concordatari, cioè celebrati con il rito religioso (e poi trascritto nei registri dello stato civile, conseguendo gli effetti civili). Ma dopo qualche tempo Caia si rivolge al Sommo Pontefice, implorando una dispensa che dissolva il rapporto matrimoniale per "giusta causa", essendo il matrimonio, validamente contratto, mai stato "consumato". Per il *diritto canonico* (can. 1119) la mancata "consumazione" è, appunto, giusta causa di scioglimento del rapporto matrimoniale: è previsto un procedimento di accertamento della verità che ha natura *amministrativa*, non *giurisdizionale*. Alla fine di questo procedimento, in cui gli interessati possono farsi assistere dai propri difensori, Caia ottiene un *provvedimento amministrativo*, la dispensa appunto, di scioglimento del rapporto matrimoniale. Con essa si rivolge al giudice civile italiano per rendere esecutivo agli effetti civili il provvedimento ecclesiastico. Ma Tizio, davanti alla Corte d'appello competente, insorge, denunciando la violazione del suo fondamentale diritto alla difesa (→ § XIII.2.2.γ): il giudice impugna davanti alla Corte le disposizioni legislative di attuazione del Concordato e la Corte gli dà ragione (sent. 18/1982). Pur riconoscendo che il procedimento davanti ai "dicasteri ecclesiastici" prevede una forma di contraddittorio, la Corte ritiene infatti che sia una violazione del diritto di difesa che gli accertamenti, a seguito di un procedimento amministrativo, nell'ambito della discrezionalità amministrativa e senza le garanzie della giurisdizione, producano effetti civili nell'ordinamento italiano: il "principio supremo dell'ordinamento costituzionale" è che per qualsiasi controversia sia assicurato un giudizio davanti ad un giudice. Perciò le leggi di derivazione concordataria sono dichiarate illegittime *"nella parte in cui non prevedono"* (sul significato di questa formula: → § XII.3.6.5) che la Corte d'appello, nel rendere esecutivo il provvedimento ecclesiastico, accerti che esso sia frutto di un procedimento giurisdizionale in cui sia assicurato il diritto di difesa.

INTERNET Questa sentenza si può leggere in www.giurcost.org/decisioni/1982/0018s-82.html.

La Corte ha però negato l'ingresso nel nostro ordinamento a norme internazionali consuetudinarie incompatibili con i principi e i diritti fondamentali riconosciuti dalla Costituzione (→ § VIII.3.3✓).

A proposito dell'applicazione diretta nel nostro ordinamento delle norme europee, la Corte ha più volte affermato la non derogabilità dei "principi supremi". Con due conseguenze:

α) innanzitutto la prevalenza dei "principi supremi" sulle norme dell'UE deve comportare la non applicabilità in Italia delle norme europee con essi contrastanti. Con quali strumenti si può ottenere questo risultato sarà detto in seguito (→ § XI.2.4.δ);

β) in secondo luogo, se *solo* i "principi supremi" resistono all'immissione di norme dell'UE, ciò significa che nell'ambito delle norme costituzionali – norme dotate cioè delle stesse caratteristiche *formali* – si può tracciare una gerarchia *materiale*. Infatti, sotto i "principi supremi", inderogabili, vi sono norme costituzionali *di dettaglio* che si devono ritenere invece derogabili, cedevoli nei confronti delle norme europee contrastanti ❾. Ed è proprio questo che la Corte ha ammesso, affermando, per esempio, che sono norme costituzionali di dettaglio, derogabili da parte della norme europee, quelle che regolano i rapporti tra le competenze dello Stato e le competenze delle Regioni [2].

Un passo ulteriore, ed inevitabile, la Corte l'ha fatto successivamente affermando, sia pure in un *obiter dictum* [3], che i "principi supremi" sono sottratti anche a revisione costituzionale: sono, quindi, non solo inderogabili da parte delle norme provenienti da ordinamenti esterni, ma anche non abrogabili con legge costituzionale [4]. È ozioso chiedersi se si tratta sempre degli stessi "principi", perché la Corte si riserva di valutare di volta in volta se il "bene" costituzionalmente protetto sia o meno seriamente compromesso dalla norma contrastante. La difficile decisione di cosa sia "principio" e cosa sia "dettaglio" è rimessa quindi al giudizio insindacabile della Corte costituzionale.

2. Legge formale ordinaria e atti con forza di legge

2.1. *Definizioni*

La **legge formale** è l'atto normativo prodotto dalla deliberazione delle Camere e promulgato dal Presidente della Repubblica. È, e soprattutto è stata in passato, la fonte del diritto per eccellenza, sino al punto di diventare sinonimo di "diritto" (→ § VIII.11.2.β). La "forma" della legge è quindi data dal particolare procedimento pre-

---

[2] Si vedano per es. le sentt. 399/1987, 224/1994, 102/1995, 458/1995, 461/1995, 126/1996, 93/1997.

[3] Tra gli argomenti portati dal giudice nella motivazione della sentenza, si usa distinguere la ***ratio decidendi*** dall'*obiter dictum*. La prima è l'argomentazione su cui si fonda la decisione, il "principio" su cui essa si basa. L'***obiter dictum*** è invece una argomentazione accessoria, di contorno. Questa distinzione assume particolare valore nei sistemi di *Common Law* (→ § VIII.3.3✓) in cui vale la regola del *precedente giudiziario* (o dello "*stare decisis*"), perché solo la *ratio decidendi* costituisce il precedente che vincola gli altri giudici (→ § XII.1.2.β).

[4] Sentt. 1146/1988 e 366/1991.

scritto dalla Costituzione per la sua formazione. Attraverso questo procedimento sono formate sia le *leggi ordinarie* che le *leggi costituzionali*. Infatti, il procedimento di formazione delle leggi costituzionali (descritto nel § IX.1.2) non è che una variante aggravata del procedimento legislativo ordinario (che verrà descritto nel § IX.3.3). Con l'espressione *legge formale* si indica quindi sia la legge che occupa nella gerarchia delle fonti lo stesso gradino della Costituzione (*legge costituzionale*), sia la legge che occupa il gradino immediatamente inferiore (*legge formale ordinaria*).

Gli **atti con forza di legge** sono invece atti normativi (→ § VIII.3.1) che non hanno la "forma" della legge (cioè, non sono prodotti dalla deliberazione delle Camere e promulgati dal Presidente della Repubblica), ma sono equiparati alla legge formale ordinaria (perché comunque il Parlamento partecipa alla loro formazione): occupano la sua stessa posizione nella scala gerarchica, e perciò possono validamente abrogarla (hanno la stessa "**forza attiva**" della legge ordinaria) ed essere da essa e solo da essa abrogati (hanno la stessa "**forza passiva**"). Sono quindi fonti che possono sostituirsi alla legge, almeno laddove la Costituzione non ponga una *riserva di legge formale* (→ § VIII.11.2.β). *Leggi formali ordinarie* e *atti con forza di legge* costituiscono insieme le **fonti primarie** (od **ordinarie**: lo stesso termine "**legge ordinaria**" è spesso usato in senso largo, come comprensivo di tutti gli atti che stanno, nella gerarchia delle fonti, sullo stesso gradino della legge formale ordinaria). Alla categoria delle fonti primarie si contrappone quella delle fonti secondarie, poste ad un gradino inferiore nella gerarchia delle fonti (→ § VIII.8) e costituite dai regolamenti amministrativi (→ § IX.10).

2.2. *Tipicità e tassatività delle fonti primarie*

"*La funzione legislativa è esercitata collettivamente dalle due Camere*", dice la Costituzione all'art. 70, e gli articoli immediatamente successivi (71-74) dettano la disciplina di massima (quella di dettaglio è rinviata ai regolamenti delle Camere: → § IX.8) del procedimento di formazione della legge formale. Rispetto alla *regola* che attribuisce alle Camere la funzione legislativa, gli atti con forza di legge rappresentano un'*eccezione*: rappresentano i casi in cui la "funzione legislativa" non è svolta in "forma" legislativa. Come *deroga* (→ § VIII.7.5) alla regola costituzionale, essi non possono essere previsti da fonti che non abbiano il rango costituzionale. Infatti, sono gli stessi articoli successivi della Costituzione a indicare le eccezioni, cioè gli atti con forza di legge:

- art. 75: il *referendum* abrogativo delle leggi (→ § IX.9);
- art. 76: il decreto legislativo delegato (→ § IX.5);
- art. 77: il decreto-legge (→ § IX.6);
- art. 78: i decreti del Governo in caso di guerra[5] (→ § IX.7.1).

---

[5] Anche l'art. 79 prevedeva, prima della modifica introdotta dalla legge cost. 1/1992 (→ § VIII.-11.2.δ2), un atto con forza di legge per l'amnistia e l'indulto: questi provvedimenti erano emanati con decreto del Presidente della Repubblica, su legge di delegazione delle Camere. Si trattava, insomma, di una delega anomala, rispetto alla normale delegazione legislativa prevista dall'art. 76, perché *formalmente* delegato era il Presidente della Repubblica, non già il Governo (solo formalmente, perché di fatto era sempre il Governo a predisporre la bozza di decreto).

A questi atti, le leggi costituzionali che hanno approvato gli Statuti delle Regioni ad autonomia speciale (→ § X.1) ne hanno aggiunto un altro: il decreto di attuazione dello Statuto (→ § IX.7.2).

Questi e non altri sono gli atti con forza di legge dello Stato (per quanto riguarda le Regioni → § X) previsti attualmente dal nostro ordinamento. Eventuali innovazioni all'elenco possono essere introdotte soltanto con *legge costituzionale*. Qualsiasi tentativo da parte del legislatore ordinario di introdurre nuovi tipi di atti con forza di legge sarebbe illegittimo, per violazione dell'art. 70 Cost. Questo principio si traduce nel *divieto alla legge ordinaria di creare fonti con essa concorrenziali*.

3. Procedimento legislativo

3.1. *Definizioni*

Il **procedimento** è una serie coordinata di atti rivolti ad uno stesso risultato finale: il risultato del *procedimento legislativo* è la *legge formale*. Gli atti di cui si compone il procedimento legislativo sono:

- l'iniziativa legislativa;
- la deliberazione legislativa delle Camere;
- la promulgazione.

Ognuno di questi atti è il prodotto di un subprocedimento, o "fase" del procedimento principale, che ora dobbiamo esaminare.

3.2. *L'iniziativa legislativa*

L'**iniziativa legislativa** consiste nella presentazione di un **progetto di legge** ad una Camera. Nel linguaggio tecnico – mutuato dal regolamento della Camera dei deputati – i progetti di legge si chiamano **disegni di legge** se presentati dal Governo o **proposte di legge** negli altri casi (ma l'uso dei termini non è tassativo: il regolamento del Senato, per esempio, usa una terminologia diversa: tutti sono *disegni di legge*, salvo le iniziative popolari che si chiamano *proposte*). In ogni caso, un progetto di legge consta di due parti:

- il testo dell'articolato che il proponente sottopone all'esame della Camera, nella speranza che venga trasformato in legge;
- la relazione che accompagna l'articolato e che ne illustra gli scopi e le caratteristiche.

L'iniziativa legislativa è riservata ad alcuni soggetti tassativamente indicati dalla Costituzione (o da altre leggi costituzionali, cui pure rinvia l'art. 71.1).

α) *Iniziativa governativa*. Il Governo (art. 71.1) è l'unico soggetto che ha potere di iniziativa su tutte le materie: su alcune materie (che rientrano tra quelle coperte da *riserva di legge formale*: → § VIII.11.2.β) l'iniziativa legislativa è anzi riservata al Governo. I casi sono espressamente indicati dalla Costituzione (negli artt. 81 e 77.2), che anzi pone un obbligo di iniziativa a carico del Governo (iniziativa *doverosa* o *vincolata*). Per i trattati internazionali invece non si può parlare di un'iniziativa riservata (e tantomeno doverosa) del Governo, anche se è difficile immaginare che altri soggetti possano compiere tutte le procedure diplomatiche necessarie alla stipula di un trattato internazionale (→ § IX.4.3.β), stipula che è il presupposto della legge (formale) di autorizzazione alla ratifica (art. 80).

La formazione del disegno di legge è organizzata anch'essa in un procedimento: vi è l'iniziativa di uno o più ministri, la deliberazione del Consiglio dei ministri (→ § V.2.5) e l'autorizzazione del Presidente della Repubblica (→ § V.4.8); il procedimento culmina con la presentazione alla Camera.

✓ IL BICAMERALISMO "PIUCCHEPERFETTO"

A quale Camera presentare il disegno di legge è una scelta che spetta al Governo, che si regola secondo ragioni di opportunità politica. Però è invalsa la prassi di iniziare il procedimento relativo ad alcune leggi ricorrenti, in particolare quelle relative al bilancio (→ § IX.4.3), un anno davanti ad una Camera, il successivo davanti all'altra. Questa prassi dell'alternanza, motivata con richiamo a regole di correttezza, vale anche per altri procedimenti, come quello relativo al voto di fiducia (→ § V.1.2): essa ha come risultato (consapevole) di rafforzare il principio del "bicameralismo perfetto" (→ § V.3.1.1) ben al di là di quanto sia richiesto dalla lettera della Costituzione, la quale richiede soltanto che la funzione legislativa sia *"esercitata collettivamente dalle due Camere"* (art. 70) – e, rispettivamente, che *"il Governo deve avere la fiducia delle due Camere"* (art. 94.1) – ma non anche che le due Camere stiano perfettamente sullo stesso piano ❽. Oggi, dopo che è fallita la complessa modifica della seconda parte della Costituzione che intendeva differenziare il ruolo delle Camere, è bene ricordare che una sostanziale differenziazione potrebbe essere operata anche soltanto modificando questa prassi (per es., avviando sempre le procedure di bilancio nella Camera e quelle per la fiducia al Senato), magari rafforzando quei meccanismi che consentono di semplificare l'esame da parte della Camera investita per seconda (già ora, per es., il Presidente del Consiglio entrante legge le proprie dichiarazioni programmatiche, in vista del voto di fiducia, in una sola Camera, mentre all'altra è consegnato il testo scritto).

β) *Iniziativa parlamentare.* Ogni deputato e ogni senatore può presentare progetti di legge alla Camera cui appartiene, salvo ovviamente per le materie in cui l'iniziativa è riservata al Governo. Nella prassi è frequente che le proposte siano collettive, siano cioè sottoscritte da più parlamentari (spesso dai capi di diversi gruppi parlamentari).

γ) *Iniziativa popolare.* L'art. 71.2 Cost. prevede che il progetto di legge possa essere proposto da parte di 50.000 elettori. Questa disposizione (come quelle sui *referendum* degli artt. 75 e 138) è rimasta disapplicata sino all'entrata in vigore della legge 352/1970 (→ § IX.9), che disciplina il meccanismo della richiesta e della raccolta delle firme (che va effettuata entro sei mesi). Non vi sono limiti all'iniziativa popolare, salve sempre le materie riservate all'iniziativa governativa.

δ) *Iniziativa regionale.* L'art. 121.2 Cost. riconosce ai Consigli regionali (cioè alle assemblee elettive delle Regioni: → § VI.6) il potere di presentare progetti di legge alle Camere. Per questa iniziativa non è indicato alcun limite particolare. Le analoghe norme degli Statuti speciali ricollegano invece l'iniziativa delle rispettive Regioni all'"interesse regionale": tale clausola però – che certo non equivale a dire che l'iniziativa regionale è limitata alle materie su cui le Regioni hanno competenza legislativa propria – è talmente elastica da non poter costituire un vero e proprio limite "di materia" all'iniziativa regionale.

ε) *Iniziativa del CNEL.* Al CNEL (→ § V.2.13) l'art. 99 Cost. attribuisce l'iniziativa legislativa senza stabilire dei limiti: questi erano invece fissati con grande abbondanza dalla legge istitutiva. Ma dopo la modifica di quest'ultima (a seguito della legge 936/1986), l'iniziativa legislativa del CNEL non ha più limiti normativi, ma solo quelli derivanti dalla scarsa funzionalità dell'organo[6].

✓ INIZIATIVA LEGISLATIVA: CHI CONTA E CHI NO

Benché diversi siano i soggetti che possono proporre le leggi, è chiaro che il peso dell'iniziativa è molto diverso. Del tutto marginale è l'iniziativa popolare e delle Regioni, mentre la stragrande parte dei progetti sono di iniziativa governativa e parlamentare. È poi del tutto evidente che il Governo, disponendo della maggioranza nelle Camere (perché questa è la regola del regime parlamentare: → § IV.1.2), avrà più facilmente successo e influirà notevolmente sul successo o sul fallimento delle proposte presentate dagli altri soggetti (attualmente quasi l'80% delle leggi approvate è di iniziativa governativa). Molto numerose sono inoltre le iniziative dei parlamentari, poiché la presentazione di progetti di legge è lo strumento più rilevante con cui il parlamentare può dimostrare ai suoi elettori di essersi preso carico dei loro interessi e di essere un efficiente interprete dell'opinione pubblica. D'altra parte, alcune delle più importanti leggi approvate in Italia nel campo dei diritti civili (per esempio, le leggi sul divorzio, l'aborto, l'obiezione di coscienza, il *referendum*, la riforma del diritto di famiglia, ecc.) sono state promosse dall'iniziativa parlamentare: tanto più l'argomento è lontano dall'indirizzo politico-economico del Governo, tanto più l'iniziativa parlamentare assume peso determinante.

L'iniziativa legislativa non crea mai un obbligo per la Camera di deliberare. Il progetto di legge presentato è stampato e distribuito ai membri della Camera, a cui il presidente dà notizia: ma che la sua discussione sia inserita nei programmi di lavoro della Camera dipende dalla valutazione politica della Conferenza dei capigruppo (→ § V.3.1.4), cui spetta il potere di selezionare gli argomenti da trattare. La pratica del c.d. ***insabbiamento*** non è quindi un fenomeno patologico della vita parlamentare, ma il risultato del disinteresse che i gruppi parlamentari dimostrano nei confronti della proposta.

[6] Una parte minoritaria della dottrina ha riconosciuto un diritto d'iniziativa dei Comuni nell'art. 133.1, in cui in effetti si parla di "*iniziativa dei Comuni*" per l'istituzione di nuove Province e di mutamento della circoscrizione di quelle esistenti nell'ambito di una stessa Regione: ma anche nella prassi questa interpretazione è stata smentita, dato che in questi casi i Comuni si sono limitati a fare una richiesta (e di "*richiesta*" infatti parlano i commi del precedente art. 132, a proposito di fattispecie analoghe) a cui ha fatto seguito una vera e propria iniziativa legislativa da parte del Governo.

3.3. *L'approvazione delle leggi*

L'art. 72.1 vieta che un progetto di legge sia discusso direttamente dalla Camera: prima deve essere esaminato dalla *commissione permanente* competente (→ § V.3.1.6). Ma le funzioni che la commissione è chiamata a svolgere sono diverse a seconda della "sede" in cui è chiamata ad esaminare il progetto: in relazione alla diversa "sede" in cui lavora la commissione, diverse sono anche le funzioni che è chiamata a svolgere l'assemblea (detta anche "aula").

In relazione alle diverse funzioni che svolgono la commissione e l'aula, si distinguono tre procedimenti principali:

α) *procedimento ordinario* (per **commissione referente**): spetta al presidente della Camera individuare la commissione competente per materia (e risolvere gli eventuali conflitti di competenza tra le commissioni), salvo, ma solo nella Camera dei deputati, la possibilità che un presidente di gruppo o 10 deputati propongano un'assegnazione diversa, provocando un voto dell'aula. Il presidente della commissione o un relatore da lui incaricato (che potrà essere anche il presentatore del progetto) espone le linee generali della proposta di legge, provocando una discussione generale su di essa. Si passa poi alla discussione articolo per articolo e alla votazione degli eventuali **emendamenti** (è il termine tecnico con cui si indicano le modifiche al testo originale). In questa fase si può procedere alla nomina di un comitato ristretto per una migliore formulazione dell'articolato o per elaborare un testo che superi i contrasti tra le diverse componenti politiche: spesso il comitato ristretto ha il compito di riunire in un unico esame più progetti di legge che hanno provenienza diversa ma il medesimo oggetto. Alla fine il testo viene approvato assieme a una relazione finale, nella quale vengono esposti l'attività svolta e gli orientamenti emersi durante i lavori; viene nominato un *relatore* che ha l'incarico di riferire all'aula: se le divergenze d'opinione sono forti, possono essere presentate relazioni di minoranze.

In aula la discussione procede per tre "letture", che rispecchiano le fasi della discussione in commissione. La prima "lettura" è introdotta dai relatori e consiste nella discussione generale, e può chiudersi con il voto di un "ordine del giorno di non passaggio agli articoli", che decreterebbe la conclusione (negativa) del procedimento. Altrimenti, senza che ci sia una votazione, si passa alla seconda "lettura", che prevede la discussione dei singoli articoli, degli eventuali emendamenti e la votazione del testo definitivo di ogni articolo. È questa la fase più lunga e complessa del procedimento di approvazione, perché il diritto di emendamento è un aspetto assai importante del diritto di iniziativa di ogni parlamentare: sull'ordine di votazione degli emendamenti, che è deciso dal presidente della Camera, vi sono molte regole, tese a garantire la votazione del maggior numero di emendamenti (per questo motivo si procede prima alla votazione degli emendamenti che più si allontanano dal testo, come gli emendamenti soppressivi dell'articolo, poi quelli modificativi e infine quelli aggiuntivi; i subemendamenti vengono votati prima dell'emendamento cui si riferiscono, ecc.). Per questo motivo, quando la discussione e la votazione degli articoli e degli emendamenti si esaurisce, vi può essere l'esigenza di un coordinamento formale. Terminata questa fase, l'aula procede alla terza "lettura", che consiste nell'approvazione finale dell'intero testo della legge, così come esso risulta a seguito dell'esame articolo per articolo (testo che quindi, a seguito degli emendamenti approvati, può essere radicalmente diverso da quello iniziale). Per le votazioni valgono le regole generali: si procede di regola per voto palese mediante procedimento elettronico; la maggioranza richiesta è quella semplice o relativa (→ § II.4.1);

✓ IL "COMITATO PER LA LEGISLAZIONE"

Col pacchetto di modifiche del regolamento della Camera, approvato nel 1997, è stato istituito un nuovo organo, il **Comitato per la legislazione.** Esso esprime pareri *"sulla qualità dei testi legislativi, con riguardo alla loro omogeneità, alla semplicità, chiarezza e proprietà della loro formulazione, nonché all'efficacia di essi per la semplificazione e il riordinamento della legislazione vigente ... sulla base dei criteri e dei requisiti tecnici definiti dalle norme costituzionali e ordinarie e dal Regolamento"* (art. 16 *bis*). Il parere può essere richiesto dalla Commissione permanente che sta esaminando la proposta di legge, per iniziativa di un quinto dei suoi membri. L'aspetto più interessante è che questo Comitato si sottrae alla regola della rappresentanza proporzionale dei gruppi parlamentari: esso è composto da dieci membri, egualmente ripartiti tra maggioranza e opposizioni; per di più la presidenza è a rotazione. Con ciò sembra volersi rafforzare la funzione tecnico-legislativa, più che politica, dell'organo. Avrebbe dovuto rappresentare un primo sintomo del mutamento dell'organizzazione parlamentare a seguito del radicarsi del sistema bipolare, perché, per la prima volta, maggioranza e opposizione vengono assunte come entità stabili che si sovrappongono ai vari gruppi parlamentari ❻. Ma gli esiti non sembrano esaltanti.

β) *procedimento* per **commissione deliberante (o legislativa)**. È una particolarità del nostro ordinamento, ereditata dal fascismo: essa è prevista dall'art. 72.3 Cost. Consente alla commissione di assorbire tutte le fasi del procedimento di approvazione, sostituendo l'aula: la commissione esaurisce tutte e tre le "letture" senza che il progetto di legge debba essere discusso e votato dall'assemblea. Data la particolarità di questo procedimento, molte sono le garanzie di cui è circondato:

• alcune *materie* sono escluse dal procedimento per commissione deliberante. L'art. 72.4, infatti, prescrive il procedimento ordinario per le proposte di legge costituzionale (questa è infatti l'interpretazione data alla locuzione costituzionale "*in materia costituzionale*"), per le leggi in materia elettorale, per le leggi di delegazione legislativa *ex* art. 76, per le leggi di autorizzazione alla ratifica dei trattati internazionali *ex* art. 80, per le leggi di approvazione dei bilanci *ex* art. 81. Per queste materie, dunque, vi è una **riserva di assemblea**: essa si estende, in forza dell'art. 74.2 Cost., anche alle leggi riapprovate a seguito di rinvio da parte del Presidente della Repubblica (→ § IX.3.4)[7]. Gli stessi regolamenti parlamentari aggiungono infine alcune ipotesi di riserva di assemblea: così, per esempio, il regolamento della Camera riserva all'esame in commissione referente il disegno di legge di conversione dei decreti-legge (art. 96 *bis*) e per la "legge comunitaria" (su cui → § XI.3) (art. 126 *ter*);

• per la *composizione* della commissione deliberante l'art. 72.3 Cost. dispone che sia

[7] In questo senso si veda l'art. 35.1 del regolamento del Senato.

seguito il criterio della rappresentanza proporzionale dei gruppi parlamentari. Benché questo criterio sia imposto per le sole commissioni "*anche permanenti*" cui siano assegnate funzioni deliberanti, i regolamenti parlamentari hanno assegnato tali funzioni alle normali commissioni permanenti, costituendole sempre e comunque con il criterio della proporzionalità;

• quanto alla *assegnazione* della proposta alla commissione, nel Senato la decisione spetta al presidente e non è opponibile. La riforma del Regolamento del Senato del dicembre 2017 (art. 34.1 *bis*) prevede che le proposte di legge "sono di regola assegnati in sede deliberante ai sensi dell'articolo 35 o in sede redigente ai sensi dell'articolo 36", con una vistosa inversione del rapporto tra regola e eccezione compiuta in nome della "velocizzazione" delle procedure. Non così alla Camera, invece il cui regolamento prevede inoltre che il presidente abbia un potere di proposta, che si considera accettata se nessun deputato chiede di sottoporla al voto dell'assemblea. In qualsiasi momento, sino alla approvazione finale della legge in commissione, il progetto di legge è "*rimesso*" all'assemblea (e segue quindi il procedimento ordinario) quando ne facciano richiesta il Governo o minoranze politiche della Camera (1/10) o della commissione stessa (1/5) (art. 72.3).

✓ LA COMMISSIONE DELIBERANTE: PIÙ OMBRE CHE LUCI

La scelta compiuta con la riforma del regolamento del Senato lascia molto perplessi anche perché il procedimento per commissione deliberante, accanto agli evidenti vantaggi, presenta grossi svantaggi. I vantaggi stanno nella velocizzazione della produzione delle leggi: questo è un vantaggio relativo, che si apprezza soltanto permanendo un sistema di legislazione ipertrofica, come quello italiano. In Italia, infatti, non esiste una *riserva di regolamento amministrativo* e con la legge può essere varata qualsiasi disciplina, anche la più minuta e scarsamente rilevante (su questo problema si ritornerà parlando della c.d. *delegificazione*: → § IX.10.5): il decentramento legislativo in commissione consente quindi di produrre velocemente un gran numero di *leggine*, senza aggravare il lavoro delle assemblee. Ma, accanto ai problemi connessi all'ipertrofia legislativa (che il decentramento legislativo in commissione contribuisce senz'altro ad aggravare), l'approvazione delle leggi in commissione presenta ulteriori svantaggi. Le commissioni permanenti, infatti, hanno due caratteristiche: lavorano con un tasso molto ridotto di pubblicità (il pubblico non è presente in aula e ai loro lavori si può assistere solo attraverso impianti televisivi a circuito chiuso; la stampa non riesce a seguire i lavori di tutte le commissioni così come segue il lavoro dell'aula) e, per la loro stessa composizione (i parlamentari scelgono la commissione cui far parte in base ai loro interessi professionali, per cui, per esempio, i medici privilegiano la commissione che si occupa di sanità, gli insegnanti quella che si occupa dell'istruzione, ecc.), sono più sensibili agli interessi di categoria. Tutto ciò attenua il conflitto politico tra maggioranza e opposizioni e favorisce accordi e scambi che in aula non sarebbero possibili: a soffrirne, come è ovvio, è l'interesse generale, che può essere garantito soltanto dal conflitto tra diversi interessi particolari. In commissione invece gli interessi particolari non trovano un argine valido.

γ) *Procedimento per* **commissione redigente**. Questo procedimento, detto anche "misto", è una via di mezzo tra i due precedenti: non è previsto dalla Costituzione, ma dai regolamenti parlamentari, con significative differenze tra Camera e Senato. Il tratto comune è che questo procedimento serve a sgravare l'assemblea dalla discussione e approvazione degli emendamenti, decentrandoli in commissione e riservando all'aula l'approvazione finale. Inoltre, valgono per questo procedimento le stesse garanzie che circondano il procedimento per commissione deliberante, per quanto riguarda l'esclusione delle materie coperte da "*riserva di assemblea*" e la richiesta che il progetto sia rimesso all'aula.

✓ COMMISSIONE REDIGENTE: MEGLIO IL SENATO CHE LA CAMERA

Nella Camera dei deputati, è l'assemblea, a chiusura della discussione generale del progetto di legge, che può decidere di deferire alla commissione la formulazione degli articoli, riservandosi la votazione, senza discussione, degli articoli e la votazione finale (con dichiarazione di voto) sull'intero testo della legge. Può essere la stessa commissione referente a proporre all'assemblea il deferimento in commissione redigente (è però richiesto un consenso assai vasto dei membri della commissione stessa), e l'assemblea può votare un ordine del giorno che fissi alla commissione principi e criteri direttivi per la formulazione del testo degli articoli. Il fatto che comunque debba essere l'assemblea a decidere il deferimento in redigente, interrompendo il suo *iter*, rende questo procedimento assai poco utile: il deferimento dovrebbe avvenire nei casi in cui in assemblea non c'è un accordo politico sugli emendamenti, per cui si demanda la loro definizione alla commissione; ma in assemblea dovrebbe esserci una larghissima maggioranza di non-contrari al deferimento (bastando un decimo di sottoscrizioni per imporre il procedimento ordinario), pur significando questo la perdita della possibilità di proporre e votare in aula gli emendamenti. Con questi presupposti è ovvio che al procedimento per commissione redigente si ricorra assai raramente.
Nel Senato, invece, il procedimento è più razionale e perciò più utilizzato. È il presidente a decidere il deferimento, all'inizio del procedimento approvativo, oppure può essere la stessa commissione referente a richiederlo, ma all'unanimità (e con il consenso del Governo): l'aula però può, su richiesta di otto senatori, discutere e votare un ordine del giorno che detti i criteri informatori a cui la commissione dovrà ispirarsi.
A seguito dell'approvazione finale in commissione redigente (e sempre che i soggetti indicati sopra non abbiano richiesto la remissione in aula, e quindi il ritorno alla procedura ordinaria), all'assemblea resta solo la votazione finale sull'intero testo del progetto, con dichiarazione di voto.

Oltre ai tre procedimenti descritti, i regolamenti delle Camere prevedono delle procedure abbreviate per l'esame di progetti di legge dichiarati urgenti. Non si tratta di procedimenti diversi, ma solo di meccanismi di riduzione dei tempi richiesti per il compimento delle fasi dei procedimenti descritti.

Esauriti i lavori in una Camera, il progetto di legge viene trasmesso all'altra Camera. Qui il procedimento di approvazione ricomincia dall'inizio, essendo libera la seconda Camera di scegliere il procedimento da seguire. Essa è libera di apportare qualsiasi emendamento al testo approvato dalla prima Camera, con la conseguenza che questa dovrà esaminare nuovamente il testo del progetto, così come emendato dalla seconda Camera (ma l'esame articolo per articolo sarà limitato alle parti emendate dalla seconda Camera): così il progetto di legge potrà viaggiare più volte da una Camera all'altra (in gergo parlamentare questo ripetuto tragitto si chiama ***navette***) sino a quando le due Camere non avranno approvato il medesimo testo. Solo a questo punto la fase dell'approvazione sarà conclusa.

3.4. *La promulgazione della legge*

Conclusa la fase dell'approvazione, la legge è perfetta, ma non ancora efficace (cioè produttiva di effetti giuridici). L'efficacia è data dalla **promulgazione** da parte del Presidente della Repubblica (→ § V.4.8.c). Questa è la terza fase del procedimento di formazione delle leggi, detta "*integrativa dell'efficacia*". È il Governo che deve trasmettere la legge al Presidente della Repubblica.

Il Presidente della Repubblica svolge un controllo formale (il testo approvato dalle due Camere deve essere identico) e sostanziale: egli, infatti, ha il potere di *rinviare* la legge alle Camere, con un *messaggio* motivato. Non perfettamente definibili sono i motivi per cui il Presidente può disporre il **rinvio della legge**: è pacifico che lo possa fare per motivi di illegittimità costituzionale ed è altrettanto pacifico che non lo possa fare per motivi attinenti al merito politico della legge, cioè contestando le scelte politiche che il Parlamento ha compiuto. In mezzo ci sta un'ampia area di motivi, attinenti a ragioni assai generali di convenienza, di coerenza con gli indirizzi legislativi, di compatibilità con i principi costituzionali: un'ampia area, residuale e non ben definibile in positivo, cui si dà convenzionalmente il nome di "**merito costituzionale**".

✓ IL RINVIO DELLE LEGGI NELLE DIVERSE PRESIDENZE

Fin ora i Presidenti della Repubblica che si sono succeduti hanno fatto ricorso al rinvio della legge alle Camere cinquantasei volte. Si tenga conto, comunque, che Cossiga ha fatto ricorso a tale potere ben ventuno volte, a fronte di sette rinvii del predecessore Pertini e di sei rinvii del successore Scalfaro. Ma al di là dei meri dati numerici, è interessante notare come fino alla presidenza Pertini, i rinvii presidenziali – salvo poche eccezioni – richiamavano il Parlamento al rispetto dell'art. 81.4 Cost., osservando che la legge in questione prevedeva delle spese senza indicare i mezzi finanziari con cui farvi fronte. In questo contesto istituzionale il potere di rinvio restava circoscritto alla sfera della legittimità costituzionale. Diversamente, durante la presidenza Cossiga, il Capo dello Stato ha ritenuto di far ricorso al potere di rinvio della legge, oltre che per motivi di legittimità costituzionale, anche per ragioni che coinvolgevano l'opportunità politica dell'atto legislativo. Si noti poi che cinque rinvii hanno avuto ad oggetto altrettante leggi di conversione di decreti-legge e prodotto la loro decadenza, non consentendo un riesame parlamentare delle leggi di conversione rinviate. In questa particolare situazione, va ricordato che il Capo dello Stato ha mosso i suoi rilievi non al decreto legge in quanto tale (sospettando una violazione dell'art. 77 Cost.), ma ad alcuni emendamenti aggiunti durante il procedimento legislativo di conversione in legge. Anche se durante la presidenza Scalfaro si sono avuti solo sei rinvii presidenziali, ciò non può essere letto come segno di particolare salute del sistema partitico, in quanto l'interventismo presidenziale si è esplicato seguendo altri canali (per es., Napolitano ha talvolta fatto seguire l'atto di promulgazione con un comunicato con cui esprime "perplessità e preoccupazioni" per determinati contenuti della legge).
I rinvii effettuati dal Presidente Ciampi durante il suo mandato sono stati sette. Tra questi si devono segnalare il rinvio (nel marzo 2002) di una legge di conversione di un decreto legge, con l'invito, rivolto ai soggetti istituzionali competenti, ad utilizzare il decreto legge conformandosi non solo ai principi costituzionali, ma altresì a quelle disposizioni che hanno "valore ordinamentale"; il rinvio (dicembre 2003) della cosiddetta "legge Gasparri", di riforma del sistema radiotelevisivo (→ § XIII.5.5.6); il rinvio (dicembre 2004) della legge di riforma dell'ordinamento giudiziario, poi riapprovata dalle Camere (→ § VII); il rinvio (gennaio 2006) della "legge Pecorella" sull'inappellabilità delle sentenze di proscioglimento.
I messaggi di rinvio di Ciampi, Napolitano e Mattarella (l'ultimo è il rinvio della legge contro il finanziamento delle imprese produttrici di mine antiuomo, dell'ottobre 2017) hanno evitato di addentrarsi negli impervi meandri del merito (sia pure costituzionale) delle scelte del legislatore attestan-

dosi su verifiche di carattere tecnico il più lontane possibile dall'incandescente clima di scontro politico e cercando conforto nei principi posti dalla giurisprudenza della Corte costituzionale.
Dalla prassi che caratterizza le modalità di esercizio del potere presidenziale di rinvio, emerge come anche questo potere è destinato ad assumere valenze diverse in considerazione delle modalità che caratterizzano il funzionamento della forma di governo. Se nella normalità costituzionale i rinvii sono espressione di un controllo di legittimità costituzionale esercitato dal Capo dello Stato, in periodi di instabilità e di crisi del sistema politico, possono diventare uno dei modi in cui si manifesta l'ambiguità dell'organo Capo dello Stato, in bilico tra "struttura costituzionale" e "struttura governante" (→ § V.4).

È però da considerare che:

• sia l'atto di promulgazione che l'eventuale messaggio di rinvio devono essere controfirmati dal Governo, che quindi è in grado di svolgere un controllo cui corrisponde l'assunzione di responsabilità politica (→ § V.4.3): talvolta è anzi capitato che fosse il Governo stesso a suggerire il rinvio della legge;

• il rinvio può essere compiuto una volta sola: dice infatti l'art. 74.2 che "*se le Camere approvano nuovamente la legge, questa deve essere promulgata*". Il potere di rinvio non è quindi un potere di veto, ma solo una forma di "*controllo con richiesta di riesame*", superabile dal Parlamento con la riapprovazione della legge stessa (in questo caso va seguito il procedimento ordinario).

✓ IL PRESIDENTE DELLA REPUBBLICA? È IL FUSIBILE DEL SISTEMA

Solo nel caso limite in cui la promulgazione della legge potrebbe innescare la responsabilità penale del Presidente della Repubblica (→ § V.4.4), si ritiene che questi possa (o debba) insistere a rifiutare la promulgazione: ma è chiaro che si tratta di un'ipotesi assai vicina al punto di fusione del sistema costituzionale. Il Presidente della Repubblica che rifiutasse la promulgazione per la seconda volta potrebbe essere incriminato dal Parlamento, a cui così clamorosamente si oppone, per attentato alla Costituzione: egli si immolerebbe così proprio in nome della difesa della legalità costituzionale! D'altra parte, se non si opponesse con tutte le forze alle tentazioni "golpiste" della maggioranza, correrebbe il rischio di essere incriminato in seguito, fallito il golpe, per concorso in esso!

Alla promulgazione segue la pubblicazione sulla *Gazzetta Ufficiale*, con gli effetti già descritti (→ § VIII.2.2).

4. Leggi rinforzate e fonti atipiche

4.1. *Definizioni*

Non tutte le leggi sono eguali. Attraverso il meccanismo della riserva di legge, la Costituzione ha frantumato la categoria della legge ordinaria e ha creato alcune figure di leggi che si scostano dal "tipo", ossia dalla "normale" legge approvata dal Parlamento (→ § IX.2.1). Rispetto ad essa, alcune leggi si discostano per certi connotati formali-procedimentali che la stessa Costituzione individua espressamente grazie al meccanismo della *riserva di legge rinforzata per procedimento* (→ § VIII.11.2): la Costituzione ha cioè previsto che per disciplinare una determinata materia sia necessario seguire procedimenti particolari di formazione della legge, più complessi di quello ordinario (c.d. **leggi rinforzate**). Altre leggi, invece, si allontanano dal "tipo" in virtù di alcune peculiarità legate alla propria forza attiva o passiva: la Costituzione prevede che ognuna di esse abbia una collocazione particolare nel sistema delle fonti, non avendo esattamente la stessa *forza attiva* o la stessa *forza passiva* (per questi termini → § IX.2.1) delle altre leggi ordinarie (c.d. **leggi atipiche**).

4.2. *Leggi rinforzate*

Quali siano le leggi rinforzate previste dalla nostra Costituzione lo si è già detto trattando della *riserva di legge rinforzata per procedimento* (→ § VIII.11.2.δ). Qui sono da aggiungere soltanto alcune considerazioni:

α) per lo più le leggi "rinforzate" sono tali non perché sia rafforzato il *procedimento parlamentare* prescritto per la loro formazione, ma perché è reso più complesso dell'ordinario il *procedimento di formazione del progetto di legge*. Di regola è il Governo che svolge una fase di acquisizione del consenso degli interessati (attraverso l'intesa, l'accordo, la consultazione degli enti, ecc.), prima di formalizzare il proprio disegno di legge: comunità locali (artt. 116, 132 e 133 Cost.) e comunità religiose (art. 7 e 8) sono coinvolte in questo modo nella preparazione della legge che l'esecutivo proporrà alle Camere. Tuttavia, le particolari modalità con cui deve formarsi il disegno di legge influenzano anche il successivo procedimento parlamentare. Infatti, così come l'iniziativa non può essere validamente compiuta senza le procedure richieste come presupposto di essa, anche la fase dell'approvazione della legge non potrà compiersi senza il rispetto degli accordi, delle intese e delle delibere che rappresentano il presupposto dell'iniziativa. Il che significa che il Parlamento non potrà procedere *unilateralmente* ad emendare il testo proposto dal Governo, perché questo è a sua volta il frutto di un procedimento costituzionalmente vincolato: potrà semmai invitare il Governo a "rinegoziare" le norme che si vogliono emendare e solo in seguito procedere all'approvazione dell'emendamento;

✓ PUÒ UNA LEGGE "AGGRAVARE" LA FORMAZIONE DELLE ALTRE LEGGI?

Il rafforzamento del procedimento legislativo può essere disposto solo da una norma costituzionale. Se infatti fosse una legge ordinaria a prevedere che per l'emanazione di una successiva legge ordinaria deve essere seguito un procedimento *parlamentare* particolare, diverso da quello ordinario, questa norma rischierebbe di essere inutile e illegittima: inutile, perché qualsiasi altro atto dotato della stessa forza potrebbe abrogarla o derogarla (anche se da sempre in dottrina è presente una corrente di pensiero disposta a sostenere che una legge può solo abrogare le norme ordinarie che ne vincolano la formazione, ma non anche derogarle tacitamente); illegittima, perché la legge in questione invaderebbe una materia – la disciplina del procedimento legislativo – che è in parte posta dalla

Costituzione e, per il resto, da questa riservata ai regolamenti delle Camere. La legge ordinaria, insomma, non può porre vincoli al legislatore ordinario futuro (→ § VIII.7.4). Diverso è ovviamente il caso di una legge che imponesse *al Governo* di seguire un procedimento particolare per la presentazione di un determinato disegno di legge: la sovranità del Parlamento si espande nella sua pienezza quando si tratta di disciplinare le attività del potere esecutivo, per cui gli adempimenti prescritti dalla legge a carico del Governo avranno valore di vincolo sia politico (in forza del rapporto di fiducia che lega il Governo al Parlamento: → § V.1.2), che giuridico. Il Presidente della Repubblica, per esempio, potrà rifiutare l'autorizzazione alla presentazione di un disegno di legge (→ § IX.3.2.α) nato con procedure difformi da ciò che è prescritto dalla legge; tuttavia, se il disegno di legge fosse presentato alle Camere e da queste approvato, non si potrebbe certo impugnare la legge denunciando il vizio dell'iniziativa governativa: la violazione del vincolo posto dal legislatore ordinario si considererebbe sanata dalla approvazione finale della legge ordinaria.

β) le riforme costituzionali degli ultimi anni manifestano la tendenza ad introdurre ulteriori ipotesi di leggi rinforzate nel procedimento di formazione della legge (e non solo del progetto di legge). Il primo esempio è dato dal procedimento particolare che è stato introdotto per l'*amnistia e l'indulto* (→ § VIII.11.2.δ2). La "riforma del Titolo V" (→ § VI) ❼ introduce altre due ipotesi di rafforzamento: a) l'art. 116 prevede che si possano riconoscere a determinate Regioni "*forme e condizioni particolari di autonomia*" con una legge che, avendo già subito il rafforzamento del procedimento di formazione del disegno di legge (→ § VIII.11.2.δ2), debba essere poi approvata da ciascuna Camera a *maggioranza assoluta* (→ § II.4.1); b) è poi previsto che, qualora si istituisse la *Commissione bicamerale "integrata"* dai rappresentanti delle Regioni e delle autonomie locali (→ § VI.3.1), tutte le leggi che si discostassero dal parere espresso dalla Commissione dovranno essere approvate anch'esse a maggioranza assoluta dalle Camere (art. 11.2 della stessa legge cost. 3/2001) [8]. La disciplina del bilancio dell'art. 81, riformata con la legge cost. 1/2012, prevede ora una legge approvata a *maggioranza assoluta* (su cui → § V.3.5.3);

γ) i procedimenti rinforzati sono procedimenti "specializzati" seguiti per produrre leggi anch'esse "specializzate". Solo con il procedimento di cui all'art. 79, per esempio, si può produrre una legge di amnistia o di indulto (→ § VIII.11.2): ma vale anche il reciproco, ossia che con quel procedimento si possono approvare soltanto leggi con quello specifico contenuto. Sono atti, dunque, che hanno competenza *riservata* e *limitata*: rappresentano uno di quei fenomeni che si è cercato di spiegare attraverso l'introduzione del *criterio della competenza* (→ § VIII.10.1). Anche sotto il profilo della loro posizione nel sistema delle fonti, essi presentano perciò un aspetto un po' particolare, perché si distinguono dalle leggi comuni sia per *forza attiva* (possono abrogare solo le leggi che hanno quello specifico contenuto) che per *forza passiva* (possono essere abrogate soltanto da leggi formate con quello specifico procedimento). Il che significa che le *leggi rinforzate* sono anche, a loro modo, esempi di *fonti atipiche.*

---

[8] Si noti che anche in questo caso, dunque, abbiamo una *riserva di assemblea* (→ § IX.3.3.β).

4.3. *Fonti atipiche*

Per "**fonti atipiche**" si intendono quegli atti che non rientrano interamente nel "tipo" della legge ordinaria perché, pur avendo la stessa "*forma*" della legge, hanno una posizione particolare nel sistema delle fonti per quanto riguarda la loro "*forza*". Sono ipotesi eterogenee, per cui le "fonti atipiche" non sono una categoria precisa e connotata da caratteristiche univoche. Due sono le tipologie principali che si possono delineare sulla base delle specifiche norme costituzionali:

A) sono "atipiche", perché dotate di una *forza passiva* potenziata, le leggi che l'art. 75.2 esclude dal *referendum* abrogativo (→ § XII.6.2). Qui, come si vede, c'è un rafforzamento solo del lato passivo, per l'esclusione di una possibile forma di abrogazione (mentre queste leggi restano abrogabili attraverso la produzione di leggi successive, secondo le regole del criterio cronologico);

B) sono "atipiche" anche le c.d. **leggi meramente formali**. Con questa denominazione, tanto antica quanto equivoca, vengono indicati alcuni atti che hanno necessariamente la *forma* della legge (sono cioè coperti da *riserva di legge formale*: → § VIII. 11.2.β), ma non hanno il *contenuto normativo* tipico delle leggi, cioè non introducono nell'ordinamento norme nuove, capaci di produrre effetti giuridici generali. Gli esempi classici sono le leggi di approvazione del bilancio e la legge di autorizzazione alla ratifica dei trattati internazionali:

α) sono approvati con legge sia il **bilancio di previsione** dello Stato che il **rendiconto consuntivo** (con legge regionale sono approvati gli analoghi strumenti delle Regioni).

La legge di approvazione del rendiconto consuntivo è senz'altro una legge priva di contenuti normativi: con questo atto il Parlamento esercita il controllo su un documento contabile presentato dal Governo, in cui sono riepilogati i dati relativi all'esercizio finanziario trascorso (→ § V.3.5.3).

✓ RENDICONTO BOCCIATO, GOVERNO SILURATO!

Il Parlamento non può che prendere atto dei risultati presentati: certo non può modificare ciò che si è già compiuto e, se votasse contro il disegno di legge, la conseguenza politica non potrebbe che essere la crisi di Governo. Le dimissioni del IV Governo Berlusconi nel 2011 furono innescate proprio da un voto alla Camera sul bilancio consuntivo. Il 10 ottobre l'art. 1 fu bocciato per un voto: il Governo non si dimise, definendo l'episodio "un mero incidente parlamentare": chiede immediatamente un voto di fiducia (→ § V.3.3.1), che fu positivo, e ripresentò la legge con qualche modifica. Non ebbe un voto negativo, si badi: il rendiconto – su cui il Governo aveva posto l'ennesima fiducia – fu approvato dalla Camera l'8 novembre 2011, ma solo con 308 si e 320 astensioni: essendo evidente che la maggioranza non c'era più, il Presidente del Consiglio annunciò al Presidente della Repubblica le sue prossime dimissioni, appena approvata in Parlamento la manovra di bilancio (→ § V.3.5.4). Ed in effetti le dimissioni furono formalizzate pochi giorni dopo (12 novembre).

Più complessa è la questione della **legge di approvazione del bilancio di previsione** (→ § V.3.5.3). Che essa sia o meno una legge meramente formale è stato un problema fortemente dibattuto per almeno un secolo, sino a quando sono sopravvissute le costituzioni flessibili (→ § III.3). Ma non si è trattato affatto di una disputa accademica, perché attraverso la qualificazione della natura giuridica della legge di bilancio passava una delicatissima lotta di potere tra il Parlamento e il Governo.

✓ BISMARCK E IL SUO GIURISTA LABAND

La lotta delle assemblee rappresentative per sottoporre al proprio controllo il bilancio è una delle spinte che sono all'origine del costituzionalismo moderno: *no taxation without representation* è il principio che abbiamo ereditato da questa lotta (→ § II.1.4). Già la *Magna Charta* (→ § III.2) prometteva il controllo dei tributi; ovviamente il controllo sui tributi condizionava fortemente decisioni fondamentali che comportavano spese, come quelle relative all'armamento e alla guerra. La crisi istituzionale, che portò alla guerra tra il Parlamento inglese e Carlo I (chiusa con la decapitazione di questi e con la rivoluzione repubblicana di Cromwell), fu innescata proprio dall'introduzione di un'imposta arbitraria, non consentita dal Parlamento, necessaria al finanziamento delle spese di guerra; e la stessa rivoluzione americana ha tra i suoi detonatori il problema del consenso dei rappresentanti all'imposizione di tasse.
Sino alla piena affermazione del sistema parlamentare, è stata costante la tensione tra il Parlamento e il Governo, in relazione alle procedure di approvazione del bilancio. La teoria del bilancio come "legge meramente formale" nasce proprio da una crisi costituzionale su questo tema, cioè dal rifiuto della Dieta prussiana di approvare il finanziamento delle spese di riarmo dell'esercito, necessario per gli intenti espansionistici di Bismarck. Un grande giurista, Paul Laband, fornì gli strumenti teorici dietro cui Bismarck coprì il proprio colpo di mano, esercitando il bilancio senza l'approvazione parlamentare per ben sei anni finanziari (in seguito, sconfitto politicamente dopo la guerra vittoriosa contro l'Austria, il Parlamento approvò i sei bilanci in un'unica seduta!): se la legge di bilancio non introduce norme giuridiche, essa non necessita di un voto parlamentare, perché non è espressione di una vera e propria "funzione legislativa", riservata al Parlamento; per conferire al bilancio la "forma" della legge, basta la sanzione regia.

Oggi il problema (o almeno la sua importanza) è largamente superato, perché la Costituzione rigida pone dei limiti che la legge di bilancio non può più in alcun modo aggirare. Questi limiti segnano l'atipicità della legge di bilancio. Prima della riforma introdotta con la legge cost. 1/2012 (→ § V.3.5.3), l'art. 81.3 vietava che, con la legge di bilancio, venissero stabiliti "*nuovi tributi e nuove spese*". La *ratio* di questa disposizione si può cogliere facilmente se solo si dà un'occhiata ad un bilancio di previsione: centinaia di pagine che indicano, per ogni singolo capitolo delle entrate e delle uscite, l'importo previsto e di cui si autorizzano, rispettivamente, la riscossione e la spesa. Proprio in questa autorizzazione sta il significato giuridico della legge di bilancio: ma la tipologia delle entrate (il tipo di tasse, imposte, tributi, ecc.) e il *quantum* delle prestazioni, nonché le voci di spesa e il limite di spesa per ogni voce devono essere già decisi dalle leggi *sostanziali*, perché se fosse possibile al Governo di introdurre novità nelle pieghe del bilancio, il controllo del Parlamento diverrebbe praticamente impossibile. L'*atipicità* del bilancio di previsione consisteva proprio in ciò, che la legge che lo approva *non può modificare la legislazione sostanziale vigente*; la sua forza attiva – cioè, la sua capacità di innovare le leggi ordinarie (→ § IX.2.1) – è azzerata. Da qui era nata l'esigenza di costruire altri strumenti (come la legge finanziaria e i suoi "collegati") per inserire l'approvazione del bilancio di previsione all'interno di una "manovra" di politica economica che consenta di intervenire anche sulle scelte legislative "sostanziali" già compiute (→ § V.3.5.2). Ora, dopo la riforma costituzionale (che è stata applicata a partire dall'esercizio 2014), il vincolo non è posto più dall'art. 81: la legge 243/2012 (una legge "rinforzata" prevista dall'art. 81.6 Cost.: → § V.3.5.3) definisce i contenuti della legge di bilancio, riconoscendo ad essa anche una funzione "innovativa" (così che la funzione della legge finanziaria viene assorbita dalla legge di bilancio).

Ma la legge di bilancio è atipica anche per la sua *forza passiva*, cioè per le modalità che riguardano la sua abrogazione. Essa ha un'efficacia temporale limitata all'anno cui si riferisce: nel corso dell'anno possono essere apportate le modifiche necessarie (le c.d. "*variazioni*") previste da apposite leggi e quelle occorrenti per l'applicazione di leggi successive (in questo caso alla variazione si provvede in via amministrativa). Ma la legge di bilancio non è abrogabile *in toto* da una legge successiva. Se si aggiunge che, come si è detto, essa non è abrogabile per *referendum* – che sarebbe impossibile anche perché, come si vedrà (→ § IX.9.2), le procedure referendarie attualmente previste sono più lunghe di quanto duri l'efficacia del bilancio! – risulta un certo potenziamento – rispetto al "tipo" – della forza passiva di questa legge.

β) È autorizzata con *legge formale* anche la ratifica dei **trattati internazionali** "*che sono di natura politica, o prevedono arbitrati o regolamenti giudiziari, o importano variazioni del territorio od oneri alle finanze o modificazioni di leggi*" (art. 80 Cost.): gli altri trattati possono essere ratificati senza previa autorizzazione legislativa od anche stipulati "in forma semplificata", cioè conclusi e perfezionati dalla semplice sottoscrizione di un rappresentante del Governo (→ § V.2.10✓).

✓ COME SI FA UN TRATTATO

Il trattato internazionale è frutto di un procedimento complesso, retto in parte dalle norme del diritto internazionale (norme che sono oggetto specifico di studio, appunto, nell'ambito del *Diritto internazionale*), in parte dal diritto interno. Il procedimento *"solenne"* (quello disciplinato dall'art. 80, per intenderci) inizia con una fase di negoziazione tra gli Stati interessati, che si chiude con la *firma* da parte di un rappresentante del Governo (il *"plenipotenziario"*). Poi vi sono la presentazione del disegno di legge e l'approvazione della legge di autorizzazione, in forza della quale il Presidente della Repubblica può procedere alla *ratifica* del trattato: la **ratifica** è l'atto formale e solenne con cui il Presidente della Repubblica, come rappresentante dello Stato italiano, dichiara la volontà dello Stato di assumere gli obblighi e i diritti nell'ordinamento giuridico internazionale. Il procedimento è concluso e il trattato entra in vigore *nel diritto internazionale* con lo *scambio* delle ratifiche (o con il loro *deposito*, quando gli stati contraenti sono molteplici). Perché esso produca effetti giuridici nell'ordinamento interno occorre ancora che si proceda alla sua *esecuzione*, come poi si dirà.

Il Parlamento, dunque, partecipa alla formazione dei trattati attraverso la **legge di autorizzazione alla ratifica**. La formula con cui la legge formale autorizza la ratifica è fissa: "*il Presidente della Repubblica è autorizzato a ratificare il trattato ...*". Gli effetti giuridici che derivano da questa formula si compiono all'interno dei rapporti tra gli organi costituzionali (consente al Presidente della Repubblica di esercitare il potere di ratifica che l'art. 87 Cost. gli attribuisce), senza conseguenze dirette per l'ordinamento giuridico. Per questa ragione la legge di autorizzazione alla ratifica è atipica: perché non ha forza attiva, non innova le leggi ordinarie. Anche sul lato passivo la "forza" di questa legge appare atipica: può essere abrogata la norma che serve ad autorizzare il compimento di un atto, quando l'atto stesso è ormai già compiuto?

Va tuttavia aggiunto che, nella maggior parte dei casi, la formula di autorizzazione è seguita dall'*ordine di esecuzione* (→ § VIII.4.2), cioè da quella formula, anch'essa stereotipata, che serve a produrre effetti giuridici nel nostro ordinamento. È del tutto evidente che non vi sono ragioni per sottrarre questa disposizione al regime ordinario ("tipico") delle leggi. Tuttavia una certa assimilazione dell'ordine di esecuzione al regime della norma di autorizzazione si è compiuta attraverso la giurisprudenza costituzionale e la prassi parlamentare.

a) La Corte costituzionale ha esteso all'ordine di esecuzione due regole:

- la *riserva di assemblea* (→ § IX.3.3.β), per estendere le garanzie che circondano la legge di autorizzazione anche alle leggi che ordinano l'esecuzione di trattati stipulati in via semplificata (sent. 295/1984);
- la *esclusione dal referendum abrogativo* (→ § XII.6.2), per estendere alle leggi che danno esecuzione ad un trattato (abrogando le quali gli obblighi assunti con il trattato sarebbero evasi, con la conseguente responsabilità per inadempimento dello Stato in campo internazionale) l'esclusione che ben poco senso avrebbe se riferita alla sola norma di autorizzazione.

b) Le Camere hanno esteso all'ordine di esecuzione la regola della *non emendabilità*: questa regola ha senso per la norma di autorizzazione, proprio per la sua natura di disposizione di legge "*meramente formale*"; ma non ha senso invece per l'ordine di esecuzione, che andrebbe visto come una disposizione di legge "*sostanziale*". Anzi, da un punto di vista operativo sarebbe molto opportuno che il Parlamento, introducendo la formula rituale di esecuzione del trattato, fornisse all'interprete ulteriori strumenti per facilitargli il non semplice compito di ricavare dal testo di un atto diplomatico norme capaci di operare nel nostro ordinamento.

✓ L'ART. 80 TRA SOVRANITÀ E GLOBALIZZAZIONE

I trattati internazionali, benché debitamente ratificati, non sono direttamente applicabili nel nostro ordinamento finché non vengano emanate norme interne rivolte alla loro esecuzione. Una volta che, attraverso l'ordine di esecuzione o con l'emanazione di appositi atti normativi di esecuzione, le norme del trattato vengano trasformate in norme interne, queste non acquistano, nel sistema delle fonti, una posizione "rinforzata" rispetto alla posizione tipica dell'atto di esecuzione: per es., se è con legge ordinaria che si è data esecuzione al trattato, le norme di esecuzione avranno la "forza" tipica della legge ordinaria, e quindi potranno essere abrogate o derogate da tutte le altre leggi ordinarie successive. È quanto la Corte costituzionale ha in passato detto e ribadito, benché questa rigida separazione dell'ordinamento interno dal diritto internazionale (la visione "dualista" degli ordinamenti, come essa viene chiamata) sia probabilmente inadeguata ormai alla "*globalizzazione*" (→ § I.2.6✓) ❹.
Ma qualcosa di nuovo è accaduto in seguito alla riforma costituzionale del "Titolo V" ❼. Il "nuovo" art. 117.1 dispone infatti che la potestà legislativa sia dello Stato che delle Regioni sia esercitata "*nel*

rispetto ... dei vincoli derivanti ... dagli obblighi internazionali": la Corte è intervenuta con le sentt. 348 e 349/2007 per dire che la nuova norma costituzionale comporta un obbligo per la legge ordinaria di rispettare i trattati, i quali si pongono quindi come parametro interposto (→ § XII.3.3) nei giudizi di legittimità sulle leggi. Contemporaneamente ha però escluso che la disposizione costituzionale possa comportare la applicabilità diretta dei trattati nell'ordinamento interno, consentendo ai giudici di disapplicare le norme interne contrastanti, qualità che la Corte è disposta a riconoscere al solo diritto dell'UE (→ § XI).

5. Legge di delega e decreto legislativo delegato

5.1. *Definizioni*

La **legge di delega** è la legge con cui le Camere possono attribuire al Governo l'esercizio del proprio potere legislativo. Il **decreto legislativo** (chiamato anche "**decreto delegato**") è il conseguente *atto con forza di legge* (→ § IX.2.1) emanato dal Governo in esercizio della delega conferitagli dalla legge. Lo strumento della delega legislativa è usato soprattutto per affrontare argomenti tecnicamente molto complessi e "tecnici". Tutti quattro i "codici" attualmente vigenti sono stati prodotti attraverso la delega legislativa, così come lo sono le principali riforme degli apparati amministrativi e del sistema tributario.

5.2. *La legge di delega*

La delega di funzioni legislative al Governo è un'eccezione alla regola generale, stabilita dall'art. 70 Cost., per cui la funzione legislativa è esercitata dal Parlamento. L'art. 76 Cost. delimita il potere di delega, fissando alcuni vincoli precisi alla legge di delegazione, vincoli il cui mancato rispetto costituisce un vizio di illegittimità costituzionale della legge stessa e dei decreti delegati emanati in forza di essa.

α) Innanzitutto, la delega può essere conferita esclusivamente con *legge formale* (è infatti il Parlamento che delega l'esercizio del "suo" potere legislativo): si tratta cioè di una delle materie coperte da *riserva di legge formale* (→ § VIII.11.2.β); per di più è una legge che deve essere approvata con il *procedimento ordinario* (vige infatti la *riserva di assemblea* → § IX.3.3.α).

β) In secondo luogo, la delega può essere conferita soltanto al Governo (→ § V.2.5), inteso nella sua collegialità (il Consiglio dei ministri), e non ai singoli organi che lo compongano (i ministri o i Comitati interministeriali, per es.).

γ) In terzo luogo, l'art. 76 prescrive che la legge di delega contenga delle indicazioni minime (i c.d. *contenuti necessari*):

γ1) deve restringere l'ambito tematico della funzione delegata, indicando un *oggetto definito*. La delega non può essere generale, perché altrimenti il Parlamento svuoterebbe di significato l'art. 70; la delega deve essere circoscritta a singoli argomenti. Spetta al Parlamento decidere se l'oggetto sia più o meno esteso: può trattarsi di una delega che riguarda un argomento molto specifico, come può trattarsi invece di una delega assai vasta, che riguarda settori assai ampi della legislazione (un intero codice o la riforma dell'amministrazione pubblica, per esempio). Spesso la stessa legge contiene più disposizioni di delega al Governo: il Parlamento si limita a tracciare la cornice normativa del nuovo assetto legislativo della materia, affidando al Governo il compito di precisare il dettaglio delle singole parti del disegno;

γ2) deve restringere l'ambito temporale della funzione delegata, indicando un *tempo limitato* entro il quale il decreto deve essere emanato. La delega, quindi, non può essere permanente, ma solo a termine. Non vi sono però criteri precisi per determinare la durata massima della delega: anche per questo aspetto è il Parlamento a decidere. L'art. 14.4 della legge 400/1988 (→ § V.2.6) si limita a fissare una regola procedurale: se il termine previsto per l'esercizio della delega eccede i due anni, il Governo è tenuto a sottoporre lo schema di decreto delegato al parere delle Commissioni permanenti delle due Camere;

γ3) deve restringere l'àmbito della discrezionalità del Governo, indicando i *principi e criteri direttivi* che servono da guida per l'esercizio del potere delegato. La determinazione degli interessi da soddisfare e degli scopi da perseguire resta quindi una competenza riservata al Parlamento, che ad essa non può legittimamente rinunciare. La Corte costituzionale ha più volte ripetuto che la legge di delega che mancasse di definire i principi e i criteri direttivi sarebbe illegittima, ma ha anche sempre lasciato alla valutazione del Parlamento la scelta del grado di precisione e di analiticità di queste indicazioni. Sembra doversi concludere che difficilmente una legge di delega possa essere dichiarata illegittima perché troppo scarse e inutili sono le indicazioni dei principi e criteri direttivi che essa offre (mentre mai sarà illegittima la legge che pone indicazioni di principio eccessivamente vincolanti la discrezionalità del Governo); ma che, tuttavia, siccome spetta al Parlamento indicare i principi innovativi che il Governo deve seguire e attuare, l'eventuale scarsità di indicazioni nella legge di delega si tradurrà in una ridotta capacità del decreto delegato di innovare ai principi della legislazione vigente. In altre parole, i principi e i criteri direttivi fissati dalla legge di delega aprono la strada alle norme del decreto delegato: se essi sono carenti, più limitato è il potere normativo conferito al Governo (in questo senso, da ultimo, Corte cost. 66 e 303/2005, 350/2007).

Nella prassi legislativa si registra questo fenomeno: la carenza nella legge di delega di *norme sostanziali* che valgono come principi e criteri direttivi è spesso equilibrata dall'introduzione di *norme procedurali*: al Governo viene prescritto di sottoporre lo schema di decreto delegato al parere di determinati organi. Per lo più si tratta di organi parlamentari, cioè delle commissioni permanenti competenti per materia (come si è visto in precedenza, la legge 400/1988 prescrive in via generale il parere di queste commissioni per le deleghe che eccedono i due anni) o di commissioni bicamerali anche costituite *ad hoc*; altre volte possono essere soggetti esterni al Parlamento, come le Regioni. La Corte ha avallato questa prassi, affermando che il decreto delegato prodotto in violazione di questi "*limiti ulteriori*" (ulteriori a quelli previsti dall'art. 76 Cost., appena esaminati) sarebbe considerato illegittimo per eccesso di delega.

✓ CHE FORZA HA IL PARERE DELLE CAMERE SUI DECRETI DELEGATI?

> Fermo restando l'obbligo del Governo di adempiere agli oneri procedurali prescritti dalla legge di delega (o dall'art. 14.4 della legge 400), resta aperto il problema di quale funzione possa la legge di delega attribuire al parere. Le ipotesi possono essere due: che si tratti di un *parere obbligatorio*, oppure di un *parere vincolante* (→ § I.2.9.5). La difficoltà di accettare la seconda ipotesi deriva da questa considerazione: mentre il parere obbligatorio vincola solo a *richiedere* il parere, il parere vincolante vincola anche ad *adeguare la decisione* finale ad esso. In presenza di un parere vincolante, dunque, il soggetto che decide non è quello *che chiede*, ma quello *che dà* il parere: introducendo il parere vincolante nella legge di delega, si modificherebbe la sua stessa natura, perché il destinatario reale della delega non sarebbe più il Governo ma il soggetto cui esso deve chiedere il parere; la legge di delega avrebbe così introdotto un procedimento di produzione degli atti con forza di legge non previsto dalla Costituzione, in deroga al principio di tipicità e tassatività delle fonti primarie (→ § IX.2.2).

5.3. *Il decreto legislativo delegato*

Il potere esecutivo esercita le proprie funzioni attraverso la forma del *decreto* (→ § II.3.1). Decreti sono anche gli atti che il Governo emana nell'esercizio delle attribuzioni legislative che gli sono riconosciute dalla Costituzione.

Quanto ai decreti emanati in forza della legge di delega (i c.d. "*decreti delegati*"), la loro formazione segue questo procedimento:

– proposta del ministro (o dei ministri) competente;
– delibera del Consiglio dei ministri;
– (eventuali adempimenti ulteriori, se prescritti dalla legge di delega o *ex* art. 14.4, legge 400);
– (eventuale deliberazione definitiva del Consiglio dei ministri, a seguito dei pareri espressi dai soggetti consultati);
– emanazione da parte del Presidente della Repubblica (art. 87.5 Cost.).

Di tutte le fasi procedimentali deve essere data indicazione nella "*premessa*" del decreto.

✓ IL "PREAMBOLO" DEL DECRETO DELEGATO: UN ESEMPIO

> Decreto-legislativo 17 novembre 1997, n. 398 – "Modifica alla disciplina del concorso per uditore giudiziario e norme sulle scuole di specializzazione per le professioni legali, a norma dell'articolo 17, commi 113 e 114, della legge 15 maggio 1997, n. 127" (pubblicato nella Gazzetta Ufficiale n. 269 del 18 novembre 1997).
>
> IL PRESIDENTE DELLA REPUBBLICA
>
> Visti gli articoli 76 e 87 della Costituzione;
> Visto l'articolo 17, comma 113, della legge 15 maggio 1997, n. 127, recante misure urgenti per lo snellimento dell'attività amministrativa e dei procedimenti di decisione e di controllo, che prevede la delega al Governo per la emanazione di uno o più decreti legislativi per modificare la disciplina del concorso per l'accesso alla magistratura ordinaria, semplificando le modalità di svolgimento del concorso medesimo;

Visto il regio decreto 30 gennaio 1941, n. 12;
Visto il regio decreto 15 ottobre 1925, n. 1860;
Vista la deliberazione preliminare del Consiglio dei ministri adottata nella riunione del 5 agosto 1997;
Acquisiti i pareri delle competenti commissioni permanenti della Camera dei deputati e del Senato della Repubblica;
Vista la deliberazione del Consiglio dei ministri, adottata nella riunione del 5 novembre 1997;
Sulla proposta del ministro di grazia e giustizia, di concerto con il ministro dell'università e della ricerca scientifica e tecnologica;
Emana
il seguente decreto legislativo.

L'art. 14 della legge 400/1988 introduce una novità quanto al "*nomen juris*" dei decreti delegati: essi vengono pubblicati sulla *Gazzetta Ufficiale* con la denominazione di "**decreto legislativo**" (comunemente abbreviato in **d.lgs.**) e con la stessa numerazione progressiva delle leggi. È un'innovazione importante perché in precedenza essi venivano emanati nella forma di **decreto del Presidente della Repubblica (d.P.R.)**, avevano cioè la stessa denominazione degli atti amministrativi emanati dal Presidente (per esempio, i regolamenti governativi: → § IX.10.3), con un notevole rischio di confondere atti che occupano posizioni diverse nella gerarchia delle fonti.

Sempre l'art. 14 risolve un dubbio interpretativo che pure in passato era stato prospettato: cioè se, per evitare la scadenza della delega, bastasse che entro il termine prefissato fosse deliberato il decreto dal Consiglio dei ministri, o se invece fosse necessaria la sua emanazione da parte del Presidente della Repubblica. Correttamente la legge 400/1988, seguendo quanto per altro aveva già affermato più volte la Corte costituzionale, indica la seconda ipotesi e prescrive che il decreto sia presentato alla firma del Capo dello Stato almeno venti giorni prima della scadenza.

Nell'emanazione del decreto (più in generale, di tutti i decreti che hanno forza di legge), il Presidente della Repubblica non svolge una funzione solo formale, potendo esercitare un controllo "*in termini almeno pari*" (così ha affermato la Corte cost.: sent. 406/1989) a quello che svolge in sede di promulgazione della legge (→ § IX.3.4). Perciò il termine è posto a garanzia non solo delle prerogative del Presidente della Repubblica, a cui va garantito il tempo necessario all'esame, ma anche degli interessi del Governo stesso: una richiesta da parte del Presidente di riesaminare il decreto, che intervenisse all'ultimo momento, rischierebbe infatti di far scadere la delega.

✓ "OBBLIGATORIETÀ" E "ISTANTANEITÀ": ATTRIBUTI DELLA DELEGA LEGISLATIVA?

Si afferma spesso che l'esercizio della delega sia caratterizzato dalla *obbligatorietà* e dalla *istantaneità*.
Quanto alla prima, non si può parlare di un *obbligo giuridico* di esercitare la delega, in quanto non esistono strumenti – giuridici, appunto – con cui sanzionare l'eventuale inerzia del Governo: manca una sanzione giuridica e manca il giudice che la possa infliggere. L'obbligo sarà, semmai, di tipo politico, ma è evidentemente tutt'altra questione: il Parlamento potrà censurare l'inerzia del Governo e persino sfiduciarlo, ma tutto ciò può accadere per qualsiasi questione che incida sul rapporto

di fiducia (→ § V.1.2), e la mancata attuazione di una delega non sembra appartenere alle cause più frequenti tra quante generano questo tipo di conseguenze. Tant'è che le deleghe non attuate sono tutt'altro che infrequenti. Per queste ragioni si deve concludere che il carattere obbligatorio dell'esercizio della delega è frutto di un equivoco: ma è stata anche la scusa impiegata per giustificare il fatto che il Governo, benché dimissionario, si affretti ad emanare il decreto delegato, in quanto atto "necessario" e improcrastinabile.
Diversa è la questione della *istantaneità*. Il problema è se il potere delegato al Governo si estingua con l'emanazione del decreto delegato o se il Governo, sino alla scadenza fissata dalla legge di delega, possa emanare ulteriori decreti che integrino o modifichino quello già emanato. La dottrina ha espresso opinioni diverse: molto dipende, probabilmente, da come è scritta la legge di delega. Da questo punto di vista è da ricordare che si è ormai diffusa la prassi legislativa, soprattutto per le materie più complesse (per es. per il codice di procedura penale, per la riforma del pubblico impiego, per il riordino dei poteri locali, ecc.) di prevedere esplicitamente, nella stessa legge, una doppia delega, con scadenze differenziate: così da consentire al Governo di far seguire, al decreto emanato in un primo tempo, altri **decreti "correttivi"** ed anche "integrativi". È una soluzione intelligente, che consente di introdurre nella legislazione un principio di sperimentazione adeguato alla difficoltà del compito legislativo.

5.4. *Deleghe accessorie e testi unici*

Spesso la delega legislativa non costituisce il principale contenuto della legge approvata dal Parlamento, ma un suo completamento. Capita cioè che, nelle norme finali di una legge di riforma, il Parlamento deleghi il Governo ad emanare norme di attuazione, di coordinamento o transitorie (dirette, quest'ultime, a disciplinare la fase di transizione tra la disciplina vecchia e quella nuova). La particolarità di queste deleghe è che per lo più in essa manca un'espressa indicazione dei "principi e criteri direttivi": come si è detto in precedenza (→ § IX.5.2.γ2), ciò significa che il potere normativo delegato al Governo risulterà assai ridotto, non potendo portare innovazioni che tocchino i principi stabiliti dalle leggi precedenti.

Un particolare caso di delega accessoria è quella che autorizza il Governo a coordinare le leggi esistenti in una certa materia, raccogliendole in un **testo unico**. È un lavoro prezioso di semplificazione legislativa, perché il Governo può procedere alla selezione delle norme vigenti, abrogando esplicitamente quelle che ritiene superflue o tacitamente abrogate: anche laddove il testo unico non dichiari l'espressa abrogazione di una determinata norma, il fatto stesso che il Governo emani il testo unico comporta una "riforma" dell'intera materia, e quindi un ottimo argomento per ritenere abrogate tutte le norme precedentemente in vigore (→ § VIII.7.4.γ).

✓ ATTENZIONE AI "TESTI UNICI"!

Il termine "**testo unico**", così come il termine "**codice**", non designa un tipo di fonte, ma un tipo di tecnica legislativa: guarda al contenuto o alla funzione dell'atto normativo designato, non alla sua appartenenza a questa o a quella tipologia di fonte. Per questo motivo con l'espressione 'testo unico' vengono indicati atti che, pur svolgendo la medesima funzione di raccolta, selezione e coordinamento della legislazione vigente, sono però di natura completamente diversa. Si distinguono due tipologie di T.U.: quelli *innovativi* e quelli *di compilazione*. I primi sono vere e proprie fonti del diritto ("innovano" al diritto oggettivo): sono quelli di cui abbiamo appena parlato, cioè sono dei *decreti delegati* che, per la loro particolare funzione, vengono chiamati "testi unici" (così come altri decreti delegati, per la loro specifica funzione, vengono detti "codici"). Gli altri, cioè i T.U. di mera compilazione, sono delle raccolte della normativa vigente "compilata" per comodità degli uffici amministrativi: chi la compila (o meglio, chi la firma) è di solito il ministro, in quanto vertice gerarchico della struttura burocratica (ma altrettanto potrebbe fare un Assessore regionale o l'alto dirigente di un ramo della amministrazione). Questi T.U., quindi, non sono *"fonti di produzione"*, ma semplici *"fonti di cognizione"*, strumenti che il superiore gerarchico mette a disposizione dei sottoposti per facilitare la loro ricerca della norma vigente (→ § VIII.2.1). Rispetto alle altre fonti di cognizione, la loro particolarità è data dal fatto di inserirsi nel rapporto di direzione, che è tipico della struttura gerarchica: per cui, ciò che il superiore gerarchico dice essere la norma vigente, benché non abbia alcun significato per l'ordinamento generale (né i giudici né i cittadini devono tenerne conto), costituisce una direttiva vincolante per i sottoposti, i quali sono tenuti ad applicare la legge vigente così come individuata e interpretata dall'autorità sovrapposta. La "forza" di questi T.U. è stata perciò giustamente paragonata a quella delle **circolari**, che rappresentano infatti il tipico strumento di "direzione" burocratica, con cui il superiore guida il comportamento del sottoposto. Quest'ultimo è tenuto, in nome del rapporto di gerarchia, ad applicare il T.U. (e la circolare) anche nelle relazioni con i cittadini, *come se* fosse "legge": ma "legge" non è.

6. Decreto-legge e legge di conversione

6.1. *Definizioni*

Il **decreto-legge** è un *atto con forza di legge* che il Governo può adottare "*in casi straordinari di necessità e urgenza*": entra in vigore immediatamente dopo la pubblicazione in *Gazzetta Ufficiale*, ma gli effetti prodotti sono provvisori, perché i decreti-legge "*perdono efficacia sin dall'inizio*" se il Parlamento non li "*converte in legge*" entro 60 giorni dalla loro pubblicazione. La disciplina del decreto-legge è contenuta nell'art. 77 Cost. e nell'art. 15 della legge 400/1988 (→ § V.2.6). Quest'ultima disposizione precisa che il decreto-legge non può essere emanato nelle materie coperte da "*riserva di assemblea*" (→ § IX.3.3.β) *ex* art. 72.4 e non può conferire deleghe legislative; la disposizione è quasi inutile, perché le materie indicate rientrano tutte nelle "*riserve di legge formale*" (→ § VIII.11.2.β), con in più soltanto la "materia elettorale" (ma tuttavia alcuni decreti-legge su tale materia sono stati emanati anche dopo la legge 400). Anche la legge sullo "Statuto del contribuente" (legge 212/2000) ambisce a limitare l'uso del decreto-legge, escludendo che con esso si possano introdurre nuovi tributi o prevedere l'applicazione di tributi esistenti ad altre categorie di soggetti: un intento lodevole, ma è difficile che una legge ordinaria possa efficacemente limitare l'impiego di atti di pari forza gerarchica.

✓ LA NECESSITÀ COME FONTE E L'ORIGINE "SPONTANEA" DEL DECRETO-LEGGE

La necessità è fonte di diritto? Buona parte della dottrina del secolo XIX e degli inizi del successivo ha risposto di sì a questa domanda: domanda fatale, perché dietro essa si nascondeva la giustificazione del fatto che, per gli stati di necessità, il Governo, senza autorizzazione delle Camere, emanasse con decreto norme dotate della forza di legge, norme che – non avendo la Costituzione un grado gerarchico superiore – potevano essere derogatorie o soppressive anche delle garanzie costituzionali. Che fare, d'altra parte, in caso di eventi "naturali" catastrofici (i terremoti e la pandemia da Covid-19 ⓬, sono stati casi emblematici di massiccio ricorso a decreti-legge, oltre che ad altre "fonti" minori: → P.II § III.10.6. ✓): provvedere immediatamente, in deroga alle regole del riparto di attribuzioni, o rispettare la legalità e lasciare le popolazioni colpite senza soccorso per tutto il tempo richiesto dal normale procedimento legislativo? In tutti i paesi costituzionali, per una via o per l'altra, anche – come per lo più accadeva – in assenza di una specifica previsione costituzionale, la prassi della decretazione d'urgenza s'impose: così come si impose anche la prassi del rientro nella legalità costituzionale attraverso la presentazione del decreto-legge al Parlamento perché questo lo approvi, "sanando" la "rottura" costituzionale prodottasi, ricucendo lo strappo della legalità (la terminologia britannica per la legge di convalida – *bill of indemnity* – è particolarmente eloquente: una legge che rende il Governo "indenne" da responsabilità derivanti dall'emanazione del decreto). Ma lo stato di necessità si limitava ai soli eventi "naturali", o valeva anche in occasione di gravi conflitti politici, come la sommossa o la rivoluzione? Questa ulteriore domanda divenne di drammatica attualità nei decenni attorno al cambio di secolo, quando la pressione dei nuovi movimenti di massa mise in crisi un sistema rappresentativo, che in realtà esprimeva frange estremamente minoritarie e privilegiate della popolazione: sicché gli stessi parlamentari in fondo si sentivano assai più solidali con il Governo che li "espropriava" di parte del potere legislativo, che con le masse contro cui erano rivolti i decreti governativi ❷. Tuttavia la prassi della decretazione d'urgenza, divenuta frequentissima in Italia nel primo dopoguerra, fu sempre considerata come un evento, necessario sì, ma illegale: tant'è che, pur essendo escluso qualsiasi sindacato dei giudici sulla legittimità delle leggi, le corti di livello più elevato intervennero più volte a sanzionare la nullità dei decreti-legge, specie quando questi non erano stati tempestivamente presentati alle Camere (→ § III.3.2✓). Alla assenza di disciplina degli effetti del decreto-legge e delle modalità dell'intervento "in sanatoria" del Parlamento, si provvide appena nel 1926 (con la legge n. 100), in piena "era" fascista. Ma si provvide con una regolamentazione assai permissiva: il decreto-legge doveva essere presentato, a pena di decadenza, entro 60 giorni al Parlamento, e perdeva efficacia *ex nunc* (era, quindi, *abrogato:* → § VIII.7.3) se il Parlamento rifiutava di convertirlo o, in caso di inerzia parlamentare, alla scadenza di *due anni* (!) dalla pubblicazione.

6.2. *Procedimento*

Il decreto-legge deve essere deliberato dal Consiglio dei ministri, emanato dal Presidente della Repubblica e immediatamente pubblicato sulla *Gazzetta Ufficiale*. Vale per il decreto-legge quanto si è detto sulla "premessa" del decreto delegato, ma con qualcosa in più: infatti l'art. 15 della legge 400/1988 prescrive che esso sia pubblicato "*con la denominazione di "decreto-legge" e con l'indicazione, nel preambolo, delle circostanze straordinarie di necessità e di urgenza che ne giustificano l'adozione, nonché dell'avvenuta deliberazione del Consiglio dei ministri*". Inoltre il decreto-legge "*deve contenere la clausola di presentazione al Parlamento per la conversione in legge*" (art. 15.4).

✓ "PREAMBOLO" E "CLAUSOLA DI PRESENTAZIONE" DEL DECRETO-LEGGE: UN ESEMPIO

Decreto-legge 20 giugno 1997, n. 175 – *"Disposizioni urgenti in materia di attività liberoprofessionale della dirigenza sanitaria del Servizio sanitario nazionale"* (pubblicato nella *Gazzetta Ufficiale* n. 144 serie generale parte prima del 23 giugno 1997).

IL PRESIDENTE DELLA REPUBBLICA

Visti gli articoli 77 e 87 della Costituzione;
Ritenuta la straordinaria necessità ed urgenza di emanare disposizioni in materia di attività liberoprofessionale intramuraria del personale medico e delle altre professionalità della dirigenza sanitaria del Servizio sanitario nazionale, al fine di superare incertezze interpretative e di portare rapidamente ed uniformemente a compimento il già avviato processo di attivazione di detta attività, nell'interesse della corretta organizzazione del servizio ed allo scopo di perseguire gli obiettivi finanziari della legge 23 dicembre 1996, n. 662;
Vista la deliberazione del Consiglio dei ministri, adottata nella riunione del 18 giugno 1997;
Sulla proposta del Presidente del Consiglio dei ministri e del ministro della sanità, di concerto con i ministri del lavoro e della previdenza sociale e per la funzione pubblica e gli affari regionali;

Emana
il seguente decreto legge:

Art. 1. – (*omissis*)
...
Art. 15. – (*Entrata in vigore*)
1. Il presente decreto entra in vigore il giorno stesso della sua pubblicazione nella Gazzetta Ufficiale della Repubblica italiana e sarà presentato alle Camere per la conversione in legge.

La cosa più interessante, e che emerge con chiarezza dall'esempio appena riportato, è che lo stesso decreto-legge stabilisce il momento della sua entrata in vigore: di solito il momento è il giorno stesso della pubblicazione (come nell'esempio) o il giorno successivo.

Il giorno stesso della pubblicazione, il decreto-legge deve essere presentato alle Camere, "*che* – come stabilisce l'art. 77.2 Cost. – *anche se sciolte, sono appositamente convocate e si riuniscono entro cinque giorni*": infatti la **conversione del decreto-legge** rientra tra i poteri delle Camere in regime di *prorogatio* (→ § V.3.2.1). "Presentando" il decreto-legge il Governo chiede al Parlamento di produrre la **legge di conversione**, per cui il decreto-legge viene "presentato" come allegato di un disegno di legge, il cui contenuto si risolve in un'unica disposizione: "*È convertito in legge il decreto-legge XY, concernente, ecc.*". Si dà così avvio ad un procedimento legislativo che deve concludersi – promulgazione compresa – entro il termine tassativo di 60 giorni.

Il procedimento di conversione presenta, rispetto al procedimento legislativo ordinario, alcune variazioni, introdotte nei regolamenti parlamentari. In parte esse sono dettate dall'esigenza di assicurare tempi certi e brevi di approvazione del disegno di legge, in parte dall'esigenza di consentire alle Camere di svolgere un controllo attento sulla sussistenza dei presupposti della necessità e urgenza.

✓ I TRE PRESUPPOSTI E IL LORO CONTROLLO

Il potere di adottare decreti-legge può essere esercitato solo quando ricorrano tre presupposti (fissati dall'art. 77.2 Cost.):
a) *"casi straordinari ..."*, legati quindi a circostanze eccezionali e imprevedibili;
b) *"di necessità ..."*, non essendo possibile provvedere con strumenti legislativi ordinari";
c) *"e d'urgenza"*, che rende indispensabile produrre immediatamente quegli effetti.
Queste le tre condizioni (lette però spesso come una condizione unitaria, i cui tre elementi non possono essere concettualmente distinti) poste dalla Costituzione perché sia legittimo derogare alla fondamentale regola della divisione dei poteri, consentendo al Governo, senza delega preventiva, di esercitare il potere legislativo riservato al Parlamento. Ma chi giudica se in concreto sussistono questi presupposti? È un giudizio che può svolgersi sul terreno delle considerazioni giuridico-formali, senza richiedere giudizi di opportunità, cioè di merito politico? Come ipotesi astratta, sia il Presidente della Repubblica, in via preventiva (cioè nell'emanazione del decreto-legge), che la Corte costituzionale, in via successiva (nell'eventuale giudizio di legittimità), potrebbero trovarsi nella condizione ottimale per svolgere questo controllo: ma lo possono fare senza uscire dall'ambito delle valutazioni che sono loro proprie e ingerirsi in valutazioni politiche, che sono invece loro precluse? La Corte costituzionale ha detto di sì, che lo può fare: straordinarietà, necessità e urgenza costituiscono *"un requisito di validità costituzionale dell'adozione"* del decreto-legge, *"di modo che l'eventuale* evidente *mancanza di quel presupposto configura tanto un vizio di legittimità costituzionale del decreto-legge ..., quanto un vizio* in procedendo *della stessa legge di conversione, avendo quest'ultima, nel caso ipotizzato, valutato erroneamente l'esistenza di presupposti di validità in realtà insussistenti e, quindi, convertito in legge un atto che non poteva essere legittimo oggetto di conversione"* (sent. 29/1995). Questa sentenza, che rappresenta un passo importante sul percorso compiuto dalla Corte per riportare l'uso del decreto-legge nell'alveo della Costituzione (→ § IX.6.4), ha avuto un seguito nella sent. 171/2007, che per la prima volta ha dichiarato illegittima la legge di conversione di un decreto legge emanato in evidente assenza dei requisiti. Il Governo aveva inserito in un decreto-legge, motivato dall'esigenza di affrontare alcuni problemi finanziari e di funzionalità dei comuni, una norma che riguardava invece le cause di *incandidabilità* (→ § IV.7.3P) del sindaco. La Corte costituzionale dichiara l'illegittimità di questa specifica norma del decreto-legge "come convertito, con modificazioni" dalla legge di conversione. Merita sottolineare che la Corte ritiene che il decreto-legge "abusivo" non violi soltanto le prerogative del Parlamento (perché allora la conversione in legge potrebbe "sanare" il vizio), ma che il riparto dei poteri tra gli organi *"è correlato alla tutela dei valori e diritti fondamentali"*. Per cui, in casi di *"mancanza evidente"* dei presupposti o di *"valutazione erronea"* della loro esistenza, quando perciò il ricorso alla decretazione appaia *ictu oculi* ingiustificato, esso rappresenta un vizio non "sanabile" dal Parlamento che *"si traduce in un vizio in procedendo della relativa legge"* di conversione.
La Corte è andata anche oltre. Con la sent. 128/2008 ha dichiarato illegittima la legge di conversione nella parte in cui convertiva una norma del decreto-legge del tutto incongrua rispetto alla motivazione in esso contenuta o ricavabile dai lavori preparatori. La stessa Corte (sent. 22/2012) ha ritenuto incostituzionale una disposizione introdotta in sede di conversione perché estranea all'oggetto del decreto legge. In questo modo si è portato alle estreme conseguenze quanto stabilito dalla pronuncia del 2008, e cioè che *decreto legge* e *legge di conversione* rappresentano momenti di un'*unica sequenza procedimentale*: in sede di conversione il Parlamento non può approvare qualsiasi tipo di emendamenti, ma solamente quelli che sono omogenei rispetto all'oggetto ed alle finalità del decreto legge.
Più di recente la Corte (sent. 220/2013) ha confermato il menzionato orientamento, censurando un decreto legge (e la relativa legge di conversione) perché fonte non adeguata a realizzare una riforma organica e di sistema quale quella riguardante l'ordinamento delle Province.

Sono i regolamenti delle Camere a disciplinare il procedimento di conversione, con qualche differenza tra loro in parte superata dalla riforma del regolamento del Senato del 2017. Alla Camera invece è stato tolto il parere preventivo della Commissione affari costituzionali, sostituendolo con un "filtro" più complesso:

– innanzitutto, nella relazione del Governo, che accompagna il disegno di legge di conversione, deve essere dato conto dei presupposti di necessità e urgenza per l'adozione del decreto-legge (nella citata sent. 128/2008 emerge con evidenza l'importanza di questa motivazione per giustificare i presupposti stessi del decreto-legge); inoltre vengono descritti gli effetti attesi dalla sua attuazione e le conseguenze delle norme da esso recate sull'ordinamento (art. 96 *bis*, Reg. Camera);

– la Commissione referente, a cui il disegno di legge di conversione è assegnato, può chiedere al Governo di integrare gli elementi forniti nella relazione, anche con riferimento a singole disposizioni del decreto-legge;

– il disegno di legge è sottoposto, oltre che alla Commissione referente competente, al Comitato per la legislazione (→ § IX.3.3✓) "*che, nel termine di cinque giorni, esprime parere alle Commissioni competenti, anche proponendo la soppressione delle disposizioni del decreto-legge che contrastino con le regole sulla specificità e omogeneità e sui limiti di contenuto dei decreti-legge, previste dalla vigente legislazione*" (art. 96 *bis*). L'art. 15.3 della legge 400/1988 dispone infatti che il decreto-legge debba "*contenere misure di immediata applicazione e il loro contenuto deve essere specifico, omogeneo e corrispondente al titolo*": al Comitato è quindi affidato il compito di rendere effettiva questa disposizione che, altrimenti, essendo dello stesso grado gerarchico dei decreti-legge, costituirebbe per essi un vincolo assai debole (→ § IX.4.2.β).

6.3. *Decadenza del decreto non convertito*

I decreti-legge, se non convertiti in legge entro 60 giorni, "*perdono efficacia sin dall'inizio*". Della mancata conversione per decorrenza del termine o del rifiuto di conversione da parte del Parlamento, viene data notizia immediata in *Gazzetta Ufficiale*.

La perdita di efficacia del decreto-legge è chiamata "**decadenza**" e costituisce un fenomeno unico nell'ambito delle fonti del diritto, ben diverso dall'*abrogazione* (→ § VIII.7.3) e dall'*annullamento* (→ § VIII.8.2). Infatti la decadenza travolge tutti gli effetti prodotti dal decreto-legge, probabilmente anche lo stesso *giudicato* (→ § XII.3.6.3). La situazione che si crea è paradossale: quando il decreto entra in vigore, esso è pienamente efficace e va applicato; ma se decade, tutto ciò che si è compiuto in forza di esso è come se fosse stato compiuto senza una base legale, arbitrariamente. Tutti gli effetti prodotti vanno eliminati perché costituiscono – una volta persa la base legale – degli illeciti: va ripristinata perciò la situazione precedente. Ciò significa, per esempio, la reviviscenza delle disposizioni abrogate dal decreto-legge; la restituzione degli importi eventualmente riscossi dallo Stato per imposte introdotte dal decreto; la revoca dei provvedimenti amministrativi emanati per eseguire il decreto-legge, ecc.

✓ IL CASO: UN "COLPO DI SPUGNA" PER DECRETO-LEGGE?

Tizio si era costruito un garage senza concessione edilizia: un abuso punito con sanzione penale. Ma, prima che fosse pronunciata la condanna, un decreto-legge "depenalizza" l'abuso, trasformandolo in un semplice illecito amministrativo, sanabile mediante pagamento di una somma ("oblazione"): in seguito però il decreto-legge, non convertito, decade. L'art. 2.2 cod. pen., risalente al 1930, prevede che *"nessuno possa essere punito per un fatto che, secondo una legge posteriore, non costituisce reato"*, applicandosi al reo, nel caso di successione delle leggi penali che lo riguardano, le norme a lui più favorevoli (c.d. "**principio del *favor rei***": → § VIII.7.4): il quinto comma estende questa norma anche al caso che la norma più favorevole sia introdotta da un decreto-legge, poi decaduto. Quindi Tizio può beneficiare del "colpo di spugna" promesso dal decreto-legge non convertito? La questione va alla Corte costituzionale, che annulla l'art. 2.5 (sent. 51/1985): norma legata alla vecchia disciplina del decreto-legge (→ § IX.6.1✓), ma incompatibile con l'art. 77 Cost. La Costituzione, infatti, prescrivendo che il decreto-legge non convertito sia privato di ogni effetto sin dall'inizio, impedisce ad esso di inserirsi validamente nella successione delle leggi nel tempo, provocando effetti nell'ordinamento che sarebbero permanenti (Tizio infatti verrebbe definitivamente assolto): e ciò serve a impedire *"manovre governative "indirette", discriminatrici o mitigatrici del trattamento di fatti costituenti reato"*, manovre che, altrimenti, sarebbero *"destinate al successo malgrado l'esito negativo del controllo parlamentare"*. Come dire: un colpo di mano del Governo, non convalidato dal Parlamento, non può aggirare la legge penale, trasformandosi in un colpo di spugna definitivo, a tutto vantaggio di chi ha violato la legge penale.
Tuttavia questa sentenza della Corte riguarda esclusivamente i c.d. "fatti pregressi" (quelli compiuti prima dell'emanazione del decreto-legge): che succede se Tizio commette il fatto nel tempo in cui è in (provvisorio) vigore il decreto-legge? La risposta è: non lo si sa con certezza. Incertezza drammatica, se si pensa di quanto la prassi della "reiterazione" ha allungato la vigenza provvisoria del decreto-legge, rendendo possibile nel frattempo il formarsi del giudicato: ma di ciò si dirà subito dopo.

È evidente che la situazione che si crea a seguito della decadenza è in molti casi insostenibile: talvolta non è neppure possibile ripristinare la situazione precedente (come si fa, per esempio, a restituire l'importo pagato dai consumatori a seguito dell'aumento di un prezzo imposto?). L'art. 77 Cost. appresta due strumenti attraverso i quali è possibile trovare una soluzione:

α) la c.d. **legge di sanatoria** degli effetti del decreto-legge decaduto. Si tratta di una legge *riservata alle Camere* (sulla *riserva di legge formale* → § VIII.11.2.β) con cui si possono "*regolare ... i rapporti giuridici sorti sulla base dei decreti non convertiti*" (art. 77.3). Ovviamente, attraverso questo strumento, è il Parlamento a risolvere il nostro problema. Però vanno considerati due aspetti:

– innanzitutto il Parlamento, quando decida di non convertire il decreto-legge, non è affatto tenuto ad approvare la legge di sanatoria. Si tratta di una decisione politica, come tale libera e non affatto indipendente dalla scelta, politica anch'essa, di coprire o meno la responsabilità del Governo (→ β);

– in secondo luogo, non è una soluzione tecnicamente praticabile sempre e comunque. Se, per esempio, decade il decreto che ha introdotto una nuova imposta, il Parlamento potrà regolare i modi della restituzione dell'indebito (prevedendo, per esempio, che il relativo importo può essere compensato con imposte ancora da versare), ma non potrà "sanare", nel senso che "chi ha pagato ha pagato" e non ha diritto alla restituzione dell'imposta versata. Insomma, è del tutto fuorviante parlare di legge di "sanatoria": il Parlamento non può "sanare" gli effetti prodotti, confermandoli; può solo "regolare i rapporti giuridici sorti", ma nel rispetto dei principi costituzionali e, in particolare, del *principio di eguaglianza* (→ § XIII.1), cioè del divieto di trattare situazioni eguali in maniera diversa e situazioni diverse in maniera eguale (nel nostro esempio, l'obbligo di pagare l'imposta graverebbe ingiustamente sui soli cittadini zelanti che lo hanno già assolto!). Inoltre, essendo la c.d. legge di sanatoria una legge tipicamente retroattiva, incontra tutti i limiti in cui incorrono le deroghe al principio di irretroattività (→ § VIII.7.2);

β) l'altro strumento è individuabile in questo inciso dell'art. 77.2: "*... il Governo adotta, sotto sua responsabilità, provvedimenti provvisori ...*". La responsabilità di cui si parla non è solo quella *politica* (→ § II.2.1): che il Governo risponda al Parlamento, non solo dei suoi atti, ma anche della sua "simpatia politica", è principio ispiratore della forma di governo parlamentare (→ § V.1.2), e non ci sarebbe stato bisogno di ripeterlo qui. Si tratta invece di responsabilità *giuridica*, nei suoi vari tipi:

– responsabilità *penale*: i ministri (quelli che hanno partecipato alla riunione del Consiglio dei ministri in cui è stato approvato il decreto-legge, senza mettere a verbale il proprio dissenso) rispondono singolarmente degli eventuali reati commessi con l'emanazione del decreto-legge. Dopo la riforma, nel 1989, dell'art. 96, la responsabilità penale dei ministri è fatta valere dalla giurisdizione ordinaria (→ § VII.1), previa autorizzazione parlamentare. Ma è ovvio che di reato deve trattarsi, corredato dal necessario "elemento psicologico" (il *dolo*, cioè la volontà dell'evento; per determinati reati anche la *colpa*, cioè un rapporto causale tra l'evento e la negligenza, l'imprudenza o l'imperizia dell'agente): il che rende molto difficile il verificarsi di ipotesi in cui il decreto-legge inneschi questo tipo di responsabilità e non meno difficile farla valere. Difficile ma non impossibile (il decreto-legge può segnare l'inizio di un *golpe*, ma può essere anche lo strumento per favorire o danneggiare irrimediabilmente un imprenditore, magari membro del Governo stesso): per cui la sua previsione ha un debole, ma pur efficace effetto deterrente;

– responsabilità *civile*: i ministri rispondono solidalmente degli eventuali danni prodotti ai terzi *ex* art. 2043 cod. civ.: "*Qualunque fatto doloso o colposo, che cagiona ad altri un danno ingiusto, obbliga colui che ha commesso il fatto a risarcire il danno*";

✓ IL GOVERNO PAGA I DANNI?

È questo il rimedio per tutti gli effetti "irreversibili" che il decreto-legge eventualmente produca (per esempio, la demolizione di un bene immobile o il grave pregiudizio subito da un'impresa); agisce secondo le regole civilistiche della responsabilità extracontrattuale (o "aquiliana"), per cui la lesione di un diritto soggettivo obbliga l'autore della lesione (anche quando questa non costituisca reato) a risarcire le conseguenze negative di carattere patrimoniale e (entro certi limiti) non patrimoniali. Ma con un'importante variante: l'art. 28 Cost., che pone il fondamentale principio della responsabilità diretta dei funzionari pubblici per i loro atti (→ § XIII.2.2.ε), estende la responsabilità civile anche all'ente a cui il funzionario appartiene. È un'importante garanzia per il cittadino, perché l'ente pubblico assicura la solvibilità: per cui al cittadino, di solito, conviene citare per danni (anche) l'amministrazione, piuttosto che il (solo) funzionario (o, nel nostro caso, i ministri). Inoltre, mentre le leggi amministrative limitano la responsabilità diretta del funzionario al *dolo* e alla *colpa grave*, la responsabilità dell'amministrazione copre un'area in parte diversa: è esclusa per il dolo (però solo nell'ipotesi che l'evento sia voluto per un fine egoistico dell'agente, e non per l'interesse dell'amministrazione), mentre si estende alla *colpa lieve*.

– responsabilità *amministrativo-contabile*: i ministri che hanno espresso voto favorevole al decreto-legge rispondono solidalmente degli eventuali danni prodotti allo Stato (c.d. **danno erariale**); se lo Stato ha dovuto risarcire il danno subìto dal terzo, per la responsabilità civile solidale di cui si è appena detto, si deve rivalere sui ministri. In questi casi sarà la procura della Corte dei conti (→ § V.2.13 e § VII.1) a promuovere l'azione di responsabilità.

Sono efficaci questi strumenti? A parte le ovvie difficoltà a far valere concretamente le responsabilità dei ministri, se l'obiettivo è impedire che il decreto-legge, decadendo, lasci dietro di sé gravi effetti irreversibili, questi strumenti sono in astratto abbastanza efficaci se visti sotto il profilo, indubbiamente rilevante, della garanzia degli interessi patrimoniali dei cittadini. Sicuramente molto meno, se considerati sotto il profilo dell'interesse pubblico e, più in generale, degli interessi non patrimoniali. Come si ripristina la situazione causata dalla decadenza di un decreto che abbia comportato l'immediata scarcerazione di imputati o condannati per determinati reati, oppure il rinvio di una elezione o di un *referendum*, oppure ancora la proroga di termini legali? L'impossibilità di tornare indietro spinge allora talvolta i giudici a mitigare i rigori della decadenza degli effetti del decreto-legge non convertito.

In realtà, tutto ruota attorno all'uso del decreto-legge. I problemi – certo assai delicati sul piano teorico – sono divenuti drammatici anche sul piano pratico per l'uso del tutto abnorme che il Governo ha fatto del decreto-legge.

6.4. *Uso e abuso del decreto-legge*

Tutto nasce dalla scarsa "tenuta" della disciplina costituzionale dei presupposti del decreto-legge (→ § IX.6.1✓). Se i decreti-legge fossero emanati soltanto per le situazioni di calamità, per quelle "necessità" straordinarie di fronte alle quali non è pensabile provvedere con i tempi del procedimento legislativo, assai poca rilevanza pratica avrebbero i problemi teorici che la precarietà del decreto-legge solleva. Ma gli stessi costituenti immaginavano un impiego più ampio del decreto-legge, ammettendo che esso fosse destinato a produrre effetti permanenti nell'ordinamento. Avevano in mente, per esempio, i c.d. **decreti-catenaccio**, cioè dei provvedimenti concernenti le imposte e i prezzi amministrati dallo Stato che, per evitare fenomeni di accaparramento, la prudenza consiglia di adottare all'improvviso. Ragioni di opportunità, come si vede, ben lontane da quelle che avevano fatto pensare alla "necessità" come fonte. E ragioni di opportunità equivalenti hanno suggerito di adottare con decreto-legge ogni provvedimento che presentasse un'urgenza tale da sconsigliare di praticare la lunga via del procedimento legislativo. Con decreto-legge sono state varate importanti riforme (per esempio, con decreto-legge dell'agosto '94 furono aboliti gli esami di riparazione nelle scuole secondarie per il successivo anno scolastico), si sono introdotte norme non destinate ad essere applicate immediatamente ma solo a seguito dell'emanazione dei regolamenti di attuazione, sono stati creati organi permanenti dello Stato (il Ministero dell'ambiente, per esempio, è stato istituito per decreto-legge) e ultimamente si è anche deciso che auto e moto girino con le luci accese anche di giorno. Si è innescato così un circolo vizioso inarrestabile:

– il decreto-legge, mosso dall'esigenza di anticipare gli effetti del provvedimento senza attendere i tempi del procedimento parlamentare, ha provocato il rafforzamento della sua causa, cioè ha fatto ulteriormente allungare i tempi medi dell'iter parlamentare. La legge di conversione, per le stesse norme dei regolamenti parlamentari, ha precedenza nell'ordine dei lavori delle Camere: è un disegno di legge, "raccomandato", che "salta la fila" dei progetti di legge in attesa, la cui attesa perciò si allunga. Più si allungano i tempi dell'iter parlamentare, più si fa "necessario" adottare i provvedimenti "urgenti" con decreto-legge; e viceversa. L'aumento del ricorso al decreto-legge aumenta inesorabilmente il ricorso al decreto-legge;

– se il decreto-legge è impiegato per assicurare l'immediata entrata in vigore di un qualsiasi provvedimento legislativo che stia a cuore al Governo, indipendentemente dai contenuti, non si può certo pensare che venga meno il potere del Parlamento di discuterlo ed emendarlo. Ma, se il decreto-legge è adottato per varare una disciplina complessa, per la quale il procedimento legislativo ordinario sarebbe stato troppo dispersivo, è assai improbabile che sessanta giorni bastino all'esame parlamentare. Così è invalsa la prassi della **reiterazione del decreto-legge**: alla scadenza dei sessanta giorni – e sempre che un ramo del Parlamento non abbia votato contro alla conversione (questo lo prescrive, abbastanza inutilmente, l'art. 15.2, lett. c), legge 400/1988) –, il Governo emana un nuovo decreto-legge, che riproduce senza o con minime variazioni quello precedente, ormai scaduto, e ne "sana" gli effetti attraverso meccanismi diversi, il più comune dei quali è la retroazione degli effetti del decreto-legge reiterante, alla data di entrata in vigore del decreto reiterato. Si formano così "catene" di decreti-legge, composte da un numero di anelli non prevedibile: vi è stato un decreto-legge reiterato per ben 29 volte[9], ma quelli che sono rimasti in vigore, a colpi di reiterazione, per uno o due anni sono tanti. Nel frattempo sono caduti e sorti vari Governi e cambiate diverse maggioranze: ogni nuovo Governo si è trovato di fronte ad un'alternativa senza scampo, o reiterare il decreto emanato dal Governo precedente o provocare un terremoto nelle situazioni giuridiche che, nel lungo periodo, si sono create e consolidate. La precarietà degli effetti del decreto-legge è tollerabile se dura sessanta giorni, e nessun giudice sarà così imprudente da emanare, proprio in quel periodo, una decisione definitiva basata su un provvedimento precario: ma se la precarietà si prolunga per anni, la probabilità che il decreto-legge generi effetti irreversibili aumenta enormemente. Per cui la reiterazione si impone – diventa, a suo modo, "urgente" e "necessaria" – sin quando il Parlamento non è costretto ad approvare la legge di con-

[9] È il caso del **decreto "milleproroghe"** (chiamato così perché disponeva la proroga di vari termini stabiliti dalle leggi più diverse): emanato la prima volta nel gennaio 1992, venne convertito nel dicembre 1996!

versione – un'unica legge che "sana" tutti i decreti nel frattempo decaduti. Si spiegano così i dati impressionanti riportati qui sotto: ancora una volta, l'incremento del ricorso alla decretazione d'urgenza genera l'incremento della decretazione d'urgenza; più decreti si emanano, più sono i decreti che rischiano di decadere, perché meno tempo ha il Parlamento per discuterli e approvarli; più sono i decreti che decadono, più sono i decreti che devono essere emanati per mantenerne gli effetti, e così via.

Né il sistema politico, né le istituzioni parlamentari sono riuscite a bloccare il circolo vizioso e invertirne il corso. Alla fine è però intervenuta la Corte costituzionale, con una sentenza assai coraggiosa (sent. 360/1996) che ha messo un argine (quasi) definitivo alla prassi della reiterazione.

✓ IL CASO: LA SENT. 360/1996 E IL RITORNO ALLA COSTITUZIONE

La Corte costituzionale si è pronunciata, nell'ottobre 1996, sulla legittimità di un decreto-legge emanato la prima volta nel gennaio del 1994. Un decreto che interveniva su una materia (lo smaltimento dei rifiuti) per cui vigeva una disciplina già molto complessa, irta di sanzioni penali: il decreto introduceva una clausola di non punibilità, oltretutto di assai difficile interpretazione. Il Pretore di Macerata lo impugnava di petto, lamentando – forte di una serie di segnali che la Corte aveva già lanciato – l'incompatibilità della prassi della reiterazione con l'art. 77 Cost. Ecco i passi salienti della motivazione data dalla Corte: *"il decreto-legge iterato o reiterato, per il fatto di riprodurre (nel suo complesso o in singole disposizioni) il contenuto di un decreto-legge non convertito, senza introdurre variazioni sostanziali, lede la previsione costituzionale sotto più profili: perché altera la natura provvisoria della decretazione d'urgenza procrastinando, di fatto, il termine invalicabile previsto dalla Costituzione per la conversione in legge; perché toglie valore al carattere "straordinario" dei requisiti della necessità e dell'urgenza, dal momento che la reiterazione viene a stabilizzare e a prolungare nel tempo il richiamo ai motivi già posti a fondamento del primo decreto; perché attenua la sanzione della perdita retroattiva di efficacia del decreto non convertito, venendo il ricorso ripetuto alla reiterazione a suscitare nell'ordinamento un'aspettativa circa la possibilità di consolidare gli effetti determinati dalla decretazione d'urgenza mediante la sanatoria finale della disciplina reiterata.*
Su di un piano più generale, la prassi della reiterazione ... viene, di conseguenza, a incidere negli equilibri istituzionali (v. sent. 302/1988), alterando i caratteri della stessa forma di governo e l'attribuzione della funzione legislativa ordinaria al Parlamento (art. 70 Cost.).
Non solo. Questa prassi, se diffusa e prolungata, finisce per intaccare anche la certezza del diritto nei rapporti tra i diversi soggetti, per l'impossibilità di prevedere sia la durata nel tempo delle norme reiterate che l'esito finale del processo di conversione: con conseguenze ancora più gravi quando il decreto reiterato venga a incidere nella sfera dei diritti fondamentali o – come nella specie – nella materia penale o sia, comunque, tale da produrre effetti non più reversibili nel caso di una mancata conversione finale" ...; e giustamente individua la soluzione del problema, per il futuro, nel *"più rigoroso rispetto da parte del Governo dei requisiti della necessità e dell'urgenza"*.
A seguito di questa sentenza, il Governo ha dovuto "rientrare" nella legalità costituzionale, trattando con l'opposizione un piano per far fronte alle centinaia di decreti in fase di conversione. Ma il risultato, alla fine, c'è stato; basta guardare i dati della produzione legislativa successiva alla sentenza: la media mensile di decreti legge emanati dal governo è passata, nella XIII legislatura (1996-2001), da 34 decreti legge prima della sentenza della Corte costituzionale, a 3,4! Ma poi la decretazione d'urgenza (non la reiterazione, però) ha lentamente ripreso piede.

Giudicata assolutamente incompatibile con la disciplina costituzionale del decreto-legge, la reiterazione è ammissibile soltanto quando il nuovo decreto "*risulti fondato su autonomi (e, pur sempre, straordinari) motivi di necessità ed urgenza, motivi che, in ogni caso, non potranno essere ricondotti al solo fatto del ritardo conseguente dalla mancata conversione del precedente decreto*". In caso di mancata conversione, il Governo non risulta spogliato del potere di intervenire nella stessa materia con lo strumento della decretazione d'urgenza, ma l'intervento governativo "*non potrà porsi in un rapporto di continuità sostanziale con il decreto non convertito (come accade con l'iterazione e con la reiterazione), ma dovrà, in ogni caso, risultare caratterizzato da contenuti normativi sostanzialmente diversi ovvero da presupposti giustificativi nuovi di natura 'straordinaria'*".

6.5. *La legge di conversione e gli effetti degli emendamenti*

Il colpo di scure inferto dalla sent. 360/1996 ha in una certa misura drammatizzato anche l'altro grave problema che la prassi della decretazione d'urgenza ha prodotto: il problema degli emendamenti in sede di conversione. È ovvio infatti che più ci si allontana dall'uso tipico del decreto-legge, trasformandolo in una sorta di iniziativa legislativa "raccomandata" e fornita di efficacia immediata, più è probabile che il Parlamento recuperi parte delle proprie funzioni legislative attraverso la modificazione del testo originale del decreto: le statistiche ci dicono che, negli anni antecedenti la sent. 360, più di tre quarti dei decreti convertiti hanno subito emendamenti (talvolta proposti dal Governo stesso) in fase di conversione. La discussione degli emendamenti richiede tempo, come abbiamo visto, e questo ha giustificato la reiterazione del decreto.

✓ UN NUOVO ABUSO: MAXI-EMENDAMENTO E VOTO DI FIDUCIA

Bloccata la strada della reiterazione del decreto-legge, la prassi ha fornito al Governo un altro stratagemma per imporre le proprie scelte legislative: il **maxi-emendamento**. Si tratta di questo: la legge di conversione è formata da un articolo unico ("*Il decreto XY è convertito in legge*"); il Parlamento comincia a discutere gli emendamenti all'articolo unico (alla formula della conversione segue l'aggiunta: "*con le modificazioni riportate in allegato alla presente legge*"). Quando la discussione degli emendamenti è arrivata ad un certo punto, il Governo interviene con una proposta di emendamento che sostituisce l'intero allegato delle modificazioni (per questo si chiama "maxi-emendamento") e pone la fiducia sulla sua approvazione (→ §§ V.1.2 e 3.3.1). La questione di fiducia blocca la discussione degli emendamenti e viene posta in votazione prima di ogni altra discussione (il maxi-emendamento viene quindi usato anche per bloccare gli emendamenti proposti per altre leggi che interessano il Governo). Segue appello nominale, maggioranza compatta, fine della discussione e approvazione del testo voluto dal Governo (→ § V.1.2 e § V.3.3.1). Il tentativo delle opposizioni di reagire contro questa prassi non ha avuto accesso alla Corte costituzionale (→ § V.3.2.4✓).
Ecco i dati del Comitato per la legislazione (→ § IX.3.3✓): dei 100 decreti-legge emanati nella XVII legislatura (sino a ottobre 2017: i dati non sono stati aggiornati), solo 3 sono stati convertiti senza emendamenti (mentre 17 sono decaduti); più della metà delle leggi di conversione sono state ap-

provate ricorrendo al voto di fiducia. La media dei commi contenuti nei decreti-legge (indice della loro lunghezza e complessità) è di 51 (due ne hanno più di 250!), e questo numero è aumentato del 53,8% in fase di conversione (tutti sono stati convertiti o sono in fase di conversione).

INTERNET I dati aggiornati sulla legislazione si possono leggere negli *Appunti* del Comitato: www.camera.it/application/xmanager/projects/leg17/attachments/documenti/pdfs/000/001/134/CL013_20_10_2017.pdf.

Come agiscono gli emendamenti rispetto ai rapporti insorti in forza del decreto-legge?

La legge 400/1988 ha offerto al problema una risposta univoca: "*le modifiche eventualmente apportate in sede di conversione hanno efficacia dal giorno successivo a quello della pubblicazione della legge di conversione, salvo che quest'ultima non disponga diversamente*" (art. 15.5). Ma è una disposizione inutile (se non per la parte in cui esclude, per la legge di conversione, l'ordinaria *vacatio legis*: → § VIII.2.2), perché non fa che ribadire, per la sola legge di conversione, il generale *principio di irretroattività delle leggi* posto dall'art. 11 delle "*Preleggi*" (→ § VIII.7.2). È un principio flessibile, derogabile non soltanto perché la stessa legge lo dispone (nei limiti in cui può disporlo), ma anche perché non sempre esso vale. Come la Cassazione ha sempre affermato, l'efficacia temporale degli emendamenti è legata alla natura degli emendamenti stessi: è una questione d'interpretazione, e quindi di norme ⓾. Il quadro riassuntivo delle ipotesi può essere così delineato:

α) una disposizione del (o tutto il) decreto-legge è convertita senza emendamenti: secondo la Corte costituzionale e la maggioranza della dottrina, in questo caso si ha **novazione** della fonte, ossia le norme del decreto-legge vengono sostituite da quelle della legge di conversione, i cui effetti quindi retroagiscono al momento dell'entrata in vigore del decreto-legge;

β) una disposizione del decreto-legge è soppressa dalla legge di conversione (per esempio, il Parlamento "cancella" una delle imposte introdotte dal decreto-legge): l'effetto dei c.d. *emendamenti soppressivi* equivale alla parziale mancata conversione del decreto-legge, con la conseguenza che la disposizione non convertita decade *ex tunc* (l'imposta, se già versata, dovrà essere restituita, ecc.). Lo stesso accade nel caso in cui la disposizione originale sia sostituita *in toto* dalla disposizione della legge di conversione (c.d. *emendamenti sostitutivi*). Questa è la posizione della Cassazione, ma la dottrina è in parte di avviso contrario, nel senso cioè che la conversione sarebbe sempre (salvo che la legge non dica espressamente il contrario) conversione *di tutto* il decreto, e che perciò gli emendamenti agirebbero sulle disposizioni del decreto secondo le normali regole della successione delle norme nel tempo (se la legge di conversione dice espressamente che una certa disposizione del decreto non è convertita, abbiamo *decadenza*; altrimenti la disposizione si dà per convertita e, semmai, avremo *abrogazione*, causata dalla contraria disposizione della legge di conversione; tutto il senso della distinzione si gioca sulla importante differenza di effetti che corre tra *decadenza* e *abrogazione*);

γ) una disposizione "nuova" viene aggiunta in sede di conversione al testo originale: l'*emendamento aggiuntivo* opererà secondo le regole normali, solo *pro futuro*, ossia nel modo in cui opera di solito il principio di irretroattività (→ § VIII.7.2);

δ) una disposizione del decreto-legge viene parzialmente modificata (c.d. *emendamento modificativo*) e la legge di conversione non dice nulla circa gli effetti temporali dell'emendamento: spetta all'interprete venire a capo del problema, certo tenendo presente *anche* il principio generale dell'irretroattività (così la Corte cost.: sent. 367/2010).

In ogni caso, esiste un limite ben preciso all'emendabilità della legge di conversione, perché non sono ammessi emendamenti estranei all'oggetto del decreto-legge. La legge di conversione segue un iter parlamentare semplificato e caratterizzato dal rispetto di tempi particolarmente rapidi, che si giustificano alla luce della sua natura di legge funzionalizzata alla stabilizzazione di un provvedimento avente forza di legge, emanato provvisoriamente dal governo e valido per un lasso di tempo breve e circoscritto; da qui la connotazione della legge di conversione come legge a competenza tipica, che può disporre limitatamente all'oggetto del decreto legge (Corte cost., sent. 32/2014). Questo principio vale anche nel caso di decreti legge *ab origine* a contenuto plurimo: essi non sono esenti da problemi rispetto al requisito dell'omogeneità (sent. 22/2012) ed ogni ulteriore disposizione introdotta in sede di conversione deve essere strettamente collegata ad uno dei contenuti già disciplinati dal decreto legge ovvero alla *ratio* dominante del provvedimento originario considerato nel suo complesso (così sent. 32/2014).

✓ SI POSSONO EVITARE GLI EMENDAMENTI?

Senza la prospettiva della reiterazione, il Governo dovrebbe riflettere sull'opportunità di usare il decreto-legge per anticipare gli effetti di complesse innovazioni legislative, essendoci il rischio di dover affrontare la lunga discussione di numerose proposte di emendamento. Non gli mancano però strumenti per ottenere il risultato della conversione in tempo utile: se non riesce ad assicurarsi in anticipo un largo consenso politico nelle Camere, tale da "blindare" il decreto-legge prima ancora che sia emanato, può forzare la mano usando lo strumento della *questione di fiducia* (→ § V.1.2) per "blindare" il decreto-legge in Parlamento. E poi può contare sugli strumenti che vengono forniti dai regolamenti parlamentari, che consentono ai Presidenti delle Camere di dichiarare inammissibili gli emendamenti *"che non siano strettamente attinenti alla materia del decreto-legge"* (art. 96.8 reg. Camera).
Nella prassi è abbastanza normale però che la legge di conversione si "arricchisca" di disposizioni eterogenee rispetto al testo da convertire; la Corte costituzionale ritiene che queste disposizioni siano sì soggette agli stessi stringenti requisiti di necessità ed urgenza del decreto-legge (sent. 171/2007), ma riserva la loro valutazione al Parlamento, potendo essere sindacati dalla Corte stessa solo in caso di manifesta irragionevolezza o arbitrarietà (sent. 355/2010): il che è avvenuto con la sent. 22/2012, che dichiara parzialmente illegittima la legge di conversione del *"decreto milleproroghe"* (un decreto-legge che contiene una selva di proroghe, modifiche, ecc.), perché gli emendamenti apportati in sede di conversione provocano *"l'alterazione dell'omogeneità di fondo della normativa urgente, quale risulta dal testo originario"*.

7. Altri decreti con forza di legge

Sebbene il decreto-legge e il decreto legislativo delegato siano i due principali atti con forza di legge, esistono nel nostro ordinamento altri due decreti che occupano quella posizione nella gerarchia delle fonti. Ovviamente, trattandosi di fonti primarie, anch'essi sono previsti da fonti di rango costituzionale (per il principio di tipicità e tassatività delle fonti primarie: → § IX.2.2): il fondamento di questi due ulteriori tipi di atti con forza di legge si trova, rispettivamente, nell'art. 78 Cost. e negli Statuti delle Regioni ad autonomia speciale.

7.1. *Decreti emanati dal Governo in caso di guerra*

L'art. 78 Cost. dispone che "*le Camere deliberano lo stato di guerra e conferiscono al Governo i poteri necessari*".

✓ GUERRA E COSTITUZIONE

La Costituzione "ripudia la guerra come strumento di offesa alla libertà degli altri popoli e come mezzo di risoluzione delle controversie internazionali" (art. 11): tuttavia la guerra, almeno la guerra difensiva, resta una possibile necessità. La Costituzione ha diverse previsioni specifiche per il caso di guerra (→ § V.2.10.d): da un lato, delinea un particolare diritto di guerra, con l'applicazione delle leggi militari di guerra, che possono prevedere la giurisdizione allargata dei tribunali militari (art. 103.3), la deroga alla regola generale della ricorribilità in Cassazione (art. 111.7); dall'altro lato, la Costituzione cerca di mantenere il fenomeno della guerra all'interno del regolare funzionamento delle istituzioni costituzionali: da qui la regola per cui sono le Camere a decidere lo stato di guerra (che sarà formalmente dichiarata dal Presidente della Repubblica: art. 87.9), e la possibilità eccezionale di prorogare con legge la durata delle Camere stesse.
Problemi assai delicati e irrisolti sussistono però circa la compatibilità con la Costituzione della legislazione militare di guerra introdotta nel 1938 (r.d. 1415: legge di guerra e legge di neutralità) e nel 1941 (r.d. 303: codice penale militare di guerra): per esempio, è previsto che i comandanti militari possano emanare provvedimenti con forza di legge (c.d. **bandi militari**) che hanno efficacia anche per i rapporti civili, il che sembra in netto contrasto proprio con l'art. 78.

La dottrina ritiene che tra i poteri conferiti all'esecutivo vi possa essere anche una sorta di delega anomala al Governo, cui deve essere concesso il potere di emanare norme con forza di legge, derogando alle procedure legislative ordinarie. Questi atti potrebbero forse essere autorizzati anche a sospendere determinate libertà costituzionali. Si tratta dunque di atti *extra ordinem*, dietro ai quali si profila nuovamente la *necessità* come super-fonte del diritto (→ § IX.6.1✓). Fortunatamente non vi sono state sinora applicazioni concrete dell'art. 78.

✓ LE FONTI PRIMARIE NEL PERIODO TRANSITORIO

Sopravvivono nel nostro ordinamento alcuni atti legislativi emanati nel *periodo transitorio* (→ § III.3.2✓) e che presentano alcune anomalie. Sciolta la Camera dei fasci e delle corporazioni, la principale fonte primaria fu rappresentata dal (*regio*) *decreto-legge* (di cui furono semplificate le forme di emanazione, controfirma e pubblicazione). Dopo la c.d. *tregua istituzionale*, in regime di *luogotenenza del Regno*, la decretazione d'urgenza assunse la forma del **decreto-legge luogotenenziale** (con questa forma fu emanata la stessa c.d. *Costituzione provvisoria*: d.l.lgt. 151/1944, poi "convertito" dalla XV disp. trans. della Costituzione). Sempre con **d.l.lgt.** fu anche stabilito che tutti i decreti-legge emanati nel periodo transitorio sarebbero stati convertiti in seguito dal nuovo Parlamento (e così fu con la legge 178/1949). La *Costituzione provvisoria* introduceva inoltre una nuova forma di legislazione, il **decreto legislativo luogotenenziale** (**d.lgs.lgt.**: con questa forma furono emanate le norme per il *referendum istituzionale* e per l'elezione dell'Assemblea costituente), divenuti, dopo l'abdicazione del Re e la fine della luogotenenza, **regi decreti legislativi** (**r.d.lgs.**: con questa forma furono emanati, tra l'altro, lo Statuto della Sicilia e le norme sulle guarentigie della magistratura, ancora in vigore); nel breve periodo tra il *referendum istituzionale* e l'elezione del Capo provvisorio dello Stato da parte della Assemblea costituente, questi decreti, emanati dal Presidente del Consiglio dei ministri, assunsero il nome di **decreto legislativo presidenziale** (**d.lgs.pres.**), ed infine quella di **decreto legislativo del Capo provvisorio dello Stato** (**d.lgs.c.p.s.**).

7.2. *Decreti legislativi di attuazione degli Statuti speciali*

Gli Statuti delle Regioni speciali, che sono *leggi costituzionali* (→ § X.1) prevedono che all'attuazione dello Statuto e trasferimento delle funzioni, degli uffici e del personale dallo Stato alla Regione stessa si provveda con un particolare tipo di atto (→ § X.2.3✓): si tratta di un decreto legislativo, emanato dal Presidente della Repubblica, previa deliberazione del Consiglio dei ministri, su proposta di un'apposita **commissione paritetica** formata da membri designati in parti eguali dal Governo e dalla assemblea regionale. Sono atti con forza di legge, a cui è attribuita una competenza specifica e riservata: la loro emanazione avviene senza una delega legislativa del Parlamento.

8. Regolamenti parlamentari (e di altri organi costituzionali)

8.1. *Definizioni*

Il **regolamento parlamentare** è l'atto cui l'art. 64 Cost. riserva la disciplina dell'organizzazione e del funzionamento di ciascuna Camera, con particolare riferimento al procedimento legislativo (art. 72 Cost.). Esso è approvato a maggioranza assoluta (→ § II.4.1) dalla Camera e pubblicato, per disposizione del regolamento stesso, in *Gazzetta Ufficiale*[10]. Nonostante il nome "*regolamento*" che essi portano per tradizione, i regolamenti parlamentari sono fonti primarie, inferiori soltanto alla Costituzione e dotate di un ambito di competenza riservato (→ § VIII.10): attraverso essi si manifesta l'*autonomia* che caratterizza le Camere, in quanto organi costituzionali, e la loro *indipendenza* (→ § V.3.2.3). L'indipendenza che a ciascuna Camera deve essere assicurata rispetto agli altri poteri dello Stato, ed anche dall'altra Camera, comporta che la riserva di regolamento rappresenti anzitutto un limite alla sfera di applicazione delle leggi e delle altre fonti dell'ordinamento generale.

[10] Accanto al regolamento principale, le Camere adottano regolamenti "minori" che disciplinano aspetti particolari della loro amministrazione (per esempio, il personale), approvati di solito dall'Ufficio di presidenza.

8.2. *I regolamenti parlamentari nel sistema delle fonti*

I regolamenti parlamentari hanno "forza di legge"? La definizione della "**forza di legge**" è di tipo relazionale: si definisce la qualità di determinati atti con riferimento al tipo di relazioni (*forza attiva*, cioè capacità di abrogare, e *forza passiva*, cioè capacità di resistere all'abrogazione) che essi hanno con un altro atto, la legge formale ordinaria (→ § IX.2.1). Ma i regolamenti delle Camere non hanno relazioni con le altre fonti primarie, se non quella di reciproca esclusione: si potrebbe dire, con una metafora, che i muri perimetrali delle sedi parlamentari segnano fisicamente la linea di separazione tra la competenza del regolamento parlamentare, che vige all'interno di quel perimetro, e le fonti primarie che valgono fuori, nell'ordinamento generale. La legge che penetrasse nell'àmbito di competenza riservato ai regolamenti, così come il regolamento che lo travalicasse, sarebbero illegittimi.

In questi termini si spiega la posizione assunta dalla Corte costituzionale a proposito della sindacabilità dei regolamenti parlamentari. In una assai criticata decisione (sent. 154/1985), essa ha negato di poter sindacare la legittimità dei regolamenti parlamentari, poiché questi non rientrano tra le "*leggi e atti con forza di legge*" della cui legittimità la Corte si deve occupare ai sensi dell'art. 134 (→ § XII.3.1), ma sono espressione dell'indipendenza garantita al Parlamento, indipendenza anche dalla Corte costituzionale e dal giudizio di legittimità che ad essa compete. Però la posizione della Corte costituzionale è complessa e va intesa nella sua complessità:

α) la Corte costituzionale ha dichiarato di non potere giudicare della legittimità dei regolamenti investita di una questione che riguarda la c.d. *autodichia* (→ § V.3.2.4) nei confronti del personale dipendente, le cui controversie di lavoro sono risolte dagli organi della Camera, con esclusione della giurisdizione ordinaria; ha però confermato, in via generale, la non sindacabilità dei regolamenti in sede di giudizio di legittimità (sent. 154/1985; ordd. 444 e 445/1993), con però qualche attenuazione nella giurisprudenza più recete (sent. 120/2014);

β) la Corte costituzionale ha però dichiarato (sent. 9/1959) di poter giudicare della legittimità delle leggi anche per ciò che riguarda il procedimento seguito per la loro formazione, con riferimento al rispetto delle norme della Costituzione da parte dei regolamenti parlamentari; non si può opporre alla Corte che queste sarebbero questioni interne dell'organo (*interna corporis acta*: → § V.3.2.4);

γ) la Corte ha ammesso inoltre, sia pure indirettamente (sent. 14/1965, con riferimento al regolamento del Consiglio regionale, cui la Corte aveva riconosciuto posizione equivalente al regolamento parlamentare), che il regolamento possa essere oggetto di *conflitto di attribuzioni tra Stato e Regioni* (→ § XII.5);

δ) la Corte ha riconosciuto (sent. 262/2017) che il regolamento parlamentare possa essere oggetto anche di *conflitto di attribuzioni tra poteri dello Stato* (→ § XII.4): quale altro strumento vi sarebbe altrimenti nel caso in cui il regolamento di una Camera consentisse che venga impedito o nullificato l'esercizio di attribuzioni riconosciute dalla Costituzione a soggetti esterni (limitando, per esempio, la ricevibilità delle proposte di legge di iniziativa non parlamentare) o interni alle Camere (impedendo, per esempio, alle minoranze di esercitare la loro funzione)? Il regolamento parlamentare, seppure non sia come *atto normativo* sindacabile dalla Corte, è pur sempre (alla pari delle fonti primarie) soggetto alla Costituzione: la prevalenza della Costituzione va dunque assicurata.

8.3. *Regolamenti degli altri "organi costituzionali"*

Anche gli altri "organi costituzionali" sono dotati della stessa autonomia riconosciuta alle Camere?

α) Il *Governo* sicuramente no, perché l'art. 95.3 pone una riserva di legge per l'ordinamento della Presidenza del Consiglio e per l'organizzazione dei ministeri. Il "*regolamento interno*" del Consiglio dei ministri, previsto dall'art. 4 della legge 400/1988, ed emanato con il decreto del Presidente del Consiglio dei ministri (d.P.C.M.) 10 novembre 1993, non può certo essere considerato una fonte primaria: il suo fondamento – e il suo limite – è costituito dalla legge ordinaria (che infatti ne disciplina il procedimento di formazione), non dalla Costituzione.

> INTERNET Il regolamento interno del Consiglio dei ministri può essere letto all'indirizzo: www.governo.it/Presidenza/normativa/allegati/dpcm_20110301.pdf.

β) Anche il *Presidente della Repubblica*, per disciplinare i servizi della Presidenza, adotta dei regolamenti, su proposta del Segretario generale della Presidenza: ma in questo caso non si tratta di "fonti" dell'ordinamento generale, ma di semplici strumenti di gestione amministrativa degli uffici e dei servizi di un organo cui deve essere garantita l'indipendenza dagli altri poteri. Non vi è alcuna previsione costituzionale di un "potere regolamentare" del Presidente della Repubblica, ma la Corte costituzionale ne ha riconosciuto il fondamento costituzionale nell'esigenza di garantire l'indipendenza della Presidenza dagli altri poteri (sent. 262/2017).

γ) Discussa è la posizione che assumono i regolamenti della *Corte costituzionale*: anche in questo caso, non c'è un'esplicita previsione in Costituzione, che anzi pone una *riserva di legge costituzionale* per la disciplina della proposizione dei giudizi di legittimità costituzionale e delle garanzie di indipendenza della Corte (art. 137.1), ed una *riserva di legge ordinaria* per la costituzione e il funzionamento di essa (art. 137.2). È proprio la legge ordinaria (la legge 87/1953, su cui → § XII.2) a prevedere che la Corte possa "*disciplinare l'esercizio delle sue funzioni con regolamento approvato a maggioranza dei suoi componenti ... pubblicato nella Gazzetta Ufficiale*" (art. 14.1), e che il regolamento possa stabilire "***Norme integrative***" di procedura. Che alla Corte costituzionale vada riconosciuta la stessa autonomia e indipendenza degli altri organi costituzionali appare sostenibile: ma non sembra che ciò possa riflettersi all'esterno dell'organo, influenzando gli interessi di coloro che non sono né membri né dipendenti della Corte. Ciò vale in particolare per le "*Norme integrative di procedura*", alle quali non può essere consentito di disporre contro la legge né impedire alla legge di sostituirle: la parte che si trovasse danneggiata da una norma integrativa non compatibile con la legge dovrebbe chiedere alla Corte di disapplicarla, ma non può impugnarla di fronte alla Corte stessa, perché tali norme – come ha avuto modo di dire la Corte stessa nell'unica occasione che le si è offerta (sent. 572/1990) – non hanno forza di legge.

INTERNET Uno schema generale che riassume le fonti del diritto dello Stato si trova nel sito del manuale (sezione "Mappa", sotto la voce "Fonti dello Stato").

9. Il *referendum* abrogativo come fonte

9.1. *Definizioni*

Il ***referendum*** è la richiesta fatta al corpo elettorale di esprimersi direttamente su una determinata questione. Esso è dunque uno strumento di *democrazia diretta* (→ § II.2.3), una delle "*forme*" in cui la Costituzione prevede che il popolo eserciti la "sua" sovranità (art. 1.2 Cost.), senza l'interposizione di rappresentanti.

✓ VADO *"AD REFERENDUM"*

Si è soliti far risalire le origini del *referendum* alle prassi invalse in alcuni Cantoni svizzeri e, più in generale, nelle assemblee medievali. Lì vigeva il principio del **mandato imperativo** (→ § II.2.1): per cui i delegati eletti dal popolo, o per far approvare definitivamente dai loro elettori le decisioni prese in nome loro, oppure per ottenere istruzioni quando nelle assemblee cui erano inviati ci si trovava a discutere di argomenti su cui non avevano ricevuto un mandato preciso, tornavano *"ad referendum"*, ossia "per riferire" ai loro elettori ed ottenere da essi l'approvazione o il "mandato". Già in origine, quindi, l'istituto del *referendum* sorse come limitazione del meccanismo della rappresentanza: l'introduzione del divieto di mandato imperativo, tipica delle costituzioni successive alla rivoluzione francese, segna appunto la rottura di queste forme di democrazia diretta e il trionfo del principio rappresentativo.

Se nel nostro sistema il principio è che la sovranità popolare si esprime tramite la rappresentanza elettiva, il *referendum* appare come una deroga, una deroga che, per sua stessa natura, genera una situazione di concorrenza e di conflitto con il sistema rappresentativo. Imprudente è stato perciò il costituente ad affidare alla legge ordinaria, e perciò al sistema rappresentativo, la disciplina operativa del *referendum*: la concreta operatività di uno strumento antagonista al sistema rappresentativo è stata condizionata alla legge, tipica espressione della rappresentanza politica, cioè del Parlamento. Il risultato è stato che all'emanazione della legge ordinaria si è provveduto appena nel 1970, a seguito di un compromesso politico tra le componenti cattoliche e quelle laiche del Parlamento: la legge sui *referendum*, infatti, è stata la contropartita richiesta dalle forze d'ispirazione cattolica per rinunciare all'opposizione ostruzionistica contro la legge che introduceva il divorzio. Il primo *referendum* abrogativo effettuato in Italia, nel 1974, ha avuto ad oggetto, infatti, proprio la legge sul divorzio.

La Costituzione prevede soltanto quattro tipi di *referendum* (→ § II.2.3✓). Nell'ambito delle fonti statali, accanto al *referendum* costituzionale (→ § IX.1.1) ed a quello previsto in alcune *fonti rinforzate* (→ § IX.4.2) una funzione effettivamente "normativa" la svolge il *referendum* abrogativo.

✓ STORIA DI UN *REFERENDUM* INUTILE

Nel 1989 fu votata una legge costituzionale (legge cost. 2/1989) per introdurre una figura nuova di *referendum*: il ***referendum* di indirizzo**. Non si è trattato di una innovazione stabile dell'ordinamento italiano, ma di una deroga, rivolta a consentire la consultazione dell'elettorato su un solo, specifico quesito: sul conferimento di un mandato costituente al Parlamento europeo che sarebbe stato eletto nel 1989. Il quesito era così formulato dalla stessa legge cost.: *"Ritenete voi che si debba procedere alla trasformazione della Comunità europea in una effettiva Unione, dotata di un Governo responsabile di fronte al Parlamento, affidando allo stesso Parlamento europeo il mandato di redigere un progetto di Costituzione europea da sottoporre direttamente alla ratifica degli organi competenti degli Stati membri della Comunità?"*. Tutte le forze politiche si dichiararono favorevoli al "sì", che infatti vinse con un margine enorme. Ma si è trattato di una consultazione perfettamente inutile, perché nessun atto "costituente" ha accompagnato il sorgere dell'Unione europea, nata con il Trattato di Maastricht nel 1992. Se i cittadini italiani avessero risposto con altrettanta compattezza "no", nulla di diverso sarebbe accaduto, né in Italia né nel mondo. Più che di un *referendum*, si è trattato di un *plebiscito*, forma deteriore di consultazione popolare, in cui agli elettori si chiede il consenso ma non è data alcuna alternativa.

Il ***referendum* abrogativo** è infatti lo strumento con cui il corpo elettorale può incidere *direttamente* sull'ordinamento giuridico attraverso la abrogazione di leggi o atti con forza di legge dello Stato, oppure di singole *disposizioni* in essi contenute. Come ha detto la Corte costituzionale (sent. 29/1987), esso è "*un atto-fonte dell'ordinamento dello stesso rango della legge ordinaria*". Al corpo elettorale è data la possibilità, per iniziativa di gruppi di minoranza (o degli enti regionali che rappresentano una minoranza territoriale) di contestare le scelte compiute dalla maggioranza dei rappresentanti dell'elettorato stesso: essi hanno varato la legge, il corpo elettorale la abroga.

Come spesso si dice, è una forma di legislazione "negativa", nel senso che serve solo a togliere, abrogare, le disposizioni di legge, non anche ad aggiungerne di nuove. Questo è vero, ma non toglie al *referendum* abrogativo la possibilità di essere uno strumento di creazione di nuove *norme*. Ancora una volta, acquista rilievo la distinzione tra disposizioni e norme ❿: il fatto che con il *referendum* si possano solo togliere *disposizioni*, e non anche aggiungerne di nuove, non significa affatto che non si possano introdurre *norme* nuove, come effetto della "*manipolazione*" del testo normativo: sottraendo singole parole dalle proposizioni scritte dal legislatore, o singole proposizioni dal testo legislativo, si producono significati diversi da quelli originali, cioè norme nuove. La riprova più vistosa del potenziale di capacità produttiva di norme nuove che possiede un "***referendum* manipolativo**", si è avuta nel caso del c.d. *referendum* elettorale (→ § IV.7.7): attraverso l'eliminazione di singoli articoli, commi, proposizioni o parti di esse, i promotori sono riusciti a trasformare il sistema elettorale, solo falsamente maggioritario, che vigeva per il Senato in un sistema completamente diverso.

✓ L'ESEMPIO PIÙ ECLATANTE DI *REFERENDUM* "MANIPOLATIVO"

Nel 1991 fu presentata una richiesta di *referendum* che avrebbe avuto conseguenze eccezionali. Il quesito suonava così: «Volete voi che sia abrogata la legge 6 febbraio 1948, n. 29, recante "Norme per l'elezione del Senato della Repubblica", limitatamente alle parti seguenti:
art. 17, comma 2, limitatamente alle parole "al 65 per cento dei votanti";
art. 18, comma 1, limitatamente alle parole "alla segreteria del Senato, che ne rilascia ricevuta, qualora sia avvenuta la proclamazione del candidato e, nel caso contrario,";
art. 19, comma 1, limitatamente alle parole "o delle comunicazioni di avvenuta proclamazione"; comma 2, limitatamente alle parole "presentatisi nei collegi"; comma 3, modificato dall'art. 1 legge 26 aprile 1967, n. 262, limitatamente alla parola "suddetti"; ultimo comma, limitatamente alla parola "soltanto" nonché alle parole "il candidato che in detto collegio ha ottenuto il maggior numero di voti validi, e"».
Ed ecco il testo delle disposizioni dopo l'intervento referendario (le parentesi segnano le parti in cui si è operata la "asportazione" del testo: sono tralasciate le modifiche di minor conto):
art. 17.2: "Il Presidente dell'Ufficio elettorale circoscrizionale, in conformità dei risultati accertati, proclama eletto il candidato che ha ottenuto un numero di voti non inferiore (al 65 per cento dei votanti)".
art. 18.1: "Di tutte le operazioni dell'ufficio elettorale circoscrizionale viene redatto, in duplice esemplare, apposito verbale: uno degli esemplari è inviato subito (alla segreteria del Senato, che ne rilascia ricevuta, qualora sia avvenuta la proclamazione del candidato e, nel caso contrario,) alla cancelleria della Corte d'appello o del Tribunale sede dell'ufficio elettorale regionale".
art. 19.1: "L'ufficio elettorale regionale ... appena in possesso dei verbali (...) trasmessi da tutti gli uffici elettorali circoscrizionali, procede ...".
art. 19 ult. co.: "Se (soltanto) in un collegio non abbia avuto luogo la proclamazione a termini dell'art. 17, il presidente dell'ufficio elettorale regionale proclama eletto ("il candidato che in detto collegio ha ottenuto il maggior numero di voti validi, e), in caso di parità di voti validi, il più anziano d'età".
Con questo intervento "manipolativo" i promotori sono riusciti a togliere dalla legge elettorale del Senato (sia pure dando luogo a soluzioni linguistiche in certi casi non poco originali) tutti i riferimenti che limitavano l'assegnazione dei seggi con il sistema maggioritario ai soli candidati che avessero acquisito il 65% dei voti, circostanza estremamente improbabile, aprendo altrimenti la strada all'assegnazione con il metodo proporzionale (→ § IV.7).

9.2. *Procedimento*

Il *referendum* abrogativo richiede un procedimento lungo e difficile, disciplinato dalla legge 352/1970. L'art. 75 Cost. prevede che esso possa essere proposto da 500.000 elettori o da cinque Consigli regionali: il procedimento quindi si differenzia per un primo tratto in ragione di chi richiede il *referendum*.

α1) *Richiesta popolare*: l'iniziativa parte dai *promotori*, un gruppo di almeno dieci cittadini iscritti nelle liste elettorali, i quali depositano presso la cancelleria della Corte di cassazione il quesito che intendono sottoporre a *referendum*; ne viene data notizia in *Gazzetta Ufficiale*. Entro tre mesi devono essere raccolte, su appositi fogli vidimati, le 500.000 firme, debitamente autenticate, e devono essere depositate presso la cancelleria della Cassazione.

α2) *Richiesta regionale*: i Consigli di almeno cinque Regioni devono approvare la richiesta a maggioranza assoluta, indicando ovviamente lo stesso quesito. La richiesta va depositata, tramite appositi delegati, presso la cancelleria della Cassazione.

✓ IL *REFERENDUM* PROMOSSO DALLE REGIONI PER FINI DI POLITICA NAZIONALE

Nel giugno 2022 si sono votati 5 *referendum*, tutti proposti dalla Regioni. I tre *referendum* di iniziativa popolare erano infatti stati dichiarati inammissibili dalla Corte costituzionale per difetti piuttosto evidenti di formulazione (con "titoli" alquanto ingannevoli erano stati presentati come quesiti relativi all'eutanasia, alla legalizzazione dalla *canabis* e alla responsabilità dei giudici). La cosa notevole è che i 5 *referendum* di iniziativa delle Regioni riguardavano tutti la "riforma" dell'ordinamento giudiziario e i poteri dei giudici (compresa quello di provocare l'incandidabilità dei politici colpendoli con condanna penale: → § IV.7.3), cioè un tema lontanissimo dall'area delle competenze e degli interessi regionali. Perché allora 5 Consigli regionali si sono disturbati? Per una manovra squisitamente politica: consigli regionali dominati da una maggioranza di centro-destra hanno fatto del *referendum* di iniziativa regionale uno strumento di propaganda nell'interesse di schieramenti politici nazionali. Un uso strumentale dell'autonomia, che però non è andato a buon fine. I cinque *referendum*, benché siano stati votati nello stesso giorno delle elezioni comunali in diverse città importanti, hanno portato al voto poco più del 20% degli aventi diritto, e quindi sono stati bocciati da una estesissima astensione.

Le richieste vanno depositate tra il 1° gennaio e il 30 settembre di ciascun anno: tuttavia non possono essere depositate nell'anno precedente alla scadenza ordinaria della legislatura, e nei sei mesi successivi alla convocazione dei comizi elettorali.

β) Presso la Cassazione si costituisce l'Ufficio centrale per il *referendum* (composto dai tre presidenti di sezione più anziani e dai tre consiglieri più anziani di ciascuna sezione) che esamina le richieste per giudicarne la *conformità alla legge*. Entro il 31 ottobre può rilevare le eventuali irregolarità, che possono essere sanate; può anche proporre la concentrazione dei quesiti che risultino analoghi. Questa fase deve chiudersi entro il 15 dicembre, con una decisione definitiva dell'Ufficio sulla legittimità dei quesiti, assunta con *ordinanza*.

γ) I quesiti dichiarati legittimi vengono trasmessi alla Corte costituzionale per il *giudizio di ammissibilità* (→ § XII.6). Il parametro di giudizio della Corte costituzionale non è la legge ordinaria, come per l'Ufficio centrale, ma la Costituzione: l'art. 75.2 prevede infatti che alcune materie (leggi tributarie e di bilancio, leggi di amnistia e indulto, leggi di autorizzazione alla ratifica dei trattati internazionali) siano escluse dal *referendum*, e la giurisprudenza costituzionale ha ampliato di molto le ipotesi di esclusione, non solo interpretando estensivamente le materie indicate dalla Costituzione, ma aggiungendo ulteriori ipotesi di esclusione (→ § XII.6.2). La decisione della Corte deve essere pubblicata entro il 10 febbraio dell'anno successivo.

δ) Se la Corte dichiara ammissibile il *referendum*, il Presidente della Repubblica deve fissare il giorno della votazione tra il 15 aprile e il 15 giugno. Gli elettori trovano stampato sulla scheda il quesito ("*volete che sia abrogata …*") e possono votare "sì" o "no".

ε) L'Ufficio centrale accerta che alla votazione abbia preso parte la maggioranza degli aventi diritto al voto (altrimenti l'iniziativa fallisce e la legge, quindi, resta in vigore) e, accertata la somma dei voti validi favorevoli e la somma dei voti validi contrari, proclama il risultato del *referendum*. Se i "no" superano i "sì", lo stesso quesito non può essere riproposto prima che siano trascorsi cinque anni.

✓ IL FACILE GIOCO DEL "PARTITO DELL'ASTENSIONE"

Per molti anni i *referendum* abrogativi sono falliti per mancanza del *quorum*. Il forte aumento dell'astensionismo elettorale, che riguarda ormai, sia pure con percentuali diverse, tutti i tipi di votazione, ha reso infatti piuttosto complicato per i promotori del *referendum* portare alle urne la metà più uno del corpo elettorale. Inoltre dello strumento si è forse anche un po' abusato, proponendo *referendum* abrogativi di disposizioni legislative non sempre di grandissimo rilievo. Ciò ha giocato a favore degli oppositori dei vari quesiti referendari i quali, piuttosto che sostenere una campagna elettorale per il "no", hanno avuto gioco facile a suggerire l'astensione del voto. Il "partito dell'astensione" ha quindi sempre vinto, anche in *referendum* che hanno suscitato grande dibattito e riacceso passioni politiche come quello del 2005 sulla legge sulla procreazione medicalmente assistita (→ § XIII.3.4). Naturalmente ognuno ha diritto di astenersi, ma è piuttosto grave che l'invito all'astensione venga da chi è a capo di istituzioni costituzionali (Governo o Presidenza delle Camere), cioè di quelle istituzioni rappresentative rispetto alle cui decisioni il *referendum* è uno strumento di "contropotere". Tuttavia i *referendum* del 2011 hanno segnato un'inversione di tendenza: la massiccia partecipazione degli elettori ha portato a raggiungere il *quorum*: quasi il 55% sono stati i votanti e attorno al 95% i "si".

INTERNET L'elenco completo delle consultazioni referendarie e dei relativi esiti si può consultare in http://it.wikipedia.org/wiki/Elenco_delle_consultazioni_referendarie_in_Italia.

ζ) Se il risultato è favorevole all'abrogazione, il Presidente della Repubblica, con proprio decreto, "*dichiara*" l'avvenuta abrogazione della legge, dell'atto o della disposizione. Il d.P.R. è pubblicato immediatamente in *Gazzetta Ufficiale* e l'abrogazione ha effetto dal giorno successivo alla data di pubblicazione; tuttavia il Presidente della Repubblica, su proposta del Governo, può ritardare l'entrata in vigore della abrogazione per un termine non superiore a 60 giorni dalla data di pubblicazione.

✓ ABROGATA PER SEMPRE?

Vincono i "sì" e il Presidente della Repubblica dichiara abrogata la legge. E allora? Il legislatore può ripristinare la norma abrogata?
Il problema non è affatto semplice. La Corte costituzionale è intervenuta (sent. 199/2012), dichiarando illegittimo per violazione dell'art. 75 Cost. il decreto-legge che sostanzialmente ripristinava la norma abrogata con il c.d. "*referendum* sull'acqua": confermando alcuni *obiter dicta* (→ § IX.1.4) ormai lontani, la Corte riafferma *"il divieto di ripristino della normativa abrogata dalla volontà popolare"*, divieto che opera *"al solo fine di impedire che l'esito della consultazione popolare ... venga posto nel nulla e che ne venga vanificato l'effetto utile, senza che si sia determinato, successivamente all'abrogazione, alcun mutamento né del quadro politico, né delle circostanze di fatto, tale da giustificare un simile effetto"*. Sottolinea la Corte che la norma abrogata è stata ripristinata solo 23 giorni dopo la pubblicazione

dell'esito del referendum, sicché non si può ritenere *"che sussistano le condizioni tali da giustificare il superamento del predetto divieto di ripristino"*, non essendosi verificato in quel breve periodo *"nessun mutamento idoneo a legittimare la reintroduzione della disciplina abrogata"*.
Come si vede, la Corte non ci dice per quanto tempo duri il divieto di ripristino: infatti, come affermato in precedenza (sent. 33/1993), il legislatore, *"pur dopo l'accoglimento della proposta referendaria, conserva il potere di intervenire nella materia oggetto di referendum senza limiti particolari che non siano quelli connessi al divieto di far rivivere la normativa abrogata"*. Insomma, il vincolo c'è, ma la sua durata è incerta.

In due casi le procedure descritte si interrompono:

– in caso di scioglimento anticipato delle Camere: il procedimento è automaticamente sospeso e riprende un anno dopo l'elezione;

– in caso in cui, prima dello svolgimento del *referendum*, la legge venga abrogata: l'Ufficio centrale dichiara che le operazioni non hanno più corso.

✓ COME IL PARLAMENTO PUÒ BLOCCARE IL *REFERENDUM*

Quest'ultimo è il caso più delicato: il *referendum*, come si è detto, è uno strumento concorrente e tendenzialmente conflittuale con il sistema della rappresentanza; assai spesso l'iniziativa referendaria è vista con fastidio e preoccupazione dalla maggioranza che siede in Parlamento. Per evitarlo essa ha uno strumento, cambiare la legge in questione. Ma, naturalmente, se il Parlamento varasse una legge che cambia solo marginalmente la legge, questo sarebbe solo un stratagemma per aggirare il *referendum*, gabbando i promotori. La Corte costituzionale ha perciò deciso, con una sentenza storica (sent. 69/1978), di consentire ai promotori del *referendum* di sollevare *conflitto di attribuzione* (→ § XII.4) contro l'Ufficio centrale della Cassazione quando questi blocchi il procedimento a seguito dell'emanazione di una legge che non modifichi *"né i principi ispiratori della complessiva disciplina precedente né i contenuti normativi essenziali dei singoli precetti"*: in questo caso – ha detto la Corte – non bisogna bloccare il *referendum*, ma trasferirlo "d'ufficio" sulla nuova legge; sarà quindi la legge nuova ad essere sottoposta a consultazione popolare. È quanto avvenuto nei *referendum* votati nel 2011: il Governo ha emanato un decreto-legge per cercare di disinnescare i *referendum* sull'energia nucleare e sulla c.d. privatizzazione dell'acqua, ma l'Ufficio centrale ha riformulato i quesiti referendari, sottoponendo nuovamente al giudizio della Corte costituzionale i nuovi quesiti, che sono stati giudicati ammissibili con la sent. 174/2011.

10. REGOLAMENTI DELL'ESECUTIVO

10.1. *Definizioni*

Con il termine "**regolamento**" si designano atti normativi difficilmente riconducibili a tipologie unitarie. Si è già visto che vi sono *regolamenti*, espressione dell'autonomia organizzativa delle Camere e degli altri organi costituzionali (→ § IX.8), che hanno una posizione particolare nel sistema delle fonti, garantita dalla stessa Costituzione; vedremo nei capitoli successivi che esistono poi *regolamenti* emanati dagli organi (talvolta dalle assemblee elettive, talvolta dagli esecutivi) delle Regioni e degli enti locali, ed anche, importantissimi, i *regolamenti* della Unione europea. *Regolamenti* sono poi emanati da un'infinità di organismi pubblici e privati (si pensi ai regolamenti condominiali, per esempio). Il termine, insomma, è impiegato per indicare le più svariate tipologie di atto normativo. In alcuni casi, però, il termine *regolamento* designa atti tipici, fonti dell'ordinamento giuridico generale: questo è il caso dei **regolamenti amministrativi**, categoria in cui rientrano i *regolamenti dell'esecutivo* (a loro volta divisi in *regolamenti governativi* e *regolamenti ministeriali* o *interministeriali*), i *regolamenti regionali* e i *regolamenti degli enti locali* (→ § X) (nonché i *regolamenti* di altre autorità amministrative di cui non si tratta in questo manuale).

La tradizionale definizione dei **regolamenti amministrativi** come atti *sostanzialmente legislativi* ma *formalmente amministrativi* rispecchia ancora bene l'attuale realtà soprattutto dei regolamenti dell'esecutivo. I regolamenti infatti non si distinguono dalle leggi ordinarie per *contenuto* o per *importanza*: vi sono leggi minute e di scarsa importanza (le c.d. **leggine**) e vi sono regolamenti che, al contrario, dettano la disciplina normativa di settori di rilevantissimo interesse. I **regolamenti dell'esecutivo** sono atti normativi spesso complessi, come le leggi suddivisi in articoli, capi, ecc., ma emanati dagli organi dell'esecutivo (infatti hanno sempre la "forma" del *decreto*: → § II.3.1✓) attraverso un procedimento che non ha le garanzie di controllo parlamentare che caratterizzano le leggi e gli atti con forza di legge. Quale spazio normativo possa occupare il regolamento dell'esecutivo dipende dalla legge: questo perché il regolamento dell'esecutivo è una **fonte secondaria**, sottoposta nella gerarchia delle fonti (→ § VIII.8) alle *fonti primarie*, cioè alla legge e agli atti con forza di legge.

10.2. *Fondamento normativo*

La Costituzione non disciplina i regolamenti dell'esecutivo: essa si limita a disciplinare la formazione della legge formale e gli atti ad essa equiparati (→ § IX.2.2). I regolamenti sono menzionati indirettamente dall'art. 87.5, che, enumerando le attribuzioni del Presidente della Repubblica, include anche l'emanazione di essi. Tuttavia la riforma costituzionale del "Titolo V" (→ § VI), ha introdotto un'importante innovazione (art. 117.6 Cost.): ha stabilito il **principio di "parallelismo" tra funzioni legislative e funzioni regolamentari**, limitando la potestà del Governo di emanare regolamenti alle sole materie sulle quali lo Stato ha *potestà legislativa esclusiva* (→ § X.2) e riservando alle Regioni il potere regolamentare in tutte le altre materie ❼. Oggi, perciò, i regolamenti del Governo sono fonti a competenza limitata dalla Costituzione.

A parte queste regole generali, appartiene alla logica della gerarchia delle fonti che ogni fonte trovi il proprio fondamento (e il proprio limite) nelle fonti immediatamente superiori. Quindi è nella legge ordinaria che va ricercato il fondamento dei regolamenti, ossia le condizioni per la loro *validità* (→ § VIII.8.1). Da qui derivano tre importanti conseguenze: a) mentre per le *fonti primarie* il sistema è chiuso, in quanto la tipologia degli atti è compiutamente e tassativamente elencata dalla Costituzione (→ § IX.2.2), lo stesso non vale per le *fonti secondarie*, che sono modellabili dalla legislazione ordinaria; b) mentre esiste uno spazio costituzionalmente garantito per le leggi e gli atti equiparati o concorrenti, non v'è invece uno spazio garantito per i regolamenti dell'esecutivo: anzi, le numerose riserve di legge (e ad altre fonti) contenute nella Costituzione (→ § VIII.11) servono principalmente a limitare lo spazio che la legge può concedere ai regolamenti amministrativi, imponendo il ricorso alla fonte primaria per la disciplina (esclusiva o parziale) della materia; c) mentre le leggi possono disporre, sia pure eccezionalmente (→ § VIII.8.5), retroattivamente, questo non è possibile per i regolamenti (vi sarebbe violazione dell'art. 11 delle c.d. *Preleggi*: → § VIII.3.3.

La disciplina generale del potere regolamentare dell'esecutivo è contenuta:

a) nelle *Preleggi*, artt. 1, 3-4, 10;
b) nell'art. 17 della legge 400/1988 (→ § V.2.6).

Le *Preleggi* dedicano ai regolamenti due articoli che, con qualche adattamento, possono considerarsi ancora in vigore (sulla c.d. *abrogazione tacita* → § VIII.7.4): l'art. 3 dispone che "*il potere regolamentare del Governo è disciplinato da leggi di carattere costituzionale*" (il significato di questa espressione va colto alla luce della funzione che a quel tempo si intendeva assegnare alle stesse *Preleggi*: → § VIII.3✓); mentre "*il potere regolamentare di altre autorità è esercitato nei limiti delle rispettive competenze, in conformità delle leggi particolari*". L'articolo successivo riporta i regolamenti nella struttura gerarchica del sistema normativo: "*I regolamenti non possono contenere norme contrarie alle disposizioni delle leggi*", mentre i regolamenti delle "*altre autorità*" "*non possono nemmeno dettare norme contrarie a quelle dei regolamenti emanati dal Governo*".

Questa impostazione è ripresa fedelmente dalla legge 400/1988, che ha sostituito la precedente disciplina, risalente alla legge (di "carattere costituzionale", secondo la terminologia delle *Preleggi*) 100/1926. Innanzitutto l'art. 17 ripete la distinzione tra i *regolamenti del Governo* e i regolamenti di altre autorità dell'esecutivo, cioè i ministri e le "*autorità sottordinate al ministro*". Tale distinzione si riflette sul fondamento legale dei regolamenti: mentre per i *regolamenti governativi* il fondamento del potere normativo è costituito dallo stesso art. 17, che assolve la funzione di norma attributiva in generale del potere stesso, per i *regolamenti ministeriali* (e quelli ad essi assimilabili) occorre che il potere di emanare l'atto sia espressamente conferito dalle singole leggi ordinarie (sono cioè sottoposti al *principio di legalità in senso sostanziale*: → § VIII.11.1✓).

In secondo luogo, l'art. 17.3 ripete la graduazione gerarchica interna ai regolamenti dell'esecutivo: i regolamenti ministeriali "*non possono dettare norme contrarie a quelle dei regolamenti emanati dal Governo*". Ovviamente si tratta di una gerarchia stabilita da una legge ordinaria, non dalla Costituzione: per cui la legge che prevede il regolamento ministeriale ben può scalzarla e dare prevalenza alle norme di questo rispetto ai precedenti regolamenti governativi. Ciò vale per tutta la disciplina generale dei regolamenti, come conseguenza dell'assenza di norme costituzionali in materia: proprio perché generale, la disciplina dettata dalle *Preleggi* e dalla legge 400/1988 è destinata a cedere di fronte a norme speciali contenute in altre leggi ordinarie (sul rapporto tra norma speciale e norma generale: → § VIII.9). Ma, in assenza di norme di legge derogatorie, vale la regola generale stabilita dalle *Preleggi* e ribadita dalla legge 400: il regolamento ministeriale che la violasse – come pure quello emanato senza una specifica indicazione della legge – sarebbe illegittimo.

10.3. *Procedimento*

Il procedimento di emanazione dei *regolamenti governativi* è diverso da quello per l'emanazione dei *regolamenti ministeriali*: entrambi sono disciplinati dall'art. 17 della legge 400/1988.

I primi vengono deliberati, su proposta di uno o più ministri, dal Consiglio dei ministri, previo parere del Consiglio di Stato (→ § V.2.13). Si tratta di un parere *obbligatorio*, ma non *vincolante* (→ § I.2.9.5): per cui il Governo può discostarsene motivando (i motivi verranno indicati nella relazione che il ministro proponente presenta al Consiglio dei ministri); talvolta le specifiche leggi prescrivono al Governo di acquisire anche il parere di altri organi, in particolare quello delle commissioni parlamentari. Il regolamento viene poi emanato dal Presidente della Repubblica con proprio decreto (assume quindi la forma del **d.P.R.**). L'atto è così perfetto, ma non ancora efficace: deve passare il controllo di legittimità della Corte dei conti, la quale provvede al visto e alla registrazione (→ § V.2.13); infine viene pubblicato sulla *Gazzetta Ufficiale.*

✓ IL "PREAMBOLO" DEL REGOLAMENTO GOVERNATIVO: UN ESEMPIO

Gazzetta Ufficiale n. 216, serie generale parte prima del 16/9/1997

Decreto del Presidente della Repubblica 25 luglio 1997, n. 306 – *Regolamento recante disciplina in materia di contributi universitari* (registrato alla Corte dei Conti l'8 settembre 1997)

IL PRESIDENTE DELLA REPUBBLICA

Visto l'articolo 87, quinto comma, della Costituzione;
Vista la legge 15 marzo 1997, n. 59 e in particolare l'articolo 20, comma 8, lettera c), nonché i criteri di cui al medesimo articolo, comma 5;
Visto l'articolo 17, comma 2, della legge 23 agosto 1988, n. 400;
Considerata l'opportunità di emanare un regolamento che disponga urgentemente in materia di contributi universitari, al fine di consentire alle università di predisporre in tempo utile le informazioni per gli studenti in vista dell'anno accademico 1997-1998, nonché di acquisire elementi certi per la definizione del bilancio di previsione 1998, rinviando il tema più generale e più complesso degli interventi per il diritto allo studio ad un ulteriore regolamento;
Udito il parere del Consiglio di Stato reso dalla Sezione consultiva per gli atti normativi nell'Adunanza del 23 giugno 1997;
Visto il parere reso dalla VII Commissione del Senato in data 3 luglio 1997 e ritenuto di adeguarsi al contenuto del medesimo, salvo che per la richiesta relativa alle modalità di determinazione degli esoneri da tasse e contributi nelle università non statali, ritenendosi al riguardo di dover rinviare alla normativa vigente in materia di diritto allo studio;
Considerato che la VII Commissione della Camera dei Deputati non ha espresso parere;
Vista la delibera del Consiglio dei ministri, adottata nella riunione del 18 luglio 1997;
Sulla proposta del Presidente del Consiglio dei ministri e del ministro per la funzione pubblica, di concerto con il ministro dell'università e della ricerca scientifica e tecnologica;

Emana
il seguente regolamento:
...

INTERNET Il testo del decreto può essere letto in www.murst.it/regolame/contarti.htm.

I regolamenti ministeriali sono invece emanati dal ministro (hanno quindi la forma del **decreto ministeriale: d.m.**), sempre previo parere del Consiglio di Stato (→ § V.2.13) (e degli altri organi eventualmente prescritti dalla legge); con lo stesso procedimento, ma con **decreto interministeriale** sono emanati i regolamenti che riguardano materie di competenza di più ministri (per esempio, la Scuola per l'accesso alle professioni legali è disciplinata con decreto interministeriale dai ministri dell'Università e della Giustizia). Prima dell'emanazione devono essere comunicati al Presidente del Consiglio dei ministri, che può esercitare la facoltà prevista dall'art. 5.2, lett. c), della legge 400/1988 (sospendere l'adozione dell'atto e provocare una deliberazione del Consiglio dei ministri). Sono soggetti anch'essi al controllo della Corte dei conti e sono pubblicati nella *Gazzetta Ufficiale*. La legge 400 prescrive infine (art. 17, ultimo comma) che tutti i regolamenti rechino nel titolo la denominazione, appunto, di "*regolamento*": questa innovazione, apparentemente marginale, è invece importante, perché concorre a tipizzare la fonte regolamentare, distinguendola dai numerosi decreti presidenziali e ministeriali che farciscono la *Gazzetta Ufficiale*.

10.4. *Tipologia*

L'art. 17.1 della legge 400/1988 distingue diverse tipologie di regolamento *governativo*. In parte esse rispecchiano analoghe classificazioni contenute nella legge 100/1926, classificazioni che hanno fatto lungamente discutere la dottrina. Esse si basano sul diverso rapporto che il regolamento avrebbe con la legge, con la *riserva di legge* e con le competenze legislative delle Regioni. Ma la stessa legge 400 non è affatto esauriente nella spiegazione delle diverse tipologie, che spesso vengono confuse nell'uso corrente:

a) **regolamenti di esecuzione** delle leggi. Sono regolamenti che il Governo adotta anche senza una specifica autorizzazione legislativa (il fondamento della loro legalità è dunque la stessa legge 400/1988) quando avverta la necessità di emanare norme che assicurino l'operatività della legge e dei decreti con forza di legge (la "*legge comunitaria 1998*" – per questo tipo di leggi → § XI.3 – ha aggiunto, tra gli atti a cui il Governo può dare esecuzione con questo tipo di regolamento, anche i *regolamenti UE*, su cui → § XI.1.2.α). Possono avere una funzione interpretativa – applicativa della legge oppure di disciplinare le modalità procedurali per l'applicazione di essa. Ovviamente incontrano un limite costituzionale laddove sia prevista una *riserva assoluta di legge* (→ § VIII.11.2). Tuttavia si ritiene che regolamenti di *stretta esecuzione* possano essere emanati anche in materia coperta da riserva assoluta: a condizione però che essi non integrino la *fattispecie* legislativa, non servano cioè a precisare e integrare le norme poste dalla legge; la loro funzione deve limitarsi a predisporre gli strumenti amministrativi e procedurali necessari a rendere operativa la legge. Questo è il compito tipico del "potere esecutivo", che esso deve assolvere sempre, anche quando non ci siano specifiche autorizzazioni legislative. Così, per esempio, in una materia "riservata" alla legge come il diritto elettorale, troviamo la legge 459/2001 che disciplina l'esercizio del diritto di voto dei cittadini italiani residenti all'estero (→ § IV.7.2✓), ma rinvia ad un regolamento d'esecuzione (d.P.R. 104/2003) i dettagli tecnici relativi all'aggiornamento delle liste elettorali o all'espressione del voto per corrispondenza;

b) **regolamenti d'attuazione**: essi sono emanati per "*l'attuazione e l'integrazione delle leggi e dei decreti legislativi recanti norme di principio, esclusi quelli relativi a materie riservate alla competenza regionale*" (art. 17.1, lett. b), legge 400/1988). Qui siamo nel tipico schema del riparto di compiti normativi tra legge e regolamento in presenza di una riserva di legge relativa: la legge deve dettare almeno i principi della materia, lasciando al regolamento la disciplina di dettaglio. Di conseguenza il potere regolamentare si fonderà su un'esplicita previsione della legge da attuare;

c) **regolamenti indipendenti**: sono emanati nelle "*materie in cui manchi la disciplina da parte di leggi o di atti aventi forza di legge, sempre che non si tratti di materie comunque riservate alla legge*" (art. 17.1, lett. c), legge 400/1988). Sono una figura molto contestata, sospettata di ledere i principi della separazione dei poteri e della legalità dell'amministrazione. Soprattutto si tratta di una figura il cui spazio di operatività è estremamente limitato, in un sistema di legislazione ipertrofica come il nostro, in cui per altro molte materie sono coperte da riserva di legge. In sostanza, la disposizione della legge rappresenta il fondamento di un potere normativo residuale, che potrebbe essere esercitato dal Governo, nel rispetto di tutti i principi ricavabili dalla legislazione vigente, solo in quegli interstizi dell'ordinamento che, non coperti da riserva di legge, e per di più rientranti nelle materie in cui il "nuovo" art. 117.6 (→ § IX.10.2) consente allo Stato di emanare regolamenti ❼, non sono già disciplinati dalla legge: uno spazio, come si vede, così ridotto da non suscitare grande allarme;

d) **regolamenti di organizzazione**: sono un residuo storico, risalente all'epoca prerepubblicana, quando l'esecutivo aveva una riserva di competenza sull'organizzazione dei pubblici uffici. Oggi la materia è coperta da *riserva relativa di legge*, per cui i regolamenti di organizzazione non sono diversi dai regolamenti di esecuzione o di attuazione. Va però segnalata la tendenza attuale ad un'accentuazione dell'autonomia dell'esecutivo nel plasmare la pubblica amministrazione: il segno più evidente di questa tendenza è l'aggiunta, disposta dalla legge 59/1997, all'art. 17 della legge 400/1988 di un comma 4-*bis* che "*delegifica*" (→ § successivo) l'organizzazione e la disciplina degli uffici pubblici.

Per i **regolamenti ministeriali** (e per quelli *interministeriali*) non c'è un problema di classificazione: come già detto, essi possono essere emanati esclusivamente se una legge conferisce tale potere. È vero però che nella prassi accade talvolta che non sia la legge, ma un *regolamento governativo* a prevederli: è parte della più generale e incontenibile tendenza del Governo ad abusare dei poteri normativi sottraendosi al rispetto tassativo delle forme legali e dei limiti posti dalla legge. Il controllo preventivo di legittimità esercitato dalla Corte dei conti e l'impugnazione successiva dei regolamenti davanti al giudice amministrativo (oltre che davanti alla Corte costituzionale nei conflitti di attribuzione promossi dalle Regioni: → § XII.5) sono gli strumenti disponibili per ripristinare la legalità.

✓ PERCHÉ LA "RISERVA DI LEGGE" È UNA GARANZIA?

La domanda è tutt'altro che banale. L'attenzione, con cui la Costituzione circonda tante materie con la "garanzia" della riserva di legge assoluta o relativa, deve avere una giustificazione precisa. La riserva di legge serve a escludere o limitare il ricorso al regolamento amministrativo, imponendo al legislatore di provvedere direttamente a disciplinare la materia, almeno per le linee generali: ma perché la legge, o l'atto con forza di legge, garantirebbe i cittadini di più del regolamento? In fondo il regolamento proviene da un organo, il Governo, che risponde ad un principio di rappresentanza politica (→ § V.I.2), anzi, se la legislazione elettorale lo consente, in certi casi si potrebbe ritenere che il Governo è direttamente investito dagli elettori, come – se non di più – del Parlamento. La differenza sta soltanto nel procedimento e nelle sue garanzie. Il procedimento legislativo (come in generale i procedimenti parlamentari) è dominato dal *principio di pubblicità* (→ § V.3.2.1), e questo perché solo la pubblicità può rendere efficace la partecipazione delle opposizioni alle decisioni; il procedimento decisionale del Governo è invece caratterizzato dalla *riservatezza*, e ciò perché il Governo è (o dovrebbe essere) politicamente compatto. È quindi la partecipazione dell'opposizione alla decisione – con quello che porta dietro di dibattito politico, di dissenso, di scontro, di coinvolgimento dei *mass media* e dell'opinione pubblica – che segna la differenza e giustifica la riserva di legge come istituto di garanzia ❻.

10.5. *I regolamenti c.d. "delegati" e la "delegificazione"*

L'art. 17.2 della legge 400/1988 disciplina un fenomeno che aveva fatto molto discutere già in passato: quello dei **regolamenti c.d. "delegati" o "autorizzati"**. La particolarità di questi regolamenti è di provocare un apparente effetto abrogativo delle leggi precedenti. La loro funzione, infatti, è di produrre la c.d. "**delegificazione**", cioè la sostituzione della precedente disciplina di livello legislativo con una nuova disciplina di livello regolamentare. La assenza nel nostro ordinamento di una "riserva di regolamento amministrativo", parallela alla riserva di legge ordinaria, favorisce infatti l'inarrestabile tendenza del legislatore ordinario ad occuparsi delle materie più disparate, irrigidendone la disciplina, che dovrà in seguito essere modificata sempre con legge ordinaria. La delegificazione si propone come rimedio alla espansione ipertrofica della legislazione ordinaria, rimedio che opera declassando la disciplina della materia dalla legge al regolamento.

✓ DELEGIFICAZIONE, *DEREGULATION*, SEMPLIFICAZIONE

Tre parole d'ordine hanno da tempo accompagnato il dibattito politico: delegificazione, deregolamentazione e semplificazione. Benché spesso confuse, esse esprimono cose assai diverse. La **delegificazione** muove, come si è appena visto, ad un abbassamento del livello della disciplina normativa che regola una materia, nella convinzione che, sostituendo la legge con il regolamento, si possa velocizzare l'adeguamento delle regole alla realtà. La **deregolamentazione** (***deregulation*** è il termine originale) punta invece alla drastica riduzione dell'insieme delle regole che imbrigliano l'attività dei privati in un certo settore, nella convinzione che, senza l'oppressione di "lacci e lacciuoli", l'iniziativa privata e il mercato possano finalmente riespandersi, con tutti i conseguenti effetti benefici. La **semplificazione** intende invece eliminare, o almeno attenuare, il peso e i costi degli asfissianti

procedimenti burocratici, che inutilmente opprimono la vita dei privati e delle imprese. Come si vede, sono tre cose nettamente diverse: delegificare non significa affatto ridurre il numero delle norme in vigore su una certa materia. Anzi, spesso il passaggio da una disciplina legislativa ad una ministeriale comporta maggiore analiticità delle regole. Quindi, non è affatto detto che la delegificazione influisca positivamente anche sulla semplificazione. La *deregulation* comporta, invece, di regola, una semplificazione amministrativa, una riduzione dei procedimenti, degli oneri, ecc.: ma può anche significare invece aumentare la discrezionalità dell'amministrazione, che potrebbe trovarsi meno vincolata da criteri normativi nelle valutazioni di sua competenza.
In comune, i programmi impliciti in questi tre termini hanno essenzialmente questo: tendono tutti ad adeguare l'apparato statale al mercato, alla sua dinamica, al suo bisogno di libertà. Verso questo obiettivo, allora, questi programmi incontrano anche altre "parole magiche": per esempio, la "autoregolamentazione", che è alla base del fiorire delle "autorità indipendenti" (→ § XIII.7.7).

Naturalmente il regolamento amministrativo non può produrre l'abrogazione delle leggi, perché violerebbe la gerarchia delle fonti; né può essere autorizzato a farlo da una legge ordinaria, perché questa violerebbe il principio di tipicità e tassatività delle fonti primarie (→ § IX.2.2). Perciò la dottrina aveva elaborato una spiegazione del fenomeno, che ora è ripresa pari pari dall'art. 17.2 della legge 400/1988: è la legge ordinaria a disporre l'abrogazione della legislazione precedente, facendo però decorrere l'effetto abrogativo dalla data di entrata in vigore del regolamento, la cui emanazione essa autorizza. Si tratta di un regolamento governativo di attuazione, che non può essere previsto in materie coperte da *riserva assoluta* di legge: la legge che lo prevede deve determinare "*le norme generali regolatrici della materia*" e disporre l'abrogazione delle norme legislative precedenti, che il regolamento dovrà sostituire sviluppando i principi contenuti nella legge stessa.

10.6. *E poi?*

Sono tutte qua le fonti normative dello Stato? Leggi e regolamenti esauriscono il sistema delle fonti atto statali? Non sarebbe stato difficile rispondere di sì in passato: lo stesso art. 1 delle *Preleggi* (→ § VIII.3.3) si accontenta di enumerare questi due tipi di fonti (accanto alle *norme corporative* che non esistono più, e agli *usi* che sono fonti-fatto). Del resto il **principio di tipicità delle fonti-atto** (→ § VIII.3.2) richiede che l'ordinamento giuridico determini con esattezza i procedimenti e le forme con cui possono essere prodotte le norme generali e astratte a cui tutti dobbiamo attenerci e che giudici e apparati amministrativi devono applicare. La tipicità risponde dunque ad esigenze di certezza e di legalità, ossia a valori tipici dello Stato di diritto: non tutto ciò che il sovrano vuole *legis habet vigorem*, come nello Stato assoluto (→ § II.1.3), ma solo ciò che è prodotto dagli organi autorizzati (e legittimati) e nelle forme prescritte.

Però, mentre il principio di tipicità è assolutamente tassativo per le fonti primarie (la Costituzione attribuisce la potestà legislativa alle Camere e tutte le eccezioni a questa regola devono necessariamente essere poste da norme costituzionali: → § IX.2.2), lo stesso non può dirsi delle fonti sub-primarie, perché la loro disciplina è affidata alla legge ordinaria. E la legge ordinaria è spesso preda della fantasia del legislatore, che può prevedere atti dalla denominazione più varia.

Le stesse leggi "generali" in materia di produzione normativa, come la più volte citata legge 400/1988 sui poteri normativi del Governo, in quanto fonti primarie, s'impongono all'esecutivo e ne disciplinano i comportamenti anche nella produzione normativa, ma non sono accreditate della "forza passiva" necessaria per imporsi alle altre leggi, che restano libere di istituire specifici "atti" con contenuti di tipo normativo, variamente denominandoli.

✓ FONTI SECONDARIE E "FUGA DALLA FORMA"

Si potrebbe dire, anzi, che più le leggi impongono vincoli al potere regolamentare e più si assiste ad una "fuga dalla forma", al tentativo di emanare atti "anomali". Un esempio evidente lo si è avuto in vigenza del "vecchio" art. 121.2 Cost., che attribuiva al Consiglio regionale la potestà regolamentare (→ § X.3); in quasi tutte le Regioni il "regolamento" era pressoché scomparso dalla produzione normativa, mentre – per lo più per espressa previsione legislativa – si sono prodotte numerose specie di fonti anomale, variamente denominate "programmi", "atti di indirizzo", "criteri generali", "indirizzi programmatici", "linee guida", "deliberazioni", ecc.: uno sforzo di fantasia lessicale motivato dall'esigenza di aggirare il vincolo costituzionale e consentire alla Giunta regionale (e talvolta allo stesso Consiglio) di produrre le norme necessarie all'attuazione della legge.
Qualcosa di analogo è avvenuto dopo l'entrata in vigore del "nuovo" art. 117.6 Cost. ❼: la severa delimitazione costituzionale del potere regolamentare dello Stato alle sole materie "esclusive" (→ § IX.3B) è stato "evaso", per esempio, attraverso la curiosa prassi delle leggi che autorizzano il ministro ad emanare decreti *"non aventi valore regolamentare"*, anche se di fatto contengono prescrizioni normative.

In linea di principio, però, l'attribuzione di un atto alla categoria dei regolamenti segue criteri sostanziali e non formali: quale sia la denominazione impiegata, se l'atto contiene norme generali e astratte che si rivolgono ai consociati e innovano all'ordinamento giuridico, quello è un regolamento amministrativo; al più, se non rispetta i requisiti formali (o di competenza) posti dalle leggi o dalla Costituzione, sarà un regolamento amministrativo illegittimo.

Però ci sono zone d'ombra in cui è difficile vedere chiaro, create da processi in corso nella società che spingono verso la proliferazione di atti regolativi anomali. Uno è il venir meno dei poteri di direzione politica dell'economia, che ha aperto la strada alla proliferazione delle *autorità amministrative indipendenti* (→ § XIII.7.7); un altro è l'attenuazione della supremazia dello Stato rispetto al sistema delle autonomie locali (→ § VI.3), che ha rafforzato la produzione di accordi, intese, programmi negoziati. Nel primo caso, assistiamo ad una produzione di regole generali e astratte (in materia di concorrenza, pubblicità, tutela dei consumatori, servizi pubblici, ecc.) che sono prodotte dalle autorità indipendenti non attraverso le normali procedure di formazione delle norme giuridiche, ma piuttosto attraverso un processo negoziale tra autorità pubblica e operatori privati. Anche nel secondo caso gli accordi di programma, le intese raggiunte in Conferenza Stato-Regioni o in quella Unificata, gli atti di programmazione negoziata sono frutto di negoziazione politica e normativa che si collocano sulla soglia tra l'atto meramente politico e l'atto giuridico produttivo di effetti normativi.

Sono fenomeni ben noti anche all'ordinamento dell'UE. Per essi si è coniato il temine ***soft law***, termine comodo ma ambiguo, il cui impiego lascia del tutto irrisolto il problema di dire ciò che è diritto e ciò che non lo è, ciò che un giudice deve applicare e ciò che deve restare estraneo alla costruzione della premessa maggiore del suo giudizio (→ § VIII.5).

✓ DIRITTO SÌ, DIRITTO NO ...

Mettiamo che un giorno un giornalista sia denunciato perché pubblica immagini di una persona ritenute protette dal diritto di *privacy* (→ § XIII.4.4.2). Egli si difende sostenendo, e a ragione, di essersi attenuto scrupolosamente alle regole del *Codice deontologico* relativo al trattamento dei dati personali – approvato dal suo Ordine professionale con la pretesa, del tutto unilaterale, di "contemperare i diritti fondamentali della persona con il diritto dei cittadini all'informazione e con la libertà di stampa". Può ciononostante incorrere in un comportamento illecito? Tutto sta a capire cosa sia il "Codice deontologico" e quanto conti, giuridicamente, il fatto che esso sia stato approvato anche dall'Autorità garante della *privacy*: è parte dell'ordinamento giuridico o no? È fonte dell'ordinamento giuridico o solo un atto interno alla "corporazione" dei giornalisti, che certo come tale non potrebbe pretendere di produrre effetti per chi giornalista non è? Il problema è tutt'altro che semplice: la Cassazione ha affermato che le regole deontologiche si riferiscono "a precetti extragiuridici ovvero a regole interne alle categorie e non già ad atti normativi", ma talvolta ha sostenuto il contrario e così anche diversi giudici amministrativi. Il Consiglio nazionale forense – altra "corporazione" – sembra orientato a ritenere che il codice deontologico non abbia carattere "creativo" bensì "ricognitivo" di situazioni già in precedenza ritenute costituenti illecito disciplinare; ma la stessa Cassazione (VI sez. pen., sent. 2088/2009) ha utilizzato le norme deontologiche per dimostrare lo stretto rapporto fiduciario che esiste tra imputato e difensore ... Insomma, dov'è la certezza del diritto?

Altro problema, assai più tradizionale, è quello dei c.d. **atti amministrativi generali**. Nasce da una troppo semplice contrapposizione tra precetto *generale e astratto* e precetto *singolare e concreto*. I requisiti della generalità e astrattezza sono tipici delle norme giuridiche (e quindi degli atti normativi), mentre singolari e concreti sono gli atti con cui il giudice (con la sentenza) e le autorità amministrative (con il **provvedimento**) applicano la norma giuridica al caso concreto. Per questa distinzione corre dunque anche la linea di separazione dei poteri (→ § II.3).

Ci sono però alcuni atti che sembrano sfidare questa divisione. I più dibattuti sono le **ordinanze amministrative** che, in base a specifiche previsioni di legge (per esempio, il vecchio T.U. delle leggi di pubblica sicurezza e la più recente legge sulla protezione civile), possono essere emanate in casi di urgenza e necessità, anche in deroga alle disposizioni di legge, per fronteggiare situazioni eccezionali e destinate ad esaurirsi nel tempo.

✓ LE ORDINANZE, TRA EMERGENZA E LEGALITÀ

Esse, pertanto, dovrebbero produrre effetti nei limiti – anche spaziali e temporali – che ne legittimano l'adozione, ma hanno un contenuto non predeterminabile per via legislativa. L'indeterminabilità a priori del contenuto e la deroga alle norme legislative ed all'ordine normale delle competenze, hanno da sempre posto il problema della compatibilità delle ordinanze di necessità e di urgenza con il principio di legalità, cui è sottoposta l'attività amministrativa (→ § VIII.11.1). La Corte costituzionale ha precisato che le ordinanze di necessità e di urgenza non sono da ricomprendere tra le fonti del nostro ordinamento giuridico, perché sono autorizzate, non a modificare, ma solo a derogare (→ § VIII.7.5) provvisoriamente il diritto vigente, e non sono quindi equiparabili ad atti con forza di legge; ed inoltre la autorizzazione ad emanarle deve essere disposta da una legge che delimiti il loro contenuto, indichi il presupposto, la materia, la finalità dell'intervento e l'autorità legittimata (sent. 4/1977). Molto discusse sono però in particolare le ordinanze della Protezione civile, nate per affrontare stati di emergenza (come le calamità naturali), ma poi estese dalla legislazione successiva ad ambiti del tutto diversi, come i *"grandi eventi"* (mondiali di calcio, regate internazionali, vertici internazionali, ecc.), creando ampie zone di attività amministrativa sottratta alla disciplina generale: contro questa prassi ha incominciato a reagire la Corte dei conti, ritenendo che rientrino tra i "grandi eventi" "solo quegli eventi che, pur se diversi da calamità naturali e catastrofi, determinano situazioni di grave rischio per l'integrità della vita, dei beni, degli insediamenti e dell'ambiente dai danni o dal pericolo di danni"; negli altri casi le ordinanze non possono sottrarsi al comune regime degli atti dell'esecutivo, compreso il controllo preventivo di legittimità (Corte dei conti, Deliberazione n. 5/2010). Non meno discusse anche le "ordinanze per la sicurezza" che il sindaco "quale ufficiale del governo, adotta ... al fine di prevenire e di eliminare gravi pericoli che minacciano l'incolumità pubblica e la sicurezza urbana" (legge 125/2008: per un esempio abnorme di uso di questo potere → § XIII.5.2✓). Ma ancora una volta è intervenuta la Corte costituzionale (sent. 115/2011) a ridimensionare il plateale *vulnus* alla tipicità delle fonti e al principio di legalità.

Alla categoria (piuttosto incerta) degli atti amministrativi generali sono attribuiti anche altri atti come, per esempio, i bandi di concorso o di gara, i provvedimenti prezzi (quando esistevano: → § II.7.3), i piani regolatori o la chiamata alle armi (prima della soppressione della leva obbligatoria: → § XIII.9.1). La loro caratteristica comune è di non avere contenuto provvedimentale perché rivolti ad una pluralità non predeterminabile di destinatari, ma di essere "concreti" e di non innovare all'ordinamento giuridico.

test **on-line**

Ancora diversa è la questione dei c.d. "atti interni" della pubblica amministrazione, cioè di quegli atti di organizzazione e di indirizzo che servono nelle strutture complesse a regolarne le attività. Essi hanno efficacia interna in forza del principio di gerarchia che informa l'organizzazione amministrativa: possono valere come fonte di *quell'ordinamento particolare* (per esempio, la loro violazione potrà comportare un illecito disciplinare) ma non hanno alcuna efficacia giuridica nell'ordinamento generale. A questi atti si è accennato a proposito dei *testi unici compilativi* (→ § IX.5.4✓) e delle **circolari**. Queste ultime, in particolare, costituiscono un punto di riferimento rilevantissimo nell'attività degli uffici amministrativi, perché contengono le istruzioni che il superiore gerarchico indirizza al sottoposto per spiegargli le novità introdotte da un determinato atto normativo (e quindi costituisce uno strumento per la sua interpretazione) o per indicargli come risolvere un determinato problema. Il pubblico impiegato non applica la teoria delle fonti, non dà precedenza alla Costituzione o alla legge formale: deve attenersi a ciò che gli prescrive la circolare. Per lui, dunque, la gerarchia delle fonti è sovvertita: ma solo per lui, perché nell'ordinamento generale le circolari non hanno alcun valore normativo.

✓ L'EMERGENZA COVID-19 E LE FONTI

A differenza di altri Stati europei, come la Francia, la Costituzione non prevede esplicitamente uno **stato di emergenza** che comporti l'attribuzione al Governo di poteri normativi necessari a fronteggiare la situazione eccezionale: si limita a prevedere la dichiarazione dello stato di guerra (che implica il conferimento di particolari poteri, non specificati dalla disciplina costituzionale, al Governo (→ § IX.7.1), e il decreto-legge (→ § IX.7.6). Secondo un'opinione che ha un certo seguito, i provvedimenti di emergenza troverebbero una legittimazione costituzionale nei tradizionali princìpi del *primum vivere* e della *salus reipubblicae*, che sarebbero stati implicitamente riconosciuti dalla Costituzione. Ovviamente si tratterebbe di poteri che devono rispettare alcuni limiti che derivano dalla stessa Costituzione (al contrario di quanto si pensava una volta appellandosi alla "necessità come fonte": → § IX.7.6✓), e in primo luogo la necessaria intermediazione della fonte primaria, che però non potrebbe attribuire ai provvedimenti emergenziali la stessa forza della legge (si veda quanto osservato a proposito delle *ordinanze*: → § IX.10.6✓). Il principio di legalità, inteso in senso sostanziale (→ § VIII.11.1✓), impone che i provvedimenti di emergenza adottati dall'Esecutivo arrivino al termine di una catena normativa che ha il suo inizio nell'atto legislativo che deve prevedere tali provvedimenti, indicando il presupposto dell'atto, la materia e la finalità dell'intervento nonché l'autorità legittimata, e preveda che si possano apportare solamente deroghe temporanee alle leggi vigenti.
Fonte normativa primaria fondamentale è il **Codice della protezione civile** (d.lgs. 1/2018), che prevede sia il Consiglio dei ministri l'organo competente a proclamare lo stato di emergenza "sulla base dei dati e delle informazioni disponibili" ("dati univoci e concordanti" richiede la Corte cost. 127/1995); emergenza che può essere provocata da eventi calamitosi (di origine naturale o umana) e che può anche richiedere l'intervento coordinato di più enti o amministrazioni, ma deve comunque essere sottoposta a precisi limiti temporali (sulle ordinanze di protezione civile → § IX.10.6✓).
I poteri normativi di emergenza hanno avuto un largo impiego in occasione della crisi sanitaria determinata dalla **pandemia da Covid-19** nel 2020 ⓬. Il 31 gennaio il Consiglio dei ministri ha adottato la delibera recante "la dichiarazione dello stato di emergenza in conseguenza del rischio sanitario connesso all'insorgenza di patologie derivanti da agenti virali trasmissibili" e da quel momento si è sviluppata una catena normativa dell'emergenza, in cui si sono succeduti decreti-legge (il primo è stato il d.l. 6/2020 che ha previsto il potere di adottare misure di contenimento dell'epidemia) e d.P.C.M (→ § V.4.8), con i quali sono state emanate le concrete misure (obblighi di quarantena, divieti di assembramenti, ecc.), restrittive dei diritti fondamentali, quali la libertà di circolazione e di riunione.
Il massiccio impiego di d.P.C.M. ha dato luogo a molte critiche quanto al rispetto del controllo parlamentare, del principio di legalità, delle riserve di legge. Ma è proprio dell'emergenza che non siano preventivamente definibili i contenuti essenziali della risposta regolativa, sicché la fonte primaria può disporre solamente una disciplina parziale e limitata.
Nella gestione dell'emergenza sanitaria si sono aggiunti atti di altre autorità, tra cui le ordinanze del ministro della salute e numerosissime ordinanze dei Presidenti di Regione. Le prime trovano il loro fondamento normativo nell'art. 32 della legge 833/1978 (il ministro può emettere ordinanze di carattere contingibile e urgente in materia di sanità pubblica e di polizia veterinaria, con efficacia estesa all'intero territorio nazionale); le seconde si fondano sul codice della protezione civile. Il problema che si è posto ha riguardato il loro rapporto con le fonti statali e in particolare con i d.P.C.M., visto che spesso esse introducevano misure più restrittive delle libertà rispetto a quanto previsto a livello statale. Il frazionamento su base regionale della disciplina che riguarda i diritti fondamentali ha riacutizzato polemiche sul senso e i limiti delle autonomie regionali.

X. LE FONTI DELLE AUTONOMIE

SOMMARIO: 1. Statuti regionali. – 1.1. Definizioni. – 1.2. Procedimento di formazione. – 1.3. Natura e funzione degli Statuti ordinari. – 2. Leggi regionali. – 2.1. Definizioni. – 2.2. Procedimento. – 2.3. L'estensione della potestà legislativa regionale. – 3. Regolamenti regionali. – 4. Fonti degli enti locali. – 4.1. Le fonti locali nel sistema delle fonti. – 4.2. Statuti. – 4.3. Regolamenti.

1. STATUTI REGIONALI

1.1. *Definizioni*

Sono **fonti dell'ordinamento regionale**: lo Statuto, la legge regionale e il regolamento regionale.

Tutte le Regioni hanno uno *Statuto*, ma gli statuti sono di tipo diverso: proprio per questa diversità si distinguono le Regioni "*a statuto speciale*" da quelle "*a statuto ordinario*" (→ § VI).

La diversità riguarda anzitutto la funzione che gli Statuti svolgono. Gli Statuti delle Regioni speciali servono a disciplinare i loro "poteri", oltre alla loro organizzazione. Infatti, mentre le Regioni ordinarie sono sottoposte a una disciplina comune, dettata dal Titolo V della Costituzione, e in particolare dall'art. 117 che ne definisce la potestà legislativa, le cinque Regioni speciali (e le due Province autonome di Trento e Bolzano) hanno ciascuna una propria disciplina, derogatoria rispetto a quella comune dettata dalla Costituzione. Per esse, dunque, lo Statuto costituisce il fondamento stesso dell'autonomia, di cui definisce i limiti e i modi di esercizio. Mirando a dettare una disciplina derogatoria della Costituzione, gli **Statuti delle Regioni speciali** sono adottati con *legge costituzionale* (→ § IX.1.1): è quanto dispone l'art. 116 Cost. rinviando allo Statuto speciale la definizione di "*forme e condizioni particolari di autonomia*".

Diversa è la funzione degli **Statuti delle Regioni ordinarie**. Per esse le "*forme e condizioni di autonomia*" sono già definite dalla Costituzione. Però, dopo la riforma costituzionale del 1999 (legge cost. 1/1999), gli Statuti delle Regioni ordinarie hanno acquisito una funzione molto importante. Mentre in precedenza era la stessa Costituzione a disciplinare i tratti fondamentali della "forma di governo" delle Regioni, lasciando agli Statuti uno spazio normativo assai ridotto (servivano a disciplinare "*in armonia con la Costituzione e con le leggi della Repubblica*" l'organizzazione interna della Regione, l'esercizio del diritto di iniziativa e del *referendum*, la pubblicazione delle leggi e dei regolamenti), ora è demandato agli Statuti di ridefinire integralmente la "*forma di governo*" della Regione (art. 123.1 Cost.: → § V.6).

In seguito, con la legge cost. 2/2001, anche alle Regioni speciali è stata concessa una certa autonomia nello sceglersi la forma di governo (e la legge elettorale). Un'unica legge costituzionale ha modificato ogni singolo statuto speciale, prevedendo che la Regione (o la Provincia autonoma) possa dotarsi di una propria "**legge statutaria**" che ridisegni la forma di governo e il sistema elettorale. Si tratta di una legge regionale "rinforzata" (→ § IX.4.1), perché deve essere approvata a maggioranza assoluta e può essere poi sottoposta ad un *referendum* approvativo (→ § II.2.3) se lo richiede una frazione del corpo elettorale o dell'assemblea regionale: significative differenze ci sono però per la Valle d'Aosta e le Province Autonome di Trento e Bolzano.

✓ *REFERENDUM* CON O SENZA *QUORUM*?

La legge cost. 2/2001 non prevede che per la validità del *referendum* approvativo della legge statutaria sia necessario superare un *quorum* minimo di votanti: ciò a differenza del *referendum* abrogativo (→ § IX.9.2) e in analogia con il *referendum* costituzionale (→ § IX.1.2). Tuttavia le procedure da seguire nei *referendum* regionali sono stabilite con legge regionale. La Regione Sardegna è incappata in una strana vicenda: una sua vecchia legge, richiamata (forse inavvertitamente) dalla legge che regolava il *referendum* approvativo richiedeva il *quorum* per tutti i *referendum*. Sicché, quando fu approvata la legge statutaria, i suoi oppositori promossero il *referendum* e questo si svolse nell'incertezza se il *quorum* esistesse o meno. La maggioranza, contando sulla sua esistenza, invitò a disertare le urne, com'è ormai pessima prassi politica italiana nei *referendum* abrogativi (→ § IX.9.2✓). Il *referendum* non raggiunse il supposto *quorum*, ma ovviamente i "no" furono nettamente prevalenti. Gli oppositori-promotori cantarono vittoria per il successo dei "no", la maggioranza-astensionista cantò vittoria perché il *referendum* senza *quorum* doveva considerarsi invalido. Ne seguirono complesse vicende giudiziarie, culminate con il conflitto di attribuzione promosso dal Governo contro l'atto di promulgazione della legge statutaria da parte del Presidente della Regione (→ § XII.5). E la Corte dette ragione al Governo (sent. 149/2009), ritenendo che nessun *quorum* possa essere previsto in quel tipo di *referendum*.

1.2. *Procedimento di formazione*

A) Lo *Statuto delle Regioni speciali* è sì una legge costituzionale ma, dopo la riforma, è una legge costituzionale un po' particolare. Per due ragioni:

α) innanzitutto, come si è appena detto, parte delle sue disposizioni sono derogabili attraverso una legge regionale "rafforzata": lo Statuto subisce quindi un "depotenziamento" di alcune sue parti (quelle sulla forma di governo), nel senso che la disciplina che in esse è dettata può essere modificata con legge regionale, subendo un processo di "decostituzionalizzazione", ossia di declassamento dal livello della Costituzione a quello della legislazione ordinaria;

β) anche il procedimento di revisione degli Statuti è semplificato: infatti la legge cost. 2/2001 prevede che le future modifiche degli Statuti speciali non siano sottoposte a *referendum* costituzionale.

✓ RIGIDITÀ DELLA COSTITUZIONE E FLESSIBILITÀ DEGLI STATUTI

C'è però da notare che, già prima della riforma, in tutti gli Statuti speciali, tranne quello della Sicilia, era previsto che le disposizioni attinenti alle finanze regionali potessero essere mutate con una legge statale ordinaria, alla cui formazione avrebbe dovuto partecipare la Regione interessata (quindi con una *legge ordinaria rinforzata*: → § IX.4.2): è una singolare "flessibilizzazione" della legge costituzionale richiesta dall'esigenza del periodico e rapido adeguamento delle norme finanziarie alle esigenze della Regione e alla politica economica nazionale. Altra scelta singolare, lo Statuto di alcune Regioni speciali (Sardegna e Valle d'Aosta) permetteva già l'adozione di una propria disciplina statutaria in alcune materie (organizzazione, iniziativa legislativa, *referendum*, ecc.): anche in questo caso lo Statuto speciale risultava quindi "flessibilizzato".
Va ricordato inoltre che la adozione degli Statuti speciali risale, in alcuni casi, ad un'epoca anteriore alla Costituzione repubblicana stessa: ciò vale in particolare per lo Statuto della Sicilia, approvato con r.d.lgs. 455/1946. L'Assemblea costituente non ebbe il tempo di rivedere gli Statuti per armonizzarli con la nuova Costituzione: li approvò in gran fretta con le leggi costituzionali 2-5 del 1948 (lo Statuto della Sicilia fu addirittura "convertito in legge costituzionale"). I problemi di coordinamento con la Costituzione sono stati perciò sin dall'inizio notevoli.

B) Lo *Statuto delle Regioni ordinarie* ha subito una radicale riforma anche per ciò che riguarda la procedura di formazione.

✓ PRIMA DELLA RIFORMA – I

Prima della legge cost. 1/1999, lo Statuto regionale era approvato (e modificato) con *legge ordinaria rinforzata* (→ § IX.4.2): la proposta nasceva in Regione e doveva essere approvata dal Consiglio regionale (→ § VI.6) a maggioranza assoluta; quindi veniva trasmessa al Governo, che la trasformava in una vera e propria iniziativa legislativa, senza poter intervenire nel merito; spettava poi alle Camere l'approvazione della legge, senza potervi apportare modifiche (è il riflesso del carattere *"rinforzato"* della legge, che di conseguenza era classificabile tra le leggi *"meramente formali"*: → § IX.4.3); la legge veniva infine promulgata dal Presidente della Repubblica e pubblicata sulla *Gazzetta Ufficiale*. Con questo procedimento, nel 1970-71, sono stati approvati i primi Statuti ordinari. In quella vicenda, però, le commissioni parlamentari intervennero pesantemente nelle scelte compiute dai Consigli regionali, chiedendo e ottenendo da essi rilevanti modifiche dei testi degli Statuti originariamente approvati: da qui la forte omogeneità degli Statuti regionali che alla fine risultarono approvati.

Il "nuovo" art. 123 Cost. dispone che lo Statuto sia approvato (e modificato) "*dal Consiglio regionale con legge approvata a maggioranza assoluta dei suoi componenti, con due deliberazioni successive adottate ad intervallo non minore di due mesi*". Il Governo ha la possibilità di impugnarlo direttamente dinanzi alla Corte costituzionale entro trenta giorni dalla sua pubblicazione. Entro tre mesi dalla pubblicazione stessa, un cinquantesimo degli elettori della Regione o un quinto dei componenti del Consiglio regionale può proporre un *referendum*. Si tratta di una nuova ipotesi di *referendum* "*approvativo*" o "*sospensivo*" (→ § II.2.3✓), perché, dispone sempre il "nuovo" art. 123, "*lo statuto sottoposto a* referendum *non è promulgato se non è approvato dal-*

la maggioranza dei voti validi". Il nuovo testo costituzionale non dice con chiarezza quale valore abbia la "*pubblicazione*" da cui decorrono i termini per l'impugnazione governativa e quelli per la richiesta di *referendum*. Ma la stessa Corte costituzionale (sent. 304/2002) ha confermato che, in analogia con quanto è previsto dall'art. 138 Cost. per la revisione costituzionale (→ § IX.1.2), si tratta di una pubblicazione meramente notiziale, cui seguirà, decorsi i termini per l'impugnazione o per la richiesta di *referendum* (oppure espletati entrambi con esito positivo), la promulgazione da parte del Presidente della Regione (su questo punto → § XII.1.3✓) e la pubblicazione sul *Bollettino ufficiale regionale (B.U.R.)*.

1.3. *Natura e funzione degli Statuti ordinari*

Gli Statuti delle Regioni ordinarie sono dunque **leggi regionali rinforzate**. Il "nuovo" art. 123 Cost. *riserva* ad essi la disciplina di alcuni importanti aspetti: la "*forma di governo*" regionale (→ § VI.6), "*i principi fondamentali di organizzazione e di funzionamento*", il diritto di iniziativa legislativa e di *referendum* su leggi e provvedimenti amministrativi regionali, la pubblicazione delle leggi e dei regolamenti regionali. Si è ampliato di molto anche lo spazio di scelta lasciato alle Regioni: mentre prima della riforma lo Statuto doveva restare nell'ambito dei principi fissati dalla legislazione statale (in questo senso è stata intesa la locuzione "*in armonia ... con le leggi della Repubblica*" impiegata dall'art. 123 Cost.), ora gli unici limiti sono quelli derivanti dal "*puntuale rispetto di ogni disposizione della Costituzione*" (sent. 304/2002) e del "*suo spirito*" (sent. 2/2004). La legge dello Stato non può più incidere nella materia "riservata" agli Statuti, anche se invece spetta ad essa fissare i principi del sistema elettorale regionale (art. 122.1 Cost., che è stato attuato con la legge 165/2004). Lo Statuto quindi funge da limite sia per le leggi dello Stato, che non possono invadere la competenza riservata dalla Costituzione a questa particolare legge regionale (sul criterio della competenza: → § VIII.10.1), sia per le leggi regionali, rispetto alle quali hanno una posizione di sovraordinazione gerarchica conseguente al suo "rafforzamento" procedurale (sent. 304/2002).

2. Leggi regionali

2.1. *Definizioni*

La **legge regionale** è una *legge ordinaria formale* (→ § IX.2.1). La "forma" della legge le è data dal procedimento (→ § successivo), che rispecchia il procedimento di formazione delle leggi statali (iniziativa, deliberazione da parte dell'assemblea elettiva, promulgazione); la collocazione tra le fonti primarie è giustificata sia perché la competenza della legge regionale è garantita dalla stessa Costituzione, sia perché la Costituzione la pone su un piano di concorrenza e di separazione di competenza con la legge statale (→ § X.2.3), sia infine perché è parificata alla legge statale per quanto riguarda il controllo di legittimità, riservato alla Corte costituzionale (→ § XII.3.1). Alle leggi regionali sono in tutto e per tutto equiparate le **leggi provinciali** emanate dalle Province di Trento e Bolzano, per la particolare autonomia loro riconosciuta dallo Statuto della Regione Trentino-Alto Adige.

2.2. *Procedimento*

Il procedimento di formazione della legge regionale è disciplinato in minima parte dalla *Costituzione*, in parte dallo *Statuto* (soprattutto per quanto riguarda l'iniziativa e la promulgazione) e per il resto (essenzialmente per quanto riguarda i lavori nella fase deliberativa, nell'àmbito dei principi comunque fissati dallo Statuto) dal *regolamento interno* del Consiglio regionale. Il procedimento si svolge in queste fasi essenziali:

- *iniziativa*: oltre alla Giunta e ai consiglieri regionali, l'iniziativa spetta agli altri soggetti individuati dagli Statuti (i quali, in genere, la estendono al corpo elettorale e agli enti locali);
- *approvazione in Consiglio regionale*: è generalmente previsto il ruolo delle Commissioni consiliari in sede referente, ma alcuni Statuti prevedono anche la Commissione redigente. Sono in genere previste le classiche tre "letture" in assemblea (→ § IX.3.3). La legge è approvata a *maggioranza relativa*, ma gli Statuti possono prevedere maggioranze rinforzate. Ad essi spetta anche il compito di definire le modalità con cui al procedimento legislativo può partecipare il **Consiglio delle autonomie** (che è un organo di rappresentanza degli enti locali che gli Statuti regionali sono tenuti ad istituire per previsione della legge cost. 3/2001❼);
- *promulgazione* da parte del Presidente della Regione e pubblicazione sul *B.U.R.*

Allo Stato è consentito solo d'impugnare le leggi regionali successivamente alla loro pubblicazione (→ § XII.3.5), cioè quando esse già sono in vigore, senza poter esercitare un veto preventivo, come accadeva prima della riforma costituzionale del 2001.

✓ CHI CONTROLLA LA LEGITTIMITÀ DELLE LEGGI REGIONALI?

Prima della riforma del "Titolo V" ❼, le leggi regionali non potevano essere promulgate se prima non passavano il *controllo governativo*: la **delibera legislativa** (come si chiama tecnicamente la legge votata da un'assemblea elettiva, ma non ancora promulgata) veniva trasmessa al Governo che o autorizzava il "visto" della legge, che quindi poteva essere promulgata, o ne decideva il *rinvio* al Consiglio regionale. Il rinvio doveva essere motivato, ed i motivi che il Governo poteva impiegare attenevano alla legittimità della legge stessa. A seguito del rinvio il Consiglio poteva riapprovare *la stessa legge* a *maggioranza assoluta*: il Governo, con delibera del Consiglio dei ministri, poteva però decidere di impugnare la legge riapprovata davanti alla *Corte costituzionale* per *vizi di legittimità* (o davanti al *Parlamento* per *vizi di merito*: ma questo canale non è mai stato concretamente praticato). Il controllo preventivo non ha mai funzionato bene, però costituiva un'arma assai forte in mano al Governo, che poteva comunque ottenere che l'applicazione della legge regionale restasse sospesa per tutto il tempo richiesto dal controllo, dalla riapprovazione e dal giudizio davanti alla Corte. Ora che il meccanismo del controllo preventivo è stato eliminato, si pone il problema: chi può impedire

che il Consiglio regionale voti una legge gravemente illegittima, priva, per es., della copertura finanziaria, o contraria all'ordinamento europeo, allo Statuto, alla Costituzione, ecc. Insomma, chi svolge il ruolo delicato che, per le leggi dello Stato, è svolto dal Presidente della Repubblica (→ § IX.3.4)? Negli Statuti regionali sembra prevalere la soluzione di affidare il controllo agli organi interni al Consiglio stesso o, in certi casi, a organi di "garanzia statutaria" esterni al Consiglio e formati prevalentemente da tecnici: ma – la Corte costituzionale ha ammonito (sent. 200/2008) – le competenze di questi organi regionali di garanzia, per non invadere la sfera di attribuzioni del giudice delle leggi e degli organi giudiziari, "devono avere soltanto carattere preventivo ed essere perciò esercitate nel corso dei procedimenti di formazione degli atti", e non possono estendersi alla "valutazione sulla legittimità di atti, legislativi o amministrativi, successiva alla loro promulgazione", poiché queste funzioni sono riservate ai giudici e alla Corte stessa.
Si segnala una piccola ma importante eccezione per l'impugnazione delle leggi regionali e provinciali in Trentino-Alto Adige: (→ § XII.3.5.2✓).

2.3. *L'estensione della potestà legislativa regionale*

La riforma del Titolo V ❼ ha completamente mutato l'autonomia legislativa delle Regioni.

✓ PRIMA DELLA RIFORMA – II

Prima della riforma, nell'esercizio della loro potestà legislativa, le Regioni incontravano limiti di vario tipo. Innanzitutto si doveva distinguere i *limiti di legittimità* e il *limite di merito*: i primi potevano essere fatti valere dal Governo davanti alla Corte costituzionale, mentre i secondi di fronte alle Camere (ma, come già si è detto, questo secondo canale non ha mai funzionato). Poi, i limiti di legittimità erano in parte *generali*, validi quindi per ogni tipo di legge locale, in parte *specifici* dei vari livelli di potestà, livelli che, proprio in forza di questi limiti specifici, si distinguono l'uno dall'altro.
I *limiti generali* erano comuni a tutte le Regioni perché connessi in parte alla "natura" della legge regionale come fonte primaria (il *limite costituzionale*), in parte alla "natura" dell'ente Regione (→ § VI) come *ente derivato* (il *limite degli obblighi internazionali*), *territoriale* (il *limite territoriale*), *a competenza limitata* (il *limite delle materie*).
I *limiti specifici* portavano a distinguere, in ragione del minore o maggiore vincolo che il legislatore regionale trovava nella legge dello Stato, tra la *potestà primaria o esclusiva*, riservata alle sole Regioni speciali, la *potestà concorrente o ripartita* (di cui si parlerà in seguito) e la *potestà attuativa o integrativa*, legata al completo rispetto della legge statale.

Il dato più innovativo della riforma è di aver "rovesciato il guanto" delle competenze legislative. Uno dei pochi elementi che portano infatti a distinguere uno Stato federale da uno Stato regionale è una "traccia genetica" che rispecchia la loro diversa storia (→ § II.6). Mentre lo Stato federale si forma attraverso un patto che porta Stati sovrani a cedere parte dei loro poteri originari ad un'unità centrale, lo Stato regionale segue il processo inverso: uno Stato unitario "devolve" parte dei suoi poteri originari ad entità periferiche. La costituzione reca una traccia indelebile di questo diverso processo: nella costituzione federale sono i poteri dell'entità centrale ad essere elencati, perché gli altri restano al loro originario detentore (lo Stato membro); nella costituzione regionale sono invece i poteri devoluti alle entità periferiche ad essere elencati, perché gli altri restano allo Stato centrale. Questo, ovviamente, è uno schema di massima, che non esclude che Stati federali si formino per "devoluzione" e che si rovesci di conseguenza la tecnica di scrittura dei "poteri".

Questo è quanto avvenuto con la riforma del Titolo V e, in particolare, dell'art. 117 Cost. Il testo precedente elencava le materie su cui le Regioni ordinarie (elenchi diversi erano contenuti nello Statuto della singola *Regione speciale*, come vedremo) avevano potestà legislativa (*potestà concorrente*), aggiungendo che le leggi statali potevano delegare ulteriori competenze alle Regioni (*potestà attuativa*). Ora, invece, il nuovo art. 117 stabilisce:

a) un elenco di "materie" su cui c'è **potestà legislativa esclusiva dello Stato** (per esempio, affari esteri, immigrazione, ordine pubblico, difesa, cittadinanza, giurisdizione, moneta, tutela del risparmio e mercati finanziari: art. 117.2);

b) un elenco di "materie" su cui le Regioni hanno **potestà legislativa concorrente** (per esempio, tutela e sicurezza sul lavoro, professioni, tutela della salute, protezione civile, previdenza complementare e integrativa, governo del territorio: art. 117.3). La "concorrenza" consiste in questo: la legislazione dello Stato determina i "**principi fondamentali della materia**", mentre il resto della disciplina compete alle Regioni che, ovviamente, devono rispettare i "principi" fissati dallo Stato ❾. I "principi fondamentali" *possono* essere individuati espressamente dalle leggi dello Stato (sulle c.d. *leggi cornice* vedi subito dopo), ma la regione può legiferare anche in assenza di apposite leggi statali, ricavando i principi dalla legislazione vigente. Cosa sia "principio" e cosa no è evidentemente questione assai discutibile, per cui il contenzioso davanti alla Corte costituzionale è assai frequente;

✓ L'ELENCAZIONE DELLE MATERIE DA PARTE DEL NUOVO ART. 117

La riforma costituzionale del 2001, per individuare le materie attribuite alle diverse specie di competenza legislativa, utilizza una terminologia, per molti aspetti, diversa da quella impiegata dal vecchio testo dell'art. 117. Di conseguenza si aggrava il problema – tipico di tutti gli Stati a forte decentramento politico – dell'esatta determinazione dei confini delle materie. A titolo esemplificativo si può ricordare come lo Stato mantiene la potestà legislativa esclusiva in materie quali: diritto d'asilo e condizione giuridica dei cittadini di Stati non appartenenti all'Unione europea; immigrazione; rapporti tra la Repubblica e le confessioni religiose; difesa e forze armate; sicurezza dello Stato; armi, munizioni ed esplosivi; moneta, tutela del risparmio e dei mercati finanziari; sistema valutario; sistema tributario e contabile dello Stato; organi dello Stato e relative leggi elettorali, referendum statali, elezione del Parlamento europeo; ordinamento e organizzazione amministrativa dello Stato e degli enti pubblici nazionali; ordine pubblico e sicurezza ad esclusione della polizia amministrativa locale; cittadinanza, stato civile e anagrafe; giurisdizione e norme processuali, ordinamento civile e penale, giustizia amministrativa; norme generali sull'istruzione; previdenza sociale; dogane, protezione dei confini nazionali e profilassi internazionali; pesi, misure e determinazione del tempo; tutela dell'ambiente, dell'ecosistema e dei beni culturali.
Quanto alla potestà legislativa concorrente, a titolo esemplificativo, si può ricordare che sono affidati a questa specie di competenza legislativa materie quali: commercio con l'estero; tutela e sicurezza del lavoro; istruzione, salva l'autonomia delle istituzioni scolastiche e con esclusione dell'istruzione e

della formazione professionale; professioni; ricerca scientifica e tecnologica e sostegno all'innovazione per i settori produttivi; tutela della salute; alimentazione; ordinamento sportivo; protezione civile; governo del territorio; porti e aeroporti civili; grandi reti di trasporto e di navigazione; ecc.
Il riparto può essere modificato solo con norma costituzionale. Infatti la legge cost. 1/2012 ha "spostato" la "armonizzazione dei bilanci" dall'elenco delle materie concorrenti a quello delle materie "esclusive".

c) una clausola residuale per cui in tutte le materie non comprese nei due elenchi precedenti, spetta alle Regioni la potestà legislativa (**potestà legislativa residuale delle Regioni**).

Questo è lo schema generale. Ma per comprendere come esso funziona bisogna tenere presente alcuni fattori ulteriori, che sono messi a punto di continuo attraverso la prassi e la giurisprudenza della Corte costituzionale:

α) gli *obblighi internazionali*. Mentre in precedenza era solo la legislazione regionale ad essere tenuta al rispetto degli obblighi internazionali contratti dallo Stato (sia nel senso del divieto di assumere impegni giuridici nell'ordinamento internazionale attraverso la stipulazione di trattati, cioè di esercitare il c.d. **potere estero**; sia nel senso del divieto di legiferare in contrasto con gli impegni assunti dallo Stato in sede internazionale), il nuovo art. 117.1 sembra parificare la posizione del legislatore regionale e quella del legislatore statale vincolando entrambi al rispetto, oltre che degli obblighi derivanti dall'UE, anche degli **obblighi internazionali**. Quindi, anche la legge statale è illegittima se in contrasto con i trattati internazionali: questa interpretazione, che costituisce una vera rivoluzione concettuale, è stata di recente confermata dalla Corte costituzionale (→ § IX.4.3.β).

Inoltre, per la prima volta alle Regioni viene consentito (art. 117.9 Cost.) di stipulare "*accordi con Stati e intese con enti territoriali interni ad altro Stato*", rinviando alla legge statale la disciplina "*dei casi e delle forme*" con cui questa facoltà può essere esercitata. Problema delicato, perché se la Regione può assumere in nome proprio impegni sul piano internazionale, è chiaro che questi impegni non potrebbero in seguito essere contraddetti dalle successive leggi, né della Regione né dello Stato;

β) le *interferenze statali nelle materie regionali*. Tra le competenze "esclusive" dello Stato, ve ne sono diverse il cui ambito non è circoscrivibile, perché rappresentano piuttosto degli obiettivi o dei valori, spesso di rango costituzionale. Esse "tagliano" le materie di competenza regionale (la Corte costituzionale le ha perciò chiamate "**materie trasversali**") nel senso che le leggi statali che perseguono tali obiettivi possono incidere anche in materie riservate alle Regioni. Sono riservati allo Stato, per esempio, la *tutela della concorrenza* (art. 117.2, lett. e), l'*ordinamento civile e penale* (lett. f), la *determinazione dei livelli essenziali delle prestazioni concernenti i diritti civili e sociali* (lett. m), le *funzioni fondamentali degli enti locali* (lett. p), la *tutela dell'ambiente, dell'ecosistema e dei beni culturali* (lett. s) e, dopo la riforma costituzionale del 2012, l'*armonizzazione dei bilanci pubblici* (lett. e).

✓ COME FUNZIONA UNA MATERIA "TRASVERSALE"?

Nella sent. 407/2002, la Corte ha spiegato che la tutela dell'ambiente è una *"non materia"* e non *"una 'materia' in senso tecnico"*. L'ambiente infatti non configura una sfera di competenza statale rigorosamente circoscritta e delimitata, ma *"investe e si intreccia inestricabilmente con altri interessi e competenze"*; è un *"valore"* costituzionalmente protetto *"che, in quanto tale, delinea una sorta di materia 'trasversale', in ordine alla quale si manifestano competenze diverse, che ben possono essere regionali, spettando allo Stato le determinazioni che rispondono ad esigenze meritevoli di disciplina uniforme sull'intero territorio nazionale"*.
In questi passi si intuiscono le caratteristiche che possono assumere le "materie trasversali": esse inseguono obiettivi che spingono il legislatore statale a dettare norme che ricadono su materie tipicamente regionali. Per es., per tutelare l'ambiente si possono regolare l'edilizia abitativa, l'uso del territorio, il servizio di smaltimento dei rifiuti, la circolazione nei centri storici, l'impiego dei concimi, il taglio dei boschi, ecc. Naturalmente ciò provoca una frequente sovrapposizione tra le leggi dello Stato e quelle delle Regioni, un "intreccio di interessi" (l'espressione è spesso usata dalla Corte), alcuni perseguiti dallo Stato, altri dalla Regione. Per evitare che così si giustifichi che lo Stato invada ogni materia regionale, la Corte ha affermato che in questi casi lo Stato deve cercare l'intesa con le Regioni (alla "leale collaborazione" si accennerà fra poco) e che le norme statali vincoleranno le Regioni solo come "principi" e non impediscono alla Regione di legiferare a sua volta nel rispetto di questi.
Come è facile intuire, questa situazione rende assai incerto il confine tra le competenze dei due enti (lo Stato e la Regione) e frequente il conflitto. La Corte costituzionale cerca di risolverlo valutando, di volta in volta, quale sia l'interesse (ossia, la materia) "prevalente" (e quindi quale sia l'ente competente) e quanto invece l'intreccio sia così stretto da rendere indispensabile la collaborazione tra i due enti.

Inoltre, anche tra le materie di legislazione "concorrente", ve ne sono diverse per loro natura "trasversali" (si pensi al "*governo del territorio*" o la "*tutela della salute*"). Così, ad esempio, una legge statale che regoli, in nome della concorrenza, la trasparenza nell'affidamento dei servizi pubblici locali o negli appalti di opere pubbliche pone alle Regioni vincoli anche in materie loro proprie, così come può accadere per una legge che, in nome della tutela dell'ambiente, finisca per incidere sulla politica urbanistica della Regione o degli enti locali. Sono "porte" che consentono allo Stato di imporre scelte uniformi sul piano nazionale, e costituiscono perciò aree di forte conflittualità tra lo Stato e le Regioni;

✓ CHE COSA TUTELA LA TUTELA DELLA CONCORRENZA?

Una delle materie che si sono rivelate chiave nel sistema dei rapporti tra Stato e Regioni è la "**tutela della concorrenza**". Tale materia, ha affermato la Corte costituzionale nella sent. 14/2004, *"costituisce una delle leve della politica economica statale e pertanto non può essere intesa soltanto in senso statico, come garanzia di interventi di regolazione e ripristino di un equilibrio perduto, ma anche in quell'accezione dinamica, ben nota al diritto comunitario, che giustifica misure pubbliche volte a ridurre squilibri, a favorire le condizioni di un sufficiente sviluppo del mercato o ad instaurare assetti concorrenziali"*. La materia viene perciò riletta come lo strumento per *"unificare in capo allo Stato strumenti di politica economica che attengono allo sviluppo dell'intero Paese"*; consente allo Stato di disporre interventi di *"rilevanza macroeconomica"*, *"purché siano in ogni caso idonei, quanto ad ac-*

cessibilità a tutti gli operatori ed impatto complessivo, ad incidere sull'equilibrio economico generale". Mentre alle Regioni residua la possibilità di predisporre interventi *"sintonizzati sulla realtà produttiva regionale tali comunque da non creare ostacolo alla libera circolazione delle persone e delle cose fra le Regioni e da non limitare l'esercizio del diritto al lavoro in qualunque parte del territorio nazionale"*.

γ) la *sussidiarietà*. L'art. 118 Cost. introduce la sussidiarietà come criterio di distribuzione delle *funzioni amministrative* (→ § VI.2). La sussidiarietà può comportare che alcune funzioni amministrative vengano attratte verso l'alto perché non possono essere convenientemente esercitate in basso o perché richiedono un coordinamento centrale. Il caso si è concretamente posto con il programma delle grandi infrastrutture e degli insediamenti strategici di interesse nazionale previsto dalla c.d. "legge obiettivo". La Corte, con la famosa sent. 303/2003, non solo ha ammesso che lo Stato avochi a sé "in sussidiarietà" una funzione amministrativa di programmazione e coordinamento, ma anche che emani le norme legislative necessarie a definire le forme e le procedure con cui svolgere tale funzione, perché una "copertura" legislativa è imposta dal *principio di legalità* (→ § VIII.11.1). Sicché la sussidiarietà finisce con consentire talvolta uno "sconfinamento" dello Stato dalle sue materie: in questi casi, però, la Corte richiede che sia sempre rispettato il "principio di leale collaborazione", ossia che le Regioni siano fortemente coinvolte nelle decisioni (→ § VI.3.3);

δ) la *successione delle leggi nel tempo*. Resta dubbio come lo Stato possa imporre alle Regioni il rispetto delle proprie leggi, specie delle nuove leggi, che fissano i *principi fondamentali* nelle materie di competenza concorrente (c.d. **legge cornice**), in presenza di precedenti leggi regionali contrastanti.

✓ COSA ACCADE ALLE LEGGI REGIONALI VIGENTI QUANDO CAMBIA LA LEGGE CORNICE?

Il problema è tanto importante quanto difficile. Trattandosi di fonti dello stesso livello (*fonti primarie*) dovrebbe applicarsi il *criterio cronologico* (→ § VIII.7): per cui le *norme* della legge cornice dovrebbero abrogare le *norme* della precedente legge regionale. Tuttavia, dato che la *legge cornice* dovrebbe – per definizione – contenere *norme di principio*, tra queste e le *norme di dettaglio* contenute nelle leggi regionali ❾, intercorre una relazione tra *genere* e *specie*, con la conseguente applicazione del *criterio della specialità* (→ § VIII.9). Ma l'applicazione del criterio di specialità comporta una conseguenza difficilmente accettabile: che lo Stato, emanando i nuovi principi della legge cornice, non abbia nessuno strumento per imporli alle Regioni, – che possono di fatto mantenere in vita la loro legislazione precedente (la *norma speciale* prevale sulla *norma generale*: → § VIII.9). Solo se i nuovi principi fossero *direttamente applicabili* ⓫ (su questa nozione fondamentale → § XI.1.3) potrebbero abrogare le norme di dettaglio poste dalle precedenti leggi regionali: per esempio, la legge cornice che introducesse il divieto di compiere una certa opera edilizia *abrogherebbe* le norme regionali precedenti, che disciplinano le concessioni edilizie per quell'opera. Ma i principi direttamente applicabili sono piuttosto rari: per il resto, le leggi regionali sarebbero sì *illegittime*, per violazione di un limite di legittimità, ma resterebbero in vigore sino alla sentenza di illegittimità pronunciata dalla Corte costituzionale. Il Governo, che può impugnare solo le leggi regionali nuove, non ha (salvo che nel Trentino-Alto Adige: → § XII.3.5.4) strumenti per impugnare quelle entrate in vigore in passato. La situazione è paradossale: il Governo potrebbe "colpire" solo la Regione che si premura di fare una legge di adeguamento ai nuovi principi (ma lo fa male, a giudizio del Governo), ma non la Regione che lasciasse del tutto inattuata la nuova legge cornice. In passato il paradosso è stato sciolto nella prassi legislativa (suffragata dalla giurisprudenza costituzionale), corredando le leggi cornice di norme di dettaglio: queste possono *abrogare* le precedenti norme regionali di dettaglio; spetterà poi alle Regioni, se lo vogliono, sostituire le norme statali di dettaglio con proprie leggi, sulle quali il Governo potrà esercitare il controllo di legittimità, verificando che corrispondano ai nuovi principi. Il nuovo Titolo V lascia il problema aperto, ma le prime indicazioni della Corte costituzionale sembrano mantenere questa soluzione (sent. 303/2003) e la legge 11/2005, regolando le metodologie di attuazione degli obblighi europei (→ § XI.3), ha restaurato la "**clausola di cedevolezza**", ossia la regola per cui le norme legislative di dettaglio emanate dallo Stato nelle materie di competenza regionale sostituiscono quelle regionali in vigore e cedono, in seguito, di fronte alle nuove leggi regionali (art. 16.3).

ε) La *potestà legislativa delle Regioni speciali.* I vecchi Statuti speciali restano formalmente in vigore: le modifiche apportate dalla legge cost. 2/2001 riguardano, come si è detto, la forma di governo, ma non le competenze. Per questo aspetto essi restano legati alla vecchia logica, per cui si elencano le attribuzioni regionali (e non quelle statali come nel "nuovo" art. 117 Cost.); essi contengono diversi elenchi di materie di competenza regionale, divisi secondo il "livello" di potestà regionale:

a) la *potestà esclusiva* è la più ampia e caratteristica, in quanto le regioni ordinarie ne sono prive;

✓ LA POTESTÀ ESCLUSIVA DELLE REGIONI SPECIALI: UN RESIDUO GIURASSICO?

La **potestà esclusiva, piena o primaria**, riservata alle sole Regioni ad autonomia speciale, è caratterizzata da un legame con la legislazione statale rappresentato da due limiti specifici:

a) il **limite dei principi generali dell'ordinamento giuridico**: come ha chiarito la giurisprudenza costituzionale, essi consistono "*in orientamenti o criteri direttivi di così ampia portata o così fondamentali da potersi desumere, di norma, soltanto dalla disciplina legislativa relativa a più settori materiali, ... ovvero, eccezionalmente, da singole materie, sempreché in quest'ultimo caso il principio sia diretto a garantire il rispetto di valori supremi, collocabili al livello delle norme di rango costituzionale o di quelle di immediata attuazione della Costituzione*" (sent. 1107/1988). Sono, quindi, per lo più norme non scritte, principi generalissimi non posti dalle singole leggi ma ricavabili dall'insieme della legislazione (per esempio, il principio di annualità del bilancio o del "giusto procedimento" amministrativo);

b) il **limite delle norme fondamentali delle riforme economico-sociali**: pensato per poter far applicare le riforme strutturali, come la riforma agraria (grande tema di politica economica del dopoguerra), anche nelle Regioni speciali, è diventato lo strumento di cui lo Stato dispone per imporre in tutte le Regioni i principi innovativi di praticamente tutte le leggi di riforma, piccole o grandi che siano.

b) la *potestà concorrente* (non prevista nel solo Statuto della Valle d'Aosta), che incontra gli stessi limiti della omologa competenza delle Regioni ordinarie (ma diverse sono le materie elencate);

c) la *potestà integrativa* o *attuativa*, che consente alla Regione speciale di emanare norme, in alcune specifiche materie, per adeguare la legislazione dello Stato alle particolari esigenze regionali.

Che cosa resta dell'assetto previsto dagli Statuti speciali, dopo che la riforma del Titolo V ❼ ha completamente mutato la logica del riparto delle funzioni tra Stato e Regioni? La potestà esclusiva appare infatti un residuo giurassico, di fronte alla potestà residuale riconosciuta ormai alle Regioni ordinarie, che potrebbe sembrare addirittura più libera dai vincoli che tradizionalmente limitano la potestà "esclusiva" delle Regioni speciali (→ finestra precedente).

La riforma del Titolo V non risolve il problema: si limita a introdurre la c.d. "**clausola di maggior favore**" per cui, "*sino all'adeguamento dei rispettivi statuti, le disposizioni della presente legge costituzionale si applicano anche alle Regioni a statuto speciale ed alle province autonome di Trento e di Bolzano per le parti in cui prevedono forme di autonomia più ampie rispetto a quelle già attribuite*" (art. 10, legge cost. 3/2001). Ancora una volta, dunque, il problema è scaricato sull'interprete, che deve di volta in volta valutare se il nuovo regime riconosciuto dalla riforma sia o non sia più favorevole all'autonomia regionale di quello fissato dallo Statuto speciale. In linea di massima, si dovrebbe ritenere che i vecchi limiti non valgano più per le materie lasciate alla competenza "residuale" delle Regioni ordinarie, sulle quali le Regioni speciali, laddove hanno potestà esclusiva, dovrebbero godere oggi di piena autonomia legislativa: salvo ovviamente i limiti che incontrano nelle materie "trasversali" di competenza esclusiva dello Stato. È questa la risposta che la Corte costituzionale ha dato in alcune recenti sentenze (per es. sentt. 175 e 328/2006), con la precisazione che l'adeguamento automatico alla maggiore autonomia "*opera esclusivamente a favore delle autonomie regionali e non anche delle autonomie locali*" (sent. 370/2006).

A ciò si aggiunge un'ulteriore complicazione: l'art. 116.3 consente, con una legge ordinaria rinforzata (→ § IX.4.2), di concedere, a singole Regioni ordinarie, "*forme e condizioni particolari di autonomia*" in materia di *organizzazione della giustizia di pace*, di *istruzione*, di *tutela dell'ambiente e dei beni culturali*, nonché in tutte le materie "concorrenti". Come si rifletterebbe l'eventuale estensione delle potestà legislative delle Regioni ordinarie su quelle delle Regioni speciali?

✓ OCCORRE UN NUOVO "TRASFERIMENTO DELLE FUNZIONI"?

Gli elenchi delle materie (come quello dell'art. 117.3 o quelli degli Statuti speciali) contengono solo i "titoli" delle materie (per esempio, "agricoltura", "fiere e mercati", "urbanistica", ecc.): da ciò, in passato, è sorta la necessità di intervenire con specifici *atti* di **trasferimento delle funzioni** il cui compito è, appunto, fornire la concreta e puntuale definizione delle materie (per esempio decidere se l'"agricoltura" comprenda o meno le attività industriali di trasformazione dei prodotti agricoli oppure la disciplina dei contratti agrari), nonché trasferire le strutture amministrative, il personale e le risorse finanziarie (→ § VI). Questi atti sono emanati con *decreti legislativi delegati* (→ § IX.5.3) per le Regioni ordinarie e con particolari *decreti legislativi* (→ § IX.7.2) per le Regioni a Statuto speciale.
A seguito della riforma costituzionale del 2001 non si è provveduto invece ad un nuovo trasferimento delle funzioni, che sarebbe stato opportuno soprattutto in quelle materie "residuali" su cui in precedenza la competenza era dello Stato. Le Regioni hanno potuto iniziare a legiferare liberamente ma con il rischio di scontrarsi di continuo con le strutture burocratiche dello Stato non ancora soppresse.
La legge 131/2003 ha cercato di risolvere alcuni dei problemi di transizione dal vecchio al nuovo regime. Essa ha delegato il Governo ad emanare dei decreti legislativi che contengano la "ricogni-

zione" dei principi fondamentali già esistenti nella legislazione statale vigente nelle varie materie "concorrenti". È chiaro che questa opera – insistentemente definita di "mera ricognizione" – avrebbe invece la rilevantissima funzione di chiarire quali contenuti abbiano le "materie" indicate nella riforma costituzionale con "etichette" per lo più originali, prive cioè di una "storia" precisa alle spalle. Per questo la Corte costituzionale l'ha dichiarata parzialmente illegittima, riportandola alla sua (abbastanza inutile) funzione "minimale" (sent. 280/2004).

INTERNET Il testo della legge 131/2003 si può trovare in www.camera.it/parlam/leggi/03131l.htm.

3. Regolamenti regionali

Le riforme costituzionali hanno profondamente inciso sulla funzione regolamentare delle Regioni, sia per ciò che riguarda la competenza degli organi, sia per l'estensione del potere.

A) La Costituzione, che non si preoccupa di disciplinare i regolamenti dello Stato, dettava invece, prima della riforma introdotta con la legge cost. 1/1999, una norma gravida di conseguenze per quanto riguarda i **regolamenti regionali**: il potere regolamentare era attribuito al *Consiglio regionale*, cioè all'organo legislativo, anziché alla *Giunta*, cioè all'organo esecutivo (art. 121.2). Questo vale, ovviamente, per le sole Regioni ad ordinamento comune, perché nelle Regioni speciali è lo Statuto a disciplinare l'argomento (in genere riconoscendo poteri regolamentari alla Giunta).

✓ PRIMA DELLA RIFORMA – III

A parte i riflessi sulla configurazione della c.d. *forma di governo regionale*, la principale conseguenza era che le Regioni ricorrevano pochissimo al regolamento. Il procedimento di formazione di questo non si distingueva significativamente dal procedimento di formazione delle leggi: l'unica differenza stava nel controllo che, per i regolamenti, era lo stesso degli atti amministrativi. Per cui, mentre il Governo nazionale tende a privilegiare il regolamento rispetto alla legge, per non dover subire i tempi e le mediazioni politiche richiesti dal procedimento parlamentare, nelle Regioni si è sempre privilegiata la legge. Questa infatti "costa" in termini di procedimento quanto il regolamento; si noti poi che il regolamento, come ogni atto amministrativo, potrebbe essere sempre impugnato dal Governo in sede di *conflitto di attribuzioni* (→ § XII.5) e dai privati di fronte al *Tribunale amministrativo regionale* (*T.A.R.*→ § VII.1), mentre la legge regionale sarebbe comunque soggetta soltanto all'impugnazione di fronte alla Corte costituzionale (→ § XII.3.4). Infine c'è il problema della *riserva di legge* e del *principio di legalità* (→ § VIII.11.1), anche se nulla sembra opporsi ad un'attuazione in via regolamentare delle leggi statali, senza l'intermediazione di una legge regionale.
Nella prassi, tuttavia, non era affatto infrequente che la Giunta aggirasse la norma attributiva del potere regolamentare al Consiglio: spesso erano proprio le leggi regionali a prevedere che la Giunta emanasse atti di tipo regolamentare, che però del regolamento non recavano il "titolo" e venivano pubblicati sul *Bollettino ufficiale* tra le delibere della Giunta regionale.

Spetta agli Statuti regionali disciplinare la titolarità e i modi di esercizio della potestà regolamentare: essi si sono regolati in modo diverso, per lo più riconoscendo però che i regolamenti sono di competenza dell'esecutivo, anche se si è cercato di mantenere in capo al Consiglio regionale qualche potere di controllo o di interferenza.

B) La riforma costituzionale del "Titolo V" (→ § VI) ha introdotto il ***principio di "parallelismo" tra funzioni legislative e funzioni regolamentari***, limitando la potestà del Governo di emanare regolamenti alle sole materie sulle quali lo Stato ha *potestà legislativa esclusiva* (→ § X.2) e riservando alle Regioni il potere regolamentare in tutte le altre materie ❼ (→ § IX.10.2). L'art. 117.6, nel testo riformato, prevede anche che, sempre nelle materie di sua competenza esclusiva, lo Stato possa delegare le Regioni. Delegare che cosa? La prima lettura (che è oggi prevalente) farebbe intendere che possa delegare proprio la funzione regolamentare; ma è probabile invece che, com'era previsto nel vecchio testo, si debba intendere che lo Stato può delegare proprie funzioni amministrative (per esempio, rilasciare determinate autorizzazioni, svolgere funzioni di vigilanza, localizzare impianti o risorse, ecc.): in questo caso è del tutto logico che sia la Regione a disciplinare (con legge o con regolamento, secondo le norme del proprio Statuto) lo svolgimento delle funzioni che è chiamata ad esercitare, e che quindi neppure in questo caso sia ammesso che il regolamento statale vincoli le Regioni.

C) È ovvio che nella gerarchia delle fonti dell'ordinamento regionale, i regolamenti siano sottoposti alle leggi: ma queste sono sottoposte allo Statuto. Spetta quindi allo Statuto decidere se le leggi possano liberamente disporre della funzione regolamentare (cioè stabilire se, quando e chi possa emanare regolamenti amministrativi) oppure se vi siano oggetti (quali, per esempio, la disciplina organizzativa e dei procedimenti amministrativi) che sono di *competenza riservata ai regolamenti* (e quindi all'esecutivo), oppure ancora se l'esecutivo possa dare attuazione direttamente con regolamento ("saltando" quindi l'intervento della legge regionale) alle leggi dello Stato (nelle funzioni da questo delegate) o alle norme UE (→ § XI.3). Come si vede, buona parte della disciplina della potestà regolamentare dipende dallo Statuto regionale e può dunque differenziarsi notevolmente da Regione a Regione.

4. Fonti degli enti locali

4.1. *Le fonti locali nel sistema delle fonti*

La riforma del Titolo V ❼ ha modificato anche la posizione costituzionale degli enti locali (→ § VI) e delle loro fonti normative. La "pariordinazione" degli enti locali (Comuni, Province e Città metropolitane), delle Regioni e dello Stato quali componenti che "costituiscono" la Repubblica (art. 114.1) ha infatti riflessi anche sul piano del sistema delle fonti. L'art. 114.2 attribuisce rilevanza costituzionale agli **Statuti degli enti locali**, mentre l'art. 117.6 riconosce ad essi la "*potestà regolamentare in ordine alla disciplina dell'organizzazione e dello svolgimento delle funzioni loro attribuite*".

Se, dunque, è nella Costituzione che gli enti locali ritrovano il fondamento della loro autonomia, è però la legge a determinarne le competenze e le modalità di esercizio. L'autonomia normativa degli enti locali si svolge perciò tutta con atti subordinati alla legge, a quella statale come a quella regionale. La Costituzione attribuisce alla competenza esclusiva del legislatore statale la disciplina della legislazione elettorale degli enti locali, degli "*organi di governo*" e delle loro "*funzioni fondamentali*". Spetta poi alla legge statale o a quella regionale, secondo le rispettive competenze, conferire agli enti locali le altre funzioni (altre rispetto a quelle "fondamentali"), secondo i principi di sussidiarietà, differenziazione e adeguatezza (→ § VI).

4.2. *Statuti*

La legge 142/1990 – che è stata "assorbita" nel **T.U. delle leggi sull'ordinamento degli enti locali** (d.lgs. 267/2000) – prevede che i Comuni si dotino di uno *Statuto*, approvato dal Consiglio con maggioranze particolari (voto favorevole di 2/3 dei consiglieri assegnati, in prima votazione; oppure in seguito con doppia votazione a maggioranza assoluta), che deve dettare le norme fondamentali sull'organizzazione dell'ente (rapporti tra gli organi, ordinamento degli uffici e dei servizi pubblici, forme di garanzia e di partecipazione delle minoranze, collaborazione con altri enti, partecipazione e decentramento, ecc.). Quanto alle Province e alle Città metropolitane, i loro Statuti sono ora regolati dalla *legge Delrio* (legge 56/2014: → § VI.4).

Il T.U. è precedente alla riforma costituzionale: per cui è da verificare se tutte le sue disposizioni siano ancora inderogabili da parte degli Statuti o se, ora che l'autonomia statutaria ha ottenuto un riconoscimento in Costituzione, si sia aperto qualche spazio nuovo d'autonomia. All'interrogativo ha dato risposta la sent. della Cassazione, sez. un., del 16 giugno 2005, n. 12868, nel senso che, ferma restando la disciplina di principio degli "organi di governo" dettata dal T.U., gli Statuti degli enti locali hanno una loro "competenza riservata" (→ § VIII.10) e non sono vincolati alle disposizioni di dettaglio contenute nella legislazione vigente.

4.3. *Regolamenti*

"*Nel rispetto dei principi fissati dalla legge e dello statuto, il comune e la provincia adottano regolamenti nelle materie di propria competenza ed in particolare per l'organizzazione e il funzionamento delle istituzioni e degli organismi di partecipazione, per il funzionamento degli organi e degli uffici e per l'esercizio delle funzioni*" (art. 7 T.U.). Il **regolamento** è lo strumento normativo tipico degli enti locali. Serve non soltanto all'organizzazione dell'ente (in attuazione dello Statuto) ma anche a disciplinare le materie che sono di sua competenza. Benché sia una fonte secondaria, esso è fortemente percepito dai cittadini, perché regola aspetti assai importanti della loro attività (per esempio, l'urbanistica e l'edilizia, il commercio, il traffico, ecc.).

Il nuovo art. 117.6 (→ § X.4.1) concede un inedito riconoscimento costituzionale all'autonomia regolamentare degli enti locali. L'innovazione è di difficile interpretazione perché, se è vero che la riforma sembra voler "riservare" uno spazio di autonomia agli enti locali per ciò che riguarda la propria organizzazione e il modo in cui farla funzionare, è pur sempre anche vero che i regolamenti amministrativi sono fonti subordinate alle leggi, siano esse dello Stato o delle Regioni. Anche su questo punto qualche chiarimento potrebbe essere offerto dagli Statuti regionali, nel senso di dettare una disciplina delle leggi (e dei regolamenti) regionali che sia rispettosa della necessaria (e costituzionalmente protetta) autonomia regolamentare degli enti locali. La Corte costituzionale (sent. 246/2006) ha affermato infatti che il legislatore regionale, che nell'ambito delle proprie materie legislative può decidere o meno di decentrare le funzioni amministrative agli enti locali, non può però limitare la potestà regolamentare propria dei Comuni o delle Province in riferimento all'organizzazione ed all'esercizio delle funzioni loro affidate dalla Regione.

test **on-line**

XI. FONTI EUROPEE

1. IL SISTEMA DELLE FONTI EUROPEE

1.1. *Definizioni*

Così come l'Unione europea è un'istituzione complessa e "in divenire", che sfugge a precise classificazioni secondo i parametri tradizionali (→ § II.7), anche il sistema delle fonti che formano l'*ordinamento giuridico* europeo non è semplice da disegnare.

La distinzione fondamentale da cui muovere è tra il *diritto convenzionale* e il *diritto derivato*. Le fonti del **diritto convenzionale** consistono nei *trattati* con cui l'Unione europea è stata istituita e successivamente modificata e sviluppata (→ § I.2.5✓). Nei trattati sono disciplinati gli organi dell'Unione e i loro poteri normativi: questi si esprimono attraverso *atti normativi* (→ § VIII.3.1) che costituiscono il **diritto derivato**.

Non è infrequente sentire definire i trattati come la "*Costituzione*" dell'Unione (→ § II.7.2✓): in effetti sono una fonte gerarchicamente sovraordinata al diritto derivato, ed un apposito organo di tipo giurisdizionale (la **Corte di giustizia dell'Unione europea**) è istituito dai trattati per garantire questa prevalenza gerarchica ("*assicura il rispetto del diritto nella interpretazione e nella applicazione del presente Trattato*": art. 19 TUE). La *Corte di giustizia* ha, più precisamente, giurisdizione esclusiva per ciò che riguarda, tra l'altro, l'*interpretazione* del Trattato e del diritto derivato, nonché il *giudizio di legittimità* sul diritto derivato (cioè sulla *validità* di esso rispetto ai *trattati*: art. 267 TFUE). Il carattere "costituzionale" del Trattato è rafforzato dall'inclusione in esso, con il Trattato di Maastricht, di un esplicito richiamo ai *diritti fondamentali*, quali sono garantiti dalla *Convenzione europea dei diritti dell'uomo* (→ §§ XIII.3.1.1✓ e XII.3.2.3) e quali risultano "*dalle tradizioni costituzionali degli Stati membri*": con ciò si conferisce alla *Corte di giustizia* un ruolo che è tipico – nelle tradizioni costituzionali europee, appunto – delle Corti costituzionali (→ § XII), cioè il controllo sul rispetto dei diritti "costituzionali" da parte del diritto derivato.

1.2. *Diritto derivato: tipologia delle fonti europee*

Le fonti del *diritto derivato* si distinguono anzitutto in atti *vincolanti* e *non vincolanti*. Degli atti *non vincolanti* è detto rapidamente: sono le **raccomandazioni UE** (inviti rivolti agli Stati a conformarsi ad un certo comportamento) e i ***pareri*** (che esprimono il punto di vista di un organo su un determinato oggetto), che ogni organo dell'Unione europea può emanare. Anche se non sono del tutto privi di efficacia giuridica – perché, come la *Corte di giustizia* ha affermato, essi hanno pur sempre una funzione di guida per l'interprete (funzione particolarmente accentuata per le *raccomandazioni* espresse dalla *Commissione*: → § II.7.2) – questi atti non esprimono norme in senso tradizionale, vincolanti e sanzionabili. Sono invece pienamente atti normativi le *fonti vincolanti*. Esse si distinguono in tre tipologie, profondamente diverse in linea di principio:

α) **regolamenti UE**: hanno le caratteristiche che sono tipiche, all'interno del nostro ordinamento, della *legge*. Hanno portata generale, nel senso che non si rivolgono a soggetti determinati, ma pongono norme generali e astratte; sono obbligatori in tutti i loro elementi, nel senso che non possono essere applicati solo parzialmente nei singoli Stati (salvo che non sia lo stesso regolamento a prevederlo); infine, caratteristica più importante, il *regolamento UE* è "*direttamente applicabile in ciascuno degli Stati membri*" (art. 288.2 TFUE). La "**diretta applicabilità**" ⓫ significa che non è necessario (e neppure ammesso) un atto dello Stato che ne ordini l'esecuzione nell'ordinamento nazionale, perché il regolamento s'impone per forza propria, e la sua applicazione è obbligatoria per tutti, compresi i giudici e la pubblica amministrazione dello Stato membro. Da qui nascono i problemi di un possibile contrasto tra i regolamenti UE e le leggi interne, problemi che saranno affrontati nei paragrafi successivi;

β) **direttive UE**: sono atti normativi che hanno come destinatario gli Stati membri (e non dunque tutti i soggetti giuridici dell'Unione, come i regolamenti), e li vincolano "*per quanto riguarda il risultato da raggiungere, salva restando la competenza degli organi nazionali in merito alla forma e ai mezzi*" (art. 288.3 TFUE). Lo Stato ha quindi un *obbligo di risultato*, che deve raggiungere entro il termine fissato dalla direttiva; ha invece *discrezionalità* per ciò che riguarda la scelta delle forme e dei mezzi (la **discrezionalità** è una nozione centrale del *Diritto amministrativo*, perché è tipica dell'attività della pubblica amministrazione: essa indica la facoltà di scelta che la legge attribuisce agli organi amministrativi circa i mezzi attraverso cui conseguire l'interesse pubblico): ciò significa che lo Stato può scegliere, in applicazione delle norme del *proprio ordinamento*, se dare attuazione alla direttiva con legge, con regolamento o anche solo con comportamenti dell'amministrazione pubblica, purché assicuri un'attuazione piena, corretta e certa. Come spesso avviene in tutti i contesti in cui un atto fissa principi o direttive da attuarsi con atti successivi ❾ – si pensi alla *legge di delega* (→ § IX.5.2.γ3) o alla *legge cornice* (→ § X.2.3) –, nella prassi capita assai spesso che la direttiva UE non si limiti a fissare "obiettivi", ma detti discipline assai particolareggiate (c.d. "**direttive dettagliate**"), in modo da limitare la discrezionalità degli Stati ed ottenere un'attuazione uniforme nei vari ordinamenti;

γ) **decisioni UE**: hanno caratteristiche che sono tipiche, nel nostro ordinamento, del provvedimento amministrativo. Sono obbligatorie in tutti i loro elementi e sono *direttamente applicabili*, come i regolamenti UE; ma, a differenza di questi, hanno *portata particolare*, si rivolgono cioè a soggetti specifici, che possono essere uno Stato membro o una determinata persona giuridica (per esempio, una società commerciale). Come i provvedimenti amministrativi, sono atti con cui gli organi dell'Unione europea applicano le *norme generali e astratte* poste dalle fonti normative europee alle fattispecie *particolari e concrete*. Per queste loro caratteristiche, dunque, le decisioni UE non rientrano nel *nostro* concetto di *fonte del diritto* (→ § VIII.1.1), che sembra comprendere, per quanto riguarda gli atti dell'Unione europea, soltanto i regolamenti e le direttive.

✓ ESISTE GERARCHIA TRA LE FONTI EUROPEE?

Mentre tra diritto primario e diritto derivato è configurabile, come si è detto, un rapporto di gerarchia (→ § VIII.8), altrettanto non può dirsi dei rapporti tra le fonti derivate. Spesso anzi è lo stesso trattato ad individuare con quale atto le istituzioni europee possono intervenire in una determinata materia (creando quindi delle competenze riservate: → § VIII.10). Il Trattato di Lisbona ha però espressamente previsto (art. 290 TFUE) che regolamenti e direttive possano *"delegare alla Commissione il potere di adottare atti non legislativi di portata generale che integrano o modificano determinati elementi non essenziali dell'atto legislativo"*. È chiaro che tra l'atto "delegante" e l'atto "delegato" viene ad istituirsi un rapporto di gerarchia.
Tutti gli atti dell'Unione europea sono pubblicati sulla *Gazzetta Ufficiale della Unione europea* (*GUUE*): una pubblicazione a fini notiziali è poi fatta su un apposito supplemento della *Gazzetta Ufficiale*.

INTERNET *Eur-Lex* è il sito dove si possono trovare il testo dei Trattati, il testo delle *GUUE* più recenti e i lavori preparatori degli atti dell'Unione; l'indirizzo è http://eur-lex.europa.eu/it/index.htm. Lì si può consultare anche la giurisprudenza della Corte di giustizia. Molto interessanti sono anche i siti delle varie istituzioni europee, il cui elenco è contenuto in http://europa.eu/index_it.htm.

1.3. *"Diretta applicabilità" e "effetto diretto"*

La "**diretta applicabilità**" è una qualità di determinati *atti* europei che, come abbiamo appena visto, producono immediatamente i loro effetti giuridici nell'ordinamento nazionale, senza la interposizione di un atto normativo nazionale. Questa qualità è, in particolare, una caratteristica tipologica dei *regolamenti UE*, che li differenzia dalle *direttive UE*: mentre quest'ultime, in linea di principio, si comportano secondo gli schemi consueti dei rapporti tra ordinamento nazionale e ordinamenti esterni (le norme "esterne" si fermano di fronte ai confini della *sovranità* dell'ordinamento nazionale, e possono essere in esso applicate soltanto in forza di un'apposita disposizione "interna" di esecuzione o di *rinvio*: → § VIII.4), i *regolamenti UE* "sforano" la membrana della sovranità e s'impongono *per forza propria* nell'ordinamento nazionale, senza che lo Stato debba o possa frapporre un proprio atto di intermediazione. In quanto caratteristica di un certo tipo di atti-fonte, la "*diretta applicabilità*" è definita dal Trattato (fonte gerarchicamente superiore), che determina anche quando e con quali procedure i regolamenti sono emanati.

Diversa concettualmente la nozione di "**effetto diretto**" ⓫. Essa non riguarda gli *atti* ma le *norme* ⑩: è perciò una nozione non definita dal legislatore (ossia dai trattati), ma dall'interprete (→ § III.6 e § VIII.5), ossia, nel nostro caso, dalla *Corte di giustizia dell'Unione europea.* Nell'ambito dell'interpretazione fortemente evolutiva che la Corte ha dato del Trattato, tesa a rafforzare l'integrazione europea, l'elaborazione della nozione di "*effetto diretto*" gioca un ruolo importante. L'effetto diretto è la capacità di una *norma* europea di creare direttamente diritti in capo ai singoli, anche senza l'intermediazione dell'atto normativo statale: questa capacità non discende dalla tipologia dell'atto, ma dalla struttura della singola *disposizione* e della *norma* che può esserne ricavata. È l'interprete, insomma, a "riconoscere" le *norme* che hanno effetto diretto, ossia che sono applicabili senza l'intermediazione di ulteriori atti (sono "**norme *self-executing***").

Ovviamente la nozione di "*effetto diretto*" è stata introdotta per risolvere un problema preciso: garantire la *prevalenza del diritto europeo sul diritto interno* anche nei casi in cui lo Stato membro, chiamato ad attuare una disposizione sfornita di *immediata applicabilità* (per esempio, posta da una *direttiva UE*), ritardi l'emanazione delle norme interne, paralizzando l'operatività della norma europea nel proprio territorio. La *Corte di giustizia* ha perciò ritenuto che – dove una *disposizione* europea possa (a) esprimere una *norma* chiara, precisa e non condizionata dall'intervento del legislatore nazionale, e (b) questa riconosca un diritto ai singoli – essa deve essere applicata "direttamente", senza attendere l'attuazione nazionale. Il singolo che ne abbia interesse – cioè se può basare su quella norma una sua legittima pretesa – potrà invocare la *norma* europea e lo Stato membro non potrà opporsi appellandosi alla mancata attuazione di essa: che lo Stato membro non possa giovarsi della propria inadempienza è applicazione dell'antica massima "***ex iniuria ius non oritur***". Come si vede nell'"*effetto diretto*" vi è una componente *sanzionatoria* nei confronti dello Stato negligente che ritardi l'attuazione degli impegni posti dalle fonti europee o li attui in modo incompleto o scorretto; nonché una componente di *garanzia* per i singoli, i quali potranno far valere i propri interessi, tutelati dal diritto europeo, anche contro lo Stato inadempiente. Lo Stato negligente non potrà giovarsi della propria negligenza negando ai singoli quei diritti che il diritto europeo garantisce loro.

✓ IL CASO: DALLA SENTENZA *VAN GEND & LOOS* ALLA SENTENZA *FRANCOVICH*

L'aspetto sanzionatorio della teoria dell'"effetto diretto" è una delle costanti della giurisprudenza della *Corte di giustizia*, che però si collega anche ad una visione complessiva del diritto europeo. In una delle prime decisioni sul punto (sent. 5 febbraio 1963, *Van Gend & Loos*, in c. 26/62) la Corte aveva affermato la "efficacia diretta" dell'art. 25 Tr. CE (*"Gli Stati membri si astengono dall'introdurre tra loro nuovi dazi doganali all'importazione e all'esportazione o tasse di effetto equivalente, ecc."*) spiegando che il diritto europeo *"indipendentemente dalle norme emanate dagli Stati membri, nello stesso modo in cui impone doveri ai singoli, attribuisce loro dei diritti soggettivi"* e che gli Stati membri *"hanno riconosciuto al diritto comunitario un'autorità tale da poter essere fatto valere dai loro giudici davanti ai giudici* (nazionali)*"*. Per questo motivo *"costituisce un ordinamento giuridico di nuovo genere nel campo del diritto internazionale"*.
Da questa sentenza si è sviluppata la "dottrina" dell'efficacia diretta. Ma le stesse premesse sono servite, trent'anni dopo, per compiere un passo ancora più avanzato. In una sentenza del 1991, *Francovich* (c. 6 e 9/90), la Corte è giunta ad affermare che *"sarebbe messa a repentaglio la piena efficacia delle*

norme comunitarie e sarebbe infirmata la tutela dei diritti da esse riconosciuti se i singoli non avessero la possibilità di ottenere un risarcimento ove i loro diritti siano lesi da una violazione del diritto comunitario imputabile ad uno Stato membro": la violazione, compiuta nel caso dall'Italia, era conseguenza della mancata attuazione di una direttiva cui non era possibile attribuire "efficacia diretta" (la direttiva obbligava gli Stati ad istituire un sistema di garanzia per i crediti maturati dai lavoratori in caso d'insolvenza del datore di lavoro). Per la prima volta, in forza del diritto europeo, si è affacciato nel nostro ordinamento il principio, del tutto inedito, di una forma di responsabilità derivante dall'omissione legislativa. La Cassazione italiana si è gradualmente orientata a riconoscere la responsabilità civile per danno ingiusto (c.d. responsabilità *"aquiliana"*) causato da omissioni legislative, che comporta la tutela risarcitoria ex art. 2043 cod. civ. di tutte le posizioni di vantaggio dei singoli, siano esse classificabili nel diritto italiano come *diritti soggettivi* o come *interessi legittimi* (→ § VII.1), distinzione ignota al diritto europeo: questo fondamentale passo è stato compiuto dalla notissima sent., sez. un., 500/1999.

Se incrociamo la caratteristica tipologica che *in astratto* connota alcuni *atti-fonte*, chiamata "diretta applicabilità", con la caratteristica che *in concreto* connota determinate *norme*, chiamata "efficacia diretta", possiamo avere quattro possibilità:

a) *norme direttamente efficaci (self-executing)* espresse da *atti direttamente applicabili*: sono le norme che *di regola* caratterizzano i *regolamenti UE*. Con l'entrata in vigore del regolamento, negli ordinamenti giuridici degli Stati membri si producono gli effetti giuridici da esso previsti senza alcuna interposizione del legislatore nazionale;

b) *norme non direttamente efficaci* espresse da *atti direttamente applicabili*: vi sono alcuni (e non infrequenti) *regolamenti UE* che definiscono un *quadro normativo* che deve essere attuato o da altri *regolamenti UE* (che apparterranno alla categoria *sub* a) oppure da norme nazionali;

c) *norme direttamente efficaci (self-executing)* espresse da *atti non direttamente applicabili*: le ipotesi più frequenti sono i *divieti* posti da direttive o dagli stessi Trattati, così come interpretati dalla *Corte di giustizia*. Per esempio, una *direttiva UE* che disciplini le caratteristiche di qualità e di sicurezza di determinati prodotti industriali può contenere un *divieto* per gli Stati membri di ostacolare la commercializzazione nel proprio territorio dei prodotti dichiarati conformi a quelle caratteristiche (a seguito di un procedimento svolto in un altro Stato membro): questo divieto opera *direttamente* anche per lo Stato che non avesse dato esecuzione alla direttiva (il produttore europeo, che avesse ottenuto la certificazione del proprio prodotto in un altro Stato membro, può pretendere di commercializzarlo anche nel territorio dello Stato inadempiente); oppure, le disposizioni del Trattato che, per la realizzazione del mercato comune, impongono agli Stati membri di rimuovere gli ostacoli alla libera circolazione delle merci e delle persone, possono essere interpretate dalla *Corte di giustizia*, nel senso che esse esprimono una *norma* che vieta allo Stato membro di escludere un lavoratore europeo da determinate forme di assistenza sanitaria o previdenziale, e questo *divieto* ha *efficacia diretta* (l'interessato potrà agire per vedersi riconoscere quel beneficio);

d) *norme non direttamente efficaci* espresse da *atti non direttamente applicabili*: sono le norme che *di regola* derivano dalle *direttive UE*. Esse non sono in grado di far sorgere posizioni soggettive azionabili senza un preventivo intervento attuativo del legislatore nazionale. Però lo Stato inadempiente può essere chiamato a risarcire il danno prodotto dalla sua inerzia.

2. Rapporti tra norme europee e norme interne

2.1. *La "limitazione di sovranità" e il* deficit *normativo*

Aderendo all'Unione europea, l'Italia ha accettato le condizioni di appartenenza fissate dal Trattato: ha accettato, in particolare, che le "leggi" europee entrassero direttamente nel proprio ordinamento, senza l'intermediazione del legislatore nazionale. La *Corte di giustizia* ha poi precisato che l'effetto diretto comporta la *prevalenza del diritto europeo* su quello interno; sicché le norme europee non solo entrano direttamente nel nostro ordinamento, ma prevalgono sulle norme interne contrastanti.

Se la *legge* è la manifestazione più tipica della *sovranità*, la prevalenza del diritto europeo sulle leggi nazionali segna dunque un "cedimento" della sovranità nazionale, che viene limitata in seguito all'adesione dell'Italia alla Comunità.

La progressiva estensione "spontanea" dell'area di competenza della Comunità europea, e poi, con il Trattato di Maastricht, l'ufficiale trasferimento all'Unione europea del controllo di importanti leve di politica economica, in primo luogo la moneta (→ § II.7.4), e di politica estera, hanno segnato un'estensione impressionante della limitazione di sovranità subita dagli Stati membri.

✓ L'INCONTENIBILE ESPANSIONE DEL MERCATO:
"CLAUSOLE DI FLESSIBILITÀ" E "POTERI IMPLICITI"

Se qualcuno ricostruisce la legislazione ambientale italiana, vedrà che essa, a partire dagli anni '70, si è sviluppata tutta sotto il pungolo della legislazione europea. Eppure, formalmente, sino all'Atto unico del 1987 (→ § I.2.5✓), la Comunità europea non aveva alcuna competenza in materia d'ambiente. Come è stato possibile, allora? Il Trattato conteneva alcuni motori di sviluppo dagli effetti imprevedibili: è vero che la Comunità era sorta per eliminare le barriere fisiche (dogane, dazi, gabbie fiscali) che impedivano la circolazione delle merci, e per tale scopo era fornita di poteri normativi forti. Ma nelle pieghe del Trattato erano inseriti due meccanismi che consentono agli organi della Comunità di emanare *"direttive volte al ravvicinamento delle disposizioni legislative, regolamentari ed amministrative degli Stati membri che abbiano un'incidenza diretta sull'instaurazione o sul funzionamento del mercato comune"* (ora art. 115 TFUE), e di adottare *"le disposizioni appropriate"* quando un'azione della Comunità *"appare necessaria, nel quadro delle politiche definite dai trattati, per realizzare uno degli obiettivi di cui ai trattati senza che questi ultimi abbiano previsto i poteri di azione richiesti a tal fine"* (così nel nuovo testo dell'art. 352 TFUE). Sono "**clausole di flessibilità**" che consentono un continuo allargamento dell'attività normativa, ben al di là delle competenze attribuite: le quali comunque vanno interpretate in modo da comprendere nelle competenze tutto ciò che è necessario per raggiungere le finalità assegnate (sono i **poteri impliciti**, come vengono chiamati nella teoria degli Stati federali). Ecco come funzionano.
Che cosa può ostacolare il funzionamento del mercato e del suo principio base, la concorrenza? Non solo dazi e dogane, non solo finanziamenti pubblici e privilegi con cui lo Stato cerca di favorire le proprie imprese falsando la concorrenza. Una certa prescrizione nazionale circa la composizione dei paté o sulla qualità della farina impiegata per gli spaghetti può avere l'effetto (voluto o meno) di bloccare la circolazione delle merci e proteggere i mercati interni; così come possono distorcere la concorrenza le norme meno drastiche che un paese pone a tutela della sicurezza o dell'ambiente. Se l'impresa di uno Stato deve pagare il prezzo di una serie di accorgimenti che riducono l'impatto ambientale della produzione o i rischi per i dipendenti, mentre in un altro paese dell'Unione queste nor-

me non ci sono o sono più lassiste, la concorrenza è distorta: è come se lo stato lassista, accollandosi i costi sociali dell'inquinamento e degli incidenti sul lavoro, desse sussidi economici alle proprie imprese, sconti sui costi di produzione. E così la normativa europea dilaga, esce dalle competenze enumerate dal Trattato, va a toccare tutti i settori del mercato: impone regole di sicurezza sui prodotti elettrici, standard minimi di igiene e qualità della mozzarella, limiti al rumore prodotto dagli elettrodomestici, perché non ci si può fare concorrenza "sulla pelle" dei consumatori; pone norme sulla protezione dell'ambiente, norme sulla sicurezza e sulla protezione sociale, norme sugli appalti pubblici, norme sui titoli di studio ... Sono tutti passi resi necessari dall'esigenza di definire il quadro delle regole entro il quale i produttori possono competere (→ § II.7.3). L'ambiente, la sicurezza, la tutela dei lavoratori s'impongono all'attenzione dell'Unione europea di riflesso, come beni che vanno protetti attraverso la definizione di regole comuni, di livelli minimi, di requisiti di qualità inderogabili, ecc. ❺.

In quasi tutti gli altri Stati europei, l'adesione alla Comunità europea, prima, e l'accettazione delle sue trasformazioni più salienti, poi, sono state accompagnate da riforme costituzionali, avvenute spesso tra forti polemiche. In Italia tutto ciò non è accaduto. L'unica fonte che "disciplina" l'adesione dell'Italia è la *legge di autorizzazione alla ratifica* del Trattato di Roma (e di tutti quelli successivi), nonché l'*ordine di esecuzione* in essa contenuta. Ma, come sappiamo, la legge di autorizzazione è una legge "meramente formale" (→ § IX.4.3.β), e l'ordine di esecuzione una semplice formula stereotipata (→ § VIII.4.2); e poi, comunque, sono fonti primarie, subcostituzionali: bastano a disporre una "cessione di sovranità"?

La Corte costituzionale ha risposto di sì, appellandosi all'art. 11 Cost. e, in particolare, a quell'inciso in cui si dice che l'Italia "*consente, in condizioni di parità con gli altri Stati, alle limitazioni di sovranità necessarie ad un ordinamento che assicuri la pace e la giustizia fra le Nazioni*". Ora, sia il testo che il contesto di questa disposizione mostrano chiaramente che essa era stata pensata per tutt'altri scopi: avrebbe dovuto servire a consentire all'Italia di partecipare ad una riedificata *Società delle Nazioni* (quello che poi fu l'*ONU*: → § I.2.5), nella prospettiva di un forte potenziamento dei suoi strumenti di intervento per garantire, appunto, la pace. Che una disposizione serva a fini diversi da quelli immaginati dal legislatore è assolutamente normale: la disposizione si "estranea" dalla volontà del legislatore, e vive di vita propria; ciò che il legislatore non ha voluto o potuto tradurre in disposizione non ha più alcun valore normativo (semmai può servire come strumento di interpretazione del significato della disposizione, ove esso sia dubbio). Così la Corte ha potuto "leggere" nell'art. 11 un'autorizzazione costituzionale a "cedere" parte della sovranità nazionale per aderire, "*in condizioni di parità*", alla Comunità europea: chiudendo un occhio sul fatto che è assai difficile sostenere che la Comunità, protagonista di tante "guerre commerciali" e accusata più volte di comportamento egoista a difesa dei propri produttori, serva ad assicurare "*la pace e la giustizia fra le Nazioni*".

Così si è legittimata l'appartenenza dell'Italia alla Comunità europea con gli impegni e le limitazioni conseguenti. Ma il risultato è che manca una vera disciplina dei rapporti tra l'ordinamento italiano e quello europeo: certo non bastano a dettarla la disposizione generica dell'art. 11 Cost. né la "formula vuota" dell'ordine di esecuzione dei trattati. Ciò ha comportato che l'intera disciplina sia stata elaborata dalla giurisprudenza costituzionale. Anche se con la riforma del Titolo V ❼ è stato finalmente introdotto, nell'art. 117.1 Cost., un esplicito riferimento agli "obblighi comunitari" (→ § X.2.3), la genericità della norma non muta la situazione.

2.2. *Le tappe del "cammino comunitario" della Corte costituzionale*

Che accade se una norma interna è in contrasto con una norma europea? A questa domanda fondamentale la Corte costituzionale, più volte chiamata a decidere sul contrasto tra le leggi ordinarie e i regolamenti UE, ha dato nel tempo risposte differenti, applicando in successione i diversi *criteri di risoluzione delle antinomie* (→ § VIII.6).

In un primo tempo, la Corte costituzionale ha applicato il *criterio cronologico*: i conflitti tra leggi italiane e "leggi" europee si sarebbero dovuti risolvere secondo le regole della successione delle leggi nel tempo, le norme più recenti abrogando quelle meno recenti (→ § VIII.7), "*senza dar luogo a questioni di costituzionalità*" (sent. 14/1964). Naturalmente questa soluzione non era affatto gradita alla *Corte di giustizia dell'Unione europea*, impegnata a garantire sempre e comunque la prevalenza del diritto europeo: che una norma nazionale potesse "abrogare" un regolamento UE non poteva che costituire un'infrazione del diritto europeo. Sicché la Corte costituzionale cercò di adeguare la propria giurisprudenza, applicando il *criterio gerarchico* (→ § VIII.8): le leggi italiane che contrastassero con un precedente regolamento UE (fermo restando che il regolamento UE successivo abrogava le leggi precedenti contrastanti), dovevano essere impugnate davanti alla Corte costituzionale stessa per violazione "indiretta" dell'art. 11 Cost., cioè degli impegni e delle limitazioni che l'Italia aveva assunto ratificando il Trattato in attuazione dell'art. 11 stesso.

Ma anche questa soluzione non era affatto priva di inconvenienti. La Corte costituzionale, impegnata nel primo e unico processo penale a carico di alcuni ministri coinvolti nello scandalo Lockheed (solo nel 1989 l'art. 96 Cost. fu riformato, deferendo il giudizio sui c.d. "reati ministeriali" alla giurisdizione ordinaria: → § XII.7.4), venne accumulando un arretrato robusto: ciò significa che per anni il regolamento UE "violato" dalla legge italiana restava paralizzato, in attesa che la legge venisse dichiarata illegittima. La vicenda Granital, da cui la Corte costituzionale trarrà l'occasione per modificare ulteriormente la sua giurisprudenza, è emblematica.

✓ IL CASO "GRANITAL"

Un'impresa italiana, la Granital, ha una complicata vertenza con la dogana italiana in merito all'imposta da pagare per l'importazione di orzo canadese. L'importo è modesto, poco più di 360.000 lire, che non erano gran cosa neppure nel 1972, quando la storia incomincia. È un'intricata questione d'interpretazione della normativa europea sui dazi, ulteriormente complicata dall'emanazione, nelle "more del giudizio" (che in Italia non sono certo brevi), di una norma nazionale che dispone diversamente dall'interpretazione che la Corte di giustizia ha dato alla disciplina europea. Il tribunale impugna la legge italiana davanti alla Corte costituzionale. Siamo nel 1979: la Corte è impegnata nel processo penale, sul suo tavolo i ricorsi contro le leggi si accumulano. In quegli anni il ritardo della Corte raggiunge dei veri e propri record: è un ritardo che si somma a quello dei giudici ordinari nel sollevare le questioni e poi diviene a sua volta causa di ritardo ulteriore nei tempi già lunghissimi

in cui i giudizi ordinari, sospesi in attesa della pronuncia della Corte, riprendono e si chiudono. Basti pensare che la Corte costituzionale risponde alla questione "Granital" nel 1984, ben dodici anni dopo l'episodio che l'ha fatta nascere!
La *Corte di giustizia* non può certo accettare una soluzione del genere: se l'applicazione del criterio gerarchico sembra assicurare, sul piano concettuale, la prevalenza del diritto europeo, sul piano operativo la frustra. Per tutti quegli anni che passano dall'entrata in vigore della norma europea, all'impugnazione della legge italiana contrastante davanti alla Corte costituzionale e, infine, alla sentenza di illegittimità di questa, la norma europea è di fatto disattesa.

INTERNET La sentenza "Granital" può essere letta nel sito del manuale, nella sezione "Materiali".

Il caso Granital offre alla Corte costituzionale l'occasione di una modifica radicale del sistema dei rapporti tra diritto europeo e diritto interno. A cambiare, come vedremo, è essenzialmente il criterio di risoluzione delle antinomie: ma per farlo la Corte ha dovuto elaborare impegnative premesse teoriche.

La sent. 170/1984 – nota come "Granital" dal nome della parte (all'uso dei comunitaristi) o "La Pergola", dal nome del giudice relatore – sviluppa il suo ragionamento attraverso i seguenti punti:

α) l'ordinamento europeo e l'ordinamento italiano sono due ordinamenti giuridici autonomi e separati, ognuno dotato di un proprio sistema di fonti (è la c.d. "**teoria dualistica**");

β) la normativa europea "*non entra a far parte del diritto interno, né viene per alcun verso soggetta al regime disposto per le leggi (e gli atti con forza di legge) dello Stato*". Non esiste neppure un vero e proprio conflitto tra le *fonti* interne e quelle europee, perché ognuna è valida ed efficace nel proprio ordinamento secondo le condizioni poste dall'ordinamento stesso;

γ) con la ratifica e l'ordine di esecuzione del Trattato, il legislatore italiano ha riconosciuto la competenza delle istituzioni europee a emanare norme giuridiche in determinate materie e che queste norme si impongano direttamente nell'ordinamento italiano, non perché abbiano "*forza di legge*" (categoria che è tipica dell'ordinamento italiano, e che perciò non si addice alle fonti europee), ma per la "*forza*" che ad esse conferisce il Trattato. Quindi è il Trattato che segna la "*ripartizione di competenza*" tra i due ordinamenti e il regime giuridico delle fonti europee;

δ) i conflitti tra *norme* che eventualmente sorgano vanno risolti dal giudice italiano applicando il *criterio della competenza* (→ § VIII.10). Il giudice deve accertare se, in base al Trattato, sia competente sulla materia l'ordinamento europeo o quello italiano e deve, di conseguenza, applicare la norma dell'ordinamento competente. La norma interna, se non competente, non viene né abrogata (in applicazione del criterio cronologico) né dichiarata illegittima (in applicazione del criterio gerarchico), ma semplicemente "*non applicata*". Resta valida ed efficace, applicabile eventualmente in altri casi: ma per il caso specifico il giudice la ritiene non competente ed applica invece la norma europea.

✓ LA "NON APPLICAZIONE" DELLA LEGGE: UNO SCANDALO CONCETTUALE?

"I giudici sono soggetti soltanto alla legge": questa disposizione dell'art. 101.2 Cost. fissa un principio basilare del nostro sistema, che riguarda non soltanto l'indipendenza della "funzione" giudiziaria, ma la stessa separazione dei poteri. Nulla può essere imposto al giudice se non attraverso la legge; libero è il giudice nello svolgimento della sua funzione, purché essa si svolga nell'ambito della legge (questo principio può essere inteso anche nell'ambito della distinzione tra *disposizione* e *norma* ⑩: → § VIII.5). L'importanza di questo vincolo è testimoniata dalla stessa struttura del *giudizio incidentale di legittimità costituzionale* (→ § XII.3.4): se il giudice trova una legge in contrasto con la Costituzione, non può disapplicare la prima per dare applicazione alla seconda, ma deve sospendere il giudizio e investire della *"questione"* la Corte costituzionale. È capitato che la Corte di cassazione si trovasse di fronte a una legge regionale palesemente illegittima, perché toccava fattispecie penali, e quindi la disapplicasse: la Regione reagì con un *conflitto di attribuzioni* (→ § XII.5) e la Corte costituzionale le dette ragione, perché le leggi, tutte le leggi, comprese quelle regionali, non possono essere disapplicate dal giudice, neppure se si tratta di applicare una regola precisa della Costituzione (sent. 285/1990). Come mai si sovverte questo principio se ad essere lesa dalla legge non è la Costituzione ma una norma europea? La risposta può iniziare dalla distinzione tra "non-applicazione" e "disapplicazione".

La **disapplicazione** è un effetto che, come ha sottolineato la stessa Corte costituzionale, evoca un vizio dell'atto: per es., il giudice ordinario può "disapplicare" il regolamento amministrativo che ritenesse illegittimo (mentre solo il giudice amministrativo può annullarlo: → § VII.1). L'ipotesi di disapplicazione della legge ordinaria implicherebbe dunque un giudizio sulla sua *validità* (→ § VIII.8.1), che al giudice è precluso perché è *"soggetto alla legge"*; la **non-applicazione**, invece, è frutto di una scelta della norma competente a disciplinare la materia sulla base del riparto di attribuzioni tracciato dal Trattato, fuori restando qualsiasi giudizio in merito alla validità della legge (→ § VIII.9.2). Una distinzione sottile, ma concettualmente chiara: in sostanza, la disapplicazione può apparire come un accertamento di illegittimità con effetti *inter partes* (cioè, limitati al giudizio), mentre la non-applicazione implica solo la definizione dell'ambito di applicazione di norme che si suppongono tutte valide (secondo le regole del loro ordinamento) ed efficaci (nel loro rispettivo ambito di applicazione). Ma è proprio questa conclusione che non è affatto gradita alla *Corte di giustizia*: poco sensibile alle sottigliezze concettuali, la Corte europea non può accettare che in uno Stato-membro siano ritenute "valide" e restino in vigore leggi contrarie alle norme europee, affidando al singolo giudice il compito di non applicarle di volta in volta nel singolo caso. "*La preminenza e l'efficacia diretta delle disposizioni del diritto comunitario* – ha detto la Corte di giustizia (sent. 24 marzo 1988, in c. 104/86) – *non sottraggono gli Stati membri all'obbligo di eliminare dal loro ordinamento giuridico interno le disposizioni incompatibili col diritto comunitario: infatti, il mantenimento in vigore delle stesse crea una situazione di fatto ambigua, in quanto mantiene gli interessati in uno stato di incertezza circa le possibilità loro garantite di fare appello al diritto comunitario*".

2.3. *Contrasto tra norme interne e norme europee: il quadro attuale*

Dalla storica sent. 170/1984 e dalle sentenze successive che la Corte costituzionale ha emanato sull'argomento, si ricava il seguente quadro dei rapporti tra norme europee e norme interne:

α) *contrasto tra legge ordinaria e norme UE* self-executing: si applica quanto stabilito dalla sent. 170/1984. Va applicata la norma europea e la legge italiana (non importa se precedente o successiva) non va applicata. Attenzione però a due aspetti:

– questa regola vale *solo e per tutte* le norme europee munite di *effetto diretto* (→ § XI.1.3): quindi non solo le norme dei regolamenti UE, ma tutte le norme europee *self-executing* comportano la non applicazione della legge italiana contrastante;

– questa regola è rivolta a *tutti i soggetti dell'applicazione del diritto*: quindi, non solo gli organi giudiziari, ma le stesse strutture della pubblica amministrazione hanno il potere-dovere di non applicare la legge ordinaria contraria ad una norma europea *self-executing*. Il diritto europeo apre perciò una falla nell'applicazione dello stesso *principio di legalità* (→ § VIII.11.1) della pubblica amministrazione!

✓ IL CASO: HERR MÜLLER CERCA CASA

Mettiamo che Herr Müller, cittadino tedesco (ma nella realtà si trattava invece di un anonimo cittadino belga), decida di trasferire le sue attività in Italia, e cerchi casa in un piccolo Comune della Provincia di Bologna. La casa, come si sa, è un problema, e Herr Müller prova a chiedere un mutuo agevolato per la "prima casa". Ma all'ufficio comunale gli rispondono picche: la legge regionale richiede la cittadinanza italiana per ottenere le agevolazioni. Herr Müller non ci sta e denuncia il fatto alla Commissione. La Commissione porta l'Italia davanti alla Corte di giustizia, per aver violato la libertà di circolazione dei lavoratori introducendo, in numerose leggi regionali sull'edilizia agevolata, misure discriminatorie basate sulla nazionalità. La Corte dà ragione alla Commissione: ostacolare l'accesso alle agevolazioni per la casa dei non cittadini italiani è un modo per ostacolare l'eguaglianza di opportunità e di concorrenza tra i lavoratori italiani e quelli provenienti dagli altri paesi dell'Unione. Il Governo italiano invia alle Regioni un atto in cui le invita a conformarsi alla sentenza della Corte di giustizia; una Regione l'impugna per conflitto di attribuzioni (→ § XII.5), ritenendosi invasa nelle sue competenze. Ma la Corte (sent. 389/1989) le dà torto: l'atto impugnato – dice la Corte – è solo un modo con cui il Governo intendeva portare *"una norma comunitaria che è stata determinata nel suo preciso significato da un sentenza della Corte di giustizia"* a conoscenza delle amministrazioni regionali, per segnalare loro *"gli obblighi derivanti sul piano dell'ordinamento nazionale dall'esistenza di una norma comunitaria direttamente applicabile e prevalente su ogni altra legge interna, tanto se statale, quanto se regionale (o provinciale)"*. Quindi, avendo l'atto del Governo solo valore informativo, è chiaro che le amministrazioni hanno l'obbligo di applicare direttamente la norma europea per la forza che essa ha (e non in conseguenza dell'atto del Governo), non applicando le leggi interne. Merita solo segnalare che, in questo caso, la "norma" *self-executing* l'ha creata la Corte di giustizia (→ § XI.1.3.c).

β) *contrasto tra legge ordinaria e norme UE non* self-executing: se la norma europea non può avere "effetto diretto", significa che non possiede quelle caratteristiche che la rendono immediatamente operativa nell'ordinamento, cioè applicabile, in sostituzione di quelle interne, come "regola del caso" ⓫. Ma il principio di prevalenza del diritto europeo impedisce al giudice di continuare ad applicare una norma interna contrastante con esso. Per cui se al giudice pare che la legge italiana contrasti con la norma europea non *self-executing*, dovrà sollevare la *questione di legittimità costituzionale* della legge davanti alla Corte costituzionale (→ § XII.3.4), lamentando l'indiretta lesione dell'art. 11 Cost.: infatti, la legge italiana che contrastasse la normativa europea violerebbe gli obblighi e le limitazioni di sovranità che l'Italia ha accettato con il Trattato, in forza appunto dell'art. 11;

γ) *contrasto tra norme sub-legislative e norme UE*: in questo caso non siamo più nell'àmbito del *criterio di competenza* e della "non-applicazione". L'osservanza del Trattato è disposta con una legge formale (l'*ordine di esecuzione*), per cui il regolamento o il provvedimento amministrativo che contrastasse con una norma europea (non importa se munita o meno di "*effetto diretto*") sarebbe illegittimo, per violazione "indiretta" dell'ordine di esecuzione. Il contrasto è quindi risolto con l'applicazione del *criterio di gerarchia*; ma attenzione: la relazione gerarchica si pone tra il regolamento amministrativo e l'ordine di esecuzione, violato perché il regolamento amministrativo non rispetta il suo "ordine" di dare completa e fedele esecuzione alle norme europee, non tra regolamento amministrativo e norma UE (perché, come la Corte ha detto nella sent. 170/1984, queste non entrano a far parte del nostro ordinamento, e quindi non hanno relazioni sistematiche con le nostre norme);

δ) *contrasto tra norme costituzionali e norme europee*: la Corte costituzionale ha ammesso che le norme europee possono comportare deroghe alle norme costituzionali "*di dettaglio*" ❾, ma non ai *principi fondamentali* della Costituzione (è la c.d. "**teoria dei controlimiti**": sulla distinzione, nell'àmbito delle norme costituzionali, tra principi e dettaglio → § IX.1.4). Nella pratica, sinora, le norme di dettaglio derogate dalla normativa europea riguardano tutte il riparto di competenze tra Stato e Regioni (per esempio, la liberalizzazione nel settore bancario ha eliminato l'ambito potere delle Regioni speciali di nominare i vertici delle casse di risparmio): ma in prospettiva la casistica può divenire ben più complessa. La Corte costituzionale ha, insomma, preparato la strada per compiere ulteriori e assai significativi passi verso l'Unione europea senza che si debba por mano alla revisione costituzionale.

Il vero problema è però cosa accade se la norma europea leda un "principio fondamentale" della Costituzione. La Corte costituzionale ha più volte indicato quale sia la strada da percorrere, pur sottolineando quanto sia improbabile che un simile conflitto insorga. Invece una volta è sorto, ponendo la Corte in un grave imbarazzo come vedremo.

Come ci si deve comportare in questo caso? Va anzitutto premesso che gli atti normativi dell'Unione europea sono, per il nostro ordinamento, ancora concepiti come *fatti normativi* (→ § VIII.3.4): sono *atti* di un ordinamento separato, impugnabili davanti al giudice di legittimità di *quell'*ordinamento (la *Corte di giustizia*) per violazione del Trattato (non certo per violazione della nostra Costituzione, che non è fonte di *quell'*ordinamento). Ma non possono essere impugnati davanti alla Corte costituzionale, che può giudicare, in base all'art. 134 Cost., solo "*delle leggi e degli atti con forza di legge*" dello Stato e delle Regioni (→ § XII.3.1). La stessa sent. 170/1984 ha evidenziato l'estraneità della *fonte* europea rispetto al nostro ordinamento.

Quindi, se una norma europea lede un principio costituzionale, la sola via possibile è di impugnare l'unica *disposizione con forza di legge* del nostro ordinamento, in forza della quale tutte le norme europee devono essere applicate in Italia: cioè l'*ordine di esecuzione* del Trattato [1]. È una "formula vuota" che potrà essere impugnata (e, eventualmente, dichiarata illegittima) un illimitato numero di volte "*nella parte in cui*" (è la classica formula delle c.d. *sentenze di accoglimento parziale*: → § XII.3.6.5.α) consente l'ingresso nel nostro ordinamento di quella specifica norma europea "incompatibile" con i principi della nostra Costituzione.

✓ DEI "CONTROLIMITI" BASTA EVOCARE IL NOME?

Per due volte la Corte costituzionale italiana ha accennato di far valere i controlimiti. La prima volta si trattava di una decisione della Corte di giustizia che, dando ragione a un imprenditore veneto, dichiarava l'invalidità di un regolamento comunitario, limitando però gli effetti della dichiarazione di invalidità, dalla quale quindi il ricorrente non avrebbe tratto beneficio. La questione di legittimità costituzionale dell'ordine di esecuzione, nella parte in cui recepisce la disposizione del Trattato sul rinvio pregiudiziale (→ § XI.2.4.α✓) come interpretata dalla Corte di giustizia, veniva proposta alla Corte costituzionale per violazione del diritto alla difesa (→ § XIII.2.2.γ); la Corte nella sostanza dà ragione al ricorrente, ma poi con un escamotage riesce a salvaguardare i suoi interessi senza dichiarare l'illegittimità dell'ordine esecuzione (sent. 232/1989).
Più esplicita la minaccia di far valere i controlimiti si è avuta nel c.d. *caso Taricco*, in cui la nostra Corte costituzionale (ord. 24/2017) ha sollevato un dubbio sulla compatibilità con i principi fondamentali della Costituzione italiana dell'interpretazione data dalla Corte di giustizia ai principi del diritto europeo. La Corte di giustizia (C-42/2017) ha risposto accogliendo in parte le considerazioni della Corte costituzionale, e così ha consentito alla Corte costituzionale di chiudere (almeno per il momento) il caso (sent. 115/2018). Talvolta di far valere i controlimiti basta evocare la minaccia perché il "dialogo" tra le due Corti riprenda senza strappi ...

2.4. *I giudici di fronte al diritto europeo*

La teoria dualistica, che la Corte costituzionale (e non solo quella italiana) ha assunto come premessa per intendere i rapporti tra ordinamento europeo e ordinamento nazionale, affonda le sue radici in una visione tradizionale della "natura" dell'Unione europea: un'organizzazione comune creata da Stati sovrani con strumenti di diritto internazionale. Ma, nel suo sviluppo impetuoso, l'UE ha elaborato strumenti, relazioni, poteri spesso simili a quelli tipici degli Stati federali. È una forma mutante, non rientrante in nessuna delle forme tradizionali, né in quella dell'organizzazione internazionale, né in quella dello Stato federale. Per questa ragione la teoria dualistica sembra inadeguata a descrivere i reali rapporti che intercorrono tra i due ordinamenti.

[1] È quanto avvenuto nel caso del risarcimento delle vittime dei crimini nazisti (→ § VIII.3.3): oltre a negare l'ingresso alla norma consuetudinaria accertata dalla Corte internazionale di giustizia, la sent. 238/2014 della Corte costituzionale ha anche dichiarato l'illegittimità dell'ordine di esecuzione dei trattati che obbligano il giudice italiano ad adeguarsi alle sentenze della CIG.

✓ PRINCIPIO DI ATTRIBUZIONE VS. PRINCIPIO DI SUSSIDIARIETÀ

Il primo e più evidente limite è che tutta la ricostruzione fatta dalla giurisprudenza della Corte costituzionale si basa su una premessa: che vi sia una netta separazione delle competenze dell'UE e di quelle (ovviamente residuali) dello Stato. Ma non è così. È vero che anche il Trattato di Lisbona riafferma il **principio di attribuzione**, cioè che le istituzioni europee fanno quanto è loro assegnato dai trattati: ma si è visto in precedenza che, essendo le stesse competenze europee espresse in forma di obiettivi, i c.d. "poteri impliciti" hanno una forza di espansione dei compiti europei assolutamente incontenibile (→ § XI.2.1✓). Nulla di strano, è un fenomeno ben noto ai sistemi federali (e anche agli Stati regionali come il nostro): così come ben noto a questi Stati è il *principio di sussidiarietà*, introdotto dal Trattato di Maastricht per "promettere" una riduzione dell'azione europea (→ § II.7.2). Ma il **principio di sussidiarietà** (*"nei settori che non sono di sua competenza esclusiva l'Unione interviene soltanto se e in quanto gli obiettivi dell'azione prevista non possono essere conseguiti in misura sufficiente dagli Stati membri, né a livello centrale né a livello regionale e locale, ma possono, a motivo della portata o degli effetti dell'azione in questione, essere conseguiti meglio a livello di Unione"*: art. 5.3 TUE) non fissa un riparto di competenza (a parte il problema di definire cosa rientri o meno nella competenza esclusiva dell'UE) ma, anzi, annuncia che non vi è più un tale riparto, come assetto rigido preventivamente determinato: è l'opportunità, non il diritto, a dire chi fa che cosa. Come fa, allora, il giudice a stabilire quale è l'ordinamento competente *"secondo la ripartizione di competenza stabilita e garantita dal Trattato"* (sent. 170/1984)?

L'aspetto più paradossale della concezione dualistica è che abbiamo due ordinamenti "*autonomi e distinti*", come dice la Corte costituzionale, per quanto riguarda la legislazione, ma uniti per quanto riguarda l'*applicazione del diritto*: perché i giudici e le amministrazioni pubbliche sono legati da un obbligo di cooperazione con le istituzioni europee. I giudici sono "servitori di due padroni", gravati del compito, in fase di applicazione delle norme dei due ordinamenti, di riportarli ad unità. Il giudice nazionale opera come primo anello di due diverse catene, di due differenti sistemi giurisdizionali di garanzia della legalità, quello costituzionale e quello europeo: con la conseguenza che la sovrapposizione dei due sistemi giurisdizionali moltiplica e incrocia gli strumenti processuali con cui il giudice può affrontare il medesimo caso di specie. Proviamo ad immaginare le fasi che logicamente percorre e gli strumenti che un giudice ha a disposizione quando si trovi di fronte ad un contrasto tra norma interna e norma europea:

α) innanzitutto deve decidere se la "materia" è di competenza dello Stato o dell'Unione europea. Ma se l'Unione ha emanato la norma, vuol dire che suppone di averne il potere: se il giudice ritiene invece il contrario, può impugnare l'atto europeo di fronte alla *Corte di giustizia dell'Unione europea* (**rinvio pregiudiziale di validità**). Come si vede, sebbene per il *nostro* ordinamento le fonti europee siano *fonti-fatto*, il *nostro* giudice non si comporta nei loro confronti come con i classici *fatti* normativi: può (anzi, deve) porsi il problema della loro *validità* (cosa che, di regola, non dovrebbe accadere con le *fonti-fatto*: → § VIII.3.4 s.) e provocare su questo punto il giudizio della *Corte di giustizia*;

✓ IL RINVIO PREGIUDIZIALE

> L'art. 267 del TFUE stabilisce:
> *"La Corte di giustizia è competente a pronunciarsi, in via pregiudiziale:*
> *a) sull'interpretazione dei trattati;*
> *b) sulla validità e l'interpretazione degli atti compiuti dalle istituzioni, dagli organi o dagli organismi dell'Unione.*
> *Quando una questione del genere è sollevata dinanzi ad un organo giurisdizionale di uno degli Stati membri, tale organo giurisdizionale può, qualora reputi necessaria per emanare la sua sentenza una decisione su questo punto, domandare alla Corte di pronunciarsi sulla questione.*
> *Quando una questione del genere è sollevata in un giudizio pendente davanti a un organo giurisdizionale nazionale, avverso le cui decisioni non possa proporsi un ricorso giurisdizionale di diritto interno, tale organo giurisdizionale è tenuto a rivolgersi alla Corte".*

β) deve poi stabilire se la norma europea abbia o meno "effetto diretto". È una questione di interpretazione di fonti europee, per cui, in caso di dubbio, può sospendere il giudizio e sollevare una **questione pregiudiziale di interpretazione** di fronte alla *Corte di giustizia*. Se essa gli risponde che la norma è effettivamente *self-executing*, il giudice può riprendere il giudizio e lo chiude applicando, appunto, la norma UE;

γ) soprattutto quando la norma europea non sia *self-executing*, ma esprima un principio, il giudice può essere in dubbio sulla compatibilità della legge italiana con essa. Il dubbio deve risolverlo ancora sollevando una *questione pregiudiziale di interpretazione* di fronte alla *Corte di giustizia*. Gliela prospetta in termini astratti, come una questione di interpretazione delle disposizioni europee (se sia compatibile con il principio x una norma nazionale che dica xy), senza che ciò divenga un'impugnazione della legge italiana (la *Corte di giustizia* non sindaca la legittimità delle fonti interne). Può accadere che la *norma*, che la *Corte di giustizia* ricava dall'interpretazione delle *disposizioni* ❿ europee, abbia le caratteristiche sufficienti a produrre "effetti diretti": per esempio perché la Corte di giustizia stabilisce che un determinato meccanismo del diritto interno è incompatibile con un principio del Trattato, e perciò "vietato". Il giudice, che era partito maneggiando una norma europea "di principio", si ritrova ora in mano una norma *self-executing* ⓫, fornitagli dalla *Corte di giustizia*, e procede quindi applicandola, e disapplicando di conseguenza la norma interna (un esempio di questo procedimento, sia pure promosso dalla Commissione e non dal giudice nazionale, lo si può trovare nel caso di Herr Müller: → § XI.2.3✓);

δ) se il giudice accerta che la norma europea non è *self-executing*, impugna la legge italiana contrastante davanti alla Corte costituzionale (→ § XI.2.3.β);

ε) se il giudice dubita della compatibilità della norma europea con i "principi supremi" della Costituzione, impugna davanti alla Corte costituzionale l'*ordine di esecuzione* del Trattato (→ § XI.2.3.δ). Tuttavia, siccome dopo il Trattato di Maastricht è diventato esplicito il riconoscimento dei diritti fondamentali come limite "costituzionale" alla legislazione europea (→ § XI.1), il giudice potrebbe preferire di impugnare direttamente la norma europea davanti alla *Corte di giustizia*.

✓ LA DOPPIA PREGIUDIZIALITÀ

Che cosa deve fare il giudice comune quando si trova ad applicare una legge di cui dubita la compatibilità sia con il diritto dell'Unione europea che con la Costituzione? Si parla, in questo caso, di **doppia pregiudizialità**, perché per risolvere i dubbi applicativi si possono utilizzare entrambi i canali, il *ricorso incidentale* alla Corte costituzionale (→ § XII.3.4) e il *rinvio pregiudiziale* alla Corte di giustizia. Il problema pratico è a chi si debba dare la precedenza. Secondo la giurisprudenza costituzionale consolidata la questione di compatibilità comunitaria costituiva un *prius* logico rispetto a quella di costituzionalità. Infatti, se la prima viene risolta dalla Corte di giustizia affermando l'incompatibilità tra il diritto dell'Unione e la legge, il giudice deve disapplicare quest'ultima, il che renderebbe irrilevante la questione di costituzionalità. Nel 2017, però, la Corte ha affermato che laddove una legge sia oggetto di dubbi di illegittimità tanto in riferimento ai diritti protetti dalla Costituzione italiana, quanto in relazione a quelli garantiti dalla Carta dei diritti fondamentali dell'Unione europea (→ § I.2.5), il giudice deve rivolgersi innanzitutto alla Corte costituzionale (sent. 269/2017). La presa di posizione della Corte costituzionale è stata intesa come diretta a riacquistare centralità nella tutela dei diritti fondamentali in un sistema di tutela multilivello dei diritti, dove alla Costituzione si affianca la Carta dei diritti. Successivamente, secondo alcuni la Corte avrebbe ridimensionato la portata di quell'affermazione (sentt. 20 e 63/2019 e ord. 117/2019), rendendo l'inversione della doppia pregiudiziale non più necessaria ma solo possibile. Quindi, in fin dei conti, è il singolo giudice che dovrà scegliere quale questione pregiudiziale sollevare per prima in relazione alle caratteristiche del caso sottoposto al suo esame.

Qualche osservazione merita anche il comportamento della Corte costituzionale, in relazione alle questioni che sorgono sulla compatibilità delle leggi italiane con le norme europee[2].

α) Se il giudice nazionale impugna una legge italiana davanti alla Corte per violazione di norme europee, senza aver preliminarmente accertato (anche attraverso il *rinvio pregiudiziale di interpretazione* alla Corte di giustizia) se la norma europea violata abbia o meno effetti *self-executing*, la Corte costituzionale dichiarerà la questione *inammissibile* (→ § XII.3.6.1.b): il giudice ordinario deve infatti motivare la "*rilevanza*" della questione (→ § XII.3.4.3) nel "suo" giudizio e, per farlo correttamente, deve preliminarmente accertare la diretta applicabilità della norma europea (se può chiudere il "suo" giudizio applicando direttamente la norma europea *self-executing*, non ha "rilevanza" la questione del contrasto della legge italiana con la norma europea).

β) La Corte ritiene invece di poter sindacare la compatibilità delle leggi italiane con tutte le norme europee, anche se *self-executing*, se la questione le è prospettata *in via principale* (→ § XII.3.5). È corretto: in questo caso, infatti, non vi è altro giudice che possa sanzionare l'infrazione del diritto europeo e, d'altra parte, la Corte, come

[2] Le osservazioni che seguono possono essere comprese appieno solo a seguito dello studio della parte XII, dedicata alla Corte costituzionale.

qualsiasi giudice, deve assicurare nel suo giudizio la prevalenza del diritto europeo su quello interno. Se la Corte rifiutasse di giudicare illegittima la legge impugnata dallo Stato o dalla Regione per contrasto con una norma *self-executing*, farebbe quello che nessun giudice – a dire della stessa Corte – può fare: negare l'applicazione al diritto europeo.

✓ LA CORTE NON È UNA CORTE?

In passato la Corte aveva negato, anche se sottovoce, di essere un "giudice nazionale", e quindi di potere (anzi, dovere, essendo giudice di ultima istanza) attivare il meccanismo del *rinvio pregiudiziale* alla *Corte di giustizia*. Le motivazioni sono complesse ma poco convincenti: derivano dall'esigenza, tutta politico-istituzionale, della Corte di non "appiattirsi" sulla giurisprudenza della Corte di giustizia. Infatti, se la Corte, nel corso di un giudizio di legittimità costituzionale vertente su una legge contrastante con il diritto europeo, si rivolgesse alla Corte di giustizia per chiedere se il contrasto sussista o se la norma europea sia valida, il suo giudizio perderebbe qualsiasi autonomia, restando "assorbito" da quanto decide la Corte di giustizia. Per questo, la Corte chiede al giudice di svolgere l'istruttoria necessaria e, eventualmente, di investire lui la Corte di giustizia, pena l'inammissibilità della questione (→ § XII.3.6.1). Ma nel giudizio in via principale questo "filtro" non c'è: se la Corte accetta di sindacare in via principale il contrasto tra la legge italiana e le norme europee, anche se *self-executing*, perché in questo caso è l'unico giudice competente, che non può chiudere il suo giudizio ignorando il diritto europeo, appare evidente che per le stesse ragioni essa non può rifiutarsi, almeno in questi giudizi, di considerarsi un "giudice nazionale". Anche per questo motivo l'iniziale rigidità della Corte costituzionale è stata gradualmente superata. Con l'ord. 102/2008, la Corte costituzionale ha per la prima volta, nel corso di un giudizio in via principale, investito direttamente la Corte di giustizia. In seguito (ord. 207/2013), lo ha fatto anche nel corso di un giudizio promosso in via incidentale, il che si è fatto relativamente frequente. Per cui non ha destato meraviglia che con l'ord. 24/2017 la Corte costituzionale abbia investito la Corte di giustizia di una nuova questione assai delicata perché conteneva la minaccia di attivare i c.d. controlimiti (→ § XI.2.2δ).

3. L'ATTUAZIONE DELLE NORME EUROPEE

L'Italia ha detenuto per anni il record negativo nell'attuazione delle norme europee. Per ovviare a questa situazione nel 1989 fu varata la legge n. 86 (nota come "***legge La Pergola***", dal nome del ministro proponente), che è stata in seguito modificata e definitivamente sostituita dalla legge 234/2012. Oltre alla partecipazione del Parlamento e delle Regioni al processo decisionale europeo (→ § V.3.4.), è disciplinata l'esecuzione degli "**obblighi comunitari**", ossia degli adempimenti che derivano dagli atti normativi europei e dalle sentenze della Corte di giustizia (→ § XI).

✓ LA PROCEDURA D'INFRAZIONE

Quando la Commissione – su richiesta di uno Stato membro o d'ufficio (magari su sollecitazione di un privato) – rileva che uno Stato non ha adempiuto correttamente ad un obbligo che gli deriva dal diritto dell'UE, avvia un **procedimento d'infrazione**, che anticipa la fase contenziosa, e mira ad ottenere dallo Stato in questione l'adempimento dell'obbligo (artt. 258-260 TFUE).
La fase precontenziosa inizia con una "lettera di messa in mora", con cui la Commissione invita lo Stato membro a comunicare, entro un termine prefissato, le sue osservazioni sul problema riscontrato. In seguito, emanando un "parere motivato", la Commissione specifica i motivi che spingono la Commissione a ritenere che lo Stato, nonostante le osservazioni prodotte, sia inadempiente, fissando un termine entro cui deve porre fine all'infrazione. Se si riscontra la permanenza dell'inadempimento, la Commissione apre la fase contenziosa presentando un *ricorso per inadempimento* alla Corte di giustizia.
Se la Corte riconosce l'inadempimento da parte dello Stato, lo condanna ad adempiere. Sull'adempimento vigila ancora la Commissione che, nel caso lo Stato non provveda, può nuovamente metterlo in mora e infine proporre un nuovo ricorso alla Corte, la quale può infliggere allo Stato inadempiente una sanzione pecuniaria di diversi milioni di euro, commisurata alla gravità, alla durata dell'inadempimento e alla capacità finanziaria dello Stato.

INTERNET Un riepilogo delle procedure d'infrazione in corso contro l'Italia (più di un centinaio) si trova nel sito del Ministero: http://www.politicheeuropee.it/attivita/15141/dati.

Il Parlamento approva ogni anno, su iniziativa del Governo, la **legge di delegazione europea**, che contiene una delega al Governo (→ § IX.5) per il recepimento delle direttive e di altri atti dell'UE: il disegno di legge dev'essere presentato entro il 28 febbraio di ogni anno. Ogni anno viene approvata anche la **legge europea**, che serve ad adeguare le norme italiane a quelle europee allo scopo, principalmente, di interrompere le *procedure d'infrazione* promosse dalla Commissione UE contro l'Italia per mancato rispetto di obblighi di adeguamento.

L'attuazione delle norme europee ricade sulle Regioni nelle materie affidate alla loro competenza legislativa. L'art. 117.5 Cost. stabilisce che le Regioni possono dare applicazione o attuazione diretta "agli atti dell'Unione europea". La "legge di delegazione europea" può dettare i principi fondamentali nelle materie che sono di competenza concorrente delle Regioni (→ § X.2.3): se vi è inerzia da parte delle Regioni e delle Province autonome nell'attuare le norme europee, lo Stato può adottare le disposizioni necessarie per la loro attuazione, previo parere della *Conferenza Stato-Regioni* (→ § VI.3.2). Tuttavia, gli atti normativi statali adottati in sostituzione delle Regioni sono "cedevoli" (→ § X.2.3δ), perdono cioè efficacia quando la Regione adotta una sua disciplina di attuazione (art. 41 della legge 234/2012).

Lo Stato ha, in base agli artt. 117.5 e 120.2, il potere di sostituirsi alle Regioni (→ § VI.3.3) che non abbiano adempiuto correttamente agli obblighi di attuazione, dato che è lo Stato il soggetto che fa parte dell'UE e che risponde degli inadempimenti che si verificano nel suo territorio, quale sia l'ente o l'organo che lo abbia causato. Per questa ragione, l'art. 43 della legge 234/2012 riconosce allo Stato il **diritto di rivalsa** nei confronti della Regione e di qualsiasi altro ente pubblico che si sia reso responsabile della violazione del diritto europeo.

XII. GIUSTIZIA COSTITUZIONALE

1. CHE COS'È LA GIUSTIZIA COSTITUZIONALE

1.1. *Definizioni*

Per "**giustizia costituzionale**" s'intende un sistema di controllo giurisdizionale del rispetto della Costituzione. La giustizia costituzionale è la principale garanzia della *rigidità* della Costituzione (→ § III.4): consente di reagire a *determinate* infrazioni della Costituzione rivolgendosi in *determinati* modi ad un *determinato* giudice. L'estensione della tipologia di infrazioni denunciabili, i modi in cui si può reagire ad esse e il tipo di giudice chiamato a giudicare sono le tre variabili che, diversamente combinandosi, danno vita ai vari sistemi di giustizia costituzionale noti nei paesi a Costituzione rigida.

La scelta del sistema di giustizia costituzionale dipende dall'origine della Costituzione. Nei sistemi a struttura federale, per esempio, il primo compito della giustizia costituzionale è di rendere "giustiziabili" i conflitti tra Stato federale ed enti federati (oppure tra enti federati): emblematica è la Costituzione degli Stati Uniti d'America, che, come è noto, in origine affidava alla Corte Suprema – che per il resto funzionava da normale giudice d'appello – la giurisdizione esclusiva dei conflitti in cui gli Stati siano parti in causa, tra loro o con la Stato federale. Ma proprio la storia degli Stati Uniti ci mostra come sia "naturale" che un sistema a Costituzione rigida sviluppi anche un *controllo di legittimità costituzionale delle leggi*, ossia che affidi alla giustizia costituzionale il compito di sindacare il rispetto della Costituzione da parte del legislatore ordinario. Fu solo attraverso una storica decisione della Corte Suprema del 1803 che il sindacato di legittimità delle leggi s'impose, quasi come una necessità intrinseca del sistema costituzionale "rigido".

✓ IL CASO: "MARBURY VS. MADISON"

Come spesso avviene, una delle pagine più luminose della storia della teoria costituzionale nasce da un episodio tutt'altro che edificante. Dopo anni di dominio dei federalisti, una svolta elettorale porta alla presidenza americana il repubblicano Jefferson. Adams, il presidente uscente, pensa bene di "piazzare" i propri compagni di partito (che il metodo dello *spoils system* (→ § V.2.12) minacciava di disoccupazione) nelle corti federali periferiche, di nomina presidenziale: sedici nuovi giudici furono nominati dal presidente Adams (e approvati dal Senato, ancora a maggioranza federalista) proprio al momento della scadenza del mandato (da cui il soprannome di "giudici di mezzanotte" che fu loro appioppato). Ma, nella confusione dell'ultimo minuto, la nomina del nuovo giudice Marbury non viene trasmessa all'interessato dal segretario di Stato uscente. Il nuovo, il repubblicano James Madison, rifiuta di farlo. Marbury ricorre alla Corte suprema perché questa ordini a Madison di trasmettere l'atto di nomina. La situazione è molto imbarazzante, perché la Corte suprema, che negli Stati Uniti è una carica vitalizia di nomina presidenziale, è ancora interamente composta da federalisti. Dando ragione al ricorrente, la Corte rischiava perciò di esporsi politicamente, screditandosi; tanto più che, complicazione ulteriore, il nuovo presidente della Corte, John Marshall, era stato in precedenza proprio il segretario di Stato che aveva trascurato di trasmettere *in extremis* la nomina di Marbury. Il caso rischiava dunque di diventare un trabocchetto politico. Come se la cavò la Corte? Semplice: riconobbe che la nomina di Marbury era valida ed efficace, ma dichiarò incostituzionale (per violazione della norma costituzionale che regola la ripartizione della giurisdizione tra Corte suprema e gli altri giudici federali) la legge che attribuiva alla Corte suprema la competenza a decidere del caso. Per compiere questa brillante operazione tattica, il Presidente Marshall scrisse una delle più importanti pagine della storia del diritto costituzionale, spiegando per la prima volta nella storia moderna perché il giudice deve cassare la legge che contrasti con la Costituzione:

"Che il popolo abbia un diritto originale a stabilire, per il governo futuro, i principi che, nella sua opinione, devono produrre la sua felicità è la base su cui è stata eretta l'intera fabbrica americana. L'esercizio di questo diritto è molto faticoso; non può né dovrebbe essere frequentemente ripetuto. I principi, perciò, così stabiliti sono ritenuti fondamentali. E siccome l'autorità da cui derivano è suprema, e può agire raramente, essi sono fatti per essere permanenti.

Questa volontà originale e suprema organizza lo Stato e assegna ai diversi organi i loro rispettivi poteri. ... Il sistema degli Stati Uniti è del secondo tipo. I poteri del legislatore sono definiti e limitati; e è proprio per evitare che quei limiti siano fraintesi o dimenticati che la Costituzione è scritta. Per quale motivo i poteri sono limitati, e perché questi limiti sono stati scritti, se essi possono in qualunque momento essere superati da coloro che si voleva vincolare? ... O la Costituzione è una legge superiore prevalente, non modificabile con gli strumenti ordinari, oppure è posta sullo stesso livello della legislazione ordinaria e, come le altre leggi, è alterabile quando il legislatore ha piacere di alterarla. Se la prima parte dell'alternativa è vera, allora una legge contraria alla Costituzione non è legge; se la seconda parte è vera, allora le costituzioni scritte sono un tentativo assurdo, da parte del popolo, di limitare un potere per sua stessa natura illimitabile.

Certamente tutti coloro che hanno creato una Costituzione scritta la intendevano come una legge fondamentale e prevalente della nazione, e, di conseguenza, la teoria di ogni sistema politico del genere dev'essere che un atto legislativo in contrasto con la Costituzione è invalido ... Se un atto legislativo, in contrasto con la Costituzione, è invalido, deve esso, nonostante l'invalidità, vincolare i giudici e obbligarli

ad applicarlo? o, in altre parole, se esso non è diritto, costituisce lo stesso una regola che opera allo stesso modo del diritto? ... È chiaramente competenza e dovere degli organi giudiziari dire che cosa è diritto. Coloro che applicano la regola ai casi particolari devono necessariamente spiegare e interpretare la regola. Se due leggi contrastano tra loro, i giudici devono decidere sull'applicabilità di esse.
Così, se una legge contraddice la Costituzione; se entrambe si applicano a un caso particolare, così che il giudice deve decidere il caso o in conformità alla legge, trascurando la Costituzione, o in conformità alla Costituzione, trascurando la legge: allora il giudice deve decidere quale delle norme in conflitto disciplina il caso. È questa la vera essenza della funzione giudiziaria. Allora, se i giudici devono tener conto della Costituzione, e la Costituzione è superiore a un atto di legislazione ordinaria, la Costituzione, e non quell'atto legislativo, disciplina il caso a cui entrambi sarebbero applicabili".

INTERNET La sentenza è tradotta in www.giurcost.org/casi_scelti/marbury.pdf.

Se non fosse possibile agire di fronte ad un giudice per denunciare la legge che contrasta con la Costituzione, la Costituzione perderebbe il suo significato giuridico e a nulla servirebbero le norme che prescrivono particolari procedure per la sua revisione: perderebbe cioè la sua *prevalenza gerarchica* rispetto alle altre fonti (→ § VIII.8). Per questa ragione, quando si parla di 'giustizia costituzionale' si fa riferimento in primo luogo al sindacato di legittimità costituzionale delle leggi.

1.2. *Modelli di sindacato di legittimità sulle leggi*

I modelli di controllo giurisdizionale delle leggi si dividono in grandi famiglie.

α) La prima distinzione è tra **sindacato preventivo** e **sindacato successivo**. Preventivo e successivo rispetto all'entrata in vigore della legge. Tipico esempio di sindacato preventivo è quello francese, almeno sino alla riforma costituzionale del 2008. La Costituzione del 1958, derogando alla tradizione costituzionale francese che ha sempre rifiutato di limitare la sovranità del Parlamento rendendo censurabili le sue scelte da parte di un giudice, ha introdotto infatti un organo, il ***Conseil constitutionnel***, affidandogli una funzione particolare e indispensabile. Una delle caratteristiche di quella Costituzione è, infatti, che essa divide la potestà normativa tra Parlamento e Governo, enumerando le "materie" sulle quali il primo può emanare le leggi e riservando il resto della disciplina al secondo. Indispensabile è garantire la divisione di competenze tra i due organi, e questo compito viene assolto dal consiglio costituzionale. Una sorta di arbitro, il cui intervento è ovviamente preventivo, costituendo una fase (per certe leggi necessaria) del procedimento legislativo: una disposizione dichiarata incostituzionale non potrà entrare in vigore.

✓ IL *CONSEIL CONSTITUTIONNEL*: COERENZA DEL MODELLO E FORZA DEI FATTI

Non appartiene alla tradizione francese l'idea che la legge del Parlamento sovrano sia sindacata da un giudice: il principio democratico, rigidamente inteso, porta anzi ad escludere che un organo non legittimato dal corpo elettorale, quale è il giudice, possa imporre la sua volontà ad organi che, viceversa, sono legittimati dal voto popolare. Coerente con queste premesse, la Costituzione francese non contempla una parte dedicata ai diritti fondamentali, limitandosi a richiamare nel preambolo la *"fedeltà"* ai princìpi della Dichiarazione del 1789, *"confermata ed integrata dal preambolo della Costituzione del 1946"*. E coerente con il modello, la Costituzione prevedeva in origine che la (non ancora) legge, quando non debba necessariamente passare il controllo del *Conseil* (il che è previsto solo per le leggi più importanti, le *"leggi organiche"*), possa essere "impugnata" solo dal Presidente della Repubblica, dal Primo ministro, o dal Presidente di una delle due Camere: la natura *arbitrale* dell'organo è confermata dal fatto che i suoi membri sono (tuttora) nominati in parti eguali proprio dagli stessi tre Presidenti (non anche dal *premier*). Tuttavia la Costituzione afferma che il *Conseil* giudica della *"conformità delle leggi alla Costituzione"*, e non solo al riparto di poteri normativi in essa compiuto: inoltre, di fatto, i membri del *Conseil* sono molto spesso scelti tra i tecnici del diritto. Ciò ha favorito, soprattutto a seguito della riforma del 1964, che ha esteso l'impugnazione delle leggi alle minoranze delle due Camere, un'evoluzione davvero imprevista: il *Conseil* ha progressivamente esteso il suo sindacato ben oltre l'angusto ambito del riparto di funzioni normative, assumendo come parametro del suo giudizio i "diritti" desumibili dalla "Dichiarazione" e dal "preambolo" richiamati nel preambolo della Costituzione, così come anche i "princìpi" ❾ costituzionali desumibili dalla legislazione ordinaria. Per cui il *Conseil*, nato come un organo arbitrale inserito nel procedimento legislativo, è andato sempre più chiaramente assumendo il ruolo di un giudice costituzionale, sia pure "preventivo".

Nel 2008 è stata approvata una riforma costituzionale che, per la prima volta, aggiunge alle funzioni del *Conseil* un controllo di costituzionalità concreto e a posteriori della conformità delle leggi *già in vigore* alla Costituzione.

β) Nell'ambito dei sistemi a *sindacato successivo*, una distinzione fondamentale separa i sistemi a **sindacato diffuso** dai sistemi a **sindacato accentrato**. Nei primi, il controllo di legittimità è "diffuso" nel senso che ogni giudice può esaminare la compatibilità della legge con la Costituzione, traendone le conclusioni che crede; nei secondi, invece, il sindacato è "accentrato" nel senso che vi è un unico organo, la Corte costituzionale che può compiere quel giudizio e dichiarare l'illegittimità delle leggi.

Dove il sindacato è diffuso, l'eventuale decisione di incostituzionalità della legge non può che avere effetti *inter partes*, ossia essere limitata, come tutti gli altri esiti processuali, alle sole parti che hanno preso parte al contraddittorio: l'effetto è dunque la *disapplicazione* della legge nel caso singolo, e la decisione del caso in giudizio senza applicare la norma incompatibile con la Costituzione. Siccome ogni giudice può giungere a conclusioni diverse, questo sistema funziona esclusivamente nei sistemi che sono dominati dalla regola dello ***stare decisis***, ossia del ***precedente giudiziario***, regola che è tipica dei sistemi di *Common Law* (→ § VIII.3.3✓). Ogni giudice è vincolato dalle decisioni precedenti che hanno risolto un caso analogo, vincolo che si fa particolarmente forte se il precedente deriva da un giudice di grado superiore. Per cui, in un sistema di *Common Law* particolarmente complesso come quello statunitense, la *Corte suprema*, essendo il giudice di più alto grado, può emanare sentenze dichiarative dell'illegittimità di una legge (ed anche di atti normativi inferiori) con effetti sostanzialmente ***erga omnes***, ossia vincolanti per tutti gli altri futuri giudizi. Gli altri giudici potranno cercare di contestare il principio applicato dalla Corte suprema, o potranno cercare di non applicarlo al caso concreto ritenendo che esso presenti diversità rilevanti rispetto a quello deciso nel "precedente" (c.d. ***distinguishing***): ma le loro decisioni potranno essere impugnate di fronte alla stessa Corte suprema, che così funge da garante dell'efficacia delle sue stesse decisioni.

Nei sistemi di *Civil Law*, come quelli dell'Europa continentale, la regola del precedente vincolante non è sentita né applicata con la stessa forza, per cui il rischio che un sindacato diffuso distrugga la certezza del diritto – potendo coesistere giudici che applicano una legge e altri che la disapplicano ritenendola illegittima – è elevato. Per questa ragione, in questi sistemi la soluzione adottata è di regola quella del *sindacato accentrato*, cioè della concentrazione del giudizio di legittimità nelle mani di una Corte (o Tribunale) costituzionale, cui i singoli giudici devono rivolgersi in caso di dubbio.

INTERNET Una "mappa mondiale" dei sistemi di giustizia costituzionale si può trovare nel sito www.concourts.net.

γ) Nell'ambito dei sistemi a *sindacato accentrato*, si distinguono due ulteriori modelli di giudizio, a seconda della via d'accesso ad esso: il **giudizio in via diretta (o principale)** e quello **in via indiretta (o incidentale)**. I due modelli non sono alternativi, potendo benissimo coesistere, come accade in molti paesi.

Il giudizio *in via diretta* nasce da un *ricorso* che il cittadino o determinati organi possono presentare *direttamente* alla Corte costituzionale. È uno strumento che serve soprattutto a garantire i diritti o le prerogative costituzionali, per cui di solito è proponibile nei confronti di ogni atto o comportamento degli apparati pubblici, non soltanto (e non principalmente) degli atti legislativi. Inoltre, esso è di regola ammesso come strumento sussidiario e residuale, esperibile soltanto quando non siano praticabili altre strade giurisdizionali di difesa del diritto leso. In questi termini sono configurati i due strumenti più noti, la ***Verfassungsbeschwerde*** (ricorso costituzionale) della Costituzione tedesca e il ***recurso de amparo constitucional*** (ricorso di difesa costituzionale) della Costituzione spagnola. Entrambi perciò offrono al cittadino uno strumento molto potente di difesa dei suoi diritti costituzionali, ma il cui esercizio deve costituire la risorsa estrema, cui ricorrere solo in casi estremi: per cui, in entrambi i paesi, della grande mole dei ricorsi "diretti" presentati, solo una minima parte (attorno all'1%) viene ammessa al giudizio del tribunale costituzionale.

Il giudizio *in via indiretta* si presenta per lo più come un *incidente* nel corso di un normale giudizio: il giudice, sospettando che la legge che sta per applicare sia illegittima, non potendo disapplicare la legge né violare la Costituzione, sospende il giudizio e presenta la questione alla Corte costituzionale. Per cui, di fronte ad una violazione di un diritto costituzionale, l'individuo deve innanzitutto ricorrere al giudice competente contro l'atto che lo ha leso: se quell'atto viola la legge ordinaria, il giudice lo annullerà; se invece l'atto è conforme alla legge, ma questa risulta in contrasto con la Costituzione, allora il giudice potrà impugnare la legge davanti alla Corte costituzionale. È quindi il giudice di merito a compiere la selezione delle questioni su cui la Corte è chiamata a pronunciarsi. Nel nuovo sistema introdotto in Francia nel 2008, è previsto che l'accesso in via indiretta sia sottoposto ad un filtro, ossia che spetti alla *Cour de cassation* (per le questioni sollevate dai giudici ordinari) o al *Conseil d'Etat* (per le questioni provenienti dai giudici amministrativi) decidere se sollevare davanti al *Conseil constitutionnel* la "questione prioritaria" di costituzionalità di una legge.

1.3. *Il modello italiano*

Il modello italiano di giustizia costituzionale è ormai orientato verso un *giudizio*, affidato alla **Corte costituzionale**, *successivo, accentrato, ad accesso indiretto*. Prevalentemente, però, non esclusivamente.

α) Esiste ancora una forma di *sindacato preventivo*: prima della riforma del Titolo V ❼ era quello che si svolgeva sulle *leggi regionali*, impugnate dal Governo a seguito di riapprovazione della legge precedentemente rinviata (→ § X.2.2✓). Oggi è rimasto solo il sindacato preventivo, ancora su impugnazione del Governo, degli Statuti regionali e della "legge statutaria" delle Regioni speciali (→ § X.1.2.B).

Se non ci sono altri esempi di sindacato preventivo di legittimità su atti legislativi, esso esiste invece per i *regolamenti amministrativi governativi* o *ministeriali* (che devono essere preventivamente sottoposti al controllo della Corte dei conti → § IX.10.3), mentre è stato soppresso per quelli regionali e degli enti locali (→ §§ X.3 e 4).

β) Il sindacato *diffuso* sulle leggi è presente nel nostro ordinamento solo come strumento sussidiario, che può attivarsi in caso di non funzionamento della Corte costituzionale. La VII disp. trans. Cost., al secondo comma, disponeva che, sino all'entrata in funzione della Corte costituzionale, fossero i giudici ordinari a sollevare le controversie circa la costituzionalità delle leggi, con le tipiche forme e i tipici effetti del sindacato "diffuso". E c'è da ritenere che, nell'ipotesi di un impedimento duraturo al funzionamento della Corte costituzionale, la stessa soluzione si imporrebbe di necessità. Vi è poi da notare che la struttura del *giudizio incidentale* fa sì che i giudici di merito svolgano, in modo *diffuso*, una funzione di "prima valutazione" della legittimità costituzionale, filtrando solo quelle questioni che appaiono più serie (cioè, "*non manifestamente infondate*" → § XII.3.4.3): certo non possono dichiarare l'illegittimità di una legge, ma possono però dichiarare del tutto infondate le censure che vengono loro proposte.

Una forma di controllo diffuso i giudici italiani sembrerebbero svolgerla in relazione alla compatibilità delle leggi con le *norme europee con effetti diretti* (→ § XI.1.3): ma, come ha osservato la Corte, in questo caso il giudice non svolge un *sindacato di legittimità* sulla legge, ma semplicemente applica il *criterio della competenza* per scegliere la norma da applicare (→ § XI.2.3).

γ) Il *giudizio in via diretta* è previsto dalla nostra Costituzione, ma come strumento riservato solo allo Stato, quando impugna la legge regionale, e alla Regione, quando impugna la legge dello Stato o di un'altra Regione (→ § XII.5). Vi è poi un caso del tutto particolare, che riguarda il Trentino-Alto Adige e la Provincia autonoma di Bolzano. Lo Statuto speciale prevede infatti che, nel Consiglio regionale e in quello provinciale, la maggioranza dei consiglieri appartenenti ad uno dei tre gruppi linguistici possa chiedere che una determinata legge venga votata per gruppi linguistici: se la richiesta è respinta o se la legge è approvata nonostante il voto contrario di due terzi del gruppo linguistico che l'ha presentata, la maggioranza del gruppo stesso può impugnare *direttamente* la legge davanti alla Corte costituzionale.

1.4. *L'estensione del principio di legalità ai conflitti "politici"*

Il giudizio di legittimità costituzionale delle leggi è uno strumento attraverso il quale viene estesa l'applicazione del *principio di legalità* (→ § II.1.6) anche alla funzione legislativa: non più "sovrana", ma fondata, disciplinata e limitata da una previa norma della Costituzione rigida. Ma quasi sempre le costituzioni moderne estendono ulteriormente l'ambito di applicazione del principio di legalità, sottoponendo ad una regola (costituzionale) e ad un giudice (la giustizia costituzionale), quindi al "diritto", altre questioni che in precedenza erano lasciate alla "politica".

α) Già si è detto che nei sistemi federali è normale che sia affidato alla giustizia costituzionale il compito di dirimere i conflitti che insorgono tra gli Stati federati e tra questi e lo Stato federale. Anche il Belgio che, essendo influenzato dalla tradizione francese, non si era dotato di particolari forme di giustizia costituzionali, dopo la riforma in senso federale ha dovuto introdurre un apposito organo giurisdizionale – la ***Cour de arbitrage*** – con il compito di risolvere le controversie che possono sorgere tra le entità federate (che in Belgio sono sia enti territoriali che comunità linguistiche). Altrettanto avviene negli Stati "regionali", come l'Italia e la Spagna.

β) Non meno frequente è che alla giustizia costituzionale sia attribuito il compito di risolvere i conflitti che insorgono tra gli *organi costituzionali*. Anche in questo caso si tratta di assicurare il rispetto della "legalità costituzionale" ed evitare che, attraverso gli accordi tra le forze politiche o la prassi istituzionale, la *forma di governo* venga a subire trasformazioni che l'allontanino dall'assetto tracciato dalla Costituzione.

γ) Infine, è abbastanza normale che agli organi della giustizia costituzionale sia demandato il compito di giudicare i *reati* commessi dal Capo dello Stato o dai membri del Governo. Si tratta infatti di una giustizia penale molto particolare, perché i reati che sono imputabili ai titolari di questi organi sono di solito legati al compimento delle loro funzioni politico-istituzionali (si parla di tentativi di colpo di Stato, di tradimento, ecc.); ed inoltre il *principio della divisione dei poteri* (→ § II.3) mal tollererebbe che un giudice ordinario, appartenente al potere giurisdizionale, possa paralizzare con l'*impeachment* (→ § XII.7.1) e causare addirittura la destituzione del titolare di un altro potere costituzionale.

Quanto all'Italia, l'art. 134 Cost., elencando le funzioni riservate alla Corte costituzionale, enumera tutte queste funzioni. La Corte è competente infatti a giudicare:

– "*sulle controversie relative alla legittimità costituzionale delle leggi e degli atti con forza di legge, dello Stato e delle Regioni*". L'art. 137.1 Cost. pone una *riserva di legge costituzionale* (→ § XII.2.α) per stabilire "*le condizioni, le forme, i termini di proponibilità dei giudizi di legittimità costituzionale*": questa riserva è stata soddisfatta dalla legge cost. 1/1948, alla quale risale quindi la scelta per il tipo di accesso: *incidentale* come regola generale (→ § XII.3.4), anche *principale* per lo Stato e le Regioni nelle controversie che li oppongono (→ § XII.3.5);
– "*sui conflitti di attribuzione tra i poteri dello Stato*" (→ § XII.4);
– i conflitti di attribuzione "*tra lo Stato e le Regioni e tra le Regioni*" (→ § XII.5);
– "*sulle accuse promosse contro il Presidente della Repubblica a norma della Costi-*

tuzione", cioè per le uniche due ipotesi di responsabilità presidenziale – *alto tradimento* e *attentato alla Costituzione* – per cui può essere messo in stato d'accusa (art. 90.1 Cost.). In origine allo stesso giudizio erano soggetti anche i ministri: ma con la riforma introdotta dalla legge cost. 1/1989, i "reati ministeriali" sono stati devoluti alla giurisdizione ordinaria (→ § XII.7.4). La "giustizia politica" è rimasta perciò per il solo Presidente della Repubblica (→ § XII.7).

A queste attribuzioni, l'art. 2 della legge cost. 1/1953 ne ha aggiunta un'altra, il *giudizio di ammissibilità del referendum* (→ § XII.6.1).

All'esame di ognuna di queste attribuzioni sono dedicati i capitoli che seguono.

2. La Corte costituzionale

2.1. *Composizione*

In un sistema di giustizia costituzionale, specie se accentrato, la composizione dell'organo che ha il potere di dichiarare l'illegittimità delle leggi volute dal Parlamento, massimo organo rappresentativo, e magari anche quello di censurare il comportamento di uno dei massimi organi dello Stato, quando violasse le attribuzioni di un altro, o di giudicare della responsabilità penale del Capo dello Stato, è una questione assai delicata. Il principio democratico vorrebbe che nessuno dei poteri dello Stato avesse una legittimazione diversa da quella che deriva dalla rappresentanza elettorale (→ § II.2). Ma la Corte costituzionale non può avere una struttura "rappresentativa": che senso avrebbe che fosse una "terza camera" elettiva a sindacare le scelte legislative compiute dalla maggioranza politica in Parlamento? e che garanzie avrebbero le minoranze se, per difendere i propri diritti o le proprie prerogative dalle decisioni della maggioranza politica, si dovessero rivolgere ad un organo che, se fosse rappresentativo, sarebbe probabilmente dominato dalla stessa maggioranza politica ❻? Se la Costituzione "rigida" ha come suo principale obiettivo porre certi "valori" e certe istituzioni fuori del gioco politico – togliendoli dalla disponibilità della maggioranza politica che nasce dalle elezioni, domina il Parlamento e sceglie il "suo" Governo (→ § III.3.3) –, allora l'organo chiamato a difendere la "legalità costituzionale" non può essere espressione della maggioranza, cioè non deve essere "rappresentativo". La Costituzione rigida ha bisogno di un organo "neutro", chiamato ad usare la Costituzione come un testo normativo e a giudicare del suo rispetto con gli strumenti e le tecniche che sono proprie del giudice ❶.

Come raggiungere questa "neutralità" è il problema con cui devono misurarsi tutte le costituzioni moderne. Ma "neutralità" rispetto a che cosa? La risposta non può che essere articolata.

α) Innanzitutto rispetto alla "politica" in genere. È normale che ai "giudici" chiamati a comporre l'organo di giustizia costituzionale siano richiesti requisiti tecnici elevati, perché essi hanno da interpretare ed applicare la Costituzione come testo normativo (→ § III.1), impiegando gli strumenti e le tecniche tipiche del giurista. È nella qualità tecnico-giuridica del loro lavoro che si fonda la legittimazione dei "giudici" costituzionali. Perciò, in Italia, è la stessa Costituzione a preoccuparsi di indicare i requisiti professionali dei componenti la Corte costituzionale, i quali devono essere scelti "*fra i magistrati anche a riposo delle giurisdizioni superiori ordinaria e amministrativa, i professori ordinari di università in materie giuridiche e gli avvocati dopo venti anni di esercizio*" (art. 135.2). Ma requisiti equivalenti sono richiesti anche negli altri paesi come, per esempio, in Germania, Austria o Spagna.

β) In secondo luogo, la neutralità deve essere assicurata rispetto alle "parti". Nei sistemi a struttura federale, a questa esigenza si risponde costituendo il giudice costituzionale con le stesse tecniche con cui i privati nominerebbero gli arbitri di un'eventuale lite. La Germania ci mostra un modello chiaro: i giudici sono eletti per metà dal Parlamento nazionale (*Bundestag*), eletto a suffragio diretto, e per metà dal *Bundesrat*, in cui sono presenti gli esecutivi dei *Länder*; è il principio del "un arbitro a testa". Negli Stati Uniti, invece, la nomina dei giudici della Corte suprema spetta al Presidente, massima espressione dell'unità federale; ma è necessaria l'approvazione da parte del Senato, massima espressione (specie in origine) della rappresentanza degli Stati membri.

In Italia, invece, l'organizzazione regionale della Repubblica non si riflette in alcun modo sulla composizione della Corte costituzionale. A dire il vero una tipica composizione arbitrale aveva l'*Alta Corte per la Regione siciliana*, prevista dallo Statuto speciale (il cui testo è precedente alla Costituzione) di quella Regione per risolvere i conflitti legislativi con lo Stato (l'Alta Corte ha smesso di funzionare a seguito dell'istituzione della Corte costituzionale: → § XII.2.3✓). Invece la composizione della Corte riflette la natura "pattizia" della Costituzione italiana, il delicato equilibrio tra maggioranza e minoranza, l'accurata costruzione dei limiti al potere della maggioranza. Perciò sono i "poteri" dello Stato a ripartirsi la nomina dei quindici giudici costituzionali (art. 135.1 Cost.):

– cinque sono *eletti* dal Parlamento in seduta comune (→ § V.3.1.2). La legge cost. 2/1967 dispone che alla loro elezione si proceda a *scrutinio segreto* (come è normale quando si vota sulle persone: → § V.3.2.1) e con la *maggioranza dei due terzi* dei componenti l'assemblea. Dopo il terzo scrutinio è sufficiente la *maggioranza dei tre quinti* dei componenti. Di fatto, la scelta parlamentare è caduta per lo più su giuristi "di appartenenza", ossia più o meno direttamente impegnati nella vita politica;

– cinque sono *nominati* dal Presidente della Repubblica. Per *convenzione*, anche in questo caso, la scelta dei giudici è propria del Capo dello Stato, senza alcuna proposta governativa: la *controfirma* apposta dal Presidente del Consiglio dei ministri (→ § V.4.3) esprime in questo caso un semplice controllo esterno. A ciò si è arrivato dopo lungo dibattito parlamentare, in cui è prevalso questo ragionamento: visto che la maggioranza politica può esprimere (almeno) tre dei cinque giudici di nomina parlamentare, se essa, attraverso la proposta del Governo, potesse determinare anche la scelta dei giudici di nomina presidenziale, si otterrebbe che la Corte costituzionale, organo preposto alla tutela dei diritti delle minoranze contro le decisioni della maggioranza politica, sia invece dominata proprio da quella maggioranza, in grado di condizionare la scelta di otto dei quindici membri. Di fatto, la scelta del Presidente della Repubblica è stata sempre dominata dall'esigenza di assicurare un certo equilibrio nella composizione della Corte (per esempio, tra la componente cattolica e quella laica, oppure tra le diverse specializzazioni professionali dei giudici). È forse proprio per assicurare questa funzione equilibratrice che l'art. 1 della legge 87/1953 prevede che la nomina presidenziale segua quella parlamentare e questa segua quella da parte dei magistrati: ma questa norma potrebbe servire ormai solo nel caso che si debba procedere a ricoprire più posti resi contemporaneamente vacanti;

– cinque sono nominati dalle supreme magistrature ordinaria e amministrativa: più precisamente, tre sono eletti dai magistrati di Cassazione, ed uno ciascuno dai magistrati del Consiglio di Stato e della Corte dei conti. Di fatto, la scelta ricade sempre su magistrati delle stesse giurisdizioni, la qual cosa – che certo è un segno di corporativismo – tuttavia garantisce alla Corte costituzionale un importante collegamento soggettivo con il potere giudiziario, la collaborazione con il quale le è, come vedremo, indispensabile.

γ) Infine, neutralità rispetto agli interessi politici e privati. Questa è ovviamente la più difficile da garantire. Negli Stati Uniti, per esempio, questo obiettivo è perseguito sancendo che la carica di giudice della Corte suprema sia vitalizia: ciò pone i componenti della Corte in una condizione di accentuata indipendenza dal potere politico, poiché essi sono non solo *inamovibili*, ma anche non interessati a garantirsi un personale futuro politico o professionale, essendo loro assicurata la permanenza in una carica di grande prestigio. Inoltre la lunghezza (imprevedibile) del mandato dei singoli giudici stempera il carattere "politico" della loro nomina, dato che difficilmente un Presidente americano (che è eleggibile per due soli mandati consecutivi di quattro anni) si troverà nella condizione di nominare una quota determinante dei componenti della Corte.

✓ ... DIFFICILE MA NON IMPOSSIBILE! LE NOMINE DI TRUMP

Quello che sembrava impossibile è accaduto. Il presidente Trump, con il consenso del Senato dominato dai repubblicani (che aveva impedito al predecessore Obama di nominare due giudici della Corte suprema), ha potuto nominare ben tre membri della Corte suprema, assicurando una maggioranza 6-3 alla sua componente conservatrice. E per di più li ha scelti giovani (così che dureranno a lungo) e piuttosto radicali. Le conseguenze si son fatte vedere nel modo più evidente nella sentenza *Dobbs v. Jackson Women's Health Organization* del 2022, che ha rovesciato la storica sentenza *Roe v. Wade* con cui nel 1973 la Corte suprema aveva riconosciuto la natura costituzionale del diritto all'aborto: il che ha innescato proteste durissime in tutto il Paese perché in molti Stati conservatori sono state approvate leggi rivolte a impedire l'aborto.
Le preoccupazioni per la stessa credibilità della Corte suprema, così spudoratamente inquinata da scelte politiche di parte, erano sorte già in precedenza e avevano persuaso il successore democratico di Trump, Biden, a istituire una commissione di studio per la riforma del massimo organo di giustizia degli Stati Uniti. La commissione, composta da giuristi molto autorevoli, ha presentato un rapporto davvero molto interessante. Chi avesse voglia di consultarlo trova qui sotto il link.

INTERNET La sentenza *Dobbs v. Jackson* può essere letta (ma sono oltre 200 pagine) in https://www.supremecourt.gov/opinions/21pdf/19-1392_6j37.pdf. Il rapporto della commissione istituita da Biden è pubblicato in https://www.whitehouse.gov/wp-content/uploads/2021/12/SCOTUS-Report-Final.pdf

E in Italia? In Italia i giudici durano in carica "solo" nove anni, e il loro mandato non è rinnovabile (art. 135.3 Cost.). Inoltre vige un severo regime di incompatibilità, che riguarda non solo le cariche politiche "elettive" (membro del Parlamento o dei Consigli regionali), ma anche la professione: così sancisce l'art. 135.6 Cost., che per il resto rinvia alla legge ordinaria. L'art. 7 della legge 87/1953, infatti, estende l'incompatibilità a qualsiasi ufficio, impiego o professione: se sono magistrati o professori universitari, vengono collocati fuori ruolo per tutto il periodo in cui durano in carica ❶. Inoltre, come è ovvio, durante il loro mandato i giudici della Corte costituzionale "*non possono svolgere attività inerente ad una associazione o partito politico*".

2.2. Status *del giudice costituzionale e prerogative della Corte*

Ricco è il complesso di garanzie attraverso il quale la Costituzione e le leggi cercano di assicurare la "neutralità" della Corte costituzionale e dei suoi giudici.

α) *Immunità e improcedibilità*. "*I giudici della Corte costituzionale non sono sindacabili, né possono essere perseguiti per le opinioni espresse e i voti dati nell'esercizio delle loro funzioni*" (art. 5 legge cost. 1/1953). Inoltre i giudici, finché durano in carica, godono della stessa immunità personale (→ § V.3.2.3) che l'art. 68.2 accorda ai parlamentari.

β) *Inamovibilità*. I giudici della Corte costituzionale non possono essere rimossi né sospesi dal loro ufficio se non a seguito di una deliberazione della stessa Corte, presa a maggioranza dei due terzi dei presenti (art. 7 legge cost. 1/1953), e solo per sopravvenuta incapacità fisica o civile o "*per gravi mancanze nell'esercizio delle loro funzioni*" (art. 3 legge cost. 1/1948). Però il giudice decade dalla carica se non esercita per sei mesi le sue funzioni (art. 8 legge cost. 1/1953).

γ) *Convalida delle nomine*. Spetta alla stessa Corte costituzionale, che delibera a maggioranza assoluta (art. 2 legge cost. 2/1967), la convalida della nomina dei suoi membri (che è equivalente alla *verifica dei poteri* che le assemblee elettive compiono per convalidare l'elezione dei propri membri). È un giudizio che comporta esclusivamente il riscontro dell'esistenza dei requisiti soggettivi di ammissione, ma è anche manifestazione e garanzia della indipendenza dell'organo. A seguito della convalida i giudici prestano giuramento di osservare la Costituzione e le leggi nelle mani del Presidente della Repubblica: dalla data del giuramento decorre il loro mandato.

δ) *Trattamento economico*. I giudici della Corte hanno un trattamento economico che non può essere inferiore a quello del magistrato ordinario investito delle più alte funzioni. Alla scadenza del mandato, ad essi è poi garantito il reinserimento nelle precedenti attività professionali (nonché il mantenimento di alcuni privilegi piuttosto discutibili).

ε) *Autonomia finanziaria e normativa*. La Corte amministra un proprio bilancio, il cui ammontare è fissato dal bilancio dello Stato. Ha un proprio regolamento contabile che si affianca agli altri strumenti normativi di cui la Corte si può dotare per regolare il proprio funzionamento (→ § IX.8.3.γ).

✓ LE FONTI CHE REGOLANO LA CORTE COSTITUZIONALE: UN QUADRO D'INSIEME

Per la disciplina della Corte costituzionale, l'art. 137 Cost. pone delle *riserve di legge* (→ § VIII.11) sia costituzionale che ordinaria. Le fonti attualmente in vigore sono:
– legge cost. 1/1948 che disciplina l'impugnazione delle leggi e le garanzie dei giudici costituzionali;
– legge cost. 1/1953 che estende le competenze della Corte al giudizio di ammissibilità del *referendum* (→ § XII.6), precisa la disciplina delle garanzie e regola il procedimento per i giudizi d'accusa (→ § XII.7);
– legge cost. 2/1967 che detta norme sull'elezione dei giudici della Corte;
– legge 87/1953 (e successive modifiche) che detta la disciplina generale del funzionamento della Corte costituzionale e di procedura;
– legge 20/1962 (e successive modifiche) che disciplina i giudizi d'accusa;
– "Regolamento generale" della Corte costituzionale, approvato (e modificato) a maggioranza assoluta dalla stessa Corte, ai sensi dell'art. 14 della legge 87/1953;
– "Norme integrative per i giudizi davanti alla Corte costituzionale", approvate dalla Corte stessa;
– "Norme integrative per i giudizi di accusa" approvate dalla Corte costituzionale;
– Regolamento per la procedura innanzi al Consiglio di Stato in sede giurisdizionale, richiamato dall'art. 22 della legge 87/1953 come "norma di chiusura", ad integrazione eventuale delle altre fonti (→ § IX.8.3.γ);
– ulteriori regolamenti "interni" per la contabilità, la disciplina degli uffici, i ricorsi in materia di impiego, ecc.

INTERNET Le fonti citate possono essere reperite nel sito www.giurcost.org/fonti/index.html.

ζ) ***Autodichia***: così com'è per le Camere (→ § V.3.2.3), anche la Corte costituzionale gode di competenza esclusiva per giudicare i ricorsi in materia di impiego dei propri dipendenti.

2.3. *Funzionamento*

2.3.1. *Durata in carica e* quorum

I giudici della Corte durano in carica 9 anni: così si è stabilito con la legge cost. 2/1967, perché in origine la durata del mandato era di 12 anni. Il rinnovo della composizione della Corte è graduale: i giudici non scadono tutti insieme, ma uno alla volta [1]. Il periodo del mandato ha inizio dal giorno del giuramento: alla scadenza, il giudice cessa "*dalla carica e dall'esercizio delle funzioni*" (art. 135.4 Cost.). Ciò significa che ai giudici costituzionali non si applica il regime della *prorogatio* (→ § V.3.2.1), in forza della quale i titolari di pubblici uffici, benché scaduti, continuano a svolgere le proprie funzioni sino a quando non siano sostituiti. La non applicabilità di questa regola ai componenti della Corte costituzionale crea diversi problemi di funzionamento.

[1] Il rinnovo parziale della composizione della Corte, dopo la sua prima costituzione nel 1956, era disciplinato dall'art. 4 della legge cost. 1/1953, poi abrogato dalla legge cost. 2/1967 che ha "normalizzato" la durata della carica.

La Corte può funzionare anche se non sono presenti tutti i suoi membri: è richiesto però un *quorum* di undici giudici (art. 16.2 legge 87/1953; il *quorum* scende a nove per le deliberazioni non giurisdizionali: art. 6.3 Reg. gen.). Ma vi è un'altra norma importante, che è espressione di un principio che si applica a tutti gli organi giudiziari: le decisioni della Corte devono essere deliberate "*dai giudici presenti a tutte le udienze in cui si è svolto il giudizio*" (art. 16.3 legge 87/1953). Il che significa che la Corte può funzionare mediante collegi diversi, perché il collegio che ha iniziato a trattare una causa deve essere lo stesso che la decide in via definitiva: possono perdersi per strada alcuni componenti (quelli che scadono dalla carica), ma non possono subentrarne di nuovi.

✓ IL CASO: E SE IL PARLAMENTO NON RIELEGGE I GIUDICI DELLA CORTE?

Vi è una pericolosa lacuna creata dall'esclusione della *prorogatio* dei giudici costituzionali. Che accade se il Parlamento (o un altro potere) decide di paralizzare la Corte non sostituendo i giudici di sua nomina che scadono? Certo, è un'ipotesi estrema: ma tensioni tra Parlamento e Corte sono tutt'altro che infrequenti (lo stesso ruolo del "giudice delle leggi" le genera di continuo), e un qualche precedente non manca. Così era finita infatti l'*Alta Corte per la Regione Sicilia* (→ § XII.2.1): lo statuto regionale, che risaliva al 1946 ed era stato poi approvato dalla stessa Assemblea costituente, senza i necessari adattamenti, con la legge cost. 2/1948, prevedeva che essa decidesse sui ricorsi dello Stato contro le leggi regionali e viceversa. Entrata in funzione la Corte costituzionale, nel 1956, ben tre dei sei giudici che la componevano furono nominati giudici della Corte costituzionale: la Corte costituzionale rivendicò a sé la competenza a sindacare dei conflitti legislativi tra lo Stato e la Sicilia, ma fu proprio la mancata elezione dei giudici di parte statale a impedire all'Alta Corte di continuare a funzionare e a risolvere così il conflitto di competenza tra le due Corti (in seguito la Corte costituzionale dichiarò illegittimo lo Statuto nella parte in cui riservava all'Alta Corte i giudizi d'accusa contro i membri del Governo regionale, così sancendo la definitiva scomparsa dell'Alta Corte).
Che cosa accadrebbe se il Parlamento non rinnovasse le sue nomine? La legge cost. 2/1967 (art. 5.2) prescrive che la sostituzione avvenga entro un mese: ma il mancato rispetto di questo termine non è sanzionabile (quali sanzioni potrebbero essere comminate alle Camere?), il che significa che ognuno dei tre poteri che partecipano alla composizione della Corte potrebbe, in ipotesi, impedire ad essa di funzionare, facendo mancare il *quorum*. L'unica reazione prevedibile potrebbe essere che la Corte sollevi *conflitto di attribuzioni* contro il "potere" che, non esercitando il potere-dovere di nomina, le impedisce di funzionare (→ § XII.4): con la imbarazzante conseguenza che la Corte si troverebbe ad essere, ad un tempo, parte e giudice dello stesso giudizio (nel corso del quale potrebbe sollevare anche la *questione di legittimità costituzionale* della disposizione che vieta la *prorogatio*, perché non garantisce il funzionamento di un organo essenziale del sistema costituzionale). Una soluzione estrema per un caso anch'esso estremo.

Per i soli giudizi d'accusa (→ § XII.7) è previsto il regime di *prorogatio*: "*i giudici ordinari e aggregati che costituiscono il collegio giudicante continuano a farne parte sino all'esaurimento del giudizio, anche se sia sopravvenuta la scadenza del mandato*" (art. 26, ult. co., legge 20/1962). Per cui, se vi sono in corso procedimenti penali, vi saranno giudici prorogati che si occupano solo di questi giudizi, giudici ancora in carica che si occuperanno sia dei giudizi penali che degli altri, e giudici nominati in sostituzione di quelli scaduti che si occuperanno solo dei "nuovi" giudizi davanti alla Corte, ma saranno esclusi dai giudizi già iniziati, sia penali che di altro genere.

2.3.2. *Il Presidente*

Il Presidente è un giudice della Corte, eletto dalla Corte stessa a scrutinio segreto e a maggioranza assoluta (al terzo scrutinio si procede al ballottaggio tra i due giudici più votati). Il suo mandato è triennale ed è rinnovabile (ma ovviamente scade se il Presidente cessa dalla carica di giudice costituzionale). A parte le consuete funzioni di rappresentanza "esterna" (è ormai diventata tradizionale la conferenza stampa di fine d'anno, che traccia un bilancio dell'attività della Corte) e la direzione amministrativa degli uffici della Corte, spettano al Presidente le funzioni tipiche di chi presiede un organo collegiale. In particolare il Presidente:

– fissa il ruolo delle udienze e delle adunanze in camera di consiglio (→ § XII.3.3) e convoca la Corte;
– designa il giudice incaricato dell'istruzione della causa e di introdurla come relatore di fronte alla Corte;
– designa il giudice incaricato di redigere il progetto di motivazione della decisione, che dovrà poi essere approvato dalla Corte;
– presiede il collegio giudicante e ne dirige i lavori; regola la discussione e può determinare i punti più importanti sui quali deve svolgersi;
– vota per ultimo ed esprime il voto decisivo in caso di parità di voti.

2.3.3. *Procedure*

Le procedure sono diverse a seconda del tipo di giudizio; vi sono però alcuni tratti comuni.

La Corte ha poteri istruttori: essi consistono nell'accertamento di dati e fatti anche attraverso l'audizione di testimoni. La disciplina sull'acquisizione del materiale probatorio si presenta piuttosto lacunosa (artt. 12 ss. "*Norme Integrative*"): la Corte, con *ordinanza*, può disporre i mezzi di prova che ritiene necessari e fissa i termini per la loro esecuzione, avvertendo le parti dieci giorni prima di quello fissato per l'assunzione delle prove orali. Al termine dell'attività probatoria tutta la relativa documentazione viene depositata in cancelleria dandone comunicazione alle parti che si sono costituite.

✓ L'*AMICUS CURIAE* E FATTI COMPLESSI

Nel gennaio 2020, aggiornando le sue *Norme integrative* (→ § XII.2.2. ✓), la Corte costituzionale ha introdotto una figura del tutto sconosciuta all'esperienza processuale italiana: l'***Amicus curiae***. Si tratta di un soggetto – "formazioni sociali senza scopo di lucro e i soggetti istituzionali, portatori di interessi collettivi o diffusi attinenti alla questione di costituzionalità" – che, pur non avendo titolo per intervenire nel giudizio (e quindi partecipare all'udienza pubblica), può presentare un'opinione scritta che è accettata se offre "elementi utili alla conoscenza e alla valutazione del caso, anche in ragione della sua complessità". È una figura molto popolare nella giurisprudenza statunitense, che viene importato per colmare la distanza tra ciò che possono rappresentare le parti del giudizio – che sono solo eventuali e molto spesso non molto attrezzate – e i "fatti" che spesso sono tecnicamente, socialmente o economicamente molto complessi.
Saggiamente la Corte ha introdotto, "al fine di acquisire informazioni attinenti a specifiche discipli-

ne", la possibilità di invitare esperti di chiara fama in apposita adunanza in camera di consiglio alla quale possono assistere le parti costituite.
Sono entrambe innovazioni molto importanti che cercano di colmare l'oggettiva difficoltà della Corte di conoscere i contesti fattuali in cui operano le norme sottoposte al suo giudizio.

INTERNET Le *Norme integrative* possono essere scaricate da www.cortecostituzionale.it/documenti/download/pdf/Norme_Integrative_per_i_giudizi2020.pdf.

La Corte si riunisce in **udienza pubblica** o in **camera di consiglio**: la scelta spetta al Presidente, ma la regola è che la Corte si riunisce in camera di consiglio (e quindi a porte chiuse) quando le parti non si siano costituite (nei giudizi di legittimità in via incidentale: → § XII.3.4.4), oppure quando il Presidente, sentito il giudice istruttore, ipotizzi una decisione di manifesta infondatezza o inammissibilità (→ § XII.3.6). La regola è perciò che vi sia un dibattimento in udienza pubblica, in cui le parti sono rappresentate dai rispettivi avvocati, i quali hanno già depositato le proprie "memorie" scritte. Il **giudice relatore** espone le questioni della causa e poi i difensori delle parti sono invitati ad intervenire. La decisione è assunta in camera di consiglio, cui partecipano tutti i giudici che hanno presenziato a tutte le udienze relative alla causa: il relatore propone la decisione e vota per primo, seguito dagli altri giudici secondo l'ordine crescente d'età; per ultimo vota il Presidente. La decisione è assunta a *maggioranza assoluta dei votanti.*

Quello che la camera di consiglio vota è solo il **dispositivo** della decisione. A questo punto il Presidente incarica un giudice (di regola è lo stesso che ha fatto da relatore, salvo che non sia stato messo in minoranza dal collegio) di redigere una bozza di **motivazione** che verrà approvato collegialmente in una seduta successiva della camera di consiglio (la data della sentenza è appunto questa). La decisione è firmata dal Presidente e dal **giudice redattore** e viene quindi depositata in cancelleria e pubblicata sull'apposito supplemento della *Gazzetta Ufficiale*. Vi sono dunque tre date rilevanti che si riferiscono alla decisione della Corte:

– quella della decisione finale in camera di consiglio: essa non ha effetti "esterni", però la Corte può fondare sulla sentenza già decisa altre sue pronunce (è quanto accade quando la Corte solleva di fronte a se stessa una questione di legittimità costituzionale: → § XII.3.4.2✓);

– quella del *deposito* in cancelleria: è da questa data che, secondo l'opinione prevalente, si fanno decorrere gli effetti della sentenza, il che è particolarmente importante per le *sentenze di accoglimento* (→ § XII.3.6.3);

– quella della pubblicazione in *Gazzetta Ufficiale*: si ritiene che a partire da questa data tutti sono tenuti a conoscere la decisione della Corte (l'ignoranza della decisione della Corte avrebbe, sul piano della responsabilità, le stesse conseguenze dell'ignoranza della legge).

✓ STRUTTURA DELLA SENTENZA DELLA CORTE

(intestazione)

Sentenza 20 novembre 2002, n. 466

LA CORTE COSTITUZIONALE

composta dai signori: Presidente: Cesare RUPERTO; Giudici: Riccardo CHIEPPA, Gustavo ZAGREBELSKY, Valerio ONIDA, Carlo MEZZANOTTE, Fernanda CONTRI, Guido NEPPI MODONA, Piero Alberto CAPOTOSTI, Annibale MARINI, Giovanni Maria FLICK, Francesco AMIRANTE, Ugo DE SIERVO, Romano VACCARELLA; Paolo MADDALENA
ha pronunciato la seguente

SENTENZA

(premessa)

nel giudizio di legittimità costituzionale dell'art. 2, comma 6, e dell'art. 3, commi 6 e 7, della legge 31 luglio 1997, n. 249 (Istituzione dell'Autorità per le garanzie nelle comunicazioni e norme sui sistemi delle telecomunicazioni e radiotelevisivo), promosso con ordinanza emessa il 31 gennaio 2001 dal Tribunale amministrativo regionale del Lazio sul ricorso proposto da Adusbef-Associazione utenti e consumatori ed altri contro la Presidenza del Consiglio dei ministri ed altri, iscritta al n. 374 del registro ordinanze 2001 e pubblicata nella Gazzetta Ufficiale della Repubblica n. 21, prima serie speciale, dell'anno 2001.
Visti gli atti di costituzione di Adusbef ecc. ..., nonché l'atto di intervento del Presidente del Consiglio dei ministri.
Udito nell'udienza pubblica dell'8 ottobre 2002 il Giudice relatore Riccardo Chieppa; uditi gli avvocati ... e l'Avvocato dello Stato Giorgio D'Amato per il Presidente del Consiglio dei ministri.

(motivazione "in fatto")

Ritenuto in fatto

1. – Con ricorso del 25 ottobre 1999 l'Adusbef-Associazione utenti e consumatori ecc. ... adivano il Tribunale amministrativo regionale del Lazio chiedendo l'annullamento: 1) dei provvedimenti ... di rilascio delle concessioni ed autorizzazioni per la radiodiffusione televisiva privata in ambito nazionale su frequenze terrestri; 2) del regolamento per il rilascio delle suddette concessioni ...; 4) dei provvedimenti di negazione del diritto di accesso.
Nel corso di tale giudizio, il Tar adito ha sollevato ...

(motivazione "in diritto")

Considerato in diritto

1. – Le questioni sottoposte all'esame della Corte riguardano l'art. 2, comma 6, e ... Secondo l'ordinanza del Tar del Lazio le predette norme:
a) nel demandare all'Autorità per le garanzie nelle comunicazioni di stabilire un periodo transitorio nel quale non venga applicato il limite imposto ad uno stesso soggetto di irradiare più del 20% dei programmi televisivi su frequenze terrestri in ambito nazionale ...

2. – Preliminarmente devono essere esaminate le eccezioni di inammissibilità variamente prospettate dalla difesa del Presidente del Consiglio dei ministri e di alcune parti costituite. Le eccezioni sono infondate. Va premesso che, ai fini della rilevanza delle questioni sollevate, la motivazione del rimettente appare complessivamente plausibile ...

8. – La descritta situazione di fatto non garantisce, pertanto, l'attuazione del principio del pluralismo informativo esterno, che rappresenta uno degli "imperativi" ineludibili emergenti dalla giurisprudenza costituzionale in materia ...

Per questi motivi

(dispositivo)

LA CORTE COSTITUZIONALE

dichiara la illegittimità costituzionale dell'art. 3, comma 7, della legge 31 luglio 1997, n. 249 (Istituzione dell'Autorità per le garanzie nelle comunicazioni e norme sui sistemi delle telecomunicazioni e radiotelevisivo), nella parte in cui non prevede la fissazione di un termine finale certo, e non prorogabile, che comunque non oltrepassi il 31 dicembre 2003, entro il quale i programmi, irradiati dalle emittenti eccedenti i limiti di cui al comma 6 dello stesso art. 3, devono essere trasmessi esclusivamente via satellite o via cavo;
dichiara non fondate le questioni di legittimità costituzionale dell'art. 2, comma 6, e dell'art. 3, comma 6, della legge 31 luglio 1997, n. 249, sollevate, in riferimento agli artt. 3, 21, 41 e 136 della Costituzione, con l'ordinanza del Tribunale amministrativo regionale del Lazio indicata in epigrafe.
Così deciso in Roma, nella sede della Corte costituzionale, Palazzo della Consulta, il 20 novembre 2002.

2.3.4. *Le decisioni della Corte*

Le decisioni che la Corte costituzionale emana sono di due tipi: *sentenze* e *ordinanze*. L'art. 18 della legge 87/1953 ci indica il criterio generale di distinzione tra questi due atti: "*la Corte giudica in via definitiva con sentenza. Tutti gli altri provvedimenti di sua competenza sono adottati con ordinanza*".

Questa distinzione rispecchia gli usi processuali comuni. Sentenze e ordinanze sono gli atti tipici del potere giudiziario (così come la legge è l'atto tipico del potere legislativo e il decreto la forma tipica degli atti dell'esecutivo) e si distinguono proprio per questo: la **sentenza** "definisce" il giudizio, ossia è l'atto con cui il giudice chiude il processo, mentre l'**ordinanza** è uno strumento interlocutorio che non esaurisce il rapporto processuale, ma serve per risolvere le questioni che sorgono nel corso del processo – con ordinanza, per esempio, si assumono provvedimenti cautelari, si ordinano attività istruttorie, si sollevano questioni incidentali quali la *questione pregiudiziale* di fronte alla Corte di giustizia dell'UE (→ § XI.2.4) o la questione di legittimità costituzionale (→ § XII.3.4.3). Tuttavia, come si vedrà in seguito, nei giudizi di legittimità sulle leggi la Corte costituzionale ha sviluppato un uso delle ordinanze più ampio di quello tradizionale, recepito dall'art. 18, ricorrendo in determinate ipotesi all'ordinanza anche per chiudere il processo (→ §§ XII.6.1 e 2). Del resto, questa ipotesi è delineata dalla stessa legge 87/1953, che dispone che "*l'ordinanza che respinge la eccezione di illegittimità costituzionale per manifesta irrilevanza o infondatezza deve essere adeguatamente motivata*" (art. 24.1); ad essa fanno seguito le "*Norme integrative*" che, infatti, all'art. 20, prescrivono che in *Gazzetta Ufficiale* sia data notizia sommaria "*delle sentenze e delle ordinanze che respingono le istanze relative a questioni di legittimità costituzionale*": entrambi i testi normativi danno perciò per implicito che la Corte possa, in certi casi, chiudere il giudizio rigettando con *ordinanza* la domanda sottopostale.

✓ DOVE SI TROVANO LE SENTENZE DELLA CORTE COSTITUZIONALE?

Tutte le decisioni della Corte, siano sentenze od ordinanze, hanno una numerazione progressiva annuale e sono pubblicate nella *"Raccolta ufficiale delle sentenze e delle ordinanze della Corte costituzionale"*. Le decisioni sono inoltre pubblicate per intero, assieme agli atti che promuovono i giudizi, nella 1ª serie speciale della *Gazzetta Ufficiale*, che esce ogni mercoledì. Di recente la Corte costituzionale ha introdotto la prassi, un po' discutibile, di anticipare il dispositivo delle decisioni più attese dall'opinione pubblica con un ***comunicato stampa*** che, ovviamente, non ha alcun valore legale, ma serve soprattutto ad evitare fughe di notizie incontrollate. Ma solo con la pubblicazione ufficiale della sentenza e della sua motivazione si saprà con esattezza che cosa la Corte ha effettivamente deciso e quali conseguenze legali possono esserne tratte.

INTERNET Il testo di tutte le decisioni della Corte costituzionale è pubblicato da www.giurcost.org/decisioni/index.html e nel sito della Corte www.cortecostituzionale.it.

Proprio come avviene di fronte agli altri giudici, le sentenze devono essere esaurientemente motivate, sia in "fatto" che in "diritto", mentre per le ordinanze è sufficiente che siano "succintamente motivate" (art. 18, ult. co., legge 87/1953). Ma le decisioni della Corte hanno una particolarità: esse non possono essere mai impugnate: lo stabilisce la Costituzione stessa (art. 137.3). L'obbligo di motivazione non è per la Corte sanzionabile attraverso l'impugnazione: ma è attraverso la motivazione che la Corte rende conto dei propri processi interpretativi ed argomentativi, legittimando così le proprie conclusioni.

3. Il controllo di costituzionalità delle leggi

3.1. *Atti sindacabili*

La Corte costituzionale giudica "*sulle controversie relative alla legittimità costituzionale delle leggi e degli atti, aventi forza di legge, dello Stato e delle Regioni*" (art. 134.1).

✓ LEGITTIMITÀ E MERITO: AMBIGUITÀ SEMANTICHE

Legittimità e **merito** sono due termini che compaiono di continuo nel discorso dei giuristi e sempre in reciproca opposizione: ma il loro significato cambia a seconda dei contesti. Parlando dei "vizi" (→ § VIII.8.1), per esempio, è chiaro che si contrappone un controllo, tipico della funzione di un giudice, di corrispondenza di un atto o di un fatto ad una norma giuridica (legittimità), ad una valutazione di convenienza delle scelte compiute da chi esercita un potere discrezionale (merito). Parlando invece delle funzioni della Corte costituzionale si può incontrare la contrapposizione tra "giudice di legittimità" e "giudice di merito", designando il primo la Corte che sindaca la corrispondenza delle leggi alla Costituzione, il secondo il giudice che "entra nel merito" della causa principale (da cui sorge la questione di legittimità). Qui "giudice di merito" indica semplicemente il giudice del caso concreto. Ma c'è ancora un terzo contesto: qualsiasi giudice (anche la Corte dunque) "entra nel merito" della causa quando supera le "questioni pregiudiziali", ossia ha risolto positivamente tutti i problemi (giurisdizione, competenza, legittimazione ad agire, regolarità della notificazione, ecc.) che condizionano l'andamento del processo e possono impedirgli di affrontare finalmente il "merito", appunto, della questione prospettatagli.

Questa disposizione, apparentemente chiara nel suo significato, ha posto alcuni delicati problemi interpretativi.

α) Innanzitutto è da chiarire cosa si intenda per "*legge*": con tale termine si intendono solo gli atti che hanno la "*forma*" della legge e il grado gerarchico delle *fonti primarie* (cioè la c.d. *legge formale ordinaria*: → § IX.2.1), o sono comprese anche le *leggi costituzionali*, anch'esse adottate con le "*forme*" della legislazione parlamentare (ancora → § IX.2.1), ma poste in una posizione gerarchica sovrordinata? La Corte costituzionale ha chiarito che l'interpretazione corretta è la seconda: neppure le *leggi di revisione costituzionale* si sottraggono perciò al giudizio di legittimità costituzionale, che potrà estendersi non soltanto ai "**vizi formali**" – derivanti dalla violazione delle regole procedurali – ma anche ai "**vizi materiali**", derivanti dalla violazione dei "*limiti*", espliciti o ricavabili in via di interpretazione, posti dalla Costituzione (→ § IX.1.3). L'unica legge costituzionale che la Corte ha dichiarato illegittima è, sinora, la legge di approvazione dello Statuto speciale della Regione Sicilia (sulla vicenda → § XII.2.3.1✓): ma in altre occasioni la Corte ha accennato alla possibilità di sindacare le leggi di riforma costituzionale anche alla luce dei "*princìpi supremi*" dell'ordinamento costituzionale (→ § IX.1.4). D'altra parte, se non vi fosse la possibilità di provocare un giudizio di legittimità sulle leggi di revisione, il rispetto dei limiti posti dall'art. 139 Cost., e degli altri che si considerassero impliciti nella Costituzione, resterebbe affidato soltanto alla buona volontà delle forze politiche o al controllo politico del corpo elettorale, perdendo il suo più stringente significato giuridico.

β) Un problema storico ormai superato è se le leggi impugnabili davanti alla Corte costituzionale siano solo quelle successive all'entrata in vigore della Costituzione, approvate dunque con le procedure da essa prescritte, o anche quelle precedenti. Il problema sorge dal fatto che l'entrata in vigore della Costituzione del 1948 non ha segnato una "rottura" dell'ordinamento giuridico: sono infatti rimaste in vigore tutte le norme precedenti, con eccezione di quelle espressamente abrogate dalla legislazione del "periodo transitorio" (o, come è ovvio, dalla successiva legislazione repubblicana) e di quelle che si possono considerare tacitamente abrogate dalla stessa Costituzione (si riveda la distinzione tracciata dalla sent. 1/1956: → § VIII.8.3✓).

Ovviamente le leggi "anteriori" alla Costituzione possono essere impugnate solo per *vizi materiali*, e non anche per *vizi formali*: il che significa che non possono essere considerati incostituzionali atti legislativi approvati con procedure che, regolari per l'ordinamento del tempo, risultino diverse, come è inevitabile, da quelle previste dalla Costituzione attuale (vale anche qui il principio generale ***tempus regit actum***). Diverso è il problema se la Corte possa sindacare gli atti legislativi anteriori alla Costituzione in rapporto alle regole procedurali del tempo: la risposta è negativa, ed a darla è la stessa legge 87/1953, che impone a chi solleva la *questione di legittimità costituzionale* di indicare, come *parametro di giudizio*, "*le disposizioni della Costituzione o delle leggi costituzionali che si assumono violate*" (artt. 23 e 34).

γ) L'indicazione, accanto alle "*leggi*", degli "*atti*" con forza di legge sta a significare che sono escluse dal sindacato di legittimità costituzionale le *fonti-fatto* (→ § VIII.3). Quindi sono escluse non solo le consuetudini, ma anche le norme provenienti da altri ordinamenti, come, e in primo luogo, le norme europee (per questo aspetto, e per i modi in cui le norme UE possono essere prese in considerazione dalla Corte costituzionale → § XI.2.3.δ).

δ) Che gli atti sindacabili debbano avere la "*forza di legge*" (→ § IX.2.1) significa che la tipologia degli atti di cui la Corte può giudicare la legittimità è chiusa, così come è chiusa la categoria degli atti con forza di legge. Comprende i decreti-legge, i decreti legislativi (sia quelli delegati *ex* art. 76 Cost. → § IX.5, che quelli esaminati nel § IX.7). Sono invece esclusi i *regolamenti dell'esecutivo* (→ § IX.10) e gli altri regolamenti amministrativi: il giudice della loro legittimità è infatti il *giudice amministrativo* (→ § VII.1), che può annullarli sia per contrasto con le leggi e gli atti con forza di legge che per contrasto "diretto" con la Costituzione.

✓ COME PORTARE I REGOLAMENTI DAVANTI ALLA CORTE

L'esclusione dei regolamenti dal sindacato della Corte costituzionale ha sempre fatto discutere: molti ritengono che i regolamenti, essendo atti normativi del tutto simili, in quanto a contenuto, alle leggi (→ § IX.10.1), richiedano lo stesso tipo di giudice e di giudizio che la Costituzione ha istituito per le leggi. Però il "parametro naturale" di giudizio dei regolamenti è la legge, su cui essi si fondano, piuttosto che la Costituzione. Ciò non significa affatto che il regolamento non possa essere in contrasto con la Costituzione, ma due sono le ipotesi. Se il regolamento "incostituzionale" è l'attuazione infedele della legge, il vizio è in primo luogo derivante dalla violazione della legge stessa, ed è ben rilevabile dal giudice amministrativo; se invece esso attua fedelmente la legge, vuol dire che è questa, prima ancora del regolamento, a contrastare con la Costituzione: allora, impugnato il regolamento davanti al giudice, lo si inviterà a sollevare la questione di legittimità della legge davanti alla Corte costituzionale. Ma proprio qui si scorge la via possibile per far sì che la Corte costituzionale prenda in considerazione i regolamenti amministrativi nell'ambito del *giudizio di legittimità* (perché altra questione è il sindacato da parte della Corte in sede di *conflitti di attribuzione*: → §§ XII.4 e XI.5). Al giudice amministrativo la parte interessata dirà: il regolamento contrasta con l'art. xy della Costituzione; o tu mi dici che questo non gli era consentito dalla legge, e allora mi annulli il regolamento, oppure mi dici che la fedele attuazione della legge imponeva proprio questa scelta incostituzionale, e allora ti chiedo di impugnare la legge davanti alla Corte, perché ad essa va fatto risalire il *vulnus* alla Costituzione. Ma se invece il regolamento rappresenta solo una delle possibili attuazioni che si potevano dare alle previsioni della legge, allora o tu, giudice amministrativo, me lo annulli, per violazione "diretta" della Costituzione, o mi impugni davanti alla Corte costituzionale la legge così come essa è attuata e fatta vivere dal regolamento. La Corte infatti, come spesso ha dichiarato, non giudica delle disposizioni legislative in astratto, ma nel significato normativo che esse concretamente hanno assunto nella prassi interpretativa e attuativa. È il regolamento a dire quale "norma" è di fatto espressa dalla "disposizione" della legge ❿, e di conseguenza la Corte si troverà a giudicare del regolamento amministrativo quale significato normativo della disposizione legislativa impugnata. Ma di ciò si parlerà più diffusamente a proposito della c.d. *"dottrina del diritto vivente"* (→ § XII.3.6.4).

Qualche problema "pratico" si pone però per l'impugnazione dei decreti-legge. Se il decreto-legge non viene convertito in tempo, la decadenza ha effetto su tutti i rapporti sorti sulla sua base (→ § IX.6.3): viene quindi meno l'*oggetto* dell'impugnazione e la Corte dichiarerebbe la questione di legittimità costituzionale "*inammissibile*" (→ § XII.3.6.1). Se invece il decreto-legge venisse convertito in legge, vi sarebbe "*novazione*" della fonte, sostituendosi la legge di conversione al decreto-legge stesso: in questo caso la Corte ha detto che la questione di legittimità costituzionale si trasferirebbe automaticamente alla legge (la Corte ha anzi aggiunto che l'eventuale grave mancanza dei presupposti di straordinaria necessità e urgenza diverrebbe causa di illegittimità della stessa legge di conversione: sent. 29/1995, per altro rimasta isolata). Le ipotesi in cui il decreto-legge potrebbe essere giudicato dalla Corte costituzionale restano di conseguenza solo due:

– che il decreto venga impugnato e giudicato dalla Corte nei sessanta giorni di vigenza "provvisoria": ma i tempi processuali sono talmente ristretti che l'ipotesi è assai difficile che si possa verificare (e solo esclusivamente per via di un'impugnazione "*diretta*" delle Regioni: → § XII.3.5; oppure in sede di *conflitto di attribuzioni tra poteri dello Stato*: → § XII.4.2);

– che il decreto-legge venga "*reiterato*" contro quanto stabilito dalla stessa Corte costituzionale nella sent. 360/1996 (→ § IX.6.4✓).

Per il *referendum* abrogativo è difficile immaginare un giudizio di legittimità costituzionale *a posteriori*, dato che la Corte costituzionale ha esteso il giudizio preventivo di *ammissibilità* (→ § XII.6.2) anche ai profili di compatibilità con l'intero testo costituzionale. È invece ipotizzabile che venga impugnata la "*normativa di risulta*" (→ § XII.6.2), ossia le norme così come si prospettano a seguito dell'abrogazione di quelle sottoposte a *referendum*: può essere infatti che, a seguito dell'abrogazione referendaria, la disciplina di una determinata materia si presenti sbilanciata o monca, generando situazioni (non percepite dalla Corte in sede di giudizio di ammissibilità) in cui la normativa vigente risulti illegittima. Ma, in questo caso, l'oggetto dell'impugnazione sono le disposizioni rimaste in vigore, non già il *referendum*.

Quanto ai *regolamenti parlamentari e degli altri organi costituzionali*, si riveda quanto detto in precedenza a proposito della ricostruzione fornita dalla Corte costituzionale della loro collocazione nel sistema delle fonti (→ § IX.8.2).

ε) Le leggi regionali sono ovviamente equiparate alle leggi dello Stato: non esistono invece "*atti con forza di legge*" regionali. La Corte ha negato di poter sindacare i *regolamenti interni* dei Consigli regionali, ritenendoli estranei alle fonti dell'ordinamento generale (sent. 288/1987). Va infine ricordato che, a seguito della riforma dell'art. 123 Cost., le leggi regionali che approvano gli Statuti delle Regioni ordinarie sono soggette ad una particolare forma di impugnazione preventiva da parte del Governo (→ § X.1.3).

3.2. *I vizi della legge*

Come già si è visto a proposito dell'impugnazione delle leggi costituzionali (→ § XII.3.1.α) e delle leggi anteriori alla Costituzione (→ § XII.3.1.β), si è soliti distinguere tra *vizi formali* e *vizi materiali*.

I **vizi formali** riguardano il *procedimento di formazione* dell'atto legislativo: colpiscono gli atti che hanno seguito un procedimento difforme rispetto a quello prescritto dalla Costituzione. In linea di principio i vizi formali inficiano l'intero *atto*: si pensi ad un decreto-legge non deliberato in Consiglio dei ministri, oppure ad una legge formale non deliberata nel medesimo testo dalle due Camere. Ma, in certi casi, è possibile che colpiscano singole disposizioni: se, per esempio, una legge complessa contenesse una norma di delegazione legislativa, e ciò nonostante venisse approvata in *commissione deliberante*, in violazione dell'art. 72.4 (→ § IX.3.3.β), la sola norma di delega sarebbe viziata, non l'intero atto.

I **vizi materiali** riguardano invece i *contenuti normativi* dell'atto legislativo. Essi colpiscono non l'*atto*, ma le sue singole *disposizioni*, che risulteranno viziate perché il loro *contenuto normativo* (ossia le *norme* da esse ricavabili ❿) risulta in contrasto con le *norme* ricavabili dalle *disposizioni* costituzionali.

La distinzione tra *vizi formali* e *vizi sostanziali* ha una funzione essenzialmente descrittiva e non è affatto precisa. Si discute, per esempio, se il **vizio di incompetenza** (per esempio, la legge regionale emanata in ambito sottratto alle attribuzioni della Regione, o il decreto legislativo che fuoriesce dalla delega) ricada negli uni o negli altri, oppure costituisca una figura autonoma: ma si tratta di un problema privo di conseguenze pratiche significative.

3.3. *Il parametro di giudizio*

Per "**parametro**" di giudizio s'intende il termine di confronto impiegato nel giudicare la legittimità degli atti legislativi. Il "parametro" è dato in primo luogo dalle disposizioni costituzionali e delle leggi costituzionali. Tuttavia la stessa Costituzione prevede in diversi casi che leggi o atti con forza di legge siano vincolati al rispetto di norme poste non da fonte costituzionale, ma da fonti sub-costituzionali. Gli esempi sono molteplici: il decreto legislativo delegato deve rispettare le norme della legge di delega (→ § IX.5.2); la legge regionale "concorrente" deve rispettare i "*princìpi fondamentali stabiliti dalle leggi dello Stato*" (art. 117.3 Cost.: → § X.2.3); tutte le leggi interne devono essere conformi ad una serie di fonti "esterne", come le norme internazionali consuetudinarie (→ § VIII.3.3.δ), le direttive UE (→ § XI.2.3.β) o il Concordato (→ § XIII.5.4.2✓), ecc.

Si parla in questi casi di "**parametro interposto**": è un'espressione che designa quelle norme che non hanno un rango costituzionale, ma la cui violazione da parte delle leggi comporta un'indiretta violazione di norme costituzionali. Il decreto delegato che viola, per esempio, i "*princìpi e criteri direttivi*" fissati dalla legge di delega viola, indirettamente, l'art. 76 Cost.; la legge ordinaria che contrasta una norma internazionale consuetudinaria, una direttiva UE o il Concordato, viola anche, rispettivamente, l'art. 10.1, 11 o 7.2 Cost.; dopo la riforma del 2001 (→ § X.2.3α), l'art. 117.1 Cost. implica che ogni trattato internazionale o norma UE possa fungere da parametro interposto nel giudizio di legittimità delle leggi con essi inconciliabili. È pur sempre la Costituzione ad imporre alle leggi il rispetto di questi atti, che perciò si "interpongono" tra la Costituzione e gli atti legislativi ordinari.

3.4. *Giudizio incidentale*

3.4.1. *Definizioni*

L'art. 137 Cost. rimanda ad una legge costituzionale la determinazione delle condizioni, delle forme, dei termini di proponibilità dei giudizi di legittimità costituzionale e ad una legge ordinaria la disciplina della costituzione e del funzionamento della Corte. L'instaurazione del giudizio in via incidentale (o d'eccezione) è regolata principalmente dall'art. 1 della legge cost. 1/1948 e dagli artt. 23 ss. della legge 87/1953 (→ § XII.2.2.γ).

È detto **giudizio in via incidentale** in quanto la questione di legittimità costituzionale sorge nel corso di un procedimento giudiziario (che viene detto **giudizio principale** o **giudizio *a quo***), come "incidente processuale", che comporta la sospensione del giudizio e la remissione della *questione di legittimità costituzionale* alla Corte costituzionale. È un giudizio *successivo* e *concreto*, perché la legge viene in rilievo al momento della sua applicazione; è *indisponibile* in quanto il giudice, se sussistono i presupposti, è tenuto a sollevare la questione dinanzi alla Corte costituzionale, né le parti possono opporsi.

3.4.2. *Giudice e giudizio*

L'art. 1 della legge cost. 1/1948 e l'art. 23 della legge 87/1953 prevedono che la *questione di legittimità costituzionale* debba essere sollevata "*nel corso di un giudizio*" e "*dinanzi ad una autorità giurisdizionale*". Occorre quindi stabilire il significato da attribuire ai concetti di "**giudice**" e di "**giudizio**" ai fini dell'instaurazione del processo costituzionale. La giurisprudenza della Corte ha interpretato estensivamente le sopraddette formule ritenendo prevalente l'interesse pubblico alla costituzionalità delle leggi rispetto agli interessi fatti valere davanti al giudice *a quo*. Al fine quindi di ampliare la possibilità di eliminare leggi incostituzionali, è stata ritenuta "giurisdizionale" anche l'attività di organi che, pur non facendo strettamente parte dell'ordine giudiziario, sono investiti di "*funzioni giudicanti per l'obiettiva applicazione della legge*" (Corte cost. 387/1996) e posti in una posizione di terzietà.

Volendo schematizzare, i requisiti ritenuti necessari dalla giurisprudenza costituzionale perché un organo possa considerarsi legittimato a sollevare la questione di costituzionalità sono:

a) *requisito oggettivo*: l'essere investito di funzioni "giudicanti", cioè di *applicazione obiettiva*. In ciò sta la profonda differenza tra un *giudice*, che è interessato solo all'applicazione obiettiva della legge, e un organo della pubblica amministrazione, che è preposto al perseguimento di un determinato interesse pubblico (la conservazione dell'ambiente, la tutela della salute, ecc.: → § V.2.11). Inoltre deve trattarsi dell'applicazione di una norma in via potenzialmente *definitiva* (ogni sentenza diventa definitiva se non viene impugnata): infatti l'orientamento della Corte è di negare carattere giurisdizionale all'attività di quegli organi giudiziari ordinari che non pongono in essere provvedimenti di carattere definitivo;

b) *requisito soggettivo*: la posizione di terzietà, di indipendenza e di imparzialità dell'organo, l'esistenza di un procedimento fondato sul contraddittorio. Nell'eventualità in cui la legge attribuisse ad un organo funzioni "oggettivamente" giudicanti, senza garantirne l'elemento "soggettivo" della indipendenza e della imparzialità, la Corte la dichiarerebbe illegittima (è quanto avvenuto in passato per l'attribuzione di funzioni di tipo giurisdizionale, per es., al Capitano di porto e al Consiglio di Prefettura, nonché ai Consigli comunali per il contenzioso in materia elettorale).

✓ GIUDICI E NON GIUDICI

È stata infatti riconosciuta l'idoneità a sollevare la questione di legittimità costituzionale alla sezione disciplinare del C.S.M. (sent. 12/1971), al Consiglio nazionale forense in sede disciplinare (sent. 114/1970), alla Corte dei conti, non solo in sede di giudizio di parificazione del bilancio dello Stato (sent. 165/1963 e da ultimo sent. 244/1995), ma anche quando esercita l'attività di controllo preventivo sugli atti del Governo (sent. 384/1991 e ord. 366/1998), al giudice di sorveglianza per l'esecuzione della pena (sent. 53/1968 e sent. 212/1997), al Commissario per il riordino degli usi civici (sent. 78/1971 e sent. 345/1997), alla commissione dei ricorsi contro provvedimenti dell'ufficio italiano di brevetti e marchi (sent. 37/1957 e sent. 236/1996), alle commissioni tributarie, dopo la riforma del 1972 (mentre in precedenza era stata negata loro natura giurisdizionale), agli arbitri nell'arbitrato rituale, in ragione della fungibilità del giudizio arbitrale con quello degli organi della giurisdizione (sent. 376/2001).
La Corte costituzionale ha riconosciuto inoltre a sé stessa la legittimazione a sollevare questione di legittimità nell'esercizio delle sue funzioni: lo ha fatto in sede di conflitto tra poteri (sent. 68/1978), nel corso del giudizio di accusa (sent. 125/1977) e perfino in caso di sorteggio dei giudici aggregati (sent. 259/1974).
Non possono essere invece inseriti in questo novero, per mancanza del requisito oggettivo, altri organi tra cui: il pubblico ministero nel processo penale, perché non è in posizione di terzietà (ord. 249/1990); il tribunale in sede di registrazione dei quotidiani (sent. 96/1976) e il giudice conciliatore in sede di separazione dei coniugi (sent. 216/1983), perché non svolgono funzioni giudicanti; il Collegio centrale di garanzia elettorale, ora abrogato (→ § IV.7.4✓), a causa del carattere non definitivo delle sue decisioni, impugnabili in Cassazione (sent. 387/1996). Si segnala inoltre la sent. 164/2008 in cui la Corte, escludendo la legittimazione della Corte d'appello in sede di verifica sui risultati del *referendum* sulla legge regionale statutaria (→ § X.1.1✓), riassume l'intera sua giurisprudenza sul tema.

3.4.3. *L'introduzione della questione e l'ordinanza di rinvio*

La questione di legittimità costituzionale può essere sollevata da una delle parti o d'ufficio, cioè dal giudice stesso dinanzi al quale pende il giudizio principale. Le parti non possono adire direttamente la Corte, ma devono presentare una istanza al giudice della causa principale, che dovrà valutare se ricorrono i presupposti necessari per l'attivazione del giudizio di costituzionalità. L'*atto introduttivo* del giudizio incidentale fa quindi necessariamente capo al giudice *a quo*, che per tale ragione viene anche denominato "introduttore necessario". I poteri di quest'ultimo sono importanti e delicati: a lui infatti compete la valutazione circa la sussistenza delle condizioni di proponibilità della questione di legittimità.

In proposito, l'art. 23.2 della legge 87/1953 dispone che il giudice debba verificare la sussistenza di due requisiti:

a) che la questione sia *rilevante* per la risoluzione del giudizio in corso. La **rilevanza** consiste in un legame di strumentalità, di "**pregiudizialità**", tra la questione di legittimità costituzionale e il giudizio *a quo*: il giudizio principale non può proseguire senza che venga risolta la questione di legittimità costituzionale. Ciò sta a significare che l'instaurazione incidentale è subordinata alla valutazione da parte del giudice circa la necessaria applicazione della disposizione sospettata di incostituzionalità nel giudizio dinanzi a lui pendente. Qui emerge il profilo della concretezza della questione: ciò che importa non è l'astratta possibilità che una legge sia incostituzionale, ma che "*il giudizio non possa essere definito indipendentemente dalla risoluzione della questione di legittimità costituzionale*" (art. 23 legge 87/1953). Nel valutare la rilevanza il giudice deve quindi tener conto di due aspetti fondamentali: uno è riconducibile all'applicabilità della legge sospettata di incostituzionalità, l'altro, più importante, è legato all'influenza che la pronuncia costituzionale è in grado di esercitare sul giudizio in corso. In altre parole, non è sufficiente (anche se necessario) che la legge di cui si sospetta l'incostituzionalità sia applicabile al giudizio in corso (se così non fosse il giudice non avrebbe interesse a sollevare la questione), ma è condizione fondamentale che il giudizio costituzionale sia in grado di incidere (o influire) sul processo *a quo*;

✓ LO STRANO CASO DELLA LEGGE ELETTORALE

La Corte è sempre stata ferma nel mantenere sotto controllo il "filtro" della rilevanza, per evitare che le arrivassero questioni teoriche o "politiche", scisse dalla necessaria concretezza. Anche per questo ha fatto molto scalpore la sent. 1/2014, che ha dichiarato illegittima l'attuale legge elettorale (→ § IV.7.7). Il "caso" da cui la sentenza è sorta era infatti un "giudizio di accertamento": Tizio va dal giudice civile per "accertare" che il suo diritto elettorale era leso dal c.d. *Porcellum*. È stata la Cassazione, nel corso di un giudizio di questo tipo, a sollevare la questione alla Corte costituzionale. La Corte ha motivato in modo non precisissimo perché ritenesse ammissibile una questione di così scarsa concretezza. Si noti, infatti, che dopo la sent. della Corte la Cassazione ha riassunto il giudizio e lo ha chiuso dicendo che la pronuncia della Corte soddisfaceva già completamente la domanda del ricorrente: la dichiarazione d'illegittimità della legge elettorale non produceva altro effetto per il ricorrente, il che significa che la *incidentalità* mancava, ossia il processo principale era stato costruito all'esclusivo scopo di instaurare il giudizio incidentale davanti la Corte costituzionale. Ma questa, superando ogni rilievo processuale e formale, ha impiegato un'argomentazione sostanziale: c'è il rischio che una legge importante come quella elettorale rientri in una "zona franca" sottratta a controllo di costituzionalità. Per evitare ciò la Corte è stata disposta a derogare al suo tradizionale atteggiamento restrittivo, sempre severo nel valutare il requisito della rilevanza.
Sulla base di questo precedente, la Corte ha accettato di giudicare anche della nuova legge elettorale, il c.d. *Italicum* (sent. 35/2017), benché questa legge non fosse ancora mai stata applicata. In questo caso l'esigenza di evitare "zone franche" ha prevalso su ogni altra considerazione in merito alla natura *incidentale* del giudizio costituzionalità, aprendo la porta ad una specie di ricorso quasi diretto di costituzionalità (→ § XII.1.2γ), che nel nostro sistema costituzionale non è previsto.

INTERNET Le sentenze citate si possono leggere, assieme a molti commenti, in www.giurcost.org/decisioni/2014/0001s-14.html e www.giurcost.org/decisioni/2017/0035s-17.html.

b) che *non sia manifestamente infondata* (art. 1 legge cost. 1/1948). La **non manifesta infondatezza** mira a verificare che la questione di legittimità *prima facie* abbia un fondamento giuridico sufficientemente motivato. Il giudice non deve infatti pronunciarsi sulla fondatezza o meno della questione (che è esclusivo compito della Corte costituzionale) e la doppia negazione (*non* manifesta-*in*fondatezza) sta proprio ad indicare che, per poter rimettere la questione alla Corte, è sufficiente avere un *dubbio* sulla costituzionalità della legge o dell'atto avente forza di legge da applicare al giudizio in corso e che questo dubbio sia motivato adeguatamente. È questo "ragionevole dubbio" che impedisce al giudice di proseguire il processo principale.

Tali condizioni di proponibilità svolgono un ruolo diverso a seconda che l'iniziativa provenga dalle parti o dallo stesso giudice d'ufficio: nel primo caso costituiscono una sorta di "filtro" per le questioni irrilevanti e pretestuose che il giudice non farà giungere alla Corte; nel secondo caso, costituiscono elementi positivi da cui deriva il dovere del giudice di proporre la questione.

Nel caso in cui una delle sopraddette condizioni di proponibilità del giudizio di costituzionalità non dovesse sussistere, il giudice provvederà respingendo l'istanza con una ordinanza adeguatamente motivata (art. 24 legge 87/1953), che non è autonomamente impugnabile. Le parti possono comunque riproporre l'eccezione di incostituzionalità in ogni grado ulteriore del processo.

Qualora il giudice ritenga invece che la questione sia "rilevante" e "non manifestamente infondata" emette una **ordinanza di rinvio**, necessariamente motivata, che produce l'effetto di introdurre il giudizio costituzionale e di *sospendere il giudizio principale* fino alla pronuncia della Corte costituzionale (l'ordinanza di rinvio viene chiamata anche "**ordinanza di rimessione**", e il giudice che l'emana **giudice *a quo*** o **giudice remittente**).

Tale ordinanza deve contenere gli elementi necessari ad individuare la **questione di legittimità costituzionale**:

a) l'indicazione dell'**oggetto** e del **parametro del giudizio**, vale a dire le disposizioni della legge (o degli atti aventi forza di legge) di cui si denuncia l'incostituzionalità, nonché le disposizioni costituzionali che si presumono violate;

b) la *motivazione* della *rilevanza* e i **motivi** che hanno portato a dichiarare la *non manifesta infondatezza*;

c) i **profili** della *questione di legittimità* in base ai quali si è verificata la violazione con la descrizione della fattispecie concreta oggetto della controversia. Questa indicazione è particolarmente importante nei *giudizi di eguaglianza* (nei quali è obbligatorio indicare il *tertium comparationis* → § XIII.1.2), e quando il giudice *a quo* punti ad ottenere dalla Corte una sentenza *additiva* (in questo caso va indicato il "verso" dell'addizione: → § XII.3.6.5.β).

Dall'ordinanza deve quindi emergere con chiarezza il ***petitum***, il ***thema decidendum***, che costituisce anche il limite entro il quale la decisione della Corte può intervenire in ossequio al **principio della corrispondenza tra il chiesto e il pronunciato**. Infatti, in base all'art. 27 della legge 87/1953, la Corte quando accoglie una istanza "dichiara, *nei limiti dell'impugnazione, quali sono le disposizioni legislative illegittime*". Eccezionalmente, i limiti della questione, così come prospettata dal giudice *a quo*, potrebbero essere superati nel caso della c.d. **illegittimità costituzionale conse-**

guenziale, quando cioè dalla decisione adottata deriva l'illegittimità di altre disposizioni collegate a quella dichiarata incostituzionale. Il che può avvenire – ma l'atteggiamento della Corte a proposito è tutt'altro che lineare – in relazione alle norme "*strumentali*" o che comunque diverrebbero inapplicabili a seguito dell'annullamento della legge "principale" (per esempio, dichiarata illegittima la disposizione che prevede un reato, sono dichiarate conseguenzialmente illegittime le disposizioni che prevedono attenuanti, pene accessorie, ecc.); ma talvolta è accaduto in relazione a norme che sono applicazione del medesimo principio, oppure di norme che, annullata una legge, resterebbero "*sbilanciate*".

✓ UN CASO DI "ILLEGITTIMITÀ CONSEGUENZIALE": L'OMICIDIO DI UN SUPERIORE

Con la sent. 26/1979 la Corte dichiarava illegittima la norma del codice penale militare di pace che prevedeva la pena dell'ergastolo a carico del militare colpevole di tentato omicidio contro un superiore. A ciò la Corte giungeva denunciando l'irragionevole equiparazione compiuta dal legislatore tra l'omicidio volontario del superiore, l'omicidio preterintenzionale, il tentato omicidio e le lesioni gravi ad un ufficiale. Il legislatore ha così compiuto un *bilanciamento di interessi* (→ § XIII.3.3) irragionevole, anteponendo la disciplina militare (di pace) allo stesso diritto alla vita (del superiore), dato che è per proteggere la disciplina che ha equiparato comportamenti tutti legati all'insubordinazione, ma che invece sono assai diversi se valutati dal punto di vista del diritto alla vita del superiore. La Corte perciò non si limita a dichiarare illegittima la norma impugnata (che riguarda il solo tentativo di omicidio), ma estende l'illegittimità (*"in applicazione dell'art. 27 della legge 87/1953"*: questa è la formula canonica del *dispositivo*) alla norma che riguarda l'omicidio preterintenzionale e a quella che riguarda le lesioni ad un superiore, quando è un ufficiale. Se non l'avesse fatto, limitandosi a dichiarare illegittimo il tentativo di omicidio, queste altre due norme sarebbero rimaste ulteriormente "sbilanciate".

L'art. 23.4 della legge 87/1953 prevede che l'ordinanza di rimessione venga notificata (se non ne viene data lettura in dibattimento), a cura della cancelleria del giudice *a quo*, alle parti in causa e al pubblico ministero (quando il suo intervento è obbligatorio), al Presidente del Consiglio dei ministri (o al Presidente della giunta regionale a seconda che si tratti, rispettivamente, di legge statale o regionale). Lo scopo di tale notifica è quello di consentire ai soggetti abilitati a costituirsi o ad intervenire nel giudizio costituzionale. Invece, per i Presidenti di Camera e Senato (e per i Presidenti del Consiglio regionale se si tratta di legge regionale) è prevista una semplice comunicazione, in modo da informarli che su una loro legge pende un giudizio di costituzionalità.

L'ordinanza di rinvio, una volta giunta alla Corte costituzionale viene pubblicata nella *Gazzetta Ufficiale* della Repubblica italiana (e ove occorra nel *Bollettino ufficiale* delle Regioni interessate): tale forma di pubblicità mira a far conoscere a tutti che, su una certa disposizione legislativa, pende un giudizio di costituzionalità. Ciò dovrebbe indurre gli operatori giuridici, in generale, ad essere cauti nell'applicare una legge che potrebbe essere dichiarata incostituzionale e i giudici, in particolare, a valutare l'opportunità di sollevare la stessa questione, se si trovano a dover applicare la disposizione su cui pende un giudizio di costituzionalità.

3.4.4. *Le parti*

Entro 20 giorni dall'avvenuta notificazione dell'ordinanza (o dalla pubblicazione in *G.U.* come dice l'art. 25 delle "*Norme integrative*") con cui si instaura il giudizio costituzionale, le parti del giudizio *a quo* possono costituirsi mediante deposito in cancelleria delle deduzioni e della procura speciale al difensore abilitato al patrocinio dinanzi alla Corte di cassazione. La loro partecipazione è puramente facoltativa: si tratta di un **giudizio "a parti eventuali"**, nel senso che queste potrebbero anche non costituirsi senza incidere nel proseguimento del processo costituzionale. Infatti, quest'ultimo ha carattere *oggettivo* perseguendo primariamente l'obiettivo di stabilire la legittimità costituzionale delle leggi e solo indirettamente quello di tutelare le situazioni giuridiche soggettive fatte valere nel giudizio *a quo*.

✓ LE PARTI DI FRONTE ALLA CORTE: UN NODO INTRICATO

La giurisprudenza costituzionale degli anni '90 sembra aver ampliato il concetto di "parte" ai fini della partecipazione al processo costituzionale: legittimate ad intervenire non sono solo le parti costituitesi nel giudizio *a quo* prima dell'ordinanza di rinvio, ma anche quei soggetti portatori di un interesse personale e diretto, strettamente connesso alla questione di legittimità, che non hanno avuto modo di costituirsi nel giudizio principale (per esempio, sentt. 429/1991, 314/1992). In alcune decisioni la Corte costituzionale è andata anche oltre, qualificando come "parti" soggetti il cui interesse ad intervenire sia sorto dopo la sospensione del processo *a quo* anche se astrattamente idonei a costituirsi in quest'ultimo (per esempio, è stato ammesso l'intervento dell'Ordine dei medici in un giudizio che toccava anche questioni attinenti alle competenze dell'Ordine: sent. 456/1993).
Questi orientamenti giurisprudenziali fanno riflettere sulla funzione che deve essere attribuita alle parti nel processo costituzionale e sugli interessi a tutela dei quali trova fondamento la loro legittimazione. Non vi è dubbio che le parti siano portatrici anzitutto di *interessi concreti e specifici* (che sono quelli fatti valere nel giudizio principale) nei confronti dei quali la sentenza della Corte costituzionale produrrà effetti ben precisi. Che poi concorrano a rappresentare alla Corte l'assetto degli interessi generali può essere, ma è chiaro che resta una rappresentazione assai parziale. L'individuazione della parte e dei soggetti che possono intervenire in un processo è sempre legata al concetto di interesse (si veda per esempio l'art. 105 cod. proc. civ.); ma nei confronti di una disposizione di legge non vi è un "controinteressato": per definizione la legge si rivolge a tutti, e tutti vi siamo "interessati" (→ § XIII.2.2.γ✓).
Le parti, su cui direttamente ricadono gli effetti della legge sospettata di incostituzionalità, sono considerate le più idonee a rappresentare innanzi alla Corte costituzionale gli aspetti concreti della fattispecie in cui la questione di legittimità costituzionale è sorta. Ma, da un lato, la decisione sulla legittimità di una legge, che può avere ripercussioni di enorme importanza per la generalità dell'ordinamento, non può dipendere né dall'iniziativa né dalla capacità di stare in giudizio delle parti private (da qui la loro presenza solo "eventuale"); dall'altro, qualsiasi ulteriore estensione del contraddittorio, in modo da inserirvi rappresentanti più equilibrati degli interessi in gioco, aprirebbe una falla non arginabile dalla Corte, non essendovi alcun limite agli interessi coinvolti. Un esempio: un evento dalle enormi ripercussioni economiche, sociali e politiche come lo smantellamento del monopolio statale della televisione è stato avviato da una serie di sentenze della Corte costituzionale (→ § XIII.5.5.6). Ciò nonostante, le parti che hanno dato il via, con le loro eccezioni, a quei giudizi, erano spesso imprese di scarsissima rilevanza o addirittura trasmettitori amatoriali: i potenziali controinteressati sono i colossi delle telecomunicazioni, multinazionali dell'editoria e della pubblicità e, certo non ultimi, tutti noi. Che significa "contraddittorio" in una situazione consimile? Come si vede, la restrizione del "contraddittorio" alle sole parti del processo principale, e la presenza solo eventuale di esse nel giudizio davanti alla Corte, sono caratteristiche ben comprensibili e difficilmente superabili.

Il pubblico ministero, anche se destinatario della notificazione dell'ordinanza di rinvio, non è abilitato ad intervenire nel processo costituzionale. La Corte ha infatti ritenuto che la disciplina vigente non consenta di assimilare la posizione del p.m. a quella delle parti.

L'art. 20.3 della legge 87/1953 prevede che "*il Governo anche quando intervenga nella persona del Presidente del Consiglio dei ministri*" venga rappresentato dall'Avvocatura dello Stato. Sorge il problema di stabilire in quale veste il Presidente del Consiglio dei ministri partecipa al processo costituzionale e quali interessi giustificano il suo "intervento". La giurisprudenza costituzionale ha infatti escluso che il Governo si possa considerare "*parte in senso tecnico*" (v. la sent. 210/1983 secondo cui "parte" è chi propone una domanda giudiziaria o il soggetto contro cui è rivolta), ma neppure "*interventore*" in senso proprio (il Governo non deve infatti provare di avere un interesse diretto e concreto alla controversia per poter partecipare al processo dinanzi alla Corte costituzionale): con la conseguenze che, se le parti non si costituiscono neppure l'Avvocatura può intervenire, e si procede lo stesso in camera di consiglio (→ § XII.2.3.3).

È opinione diffusa che il Governo intervenga per esprimere la propria opinione, ma la prassi ci mostra invece che nella quasi totalità dei casi il Governo interviene a difesa della legittimità della legge, anche se espressione di indirizzi politici passati. D'altra parte il Governo non è istituzionalmente obbligato a partecipare al processo costituzionale e tanto meno a difendere "a priori" la legge: si può piuttosto affermare che, nel caso in cui decida di partecipare, esso rappresenti il punto di vista delle istituzioni così come le parti private rappresentano le proprie posizioni giuridiche soggettive fatte valere nel giudizio *a quo*.

3.5. *Il giudizio in via principale*

3.5.1. *Definizioni*

Il **giudizio in via principale** (o d'azione) può essere proposto con ricorso da parte dello Stato contro leggi regionali o da parte della Regione contro leggi statali o di altre Regioni. La disciplina la si rinviene negli artt. 127 e 134 Cost., nell'art. 2 legge cost. 1/1948 e negli artt. 31-34 legge 87/1953 (oltre che nelle disposizioni degli Statuti delle Regioni speciali: → § X.1).

Questo tipo di procedimento è denominato *in via principale* in quanto la questione di legittimità viene proposta *direttamente* con una procedura *ad hoc* e non nell'ambito e nel corso di un "giudizio", così come già visto per l'instaurazione in via incidentale; è *astratto* in quanto le leggi impugnate vengono in rilievo autonomamente dalla loro concreta applicazione; è *disponibile* dato che i soggetti legittimati non sono tenuti ad instaurarlo, pur di fronte ad una supposta incostituzionalità della legge, potendo addivenire ad una soluzione anche di natura politica.

Dopo la riforma del Titolo V ❶ le differenze tra il ricorso statale e il ricorso regionale si sono attenuate di molto. È sparita quella più evidente, cioè la natura *preventiva* del ricorso del Governo, che ora può agire solo *successivamente*, contro leggi regionali già in vigore. Invece, benché ridotta, probabilmente resta una certa asimmetria per ciò che riguarda i motivi del ricorso. L'impugnazione statale avverso leggi regionali può essere promossa dal Governo quando ritiene che una legge approvata dal Consiglio regionale violi qualsiasi disposizione costituzionale, anche diversa da quelle attributive di competenze legislative; di conseguenza lo Stato, agendo a tutela dell'interesse generale alla legalità, non deve dimostrare l'**interesse a ricorrere**, cioè ad agire a tutela di una propria attribuzione lesa dalla Regione. Al contrario il ricorso della Regione nei confronti della legge statale può fondarsi solo sulla *invasione della sfera di competenza attribuita dalla Costituzione*: la Regione deve perciò dimostrare di avere un *interesse* concreto al ricorso, derivante appunto dalla lesione attuale delle proprie attribuzioni. Oggi, dopo la riforma, ciò sembra però diventato più semplice, perché l'enumerazione delle materie di competenza statale e il carattere residuale delle competenze delle Regioni (→ § X.2.3) rende più semplice a quest'ultime denunciare l'invasione delle proprie attribuzioni a causa dello "sconfinamento" dello Stato.

3.5.2. *L'atto introduttivo e il giudizio*

L'atto introduttivo del *giudizio in via principale* è il **ricorso**. Esso deve essere deliberato dal Consiglio dei ministri, se agisce lo Stato, o dalla Giunta regionale per la Regione, nel termine di sessanta giorni dalla pubblicazione della legge (o dell'atto con forza di legge) che si intende impugnare (art. 127 Cost.). Il ricorso deve poi essere depositato nella cancelleria della Corte costituzionale entro i dieci giorni successivi alla notifica a cura del ricorrente.

✓ UN CASO PARTICOLARE DI IMPUGNAZIONE DELLE LEGGI

Nella Regione Trentino-Alto Adige il controllo sulle leggi regionali presenta delle particolarità rispetto a quanto stabilito dall'art. 127 Cost.
Infatti l'art. 97 St. T.A.A. prevede che la legge regionale (o la legge delle Province di Trento e Bolzano) possa essere impugnata dal Governo per violazione della Costituzione, dello Statuto o del principio di parità dei gruppi linguistici. A ciò si aggiunge il particolare procedimento introdotto con le norme di attuazione (d.lgs. 266/1992) del suddetto Statuto. Esso dispone che la legislazione regionale o provinciale deve essere adeguata ai principi e alle norme di cui agli artt. 4 e 5 dello Statuto (principi generali dell'ordinamento, norme fondamentali delle riforme economico-sociali, interesse nazionale, principi stabiliti dalla legislazione statale) attraverso un atto legislativo statale entro i sei mesi successivi dalla pubblicazione dell'atto stesso. In caso di mancato "adeguamento" le leggi regionali (o provinciali) non adeguate potranno essere impugnate dinanzi alla Corte costituzionale entro novanta giorni dal Presidente del Consiglio previa deliberazione del Consiglio dei ministri (art. 97 St. T.A.A.).
Lo Statuto (→ § XII.1.3.γ) prevede inoltre che possano ricorrere alla Corte costituzionale la maggioranza di un gruppo linguistico nel Consiglio regionale o provinciale nei confronti di una legge *"ritenuta lesiva della parità dei diritti fra i cittadini dei diversi gruppi linguistici o delle caratteristiche etniche e culturali dei gruppi stessi"* (art. 56 St. T.A.A.).

Quanto al giudizio, la legge 131/2003 introduce due importanti novità:

– in considerazione della particolare urgenza del giudizio, la Corte costituzionale fissa l'udienza di discussione del ricorso entro *novanta giorni* dal deposito dello stesso. Il che significa che per i *giudizi in via principale*, sia che riguardino gli Statuti delle Regioni ordinarie (→ § X.1.2), le leggi regionali o le leggi e atti con forza di legge dello Stato, è predisposto un "diritto di precedenza" rispetto ai giudizi in via incidentale (e ai conflitti di attribuzione);

– è prevista per la prima volta nell'ordinamento italiano la possibilità che la Corte, "*qualora la Corte ritenga che l'esecuzione dell'atto impugnato o di parti di esso possa comportare il rischio di un irreparabile pregiudizio all'interesse pubblico o all'ordinamento giuridico della Repubblica, ovvero il rischio di un pregiudizio grave ed irreparabile per i diritti dei cittadini*", sospenda l'esecuzione dell'atto impugnato. Ciò comporta un'ulteriore "velocizzazione" del giudizio: l'udienza pubblica sarà fissata entro i successivi trenta giorni e il dispositivo della sentenza dovrà essere depositato entro quindici giorni dall'udienza di discussione (così dispone l'art. 35 legge 87/1953, come modificato dall'art. 9.4 legge 131/2003).

3.6. *Tipologia delle decisioni della Corte*

Le decisioni della Corte costituzionale nei giudizi di legittimità, siano essi promossi in via incidentale e in via diretta, possono essere suddivise in tre grandi famiglie:

a) decisioni di inammissibilità;
b) decisioni di rigetto;
c) decisioni di accoglimento.

La prassi ha portato la Corte a creare una tipologia di decisioni molto ricca, che rende complessa e differenziata ognuna di queste tre grandi famiglie.

3.6.1. *Decisioni di inammissibilità*

La Corte pronuncia l'**inammissibilità della questione** quando manchino i presupposti per procedere ad un giudizio di merito. Ciò può accadere:

a) quando manchino i requisiti *soggettivi* e *oggettivi* per la legittimazione a sollevare la questione di legittimità costituzionale, ossia quando la questione sia stata sollevata da un organo non qualificabile come "giudice" o al di fuori di un procedimento qualificabile come "giudizio" (→ § XII.3.4.2); oppure ancora, nei giudizi in via d'azione, quando vi sia irregolarità nelle delibere del Consiglio dei ministri o della Giunta regionale o non siano stati rispettati i termini di impugnazione;

b) quando sia carente l'*oggetto* del giudizio, ossia quando l'atto impugnato non rientri tra quelli indicati dall'art. 134 Cost. (→ § XII.3.1). Tale difetto può essere macroscopico, ed essere rilevato dalla Corte in *limine litis*: in questo caso la "**manifesta inammissibilità**" sarà decisa in camera di consiglio, senza dunque procedere all'udienza pubblica, e dichiarata con un'*ordinanza*. In altri casi la carenza della forza di legge può essere la conclusione di una valutazione difficile e costituire l'oggetto attorno a cui verte la stessa udienza pubblica: si pensi alla questione dell'impugnabilità dei *regolamenti parlamentari* (→ § IX.8.2) oppure alla decisione con cui la Corte ha deciso che non sono impugnabili (ma direttamente disapplicabili dal giudice: → § XI.2.3) le leggi che contrastano con le *norme europee self-executing*. In questi casi l'inammissibilità sarà dichiarata con *sentenza* nella prima occasione, poi il "precedente" (→ § IX.1.4) sarà ribadito in successive *ordinanze*;

c) quando manchi il requisito della *rilevanza* (→ § XII.3.4.3) (o dell'interesse a ricorrere, nell'impugnazione diretta da parte delle Regioni). Anche in questo caso le ipotesi possono essere diverse. Se vi è una semplice carenza di motivazione, la Corte, con ordinanza, ordinerà la **restituzione degli atti** al giudice *a quo*, perché egli riconsideri la rilevanza. Altrettanto accadrà se si è di fronte ad un'ipotesi di ***jus superveniens***: quando la disposizione impugnata è stata abrogata dal legislatore dopo che il giudice ha sollevato la questione, la Corte restituisce gli atti al giudice *a quo* cui spetta di valutare se al "suo" giudizio si debba applicare la norma nuova o quella vecchia (dato che l'abrogazione opera *ex nunc*: → § VIII.7.3). Ma vi possono essere casi in cui l'irrilevanza è macroscopica, oppure essa risulta solo da una attenta valutazione del merito: nella prima ipotesi la Corte chiuderà il giudizio *in limine litis* con una ordinanza di "*manifesta inammissibilità*", nel secondo la "*inammissibilità*" sarà dichiarata a seguito del dibattimento, con sentenza;

d) quando l'ordinanza di remissione (o il ricorso) manchi di indicazioni sufficienti ed univoche per definire il *thema decidendum* (→ § XII.3.4.3): per esempio, non sono indicate chiaramente le norme impugnate o quelle che fungono da parametro di giudizio; oppure, nei giudizi di eguaglianza, non venga indicato il *tertium comparationis* (→ § XIII.1.2); od ancora, quando il giudice chieda una pronuncia "*additiva*" (→ § XII.3.6.5.β) senza indicarne il "*verso*"; oppure il quesito è ambiguo, ipotetico, ecc.;

e) quando siano stati compiuti errori meramente procedurali. Per esempio, se è mancata la notificazione dell'ordinanza alle parti del processo principale (art. 23, ult. co., legge 87/1953);

f) quando la questione sottoposta alla Corte comporti "*una valutazione di natura politica*" o un sindacato "*sull'uso del potere discrezionale del Parlamento*", esplicitamente esclusi dal controllo della Corte dall'art. 28 della legge 87/1953. Ovviamente questa ipotesi è la più delicata, in quanto è rimessa al giudizio discrezionale della Corte la valutazione della sussistenza di queste condizioni. La Corte perciò vi ricorre per liberarsi di casi particolarmente spinosi o in cui la particolare complessità degli interessi in campo rende impossibile un intervento se non del legislatore. Per esempio, la Corte, con un'ordinanza di "*manifesta inammissibilità*", ha rifiutato di giudicare nel merito la legge sull'aborto, laddove non riconosce rilevanza alla volontà del padre nella decisione in merito all'interruzione della gravidanza, perché essa "*è frutto della scelta politico-legislativa – insindacabile da questa Corte – di lasciare la donna unica responsabile della decisione di interrompere la gravidanza*" (ord. 389/1988).

✓ QUALI EFFETTI PRODUCONO LE SENTENZE D'INAMMISSIBILITÀ?

Un problema difficile è capire, in alcuni casi, quali effetti derivino dalle sentenze di inammissibilità nei giudizi in via incidentale (nei giudizi in via diretta il decorso dei termini impedirebbe comunque una nuova impugnazione della legge). È un aspetto importante perché, se la decisione di inammissibilità è assimilata a quella di rigetto, ad essa dovrebbe estendersi l'effetto preclusivo che, come ora si vedrà, è tipico delle sentenze di rigetto. In alcuni casi è evidente che la decisione della Corte non impedisce al giudice di riproporre la questione: per esempio, nelle ordinanze di restituzione degli atti (→ *supra*, *sub* c) c'è un invito implicito a riproporre la questione, una volta integrata la motivazione. In altri casi, invece, è evidente che la decisione della Corte è assimilabile ad una decisione di rigetto: così è quando nega la forza di legge all'atto impugnato (→ *supra*, *sub* b) o la legittimazione del giudice (→ *supra*, *sub* a), oppure quando attribuisce la questione alla "discrezionalità del legislatore" (→ *supra*, *sub* f). Nelle altre ipotesi, il dubbio non è facile da sciogliere: c'è però da aggiungere che assai spesso l'inammissibilità dipende dalla cattiva formulazione del *thema decidendum*; se questo viene riformulato in termini più precisi, la questione riproposta alla Corte è, in fondo, una questione "nuova", capace quindi di superare la preclusione. Questo aspetto verrà chiarito adesso, parlando delle sentenze di rigetto.

3.6.2. *Sentenze di rigetto (e ordinanze di "manifesta infondatezza")*

Con la "***sentenza di rigetto***" la Corte dichiara "*non fondata*" la questione prospettata dall'ordinanza di remissione (o nel ricorso: per semplicità in seguito si ragionerà esclusivamente con riferimento ai giudizi in via incidentale, ma è bene notare che le stesse considerazioni valgono anche nei giudizi in via principale). È importante notare che la Corte *non* dichiara che la legge impugnata è legittima, ma si limita a respingere la "*questione*" sollevata dal giudice *a quo*. La formula di rito del dispositivo è la seguente: "(la Corte) *dichiara non fondata la questione di legittimità costituzionale dell'art. ... sollevata, in riferimento agli artt. ... Cost. da ...*". La questione di legittimità costituzionale, infatti, è una costruzione intellettuale del giudice, basata sulle sue operazioni interpretative e sulle sue argomentazioni: nasce, infatti, da un "dubbio" che il caso specifico ha fatto insorgere nel giudice remittente. Perciò, rigettando la questione, la Corte nulla dice circa la legittimità della legge in astratto, ma si pronuncia sulla fondatezza della costruzione prospettata dal giudice. Per questa ragione la sentenza di rigetto non ha effetti *erga omnes*: il suo unico effetto giuridico è di precludere la riproposizione della *stessa questione* da parte dello *stesso giudice* nello stesso *stato e grado* dello *stesso giudizio*.

L'argomento si chiarisce se ripercorriamo la vicenda dall'inizio. Il giudice si rivolge alla Corte costituzionale perché ha un dubbio circa la legittimità costituzionale di una disposizione che deve applicare nello specifico caso che ha di fronte. Sospende il giudizio perché non può procedere oltre senza che la Corte risolva il suo dubbio: il dubbio è prospettato alla Corte come "questione" ben definita. Di quello specifico *thema decidendum* la Corte deve giudicare: se dichiara la questione infondata, la Corte risolve il dubbio del giudice, e questi *deve* riassumere il processo e chiuderlo applicando la disposizione *de qua*.

Nulla impedisce al giudice, letta la sentenza della Corte, di sollevare una questione diversa: la stessa disposizione può apparirgli di dubbia legittimità in riferimento ad altro parametro costituzionale; oppure da quella *disposizione* può essere che sia indotto (magari proprio dalle argomentazioni della Corte) a trarre una *norma* diversa ⓾, e che questa gli appaia illegittima; oppure ancora può apparirgli un altro *profilo* o *motivo* di illegittimità. In tutti questi casi il giudice non subirebbe un effetto impeditivo, perché la questione sarebbe nuova, perché nuovo sarebbe uno degli elementi che concorrono a definire il *thema decidendum* (nell'ordine: il parametro, la norma, il profilo o il motivo: → § XII.3.4.3). Quello che è vietato al giudice è di proporre nuovamente proprio la stessa questione di legittimità costituzionale: se lo facesse, la Corte gli risponderebbe con un'ordinanza di *manifesta inammissibilità* (ecco un'altra ipotesi che si aggiunge a quelle elencate al § precedente).

Nessuna preclusione subiscono invece gli altri giudici (né lo stesso giudice in altro processo): la preclusione opera perciò solo *inter partes*.

✓ FORZA DI "PRECEDENTE" E "MANIFESTA INFONDATEZZA"

Ciò che però può capitare è che, se un altro giudice risolleva la stessa questione senza aggiungere argomentazioni nuove, la Corte non entri neppure nel merito di essa e pronunci, con un'ordinanza deliberata in camera di consiglio, la "**manifesta infondatezza**" della questione stessa. Ciò avviene con una certa frequenza, e consente alla Corte di velocizzare la propria produzione di decisioni. Nella prima decisione essa affronta il merito della questione, e la risolve con sentenza di rigetto: nelle decisioni successive essa applica il precedente e lo fa valere giudicando con ordinanza. È talvolta accaduto che lo stesso meccanismo lo abbia applicato anche a questioni non identiche alla prima, ma riconducibili allo stesso principio, alla stessa *ratio decidendi* (→ § IX.1.4): sinché i giudici non riescono a portare argomentazioni nuove, le eccezioni di legittimità vengono risolte con il meccanismo motorizzato della "manifesta infondatezza". Insomma, benché la decisione di rigetto, stando all'opinione comune, non produca effetti giuridici al di fuori del processo principale (*inter partes*), è chiaro che fissa comunque una *ratio decidendi*, un principio che acquisisce una certa autorevolezza. Sta eventualmente ai giudici portare ulteriori argomenti o prospettare la questione sotto un profilo nuovo, così da indurre la Corte a riconsiderare il proprio precedente.

3.6.3. *Sentenze di accoglimento*

Con la "sentenza di **accoglimento**" la Corte dichiara l'**illegittimità costituzionale** della disposizione impugnata. Perciò non c'è simmetria tra la decisione di rigetto e quella di accoglimento: la prima "smonta" la costruzione prospettata dal giudice *a quo*, chiarisce il suo "dubbio", nulla dicendo circa la legittimità costituzionale della legge; la seconda, invece, agisce sulla disposizione legislativa impugnata, dichiarandone l'illegittimità. Per questa ragione, la prima agisce solo *inter partes*, con l'effetto preclusivo appena descritto, mentre la seconda opera *erga omnes*, con un effetto assimilabile a quello dell'*annullamento* (→ § VIII.8.2); la prima può essere pronunciata talvolta anche con *ordinanza* (di "manifesta infondatezza"), la seconda deve sempre e necessariamente essere pronunciata con *sentenza*.

La sentenza di accoglimento è assimilabile alla pronuncia di annullamento perché nasce dall'accertamento di un "*vizio*" della legge, di un contrasto con le norme costituzionali, gerarchicamente superiori, che causa l'*invalidità* della legge in questione (→ § VIII.8.1). La sentenza ha valore *costitutivo*, nel senso che, benché il contrasto con la Costituzione sia certamente sorto in precedenza, è solo con la sentenza che esso è accertato e la legge viene invalidata. Perciò i rapporti sorti in precedenza sulla base di quella legge non cadono *ipso jure*, perché sono sorti in forza di una legge che in quel tempo era valida; altrettanto si può dire degli atti amministrativi emanati sulla base di quella legge, atti che *non* "cadono" automaticamente in conseguenza della dichiarazione di illegittimità, ma possono solo essere a loro volta *annullati* a seguito di impugnazione. Tuttavia si dice comunemente che gli effetti della sentenza di accoglimento operino *ex tunc*, ossia siano *retroattivi*. Su questo punto merita fare chiarezza.

L'art. 136.1 Cost. dispone che, a seguito della dichiarazione di illegittimità costituzionale, "*la norma cessa di avere* efficacia *dal giorno successivo alla pubblicazione della decisione*" (la pubblicazione è quella in cancelleria: → § XII.2.3.3). L'uso del termine 'efficacia' non deve trarre in inganno e far pensare ad un effetto assimilabile alla *abrogazione*, che opera appunto sull'*efficacia* (→ § VIII.7.2). L'art. 30.3 della legge 87/1953 precisa che "*le norme dichiarate incostituzionali non possono avere applicazione dal giorno successivo alla pubblicazione*". La dichiarazione di illegittimità si traduce, pertanto, in un ordine rivolto ai soggetti dell'applicazione (giudici e amministrazione) di non applicare più la norma illegittima. Ciò significa che gli effetti della sentenza di accoglimento non riguardano solo i rapporti che sorgono in futuro, ma anche quelli che sono sorti in passato, purché non si tratti di rapporti giuridici ormai chiusi, esauriti.

Quand'è che si può parlare di "**rapporto esaurito**" e quando invece di "**rapporto pendente**", e perciò suscettibile di subire gli effetti della sentenza di accoglimento? La risposta non è data dalla norma sugli effetti della sentenza che dichiara l'illegittimità costituzionale, norma che si limita a porre un generale divieto di applicazione della norma invalidata. È alle regole che disciplinano il singolo ramo del diritto che bisogna guardare. Il principio generale è che il passare del tempo comporta il consolidarsi dei rapporti giuridici, rendendoli non più "*azionabili*" davanti ad un giudice, e perciò esauriti. Ciò può avvenire attraverso i meccanismi della **prescrizione** (che causa l'estinzione del diritto quando il titolare non lo eserciti per un certo tempo: art. 2934 cod. civ.), della **decadenza** (che causa la perdita della possibilità di esercitare un diritto per non aver compiuto un determinato atto entro il termine stabilito: art. 2964 cod. civ.), della *rinuncia*, ecc.: queste sono figure generali, diversamente applicate e regolate dai diversi rami del diritto. Quando il rapporto giuridico abbia già raggiunto lo stato patologico della lite giudiziaria, esso può essere definitivamente chiuso con sentenza passata in **giudicato** (e quindi non più soggetta a impugnazione).

Di conseguenza, l'effetto della dichiarazione di illegittimità è di vietare l'applicazione della norma invalidata: ogni qual volta il giudice si trovasse di fronte ad un rapporto giuridico al quale deve essere applicata la norma dichiarata illegittima, è tenuto ad astenersi dall'applicarla, e a basare il proprio giudizio su altre disposizioni. Può trattarsi di rapporti sorti anni prima della dichiarazione di illegittimità: perciò si suole dire che le sentenze di accoglimento hanno effetti "retroattivi" che riguardano anche le situazioni sorte in passato, pur aggiungendo che esse possono influenzare solo i rapporti ancora pendenti.

✓ COME TI MANTENGO APERTO UN RAPPORTO GIURIDICO

Quando il legislatore introduce un'imposta nuova – il che, ahimè, capita piuttosto spesso – si verifica talvolta un evento che un osservatore esterno fa fatica a spiegarsi. Il contribuente, poco entusiasta, paga il nuovo tributo ma, allo stesso tempo, ne chiede la restituzione all'amministrazione finanziaria. È il suo abile commercialista a suggerirgli un comportamento così contraddittorio. Perché? Semplice, per mantenere "aperto" il suo rapporto giuridico. L'amministrazione gli risponderà negativamente, avendo egli ottemperato ad un obbligo di legge; o forse non gli risponderà affatto. In entrambi i casi il nostro contribuente impugnerà il rifiuto dell'amministrazione (anche il silenzio può equivalere ad un rifiuto: è il c.d. *silenzio-rigetto*) di fronte al giudice amministrativo, evitando di compiere qualsiasi atto che possa accelerare i lunghi tempi della giustizia: una sapiente condotta processuale può garantirgli che il suo caso resti, tra un rinvio e un'impugnazione, *sub iudice* per numerosi anni. La sua speranza è che, nel frattempo, qualcuno impugni – nel corso di un giudizio parallelo al suo – la legge di fronte alla Corte costituzionale: se ciò avviene, e se la Corte dovesse dichiarare la legge illegittima, ecco che allora il nostro contribuente potrà far valere la sentenza nel suo giudizio. Beneficerà della dichiarazione di illegittimità senza neppure affrontare i costi di un giudizio di fronte alla Corte. Perché è vero che il giudizio davanti alla Corte è ispirato al principio di gratuità (gli atti sono esenti da tasse – art. 21 legge 87/1953; non vi è condanna alle spese – art. 19 norme int.), ma gli avvocati invece costano!

Un'eccezione (forse solo apparente) alla regola per cui la sentenza di accoglimento non "travolge" il giudicato è prevista dall'art. 30.4 della legge 87/1953: "*Quando in applicazione della norma dichiarata incostituzionale è stata pronunciata sentenza irrevocabile di condanna, ne cessano la esecuzione e tutti gli effetti penali*". Questa norma è generalmente riferita alle sole condanne penali, per le quali non è che un'applicazione del *principio di legalità* delle pene (→ § VIII.11.1), enunciato in via generale dall'art. 25.2 Cost. e ulteriormente specificato dall'art. 2.2 cod. pen.: "*nessuno può essere punito per un fatto che, secondo una legge posteriore, non costituisce reato; e, se vi è stata condanna, ne cessano la esecuzione e gli effetti penali*". E poi, in fondo, anche per l'esecuzione della sentenza esiste un giudice a cui rivolgersi: non è certo un rapporto "esaurito".

✓ LIMITARE GLI EFFETTI DELLE SENTENZE "CHE COSTANO"?

Di recente la Corte si è trovata a dover dichiarare l'illegittimità di alcuni provvedimenti legislativi che, per affrontare la crisi finanziaria, avevano imposto tagli pesanti a determinate categorie di cittadini. L'effetto "normale" sarebbe stato quello di aprire la porta alla richiesta di restituzione degli importi sottratti ai privati, con evidenti gravi ripercussioni sul bilancio pubblico (→ § XII.3.6.6✓). In alcuni casi la Corte ha applicato le regole generali, sicché il Governo ha dovuto studiare come restituire, per es., gli importi ai pensionati relativi alla rivalutazione automatica dei loro trattamenti (sent. 70/2015); in altri casi, rispolverando suoi precedenti tentativi di fine anni '80, la Corte ha cercato di delimitare gli effetti "retroattivi" della sua pronuncia, affermando che essa opererà solo per il futuro, lasciando perciò fermi gli effetti già prodotti (sent. 10/2015 e 178/2015). Si comprendono bene le ragioni di opportunità che ispirano queste ultime sentenze della Corte – i buchi di bilancio devono essere riempiti con le tasse dei cittadini – ma queste sentenze che *delimitano gli effetti temporali* dell'annullamento delle leggi (effetti che sono disciplinati dalla Costituzione e dalla legge) come si riflettono sul giudizio *a quo* e negli altri giudizi in cui la legge deve essere applicata? In altre occasioni è stata la Corte stessa a opporsi all'ipotesi che chi agisce contro un atto illegittimo non possa poi giovarsi della sentenza a lui favorevole (→ § XI.2.3✓). Naturalmente dovrebbe essere il legislatore a offrire alla Corte costituzionale strumenti più ricchi della sola dichiarazione di illegittimità, così com'è avvenuto negli altri paesi. Il nostro legislatore non avverte però l'urgenza del problema: e nel frattempo?

3.6.4. *Sentenze "interpretative" di rigetto*

Le **sentenze "interpretative" di rigetto** sono le decisioni con cui la Corte dichiara infondata la questione di legittimità costituzionale, non perché il dubbio di legittimità sollevato dal giudice (o nel ricorso) non sia giustificato, ma perché esso si basa su una "cattiva" interpretazione della *disposizione* impugnata.

✓ UN CASO GOLOSO: PIERINO E LA NUTELLA

Sfugge spesso la differenza "logica" che sussiste tra la *sentenza di rigetto* e la *sentenza interpretativa di rigetto*: nella sentenza di rigetto la questione è infondata perché il dubbio che porta il giudice a rivolgersi alla Corte costituzionale non è giustificato, mentre nella sentenza interpretativa di rigetto la questione risulta infondata perché – dice la Corte costituzionale – il giudice *a quo* non ha interpretato in modo "corretto" la disposizione impugnata. Ma non è la stessa cosa? In fin dei conti se il dubbio è ingiustificato, lo è perché il giudice *a quo* ha interpretato male la disposizione.
Ma non è così. Pierino, con il barattolo in mano, chiede alla mamma: "mamma, non vorrei che la nutella mi facesse male". Se la mamma risponde: "no, la nutella (oltre che essere buona) non fa male"; oppure gli risponde: "ma Pierino, questa non è nutella, ma marmellata di castagne, e la marmellata non fa male" le due risposte si equivalgono? No: nel primo caso la *ratio decidendi* è esprimibile nel "principio" che la nutella non fa male, e Pierino se ne gioverà senz'altro in futuro; nel secondo, invece, non dice affatto questo, anzi può anche essere che, con un *obiter dictum*, la mamma gli suggerisca l'idea che la nutella effettivamente non faccia per nulla bene (sciagurata!): gli dice però che quel vasetto non contiene il meraviglioso fluido potenzialmente dannoso (ma buono), ma una cosa del tutto diversa, che male non fa. La struttura della sentenza di rigetto è analoga alla prima risposta; quella della sentenza "interpretativa" di rigetto è analoga alla seconda. Due cose completamente diverse, come Pierino avverte subito.

La Corte costituzionale ha da sempre affermato un preciso canone d'interpretazione delle leggi: nel caso in cui la stessa *disposizione* possa essere interpretata in modi diversi, l'interprete deve scegliere l'**interpretazione conforme a costituzione**, ossia ricavarne la *norma* compatibile con la Costituzione ⑩. È, in fondo, una variante del criterio dell'**interpretazione sistematica**, per il quale alla *disposizione* deve essere attribuito il significato che meglio faccia "sistema" con le altre *norme* dell'ordinamento, risolvendo così già in via di interpretazione, laddove sia possibile (ossia la lettera della legge non sia d'ostacolo), le eventuali *antinomie* (→ § VIII.6). Se, al contrario, il giudice propende per una *norma* che rende la *disposizione* di dubbia compatibilità con la Costituzione, la Corte rifiuta di dichiarare per ciò solo l'illegittimità della disposizione impugnata: spiegando, nella motivazione, che la corretta interpretazione "*conforme a Costituzione*" basterebbe a risolvere il contrasto della disposizione impugnata con la Costituzione, rigetta la questione.

L'elemento che caratterizza il dispositivo delle sentenze interpretative di rigetto è proprio il richiamo alla motivazione. La formula di rito è la seguente: "(la Corte) *dichiara non fondata,* nei sensi di cui in motivazione, *la questione di legittimità dell'art. ..., sollevata, in riferimento agli artt. ... Cost., da ...*".

✓ UN CASO STORICO: DIRITTO DI DIFESA NELL'ISTRUZIONE SOMMARIA – I

Il vecchio codice di procedura penale prevedeva che in taluni numerosi casi (quando l'imputato sia sorpreso in flagranza, quando l'imputato abbia commesso il reato mentre era detenuto o in stato d'arresto, quando l'imputato abbia confessato o la prova sia evidente, ecc.) si procedesse con l'istruzione sommaria, affidata non al giudice istruttore ("terzo" rispetto ad accusa e difesa), ma al procuratore della Repubblica (cioè all'accusa). Inoltre, siccome questo procedimento era immaginato come strumento agile per casi di poca complessità, si prevedeva che in esso *"si osservano le norme stabilite per l'istruzione formale* (cioè il procedimento ordinario) *in quanto compatibili"* (art. 392.1 cod. proc. pen.). Nell'interpretazione prevalente dei giudici, Cassazione in testa, la "compatibilità" era interpretata in senso molto restrittivo, escludendo in particolare che al rito sommario si estendessero le garanzie del diritto di difesa previste per il rito normale: l'imputato subiva l'interrogatorio e magari confessava (o confermava la confessione già estorta) senza la presenza del suo avvocato!
Investita della questione, la Corte costituzionale emise una sentenza interpretativa di rigetto. In essa affermava la propria autonomia interpretativa rispetto alla *communis opinio* dei giudici e, dopo brillante analisi, concludeva affermando che nulla consentiva di ritenere che le ordinarie garanzie di difesa potessero essere escluse, perché incompatibili, dall'istruzione sommaria. Per ciò rigettò la questione *"nei sensi di cui in motivazione"* (sent. 11/1965). Ma con quali conseguenze?

Il limite di queste sentenze è che esse sono pur sempre delle sentenze di rigetto; i loro effetti si esauriscono perciò *inter partes*. Così come la Corte è autonoma nelle sue scelte interpretative circa la *norma* da ricavare dalla *disposizione* legislativa, lo sono anche i giudici: essi sono "*soggetti soltanto alla legge*" (art. 101.2 Cost.), non anche all'interpretazione che della legge la Corte dà. L'unico a subirne conseguenze è il giudice *a quo*: egli non può insistere nella sua interpretazione originale, perché proprio lui ne ha denunciato la sospetta illegittimità, né può risollevare la stessa identica questione di legittimità costituzionale. Quando riceve dalla Corte la sentenza e gli atti della causa, egli deve riprendere il processo che aveva sospeso (→ § XII.3.4.3): non potrà insistere nella sua precedente interpretazione, che aveva generato in lui il dubbio di legittimità (dubbio certo non fugato dalla decisione della Corte), perché altrimenti sarebbe evidente l'irrazionalità del suo comportamento; non può sollevare una seconda volta la stessa questione, perché sarebbe inammissibile; può soltanto adeguarsi all'interpretazione della Corte o, eventualmente, escogitare un'ulteriore interpretazione, che a lui appaia compatibile con la Costituzione (altrimenti dovrebbe sollevare la questione di legittimità costituzionale di fronte alla Corte, questione che sarebbe nuova perché riguarda una *norma* nuova – anche se tratta dalla stessa *disposizione* – e non incapperebbe perciò nella preclusione).

La Cassazione e i giudici ordinari si sono dimostrati compatti nel negare efficacia vincolante alle interpretazioni "conformi a Costituzione" delle leggi con cui la Corte costituzionale motiva le sentenze interpretative di rigetto. Ciò ha indotto la Corte a farne un uso limitato e a conformarsi all'interpretazione prevalente, al così detto "**diritto vivente**". Di fronte ad un'interpretazione consolidata della disposizione impugnata, la Corte non cerca di modificarla proponendone una diversa, conforme a Costituzione: accetta di giudicare la *disposizione* nel significato normativo che ad essa viene attribuito dalla giurisprudenza ordinaria (talvolta anche dalla prassi applicativa della pubblica amministrazione), ossia nel significato in cui essa "*vive*" nella realtà giuridica ❿. È ovvio che se questa *norma* di "diritto vivente" risulta incompatibile con la Costituzione, la Corte ne dichiarerà l'illegittimità: la sentenza di accoglimento assume di conseguenza la funzione di vietare *erga omnes* la possibilità di ricavare quella *norma* dalla disposizione impugnata. Non ottenendo obbedienza al suo invito (contenuto nella sentenza interpretativa di rigetto) a interpretare la disposizione in senso conforme a Costituzione, la Corte, pronunciando l'illegittimità della disposizione "nella parte in cui" esprime la norma accreditata dal diritto vivente, ottiene almeno il risultato di impedire l'interpretazione contraria a Costituzione.

✓ UN CASO STORICO: DIRITTO DI DIFESA NELL'ISTRUZIONE SOMMARIA – II

Appena quattro mesi sono trascorsi dalla sent. 11/1965 e la Corte deve ritornare a giudicare in merito alla questione dell'esclusione del diritto di difesa nell'istruzione sommaria. Il giudice che impugna sottolinea il mancato adeguamento dei giudici ordinari all'interpretazione adeguatrice proposta dalla Corte e lo stato di oggettiva confusione che ne deriva. Allora la Corte cambia atteggiamento, pur confermando con forza la validità dell'interpretazione sostenuta nella sua decisione precedente: *"l'esperienza immediatamente successiva ha tuttavia rivelato che la giurisprudenza della magistratura ordinaria ... continua ad escludere che la formulazione dell'anzidetto articolo ... consenta l'estensione ... delle garanzie del diritto di difesa ... Interpretata e applicata in tal modo, la disposizione ... continua perciò a vivere nella realtà concreta in modo incompatibile con la Costituzione"* (sent. 52/1965). Per questo motivo *"dichiara, in riferimento all'art. 24 Cost., la illegittimità costituzionale dell'art. 392.1 cpp, nella parte in cui, con l'inciso 'in quanto applicabili', rende possibile non applicare all'istruzione sommaria le disposizioni ..."*.

La dottrina del "*diritto vivente*" induce la Corte a non contrapporsi ai giudici ordinari nell'interpretazione delle leggi. Per cui oggi il ricorso alle sentenze interpretative di rigetto – nate proprio dalla contrapposizione tra l'interpretazione del giudice e quella della Corte – è diventato meno frequente. La Corte le impiega soprattutto per far valere l'interpretazione giurisprudenziale prevalente (e conforme a Costituzione) contro l'interpretazione difforme (e di dubbia legittimità costituzionale) proposta dal giudice *a quo*: queste decisioni, che in gergo vengono chiamate anche "**sentenze correttive**", servono dunque per confermare e rafforzare il "diritto vivente". Ma la Corte impiega sentenze interpretative di rigetto anche per "forzare" in senso conforme a Costituzione l'interpretazione di leggi nuove, su cui il diritto vivente non si è ancora formato: queste decisioni, chiamate anche "**sentenze adeguatrici**", servono dunque per orientare la giurisprudenza futura. Esse però sono abbastanza frequenti anche nei giudizi promossi in via principale dalle Regioni. Capita spesso, infatti, soprattutto quando la legge statale consente al Governo di emanare atti e provvedimenti amministrativi che potrebbero incidere restrittivamente sull'autonomia regionale, che le Regioni le impugnino appena entrate in vigore proprio per chiedere alla Corte una interpretazione restrittiva e "*adeguatrice*", che salvaguardi cioè le attribuzioni costituzionali delle Regioni stesse: così, quando il Governo attuerà le previsioni legislative, le Regioni potranno sollevare *conflitto di attribuzioni* (→ § XII.5) contro i singoli atti governativi avendo già alle spalle l'autorevole precedente della stessa Corte costituzionale.

3.6.5. *Sentenze "manipolative" di accoglimento*

Le sentenze di accoglimento sono dette "*manipolative*", "*interpretative*" od anche "*normative*" quando il loro dispositivo non si limita alla semplice dichiarazione di illegittimità della legge o delle singole sue *disposizioni*, ma la illegittimità è dichiarata "*nella parte in cui*" la disposizione significa o non significa qualcosa, ossia per la *norma* che essa esprime ❿.

È un *genus* che comprende *species* diverse. Eccone le principali:

α) **sentenze di accoglimento parziale**. Con esse la Corte dichiara illegittima la disposizione per una parte solo del suo testo. Per esempio, in due tempi diversi la Corte ha dichiarato parzialmente illegittima la disposizione del testo unico delle leggi di pubblica sicurezza (→ § XIII.5.1) che puniva penalmente, alla pari dei promotori, anche chi prendeva la parola nelle riunioni in luogo pubblico non "preavvisate" (→ § XIII.5.2.2): in un primo tempo (sent. 90/1970) l'illegittimità venne dichiarata "*nella parte in cui*" si prevedeva la sanzione a carico di chi prendesse la parola senza sapere del mancato preavviso; in un secondo tempo (sent. 11/1979) l'illegittimità venne estesa "*nella parte in cui*" l'incriminazione era prevista per coloro che prendono la parola essendo a conoscenza dell'omissione del prescritto preavviso. In fondo, è il modo in cui è scritta la disposizione legislativa a spingere la Corte a pronunciare sentenze di accoglimento parziale: se ogni norma fosse oggetto di una specifica disposizione (per esempio, di un autonomo articolo), lo stesso risultato sarebbe raggiunto con una sentenza di accoglimento "secco" della disposizione incriminata: se invece la scrittura della legge è sintatticamente più complessa, alla Corte non resta che procedere per dichiarazioni di illegittimità parziali, lasciando in piedi le parti della disposizione che non risultano illegittime (o non sono impugnate): è un'applicazione del generale **principio di economicità** (espresso dal broccardo ***utile per inutile non vitiatur***), di cui è applicazione anche, per esempio, il principio di conservazione dei contratti espresso dall'art. 1419 cod. civ.;

β) **sentenze additive**. Sono decisioni con cui la Corte dichiara illegittima la disposizione "*nella parte in cui* non" prevede ciò che invece sarebbe costituzionalmente necessario prevedere. La "addizione" è dunque una *norma* omessa dal legislatore: questa norma è enunciata nel dispositivo della sentenza. Un esempio è offerto dalla seconda sentenza in tema di garanzie della difesa nell'istruzione sommaria (→ § XII.6.4✓), ma altri esempi si possono ritrovare in seguito, dove si parlerà del *giudizio di ragionevolezza* (→ § XIII.1.2), e si farà notare come la norma "aggiunta" di mano della Corte possa essere anche molto articolata e puntuale;

✓ "A RIME OBBLIGATE"

Va osservato però che la Corte non è libera di "inventare" la norma da aggiungere al significato normativo della disposizione. Infatti, è il giudice remittente (o la Regione ricorrente, nei giudizi principali) che, nell'ordinanza (o nel ricorso), deve indicare il *"verso"* dell'addizione (se non lo fa, la questione è dichiarata *inammissibile*: → § XII.6.1.d): nel caso concreto oggetto del suo giudizio, il giudice avverte l'illegittimità derivante dall'assenza della previsione normativa, e chiede espressamente alla Corte di integrare la previsione normativa con una regola che ripristini la legalità costituzionale. Questa regola non è "inventata", ma viene tratta dalla disciplina che regola situazioni *analoghe*: il tenore della disposizione impedisce però al giudice *a quo* di procedere per *analogia* (→ §§ VIII.9.4✓ e XII.1.2) senza far violenza alla lettera della legge, perciò egli ricorre alla Corte perché essa rimuova l'ostacolo. Così, nell'esempio dell'istruzione sommaria, il giudice lamenta la mancanza di una regola (esplicita) che estenda a quel particolare rito le norme del codice che regolano la presenza del difensore nell'interrogatorio dell'imputato: chiede perciò alla Corte di estendere a questa ipotesi la stessa regola prevista per l'istruttoria formale. La Corte, come è usuale dire con una metafora "poetica", procede perciò per *"rime obbligate"*: integra il testo legislativo completando il "verso" scritto dal legislatore aggiungendo quella parola che, sola, può far ritornare il calcolo delle rime – cioè, fuori di metafora, la coerenza sistematica dell'ordinamento.

Questa è la giustificazione di un fenomeno che sempre e molto ha fatto discutere. Mentre con le sentenze di accoglimento "parziale" la Corte compie un'operazione di "ablazione", di demolizione di parte delle disposizioni legislative, con le sentenze "additive" la Corte opera una vistosa produzione normativa, aggiungendo alla *disposizione* posta dal legislatore una o più *norme* che il legislatore aveva (talvolta volutamente) omesso ❿. Questa opera "creativa" della Corte è stata spesso contestata, in quanto la produzione di norme spetta al potere legislativo, non al giudice. Ma è anche vero che è del tutto impossibile tracciare una distinzione netta tra la demolizione e la creazione: per lo più dipende esclusivamente dalla scrittura della legge (lo stesso problema si pone infatti per l'altro strumento tipicamente "ablativo", il *referendum* abrogativo: → § XII.6.2). Nell'impossibilità di ristabilire la legalità costituzionale attraverso l'intervento, *formalmente* solo ablativo, costituito dalla dichiarazione di illegittimità parziale, la Corte, se non potesse ricorrere alla sentenza "additiva", non avrebbe altra scelta che annullare l'intera disposizione: ma ciò potrebbe causare situazioni di ancor più pesante illegittimità oppure la produzione di enormi vuoti nella legislazione. Nell'esempio usato sin qui, se non avesse potuto dichiarare illegittima la norma sull'istruzione sommaria *"nella parte in cui non"* garantisce i diritti della difesa, la Corte avrebbe dovuto dichiarare illegittimo l'istituto stesso dell'istruzione sommaria: così facendo sarebbe apparsa maggiormente rispettosa della volontà del legislatore? Anche in questo caso, dunque, vale il principio di economicità e di conservazione. La Corte interviene per "aggiustare" il significato normativo della disposizione impugnata aggiungendovi la norma specifica che manca: proprio per rendere il minore possibile l'impatto della sua "addizione", la Corte cerca di introdurre la norma più circostanziata possibile, quasi ritagliata sul caso di specie (→ § XIII.1.2✓).

γ) **sentenze sostitutive**. Sono le decisioni con cui la Corte dichiara l'illegittimità di una disposizione legislativa "*nella parte in cui prevede X* anziché *Y*". Con esse la Corte "sostituisce" una locuzione della disposizione, incompatibile con la Costituzione, con altra, costituzionalmente corretta. È un tipo di decisione meno frequente di quelle precedenti: ad essa la Corte ricorre per correggere un "errore materiale" del legislatore (per esempio, nella sent. 185/1992 "corregge" così un rinvio ad un articolo sbagliato contenuto in una legge penale), per adeguare vecchie leggi anteriori alla Costituzione alle competenze costituzionali degli organi (per esempio, nella sent. 398/1989 la Corte attribuisce al C.S.M., "*anziché*" al ministro dell'agricoltura, la competenza ad assegnare i magistrati agli uffici degli usi civici), per sostituire la formula impiegata da una legge con quella, costituzionalmente corretta, impiegata da un'altra legge (per esempio nella sent. 149/1995 la Corte sostituisce la formula del giuramento nel processo civile con quella, più adeguata al rispetto della libertà di coscienza, introdotta nel nuovo processo penale: → § XIII.5.4.2✓), persino per tramutare una "norma programmatica" in una "norma precettiva" (come nel caso dell'inserimento scolastico dei portatori di handicap: → § XIII.6.1✓).

Anche in questi casi, in cui l'opera "normativa" della Corte sembra particolarmente evidente, perché va a toccare la stessa lettera della legge, la giustificazione muove lungo le due direttrici che si sono viste in precedenza. Da un lato, la Corte opera per "rime obbligate": significa che la Corte usa sempre materiali normativi posti dal legislatore e non autonomamente inventati, sostituendo le "rime" sbagliate, perché non coerenti con la Costituzione, con altre "rime", più coerenti, suggerite dall'atto introduttivo. Dall'altro lato, vale ancora il principio di economicità: significa che la Corte opera queste "sostituzioni" non per usurpare il potere del legislatore, ma per ridurre al minimo necessario l'effetto ablativo conseguente alla pronuncia di incostituzionalità.

3.6.6. *Il problema degli effetti dell'accoglimento e i tentativi di regolarli*

Le sentenze "interpretative" sono una soluzione elaborata dalla prassi giurisprudenziale della Corte costituzionale per ovviare alla scarsità di strumenti di cui la disciplina legislativa la ha fornita. Le decisioni di rigetto e di accoglimento (oltre a quelle di inammissibilità) non bastano infatti: se la Corte non potesse emanare sentenze interpretative di rigetto, sarebbe costretta a dichiarare l'illegittimità della disposizione ogniqualvolta il giudice *a quo* ne proponesse un'interpretazione cervellotica o sbagliata; se non potesse emanare sentenze manipolative, la disposizione dovrebbe essere annullata per qualsiasi difetto rimediabile con l'estensione o la riduzione del suo significato normativo. Tuttavia, in assenza di un intervento del legislatore rivolto ad arricchire la tipologia delle decisioni della Corte, le sentenze della Corte rimangono, *quanto agli effetti*, sempre di due tipi, di rigetto e di accoglimento, né la Corte ha la possibilità di modificare gli effetti tipici delle sue pronunce, che sono fissati dalla Costituzione e dalle leggi. Le conseguenze delle decisioni della Corte sfuggono al controllo della Corte stessa.

Questo problema diventa particolarmente grave per le sentenze di accoglimento: esse, come si è visto (→ § XII.3.6.3), comportano il divieto di applicazione della norma dichiarata illegittima con effetti "retroattivi" che si ripercuotono sui rapporti "pendenti". Dove e quando la sentenza di accoglimento produca effetto, sfugge quindi al controllo della Corte costituzionale, perché è deciso dai singoli soggetti che devono applicare le leggi. Gli effetti, dunque, sono incalcolabili *a priori*. Se la Corte dichiara illegittima una certa regola processuale, non sa quanti processi cadranno, quanti atti processuali dovranno essere rifatti, quanti rapporti giuridici di conseguenza cadranno nel frattempo in prescrizione, ecc. Se la Corte pronuncia una sentenza "*additiva*" che estende ad altre categorie di cittadini le prestazioni riservate (illegittimamente) dalla legge ad una specifica categoria (sono le c.d. "**additive di prestazione**"), non sa *a priori* quanto l'applicazione della sua sentenza possa venire a costare al bilancio pubblico.

✓ PERCHÉ I GIUDICI PRODUCONO DEBITO PUBBLICO?

Non solo la Corte costituzionale, ma tutto il sistema di tutela giurisdizionale tende sempre ad allargare e mai a restringere la spesa pubblica. Tizio agisce in giudizio per ottenere un certo beneficio (un incentivo economico, un'esenzione fiscale, l'accesso ad un servizio pubblico, ecc.), lamentando di esserne illegittimamente escluso. È in questa pretesa che trova fondamento il suo *interesse ad agire* (→ § XIII.2.2✓); se lui agisse per chiedere, non l'estensione a sé della prestazione, ma la sua eliminazione per gli altri, gli risponderebbero che non ha alcun interesse ad agire, che la sua è pura invidia, priva di rilevanza giuridica. Il giudice, quindi, se accoglie la domanda di Tizio, produce un allargamento della spesa necessaria a far fronte alla prestazione in questione. Se impugna la legge che disciplina la prestazione in questione davanti alla Corte costituzionale, ritenendo illegittima l'esclusione dai benefici della categoria di cittadini cui Tizio appartiene, e se la Corte accoglie la questione, spetterà al pubblico erario far fronte all'aumento della spesa. Si tratta di una spesa non prevista dalla legge, quindi di una spesa priva di copertura in bilancio, in violazione perciò del disposto dell'art. 81.4 Cost., per il quale ogni legge *"che importi nuove o maggiori spese deve indicare i mezzi per farvi fronte"* (→ § V.3.5.6). Ma la Corte ha detto che il principio di copertura finanziaria delle leggi è un principio costituzionale come gli altri, che certo non impedisce di assicurare piena garanzia di tutela ai diritti degli individui: per cui non si può opporre l'esigenza di contenimento della spesa alla necessità che la Corte ripristini la legalità costituzionale dichiarando illegittime le disposizioni che escludono ingiustamente alcuni cittadini dalle prestazioni. Le sentenze additive della Corte sfuggono perciò all'obbligo di copertura. Alcune di queste sentenze, però, hanno prodotto sfondamenti della spesa pubblica per diverse migliaia di miliardi, e questo ha allarmato a tal punto la stessa Corte costituzionale da indurla ad istituire nel proprio seno un ufficio che analizzi i costi delle eventuali sentenze della Corte. In fondo, anche l'equilibrio della finanza pubblica è uno degli elementi che devono rientrare nel complesso procedimento di *bilanciamento degli interessi* (→ § XIII.3.3) che la Corte è sempre più spesso chiamata a svolgere.

Questa condizione ineliminabile porta la Corte, quando si trovi di fronte a leggi che non sono compatibili con la Costituzione, a cercare di limitare l'impatto delle sue pronunce. Ciò l'ha spinta ad elaborare ulteriori tipologie di sentenze:

α) **sentenze "monitorie** o **esortative"**. Sono sentenze *di rigetto* (o *"interpretative" di rigetto*) nella cui motivazione però la Corte rivolge un invito al legislatore ad intervenire per rendere la disciplina vigente adeguata alla Costituzione. Talvolta l'invito è costituito da una blanda esortazione; talvolta l'esortazione è accompagnata da precise indicazioni circa l'integrazione legislativa necessaria (sono chiamate in gergo "**sentenze delega**": l'esempio più celebre è il "decalogo" posto dalla Corte nella sent. 225/1974 per il mantenimento del monopolio pubblico delle trasmissioni radiotelevisive nazionali: → § XIII.5.5); talvolta ancora si tratta di un vero e proprio "monito" al legislatore a provvedere, minacciando altrimenti di procedere alla dichiarazione di illegittimità costituzionale.

I motivi per cui la Corte non sanziona con la dichiarazione di illegittimità una situazione che pure denuncia, in motivazione, come incompatibile con la Costituzione possono essere legati a due considerazioni. In certi casi (come quello della televisione) la complessità della materia impedisce di procedere a modificare la disciplina vigente a colpi di sentenza: la riforma legislativa richiede valutazioni politiche che devono essere necessariamente lasciate alla "discrezionalità del legislatore" (l'art. 28 legge 87/1953, in applicazione del principio di separazione dei poteri, vieta alla Corte "*ogni valutazione di natura politica e ogni sindacato sull'uso del potere discrezionale del Parlamento*"). In altri casi, la Corte non può individuare il "verso" con riferimento al quale procedere ad una pronuncia "additiva": ciò vale in particolare nei casi in cui la questione verta sull'insufficiente attuazione dei *diritti di prestazione* (→ § XIII.6.1). Più volte, ad esempio, si è impugnata la disciplina del gratuito patrocinio lamentando l'insufficiente attuazione del precetto dell'art. 24.3 Cost. ("*Sono assicurati ai non abbienti, con appositi istituti, i mezzi per agire e difendersi davanti ad ogni giurisdizione*"): ma la Corte, pur riconoscendo le gravi lacune della disciplina legislativa, non ha potuto mai dichiararne l'illegittimità, perché ciò avrebbe eliminato anche quel poco che la legge assicurava, né ha potuto procedere tramite accoglimento additivo, per assenza di una disciplina più garantista, vigente per ipotesi analoghe, da estendere al gratuito patrocinio;

β) **sentenze di legittimità provvisoria**. Possono essere così chiamate quelle sentenze di *rigetto* in cui il "monito" è particolarmente forte e legato alla dichiarazione, ma contenuta solo nella motivazione, della sicura incompatibilità della disciplina vigente con la Costituzione. La legge impugnata viene però fatta salva in considerazione del fatto che essa è transitoria, ed è destinata ad essere superata da una imminente riforma legislativa della materia. Se essa tardasse, avverte la Corte, la dichiarazione di illegittimità sarebbe assicurata. Un esempio assai noto è la sent. 826/1988, con cui si è provvisoriamente salvato il regime transitorio in materia di televisione (→ § XIII.5.5);

γ) **sentenze di accoglimento che limitano la retroattività dei propri effetti**. Si tratta di alcune sentenze della fine degli anni '80 in cui la Corte ha provato, con vari espedienti, a limitare la retroattività degli effetti della dichiarazione di illegittimità di una legge. In alcuni casi, si è indicato un evento del passato recente (per esempio l'entrata in vigore di una nuova disciplina legislativa) che ha provocato, ma solo da quella data, l'illegittimità della legge in questione (per esempio, sent. 501/1988, in cui si fa decorrere l'aggancio delle pensioni del settore pubblico alla dinamica di rivalutazione delle retribuzioni del personale in servizio dalla data in cui ha cessato di operare la legge che regolava la rivalutazione delle pensioni); in altri casi si è semplicemente affermato che la dichiarazione di illegittimità non travolge gli atti compiuti in passato in base alla legge annullata, ma che opera solo *pro futuro*, in considerazione della "necessaria gradualità" dell'attuazione dei precetti costituzionali (per esempio, sentt. 266/1988, 50/1989, 398/1989). Questo tipo di pronunce è stato duramente contestato in dottrina e genera molti problemi applicativi nella giurisprudenza. È un filone che ha avuto perciò poca fortuna e sembra ormai abbandonato;

δ) **sentenze additive di principio**. Sono sentenze di accoglimento in cui la dichiarazione di illegittimità è accompagnata dall'indicazione dell'esigenza che il legislatore introduca i meccanismi legislativi necessari alla piena operatività della sentenza stessa. Per esempio, nella sent. 243/1993 la Corte, ritenendo che l'indennità integrativa speciale (meccanismo che serve ad agganciare le retribuzioni dei pubblici dipendenti alla svalutazione) sia parte della retribuzione, dichiara illegittima la norma che ne esclude il computo al fine di determinare il trattamento di fine rapporto (la "liquidazione"). Ma il dispositivo suona così: le disposizioni impugnate sono illegittime "*nella parte in cui non prevedono ... meccanismi legislativi di computo ... secondo i princìpi ed i tempi previsti in motivazione*". Nella motivazione poi si aggiunge che, se il legislatore ritardasse di intervenire "*oltre ogni ragionevole limite, ovvero, se i princìpi enunciati nella presente decisione risultassero disattesi, questa Corte, se nuovamente investita del problema, non potrebbe non adottare le decisioni a quella situazione appropriate*". Come si vede, si tratta di una sentenza additiva che difficilmente potrà essere applicata direttamente dal giudice ai rapporti pendenti: essa è poi corredata di un "monito" assai forte al legislatore.

✓ "ATTIVISMO" DELLA CORTE ED INERZIA DEL LEGISLATORE: UNA NUOVA PUNTATA

Tutte queste tipologie di decisione, e le altre che la dottrina ha elaborato riflettendo sulla prassi giurisprudenziale della Corte, risaltano la gravità del problema, ma anche la difficoltà della Corte di trovarvi una risposta. Il nodo di fondo è che il legislatore è assai poco sensibile agli inviti, ai moniti e alle minacce della Corte: manca cioè un "seguito" legislativo delle sentenze costituzionali. Se così non fosse, avrebbe fatto quello che ha fatto il legislatore tedesco: avrebbe fornito da tempo alla Corte strumenti adeguati, arricchendo la tipologia delle sue decisioni, in modo da consentire alla Corte di dichiarare l'incostituzionalità delle leggi senza dover farsi carico delle enormi conseguenze che da essa possono derivare. La Corte è spesso accusata di invadere la "discrezionalità" del legislatore, ma è l'inerzia di questi a costringerla ad assumerne la supplenza, preoccupandosi di questioni di opportunità (quali sono appunto le conseguenze economiche o politiche delle sue sentenze) che non le competono.
A una soluzione inedita la Corte è giunta nel "caso Cappato", l'esponente radicale accusato del reato di aiuto al suicidio. Interrogata dal giudice penale sulla legittimità della disposizione incriminatrice (art. 580 cod. pen.), la Corte decide di rinviare la decisione, troppo complessa sotto il profilo etico. Sperando che il legislatore intervenga in tempo a regolare una materia così delicata, l'ord. 207/2018 dispone il rinvio di un anno della udienza pubblica. Nel frattempo rimane tutto sospeso. Ma siccome il legislatore non è intervenuto, scaduto il termine la Corte riassume il giudizio e dichiara l'art. 580 illegittimo "nella parte in cui non esclude la punibilità" del medico che agevola l'esecuzione del proposito di suicidio quando ricorrano particolari condizioni, alquanto restrittive (sent. 242/2019).
Lo stesso schema è stato seguito dalla Corte anche per un'altra questione, la cui trattazione nel merito è attualmente ancora "sospesa", che riguarda la diffamazione a mezzo stampa.

4. I CONFLITTI DI ATTRIBUZIONE TRA I POTERI DELLO STATO

4.1. *Definizioni*

I **conflitti di attribuzione tra poteri dello Stato** sono lo strumento con cui un "*potere*" dello "*Stato*" può agire davanti alla Corte per difendere le proprie "*attribuzioni costituzionali*" compromesse dal comportamento di un altro potere dello Stato. Tutti i termini in corsivo hanno bisogno di una definizione, ma questa non è possibile se prima non si intende quale funzione svolga il conflitto di attribuzione nel sistema costituzionale.

Se la Costituzione *rigida* è un modo per porre dei limiti alle decisioni che la maggioranza politica può liberamente assumere, questi limiti non riguardano solo i diritti e le libertà fondamentali (a difesa dei quali è attivato il meccanismo dell'impugnazione incidentale delle leggi) e il riparto di competenze tra Stato e Regioni (a difesa dei quali è attivato il meccanismo dell'impugnazione in via principale delle leggi e, come poi si vedrà, il conflitto di attribuzioni tra Stato e Regione), ma anche le regole che presiedono ai rapporti tra gli organi costituzionali, cioè alla *forma di governo* (→ § V.1) e, come ha affermato la Corte, tra gli organi costituzionali e il corpo elettorale, cioè la *forma di stato* (→ § II.1.1). Il conflitto di attribuzioni è lo strumento predisposto dalla Costituzione per affrontare la violazione di queste regole, e per trasformare in "giuridici" (e quindi decidibili da un giudice, la Corte costituzionale) quei conflitti che in precedenza erano trattati esclusivamente in termini "politici". Le profonde e incontrollate trasformazioni dell'assetto costituzionale statutario (→ § III.3.2) sono la lezione da cui i costituenti hanno tratto ispirazione.

L'assetto della nostra forma di governo è complesso. In essa i "*poteri*" non sono solo i tre tradizionali (la definizione dogmatica di "**potere**" è "il complesso di organi concorrenti nell'esercizio della medesima funzione", laddove le funzioni sono quelle classiche, la legislativa, l'esecutiva e la giudiziaria), ma ad essi si aggiungono numerosi altri soggetti che partecipano ai procedimenti decisionali e che non sono riducibili ai tre poteri tradizionali. Si pensi al Presidente della Repubblica, alla stessa Corte costituzionale, al C.S.M., alla Corte dei conti, persino al C.N.E.L. (→ § IX.3.2.ε). Ma un elenco completo dei "poteri" non è probabilmente possibile. L'esperienza ha dimostrato che anche i tre poteri tradizionali non sono monolitici e conflitti di attribuzione possono sorgere anche al loro interno. È capitato che un ministro sollevasse conflitto contro il "suo" Governo per una questione di competenza a controfirmare i decreti di grazia del Presidente della Repubblica (ma la questione venne poi risolta in via politica), oppure perché il Presidente del Consiglio dei ministri e il Presidente della Repubblica gli avevano tolto l'incarico (→ § V.2.5) a seguito di una *mozione di sfiducia individuale* (→ § V.1.7) votata da una Camera (è il noto "caso Mancuso": sent. 7/1996).

✓ IL "CASO MANCUSO"

Il ministro Mancuso (un alto magistrato chiamato al Governo come "tecnico" incaricato di occuparsi della giustizia) compie una serie di atti pertinenti alla sua carica (ispezioni di notevole sapore persecutorio nei confronti del "*pool*" milanese) che suscitano dure polemiche (su questa vicenda (→ § V.1.7✓). Il Governo si dissocia dal suo operato. Non per gli atti compiuti in quanto ministro, ma per "l'insanabile contrasto" sorto tra lui e il Governo, il Senato vota una mozione di "sfiducia individuale" nei confronti di Mancuso, con cui "*lo impegna a rassegnare le dimissioni*"; ma invece di dimettersi, Mancuso solleva conflitto di attribuzione nei confronti del Senato, accusandolo di interferire nelle sue attribuzioni di ministro della giustizia e contestando il potere delle Camere di votare la sfiducia ai singoli ministri, anziché all'intero Governo. Allora il Presidente del Consiglio si reca dal Presidente della Repubblica e insieme confezionano un decreto con cui, preso atto che con la mozione votata dal Senato "*è venuta meno la condizione essenziale e indefettibile della permanenza nella carica di ministro del dott. Filippo Mancuso*", si decreta che il Presidente del Consiglio assume *ad interim* l'incarico di ministro della giustizia, per "*assicurare la continuità delle funzioni*". Mancuso ricorre alla Corte anche contro questo atto. La Corte dà tre volte torto a Mancuso: considera legittima la sfiducia al singolo ministro, come atto di controllo politico; considera "*atto dovuto*" le dimissioni a seguito di un voto di sfiducia, tanto se diretto al Governo che al singolo ministro; considera un adempimento del suo ruolo di garante della Costituzione l'atto con cui il Presidente della Repubblica, su proposta del Presidente del Consiglio, "*solleva*" il ministro "sfiduciato" dal suo incarico e provvede alla sua sostituzione. Un vero record di insuccessi per un "tecnico" prestato alla politica!

INTERNET Questa sentenza si trova in www.giurcost.org/decisioni/1996/0007s-96.htm.

È capitato che il conflitto di attribuzione vedesse in campo una commissione parlamentare d'inchiesta, o addirittura un singolo parlamentare (nel "caso Previti": sent. 225/2001). E non è impossibile immaginare che possano agire per conflitto i gruppi parlamentari di minoranza, di fronte a pratiche abusive operate dalla maggioranza che domina la loro Camera. La Corte (sent. 69/1978) ha ammesso persino che possano ricorrere per conflitto i *promotori del referendum abrogativo*, per reagire contro le decisioni (altrimenti non impugnabili) dell'Ufficio centrale della Cassazione (→ § IX.9.2).

Tutto ciò porta ad una definizione di "**potere**" che è assai vicina a quella di "**attribuzione**". "*Potere*" sono potenzialmente tutti i soggetti che hanno un ruolo, cioè una "*attribuzione*", assegnato dal testo costituzionale: non esistono soggetti che siano di per sé "potere", ma lo diventano in relazione ad una determinata funzione. Può trattarsi anche di attribuzioni non espressamente indicate dalla Costituzione (la Costituzione, per esempio, non parla dei promotori del *referendum* né dell'Ufficio centrale: → § IX.9.2), ma che attengono a procedimenti decisionali previsti solo genericamente dalla Costituzione e disciplinati invece analiticamente dalla legge ordinaria o da altra fonte: sono attribuzioni formalmente non costituzionali, ma che risultano indispensabili al regolare funzionamento del meccanismo previsto dalla Costituzione. Questo significa che la qualificazione di "potere" dipende dall'attribuzione che è fatta valere nel caso concreto. Per esempio, il singolo ministro non è qualificabile come "potere" se entrano in contestazione le attribuzioni del potere esecutivo: "potere" allora sarà il Governo, inteso come organo collegiale. Invece egli può assumere la qualificazione di "potere" se entrano in gioco le sue personali attribuzioni, per esempio il suo "potere" di partecipare alle riunioni del Consiglio dei ministri. Ancora: le minoranze parlamentari non sono certo "potere" se entrano in gioco le attribuzioni legislative o politiche della Camera, ma lo diventano (anche contro la stessa Camera) se si tratta di difendere le loro prerogative (per esempio, se il Presidente della Camera non dà corso alla richiesta di ritorno alla procedura legislativa normale sottoscritta da un decimo della Camera *ex* art. 72.4 Cost.: → § IX.3.3.β).

Ciò rende non sempre facile distinguere i "conflitti di attribuzione" dai "**conflitti di competenza**": al contrario dei primi, i secondi sorgono tra organi che appartengono allo stesso "potere", e devono essere risolti non dalla Corte costituzionale, ma da organi predisposti dal "potere" stesso. Così, per esempio, se sorge una questione di competenza tra due ministri, spetta al Consiglio dei ministri risolverlo (art. 2.1 legge 400/1988); se sorge un conflitto di giurisdizione tra, ancora per esempio, il giudice civile e quello amministrativo, spetta alla Cassazione risolverlo (art. 111 Cost.; art. 362 cod. proc. civ.). Ancora una volta bisogna guardare all'attribuzione: se il ministro dell'agricoltura litiga con quello del turismo su chi sia competente ad occuparsi dell'agriturismo, si tratta di un conflitto di competenza interno al potere esecutivo, privo tra l'altro di rilevanza costituzionale (è la legge ordinaria che determina le competenze dei ministri); spetta perciò al Consiglio dei ministri risolverlo. Ma se il ministro insorge contro l'atto del Presidente del Consiglio dei ministri che lo revoca, qui si è in presenza di un conflitto di attribuzione, perché si tratta di definire quale sia il ruolo costituzionale, rispettivamente, del ministro e del Presidente del Consiglio.

Si deve infine osservare che "poteri" non sono solo quelli dello "Stato" inteso come Stato "persona" o "apparato". Come la Corte ha chiarito nella sent. 69/1978, a proposito dei promotori del *referendum*, lo "Stato" va inteso in senso lato, comprensivo anche del corpo elettorale (lo "*Stato-ordinamento*": → § I.2.9.2).

4.2. *Oggetto del conflitto*

Il conflitto può sorgere sia da un atto di "usurpazione" di potere, con cui un organo svolge una attribuzione spettante all'organo di un altro "potere", sia dal comportamento di un organo che intralci il corretto esercizio delle competenze altrui. Nel primo caso, piuttosto raro, il conflitto consiste in una ***vindicatio potestatis***, ossia entrambi i soggetti rivendicano per sé l'attribuzione ad emanare l'atto (l'esempio potrebbe essere dato dal giudice amministrativo che emette un provvedimento che la pubblica amministrazione ritiene di propria competenza). Molto più frequente è la seconda ipotesi: qui non c'è rivendicazione di un potere "usurpato", ma semplicemente contestazione del *modo* in cui un soggetto ha esercitato attribuzioni che sono incontestabilmente sue, perché da ciò deriva un impedimento all'esercizio delle attribuzioni spettanti al ricorrente (questi si chiamano **conflitti da "menomazione" o da "interferenza"**). Per esempio, se la Corte dei conti chiede di esaminare i bilanci delle Camere, queste reagiscono non perché rivendichino per sé la giurisdizione contabile, ma perché da tale richiesta vedono "menomata" la propria autonomia contabile (sent. 129/1981). Oppure, se il giudice penale ricorre contro la Camera perché questa ritarda di pronunciarsi sulla sua richiesta di arrestare un deputato o di perquisirne il domicilio, non contesta le attribuzioni della Camera, chiaramente assegnate dall'art. 68.2 Cost., ma denuncia che, abusando delle sue funzioni, la Camera "interferisce" nella funzione giudicante che spetta al giudice stesso, impedendogli di esercitare le *proprie* attribuzioni. Ancora, se la Camera solleva conflitto contro un giudice penale, perché questi ha fissato un'udienza nel giorno in cui il deputato – imputato doveva essere in Aula per una votazione, lo fa perché ritiene che il giudice abbia impedito il corretto esercizio della funzione parlamentare usando in modo non corretto un'attribuzione che, per altro, spetta sicuramente al giudice stesso.

Come si vede, il conflitto non sorge necessariamente da un atto: anche un semplice comportamento, persino un comportamento omissivo (per esempio, la Camera che non decide in merito all'autorizzazione all'arresto del deputato; il Presidente della Repubblica che non promulga una legge, ecc.) può dar luogo al conflitto. L'unico ostacolo che sembra emergere con chiarezza dalla giurisprudenza costituzionale è che non vi deve essere altro strumento di tutela giurisdizionale per difendere l'attribuzione lesa. Il che vuol dire che il conflitto di attribuzione ha una funzione tipicamente "residuale": è ammesso solo laddove non vi siano altri rimedi esperibili. Proprio perciò la Corte ha affermato che, *in linea di principio*, il conflitto di attribuzione non può essere sollevato per impugnare gli atti legislativi: *in linea di principio*, infatti, essi vanno impugnati nel giudizio di legittimità costituzionale (sembra restare però aperta la possibilità che sia sollevato conflitto contro atti legislativi "invasivi" e non altrimenti impugnabili).

4.3. *Legittimazione processuale*

Vi sono "poteri" strutturalmente costituiti da un unico *organo* (→ § I.2.9.5), come il Presidente della Repubblica, la Corte costituzionale, la Corte dei conti, ecc. (sono chiamati anche "**organi-potere**"): per essi non si pone un problema di individuare il soggetto che ha la legittimazione processuale. Lo stesso vale per quelle "sezioni di organo" che costituiscono in certe circostanze autonomi "poteri", quali le Commissioni o i gruppi parlamentari, il singolo ministro, ecc. Ma vi sono invece "poteri" costituiti da più organi: è il caso, per esempio, del "potere giudiziario" o del "potere esecutivo": per essi si pone il problema di chi sia legittimato a stare in giudizio.

Il problema è risolto dall'art. 37.1 della legge 87/1953, per il quale il conflitto sorge "*tra organi competenti a dichiarare definitivamente la volontà dei poteri cui appartengono*". Quale sia l'organo che "*dichiara definitivamente*" la volontà del potere pare dipendere dalla struttura del potere "complesso di organi". Si contrappongono due modelli diversi. Il potere esecutivo, per esempio, è un potere strutturato in modo gerarchico, una piramide che ha il vertice nel Governo: qualsiasi amministrazione statale, che fosse lesa da un altro potere nell'esercizio delle sue attribuzioni, deve coinvolgere il Governo, il quale deciderà collegialmente (cioè, con delibera del Consiglio dei ministri) se sollevare il conflitto, stando poi in giudizio nella persona del Presidente del Consiglio dei ministri. Tutto il contrario per il potere giudiziario: qui non ci sono "vertici", né gerarchia ("*i giudici sono soggetti soltanto alla legge*": art. 101.2 Cost.; "*i magistrati si distinguono tra loro soltanto per diversità di funzioni*": art. 107.3 Cost.). Qualsiasi sentenza, anche del giudice di più basso grado, può, passando in giudicato, "*dichiarare definitivamente la volontà del potere*". Per cui si tratta di un potere "*diffuso*": qualsiasi giudice, dunque, può essere parte, attiva o passiva, del conflitto.

4.4. *Aspetti processuali*

Il giudizio viene introdotto dal *ricorso* presentato dalla parte che si ritiene lesa direttamente alla Corte costituzionale, senza notificazione alla controparte. Il ricorso deve contenere "*l'esposizione sommaria delle ragioni del conflitto e l'indicazione delle norme costituzionali che regolano la materia*" (art. 26.1 norme int.). Esso è depositato in cancelleria e pubblicato, come tutti gli atti introduttivi dei giudizi della Corte, in *Gazzetta Ufficiale*. Non vi sono termini di decadenza, perché il conflitto può essere generato anche dalla semplice astensione dal provvedere e perciò non presuppone l'impugnazione di uno specifico atto. D'altra parte, non vi sono neppure termini entro i quali deve essere convocata la camera di consiglio.

La particolarità di questo giudizio è che esso inizia con una decisione della Corte circa l'*ammissibilità del conflitto*. Essa è assunta appunto in camera di consiglio, quindi senza contraddittorio. La Corte decide con *ordinanza* se il conflitto ha i presupposti soggettivi (che si tratti di "poteri dello Stato") e oggettivi (che siano in discussione "attribuzioni costituzionali") per essere giudicato nel merito dalla Corte. Si tratta di una semplice "**delibazione**", cioè di un giudizio sommario, *prima facie*, che non fissa un punto irrevocabile, ma si pronuncia piuttosto sulla non manifesta inammissibilità: nulla impedisce che la Corte in seguito, entrando nel merito del giudizio, individui ragioni di inammissibilità non rilevate in questo primo stadio. L'ordinanza della Corte può dichiarare la "*inammissibilità*" del conflitto, oppure la sua "*ammissibilità*": in questo secondo caso individua anche gli organi che sono controinteressati e dispone che ad essi il ricorso venga notificato entro un determinato termine. I controinteressati possono costituirsi entro venti giorni dall'ultima notificazione: nello stesso tempo, possono intervenire anche gli altri organi che si ritengano interessati dal conflitto (per esempio, se una Camera è parte del conflitto, è normale che l'altra si costituisca *ad adiuvandum*, avendo le stesse attribuzioni da difendere).

Se il ricorrente rinuncia al ricorso, e se la rinuncia è accettata dalle altre parti, la Corte dichiara "*estinto il processo*". Se le parti pongono in essere comportamenti o atti che lascino intendere il superamento del conflitto, la Corte può chiudere il giudizio dichiarando "*cessata la materia del contendere*".

4.5. *Contenuti della decisione*

La sentenza che chiude il giudizio stabilisce a chi spetta la competenza (la formula di rito del dispositivo "*dichiara che spetta a X esercitare la funzione Y*"). Essendo un giudizio tra parti, è ragionevole ritenere che esso non abbia efficacia *erga omnes*: in teoria un altro organo, rimasto estraneo al giudizio, potrebbe risollevare il conflitto rivendicando per sé l'attribuzione. C'è però d'aggiungere che l'accertamento della spettanza dell'attribuzione può accompagnarsi all'annullamento degli eventuali atti che siano stati emanati dall'organo che risulta incompetente (sono gli atti che hanno causato il ricorso per conflitto). Trattandosi di annullamento, esso opera tendenzialmente *erga omnes*.

Nella prassi più recente, in connessione con conflitti *per interferenza*, la Corte pronuncia spesso dispositivi complessi, in cui non si limita a dichiarare la spettanza del potere, ma aggiunge anche regole su come il potere vada esercitato per non interferire nell'esercizio delle attribuzioni altrui.

5. I conflitti di attribuzione tra Stato e Regioni

5.1. *Definizioni*

I **conflitti di attribuzione tra Stato e Regione** sono lo strumento con cui vengono risolte le controversie che sorgono tra Stato e Regione o tra Regioni. Sono quindi conflitti tra *enti* (perciò sono detti anche "**conflitti intersoggettivi**"), mentre i conflitti tra poteri dello Stato sorgono tra *organi* dello stesso *ente* (→ § I.2.9.3), cioè dello Stato (e sono perciò detti "**conflitti interorganici**"). L'atto di qualsiasi *organo* dello Stato o della Regione può provocare il conflitto, con esclusione però degli atti legislativi, per i quali c'è infatti il giudizio di legittimità in via principale. Gli atti idonei a provocare il conflitto possono dunque essere sia, come per lo più avviene, atti *amministrativi* (anche di natura normativa, cioè regolamentare), sia i singoli atti interni al procedimento di *formazione delle leggi* (per esempio non era infrequente il conflitto promosso dallo Stato contro l'atto di *promulgazione della legge regionale*, quando vigeva la procedura di controllo preventivo: → § X.2.2✓), sia *atti giurisdizionali* (in questo caso è sempre la Regione a ricorrere contro l'atto del giudice, che è necessariamente un organo dell'ente Stato).

5.2. *Oggetto del conflitto*

È difficile dire se l'oggetto del conflitto sia l'*atto*, che si presume invasivo, o la *competenza* che si afferma invasa. Il conflitto nasce di solito dall'impugnazione di un *atto*, anche perché la Corte richiede che la lesione della competenza sia *concreta* e *attuale*: ma il motivo dell'impugnazione è sempre e necessariamente la menomazione della *competenza*. Infatti in sede di conflitto non si possono far valere *vizi di legittimità* dell'atto che non costituiscano anche violazione delle attribuzioni costituzionalmente assegnate all'ente: gli altri vizi devono essere fatti valere nelle sedi previste per ogni tipo di atto (in sede di impugnazione delle sentenze, in sede di controllo di legittimità, in sede di contenzioso amministrativo, ecc.).

La violazione della competenza può derivare sia dall'*invasione* della sfera di attribuzioni, sia dalla *menomazione* o *interferenza* (→ § XII.4.2), ossia dall'aver provocato un impedimento all'esercizio delle attribuzioni dell'ente. Così, per esempio, come assai spesso avviene, la Regione può sollevare conflitto contro un atto dello Stato lamentando non già che esso esorbita dalle attribuzioni dello Stato, ma che questi non ha coinvolto la Regione nel "suo" procedimento decisionale, violando il principio di "leale collaborazione" (→ § II.7.2). Infatti, in un sistema di grande confusione e sovrapposizione delle attribuzioni, come è quello italiano, sono assai frequenti procedimenti decisionali "misti", in cui le Regioni e lo Stato sono tenuti a consultarsi, raggiungere intese, ecc. Ogni infrazione di queste procedure di collaborazione, tracciate dalle leggi di settore, può essere causa di un conflitto di attribuzione.

Già da questo esempio si intuisce che le *attribuzioni* oggetto di controversia non sono solo le competenze ripartite dalla Costituzione e dagli Statuti speciali (→ § X.1): la definizione del riparto delle competenze è infatti affidata in larga parte alle leggi e ai decreti legislativi che, in attuazione della Costituzione, trasferiscono le funzioni (→ § X.2.3), nonché agli atti legislativi che comunque integrano le previsioni costituzionali (per esempio, le c.d. "leggi cornice": → § X.2.3). Ciò rende spesso difficile distinguere tra i *vizi* dell'atto che sono deducibili in sede di conflitto di attribuzione davanti alla Corte costituzionale e i comuni *vizi di legittimità* che vanno invece fatti valere davanti al giudice amministrativo: in entrambi i casi l'atto è viziato per contrasto con la legge su cui si fonda, ma in alcuni casi questo "vizio" costituisce anche una *lesione delle attribuzioni regionali*. Solo dove sia dimostrabile questa lesione (sia pure nella forma della menomazione o della interferenza) si può adire la Corte. Ciò significa che se la Regione (o lo Stato) adotta un atto con un procedimento scorretto, vi può essere conflitto solo se la norma procedurale violata costituisce una garanzia per le competenze dello Stato (o della Regione), sicché la sua violazione causa anche lesione delle attribuzioni.

5.3. *Aspetti processuali*

Il conflitto è introdotto da un *ricorso*. Condizione di ammissibilità del ricorso è l'**interesse a ricorrere**: il ricorrente deve dimostrare di aver subito una lesione *attuale* (non solo potenziale) e *concreta* (non solo teorica) della sua competenza. Tale requisito è richiesto sia alla Regione che allo Stato, diversamente dai giudizi di legittimità in via principale (nei quali solo la Regione deve dimostrare l'interesse a ricorrere: → § XII.3.5.2). Nel caso in cui l'interesse al ricorso venga meno (per esempio, per revoca o annullamento dell'atto), la Corte dichiara la "*cessata materia del contendere*".

Il giudizio deve essere proposto dal Presidente della Giunta regionale, previa delibera della Giunta regionale, per la Regione; dal Presidente del Consiglio dei ministri (o da un ministro delegato) per lo Stato, previa delibera del Consiglio dei ministri (art. 2, lett. g), legge 400/1988). Esso deve essere proposto entro 60 giorni dalla pubblicazione, dalla notificazione o comunque dalla conoscenza dell'atto: il termine è eguale per entrambi i soggetti.

✓ IL CASO: QUANDO DI MEZZO CI SONO I GIUDICI ...

In giudizio sono legittimati a stare solo il Presidente del Consiglio dei ministri e il Presidente della Giunta regionale, perché l'oggetto del giudizio è la competenza, non la legittimità dell'atto impugnato. Ma la conseguenza è che si possono svolgere in parallelo due giudizi diversi sullo stesso atto: quello per conflitto, a parti "obbligate", e quello davanti al giudice amministrativo (di solito, trattandosi di atti amministrativi), in cui il privato può essere l'attore o può intervenire. Comunque il principio per cui in questi giudizi non è ammesso l'intervento di soggetti terzi, neppure quando siano direttamente interessati all'atto che ha provocato il conflitto, ha perso la sua tassatività. È accaduto che la Corte, nel conflitto promosso da una Regione avverso il provvedimento di un giudice che aveva iniziato un procedimento penale per diffamazione a mezzo stampa contro un consigliere regionale (la Regione ne invocava l'insindacabilità: → § VI.6.1), ammettesse l'intervento del soggetto diffamato, perché altrimenti per questi "finirebbe per risultare in concreto compromessa la stessa possibilità ... di agire in giudizio a tutela dei suoi diritti" (sent. 76/2001). In generale, quando – come in questo caso – il conflitto è promosso dalla Regione contro provvedimenti dei giudici, si verifica una situazione imbarazzante, perché il Governo, organo politico, non sempre si costituisce in giudizio a difesa dell'organo giudiziario e contro un altro organo politico, sia pure regionale: è perciò capitato che il giudice reagisse contro l'inerzia del Governo sollevando a sua volta un *conflitto di attribuzione tra poteri dello Stato* (ma la Corte gli ha dato torto: sent. 309/2000). Tuttavia nella recente modifica delle *Norme integrative* (→ § XI.2.2.✓) la Corte ha inserito una nuova regola, per cui il ricorso della Regione "deve essere notificato altresì all'organo che ha emanato l'atto, quando si tratti di autorità diverse da quelle di Governo e da quelle dipendenti dal Governo" (art. 27.2). Che sia un "invito a Corte" per i giudici?

INTERNET Le *Norme integrative* e tutte le sentenze citate si possono leggere in www.giurcost.org.

È prevista la possibilità di provvedimenti cautelari: su istanza del ricorrente e per gravi ragioni, la Corte può, in camera di consiglio, concedere la sospensione cautelare dell'atto impugnato.

5.4. *Contenuti della decisione*

La *sentenza* che decide il conflitto dichiara a chi spetta (o non spetti) la competenza, con conseguente eventuale annullamento dell'atto che ha generato il conflitto. Spesso, quando il conflitto sia generato dal modo in cui il potere è stato usato, la formula del dispositivo non si limita a dichiarare a chi spetta la competenza, ma fissa una vera e propria regola di esercizio di essa ("*non spetta adottare l'atto X senza aver svolto la procedura Y*").

In linea di principio, la sentenza, laddove fissa la regola della competenza, non dovrebbe avere effetti che per le parti in giudizio. Ciò non vale, ovviamente, per l'annullamento dell'atto, i cui effetti sono tanto estesi quanto lo erano quelli derivanti dall'atto stesso. Il problema si pone invece per la regola sulla competenza: se la Corte, in un conflitto promosso da una Regione contro lo Stato, stabilisce che la competenza in questione spetta alla Regione o allo Stato, le altre Regioni, che non sono state parti del conflitto, subiscono gli effetti della sentenza? Sembra che il problema possa risolversi in questo modo: se la decisione è favorevole alla Regione, le altre Regioni beneficiano della sentenza, ossia dell'interpretazione espansiva delle loro attribuzioni data dalla Corte (oltre che, eventualmente, dell'annullamento dell'atto); se invece la decisione è favorevole allo Stato, le Regioni che non erano parti nel giudizio non subiscono l'effetto giuridico della decisione, perché questo lederebbe il loro diritto alla difesa. Resta però la forza di precedente specifico che la decisione della Corte potrà esercitare in ogni futuro giudizio.

6. Il giudizio di ammissibilità del *referendum* abrogativo

6.1. *Aspetti processuali e contenuto della decisione*

Il **giudizio di ammissibilità** è introdotto con l'*ordinanza* dell'Ufficio centrale per il *referendum* (→ § IX.9.2.β) che dichiara la legittimità della richiesta di *referendum*. Il Presidente della Corte fissa la *camera di consiglio* non oltre il 20 gennaio (l'ordinanza deve essere emanata dall'Ufficio centrale entro il 15 dicembre precedente) e nomina il giudice relatore. Viene data comunicazione ai delegati dei Consigli regionali o ai presentatori delle 500.000 firme, nonché al Presidente del Consiglio dei ministri: essi possono presentare memorie e prendere parte alla discussione orale in camera di consiglio, ormai ammessa in via di prassi; così come in via di prassi la Corte ha ammesso che altri soggetti che vi abbiano interesse (associazioni politiche, sindacati, comitati istituiti *ad hoc*) possano presentare memorie ed essere sentiti in camera di consiglio (sent. 31/2000). La Corte decide sempre con *sentenza*, che deve essere pubblicata entro il 10 febbraio successivo (art. 33 legge 352/1970, che regola il *referendum*).

Ovviamente, anche se è invalsa la prassi di presentare un numero considerevole di richieste referendarie contestuali, ogni richiesta è oggetto di autonoma sentenza. Nel dispositivo di essa, la Corte si limita a dichiarare "*ammissibile*" o "*inammissibile*" la richiesta.

✓ *REFERENDUM* ABROGATIVO: CONSIGLI PER LO STUDIO

Il *referendum* abrogativo è rimasto purtroppo vittima della struttura di questo manuale, che ne tratta in tante parti diverse: è indispensabile perciò che chi studia questo libro, giunto a questo punto, ripercorra le varie tappe e le collochi in un quadro unitario. Del *referendum* abrogativo si è in precedenza parlato principalmente:
– a proposito degli strumenti attraverso ai quali il popolo esercita la sua sovranità (→ § I.2.4✓);
– a proposito degli strumenti di democrazia diretta, in contrapposizione alla regola della rappresentanza "senza mandato" (origini e classificazione dei *referendum* → § II.2.3);
– a proposito del *referendum* abrogativo come fonte del diritto italiano (disciplina e procedure → § IX.9).

INTERNET Una tavola riassuntiva di tutti i *referendum* celebratisi in Italia, con indicazione dell'oggetto, della percentuale dei votanti e dell'esito, si può trovare in Wikipedia, "Elenco delle consultazioni referendarie in Italia".

6.2. *Cause di inammissibilità del* referendum

La Costituzione non aveva previsto un controllo sull'ammissibilità del *referendum*. Esso fu introdotto dalla legge cost. 1/1953 ("*Norme integrative della Costituzione concernenti la Corte costituzionale*") che ha affidato, appunto, alla Corte costituzionale il compito di "*giudicare se le richieste di referendum abrogativo presentate a norma dell'art. 75 Cost. siano ammissibili ai sensi del comma secondo dell'articolo stesso*", rinviando la disciplina procedurale alle legge ordinaria che regola il *referendum*.

L'art. 75.2 Cost. pone pochi casi di esclusione del *referendum*. Esso non è ammesso per:

– leggi tributarie;
– leggi di bilancio (→ § IX.4.3.B.α);
– leggi di amnistia e indulto (→ § VIII.11.2.δ);
– leggi di autorizzazione alla ratifica dei trattati internazionali (→ § IX.4.3.B.β).

In effetti, nel giudizio sui primi due *referendum* (sul divorzio e sull'aborto), la Corte costituzionale è rimasta legata ad un concetto del tutto restrittivo del giudizio di ammissibilità, inteso come riscontro tra l'oggetto proposto e le "materie" escluse dall'art. 75.2. Tanto che la dottrina aveva avanzato l'ipotesi che la Corte, in seguito, potesse essere chiamata a sindacare la legittimità dell'esito del *referendum* (→ § XII.3.1.δ). Ma, a partire dalla fondamentale sent. 16/1978, la Corte ha progressivamente allargato il suo giudizio in varie direzioni. In sintesi, gli ulteriori motivi di inammissibilità elaborati e impiegati dalla giurisprudenza della Corte sono i seguenti:

α) sono sottratti a *referendum* la Costituzione e le leggi costituzionali, il che è ovvio, ma anche le leggi dotate di "*forza passiva peculiare*", cioè le leggi "rinforzate" (→ § IX.4). La Corte lo ha affermato con riferimento alle leggi di esecuzione del Concordato, ma altrettanto potrebbe essere detto delle leggi "su intesa" *ex* art. 8 (l'intesa protegge le minoranze, e la relativa legge non potrebbe essere abrogata con un voto della maggioranza: → § II.5). Sono sottratte a *referendum* anche le leggi "*a contenuto costituzionalmente vincolato*", cioè quelle il cui nucleo normativo non può essere alterato senza pregiudizio per i princìpi costituzionali, oppure quelle che disciplinano il funzionamento di organi essenziali: non si tratta di un'esclusione totale e assoluta, perché essa scatta solo quando l'eventuale abrogazione conseguente al *referendum* comporterebbe l'impossibilità di funzionamento dell'organo. Così, per esempio, non può essere sottoposta a *referendum* la legge elettorale per la Camera o per il Senato *in toto*, perché altrimenti si rischierebbe di non poter sciogliere e rinnovare il Parlamento: possono essere però sottoposte a *referendum* singole disposizioni o parti della legge elettorale, purché la "*normativa di risulta*", cioè quella che residua dall'eventuale abrogazione, consenta di far funzionare il sistema elettorale (sull'esempio eclatante di *referendum* in materia elettorale: → § IX.9.1✓);

β) I limiti posti dall'art. 75.2 vanno interpretati estensivamente. Perciò non sono inammissibili le sole leggi di approvazione del bilancio, ma anche le altre leggi che attengono alla "manovra finanziaria" (→ § IX.4.3✓); non solo le leggi di autorizzazione alla ratifica dei trattati, ma anche quelle che servono alla loro esecuzione;

γ) sono inammissibili i *referendum* il cui quesito non abbia "*una matrice razionalmente unitaria*", cioè non sia omogeneo. L'occasione nacque dalla richiesta di sottoporre ad un unico *referendum* ben 97 articoli del codice penale, che spaziavano dai reati a mezzo stampa, all'espulsione dello straniero, dall'istigazione a delinquere al sabotaggio di aziende. La Corte ha ritenuto che quesiti plurimi e disomogenei, ponendo l'alternativa netta tra un "sì" o un "no" non differenziabile da caso a caso, tradiscano i requisiti essenziali del *referendum*, forzando la volontà dell'elettore e, dunque, la sua libertà di voto. È chiaro però che il giudizio sulla *coerenza e univocità del quesito* apre la porta a sviluppi assai imprevedibili: il quesito deve interessare disposizioni ricollegabili ad un "*comune principio*", e questo deve emergere con chiarezza, tant'è che la Corte ha giudicato inammissibili quesiti considerati "incompleti" perché lasciavano in piedi alcune disposizioni pur anch'esse riconducibili al "principio comune", oppure perché non risultavano chiare le conseguenze dell'abrogazione.

L'impressione generale è che il giudizio di ammissibilità, compiuto il passo inevitabile di uscire dalla sua concezione originaria, formale e restrittiva, di mero riscontro tra oggetto del *referendum* e "materie" sottratte *ex* art. 75.2, abbia perso contorni precisi e andamenti prevedibili: ciò espone la Corte a critiche inevitabili. L'aspetto più grave è che la Corte sia coinvolta nell'ultima fase del lungo procedimento referendario, quando ormai la raccolta del consenso attorno ai quesiti si è già compiuta e gli occhi di tutti i protagonisti politici si puntano sull'ultimo ostacolo, il giudizio, appunto, della Corte. Un giudizio tanto importante per la ricaduta nella lotta politica quanto poco strutturato in termini di diritto: da qui il rischio che la Corte resti travolta dallo scontro politico.

7. La "giustizia politica"

7.1. *Definizioni*

Con l'espressione **giustizia politica** si suole fare riferimento a quelle funzioni che la Corte costituzionale esercita quando giudica sulle *accuse promosse contro il Presidente della Repubblica.* L'art. 134 Cost. prevede infatti che la Corte costituzionale possa essere attivata per giudicare dei reati di alto tradimento e di attentato alla Costituzione di cui all'art. 90.1 Cost.

Il Presidente della Repubblica non è responsabile degli atti compiuti nell'esercizio delle sue funzioni eccetto che per *alto tradimento* e *attentato alla Costituzione* (→ § V.4.3). In questo caso è messo in stato d'accusa dal *Parlamento in seduta comune* (→ § V.3.1.2) a *maggioranza assoluta* (→ § II.4.1) dei suoi membri (art. 90.2 Cost.) e giudicato dalla **Corte costituzionale in composizione integrata** da sedici membri tratti a sorte da un elenco di cittadini aventi i requisiti per l'eleggibilità a senatore che il Parlamento compila ogni nove anni (art. 135.7 Cost.). I "**giudici aggregati**" godono dello stesso *status* dei membri "togati" della Corte (→ § XII.2.2).

L'esigenza di una sorta di "giustizia politica" è nata con il *principio della irresponsabilità del Capo dello Stato* o del Re (→ § V.4.3), il quale per definizione "non può far male". Esso ha radici nell'istituto dell'*impeachment* anglosassone (→ § IV.1.1✓). Lo Statuto albertino prevedeva all'art. 36 che il Senato, costituito in Alta Corte, quale giudice speciale, giudicasse i "*crimini di alto tradimento e di attentato alla sicurezza dello Stato*" commessi dalle alte cariche dello Stato. Tra queste non rientrava comunque certamente la massima carica, quella del Re "*sacra ed inviolabile*", stante l'assoluta irresponsabilità di quest'ultimo sancita all'art. 2.

La *ratio* attuale della giurisdizione penale-costituzionale del Presidente della Repubblica è da ricercarsi nell'esigenza di sottrarre le particolari *figurae criminis* di cui si tratta al sindacato penale della giurisdizione ordinaria, sede non adeguata per valutazioni che non sono solo strettamente giuridiche ma anche politico-costituzionali. Questa competenza della Corte, peraltro mai attivata, può essere letta come una forma di garanzia ulteriore apprestata nell'ordinamento costituzionale.

7.2. *Fattispecie di responsabilità penale*

Nel vigente ordinamento costituzionale le uniche ipotesi di responsabilità penale-costituzionale del Presidente della Repubblica per fatti commessi "*nell'esercizio delle sue funzioni*" sono individuate dall'art. 90.1 Cost. nell'"**alto tradimento**" e nell'"**attentato alla Costituzione**".

Tali formule sono state interpretate in senso restrittivo, sicché non qualsiasi violazione della Costituzione può integrare le ipotesi criminose in questione, ma solo quei fatti anticostituzionali caratterizzati dal cosiddetto *dolo specifico* (vale a dire quel dolo che si ha quando si è consapevoli di arrecare danno) che possono consistere in atti di sovversione dell'ordine costituzionale (un esempio potrebbe essere quello dello spionaggio politico e militare). Si ritiene inoltre che queste due *figurae criminis* siano in realtà un'unica complessa figura, in quanto appare difficile immaginare un attentato alla Costituzione che non sia anche un alto tradimento e viceversa.

Il Presidente invece risponde in sede civile e in sede penale, senza particolari filtri, per gli atti compiuti fuori dell'esercizio delle sue funzioni, come privato cittadino. Però si ritiene che in campo penale il Presidente possa essere sottoposto a giudizio solo dopo la scadenza del mandato.

7.3. *Procedura*

La procedura del giudizio d'accusa si presenta articolata anche a causa delle molteplici fonti che si sono stratificate nel tempo (gli artt. 89, 90, 134, 135.7 Cost., le leggi cost. 1/1953 e 1/1989, le leggi 87/1953, 20/1962, 219/1989, le *Norme integrative per i giudizi d'accusa* del 1962, il *Regolamento parlamentare per i procedimenti d'accusa* approvato nello stesso testo dal Senato e dalla Camera dei deputati nel 1989). Il procedimento consta di due fasi:

a) la prima fase si svolge dinanzi al Parlamento in seduta comune, competente a deliberare la **messa in stato d'accusa** (***impeachment***) nei confronti del Presidente della Repubblica. La deliberazione del Parlamento in seduta comune è preceduta da una attività di indagine svolta da un Comitato, costituito dai membri delle Giunte per le immunità del Senato e della Camera, che dispone di un termine di cinque mesi (prorogabile una sola volta di tre mesi) per acquisire e valutare il materiale probatorio relativo alla *notitia criminis*. I poteri di cui dispone il sopraddetto Comitato sono piuttosto ampi: possono infatti essere disposte intercettazioni telefoniche, perquisizioni personali e domiciliari ed anche misure cautelari limitative della libertà personale degli inquisiti (art. 7 legge 219/1989). Al termine dell'attività di indagine il Comitato può:

– ritenere palesemente infondata l'accusa e procedere con propria ordinanza all'archiviazione;

– presentare una relazione sulla messa in stato di accusa;

– dichiarare la propria incompetenza nel caso in cui il reato di cui si tratta non rientri tra quelli previsti dall'art. 90 Cost.

Sulle conclusioni presentate dal Comitato, il Parlamento in seduta comune procede alla votazione: il procedimento ha fine se nessuno presenta ordini del giorno favorevoli all'accusa; in caso contrario la messa in stato d'accusa deve essere approvata a *maggioranza assoluta* dei propri componenti con l'indicazione degli addebiti e delle prove su cui si fonda l'accusa (art. 17.2 legge 20/1962). In attesa del giudizio il Presidente della Repubblica può essere sospeso dalla carica, in via cautelare, con ordinanza della Corte costituzionale;

b) la seconda fase, eventuale, si svolge di fronte alla Corte costituzionale nella sua composizione integrata.

Il processo dinanzi alla Corte costituzionale in composizione integrata si conclude con sentenza non soggetta a gravame, a meno che dopo la condanna non emergano fatti nuovi tali da far riaprire un altro procedimento dinanzi alla Corte per la revocazione della sentenza. Per reati così gravi possono essere comminate le sanzioni penali nei limiti del massimo di pena stabilito dalle leggi vigenti al momento del fatto, nonché le sanzioni costituzionali, amministrative e civili adeguate al fatto (art. 15 legge 1/1953).

7.4. *I c.d. reati ministeriali*

Prima della modifica intervenuta con la legge cost. 1/1989 anche i **reati ministeriali** rientravano nella cosiddetta giustizia politica. Infatti originariamente l'art. 96 Cost. prevedeva la messa in stato d'accusa, da parte del Parlamento in seduta comune, del Presidente del Consiglio dei ministri e dei ministri per i reati commessi nell'esercizio delle loro funzioni. Il relativo giudizio penale si svolgeva dinanzi alla Corte costituzionale. A seguito di un *referendum* popolare del 1987 con cui venivano abrogate le disposizioni relative alla cosiddetta "**commissione inquirente**" (vale a dire una commissione parlamentare bicamerale che si occupava delle indagini sui reati ministeriali), la legge cost. 1/1989 ha modificato l'art. 96 Cost., investendo la magistratura ordinaria della competenza a giudicare dei *reati ministeriali* anche se *previa autorizzazione da parte della Camera di appartenenza se il membro del Governo è deputato o senatore, dal Senato nelle altre ipotesi.*

Va segnalato che l'autorizzazione attuale si distingue da quella che il vecchio art. 68.2 Cost. richiedeva per sottoporre un parlamentare a procedimento penale ed a misure restrittive della libertà personale, che poteva essere negata per qualsiasi motivo. Al contrario, in caso di reato ministeriale l'art. 9.3 della legge cost. 1/1989 prevede che l'autorizzazione possa essere negata solo a *maggioranza assoluta* dei componenti l'Assemblea e *se l'inquisito abbia agito per la tutela di un interesse dello Stato costituzionalmente rilevante ovvero per il perseguimento di un preminente interesse pubblico nell'esercizio delle funzioni di governo*. Competente a svolgere le indagini sui reati in oggetto è uno speciale collegio giudiziario (perciò chiamato "**tribunale dei ministri**") istituito presso il Tribunale del capoluogo del distretto di Corte d'appello competente per territorio e composto da tre magistrati sorteggiati fra quelli dei Tribunali del distretto. Infine, per ciò che riguarda l'individuazione dei reati ministeriali, può essere affermato che si tratta di reati comuni commessi nell'esercizio di funzioni di governo, come per esempio quelli contro la pubblica amministrazione.

✓ IL CASO: CHI DECIDE SE IL REATO È MINISTERIALE O NO?

Il ministro Mattioli viene sottoposto ad un procedimento penale per rivelazioni di segreti d'ufficio e favoreggiamento: ma il tribunale dei ministri di Firenze, alla fine delle indagini preliminari, ritiene che il reato non abbia natura "ministeriale" e trasmette gli atti alla procura del tribunale ordinario; il quale decide di iniziare il dibattimento. Ma la Camera dei deputati, di cui al tempo il ministro faceva parte, solleva un conflitto di attribuzione (→ § XII.4) contro il tribunale dei ministri e quello ordinario perché avevano impedito ad essa di esercitare le proprie attribuzioni in merito all'autorizzazione a procedere, e quindi a dichiarare la "ministerialità" del reato. La Corte costituzionale (sent. 241/2009) dà ragione alla ricorrente, ritenendo che il tribunale dei ministri non possa ritenere che il reato sia comune e non ministeriale senza investire del problema il Parlamento, poiché la legge 219/1989 ha fissato con questo obbligo "un ragionevole bilanciamento" tra "la garanzia della funzione di governo e l'uguaglianza di tutti i cittadini davanti alla legge". Diverso esito hanno avuto invece il "caso Ruby" (sent. 87/2012) e il "caso Mastella" (sent. 88/2012), in cui la Corte nega che il giudice ordinario debba necessariamente investire la Camera di appartenenza del dubbio che il reato per cui procede sia o meno "ministeriale", quando appare chiaro al giudice stesso che il reato non ha i caratteri della "ministerialità".

Al di fuori di questo ambito, ciascun membro del Governo che commetta reati incorre in responsabilità pari a qualsiasi altro cittadino: salvo la possibilità di appellarsi – per i soli reati "comuni", però, non anche per quelli "ministeriali" – alla recente legge sul "legittimo impedimento" (→ § V.2.2).

test **on-line**

XIII. DIRITTI E LIBERTÀ

1. IL PRINCIPIO DI EGUAGLIANZA

1.1. *Definizioni*

L'art. 3 Cost. enuncia il **principio di eguaglianza** e ne dà una formulazione complessa. Nel primo comma, esso esprime il principio di *eguaglianza formale*, nonché una serie di specifici divieti di discriminazione (c.d. *nucleo forte* dell'eguaglianza); nel secondo comma, esprime il principio di *eguaglianza sostanziale*.

α) La formulazione tradizionale del principio di **eguaglianza formale** prescrive che *si devono trattare in modo eguale situazioni eguali e in modo diverso situazioni diverse*. Questo principio si dice *formale* perché è enunciato come una formula astratta, che nulla ci dice delle situazioni di cui si sta trattando né sulla disciplina di cui si discute: è formale quanto lo può essere una formula algebrica ("*se x = y, allora deve essere dx = dy*", dove *x* e *y* sono le situazioni e *d* è la disciplina giuridica).

✓ ALL'ORIGINE DELL'EGUAGLIANZA FORMALE: INVENZIONE DELLA "PERSONA GIURIDICA"

In epoca moderna, le prime istanze di eguaglianza giuridica formale sono state avvertite anche per un problema tecnico (e politico): il bisogno di superare il "*particolarismo giuridico*" di derivazione feudale (→ § II.1.5✓). Il diritto era frammentato su base locale e su base personale, con complesse sovrapposizioni tra la legislazione statale promulgata dal sovrano (*ius regium*), gli statuti e le consuetudini locali (*ius proprium*), il diritto romano impiegato come *diritto comune* in funzione suppletiva e integrativa, nonché con complesse differenziazioni in base agli *status* sociali delle persone (classi sociali, appartenenze religiose, ecc.), ai privilegi corporativi, a qualifiche personali (questo complesso sistema giuridico è studiato nel corso di *Diritto comune*). Era questo il sistema giuridico che caratterizzava l'*Ancien Régime*: per superarlo si avviarono, già prima della rivoluzione francese, nelle monarchie "illuminate" dell'Europa centrale (→ § II.1.3), i primi tentativi di *codificazione* (→ § II.1.5), ossia di riunificazione del diritto in un unico testo, semplice, con poche norme, scritto in modo tecnico (la codificazione moderna è uno dei fenomeni più affascinanti della nostra esperienza storica, oggetto di studio nell'àmbito della *Storia del diritto italiano*). Ma restava il problema della riduzione delle differenziazioni personali, che in quell'epoca iniziavano ad essere contestate anche sul piano filosofico, in nome dell'eguaglianza "naturale" degli uomini. L'unificazione dei soggetti di diritto in un unico soggetto fu possibile attraverso l'apposizione alle persone fisiche, così diverse l'una dall'altra, di una "maschera", la "persona" giuridica (→ § I.2.9.2): "persona", nella sua origine etrusco-romana, significa appunto "maschera". Indossando questa maschera diventiamo tutti "formalmente" eguali, di fronte alla legge.

A chi si rivolge questa prescrizione? Essenzialmente al legislatore, cui l'art. 3.1 vieta di creare privilegi o discriminazioni ingiustificate. Il punto è proprio questo: siccome il diritto si occupa degli uomini e dei loro comportamenti, e gli uomini sono per natura diversi e diverse le situazioni che essi creano, tra esse non vi è mai eguaglianza o diseguaglianza assoluta, ma semplice somiglianza o dissomiglianza. Tizio ruba una mela per sfamarsi; Caio ruba un portafoglio per comprarsi la droga: i due atti possono essere "eguali", ossia costituire la stessa fattispecie di furto, ma quante differenze vi possono essere tra i due "racconti" che li descrivono? Dire che due cose si assomigliano significa affermare che tra esse le affinità sono più significative delle diversità: per cui il giudizio di eguaglianza formale non è affatto un giudizio "formale", ma rinvia a valutazioni circa la significatività delle differenze e delle somiglianze tra le situazioni, ossia alla loro giustificabilità. Ciò spiega perché il principio di eguaglianza formale sia all'origine del controllo di ragionevolezza delle leggi, di cui si parlerà nel § successivo: è "ragionevole" che la legge preveda la stessa pena per Tizio e per Caio, oppure, all'opposto, che consenta trattamenti penali diversi per due azioni che sono egualmente classificabili come "furto"?

β) Il **nucleo forte del principio di eguaglianza** vieta distinzioni "*di sesso, di razza, di lingua, di religione, di opinioni politiche, di condizioni personali e sociali*": vieta, insomma, discriminazioni che sono particolarmente odiose in qualsiasi sistema democratico. Le vieta in modo assoluto? No: per esempio, nessuno dubiterebbe della legittimità di una legislazione che, come quella esistente, favorisse l'occupazione o l'imprenditoria femminile, oppure incentivasse il lavoro giovanile in alcune aree economicamente depresse, incentivasse l'accesso all'istruzione superiore di studenti meno abbienti o agevolasse l'insegnamento delle lingue "minori". Il "nucleo forte" non comporta dunque un divieto assoluto al legislatore di introdurre differenziazioni basate sui fattori indicati, ma vieta di farne il motivo di una discriminazione nel godimento dei diritti e delle libertà: mentre ammette la legislazione "positiva" (o "premiale") se e nella misura in cui sia necessaria a impedire che il sesso, la lingua, ecc. divengano elementi di una *discriminazione di fatto*, cioè il motivo di un handicap sociale.

✓ DALL'EGUAGLIANZA FORMALE ALLA LOTTA ALLA DISCRIMINAZIONE

Nella lotta contro le discriminazioni sessuali, razziali, religiose, ecc., accanto al generale principio costituzionale contenuto nell'art. 3 Cost., si è sviluppata nella più recente legislazione ordinaria una **tutela antidiscriminatoria**, che ha l'obiettivo di combattere gli effetti di pratiche discriminatorie provenienti da soggetti pubblici o privati.
La legge 40/1998 ha introdotto alcune norme (ora recepite nel *Testo unico sull'immigrazione* – d.lgs. 286/1998, art. 43) che considerano discriminatorio "ogni comportamento che, direttamente o indirettamente, comporti una distinzione, esclusione, restrizione o preferenza basata sulla razza, il colore, l'ascendenza o l'origine nazionale o etnica, le convinzioni e le pratiche religiose, e che abbia lo scopo o l'effetto di distruggere o di compromettere il riconoscimento, il godimento o l'esercizio, in condizioni di parità, dei diritti umani e delle libertà fondamentali in campo politico, economico, sociale e culturale e in ogni altro settore della vita pubblica". Chi subisce queste discriminazioni può agire di fronte al giudice civile senza particolari formalità ed ottenere in breve tempo un provvedimento che ordini la cessazione del comportamento pregiudizievole e rimuova gli effetti della discriminazione.
Con il d.lgs. 215/2003 (che attua una direttiva europea), la legittimazione ad agire è stata estesa anche alle associazioni che lottano contro le discriminazioni (→ § I.2.2.γ✓).

γ) Il **principio di eguaglianza sostanziale** punta esattamente a questo: a "*rimuovere gli ostacoli di ordine economico e sociale*" che impediscono l'eguale godimento dei diritti e delle libertà. È un programma d'intervento quello che la Costituzione indica al legislatore, che ha il compito di eliminare, appunto, gli handicap sociali. Ma questo compito può essere assolto soltanto derogando al principio di eguaglianza formale. Come si è visto, infatti, la legislazione "positiva" non può che rivolgersi a singole categorie di individui, quelle da togliere dall'attuale posizione di svantaggio sociale, escludendo dai benefici gli altri. Mentre il principio di eguaglianza formale sembra promettere leggi il più generali e astratte possibili, il principio di eguaglianza sostanziale sembra volere l'esatto opposto, cioè leggi che tendano a provvedere alle singole situazioni di svantaggio.

Questo apparente contrasto tra i due principi di eguaglianza, enunciati nei due commi dell'art. 3 Cost., è stato spesso enfatizzato – con riferimento a tutte le costituzioni del secondo dopoguerra – come l'inconciliabile contrasto tra lo Stato liberale (→ § II.1.6), basato sull'eguaglianza formale degli individui, e lo Stato sociale (→ § II.1.11), programmaticamente rivolto all'eguaglianza sostanziale. Ma, se dal piano delle ideologie politiche si passa a quello della concreta applicazione giurisprudenziale, si scopre che i due principi non sono inconciliabili ma interdipendenti. Può considerarsi del tutto irrilevante, nel calcolo degli aspetti di somiglianza e di dissomiglianza tra i comportamenti delle persone, ciò che segna le loro profonde diversità economiche e sociali? Per esempio, risponde al criterio di eguaglianza formale la legge che, in nome della parità dei contraenti, lasci il datore di lavoro libero di prevedere nel contratto di lavoro il licenziamento della dipendente nel caso in cui si trovi in stato di gravidanza? E, sull'altro piano, può la protezione del contraente più debole, per esempio del lavoratore, portare ad una limitazione della libertà di contrarre del datore di lavoro così penetrante da impedirgli in ogni caso il licenziamento? Come si vede i due principi di eguaglianza si limitano e si completano a vicenda: quello "sostanziale" impedisce l'eccesso di rigore dell'eguaglianza formale, stempera la *dura lex* che non ammette eccezioni in nome della giustizia; l'eguaglianza formale impedisce alle azioni "positive" di diventare a loro volta fonte di ingiustizia, dando luogo a casi di "**discriminazione all'incontrario**" (***reverse discrimination***, secondo la nota espressione coniata dalla giurisprudenza americana). Dove si trova il punto di equilibrio? Ancora una volta è il giudizio di ragionevolezza a dircelo.

1.2. *Struttura del giudizio di ragionevolezza*

Il giudizio di ragionevolezza è alla base della gran parte delle decisioni della Corte costituzionale. Esso non si fonda su una norma costituzionale precisa, anche se la sua origine si trova nel principio di eguaglianza formale: nell'art. 3.1 Cost., quindi, ma anche in tutte le altre disposizioni costituzionali che richiamano direttamente o indirettamente l'eguaglianza.

Il **giudizio di ragionevolezza** ha una struttura complessa, è composto cioè da una serie di giudizi specifici che ne costituiscono le varie fasi (o "stazioni" come usualmente vengono chiamati). Mettiamo per esempio che il giudice X sollevi la seguente questione: una determinata legge consente alla madre lavoratrice di assentarsi dal lavoro in caso di malattia del figlio; è legittimo che dalla sua applicazione sia escluso il padre, quantomeno nel caso in cui la madre sia gravemente impedita? La Corte procede attraverso un ragionamento trilaterale, molto simile nella struttura a quello per *analogia* (→ § VIII.9.4✓). Essa pone a confronto due norme, la norma impugnata (nel nostro caso, la norma implicita che esclude il padre dal beneficio) e la norma assunta a confronto, che si chiama in gergo ***tertium comparationis*** (nel nostro caso, la norma che prevede il beneficio per la madre). Ma il confronto non può svolgersi senza che la Corte ricostruisca la *ratio legis* (→ § VIII.9.4✓) della norma assunta a *tertium comparationis*. Che cosa significa? La Corte deve capire quale è il fine della norma presa a paragone, quale è l'interesse che essa intende proteggere, il *principio* che essa esprime, per poi poter valutare se, dal punto di vista della *ratio legis*, sia giustificabile la diversa disciplina normativa data dalla norma impugnata rispetto a quella prevista dal *tertium comparationis*. Nel nostro esempio, la Corte spiegherà che la *ratio* del permesso di astensione dal lavoro previsto per la madre è la tutela dell'interesse del minore, il suo diritto all'assistenza da parte dei genitori: *da questo punto di vista*, nessuna distinzione può farsi tra il padre e la madre. Tale distinzione urta anzi contro il *nucleo forte* del principio di eguaglianza (→ § XIII.1.1.β), per cui il controllo di ragionevolezza deve essere particolarmente severo (il c.d. "***strict scrutiny***"): tanto più che gli artt. 29.2 e 30.1 Cost. (ecco la loro carica "paritaria", espressione peculiare del generale principio di eguaglianza!) pongono espressamente a carico di entrambi i genitori il diritto-dovere di assistere i figli.

Naturalmente anche un'equiparazione di trattamento può risultare irragionevole e dare luogo ad una violazione del principio di eguaglianza. Mettiamo il caso che venga impugnata una norma penale che punisce con la stessa pena chi causi un determinato evento (per esempio, la distruzione di un quadro prezioso) con *dolo* (e quindi prevedendo e volendo la conseguenza della propria azione) e chi lo compia con *colpa* (e quindi non volendo l'evento, ma causandolo per negligenza o imperizia): quale *ratio legis* può giustificare l'equiparazione di trattamento di due reati in cui l'elemento psicologico si presenta così diversamente differenziato? Anche in questo caso il ragionamento della Corte costituzionale ha una struttura di tipo triangolare: gli angoli della base sono rappresentati dalle due norme poste a confronto (quella impugnata, cioè quella che fissa la pena per la fattispecie colposa, e quella presa a comparazione, cioè la commisurazione della pena per la fattispecie dolosa), mentre il vertice dovrebbe essere rappresentata dalla *ratio legis*. Ma esiste in questo caso una *ratio* che giustifichi l'equiparazione delle due fattispecie quanto alla commisurazione della pena? Ossia, si "chiude" il triangolo? Nell'esempio precedente (i permessi per l'assistenza ai figli) il triangolo si chiude: la *ratio legis* (l'interesse del bambino) non consente di differenziare le due fattispecie, accordando il permesso alla madre e negandolo al padre; in questo secondo esempio, la maggior gravità del reato doloso rispetto a quello colposo, che è un principio generale del diritto penale, impedisce di chiudere il triangolo, cioè di individuare una medesima *ratio* che giustifichi che sia inflitta la stessa pena per le due ipotesi di reato.

Come si vede, l'intero ragionamento lungo cui si svolge il giudizio di ragionevolezza è contenuto nel confronto tra le *regole* poste a confronto e il *principio* (o i *principi*, se il triangolo non si chiude) di cui esse sono espressione ❾. Il principio di eguaglianza non è direttamente coinvolto, ma resta sullo sfondo come giustificazione del ragionamento stesso. All'art. 3.1 Cost. e, più in generale, al principio di eguaglianza è quindi attribuito dalla Corte costituzionale un significato che non è immediatamente riconoscibile dalla lettura della disposizione: quello di una *regola di coerenza* dell'intero ordinamento giuridico.

✓ LA CORTE COSTITUZIONALE E L'ARTE DI IMPUGNARE LE LEGGI

"Il valore essenziale dell'ordinamento giuridico di un Paese civile (sta) nella coerenza tra le parti di cui si compone; valore nel dispregio del quale le norme che ne fan parte degradano al livello di gregge privo di pastore: canone di coerenza che nel campo delle norme di diritto è l'espressione del principio di eguaglianza di trattamento tra eguali posizioni sancito dell'art. 3" (sent. 204/1982). Ma – per proseguire nella metafora bucolica usata dalla Corte costituzionale – chi è il "pastore" dell'ordinamento giuridico? Abbiamo già visto che la coerenza non è certo una caratteristica propria dell'ordinamento, ma il compito professionale del giurista, come interprete delle leggi (→ § VIII.5). Riconoscendo nell'art. 3 il fondamento di una prescrizione costituzionale che impone l'obbligo di dichiarare illegittime le disposizioni che minano la coerenza dell'ordinamento, la Corte si attribuisce un ruolo assai importante nell'espletamento del dovere professionale degli interpreti e dei giudici in particolare. Quando il giudice si imbatte in una disposizione che, per il suo tenore letterale, gli impedisce di ricavare in via di interpretazione norme coerenti con il sistema giuridico, può ricorrere alla Corte costituzionale e chiederle di togliere quel testo, scritto dal legislatore, che ostacola la sua missione. In altre parole, attraverso l'ancoraggio del giudizio di ragionevolezza all'art. 3 Cost., si espande l'àmbito di applicazione di un importante strumento che l'interprete ha a disposizione per superare le antinomie (→ § VIII.6), il criterio gerarchico. Ma, naturalmente, all'interprete è richiesto di imparare a maneggiare con proprietà questo strumento "potenziato": siccome il giudizio di ragionevolezza si basa sulla giustificazione delle differenziazioni o delle parificazioni di trattamento, per provocarlo il giudice (e l'avvocato che lo sollecita) deve formulare con molta cura il *petitum*. L'ordinanza di rimessione (→ § XII.3.4.3) non potrà indicare genericamente il contrasto della disposizione impugnata con il principio di eguaglianza, ma dovrà fissare il profilo e i termini di questo contrasto (→ § XII.3.4.3), pena l'inammissibilità della questione (→ § XII.6.1). Si potrebbe proporre un teorema: tanto più il giudice *a quo* riesce a "fotografare" nel *petitum* il caso che gli è sottoposto, e a evidenziarne le particolarità che lo rendono assimilabile o non-assimilabile alla fattispecie assunta come *tertium comparationis*, tanto più probabile sarà che la Corte costituzionale accolga la questione, poiché potrà operare, nel complessissimo organismo del diritto, interventi chirurgici ablatori estremamente circoscritti. Il principio di eguaglianza finisce quindi con l'introdurre nel controllo di legittimità sulle norme "generali e astratte" delle leggi elementi di "concretezza" connessi alla particolarità del caso che il giudice *a quo* sottopone alla Corte.

La *regola di coerenza*, implicita nel principio di eguaglianza, potrebbe essere espressa così: il legislatore è libero di scegliere le finalità, il programma, il "principio" da sviluppare con le sue disposizioni (purché non si scontri con altre norme costituzionali "sostanziali", che sanciscono cioè libertà, diritti, ecc.); ma una volta che ha scelto il "principio", deve svilupparlo con coerenza, senza escludere dalla fattispecie situazioni in essa ragionevolmente sussumibili (sarebbe una discriminazione irragionevole) e senza includervi situazioni ragionevolmente distinguibili. Ogni volta in cui il legislatore deroghi a questa regola, la Corte può essere chiamata a ripristinare la coerenza attraverso pronunce che avranno per lo più la struttura della *sentenza interpretativa di accoglimento* (→ § XII.3.6.5): dichiarerà infatti che la *disposizione* è illegittima "*nella parte in cui*" esclude o include la situazione descritta nell'ordinanza di rimessione dalla fattispecie assunta come *tertium comparationis*. Così la Corte costituzionale crea una nuova *norma* ❿: più "coerente" con l'ordinamento: ma, a sua volta, questa nuova norma può essere assunta come *tertium comparationis* per denunciare l'irragionevole esclusione o inclusione di una circostanza più specifica. Per cui spesso le sentenze di accoglimento "interpretativo" emanate dalla Corte, presupponendo un "principio" (che è poi il fondamento della decisione, ossia la *ratio decidendi*) che va coerentemente svolto, innescano ulteriori ordinanze di rimessione, generando "grappoli" di pronunce volte a riportare coerenza all'interno di un determinato segmento dell'ordinamento.

✓ IL CASO: QUANDO IL PADRE ALLATTA ...

Da tempo le leggi prevedono che le lavoratrici madri possano in certi casi astenersi dal lavoro per assistere i figli. E se la madre è impedita a svolgere le "sue" normali funzioni? Numerose questioni vengono sollevate di fronte ai pretori da parte di padri costretti a provvedere ai figli al posto della madre. Tuttavia la legge è chiara: i benefici possono essere concessi solo alla madre. Non resta perciò che investire la Corte costituzionale, denunciando l'illegittimità della legge per violazione del principio di eguaglianza: ma è sostenibile che la madre e il padre siano eguali nella procreazione? Certamente no, risponderebbe chiunque, Corte inclusa, se investito di un quesito formulato in termini tanto generici. Diverso è però se il quesito delinea circostanze particolari, legate al "caso" che il giudice *a quo* è chiamato a decidere. Prendiamo infatti l'ipotesi più drammatica, che la madre muoia di parto. Se noi ragioniamo solo in termini di tutela della salute della madre – dicono i giudici – allora l'esclusione del padre dalle provvidenze sarebbe giustificabile. Ma i benefici non sono rivolti soltanto alla protezione della madre: c'è anche l'interesse del bambino, il diritto del neonato a essere inserito in una famiglia e lì trovare l'affetto e l'assistenza necessari. È la tutela anche (e soprattutto) di questi interessi a formare la *ratio legis*. Da questo punto di vista l'esclusione del padre dai benefici crea una discriminazione intollerabile tra i neonati fortunati e quelli che nascono in una famiglia in cui la madre non c'è o non è in grado di assicurare la sua assistenza al figlio. Ed infatti la Corte risponde (sent. 1/1987) che l'astensione obbligatoria dal lavoro e i permessi giornalieri per l'allattamento non sono posti a tutela solo della salute della madre, tanto è vero che il legislatore li ha estesi anche alla madre adottiva. Ma se questa tutela è sganciata, anche solo in parte, dal fatto naturale della procreazione, essa deve essere estesa, in forza del principio di eguaglianza, almeno in altrettanta parte al padre. Per questi motivi, la Corte dichiara illegittima la legge *"nella parte in cui non prevede che il diritto all'astensione dal lavoro e il diritto al godimento dei riposi giornalieri, riconosciuti alla sola madre lavoratrice, ... siano riconosciuti anche al padre lavoratore ove l'assistenza della madre al minore sia divenuta impossibile per decesso o grave infermità"*. La Corte ha creato così una nuova *norma*, lasciando inalterata la *disposizione* scritta dal legislatore ❿: è un tipico esempio di sentenza "additiva" (→ § XII.3.6.5.β). Questa nuova norma entra a pieno titolo nel sistema normativo e si combina con le altre norme. Crea un nuovo principio, che può trovare applicazione in altre situazioni: infatti, pochi anni dopo è un padre detenuto a chiedere (e ad ottenere: sent. 215/1990) di godere dei permessi di cui godrebbe la madre se detenuta, sempre nelle stesse circostanze ammesse dalla Corte, cioè nel caso in cui la madre sia deceduta o impossibilitata a prestare assistenza al figlio. Passa un solo anno e la Corte deve accettare un'ulteriore applicazione estensiva della sua norma: non si può escludere dal beneficio dell'astensione obbligatoria il padre, in alternativa alla madre (sent. 341/1991), nel caso di adozione. In alternativa, si noti, non più nel solo caso di impedimento della madre: un ulteriore piccolo passo avanti, quel tanto però da far risultare ormai "incoerente" la stessa *norma* creata dalla Corte nella sua prima sentenza, quella del 1987. Infatti la Cassazione impugna nuovamente la legge, così come la Corte l'aveva modificata, sostenendo che estendere al padre i benefici previsti per la madre solo nei casi che questa sia morta o gravemente inferma è illegittimo: almeno i riposi giornalieri sono sicuramente legati all'interesse della prole, non alla salute della madre, e spetta perciò ai genitori decidere se l'interesse dei figli è assicurato meglio dalla presenza della madre o da quella del padre. Il ragionamento è condotto lungo lo stesso filo logico che la Corte aveva sviluppato nelle sentenze precedenti: se il punto di prospettiva è dato dall'interesse del neonato, si può presumere che questo, nei primi mesi di vita, esiga in genere un rapporto fisico e psicologico con la madre; ma si tratta di una semplice presunzione, perché si deve lasciare ai genitori il compito di valutare ciò che più conviene al figlio. La legge viene perciò nuovamente dichiarata illegittima *"nella parte in cui non estende, in via generale ed in ogni ipotesi, al padre lavoratore, in alternativa alla madre lavoratrice consenziente, il diritto ai riposi giornalieri ..."*. Come è evidente, a essere dichiarata incostituzionale non è tanto la *disposizione* scritta dal legislatore, quanto una parte della *norma* che la Corte stessa vi aveva tessuto sopra!

2. Libertà e diritti costituzionalmente garantiti

2.1. *Definizioni*

Una delle componenti essenziali, presenti in tutte le costituzioni moderne, è la disciplina dei diritti e delle libertà. Essa costituisce anzi un elemento fondamentale per la definizione della stessa *forma di stato* (→ § II.1.1), in quanto influenza in modo determinante i rapporti tra lo Stato e la società civile. Questo significa anche che la definizione delle libertà e dei diritti ha fortemente risentito delle trasformazioni delle concezioni dello Stato, dando luogo ad un processo di sovrapposizione delle discipline più recenti su quelle più antiche, che rende particolarmente difficile orientarsi in questa parte delle costituzioni. Difficile anzitutto sotto il profilo terminologico, poiché a termini e concezioni antiche sono venuti sommandosi problematiche del tutto nuove che hanno imposto la loro propria terminologia e le proprie categorie. In questo settore del diritto costituzionale, perciò, la terminologia e le classificazioni non sono stabilizzate e variano sensibilmente da autore a autore. È necessario tuttavia introdurre alcune nozioni.

α) Si parla generalmente di **situazioni giuridiche soggettive** per indicare sia le posizioni giuridiche attive o di vantaggio, quali le libertà e i diritti, che le posizioni giuridiche passive o di svantaggio, quali i doveri e gli obblighi (si pensi al dovere di difendere la Patria e all'obbligo del servizio militare di cui all'art. 52), che la Costituzione disciplina. Delle posizioni giuridiche passive si tratterà brevemente in seguito (→ § XIII.9). Le posizioni giuridiche attive si distinguono generalmente (per tacere di ulteriori più complesse, ma non più utili, classificazioni) in **libertà** e in **diritti**, ma la distinzione è poco precisa: il termine "libertà" sottolinea l'aspetto negativo, di non costrizione; il termine "diritto" privilegia l'aspetto positivo, di pretesa. È ovvio quindi che si parla prevalentemente di "libertà" con riferimento alle rivendicazioni tipiche del costituzionalismo liberale, tutte rivolte a respingere lo Stato fuori dalle scelte individuali (**libertà negative**); ed è pure ovvio che si parli prevalentemente di "diritti" con riferimento alle rivendicazioni sociali più recenti, quelle stesse che si ispirano al principio di eguaglianza sostanziale (→ § XIII.1.1) e si esprimono nella richiesta di servizi sociali, ausili per gli strati più deboli della popolazione, ecc. (**diritti positivi**). Ma, come si vede, sono distinzioni che hanno più un rilievo ideologico che un significato tecnico per il diritto costituzionale: per il quale, anzi, l'*aspetto negativo* (la richiesta di non essere costretto) e l'*aspetto positivo* (la richiesta di strumenti per realizzare i propri obiettivi) sono sempre presenti e strettamente legati in ogni "libertà" e in ogni "diritto" sanciti dalla Costituzione. Così, per esempio, il "diritto" alla salute, come pretesa di ricevere dal potere pubblico prestazioni sanitarie adeguate, ha un immediato risvolto "negativo" nella "libertà" da trattamenti sanitari obbligatori; mentre la libertà, classicamente negativa, di poter esprimere il proprio pensiero ha un riflesso "positivo" nella richiesta allo Stato di garantire il più ampio accesso ai mezzi di comunicazione.

Va poi considerato un secondo aspetto, su cui spesso si accumulano gli equivoci: il problema dell'intervento dell'autorità pubblica. Gli equivoci nascono dalla convinzione, assai diffusa, che – mentre per le libertà ciò che si chiede allo Stato è essenzialmente l'astensione da qualsiasi intervento, e quindi che la loro tutela non abbia "costi" per la finanza pubblica – per i diritti invece sia indispensabile l'intervento pubblico, e quindi essi siano "costosi". Questa convinzione è priva di serio fondamento. Se prendiamo le tipiche libertà "negative" – per esempio la libertà personale (ossia la libertà da coercizioni fisiche: → § XIII.4.2), la libertà di domicilio (→ § XIII.4.3), o la proprietà privata (→ § XIII.7.5) – vediamo che esse chiedono ingenti interventi e "costi" pubblici. Quale garanzia avrebbe infatti l'integrità fisica degli individui senza un ingente (e costoso) apparato di pubblica sicurezza posto a protezione di essa o senza il complesso (e costoso) apparato giudiziario? E cosa sarebbe la proprietà senza un apparato di protezione che tuteli, non solo attraverso strumenti di polizia, ma anche attraverso il servizio antincendi, la sistemazione delle acque, la protezione civile e la "garanzia" pubblica per le calamità naturali? Ancora una volta si può notare che la distinzione ha basi più ideologiche che "oggettive".

Che esistano diritti del tutto "negativi", ossia che consistono in una pura richiesta di astensione rivolta agli altri soggetti pubblici o privati, è un mito: tutti i diritti e le libertà hanno bisogno di un'organizzazione pubblica e dunque sono "costosi"; ed allora è in fin dei conti sempre una questione di scelta tra "politiche pubbliche" decidere se rafforzare le garanzie (e i costi) delle "libertà" o quella dei "diritti". Sono gli organi pubblici a dover decidere come impiegare le risorse finanziarie: si può decidere, per esempio, di migliorare le prestazioni pubbliche nella garanzia della incolumità fisica delle persone e della protezione della proprietà, destinando maggiori risorse all'organizzazione degli apparati della polizia, migliorando il trattamento dei proprietari espropriati, rafforzando le garanzie processuali per chi subisce limitazioni alla libertà personale (il che però potrebbe significare anche un aumento delle difficoltà di giungere ad una rapida punizione di chi si macchia di crimini contro l'integrità fisica o la proprietà); oppure si può decidere di rafforzare la protezione dei diritti sociali, migliorando le prestazioni sanitarie o il sistema pensionistico. Non esistono diritti o libertà che prescindano da questa scelta, perché non esistono diritti o libertà la cui garanzia non dipenda dall'intervento degli apparati pubblici.

β) Un'altra distinzione assai comune è tra **diritti assoluti** e **diritti relativi**. "Assoluti" non vuol dire illimitati (diritti illimitati non esistono, come poi vedremo), ma che si possono far valere nei confronti di tutti, cioè *erga omnes*. Essi possono essere **diritti della persona** (per esempio, la libertà personale, la libertà di domicilio o il diritto alla *privacy*: → § XIII.4.4.2✓) o **diritti reali** (per esempio, la proprietà), ma hanno comunque per contenuto una *libertà* il cui esercizio non richiede prestazioni da parte di terzi se non l'astensione: l'effetto *erga omnes* è perciò essenzialmente un divieto di interferenza per gli altri soggetti. Di contro, "relativi" sono i *diritti* che possono essere fatti valere solo nei confronti di soggetti determinati, ai quali si chiede una prestazione: il diritto che i minori vantano nei confronti dei genitori al mantenimento e all'educazione (art. 30 Cost.), il diritto del lavoratore ad una retribuzione proporzionata alla quantità e qualità del suo lavoro (art. 36.1 Cost.), o tutti i c.d. **diritti sociali** (→ § XIII.6) che si possono vantare nei confronti dello Stato (per esempio, il diritto alle cure mediche gratuite: art. 32.1 Cost.; oppure il c.d. *diritto allo studio*: art. 34.4 Cost.).

Questa distinzione ha però più una funzione classificatoria che riflessi pratici. Tutti i diritti hanno bisogno di una disciplina normativa: anche quelli "assoluti" necessitano di regole che fissino i modi con cui essi possono essere limitati (per esempio, l'espropriazione della proprietà privata per pubblica utilità: artt. 42.3 Cost. e 834 cod. civ.; oppure le ispezioni domiciliari per esigenze della giustizia: art. 14.2 Cost.) e il punto d'equilibrio tra l'interesse di chi li vanta e gli altri soggetti (si legga, per esempio, quanto scrivono l'art. 42.3 Cost. e l'art. 832 cod. civ. a proposito della proprietà). Per cui non è affatto detto che la legge non possa far dipendere anche il godimento di determinati "diritti assoluti" da prestazioni di altri soggetti: basti pensare al regime di autorizzazione – concessione cui è sottoposto lo sfruttamento edilizio della proprietà fondiaria. D'altra parte, anche i c.d. diritti relativi hanno un riflesso "negativo" che opera nei confronti di tutti: il mio diritto alla salute, che si incarna in una pretesa alle prestazioni sanitarie dello Stato, mi garantisce anche dall'azione pregiudizievole degli altri privati, attraverso la tutela penale e civile. Come pretesa alle prestazioni sanitarie, esso opera solo se e in quanto tali prestazioni siano disciplinate dalla legge; come divieto di recarmi pregiudizio, esso è *self-executing* ⓫: in entrambi i casi, però, si tratta di un diritto garantito dalla Costituzione, per cui la legge, che non mi assicurasse prestazioni adeguate o che non mi tutelasse a sufficienza da pregiudizi arrecatimi da terzi, potrebbe essere dichiarata illegittima.

γ) Un notevole credito ha avuto in passato la distinzione tra **diritti individuali** e **diritti funzionali**. La differenza starebbe in questo: i primi (i diritti individuali) sono attribuiti alla persona in quanto tale, per un suo vantaggio personale e per le finalità che il singolo è libero di scegliere ed apprezzare, indipendentemente dai vantaggi o dagli svantaggi che ne possano derivare per la collettività; mentre i secondi (i diritti funzionali) sono attribuiti al singolo per il perseguimento di finalità predeterminate a vantaggio della comunità, e non liberamente scelte dall'individuo. Classico diritto "individuale" sarebbero quindi, per esempio, la libertà personale, la libertà di domicilio, la libertà di corrispondenza, ecc.; diritti "funzionali" sarebbero invece il diritto di proprietà, le potestà familiari, ecc.

✓ LIBERTÀ DI ESPRESSIONE E "GUERRA FREDDA"

Questa distinzione ha avuto fortuna nell'àmbito del dibattito sull'interpretazione di alcune disposizioni costituzionali, e in particolare dell'art. 21, che proclama la libertà di manifestazione del pensiero. Negli anni della c.d. "guerra fredda" si erano imposte, sia negli Stati Uniti che nella Germania occidentale, teorie che collegavano strettamente la libertà di espressione con i valori della democrazia. Negli Stati Uniti questa idea, che ha attecchito nella giurisprudenza della Corte suprema, si sviluppava sull'antica concezione liberale della democrazia come *marketplace of ideas*, e quindi della stretta connessione tra democrazia (il fine) e la libertà di espressione (il mezzo): con la conseguenza di sanzionare tutta una serie di espressioni del pensiero in quanto pericolose per la democrazia o "di basso valore". Nella Costituzione federale tedesca vi è addirittura una disposizione (§ 18) che sanziona con la perdita dei diritti fondamentali *"chi ne abusi per combattere contro i principi liberal-democratici dell'ordinamento costituzionale"*: la conseguenza, per chi esprima opinioni radicali contrarie ai quei principi, può essere la perdita del mandato parlamentare (i partiti contrari ai principi liberal-democratici sono incostituzionali: § 21), il licenziamento dall'insegnamento pubblico (c.d. ***Berufsverbot***), ecc. Era l'idea, drammaticamente diffusa nel primo decennio del dopoguerra, di una "democrazia combattente", che si difende dai suoi nemici. Per fortuna questa idea ha lasciato in Italia poche tracce: la contrapposizione tra diritti individuali e diritti funzionali, e la classificazione della libertà di manifestazione del pensiero tra i primi, ha dato un piccolo contributo nel limitare i danni.

Oggi questa distinzione ha perso qualsiasi utilità. Tutti i diritti, "individuali" o "funzionali" che siano, subiscono la concorrenza di altri diritti o interessi con cui devono conciliarsi: il "bilanciamento degli interessi" è la regola dell'applicazione di ogni diritto (→ § XIII.3.3), di cui fissa il limite "negativo". D'altra parte, nessuno pensa che i diritti, neppure quelli che si definiscono "funzionali", possano essere caratterizzati da un limite "positivo", un vincolo di scopo che ne condiziona l'esercizio. È la legge che può fissare limiti all'esercizio della libertà imprenditoriale (art. 41.2), limiti al godimento della proprietà (art. 42.2), o i limiti all'eguaglianza dei coniugi al fine di salvaguardare "*l'unità familiare*" (art. 29.2): e queste leggi potranno essere sottoposte al giudizio della Corte costituzionale, perché valuti se il bilanciamento tra le opposte esigenze compiuto dal legislatore sia equilibrato e ragionevole, esattamente come valuterebbe i limiti che il legislatore introducesse, per esempio, alla libertà personale, alla libertà di domicilio o alla libertà di corrispondenza per assicurare, poniamo, le esigenze della giustizia o del fisco.

δ) Di ormai antica tradizione è la distinzione tra *diritti soggettivi* e *interessi legittimi*: essa però sta su un piano un po' diverso da quello delle distinzioni precedenti, perché guarda essenzialmente alla tutela giurisdizionale dei diritti, cioè al loro aspetto processuale (→ § VII.1).

La distinzione tra diritti soggettivi e interessi legittimi può avere rilievo anche a proposito dei diritti fondamentali: non nel senso che i diritti fondamentali possano essere classificati negli uni o negli altri, ma nel senso che in certe situazioni alcuni diritti soggettivi possono "degradare" ad interesse legittimo. Ciò avviene quando la Costituzione preveda che l'esercizio di determinati diritti possa essere condizionato da comportamenti della pubblica amministrazione, per esempio, attraverso provvedimenti ablatori (l'espropriazione, per esempio) o divieti. Così, per esempio, la libertà di riunione in luogo pubblico (→ § XIII.5.2), che è un diritto assoluto sancito dall'art. 17 Cost., può essere degradata ad interesse legittimo quando, "*per comprovati motivi di sicurezza o di incolumità pubblica*", il questore la vieti: ai promotori resta la possibilità di impugnare il divieto davanti al giudice amministrativo, difendendo un "*interesse legittimo*" alla regolarità del provvedimento (in questo modo possono contestare, tra l'altro, la sussistenza di circostanze di luogo, di tempo e di modo poste a motivazione del provvedimento). Ma se lo stesso provvedimento di divieto della riunione fosse emanato in assoluta carenza di potere, per esempio dal capo dei vigili urbani, o fosse completamente privo di motivazione, allora probabilmente esso non avrebbe la forza di degradare il diritto di riunione, e l'interessato potrebbe difendere il suo "*diritto soggettivo*" davanti al giudice ordinario.

ε) Diverse suddivisioni vengono usualmente adoperate per distinguere i diritti in diverse categorie in base al loro contenuto. Ma, si badi, esse hanno funzione essenzialmente classificatoria: sono utili per indicare i diritti costituzionali per gruppi, senza doversi impegnare in lunghe elencazioni. Anche qui si userà una classificazione "di comodo", distinguendo tra libertà che tutelano l'individuo (→ § XIII.4), le libertà che tutelano le formazioni sociali (→ § XIII.5), i c.d. "diritti sociali" (→ § XIII.6), le libertà economiche (→ § XIII.7) e i diritti politici (→ § XIII.8). Sono distinzioni che non separano fenomeni totalmente diversi (in fondo, è ovvio che è sempre l'individuo il titolare dei diritti e delle libertà), ma piuttosto segnano livelli diversi in una scala di intensità della tutela accordata dalla Costituzione. Perché è ovvio che la tutela è più stringente dove è in gioco la stessa libertà fisica della persona (non a caso garantita dal primo articolo della parte che la Costituzione dedica ai diritti, l'art. 13) e poi si va progressivamente allentando man mano che ci si allontana dalla persona fisica per allargarsi a beni situati in punti più lontani della sfera d'azione dell'individuo come, per esempio, l'economia.

2.2. *Strumenti di tutela*

La vera novità delle costituzioni moderne, delle costituzioni *rigide* (→ § III.3) per intendersi, è non solo (e non tanto) di aver allargato il catalogo delle libertà e dei diritti alle esigenze proprie dello Stato sociale, ma di aver potenziato gli strumenti di garanzia anche dei "vecchi" diritti. Ovviamente l'intero sistema giuridico potrebbe essere letto in chiave di protezione dei diritti; tuttavia la Costituzione ha introdotto alcuni strumenti specificamente orientati a questo obiettivo.

I congegni di protezione dei diritti e delle libertà sono ovviamente diversi e diversi sono i piani su cui operano. Eccone i principali:

α) la *riserva di legge*: perché la riserva di legge ordinaria costituisca una garanzia per i cittadini è già stato spiegato in generale (→ § VIII.11.2.γ). Alla legge è riservata la disciplina dei casi e dei modi con cui le libertà possono essere limitate. Così come l'intensità della tutela costituzionale varia in relazione alla maggiore o minore vicinanza al nucleo essenziale delle libertà dell'individuo (→ § XIII.2.1.ε), varia anche l'intensità della riserva di legge. Infatti le libertà che tutelano l'individuo sono sempre corredate da *riserve assolute di legge* (→ § VIII.11.2.γ1: si vedano per esempio gli artt. 13.2, 13.3, 13.5, 14.2, 15.2), se non addirittura da *riserve rinforzate per contenuto* (→ § VIII.11.2.δ1: si vedano gli artt. 14.3, 16.1, 18.1), mentre nel campo delle libertà economiche predominano le *riserve relative* (→ § VIII.11.2.γ2: si vedano gli artt. 40, 41.3, 42.2: dottrina e giurisprudenza ritengono che una "riserva di legge implicita" sia però contenuta anche nell'art. 41.2, per ciò che riguarda i limiti alla libera iniziativa economica);

✓ RISERVA DI LEGGE E COSTITUZIONE RIGIDA

> *"Niuno può essere arrestato o tradotto in giudizio, se non nei casi previsti dalla legge, e nelle forme che essa prescrive"*. Questa disposizione (art. 26.2) dello Statuto albertino non esprime anch'essa una "riserva di legge"? E allora dove sta la novità della garanzia offerta dalla Costituzione attuale? La novità sta nella *rigidità costituzionale* (→ § III.3) e nel suo corollario, il sindacato di legittimità costituzionale delle leggi. Senza di ciò la riserva di legge rischia infatti di divenire un meccanismo di svuotamento della garanzia costituzionale, nulla potendo impedire al legislatore ordinario di estendere le previsioni della legge sino all'annullamento degli spazi di libertà garantiti. Sono rimaste famose le sprezzanti osservazioni di Karl Marx sulle costituzioni flessibili dell'800: *"Ogni paragrafo della Costituzione contiene la sua propria antitesi, la sua Camera alta e la sua Camera bassa: nella proposizione generale, la libertà, nella nota marginale, la soppressione della libertà"*.

β) la *riserva di giurisdizione*: è un meccanismo che rafforza assai spesso la riserva assoluta di legge, perché serve a ridurre ulteriormente lo spazio di valutazione discrezionale lasciato all'autorità pubblica (→ § VIII.11.2.γ1). La riserva di giurisdizione condiziona ogni provvedimento restrittivo delle libertà individuali ad una previa autorizzazione (o, in casi d'urgenza, ad una pronta convalida) da parte del giudice: meccanismi di questo tipo sono previsti dagli artt. 13.2, 13.3, 14.2, 15.2, 21.3, 21.4 Cost.;

γ) la *tutela giurisdizionale*. "*Tutti possono agire in giudizio per la tutela dei propri diritti e interessi legittimi*" (sulla nozione di interesse legittimo → § XIII.2.1.δ). Questa disposizione dell'art. 24.1 Cost. garantisce la più ampia possibilità di ricorrere al giudice per ogni violazione dei propri diritti, sia essa perpetrata dagli apparati pubblici che da altri soggetti privati. Il *diritto alla difesa* (→ § VII.2.2) è un completamento indispensabile delle norme costituzionali che riconoscono i diritti e le libertà, che, senza di quello, risulterebbero svuotate di significato giuridico. Ma è evidente che il ricorso al giudice costituisce una garanzia solo se il giudice e il processo sono organizzati secondo precise regole garantiste. Da qui l'importanza strategica che assumono, per la protezione dei diritti costituzionali, i principi costituzionali sulla giurisdizione: principi quali la *naturalità* e la *precostituzione* del giudice (art. 25.1: → § VII.2.1); l'*imparzialità* e l'*indipendenza* dei giudici (artt. 101.2, 104.1, 107, 108: → § VII.3); il principio del *contraddittorio* (→ § VII.2.2) che la Corte costituzionale ha sempre considerato implicito nello stesso diritto alla difesa; il principio per cui "*contro le sentenze e contro i provvedimenti sulla libertà personale ... è sempre ammesso ricorso in Cassazione per violazione di legge*" (art. 111.7: → § VII.1; non è invece tassativamente previsto in Costituzione il principio del *doppio grado di giurisdizione*, anche se esso è normalmente assicurato); il principio di *presunzione d'innocenza* sino a condanna definitiva (art. 27.2). Ed è quindi perfettamente comprensibile la tensione politica che suscitano i temi collegati all'estensione di questo tipo di garanzie, in direzione, per esempio, dell'affermazione piena del principio della *parità delle armi* tra le parti e dell'utilizzabilità processuale delle prove assunte fuori dal contraddittorio (la nota questione delle dichiarazioni rese dai c.d. pentiti all'inquirente e non confermate in aula);

✓ CHI TUTELA I "DIRITTI DI TUTTI"?

Può agire davanti al giudice civile o amministrativo soltanto chi abbia un *interesse concreto*, dimostri cioè di rischiare di subire un danno (patrimoniale, morale, ecc.) ingiusto, e *attuale*, cioè che sussista al momento del giudizio. Tizio può ricorrere al giudice per opporsi ad una speculazione edilizia se, per esempio, è il proprietario di un fondo adiacente e dimostra di subire un danno patrimoniale dalle opere progettate. Ma non lo potrebbe fare in nome del comune interesse all'ambiente e al rispetto delle regole urbanistiche. Soltanto se le opere in corso realizzano una ipotesi di reato, egli può segnalarlo alla Procura della Repubblica perché questa inizi un'indagine penale. Ciò spiega il sempre più frequente ricorso all'esposto penale per far valere gli **interessi diffusi** di fronte a piccoli e grandi episodi di speculazione, inquinamento, disservizio o cattiva amministrazione. Ma ciò spinge – sia i giudici che lo stesso legislatore – nella direzione dell'estensione dell'area del penalmente illecito, che invece dovrebbe essere, in un paese civile, rigorosamente limitata alla protezione dei valori sociali fondamentali. Anche per questa ragione la legislazione recente va nella direzione di riconoscere la *legittimazione ad agire*, per la protezione dei c.d. **interessi collettivi**, alle associazioni che di questi interessi si fanno protettrici. È questa la scelta operata dalle leggi in materia di ambiente, di tutela dei consumatori e di lotta contro le discriminazioni (→ § I.1.1.β✓).

La giurisprudenza amministrativa si è dimostrata incline a riconoscere con una certa larghezza la legittimazione processuale delle associazioni. Una recente sentenza del Consiglio di Stato (sez. VI, 3507/08) ha precisato però che l'interesse diffuso si trasforma in interesse collettivo e diventa tutelabile in giudizio nel momento in cui l'associazione dimostri la sua rappresentatività rispetto all'interesse che intende proteggere, e ciò in base allo statuto e al fatto di essere dotata di stabilità e continuità (non sia quindi un'associazione di comodo, la cui attività non riflette effettive esigenze collettive) nonché di tutelare un interesse localizzato, con "uno stabile collegamento territoriale tra l'area di afferenza dell'attività dell'ente e la zona in cui è situato il bene a fruizione collettiva che si assume leso (criterio della c.d. *vicinitas*)".

INTERNET Si può scaricare la sentenza da http://www.giustizia-amministrativa.it/Sentenze/CDS_200803507_SE_6.doc.

δ) la *responsabilità del funzionario*: l'art. 28 Cost. stabilisce il principio della *responsabilità diretta* dei funzionari e dei dipendenti pubblici per gli "*atti compiuti in violazione di diritti*" (→ § V.2.12.g). Nell'intenzione dei costituenti questa doveva essere una norma di chiusura rafforzativa della tutela dei diritti fondamentali sanciti negli articoli precedenti, ma dalla serie di modifiche apportate nei lavori dell'Assemblea costituente è uscita una disposizione dal significato non molto chiaro. Per quanto il significato attuale attribuito alla disposizione sia alquanto ridotto, l'esistenza di forme di responsabilità penale e amministrativa a carico dei funzionari pubblici, e la responsabilità civile solidale dello Stato, costituiscono indubbiamente una garanzia dei diritti soggettivi, sia per il suo valore deterrente sia per la tutela risarcitoria che viene assicurata;

✓ IL PROBLEMA DELLA RESPONSABILITÀ DEI MAGISTRATI

E i magistrati rispondono degli atti compiuti in violazione dei diritti? Questa è una domanda cruciale, considerato il ruolo che, come si è visto, il giudice svolge nel sistema di protezione dei diritti; se il giudice fosse lasciato esente da responsabilità per i suoi atti, la tutela dei diritti verrebbe fortemente sminuita. L'art. 55 cod. proc. civ. limitava la responsabilità *civile* del giudice (e del pubblico ministero: art. 74) ai soli casi di dolo, frode e concussione, nonché di diniego di giustizia. Questa limitazione della responsabilità è stata molto criticata, soprattutto dopo che la Corte costituzionale (sent. 2/1968) ha esteso anche agli atti compiuti dai magistrati la responsabilità solidale dello Stato, stemperando la previsione di una responsabilità personale diretta del giudice. Fu un *referendum* ad abrogare la disciplina del codice, nel 1987, a seguito del quale intervenne la legge 117/1988. Ma questa legge limita la responsabilità per danno ingiusto provocato da comportamenti degli organi giudiziari al *dolo* e alla *colpa grave*, prevedendo che l'azione di risarcimento venga proposta contro lo Stato, non contro il singolo magistrato (contro cui lo Stato potrà rivalersi): salvo il caso in cui il comportamento costituisca reato, perché allora si agirà penalmente contro il giudice (e civilmente contro lo Stato).
Naturalmente anche questa legge è al centro di molte contestazioni, essendo accusata di aver "tradito" il *referendum* ripristinando una disciplina "garantista" solo nei confronti dei magistrati. A queste critiche si aggiungono oggi quelle della Corte di giustizia che nella recente sent. *Traghetti del Mediterraneo* (C-173/03) ha stabilito che anche un errore nell'interpretazione delle norme giuridiche (o nella valutazione dei fatti) da parte di un giudice può innescare la responsabilità dello Stato per infrazione del diritto dell'UE, e lo Stato non può limitare la sua responsabilità (come invece fa la legge italiana sulla responsabilità civile dei giudici) ai soli casi di dolo o colpa grave del giudice.
Anche per rispondere alle osservazioni della Corte europea è stata emanata una nuova disciplina della responsabilità civile dei magistrati (→ § VII.4).

ε) il *sindacato di legittimità costituzionale*: l'introduzione del sindacato di legittimità delle leggi riveste un'importanza decisiva per la tutela dei diritti fondamentali. La Corte costituzionale infatti è chiamata a controllare che la legislazione ordinaria – che, come si è appena visto, ha il compito di attuare i principi costituzionali in tema di diritti – non travalichi e comprima le garanzie sino ad annullarle. Ciò però significa anche che l'effettivo contenuto dei diritti e delle libertà, nonché la concreta individuazione delle garanzie costituzionali dipendono dalle interpretazioni fornite dalla giurisprudenza della Corte costituzionale. Non è dunque un eccesso di realismo dire che i diritti fondamentali sono quello che la Corte dice che essi siano: perciò diventa inevitabile occuparci delle tecniche che la Corte costituzionale impiega per applicare le disposizioni costituzionali in tema di diritti fondamentali.

3. L'APPLICAZIONE DELLE GARANZIE COSTITUZIONALI

La giurisprudenza costituzionale ha inciso per ogni profilo della definizione della tutela costituzionale dei diritti: sia per quanto riguarda l'àmbito soggettivo, cioè l'individuazione dei soggetti ammessi a godere dei diritti (§ 3.1), sia per quanto riguarda l'àmbito oggettivo, ossia il contenuto dei diritti (§ 3.2); sia infine per quel che riguarda i rapporti tra i diversi diritti, quando essi entrano in conflitto, ossia per il loro "bilanciamento" (§ 3.3).

3.1. *Àmbito soggettivo*

3.1.1. *Cittadini e stranieri*

In certi casi la Costituzione riconosce a tutti la tutela dei diritti (artt. 2, 19, 21.1, 22, 24.1, 25, 32.2, 34) in altri casi solo ai cittadini (si vedano per esempio gli artt. 3.1, 16, 17, 18, 38.1 e, ovviamente, gli artt. 48-54 sui diritti politici). Il problema che si pone è se e in quale misura i diritti che la Costituzione riserva espressamente ai cittadini possano essere estesi agli stranieri: questa estensione, infatti, non può essere considerata automatica sulla sola base del principio di eguaglianza, dato che l'art. 3.1 si riferisce espressamente ai soli cittadini.

Va preso in considerazione anzitutto l'art. 10.2, che per lo ***status* giuridico dello straniero** pone una riserva di legge rinforzata (per contenuto) (→ § VIII.11.2.δ1): "*la condizione giuridica dello straniero è regolata dalla legge in conformità delle norme e dei trattati internazionali*". È sulla base di questa disposizione che si possono giustificare estensioni dei diritti fondamentali agli stranieri anche nei casi in cui la Costituzione sembrerebbe riservarli ai soli cittadini.

✓ L'ESTENSIONE DEI DIRITTI AGLI STRANIERI

Due esempi per tutti: in base ai trattati (e al diritto derivato: → § XI.2) è stato esteso ai cittadini degli altri Stati dell'Unione europea (→ § II.7) l'elettorato attivo e passivo per le elezioni del Parlamento europeo (legge 9/1989 e legge 483/1994) e per le elezioni comunali (d.lgs. 197/1996); la legge 203/1994 ha autorizzato la ratifica della Convenzione di Strasburgo sulla partecipazione degli stranieri alla vita pubblica a livello locale che, oltre a prevedere l'allargamento a tutti gli stranieri residenti del diritto di voto e di essere eletti nelle elezioni locali (ma questa parte della Convenzione non è stata ratificata dall'Italia, che però ha riconosciuto agli stranieri, con la legge 40/1998, il diritto di partecipare alla vita pubblica locale), ne sancisce anche il diritto di espressione, di riunione, di associazione e di organizzazione politica. L'altro esempio, di rilevanza ancora più generale, è la ***Convenzione europea per la salvaguardia dei diritti dell'uomo e delle libertà fondamentali*** (abbreviata in **CEDU**), firmata a Roma il 4 novembre 1950 e recepita nel nostro ordinamento con la legge 848/1955: essa riconosce espressamente a tutti i diritti fondamentali, sia pure formulandoli in modo parzialmente diverso e perlopiù meno "garantista" rispetto alla nostra Costituzione, e garantendo uno *standard* minimo di tutela anche agli stranieri. Sui rapporti tra la CEDU e il nostro ordinamento → § XIII.3.2.3✓.

Va detto però che la Corte costituzionale ha seguito anche un'altra via per estendere la protezione dei diritti ai non-cittadini: essa fa perno sull'art. 2 Cost. che sancisce, con norma la cui posizione in testa alla Costituzione ne sottolinea la portata generale, il riconoscimento e la garanzia dei "*diritti inviolabili dell'uomo*". Sull'interpretazione di questa disposizione si è sviluppato un intenso dibattito (→ § XIII.3.4); ma su un punto la Corte è stata subito chiara: che l'art. 2 si ricollega ai diritti che gli artt. 13 e seguenti definiscono specificamente come "inviolabili", con la conseguenza che essi appartengono *all'uomo inteso come essere libero*, senza quindi discriminazioni a danno degli stranieri.

In conclusione, attraverso un doppio meccanismo – l'interpretazione dei diritti "inviolabili" alla luce dell'art. 2 Cost., e quindi come diritti dell'"uomo", e non del solo "cittadino"; l'applicazione delle garanzie riconosciute agli stranieri in base ai trattati internazionali, a cui le leggi sono vincolate in forza dell'art. 10.2 Cost. – la Corte è giunta ad affermare il principio per cui la garanzia dei diritti "inviolabili" si estende allo straniero anche laddove la Costituzione li attribuisce ai soli cittadini. Ma occorrono tre precisazioni:

A) innanzitutto, almeno nell'applicazione che normalmente viene data dai giudici ordinari a questo principio, l'estensione opera nei confronti dei soli diritti definibili "*inviolabili*" sulla base della Costituzione. Per gli altri diritti, continua ad avere applicazione la regola fissata dall'art. 16 delle *Preleggi* (→ § VIII.3.3✓), che ammette lo straniero a godere dei "*diritti civili attribuiti al cittadino*" a condizione di reciprocità: quindi bisognerà dimostrare che la legislazione del Paese da cui lo straniero proviene riconosce lo stesso diritto ai cittadini italiani (sulla legislazione straniera come "fatto" sottratto al principio *jura novit curia* → § VIII.3.5).

✓ PRELEGGI E LEGGI SULL'IMMIGRAZIONE

La disposizione delle *Preleggi* non è stata abrogata espressamente dalla legge 40/1998 (cui sono seguiti altri atti normativi modificativi e di attuazione raccolti nel T.U. 286/1998). Però l'art. 2 di questa legge sembra sovrapporre la sua disciplina a quella delle *Preleggi*. Esso prevede che:
– allo straniero "*comunque presente alla frontiera o nel territorio dello Stato*" (quindi anche se entratovi clandestinamente) sono riconosciuti i *diritti fondamentali* della persona umana previsti dalle norme di diritto interno, dalle convenzioni internazionali in vigore e dai principi di diritto internazionale generalmente riconosciuti. Questa disposizione non sembra introdurre quindi principi nuovi rispetto a quanto si è appena descritto. Così come non sembra innovativa la successiva disposizione che garantisce comunque allo straniero "*la parità di trattamento con il cittadino relativamente alla tutela giurisdizionale dei diritti e degli interessi legittimi, nei rapporti con la pubblica amministrazione e nell'accesso ai pubblici servizi, nei limiti e nei modi previsti dalla legge*". Viene invece introdotta una disciplina dell'immigrazione che si basa sulla programmazione degli ingressi fondata sul sistema delle quote e su un documento programmatico, la cui approvazione è promossa, con cadenza triennale, dal Presidente del Consiglio, approvato dal Consiglio dei ministri ed emanato con apposito decreto del Capo dello Stato;
– lo straniero "*regolarmente soggiornante nel territorio dello Stato*" gode dei *diritti in materia civile* attribuiti al cittadino italiano, "*salvo che le convenzioni internazionali in vigore per l'Italia e la presente legge dispongano diversamente*": ed in particolare gode dei diritti di partecipazione ai rapporti economici, del diritto al lavoro e delle posizioni di garanzia nel corso del rapporto di lavoro, delle prestazioni di garanzia e di sicurezza sociale, nonché di quelle relative all'accesso all'istruzione e all'edilizia pubblica e, più in generale, ai servizi pubblici. Questa disposizione sembra sovrapporsi all'art. 16 delle *Preleggi*, tanto che essa prevede una apposita disciplina per l'accertamento delle regole da applicare "*nei casi in cui la presente legge o le convenzioni internazionali prevedano la condizione di reciprocità*";
– sempre se "*regolarmente soggiornante*", lo straniero "*partecipa alla vita pubblica locale*" (già alcuni statuti comunali hanno ammesso gli stranieri a partecipare ai *referendum* locale), nonché viene equiparato al cittadino relativamente ai diritti alla tutela giurisdizionale e nei rapporti con la pubblica amministrazione.

In conclusione, l'àmbito di applicazione dell'art. 16 delle *Preleggi* sembra ormai assai limitato, rimanendo come norma residuale destinata ad applicarsi soltanto agli stranieri non regolarmente soggiornanti e, comunque, per questioni che non attengano ai diritti fondamentali;

B) in secondo luogo, l'eguaglianza dello straniero nel godimento dei diritti inviolabili è un *principio*, non una *regola* tassativa ❾. Questo significa che non è vietato al legislatore di prevedere oneri o limitazioni particolari a carico degli stranieri, purché essi siano ragionevolmente giustificabili sulla base della loro particolare condizione di straniero. Ossia la condizione di straniero può essere la *ratio distinguendi* (→ § XIII.1.2) che giustifica la ragionevolezza di un certo grado di scostamento della disciplina dello straniero da quella del cittadino: "*non può escludersi che, tra cittadino e straniero, benché uguali nella titolarità di certi diritti di libertà, esistano differenze di fatto che possano giustificare un loro diverso trattamento nel godimento di quegli stessi diritti*" (sent. 104/1969), differenze "*che il legislatore può apprezzare e regolare nella sua discrezionalità, la quale non trova altro limite se non nella razionalità del suo apprezzamento*" (sent. 144/1970). È per questa via che sono stati ammessi, per gli stranieri, limiti di tempo e particolari autorizzazioni per il soggiorno in Italia, l'obbligo di denunciare gli spostamenti nel territorio italiano, la possibilità dell'espulsione, l'obbligo di denuncia dell'assunzione al lavoro, ecc.

✓ IL DIRITTO D'ASILO TRA COSTITUZIONE E UNIONE EUROPEA

L'art. 10 Cost. assicura il **diritto d'asilo** "*allo straniero al quale sia impedito nel territorio del suo Paese l'effettivo esercizio delle libertà democratiche garantite dalla Costituzione italiana*". È un diritto riconosciuto anche dalla Convenzione di Ginevra del 1951 e dal protocollo ONU sullo status di rifugiato del 1967, nonché dall'Unione europea ❸. La disciplina per l'esame della domanda diretta a ottenere la protezione internazionale e la condizione del rifugiato sono dettate dall'Unione e sono attualmente contenute nel cosiddetto **sistema Dublino** (si tratta del regolamento UE 604/2013, cosiddetto **Dublino III**, e del regolamento di esecuzione 118/2014), e in alcune direttive. Il riconoscimento dello status di rifugiato da parte dello Stato ha natura meramente *ricognitiva* e non *costitutiva* di tale qualità (Corte di giustizia, sent. 14 maggio 2019, C-391/16, C-77/17 e C-78/17). Il diritto di asilo è riferito soprattutto ai rifugiati politici e comporta un permesso di soggiorno di cinque anni, rinnovabili, oltre a una serie di altri benefici, come il rilascio di titoli di viaggio per potersi recare all'estero, il ricongiungimento con i familiari, il diritto di fare domanda per ottenere la cittadinanza per naturalizzazione solo dopo cinque anni. Chi è oggetto di questo tipo di protezione internazionale non può essere sottoposto a estradizione o ad espulsione. L'**estradizione** è la consegna di una persona ad uno Stato straniero affinché sia sottoposta a giudizio o all'esecuzione di una sentenza, mentre l'**espulsione** è l'atto con il quale lo Stato allontana dal proprio territorio lo straniero.
Il diritto dell'Unione prevede anche una **protezione sussidiaria** (recepita anche nell'ordinamento italiano), che riguarda le persone che fuggono da situazioni di grave pericolo (ad esempio conflitti interni). La durata del relativo permesso di soggiorno è di cinque anni e comporta benefici analoghi a quella dei rifugiati (ma non il diritto di fare domanda di cittadinanza).
Coloro che non hanno avuto riconosciuto lo status di rifugiato e non hanno neppure i requisiti per l'ammissione nello spazio europeo possono essere allontanati e rimpatriati nello Stato di origine: lo stesso vale per chi vede revocato lo status di rifugiato poiché rappresenta una minaccia per la sicurezza, o è stato condannato per un reato particolarmente grave. La "direttiva rimpatri" (2008/115) disciplina i rimpatri di chi non ha titolo per soggiornare nello spazio europeo. Però la Carta dei diritti (→ § I.2.5). statuisce che nessuno può essere allontanato, espulso o estradato verso uno Stato in cui esiste un rischio serio di essere sottoposto alla pena di morte, alla tortura, o ad altre pene o trattamenti inumani o degradanti (art. 19). Secondo la Corte, fintanto che il cittadino di un Paese extra-Ue o un apolide abbia un fondato motivo di essere perseguitato nel suo Paese di origine o di residenza, questa persona deve essere qualificata come rifugiato ai sensi delle direttive europee e della Convenzione di Ginevra, e ciò indipendentemente dal fatto che lo status di rifugiato le sia stato espressamente riconosciuto (sent. del 14 maggio 2019, in C-391-16, C.77/17 e C-78/17).

C) in terzo luogo, l'Unione europea sviluppa una politica comune in materia di asilo, immigrazione, e controllo delle frontiere esterne (→ § I.2.6), fondata sulla solidarietà tra gli Stati membri (art. 67 TFUE). Vengono disciplinati i visti e gli altri titolo di soggiorno di breve durata; i controlli a cui sono sottoposte le persone che attraversano le frontiere esterne; le condizioni alle quali i cittadini dei Paesi terzi possono circolare liberamente nell'Unione per un breve periodo; l'istituzione di un sistema integrato di gestione delle frontiere esterne; l'assenza di controlli sulle persone, a prescindere dalla nazionalità, all'atto dell'attraversamento delle frontiere interne (art. 77 TFUE).

✓ POLITICA COMUNE DELL'IMMIGRAZIONE

> Nell'ambito della politica comune dell'**immigrazione**, l'Unione regola le condizioni di ingresso e soggiorno e il rilascio da parte degli Stati membri di visti e di titoli di soggiorno di lunga durata, tra cui quelli rilasciati a titolo di ricongiungimento familiare, la definizione dei diritti dei cittadini dei Paesi terzi regolarmente soggiornanti in uno Stato membro, comprese le condizioni che disciplinano la libertà di circolazione e soggiorno negli altri Stati membri, l'immigrazione clandestina e il soggiorno irregolare, la lotta contro la tratta degli esseri umani. Inoltre, l'Unione può concludere con i Paesi terzi accordi ai fini della riammissione, nei Paesi di origine o di provenienza, di cittadini di Paesi terzi che non soddisfano o non soddisfano più le condizioni per l'ingresso, la presenza o il soggiorno nel territorio di uno degli Stati membri (art. 79 TFUE).

Queste competenze dell'Unione non incidono, comunque, sul diritto degli Stati membri di determinare il volume di ingresso nel loro territorio di cittadini di Stati terzi allo scopo di cercare un lavoro.

Il punto centrale è che lo Stato del primo ingresso nello spazio europeo è competente ad effettuare i controlli sulle persone che varcano le frontiere esterne agendo non soltanto nel proprio interesse, ma nell'interesse comune di tutti gli Stati membri, poiché la persona entrata legalmente nello spazio europeo potrà poi muoversi liberamente nel territorio degli altri Stati membri.

Esiste comunque la possibilità di ripristinare i controlli alle frontiere interne. Ciascuno Stato, sia pure in via di eccezione e per periodi limitati, può ripristinare i controlli alle frontiere interne "in caso di minaccia grave per l'ordine pubblico o la sicurezza di uno Stato membro" ovvero quando "il funzionamento globale dello spazio senza controllo alle frontiere interne è messo a rischio a seguito di carenze gravi e persistenti nel controllo di frontiera alle frontiere esterne… e nella misura in cui tali circostanze costituiscono una minaccia grave per l'ordine pubblico o la sicurezza interna nello spazio senza controllo alle frontiere interne o su parti dello stesso" (artt. 25 e 29 Codice frontiere Schengen).

✓ SISTEMA DI DUBLINO E SOVRANITÀ STATALE DI FRONTE ALLA CRISI MIGRATORIA

> Il Sistema di Dublino ha previsto il "primo ingresso" come criterio per determinare lo Stato competente ad esaminare la domanda di protezione internazionale: ad esso la persona che attraversa in modo irregolare la frontiera dovrà presentare la domanda di asilo. La *ratio* è che così gli Stati sono indotti a rafforzare il proprio ruolo nel controllo delle frontiere, effettuando un controllo serio sull'immigrazione irregolare nello spazio comune europeo. Il sistema, però, si è rilevato inadeguato in occasione dell'afflusso massiccio di migranti come nel caso della rotta dei Balcani, tra il 2015 e il 2016, e quella del Mediterraneo dal 2012 ad oggi. In virtù degli obblighi che gravano sullo Stato di primo ingresso, alla fine oneri e responsabilità gravano in maniera spropositata su pochi Paesi individuati (come la Grecia, la Spagna e l'Italia) in assenza di un legame tra il richiedente asilo e lo Stato in questione.
>
> Lo spazio comune europeo si basa sulla solidarietà e di equa ripartizione della responsabilità tra gli Stati membri, anche sul piano finanziario (art. 80 TFUE). Coerentemente con questa logica nel 2015, il Consiglio dell'Unione europea ha adottato una "decisione" per aiutare l'Italia e la Grecia ad affrontare il flusso massiccio di migranti: si prevedeva la ricollocazione, in due anni, di 120.000 persone in evidente bisogno di protezione internazionale verso altri Stati membri dell'Unione. La decisione, però, è stata

impugnata davanti la Corte di giustizia dalla Slovacchia e dall'Ungheria (successivamente a sostegno di tali Paesi è intervenuta anche la Polonia), ma la Corte ha respinto i ricorsi (C-643/15 e C-647/15). Tuttavia i Paesi del blocco di Visegrad (Ungheria, Polonia, Slovacchia e Repubblica Ceca) hanno rifiutato di accettare la ricollocazione dei migranti in cerca di asilo e si sono opposte anche alla riforma del "sistema di Dublino". Attualmente la ricollocazione opera solamente su base volontaria, e quindi solamente con l'accordo dello Stato membro che decide di accogliere sul proprio territorio una quota di persone entrate irregolarmente nel territorio di un altro Stato.
Di fronte alla carenza di solidarietà tra gli Stati europei, si sono sviluppate in Italia politiche dirette a fronteggiare la crisi migratoria tramite misure che tendono a bloccare l'ingresso nei porti italiani di navi che hanno soccorso migranti in mare (i cosiddetti "decreto sicurezza" e "decreto sicurezza bis"). Numerosi sono i problemi suscitati da questa situazione. Da una parte, c'è chi pone la questione della compatibilità delle norme nazionali con le norme internazionali, europee e costituzionali richiamate e con altri obblighi internazionali che riguardano gli interventi di salvataggio in mare di naufraghi (interventi di *search and rescue*). Dall'altra parte, c'è chi pone la questione del grado di autonomia politica lasciata allo Stato e ai suoi organi costituzionali nel definire la politica dell'immigrazione e i rapporti con gli altri Stati europei, con la finalità di salvaguardare la sicurezza dei propri cittadini.
Più in generale, c'è la grande questione se le risposte alla crisi migratoria vadano individuate prevalentemente sul terreno della tutela dei diritti umani, ovvero su quello geopolitico, relativo alla gestione delle crisi in Africa, all'assetto delle relazioni internazionali, alla cooperazione allo sviluppo, e di quale equilibrio debba instaurarsi tra questi due momenti. A cui si aggiunge il problema se le risposte basate sulla sovranità statale siano sufficienti a fronteggiare un fenomeno di tale portata o se invece sia indispensabile una politica europea adeguata alle caratteristiche del fenomeno e di come ottenere una tale politica di fronte alla crisi della solidarietà tra Stati.

3.1.2. *La* Drittwirkung *dei diritti costituzionali*

Un secondo problema che si pone in relazione all'àmbito soggettivo dei diritti è se essi possano essere fatti valere solo nei confronti dell'autorità pubblica o anche nei rapporti tra privati. Basta scorrere il codice penale per constatare come di regola i diritti costituzionali abbiano protezione anche nei rapporti tra privati (i c.d. **effetti orizzontali**, secondo la terminologia invalsa nel diritto europeo, o la ***Drittwirkung***, usando la terminologia tedesca che indica, appunto, gli effetti nei confronti dei terzi): l'art. 294 punisce gli attentati contro i diritti politici, gli artt. 402-406 puniscono i delitti contro il sentimento religioso, gli artt. 575 ss. i delitti contro la vita e l'incolumità individuale, gli artt. 600-609 quelli contro la libertà individuale e la libertà personale, gli artt. 609 *bis*-609 *decies* i delitti contro la libertà sessuale, gli artt. 614-615 i delitti contro la libertà di domicilio e gli artt. 616-620 quelli contro la libertà di corrispondenza e di comunicazione, l'intero Titolo XIII è dedicato ai delitti contro la proprietà, ecc. Più in generale, la Corte costituzionale ha in varie occasioni sancito l'efficacia *erga omnes* di singoli diritti di libertà, come la libertà di manifestazione del pensiero (che deve "*imporsi al rispetto di tutti, delle pubbliche autorità come dei consociati*": sent. 122/1970), il diritto alla casa (che può comportare restrizioni alla libertà contrattuale), il diritto alla salute (risarcibilità del c.d. *danno biologico*), o il divieto di discriminazione.

✓ IL CASO: SI PUÒ LICENZIARE UN "VIGILANTE" PERCHÉ È DONNA?

Un'impresa di *"vigilantes"* licenzia una sua dipendente perché nessun cliente vuole farsi "difendere" da un poliziotto privato appartenente al "sesso debole". La questione va davanti al Pretore che solleva la questione di legittimità della legge, che vieta discriminazioni in ragione del sesso nei rapporti di lavoro, nella parte in cui non consente di considerare rilevante, come giustificato motivo di licenziamento, il comportamento del terzo (rispetto al lavoratore e al datore di lavoro) che, risolvendo il contratto con l'impresa di vigilanza, ha determinato la decisione del datore di lavoro di licenziare la donna per la sopravvenuta mancanza di posti di lavoro ricopribili con personale di sesso femminile. La Corte (sent. 17/1987) rigetta la questione, perché – afferma – il principio di eguaglianza tra lavoratore e lavoratrici (art. 37, che specifica, per il campo del lavoro, il divieto di discriminazione posto in generale dall'art. 3.1) *"ha efficacia generale per tutti i cittadini che, pertanto, lo devono osservare"*. Quindi, il datore di lavoro non può licenziare per questo motivo, ma lo stesso suo cliente non può chiedere la risoluzione del contratto per ragioni che comunque comportino discriminazioni per motivi di sesso. Se il datore di lavoro non si è opposto alla risoluzione del contratto fondata su quei motivi, le conseguenze sono sue, e non può riversarle sulla lavoratrice.

3.2. *Àmbito oggettivo*

3.2.1. *L'evoluzione delle nozioni costituzionali*

Tutte le disposizioni costituzionali, e quelle sui diritti in particolare, impiegano termini tecnici che necessitano di una definizione. Non vi è un concetto "naturale" che ci dica con sicurezza che cosa sia la libertà personale, il domicilio, la corrispondenza e la comunicazione, la riunione, l'associazione, ecc. Ognuno di questi termini, ed ogni altro termine "tecnico" impiegato dalla Costituzione, presenta rilevanti problemi di definizione. Sono termini "tecnici" perché impiegati usualmente dai tecnici di diritto e spesso dalla stessa legislazione precedente alla Costituzione, ma questo non significa affatto che la "nozione costituzionale" che essi evocano debba essere ancorata agli usi terminologici in voga al momento dell'entrata in vigore della Costituzione.

La Corte costituzionale ha sistematicamente respinto l'idea che le nozioni costituzionali siano "pietrificate", ossia che esse debbano essere intese nel senso cui venivano impiegate dai giuristi o dalla legislazione precedente. Tutto all'opposto, la Corte ha accreditato la tesi che i concetti costituzionali evolvono così come evolve la coscienza sociale, la legislazione ordinaria, la giurisprudenza di merito, la stessa tecnologia. Ovviamente ogni nozione presenta un nucleo storico, indiscutibile: che la libertà personale, per esempio, riguardi anzitutto l'integrità fisica delle persone, che il domicilio sia innanzitutto l'abitazione, o che la corrispondenza indichi in primo luogo la lettera chiusa che il mittente invia al destinatario è fuori discussione. Ma le definizioni dei termini giuridici, e di quelli costituzionali in particolare, presentano, attorno ad un nucleo duro, indiscusso, storicamente consolidato, una vasta area che va sfumando man mano che ci si allontana dal nucleo iniziale e rispetto alla quale problemi di definizione si pongono di continuo. La garanzia della libertà personale ci tutela anche, per esempio, dalle prove cui la polizia della strada ci sottopone per verificare se stiamo guidando in stato di ebbrezza? La tutela del domicilio si estende sino a coprire la nostra autovettura? È corrispondenza anche la posta elettronica?

✓ LA "ETEROGENESI DEI FINI" E "NUOVI" DIRITTI

Che i termini, le nozioni, le regole costituzionali possano subire un'**interpretazione evolutiva**, staccarsi cioè da ciò che i costituenti avevano intenzione di fissare in Costituzione, è un fenomeno che non deve sorprendere, perché è, nel campo dell'interpretazione giuridica, considerato assolutamente normale. Quando il costituente o il legislatore approvano il testo normativo e questo è promulgato, esso si "estranea" da chi lo ha posto in essere e vive di vita propria. Nell'interpretazione del testo quello che conta è la sua *ratio*, il principio che oggettivamente esso esprime, non l'*intentio* del legislatore: vale ciò che il legislatore ha scritto, non quello che aveva in mente e non ha scritto. Per questo motivo la disposizione può evolvere i suoi significati, ricomprendervi fenomeni del tutto nuovi e ignoti al legislatore, talvolta anche fenomeni contrari a quanto il legislatore avrebbe potuto desiderare. Il fenomeno è noto con la locuzione **eterogenesi dei fini**, con cui si indica la possibilità che l'azione umana realizzi scopi diversi dai fini che l'agente si era proposto. Nel diritto costituzionale gli esempi certo non mancano: si pensi, per esempio, alla disposizione dell'art. 11, "pensata" per l'adesione dell'Italia alla rinata Società della Nazioni, e poi "usata" per legittimare l'espansione dell'ordinamento europeo (→ § XI.2.1); oppure all'art. 4, promessa di garanzia del lavoro divenuta l'appiglio per dichiarare illegittimi i "picchetti" posti dai lavoratori in sciopero per impedire ai "crumiri" di andare a lavorare.
Attraverso l'interpretazione evolutiva della Costituzione, la Corte costituzionale è riuscita ad estendere la garanzia costituzionale ai c.d. *"nuovi diritti"* (→ § XIII.3.4).

La definizione dei termini costituzionali – come in genere è sempre stata la definizione dei termini giuridici – non è dunque statica, fissata una volta per tutte, ma ha uno sviluppo dinamico, e l'arbitro di questo sviluppo è la Corte costituzionale, sollecitata di continuo dalle questioni sempre nuove che le vengono sottoposte dai giudici. Diverse sono le conseguenze di questa premessa.

3.2.2. *L'"anacronismo" legislativo*

Se l'area dei beni o degli interessi protetti dalla Costituzione è in continua mutazione, ciò significa che la disposizione legislativa che la Corte ha ritenuto un giorno non contrastante con le garanzie sancite da una disposizione costituzionale può risultare, in un secondo momento, con essa incompatibile. È il fenomeno del c.d. "**anacronismo legislativo**", cui spesso la Corte si richiama per modificare precedenti sentenze di rigetto, mutando indirizzo interpretativo. L'*anacronismo* può essere causato da diverse ragioni.

α) Può essere un mutamento dei costumi sociali a rendere un giorno incompatibile con la Costituzione una determinata regola che in precedenza era tollerabile: per esempio, a giudizio della Corte costituzionale certe norme relative alla posizione della donna nella famiglia hanno mutato nel tempo il loro rapporto con i principi costituzionali, sicché se erano compatibili con un modello tradizionale di famiglia, non lo sono più con il modello attuale; il loro "anacronismo" ne causa l'illegittimità.

✓ IL CASO: DOV'È FINITO L'ANGELO DEL FOCOLARE?

Nel 1961 (sent. n. 64) la Corte costituzionale dichiarò infondata la questione di legittimità dell'art. 559 cod. pen. che puniva penalmente l'adulterio della donna, ma non quello del marito. La Corte ritenne che non fosse censurabile la scelta del legislatore, perché interpretava fedelmente la maggior gravità che l'adulterio femminile suscitava nella coscienza sociale rispetto all'adulterio compiuto dall'uomo. La sentenza si imperniava sull'art. 29, che esalta il ruolo della famiglia *"come società naturale fondata sul matrimonio"* (l'aggettivo *naturale* richiama, secondo la Corte, il tradizionale concetto di famiglia), e stabilisce l'eguaglianza dei coniugi *"nei limiti stabiliti dalla legge a garanzia dell'unità familiare"*: con edificanti argomentazioni la Corte indica il diverso e maggior pericolo per l'unità della famiglia che discende dall'adulterio della donna rispetto a quello dell'uomo (che, si sa, è cacciatore!). Ma sette anni dopo (sent. 126/1968) la Corte cambia giurisprudenza e dichiara illegittima la norma. Che cosa è cambiato? *"Da allora molto è mutato nella vita sociale: la donna ha acquistato pienezza di diritti e la sua partecipazione alla vita economica e sociale della famiglia e dell'intera collettività è diventata molto più intensa, fino a raggiungere piena parità con l'uomo"*. Come si vede, la Corte si erge ad interprete dell'evoluzione sociale, e trasferisce le sue valutazioni nell'interpretazione della disposizione costituzionale. È un caso molto appariscente, ma che il giudice, ogni giudice, sia chiamato ad interpretare i costumi sociali è affare di ogni giorno: se no come si spiegherebbe la vertiginosa riduzione (e parziale sparizione) dei centimetri dei bikini, pur non essendo mai stata modificata la norma del codice penale del 1930 che punisce gli atti e gli oggetti contrari al comune senso del pudore (→ § XIII.5.5.2)?

β) Ma l'anacronismo può essere causato dalla evoluzione tecnologica, che porta a valutare in modo diverso la portata dei principi costituzionali. In certi casi le nuove tecnologie possono creare semplicemente l'esigenza di ridefinire le nozioni costituzionali (le comunicazioni tramite telefono cellulare o *e-mail* rientrano nella nozione di cui all'art. 15? le "pubblicazioni" su Internet rientrano nel concetto di "stampa", di cui all'art. 21?): ma questi sono problemi che si pongono di continuo a qualsiasi giudice, come parte del suo lavoro di interprete "dinamico" dei testi normativi. Più interessanti sono i casi in cui l'evoluzione tecnologica rende "anacronistica" la legge perché muta il modo di far valere le garanzie costituzionali: questo fenomeno è particolarmente evidente dove la Corte opera un *bilanciamento* tra diversi principi costituzionali (→ § XIII.2.3.3), e la storia della progressiva liberalizzazione delle trasmissioni televisive ne è forse l'esempio più noto (→ § XIII.5.5.6).

γ) L'anacronismo legislativo può essere provocato infine dalla stessa evoluzione della legislazione ordinaria. La disciplina legislativa di una certa materia (per esempio, del diritto di famiglia) viene riformata, ma nell'ordinamento resta qualche disposizione che risponde a principi della vecchia legislazione. In questo caso, non muta il significato delle disposizioni costituzionali, ma la Corte, operando con il *giudizio di ragionevolezza* (→ § XIII.1.2), dichiara illegittima la norma "rimasta indietro", e quindi anacronistica. È chiaro che in questo caso – come sempre quando la Corte opera con il parametro dell'eguaglianza formale – la disposizione legislativa è dichiarata "anacronistica" in relazione non ad un principio costituzionale, ma al *tertium comparationis* costituito da un'altra legge ordinaria (→ § XIII.1.2). In altre parole, l'argomento dell'anacronismo viene impiegato non come conseguenza di un aggiornamento dell'interpretazione data ai precetti costituzionali, ma per rendere più armonico ed omogeneo l'ordinamento legislativo, eliminando spezzoni normativi ormai obsoleti, spesso dimenticati dal legislatore e comunque non superabili attraverso l'interpretazione, ossia dichiarandone l'*abrogazione implicita o tacita* (→ § VIII.7.4).

3.2.3. *L'evoluzione indotta dal diritto internazionale*

Sempre più spesso la Corte costituzionale fa uso delle convenzioni internazionali per "aggiornare" il significato delle disposizioni costituzionali. Come si è detto (→ § IX.4.3✓), è stato sinora un punto fermo della giurisprudenza costituzionale che le norme internazionali derivanti dai trattati (con la sola eccezione dei trattati dell'UE, "protetti" dall'art. 11 Cost.: → § XI.2.1) entrano nel nostro ordinamento in forza di una norma di esecuzione ed assumono la stessa posizione gerarchica di questa. Ciò significa che, salvo nell'improbabile ipotesi che sia una norma di rango costituzionale a dare esecuzione ad un trattato, le norme di questo non hanno mai potuto costituire un parametro della validità delle leggi ordinarie, non essendo ad esse superiori nella gerarchia delle fonti (→ § VIII.8).

Questa situazione ha reso particolarmente problematica l'applicazione delle convenzioni internazionali che tutelano i diritti umani, e soprattutto della *Convenzione europea dei diritti dell'uomo* (→ § XIII.3.1.1✓). Questa infatti contiene una formulazione dei principali diritti di libertà, talvolta coincidenti nella sostanza con le formulazioni costituzionali, ma in altri casi diverse, se non addirittura contrastanti.

✓ LA CEDU E LA LUNGHEZZA DEI PROCESSI ITALIANI

Molte sono le Dichiarazioni e le Carte che sanciscono il rispetto dei diritti umani, ma la CEDU ha una caratteristica che la distingue da tutte: essa funziona con gli strumenti tipici del diritto positivo, ha un giudice (la ***Corte europea dei diritti dell'uomo***, con sede a Strasburgo) ed ha sanzioni. La CEDU è stata promossa dal ***Consiglio d'Europa***, che è un organismo che associa oltre quaranta Stati europei (ha quindi un àmbito assai più vasto di quello dell'UE, alla quale è estraneo).
Dopo l'entrata in vigore dell'XI protocollo (fine 1998), sia gli Stati contraenti che gli individui (e le formazioni sociali) possono ricorrere direttamente alla Corte, una volta esaurite le vie di ricorso interne, contro violazioni dei diritti e delle libertà sancite dalla CEDU. Come ogni giudice, la Corte di Strasburgo ha il compito di interpretare la Convenzione, e quindi la sua giurisprudenza concorre a ridefinire i suoi contenuti, così come la giurisprudenza costituzionale concorre a ridefinire i contenuti della Costituzione italiana. La Corte europea ha solo il potere di dichiarare se nel caso specifico vi sia stata o meno violazione della CEDU, gravando sullo Stato il compito di individuare le misure destinate a porre termine alla violazione constatata e a rimuoverne, per quanto possibile, le conseguenze: la Corte può disporre un equo indennizzo alla parte lesa, che il Governo "colpevole" deve corrispondere.
L'Italia è sistematicamente condannata (con il conseguente obbligo di indennizzare le vittime) per l'abnorme lunghezza dei processi, specie di quelli civili. L'art. 6.1 della CEDU afferma infatti il diritto individuale ad un processo che si svolga *"pubblicamente ed entro un termine ragionevole"*, mentre una tale norma non c'era nella nostra Costituzione (e non era derivata in via interpretativa dalla Corte costituzionale), sino alla riforma dell'art. 111 introdotta dalla legge cost. 2/1999 (→ § VII.2.2).

INTERNET Il testo della CEDU e la giurisprudenza della Corte di Strasburgo sono consultabili al sito ufficiale della Corte stessa www.echr.coe.int/.

Per molto tempo la Corte costituzionale ha mostrato scarse aperture nella direzione del riconoscimento di uno *status* differenziato della CEDU rispetto agli altri trattati, e ancor meno nella direzione di riconoscere in genere a tutti i trattati uno *status* costituzionale superiore alle leggi ordinarie. Tuttavia ha impiegato molto spesso le convenzioni internazionali e la CEDU come strumenti di interpretazione delle disposizioni costituzionali sui diritti di libertà, concorrendo così all'evoluzione dell'ordinamento italiano e alla sua integrazione con quello internazionale. La stessa giurisprudenza della Corte di Strasburgo, fonte interpretativa della CEDU, lascia traccia nelle motivazioni della Corte costituzionale e diviene perciò un fattore di interpretazione dinamica delle disposizioni costituzionali sui diritti.

Un mutamento significativo si è però avuto a seguito della modifica dell'art. 117, introdotta con la legge cost. 3/2001 ❼, che prevede, sia per il legislatore statale che per quello regionale, il vincolo degli obblighi internazionali (→ § X.2.3). Nelle sue fondamentali sentt. 348 e 349/2007 la Corte ha stabilito che, in forza dell'art. 117.1 Cost., tutti i trattati internazionali (salvo i trattati europei, che hanno uno statuto particolare → § XI) si pongono come limite per la legislazione ordinaria e quindi come parametro interposto (→ § XII.3.3) nei giudizi di legittimità sulle leggi italiane; l'unica particolarità della CEDU rispetto agli altri trattati (non europei) consiste nella soggezione all'interpretazione della Corte di Strasburgo, alla quale gli Stati contraenti sono vincolati ad uniformarsi, salvo che essa non contrasti con la Costituzione italiana. Ma i giudici non possono mai disapplicare le leggi italiane contrastanti con la CEDU o con gli altri trattati internazionali (con eccezione, ancora, per i trattati europei).

✓ MOLTE CARTE DEI DIRITTI, MOLTA CONFUSIONE TRA I GIUDICI

Il Trattato di Lisbona (→ § I.2.5✓) ha riconosciuto la Carta dei diritti fondamentali (c.d. Carta di Nizza: → § I.2.5✓), attribuendole lo stesso valore giuridico dei trattati; e preannuncia anche la sua adesione alla CEDU: "i diritti fondamentali, garantiti dalla CEDU e risultanti dalle tradizioni costituzionali comuni agli Stati membri, fanno parte del diritto dell'Unione in quanto principi generali" (art. 6 TUE). Questa situazione ingenera spesso qualche equivoco e spinge qualche giudice italiano a ritenere che, parte ormai del diritto dell'UE, la CEDU possa applicarsi direttamente nel nostro ordinamento, producendo gli stessi "effetti diretti" che sono tipici delle norme UE (→ § XI.1.3). Ma non è così: come la Corte continua ad affermare, una cosa è la Carta di Nizza, che integra quella cornice di diritti fondamentali che valgono nell'*ordinamento comunitario* e in esso sono fatti valere dalla Corte di giustizia; altra cosa è la CEDU (di cui pure la Corte di giustizia deve tenere conto), che vale nei rapporti tra quella organizzazione internazionale (assai più ampia della UE) e i singoli stati membri. La "cessione di sovranità" di cui all'art. 11 Cost., da cui discende la possibilità che le norme UE abbiano effetto diretto nel nostro ordinamento (→ § XI.2.1) non opera per altre organizzazioni internazionali: e il riconoscimento della CEDU da parte dell'UE "esclude, con ogni evidenza, che la Carta costituisca uno strumento di tutela dei diritti fondamentali oltre le competenze dell'Unione europea" (Corte cost., sent. 80/2011).

3.3. *Bilanciamento dei diritti*

3.3.1. *Definizioni*

Il **bilanciamento dei diritti** (***balancing test*** nella terminologia americana, ***Abwägung*** in quella tedesca) è una tecnica impiegata in genere da tutte le corti costituzionali per risolvere questioni di costituzionalità in cui si registri un contrasto tra diritti o interessi diversi.

I diritti e le libertà costituzionali sono espressi come **principi**. I principi sono un tipo di **norma giuridica**, che si distingue dalle **regole** ❾ perché sono dotati di un elevato grado di genericità e non sono circostanziati (→ § III.6). In quanto principi, i diritti sono affermati in modo assoluto, senza gerarchie o precedenze. Considerati in astratto, i principi non collidono mai, non sono mai incompatibili, ma i conflitti tra essi si verificano sistematicamente nell'applicazione concreta. Per esempio, non c'è nessuna incompatibilità in astratto tra il diritto alla vita e il diritto alla salute, o tra il diritto alla salute e la libertà di coscienza, o tra la libertà di coscienza e la libertà di espressione, o tra questa e la tutela dei monumenti. Ma, in concreto, i conflitti sorgono di continuo e chiedono di essere risolti in concreto: nel caso dell'aborto entrano in conflitto il diritto alla salute della madre e quello alla vita del concepito; rifiutando la trasfusione di sangue per il figlio una coppia di testimoni di Geova ha imposto all'attenzione della Corte il contrasto tra libertà religiosa, dovere di educazione e diritto (o obbligo?) alla salute; chi nutre sentimenti religiosi spesso accusa la critica atea di blasfemia; nessuno può ritenere che la sua libertà di espressione gli consenta di coprire con manifesti le opere d'arte oppure le insegne stradali (quindi anche la sicurezza del traffico è un interesse antagonista); e così via all'infinito.

In non pochi casi, è la stessa Costituzione ad indicare in nome di quali interessi il diritto costituzionale può essere limitato (per esempio, i "*motivi di sanità e di incolumità pubblica*" e i "*fini economici e fiscali*", di cui all'art. 14; il "*buon costume*" che limita la libertà di culto e quella di espressione del pensiero, ecc.): in questo modo il costituente ha cercato di indicare il limite oltre al quale la garanzia del diritto cessa del tutto o subisce una eccezione, ma soprattutto ha inteso limitare la discrezionalità del legislatore ordinario o delle autorità pubbliche nell'apportare restrizioni a quelle specifiche libertà (chiaro è in questo senso l'esempio dell'art. 17, che consente di vietare le riunioni in luogo pubblico solo per "*comprovati motivi di sicurezza e di incolumità pubblica*"). Ciò però non significa affatto che, regolando i rapporti sociali, la legge ordinaria non si possa trovare nella necessità di apportare ulteriori attenuazioni alla garanzia dei diritti, anche di quelli che la Costituzione definisce inviolabili, quando essi si trovano in concorrenza con altri diritti o interessi.

3.3.2. *Ipotesi di conflitto tra interessi (o diritti)*

Si possono individuare almeno tre ipotesi generali di conflitto tra interessi (o diritti):

α) *concorrenza tra soggetti diversi nel godimento dello stesso diritto*: le risorse sono limitate, e quindi c'è un problema di regolazione della concorrenza. Ovviamente il caso più evidente è quello delle prestazioni sociali: le ristrettezze del bilancio pubblico comportano l'esigenza di contemperare le esigenze di tutti gli interessati alle prestazioni sanitarie, assistenziali, scolastiche, ecc. Ma lo stesso problema si può porre anche per l'esercizio di altre libertà: per esempio, la libertà di espressione si scontra con una fisiologica ristrettezza degli spazi (per i manifesti elettorali, per esempio) o dei mezzi (i canali televisivi o i mezzi pubblicitari di finanziamento della stampa);

β) *concorrenza tra interessi individuali non omogenei*: alcuni degli esempi citati in precedenza pongono questo tipo di problema. Il conflitto sull'aborto vede contrapposti interessi eterogenei vantati da soggetti diversi: tra l'interesse alla salute della madre, l'interesse alla vita del nascituro e (ma la Corte non lo ha ammesso a bilanciamento) l'interesse "educativo" del padre. Ma questo può accadere in infinite altre ipotesi: il conflitto tra il diritto di proprietà del padrone di casa e il diritto all'abitazione dell'inquilino, il diritto di cronaca e il diritto di riservatezza, il diritto all'educazione religiosa dei figli e il diritto alla salute dei figli stessi, il diritto a protestare e manifestare le proprie idee e il diritto di non sentire le proteste e i discorsi altrui (specie se ciò avviene di notte, turbando il riposo), ecc.;

✓ UN CASO STORICO DI "BILANCIAMENTO": LA SENTENZA SULL'ABORTO

Il codice penale, che risale agli anni '30, porta tracce evidenti dell'etica fascista. Tra queste, l'inserimento dell'aborto tra i "delitti contro la integrità e la sanità della stirpe". Una donna viene processata per aver compiuto tale reato: ma al giudice penale sorge un dubbio di legittimità della norma del codice. Non si tratta, egli specifica nell'ordinanza, di un attacco frontale e assoluto alla legittimità della repressione penale dell'aborto, ma di un dubbio circostanziato (sull'arte di impugnare le leggi → § XIII.1.2✓): è legittima la repressione penale dell'aborto nel caso in cui sia accertata la pericolosità della gravidanza per il benessere fisico e l'equilibrio psichico della donna? La giurisprudenza, infatti, ammetteva il c.d. "aborto terapeutico" nei soli casi in cui ricorresse uno "stato di necessità": è la clausola generale (art. 54 cod. pen.) per cui non può essere punito chi commetta il fatto "*costretto dalla necessità di salvare sé od altri dal pericolo attuale di un danno grave alla persona*". Ma non era questa la situazione dell'imputata: essa era affetta "solo" da una grave forma di miopia (22 diottrie) e preoccupata di non trasmettere la stessa malformazione all'eventuale figlio, nonché di non aggravarla in sé con la gravidanza, cosa non affatto improbabile.
La sentenza sull'aborto è una delle pronunce più celebri in cui la Corte ha impiegato tecniche di bilanciamento. La Corte, interrogata su un aspetto particolare del problema, dà una risposta parziale: dichiara la *disposizione* illegittima "*nella parte in cui non prevede che la gravidanza possa venir interrotta quando l'ulteriore gestazione implichi danno, o pericolo, grave, medicalmente accertato ... e non altrimenti evitabile, per la salute della madre*" (sent. 27/1975). Anche se non sono ancora gli anni in cui la Corte parla espressamente di bilanciamento degli interessi, è al bilanciamento che essa fa ricorso. Riconosce che "*la tutela del concepito ... abbia fondamento costituzionale*", e lo trova, appunto, nell'art. 31 e nell'art. 2. Nascere sarebbe, dunque, un diritto inviolabile, ma inviolabile è anche il diritto alla salute della madre. Il fatto è che non si può nascere o procreare solo a metà: o si privilegia un diritto o l'altro. E allora la Corte ritiene che si deve privilegiare il diritto della madre, perché "*non esiste equivalenza fra il diritto non solo alla vita ma anche alla salute di chi è già persona, come la madre, e la salvaguardia dell'embrione che persona deve ancora diventare*". Tuttavia la preferenza non è assoluta, perché altrimenti l'altro interesse non sarebbe "bilanciato", ma del tutto sacrificato. Per assicurarne almeno un'operatività minima, la Corte chiede che siano rispettate alcune condizioni: che la minaccia per la salute della madre sia un pericolo di danno, non attuale come chiederebbe l'art. 54 cod. pen., ma almeno fondato su seri accertamenti medici; e che tutto il possibile sia fatto per salvare la vita del feto. In questi termini la Corte traccia la strada di un'equilibrata composizione degli interessi in gioco, lungo la quale devono incamminarsi, ognuno per svolgere il proprio compito, sia il giudice che il legislatore.

γ) *concorrenza tra interessi individuali e interessi collettivi*: questa forse è la tipologia più ricca di conflitti, dove gli esempi – tutti rigorosamente concreti (nel senso che qui si richiamano sempre casi effettivamente prospettati alla Corte costituzionale) – si sprecano. La "sicurezza della viabilità" e la tutela dei monumenti possono prevalere sulla libertà di espressione (sent. 129/1970), che può essere limitata anche in nome dell'economia pubblica o della sicurezza del credito (da cui il reato di aggiotaggio dell'art. 501 cod. pen.: sentt. 123/1976 e 73/1983); l'efficienza delle forze armate può prevalere sulla libertà di riunione "in luoghi militari" (sent. 24/1989); la libertà negativa di associazione può cedere davanti ad interessi pubblici come, per esempio, la tutela dei consumatori (è il caso degli ordini professionali: → § XIII.5.3.2.α); l'esigenza di funzionalità della giustizia può prevalere sulla coscienza del giudice (che, se chiamato ad autorizzare l'aborto della minore, non può esercitare, come il medico, il diritto all'obiezione: sent. 196/1987), sul diritto di cronaca, sul segreto professionale del giornalista circa le sue fonti di informazione, ecc.

3.3.3. *Schema del giudizio di bilanciamento*

Come si vede è davvero impossibile tracciare gerarchie e precedenze tra diritti e interessi. Quando la Corte costituzionale è chiamata a giudicare della legittimità del compromesso tra interessi confliggenti fissato dalla legge non può basarsi su considerazioni astratte circa la maggior o minor importanza di un interesse o dell'altro, ma deve procedere con valutazioni che in parte ricordano e in parte si sovrappongono a quelle tipiche del giudizio di ragionevolezza (→ § XIII.1.2). Non significa affatto che la Corte compia giudizi arbitrari: le motivazioni che essa è tenuta a produrre per giustificare la sentenza rispecchiano un certo procedimento logico che così si può riassumere:

α) innanzitutto la Corte ricostruisce, con i consueti strumenti dell'interpretazione, la *ratio legis* (→ § XIII.1.2) e valuta la *legittimità del fine* della legge in questione, cioè dell'interesse alla cui tutela la legge impugnata è diretta: se il fine fosse illegittimo – perché per esempio mira a creare un'indebita discriminazione in ragione del sesso o delle condizioni sociali – il giudizio si chiuderebbe subito con una pronuncia di illegittimità;

✓ IL CASO: IL DIRETTORE DEL GIORNALE DEVE ESSERE UN GIORNALISTA PROFESSIONISTA?

La legge sull'ordinamento della professione giornalistica prevede l'obbligo dell'iscrizione all'Ordine professionale giornalistico (→ § XII.5.3.2.α) sia per i giornalisti che del direttore responsabile del giornale (→ § XIII.5.5). La Corte costituzionale aveva già giustificato questa norma (sent. 11/1968) ritenendo che l'obbligo di iscrizione all'Ordine rafforza, e non indebolisce, la dignità professionale dei giornalisti e la loro libertà di espressione, e si estende ai direttori dei giornali perché i poteri direttivi di un giornale devono essere affidati a soggetto che risponda all'Ordine per comportamenti lesivi della dignità sua e dei giornalisti che da lui dipendono (*ratio legis*). Ma in seguito viene chiesto alla Corte se sia legittimo imporre che il direttore e il suo vice siano scelti tra i professionisti e non semplicemente tra i pubblicisti (cioè tra i giornalisti che, iscritti all'albo nell'apposita sezione, svolgono un'attività giornalistica non occasionale e retribuita ma esercitano altre professioni o impieghi). La sent. 98/1968 risolve la questione negativamente: se *ratio* dell'obbligo di iscrizione è quella che si è detta, cioè sottoporre il direttore alla responsabilità verso l'Ordine, risulta incongruo e lesivo aggiungere l'obbligo di scegliere il direttore e il vice nell'elenco dei professionisti, perché non si è *"in presenza di un pubblico interesse né, a maggior ragione, di un interesse generale di grado tale da giustificare"* compressioni ulteriori di una libertà fondamentale.

β) poi la Corte valuta la *congruità* del *mezzo* rispetto al *fine*, ossia la capacità della disposizione impugnata di servire alla tutela dell'interesse che il legislatore ha inteso proteggere: se non ci fosse congruità vi sarebbe difetto di *ragionevolezza* (→ § XIII.1.2) e una ingiustificata compressione dell'interesse antagonista, con conseguente pronuncia di illegittimità;

✓ ESEMPI DI LEGGI "INCONGRUE"

Gli esempi abbondano: nella sent. 125/1969, si giudica irrazionale la compressione degli interessi del contribuente derivante dalla regola dell'improponibilità dell'azione fino a quando non siano pubblicati i ruoli, poiché essa non corrisponde ad alcun particolare interesse del fisco; analogamente, nella sent. 171/1976 si dichiara illegittima la norma che pone una presunzione legale di domicilio della moglie presso il marito anche nel caso di separazione di fatto, perché essa *"non sembra tutelare alcun interesse tale da derogare all'eguaglianza tra moglie e marito e tanto meno quello specifico dell'unità familiare"*; la sent. 105/1972 dichiara illegittimo il divieto, contenuto nella vecchia legge sul riposo settimanale e domenicale, di diffusione e circolazione di notizie tra le 13 di domenica e le 12 di lunedì, perché queste misure sono *"manifestamente eccedenti rispetto al fine di realizzare il riposo settimanale ed in nessun caso giustificate da esigenze di tutela di interessi costituzionalmente rilevanti"*, risultandone perciò *"indebitamente compressa la libertà di manifestazione (libertà di dare e divulgare notizie, opinioni, commenti) ... e l'interesse generale, anch'esso indirettamente protetto dall'art 21, alla informazione"*; nella sent. 188/1970, la norma che priva il creditore della possibilità di provare la simulazione delle convenzioni matrimoniali è giudicata "irrazionale" perché *"rivela un'eccedenza del mezzo (divieto totale di prova) rispetto al fine (tutela dell'economia familiare)"*; nella sent. 14/1987, a proposito di vincoli preordinati all'esproprio, la Corte non procede oltre nella valutazione del bilanciamento degli interessi, giudicando incongrua rispetto al fine la misura limitativa della libertà di iniziativa economica, sulla base di esplicite valutazioni della corrispondenza mezzi-fini; nella sent. 1143/1988, non si ritiene che la tutela della salute e il diritto del lavoratore di avere, in caso di malattia, i mezzi adeguati alle esigenze di vita possano essere controbilanciati dal precetto costituzionale del buon andamento degli uffici, quando lo strumento teso alla soddisfazione di questa esigenza (l'invio del certificato medico entro un termine perentorio brevissimo) si rivela, per *"la notoria lentezza del servizio postale"*, un mezzo incongruo rispetto al fine di un tempestivo controllo medico.

γ) la Corte procede quindi ad un giudizio basato sul **principio di proporzionalità**: valuta cioè il "costo" della tutela accordata ad un interesse. Qui non si parla (o non si parla soltanto) del "costo" in termini finanziari, anche se questi sussistono per la tutela di ogni diritto o libertà (→ § XIII.2.1.α): il "costo" si esprime in termini di compressione dell'altro interesse coinvolto nel bilanciamento. Questa è il nucleo essenziale del giudizio di bilanciamento. Le domande che la Corte si pone sono essenzialmente due:

– per raggiungere il suo obiettivo il legislatore disponeva di uno strumento meno "costoso" in termini di compressione dell'interesse o diritto concorrente? Se il compito del legislatore è di trovare un ragionevole equilibrio tra gli interessi in gioco, il compito è assolto solo se lo strumento normativo che egli ha scelto per tutelare un determinato interesse è quello che comporta il minor sacrificio degli interessi concorrenti (***the less restrictive means***, con un'espressione derivata dalla giurisprudenza americana). Per esempio, se un certo prodotto farmaceutico risultasse essere solo in certe circostanze pericoloso per la salute umana, la soluzione meno "costosa" in termini di compressione della libertà di impresa del produttore sarebbe, non già il divieto assoluto di vendita, ma un regime di controllo attraverso la prescrizione medica;

– il sacrificio imposto all'interesse concorrente è totale o consente comunque un sufficiente esercizio di quel diritto? Se il legislatore può ragionevolmente comprimere la tutela di un interesse o limitare l'esercizio di un diritto, però non può arrivare al punto di annullarlo, ossia di violare il suo "**contenuto essenziale**" (il ***Wesensgehalt***, come usualmente si indica con un termine della giurisprudenza tedesca). Questa regola vale in primo luogo per i diritti di prestazione: per esempio, dice la Corte, le prestazioni sanitarie sono graduabili in ragione delle disponibilità finanziarie dello Stato, ma non sino al punto di negare alle persone che ne abbiano bisogno le cure necessarie alla sopravvivenza. Ma è una regola generale che si applica in tutti i contesti: per esempio, per assicurare la rapidità della macchina giudiziaria si possono ben prevedere termini processuali ridotti per agire a tutela di un diritto, ma la determinazione di oneri o modalità "*non deve rendere difficile o impossibile l'esercizio di tale diritto, ostacolandolo fino al punto di pregiudicarlo o renderlo particolarmente gravoso*", perché altrimenti ne resterebbe violato il "contenuto essenziale", l'**operatività minima**, del diritto di difesa (sent. 67/1990).

✓ IL CASO: LA LIBERALIZZAZIONE DELLE RICETRASMITTENTI

Il c.d. "codice postale" riservava allo Stato i servizi di telecomunicazione, prevedendo un regime di concessione per l'esercizio di impianti di telecomunicazione e sanzionando penalmente chi usava senza concessione apparecchi ricetrasmittenti, anche se di debole potenza. Investita da una valanga di ordinanze, la Corte costituzionale (sent. 1030/1988) riconosce che, per la ristrettezza delle risorse disponibili (→ § XIII.3.α), cioè delle frequenze, non è possibile di configurare un diritto soggettivo del privato alla assegnazione di una banda di frequenza per le telecomunicazioni: la libertà di comunicazione tramite determinati impianti *"non comporta infatti libertà del loro uso, dato che questo si traduce nella disponibilità di un bene comune – l'etere – naturalmente limitato e perciò necessariamente non fruibile da tutti"*. Tuttavia per le esigenze di un razionale e ordinato governo dell'etere, almeno per gli apparecchi a bassa frequenza, il regime di concessione è uno strumento troppo *costoso*, perché riserva alla amministrazione *"eccessivi spazi di discrezionalità ... circa le condizioni, limiti ed obblighi cui la concessione può essere in concreto subordinata"*, e perciò *"si appalesa mezzo eccedente rispetto al fine di assicurare un appropriato bilanciamento tra gli interessi di rilievo costituzionale che in tale particolare materia sono in gioco"*. Al contrario, un regime di autorizzazione amministrativa sarebbe uno strumento sufficiente ad assicurare in concreto il coordinamento e la compatibilità reciproca tra i vari apparecchi e tra questi e gli altri strumenti di telecomunicazione, e al contempo più rispettoso della libertà di comunicazione.

Come si vede, il giudizio di bilanciamento è un'arte, qualcosa che si basa su criteri di ragionevolezza e di buon senso più che sulla rigorosa interpretazione della Costituzione. Per questo esso è stato sempre visto dalla dottrina con grande sospetto, come se fosse qualcosa che esorbita dalle funzioni di un giudice, qual è la Corte costituzionale. Tuttavia l'infinita varietà dei casi e delle ipotesi di conflitto tra interessi più o meno direttamente riconosciuti dalla Costituzione non consente, a nessuna Corte costituzionale, di sottrarsi a questo compito né di appoggiarlo su schemi di giudizio più solidi di quelli descritti. Ancora una volta bisogna concludere che solo una buona motivazione delle sue sentenze può persuadere della bontà del lavoro svolto dalla Corte.

3.4. *I "nuovi diritti"*

La tecnica del bilanciamento degli interessi consente alla Corte di prendere in considerazione anche interessi che non hanno uno specifico riconoscimento in Costituzione. Spesso vengono chiamati "**nuovi diritti**", per indicare, più che altro, l'assenza di una specifica disciplina costituzionale. La Corte, per esempio, ha talvolta affermato l'esistenza di un *diritto fondamentale all'abitazione*, in altri casi ha riconosciuto il diritto all'*identità sessuale*, oppure al proprio decoro e alla reputazione, la riservatezza, la libertà sessuale, ecc. Lo stesso "*diritto alla vita*" (di cui la Corte ha abbondantemente trattato a proposito dell'aborto (→ § XIII.3.3.2✓) e la "*libertà di coscienza*" (alla cui base vi sono i diversi casi di legittima obiezione: → § XIII.5.4.2.δ) non hanno un loro specifico "ancoraggio" in Costituzione.

✓ IL DIRITTO A PROCREARE E LE SUE COMPLICAZIONI

Anche il diritto alla procreazione è entrato nei "nuovi diritti". Il progresso della medicina consente infatti di impiegare molte tecniche per superare i problemi di infertilità della coppia e facilitare la soddisfazione delle aspettative procreative. Come spesso avviene, è proprio il progresso scientifico e tecnologico ad aprire la porta ai nuovi diritti: ma, come accade altrettanto spesso, quel progresso apre la porta anche al timore di molti che possa sfuggire al controllo e generare abusi. È il tema, molto dibattuto negli ultimi anni, della ricerca in materia genetica e delle pratiche mediche in materia di *riproduzione medicalmente assistita*: i timori hanno prevalso e portato all'approvazione di una disciplina (legge 40/2004) molto restrittiva del ricorso a questa pratica e, soprattutto, assolutamente restrittiva per ciò che riguarda la ricerca genetica sulle cellule staminali, che possono essere tratte dagli embrioni non impiegati per la procreazione. Il tema è stato oggetto di un dibattito molto acceso, culminato nella campagna elettorale sul *referendum* abrogativo della legge 40, *referendum* che però non ha avuto alcun esito per mancanza del *quorum*, come è stato riferito altrove (→ § IX.9.2). È stata però la Corte costituzionale a cancellare, una dopo l'altra, alcune delle norme più restrittive della legge 40, allargando l'esercizio del "diritto alla procreazione".

Parte della dottrina ha ritenuto che questi diritti abbiano un fondamento nell'art. 2 Cost. La disposizione "*la Repubblica riconosce e garantisce i diritti inviolabili dell'uomo*" è letta come un "**catalogo aperto dei diritti**", ossia come una formula in bianco che consente di "importare" nel sistema dei diritti tutelati dalla nostra Costituzione tutti quegli interessi che l'evoluzione della coscienza sociale (ed anche delle convenzioni internazionali) porta ad accreditare. È piuttosto evidente che dietro a questa interpretazione vi è un'opzione ideologica di più ampia portata: l'idea che i "*diritti*" preesistano al "*diritto*", e che compito del secondo sia "riconoscere" i primi, adeguare le leggi ad essi. Perciò attraverso la lettura "aperta" dell'art. 2 Cost. si fanno passare tutti i dettami ispirati a concezioni giusnaturalistiche, che solo apparentemente vanno nella direzione dell'ampliamento del catalogo dei diritti fondamentali. Infatti, allargando il novero dei diritti fondamentali, raggiungono il risultato opposto di rendere più ristretto l'àmbito di godimento di ognuno di essi, costretto a bilanciarsi con nuovi interessi, tutti potenzialmente concorrenti. Il "diritto alla vita", per esempio, è stato assunto come interesse antagonista al diritto alla salute della madre; ed oggi i "nuovi diritti" elaborati dalla bioetica si affacciano con evidenti intenti di contrastare le "vecchie" libertà.

La Corte costituzionale è stata in passato assai ferma a negare la lettura "aperta" dell'art. 2, ritenendo che i "diritti inviolabili" di cui quella disposizione parla cumulativamente non siano altro che gli stessi diritti di cui gli articoli successivi trattano in modo distinto (teoria del "**catalogo chiuso dei diritti**"). Questo non le ha però impedito di introdurre nel bilanciamento anche "nuovi" interessi degni di considerazione: poco importa poi che essi siano tratti in via d'interpretazione dalle disposizioni costituzionali (il "diritto alla vita", per esempio, può essere considerato un presupposto di tutti i diritti, a partire dalla libertà personale e dal diritto alla salute; la libertà di coscienza è un presupposto della libertà religiosa e della libertà di espressione: → § XIII.5.4.1), oppure siano semplicemente interessi che, nello specifico giudizio di bilanciamento, possono essere considerati un limite capace di contrastare diritti e libertà di più sicuro ancoraggio costituzionale (il diritto all'abitazione può rientrare, per esempio, negli interessi sociali cui l'art. 42 Cost. "funzionalizza" il diritto dei proprietari di casa). E anche quando la Corte costituzionale ha dovuto occuparsi dell'identità sessuale, essendo stata contestata la legittimità della legge che consente ai transessuali la correzione delle indicazioni anagrafiche del sesso, ha difeso la legittimità della legge sulla base principalmente del diritto alla salute del transessuale, contestando gli argomenti mossi sulla base dell'art. 2 (invocato dal giudice remittente per contestare, non per supportare il diritto all'identità sessuale, per le conseguenze "sociali" che avrebbe il mutamento artificiale del sesso).

Ciò non toglie che la Corte abbia, in alcuni casi, tratto il riconoscimento del "nuovo diritto" dall'art. 2 Cost. Ma non sembra che ciò abbia comportato affatto un'adesione della Corte alla teoria del "catalogo" aperto. Il richiamo all'art. 2 è servito piuttosto come argomentazione aggiuntiva per giustificare una assai più normale (e ideologicamente meno impegnativo) bilanciamento degli interessi.

✓ I DIRITTI DELLE GENERAZIONI FUTURE

Anche i **diritti delle generazioni future** hanno smesso di essere confinati nell'ambito della filosofia morale e sono diventati oggetto di attenzione dei giudici costituzionali. Qual è il problema? Come si può arginare la tendenza egoistica della generazione al potere di trasferire a chi seguirà gli svantaggia prodotti dal proprio benessere? Il debito pubblico, per esempio, prodotto oggi per garantire un certo livello di benessere e che domani dovrà essere pagato con sacrifici rilevanti. Oppure l'inquinamento e il rinvio a un futuro lontano di misure efficaci *oggi* di protezione dell'ambiente.
La legge cost. 1/2022 ha modificato l'art. 9 Cost., aggiungendo, come esplicito obbligo di protezione, che la Repubblica «tutela l'ambiente, la biodiversità e gli ecosistemi, anche nell'interesse delle future generazioni». È presto per dire come questa innovazione potrà aprire la possibilità di agire davanti a un giudice per invocare la tutela delle future generazioni.
È merito del Tribunale costituzionale tedesco aver posto questo tema a fondamento di una sua importante decisione. La sentenza nasce da quattro ricorsi "diretti" (→ § XII.1.2γ) che contestano la legge tedesca di "protezione del clima" (*Klimaschutzgesetz*) del 2019 perché ha spostato nel futuro (2030) i limiti per la riduzione del gas-serra, violando il diritto fondamentale a un futuro degno e a un minimo ecologico esistenziale. Alcuni ricorsi evidenziano la violazione che così si produce nei diritti delle generazioni future: la Costituzione tedesca – afferma la Corte – obbliga lo stato a rispettare le libertà e i diritti della generazioni future: lo spostamento in avanti dei limiti di inquinamento viola l'obbligo di lasciare alla posterità condizioni tali per cui non si trasferiranno alle future generazioni i sacrifici che oggi non si vogliono sopportare. Le generazioni future entrano così nel ragionamento di un giudice costituzionale come titolari di diritti precisi e "azionabili" già oggi. Questa è una delle novità più importanti. Fermenti importanti vi erano già nella giurisprudenza di alcune corti nazionali. Ma questa decisione unanime, ampiamente argomentata e molto chiara nell'individuare i diritti e i loro titolari, pronunciata da una Corte di grande prestigio, segna una pagina importantissima nella storia del diritto ambientale. La riforma dell'art. 9 Cost. potrebbe aprire anche in Italia la strada ad un controllo di ragionevolezza delle leggi con riferimento agli interessi delle future generazioni.

INTERNET Una sintesi della sentenza è pubblicata dalla Corte costituzionale italiana: https://www.cortecostituzionale.it/documenti/segnalazioni_corrente/Segnalazioni_1619774479177.pdf.

4. I DIRITTI NELLA SFERA INDIVIDUALE

4.1. *Definizioni*

Le classificazioni dei diritti e delle libertà hanno in genere ben poco significato pratico, come già si è notato (→ § XIII.2.1). Tuttavia si può dire che la tecnica usata dalla Costituzione per scrivere le garanzie dei diritti procede secondo una logica precisa, che presuppone uno schema di classificazione. Negli artt. 13-16 essa enumera i diritti legati all'individuo, alla sua sfera più intima; negli artt. 17-21 enumera diritti che toccano l'attività pubblica degli individui; negli artt. 29-34 si occupa della solidarietà sociale, e quindi delle prestazioni pubbliche dirette a rimuovere le cause della diseguaglianza sociale, secondo il programma dell'eguaglianza sostanziale annunciato dall'art. 3.2 (→ § XIII.1.1.γ); gli artt. 35-47 definiscono, come dichiara la stessa rubrica del Titolo III, le c.d. libertà economiche; ed infine, gli artt. 48-51 si occupano delle libertà politiche.

I diritti legati alla sfera individuale sono a loro volta costruiti con una tecnica a spirale, che inizia con l'***habeas corpus*** (art. 13), cioè con il bene più "fisicamente" connesso all'individuo, la libertà della persona fisica appunto; poi allarga la tutela all'àmbito spaziale immediatamente circostante all'individuo, il domicilio; poi ancora si estende alla comunicazione tra persone e alla circolazione. Questo crea una continuità nella tutela della sfera individuale, che non ha soluzione alcuna ed ha portato la libertà personale a saldarsi con altri diritti sanciti dalla Costituzione: la libertà di domicilio (dove finisce la tutela della persona fisica, comprensiva degli oggetti che si portano addosso, e dove inizia la tutela del domicilio, che è estesa, come si vedrà, anche a tutti gli spazi di cui la persona dispone a titolo esclusivo?), la libertà di circolazione (quale forma di impedimento al movimento della persona rientra nell'una e quale nell'altra libertà?), il divieto di prestazioni personali contenuto nell'art. 23 Cost. (il fatto che la polizia mi costringa a farmi fotografare o prelevi le mie impronte digitali è una lesione della libertà personale o solo una prestazione imposta?), il divieto di trattamenti sanitari obbligatori (art. 32.2), ecc.

È vero che, incollandosi l'area garantita da una libertà con quella garantita dalle altre, si rafforza e si completa la garanzia complessiva dei diritti individuali; ma è anche vero che l'intensità della tutela varia da una all'altra libertà, attenuandosi man mano che ci si allontana dal nucleo fondamentale della libertà personale (→ § XIII.2.1.ε). Per questo motivo è spesso indispensabile decidere se una certa situazione ricada sotto la garanzia accordata da questo o quell'articolo della Costituzione.

4.2. *La libertà personale*

4.2.1. *Definizioni*

Nella sua accezione più ristretta e storica la **libertà personale** coincide con la libertà dagli arresti, ossia con l'*habeas corpus*. Il nucleo fondamentale della libertà personale è dunque la libertà fisica, la disponibilità della propria persona. Ed è ovvio che la libertà nasca e venga affermata contro i poteri repressivi dello Stato, perché è lo Stato che, negli ordinamenti moderni, ha assunto il monopolio dell'uso (legittimo) della forza. Solo lo Stato può limitare, a condizione che rispetti le norme dell'art. 13 Cost., la libertà fisica delle persone: nei confronti degli altri soggetti lo Stato si fa garante della libertà personale dell'individuo, per cui la *Drittwirkung* (→ § XIII.3.1.2) della libertà personale comporta che ogni limitazione della libertà personale da parte di soggetti privati (salvo quando agiscano come organo di polizia: art. 383 cod. proc. pen.) costituisce un illecito penale (salva l'ipotesi di cui al § successivo).

Nella prassi giurisprudenziale (e ancor più nell'interpretazione dottrinale) l'àmbito della nozione di libertà personale ha subito però un notevole ampliamento, nella direzione di estendere la tutela dagli arresti ad altre forme di limitazione *fisica* dell'individuo. L'art. 13.2 si riferisce alla *detenzione*, all'*ispezione* e alla *perquisizione personale*, ma poi chiude l'elencazione con una locuzione "aperta" ("*qualsiasi altra restrizione delle libertà personale*"), rispetto alla quale la Corte costituzionale ha avuto il problema di includere o escludere varie ipotesi di limitazione della libertà personale, intesa come "*autonomia e disponibilità della propria persona*". Il metro usato dalla Corte è di tipo quantitativo: non tutte le limitazioni della libertà personale ricadono nel divieto dell'art. 13. Ne restano infatti escluse quelle di lieve entità, di per sé incapaci di ledere la *dignità personale* e di costituire misure equivalenti all'assoggettamento dell'individuo all'altrui potere. Così, per esempio, la Corte ha distinto, nell'àmbito dei rilievi segnaletici che la pubblica sicurezza può compiere, tra quelli invasivi della libertà personale (prelievi di sangue o indagini su parti del corpo non esposte alla vista) e quelli "esterni", che magari possono comportare immobilizzazione della persona (per assumere le impronte digitali o rilievi fotografici) che però non costituiscono costrizioni lesive perché lievi e momentanee (e che la Corte stessa ha catalogato tra le prestazioni imposte, ricadenti quindi nella tutela dell'art. 23 Cost.: sent. 30/1962).

✓ IL CASO: SE UN SABATO SERA, FUORI DALLA DISCOTECA ...

Un sabato sera, fuori dalla discoteca, un agente di polizia della strada ti ferma e, esaminatoti brevemente con il suo occhio clinico, gli viene il sospetto che tu sia in *"condizioni di alterazione fisica e psichica"* per uso di droghe. Perciò ti invita a seguirlo presso una struttura sanitaria pubblica – un camper che staziona là vicino – per effettuare un prelievo del sangue. Nel camper non c'è un medico, ma solo un infermiere assonnato: tu ti rifiuti, ma così commetti reato, punibile, *"salvo che il fatto costituisca più grave reato"*, con sanzioni piuttosto severe. Non è un incubo: è quanto prescriveva l'art. 187 del codice della strada! Con una sentenza davvero stupefacente (sent. 194/1996), la Corte ha respinto l'eccezione di incostituzionalità, sulla base di questa argomentazione: i prelievi coattivi ricadono sempre sotto la garanzia dell'art. 13 (lo ha ripetuto anche nella sent. 238/1996), ma in questo caso non vi è coercizione; infatti l'interessato può rifiutare di sottoporsi al prelievo se ritiene che l'agente abusi del suo potere; spetterà al giudice penale davanti al quale egli dovrà comparire accertare la ragionevolezza del motivo che ha indotto l'agente a disporre l'accompagnamento. Che dire? Il giudice remittente, come la stessa Corte osserva, non aveva sollevato la questione della violazione della riserva di giurisdizione (lamentando invece soltanto la mancata presenza di un medico accanto agli agenti di polizia!). Però ora sembra che il prelievo dei liquidi biologici da sottoporre a test avvenga in modi meno invasivi (art. 33, legge 120/2010).

INTERNET Tutte le sentenze citate in queste pagine si possono leggere in www.giurcost.org. Un caso del tutto analogo è stato recentemente deciso dalla *US Supreme Court*, che ha distinto tra sanzioni inferte a chi rifiuta il palloncino, ammesse, e a chi rifiuta il prelievo (non ammesse), in *Birchfield v. North Dakota* (in www.supremecourt.gov/opinions/15pdf/14-1468_8n59.pdf).

Il metro quantitativo è però integrato da un elemento qualitativo, che porta a superare l'àmbito della coercizione fisica e a comprendere nella tutela della libertà personale anche il divieto di violenza *morale*, riscontrandola in qualsiasi coercizione che offenda la *dignità della persona* e ne comporti la *degradazione giuridica*: si noti che è lo stesso art. 13, nel quarto comma, a mettere sullo stesso piano, con riferimento però alle sole persone sottoposte a restrizioni di libertà (arrestati, detenuti, ecc.), la violenza fisica e quella morale. Seguendo questa linea di interpretazione, la Corte ha incluso tra le misure lesive della libertà personale anche provvedimenti in cui non v'è traccia di coercizione fisica, come l'*ammonizione* (pronunciata da un'apposita commissione presieduta dal prefetto nei confronti di persone presunte socialmente pericolose, con la conseguenza che esse venivano sottoposte a speciale sorveglianza della polizia e a tutta una serie di obblighi: è stata dichiarata illegittima dalla sent. 11/1956), il c.d. "*soggiorno cautelare*" – che è la **misura di prevenzione** (→ finestra seguente) che può essere applicata a chi è ritenuto in procinto di commettere reati di mafia: sent. 419/1994) – e l'*obbligo di comparire* nell'ufficio di polizia, che il questore può porre a carico di "tifosi" coinvolti in episodi di violenza "sportiva" (sentt. 143/1996, 144/1997).

Insomma, nella definizione di libertà personale accreditata dalla Corte costituzionale l'elemento determinante appare essere proprio il livello di degradazione giuridica che la coercizione comporta, più che la natura "fisica" della coercizione stessa: se è "fisica" è più probabile che la coercizione ricada sotto la garanzia della libertà personale, ma ciò non vale se essa è di entità così lieve da non causare offesa alla dignità della persona.

✓ IL PROBLEMA DELLE MISURE DI PREVENZIONE

Le *misure di prevenzione* sono provvedimenti adottati non a seguito della commissione di un reato, ma in base a indizi o sospetti che certi reati possano essere commessi in futuro (sono quindi *ante* o *praeter delictum*): in ciò si distinguono dalle **misure cautelari** (per es., l'arresto domiciliare, la carcerazione preventiva, la sospensione da un pubblico ufficio o dalla potestà genitoriale), che sono provvedimenti assunti dall'autorità giudiziaria nel corso delle indagini o del processo, e quindi in conseguenza di un reato già commesso, e dalle **misure di sicurezza** (per es., il riformatorio, il ricovero nell'ospedale psichiatrico giudiziario, la libertà vigilata, ecc.), che seguono alla condanna, in considerazione della pericolosità del reo.

Le *misure di prevenzione* possono avere carattere *patrimoniale* (per es. il sequestro, la confisca, la cauzione, ecc.) o *personale* (sorveglianza speciale, divieto e obbligo di soggiorno, obbligo di rimpatrio) e, in questo secondo àmbito, possono o meno incidere sulla libertà personale secondo che abbiano o meno le caratteristiche qualitative e quantitative che si è detto. Per esempio, il provvedimento che vieta al tifoso "ultras" di entrare allo stadio quando gioca la sua squadra del cuore *non* è considerato lesivo della libertà personale (e quindi può essere preso dall'autorità di pubblica sicurezza, senza intervento del giudice), mentre quello che lo obbliga a presentarsi in questura ricade nella tutela prevista dall'art. 13 Cost.

Il problema specifico che sollevano le misure di prevenzione è che esse si basano su una *"fattispecie di sospetto"* che colpisce coloro per i quali l'apparato giudiziario non riesce a raccogliere prove sufficienti per dimostrare che hanno commesso un reato. La Corte costituzionale e la stessa legislazione hanno tolto di mezzo alcune figure di pericolosità (gli oziosi e i vagabondi, per esempio) che la vecchia legislazione individuava come presupposto per l'applicazione delle misure. Oggi la legge prevede ipotesi più sensate – come *"coloro che debbano ritenersi, sulla base di elementi di fatto, che sono abitualmente dediti a traffici delittuosi"* oppure *"che per la condotta o il tenore di vita debba ritenersi ... che vivano abitualmente, anche in parte, con i proventi di attività delittuose"* (legge 327/1988). Ma resta diffusa l'opinione che provvedimenti fortemente limitativi delle libertà costituzionali non possano essere giustificati sulla base di un mero sospetto, suffragato da fatti che di per sé non costituiscono reato.

4.2.2. *Strumenti di tutela*

Gli strumenti di tutela della libertà personale predisposti dall'art. 13.2 sono i più forti che la Costituzione preveda per limitare ogni discrezionalità dell'autorità pubblica: riserva assoluta di legge e riserva di giurisdizione (→ § XIII.2.2). Inoltre, l'art. 111 Cost. prevede che contro tutti i provvedimenti giurisdizionali che incidono sulla libertà personale sia sempre ammesso ricorso davanti alla Corte di cassazione.

L'art. 13.3 prevede un'eccezione, anch'essa coperta da riserva di legge, per di più rinforzata ("*in casi eccezionali di necessità ed urgenza, indicati tassativamente dalla legge*"): in questi casi l'autorità di pubblica sicurezza può adottare provvedimenti provvisori che devono essere comunicati all'autorità giudiziaria entro 48 ore e da questa convalidati nelle 48 ore successive. Se non vengono convalidati si intendono revocati "*e restano privi di ogni effetto*". Rientrano tra i "*casi eccezionali*" i casi previsti dal codice di procedura penale (art. 379 ss.) in cui la polizia giudiziaria (ma, in certi casi, anche le persone private: art. 383 cod. proc. pen.) può o deve procedere all'arresto "*in flagranza*" di chi viene colto nell'atto di commettere un delitto di particolare gravità o è inseguito subito dopo il reato (e, anche in questo caso, è lo stesso privato cittadino che può mettersi all'inseguimento, senza dover rispettare – ha detto la Cassazione – le regole del codice della strada!) o è colto con cose o tracce dalle quali appaia che egli abbia appena commesso il reato. Vi rientrano però anche i casi di "*fermo*" dell'indiziato di delitto, che è ammesso quando vi sia pericolo di fuga (art. 384 cod. proc. pen.).

Ma anche in questi casi la garanzia della riserva di giurisdizione non è superabile: il provvedimento restrittivo deve essere comunicato al giudice entro 48 ore e il giudice deve convalidarlo entro le 48 ore successive: altrimenti "*si intendono revocati e restano privi di ogni effetto*" (art. 13.3). Il codice di procedura penale rafforza queste garanzie: dispone che l'arrestato o il fermato venga consegnato entro 24 ore al P.M. (cioè il pubblico ministero: → § VII.1.1), altrimenti il provvedimento diventa inefficace; il P.M. può procedere all'interrogatorio solo in presenza del difensore; è il P.M. a chiedere la convalida dell'arresto o del fermo al g.i.p. (ossia al giudice delle indagini preliminari), entro 48 ore dal suo compimento; il g.i.p. procede alla convalida nel corso di un *udienza* cui deve partecipare il difensore; il g.i.p. decide con un *ordinanza* che è impugnabile in Cassazione (come previsto dall'art. 111 Cost.).

✓ CHI PAGA PER L'INGIUSTA DETENZIONE?

Tizio è proprio sfortunato. Viene arrestato per uno scambio di persona, accusato di un omicidio. Il suo arresto è convalidato dal giudice, e solo dopo mesi, a conclusione del processo, viene scagionato. L'art. 314.1 CPP stabilisce un principio "di civiltà giuridica": "*Chi è stato prosciolto con sentenza irrevocabile perché il fatto non sussiste, per non aver commesso il fatto, perché il fatto non costituisce reato o non è previsto dalla legge come reato, ha diritto a un'equa riparazione per la custodia cautelare subita*".

Ma cosa accade se invece Tizio non è assolto, ma riconosciuto colpevole di un reato molto meno grave, che non prevedeva la carcerazione preventiva o la limitava ad un periodo molto più breve di quello passato "al fresco"? La Corte costituzionale ha dichiarato illegittimo l'art. 314.1, "*nella parte in cui, nell'ipotesi di detenzione cautelare sofferta, condiziona in ogni caso il diritto all'equa riparazione al pro-*

scioglimento nel merito dalle imputazioni" (sent. 219/2008). Infatti, ha ritenuto la Corte, il sacrificio della libertà personale che la misura cautelare comporta, e che si giustifica con le esigenze del processo e della difesa della collettività, non è più bilanciato se *"travalica il grado di responsabilità personale"*; per cui *"il fondamento squisitamente solidaristico della riparazione per ingiusta detenzione"* impone che la riparazione sia estesa *"alle ipotesi di detenzione cautelare sofferta in misura superiore alla pena irrogata o comunque a causa della mancata assoluzione nel merito"*.

4.2.3. *Restrizioni e pene*

La riserva di legge dell'art. 13.2 opera anche per l'individuazione del tipo di restrizione cui può essere sottoposta la libertà personale: tuttavia sono diversi i principi costituzionali che operano a questo proposito.

α) Già si è ricordato il divieto di ogni violenza fisica e morale sulle persone sottoposte a restrizione (art. 13.4).

β) "*Le pene non possono consistere in trattamenti contrari al senso di umanità e devono tendere alla rieducazione del condannato*" (art. 27.3). Quali siano le funzioni della pena è problema centrale del *Diritto penale*, con evidenti agganci a tematiche filosofiche generali. Ma la disposizione costituzionale consente alla Corte costituzionale di sindacare le scelte di politica criminale compiute dal legislatore, nel senso di censurare sia le leggi che prevedono sanzioni contrarie al limite negativo della "umanità", sia le leggi che non perseguono il fine positivo della "rieducazione", sia pure bilanciandolo con le altre finalità tipiche della pena, cioè la tradizionale funzione di *retribuzione* e quelle di *prevenzione* e di *difesa sociale*. Su questa base la Corte ha censurato, per esempio, le norme che escludevano radicalmente la concessione di premi e permessi a detenuti, rei di reati di particolare gravità, che pure partecipavano con buoni risultati a programmi rieducativi.

γ) L'esclusione della *pena di morte* (ormai abrogata anche per i *reati militari in tempo di guerra* dalla legge 589/1994, cui è seguita la definitiva cancellazione dall'art. 27 Cost. con la legge cost. 1/2007) è in fondo solo un corollario del principio sancito nell'art. 27.3.

δ) La giurisprudenza più recente della Corte costituzionale ha allargato il *giudizio di ragionevolezza* (→ § XIII.1.2) anche alla *misura delle pene*, cioè alla proporzione, che deve sussistere, tra gravità della pena e gravità del reato.

✓ IL CASO: QUANTO PUÒ COSTARE UNA FRASE POCO RISPETTOSA RIVOLTA AI CARABINIERI?

Si sa che un incidente stradale fa spesso perdere il controllo ai suoi protagonisti. È capitato che, in un'occasione del genere, un automobilista rivolgesse ai carabinieri, tempestivamente intervenuti, un apprezzamento poco lusinghiero delle loro capacità professionali. Nulla di particolarmente grave, ma quanto bastava perché fosse redatto verbale e partisse una denuncia per oltraggio a pubblico ufficiale, fattispecie per la quale l'art. 341 cod. pen. comminava la reclusione da sei mesi a due anni, aumentabile fino al triplo per la pluralità delle persone offese (art. 81 cod. pen.). Impressionato dalla sproporzione delle conseguenze rispetto all'esiguità del fatto, il giudice sollevò la questione davanti alla Corte costituzionale, e questa, a sua volta, pronunciò una sentenza i cui effetti, come spesso accade, sono a loro volta largamente sproporzionati rispetto alla portata del caso da decidere. La Corte, infatti, dichiarò illegittimo l'art. 341, nella parte in cui prevedeva come "minimo edittale" (cioè come minima sanzione applicabile in conseguenza dell'accertamento del reato) la reclusione per sei mesi. La Corte giunge a questa decisione attraverso un ragionamento che supera un "dogma" che la stessa Corte aveva sempre accreditato: cioè che la determinazione della qualità e della quantità della pena è riservata alla "discrezionalità" del legislatore. Tuttavia, argomenta la Corte, l'uso della discrezionalità legislativa può essere sindacato anche in campo penale quando la scelta compiuta dal legislatore appaia irragionevole, cioè vi sia evidente sproporzione tra il sacrificio provocato alla libertà personale e il disvalore del fatto illecito commesso: la sproporzione sussiste – affermò la Corte – perché l'art. 341 colpiva con una sanzione minima consistente (sei mesi, appunto) comportamenti anche di minima offensività riferiti ad una serie assai vasta di soggetti che possono ricoprire la qualifica di "pubblico ufficiale" (anche i professori universitari lo sono, per esempio, in sede d'esame!). Con questa operazione – assai discussa in dottrina – la Corte ha ridotto a quindici giorni (che è la reclusione minima prevista, in via generale, dall'art. 21 cod. pen.) il "costo" di uno scatto di nervi.

L'art. 341 è stato abrogato nel 1999. Ma i c.d. "decreti sicurezza" hanno reintrodotto (nel 2009) e aggravato la pena (nel 2019) per l'oltraggio; infatti l'art. 341 *bis* ripristina il reato con qualche modifica: c'è oltraggio solo se le offese sono pronunciate "in luogo pubblico o aperto al pubblico e in presenza di più persone". Non basta cioè che il carabiniere si senta offeso, occorre che ci siano altre persone presenti. Però la punibilità è prevista anche per fatti di particolare tenuità.

4.2.4. *I trattamenti sanitari obbligatori*

Per **trattamento sanitario obbligatorio** si intende ogni tipo di attività diagnostica o terapeutica imposta all'individuo. La differenza con gli accertamenti coercitivi che ricadono nella tutela della libertà personale è tenue, e sembra collegata essenzialmente alle finalità. Se il trattamento è rivolto alla ricerca della prova del reato o alla difesa sociale dalla commissione di reati futuri, si ricade nella tutela tipica dell'art. 13 Cost. Se invece il trattamento è ispirato a finalità sanitarie, si ricade nella tutela specifica prevista, appunto, dall'art. 32.2, dedicato alla tutela della salute. Il regime di garanzia è assai diverso, perché la tutela accordata dall'art. 32.2 si limita alla *riserva di legge*, che per di più è considerata solo *relativa* (→ § VIII.11.2.γ2). Non c'è invece *riserva di giurisdizione*: i principali trattamenti sanitari obbligatori previsti dalla legislazione attuale (accertamenti e trattamenti per malattia mentale, vaccinazioni obbligatorie, ecc.) sono infatti disposti dall'autorità sanitaria, cui spetta esercitare la discrezionalità tecnica nell'applicare le previsioni della legge.

Vari tentativi sono stati fatti per allargare la nozione di *trattamento sanitario obbligatorio* in modo da far rientrare nella garanzia costituzionale "trattamenti" come la prova spirometrica (il "palloncino" per misurare il tasso alcolico nel fiato degli automobilisti) e persino l'obbligo di indossare il casco per chi guida moto o motorini: i giudici li hanno sempre respinti, ma hanno anche respinto ogni tentativo delle strutture sanitarie di imporre ai pazienti scelte mediche ritenute indispensabili, come la trasfusione di sangue. L'obbligo, imposto per legge, di sottoporsi a trattamento medico deve essere motivato esclusivamente da esigenze di tutela della salute pubblica, non della propria salute individuale: per essa prevale la libertà di scelta individuale, dovendo sempre il medico informare il paziente delle conseguenze dei trattamenti sanitari che gli propone e che non può eseguire senza il suo consenso. Per questo motivo è stato ritenuta illegittima l'alimentazione coatta di chi ha scelto lo sciopero della fame come forma personale di protesta.

✓ IL CASO: I TESTIMONI DI GEOVA E L'EMOTRASFUSIONE

Fuori dai pochi casi previsti dalla legge, ognuno può rifiutare di essere sottoposto ad un trattamento sanitario. Prevale dunque la volontà individuale. E se l'individuo sceglie deliberatamente di rifiutare un trattamento medico indispensabile per la sua sopravvivenza? Il problema si pone assai spesso, e in certi casi coinvolge intere categorie di cittadini. Per esempio, per motivi religiosi i Testimoni di Geova sono tenuti a rifiutare le trasfusioni di sangue. Il problema (giuridico) non si pone dove il rifiuto sia posto da un adulto capace di intendere e volere (o meglio, si pone solo nei termini dell'accertamento della sua capacità): diventa invece drammatico quando i genitori rifiutino l'autorizzazione a praticare la trasfusione al figlio minorenne. Il diritto-dovere di mantenere ed educare i figli, che l'art. 30 Cost. pone a carico dei genitori, entra in concorrenza qui con il diritto alla libertà religiosa dei genitori stessi: fino a che punto le loro scelte religiose possono incidere sulla vita del figlio? È una domanda tremenda, che può toccare un'infinità di prospettive e di problematiche, anche se nel caso del negato permesso alla trasfusione raggiunge un apice di drammaticità. La Cassazione (sez. I pen., sent. 13 dicembre 1983) ha risolto il problema affermando che (a) la professione religiosa non può essere assunta a base di una dichiarazione di incapacità dei genitori (la quale avrebbe consentito un intervento sostitutivo degli organi pubblici), ma che (b) si è fuori dall'esercizio della libertà religiosa quando essa si esprima in comportamenti contrari a obblighi e divieti che *"nell'àmbito di una civiltà tutti considerano necessari ad un'ordinata vita civile"*. I genitori che, negando il permesso, causarono la morte della figlia minore furono condannati per omicidio colposo.

4.3. *La libertà di domicilio*

4.3.1. *Definizioni*

La vicinanza della libertà di *domicilio* alla libertà *personale* non è casuale. Secondo una definizione classica, anche se metaforica, il **domicilio** è la proiezione spaziale della persona. Per questo l'art. 14.2 Cost. estende al domicilio "*le garanzie prescritte per la libertà personale*".

Tuttavia la definizione di "domicilio", ai sensi della Costituzione, non è compito semplice, anche perché nell'ordinamento giuridico sono presenti almeno altre due definizioni di "domicilio" differenti (e oltretutto preesistenti alla Costituzione). Vi è la nozione del codice civile, che fissa il *domicilio* di una persona "*nel luogo in cui essa ha stabilito la sede principale dei suoi affari e interessi*" (art. 43.1 cod. civ.), distinguendola dalla **residenza**, che è il luogo dove la persona "*ha la dimora abituale*" (art. 43.2 cod. civ.). Domicilio e residenza possono dunque non coincidere: entrambi hanno però la caratteristica dell'unicità (una persona può avere un unico luogo di residenza e un unico luogo di domicilio "generale" – così detto perché, per determinati atti o affari e per il solo tempo ad essi necessario, si può "eleggere" domicilio "speciale" altrove). La **dimora** invece è una realtà di fatto che indica il luogo dove la persona soggiorna occasionalmente (mentre, come si è visto, se vi soggiorna abitualmente, lì si fissa la *residenza*).

Per il diritto penale, invece, il domicilio è l'*abitazione* e ogni "*altro luogo di privata dimora*", nonché le "*appartenenze di essi*" (art. 614 cod. pen.): chi violi il domicilio – ossia vi si introduce o vi si trattiene "*contro la volontà espressa o tacita di chi ha il diritto di escluderlo, ovvero vi s'introduce* (o vi si trattiene) *clandestinamente o con l'inganno*" – incorre in una sanzione penale (reclusione fino a tre anni). Come si vede, la nozione penalistica di "domicilio" è molto più ampia di quella civilistica e copre spazi (per esempio la stanza d'albergo o il camper) che probabilmente non possono essere fatti rientrare neppure nella nozione civilistica di "dimora".

È ormai pacifico che il significato attribuibile al termine "domicilio" impiegato dall'art. 14 Cost. non sia quello del diritto civile, ma semmai quello del codice penale. Anzi, è proprio quest'ultimo a dettare le norme di tutela della libertà di domicilio contro le violazioni compiute sia dai privati (l'art. 614 cod. pen. è un esempio palmare di come si renda operativa la *Drittwirkung* dei diritti costituzionali: → § XIII.3.1.2) che da pubblici ufficiali (art. 615 cod. pen.). Tuttavia la Corte costituzionale ha mostrato la disponibilità ad estendere la nozione di domicilio al di là della nozione penalistica, per includervi anche ambiti ad essa estranei: *è domicilio qualsiasi spazio isolato dall'ambiente esterno di cui il privato disponga legittimamente*, incluso – ha detto la Corte (senza però persuadere del tutto la Cassazione) – il bagagliaio dell'automobile (sent. 88/1987).

✓ BORSE, BORSETTE, BAGAGLIAI, BALCONI ...

Benché criticata, questa sentenza è interessante perché, estendendo la nozione costituzionale di domicilio oltre a quella impiegata dalla legge penale, accredita la tesi che vi sia continuità tra la tutela della libertà personale e la tutela del domicilio: nella prima ricadono infatti anche i contenitori che "*abitualmente sono portati sulla persona (come portafogli, portamonete, ecc.) o ad immediato contatto di essa (come borse, borselli e borsette)*" (così si esprime la sentenza citata), mentre nella seconda ricadono sicuramente la *roulotte*, l'automobile e il suo bagagliaio. L'elemento che secondo la Corte connota il domicilio è l'esistenza di una barriera che protegga la riservatezza di una persona escludendo il luogo dalla vista degli altri: così, per esempio, la Corte ha ritenuto che una ripresa televisiva effettuata dagli organi di polizia sui comportamenti che una persona teneva sul davanzale della finestra non ledano la libertà di domicilio perché, anche se il davanzale della finestra di un'abitazione è un "punto" sicuramente riconducibile alla nozione di "domicilio" e di "privata dimora", occorre altresì che il comportamento "avvenga in condizioni tali da renderlo tendenzialmente non visibile ai terzi" (sent. 149/2008). Per altro verso, la Cassazione (pen., sez. VI, sent. 22836/2009) ha escluso che sia domicilio la stanza d'ospedale, perché comunque il degente non ha il diritto di escluderne gli altri, così come non lo sono le parti comuni di un condominio (che la Cassazione definisce "luogo aperto al pubblico": → § XIII.5.2); mentre lo è un cantiere edile (Cass. pen., sez. V, sent. 2768/2015).

4.3.2. *Strumenti di tutela*

Come la libertà personale, anche il domicilio è "*inviolabile*" (art. 14.1 Cost.); al domicilio si estendono le stesse garanzie previste per la libertà personale (→ § XIII.4.2.2), ossia la riserva di legge assoluta e la riserva di giurisdizione per gli atti di ispezione, perquisizione e sequestro (art. 14.2 Cost.). È opinione comune che la libertà di domicilio non sia garantita solo alle persone fisiche, ma anche alle "formazioni sociali", quali società, associazioni, ecc. (analogo problema non si pone invece, come è ovvio, per la libertà personale).

Il codice di procedura penale ci fornisce la definizione dei termini chiave: ispezione, perquisizione e sequestro. Essi sono tutti mezzi di ricerca della prova penale. L'**ispezione** serve ad "*accertare le tracce e gli effetti materiali del reato*" (art. 244 cod. proc. pen.); la **perquisizione** serve alla ricerca del corpo del reato o di cose pertinenti al reato (artt. 247 ss.) ed è preordinata al **sequestro** di essi (art. 252): tant'è vero che, se la perquisizione è disposta per la ricerca di una cosa determinata, l'autorità può invitare a consegnarla e la consegna impedisce la perquisizione (art. 248).

Come per la libertà personale, anche per il domicilio è prevista la facoltà della polizia di procedere, in casi eccezionali (flagranza di reato, in caso di evasione e per altri motivi d'urgenza), a ispezione, perquisizione e sequestro senza autorizzazione dell'autorità giudiziaria, ma rispettando i termini di trasmissione e di convalida prescritti dall'art. 13.3 Cost. Tuttavia, a differenza di quanto richiesto per l'*arresto* (→ § XIII.4.2.2), per la perquisizione (e il conseguente sequestro), *sia che avvenga sulla persona che nel domicilio*, la convalida del provvedimento è di competenza del pubblico ministero (art. 352.4).

✓ LIBERTÀ DI DOMICILIO E NUOVE TECNOLOGIE

Il codice penale, dopo le modifiche apportate nel 1974, include tra i "delitti contro la inviolabilità del domicilio" anche le "interferenze illecite nella vita privata", compiute da chi, "mediante l'uso di strumenti di ripresa visiva o sonora, si procura indebitamente notizie o immagini attinenti alla vita privata" che si svolge nel domicilio (art. 615 *bis*). Tuttavia il codice di procedura penale (artt. 266 e 267) consente le "intercettazioni di comunicazioni tra presenti" (c.d. **intercettazioni ambientali**), anche quando si svolgono nel domicilio, però solo se vi è "fondato motivo di ritenere che vi si stia svolgendo l'attività criminosa" relativa a delitti di particolare gravità (l'intercettazione è disposta con decreto del p.m. in cui vanno indicate durata e modalità, previa autorizzazione o, nei soliti casi d'urgenza, salvo convalida del g.i.p.). Spesso però, per introdurre nei locali le "cimici" o le altre apparecchiature necessarie all'intercettazione, la polizia deve introdursi con qualche stratagemma nel domicilio, per esempio simulando un furto o fingendosi tecnici dei telefoni: comportamenti assai poco corrispondenti alle esigenze di tutela della libertà domiciliare.
Più di recente (nel 1993) sono stati aggiunti ai delitti contro il domicilio anche i c.d. **reati informatici**, come l'*accesso abusivo ad un sistema informatico o telematico* (art. 615 *ter*), l'uso illegittimo di codici d'accesso (615 *quater*) e la diffusione di virus informatici (art. 615 *quinquies*): ma la collocazione di questi delitti nella sezione dedicata all'inviolabilità del domicilio non è affatto convincente.

4.3.3. *Leggi speciali*

L'art. 14.3 Cost. ammette eccezioni alla disciplina generale appena descritta (e con ciò attenua la protezione della libertà di domicilio rispetto a quella personale). Ma queste eccezioni hanno limiti di *oggetto* (solo per gli *accertamenti* e le *ispezioni*, e non anche, perciò, per le *perquisizioni* e il *sequestro*) e sono coperte da una *riserva di legge rinforzata per contenuto* (→ § VIII.11.2.δ1): infatti la legge può consentirle solo per *motivi di sanità e incolumità pubblica* o per *fini economici e fiscali*. Con questi limiti, e quando lo consenta esplicitamente la legge, l'autorità amministrativa (per esempio, gli ispettori del lavoro, gli ispettori sanitari o la guardia di finanza) può accedere nel domicilio per accertare lo stato dei luoghi o esaminare la documentazione ivi conservata, *senza* la previa autorizzazione del giudice (o la successiva convalida).

✓ UN ESEMPIO: LA "LEGGE SULL'I.V.A."

Una delle *"leggi speciali"* più importanti è il decreto delegato che disciplina l'I.V.A. (d.P.R. 633/1972), il quale all'art. 52, detta le norme relative a "accessi, ispezioni e verifiche". Eccone il testo (per stralcio):

"1. Gli uffici dell'imposta sul valore aggiunto possono disporre l'accesso di impiegati dell'Amministrazione finanziaria nei locali destinati all'esercizio di attività commerciali, agricole, artistiche o professionali ... per procedere ad ispezioni documentali, verificazioni e ricerche e ad ogni altra rilevazione ritenuta utile per l'accertamento dell'imposta e per la repressione dell'evasione e delle altre violazioni. Gli impiegati che eseguono l'accesso devono essere muniti di apposita autorizzazione che ne indica lo scopo, rilasciata dal capo dell'ufficio da cui dipendono. Tuttavia per accedere in locali che siano adibiti anche ad abitazione, è necessaria anche l'autorizzazione del procuratore della Repubblica. In ogni caso, l'accesso nei locali destinati all'esercizio di arti o professioni dovrà essere eseguito in presenza del titolare dello studio o di un suo delegato.

2. L'accesso in locali diversi da quelli indicati nel precedente comma può essere eseguito, previa autorizzazione del procuratore della Repubblica, soltanto in caso di gravi indizi di violazioni delle norme del presente decreto, allo scopo di reperire libri, registri, documenti; scritture ed altre prove delle violazioni. È in ogni caso necessaria l'autorizzazione del procuratore della Repubblica o dell'autorità giudiziaria più vicina per procedere durante l'accesso a perquisizioni personali e all'apertura coattiva di pieghi sigillati, borse, casseforti, mobili, ripostigli e simili e per l'esame di documenti e la richiesta di notizie relativamente ai quali è eccepito il segreto professionale ferma restando la norma di cui all'articolo 103 del codice di procedura penale.

3. L'ispezione documentale si estende a tutti i libri, registri, documenti e scritture che si trovano nei locali, compresi quelli la cui tenuta e conservazione non sono obbligatorie.

...

5. Di ogni accesso deve essere redatto processo verbale da cui risultino le ispezioni e le rilevazioni eseguite, le richieste fatte al contribuente o a chi lo rappresenta e le risposte ricevute. Il verbale deve essere sottoscritto dal contribuente o da chi lo rappresenta ovvero indicare il motivo della mancata sottoscrizione. Il contribuente ha diritto di averne copia.

6. I documenti e le scritture possono essere sequestrati soltanto se non è possibile riprodurne o farne constare il contenuto nel verbale, nonché in caso di mancata sottoscrizione o di contestazione del contenuto del verbale. I libri e i registri non possono essere sequestrati; gli organi procedenti possono eseguirne o farne eseguire copie o estratti, possono apporre nelle parti che interessano la propria firma o sigla insieme con la data e il bollo d'ufficio e possono adottare le cautele atte ad impedire l'alterazione o la sottrazione dei libri e dei registri.

7. Le disposizioni dei commi precedenti si applicano anche per l'esecuzione di verifiche e di ricerche relative a merci o altri beni viaggianti su autoveicoli e natanti adibiti al trasporto per conto di terzi".

4.4. *La libertà di corrispondenza e comunicazione*

4.4.1. *Definizioni*

L'art. 15 Cost. tutela la "*libertà*" e la "*segretezza*" di "*ogni forma di comunicazione*", a partire da quella più tradizionale, cioè la "**corrispondenza**". Al contrario della libertà di manifestazione del pensiero, tutelata dall'art. 21 Cost., la **libertà di comunicazione** tutela l'espressione del proprio pensiero che è intenzionalmente non manifesta, ma riservata: la *segretezza* è perciò l'elemento che caratterizza la *comunicazione* garantita dall'art. 15 Cost. Se Tizio scrive una "lettera aperta" ad un quotidiano, egli lo fa per dare al suo pensiero la maggior divulgazione possibile; se invece scrive una lettera in busta chiusa ad un amico, ciò che vuole è che il suo pensiero sia noto solo al destinatario: nel primo caso si ricade nell'art. 21 Cost., nel secondo nell'art. 15.

Molte cose non sono ancora del tutto chiare nella libertà di corrispondenza: per esempio, si discute se essa protegga anche la corrispondenza in "busta aperta" (mancherebbe la volontà di segretezza), ed è incerto se la tutela della segretezza si estenda anche alla corrispondenza già recapitata, aperta e letta, oppure se questa sia da considerare un documento qualsiasi, non più soggetto alla particolare protezione dell'art. 15. È invece evidente che la libertà e la segretezza sono assicurate dalla Costituzione a tutte le forme di comunicazione, sia essa veicolata attraverso parole o altri segni, sia essa scritta o orale, sia essa trasmessa per posta, telefono o in via telematica: determinante, perché vi sia tutela della comunicazione, è che lo strumento utilizzato sia idoneo a garantire la segretezza del messaggio. L'art. 616.4 cod. pen., infatti, modificato nel 1993, definisce "**corrispondenza**" "*quella epistolare, telegrafica, telefonica, informatica o telematica ovvero effettuata con ogni altra forma di comunicazione a distanza*": esso punisce "*chiunque prende cognizione del contenuto di una corrispondenza chiusa, a lui non diretta*", ma anche chi sottrae la corrispondenza, anche se aperta, al fine di violarne la segretezza, oppure la distrugge. Particolari norme sono dedicate poi alla violazione della segretezza o all'impedimento delle comunicazioni telegrafiche e telefoniche (art. 617), nonché di quelle informatiche e telematiche (art. 617 *quater*).

4.4.2. *Strumenti di tutela*

La libertà e la segretezza della corrispondenza sono tutelate attraverso il solito doppio meccanismo della riserva di legge e della riserva di giurisdizione. Il codice di procedura penale detta norme piuttosto severe sia per il sequestro della corrispondenza che per l'intercettazione di conversazioni e comunicazioni, incluse quelle informatiche e telematiche. Per il *sequestro della posta* l'art. 254 richiede che esso sia disposto dall'autorità giudiziaria, e che solo il giudice possa prendere cognizione del contenuto del materiale sequestrato, non anche l'ufficiale di polizia che provvede materialmente al sequestro: l'unico potere che ha la polizia, in caso di urgenza, è di ordinare al servizio postale di sospendere l'inoltro della corrispondenza, ordine che perde efficacia se il p.m. entro quarantotto ore non dispone il sequestro, secondo le normali procedure (art. 353.3 cod. proc. pen.). Per le **intercettazioni telefoniche**, il p.m. deve chiedere l'autorizzazione al giudice, che l'accorda soltanto quando, in relazione a delitti di particolare gravità (art. 266 cod. proc. pen.) vi siano gravi indizi di reato e l'intercettazione sia assolutamente indispensabile ai fini dell'indagine (art. 267 cod. proc. pen.): comunque può essere disposta solo per un periodo limitato di 15 giorni, di volta in volta prorogabili. Ma la garanzia principale sta nella regola per cui, se le intercettazioni sono state effettuate illecitamente, il loro risultato non può essere utilizzato nel processo, e la relativa documentazione deve essere distrutta (art. 271 cod. proc. pen.).

✓ IL DIRITTO ALLA RISERVATEZZA

La libertà di domicilio e la libertà di comunicazione sono i due perni su cui si fonda il **diritto alla riservatezza** o ***privacy***, che infatti non ha uno specifico riconoscimento in Costituzione: mentre lo trova nell'art. 8 della *Convenzione europea per la salvaguardia dei diritti dell'uomo* (→ § XIII.3.1.1✓) e nella *Carta dei diritti fondamentali dell'UE* (→ § I.2.5✓). Oggetto di questa libertà è la sfera dell'intimità della persona, che non può essere invasa non solo attraverso le violazioni del domicilio o della segretezza della comunicazione, ma anche da ogni forma di indiscrezione circa la propria vita privata, le proprie abitudini, i propri costumi, la propria attività. Il diritto di riservatezza perciò comporta, da un lato, una forte limitazione del *diritto di cronaca* (→ § XIII.5.5.4), dall'altro una particolare tutela dei **dati personali.** Di fronte al potenziamento delle tecnologie informatiche, il problema di proteggere la sfera dell'intimità personale dalla raccolta e dal trattamento dei dati che riguardano la singola persona (uso di strumenti elettronici di pagamento, registrazione dei passaggi autostradali, informazioni bancarie, informazioni sanitarie, comunicazioni telefoniche e telematiche, ecc.), sia il legislatore dell'UE che quello nazionale hanno sottoposto a disciplina e a controllo ogni attività, pubblica o privata, di raccolta e di trattamento dei dati personali. In particolare, la legge 675/1996 (*"Tutela delle persone e di altri soggetti rispetto al trattamento dei dati personali"*) ha istituito un'*Autorità garante* (→ § XIII.7.7) chiamata appunto a vigilare sull'uso dei dati, ponendo sotto una disciplina particolarmente restrittiva i c.d. **dati sensibili**, cioè *"i dati personali idonei a rivelare l'origine razziale ed etnica, le convinzioni religiose, filosofiche o di altro genere, le opinioni politiche, l'adesione a partiti, sindacati, associazioni od organizzazioni a carattere religioso, filosofico, politico o sindacale, nonché i dati personali idonei a rivelare lo stato di salute e la vita sessuale"*.
Una recente decisione della Corte di giustizia dell'UE (sent. *Google*, del 2014, in C-131/12) ha imposto anche ai grandi motori di ricerca la normativa europea a protezione dei dati personali, compreso il **diritto all'oblio**, cioè alla rimozione dei propri dati su richiesta dell'interessato.

INTERNET La legge istitutiva del *"Garante della* privacy*"* e tutte le informazioni relative alla sua attività si possono trovare nel sito www.privacy.it.

4.5. *La libertà di circolazione*

4.5.1. *Definizioni*

Molto vicina alla *libertà personale* è la **libertà di circolazione e soggiorno**: è evidente infatti che la prima comprende in qualche misura anche la seconda, ossia la libertà di disporre della propria persona fisica comprende anche la libertà di spostamento, di circolare, di scegliere la propria dimora. La differenza tra le due libertà, che poi prelude ad una diversa strumentazione giuridica, sta nel carattere coercitivo e degradante della dignità umana che caratterizza – come si è detto (→ § XIII.4.2.1) – le limitazioni della *libertà personale* e che invece è assente nelle limitazioni della *libertà di circolazione*: infatti, come poi si vedrà, la legge può disporre limitazioni alla libertà di circolazione soltanto "*in via generale*" (e quindi non come misura repressiva rivolta al singolo) e per "*motivi di sanità o di sicurezza*" (art. 16.1).

✓ IL CASO: DOVE PUÒ PORTARE LA PASSIONE PER LE CORSE DEI CAVALLI?

Il sig. X ha una passione tanto insensata quanto diffusa: le corse di cavalli. Si è trasferito in una grande città e scommette. Gioca forte, spesso vince spesso perde; vive in un mondo artificioso, di gran lusso apparente, ma frequenta un ambiente losco, popolato dai tipici figuri che gravitano nei giri del gioco semiclandestino. Il questore (→ § XIII.5.2.2) è preoccupato che il giro di scommesse clandestine, di corse truccate e di altra criminalità in cui il sig. X si trova invischiato possa esplodere in una serie di crimini più gravi: la legge sulle *"Misure di prevenzione nei confronti delle persone pericolose per la sicurezza e per la pubblica moralità"* (legge 1423/1956, abbondantemente modificata dalla legge 327/1988) gli dà il potere di adottare misure di prevenzione (→ § XIII.4.2.1) nei confronti di coloro che egli ritenga, in forza di indizi, *"abitualmente dediti a traffici delittuosi"* o *"che per la condotta ed il tenore di vita debba ritenersi ..., che vivono abitualmente, anche in parte, con i proventi di attività delittuose"* od ancora *"che per il loro comportamento debba ritenersi ..., che sono dediti alla commissione di reati che offendono o mettono in pericolo l'integrità fisica o morale dei minorenni, la sanità, la sicurezza o la tranquillità pubblica"*. Il questore, dunque, decide di rimandare il sig. X nel suo Comune di provenienza con foglio di via obbligatorio, inibendoli di ritornare nella grande città per tre anni (è il periodo massimo). La giurisprudenza ritiene che questo sia un provvedimento amministrativo che non incide sulla libertà personale, ma su quella di circolazione (smentendo quindi il criterio assai accreditato in dottrina, per cui le limitazioni di questa libertà non dovrebbero mai basarsi su un giudizio di negativo nei confronti della persona): perciò esso non è soggetto a riserva di giurisdizione (→ § XIII.2.2.b). Contro il provvedimento si può far ricorso amministrativo al prefetto, ma non è ammesso ricorso diretto per Cassazione, riservato agli atti che incidono sulla libertà personale (→ § XIII.4.2.2). Contro la decisione del prefetto l'interessato potrà rivolgersi al giudice amministrativo, oppure potrà finire dinanzi al giudice penale per rispondere del reato di aver disatteso il provvedimento (basta anche solo che il sig. X sia visto transitare nel Comune da cui è stato allontanato): ma in entrambi i casi il giudice potrà controllare soltanto la legittimità formale del provvedimento (se è stato assunto dall'autorità competente, se è motivato, ecc.), ma non potrà valutare la fondatezza dei sospetti che hanno indotto il questore. *"Pertanto, è legittimo il provvedimento adottato sulla base di un rapporto di polizia con il quale si assume che il ricorrente frequenta l'ippodromo al fine di instaurarsi un gioco clandestino sulle corse di cavalli, unitamente a pregiudicati, e mostra la disponibilità di ingenti somme di denaro di ignota provenienza"* (Cons. Stato, sez. IV, 21 novembre 1992, n. 966).

La libertà di circolazione comprende sia la libertà di espatrio che la libertà di scelta del luogo di esercizio delle proprie attività economiche; comprende anche la **libertà di emigrazione**, espressamente sancita dall'art. 35.4. L'art. 16.2 Cost. sottopone la **libertà di espatrio** – cioè la libertà "di uscire dal territorio della Repubblica e di rientrarvi" – agli "obblighi di legge", la quale può prevedere l'obbligo di munirsi di documenti validi, quali la carta d'identità "valida per l'espatrio" o il passaporto. Ma ottenere il passaporto è un diritto soggettivo: l'autorità amministrativa lo deve concedere senza un apprezzamento discrezionale, ma sulla base del solo accertamento che siano rispettati gli obblighi di natura familiare, di carattere militare o di collaborazione con la giustizia, previsti dalla legge.

La *libertà di scelta del luogo di esercizio delle proprie attività economiche* è ormai potenziata ed estesa all'intero territorio dell'Unione europea dai principi di liberalizzazione del Trattato (→ § II.7.3), ed in particolare dal "**diritto di stabilimento**", ossia dalla facoltà lasciata ad ogni cittadino europeo di scegliere il luogo in cui stabilire la propria attività lavorativa, professionale o imprenditoriale.

4.5.2. *Strumenti di tutela*

La libertà di circolazione è garantita ai cittadini (ma sull'estensione agli stranieri → § XIII.3.1.1) da una *riserva di legge rafforzata per contenuto* (→ § VIII.11.2.δ1), ma non da *riserva di giurisdizione*. Le limitazioni alla circolazione devono essere stabilite dalla legge "*in via generale per motivi di sanità o di sicurezza*" (art. 16.1 Cost.). La Corte costituzionale, in alcune antiche sentenze, ha sostenuto che la locuzione "*in via generale*" sta solo a riaffermare il principio di eguaglianza, e non comporti la necessità che i provvedimenti limitati siano disposti per categorie di cittadini e non per i singoli (ecco ancora riaffiorare la questione del "foglio di via"); inoltre ha dato un'interpretazione estensiva della nozione di "*sicurezza*". Questo termine non starebbe a indicare la sola *incolumità fisica* delle persone (il c.d. **ordine pubblico in senso materiale**), ma più in generale l'*ordinato vivere civile*, comprensivo della *pubblica moralità* (il c.d. **ordine pubblico in senso ideale**): per questo motivo il foglio di via obbligatorio è usato soprattutto per allontanare le prostitute dal loro "posto di lavoro". Tuttavia, per quanto venga interpretato in senso estensivo, il limite della "sicurezza" non può in alcun modo riguardare le scelte politiche delle persone: l'art. 16.1 è esplicito in questo senso, e la Corte costituzionale (sent. 19/1959) ha esteso il divieto di limitare la libertà di circolazione per ragioni politiche anche alla libertà di espatrio.

I provvedimenti tipici che rientrano nelle limitazioni consentite dall'art. 16 sono i c.d. "*cordoni sanitari*", istituiti per evitare il propagarsi di un'epidemia o per prevenire il contagio in zone dove si sono verificati gravi incidenti ambientali. Ma vi rientrano anche le misure restrittive disposte dalle forze di pubblica sicurezza in occasione di perquisizioni o "retate" estese ad interi blocchi di edifici.

✓ … E ARRIVÒ LA PANDEMIA …

Mai inventarsi "casi di scuola", la realtà è molto più fantasiosa. Nel marzo del 2020 imparammo tutti che l'ipotesi dell'art. 16.1 può verificarsi e costringere l'intero paese al *lock down*: blocco quasi totale della circolazione delle persone e fortissima limitazione della loro libertà di riunione. L'Italia è stato il primo paese del mondo occidentale in cui la **pandemia** da **Covid 19** si è scatenata e ha dimostrato l'enorme potenziale di pericolo di cui è dotata ⓬. La reazione drastica del Governo e la forte limitazione alle libertà individuali è stato un modello seguito poi da tutti gli altri Stati, man mano l'epidemia si diffondeva. Vi è anche chi ha protestato e ha denunciato la "soppressione" delle libertà. Ma l'art. 16.1 ha mostrato tutta la sua capacità di governare un fenomeno del tutto scono-

sciuto, almeno in questa misura. Tuttavia alcuni giudici ordinari hanno denunciato la violazione dei "diritti fondamentali", non comprendendo bene la differenza tra "libertà personale" (art. 13 Cost.) e "libertà di circolazione" (art. 16): è dovuta intervenire la Corte costituzionale (sent. 124/2022) per spiegare quali differenze intercorrano anche sotto il profilo delle tutele costituzionali.
Altrove si dà conto degli strumenti normativi impiegati in questa vicenda (→ § IX.6.1✓ e § IX.10.6.1✓).

Invece non incidono sulla libertà di circolazione le norme che regolano o limitano l'uso delle strade per motivi di sicurezza o di protezione di altri interessi pubblici (per esempio, la tutela del paesaggio, della salute pubblica o dei centri storici), né le norme urbanistiche ed edilizie che restringono il diritto dell'individuo di scegliere il luogo in cui abitare. Neppure incidono su di essa le regole che sottopongono a condizioni restrittive la concessione delle patenti di guida: per esempio, la Corte costituzionale (sent. 264/1996) ha ritenuto che siano legittime misure che incidono sul movimento della popolazione (divieti, targhe alterne, pedaggi, chiusure per fasce orarie dei centri storici) pur essendo basate su esigenze di pubblico interesse che trascendono i campi della sicurezza e della sanità: il buon uso della cosa pubblica, la sua conservazione, la disciplina che gli utenti debbano osservare e le eventuali prestazioni che essi siano tenuti a compiere, giustificano misure da giudicare con i consueti criteri della *ragionevolezza* e della *proporzionalità* (→ § XIII.1.2 e § XIII.3.3.3).

5. I DIRITTI NELLA SFERA PUBBLICA

5.1. *Definizioni*

I diritti che attengono alla sfera pubblica dell'individuo sono posti a tutela della dimensione sociale della persona. Essa si esprime in due direzioni, ovviamente fortemente collegate: da un lato, nella *libertà di espressione* del proprio pensiero (art. 21 Cost.), con tutto ciò che comporta sul piano della regolazione dell'uso dei potenti strumenti di diffusione delle idee, quali la stampa e la televisione; dall'altro, nella libertà di riunirsi (art. 17 Cost.) e di associarsi (art. 18 Cost.), dando luogo a quelle "*formazioni sociali*" in cui, come afferma l'art. 2 Cost., "*si svolge la personalità*" dell'individuo.

✓ INDIVIDUO, FAMIGLIA E FORMAZIONI SOCIALI

Con l'espressione "**formazione sociale**" ci si riferisce genericamente ad ogni tipo di organizzazione o di comunità che si frapponga tra l'individuo e lo Stato. In questo senso generico essa è stata impiegata nell'art. 2 Cost.: in seguito, norme particolari si riferiscono a specifiche formazioni sociali, come le minoranze linguistiche (art. 6), le confessioni religiose (artt. 8, 19 e 20), le associazioni (art. 18), la famiglia (artt. 29-31), la scuola (artt. 33-34), i sindacati (art. 39), le comunità di lavoratori e utenti (art. 43), le cooperative (art. 45), i partiti politici (art. 49). Ma tra le formazioni sociali possono farsi rientrare anche forme comunitarie prive di alcun altro riconoscimento, come le c.d. "famiglie di fatto" non fondate sul matrimonio, così come organizzazioni assai complesse e sofisticate quali del società commerciali o le fondazioni.

Il riconoscimento delle formazioni sociali è stato il lascito del solidarismo cattolico, mentre era stato il programma della cultura liberale illuministica lo sradicare tutto ciò che limitava l'individuo e si frapponeva tra lui e lo Stato. Tuttavia va osservato che, benché anche durante i lavori della Costituente si sia spesso parlato dei "diritti" delle formazioni sociali, l'art. 2 si esprime in termini del tutto diversi. Il centro di imputazione di tutti i "diritti inviolabili" che la Repubblica "riconosce e garantisce" è sempre ed esclusivamente l'individuo: è all'"uomo" (termine che include sia i cittadini che gli stranieri) che tali diritti sono riconosciuti, "sia come singolo sia nelle formazioni sociali". Si noti che "nelle" significa, da un lato, che le formazioni sociali sono un luogo in cui (e uno strumento per cui) l'uomo realizza la sua personalità, ma, dall'altro, che all'individuo sono garantiti i diritti inviolabili anche nei confronti delle formazioni sociali in cui si trova situato, formazioni che non hanno mai il diritto di opprimere l'individuo. La formazione sociale non dispone di "diritti" opponibili agli individui che la compongono; gli individui sono liberi di scegliere se darvi vita e liberi di uscirne quando lo decidano. I vincoli, di tipo contrattuale, sorgono semmai tra gli individui che fanno parte dell'organizzazione sociale, quale conseguenza della libera decisione di istituirla e farne parte.

Lo stesso può ripetersi a proposito della più tipica delle formazioni sociali, la **famiglia**. Benché l'art. 29 Cost. dichiari di "riconoscere i diritti" della famiglia fondata sul matrimonio, in nessuna parte dell'ordinamento giuridico italiano si reperiscono segni di una titolarità di diritti che spetti alla "famiglia" come soggetto collettivo, anziché agli individui che la compongono. Anzi, l'art. 29.2 costituisce la base su cui i coniugi possono rivendicare ognuno per sé l'eguaglianza morale e giuridica, e nell'art. 30 sono i figli a ritrovare il fondamento dei propri diritti individuali. Insomma, l'unità della famiglia può essere il motivo che comporta un certo affievolimento dei diritti dei coniugi e dei figli, così come può essere il motivo di un intervento positivo da parte degli apparati pubblici: ma tutti i diritti iniziano e finiscono negli individui che la famiglia la compongono.

È chiaro che queste libertà sono strettamente connesse alla iniziativa politica delle persone: o meglio, è l'iniziativa politica (ma certo non solo questa) che in larga parte si svolge "usando" le riunioni, le associazioni, i canali di comunicazione, ecc. Per cui la tutela di queste libertà ha il doppio significato di garantire la sfera di interessi "sociali" dei cittadini, ma anche di garantire il buon funzionamento del dibattito democratico. Proprio per questa ragione, la legislazione previgente alla Costituzione, d'ispirazione fascista, era fortemente restrittiva per quanto riguarda l'esercizio di questi diritti: e siccome sia il codice penale che il "testo unico" (→ § IX.5.4) delle leggi di pubblica sicurezza (il c.d. "*T.u.l.p.s.*": r.d. 773/1931) sono rimasti in vigore, è stato compito della Corte costituzionale togliere uno ad uno i meccanismi normativi più repressivi, né si può dire che l'opera sia stata definitivamente completata.

Vi è però da aggiungere che i meccanismi repressivi dell'esercizio delle libertà della sfera pubblica spesso servono a proteggere altri interessi della collettività: taluni di questi meccanismi, escogitati dalla legislazione fascista per chiari scopi di repressione politica, possono perciò sopravvivere se e in quanto siano volti alla protezione di altri interessi sociali (sono quindi casi di "*eterogenesi dei fini*": → § XIII.3.2.1✓). La stessa Costituzione, nelle norme poste a garanzia di queste libertà, fa uso di clausole limitative tese a proteggere interessi sociali come il "*buon costume*" (→ § XIII.5.5.2) o l'incolumità e la sicurezza pubblica (il c.d. "*ordine pubblico*", espressione che però non è mai impiegata in Costituzione: → § XIII.5.2.2). Ma per le libertà della sfera pubblica il *bilanciamento* (→ § XIII.3.3) con gli interessi degli altri all'esercizio della stessa libertà (si pensi a due fazioni opposte che vogliono manifestare nella stessa piazza: → § XIII.5.2.2✓) o con altri interessi rilevanti (si pensi al conflitto permanente tra *libertà di cronaca* e *diritto alla privacy*: → § XIII.5.5.4) è la regola.

5.2. *La libertà di riunione*

5.2.1. *Definizioni*

Per "**riunione**" si intende la *compresenza volontaria di più persone nello stesso luogo*. È proprio la volontà di stare insieme per uno scopo comune (che ovviamente può avere la natura più varia) a distinguere la riunione da altre forme di assembramento, quali la coda fuori da un negozio o il capannello di curiosi che assiste a qualche evento. Sono invece da considerarsi "riunione" sia i cortei, che sono "riunioni itineranti", sia le manifestazioni spontanee, cioè non organizzate: e sono da considerarsi "riunione" anche le feste da ballo, le cerimonie e le processioni religiose, gli spettacoli organizzati in un circolo privato (ad ognuno di questi esempi corrisponde una sentenza della Corte costituzionale che ha dichiarato illegittime norme del T.u.l.p.s. incompatibili con l'art. 17 Cost.), ed ancora, le assemblee, i convegni, i comizi.

5.2.2. *Condizioni di legittimità e scioglimento delle riunioni*

La condizione che pone la Costituzione al diritto di riunione è che essa si svolga "*pacificamente e senza armi*". L'interesse che l'art. 17.1 vuole tutelare è l'ordine pubblico in senso "materiale" (→ § XIII.4.5.2), ossia la sicurezza e l'incolumità delle persone e delle cose. La riunione perde il carattere "pacifico" quando trascende in disordini e violenze contro persone e cose. In questo caso può essere sciolta dalla forza pubblica.

✓ "SI ODONO TRE SQUILLI DI TROMBA ...":
COME SI SCIOLGONO LE RIUNIONI

> Gli artt. 22-24 del T.u.l.p.s. disciplina le modalità di scioglimento delle riunioni.
> *"Quando ... occorre discioglìere una riunione pubblica od un assembramento in luogo pubblico o aperto al pubblico, le persone riunite od assembrate sono invitate a disciogliersi dagli ufficiali di pubblica sicurezza o, in loro assenza, dagli ufficiali o dai sottufficiali dei carabinieri [reali].*
> *Qualora l'invito rimanga senza effetto, è ordinato il discioglimento con tre distinte formali intimazioni, preceduta ognuna da uno squillo di tromba.*
> *Qualora rimangano senza effetto anche le tre intimazioni ovvero queste non possano essere fatte per rivolta od opposizione, gli ufficiali di pubblica sicurezza o, in loro assenza, gli ufficiali o i sottufficiali dei carabinieri [reali] ordinano che la riunione o l'assembramento siano disciolti con la forza.*
> *All'esecuzione di tale ordine provvedono la forza pubblica e la forza armata sotto il comando dei rispettivi capi.*
> *Le persone che si rifiutano di obbedire all'ordine di discioglimento sono punite con l'arresto da un mese a un anno e con l'ammenda da lire 60.000 a 800.000".*

Sicuramente illegittime, anche se la Corte costituzionale non ha avuto ancora l'occasione di dichiararle tali (prova che di fatto non vengono applicate) sono le norme del T.u.l.p.s. (artt. 20 e 21) che dispongono lo scioglimento delle riunioni in cui "*avvengono manifestazioni o grida sediziose o lesive del prestigio dell'autorità, o che comunque possono mettere in pericolo l'ordine pubblico o la sicurezza dei cittadini*", aggiungendo che "*è sempre considerata manifestazione sediziosa l'esposizione di bandiere o emblemi, che sono simbolo di sovversione sociale o di rivolta o di vilipendio verso lo Stato, il Governo o le autorità*", nonché "*la esposizione di distintivi di associazioni faziose*".

Il fatto che solo qualcuno dei partecipanti sia armato non è di per sé causa di scioglimento della riunione, ma semmai dell'allontanamento dell'interessato. Problematica è la definizione di "arma" perché la legge l'estende alle c.d. "**armi improprie**", che non raramente compaiono nelle manifestazioni (per esempio spranghe di ferro formalmente impiegate per sostenere bandiere o striscioni). La Corte costituzionale ha però precisato che si devono considerare "*arma impropria solo gli strumenti chiaramente utilizzabili, per le circostanze di tempo e luogo, per l'offesa alla persona*" (sent. 79/1982). La legislazione penale dell'emergenza (emanata negli anni del terrorismo) vieta inoltre l'uso di caschi protettivi e di altri mezzi che rendano "*difficoltoso il riconoscimento della persona*".

✓ L'OMBRELLO È UN'ARMA?

Una recente sentenza di Cassazione (Sez. pen. V, sent. 13071/17) ha deciso che anche l'ombrello può essere un'arma (come lo può essere persino la gamba staccata da un tavolino), se brandito come "oggetto utilizzabile per l'offesa alla persona": va valutato in rapporto alle "circostanze di tempo e di luogo". La Cassazione smentisce dunque la Corte costituzionale? No, è che non esiste un concetto univoco di 'arma': ciò che può apparire come tale in un corteo – perché, come dice la Corte costituzionale, strumento *chiaramente utilizzabile* per offendere gli altri, cosa che un ombrello generalmente non è – è diverso da ciò che, utilizzato durante una lite, configura l'aggravante dell'uso di un'arma di cui all'art. 585.2, c.p., che è l'ipotesi di cui si occupa la Cassazione. Interessante è però che entrambe le Corti convergano su un punto: che ciò che è arma non lo si può dire in astratto, ma solo considerando le circostanze di tempo e luogo. Questo avvertimento lo troveremo spesso nell'interpretazione dei limiti ai diritti costituzionali.

5.2.3. *Tipologie di riunione e preavviso*

A seconda del luogo in cui si svolgono, le riunioni si distinguono in riunioni in luogo privato, riunioni in luogo aperto al pubblico e riunioni in luogo pubblico.

Le prime sono quelle che si svolgono nei luoghi destinati al godimento esclusivo dei privati, ossia domicilio di una persona (anche giuridica), come può essere la casa, la sede di un circolo o di un'azienda. Per questa ragione la libertà di riunione *in luogo privato* tende a saldarsi con la *libertà di domicilio* (→ § XIII.4.3).

I **luoghi "aperti al pubblico"** sono quelli in cui l'accesso del pubblico è soggetto a modalità determinate da chi ne ha la disponibilità, come un cinema, un teatro o l'aula magna dell'università. "**Luoghi pubblici**" sono infine quelli ove ognuno può transitare liberamente, come le strade e le piazze. Per questa ragione la libertà di riunione può entrare in conflitto con la *libertà di circolazione* (→ § XIII.4.5), quando la manifestazione si traduca in un **blocco stradale**, ossia ostacoli o impedisca la circolazione su strade o linee ferroviarie (ipotesi che il d.lgt. 66/1948 punisce con sanzione penale).

Solo per le *riunioni in luogo pubblico* (e non quindi per le altre due tipologie) l'art. 17.2 prevede l'obbligo del *preavviso*, che – precisa l'art. 18 del T.u.l.p.s. – deve essere dato in forma scritta almeno tre giorni prima al **questore** (che è l'autorità locale che dirige la pubblica sicurezza), con indicazione del luogo, dell'ora e dell'oggetto della riunione e delle generalità di coloro che sono designati a prendere la parola. Si noti che di *preavviso* si tratta, *non* di *autorizzazione*. La differenza è questa: il **preavviso** è un onere posto a carico dei promotori della riunione, ma non è una condizione di legittimità della riunione, come sarebbe invece l'**autorizzazione** (che è il provvedimento discrezionale con cui la p.a. rimuove un limite all'esercizio di un diritto). Le riunioni sono perciò legittime anche se non v'è stato preavviso: in questo caso però i promotori (che possono anche non esserci, essendo possibili e legittime anche *riunioni spontanee*, e perciò non "preavvisate") risponderanno penalmente per aver mancato di assolvere l'onere posto a loro carico.

La *ratio* del preavviso è di mettere le autorità in grado di adottare le misure necessarie a tutelare la sicurezza e l'incolumità pubblica, nonché a risolvere i problemi che la manifestazione può creare per la circolazione. Il questore può anche vietare preventivamente la riunione, ma "*soltanto per comprovati motivi di sicurezza e incolumità pubblica*" (art. 17.2). Non altre ragioni possono indurre l'autorità a vietare preventivamente la riunione, se non un pericolo diretto e immediato da valutare rispetto alle specifiche circostanze.

✓ LA C.D. "DIRETTIVA LAMORGESE"

Dopo un'estate e un autunno 2021 piuttosto "caldi" sul fronte dell'ordine pubblico, con molte e quasi sistematiche manifestazioni contro il *green pass*, la previsione dell'obbligo vaccinale per una serie di categorie e per i disagi socio-economici provocati dall'emergenza pandemica ⓬ (che hanno il loro picco nell'assalto alla sede della CGIL di Roma nell'ottobre 2021), il Ministro dell'Interno Lamorgese adotta una direttiva, che reca «indicazioni sullo svolgimento di manifestazioni di protesta contro le misure sanitarie in atto». Si è discusso sulla sua legittimità, perché sembra esplicitamente diretta a limitare le manifestazioni in ragione di specifici motivi politici che le ispirano, cioè per reprimere il dissenso, mentre l'art. 17.3 Cost. consente che una riunione sia vietata «*soltanto* per comprovati motivi di *sicurezza* o di *incolumità pubblica*». Inoltre la direttiva invita i prefetti ad individuare «specifiche aree urbane sensibili, di particolare interesse per l'ordinato svolgimento della vita della comunità, che potranno essere oggetto di temporanea interdizione allo svolgimento di manifestazioni pubbliche per la durata dello stato di emergenza, in ragione dell'attuale situazione pandemica»: un divieto preventivo e non un divieto specifico per la singola riunione per "comprovati motivi", che rischia di obbligare i dissidenti a esprimere il loro dissenso lontano dai centri storici (che però sono indubbiamente spazi molto fragili), lontano dai cittadini e dai riflettori della stampa. Ma deturpare i monumenti, divellere bancomat e distruggere vetrine sono segni di una riunione che non è più "pacifica" e che perciò può essere sciolta dalla polizia, in base all'art. 17.1 Cost. Sciogliere una riunione con la forza genera scontri e violenze, con tutte le conseguenze del caso. È sempre così: tra libertà individuale e interesse pubblico c'è sempre un punto di tensione assai difficile da regolare a *priori*. Va solo chiarito che la "direttiva Lamorgese" non è un atto normativo, una "fonte del diritto", ma è solo una circolare (→ § IX.10.6), rivolta ai soggetti della pubblica amministrazione che saranno chiamati, se ricorrono i presupposti costituzionali, a vietare le singole riunioni (o a accordarsi con i loro promotori sul dove e il come svolgerle).

INTERNET La direttiva può essere letta in www.interno.gov.it/sites/default/files/2021-11/direttiva_del_ministro_10-11-2021.pdf.

Il divieto deve essere ovviamente motivato, ed è impugnabile davanti al giudice (su quale sia il giudice competente → § XIII.2.1.δ). In teoria (perché in pratica la ristrettezza dei tempi lo rende oltremodo difficile) i promotori potrebbero chiedere al giudice un provvedimento cautelare di sospensione del divieto: ma se poi decidessero di svolgere la riunione nonostante il divieto, spetterebbe al giudice penale, di fronte al quale sarebbero chiamati a rispondere, valutare la legittimità del divieto.

✓ LA "TUTELA EFFETTIVA" DELLA LIBERTÀ DI RIUNIONE

... e poi c'è sempre la risorsa della CEDU. Sempre più spesso, di fronte all'impossibilità di vedersi riconosciuta una tutela effettiva dei propri diritti costituzionali, esauriti i rimedi giurisdizionali italiani, non resta che ricorrere alla Corte EDU (→ § III.2.3). La quale, in un caso che non riguardava un cittadino italiano, ha già stabilito, tra l'altro, che deve essere assicurata ai promotori della riunione la possibilità di impugnare il divieto posto dalle autorità in tempo utile per poter svolgere la manifestazione nella data prefissata. Non basta che l'ordinamento offra la possibilità di contestare in seguito, in sede penale, la legittimità del divieto, perché questo scarica sui promotori il rischio conseguente all'aver commesso un fatto illecito, ed ovviamente questo condiziona anche il successo della manifestazione.

INTERNET La sent. *Baczkowski v. Polonia*, del 2007, può essere letta nel sito della Corte EDU: www.statewatch.org/news/2007/may/echr-judgment-baczkowski-and others judgment.pdf.

5.3. *La libertà di associazione*

5.3.1. *Definizioni*

Per "**associazione**" s'intendono quelle formazioni sociali (genericamente riconosciute dall'art. 2 Cost.) che hanno base volontaria (mentre, per esempio, la famiglia o la comunità scolastica non l'hanno) ed un nucleo, sia pure embrionale, di organizzazione e di tendenziale stabilità (in ciò si distinguono dalla "riunione": → § XIII.5.2). La disciplina dell'art. 18 Cost. si rivolge a tutte le forme associative, quale ne sia la specifica qualificazione giuridica (non rilevano perciò, per esempio, le distinzioni civilistiche tra associazione semplice, associazione riconosciuta, fondazione, società, ecc.). Tuttavia la stessa Costituzione detta norme specifiche per alcuni tipi di associazione: le associazioni a carattere religioso (artt. 19 e 20: → § XIII.5.4), i sindacati (art. 39: → § XIII.7.2), i partiti politici (art. 49: → § 2).

5.3.2. *Strumenti di tutela*

L'art. 18.1 pone tre garanzie alla libertà di associazione:

α) la prima garanzia riguarda l'*adesione* all'associazione, che deve essere *libera* ("*i cittadini hanno diritto di associarsi liberamente*"). Ad essere protetta è quindi innanzitutto la *libertà negativa* (→ § XIII.2.1), cioè il diritto di non associarsi. Su questa base la Corte costituzionale ha dichiarato illegittima, per esempio, la vecchia legge fascista che prevedeva l'appartenenza obbligatoria degli ebrei alla Comunità israelitica locale (sent. 239/1984). Tuttavia la stessa Corte costituzionale ha dichiarato compatibile con l'art. 18.1 tutta una serie di **associazioni obbligatorie** cui è necessario aderire per svolgere determinate attività e che rappresentano forme ibride tra l'organizzazione privata e l'ente pubblico. Tali sono anzitutto gli **ordini professionali**, come quello degli avvocati, dei notai, dei giornalisti, dei medici, dei commercialisti, degli psicologi, degli assistenti sociali, dei geometri, dei ragionieri, ecc., che sono forme assai discutibili di organizzazione professionale di tipo corporativo, in continua (e preoccupante) espansione per l'interesse degli associati di limitare l'accesso alla propria professione, stabilire tariffe professionali minime, insomma, limitare la concorrenza. Tali sono anche le **federazioni sportive**, cui è necessario iscriversi per svolgere attività agonistica. Tali, ancora, alcune forme di **consorzio obbligatorio** tra proprietari o produttori (per esempio, per controllare le caratteristiche di alcuni prodotti tipici). La Corte ha ritenuto che tutte queste fossero forme rientranti nella nozione di "associazione", di cui all'art. 18 Cost. (il che potrebbe essere anche discutibile), e che la legge può imporre l'appartenenza obbligatoria ad un'associazione quando ciò sia motivato da un interesse pubblico rilevante (come, per esempio, la tutela dei consumatori e degli utenti, la salvaguardia della deontologia professionale, ecc.). Insomma, la libertà negativa di associarsi non è assoluta, ma può essere oggetto di *bilanciamento* (→ § XIII.3.3) con altri interessi: in compenso buona parte di queste strane figure ibride è ormai nell'occhio del *Garante dell'antitrust* (→ § XIII.7.7), preoccupato degli effetti corruttivi della concorrenza causati da organismi assai sensibili alla difesa di interessi corporativi di categoria.

La libertà negativa ha riflessi anche sull'organizzazione interna dell'associazione. La disciplina di questa è lasciata all'autonomia dell'associazione stessa (la legislazione civile si limita a dettare norme generali di tutela degli interessi dei soci e dei terzi in forme associative di particolare complessità come le società commerciali: artt. 2247 ss. cod. civ.). Tuttavia lo statuto dell'associazione può regolare, ma mai impedire il diritto di recesso del socio;

β) la seconda garanzia riguarda l'*istituzione* dell'associazione: essa può avvenire "*senza autorizzazione*" (art. 18.1 Cost.). Il che significa che non vi può essere alcun intervento delle autorità pubbliche che condizioni il sorgere di un'associazione ad una sua valutazione discrezionale. Sono i cittadini (ma anche gli stranieri: → § XIII.3.1.1) gli unici a cui spetta la valutazione dell'opportunità di creare o meno un'associazione;

γ) la terza garanzia è costituita da una *riserva di legge rinforzata* (→ § VIII.11.2.δ1). In questo senso va letta la locuzione "*per fini che non sono vietati al singolo dalla leg-*

ge penale" contenuta nell'art. 18.1. Essa pone una garanzia assai importante per la libertà di associazione, escludendo che la legge possa porre limiti e divieti specifici per le associazioni: le associazioni possono fare tutto quello che possono fare i singoli. Per esempio, la legge non potrebbe cercare di risolvere i fenomeni di violenza pseudosportiva vietando le associazioni di "ultras", ma può soltanto punire il comportamento violento del singolo, e di conseguenza quello dei singoli in forma associata. Insomma, si possono vietare solo le associazioni che hanno come scopo la commissione di reati, ma che siano reati previsti per i singoli (questo è il caso, per esempio, dell'*associazione per delinquere* prevista dall'art. 416 cod. pen.). Per questa ragione la Corte ha dichiarato l'illegittimità di tutta una serie di associazioni che la legislazione fascista vietava o sottoponeva a condizioni restrittive, quali le associazioni che "*svolgono attività contraria agli ordinamenti politici costituiti nello Stato*" (il cui scioglimento in via amministrativa era consentito dall'art. 210 del T.u.l.p.s.), o le associazioni "*a carattere internazionale*" non autorizzate dal Governo, vietate dagli artt. 273 s. cod. pen.

✓ IL PROBLEMA DELLE ASSOCIAZIONI SOVVERSIVE

Si può essere "sovversivi"? Dichiarando l'illegittimità della norma, appena ricordata, che ammetteva lo scioglimento d'autorità delle associazioni che "*svolgono attività contraria agli ordinamenti politici costituiti nello Stato*", la Corte (sent. 114/1967) ha detto di sì, che le associazioni possono ripromettersi il cambiamento radicale del "regime politico" dello Stato: altrimenti come si potrebbero ammettere le molte (un tempo fiorentissime) associazioni monarchiche, che pure intendono modificare ciò che neppure il procedimento di revisione costituzionale può cambiare (→ § IX.1.3)? Ma, aggiunge la Corte, il mutamento che ci si propone non deve essere *violento*. Per questa ragione è rimasta in vigore la norma del cod. pen. (art. 270, recentemente modificato) che punisce "*chiunque nel territorio dello Stato promuove, costituisce, organizza o dirige associazioni dirette e idonee a sovvertire* violentemente *gli ordinamenti economico o sociale costituiti nello Stato ovvero a sopprimere* violentemente *l'ordinamento politico e giuridico dello Stato*". Sarebbe dunque la violenza a caratterizzare il reato, che perciò sarebbe reato anche per il singolo. In questi termini la norma "fascistissima" è rimasta in vigore nel nostro ordinamento; ad essa, negli anni del terrorismo, si è aggiunta anzi un'ulteriore ipotesi di reato (art. 270 *bis*), che punisce le associazioni "*che si propongono il compimento di atti di violenza con fini di eversione*". In entrambi i casi è affidata al giudice penale la valutazione in concreto del programma dell'associazione, ma anche che essa sia in concreto idonea a perseguire uno specifico programma di azioni violente. Insomma, è dal divieto penale posto al singolo che si può ricavare un divieto anche per l'associazione: così è accaduto che, dichiarata illegittima la norma fascista che puniva la "propaganda antinazionale" come reato del singolo (sent. 87/1966), la Corte ne ha derivato anche l'illegittimità del reato associativo delle organizzazioni che perseguono il fine di "distruggere o deprimere il sentimento nazionale" (sent. 243/2001).

5.3.3. *Le associazioni vietate*

L'art. 18.2 vieta solo due tipi di associazione (cui si aggiunge il divieto di riorganizzare in qualsiasi forma il "*disciolto partito fascista*": XII disp. trans.). Si tratta delle *associazioni segrete* e delle *associazioni paramilitari*.

α) "*Si considerano* **associazioni segrete**, *come tali vietate dall'art. 18 della Costituzione, quelle che, anche all'interno di associazioni palesi, occultando la loro esistenza* *ovvero tenendo segrete congiuntamente finalità e attività sociali ovvero rendendo sconosciuti, in tutto od in parte ed anche reciprocamente, i soci, svolgono attività diretta ad interferire sull'esercizio delle funzioni di organi costituzionali, di amministrazioni pubbliche, anche ad ordinamento autonomo, di enti pubblici anche economici, nonché di servizi pubblici essenziali di interesse nazionale*". Questa definizione è contenuta nella legge 17/1982, chiamata in gergo "**legge P2**", in quanto fu emanata a seguito della scoperta delle attività illecite (e mai interamente chiarite) svolte da questa loggia "deviata" della massoneria. Essa dà un'interpretazione restrittiva della "segretezza", collegandola ad un'attività di interferenza illecita sulle istituzioni pubbliche. Sembrano perciò escluse dalla definizione di "associazione segreta" quelle associazioni che, pur con tutte le caratteristiche della segretezza, interferiscano illecitamente sul mercato o su soggetti non pubblici.

✓ IL CASO: IL MAGISTRATO MASSONE

A parte le logge "deviate" come la P2, la massoneria non è stata considerata un'associazione segreta. Prima della "legge P2", mancava una precisa definizione di "associazione segreta", ma era opinione diffusa che tale fosse solo quella che tenesse intenzionalmente segreti la sua esistenza, i suoi fini, i suoi adepti: e tale non è stata considerata la massoneria "ufficiale", che non ha mai nascosto la sua esistenza, la sede, i fini, né ha rifiutato di comunicare gli iscritti (salvo però che per le logge "coperte": ma non sono certo solo queste le associazioni che non comunicano i propri adepti). Tuttavia l'appartenenza alla massoneria è stata dichiarata dal CSM (→ § VII.4) incompatibile con la posizione dei magistrati. Si è ritenuto infatti che gli impegni che si assumono con il giuramento di affiliazione alla massoneria (il segreto, l'obbligo di fedeltà, l'obbligo di aiutare i "fratelli", l'obbligo di astenersi dalla giustizia "profana", ecc.) siano incompatibili con i doveri professionali del magistrato, compromettano la sua necessaria imparzialità e indipendenza, entrino in conflitto con il principio della soggezione soltanto alla legge, siano perciò di danno al prestigio dell'ordine giudiziario. Numerosi provvedimenti sanzionatori sono stati presi perciò negli ultimi anni (cioè dopo lo scandalo P2) nei confronti dei magistrati massoni e la Cassazione li ha per lo più confermati.
Tuttavia nel 1997 (sent. 37119) la Corte europea dei diritti dell'uomo (→ § XIII.3.2.3) ha condannato l'Italia, su ricorso di uno dei magistrati "colpiti", ritenendo che i provvedimenti del CSM siano stati assunti in violazione del principio di *riserva di legge* (→ § VIII.11) e delle garanzie di certezza e prevedibilità in esso contenute. Il problema sembrerebbe risolto dal d.lgs. 109/2006 che, definendo gli illeciti disciplinari dei magistrati (→ § VII.3.2), vi inserisce anche (art. 3, lett. g) "la partecipazione ad associazioni segrete o i cui vincoli sono oggettivamente incompatibili con l'esercizio delle funzioni giudiziarie": resta però il problema di verificare in concreto la sussistenza di queste condizioni.

INTERNET La sentenza può essere letta nel sito www.dirittiuomo.it/Corte Europea/Italia/2002/Massoneria.htm.

La "legge P2" sanziona penalmente l'appartenenza ad associazioni segrete e risolve finalmente il problema di come si deve procedere allo scioglimento: ci deve essere una sentenza irrevocabile che accerti l'esistenza dell'associazione segreta, cui segue un *decreto del Presidente del Consiglio dei ministri* (→ § V.4.8) che ne ordina lo scioglimento e la confisca dei beni.

Ovviamente queste sanzioni possono colpire solo le associazioni che rientrano nella definizione legislativa, né il *divieto di analogia* in materia penale (→ § VIII.9.4) consente un'interpretazione estensiva della definizione stessa. Da un lato, quindi, la legge ordinaria non potrebbe definire in via esclusiva il significato dei termini costituzionali: ne verrebbe stravolta la supremazia gerarchica della Costituzione; dall'altro, però, è la legge ordinaria a creare gli strumenti per attuare il divieto costituzionale, strumenti che non trovano applicazione fuori dalla definizione data dalla legge stessa. Per esempio, il Tribunale civile di Milano ha accostato alle associazioni segrete vietate dalla Costituzione anche i "sindacati di voto" (cioè i gruppi di azionisti che si formano nelle società per azioni per controllarle o per difendere interessi) che non comunichino la propria esistenza, come prescritto dalla "legge sull'editoria" (→ § XIII.5.5.5) al fine di evitare la concentrazione delle testate giornalistiche: ma queste "associazioni" non rientrano nella definizione legislativa e quindi il giudice non ha strumenti per condannarne gli appartenenti né per avviare il procedimento di scioglimento di esse. Di fatto dunque il legislatore ordinario (seguendo quanto parte della dottrina aveva costruito in via di interpretazione) si è comportato come se nell'art. 18.2 fosse scritta una doppia *riserva*: una *riserva di legge assoluta* per la definizione di "associazione segreta", e una *riserva di giurisdizione* per iniziare il procedimento di scioglimento.

β) Il secondo tipo di associazioni vietate dall'art. 18.2 sono le c.d. "**associazioni paramilitari**", ossia quelle "*che perseguono, anche indirettamente, scopi politici mediante organizzazioni di carattere militare*". Due condizioni devono verificarsi perché diventi applicabile il divieto costituzionale: che l'associazione persegua uno scopo di per sé perfettamente lecito (anzi tenuto in particolare considerazione dall'art. 49 Cost.), cioè l'attività politica; e che abbia una struttura organizzativa, anch'essa di per sé perfettamente lecita, cioè l'organizzazione militare. È la congiunzione tra questi due aspetti che configura ciò che la Costituzione intende vietare, cioè la ricomparsa di "squadre", di "camicie nere", di "camicie brune" e di "partiti militarizzati" che sono l'antitesi del "*metodo democratico*" con cui i partiti sono chiamati a concorrere a "*determinare la politica nazionale*" (art. 49 Cost.).

Si deve notare che per "**organizzazione di carattere militare**" non si intende necessariamente una struttura armata, ma – come dice il d.lgs. 43/1948 ("*Divieto delle associazioni di carattere militare*": anche in questo caso, come si vede, è intervenuta una legge a ridefinire la fattispecie e a disciplinare le modalità di scioglimento) – basta "*l'inquadramento degli associati in corpi, reparti e nuclei, con disciplina e ordinamento gerarchico interno analoghi a quelli militari, con l'eventuale adozione di gradi o di uniformi, e con l'organizzazione atta anche all'impiego collettivo in azioni di violenza e di minaccia*". Né le armi, né le divise, né il compimento di atti di violenza e di minaccia sono necessari, dunque. L'esempio che si fa di solito è quello dei *boy scout*, che certo non portano armi né sono dediti alla violenza, ma ciò nondimeno non potrebbero "entrare in politica" mantenendo struttura gerarchica, gradi, divise.

Il d.lgs. del '48 vieta inoltre "*alle associazioni od organizzazioni dipendenti o collegate con partiti politici o aventi anche indirettamente fini politici ... di dotare di uniformi o di divise i propri aderenti*", facendo eccezione per le associazioni sportive e gli istituti di carattere culturale od educativo.

5.4. *La libertà religiosa e di coscienza*

5.4.1. *Definizioni*

La **libertà di coscienza** è la libertà di coltivare profonde convinzioni interiori e di agire di conseguenza. Essa non ha un esplicito riconoscimento in Costituzione, così come non l'hanno la libertà di pensiero o di fede religiosa: ciò che interessa al diritto (e alla Costituzione) non sono i fenomeni interiori, che sono per loro stessa natura incontrollabili, ma la disciplina delle manifestazioni esteriori, "sociali", della coscienza, del pensiero e della fede. Così, per esempio, l'art. 19 riguarda la *libertà di culto*, l'art. 21 la *libertà di manifestazione del pensiero* (→ § XIII.5.5); invece il diritto di agire "secondo coscienza" è implicito in tutti i diritti di libertà e, come è proprio dei diritti di libertà, incontra i limiti posti dalle leggi. Ma in certi casi il diritto stesso consente all'individuo di superare il limite posto dalla legge e, nel conflitto tra quanto prescrive la legge e quanto prescrive il suo "foro interno", seguire il secondo: sono i casi di "*obiezione di coscienza*" (→ § XIII.5.4.2.δ).

5.4.2. *Strumenti di tutela*

La libertà di coscienza e la libertà religiosa sono tutelate attraverso un ricco strumentario:

α) il ***divieto di discriminazione***. Le distinzioni per "*religione*" (e per "*opinioni politiche*") sono vietate dal "*nucleo duro*" del principio di eguaglianza (→ § XIII.1.1.β): qualsiasi differenziazione che si basasse su questo elemento sarebbe perciò sottoposta ad uno "*strict scrutiny*" (→ § XIII.1.2). Si tenga presente che le opinioni religiose (come pure quelle politiche o "filosofiche") appartengono ai c.d. "*dati sensibili*" (→ § XIII.4.4.2✓) il cui "trattamento" è sottoposto a controlli severissimi: il che appare come lo strumento pratico migliore per garantire l'individuo dalle discriminazioni;

β) l'*eguaglianza tra le confessioni religiose*. Il divieto di discriminazione non riguarda solo le persone fisiche, ma anche le formazioni sociali. Tuttavia esso è rafforzato da quanto prescrive l'art. 8.1 Cost.: "*tutte le confessioni religiose sono egualmente libere davanti alla legge*". In un primo tempo la Corte costituzionale aveva interpretato questa disposizione in senso restrittivo, come garanzia di *eguale libertà*, ma non anche di *eguale trattamento*. Essendo la religione cattolica la fede della stragrande maggioranza degli italiani – ragionava la Corte – era legittimo che vi fossero norme a sola tutela dei "valori" cattolici, che non si estendono alle altre confessioni: ciò valeva sia per i privilegi riconosciuti alla sola religione cattolica dal *Concordato* del 1929 (→ § II.5), sia dalla tutela penale particolare che il codice (che è del 1930) accorda ai "valori" e ai simboli di quella sola religione (per esempio con i reati di bestemmia, vilipendio, turbamento di funzioni religiose).

Dopo la riforma del *Concordato*, la giurisprudenza costituzionale è ormai orientata a riconoscere nell'art. 8.1 Cost. anche il principio di *eguaglianza di trattamento*, cercando per esempio di estendere la tutela penale (che il codice riserva alla "religione di Stato", ormai soppressa) ad un più generale "*sentimento religioso*". Insomma, l'argomento quantitativo non fa più presa sull'argomentazione della Corte, che si dimostra finalmente sensibile ai diritti delle minoranze religiose (§ II.5.2).

Le stesse "**intese**" con le confessioni non cattoliche (art. 8.3 Cost.: → § II.5) hanno esteso ad altre religioni molti privilegi di carattere fiscale, finanziario, pastorale, in precedenza riservati alla chiesa cattolica. Ed in alcuni casi (per esempio, per le sovvenzioni pubbliche all'edilizia di culto) la Corte ha ritenuto che anche la distinzione tra confessioni che hanno ottenuto l'intesa con lo Stato e confessioni che non l'hanno ottenuta (e magari neppure richiesta) non possono essere fatte discriminazioni;

γ) la *libertà di culto*. L'art. 19 Cost. garantisce a tutti il "*diritto di professare liberamente la propria fede*": tutela quindi l'aspetto individuale della libertà religiosa, mentre l'art. 8 tutela l'aspetto istituzionale (la "**confessione**"). La **libertà di culto** si estende a tutte le attività generalmente collegate ad esso, dal proselitismo ai rituali. L'aspetto "negativo" (→ § XIII.2.1.α) della libertà si manifesta su due diversi versanti: da un lato, la libertà a non svolgere alcuna attività di culto (a questa libertà fanno appello coloro che contestano l'esposizione del crocifisso nelle aule scolastiche e negli edifici pubblici), dall'altro la pari tutela della libertà di coloro che non professano alcuna fede religiosa (i c.d. "atei": → § II.5.2).

L'unico limite che incontra la libertà di culto (come, si vedrà poi, la libertà di espressione) è il "*buon costume*". Il "buon costume" è un concetto indefinito, che viene impiegato in rami diversi del diritto positivo, assumendo ampiezza diversa di significati. Nel diritto costituzionale esso è inteso essenzialmente come morale sessuale (più diffusamente sul punto → § XIII.5.5.2);

δ) l'*obiezione di coscienza*. L'**obiezione di coscienza** è il rifiuto da parte dell'individuo di compiere atti, prescritti dall'ordinamento, ma contrari alle proprie convinzioni. Lo stesso rifiuto di giurare è una forma di obiezione. Ma è lo stesso ordinamento a prevedere in alcuni casi il diritto di "obiettare". Il caso più noto è l'obiezione al servizio militare obbligatorio (sospeso però dal 2004), la cui disciplina riconosce a coloro che "*nell'esercizio del diritto alle libertà di pensiero, coscienza e religione riconosciute dalla Dichiarazione universale dei diritti dell'uomo e dalla Convenzione internazionale sui diritti civili e politici, opponendosi all'uso delle armi, non accettano l'arruolamento nelle Forze armate e nei Corpi armati dello Stato*", la possibilità di adempiere gli obblighi di leva prestando, in sostituzione del servizio militare, un servizio civile.

Un altro caso di obiezione prevista dalla legge è quella consentita al personale sanitario dalla legge sull'aborto (legge 194/1978): diritto che invece la Corte costituzionale ha rifiutato di estendere al giudice tutelare che la legge stessa incarica di autorizzare l'interruzione della gravidanza da parte della minore, in sostituzione del consenso dei genitori (sent. 196/1987). Vi è poi una legge che consente di obiettare ai medici, ai tecnici e agli studenti universitari che, per motivi di coscienza, non voglio prendere parte ad attività di sperimentazione animale (legge 413/1993), ed un'altra che consente al personale sanitario di non prendere parte a pratiche di procreazione assistita (legge 40/2004: → § XIII.3.4✓).

Tutte le dichiarazioni relative all'obiezione di coscienza (come, del resto, tutti i dati relativi alle convinzioni filosofiche o alle appartenenze religiose) rientrano tra i "*dati sensibili*" oggetto di particolare protezione da parte del *Garante della privacy* (→ § XIII.4.4.2✓).

5.5. *La libertà di manifestazione del pensiero*

5.5.1. *Definizioni*

La **libertà di manifestazione del pensiero** consiste nella libertà di esprimere le proprie idee e di divulgarle ad un numero indeterminato di destinatari (in ciò si distingue dalla *libertà di comunicazione*: → § XIII.4.4). Siccome la circolazione delle idee è il presupposto della democrazia, la *libertà di manifestazione del pensiero* (detta anche **libertà di espressione**) è da sempre considerata, dalla stessa giurisprudenza costituzionale, la "*pietra angolare*" del sistema democratico. Tuttavia ciò non significa che rientri nella libertà di espressione solo il pensiero "politico" (come invece è stato ritenuto da chi ha sostenuto che essa sia "funzionalizzata" alla democrazia: → § XIII.2.1.γ✓). Nessuna selezione può essere compiuta tra le idee quanto a scopi, contenuti, circostanze, ecc.: tutte possono essere espresse liberamente trovando nell'art. 21 Cost. la loro garanzia. Vi sono semmai particolari forme di espressione del pensiero che trovano in Costituzione una specifica protezione: così è per la *fede religiosa* (→ § XIII.4.2) e per l'*arte* (art. 33.1 Cost.); proprio da quest'ultima disposizione sono fatte derivare anche la **libertà di ricerca scientifica** e la **libertà di insegnamento**, la cui accezione più ampia (cioè come insegnamento non solo scolastico) salda questa libertà con quella di espressione del pensiero.

✓ LIBERTÀ DI INSEGNAMENTO E LIBERTÀ DELLA SCUOLA

L'art. 33.1 Cost. tutela quella particolare forma di espressione del pensiero che è l'insegnamento, sia esso inteso come insegnamento scolastico che come qualsiasi altra forma di trasmissione del sapere. I commi successivi regolano la **libertà della scuola**, imperniata sul principio del pluralismo scolastico. Accanto alla scuola pubblica, la cui istituzione è un obbligo per lo Stato, è sancita la libertà delle scuole private: a queste è garantita la "parità", quanto ai titoli rilasciati, ma anche la libertà ideologica. Le scuole private, cioè, possono essere delle "**organizzazioni di tendenza**", ispirate ad un programma educativo ideologico o confessionale preciso, sino al punto di poter scegliere e licenziare i propri insegnanti secondo la loro rispondenza o meno ai canoni comportamentali dell'ideologia o della fede (per un caso di applicazione di questa regola → § III.1✓), così come può scegliere di non ammettere studenti che quei canoni non condividono. Chiunque può istituire una scuola "caratterizzata" ideologicamente, quale sia l'ideologia (con il solo limite del "buon costume": → § XIII.5.5.2), e può chiedere l'equipollenza con la scuola pubblica subendo i controlli e le verifiche necessarie, le quali però non possono incidere mai nelle scelte "culturali". Però queste scuole devono vivere *"senza oneri per lo Stato"* (art. 33.3 Cost.). L'interpretazione di questa disposizione è molto discussa in sede politica, con argomentazioni spesso speciose. Così come non è detto che il "servizio pubblico" scolastico debba avere esclusivamente un gestore pubblico (se non addirittura statale), perché è ormai normale che i servizi pubblici abbiano anche gestori privati (si pensi ai telefoni, alla televisione o agli ospedali), così non appare affatto accettabile l'idea che un servizio "pubblico" venga affidato ad un gestore che ha finalità così "private" da essere ispirate ad un determinato credo ideologico o religioso. Il "pluralismo" è ciò che consente l'esistenza delle scuole "di tendenza", ma deve essere anche la regola inderogabile del servizio pubblico ❷.

5.5.2. *Il limite del "buon costume"*

L'unico limite che l'art. 21 Cost. pone alla libertà di espressione è il **buon costume** che, come si è già visto (→ § XIII.4.2.γ), viene inteso come il "*pudore sessuale*". Si tratta di una nozione molto simile a quella usata nel diritto penale, assai diversa invece dall'analoga clausola del *buon costume* impiegata spesso dal cod. civ. (artt. 5, 23, 25, 634, 1343, 1354, 2031, 2035, nonché art. 31 "*Preleggi*"), che è più estesa e incorpora le regole della moralità comune, non solo sessuale. È evidente che, proprio perché riferito alla morale sessuale, il limite del buon costume è legato all'evoluzione dei costumi. Appartiene a quella categoria di nozioni che non hanno un significato stabile e contenuti prestabiliti, ma che vanno "riempite" con valutazioni lasciate all'interprete. Lo stesso codice penale fa uso di questo tipo di nozioni, quando definisce come "osceni" gli atti e gli oggetti "*che, secondo il comune sentimento, offendono il pudore*" (art. 529): è su questa base che il giudice penale deve valutare se, per esempio, sia osceno un "bikini", e tutti sanno come questo tipo di valutazioni non sia legata una volta per sempre al calcolo dei cm^2 di stoffa impiegata, ma cambi non solo nel tempo, ma anche in relazione ai luoghi, alle circostanze, ecc.

✓ IL CASO: LA PUBBLICITÀ DEGLI ANTICONCEZIONALI

Un esempio di come queste valutazioni cambino nel tempo lo ha dato la stessa Corte costituzionale. Nel 1965 aveva escluso che il reato di *"incitamento a pratiche contro la procreazione"* (art. 553 cod. pen.), sulla cui base veniva incriminata qualsiasi propaganda di contraccettivi, fosse contrario alla libertà di espressione, giustificandolo appunto con il limite del buon costume (sent. 9/1965). A distanza di soli 6 anni (sent. 49/1971) fu però protagonista di un clamoroso *overrulling*: ha giudicato illegittima la disposizione proprio per contrasto con l'art. 21 Cost.: *"il problema della limitazione delle nascite ha assunto, nel momento storico attuale, una importanza e un rilievo sociale tale, ed investe un raggio di interesse così ampio, da non potersi ritenere che, secondo la coscienza comune e tenuto conto del progressivo allargarsi della educazione sanitaria, sia oggi da ravvisare un'offesa al buoncostume nella pubblica trattazione dei vari aspetti di quel problema ..."*. I concetti come "buon costume" sono fatti apposta, in fondo, per consentire all'ordinamento di evolvere con la coscienza sociale: le leggi che "rimangono indietro" sono destinate ad essere colpite da *"anacronismo"* (→ § XIII.3.2.2).

La legge sulla stampa (→ § XIII.5.5.5) estende il reato di pubblicazioni oscene fuori dai limiti angusti del pudore sessuale, punendo anche le pubblicazioni a contenuto impressionante o raccapricciante che provochino turbamento del "comune sentimento della morale o l'ordine familiare".

Il limite del buon costume non è applicabile alle opere d'arte e di scienza: l'art. 33 non lo cita e lo stesso art. 529.2 cod. pen. lo esclude. Ma è ovvio che resta aperta la questione, molto spesso dibattuta nelle aule dei tribunali, se una manifestazione del pensiero oggettivamente oscena possa definirsi artistica o scientifica.

✓ LA CENSURA SUI FILM

Mentre per la *stampa* è vietata qualsiasi forma di *censura* (→ § XIII.5.5.5), questa è rimasta per i soli spettacoli cinematografici, a tutela, appunto, del *buon costume*. La legge 161/1962 (*"Revisione dei film e dei lavori teatrali"*) prevede infatti per i *film* un preventivo *nulla osta* (che è una forma di autorizzazione) ministeriale, previo parere vincolante espresso da una Commissione. Il d.lgs. 3/1998 ha invece abrogato le disposizioni precedenti che sottoponevano a nulla osta anche l'ammissione dei minori agli spettacoli teatrali; mentre un decreto ministeriale del 5 aprile 2021 ha definitivamente abolito la censura sui film.
Il fatto che un film superi la "censura" però non lo mette affatto al riparo da eventuali grane giudiziarie. L'offesa del *"comune senso del pudore"* è infatti un reato che va autonomamente apprezzato dal giudice penale, che può giungere a conclusioni opposte a quelle della Commissione ministeriale.

5.5.3. *I c.d. "reati di opinione"*

Nella legge penale vi sono varie fattispecie di reato che si realizzano attraverso forme di espressione del pensiero, punendo quindi ciò che l'art. 21 Cost. invece tutela. Perciò molti di questi "**reati di opinione**" sono stati sottoposti al giudizio della Corte costituzionale, che però in molti casi li ha fatti salvi, innescando forti polemiche. Le argomentazioni della Corte, anche se non sempre sono state molto limpide, hanno seguito alcune direttrici:

α) *pensiero e azione*. La prima direttrice muove nella distinzione tra ciò che è "*espressione del pensiero*" e ciò che invece è già "*principio di azione*". Questa distinzione vale soprattutto per reati come l'**istigazione** (ossia l'incitamento a compiere vari tipi di reato: artt. 115, 266, 302, 303, 322, 377 *bis*, 414, 415, 580 cod. pen.), l'**apologia** di delitti (ossia la propaganda o il giudizio positivo dato in pubblico rispetto ad un comportamento che la legge punisce come delitto: artt. 272, 303.2 cod. pen.), la pubblicazione di **notizie false o tendenziose** (ossia capaci di turbare l'ordine pubblico: artt. 501, 656, 657 cod. pen.). La Corte, giudicando come è suo compito della astratta compatibilità della disposizione con l'art. 21 Cost., ha fatto salve diverse di queste fattispecie penali, ritenendo che sia punibile l'espressione del pensiero quando essa sia idonea a determinare direttamente l'azione pericolosa per la sicurezza pubblica (ossia l'*ordine pubblico* in senso materiale: → § XIII.5.2.2). Così, salvata la fattispecie *astratta*, ha rimesso al giudice penale la valutazione *in concreto* dell'idoneità dell'espressione del pensiero a generare azioni pericolose;

β) *pensiero e offese*. È intuitivo che la libertà di manifestare il proprio pensiero non possa giungere sino al punto di offendere l'onore degli altri: da qui la legittimità dei "*delitti contro l'onore*", quali l'**ingiuria** e la **diffamazione** (artt. 594 ss. cod. pen.).

Ma la Corte ha fatto salve anche le fattispecie di reato poste a protezione del *sentimento religioso* (la bestemmia e il vilipendio di una religione: → § XIII.5.4.2.β), del *prestigio delle istituzioni* (i reati di **vilipendio**, di cui agli artt. 290 ss. cod. pen., e di **oltraggio**: → § XIII.4.2.3✓). Anche in questo caso è lasciata al giudice di merito la valutazione del caso concreto, e in particolare la considerazione se il pensiero espresso costituisca una forma di critica, magari dura e "colorita" od abbia i caratteri dell'insulto o un motto di scherno, privo persino della "qualità" del pensiero.

✓ DIFFAMAZIONE A MEZZO STAMPA

Tutti possiamo essere puniti con condanna penale se offendiamo "l'altrui reputazione", punizione aggravata se l'offesa consiste nell'attribuzione di un fatto determinato (art. 595 cod. pen.). Ma se l'offesa è recata "col mezzo della stampa o con qualsiasi altro mezzo di pubblicità", la pena è la reclusione da sei mesi a tre anni (oltra a una multa). Molti giornalisti e noti direttori di giornale (Belpietro e Sallusti, per esempio) hanno subito condanne penali, ma hanno reagito ricorrendo alla Corte EDU (→ § XIII.3.2.3). Essa ha ritenuto che la sanzione detentiva fosse adeguata solo in casi di eccezionale gravità: smentendo i giudici italiani, la Corte europea ha ritenuto che tali circostanze nel caso non ricorressero.
Anche a seguito di queste vicende, sono stati presentati diversi disegni di legge per modificare la responsabilità penale dei giornalisti, ma nessuno è stato approvato. Investita nel frattempo della questione della legittimità dell'art. 595.3 cod. pen., la Corte costituzionale ha applicato lo stesso schema già impiegato nel "caso Cappato" (→ § XII.3.6.6✓): ha rinviato di un anno l'udienza pubblica, in attesa che il legislatore si decida ad intervenire (ord. 132/2020). Ma siccome il legislatore nulla ha fatto, il 12 luglio 2021, con la sent. 150/2021, la Corte ha dichiarato illegittima la legge, solo in parte però: il giudice potrà condannare alla reclusione soltanto nei casi di eccezionale gravità del fatto, limitandosi negli altri casi all'applicazione di una multa.

5.5.4. *Mezzi di comunicazione*

La libertà di espressione è garantita a tutti, e tutti possono esprimere il loro pensiero "*con la parola, lo scritto e ogni altro mezzo di diffusione*" (art. 21.1 Cost.). Il problema è che i mezzi di diffusione del pensiero più efficaci non sono disponibili per tutti. Due ordini di fattori limitano la disponibilità dei mezzi, fattori fisici e fattori economici. Gli spazi per affiggere manifesti, così come le frequenze per trasmettere via radio o via etere sono limitati, ed occorre quindi una disciplina della concorrenza; per di più, gli strumenti di diffusione del pensiero che raggiungono il maggior numero di destinatari, la stampa e la televisione anzitutto, hanno costi tali che solo attraverso un investimento ingente e la gestione di una complessa attività d'impresa è possibile "aprire" un giornale o una stazione televisiva.

La libertà di manifestazione del pensiero s'intreccia quindi, quando entrano in gioco i mezzi di comunicazione di massa, con la *libertà di iniziativa economica* (→ § XIII.7.4). Non c'è da stupirsi perciò che in Italia le prime regole a tutela della concorrenza e contro la formazione di oligopoli privati si siano sviluppate proprio in riferimento alle imprese che operano nel campo della comunicazione di massa, poiché qui si tratta di proteggere non soltanto la concorrenza tra imprese, cioè il "mercato", ma anche il pluralismo dell'informazione ❷. Non vi è dubbio infatti che la libertà di manifestazione del pensiero comprenda anche la *libertà di informazione*; ed è ormai accettato dalla stessa giurisprudenza costituzionale che la **libertà di informazione** abbia anche un profilo "passivo", cioè il *diritto di essere informati*. Tale diritto è garantito soltanto se è "*qualificato e caratterizzato ... dal pluralismo delle fonti da cui attingere conoscenze e notizie*" (sent. 112/1993).

Da qui nasce la legislazione "*anti-trust*" (→ § XIII.7.7) che, a partire dal 1981, ha cercato di porre sotto controllo i trasferimenti di proprietà delle imprese giornalistiche e radiotelevisive, per renderli trasparenti e per evitare le concentrazioni e la formazione di "posizioni dominanti"; ha imposto la pubblicità dei bilanci delle imprese (in attuazione quindi dell'art. 21.5 Cost.); ha cercato inoltre di regolare l'accesso alla più rilevante delle fonti di finanziamento delle imprese di questo settore, cioè il mercato pubblicitario. Il funzionamento di questa disciplina ruota attorno ad un'*autorità indipendente* (→ § XIII.7.7), nato come *Garante dell'editoria* (1981), divenuto in seguito *Garante per la radiodiffusione e l'editoria* (1990), ed ora sostituito dal *Garante per le comunicazioni* (1997).

> INTERNET La legge 249/1997 (*"Istituzione dell'Autorità per le garanzie nelle comunicazioni e norme sui sistemi delle telecomunicazioni e radiotelevisivo"*) ed ogni altra notizia sul Garante possono leggersi nel sito ufficiale dello stesso: www.agcom.it.

5.5.5. *Il regime della stampa*

Data l'epoca in cui è stata scritta, dei *mass media* la Costituzione disciplina soltanto la **stampa**. Il regime della stampa è caratterizzato dal divieto di sottoporre la stampa a controlli *preventivi*, cioè di introdurre "*autorizzazioni o censure*" (art. 21.2 Cost.) in modo da impedire la pubblicazione e la diffusione del pensiero. È ammesso invece il **sequestro**, cioè un provvedimento di ritiro della stampa *successivo* alla sua pubblicazione. Il sequestro è circondato da garanzie molto rigide:

α) *riserva di legge assoluta* (→ § VIII.11.2). Il sequestro è possibile solo in due ipotesi:

– "*nel caso di delitti, per i quali la legge sulla stampa espressamente lo autorizzi*" (art. 21.3 Cost.). Come la Corte costituzionale ha affermato (sent. 4/1972), il riferimento non va inteso a quella particolare legge che si intitola "**Legge sulla stampa**", e che era stata approvata dalla stessa Assemblea costituente (legge 47/1948), ma più in generale alle leggi penali. In effetti la "legge sulla stampa" non contiene alcuna previsione di sequestro: esso è invece previsto da un decreto legislativo del 1946 (r.d.lgs. 561/1946, "*Norme sul sequestro dei giornali e di altre pubblicazioni*"), che lo consente per le pubblicazioni "*che, ai sensi della legge penale, sono da ritenere osceni o offensivi della pubblica decenza ovvero che divulgano mezzi rivolti a impedire la procreazione o a procurare l'aborto o illustrano l'impiego di essi o danno indicazioni sul modo di procurarseli o contengono inserzioni o corrispondenze relative ai mezzi predetti*". Questa norma è considerata ancora in vigore, salvo la seconda parte – la propaganda contraria alla procreazione – che è stata dichiarata illegittima dalla Corte costituzionale "in conseguenza" (sull'illegittimità consequenziale → § XII.3.4.3) dell'illegittimità dell'analogo articolo del cod. pen. (→ § XIII.5.5.2✓). In sostanza, dunque, il sequestro è preordinato alla salvaguardia del "*buon costume*". Ma a questa ipotesi se ne affianca un'altra, prevista dalla c.d. "*legge Scelba*", che reprime la ricostituzione del partito fascista (legge 645/1952), in attuazione della XII disp. trans. Cost.: essa prevede il sequestro delle pubblicazioni attraverso di cui si compia il delitto di **apologia del fascismo**;

– "*nel caso di violazione delle norme che la legge* (sulla stampa) *stessa prescriva per l'indicazione dei responsabili*". La stampa è infatti libera, ma non può essere anonima, perché altrimenti si impedirebbe a chi si sentisse danneggiato dalle notizie pubblicate di far valere la responsabilità dell'autore di esse. Per questo motivo la "*legge sulla stampa*" prescrive una serie di indicazioni obbligatorie sugli stampati e, in particolare per i giornali e i periodici, l'indicazione del *direttore responsabile*, che deve essere iscritto all'**albo dei giornalisti** (→ § XIII.5.3.2.α). Il direttore risponde penalmente se omette di esercitare sul contenuto del "suo" periodico il controllo necessario ad impedire che con esso siano commessi dei reati (art. 57 cod. pen.);

✓ COME SI DIVENTA GIORNALISTI?

Occasionalmente tutti possono scrivere su un giornale: ma se questa attività diventa "professionale", bisogna essere iscritti all'**Ordine dei giornalisti** (→ § XIII.3.3.3✓), che tiene due diversi *albi professionali*, quello dei *giornalisti professionisti* e quello dei *pubblicisti*. Questi ultimi sono coloro che non fanno esclusivamente il giornalista, ma svolgono l'attività in modo *"non occasionale* e *retribuita"*. Per diventare *"pubblicisti"* basta dimostrare, attraverso la dichiarazione del direttore del giornale, di aver esercitato l'attività regolarmente retribuita per almeno due anni, allegando alla domanda gli scritti pubblicati. Per diventare *"professionista"*, invece, bisogna aver sostenuto un periodo di praticantato presso una testata giornalistica per almeno 18 mesi (il praticantato non si può iniziare prima dei 18 anni: l'iscrizione al registro dei praticanti è subordinata al superamento di un esame, che si svolge localmente, di cultura generale, diretto ad accertare l'attitudine all'esercizio della professione); poi bisogna superare un esame di idoneità professionale, che si tiene a Roma almeno due volte all'anno, che consiste in una prova scritta e orale di tecnica e pratica del giornalismo, integrata dalla conoscenza delle norme giuridiche che hanno attinenza con la materia del giornalismo. A questo punto si può ottenere l'iscrizione all'ordine, che è la condizione per essere assunti da una testata giornalistica.

INTERNET Notizie ulteriori e la normativa di riferimento si trovano sul sito del Consiglio nazionale dell'Ordine (www.odg.it) o di qualcuno dei suoi organismi regionali (per es. www.ordinegiornalisti.veneto.it); ulteriori informazioni sono ricuperabili nel sito della FNSI, che è il sindacato unitario dei giornalisti (www.fnsi.it).

β) *riserva di giurisdizione.* Valgono per il sequestro della stampa norme analoghe a quelle che disciplinano la libertà personale (artt. 21.3 e 4). Il sequestro deve essere disposto dal giudice, ma in caso in cui "*vi sia assoluta urgenza e non sia possibile il tempestivo intervento dell'autorità giudiziaria*" può provvedere la polizia, con obbligo di comunicazione del provvedimento al giudice entro 24 ore e necessità di convalida entro le successive 24 ore (i tempi sono perciò dimezzati rispetto agli analoghi provvedimenti restrittivi della libertà personale: (→ § XIII.4.2.2).

5.5.6. *Il regime della radiotelevisione*

In assenza di *regole* costituzionali specifiche, è stato compito della Corte costituzionale elaborare i *principi* ❾ che devono ispirare la disciplina della radiotelevisione. Ed è stato su sollecitazione della giurisprudenza costituzionale che il **sistema radiotelevisivo** è passato dal regime di monopolio pubblico iniziale al sistema misto attuale.

La radio era nata in Italia come *monopolio pubblico*, disciplinato dal c.d. *codice postale* del 1936: con l'avvento della televisione, il monopolio pubblico si estese anche ad essa. La prima decisione della Corte costituzionale (sent. 59/1960) difese la legittimità del monopolio pubblico sulla base di questo argomento: *se* i costi delle imprese radiotelevisive sono molto elevati e *se* il numero delle frequenze che le convenzioni internazionali assegnano all'Italia è limitato, *allora* il pluralismo dell'informazione è meglio garantito dal monopolio pubblico che da un regime privatistico che sfocerebbe inevitabilmente in un monopolio o un oligopolio. Essendo l'informazione radiotelevisiva un "servizio pubblico essenziale", il rischio che si costituisca un monopolio privato consente la riserva del servizio alla gestione pubblica, come previsto dall'art. 43 Cost. (→ § XII.7.4).

L'evoluzione successiva della giurisprudenza non si staccò da questo ragionamento, ma lo portò alle conseguenze necessarie. Furono dapprima escluse dal monopolio pubblico le attività dei ripetitori di trasmittenti estere, perché non incidono sulla "quota" di etere riservata all'Italia (sent. 225/1974); per la stessa ragione furono escluse le televisioni via cavo a raggio limitato (sent. 226/1974); poi furono escluse le trasmittenti radiofoniche e televisive via etere ma di àmbito locale, perché per esse non valgono né l'argomento dell'alto costo degli impianti, né quello della limitazione delle frequenze, perché la stessa frequenza può essere occupata da trasmittenti che mutano da luogo a luogo (sent. 202/1976). Fin qui si spinse la Corte costituzionale, mantenendo fermo però il *monopolio pubblico* per le trasmissioni su scala nazionale: per esse, infatti, gli argomenti dei costi e della limitazione della risorsa etere, e del conseguente pericolo della costituzione di un monopolio privato, restavano validi, quantomeno in mancanza di una legislazione anti-*trust* (sent. 148/1981), e a condizione che il servizio pubblico rispettasse precisi principi posti a garanzia del pluralismo (questi principi, fissati dalla sent. 225/1974, furono poi tradotti in regole dalla legge 103/1975).

Il resto si compì per vie di fatto, che si imposero *contro* i principi fissati dalla Corte costituzionale, con la compiacenza di un legislatore inerte o complice. Infatti, in assenza di una regolazione legislativa, si realizzò esattamente quanto la Corte paventava, ossia la costituzione, accanto al servizio pubblico, di un monopolio privato che assorbì la gran parte delle trasmittenti locali. Quando alcuni giudici intervennero per "oscurare" le trasmissioni "private" di scala ormai nazionale (e non solo locale, come aveva consentito la Corte), il Governo emanò un decreto-legge che, in via transitoria, legittimava la situazione creatasi di fatto (è il ben noto "***decreto Berlusconi***"). Dovette ancora la Corte costituzionale sollecitare la riforma, minacciando di dichiarare illegittima la disciplina transitoria se l'approvazione della legge dovesse tardare "*oltre ogni ragionevole limite temporale*" (sent. 826/1988).

La riforma fu introdotta dalla c.d. "***legge Mammì***" (legge 223/1990), che legittimò il *sistema misto* pubblico-privato già istituitosi di fatto. Il servizio pubblico resta affidato in concessione ad una società a totale partecipazione pubblica (→ § II.7.3✓), la RAI; accanto ad esso vi sono dei concessionari privati, che possono gestire emittenti o reti a livello nazionale o locale. L'intento della legge è di limitare le concentrazioni nel settore dell'informazione attraverso tre strumenti: la determinazione del numero massimo di concessioni radiotelevisive che possono essere assegnate ad un unico titolare; l'indicazione di limiti quantitativi per la concentrazione tra imprese radiotelevisive e imprese editoriali; l'indicazione di limiti quantitativi per la concentrazione tra imprese radiotelevisive e imprese concessionarie di pubblicità.

Ma la Corte costituzionale (sent. 420/1994) è già intervenuta per dichiarare incompatibile con il principio del pluralismo la norma della legge che consentiva di assegnare allo stesso soggetto privato tre delle dodici reti nazionali previste (di cui altre tre sono riservate al servizio pubblico). Da qui l'ulteriore riforma, introdotta con la legge 249/1997, che ha modificato anche la disciplina dell'*Autorità garante* (→ § XIII.5.5.4) e ha affidato ad essa ampi poteri regolamentari anche per adeguare la disciplina anti-*trust* alle continue innovazioni della tecnologia. Ancora una volta ha dovuto intervenire la Corte costituzionale (sent. 466/2002) a dichiarare l'illegittimità della legge, perché "*la situazione di fatto non garantisce ... l'attuazione del principio del pluralismo informativo esterno, che rappresenta uno degli 'imperativi' ineludibili emergenti dalla giurisprudenza costituzionale in materia*" e ponendo un termine (il 31 dicembre 2003) entro il quale la "situazione di fatto" andava corretta riducendo la concentrazione delle reti in mano ad un unico imprenditore privato. Ma l'ulteriore riforma legislativa (la "***legge Gasparri***", che prende il nome dal ministro proponente: legge 112/2004), che in un primo tempo è stata oggetto di rinvio (→ § V.4.7) da parte del Presidente della Repubblica, cerca di aggirare l'ostacolo "diluendo" il sistema televisivo tradizionale in un "paniere" di mezzi di comunicazione (il "sistema integrato di comunicazione") in cui rientrano gli strumenti più vari ("stampa quotidiana e periodica; editoria annuaristica ed elettronica anche per il tramite di internet; radio e televisione; cinema; pubblicità esterna; iniziative di comunicazione di prodotti e servizi; sponsorizzazioni"); punta sulla diffusione di nuove tecnologie (la televisione "digitale terrestre") e avvia la privatizzazione della RAI, l'impresa radiotelevisiva pubblica.

✓ IL CASO: LA TELEVISIONE ITALIANA DAVANTI ALLA CORTE DI GIUSTIZIA

Nel 1999 la Centro Europa 7 Srl ha ottenuto un'autorizzazione a trasmettere a livello nazionale in tecnica analogica, ma non lo ha mai potuto fare perché non le sono mai state assegnate le radiofrequenze. Fa ricorso al giudice amministrativo per accertare il suo diritto ad ottenere l'assegnazione di frequenze (nonché il risarcimento del danno subito): il Consiglio di Stato solleva davanti alla Corte di giustizia dell'UE una questione d'interpretazione delle direttive UE che fissano un quadro normativo comune per le reti ed i servizi di comunicazione elettronica e di regole per l'assegnazione di radiofrequenze, con l'obiettivo di regolare il mercato delle trasmissioni radiotelevisive. Il Consiglio di Stato sottolinea che in Italia il piano nazionale di assegnazione delle frequenze non è mai stato attuato, consentendo così che restasse in piedi in via transitoria la situazione creatasi di fatto e di impedire a nuovi imprenditori di accedere al mercato. Questo è stato cristallizzato ad esclusivo vantaggio degli imprenditori che erano già presenti, in contrasto con i criteri obiettivi, trasparenti, non discriminatori e proporzionati imposti dalla normativa europea.

La Corte di giustizia ha risposto (sent. C-380/05, del gennaio 2008) stabilendo che gli atti normativi UE in vigore "devono essere interpretati nel senso che essi ostano, in materia di trasmissione televisiva, ad una normativa nazionale la cui applicazione conduca a che un operatore titolare di una concessione si trovi nell'impossibilità di trasmettere in mancanza di frequenze di trasmissione assegnate sulla base di criteri obiettivi, trasparenti, non discriminatori e proporzionati". Insomma, dopo la Corte costituzionale, anche la Corte di giustizia contesta la legittimità del monopolio privato della televisione analogica, che resta "protetto" dalla legge Gasparri, la quale – dice ancora la Corte europea – "non si limita ad attribuire agli operatori esistenti un diritto prioritario ad ottenere le frequenze, ma riserva loro tale diritto in esclusiva, senza limiti di tempo alla situazione di privilegio così creata e senza prevedere un obbligo di restituzione delle frequenze eccedenti dopo la transizione alla trasmissione televisiva in tecnica digitale". Ma neppure questa sentenza è bastata a modificare la situazione televisiva italiana.

INTERNET La sentenza della Corte di giustizia si può leggere in http://curia.europa.eu/jurisp/cgi-bin/form.pl?lang=it.

5.5.7. *Uno sguardo al futuro: la sfida di internet e dei* social

Internet ha cambiato il modo in cui noi comunichiamo ponendo sfide formidabili alla libertà di informazione e al futuro della democrazia.

Per più di 150 anni le moderne democrazie sono state dipendenti dall'industria dell'informazione per costruire e animare la sfera pubblica, in cui si formano e competono tra loro le idee, le informazioni, le visioni del mondo, le critiche sulla cui base si forma l'opinione pubblica che poi orienta le scelte elettorali e le politiche pubbliche.

Per tutto questo tempo, la produzione di informazione e di cultura per raggiungere società sempre più ampie e territori estesi richiedeva ingenti investimenti in capitali fisici. Questi investimenti erano indispensabili per organizzare gli stabilimenti tipografici e le redazioni con cui si producevano i giornali, per realizzare il telegrafo e la rete telefonica, le radio e le televisioni, la tv via cavo e la tv satellitare. Esistevano importanti barriere all'ingresso nei mercati dell'informazione, per i massicci investimenti richiesti a chi vi voleva operare e per il carattere finito delle risorse su cui si basavano certe forme di comunicazione, come la radio e la televisione che, prima dell'avvento del digitale, trovavano un limite invalicabile nello spettro delle frequenze disponibili. Pertanto se le Costituzioni riconoscevano a "tutti" il diritto di manifestare liberamente il proprio pensiero (art. 21 Cost.), nei fatti solo quei pochi che avevano accesso a questi costosi e limitati mezzi di comunicazione potevano effettivamente raggiungere ampie fette di pubblico e concorrere così alla formazione dell'opinione pubblica.

In questo contesto per garantire il pluralismo dell'informazione doveva essere tutelato il carattere aperto e concorrenziale dei mercati impedendo che si formassero assetti monopolistici o comunque mercati con un livello di concentrazione particolarmente elevato. L'evoluzione della disciplina radiotelevisiva raccontata nel paragrafo precedente è istruttiva. In questi mercati l'industria editoriale, con le sue ampie organizzazioni di professionisti dell'informazione, selezionava cosa e come pubblicare, mettere sullo schermo, inserire comunque nei flussi della comunicazione, seguendo prevalentemente la logica economica dell'accrescimento dello *share*, per incrementare gli introiti, soprattutto quelli provenienti dalla pubblicità.

La quarta rivoluzione industriale, innescata dallo sviluppo delle tecnologie digitali, dalla crescita esponenziale della capacità dei microprocessori, dall'impressionante incremento della capacità di raccogliere, immagazzinare e trattare i dati, dalla connessione permanente che si realizza nella rete soprattutto dopo la diffusione di *smartphone* e *tablet*, dalla conseguente drastica riduzione dei costi necessari per comunicare, sta determinando una grande trasformazione nel modo in cui l'informazione viene prodotta, distribuita e utilizzata. È sufficiente disporre di una connessione alla rete per diventare produttori di informazione. Nei nuovi flussi della comunicazione il singolo individuo assume un ruolo attivo, inimmaginabile nell'era precedente. Chiunque può produrre informazioni nella rete, reagire all'informazione immessa da altri, proporre fatti, idee, critiche, nuovi punti di vista, foto, video. È sufficiente creare un sito, un *blog*, utilizzare un *social media*, lanciare o rilanciare un *tweet*, partecipare a una *chat*, mettere un video su *Youtube*, o postare foto e commenti su *Instagram*.

Siamo entrati pienamente in una nuova era dell'informazione, i cui tratti principali possono essere così sintetizzati: a) la produzione dell'informazione è radicalmente decentrata, per cui ogni utente della rete diventa un potenziale produttore di informazioni; b) il prezzo estremamente basso pagato per usare un *device* elettronico, accedere alla rete e comunicare, pone i mezzi materiali di informazione e di produzione culturale nelle mani di una parte significativa della popolazione mondiale, dell'ordine di circa due miliardi di persone; c) i flussi di comunicazione hanno carattere aperto e globale.

✓ IL RUOLO DEI *GATEKEEPERS*

Per rendere effettivamente utilizzabile tale massa enorme di informazioni, diventa essenziale il ruolo dei soggetti capaci di ordinarla e di facilitare il collegamento tra chi produce informazione e chi vuole riceverla. Sia pure con modalità molto diverse, questa funzione chiama in giuoco i motori di ricerca e i social media. Essi possono essere definiti i *gatekeepers* ("portieri") dell'informazione nel cyberspazio, in quanto collegano produttori e fruitori dell'informazione e, con i loro algoritmi, danno ordine alle informazioni. La rete è aperta ma solo pochi soggetti (come *Google, Facebook* ecc.) hanno le chiavi dei cancelli da cui passa l'informazione.
Si tratta di un numero assai ristretto di *tech companies* che ha il controllo delle porte di accesso alle informazioni presenti nella rete. Google, a livello mondiale, detiene fra il 70 e il 90% del mercato delle ricerche. Negli Usa, dove *Bing* e *Yahoo!* hanno una certa penetrazione nel mercato, *Google* ha una quota tra il 64% e l'80%, mentre in Italia e nei principali Paesi europei *Google* occupa il 90% del mercato dei servizi di ricerca *on line*, ed ha anche un ruolo di aggregatore di notizie, tramite il sevizio *Google News* (che è un sito di notizie automatizzato che raccoglie contenuti da oltre 50.000 fonti, raggruppando gli articoli simili e visualizzandoli in modo personalizzato secondo gli interessi di ciascun utente).
Un ruolo probabilmente ancora più marcato, nel realizzare l'accesso all'informazione, è ricoperto da Facebook, grazie al grandissimo numero di internauti che lo usa. Facebook, infatti, ha raggiunto la quota strabiliante di due miliardi di utenti (in Italia circa il 96% di utenti di Internet lo usa).

Se la rete è nata all'insegna del massimo di decentramento e di apertura, è pur vero che oggi la distribuzione dell'informazione all'utente è concentrata nelle mani di pochi giganti della rete, che hanno accumulato un enorme potere economico. I motori di ricerca, come *Google*, sono le nostre guide nella navigazione nel *web*. Essi trovano l'informazione e rendono accessibile quella che è ritenuta più utile per il singolo utente.

I motori di ricerca sono il necessario meccanismo che seleziona quali informazioni devono raggiungere il lettore. Essi stabiliscono l'informazione che viene presentata al lettore sullo schermo e stabiliscono altresì l'ordine in cui l'informazione gli viene presentata, determinando in questo modo la sua visibilità. Un fatto, un'informazione, una storia può essere indicizzata o no e anche se indicizzata può avere assegnato dall'algoritmo un *ranking* differente da cui dipende la sua effettiva capacità di raggiungere il pubblico. Tutto ciò orienta le scelte dell'utente del *web* in una direzione oppure in un'altra. Anche perché la gran parte degli utenti non va oltre la prima o la seconda pagina dei risultati della ricerca.

Quanto agli utenti di *Facebook*, essi lo usano per le finalità più varie, cosicché si imbattono nell'informazione mentre stanno facendo altro. Al riguardo si può parlare di un "consumo preterintenzionale", rendendo possibile che la percezione della differenza tra informazione e non informazione non sia del tutto chiara.

✓ SCHIAVI DI UN ALGORITMO?

Il punto centrale è che il modo in cui viene ordinata l'informazione che appare sul nostro schermo dipende dagli algoritmi che usano piattaforme come *Google* o *Facebook*.
L'algoritmo è un procedimento matematico di calcolo, descrivibile con un numero finito di regole, ovvero un'istruzione proceduralizzata per l'esecuzione di un'operazione più o meno complessa o la risoluzione di un problema. Nel linguaggio informatico indica l'insieme di istruzioni fornite al calcolatore.
Anche le notizie vengono distribuite tramite algoritmi. Il mondo dell'informazione e quindi le notizie che attirano la nostra attenzione sono sempre più fortemente condizionati dal modo in cui sono disegnati gli algoritmi che guidano la sua distribuzione. Questa tendenza diventerà ancora più forte nel prossimo futuro man mano che si affermeranno programmi preposti alla produzione di contenuti giornalistici, ma già oggi gli algoritmi hanno un ruolo fondamentale nei processi di *story selection*, cioè nella selezione dei contenuti da indirizzare a ciascun consumatore. Sono gli algoritmi a decidere quali notizie e informazioni proporre a ciascun utente, anche sulla base delle sue specifiche preferenze inferite dai dati ricavati dai suoi precedenti comportamenti.
Per esempio, per quanto riguarda *Facebook*, si chiama *News Feed* l'algoritmo che seleziona e ordina i contenuti che appaiono nella *homepage* di ciascun utente di *Facebook*. *News Feed* opera come filtro che decide quali contenuti e quali notizie devono apparire sullo schermo dell'utente e secondo quale ordine.

Gli algoritmi usati da motori di ricerca e *social media*, oltre a selezionare l'informazione da proporre a ciascuno di noi, producono un altro effetto molto importante, da tempo all'attenzione degli studiosi: la chiusura dell'utente dentro una bolla costruita sui suoi gusti, sulle sue preferenze, sui suoi pregiudizi. Infatti, di regola, gli algoritmi personalizzano le informazioni che mandano su ciascuno schermo.

Da quanto sommariamente descritto discende quella che è stata chiamata *filter bubble*, ossia il fenomeno per cui, in un *social network* che sfrutta degli algoritmi per definire quali siano le notizie di maggior interesse per l'utente, i *post* visualizzati da un utente sono sempre più in linea con gli interessi e le opinioni dello stesso. La conseguenza è che l'utente legge sempre solo quello che è in sintonia con i suoi pregiudizi e si rafforza nelle sue convinzioni.

Ricevere, come esito di una ricerca oppure sulla propria pagina *Facebook*, informazioni coerenti con le nostre specifiche preferenze è un grande vantaggio, quando vogliamo prenotare un viaggio, scegliere un ristorante, comprare un orologio, condividere esperienze e sensazioni. Tutto ciò ci rende la vita più facile, riduce i tempi e quindi i costi della ricerca, rende più semplici e più sicuri i nostri acquisti, ci aiuta a trarre maggiore soddisfazione quando interagiamo con gli altri. Anche per questo motivo, dobbiamo essere grati a piattaforme come *Google* e *Facebook* e dobbiamo riconoscere come l'innovazione digitale abbia migliorato le nostre vite. Tuttavia le conclusioni cambiano quando si tratta di vedere come la personalizzazione del *web* condiziona il funzionamento del dibattito pubblico e la formazione dell'opinione pubblica.

Nel "dna" delle democrazie occidentali c'è, fin dalle sue origini, il *government by discussion*, cioè il principio secondo cui deve essere garantito un confronto pubblico e aperto tra idee diverse e confliggenti, che permetta a ogni cittadino di scegliere la sua verità. Da qui l'importanza della tutela del dissenso, che fa parte del regime costituzionale della libertà di informazione nelle democrazie pluralistiche, la garanzia di avere fori pubblici aperti alle discussioni dove possono essere esposte le idee più disparate (un aspetto fondamentale della giurisprudenza statunitense sul primo emendamento), la tutela del pluralismo delle fonti di informazione.

Al contrario, la *filter bubble* porta alla frammentazione del discorso pubblico ed alla chiusura piuttosto che al confronto. Si creano diverse comunità chiuse in cui ciascun parla ed esprime le sue opinioni rivolgendosi a chi la pensa allo stesso modo e riceve notizie e informazioni da chi condivide le sue idee. Con la conseguenza che ciascuno si rinforza nei propri pregiudizi, ritenendoli l'unica verità esistenze e finisce per ignorare o considerare senz'altro sbagliate, infondate e fuorvianti ogni altra idea o ricostruzione che non circola nella sua comunità virtuale.

Di fronte ai fenomeni che abbiamo sommariamente descritto la grande questione che si pone al diritto costituzionale è se, nel mondo di Internet, la tutela della libertà di informazione richieda nuove regole adeguate alla nuova realtà, oppure se, al contrario, esser finirebbero per pregiudicare la libertà della rete e lo statuto costituzionale dell'informazione.

6. I DIRITTI "SOCIALI"

6.1. *Definizioni*

Per "***diritti sociali***" comunemente s'intendono i diritti dei cittadini a ricevere determinate "prestazioni" dagli apparati pubblici: sono i "diritti" caratteristici dello "*Sta-*

to sociale" (→ § I.10). Si è già osservato (→ § XIII.2.1.α) che questo tipo di definizione può generare qualche equivoco: sia perché *tutti* i diritti si basano su una "prestazione" degli organi pubblici, e perciò "costano", sia perché anche i diritti "sociali" hanno un "contenuto minimo" che è comunque protetto direttamente dalla Costituzione, anche dove lo Stato non abbia organizzato la sua "prestazione".

Non v'è dubbio però che i "diritti sociali" siano espressi in Costituzione come programmi la cui attuazione è rinviata alla attività successiva degli organi pubblici. Così, per esempio, l'art. 30.2, parlando del mantenimento e dell'educazione dei figli, afferma che "*nei casi di incapacità dei genitori, la legge provvede a che siano assolti i loro compiti*"; l'art. 31 dispone che "*la Repubblica agevola con misure economiche e altre provvidenze la formazione della famiglia, ecc. ...*"; in base all'art. 32.1, "*La Repubblica tutela la salute come fondamentale diritto dell'individuo e interesse della collettività, e garantisce cure gratuite agli indigenti*"; l'art. 34.3 garantisce che "*i capaci e meritevoli, anche se privi di mezzi, hanno diritto di raggiungere i gradi più alti degli studi*"; l'art. 36.1 riconosce al lavoratore una retribuzione "*in ogni caso sufficiente ad assicurare a sé e alla famiglia un'esistenza libera e dignitosa*"; l'art. 38 fonda il sistema dell'assistenza e della previdenza sociale. Come si vede, sono tutte disposizioni ispirati da esigenze di *eguaglianza sostanziale* (→ § XIII.1.1.γ) e quindi dal principio di *solidarietà* espresso dagli artt. 2 e 3.2 Cost.

✓ I MILLE VOLTI DEL DIRITTO ALLA SALUTE

Il **diritto alla salute** è l'unico diritto che la Costituzione (art. 32) espressamente definisce "fondamentale". Ma il diritto alla salute ha implicazioni assai ricche e complesse: per esempio, l'art. 32 è generalmente riconosciuto, in lettura congiunta con l'art. 2, come fondamento anche del **diritto alla vita**, che oggi entra in gioco in tutti i problemi "eticamente sensibili" come la fecondazione medicalmente assistita, l'aborto, l'eutanasia, ecc.

Il diritto alla salute presenta anzitutto un aspetto tipicamente negativo (→ § XIII.1.1), cioè la pretesa dell'individuo a che i terzi si astengano da comportamenti pregiudizievoli per la sua integrità psicofisica: ad esso perciò si riconnette anche il **diritto a un ambiente salubre**, quale condizione da cui dipende un'effettiva realizzazione del diritto alla salute stesso. Ma sempre al profilo negativo è connesso anche il **diritto di rifiutare i trattamenti sanitari**, sancito dall'art. 32.2, che vieta al medico, salvo i casi di necessità, di intervenire senza il consenso del paziente (sulle polemiche che questo divieto suscita in relazione soprattutto alla definizione di trattamento sanitario → § II.6.3).

Il diritto all'assistenza sanitaria rappresenta invece il profilo positivo del diritto alla salute, è un classico diritto di prestazione. Si tratta però di un diritto fondamentale, almeno nel "nucleo essenziale" delle prestazioni: esso è riconosciuto a tutti, non solo ai cittadini, ma anche agli stranieri, "*qualunque sia la loro posizione rispetto alle norme che regolano l'ingresso ed il soggiorno nello Stato, pur potendo il legislatore prevedere diverse modalità di esercizio dello stesso*" (Corte cost. 252/2001).

L'art. 32.1 Cost. impegna la Repubblica a garantire cure gratuite agli indigenti: è un concetto particolare di indigenza, che non significa affatto povertà, perché le cure mediche possono essere talmente costose da non essere affrontabili neppure da persone normalmente considerate abbienti.

L'apparato organizzativo pubblico deve assicurare un'assistenza sanitaria effettiva agli individui, sia direttamente, attraverso strutture assistenziali pubbliche, sia indirettamente, consentendo l'accesso alle prestazioni erogate da strutture private. A tale fine, nel 1978 è stato istituito il *SSN – Servizio sanitario nazionale*, a cui ogni cittadino è obbligatoriamente iscritto.

Nei primi anni di applicazione della Costituzione, specie prima dell'istituzione della Corte costituzionale, queste disposizioni costituzionali venivano interpretate come "*norme programmatiche*" (→ § III.7.2), ossia come programmi assegnati al legislatore futuro: impegnativi sul piano politico dunque, ma privi di applicabilità diretta, quindi non "giustiziabili", ossia incapaci di fondare un'azione davanti al giudice per ottenere tali prestazioni. Poi la prassi dell'applicazione giurisprudenziale ha mostrato che la più "programmatica" delle disposizioni costituzionali contiene aspetti "precettivi", direttamente applicabili ⓫. Per esempio, l'art. 4 Cost., che "*riconosce a tutti i cittadini il diritto al lavoro*", è considerato tutt'oggi una esemplare "norma programmatica": ma non ha impedito, in anni passati, ai giudici di basare sul profilo "negativo" di questo "diritto" il divieto dei "picchetti" che durante gli scioperi impediscono ai "crumiri" di andare a lavorare. Ma vi è di più: la Corte costituzionale ha sempre ripetuto che i diritti di "prestazione" devono essere "bilanciati" (→ § XIII.3) con esigenze di tipo organizzativo e di finanza pubblica; lo Stato può graduare le prestazioni (per esempio, l'assistenza sanitaria o la misura delle pensioni) sulla base delle disponibilità finanziarie.

Come le cronache quotidiane ci insegnano, il "*Welfare*" non è solo questione di "diritti", ma anche di politica economica. Tuttavia – ha anche sempre ripetuto la Corte – le esigenze della finanza pubblica o di funzionalità dell'organizzazione non possono consentire una compressione tale dei diritti "sociali" da intaccarne il "minimo essenziale", il *Wesensgehalt* (→ § XIII.3.3.3.γ). I diritti sociali sono pur sempre diritti: non sono comprimibili a piacere e godono comunque di una difesa giurisdizionale. Non si contano, per esempio, le sentenze della Corte costituzionale che hanno dichiarato illegittime disposizioni rivolte a controllare la spesa pubblica per pensioni o per l'assistenza sanitaria perché esse non garantivano il "minimo vitale" delle prestazioni, e con ciò infrangevano la garanzia costituzionale di un diritto, "sociale" sì, ma pur sempre fondamentale.

✓ IL CASO: GLI HANDICAPPATI E L'ISTRUZIONE SUPERIORE

La legge 118/1971 disciplina, tra l'altro, l'inserimento scolastico dei portatori di handicap. Si occupa prevalentemente della scuola dell'obbligo, ma poi, in un comma "residuale", conclude dicendo: "*sarà facilitata, inoltre, la frequenza degli invalidi e mutilati civili alle scuole medie superiori ed universitarie*". Il TAR Lazio l'impugna lamentando che questa norma, che comunque parla solo degli invalidi e non anche degli handicappati, promette ma non garantisce nulla: le norme "programmatiche" degli artt. 2, 3.2, 30, 31, 34, 38 Cost. vengono "attuate" da un'altra norma programmatica! È quello che riconosce la Corte costituzionale: "*la disposizione impugnata ha indubbiamente un contenuto esclusivamente programmatorio, limitandosi ad esprimere solo un generico impegno ed un semplice rinvio ad imprecisate e future facilitazioni. Il suo tenore non è perciò idoneo a conferire certezza alla condizione giuridica dell'handicappato ...*" (sent. 215/1987). Ne è scaturita una decisione assai coraggiosa della Corte, in cui, con un dispositivo "sostitutivo" (→ § XII.3.6.5), ha dichiarato illegittima la disposizione "*nella parte in cui, in riferimento ai soggetti portatori di handicap, prevede che 'Sarà facilitata', anziché disporre che 'È assicurata' la frequenza alle scuole medie superiori*". E così la norma "programmatica" si è trasformata in diritto soggettivo!

6.2. *Strumenti di tutela*

La Costituzione non predispone particolari strumenti di tutela per i diritti "sociali": i riferimenti alla "legge", alla "Repubblica" o allo "Stato" sono sostanzialmente equivalenti e stanno a significare che i compiti che la Costituzione attribuisce gravano sugli apparati pubblici. È attraverso la legislazione ordinaria che questi diritti vengono organizzati in prestazione e in servizi: gli strumenti di tutela di cui dispone il cittadino sono quelli comuni apprestati dall'ordinamento.

Essendo ispirati ad istanze di *eguaglianza sostanziale*, le norme che disciplinano le prestazioni e i servizi sono generalmente derogatorie rispetto al principio di *eguaglianza formale* (→ § XIII.1.1): per esempio, riservano determinate prestazioni alle persone meno abbienti (per esempio, i libri scolastici gratuiti), oppure regolano la percentuale del costo della prestazione pubblica posta a carico del privato sulla base del reddito (per esempio, il *ticket* sanitario). Larga parte del contenzioso che si crea di fronte ai giudici verte dunque sull'esclusione di una determinata categoria o situazione dalle prestazioni previste dalla legge: si richiama quindi all'eguaglianza formale (art. 3.1 Cost.) chiedendo al giudice di estendere in via d'interpretazione la categoria dei beneficiari delle prestazioni pubbliche, in modo da includervi il ricorrente, oppure, se gli strumenti dell'interpretazione non lo consentono, di impugnare la legge davanti alla Corte costituzionale per chiederle di dichiarare illegittima la legge "nella parte in cui" esclude dai benefici la sub-categoria a cui appartiene il ricorrente stesso (sono le c.d. "*sentenze additive*": → § XII.3.6.5). Meno frequenti sono i ricorsi in cui si lamenta la violazione, non tanto del principio di eguaglianza, ma del "contenuto essenziale" del diritto: in questi casi si contesta non il trattamento più sfavorevole di una determinata categoria rispetto a quella dei beneficiari, ma piuttosto il cattivo "bilanciamento" tra il diritto tutelato dalla Costituzione e le esigenze di contenimento della spesa pubblica (→ § XIII.3.3.3).

In un modo o nell'altro, il contenzioso che si genera in relazione ai diritti "sociali" è sempre teso all'allargamento delle prestazioni e, quindi, della spesa pubblica. Nessuno infatti agirebbe davanti al giudice per farsi escludere da un beneficio (gli basterebbe non chiederlo); e se qualcuno agisse per far eliminare un beneficio a cui non ha diritto, il giudice gli risponderebbe che non ha interesse ad agire (→ § XIII.2.2✓).

7. I DIRITTI NELLA SFERA ECONOMICA

7.1. *Definizioni*

I diritti nella sfera economica sono quelli compresi dalla c.d. "**Costituzione economica**", cioè dal Titolo III della Parte I della Costituzione. In esso vengono dettati principi in materia di lavoro (artt. 35-38, 46), di organizzazione sindacale e di sciopero (artt. 39-40), di impresa e di proprietà (artt. 41-44).

La "Costituzione economica" è forse, della parte della Costituzione dedicata ai diritti, quella che più rileva i segni del tempo. Ciò non tanto per le norme sul lavoro (di cui in parte si è parlato in relazione ai diritti "sociali"), che costituiscono principi ampiamente sviluppati dalla legislazione ordinaria e dai contratti di lavoro (entrambi oggetto di studio specifico del *Diritto del lavoro*), quanto per il resto.

Se leggiamo il documento costituzionale vediamo come esso ha fissato i principi tipici dello stato liberale e dell'economia di mercato: il riconoscimento della proprietà privata e della libertà dell'iniziativa economica privata. Ma nella Costituzione né la proprietà né l'iniziativa economica sono riconosciute come attributo necessario della persona, e cioè come un diritto inviolabile secondo il modello delle Costituzioni liberali: ed infatti notevoli sono i limiti che i diritti economici trovano in Costituzione.

Sulla base di queste considerazioni, un consistente indirizzo dottrinale ha ritenuto che la *Costituzione economica* italiana (espressione usata per indicare il complesso delle disposizioni costituzionali che hanno come oggetto i "rapporti economici") non avrebbe accolto né il modello dell'economia di mercato né il principio della concorrenza, che riguarda il rapporto tra operatori economici privati. Infatti, l'art. 41.1 si occupa dei rapporti tra lo Stato e le imprese (attraverso la garanzia dell'iniziativa economica), ma nulla dice delle relazioni tra i titolari della libertà di iniziativa economica. Invece l'art. 41.3 porrebbe lo Stato come soggetto dell'attività economica, imprenditore al pari dei privati ("*l'attività economica pubblica e privata* ..."), e affiderebbe alla legge il disegno globale dell'economia, attraverso la determinazione di programmi che indirizzano e coordinano l'economia a fini sociali. Perciò, in conclusione, la Costituzione economica si imperniererebbe sul principio del dirigismo economico, volto a raggiungere i fini sociali prescelti dal legislatore. Seguendo questa interpretazione, la "pubblicizzazione" dell'economia italiana costituirebbe la coerente attuazione della Costituzione.

Se tale opinione fosse fondata, la conseguenza sarebbe l'esistenza di un conflitto o antinomia tra la Costituzione italiana ed i trattati europei (→ §§ II.7.3 e 4), che prevedono l'instaurazione di un certo ordine economico, basato sull'economia di mercato e la libertà di concorrenza tra i soggetti economici ❺. Come vedremo, le cose stanno diversamente e il documento costituzionale può essere interpretato in modo compatibile con i principi del Trattato; ma prima di affrontare questo aspetto del problema è necessario analizzare i principi costituzionali.

7.2. *Libertà sindacale*

L'art. 39 non è stato mai applicato, salvo il primo comma che sancisce la **libertà di organizzazione sindacale**. Essendo l'organizzazione sindacale una specie del genere "associazioni", composta dai lavoratori che appartengono alla stessa categoria, sarebbe bastata la tutela generale prevista dall'art. 18 Cost. (→ § XIII.5.3). Il fatto è che la Costituzione prefigura un modello specifico di organizzazione sindacale, che ricorda sia pure da lontano le *corporazioni* del periodo fascista (→ § VIII.3.3): è il sindacato che, a condizione di avere un ordinamento interno di tipo democratico, viene "registrato", acquista la personalità giuridica e, soprattutto, può entrare in *rappresentanze unitarie* che stipulano **contratti collettivi di lavoro** *con efficacia normativa*, perché vincolano tutti gli appartenenti alla categoria. Ma i sindacati hanno sempre rifiutato di attuare questa norma, innanzitutto per evitare di "contarsi" (infatti nelle "rappresentanze unitarie" essi verrebbero rappresentati in proporzione ai rispettivi iscritti). Per cui gli attuali sindacati sono semplici associazioni di diritto privato, e i contratti che essi stipulano – in linea di principio – non sono fonti dell'ordinamento generale, ma hanno valore vincolante solo per i soggetti (le associazioni sindacali) che l'hanno stipulato e per i loro iscritti.

7.3. *Diritto di sciopero*

Lo **sciopero** è la sospensione collettiva temporanea delle prestazioni di lavoro rivolta alla tutela di un interesse dei lavoratori: è un diritto nel senso che chi sciopera non può subire conseguenze negative sul piano penale, civile o disciplinare (a parte la sospensione della retribuzione). Lo sciopero tutelato dall'art. 40 Cost. è però solo quello che i lavoratori dipendenti attuano per interessi, anche non economici, di categoria, non anche quello "politico" o quello attuato, per esempio, dai datori di lavoro (c.d. "**serrata**") o dai liberi professionisti: tuttavia anche queste manifestazioni sono "libere" e garantite, se non dall'art. 40 Cost., dalle altre libertà (di riunione, di associazione, di espressione, ecc.) riconosciute dalla prima parte della Costituzione.

L'art. 40 Cost. rinvia alle leggi la regolazione e i limiti del diritto di sciopero. Ma anche questa disposizione non è stata attuata, perché non si è mai approvata una disciplina generale del diritto di sciopero: esiste solo la disciplina del diritto di sciopero nei "**servizi pubblici essenziali**" (legge 146/1990) – cioè la sanità, la giustizia, i trasporti pubblici, ecc. – nei quali devono comunque essere garantite le prestazioni indispensabili.

7.4. *La libertà di iniziativa economica*

L'art. 41 Cost., che sancisce la **libertà di iniziativa economica**, è stato a lungo al centro di complessi dibattiti dottrinali. Esso è infatti apparso come la chiave di volta della "Costituzione economica", poiché pone un principio di bilanciamento tra l'iniziativa economica privata e l'interesse collettivo: l'iniziativa economica non può svolgersi "*in contrasto con l'utilità sociale o in modo da recare danno alla sicurezza, alla libertà, alla dignità umana*" (art. 41.2 Cost.). Inoltre, l'art. 41.3 Cost. sembrava porre l'esigenza di equilibrare l'iniziativa economica con i principi della pianificazione pubblica dell'economia. In sostanza, in questo articolo, forse più che ogni altra disposizione della Costituzione, sembrava scorgersi l'ambiguità di un compromesso tra l'ideologia capitalista e quella socialista.

Oggi quel dibattito appare assai lontano. Da un lato, l'art. 41.2 Cost. è stato interpretato nel senso che esso conterrebbe una *riserva di legge implicita* (cioè, spetta al legislatore di porre i limiti richiesti da esigenze di utilità sociale, sicurezza, ecc.). Non vi è dunque una "*funzionalizzazione*" che opera direttamente come limite della libertà (→ § XIII.2.1.γ), quanto, semmai, il rinvio al legislatore del compito di individuare di volta in volta il punto di equilibrio tra la libertà e altri interessi rilevanti. Dall'altro lato, l'idea di una "legge di piano" che fissa gli indirizzi dell'economia, su cui molto ha discusso la dottrina, non ha partorito nulla se non la legge 685/1967, di approvazione del "Primo piano quinquennale", che, per l'assenza di qualunque contenuto normativo, è stata unanimemente classificata tra i "libri dei sogni".

Ma è stata soprattutto l'espansione dell'Unione europea a rendere obsoleti i temi dibattuti. L'affermazione di principi come la libera circolazione dei capitali, delle merci e dei lavoratori, le regole di concorrenza che dominano il mercato, il divieto di aiuti pubblici alle imprese hanno portato la situazione dell'economia molto lontano dalle prospettive della pianificazione vincolante, del dirigismo pubblico dell'economia, od anche soltanto di un penetrante controllo pubblico sulle imprese. La scelta europea, cui l'ordinamento italiano si è adeguato, è semmai quell'opposta, di una semplice regolazione "esterna" del mercato per garantirvi la concorrenza e impedire il costituirsi di posizioni dominanti che falsino la concorrenza stessa. È in questa prospettiva che si colloca anche l'istituzione dell'*Autorità antitrust*, quale garante, indipendente dagli organi di governo, della concorrenza e del mercato (→ § XIII.7.7). Ragione per cui dell'art. 41 Cost. si fa ormai un'applicazione assai ridotta, essenzialmente per giustificare certi vincoli, soprattutto di tipo igienico-ambientale, di sicurezza dei consumatori o di politica sociale, che sono fatti gravare sulle imprese o sulla produzione.

✓ L'*EUROPEAN GREEN DEAL*

Negli anni più recenti si va verificando, però, un'importante evoluzione. Nelle politiche pubbliche dell'Unione europea predominano quelle riguardanti la transizione energetica verso un'economia verde che arrivi, entro il 2050, a zero emissioni nette di gas a effetto serra, secondo quanto previsto in un ampio pacchetto di interventi: l'***European Green Deal***; e verso lo sviluppo economico sostenibile, che sia quindi reso compatibile con la salvaguardia dell'ambiente, la tutela degli ecosistemi e della biodiversità. La lotta al cambiamento climatico – oggetto di precisi impegni internazionali e sempre più centrale nel dibattito pubblico – il rilievo, anche costituzionale, degli interessi delle generazioni future (→ § XIII.3.4), e la guerra in Ucraina che ha imposto agli Stati europei di affrancarsi dalle forniture di gas e di petrolio proveniente dalla Federazione russa, hanno rafforzato questa tendenza.
L'imponente trasformazione dell'economia che tutto ciò richiede ha ridato risalto all'intervento pubblico, non più nella forma della programmazione economica, ma sotto forma di nuove politiche industriali e di funzionalizzazione dell'iniziativa economica privata al raggiungimento di questi obiettivi. In questa prospettiva si inserisce la revisione costituzionale dell'art. 41.3, approvata con la legge cost. 1/2022, che ha aggiunto l'espressione "e ambientali" ai già previsti "fini sociali". Il senso della riforma è che le esigenze ambientali non sono più soltanto dei limiti esterni, cause di giustificazione razionale di interventi pubblici conformativi dell'economia, ma veri e propri obiettivi che potranno vincolare l'iniziativa economica nel contesto della transizione verso un'economia sostenibile. Il fatto, poi, che si adotti l'endiadi "fini sociali e ambientali" dovrebbe implicare che le due finalità non potranno essere scisse l'una dall'altra e che quindi la transizione ecologica dovrà essere socialmente equa.

Anche l'art. 43 Cost. sembra destinato all'obsolescenza. Esso consente la "**nazionalizzazione**", o addirittura la "**collettivizzazione**" (cioè il passaggio a "*comunità di lavoratori o di utenti*"), di "*determinate imprese o categorie di imprese*". Prevede dunque una *riserva di legge rinforzata per contenuto*, nel senso che con una "*legge provvedimento*" (cioè una legge che non pone norme generali e astratte, ma si rivolge a situazioni specifiche e individuate (→ § II.3.2) si può espropriare un'impresa o tutte le imprese di un settore, quando esse si riferiscano "*a servizi pubblici essenziali o a fonti di energia o a situazioni di monopolio ed abbiano carattere di preminente interesse generale*". In effetti, sulla base di questa norma si è compiuta l'unica nazionalizzazione della storia repubblicana, quella delle imprese produttrici di energia elettrica (dando vita all'*Enel*): questa norma però è stata poi invocata per giustificare i numerosi monopoli pubblici già esistenti, a partire da quello della radiotelevisione (→ § XIII.5.5.6). Ma, oramai da tempo, la tendenza, anche in questo caso su sollecitazione comunitaria, è verso la *privatizzazione* delle imprese pubbliche e, soprattutto, verso il superamento dei monopoli pubblici: per cui l'art. 43 è destinato ad avere applicazione marginale.

7.5. *La proprietà privata*

Anche nell'art. 42 Cost. è stata sempre denunciata la difficile coesistenza di due opposte ideologie, quella che fa della proprietà privata l'asse portante delle libertà, e quella che l'ammette solo se e in quanto compatibile con la "*funzione sociale*". L'art. 42 è pertanto ricco di implicazioni storiche e ideologiche, ma non altrettanto di conseguenze normative. Che sia la legge a dover disciplinare "*i modi di acquisto*" e "*di godimento*" della proprietà è pacifico, ed è uno degli oggetti specifici del *Diritto privato*: quanto ai "*limiti*", la riserva di legge rinvia al legislatore di trovare i punti di equilibrio tra la proprietà privata e gli interessi generali. Il "*diritto all'abitazione*" (→ § XIII.3.4) è, per esempio, uno degli interessi sociali sulla cui base si sono giustificate, attraverso regimi vincolistici delle locazioni urbane, limitazioni rilevanti della possibilità di disporre liberamente della proprietà privata.

✓ IL DIRITTO DI PROPRIETÀ TRA DIRITTO INTERNO E CEDU

Tradizionalmente il **diritto di proprietà** consiste nel "diritto di godere e disporre delle cose in modo pieno ed esclusivo" (art. 832 cod. civ.), dove per "cose" si intendono i beni mobili e immobili; alla proprietà così intesa si è aggiunta la c.d. proprietà intellettuale (brevetti, marchi, diritti d'autore, ecc.). Ma per la CEDU (→ § XIII.3.1.1✓) la proprietà è nozione assai più ampia, o meglio è molto più ampio il concetto di "bene", che comprende svariati interessi patrimoniali. Così si fa rientrare nella tutela accordata alla proprietà dalla Corte EDU anche l'avviamento commerciale, diritti derivanti da concessioni amministrative o da decisioni giudiziarie e persino "diritti" di ottenere prestazioni sociali. Quello che conta per la Corte EDU non è la qualificazione data dell'ordinamento interno ad un determinato interesse patrimoniale (se cioè la legge nazionale lo qualifichi o meno come proprietà), ma essenzialmente la *legittima aspettativa* che l'individuo può avere che un determinato valore patrimoniale faccia parte del suo patrimonio. Persino una costruzione abusiva può vedersi tutelata come proprietà, se la negligenza delle autorità può aver consolidato le aspettative del privato. Per questo il ricorso alla Corte di Strasburgo è diventato uno strumento di uso assai frequente per chi cerca di tutelare i propri interessi economici, che mai sarebbero qualificabili come proprietà sulla base del solo diritto interno.

Il vero problema che affonda le sue radici nell'art. 42 è quello dell'**espropriazione**: "la proprietà privata può essere, nei casi preveduti dalla legge, e salvo indennizzo, espropriata per motivi di interesse generale" (art. 42.3 Cost.). L'espropriazione è un istituto che esiste da ben prima della Costituzione italiana, che si limita perciò a confermarne la legittimità. Essa è una manifestazione della prevalenza dell'interesse pubblico su quello privato: il diritto soggettivo di proprietà "degrada" in puro interesse legittimo (→ § XIII.2.1.δ) e al proprietario rimane solo il diritto ad un indennità, che non lo risarcisce se non in parte della perdita economica subita. La problematica dell'espropriazione è oggetto specifico di studio del Diritto amministrativo.

7.6. *La "rilettura" della Costituzione economica*

Le grandi trasformazioni introdotte nel rapporto tra poteri pubblici e mercato per effetto del diritto europeo (→ § II.7.3 e 4), hanno "svuotato" la Costituzione economica, oppure essa può essere interpretata in modo compatibile con lo stesso?

A sostegno della seconda alternativa possono essere richiamate l'opinione di alcuni autori e alcune decisioni della Corte costituzionale.

A) Quanto alle prime, benché sia frequente l'opinione per cui la "Costituzione economica" sarebbe ormai "svuotata", è sufficiente ricordare che:

α) la garanzia dell'iniziativa economica privata (art. 41.1) ricomprende il pluralismo competitivo tra privati come l'assetto di principio ottimale in economia;

β) la Costituzione, di conseguenza, può essere letta anche nel senso che è necessaria la tutela della concorrenza e che il potere della legge di stabilire monopoli pubblici, previsto dall'art. 43, debba essere esercitato solamente dopo che sia stata constatata l'impossibilità di perseguire l'interesse generale attraverso il regime della concorrenza pluralistica, opportunamente regolata dall'ordinamento;

γ) i servizi pubblici indicati dall'art. 43, in relazione ai quali la legge può creare un diritto di esclusiva, devono intendersi in senso restrittivo, e cioè come forniture di beni e servizi destinati all'utilizzo quotidiano da parte di masse cospicue di cittadini, che non potrebbero reperirli altrove, in assenza di un servizio pubblico, senza gravi disagi;

δ) i "programmi e controlli" sull'iniziativa economica previsti dall'art. 41 vanno considerati come strettamente strumentali al raggiungimento di "*fini sociali*" contemplati dalla Costituzione, e pertanto le leggi che li prevedono dovrebbero essere sottoposte ad una "*vaglio stringente e penetrante*" (uno "*strict scrutiny*": → § XIII.1.2) da parte della Corte costituzionale, teso ad accertare che gli strumenti predisposti siano idonei a conseguire i "*fini sociali*" e che il legislatore non abbia disponibili altre alternative utili allo scopo, ma meno gravose per le libertà economiche dei privati e per il mercato.

In base a questa opinione, il documento costituzionale si presta a differenti interpretazioni e ricostruzioni del suo significato complessivo a seconda del modello di economia che l'interprete assume come premessa della sua attività, e cioè quello del "*dirigismo economico*", oppure il modello dell'*economia di mercato* sia pure corretta da imprescindibili esigenze sociali, imposto dal diritto europeo. L'idea che la Costituzione "prescriva" il dirigismo economico finisce con confondere le "regole" scritte con le prassi dell'applicazione prevalse sinora ❽.

✓ PRIVATIZZAZIONI E LIBERALIZZAZIONI IN ITALIA

A partire dagli anni '80 e '90 del XX secolo, i rapporti tra Stato e mercato hanno conosciuto in tutta Europa, e particolarmente in Italia, profondi cambiamenti per renderli conformi ai principi europei ed alle esigenze della competitività economica in una fase di crescente globalizzazione ❹. Procedendo con estrema sintesi e circoscrivendo l'attenzione all'Italia dobbiamo richiamare le seguenti vicende:

a) la **privatizzazione delle imprese pubbliche**, per cui gli enti pubblici economici sono stati trasformati in società per azioni, soggette al codice civile. In particolare, nel 1992 (legge 359/1992) IRI, ENI, ENEL, Telecom e le principali banche pubbliche furono trasformate in società le azioni delle quali vennero collocate sul mercato (tra il 1993 ed il 1997, l'ammontare delle operazioni di privatizzazione è stato pari a circa 100.000 miliardi di lire, che corrisponde a circa il 6,5% del PIL);

b) la **liberalizzazione dei servizi pubblici**, per cui in tanti settori, in attuazione di direttive e regolamenti UE, è venuto meno il monopolio statale dei servizi di pubblica utilità e si è realizzata, sia pure per gradi e con cautele nell'interesse degli utenti, l'apertura di questi settori alla concorrenza. La liberalizzazione ha riguardato settori importantissimi come le telecomunicazioni, i servizi di trasporto aereo e l'energia, compreso il servizio elettrico. Anche alcuni servizi di pubblica utilità, precedentemente riservati a livello locale ad un unico operatore, sono stati aperti alla concorrenza, come è avvenuto, per esempio, per i servizi di assistenza a terra negli aeroporti. La liberalizzazione dei servizi di pubblica utilità è stata accompagnata dalla istituzione di Autorità di regolamentazione (→ § seguente) nei settori liberalizzati, che hanno come finalità principali, da una parte il rispetto delle regole sulla concorrenza e di un sistema di tariffe basate sui costi, dall'altra la tutela degli interessi diversi connessi alla natura dell'attività come servizio di pubblica utilità;

c) la **tutela della concorrenza**, disciplinata da una legge (legge 287/1990) che vieta certi comportamenti delle imprese perché ritenuti lesivi della libertà di concorrenza e che affida il controllo sul rispetto delle regole ad un'apposita Autorità indipendente, di cui tratteremo nel prossimo §.

B) Quanto alla giurisprudenza costituzionale, può osservarsi che già nel 1982 la Corte ha affermato che la libertà di concorrenza "*integra la libertà di iniziativa economica*" che spetta nella stessa misura a tutti gli imprenditori, ed è diretta "*alla protezione della collettività*" in quanto l'esistenza di una pluralità di imprenditori in concorrenza tra loro giova a migliorare la qualità dei prodotti ed a contenere i costi (sent. 223/1982). La stessa Corte ha realizzato la progressiva liberalizzazione della radiotelevisione, ponendo fine al monopolio pubblico (→ § XIII.5.5.6). In queste decisioni la Corte considera l'utilità del mercato, non tanto quale valore in sé, quanto come mezzo per la realizzazione di altri principi costituzionali, che nel caso dell'emittenza radiotelevisiva coincidono con quello di un'informazione pluralistica. E successivamente essa è giunta a parlare del mercato come un fine di "*utilità sociale*", che quindi può limitare il diritto di iniziativa del singolo imprenditore, perché garantisce condizioni di efficienza e produttività che assicurano la redditività del sistema (sent. 439/1991).

7.7. *Le Autorità amministrative indipendenti*

La tendenza a ricondurre le attività economiche ai soggetti privati ed a realizzare un mercato concorrenziale, in attuazione dei valori europei, sta alla base dell'istituzione delle cosiddette **Autorità amministrative indipendenti**. Con questa formula di sintesi si comprendono alcune istituzioni che si differenziano dalle altre autorità pubbliche perché:

α) sono indipendenti rispetto al Governo ed al suo indirizzo politico;

β) svolgono funzioni di controllo e di arbitraggio in certi settori economici;

γ) servono a garantire l'osservanza di regole generalmente riconducibili a valori europei, in primo luogo a quello della realizzazione di un mercato concorrenziale.

Esse, pertanto, costituiscono una risposta a due tendenze ormai difficilmente reversibili: da una parte la *globalizzazione dei mercati* (→ § I.2.6✓) ❹ e lo sviluppo tecnologico, che espongono tutti al confronto concorrenziale e spingono, per ragioni di efficienza economica e di superamento della "crisi fiscale" dello Stato (→ § II.1.13), a restituire ai soggetti privati ed alle regole paritarie del diritto privato quelle attività economiche che un tempo erano state pubblicizzate; dall'altro, l'integrazione europea che è, in primo luogo, creazione di un mercato comune basato sul principio di libera concorrenza, che non deve essere pregiudicato da interventi nell'economia effettuati da amministrazioni mosse da un indirizzo politico di parte. Tutto ciò, però, non comporta affatto che i mercati siano affidati semplicemente alle dinamiche economiche, perché la tutela di alcuni interessi collettivi – innanzi tutto quello al mantenimento della concorrenza nel mercato, che potrebbe essere compromessa dalla tendenza degli operatori economici a creare monopoli o accordi per limitare la concorrenza tenendo alti i prezzi – conduce l'UE e lo Stato a fissare regole cui gli operatori privati devono attenersi nello svolgimento della loro attività economica.

Lo Stato, cioè, da "Stato imprenditore" si trasforma in *Stato regolatore*, che, generalmente, in attuazione o in armonia con principi europei, fissa regole limitatrici dell'iniziativa economica a tutela di interessi collettivi, regole conformative (cioè che definiscono le modalità di organizzazione e svolgimento di certe attività), standard di qualità cui le imprese (private e pubbliche) operanti in certi mercati devono attenersi per poter affacciarsi al mercato ❺. Conseguentemente esso deve dare spazio a strutture organizzative che assicurino l'osservanza di queste regole da parte degli operatori economici, senza cedere alle pressioni di parte e quindi mantenendo una posizione di terzietà rispetto agli operatori economici del settore e di indipendenza rispetto agli altri poteri pubblici ❶.

Pertanto i titolari di tali *Autorità*, di regola, non sono nominati dal Governo (molto utilizzata è la formula dell'intesa tra i Presidenti delle due Camere: → § V.3.1.4✓), durano in carica per un periodo predeterminato. Tali *Autorità*, inoltre, spesso finiscono per seguire moduli operativi simili a quelli giurisdizionali, anche se certamente non appartengono alla giurisdizione (cioè non sono giudici) e contro i loro atti può essere esperito ricorso agli organi giurisdizionali (di regola il giudice amministrativo).

✓ L'ULTIMA NATA: L'AUTORITÀ NAZIONALE ANTICORRUZIONE

La corruzione, si sa, è uno dei mali endemici che affliggono la vita pubblica, nonostante l'aggravamento delle sanzioni penali previste dalla legislazione vigente. Recentemente, la legge 190/2012 ha perciò istituito l'**Autorità nazionale anticorruzione (ANAC)**, che è un'Autorità amministrativa indipendente investita del compito di prevenire la corruzione nelle amministrazioni pubbliche, nonché di compiti di vigilanza e regolazione nel delicato settore degli appalti pubblici. Essa svolge funzioni di vigilanza e controllo, esercitando poteri ispettivi mediante richiesta di notizie, informazioni, atti e documenti alle amministrazioni pubbliche: può ordinare l'adozione di atti o provvedimenti richiesti dai piani e dalle regole sulla trasparenza dell'attività amministrativa, ovvero la rimozione di comportamenti o atti contrastanti con i piani e le regole sulla trasparenza.
Per rendere più efficace la sua attività, è previsto che all'interno di ciascuna pubblica amministrazione sia nominato un responsabile per la prevenzione della corruzione, che, di norma, coincide con il responsabile per la trasparenza. Ogni amministrazione deve adottare un *Piano triennale per la prevenzione della corruzione*, sulla base delle indicazioni dell'Autorità nazionale anticorruzione.

INTERNET Per informazione sull'Autorità si consulti il suo sito: www.anticorruzione.it/.

Nell'ordinamento italiano la figura tradizionalmente più importante di Autorità amministrativa indipendente è costituita dall'**Autorità garante della concorrenza e del mercato (AGCM)** (istituita con la legge 287/1990).

L'Antitrust è un organo collegiale costituito dal Presidente e da due membri nominati con determinazione adottata d'intesa dai Presidenti della Camera dei deputati e del Senato della Repubblica, tra persone di notoria indipendenza e competenza.

✓ IL GARANTE DELLA CONCORRENZA

L'Autorità ha il compito di garantire il diritto di iniziativa economica, contro quei comportamenti delle imprese che producono una limitazione della concorrenza. I comportamenti vietati sono stabiliti dalla legge e rispondono alla seguente tipologia:
α) *intese restrittive della libertà di concorrenza* (per esempio, quelle con cui delle imprese si accordano per fissare i prezzi di acquisto o di vendita di un bene, che perciò è sottratto al libero gioco della domanda e dell'offerta, ovvero si ripartiscono i mercati e le fonti di approvvigionamento, ecc.);
β) *abuso di posizione dominante nel mercato* (che, per esempio, si verifica quando un'impresa impone prezzi di acquisto, di vendita o altre condizioni contrattuali ingiustificatamente gravose, o applica ai rapporti con i contraenti condizioni oggettivamente diverse per prestazioni equivalenti);
γ) *operazioni di concentrazione restrittive della libertà di concorrenza*, che portino, cioè, alla costituzione o al rafforzamento di una posizione dominante sul mercato nazionale in modo tale da eliminare o ridurre in modo sostanziale e durevole la concorrenza (per esempio, quando più imprese si fondono o procedono alla costituzione di un'impresa comune).
Il sistema di controllo previsto dalla legge si basa sulla comunicazione che le imprese devono fare all'Autorità degli atti che possono rientrare in uno dei tipi predetti, sull'indagine dell'Autorità e, infine, sul potere di quest'ultima di adottare, ove ravvisi dei comportamenti effettivamente lesivi della libertà di concorrenza, delle diffide a rimuovere tali comportamenti e/o delle sanzioni amministrative di tipo pecuniario, anche molto consistenti.

INTERNET Per informazione sull'Autorità si consulti il suo sito: www.agcm.it/.

All'Autorità garante della concorrenza e del mercato si aggiungono altre figure, che non si limitano a controllare, ma hanno anche importanti poteri di regolazione dello specifico mercato, finalizzati a garantire la concorrenza anche nei comparti in cui lo specifico mezzo fisico utilizzato per la produzione presenta rilevanti limiti strutturali (per esempio nel mercato della distribuzione del gas il problema è come garantire la presenza di più imprese concorrenti quando l'infrastruttura per il trasporto del gas – i "tubi" – è unica).

Per la rilevanza dei compiti che le sono assegnati, merita ricordare la *Commissione nazionale per le società e la borsa* (CONSOB), a cui la legge attribuisce compiti di controllo e regolamentazione del mercato finanziario (in cui si scambiano valori mobiliari) e di organizzazione dell'informazione relativa a tale mercato onde assicurarne la "trasparenza" (legge 281/1985). Così operando questa Autorità permette la tutela dei principi contenuti nelle direttive UE e spesso opera come interlocutore diretto delle istituzioni europee (tant'è che è stata qualificata talora come "istituzione a fondamento comunitario").

✓ UNA LEGITTIMAZIONE BASATA SULLA COMPETENZA TECNICA

Nell'ordinamento italiano c'è stata una vera e propria proliferazione di autorità dotate di un grado più o meno elevato di indipendenza rispetto al Governo ed all'indirizzo politico di maggioranza, che si sono aggiunte a quelle già esaminate. Esse non trovano la loro legittimazione nel collegamento al tradizionale circuito elettivo-rappresentativo, bensì si basano su una legittimazione derivante dalla competenza tecnico-professionale ❶. Tutto ciò pone delicati problemi di diritto costituzionale, visto che sembrano entrare in tensione con il principio democratico (art. 1 Cost.) che vuole che gli organi dotati di potere decisionale politico traggano, direttamente o indirettamente, la propria legittimazione dalla volontà popolare e con il principio che affida al Governo il potere di indirizzo amministrativo e prevede, coerentemente, la responsabilità politica del Consiglio dei ministri e del singolo ministro per gli atti del suo dicastero (art. 95 Cost.). Sul punto esiste un dibattito giuridico e politico ancora lontano dall'avere trovato una conclusione. Probabilmente la giustificazione, e al contempo, i limiti di ammissibilità delle Autorità indipendenti possono essere rintracciati nella circostanza che la Costituzione prevede una funzione di controllo indipendente (come quella affidata alla Corte costituzionale, che non appartiene alla giurisdizione), oppure nel riferimento alla tutela di valori europei che l'Italia si è impegnata a rispettare e che prevalgono sul diritto interno. Questa giustificazione ovviamente vale solamente se le Autorità indipendenti svolgono compiti di controllo e non di decisione politica vera e propria e se sono comunque istituite in rapporto alla tutela dei predetti valori.

8. I DIRITTI NELLA SFERA POLITICA

"Politici" sono i diritti riconosciuti ai cittadini di partecipare alla vita politica e alla formazione delle decisioni pubbliche. Attraverso di essi si realizza il principio della *sovranità popolare* (→ § I.2.5✓), enunciato dall'art. 1.2 Cost. Questa disposizione richiama le altre norme costituzionali che fissano "*forme*" e "*limiti*" dell'esercizio della sovranità da parte del popolo: ossia, appunto, i "**diritti politici**" dei cittadini, elencati negli artt. 48-51 Cost. Tali sono l'*elettorato attivo e passivo* (→ § IV.7.2) per l'elezione delle assemblee rappresentative a tutti i livelli di governo (Stato, Regione, Provincia, Comune); i vari tipi di *referendum* (→ § IX.9.1), la libertà di organizzazione dei partiti (→ § II.2.2), il diritto di petizione (→ § II.2.3), il diritto di accedere agli uffici pubblici (art. 51 Cost.).

Sono tutti argomenti già trattati nel corso di questo volume: questo paragrafo serve perciò solo da richiamo. Si noti che la Costituzione riserva questi diritti ai soli "*cittadini*", seguendo in ciò la tradizione che lega la titolarità dei diritti politici allo *status* di membro della collettività (il c.d. ***status activae civitatis***). Ma, come già si è visto (→ § I.2.8 e § XIII.3.1.1), l'apertura del nostro ordinamento all'ordinamento dell'UE e a quello internazionale sta portando ad un temperamento di questo principio tradizionale, il cui segno più evidente è l'estensione dell'elettorato attivo e passivo, seppure limitatamente alle elezioni amministrative ai cittadini europei (e forse un giorno anche agli stranieri residenti in Italia).

I diritti politici si possono perdere. La loro perdita può essere conseguenza o della perdita della capacità d'agire per infermità mentale o di una condanna per gravi reati. L'**interdizione dai pubblici uffici**, che comprende tra l'altro la perdita dell'elettorato attivo e passivo e di ogni incarico pubblico, è infatti una *pena accessoria* che accompagna le condanne più gravi: può essere perpetua (per condanne non inferiori a cinque anni) o temporanea (per condanne non inferiori a tre anni: art. 28 cod. pen.; particolari ipotesi sono previste da leggi speciali per reati di sfruttamento della prostituzione, di evasione fiscale, ecc.). Inoltre una **sospensione dei diritti politici** è prevista per coloro che sono sottoposti a misure di prevenzione, a libertà vigilata, ecc. (→ § IV.7.2).

9. I DOVERI COSTITUZIONALI

9.1. *I doveri dei cittadini*

La Costituzione contiene vari riferimenti ai "doveri" dei cittadini, ma per lo più si tratta di principi non facilmente traducibili in regole di comportamento. Così, per esempio, i "*doveri inderogabili di solidarietà politica, economica e sociale*", posti dall'art. 2 Cost., oppure il "*dovere di svolgere, secondo le proprie possibilità e la propria scelta, un'attività o una funzione che concorra al progresso materiale o spirituale della società*" posto dall'art. 4.2 Cost., non impediscono certo a nessuno di vivere di rendita sperperando le proprie ricchezze in egoistiche dissolutezze. È realistico prevedere che, al massimo della loro utilizzazione pratica, queste disposizioni possano entrare, con una funzione decorativa, in catene argomentative con cui la Corte costituzionale giustifica la "ragionevolezza" (→ § XIII.1.2) di qualche disposizione legislativa che limita l'autonomia privata (per es., il **dovere di solidarietà** entra in gioco in relazione agli obblighi di assistenza dei familiari: sent. 232/2018) o giustifica l'intervento pubblico (per es. a favore di chi è danneggiato dalle vaccinazioni obbligatorie o consigliate: sentt. 118/1996, 118/2020; e, in senso più generale, sent. 98/2019).

Difficile è l'interpretazione del "*dovere di fedeltà alla Repubblica*" previsto dall'art. 54.1 Cost. Nell'ordinamento italiano non si è fatta strada la tendenza a fare del **dovere**

di fedeltà un principio capace di bilanciare e "funzionalizzare" (→ § XIII.2.1.γ) i diritti di libertà, di giustificare cioè la repressione del dissenso politico "radicale" che, specie negli anni della "guerra fredda", ha caratterizzato certe democrazie "protette" come la Germania federale e gli Stati Uniti d'America. Il dovere di fedeltà esprime il suo significato normativo perciò essenzialmente nei confronti di chi assume cariche pubbliche, mentre per la generalità dei cittadini si risolve nel tautologico obbligo di rispettare la Costituzione e le leggi: ma anche in questo caso non si può escludere che l'art. 54.1 Cost. possa essere invocato a difesa, per esempio, delle norme del codice penale che puniscono i "*delitti contro la personalità internazionale dello Stato*" (artt. 241 ss.), quali "*l'intelligenza con lo straniero*" o lo "*spionaggio*".

Insomma, i "*doveri*" costituzionali si riducono essenzialmente a due: il "sacro" **dovere di difesa della patria** (art. 52.1 Cost.) e il **dovere di pagare le tasse** (art. 53.1 Cost.). Al primo corrisponde l'**obbligo del servizio militare**, se e come lo disciplina la legge ordinaria (art. 52 Cost.: è appena il caso di ricordare che dal 2005 è sospeso il servizio obbligatorio di leva); ma i riflessi del dovere di difesa possono essere assai più vasti, toccando, in caso di guerra, tutti i cittadini, non solo i militari. Al dovere di "*concorrere alle spese pubbliche in ragione delle (proprie) capacità contributive*" corrisponde l'obbligo per lo Stato di costruire un sistema tributario "*informato a criteri di progressività*" (art. 53.2: → § V.3.5.1). In questo articolo ricompare la doppia anima del principio di eguaglianza (→ § XIII.1.1): la regola che proporziona i tributi alla capacità contributiva rispecchia il *principio di eguaglianza formale*, mentre la regola della *progressività* è ispirata da esigenze di *eguaglianza sostanziale*. Ma dei complessi problemi che caratterizzano il sistema delle imposte e dei tributi si occupa in specifico il *Diritto tributario*.

9.2. *Le prestazioni imposte*

L'art. 23 Cost. detta una disciplina generale degli obblighi e dei doveri specifici di **prestazione personale o patrimoniale**. In realtà la disciplina si risolve in una *riserva di legge* che, per di più, è considerata solo *relativa* (→ § VIII.11.2). Molti anzi vedono in questa disposizione la trascrizione in Costituzione del *principio di legalità* (→ § VIII.11.1), poiché vieterebbe l'esercizio di qualsiasi potere autoritativo se non è fondato sulla legge. Ed è indubbio che il **divieto di prestazioni imposte** ha un'origine storica molto risalente: oggi però la sua applicazione tende a confondersi con le prestazioni tributarie, perché i tributi, disciplinati dalla norma "speciale" dell'art. 53 Cost., costituiscono la categoria di gran lunga principale delle "prestazioni" disciplinate, in via "generale", dall'art. 23 Cost. Di conseguenza, quando le prestazioni sono di natura tributaria, la riserva di legge dell'art. 23 si "rafforza" per i "contenuti" (il principio di proporzionalità e di progressività) dell'art. 53.

Anche l'espropriazione, disciplinata dall'art. 42.3 Cost. (→ § XIII.7.5), può essere vista come una "specie" delle prestazioni imposte. Le altre ipotesi sono soprattutto di prestazioni di carattere *patrimoniale* (per esempio, tariffe o tributi per servizi essenziali gestiti in via esclusiva da enti pubblici), mentre quelle *personali* sono marginali (per esempio, l'obbligo di spalare la neve di fronte alla proprietà privata).

test **on-line**

INDICE DELLE DEFINIZIONI

Sono elencati i termini (in grassetto nel testo)
con l'indicazione della pagina in cui sono definiti

B

C

D

G

M

P

Q

R

S

T

U

V

W

Finito di stampare nel mese di luglio 2022
nella Stampatre s.r.l. di Torino
Via Bologna, 220

www.diritto-manuali.giappichelli.it

- Materiali didattici
- Lezioni registrate
- Introduzioni metodologiche ai capitoli
- Aggiornamenti
- Test di verifica

Per accedere ai materiali on-line
disponibili dal 24 settembre 2022
(digitare il numero di serie presente sul bollino SIAE
che si trova nella prima pagina del volume)